国家卫生健康委员会"十四五"规划教材

全国高等中医药教育教材

供中西医临床医学等专业用

第四轮

十四五

中西医结合外科学

第2版

中西醫结合

主　编　刘　潜　王伊光　尚　东

副主编　于庆生　张　犁　张　楠　任东林　费智敏

人民卫生出版社

·北京·

图书在版编目（CIP）数据

中西医结合外科学 / 刘潜，王伊光，尚东主编 .
2 版 . -- 北京 ：人民卫生出版社，2025. 7. -- ISBN
978-7-117-38223-6

Ⅰ. R6

中国国家版本馆 CIP 数据核字第 20251DL379 号

人卫智网	www.ipmph.com	医学教育、学术、考试、健康，购书智慧智能综合服务平台
人卫官网	www.pmph.com	人卫官方资讯发布平台

中西医结合外科学
Zhongxiyi Jiehe Waikexue
第 2 版

主 　编：刘 潜　王伊光　尚 东
出版发行：人民卫生出版社（中继线 010-59780011）
地 　址：北京市朝阳区潘家园南里 19 号
邮 　编：100021
E - mail：pmph @ pmph.com
购书热线：010-59787592　010-59787584　010-65264830
印 　刷：人卫印务（北京）有限公司
经 　销：新华书店
开 　本：850 × 1168　1/16　印张：53　插页：4
字 　数：1389 千字
版 　次：2012 年 7 月第 1 版　　2025 年 7 月第 2 版
印 　次：2025 年 9 月第 1 次印刷
标准书号：ISBN 978-7-117-38223-6
定 　价：146.00 元

打击盗版举报电话：010-59787491　E-mail：WQ @ pmph.com
质量问题联系电话：010-59787234　E-mail：zhiliang @ pmph.com
数字融合服务电话：4001118166　E-mail：zengzhi @ pmph.com

修 订 说 明

为了更好地贯彻落实党的二十大精神和《"十四五"中医药发展规划》《中医药振兴发展重大工程实施方案》及《教育部 国家卫生健康委 国家中医药管理局 关于深化医教协同进一步推动中医药教育改革与高质量发展的实施意见》的要求,做好第四轮全国高等中医药教育教材建设工作,人民卫生出版社在教育部、国家卫生健康委员会、国家中医药管理局的领导下,在上一轮教材建设的基础上,组织和规划了全国高等中医药教育本科国家卫生健康委员会"十四五"规划教材的编写和修订工作。

党的二十大报告指出:"加强教材建设和管理""加快建设高质量教育体系"。为做好新一轮教材的出版工作,人民卫生出版社在教育部高等学校中医学类专业教学指导委员会、中药学类专业教学指导委员会、中西医结合类专业教学指导委员会和第三届全国高等中医药教育教材建设指导委员会的大力支持下,先后成立了第四届全国高等中医药教育教材建设指导委员会和相应的教材评审委员会,以指导和组织教材的遴选、评审和修订工作,确保教材编写质量。

根据"十四五"期间高等中医药教育教学改革和高等中医药人才培养目标,在上述工作的基础上,人民卫生出版社规划、确定了中医学、针灸推拿学、中医骨伤科学、中药学、中西医临床医学、护理学、康复治疗学7个专业155种规划教材。教材主编、副主编和编委的遴选按照公开、公平、公正的原则进行。在全国60余所高等院校4 500余位专家和学者申报的基础上,3 000余位申报者经教材建设指导委员会、教材评审委员会审定批准,被聘任为主编、副主编、编委。

本套教材的主要特色如下:

1. **立德树人,思政教育**　教材以习近平新时代中国特色社会主义思想为引领,坚守"为党育人、为国育才"的初心和使命,坚持以文化人,以文载道,以德育人,以德为先。将立德树人深化到各学科、各领域,加强学生理想信念教育,厚植爱国主义情怀,把社会主义核心价值观融入教育教学全过程。根据不同专业人才培养特点和专业能力素质要求,科学合理地设计思政教育内容。教材中有机融入中医药文化元素和思想政治教育元素,形成专业课教学与思政理论教育、课程思政与专业思政紧密结合的教材建设格局。

2. **准确定位,联系实际**　教材的深度和广度符合各专业教学大纲的要求和特定学制、特定对象、特定层次的培养目标,紧扣教学活动和知识结构。以解决目前各院校教材使用中的突出问题为出发点和落脚点,对人才培养体系、课程体系、教材体系进行充分调研和论证,使之更加符合教改实际、适应中医药人才培养要求和社会需求。

3. **夯实基础,整体优化**　以科学严谨的治学态度,对教材体系进行科学设计、整体优化,体现中医药基本理论、基本知识、基本思维、基本技能;教材编写综合考虑学科的分化、交叉,既充分体现不同学科自身特点,又注意各学科之间有机衔接;确保理论体系完善,知识点结合完备,内容精练、完整,概念准确,切合教学实际。

4. **注重衔接,合理区分**　严格界定本科教材与职业教育教材、研究生教材、毕业后教育教材的知识范畴,认真总结、详细讨论现阶段中医药本科各课程的知识和理论框架,使其在教材中得以凸显,既要相互联系,又要在编写思路、框架设计、内容取舍等方面有一定的区分度。

5. 体现传承,突出特色 本套教材是培养复合型、创新型中医药人才的重要工具,是中医药文明传承的重要载体。传统的中医药文化是国家软实力的重要体现。因此,教材必须遵循中医药传承发展规律,既要反映原汁原味的中医药知识,培养学生的中医思维,又要使学生中西医学融会贯通;既要传承经典,又要创新发挥,体现新版教材"传承精华、守正创新"的特点。

6. 与时俱进,纸数融合 本套教材新增中医抗疫知识,培养学生的探索精神、创新精神,强化中医药防疫人才培养。同时,教材编写充分体现与时代融合、与现代科技融合、与现代医学融合的特色和理念,将移动互联、网络增值、慕课、翻转课堂等新的教学理念和教学技术、学习方式融入教材建设之中。书中设有随文二维码,通过扫码,学生可对教材的数字增值服务内容进行自主学习。

7. 创新形式,提高效用 教材在形式上仍将传承上版模块化编写的设计思路,图文并茂、版式精美;内容方面注重提高效用,同时应用问题导入、案例教学、探究教学等教材编写理念,以提高学生的学习兴趣和学习效果。

8. 突出实用,注重技能 增设技能教材、实验实训内容及相关栏目,适当增加实践教学学时数,增强学生综合运用所学知识的能力和动手能力,体现医学生早临床、多临床、反复临床的特点,使学生好学、临床好用、教师好教。

9. 立足精品,树立标准 始终坚持具有中国特色的教材建设机制和模式,编委会精心编写,出版社精心审校,全程全员坚持质量控制体系,把打造精品教材作为崇高的历史使命,严把各个环节质量关,力保教材的精品属性,使精品和金课互相促进,通过教材建设推动和深化高等中医药教育教学改革,力争打造国内外高等中医药教育标准化教材。

10. 三点兼顾,有机结合 以基本知识点作为主体内容,适度增加新进展、新技术、新方法,并与相关部门制定的职业技能鉴定规范和国家执业医师(药师)资格考试有效衔接,使知识点、创新点、执业点三点结合;紧密联系临床和科研实际情况,避免理论与实践脱节、教学与临床脱节。

本轮教材的修订编写,教育部、国家卫生健康委员会、国家中医药管理局有关领导和教育部高等学校中医学类专业教学指导委员会、中药学类专业教学指导委员会、中西医结合类专业教学指导委员会等相关专家给予了大力支持和指导,得到了全国各医药卫生院校和部分医院、科研机构领导、专家和教师的积极支持和参与,在此,对有关单位和个人表示衷心的感谢!为了保持教材内容的先进性,在本版教材使用过程中,我们力争做到教材纸质版内容不断勘误,数字内容与时俱进,实时更新。希望各院校在教学使用中,以及在探索课程体系、课程标准和教材建设与改革的进程中,及时提出宝贵意见或建议,以便不断修订和完善,为下一轮教材的修订工作奠定坚实的基础。

人民卫生出版社

2023 年 3 月

◈◈◈ 前　言 ◈◈◈

以习近平同志为核心的党中央始终坚持人民至上、生命至上，把保障人民健康放在优先发展的战略位置，坚持中西医并重，推动中医药与西医药互相补充、协调发展，共同守护人民健康。坚持中西医并重，加强中西医结合，人才培养是根本，也是难点。抓住这个根本，突破这个难点，关键在于找到适合中西医结合人才培养的最佳途径。

教材建设是人才培养的重要组成部分。为更加契合中西医结合人才培养的需要，本教材在充分借鉴历版教材成熟经验的基础上，编委会坚持贯彻"以学生发展为中心"的理念，通过问卷调查、座谈会、研讨会等多种形式开展了认真、扎实的调研，广泛征求学生、教师、临床医生、专家学者的意见建议，充分了解当前中西医结合外科学临床教学的现状和问题，明确编写目标和思路，确定教材的体例架构。经过多轮撰稿、审稿、反馈、返修，最终完成了本教材的编写，编写中尤其注重以下三个方面：

第一，知识结构的完整性。编写过程强调知识结构的系统性和完整性，不局限于讲义要求讲什么、考试大纲规定考什么来设定教材内容，而是紧扣中西医结合人才培养目标，以学生应当"学什么"为核心构建知识体系，在纳入课程教学大纲、执业医师考试大纲规定内容的基础上，紧密结合临床实际工作需求，提高中医药内容占比，补充完善外科疾病病种。

第二，教学方式的启发性。编写过程注重引导学生讨论和对学生的启发，专门增设了"中西医结合讨论"模块，围绕某一疾病中西医结合诊疗的现状、趋势，以及如何结合、结合的效果等方面进行探讨，引导师生共同讨论，探索外科学范畴内"中西医如何有效结合"，避免教学过程中中医、西医割裂的现象，从而培养师生中西医结合临床思维能力。

第三，教材内容的创新性。编写过程坚持内容上的开放与创新，坚持突出基本理论、基本知识、基本技能，兼顾中西医结合外科学教学、科研、临床的实际需要，尤其注重将中医外科和西医外科领域的最新研究、最新发展、最新突破，如急性胰腺炎等外科重症的中医治疗、外科机器人的应用、再生医学与组织工程等内容及时补充到教材中，深化并拓展了当前中西医结合外科学的最新发展和对疾病的最新认识。

本教材共30章，第一章至第十七章为总论部分，主要介绍中医、西医和中西医结合外科学的发展历程，外科疾病的中医规范命名与专业术语，外科疾病的中医病因病机、辨证论治，以及西医学的基本知识。第十八章至第三十章为各论部分，主要阐述外科常见病的病因病理和中医病因病机、临床表现、诊断和治疗。

本教材在全国高等学校中西医结合类专业教材评审委员会和人民卫生出版社的有力组织与专业指导下，由来自全国高等院校的专家共同编写完成。编写团队以教学经验丰富的临床外科专家为主体，成员涵盖不同地区、不同院校的学术代表，确保了教材的广泛代表性、权威性与专业性。此外，教材编写过程中还得到了众多高等院校专家学者的鼎力支持与帮助，虽因编委会名额所限，未能将所有贡献者列入编者名单，但他们的宝贵建议和专业指导对提升教材质量起到了重要作用，在此一并致谢！尽管编者们已竭尽全力保障教材内容的科学性、准确性与实用性，然而中西医结合外科发展日新月异,加之编写时间与编者水平有限,书中难免存在疏漏与不足之处,期待广大师生及读者提出宝贵意见和建议,以便在后续修订再版中不断完善,使本教材更好地服务于中西医结合教育事业。

《中西医结合外科学》编委会

2024 年 9 月

◇◇◇ 目　　录 ◇◇◇

第一章

绪　论

1. 掌握中、西医外科学各自的发展历程,思考如何进行结合。
2. 熟悉中、西医外科学在中国的结合、发展现状,取得的代表性成就。
3. 了解中、西医外科学在结合、发展中面临的问题及可能的突破方向。

第一节　中医外科学的发展历程

💠 **思政元素**

薪火相传,继往开来

华佗,今安徽亳州人,少时曾在外游学,行医足迹遍及安徽、河南、山东、江苏等地。其医术全面,尤擅外科,临证施治,诊断精确,起效迅速,疗效神奇,被誉为"神医"。华佗是中国古代文献记载的第一位以外科手术闻名的医家,其开创性运用酒服"麻沸散"实施全身麻醉,并成功完成腹腔手术,是世界医学史上罕见的创举。这一发明比西方医学界公认的现代麻醉学开端——1846年美国牙医威廉·莫顿(William Morton)演示乙醚麻醉临床应用至少早约1 600年。据记载,华佗在当时已能进行肿瘤摘除和胃肠缝合等外科手术,得到历代医家的推崇,被尊称为"外科圣手""外科鼻祖"。

中医外科学是以中医药理论为指导,研究外科疾病发生、发展及其防治规律的一门临床学科。其特点是运用"有诸内,必形诸外""治外必本诸内"的人体内外统一理论去认识疾病的发生和演变规律,以阴阳为辨证总纲,应用内治和外治相结合的方法防治疾病。其内容丰富,主要包括疮疡、乳房疾病、瘿、瘤、岩、皮肤与性传播疾病、肛门直肠疾病、泌尿男性生殖系统疾病、周围血管与淋巴管疾病及外科其他疾病的诊断及治疗。中医外科学历史悠久,是起源最早的中医药学科之一,其发展受到所处时代中医学整体发展的影响,体现了我国几千年来劳动人民和外科医家防治疾病的非凡智慧,并取得了伟大的成就。

一、中医外科学的发展历程

医治外科疾病是人类最早的医事活动之一。在原始社会,人们在劳动和生活中,不可避免地会遭受各种创伤,从而产生了拔去体内异物、压迫伤口止血、用植物包扎伤口等最初的治疗方法,此后又发展到用砭石、石针刺破脓肿排脓等外科治疗方法。中医外科学有记载于商周时期,初步形成于春秋、战国和秦汉六朝时期,经验不断积累于隋唐时期,完善和发展于宋金元明清时期。

殷商时期出土的甲骨文已有外科病名的记载,如"疾自(鼻)""疾耳""疾齿""疾舌""疾足""疾止(指或趾)""疥""疕"等。在周代,外科已成为专科,在《周礼·天官冢宰》中有食医、疾医、疡医和兽医之分,其中"疡医"即外科医生,主治肿疡、溃疡、金疡和折疡等。我国现存最早的医学方书《五十二病方》记载了感染、创伤、冻疮、诸虫咬伤、痔漏、肿瘤等多种外科相关疾病,并介绍了割治、外敷治疗痔,以及用探针检查痔的方法。

春秋战国时期,中医外科理论逐渐成形。《黄帝内经》的问世标志着中医药学建立了系统的理论基础,涉及的外科疾病近30种,其中《素问》记载了疔、痤、痱、痔、口疮、疝、疠风、瘰等。《灵枢·痈疽》专论痈疽,记载了人体不同部位的痈疽17种,其阐述的痈疽疮疡的病因病机,奠定了外科疮疡类疾病证治的理论基础,并最早提出用截肢手术治疗脱疽。

汉代张仲景的《伤寒杂病论》是中医经典著作之一,对外科的发展影响巨大。书中对寒疝、肠痈、浸淫疮等外科病证的诊治作了比较详细的论述,所载治疗肠痈的大黄牡丹汤、治疗蛔厥的乌梅丸等方剂仍在临床应用。西汉前后的《金创瘛疭方》是我国第一部外科学专著,据《汉书·艺文志》记载,其有30卷,惜已失传。汉末华佗堪称"外科鼻祖",首创麻沸散作为麻醉剂,进行死骨剔除术、剖腹术等。由此可见,到了汉代,从理论、实践、药物、手术、著作等多方面来看,中医外科已初步成为一个独立的学科。

由晋末刘涓子编著、南齐医家龚庆宣重新编次厘定的《刘涓子鬼遗方》是我国现存最早的外科学专著。其记载了痈疽的鉴别诊断,以及以"波动感"辨脓和脓肿切口应在下方等诊治经验;首创用水银软膏外治皮肤病,较国外同类疗法至少早约600年;并总结了许多治疗金疮、疮疖、皮肤病等的经验,载有内治、外治处方140个。

隋代巢元方所著《诸病源候论》是我国现存的最早论述病因病机的专著,书中对许多外科疾病,包括40余种皮肤病的病因病机进行了阐述,如记载了疥癣由虫引起、漆疮与过敏体质有关、炭疽的感染途径,以及肠吻合术等理论和治法。唐代《仙授理伤续断秘方》首论整骨手法的14个步骤,次论伤损的治法及方剂,科学地总结了唐代以前在骨伤科方面的主要成就,对肩关节脱位首次采用"椅背复位法"。孙思邈的《备急千金要方》是我国现存最早的综合性临床医学百科全书,记载了很多脏器疗法[如食羊靥、鹿靥治疗瘿病(类似甲状腺肿)]、葱管导尿术和许多外科方剂等,对外科影响较大。

北宋时期提倡革新,三大发明相继出现,经济、文化和科学快速发展,中医外科也进入了各家争鸣的阶段,在病机分析上重视局部与整体的关系,治疗上注重扶正与祛邪相结合、内治与外治相结合。《太平圣惠方》补充和完善了判断外科疾病转归及预后的"五善七恶"学说,提出扶正祛邪、内消托里等内治法则,该书还记载了用砒剂治疗痔核、用烧灼法消毒手术器械等内容。

元代著名医学家、著名骨伤科医家危亦林所著《世医得效方》,对骨伤科的论述颇为丰富,总结了金元之前的成就,如骨折整复、脱臼用的麻醉法、采用悬吊复位以治脊柱骨折等,此书设有骨折脱位的整复及固定专论,对骨伤科有重要贡献。

明清时期中医外科发展已较为成熟,专著增多,并形成了不同的学术流派。如明代薛己著《外科枢要》,记载了有关外科病的理论、经验、方药,第一次详细叙述了对新生儿破伤风的诊治。汪机的《外科理例》提出了"治外必本诸内"的思想,在序中指出"外科者,以其痈疽疮疡皆见于外,故以外科名之。然外科必本于内,知乎内,以求乎外,其如视诸掌乎"。其他还有王肯堂的《疡科证治准绳》、申斗垣的《外科启玄》、陈文治的《疡科选粹》、窦梦麟的《疮疡经验全书》、张景岳的《外科钤》等各有特色。陈司成的《霉疮秘录》是我国第一部论述梅毒的专著，指出此病多由性交传染，且会通过胎传感染导致先天性梅毒，并记载了使用丹砂、雄黄等含砷药物治疗梅毒的主张，这是世界上最早使用砷剂治疗梅毒的记录。此期以陈实功的《外科正宗》成就最大，该书广辑病名，详述病因病机、证候、辨证、治疗、预后等，并附医案加以论证，条理清晰，十分完备，自唐代至明代的外科治法大多都被收录在内，有"列证最详，论治最精"的评价，影响巨大，经后人继承发展而形成了中医外科的第一学派"正宗派"。从学术思想来看，该书重视脾胃，主张外科以调理脾胃为要。其主要成就以外治和手术方面比较突出，如用腐蚀药或刀针清除坏死组织，放通脓管，使毒外泄。记载有手术方法14种，如腹腔穿刺排脓术、指关节离断术等都很有实用价值。倡导脓成切开，位置宜下，切口够大，腐肉不脱则割，肉芽过长则剪，这些有效方法沿用至今。清代在外科学术上独树一帜、影响较大的有王维德的《外科证治全生集》，该书创立了以阴阳为主的辨证论治法则，所谓"凭经治症，天下皆然；分别阴阳，唯余一家"。把复杂的外科分为阴阳两类，如痈阳、疽阴等，主张以"阳和通腠，温补气血"的原则治疗阴证，自拟阳和汤、醒消丸、小金丹、犀黄丸等方药，临床疗效显著。并主张"以消为贵，以托为畏"，反对滥用刀针。其学术观点被许克昌的《外科证治全书》等所宗，形成了中医外科的又一大学派——"全生派"。高秉钧的《疡科心得集》揭示了外科病因的一般规律，立论以鉴别诊断为主，并将温病三焦辨证学说融合于疡科的辨证施治之中，认为"疡科之证，在上部者，俱属风温、风热……在下部者，俱属湿火、湿热……在中部者，多属气郁、火郁"，应用犀角地黄汤、紫雪丹、至宝丹等治疗疔疮走黄，至今还在临床应用。后人宗高氏学术思想及以心得形式论述外科疾病，形成了中医外科的另一大学派——"心得派"，余听鸿的《外证医案汇编》即属此派。陈士铎的《外科秘录》、顾世澄的《疡医大全》等亦各有特点。此外，吴尚先的《理瀹骈文》专述药膏的外治法，总结了不少治疗学上的新成就。

民国时期，受内、外因素的影响，中医外科发展缓慢，虽然出现多种著作，但在学术上的成就有限。随着西医在我国的发展，出现了以张锡纯为代表的中西医汇通学派，其代表作《医学衷中参西录》中利用中、西医学的病机病理阐述外科疾病发生的原因，并有中西医结合治疗的案例记载，如用赭遂攻结汤治疗机械性肠梗阻、用葱白熨法治疗动力性肠梗阻，对中西医结合外科的萌芽产生了很大影响。另外，张山雷的《疡科纲要》在结合西医理论阐述中医脓疡不痛的机理时，指出"内已成脓，而竟不痛者，疡之变，神经已死"等。总体而言，这一时期中医地位有所下降，向西医学习并尝试中西医结合逐渐成为一种趋势。

中华人民共和国成立后，中医外科进入了一个新的发展阶段，在教学、临床、科研等方面都取得了显著成就。1955年首先在北京成立了中华人民共和国卫生部中医研究院，此后各省、市先后成立了中医药研究院（所）。为培养中医人才，1956年起各省、市相继成立了中医学院，一批著名的中医外科专家到中医学院任教，对历史上外科医家的学术经验进行全面、系统地教授，从根本上改变了传统的师承家授的培养方式。1988年还首次创办了本科中医外科专业，在中医外科学教育方面做了有益的尝试。为适应教育需要，1960年卫生部中医研究院编著《中医外科学简编》，1960年至1997年上海中医学院先后4次主编了《中医外科学》教材，1980年广州中医学院主编了中医专业用的《外科学》，均用作全国中医学院外科教学统一教材，部分中医院校也相继编著了不同层次（包括自学考试）且各具特色的《中医外科学》教材，使学生能系统地学习和掌握中医外科学的理论知识，为培养中医外科人才打下了良好的基础。同时还编著出版和重印了大量的中医外科学专著，不断交流全国各地中医外科学的学术经验与成就，使中医外科学的理论和经验得到较快普及与提高。全国各市、县都先后开办了中医医院,这些医院大多设有中医外科,在外科疾病的诊疗和临床研究中取得了一批成果。1986 年《中医外科学》(第五版)、1997 年《中医外科学》(第六版),均为全国中医院校中医外科学的统编教材。2002 年在教育部、卫生部、国家中医药管理局的指导下,组织全国中医院校外科专家编写出版了新世纪全国高等中医药院校本科规划教材和 21 世纪课程教材《中医外科学》。2005 年出版了普通高等教育"十五"国家级规划教材《中医外科学》(七年制),2007 年出版了普通高等教育"十一五"国家级规划教材《中医外科学》和全国普通高等教育中医药类精编教材《中医外科学》,2009 年出版了首部研究生规划教材《中医外科临床研究》,2012 年出版了全国高等中医药院校规划教材《中医外科学》(第九版),2016 年出版了全国中医药行业高等教育"十三五"规划教材《中医外科学》(第十版)及配套数字化教材,在全国众多中医院校中使用,并作为国家中医药类执业医师考试和职称考试的参考用书。此外,部分中医药院校还自编了《中医外科学》教材,均为中医外科学的发展与中医人才的培养作出了重要贡献。目前,中医外科学专业已有多个硕士培养点、博士培养点和博士后流动站,为培养中医外科高层次人才奠定了基础。

二、中医外科学的特点和优势

中医外科学总结了我国劳动人民和外科医家数千年防治疾病的经验和成就,有着独特的优势和潜力,在中华民族的医疗保健方面发挥重要作用。

1. 强调整体观念　中医外科学非常重视人体自身的统一性、完整性及其与自然界的相互关系。人体是一个有机的整体,构成人体的各个组成部分之间在结构上不可分割,在功能上相互协调,互为补充,在病理上相互影响。中医外科学采用望、闻、问、切等方法,在不破坏人体自然结构、不干扰人体自然的生理病理过程的前提下,取得人体整体的各种信息和对各种刺激(包括治疗及环境、气候等多种作用)的反应,研究人体的各种特性及变化规律,并用阴阳、寒热、虚实、表里、气血、津液、脏腑、经络等指标来全面地描述和把握人体的各种复杂状态;在对疾病的分析、诊断、治疗上,能够从主证到兼证,从局部病变到整体状态,进行全面地诊断和治疗。

2. 强调辨证论治　中医外科学自古以来强调辨病与辨证相结合。所谓辨病,就是认识和掌握疾病的现象、本质及其变化规律。例如均为疔疮,疫疔、手足疔疮、颜面部疔疮的症状表现、施治方法和预后转归等是不同的。高秉钧在《疡科心得集·疡科调治心法略义》中记载:"凡治痈肿,先辨虚实阴阳。《经》曰:诸痛为实,诸痒为虚,诸痈为阳,诸疽为阴。又当辨其是疖、是痈、是疽、是发、是疔等证。"辨证论治的实质是全面、整体地诊断和治疗病证,而不是"头痛医头,脚痛医脚"。外科疾病的最大特点是局部症状与体征,不同的疾病局部表现各异,同一种疾病不同阶段也表现不一,因此重点诊察局部特征是辨病的关键,同时将阴阳辨证、部位辨证、经络辨证、局部辨证等相结合。局部表现对确定是否属于外科病、是哪种疾病,以及判断属阳证或阴证、气血盛衰、善恶顺逆等都是至关重要的。

3. 治法多样　外科疾病须根据患者的体质和不同致病因素,确定疾病的性质,然后运用不同的方法及方药进行治疗。治法可分为内治法和外治法两大类。中医外科内治法与内科基本相同,但有其特点,最显著的特点就是除了要按整体观念进行辨证施治,还要按照外科疾病的初起、成脓和溃后三个不同的发展阶段确立相对应的消、托、补三种不同的治疗大法;而外治法是运用药物、手术、物理方法或配合一定的器械等,直接作用于患者体表某部或病变部位而达到治疗目的的一种治疗方法。《理瀹骈文》云:"外治之理即内治之理,外治之药即内治之药,所异者法耳。"指出了外治法与内治法的治疗机制相同,但给药途径不同。运用药物的外治法是将药物直接作用于皮肤或黏膜,使之吸收,从而发挥治疗作用,也是外科所独具的治疗方法。外治法的运用同内治法一样,除要进行辨证施治外,还要根据疾病不同的发展过程,选择不同的治疗方法。外治法有比较明显的技术优势,具有操作性及把控性强、起效快等特点。外科常用的外治法分为药物疗法、手术疗法和其他疗法三大类。

中华人民共和国成立后,中医外科在临床方面也取得了很大进展,主要体现在一些特色鲜明、优势明显的专科专病的建设上,有些科研成果已达到世界先进水平。中医中药治疗体表化脓性疾病,包括疽毒内陷、疔疮走黄、烧伤等外科危急重症,除有直接的抑菌和抗病毒作用外,更能调动机体抗病能力,通过促进非特异性或特异性细胞、体液免疫功能,间接杀灭病原体,清除毒素,从而促进机体恢复。在"去腐生肌"理论的基础上,中医外科提出"祛瘀""补虚"而"生肌"的治法,明显促进了下肢静脉曲张性溃疡、糖尿病性溃疡、化疗性溃疡、蛇伤性溃疡等难治性慢性溃疡的愈合。中药冲洗灌注加药捻疗法治疗感染、外伤和外科手术后等所形成的复杂性窦道或瘘管等,均取得了满意的效果。中医外科治疗乳腺增生临床疗效良好,在疏肝解郁、理气止痛治法的基础上,20 世纪 60 年代提出了调摄冲任法,研究证实,该法能有效调节患者神经内分泌功能,减轻乳腺组织增生。采用中医切开扩创法加拖线法等多种外治方法,配合分期辨证内治,治疗浆细胞性乳腺炎具有疗效好、复发率低、乳房变形少等优点。在肛肠疾病方面也取得了显著成果,如切开挂线法治疗高位肛瘘,硬化注射法、套扎法治疗内痔等。同时还开展了对复杂性肛瘘外科治疗最佳术式的临床研究及隧道式引流的研究,极大减少了肛门瘢痕变形,保护了肛门功能。吻合器痔上黏膜环切术(procedure for prolapse and hemorrhoid,PPH)是对内痔或以内痔为主的混合痔手术的改进,不仅缩短了治疗时间,而且不损伤肛管衬垫。

20 世纪 50 年代开始,从中医药治疗血栓闭塞性脉管炎,发展到治疗动脉硬化闭塞症、糖尿病足等众多周围血管疾病,均显示出中医药的综合优势。确立了活血化瘀的治疗总则和具有一定水平的辨证论治规律。将传统中药敷贴、溻渍与超声清创、负压吸引等进行有机结合,大大提高了创面愈合速度与效果。以中药内服为主导,必要时配合手术、介入等腔内治疗,有效改善了局部循环,降低了复发率、致残率和致死率。在皮肤病的治疗方面,通过不断挖掘与创新,应用中医药治疗湿疹样皮炎、荨麻疹、银屑病、白癜风、黄褐斑、脱发等诸多顽固性皮肤病都有显著疗效。在中医药治疗系统性红斑狼疮等结缔组织病中,雷公藤制剂等药物的运用对改善症状、调节机体免疫功能等均有很好的作用,也引起国外学者的关注。中医药对一些性传播性疾病的治疗也有一定作用,特别是从中草药中筛选出抗人类免疫缺陷病毒及提高免疫功能的药物,可有效改善艾滋病患者症状,提高其生活质量,延长其生存时间,有着广阔的发展前景。

三、中医外科学面临的挑战与机遇

汉唐时期中医外科学走在世界前列,宋代进入快速发展阶段,明代达到了历史繁荣时期,到清朝末年,由于长期闭关自守,尤其是鸦片战争前后,没有与迅速发展的近代科学与技术相结合,中医外科学整体水平日渐落后。而相比之下,近代西医外科学不断吸收科技新进展,在 1840 年前后先后解决了感染、出血、疼痛三大问题,使整体水平得到跨越式提升。

中医外科学发展相对缓慢的原因是多方面的,造成这种局面既有历史、客观因素,也有现实、主观缘由。首先,中医学理论的发展强调继承,创新能力较为薄弱,未能充分吸收所处时代的优秀科技成果,因此对疾病的定义命名、病因病理、诊断方法、辨证分型存有一定的抽象性和模糊性,对于某些疾病的实质缺乏深刻的理解。且众说纷纭、高度泛化,难以对客观实在的外科疾病进行深入认识和研究。其次,由于历史上科学水平和物质条件的限制,虽然中医外科传统的外治疗法种类繁多、内容丰富,但当时创造发明的外治疗法多难以适应现代临床发展的需求。如烧红的烙铁止血已被结扎缝合、电刀止血所替代,烙灼赘疣新生物已被切除、冷冻、激光疗法所取代。膏药(薄贴)如太乙膏、阳和膏、千捶膏等,敷药(箍围药)如金黄散、玉露散、青黛散等,油膏如生肌玉红膏等,这些外用药,是中医外科外治疗法中最具有特色的部分,而现实中存在着部分膏药因"黑又硬"导致膏渍难以清理、疗效不一、难以久存等问题。因此,中医外科的外用疗法及药物可结合现代科技手段进行疗法或剂型的改革,以适应新时代临床发展的需要。最后,中医外科的科研水平相对落后,而科研水平是衡量学科发展的关键指标,同时又是学科建设的基础工程,直接影响着中医外科的医疗质量和技术水平。中医外科要生存、要发展,就必须坚持医疗与科研紧密结合;科研是创新发展的动力,通过科研创造新理论、新方法,运用新理论和新方法解决中医外科临床医疗中的关键性问题,促进中医外科专业特色和技术优势的形成,进一步开创中医外科学学科建设的新局面。

中医外科学是一门具有鲜明特色的临床学科,如何利用现代科技手段提高外治法的疗效,是外科工作者必须思考和解决的问题。随着医学模式的转变,要求临床医师给患者提供的是疗效卓著、使用便捷、价格合理的疗法。因此,发展学术必须具有前瞻性,立足社会需要。现代科学的发展为医学提供了越来越多的技术和手段,使人们的认识从宏观至微观日益清晰和统一,掌握时代的工具,广开思路,兼收并蓄,突出特色,是中医外科临床不断创新的方法,而保守、排斥或偏见是学术发展的最大障碍。在市场化经济大浪潮下,中医外科学的发展也需紧密结合"解放思想、实事求是"的时代背景,用求真务实的态度去吸收现代一切先进科学技术,与现代医学"团结一致,共同发展",中医、西医互相学习,中西医结合相辅相成,相互为用,相得益彰,促使中西医结合外科学全面走向现代化。

(刘 潜)

第二节　西医外科学的发展历程

古代医学是在埃及、巴比伦、印度和中国这几个国家发源的。公元前600—前200年,希腊人吸取埃及和亚洲的文化,为后来罗马以及欧洲医学的发展奠定基础。公元前460—前370年,欧洲国家的希波克拉底在其著作中不仅记录了有关医学的内容,他的医学观点对以后外科学的发展也产生了巨大影响。塞尔萨斯在公元1世纪、盖伦在公元2世纪用拉丁文写医书,开始了持续约1500年将拉丁文作为欧洲医学公用语言的传统。因此,现在外文医学词汇多来自拉丁文。

一、西医外科学的发展历程

(一) 外科学在西方的发展历程

1. 外科学的开端　在西方原始公社时代,"外科医师"的操作被看作是一种手艺或技巧(surgery),其英文名由希腊文 cheir(手)和 ergon(工作)组合而成,即有手工、手艺的含义。公元前31世纪,"外科医师"便能做截肢、眼球摘除手术。

希波克拉底(Hippocrates,公元前5世纪)是西方外科学最初的奠基人,他将伤口分为化脓性和非化脓性两种,他要求手术前严格清洁,手术中用煮沸的雨水清洗伤口,有利于伤口的愈合。塞尔萨斯(Aulus Cornelius Celsus,公元1世纪)最早用丝线结扎血管,他对炎症的红、肿、热、痛四大症状的描述沿用至今。盖伦(Claudius Galenus,公元2世纪)区别了动脉和静脉,创用扭绞法制止血管的出血。阿维森纳(Avicenna,公元11世纪)总结了前人的经验并结合自身的实践,写出举世闻名的《医典》,书中记载了骨折时用石膏绷带固定法、肿瘤的治疗原则等诸多内容。

2. 外科学发展的严冬 在漫长的中世纪(the middle ages,约公元476—1453年),欧洲进入封建社会,医学在宗教信条和经院哲学统治下,严禁尸体解剖,不准做流血的手术,外科学的发展陷入黑暗时期。

在当时社会上的三种医生中,"长袍外科医生"和"理发员外科医生"虽属一种行业,但大多是兼职,他们以学徒方式获得手艺,地位完全不能与内科医生比拟。直至1745年外科医生才有自己的独立团体,英国国王乔治三世在1800年特许成立伦敦皇家外科学院,1843年经维多利亚女王特许改为英国皇家外科学院,英国的这些变化反映了欧洲外科医生地位提高的过程。

3. 外科学发展的春天 中世纪旧制度的桎梏终被15世纪开始的文艺复兴所冲破,外科学也随之迎来了一个迅猛发展的时期。

16世纪,法国外科医生A. Pare(1510—1590年)以刺激性小的油膏替代了传统用沸油烧灼创伤的处理方法。并且,他强调了解剖学的重要性,创造性地使用截肢时结扎血管的方法止血,并应用手法使胎儿转位,帮助娩出。比利时医生A. Vesalius(1514—1564年)也认同外科学需要以解剖学为基础,他专心从事人体结构的研究,开创了解剖学由外科医生教授的先例,成为16世纪最有造诣的解剖学家。

17世纪之后,欧洲从封建社会过渡到资本主义社会,物理学、化学、天文学等开始迅速发展,外科也不再仅是一种治疗手段,而开始立足于生理学和病理学,逐渐成为医学科学的一个分支。意大利解剖学家G. B. Morgagni(1682—1771年)坚持临床观察必须和死后检查相结合,他在1761年出版的《以解剖学来研究疾病的部位和原因》一书,为临床医学的发展打下科学基础。英国解剖学家和外科医生John Hunter(1728—1793年)则把病理检查应用到外科,同时也开拓了实验外科,通过实验手段,解决临床外科的问题,改变了许多不正确的传统观念。此外,John Hunter还是一名优秀的教师,他要求学生不仅要有良好的解剖学、生理学和病理学知识,而且要把三者结合起来。18世纪中叶,瑞士外科学家A. von Haller(1708—1777年)兼任生理学教授,这种结合使许多生理学家成为实验外科学家。外科学和生理学的结合也促使外科医生的视野从局部扩展到整体。

19世纪是外科学的重要发展时代。19世纪中叶所建立的麻醉法和抗菌无菌术,奠定了现代外科学的基础。1846年美国Morton首先采用了乙醚作为全身麻醉剂,并协助Warren用乙醚麻醉施行了很多大手术。自此,乙醚麻醉就被普遍地应用于外科。1892年德国Schleich首先用可卡因做局部浸润麻醉,由于其毒性大,不久即由普鲁卡因所替代,而且至今仍在临床上广泛应用。在此后的数十年中,麻醉的生理学和药理学都有显著的发展,到20世纪40年代,麻醉学已发展成为一个专业。在19世纪中叶,外科医生已经观察到伤口感染与手术环境有关。当时,截肢后的病死率高达40%~50%。抗菌技术开始于1846年,匈牙利的Semelei首先提出在检查产妇前用漂白粉水将手洗净,遂使他所治疗的产妇病死率自10%降至1%。1867年英国Lister采用石炭酸溶液冲洗手术器械,并用石炭酸溶液浸湿的纱布覆盖伤口,使他所施行的截肢术的病死率自46%降至15%,从而奠定了抗菌术(antisepsis)的基本原则。但当时西方外科界没有确立细菌病原的观念,对抗菌法的接受很缓慢,经常在无意中又污染了已经用Lister方法处理过的器械或敷料,达不到抗菌的效果。1877年德国Bergmann在对15例膝关节穿透性损伤伤员进行救治的过程中发现,仅对伤口周围进行清洁和消毒后即加以包扎,有12例伤员痊愈并保全了下肢。在这个基础上他采用了蒸汽灭菌,并研究了布单、敷料、手术器械等的灭菌措施,建立了无菌术(asepsis)。1889年德国Firbringer提出了手臂消毒法,1890年美国Halsted倡议戴橡皮手套,抗菌无菌术逐渐得到完善。

20世纪中叶以来,现代外科学进入了一个蓬勃发展的阶段。以麻醉用药为例,新的吸入型全身麻醉药、多种安神药、强效类吗啡药、肌肉松弛药等,不仅为手术创造了更好的条件,也提高了手术的安全性。抗生素在预防和治疗感染上,完全改变了外科工作的面貌。诊断技术的提高不仅使外科的治疗计划能更为周到,也能让外科医生了解病变的动态改变。

21世纪是快速发展的时代,随着克隆技术、纳米技术、基因工程和组织细胞工程的进一步完善,毫无疑问,外科学将会取得更大、更快的进展。

(二)我国西医外科学的发展历程

1. 西医外科学的传入 百余年前的旧中国时期,西医外科学就已经传入我国,然而在当时的中国,民生凋敝,科学落后,医学研究不受重视,外科学更是处于低下落后状态。因此,西医外科学在我国早期进展十分缓慢,当时有外科设备的大医院都设在少数几个大城市,外科医生也很少,外科的各种专科尚未形成。

2. 西医外科学在我国的发展 从1949年中华人民共和国成立起,在党和国家正确的医疗卫生工作方针指导下,我国的外科学步入高速发展的时期,其状况发生了根本性的变化。

(1)外科医师队伍的建设:中华人民共和国成立之后,我国各省、自治区、直辖市分别建立了医学院校,国家开始重视外科教学、研究和实践,外科队伍不断壮大,逐步有了比较完整的外科体系,如麻醉科、普外科、心胸外科、骨科、整形外科、泌尿外科、神经外科、肛肠外科及小儿外科等专科逐渐成立。全国外科医师队伍不断发展壮大,外科技术不断普及并且有了显著的提高。

(2)各级医院外科工作的开展:国家通过倡导外科医生在职培训、进修、定向辅导、技术交流等再教育工作,基层外科医生的诊疗水平得到显著提高。国内县一级医院均设有外科病房并配有外科医生,县医院能很好地治疗常见外科疾病,且能施行一般外科手术,县以下基层卫生院多数也能开展简单的外科治疗。

3. 我国现代外科学进展 现代外科学与传统外科学相比较,有着更广泛和更丰富的研究内涵。概括来说,现代外科学的特征为以循证医学(evidence-based medicine, EBM)作为出发点,以实验医学的科学结果作为基石,以先进的影像学技术和血液生物化学检测技术作为工具,以微创化和根治性的有机统一作为新的治疗原则,以安全、有效的脏器替代作为技术发展方向。

随着医学技术的不断发展,绝大多数外科疾病的治疗观念也在不断变化,在选择使用外科治疗方法上有时还缺乏科学的依据。循证医学的出现,是临床研究的一大进展。循证医学在外科学上以实事求是为原则,根据病情的需要,以患者的生存时间和质量作为治疗的目的来选择手术方式及手术时机,最大程度地提高外科疗效。这一发展趋势已经开始进入我们的外科临床,如直肠癌的保留肛管括约肌、膀胱神经乃至保肛手术、乳腺癌的保乳手术、肝癌的局部根治性切除术等。为保证这些观念建立在科学可靠的基础上,必须从循证医学的观点出发,要求外科工作者在评价治疗效果时,摆脱传统医学以经验和推测作为疗效评价手段的习惯,尽快地以前瞻、随机作为临床研究的科学方法,客观反映外科治疗的价值,去伪存真。

实验外科学的科学结果,对现代外科学在疾病的诊断、治疗、预后及预防等方面起着指导作用。基础研究在外科各个领域中也得到了迅猛发展,为新技术、新方法、新材料的形成和应用提供了坚实的基础。而与外科相关的细胞、分子生物学研究的进展,则可能为疾病更早期的诊断、治疗、预后等提供准确的方法,特别是在肿瘤、器官移植等领域有着重大的科学意义。

现代影像学技术的发展,让外科学在各个领域都有了长足进步。同时,新的外科专科,如腔内外科、微创外科等随之出现。随着现代影像学技术的不断发展和完善,外科医生的临床思维方向和方式亦必发生巨大转变。

现代外科学发展的另一个重要方向,是外科疾病治疗的微创化。这一方向将使治疗方法的选择及其手术适应证发生重大变化。在不久的将来,一些传统的手术将被淘汰,而被以内镜、介入为工具的微创治疗所替代。手术操作将逐渐采用自动化或半自动化,智能机器人将参与手术,形成新的人工智能外科。手术方式也将更多采用物理、化学等方法。就目前而言,微波、射频、氩氦刀、超声聚焦等已经部分替代了既往的传统手术方法。

器官移植技术也为外科开辟了新的领域。以肾、肝、心脏等为代表的脏器移植已在临床成熟开展,且已从单器官移植逐渐实现多器官联合移植。由于供体局限性客观存在,部分活体移植也发展迅速,比如亲体供肝移植,使供者、受者都可有足够的肝组织维持生理功能,这为增加供源提供了有益探索。异种器官及组织工程培育器官研究也正不断取得新的进展。此外,新材料的应用更是极大地提高了外科器官替换治疗效果,如心脏瓣膜和人工关节的置换、人工血管和人工肌腱的替代等。

二、我国西医外科学成就

我国西医外科学虽然起步较晚,但在党和国家的正确引导下,一辈又一辈外科专家不断开拓进取,积极引进国外先进技术。同时,伴随着我国综合国力的增强,外科领域的科学研究不断深入,取得了很大的成就。

1958 年,我国成功在上海救治了一例烧伤面积达 89.3% 的深度烧伤钢铁工人,自此以后,我国对大面积烧伤患者的抢救治疗水平不断提升,许多 Ⅲ 度烧伤面积超过 90% 的病例已被救治痊愈。迄今为止,全国已救治烧伤患者数十万例,平均治愈率超过 90%。

1963 年,我国成功为一名工人接活了已离断长达 6 小时的左前臂。此后全国各医疗单位陆续接治的断指、断掌、断肢已逾数千例。离断时间长达 36 小时的肢体的再植、截断为三节的上肢的再植、十指断指的再植、自体异肢的移植等均获得成功;自体足趾移植所形成的"再造手"功能良好,在国际上尚属首创。

20 世纪 60 年代以来,我国肝胆外科发展迅速,迄今为止,肝脏切除手术已逾万例,我国肝脏手术的难度、例数、成功率及肝癌术后生存率等均处于国际领先地位。肝硬化并发门静脉高压的治疗屡有新进展,国内许多医院已开展了经颈静脉肝内门体静脉分流术,取得良好效果。在胆道外科方面,我国没有盲目套用国外报告结石大多发生在胆囊,从胆囊进入胆管这一现象,而是根据大量的临床资料,分析出我国的胆道结石有其特点,以原发在胆管的结石较多。对于恶性梗阻性黄疸患者,近年应用内镜逆行胆管内引流,定期更换内支撑管,作为一种有效的姑息性非手术疗法也受到外科临床的重视。

心血管外科在相当短的时间内缩小了与国外的差距,复杂手术,如心脏瓣膜置换术、二尖瓣成形术、先天性心脏病(先心病)手术治疗、冠状动脉旁路移植术(又称冠状动脉搭桥术)已广泛开展,部分医院相继开展了心脏移植手术。在血管外科方面,主动脉根部、升弓部、胸腹部的各种类型的夹层动脉瘤手术等均已相当成熟,血管腔内隔离技术在部分单位也已开展。随着外科、麻醉及体外循环技术的进步,大血管手术效果明显提高,手术病死率已在 10% 以下。

创伤学发展也十分迅速。不仅较快地吸收国外的创伤评分方法并应用于临床,取得了较好的效果;而且针对应用过程中发现国外评分方案存在的某些不足,提出了改进评价多发伤的方法,避免了创伤严重度评分(injury severity score,ISS)对同一区域内多发伤严重度评价过低的缺陷。

在血吸虫防治方面,我国外科工作者在长江流域血吸虫病流行地区因地制宜积极工作,在农村简易的手术室中,为几万名晚期血吸虫病患者施行了巨脾切除术,使他们恢复了健康,重新走上了工作岗位。

在肿瘤的防治工作上,我国对肺癌、肝癌、胃癌、食管癌、乳腺癌等进行了数十万乃至数百万人口的普查,并制定了"三早"的方针政策,使恶性肿瘤患者能够得到早期发现、早期诊断和早期手术治疗。通过我国肿瘤外科工作者的不懈努力,上述恶性肿瘤的早期诊断率、手术成功率、长期生存率有了显著提高,手术死亡率和病死率已逐渐下降。

在器官移植方面,我国起步虽然较世界先进国家晚了大约10年,但发展速度较快。国内不少医科大学、医学院和大的医疗单位相继成立器官移植研究所或研究室,并在实验研究和临床工作中取得了可喜的成绩,不仅在这一领域确立了应有的地位,而且显示出自己的特长。我国在肾、肝、心、胰、脾、小肠、骨髓移植等方面的成就已接近或达到了国际水平,肾移植已成为我国肾衰竭治疗的常规手段。

腔镜微创外科技术自20世纪80年代中期引入我国以来,现已广泛应用于普外科、泌尿外科、妇产科、神经外科、骨科、胸外科、小儿外科等常见外科手术,手术总例数居世界前列,总体达到世界先进水平。

我国的实验外科也已较广泛地开展,在许多医院,尤其是教学医院和专科医院多建立了外科实验基地,对结合临床的实验研究工作十分重视,一批有影响和有价值的研究课题已经获得国际、国内各种科研基金的资助,大批研究成果达到国际先进水平,并进入临床应用。实验外科的兴起和发展,必将为我国外科学开创新的局面,并缩短与国外在这方面的距离。

新中国的出版事业正以高速度向前发展。医学书籍出版的数量、种类和质量已接近和达到发达国家水平。大批外科书籍,特别是外科专著,反映了中国外科学的特点,例如烧伤、显微外科、心血管外科、肝脏外科、胆道外科、骨科、贲门食管癌、肝癌等专著。这些专著的外文版,获得了国际上广泛的好评。此外,我国目前已有数十种外科专科杂志出版发行,刊出了不少高水平的论文,引起了国际上的重视。

就我国的国际认可度而言,自改革开放以来,我国外科界积极开展学术活动,组织了不少国内、国际的学术会议,会议的学术水平与质量越来越高。我国已有多位不同专业的外科医生当选为国际或亚太地区外科学术组织的主席,引领相应专业的发展,这足以证明,我国外科医生作出的突出成绩在国际上得到了认同。这是一代代中国外科医生不懈奋斗的结果,是中国外科逐步走向世界的重大突破。

三、局限与不足

毫无疑问,我国外科学发展有着光明的前景,但分析现状,仍存在诸多局限和不足之处。

第一,在服务理念方面,不仅是外科工作,整个医学工作的开展都必须遵循为社会主义建设服务,为人民健康服务的宗旨。"一切都是为了人民健康"是医务人员永远的行动指南。我国对医师的培养、对医师工作的指导规划,都应从这一角度出发,不断强化医务工作者的医德医风建设。

第二,在实验研究和理论探讨方面,我国外科学界还存在很多不足,必须进一步探讨疾病的发病机制、治疗的作用机制,以求更好地、更彻底地解决外科疾病的防治问题。尤其随着学科间及国内外交流日益深入,以国际统一的外科解剖、疾病分期分类作为基础的多中心合作研究已成为必然趋势,这是国际同行间衡量工作水平的基础,也是对我国外科学赶超世界先进水平的必然要求。近年来,我国外科学界对这方面有着足够的重视,但还需不断强化这方面的观念和意识。

第三,尽管国内已有大量外科医生,但数量上尚不能满足我国卫生事业发展的需求,且质量上还有待进一步提高。培养更多、合乎要求和高水平、热爱本职工作、具有良好医德医风的外科医生和外科研究人员,仍然是当前的紧要任务。

第四,外科学的发展不是孤立的,它伴随着生命科学总体水平的发展而前进,社会发展也对现代外科学的发展提出了更多的新问题和新挑战,现代外科学的发展也将产生新矛盾。可能会因人口老龄化、环境污染、HIV 及朊毒体(prion)感染等已知或未知的因素带来新的外科疾病,或是我们早已认识的外科疾病出现新的发病模式或病理过程等,需要发展和形成新的外科诊断方法和新的治疗领域,也正是因为存在新的挑战,才能使外科学不断地发展。

(刘 潜)

第三节 中西医结合外科学的形成与发展

一、中西医结合外科学的形成

在我国数千年的历史发展长河中,中医药学始终占据着重要地位。17 世纪中叶(明朝万历年间),西方医学传入中国,与中国传统中医药学相互接触,互为影响,在中医界便产生了中西医"汇通"思想,至 19 世纪中叶,西方医学大量进入中国,在中国医学史上形成了"中西医汇通派"。1956 年毛泽东主席提出"把中医中药的知识和西医西药的知识结合起来,创造中国统一的新医学、新药学",自此中西医结合概念逐步在我国医学界出现。

1980 年 3 月,卫生部在北京召开全国中医和中西医结合工作会议,提出"中医、西医和中西医结合这三支力量都要大力发展,长期并存,团结依靠这三支力量,发展具有我国特点的新医药学,推进医药科学现代化",并写入卫生部文件,作为党对中医工作的新指导方针。1981 年召开了全国中西医结合工作代表大会,成立了中西医结合研究会,选出了理事机构,建立了 20 多个专业委员会,出版了全国性中西医结合杂志,定期举办学术交流活动。此时全国在中西医结合实践方面,出现了一个满园春色、百花争艳的创新局面。党的十八大以来,中医药事业迎来"天时、地利、人和"的时代东风。以习近平同志为核心的党中央继承和发扬我党高度重视中医药的优良传统,将"中西医并重"列为新时代党的卫生健康工作方针,为发展中医药事业指明了总方向。

二、中西医结合外科学的发展与成就

中西医结合临床研究是在继承发扬中医药学的基础上,充分运用现代先进的科学理论和技术方法进行的临床研究。它从多学科、多途径、多层次入手,理论研究和基础实验相结合,临床观察和药物开发相结合,宏观和微观相结合,辨病和辨证相结合。中西医结合临床研究,不仅显著地提高了临床疗效,革新了医疗思维观念,还创建了一种具有我国特色的医学发展模式,丰富了世界医学,展现了中西医结合医学蓬勃发展的生命力。多年来,我国在中西医结合临床领域取得了众多举世瞩目的研究成果,并在急腹症、围手术期、周围血管疾病、烧伤、针刺麻醉、恶性肿瘤、危重症等领域取得了标志性成果。

1. 中西医结合治疗急腹症 中西医结合外科学的发展,首先是以吴咸中院士为代表的天津市中西医结合急腹症研究所在 20 世纪 60 年代初率先对急腹症进行了中西医结合治疗

的临床疗效观察及基础理论研究,探索中西医结合治疗急腹症的方法及其规律,使大多数急腹症病种可以结合中医药治疗,从而提高保守治疗成功率,减少术后并发症,缩短住院时间,减轻患者的经济负担。20 世纪 80 年代以来,中西医结合治疗急腹症进入了向较高层次发展的新阶段,新技术的引用(如 B 超、CT、MRI、内镜等),大大提高了诊断水平,增加了内镜等新的治疗手段。在实验研究方面,由于研究管理体制和研究方法的改进,研究工作的深度和广度达到一个新水平。

2. 围手术期的中西医结合治疗 中华人民共和国成立后,我国逐渐开展了围手术期的中西医结合治疗研究。天津市中西医结合急腹症研究所率先提出在急腹症的围手术期积极应用中药干预,能有效改善胃肠道功能,消除胀、痛、瘀、满等症状。中医外科学认为腹部手术后的病机特点是阳明腑实证与血瘀状态并存。治疗原则是活血化瘀、通里攻下、清热解毒、补气养血。中医药在围手术期的广泛参与,能改善胃肠功能,消除胀、痛、瘀、满,促进术后功能的恢复,减少并发症,巩固手术疗效。在肿瘤外科、移植外科新技术开展中,运用中医药在手术前后提高疗效、减少并发症和后遗症、对抗排斥反应等方面也取得了许多进展。同时,中西医结合疗法在其他外科专科的术前准备和术后处理中也取得了非常宝贵的经验。

3. 中西医结合治疗周围血管疾病 中西医结合治疗周围血管疾病,尤其是对脱疽(血栓闭塞性脉管炎)的治疗效果卓著。中西医结合工作开展以来,对脱疽的病因进行了探讨。长期以来,人们认为脱疽的发病与吸烟、营养不良、性激素异常等有关,但经过免疫功能的检测,认为"免疫复合物增加而沉积在动脉壁上造成损伤"与本病的发生有着密切关系。中西医结合医务工作者通过对脱疽诊治经验的总结,由一个病逐渐扩展到几个病,经过疗效观察、机制探讨、新药研制、经验总结,进行了疗法更新,在辨证分型的基础上,筛选方药,改革剂型,如通塞脉片、当归注射液、血栓通注射液等,推动周围血管疾病疗法革新,使中西医结合诊疗水平迈向新高度。

4. 中西医结合治疗烧伤 中医学早在战国时期就有治疗烧伤的记载,治疗原则以清热解毒、去腐生肌为主。西医学在 20 世纪 50 年代以前对烧伤的认识与创伤相同,对烧伤导致微循环的特殊变化尚未充分认识。20 世纪 50 年代,上海第二医学院附属广慈医院应用中西医结合方法,成功救治了大面积烧伤患者,其后全国各地大面积烧伤的治疗大多获得显著效果,甚至Ⅲ度烧伤面积达 95% 的患者也被治愈。人们经过反复的临床实践,对烧伤创面的处理由干燥疗法发展为创面湿润疗法,采用清热解毒药湿润覆盖烧伤创面,减少痂下感染,使创面保持少菌状态,以提高局部免疫力。该学术观点符合中医学"煨脓长肉"的理论,使我国对烧伤的治疗发生了很大的变革,大大提高了临床疗效。

5. 中西医结合治疗恶性肿瘤 从临床疗效观察发展到基础实验研究,从单一疗法发展到中西医结合综合疗法,从单纯方药筛选深入到治疗法则探讨等方面,中西医结合治疗恶性肿瘤已取得了较大的进展。并在有效方药的筛选上做了大量工作,优选出一些疗效较好的方药,并研制出一些可用于肿瘤辅助治疗的中药注射液,在改善临床症状、放化疗的增效减毒、延长生存期等方面有一定效果。对气虚证、脾虚证、阴虚证和血瘀证等证型进行了系统研究,对临床常见的恶性肿瘤制定了规范化的诊疗措施,在研究中医各种治则的基础上,尤其对扶正固本、活血化瘀法有较深入的研究,取得了阶段性成果,研究队伍也逐步壮大。

6. 针刺麻醉与镇痛 针刺麻醉源于 1958 年,最先用针刺麻醉成功施行了扁桃体摘除术。到 1959 年底,全国 12 种公开发行的医学杂志刊登了 30 篇针刺麻醉手术的文章,针刺麻醉手术涉及临床各科 90 余种病症。到了 1966 年初,全国已有 14 个省市开展针刺麻醉,并完成 8 734 例针刺麻醉手术,涉及眼科、耳鼻咽喉科、口腔科、胸外科、泌尿外科、妇产科、骨科等。通过较广泛的实践和较深入的观察,初步总结出了针刺麻醉的一些规律。20 世纪

80 年代以来,随着针刺麻醉临床工作的深入,针刺麻醉的研究进入了基础理论高层次的研究,针刺镇痛原理的研究深入到分子水平,理论研究渐趋活跃。人体痛阈的测定,中枢神经系统的电生理研究,针刺"得气"研究,生化指标测定及动物模型的制作,以及针刺麻醉手术时患者的心理变化研究等,都取得了不同程度的进展,这也促进了针刺麻醉临床手术效果的提高。更重要的是,这些研究从理论上阐明了针刺麻醉的镇痛机制,说明针刺麻醉镇痛是有其物质基础的。这将对针灸学、麻醉学、手术学以及神经生理学的发展产生重要的影响。

7. 中西医结合救治危重症患者　随着中西医结合工作的深入,中西医结合危重症急救医学研究亦取得了突破性进展。如在内毒素血症的治疗中,提出菌毒并治的新观点,以抗生素杀菌抑菌,又用清热解毒中药抗毒解毒。根据危重症的急救用药特点,研制出了一些速效、高效、应用方便的剂型,如将中药急救良方安宫牛黄丸改制成静脉注射用的醒脑静注射液、参附汤改制成参附注射液、生脉散改制成生脉注射液、口服大黄研制成大黄注射液、参芪片研制成新药参芪扶正注射液等。根据临床用药的需要,促进古方、验方、复方的剂型改革,从一批中药中提出了有效成分或单体,甚至进行中药的人工合成。

尽管中西医结合外科学取得了较大发展,但仍存在诸多问题及困惑。中西医结合外科的研究从根本上讲是两种不同的思维体系的碰撞与交融,无法直接照搬及套用。寻找既能反映中医药特色、体现中医药原创思维,又能合理借鉴和利用现代科学技术的研究路径和方法,仍然是中西医结合学科亟待解决和突破的关键问题。在人才培养上,医学院校中西医结合学科、专业课程之间还缺乏有效的交叉融合,这种割裂的现象较为严重。在临床上,中、西医各有优势,又各有不足,采取怎样的方式实现优势互补,是中西医结合外科临床研究的重点问题。

(刘　潜)

第四节　如何学好中西医结合外科学

一、坚持正确的学习方向

在学习的全过程中,始终要坚定态度,树立全心全意为人民服务的思想。孙思邈有言:"凡大医治病,必当安神定志,无欲无求,先发大慈恻隐之心,誓愿普救含灵之苦。"医者应当心怀慈悲,自我约束,不以个人利益为出发点,不用所学医术危害他人,要全心全意为患者谋幸福。每一位有着崇高理想追求、立志救死扶伤的医学生,在学习中西医结合外科学的过程中,都务必自觉养成谦虚好学、仔细认真的态度,做到"急患者所急,想患者所想""见彼苦恼,若己有之",为解除患者痛苦而努力学好中西医结合外科学。

二、建立中西医结合思维

《中西医结合外科学》课程的核心使命在于塑造中西医结合的思维范式,这种思维模式使学生能超越中医和西医的简单叠加或机械对比,转而深刻理解两种医学体系各自的优势边界与互补空间,激发学生在未来实践中探索未知交叉领域的创新潜能,最终成为推动中西医结合外科发展的核心力量,为患者提供更优的整合医疗服务。

第一,要掌握好对比学习法。深入理解中医学与西医学的本质差异,中医学源于经验医学,秉承天人合一、身心统一的整体观,注重辨证施治的精妙之处;而西医学则植根于实验医学,凭借实验分析手段,从微观层面揭示人体生理与疾病本质,指导疾病的诊疗与预防。通过对比分析,可明确两者的优势与局限,为中西医结合思维的建立打好基础。

第二,应积极探索中西医结合的契合点和互补点,取中西医两者所长。在学习过程中,积极总结并挖掘中西医学的交汇点,寻求融合之道。

第三,要投入中西医结合的治疗实践。在临床实习期间,分析实际的临床案例,仔细观察医生如何根据患者个体差异,灵活运用中西医治疗手段,领悟其思维逻辑与决策智慧。

此外,应持续关注中西医结合外科学领域的最新研究与实践成果,拓宽知识视野,更新知识体系。通过与同行、师长的深入交流,分享学习体会,共同研讨难题,从多角度审视问题,以完善中西医结合的思维方式。

三、培养自主学习的能力

中西医结合外科学是一门专业知识量大、专业技术性较强的学科,如果没有自主学习的能力,是很难将该学科学好的。所谓自主学习,是指自我导向、自我激励、自我监控的学习能力。也就是说,学习者能够在一定学习动机驱动下,自行确定学习目标,制订学习计划,选择学习内容与方法,并对学习过程进行自我管理,对学习结果进行自我评价和调控。学习的主体即学习者需根据自身已有的知识基础与自身状况,主动灵活地运用不同的方法和手段去获取知识和技能。具备自主学习的能力,才能适应社会的需要,否则,就会被时代所淘汰。自主学习具有独立自主性、自我调控性、创新意识等三个特征,以下将从这三点来阐述如何培养自主学习的能力。

(一) 增强独立自主性

我国传统的教学模式都是以老师的讲授灌输为主,导致学生对老师的依赖性大,自主学习观念淡薄,这样的教学方法势必会影响学习效果。因此,要改变这种教学模式,培养学生自主学习的能力,必须使学生增强独立自主性。学习者一是要认识自我,正视自己的不足,主动寻找自主学习的平台来获取丰富可用的教学资源,拓展网络空间自学范围,通过相关平台,了解自己平时无法接触到的知识内容。二是不要过多地依赖他人,要独立地安排自己的学习和生活,独立地处理学习、生活中遇到的困难和挫折。三是要用发展的眼光去看待自己,增加自信心,培养自主学习的能力,从而促进自我发展。

(二) 增强自我调控性

自我调控性是指学生在自主学习过程中能够检查和调控学习过程。在学习过程中,能够积极主动地监控和调节学习过程,加强时间管理,提高自己学习的效率,让自己能够变得自觉和自律。在学习活动之前,应制订详细的学习计划,并严格执行。能够根据不同的学习任务选择和运用恰当的学习方法和策略来完成学习活动,并且在学习过程中要积极主动地监控和进行自我调节。学习活动结束后,能够根据反馈的信息进行自我评价。并将反馈和评价的信息作为下一个学习活动的参考,依次循环。在学习过程中应当制订明确的学习计划并且严格执行,及时检查和调节在实际执行过程中出现的偏差。自我调控不仅仅是指行为上的调控,更是心理上的调节。自我调控能力的高低直接决定学生学习结果的好坏。因此,培养自主学习能力时,增强自我调控性是非常重要的。

(三) 增强创新意识

创新是学生自主学习最高层次的特征,培养自主学习能力,增强创新意识是非常有必要的。创新意识是以探索和求新为突出特点。在学习过程中,学生的学习不应满足于现有的答案和结果。无论是在课堂中还是课堂外,都要有敢于质疑和勇于实践的勇气,在探索和创新中提高和培养自主学习能力。医学是一门生命科学,需要不断地探索学习,探索学习过程有助于激发学生的学习兴趣和学习需要。"知之者不如好之者,好之者不如乐之者",兴趣是走向成功最主要的动力。在探索学习过程中,应以一个积极的心态对待学习,直面学习过程,主动地进行探索和创新。

四、掌握基本理论、知识和技能

医道是"至精至微之事",习医之人必须"博极医源,精勤不倦"。培养外科临床诊疗思维,提高临床接诊应变能力,必须重视包括基础理论、知识和技能等在内的学习和训练,具体包括以下几个方面。

(一)认真学习课堂及书本知识

掌握包括中医病因病机、西医病因与病理学,尤其是外科疾病的发病原因、病理变化及病程变化规律等基础理论;包括中西医结合基础医学和其他临床各学科知识,以及外科病的临床表现、诊断和鉴别诊断、药物或手术治疗等基础知识;还包括病史记录及分析、体格检查和诊断性操作技术能力、手术基本操作技能、术前及术后处理能力等基本技能。

(二)注重临床实践,走进病房,走近患者

临床医学是一种在临床实践中形成的应用科学,同时也是经验科学,外科学更需要在理论与实践的结合中发展和提高。注意观察患者的病情变化,注意患者对药物和手术治疗的反应。例如皮肤病中的皮疹,应注意观察患者皮疹的分布特点,在不同时期的形态、颜色变化,用药后的消退顺序,以及是否有色素沉着、脱屑等,同时,也要注意皮疹不仅为皮肤疾病,还是全身疾病在皮肤的表现。只有将理论与实践相结合,不断积累经验,提高分析和处理问题的能力,才能真正把中西医结合外科学学好、学活。

(三)重视外科基本操作技术的训练

外科学是以手术为主要治疗方法的学科,外科手术的基本操作也是需要重点学习和掌握的内容。外科基本操作较多,如无菌操作技术,手术过程中的切开、止血、分离、缝合、打结,各种穿刺方法及导管的使用,内窥镜的选择与应用,心、肺、脑复苏的正确操作等,都需要认真学习,反复训练,熟练掌握。

(四)加强对危急重症的诊断和处理能力

由于受到历史客观条件的限制,中医在某些外科危急重症的治疗方面相对薄弱,但自中西医结合治疗急腹症和危重症(如多器官功能衰竭)取得显著成就以来,中医学在该领域已取得重大突破。在中西医结合外科学的临床实践过程中,要积极投身于危重患者的抢救工作中,提高对危急重症的诊断和处理能力。在学习与实践中打下扎实的基本功,是日后成为优秀临床医生的首要条件。

（刘　潜）

复习思考题

1. 请简述不同中西医结合观的形成。你的观点如何?并请阐述缘由。

2. 请简述中医外科学、西医外科学各自的特点和优势。

3. 请简述我国当代中西医结合外科学的发展历程及主要成就。你认为,目前中西医结合外科学还存在哪些不足?有无提升的办法?

4. 作为当代医学生,应该怎样学习中西医结合外科学?

ER-1-2

扫一扫
测一测

ER-2-1

PPT 课件

第二章

外科疾病的中医规范命名与专业术语

学习目标

掌握外科疾病中医命名特点,外科疾病的专业术语。

一、中医外科范围

中医外科历史悠久,历代在医事制度上的分科变革较多,中医外科的分科范围划分界限并不明确。受到对疾病认识局限性的影响,中医外科诊疗疾病界限范围还是多局限于体表发生的疾病,或是以外治为主要疗法的疾病。而少数发于脏腑或深部组织的疾病,也是有体表征象,可实际观察,有证可循的。

正如明代汪机《外科理例·前序》所说:"外科者,以其痈疽疮疡皆见于外,故以外科名之。"由此可见疮疡类疾病乃传统中医外科一切疾病的总称,也是其主要诊疗范围。

我国医事分科始于周代,外科医师属于"疡医"范畴。《周礼·天官》有"疡医掌肿疡、溃疡、金疡、折疡之祝药劀杀之齐"的记录,既明确了当时外科的诊疗范围,也作了最初的疾病分类。其中肿疡与溃疡是指痈、疽、疔、疖等病,金疡是指被刀、釜、剑、矢等利物所致的损伤,折疡是指击仆、坠跌等所致的损伤。

先秦至汉时所成之《灵枢·痈疽》篇首将外科疾病的分类以痈疽概之,并以脏腑隶之。隋代巢元方所著《诸病源候论》以疾病的病因、病理、性质归类,至此才使疾病的分类渐趋合理。

唐代医事分为 5 科,《新唐书·百官志》曰:"一曰体疗,二曰疮肿,三曰少小,四曰耳目口齿,五曰角法。"外科则称疮肿科,包括一切肿毒、疮疡、骨伤及金创、皮肤病等。

宋代医事分为大方脉、风科、小方脉、眼科、疮肿兼折疡、产科、目齿兼咽喉科、针灸科、金镞兼书禁 9 科。外科范围主要是疮疡及骨伤,包括肿疡、溃疡、皮肤病、骨折、创伤等。

元代医事分为 13 科,其中有疮疡科、正骨兼金镞科,分立外科与伤科。

明代《明五官制》记录医事分 13 科,骨伤科、耳鼻咽喉科、眼科等疾病均设立专科分治。明清时期,医事分科更细,外科统称为疮疡科,虽以疮疡、皮肤病、肛肠疾病为主体,但在当时还可见到远超这一范围的外科专著及病种论述。明代陈实功所著《外科正宗》和清代高秉钧所著《疡科心得集》中所论病种,除疮疡、皮肤病、肛肠疾病外,还包括男性前阴、乳房、颈部、四肢等各部疾病,以及金创、跌仆、烧伤、虫咬、岩瘤、内痈等。清代顾世澄所著的《疡医大全》更是集古今医家之大成,博采众方,内容包括全身各部的痈疽疮疡(包括内痈)、皮肤病(风、癣)、小儿痘疹、跌打、急救、蛇咬外伤、中毒等。

随着科学技术的进步及医学学科的发展,现代中医外科的分科也不断丰富和完善。中华人民共和国成立以后,中医外科学成为中医学的一个重要临床专业学科,结合近几十年的临床实际需要和学科发展状况,现代中医外科学的范围包括疮疡、瘿、瘤、岩、乳房疾病、肛门直肠疾病、泌尿系疾病、男性前阴疾病、周围血管疾病、皮肤病、性传播疾病、其他外伤性疾病等。

今后在进行学科范围的界定时,必然会因为时代和社会的需求出现学科新老融合、新老交替的情况,学科之间的相互交叉和渗透也必然越来越普遍,中医外科的范围内涵也会随之不断地变化和调整。而通过对传统中医外科知识和技术的传承与发扬,中医外科在相关疾病的诊疗中也将继续发挥着巨大的优势和不可替代的作用。

二、疾病命名原则

中医外科历来强调对病的认识。在商代即有外科病名的记载。如殷墟出土的甲骨文上有"疾目""疾耳""疾齿""疾舌""疾足""疾止""疥""疕"等的记载,此后随着历代对外科疾病认识的不断深入,病名逐渐增多。从汉代马王堆出土的《五十二病方》,到东晋刘涓子撰写,南齐龚庆宣重编的第一部现存外科专著《刘涓子鬼遗方》,外科病名已有数十种;至清代吴谦编修的《医宗金鉴·外科心法要诀》外科病名达 360 余种。

然而由于我国幅员辽阔、方言各异、著作丰富,加之中医又多以师承家授相传,记录誊抄可能出现谬误等,致使出现历代各家所载外科疾病的病名不统一的现象:有时同一性质的疾病因所患部位、阶段、形态等不同而有几个病名;有时一个病名又包括多种性质的疾病。同病异名或异病同名等现象,给后世学者学习研究带来一定困扰。中医外科疾病名目虽然繁多,但从其命名依据和方法来分析,尚有一定规律可循。即在中医外科学中多是以疾病的某一特征对外科疾病加以命名,一般是根据疾病的发病部位、穴位、脏腑、病因、症状、形态、颜色、疾病特性、范围大小、病程长短、是否传染等命名。

以部位命名者,如颈痈、脐痈、乳痈、背疽、手发背等;

以穴位命名者,如人中疔、委中毒、环跳疽、膻中疽等;

以脏腑命名者,如肠痈、肝痈、肺痈等;

以病因命名者,如冻疮、水火烫伤、破伤风、毒蛇咬伤、膏药风、漆疮等;

以症状命名者,如麻风、黄水疮、瘰疬等;

以形态命名者,如猫眼疮、蛇头疔、蝼蛄疖、红蝴蝶疮等;

以颜色命名者,如白驳风、丹毒、黧黑斑等;

以疾病特性命名者,如烂疔、流注、湿疮、狐臭等;

以范围大小命名者,如小的为疖,大的为痈,更大的为发等;

以病程长短命名者,如千日疮、走马牙疳等;

以传染性命名者,如疫疔等。

另外,两种命名方法同时应用者也经常存在,如乳岩、股肿、缠腰火丹、肾岩翻花等,既含有部位,又具有疾病的症状或形态。在实际学习中应当根据具体病名灵活分析。

三、专业术语

在学习中医外科知识或阅读相关古籍文献时,正确掌握外科专业术语的含义,有利于学习和领会其中的内涵,也便于探索揭示同类或相关疾病之间的规律。现将中医外科临证中常用的基本术语介绍如下:

疮疡:有广义和狭义之分。广义者指一切体表外科疾病;狭义者指各种致病因素侵袭人体后引起的体表化脓性疾病。

疮:一是体表皮肉发生的各种损害性疾病的统称,包括创伤、疮疡、皮肤病等。二是专指皮肤浅表起丘疹、疱疹等的疾病，如湿疮、疥疮、黄水疮等。

疡：又名外疡，是一切外科疾病的总称。所以古代称外科为疡科，外科医生为疡医。

肿疡：指一切体表外科疾病尚未溃破的肿块。

溃疡：指一切外科疾病中溃破的疮面。

痈：痈者，壅也。指气血被邪毒壅聚而发生的化脓性疾病。一般分外痈、内痈两大类。外痈是指生长于体表、皮肉之间的急性化脓性疾病，相当于西医的皮肤浅表脓肿，不同于西医的痈；内痈是指生长于脏腑的化脓性疾病。

疽：疽者，阻也。指气血被毒邪阻滞而发于皮肉筋骨的疾病。常分为有头疽和无头疽两类。有头疽是指发生在肌肤间的急性化脓性疾病，相当于西医的痈；无头疽是指多发于骨骼或关节间等深部组织的急性化脓性疾病，因病变部位较深，故患部漫肿，皮色不变，疼痛彻骨，难消、难溃、难敛，溃后多损伤筋骨，相当于西医的化脓性骨髓炎、骨结核、化脓性关节炎等。

发：病变范围较痈大，初起在皮下疏松部位，突然红肿蔓延成片，灼热疼痛，红肿以中心最为明显，四周较淡，边缘不清，3~5 日皮肤湿烂，随即变黑腐溃，或中软不溃，伴见明显的全身症状。相当于西医的疖、痈并发急性蜂窝织炎。

疖：生于皮肤浅表的急性化脓性疾病，局部红肿热痛，但凸起根浅，肿势局限，范围在 3cm 以内，易成脓，易破溃，出脓即愈。中医的"疖"相当于西医的疖或疖病。

疔：泛指一切发病迅速而危险性较大的体表疮疡。但目前临床上所称的疔是指发生在颜面、手足等部位，病势急剧，易迅速蔓散，可损筋伤骨，甚或引起"走黄"危险的急性化脓性疾病。中医的"疔"涵盖疾病种类较多，相当于西医的疖、痈、瘭疽、气性坏疽、皮肤炭疽及急性淋巴管炎等。

根盘：指肿疡基底部周围之坚硬区，边缘清楚。根盘收束者多为阳证，平塌者多为阴证。

根脚：肿疡之基底根部。一般多用于有头疽或疔的基底部的描述。根脚收束凸起多为阳证，根脚软陷为成脓，根脚散漫开大或塌陷多提示可能发生险症。

应指：患处已化脓（或有其他液体），用手按压时有波动感。

护场：指在疮疡正邪交争过程中，正气能够约束邪气，使之不至于深陷或扩散所形成的局部肿胀范围。有护场提示正气充足，疾病易愈；无护场提示正气不足，预后较差。

袋脓：溃疡溃后疮口较小，或切口不当，致脓腔较大如袋，脓液不易排出而蓄积于袋底，即为袋脓。

走黄：由于疔毒走散入血、内攻脏腑而引起的一种全身性化脓性感染。一般以颜面部疔疮合并走黄者最为多见。

流注：流者，行也；注者，住也。流注是由他处病灶的毒邪，随血流扩散到肌肉深部停住，发生转移性、多发性脓肿。初起漫肿微痛，结块不甚显著，皮色如常，发无定处，此处未愈而他处又起，容易走窜，即西医所称的多发性、转移性肌肉深部脓肿。

内陷：凡疮疡过程中，体虚之人因正气不足，火毒炽盛，正不胜邪，毒不外泄，反陷入里，客于营血，内传脏腑而引起的全身性化脓性感染。除疔疮毒邪走散入血称为"走黄"外，其他疮疡引起毒邪内传脏腑者称为内陷。临床上因有头疽并发者多见，故又称"疽毒内陷"，并因其发生在有头疽的各个阶段，又分为火陷、干陷、虚陷。

胬肉：指疮疡溃破后过度生长，高突于疮面或暴翻于疮口之外的腐肉。

缸口：慢性溃疡长期不愈，疮口边缘增厚，犹如大缸环口之状者，称为缸口。

结核：是症状，不是病名。即结聚成核、结如果核之意，泛指一切皮里膜外浅表部位的性质不同或不明的病理性肿块,非西医之由结核分枝杆菌所致的结核病。

瘰疬:因其结核累累如串珠状,故称瘰疬。发病多在颈侧、腋下、腹股沟等部位。病变表现为结块成核状,性质为阴证,与痨病有关,即西医所称的淋巴结结核。

臖核:当某部位感染时,继发引起颈颔、肘、腋窝、腘窝或腹股沟等相应部位出现的大小不等的硬结,称为臖核。其表面光滑,质中,按之作痛等。

流痰:好发于骨和关节间,起病缓慢,化脓亦迟。溃后流脓清稀,或夹有败絮样(干酪样)物质,不易愈合,每多损伤筋骨而造成残疾。

疳:凡黏膜部发生浅表溃疡,呈凹形有腐肉而脓液不多的称为疳,如发于口腔的称口疳,发于牙龈的称牙疳,发于龟头黏膜部的称下疳。

斑:既不高起也不凹陷的损害,称之为斑,如雀斑、汗斑、黧黑斑等。

疹:皮肤表面出现范围较小的隆起,称之为疹,如痱子、痤疮、湿疮等皆有疹的表现。

痦:皮肤上的汗疹称痦,如白痦(汗疱)。

痘:皮肤上浆液性的小水疱称为痘,如水痘。

癣:癣的含义甚广,凡皮肤增厚伴有鳞屑或有渗液、边界清楚的皮肤病,统称为癣,包括多种急性或慢性皮肤病,如牛皮癣(神经性皮炎)、湿癣(湿疹)、干癣(慢性湿疹)、圆癣(体癣、股癣)、花斑癣、头癣、手癣、足癣等。

疥:包括两个含义,一是指由疥虫引起、皮损为丘疹的传染性皮肤病,即疥疮;二是指无原发性皮损而全身剧痒的皮肤病,即干疥(皮肤瘙痒症)。

疣:皮肤上的良性赘生物。

痔:痔有峙突的意思,古代将生于肛门、耳道、鼻孔等人之九窍中的凸起小肉称为痔。生于鼻腔内的称鼻痔(鼻息肉),生于耳道内的称耳痔(耳息肉),生于肛门齿状线以上的称内痔。此外,尚有以病变形态而命名的,如葡萄痔(属血栓性外痔一类)、鸡冠痔、樱桃痔(属直肠息肉一类)等。由于痔的发病部位以肛门部较为多见,故归属于肛门病类。

漏:指溃疡疮口处脓水经久淋漓不止,犹如滴漏,故名曰漏。漏的含义,包括两种不同性质的病理改变,一为现称的瘘管,是指体表与空腔脏器之间相通的病理性管道,具有内口和外口;一为窦道,指深部组织通向体表的病理性盲管,一般只具有一个外口而无内口。两者在外口部均有脓水,经久淋漓不止。如肛漏是为瘘管,而瘰疬溃破后所成之漏、乳痈合并之乳漏均为窦道。

瘤:瘤者,留滞不去之义。凡瘀血、浊气、痰滞停留于人体组织之中,聚而成形结块者,称为瘤。本病随处可生,多发于皮肉筋骨之内,多数不痒不痛,推之移动,生长缓慢。中医文献中分有六瘤,即气瘤(神经纤维瘤)、肉瘤(脂肪瘤)、筋瘤(静脉曲张)、血瘤(海绵状血管瘤)、骨瘤(骨瘤、骨肉瘤)、脂瘤(皮脂腺囊肿)。

岩:即癌。病变肿块坚硬如石,高低不平,固定不移,状似岩突,破溃后疮口中间凹陷很深,形如岩穴,故名岩。如生于乳房的称乳岩,生于阴茎部的称肾岩(阴茎癌),生于唇部的称唇岩等。

失荣:颈部的恶性肿瘤。常发于颈部两侧或耳的前后,肿块坚硬如石,推之不移,病后期,患者面容消瘦,状如树木,失去荣华,枝枯皮焦,因此而命名。

风:风为百病之长,故外科以风命名的疾病很多,病种广泛,包括皮肤、口腔和肛门等部位的疾病。如破伤风、骨槽风(下颌骨骨髓炎)、麻风、白癜风、鹅掌风(手癣)、喉风(喉头水肿)、唇风(剥脱性唇炎)、肠风(便血、肛旁脓肿)等。这些以"风"命名的疾病的共同特点就是发病多与风邪有关,多为起病较急、发展较快的急性病。

毒:凡致机体阴阳平衡失调,对机体产生不利影响的因素统称为毒。外科以毒来取名的疾病很多,病种庞杂,不能代表某一种性质的疾病。也常指有传染性的疾病,如时毒;或火毒症状明显、发病迅速的一类疾病,如丹毒。此外,对某些外科疾病,一时不能定出确切的病名,也常用毒来取名,如无名肿毒、胎毒、痧毒等。由于以毒取名的疾病不能概括某一性质的疾病,故临床已较少应用。

痰:外科以"痰"命名的外科疾病大多为发于皮里膜外、筋肉骨节之间,肿硬似馒,皮色不变,或软或硬,按之有囊性感的包块,属有形之征,多为阴证,将溃时皮色转为暗红,溃后或出黏液,或脓中夹有败絮样物质。临证中以痰取名的疾病归纳起来大致有两类:一类是疮痨性病变,如流痰、子痰等;另一类是囊肿性病变,如痰包、痰核等。

（王伊光）

复习思考题

1. 中医外科疾病有哪些命名方法？试举例说明。
2. 根据所学疮疡类疾病专业名词,分别描述疖、痈、疽、发的特征。
3. 试述风、毒、痰所致疾病及其特点。

第三章

外科疾病的中医病因病机

📝 **学习目标**

1. 掌握外科疾病致病因素及特点。
2. 熟悉不内外因的致病特点。
3. 了解外科疾病形成、发展过程中的发病机制。

一、致病因素

外科疾病的致病因素多种多样,但大致可归纳为外感六淫、感受特殊之毒、外来伤害、情志内伤、饮食不节、劳伤虚损几个方面。

(一)外感六淫

《外科启玄》曰:"天地有六淫之气,乃风寒暑湿燥火,人感受之则营气不从,逆于肉理,变生痈肿疔疖。"在人体正气虚衰时,六淫邪毒能直接或间接侵害人体,从而发生各类外科疾病。

1. 风　风为阳邪,善行而数变,故风邪致病,发病迅速,多为阳证;风性燥烈、上行,多侵犯人体上部,如颈痈、头面丹毒等病。风邪致病,其肿宣浮,患部皮色或红或不变,痛无定处,走注甚速,伴恶风、头痛等全身症状。

2. 寒　"寒主收引""寒胜则痛"。寒邪侵袭人体易致局部气血凝滞,经脉阻塞,故易生冻疮、脱疽、流痰等;寒为阴邪,故其致病多为阴证,常侵袭人体的筋骨关节,患部特点多为皮肤色紫青暗,不红不热,肿势散漫,化脓迟缓,痛有定处,得暖则减;常伴恶寒、四肢不温、小便清长等全身症状。

3. 暑　暑必夹湿,暑热外受,暑湿蕴蒸,肌肤不洁,汗出不畅,以致暑湿逗留,易发生暑疖,甚至形成暑湿流注。同时皮肤经常处于潮湿的环境,不仅影响阳气通达肌表,而且降低局部的抵抗力,更易为外邪所侵。暑为阳邪,故其致病多为阳证,表现为患部焮红、肿胀、灼热、糜烂流脓或伴滋水,或痒或痛,其痛遇冷则减,常伴口渴、胸闷、神疲乏力等全身症状。

4. 湿　湿性趋下,重浊黏腻。冒雨涉水或居地潮湿等均可感受湿邪。发病时,湿热相兼尤为多见。发于身体下部者,多与湿邪有关。如湿热下注于下肢,可发臁疮、脱疽、丹毒等;湿热下注于膀胱,则有尿频、尿急、尿痛、尿血等症;湿浸肌肤,可发生湿疮、水疱、脓疱、渗液等损害。

5. 燥　秋季多燥,燥有凉燥与温燥之分。秋风初凉,西风肃杀,感之者,多病凉燥。若久旱无雨,天时风热过盛,感之者,多为温燥。在外科疾病的发病过程中以温燥居多。燥邪易致皮肤干燥破裂,外邪乘机侵袭,易致生痈或引起手足部疔疮等病;燥邪易伤人体阴液,侵犯皮肤,致患部干燥、枯槁、皲裂、脱屑等,常伴口干唇燥、咽喉干燥或疼痛等全身症状。

6. 火 火为热邪,热为火之轻,火为热之重,其病由直接感受温热之邪所引起,如疔疮、有头疽、痈、丹毒等。火为阳邪,故其致病多为阳证,患部特点为发病迅速,来势猛急,焮红灼热,肿处皮薄光亮,疼痛剧烈,容易化脓腐烂,或有皮下瘀斑,常伴口渴喜饮、小便短赤、大便干结等全身症状。

总之,六淫邪毒在发病过程中,由于风、寒、暑、湿、燥诸邪毒均能化热生火,所以外科疾病的致病因素,尤以"热毒""火毒"最为常见。

(二) 感受特殊之毒

特殊之毒除虫毒、蛇毒、疯犬毒、药毒、食物毒外,尚有疫毒。外科疾病中,可因虫兽咬伤,感受特殊之毒而发病,如毒蛇咬伤、狂犬病;接触疫畜(如牛、马、羊)而感染疫毒的疫疔;因虫螫人后引起的虫咬皮炎;某些人由于禀性不耐,接触生漆后而发漆疮,如《诸病源候论》曰:"漆有毒,人有禀性畏漆,但见漆便中其毒……亦有性自耐者,终日烧煮竟不为害也。"或服用某种食物后中毒;或因禀性不耐而引起某些皮肤病等。感受特殊之毒而致病的特点:发病迅速,有的可具有传染性,常伴有疼痛、瘙痒、麻木、发热、口渴、便秘等全身症状。

(三) 外来伤害

凡跌仆损伤、沸水、火焰、寒冻及金刀竹木创伤等一切物理和化学因素都可直接伤害人体;同时也可因外伤而再感受毒邪,发生破伤风或手足疔疮等;或损伤后,致脉络瘀阻,气血运行失常,筋脉失养而发生脱疽等。

(四) 情志内伤

情志是指人体的内在精神活动,包括喜、怒、忧、思、悲、恐、惊,故又称七情。在一般情况下,属于生理活动的范围,并不足以致病。相反,由于长期的精神刺激或突然受到剧烈的精神创伤,超过了人体生理活动所能调节的范围,可使体内的气血、经络、脏腑功能失调而发生外科疾病。如郁怒伤肝,肝气郁结,郁久化火,肝郁伤脾,脾失健运,痰湿内生,以致气郁、火郁、痰湿阻于经络,气血凝滞,结聚成块,形成痰核或引起疼痛等。常见疾病如乳痈、乳癖等。总之,由情志内伤所致的外科疾病,常循行肝经部位而发,多有夹郁夹痰的表现特点。

(五) 饮食不节

恣食膏粱厚味、醇酒炙烤或辛辣刺激之品,可使脾胃功能失调,湿热火毒内生,同时感受外邪则易发生痈、有头疽、疔疮等疾病,故《素问·生气通天论》云:"高粱之变,足生大丁。"且由于饮食不节,脾胃火毒所致的痈、有头疽、疔疮等病较之单由外邪所引起者更为严重,如消渴合并有头疽。至于内痔的发生,也与饮食不节、过食生冷有关,故《素问·生气通天论》云:"因而饱食,筋脉横解,肠澼为痔。"皮肤病中的粉刺、酒渣鼻的发生,多与过食醇酒炙烤、辛辣刺激之品有关,故饮食不节也属致病因素之一。

(六) 劳伤虚损

主要是指过度劳力、劳神、房事过度等因素,导致脏腑气血受损,阴阳失和,使正气亏损而发生疾病。如肾主骨,肾虚则骨骼空虚,风寒痰浊乘虚入侵而生流痰;肾阴不足,虚火上炎,灼津为痰,痰火凝结而生瘰疬,且其治愈之后,可因体虚而复发,尤以产妇更为多见;肝肾不足,寒湿外侵,凝聚经络,闭塞不通,气血运行不畅而成脱疽;劳力过度,久立久行,使肌肉劳损,可引起下肢筋瘤等。

二、病机

各种致病因素侵袭机体,与机体正气相争,邪胜正负则引起局部的气血凝滞,营气不从,经络阻塞,以致脏腑功能失和等,产生各种病理变化,从而发生各种外科疾病。故中医外科疾病总的发病机理主要为邪正盛衰、气血凝滞、经络阻塞、脏腑失和四个方面。

(一) 邪正盛衰

外科疾病与其他任何疾病一样,自始至终都存在着邪正斗争的基本矛盾,它不仅关系着疾病是否发生,而且决定着证候"邪气盛则实""精气夺则虚"的特性。正邪双方力量的对比直接影响着疾病的预后与转归。正气旺盛,临床多为阳证、实证,发展顺利,预后良好。全身症状有高热,烦躁,便结,溲赤,苔黄,舌红,脉实有力等;局部症状因病而异,如邪实正盛的阳证疮疡,局部高肿根束,焮热灼痛,脓出稠厚,易溃易敛。正气不足则表现为阴证、虚证,正虚邪实或正虚邪恋则容易逆变,预后不良。全身症状见面黄神倦,或潮热盗汗,舌红或淡,脉虚无力等;局部多见患处色白、平塌或坚硬结肿,不红不热,不痛或微痛,溃后脓水清稀淋漓,久不收口,迁延难愈,或毒盛内陷脏腑而为败证。

邪正盛衰的变化受治疗用药的影响较大,如阳证疮疡初期,过度内服寒凉攻伐药物,常使正气内伤,气血凝滞而毒聚不散。又如疮疡脓成而不用托法,或溃后脓出不畅,或未及时切开引流,均可致毒留肌肤、筋骨,甚而内攻脏腑。重症或久病伤正之后,或热毒伤阴,或脓泄大伤气血,实证阳证可转为虚证阴证,从而导致正邪关系的本质发生变化。

(二) 气血凝滞

气血凝滞是指气血生化不及或运行障碍而致其功能失常的病理变化,其病理过程会随着疾病的发生和发展而动态发展变化。当致病因素造成局部气血凝滞之后,可出现疼痛、肿胀、结节、肿块、出血、皮肤增厚、紫斑等。气血阻滞于人体,因部位不同而各具临床特征。如阻于膀胱则淋浊、癃闭、血尿;阻于肌肤则刺痛、肿胀、瘀斑、血肿、结节;阻于筋骨则酸胀疼痛;阻于筋脉则肢体拘急、活动不利,甚则麻木冷痛。气血凝滞,郁而化热,热盛肉腐,则酝酿液化为脓。

气血的盛衰与外科疾病的治疗和预后有着密切的关系,如疮疡的起发、破溃、收口,如气血充盛,外科疮疡不仅易于起发、破溃,也易于生肌收口而愈合;气虚则难以起发、破溃;血虚则难以生肌收口;气虚下陷可致脱肛;血虚不润可致皮肤干燥、脱屑、瘙痒。

(三) 经络阻塞

局部经络阻塞是外科疾病的发病机理(机制)之一;同时身体经络的局部虚弱也能成为外科疾病发病的条件,如外伤瘀阻后形成瘀血流注,头皮外伤血肿后常可导致斑秃的发生等,正合《黄帝内经》所云"邪之所凑,其气必虚"。

此外,患处部位所属经络与外科疾病的发生发展也有着重要的联系。如有头疽生于项之两侧者,为足太阳膀胱经所属,该经为寒水之经,也为多血少气之经,所以难以起发。臁疮本属难以愈合之病,外臁疮为足三阳经所属,该经为多气多血之经,相对容易愈合;而内臁疮为足三阴经所属,该经为多气少血之经,相对难以愈合。经络也是传导邪毒的通路,具有运行气血、联络人体内外各组织器官的作用,故体表的邪毒可由外传里而内攻脏腑,脏腑内在病变也可由里达表,这些均是通过经络的传导而成。由此可见,经络与外科疾病的发生、变化有着密切的联系。

(四) 脏腑失和

人体是一个完整统一的有机体,外科疾病虽然绝大多数发于皮、肉、脉、筋、骨的某一部位,但与内在的脏腑有着密切的联系。如果脏腑功能失调,可以导致外科疾病的发生。

临床中可因热毒、疫毒、蛇毒的毒邪炽盛,或因体虚正不胜邪而使毒邪走散,内攻脏腑。如毒邪攻心,蒙蔽心包,扰乱神明,则出现神昏谵语;毒邪犯肺可见咳嗽、胸痛、血痰等,形成走黄、内陷危证。由此可见,脏腑内在的病变可以反映于体表,而体表的毒邪通过经络的传导也可以影响脏腑而发生病变。

总之,从外科疾病的发生、发展、变化的过程来看,其与气血、脏腑、经络、正气的关

笔记栏

系是极其密切的。局部的气血凝滞，营气不从，经络阻塞，以及脏腑功能失和是总的发病机制。

（王伊光）

复习思考题

1. 外科疾病致病因素中六淫致病的特点是什么？主要有哪些症状？
2. 怎样理解"有诸内必形诸外"？

扫一扫
测一测

第四章

外科疾病的中医辨证

✎ **学习目标**

1. 掌握外科疾病阴证阳证的辨病方法,外科疾病上、中、下三部的辨证方法,肿、痛、痒、脓、麻木以及肿块、结节、溃疡、出血的辨证特点。
2. 熟悉外科疾病的辨证程序,提高临床辨病水平。
3. 了解十二经络气血多少与外科疾病的关系。

一、辨病

中医外科自古以来强调辨病,认识和掌握疾病的现象、本质及其变化规律。例如均为疔疮,疫疔、手足疔疮、颜面部疔疮的症状表现、施治方法和预后转归等是不同的。

在外科临床过程中准确地进行辨病,首先必须具备扎实的理论知识。其次,详细、全面、认真地诊察亦是辨病的重要一环。临床中一般对具有典型表现的疾病,多可迅速明确地辨病,而疑似之间的疾病则往往不易辨别,因此详细、全面、认真地诊察是辨病的关键。

具备现代诊断技术及相关实验室检查知识是准确辨病的重要条件。众所周知,在临床工作中,如果没有一定的现代诊断技术手段,是不易做到准确辨病的,特别是在目前病名尚不统一规范的情况下,容易出现误诊或漏诊。

临床辨病须按以下程序进行:

(一) 询问病史

询问病史是从本次发病的原因或诱因开始,细致而有重点地询问发病的过程、疾病的变化、诊断、治疗的经过和效果,从中抓住可以决定或提示诊断的关键线索,为辨病提供依据。对过去的病史(包括个人生活史)亦应加以询问,以供参考。

(二) 全面体检

在询问病史的同时,对每位患者均应进行全面的体格检查。这样既可以了解患者的一般状况,又可以全面搜集临床体征(包括有鉴别意义的阴性体征),以增加分析、判断的资料,避免漏诊或误诊,从而达到准确辨病的目的。

(三) 注重局部

外科疾病最重要的特点是局部症状与体征,不同的疾病局部表现各异,同一种疾病在不同阶段表现也不同,因此重点诊察局部特征是辨病的关键。局部表现对判断是否属于外科病、是哪种疾病、属阳证或阴证,以及气血盛衰、善恶顺逆等都是至关重要的。

(四) 选用新技术和必要的辅助检查

新技术是四诊的发展和延伸,并可提供疾病微观状态不同侧面的真实情况,因此合理选用新技术和辅助检查对辨病和辨证是必要的。

(五) 综合分析

辨病时,通过望、闻、问、切四诊,取得临床第一手资料,这些资料的完整、全面、准确与否,直接影响辨病的准确性。临床中由于原始资料的不完备、不准确导致误诊、漏诊的病例较多,有时即使四诊资料准确,临证时也会错辨疾病,这可能是由于分析、综合的方法不正确,其中先入为主、忽略细节、主观臆断是造成这一结果的常见原因。因此对四诊资料要做到全面分析,细致入微,丝丝入扣。全面分析、准确辨病是一种能力,是受医学知识、临床经验、思维方法影响和制约的,只有在这三方面刻意锻炼,最终才能提高辨病水平。

二、阴阳辨证

(一) 阴阳是外科疾病辨证的总纲

阴阳是八纲辨证的总纲。外科在辨别阴阳属性上还有自己的特点,即根据疾病的发生、发展和转归等各方面的相对性,以全身症状和局部体征类比的方法,直接辨认其为阳证或阴证。《外科正宗》《外科大成》《医宗金鉴》等外科重要文献着重论述阴证、阳证,而略于表里、寒热、虚实;而《外科证治全生集》仅以阴阳为辨证论治法则,说明外科疾病的阴证、阳证确有一定的独立性。所以,后世医家将阴证、阳证放在外科八纲辨证的第一位。如《外科正宗》中的"痈疽阳证歌""痈疽阴证歌"等,则明确地把阴阳学说作为外科疾病的辨证原则;《疡医大全·论阴阳法》则曰:"凡诊视痈疽,施治,必须先审阴阳,乃为医道之纲领。阴阳无谬,治焉有差? 医道虽繁,而可以一言蔽之者,曰阴阳而已。"进一步指出阴阳在外科疾病辨证方面的重要性。所以,阴阳不仅是八纲辨证的总纲,也是其他一切外科疾病辨证的总纲。

(二) 辨阴证、阳证

中医外科疾病的阴阳辨证重点在于局部症状,同时不能忽视全身症状表现,具体要点概括如下:

(1)发病缓急:急性发作属阳;慢性发作属阴。

(2)病程长短:阳证的病程比较短;阴证的病程比较长。

(3)皮肤颜色:红活焮赤属阳;紫暗或皮色不变属阴。

(4)病位深浅:病发于皮肉的属阳;发于筋骨的属阴。

(5)皮肤温度:灼热的属阳;不热或微热的属阴。

(6)肿形高度:肿胀形势高起的属阳;平坦下陷的属阴。

(7)肿胀范围:肿胀局限,根脚收束的属阳;肿胀范围不局限,根脚散漫的属阴。

(8)肿胀硬度:肿胀软硬适度,溃后渐消的属阳;坚硬如石,或柔软如棉的属阴。

(9)疼痛感觉:疼痛比较剧烈的属阳;不痛、隐痛、酸痛或抽痛的属阴。

(10)脓液稀稠:溃后脓液稠厚的属阳;稀薄或纯血水的属阴。

(11)溃疡形色:肉芽红活润泽者属阳;肉芽苍白或紫暗者属阴。

(12)舌苔脉象:舌红苔黄,脉有余多属阳;舌淡苔少,脉不足属阴。

(13)全身症状:阳证初起常伴有形寒发热、口渴、纳呆、大便秘结、小便短赤等症状,溃后症状逐渐消失;阴证初起一般无明显症状,酿脓期常有骨蒸潮热、颧红,或面色白、神疲、自汗、盗汗等症状,溃脓后更甚。

(14)预后顺逆:阳证易消、易溃、易敛,预后多良好;阴证难消、难溃、难敛,预后不良。

阴阳辨证要注意以下几个方面:

1. 局部和全身相结合 虽然阴阳辨证以局部症状为主,但不能孤立地以局部症状为依据,还要从整体出发,全面地了解、分析、判断。以乳痈为例,由于病位深在,初期表现多似阴证,实属阳证。

2. 辨别真假　不能只从局部着眼,要深入分析,抓住疾病的实质,才不会被假象所迷惑。如流注,初期多为局部色白、漫肿、隐痛,到了化脓时才微红、微热,容易误作阴证。其实流注病灶深在肌肉,红热虽不显露,但化脓很快,脓质稠厚,溃后也易收口,同时伴有急性热病的全身症状。

3. 消长与转化　疾病在发展变化过程中阴证和阳证之间是可以互相转化的,这是由于阴阳与病位之深浅、邪毒之盛衰有关;或是疾病的自身转化,如寒化为热、阴转为阳的瘰疬,脑疽之实证阳证转化为虚证阴证;或是治疗后的转化,如本属阳证,若临床上给予大量苦寒泻火之剂,外敷清凉消肿解毒之药,或者使用大量抗生素后,红热疼痛等急性症状消失,炎症局限,逐渐形成一个稍红微热隐痛的不硬肿块,消之不散,亦不化脓,这是阳证转为半阴半阳证的表现。但是,阳证由于失治或误治而转化为阴证或半阴半阳证,是应极力避免的。临证中凡不属典型阴证或阳证的,即介于两者之间表现者,称之为半阴半阳证。

三、部位辨证

所谓部位辨证,是指按外科疾病发生的上、中、下部位进行辨证的方法,又称"外科三焦辨证"。外科疾病的发生部位不外乎上部(头面、颈项、上肢)、中部(胸腹、腰背)、下部(臀腿、胫足)。部位辨证既与内科三焦辨证相联系,又具有鲜明的外科特点,从而进一步完善了外科辨证方法。其具体辨证内容如下:

(一)上部辨证

人体上部包括头面、颈项以及上肢。按照经络运行图分析,生理状态的人体应为上肢上举,而非下垂,故将上肢归入上部。

1. 发病部位　头面、颈项、上肢。

2. 病因特点　风邪易袭,温热多侵。风邪易袭阳位,温热其性趋上,故病因多为风温、风热。

3. 发病特点　上部疾病的发生一般来势迅猛。因风邪侵袭常发于突然之间,而起病缓慢者风邪为患则较少。

4. 常见症状　发热恶风,头痛头晕,面红目赤,口干咽痛,舌尖红而苔薄黄,脉浮而数。局部红肿宣浮,忽起忽消,根脚收束,肿势高突,疼痛剧烈,溃疡则脓稠而黄。

5. 常见疾病　头面部疖、痈、疔诸疮;皮肤病如油风、黄水疮等;颈项多见痈、有头疽等;上肢多见外伤染毒,如疖、疔等。

6. 证型特点　常见有风热证、风温证,实证、阳证居多。

(二)中部辨证

人体中部包括胸、腹、腰、背,是五脏六腑所居之处,也是十二经所过部位,是人体气机升降出入的枢纽,也是气血化生、运行、转化的部位。发于中部的外科疾病,绝大多数与脏腑功能失调关系密切。

1. 发病部位　胸、腹、胁、肋、腰、背。

2. 病因特点　七情内伤、五志不畅可致气机郁滞,过极则化热生火;或由于饮食不节、劳伤虚损、气血郁阻、痰湿凝滞而致脏腑功能失和,病因多为气郁、火郁。

3. 发病特点　中部疾病的发生,常于发病前有情志不畅,或素有性格郁闷。一般发病时常不易察觉,一旦发病,情志变化可影响病情。

4. 常见症状　中部症状比较复杂,由于影响脏腑功能,症状表现轻重不一。主要有:呕恶上逆,胸胁胀痛,腹胀痞满,纳食不化,大便秘结或硬而不爽,腹痛肠鸣,小便短赤,舌红,脉弦数。

5. 常见疾病　乳房肿物、腋疽、胁疽、背疽、急腹症、缠腰火丹以及癥瘕积聚等。

6. 证型特点　初多气郁、火郁,属实,破溃则虚实夹杂,后期正虚为主,其病多及肝胆、脾胃。

(三) 下部辨证

人体下部指臀、前后阴、腿、胫、足,其位居下,阴偏盛,阳偏弱,阴邪常袭。

1. 发病部位　臀、前后阴、腿、胫、足。

2. 病因特点　寒湿、湿热多见。由于湿性趋下,故下部疾病者多夹湿邪。

3. 发病特点　起病缓慢,缠绵难愈,反复发作。

4. 常见症状　患部沉重不爽,二便不利,或肿胀如棉,或红肿流滋,或疮面紫暗、腐肉不脱、新肉不生。

5. 常见疾病　臁疮、脱疽、股肿、子痈、子痰、水疝等。

6. 证型特点　初起多为阴证,后期虚证为主,多兼夹余邪,病变涉及肺、脾、肾三脏。

四、经络辨证

依据疾病所在部位和按经络在人体的循行分布,可以推断出疾病所属经络,从而根据病情,结合按经络用药以提高疗效。

(一) 人体各部所属经络

头顶:正中属督脉;两旁属足太阳膀胱经。

面部、乳部:属足阳明胃经(乳房属足阳明胃经,乳头属足厥阴肝经)。

耳部前后:属足少阳胆经和手少阳三焦经。

手、足心部:手心属手厥阴心包经;足心属足少阴肾经。

背部:总属阳经(因背为阳,中行为督脉之所主,两旁为足太阳膀胱经之所主)。

臂部:外侧属手三阳经;内侧属手三阴经。

腿部:外侧属足三阳经;内侧属足三阴经。

腹部:总属阴经(因腹为阴,中行为任脉之所主)。

其他:生于目部为肝经所主;生于耳内为肾经所主;生于鼻内为肺经所主;生于舌部为心经所主;生于口唇为脾经所主。

(二) 十二经络气血之多少

手足十二经脉有气血多少之分,手阳明大肠经、足阳明胃经为多气多血之经;手太阳小肠经、足太阳膀胱经、手厥阴心包经、足厥阴肝经为多血少气之经;手少阳三焦经、足少阳胆经、手少阴心经、足少阴肾经、手太阴肺经、足太阴脾经为多气少血之经。

由于疮疡所发部位和经络的不同,治法就有分别,即还须结合经络之所主的一定部位而选用一些治法或一些引经药物,从而收到更显著的效果。凡外疡发于多血少气之经,血多则凝滞必甚,气少则外发较缓,故治疗时注重破血,注重补托。发于多气少血之经,气多则结必甚,血少则收敛较难,故治疗时要注重行气,注重滋养。发于多气多血之经,病多易溃易敛,实证居多,故治疗时要注重行气活血。如乳痈所患部位属足阳明胃经,治宜行气通乳;瘰疬属足少阳胆经,治宜行滞、滋养。此外,还须结合经络之所主的一定部位而选用一些引经药物,使药力直达患处,提高疗效。

五、局部辨证

局部辨证就是指对局部病变的四诊资料进行分析、归纳、总结、判断,辨别出病变之原因、性质,了解病变的程度与转归顺逆,从而对病理状态作出概括的诊断,为施治提供理论依据。外科疾病最显著的特征就在于局部病灶的存在,一般都有着比较明显的外在表现。

临床上主要从以下几方面辨证:

(一)辨肿

肿是由各种致病因素引起的经络阻隔、气血凝滞而形成的体表症状。肿势的缓急、集散程度,常为判断病情虚实、轻重的依据。

1. 肿的性质

(1)风肿:发病急骤,漫肿宣浮,或游走不定,不红微热,或轻微疼痛,常见于痄腮、大头瘟等。

(2)热肿:肿而色红,皮薄有光泽,焮热疼痛,肿势急剧,常见于阳证疮疡,如疖疔初期、丹毒等。

(3)寒肿:肿而不硬,皮色不泽,苍白或紫暗,皮肤清冷,常伴有酸痛,得暖则舒,常见于冻疮、脱疽等。

(4)痰肿:肿势软如棉,或硬如馒,大小不一,形态各异,无处不生,不红不热,皮色不变,常见于瘰疬、脂瘤等。

(5)湿肿:皮肉重垂胀急,深按凹陷,如烂棉不起,浅则光亮如水疱,破流黄水,浸淫皮肤,常见于股肿、湿疮等。

(6)气肿:皮紧内软,按之凹陷,指起即复,似皮下藏气,富有弹性,不红不热,或随喜怒消长,常见于气瘿、乳癖等。

(7)血肿:肿而胀急,起病较快,色初暗褐,后转青紫,逐渐变黄至消退。也有血肿染毒、化脓而肿,常见于皮下血肿等。

(8)脓肿:肿势高突,皮肤光亮,焮红灼热,剧烈跳痛,按之应指,常由某些疾病染毒所致,如乳痈、肛痈等。

(9)实肿:肿势高突,根盘收束,常见于正盛邪实之疮疡。

(10)虚肿:肿势平坦,根盘散漫,常见于正虚不能托毒外出之疮疡。

2. 肿的病位与形色 由于发病部位的局部组织有疏松和致密的不同,肿的情况也有差异。发生在表浅部位,如皮毛、肌肉之间者,赤色为多,肿势高突,根盘收束,肌肤焮红,发病较快,并易脓、易溃、易敛;手指部因组织致密,故局部肿势不甚,但疼痛剧烈;病发手掌、足底等处,因病处组织较疏松,肿势易于蔓延;在筋骨、关节之间,发病较缓,并有难脓、难溃、难敛的特点;病发皮肉深部,肿势平坦,皮色不变者居多,至脓熟仅透红一点;大腿部由于肌肉丰厚,肿势更甚,但外观不明显;颜面部疔疮、有头疽等显而易见,若脓未溃时,由红肿色鲜转向暗红而无光泽,由高肿转为平塌下陷,可能是危象之候。

(二)辨肿块、结节

肿块是指体内比较大的或体表显而易见的肿物,如腹腔内肿物或体表较大的包块等。而较小的触之可及的称为结节,主要见于皮肤或皮下组织。

1. 肿块

(1)位置:有些肿块特别需要确定其生长的位置,以确定其性质和选择不同的治疗方法。如蔓状血管瘤看似位于体表,却多呈哑铃状,很可能外小内大,深层部分可以延伸到人体的骨间隙或内脏间隙,如术前诊断不清,术中往往措手不及。肌肉层或肌腱处的肿块,可随肌肉收缩掩没或显露,如腱鞘囊肿、腘窝囊肿等。平卧位触摸不清或比较深在的腹部不易判断的肿块,检查时应选择不同体位,例如让患者平卧位抬头,这时腹肌紧张,可清楚地触及肿块,说明肿块位于腹壁浅表;若肿块消失,说明肿块位于腹肌之下或腹腔内。另外,对某些肿块则需要借助仪器检查。

(2)形态：常见的肿块形态特征有扁平、扁圆、圆球、卵圆、索条状、分叶状及不规则形态等。表面是否光滑可协助判断其性质，如良性肿瘤因其有完整包膜，触诊时多表面光滑，而恶性肿瘤多无包膜，所以表面多粗糙，高低不平，且形状不一。

(3)大小：一般以厘米为测量单位。测量其大小可作为记录肿块变化、观察治疗效果的客观依据。选择具体测量方法时，特别要注意肿块覆盖物的厚度，或哑铃状及其他形状的肿块，可能存在体表部分虽小而体内部分却很大的情况。有些囊性变或出血性肿块随时间变化而增大，要随时观察其大小。B超测量可准确提示其数值。

(4)质地：根据肿块质地的软硬可判断其不同性质。如骨瘤或恶性肿瘤质地坚硬如石；脂肪瘤则柔软如馒；囊性肿块按之柔软等。但当囊性病变囊内张力增大到一定程度时，触诊也很硬韧。

(5)界限：指肿块与周围组织间的关系。一般认为非炎症性、良性肿块常有明显界限；而恶性肿块呈浸润性生长，与周围组织融合，无明显界限。炎性肿块或良性肿块合并感染，或良性肿块发生恶性病变时，均可由边界清楚演变为边界不清。

(6)活动度：根据肿块活动度一般可确定肿块的位置或性质。如皮内肿块可随皮肤提起，推移肿块可见皮肤受牵扯；皮下肿块用手推之能在皮下移动，无牵拉感等。总的原则是良性肿块多活动度好，恶性肿块活动度较差。但是，有的肿块不活动或活动度极小，却不一定是恶性的，如皮样囊肿，镶嵌在颅骨上，致颅骨成凹，推之难移。

(7)疼痛：一般肿块多无疼痛，恶性肿块初期也很少疼痛。只有当肿块合并感染，或良性肿瘤受到挤压，或恶性肿瘤中、后期出现破溃或压迫周围组织时，可有不同程度的疼痛。

(8)内容物：由于肿块来源及形成或组织结构的区别，肿块内有着不同的内容物。如某些肉瘿（甲状腺囊肿）含淡黄色或咖啡色液体；水瘤（淋巴管瘤）内为无色透明液体；胶瘤（腱鞘囊肿）内为淡黄色黏冻状液体；结核性脓肿内为稀薄暗淡夹有败絮样物质的液体；脂瘤（皮脂腺囊肿）内含灰白色豆腐渣样物质等。为了明确内容物的性质，有时需针吸穿刺或手术活检证实。

2. 结节　结节是相对肿块而言的，大者为肿块，小者为结节。其大小不一，多呈圆形、卵圆形、扁圆形等局限性隆起，可相互融合成片或相连成串，亦有发于皮下，不易察觉，用手才能触及者。结节疼痛多伴有感染；生长缓慢、不红无肿的结节，多考虑良性结节；对不明原因增长较快的结节，应尽快手术治疗，必要时应做病理检查。

（三）辨痛

痛是气血凝滞、阻塞不通的反应，是疮疡最常见的自觉症状。

1. 疼痛原因

(1)热痛：皮色焮红，灼热疼痛，遇冷则痛减，见于阳证疮疡。

(2)寒痛：皮色不红，不热，酸痛，得温则痛缓，见于脱疽、寒痹等。

(3)风痛：痛无定处，忽彼忽此，走注甚速，遇风则剧，见于行痹等。

(4)气痛：攻痛无常，时感抽掣，喜缓怒甚，见于乳癖等。

(5)湿痛：痛而酸胀，肢体沉重，出现凹陷性水肿或见糜烂流滋，见于臁疮、股肿等。

(6)痰痛：疼痛轻微，或隐隐作痛，皮色不变，压之酸痛，见于脂瘤、肉瘤等。

(7)化脓痛：痛势急胀，痛无止时，如同鸡啄，按之中软应指，多见于疮疡成脓期。

(8)瘀血痛：初起隐痛、胀痛，皮色不变或皮色暗褐，或见皮色青紫瘀斑，见于创伤或创伤性皮下出血等。

2. 疼痛类别

(1)卒痛：突然发作，痛势急剧，多见于急性病。

(2)阵发痛:时重时轻,发作无常,忽痛忽止,多见于石淋等疾病。

(3)持续痛:痛无休止,持续不减,连续不断,常见于疮疡初起与成脓时或脱疽等。

3. 疼痛性质

(1)刺痛:痛如针刺,病变多在皮肤,如蛇串疮。

(2)灼痛:痛如烧灼,病变多在肌肤,如疖、颜面部疔疮、烧伤等。

(3)裂痛:痛如撕裂,病变多在皮肉,如肛裂、手足皲裂较深者。

(4)钝痛:疼痛滞缓,病变多在骨与关节间,如流痰等。

(5)酸痛:痛而酸楚,病变多在关节间,如鹤膝痰等。

(6)胀痛:痛而紧张,胀满不适,如血肿、癃闭等。

(7)绞痛:痛如刀割,发病急骤,病变多在脏腑,如石淋等。

(8)啄痛:痛如鸡啄,并伴有节律性痛,病变多在肌肉,常见于阳证疮疡化脓阶段。

(9)抽掣痛:痛时扩散,除抽掣外,并伴有放射痛,如乳岩、石瘿之晚期。

4. 痛与肿的关系

(1)先肿而后痛者,其病浅在肌肤,如颈痈。

(2)先痛而后肿者,其病深在筋骨,如附骨疽。

(3)痛发数处,同时肿胀并起,或先后相继者,其病位在肌肉,如流注。

(4)肿势蔓延而痛在一处者,是毒已渐聚。肿势散漫而无处不痛者,是毒邪四散,其势方张。

(5)肿块坚硬如石不移,不痛或微痛,日久逐渐增大并觉掣痛者,如乳岩。

(四) 辨痒

中医认为"热微则痒",即痒是因风、湿、热、虫之邪客于皮肤肌表,引起皮肉间气血不和,郁而生微热所致;或由于血虚风燥阻于皮肤,肤失濡养,内生虚热而发。

1. 以病因来辨

(1)风胜:走窜无定,遍体作痒,抓破血溢,随破随收,不致化腐,多为干性,如牛皮癣、白疕、瘾疹等。

(2)湿胜:浸淫四窜,黄水淋漓,最易沿表皮蚀烂,越腐越痒,多为湿性,如急性湿疮;或有传染性,如脓疱疮。

(3)热胜:皮肤瘾疹,焮红灼热作痒,或只发于裸露部位,或遍布全身,甚则糜烂滋水淋漓,结痂成片,常不传染,如接触性皮炎。

(4)虫淫:浸淫蔓延,黄水频流,状如虫行皮中,其痒尤甚,最易传染,如手足癣、疥疮等。

(5)血虚:皮肤变厚、干燥、脱屑,很少糜烂流滋水,如牛皮癣、慢性湿疮。

2. 以病变过程来辨

(1)肿疡作痒:较为少见,如有头疽、疔疮初起,局部肿势平坦,根脚散漫,脓尚未成之时,可有作痒的感觉,这是毒邪炽盛,病变有发展的趋势。特别是疫疔,只痒不痛,但病情更为严重。又如乳痈等经治疗后局部根脚收束,肿痛已减,余块未消之时,也有痒的感觉,这是毒势已衰,气血通畅,病变有消散之趋势。

(2)溃疡作痒:肿痛渐消,忽然患部感觉发热奇痒,常由于脓区不洁,脓液浸渍皮肤,护理不善所致;或因应用汞剂、砒剂、敷贴膏药等引起皮肤过敏而发。如溃疡经治疗后,脓流已畅,余肿未消之时;或于腐肉已脱、新肌渐生之际,而皮肉间感觉微微作痒,这是毒邪渐化、气血渐充、助养新肉、将要收口的佳象。

(五) 辨麻木

麻木是由于气血失调或毒邪炽盛,以致经脉阻塞,气血不达而成。如疔疮、有头疽坚肿色褐,麻木不知痛痒,伴有较重的全身症状,为毒邪炽盛,壅塞脉道,气血不运所致,常易导致走黄和内陷;麻风患部皮肤增厚,麻木不仁,不知痛痒,为气血失和所致;脱疽早期患肢麻木而冷痛,为气血不畅,脉络阻塞,四末失养所致。

（六）辨脓

脓是外科疾病中常见的病理产物,因皮肉之间热盛肉腐蒸酿而成。正确辨别脓的有无、脓肿部位之深浅,才能进行适当的处理;依据脓液性质、色泽、气味等变化,可正确判断疾病的预后顺逆。

1. 成脓的特点

(1)疼痛:阳证脓疡,因正邪交争剧烈,脓液积聚,脓腔张力不断增高,压迫周围组织而疼痛剧烈;局部按之灼热痛甚,拒按明显;老年体弱者应激力差,反应迟钝,痛感缓和。阴证脓疡则痛热不甚而酸胀明显。

(2)肿胀:皮肤肿胀,皮薄光亮为有脓。深部脓肿,皮肤变化不明显,但胀感较甚。

(3)温度:用手仔细触摸患部,与周围正常皮肤对比,若为阳证脓疡,则局部温度增高。

(4)硬度:《疡医大全》谓:"凡肿疡按之软陷,随手起者,为有脓;按之坚硬,虽按之有凹,不即随手起者,为脓尚未成。"肿块已软,按之应指者,为脓已成。

2. 确认成脓的方法

(1)按触法:用两手示指的指腹轻放于脓肿患部,相隔适当的距离,然后以一手指稍用力按一下,另一手指端即有一种波动的感觉,这种感觉称为应指。经反复多次及左右相互交替试验,若应指明显者为有脓。在检查时注意两手指腹应放于相对应的位置,并且在上下、左右互相垂直的方向检查。若脓肿范围较小,则用左手拇指、示指固定于脓肿的两侧,以右手的示指按触脓肿中央,如有应指为有脓。

(2)透光法:即以患指 / 趾遮挡住手电筒的光线,然后注意观察患指 / 趾部表面,若见其局部有深黑色的阴影即为有脓。不同部位的脓液积聚,其阴影可在其相应部位显现。此法适用于指、趾部甲下的辨脓,因其局部组织纤薄且能透光。如蛇眼疔、甲根后的脓液积聚,可在指甲根部见到轻度的遮暗;蛇头疔脓液在骨膜部,沿指骨有增强的阴影而周围清晰;在骨部的,沿着骨有黑色遮暗,并在感染区有明显的轮廓;在关节部的,则关节处有很少的遮暗;在腱鞘内的,有轻度遮暗,其行程沿整个手指的掌面;全手指尖部、整个手指的脓肿则呈一片显著暗区。

(3)点压法:在指 / 趾部,当病灶处脓液很少时,可用点压法检查,简单易行。用大头针尾或火柴头等小的圆钝物,在患部轻轻点压,如测得有局限性的剧痛点,即为可疑脓肿。

(4)穿刺法:当脓液不多且位于组织深部时,用按触法辨脓有困难,可直接采用注射器穿刺抽脓的方法,不仅可以用来辨别脓的有无,确定脓肿深度,而且可以采集脓液标本,进行培养和药物敏感试验。

(5)B超:B超的特点是操作简单,无损伤,可比较准确地确定脓肿部位,并协助判断脓肿大小,从而能引导穿刺或切开排脓。

3. 辨脓的部位深浅

确认脓疡深浅,可为切开引流提示进刀深度。若深浅不辨,浅者深开,容易损伤正常组织,增加患者的痛苦。

(1)浅部脓疡:如阳证脓疡,其临床表现为高突坚硬,中有软陷,皮薄焮红灼热,轻按则痛且应指。

(2)深部脓疡:肿块散漫坚硬,按之隐隐软陷,皮肤不热或微热,不红或微红,重按方痛。

4. 辨脓的形质、色泽和气味

(1)脓的形质:如脓稠厚者,为元气充盛;淡薄者,为元气较弱。如先出黄白稠厚脓液,次出黄稠滋水,是将敛佳象;若脓由稠厚转为稀薄,体质渐衰,为一时难敛。如脓成日久不泄,一旦溃破,脓质如水直流,其色不晦,其气不臭,未为败象;若脓稀似粉浆污水,或夹有败絮状物质,且色晦腥臭者,为气血衰竭,此属败象。

(2)脓的色泽:如黄白质稠,色泽鲜明,为气血充足,最是佳象;如黄浊质稠,色泽不净,为气火有余,尚属顺证;如黄白质稀,色泽洁净,气血虽虚,未为败象;如脓色绿黑稀薄,为蓄毒日久,有损筋伤骨之可能;如脓中夹有瘀血者,为血络损伤。

(3)脓的气味:一般略带腥味者,其质必稠,大多是顺证现象;脓液腥秽恶臭者,其质必薄,大多是逆证现象,常为穿膜损骨之征。其他有如蟹沫者,为内膜已透,每多难治。

(七) 辨溃疡

肿疡在不能消散吸收的情况下,破溃而形成溃疡,由于人体的正气强弱有异,疾病的性质不同,局部溃疡所表现的形态与色泽也有所不同。医生可以通过辨溃疡局部的形色分析病情,判断转归和预后。

1. 色泽　阳证溃疡,色泽红活鲜润,疮面脓液稠厚黄白,腐肉易脱,新肉易生,疮口易敛,知觉正常;阴证溃疡,疮面色泽灰暗,脓液清稀,或时流血水,腐肉不脱,或新肉不生,疮口经久难敛,疮面不知痛痒。如疮顶突然陷黑无脓,四周皮肤暗红,肿势扩散,多为疔疮走黄之象。如疮面腐肉已尽,而脓水灰薄,新肉不生,状如镜面,光白板亮,为虚陷之证。

2. 溃疡形态

(1)化脓性溃疡:疮面边缘整齐,周围皮肤微有红肿,一般口大底小,内有少量脓性分泌物。

(2)压迫性溃疡(缺血性溃疡):初期皮肤暗紫,很快变黑并坏死,滋水、液化、腐烂,脓液有臭味,可深及筋膜、肌肉、骨膜。多见于压疮。

(3)疮痨性溃疡:疮口多呈凹陷形或潜行空洞或瘘管,疮面肉色不鲜,脓水清稀,并夹有败絮状物,疮口愈合缓慢或反复溃破,经久难愈。

(4)岩性溃疡:疮面多呈翻花状如岩穴,有的在溃疡底部见珍珠样结节,内有紫黑坏死组织,渗流血水,伴腥臭味。

(5)梅毒性溃疡:多呈半月形,边缘整齐,坚硬削直如凿,略微内凹,基底高低不平,存有稀薄臭秽分泌物。

(八) 辨出血

中医外科疾病以便血、尿血最为常见,准确辨认出血的性状、部位、原因,对及时诊断、合理治疗具有十分重要的意义。

1. 便血　亦称"血泄",即指血从肛门下泄,包括粪便带血,或单纯下血。便血有"远血""近血"之说。上消化道出血,一般呈柏油样黑便,为远血;直肠、肛门出血,便血血色鲜红,为近血。内痔以便血为主,多发生在排便时,呈喷射状或便后滴沥鲜血;肛裂排便时血色鲜红而量少,并伴剧烈疼痛;结肠癌多以腹部包块就诊,血便混杂,常伴有黏液;直肠癌则以便血求治,肛门下坠,粪便表面附着鲜红或暗红色血液,晚期可混有腥臭黏液,指检可以帮助确诊。

2. 尿血　亦称"溲血""溺血",是指排尿时尿液中有血液或血块的现象。一般以无痛为"尿血",有痛称"血淋"。泌尿生殖系统的感染、结石、肿瘤、损伤等是导致尿血的主要原因。如肾结石、输尿管结石,在疼痛发作期间或疼痛后出现不同程度的血尿,一般为全程血尿;膀胱、尿道结石多为"终末血尿";肾肿瘤常为全程无痛血尿,一般呈间歇性;膀胱肿瘤呈持续性或间歇性无痛肉眼血尿,出血较多者可以排出血块;外伤损及泌尿系统、器械检查或手术等均可造成出血,引起尿血。临床上可根据病史、体征以及其他检查,明确出血部位。另外尚有一些疾病,如结缔组织病、免疫系统疾病、内分泌疾病、代谢障碍性疾病,也可以引起尿血。

六、善恶顺逆辨证

善恶顺逆辨证用于判断外科疾病的预后好坏。所谓"善"就是好的现象,"恶"就是坏的现象;"顺"就是正常的征象,"逆"就是反常的征象。善、恶、顺、逆,系指病理过程的相对而言,其中的"善"和"顺"并不是指生理功能的正常情况。外科疾病在其发展过程中,按照顺序出现应有的症状者,称为顺证;反之,凡不按顺序而出现不良的症状者,称为逆证。在病程中出现善的症状者,表示预后较好;出现恶的症状者,表示预后较差。善恶大多指全身症状的表现,顺逆多指局部情况。历代医家总结出的"五善七恶""顺逆吉凶"辨证方法,给外科疾病判断预后提供了可遵循的指标。判断预后的好坏,既要观察局部症状的顺逆,又要结合全身症状的善恶,两者必须综合参看,加以分析,才能作出全面的判断。

(一) 辨善证、顺证

"五善"包括心善、肝善、脾善、肺善、肾善。心善为精神爽快,言语清亮,舌润不渴,寝寐安宁;肝善为身体轻便,不怒不惊,指甲红润,二便通利;脾善为唇色滋润,饮食知味,脓黄而稠,大便和润;肺善为声音响亮,不咳不喘,呼吸均匀,皮肤润泽;肾善为身无潮热,口和齿润,小便清长,夜卧安静。五善:病程中出现善的症状,表示预后较好。

"顺"就是正常的征象,但并不是指生理功能的正常情况,外科疾病在其发展过程中,按照顺序出现应有的症状者,称为"顺证"。如阳证疮疡表现为初起疮顶高突,红肿疼痛,根脚不散;脓成顶高根收,皮薄光亮,易脓易腐;溃后脓稠色鲜,腐肉易脱,肿消痛减;收口期疮面红活,新肉易生,疮口易敛。

(二) 辨恶证、逆证

七恶包括心恶、肝恶、脾恶、肺恶、肾恶、脏腑败坏、气血衰竭(脱证)。心恶为神志昏愦,心烦舌燥,疮色紫黑,言语呢喃;肝恶为身体强直,目难正视,疮流血水,惊悸时作;脾恶为形容消瘦,疮陷脓臭,不思饮食,纳药呕吐;肺恶为皮肤枯槁,痰多音暗,呼吸喘急,鼻翼煽动;肾恶为时渴引饮,面容暗(惨)黑,咽喉干燥,阴囊内缩;脏腑败坏为身体浮肿,呕吐呃逆,肠鸣泄泻,口糜满布;气血衰竭(脱证)为疮陷色暗,时流污水,汗出肢冷,嗜卧语低。在病程中出现恶的症状,表示预后较差。

"逆"就是反常的征象,外科疾病在其发展过程中,不按顺序而出现不良的症状者,称为"逆证"。如阳证疮疡表现为初起疮顶平塌,根脚散漫,不痛不热;脓成疮顶软陷,肿硬紫暗,不脓不腐;溃后皮烂肉坚无脓,时流血水,肿痛不减;收口期脓稀淋沥,新肉不生,色败臭秽,疮口难敛。

临床上应注意,即使见到预后良好的善证、顺证,也不能疏忽,应时刻预防转成预后不良的恶证、逆证;若见到恶证、逆证,也不可惊慌,应及时进行救治,如治疗得当,也能转为善证、顺证。

(王伊光)

复习思考题

1. 试述阴阳辨证的要点。
2. 局部辨证需要从哪几个方面进行辨别?
3. 辨病包含哪几部分的内容?
4. 试述辨脓的内容和临床意义。

ER-5-1

PPT 课件

第五章

外科疾病的中医治法

学习目标

1. 掌握内治消、托、补三大法的概念及适应证,外用药物疗法的辨证施治特点。
2. 熟悉内治十一法的具体运用,中医外科常用的手术治疗方法。
3. 了解外科其他外治方法。

思政元素

救 死 扶 伤

救死扶伤出自司马迁的《报任安书》,"虏救死扶伤不给,旃裘之君长咸震怖"。讲的是李陵带领不足五千步兵将匈奴单于打得极为恐惧,连救死扶伤都顾不上的故事。《报任安书》是司马迁给任安的回信。任安在狱中曾写信给司马迁,要求他在中书令的位置上要"推贤进士"。王国维认为,该文应该创作于汉武帝太始四年(公元前 93 年)十一月。

救死扶伤在东方和西方都被认为是医生的职责。唐代名医孙思邈所著的《大医精诚》中有"凡大医治病,必当安神定志,无欲无求,先发大慈恻隐之心,誓愿普救含灵之苦"之言。

中国共产党人也一直将救死扶伤作为医生的行为准则之一。1941 年 5 月,陈毅同志在新四军纪念国际护士节大会上发表重要讲话:"我们的医务工作者,是为无产阶级服务的,有鲜明的阶级性。为无产阶级的阶级兄弟医治伤病是整个革命工作不可分割的一环。所以我们实行的是革命人道主义,全心全意为伤病员服务。"明确提出了"革命人道主义"的概念。1941 年的夏天,红军卫生学校第十四期(更名为中国医科大学后的第一期)学员即将毕业,同学们都热切地期盼毛泽东主席能题词留念。毛主席听到学生们的心声后欣然题词"救死扶伤,实行革命的人道主义"。从此,毛泽东同志的题词不仅是指引中国医科大学前进的动力,也是中国医疗卫生事业发展的启明灯,长期以来被广大医务工作者奉为座右铭,体现了中国共产党为人民健康服务的宗旨。

外科的治疗方法分内治和外治两大类。内治之法基本与内科相同,但其中透脓、托毒等法,以及针对某些外科疾病比较独特的方药,则与内科有显著区别,这是外科内治法的特点;而外治法中的外用药物、手术疗法和其他疗法中的引流、垫棉、挂线等法,则为外科所独有。临证时由于病种不同、病情不一,有时专恃外治而竟全功,亦有专用内治而获痊愈的。但大部分外科疾病必须外治与内治并重,两种治法相辅相成,以增强疗效。具体应用时,应根据患者的体质、致病因素、病情的轻重缓急以及阶段的不同,明辨阴阳、经络、部位,确定疾病的性质,确立内治与外治法则,运用不同的方法和方药,以获得满意的疗效。

一、中医外科内治总则

外科内治法除了从整体观念进行辨证施治,还要依据外科疾病的发生发展过程,确立不同的治法。外科疾病治疗中常用的内治总则为消、托、补三法。

(一) 消法

消法是运用不同的治疗方法和方药,使初起的外科疾病邪毒不致结聚成脓而得到消散的治法,是一切外科疾病初起的治法总则。消法可避免化脓,缩短病程,适用于初期肿疡、非化脓性肿块和皮肤病,故古人有"以消为贵"的说法。针对病种、病位、病因等不同,治法有解表、通里、清热解毒等,并结合患者体质和经络部位选药。需要注意的是未成脓者可内消,成脓后不可用本法,以免恶化。故《外科启玄》云:"如形症已成,不可此法也。"

(二) 托法

托法是用补益气血和透脓的药物,扶助正气,托毒外出,以免毒邪扩散和内陷的治疗法则。托法适用于外疡中期,即成脓期。此期热毒炽盛,肉腐成脓,由于疮口一时不能溃破,或机体正气虚弱无力托毒外出,均会导致脓毒滞留。治疗上根据患者体质强弱和邪毒盛衰状况,分为补托和透托两种方法。补托法用于正虚毒盛,正气不能托毒外达、疮形平塌、根脚散漫不收、难溃难腐的虚证;透托法用于毒邪虽盛而正气未衰者,可用透脓的药物,促其早日脓出毒泄,肿消痛减,以免脓毒旁窜深溃。如毒邪炽盛,还需加用清热解毒药物。

(三) 补法

补法是用补养的药物恢复其正气,助养其新生,使疮口早日愈合的治疗法则。此法则适用于溃疡后期。此期毒势已去,精神衰疲,血气虚弱,脓水清稀,肉芽灰白不实,疮口难敛。补法是治疗虚证的法则,所以外科疾病只要有虚的证候存在,特别是疮疡的生肌收口期,均可应用。凡气血虚弱者,宜补养气血;脾胃虚弱者,宜健脾益胃;肝肾不足者,宜补益肝肾等。但毒邪未尽之时切勿遽用补法,以免留邪为患,助邪鸱张而犯"实实之戒"。

二、内治法的具体应用

上述消、托、补三法是治疗外科疾病的三个总则,临床具体运用时应根据疾病的病种、病因、病机、病位、病性、病程等之不同,采用不同的方法,归纳起来有解表、通里、清热、温通、祛痰、理湿、行气、和营、内托、补益、调胃等法。

(一) 解表法

用解表发汗的药物达邪外出,使外证得以消散的治法。正如《黄帝内经》中"汗之则疮已"之意,即通过发汗开泄腠理,使壅阻于皮肤血脉之间的毒邪随汗而解。因邪有风热、风寒之分,故法有辛凉、辛温之别。

1. 适应证

(1)辛凉解表法:适用于外感风热证,疮疡局部红肿热痛,或皮肤出现急性泛发性皮损,皮疹色红,瘙痒,伴有咽喉疼痛、恶寒轻、发热重、汗少、口渴、小便黄、舌苔薄黄、脉浮数者,如头面部丹毒、瘾疹(风热证)、药疹、颈痈、乳痈初起等。

(2)辛温解表法:适用于外感风寒证,疮疡局部肿痛酸楚,皮色不变,或皮肤间出现急性泛发性皮损,皮疹色白,或皮肤麻木,伴有恶寒重、发热轻、无汗、头痛、身痛、口不渴、舌苔白、脉浮紧者,如瘾疹(风寒证)。

2. 常用方剂

(1)辛凉解表方:银翘散、牛蒡解肌汤。

(2)辛温解表方:荆防败毒散、桂枝汤。

3. 常用药物

(1)辛凉解表药:薄荷、桑叶、蝉蜕、牛蒡子、连翘、浮萍、菊花等。

(2)辛温解表药:荆芥、防风、麻黄、桂枝、羌活、生姜、葱白等。

4. 注意点　凡疮疡溃后日久不敛,体质虚弱者,即使有表证存在,亦不宜发汗太过,否则汗出过多体质更虚,易引起痉厥、亡阳之变,所以《伤寒论》说:"疮家虽身疼痛,不可发汗,汗出则痉。"

(二) 清热法

用寒凉的药物使内蕴之热毒得以清解的治疗法则,即《黄帝内经》中"热者寒之"的治法。由于外科疮疡多因火毒而生,所以清热法是外科的主要治疗法则。具体运用时,首先必须辨热之盛衰,火之虚实。实火宜清热解毒,热在气分者当清气分之热,入营者当清营泻热,入血者直须凉血散血,阴虚火旺者当养阴清热。

1. 适应证

(1)清热解毒法:用于热毒之证,症见局部红、肿、热、痛,伴发热烦躁、口咽干燥、舌红苔黄、脉数等,如疔疮、疖、痈等诸疮疡。

(2)清气分热法:适用于局部色红或皮色不变、灼热肿痛的阳证,或皮肤病之皮损焮红灼热、脓疱糜烂,并伴壮热烦躁、口干喜冷饮、溲赤便干、舌质红、苔黄腻或黄糙、脉洪数者,如颈痈、流注、接触性皮炎、脓疱疮等。

清热解毒与清气分热有时不能截然分清,常合并应用。

(3)清营血分热法:适用于邪热侵入营血,症见局部焮红灼热的外科疾病,如烂疔、发、大面积烧伤;皮肤病出现红斑、瘀点、灼热,如丹毒、白疕(血热型)、红蝴蝶疮(血热型)等,可伴有高热、口渴不欲饮、心烦不寐、舌质红绛、苔黄、脉数等。

以上三法在热毒炽盛时可同用。若热毒内传,邪陷心包而见烦躁不安,神昏谵语,身热,舌质红绛,苔黑褐而干,脉洪数或细数,是为疔疮走黄、疽毒内陷,又当加清心开窍法,可应用安宫牛黄丸、紫雪丹、至宝丹等。

(4)养阴清热法:适用于阴虚火旺的慢性病证,如红蝴蝶疮(阴虚型)、有头疽溃后、蛇串疮恢复期,或走黄、内陷后阴伤有热者。

(5)清骨蒸潮热法:一般适用于瘰疬、流痰后期虚热不退的病证。

2. 常用方剂

(1)清热解毒方:五味消毒饮。

(2)清气分热方:黄连解毒汤。

(3)清营泻热方:清营汤。

(4)凉血散血方:犀角地黄汤(犀角已禁用,现多用水牛角代)。

(5)养阴清热方:知柏地黄丸。

(6)骨蒸潮热方:清骨散。

3. 常用药物

(1)清热解毒药:蒲公英、紫花地丁、金银花、连翘、重楼、野菊花等。

(2)清气分热药:黄连、黄芩、黄柏、石膏等。

(3)清营血分热药:水牛角、鲜生地、赤芍、牡丹皮、紫草、大青叶等。

(4)养阴清热药:生地、玄参、麦冬、龟甲、知母等。

（5）清骨蒸潮热药：地骨皮、青蒿、鳖甲、银柴胡等。

4. 注意点 应用清热药切勿太过，必须兼顾胃气，如过用苦寒，势必损伤胃气而致纳呆、呕恶、泛酸、便溏等症状。尤其在疮疡溃后体质虚弱者更应注意，过投寒凉会影响疮口愈合。

（三）和营法

用调和营血的药物疏通经络，调畅血脉，从而达到疮疡肿消痛止的目的。外科疾病中疮疡的形成多因"营气不从，逆于肉理"，所以和营法在内治法中应用比较广泛，大致可分为活血化瘀和活血逐瘀两种治法。

1. 适应证

（1）活血化瘀法：适用于经络阻隔、气血凝滞引起的外科疾病，如肿疡或溃后肿硬疼痛不减、结块、色淡红或不红或青紫者。

（2）活血逐瘀法：适用于瘀血凝聚、闭阻经络引起的外科疾病，如乳岩、筋瘤等。

2. 常用方剂

（1）活血化瘀方：桃红四物汤。

（2）活血逐瘀方：大黄䗪虫丸。

3. 常用药物

（1）活血化瘀药：桃仁、红花、当归、赤芍、大血藤等。

（2）活血逐瘀药：䗪虫、水蛭、虻虫、三棱、莪术等。

4. 注意点 和营法在临床上有时需与其他治法合并应用，如有寒邪者，宜与祛寒药合用；血虚者，宜与养血药合用；痰、气、瘀互结为患，宜与理气化痰药合用等。和营活血药性多温热，所以火毒炽盛的疾病不宜使用，以防助火；对气血亏损者，破血逐瘀药也不宜过用，以免伤血。

（四）内托法

用补益和透脓的药物扶助正气，托毒外出，使疮疡毒邪移深居浅，早日液化成脓，或使病灶趋于局限化，使邪盛者不致脓毒旁窜深溃，正虚者不致毒邪内陷，从而达到脓出毒泄、肿痛消退的目的，寓有"扶正达邪"之意。临床上根据病情虚实情况，托法可分为透托法和补托法两类。其中补托法又可分为益气托毒法和温阳托毒法。

1. 适应证

（1）透托法：适用于肿疡已成，毒盛正气不虚，肿疡尚未溃破或溃破后脓出不畅，多用于实证。

（2）益气托毒法：适用于肿疡毒势方盛，正气已虚，不能托毒外出，见疮形平塌，根盘散漫，难溃难腐，或溃后脓水稀少，坚肿不消，并出现精神不振、面色无华、脉数无力等。

（3）温阳托毒法：适用于肿疡毒势方盛，正气已虚，不能托毒外出，见疮形漫肿无头，疮色灰暗不泽，化脓迟缓，或局部肿势已退，腐肉已尽而脓水灰薄，或偶带绿色，新肉不生，不知疼痛，伴自汗肢冷，腹痛便泻，精神萎靡，脉沉细，舌淡胖等。

2. 常用方剂

（1）透托方：透脓散。

（2）益气托毒方：托里消毒散。

（3）温阳托毒方：神功内托散。

3. 常用药物 黄芪、党参、白术、当归、白芍、附子、干姜、穿山甲、皂角刺等。

4. 注意点 透托法不宜用之过早，肿疡初起未成脓时勿用。补托法在正实毒盛的情况下不可施用，否则不但无益，反能滋长毒邪，使病势加剧而犯"实实之戒"，故神功内托散方中的当归、黄芪、川芎等凡湿热火毒炽盛之时皆去而不用。此外，内托法常与清热法同用，因热盛则肉腐，肉腐则成脓，故透脓的同时要酌加清热药物，火热息则脓腐尽。

（五）通里法

用泻下的药物使蓄积在脏腑内部的毒邪得以疏通排出，从而达到除积导滞、逐瘀散结、泻热定痛、邪去毒消的目的。外科通里法中常用的为攻下（寒下）和润下两法。

1. 适应证

（1）攻下法：适用于表证已罢，热毒入腑，内结不散的实证、热证，如外科疾病局部焮红肿胀、疼痛剧烈，或皮肤病之皮损焮红灼热，并伴口干饮冷、壮热烦躁、呕恶便秘、舌苔黄腻或黄糙、脉沉数有力者。

（2）润下法：适用于阴虚肠燥便秘，如疮疡、肛肠疾病、皮肤病等阴虚火旺、胃肠津液不足者，症见口干食少，大便秘结，脘腹痞胀，舌干质红，苔黄腻或薄黄，脉细数者。

2. 常用方剂

（1）攻下方：大承气汤、内疏黄连汤、凉膈散。

（2）润下方：润肠汤。

3. 常用药物

（1）攻下药物：大黄、芒硝、枳实、番泻叶等。

（2）润下药物：瓜蒌仁、火麻仁、郁李仁、蜂蜜等。

4. 注意点　运用通里攻下法必须严格掌握适应证，尤以年老体衰、妇女妊娠或月经期更应慎用。使用时应中病即止，不宜过剂，否则会损耗正气。尤其在化脓阶段，过下之后，正气一虚，则脓腐难透，反使毒邪内陷，病情恶化，缠绵难愈。泻下药物虽然可以直接泻下壅结之热毒，但在使用时可适当加清热解毒之品，以增强清泻热毒之效果。

（六）温通法

用温经通络、散寒化痰的药物以驱散阴寒凝滞之邪，为治疗寒证的主要法则，即《黄帝内经》中"寒者热之"之意。本法在外科临床运用时，主要有温经通阳、散寒化痰和温经散寒、祛风化湿两法。

1. 适应证

（1）温经通阳、散寒化痰法：适用于体虚寒痰阻于筋骨，患处隐隐作痛、漫肿不显、不红不热，面色苍白，形体恶寒，小便清利，舌淡苔白，脉迟或沉等内寒证，如流痰、脱疽等病。

（2）温经散寒、祛风化湿法：适用于体虚风寒湿邪侵袭筋骨，患处疼痛麻木、漫肿、皮色不变，恶寒重发热轻，苔白腻，脉迟紧等外寒证。

2. 常用方剂

（1）温经通阳、散寒化痰方：阳和汤。

（2）温经散寒、祛风化湿方：独活寄生汤。

3. 常用药物

（1）温经通阳、散寒化痰药：附子、肉桂、干姜、桂枝、麻黄、白芥子等。

（2）温经散寒、祛风化湿药：细辛、桂枝、羌活、独活、秦艽、防风、桑寄生等。

4. 注意点　上述两法之中，阳和汤以温阳补虚为主，多用于体质较虚者，为治疗虚寒阴证之代表方；独活寄生汤祛邪补虚并重，如体质较强者，只要去其补虚之品，仍可应用。证见阴虚有热者，不可施用本法，因温燥之药能助火劫阴，若用之不当，能造成其他变证。临床上应用温通法多配以补气养血、活血通络之品，使元气充足，血运无阻，经脉流通，阳气畅达。

（七）祛痰法

用咸寒软坚化痰的药物，使因痰凝聚之肿块得以消散的治法。一般来讲，痰不是疮疡的主要发病原因,外感六淫或内伤七情以及体质虚弱等多能使气机阻滞,液聚成痰。因此,祛痰法在临床运用时,大多数是针对不同的病因,配合其他治法使用,才能达到化痰、消肿、软坚的目的。故分为疏风化痰、清热化痰、解郁化痰、养营化痰等法。

1. 适应证

(1)疏风化痰法:适用于风热夹痰之病证,如颈痈结块肿痛,伴有咽喉肿痛,恶风发热。

(2)清热化痰法:适用于痰火凝聚之证,如锁喉痈红肿坚硬、灼热疼痛,伴气喘痰壅,壮热口渴,便秘溲赤,舌质红绛,苔黄腻,脉弦滑数。

(3)解郁化痰法:适用于气郁夹痰之病证,如瘰疬、肉瘿等,结块坚实,色白,不痛或微痛,有胸闷憋气、性情急躁等。

(4)养营化痰法:适用于体虚夹痰之证,如瘰疬、流痰后期,形体消瘦、神疲肢软者。

2. 常用方剂

(1)疏风化痰方:牛蒡解肌汤合二陈汤。

(2)清热化痰方:清咽利膈汤合二母散。

(3)解郁化痰方:逍遥散合二陈汤。

(4)养营化痰方:香贝养营汤。

3. 常用药物

(1)疏风化痰药:牛蒡子、薄荷、蝉蜕、夏枯草、陈皮、杏仁、半夏等。

(2)清热化痰药:板蓝根、连翘、黄芩、金银花、贝母、桔梗、瓜蒌、天竺黄、竹茹等。

(3)解郁化痰药:柴胡、川楝子、郁金、香附、海藻、昆布、白芥子等。

(4)养营化痰药:当归、白芍、首乌、茯苓、贝母等。

4. 注意点 因痰而致的外科疾病每与气滞、火热相合,应注意辨证。临床应用时可根据病变部位经络脏腑之所属而随经用药,如病在颈项、腮颐加疏肝清火之品,病在乳房加清泻胃热之品。

(八) 理湿法

用燥湿或淡渗利湿的药物祛除湿邪的治法。湿邪停滞能阻塞气机,病难速愈。一般来说,湿在上焦宜化,湿在中焦宜燥,湿在下焦宜利。且湿邪致病常与其他邪气结合为患,最多为夹热,其次为夹风。因此,理湿之法在外科中一般不单独使用,多结合清热、祛风等法,才能达到治疗目的。常用的有燥湿健脾法、清热利湿法和祛风除湿法。

1. 适应证

(1)燥湿健脾法:适用于湿邪兼有脾虚不运之证,如外科疾病伴有胸闷呕恶、脘腹胀满、纳食不佳、舌苔厚腻等。

(2)清热利湿法:适用于湿热兼并之证,如湿疮、漆疮、臁疮等见肌肤焮红作痒、滋水淋沥或肝胆湿热引发的子痈、囊痈等。

(3)祛风除湿法:适用于风湿袭于肌表之证,如白驳风。

2. 常用方剂

(1)燥湿健脾方:平胃散。

(2)清热利湿方:二妙丸、萆薢渗湿汤、五神汤、龙胆泻肝汤等。

(3)祛风除湿方:豨莶丸。

3. 常用药物

(1)燥湿药:苍术、佩兰、藿香、厚朴、半夏、陈皮等。

(2)淡渗利湿药:萆薢、泽泻、薏苡仁、猪苓、茯苓、车前草、茵陈等。

(3)祛风除湿药:地肤子、豨莶草、威灵仙、防己、木瓜、蚕沙等。

4. 注意点　湿为黏滞之邪,易聚难化,常与热、风、暑等邪相合而发病,故治疗时必须与清热、祛风、清暑等法合并应用。理湿之药过用每能伤阴,故阴虚、津液亏损者应审慎用之。

(九) 行气法

用行气的药物调畅气机、流通气血,以达到解郁散结、消肿止痛目的的一种治法。气血凝滞所致的外科病证,肿胀、结块、疼痛均与气机不畅、血脉瘀阻相关。因气行血行,气滞血瘀,故行气药常与活血药并用;气郁则痰聚,故行气药常与化痰药合用。常用疏肝解郁、行气活血法及理气解郁、化痰软坚法。

1. 适应证

(1)疏肝解郁、行气活血法:适用于肝郁气滞血凝而致肿块坚硬或结块肿痛,不红不热,或痈疽后期,寒热已除、毒热已退而肿硬不散者,伴胸闷不舒、口苦、脉弦等,如乳癖、乳岩等。

(2)理气解郁、化痰软坚法:适用于肿势皮紧内软,随喜怒而消长,伴性情急躁、痰多而黏等,如肉瘿、气瘿等。

2. 常用方剂

(1)疏肝解郁、行气活血方:逍遥散、清肝解郁汤等。

(2)理气解郁、化痰软坚方:海藻玉壶汤、开郁散等。

3. 常用药物

(1)疏肝解郁、行气活血药:柴胡、香附、枳壳、陈皮、木香、延胡索、当归、白芍、川楝子、丹参等。

(2)理气解郁、化痰软坚药:海藻、昆布、贝母、青皮、半夏、川芎等。

4. 注意点　凡行气药物多具有香燥辛温特性,容易耗气伤阴,气虚、阴伤或火盛患者须慎用或禁用。此外,行气法在临床上单独使用者较少,常与祛痰、和营等方法配合使用。

(十) 补益法

用补虚扶正的药物使体内气血充足,以消除虚弱,恢复正气,助养新肉生长,使疮口早日愈合的治法,即《黄帝内经》中"虚者补之""损者益之"之意。补益法主要有益气、养血、滋阴、助阳等四个方面。

1. 适应证　外科疾病的气虚、血虚、阴虚、阳虚证均可用补法。具体运用时,肿疡疮形平塌、脓水清稀者用调补气血法;呼吸气短、疲倦乏力者宜补气;面色苍白、头晕心悸者宜补血;皮肤病皮损干燥、苔藓样变者宜养血润燥;疮疡伴口干咽燥、手足心热者宜滋阴;疮疡肿形散漫、溃后新肉难生者宜温补助阳。乳房疾病或皮肤病兼冲任不调者,宜补肾、调冲任。

2. 常用方剂

(1)益气方:四君子汤等。

(2)养血方:四物汤等。

(3)气血双补方:八珍汤等。

(4)滋阴方:六味地黄丸等。

(5)助阳方:八味丸或右归丸等。

3. 常用药物

(1)益气药:党参、黄芪、白术等。

(2)养血药:当归、熟地、鸡血藤、白芍等。

(3)滋阴药:生地、玄参、麦冬、女贞子、墨旱莲等。

(4)温阳助阳药:附子、肉桂、仙茅、淫羊藿、巴戟天、鹿角片等。

4. 注意点　疾病之虚证,可分气虚、血虚、阴虚、阳虚四纲,常兼见两虚并存,或阴阳互损、气血同病之传变,应用补法应灵活,以"见不足者补之"为原则。如小儿、老人脱肛属气虚下陷,用补中益气汤补气升提;失血多者需气血双补;阴阳互根,助阳法中加滋阴药,滋阴法中用助阳药,以增强药效。阳证溃后少用补法,如需用则清热养阴醒胃,虚象明显时加补益之品。补益法不宜用于毒邪炽盛、正气未衰时,否则易助邪。火毒未清见虚象者,以清理为主,佐以补益,忌大补。元气虚、胃纳不振者,先健脾醒胃,后进补。

(十一) 调胃法

用调理胃气的药物使纳谷旺盛,从而促进气血生化的治法。凡疮疡后期溃后脓血大泄,必须靠水谷之营养,以助气血恢复,加速疮口愈合。若胃纳不振,则生化乏源,气血不充,溃后难敛。在外科疾病的发展过程中如出现脾胃虚弱,运化失司,应及时调理脾胃,不必拘泥于疮疡的后期。故治疗外科疾病自始至终都要注意顾护胃气。调胃法在具体运用时分为理脾和胃、和胃化浊及清养胃阴等法。

1. 适应证

(1)理脾和胃法:适用于脾胃虚弱、运化失职者,如溃疡兼纳呆食少、大便溏薄、舌淡、苔白、脉濡等症。

(2)和胃化浊法:适用于湿浊中阻、胃失和降者,如疗疮或有头疽溃后,症见胸闷泛恶、食欲不振、苔薄黄腻、脉濡滑者。

(3)清养胃阴法:适用于胃阴不足者,如疗疮走黄、有头疽内陷,症见口干少津而不喜饮,胃纳不香,或伴口糜,舌光红,脉细数者。

2. 常用方剂

(1)理脾和胃方:异功散等。

(2)和胃化浊方:二陈汤等。

(3)清养胃阴方:益胃汤等。

3. 常用药物

(1)理脾和胃药:党参、白术、茯苓、陈皮、砂仁等。

(2)和胃化浊药:陈皮、茯苓、半夏、厚朴、竹茹、谷芽、麦芽等。

(3)清养胃阴药:沙参、麦冬、玉竹、生地、天花粉等。

4. 注意点 理脾和胃、和胃化浊两法之适应证中均有胃纳不佳之症,但前者适用于脾虚而运化失常者,后者适用于湿浊中阻而运化失常者,区分之要点在于苔腻之厚薄、舌质淡与不淡,以及有无便溏、胸闷欲恶。而清养胃阴之法重点在于抓住舌光质红之症。假如三法用之不当,则更增胃浊或重伤其阴。

以上各种内治疗法,虽每法均各有其适应证,但病情是错综复杂的,在具体运用时往往需数法合并使用。因此,治疗时应根据患者全身和局部情况、病程阶段、病情的变化和发展趋势选法用药,才能得到较好的治疗效果。

三、外治法的具体应用

外治法是运用药物、手术、物理方法或配合一定的器械等,直接作用于患者体表某部或病变部位而达到治疗目的的一种治疗方法。外治法是与内治法相对而言的治疗法则,是中医辨证施治的另一种体现。《理瀹骈文》说:"外治之理即内治之理,外治之药即内治之药,所异者法耳。"指出了外治法与内治法的治疗机制相同,但给药途径不同。运用药物的外治法是将药物直接作用于皮肤或黏膜,使之吸收,从而发挥治疗作用,也是外科所独具的治疗方法。外治法的运用同内治法一样,除要进行辨证施治外,还要根据疾病不同的发展阶段,选择不同的治疗方法。外科常用的外治法分药物疗法、手术疗法和其他疗法三大类。

(一) 药物疗法

药物疗法是根据疾病所在的位置不同,以及病程发展变化所需,将药物制成不同的剂型施用于患处,使药力直达病所,或通过某部吸收药力作用于其他病变部位,从而达到治疗目的的一种方法。外科常用的外治药物按剂型分主要有膏药、油膏、箍围药、掺药、酊剂、洗剂、栓剂和草药等。

1. **膏药** 膏药古称薄贴,现称硬膏,是将药物浸于植物油中煎熬去渣,加入黄丹煎制而成的制剂。也有将药物捣烂后摊于纸或布上,现已有胶布型膏药。膏药具有黏性,能固定于患部,保护创面,减轻疼痛,避免感染。使用前需加温软化,热敷患部,改善局部血液循环,增强抗病能力。

(1) 适应证:一切外科疾病初起、成脓、溃后各个阶段均可使用。

(2) 常用膏药及用法

1) 太乙膏、千捶膏:适用于红肿热痛明显之阳证疮疡,为肿疡、溃疡之通用方。初起贴之能消,已成贴之能溃,溃后贴之能去腐。太乙膏性偏清凉,功能消肿、清火、解毒、生肌;千捶膏性偏寒凉,功能消肿、解毒、提脓、去腐、止痛。

2) 阳和解凝膏:功能温经和阳,祛风散寒,调气活血,化痰通络。适用于疮形不红不热、漫肿无头之阴证疮疡未溃者。

3) 咬头膏:具有腐蚀性,功能蚀破疮头。适用于肿疡脓成,不能自破,不愿意接受手术切开排脓者。

(3) 注意点:膏药摊制的形式有厚薄之分,具体运用上各有所宜。薄型的多适用于溃疡,宜勤换;厚型的多适用于肿疡,宜少换,3~5 日换 1 次。膏药接触患部有时可引起皮肤焮红,或起丘疹、水疱,瘙痒异常,甚则溃烂等现象,此乃皮肤对药物过敏,形成膏药风(接触性皮炎);或因溃疡脓水过多,膏药不能吸收脓水,积淹疮口,浸淫皮肤,继发湿疮。遇此情况,可改用油膏或其他药物。此外,膏药不可去之过早,以免疮面不慎受伤,再次感染,复致溃腐;或疮面形成红色瘢痕,不易消退,有损美观。

2. **油膏** 油膏是将药物和油类煎熬或捣匀成膏的制剂,现称软膏。油类的选用有猪脂、羊脂、松脂、麻油、黄蜡、白蜡及凡士林等。油膏有柔软、滑润、无板硬黏着不适感的优点,尤其适用于病灶凹陷折缝之处或大面积溃疡,故现代常以油膏代替膏药。

(1) 适应证:适用于肿疡、溃疡糜烂结痂渗液不多者,以及肛门疾病等。

(2) 常用油膏及用法

1) 用于肿疡类:金黄膏、玉露膏、冲和膏、回阳玉龙膏等。金黄膏、玉露膏功能清热解毒,消肿止痛,散瘀化痰,适用于阳证肿疡。金黄膏长于除湿化痰,对肿而有结块,尤其是急性炎症控制后形成的慢性迁延性炎症更为适宜;玉露膏性偏寒凉,对焮红灼热明显、肿势散漫者效果较佳。冲和膏功能活血止痛,疏风祛寒,消肿软坚,适用于半阴半阳证。回阳玉龙膏功能温经散寒,活血化瘀,适用于阴证疮疡。

2) 用于溃疡类:生肌玉红膏、红油膏、九华膏、生肌白玉膏。生肌玉红膏功能活血去腐,解毒止痛,润肤生肌收口,适用于一切溃疡腐肉未脱,新肉未生之时,或久不收口者。红油膏功能防腐生肌,适用于一切溃疡。九华膏功能消肿止痛,生肌润肤,适用于内、外痔发炎肿痛及痔术后。生肌白玉膏功能润肤生肌收敛,适用于溃疡腐肉已净,疮口不敛者;或用于乳头皲裂、肛裂等病。

3) 用于皮肤肛门病类:青黛散油膏功能收湿止痒,清热解毒,适用于蛇串疮及急性或慢性湿疮等皮肤焮肿痒痛、渗液不多之症,亦可用于疥腮以及对各种油膏过敏者。疯油膏功能润燥杀虫止痒,适用于牛皮癣、慢性湿疮、皲裂等病。消痔膏、黄连膏功能消痔退肿止痛,适用于内痔脱出、赘皮外痔、血栓性外痔等出血肿痛之症。

（3）注意点：凡皮肤湿烂，疮口腐化已尽，宜膏薄而勤换，以免脓水浸淫皮肤，不易收燥。溃疡腐肉已脱，新肉生长之时，应薄贴，以免肉芽过长，影响愈合。目前调制油膏大多应用凡士林，而凡士林属矿物油，也可刺激皮肤引起皮炎，如见此现象应改用植物油或动物油调制。若对药物过敏者，则改用其他药。

3. 箍围药　箍围药古称敷贴，是用药粉和液体调制成的糊剂。具有箍集围聚、收束疮毒的作用，可以促使初起肿疡消散；即使毒已结聚，也能促使疮形缩小，趋于局限，早日成脓和破溃；肿疡破溃后余肿未消者，也可用来消肿，以截余毒。《医学源流论》云："外科之法，最重外治，而外治之中，尤重围药……"指出箍围药在外治法中占有极其重要的地位。

（1）适应证：外疡不论初起、成脓、溃后，凡肿势散漫不聚，无集中之硬块者均可使用。

（2）常用箍围药及用法

1）金黄散、玉露散：药性寒凉，功能清热消肿，散瘀化痰，适用于红肿热痛明显之一切阳证疮疡。金黄散对肿而有结块，尤其对急性炎症控制后形成的慢性迁延性炎症更为适宜；玉露散对焮红、灼热、漫肿无块者如丹毒等病效果更佳。

2）冲和散：药性平和，功能行气疏风，活血定痛，散瘀消肿，适用于疮形肿而不高，痛而不甚，微红微热之半阴半阳证。

3）回阳玉龙散：药性温热，功能温经活血，散寒化痰，适用于不红不热、漫肿无头之一切阴证。

4）箍围药的调制敷贴法：箍围药是在使用时，将所选择的箍围药粉与相适宜的液体调制成糊状。调制液体多种多样，临床应根据疾病的性质与病程所处阶段的不同，正确选择使用。一般阳证多用菊花汁、金银花露、丝瓜叶汁或冷茶汁调制，取其清凉解毒的作用；半阴半阳证多用葱、姜、韭捣汁或用蜂蜜调制，取其辛香散邪之功；阴证多用醋、酒调制，取其散瘀解毒、助行药效之力。敷贴之法，用于外疡初起时，宜敷满整个病变部位；若毒已结聚，或溃后余肿未消，宜敷于患处四周，不要完全涂布。敷贴的周边应超过肿势范围。

（3）注意点：外疡初起，肿块局限者，一般宜用消散药。阳证忌用热性药敷贴，以免助长火毒；阴证勿以寒性药敷贴，以免寒湿凝滞不化。患处敷药干燥时，应时时用液体湿润，以免药物剥落或干板不舒。

4. 掺药　将各种不同的药物研成粉末，根据制方规律，并按其不同的作用配伍成方，用时掺布在膏药或油膏上，或直接掺布于病变部位的一种制剂，称为掺药。掺药古称散剂，现称粉剂。掺药的种类很多，所治外科疾病的范围很广，不论肿疡还是溃疡均可应用，也可用于皮肤病、肛门疾病等。但由于疾病的性质和阶段的不同，应用时应根据具体情况来进行选择。掺药可掺布于膏药或油膏上，或直接掺布于疮面上，或黏附在纸捻上再插入疮口内，或将药粉不时扑于病变部位，以达到消肿散毒、提脓去腐、腐蚀平胬、生肌收口、定痛止血、收涩止痒、清热解毒的目的。掺药的具体应用如下：

（1）消散药：将具有渗透和消散作用的药粉掺布于膏药或油膏上，贴于患处而直接发挥药力，达到使疮疡蕴结之毒移深居浅、肿消毒散的目的。

1）适应证：适用于肿疡初起，肿势局限尚未成脓者。

2）常用消散药及用法：①阳毒内消散、红灵丹：功能活血止痛，消肿化痰，适用于一切阳证肿疡；②阴毒内消散、桂麝散、黑退消：功能温经活血，破坚化痰，散风逐寒，适用于一切阴证肿疡。

3）注意点：病变处肿势不局限者，宜选用箍围药。

（2）提脓去腐药：具有提脓去腐的作用，可促使疮疡内蓄之脓毒早日排出，腐肉迅速脱落,达到去腐生新的目的。提脓去腐药是处理溃疡早期的一种基本方法,一切外疡在溃破之初,应选用提脓去腐药。若脓水不能排出,则攻蚀越深,腐肉不去则新肉难生,不仅增加患者的痛苦,而且影响疮口愈合,甚至造成病情恶化而危及生命。

1)适应证:溃疡初期,脓栓未溶,腐肉未脱,或脓水不净,新肉未生阶段,均可使用。

2)常用提脓去腐药及用法:提脓去腐药的主药是升丹,其主要成分为汞化合物,如氧化汞、硝酸汞。汞化合物有毒,有杀菌消毒的作用。

九一丹、八二丹、七三丹、五五丹、九黄丹:含升丹,功能提脓去腐,适用于溃疡初期,对汞不过敏者;若腐肉已脱,脓水已少时,宜逐渐减少升丹含量。

黑虎丹:不含升丹,功能提脓去腐,适用于溃疡初期,对升丹过敏者尤宜。

回阳玉龙散:功能温经活血,去腐化痰,适用于阴证溃疡。

3)注意点:凡对升丹过敏者应禁用升丹制剂。对大面积疮面应慎用升丹制剂,以免吸收过多发生汞中毒。凡见不明原因高热、乏力、口有金属味者,是汞中毒的表现,应立即停用。颜面部也应禁用,以免强烈的腐蚀有损容貌。

关于升丹的毒性,经多中心临床试验及动物毒理实验,结果表明九一丹是一种低毒的外用制剂,其安全性分级为2级,在一定时间、一定剂量范围内外用比较安全。九一丹外用后机体对氧化汞的吸收与用药部位、疮面的脓腐附着情况、疮面血供情况、疮面面积密切相关。肾功能障碍者应禁用。

(3)腐蚀药与平胬药:腐蚀药又称追蚀药,具有腐蚀组织的作用,掺布患处,可使疮疡不正常的组织腐蚀枯落。平胬药具有平复胬肉的作用,可使疮口增生的胬肉回缩。

1)适应证:凡肿疡脓成未溃;溃疡疮口太小,引流不畅;疮口僵硬;腐肉不脱妨碍收口;疮口胬肉突出,妨碍皮肤愈合;痔、瘰疬、赘疣、息肉等病均可应用。

2)常用腐蚀药、平胬药及用法:①白降丹:适用于肿疡脓成不溃,可以水调点放疮顶,代刀破头;若溃疡疮口太小,脓腐难去,可用桑皮纸或丝绵纸裹药,插入疮口,使疮口开大,脓腐易出;如为赘疣,点之可腐蚀枯落;以米糊作条,亦可攻拔瘰疬;②枯痔散:将药涂敷于痔核表面枯脱痔核;③三品一条枪:插入患处,可腐蚀瘘管,蚀去内痔,攻溃瘰疬;④平胬丹:适用于疮面胬肉突出,掺药其上,能平复胬肉。

3)注意点:腐蚀药一般含汞、砒成分,腐蚀力较大,用药须谨慎;对汞、砒过敏者禁用。头面、指、趾等肉薄近骨之处不宜使用过猛烈的腐蚀药物,即使需要应用,也必须加赋形剂以降低药力。腐蚀目的一经达到,即改用提脓去腐或生肌收口药。腐蚀药不宜长期、过量使用,以免引起砒、汞中毒。

(4)去腐生肌药:具有提脓去腐、解毒活血、生肌收敛的作用,掺敷于疮面上,能改善溃疡局部血液循环,促使脓腐液化脱落,促进新肉生长。

1)适应证:适用于溃疡日久,腐肉难脱,新肉不生,或腐肉已脱,新肉不长,久不收口者。

2)常用去腐生肌药及用法:①月白珍珠散:功能清热解毒,去腐生肌,适用于溃疡阳证腐肉脱而未尽,新肉不生,久不收口者;②拔毒生肌散:功能拔毒生肌,适用于溃疡阳证腐肉未脱,常流毒水,疮口下陷,久不生肌者;③回阳玉龙散:功能温阳活血,去腐生肌,适用于溃疡阴证腐肉难脱,肉芽暗红,或腐肉已脱,肉芽灰白,新肉不长者;④回阳生肌散:功能回阳生肌,适用于溃疡虚证偏于阳虚,脓水清稀,久不收口者。

具体运用时,取上述药粉适量,直接掺布于疮面上,或制成药捻,插入疮口内。

3)注意点:去腐生肌药适用于慢性溃疡,使用时若见患者全身情况较差,气血虚弱者,还应配合内治法内外同治,促进溃疡愈合。

(5)生肌收口药:具有解毒、收敛、生肌,促进疮口愈合的作用。疮疡溃后,脓水将尽,或腐脱新生之时,若仅靠机体的修复能力来生肌收口则较为缓慢,因此,使用生肌收口外用药也是处理溃疡的一种基本方法。

1)适应证:适用于溃疡腐肉已脱,脓水将尽时。

2)常用生肌收口药及用法:生肌散、八宝丹,不论阴证阳证均可掺布于疮面上使用。

3)注意点:脓毒未清、腐肉未尽时不宜过早使用生肌收口药,否则不仅无益,反增溃烂,延缓治愈,甚至引起迫毒内攻之变;若已成瘘管之证,即使用之,勉强收口,仍可复溃,需配以手术治疗,方能达到治愈的目的;若溃疡肉色灰淡、不红活,新肉生长缓慢,则宜配合内服补养气血药物和增加食物营养,内外兼施,以助新生;若臁疮日久难敛,则宜配合绑腿缠缚,改善局部血液循环。

(6)止血药:具有收涩凝血的作用。将药物掺布于出血之处,外加纱布包扎固定,可以促使创口血液凝固,达到止血的目的。

1)适应证:适用于溃疡或创伤的小血管出血。凡属小络损伤而出血者均可使用。

2)常用止血药及用法:①桃花散:适用于溃疡出血;②如圣金刀散:适用于创伤出血;③云南白药:适用于溃疡或创伤出血;④三七粉:水调成糊状涂敷局部,也有止血作用,溃疡、创伤出血均可使用。

3)注意点:如遇大出血,必须配合手术及内治等法急救,以免出血不止引发晕厥之变。

(7)清热收涩药:具有清热收涩止痒的作用。掺扑于皮肤病糜烂渗液不多的皮损处,达到消肿、干燥、止痒的目的。

1)适应证:适用于一切皮肤病急性或亚急性皮炎而渗液不多者。

2)常用清热收涩药及用法:①青黛散:清热止痒作用较强,故宜用于皮肤病大片潮红丘疹而无渗者;②三石散:收涩生肌作用较佳,故宜用于皮肤糜烂稍有渗液而已无红热之时,可直接干扑于皮损处,或先涂上一层油剂再扑三石散,外加包扎。

3)注意点:一般不用于表皮糜烂、渗液较多的皮损处,用后凡渗液不能流出者,易致过敏性皮炎。亦不宜用于毛发生长的部位,乃因毛发阻挡,药粉不能直接掺扑于皮损处,同时药粉与毛发易黏结成团。

5. 酊剂　将各种不同的药物浸泡于乙醇溶液内,最后倾取其药液,即为酊剂。

(1)适应证:一般用于疮疡未溃及皮肤病等。

(2)常用酊剂及用法

1)红灵酒:功能活血消肿止痛,适用于冻疮、脱疽未溃之时,若脱疽已溃可搽于疮口上方。

2)10%土槿皮酊、复方土槿皮酊:功能杀虫止痒,适用于鹅掌风、灰指甲、脚湿气、圆癣、紫白癜风等。

3)白屑风酊:功能祛风杀虫止痒,适用于面游风、白屑风等。

(3)注意点:酊剂一般有较强的刺激性,故凡疮疡溃后或皮肤病有糜烂者禁用。酊剂应盛于遮光密闭容器中,充装宜满,并在阴凉处保存。

6. 洗剂　将各种不同的药物先研成细末,然后与水溶液混合在一起而成。因加入的药粉多为不溶性,故呈混悬状;用时须加以振荡,故又称混合振荡剂或振荡洗剂。

(1)适应证:适用于急性、过敏性皮肤病,如酒渣鼻、粉刺、湿疮等。

(2)常用洗剂及用法

1)三黄洗剂:功能清热止痒,适用于一切表现为皮损潮红、肿胀、丘疹等的急性皮肤病,如湿疮、接触性皮炎等。

2)颠倒散洗剂:功能清热散瘀,适用于粉刺、酒渣鼻、脂溢性皮炎等。

笔记栏

(3)注意点:使用洗剂时应充分振荡,以毛笔或棉签蘸涂皮损处。上述方剂用时常可加入 1%~2% 薄荷脑或樟脑以增强止痒之功。凡皮损处糜烂渗液较多、有脓液结痂或深在性皮肤病者禁用。在配制洗剂时,应先将药物粉末研极细,以免刺激皮肤。

7. 草药 又称生药,是指采集的新鲜植物药,多为野生。草药药源丰富,使用方便,价格低廉,疗效较好。

(1)适应证:适用于一切外科疾病肿疡之红肿热痛阳证、创伤浅表出血、皮肤病、毒蛇咬伤等。

(2)常用草药及用法

1)蒲公英、马齿苋、芙蓉花叶、野菊花、重楼、丝瓜叶等:功能清热解毒消肿,适用于阳证肿疡。将鲜草药洗净,加食盐少许,捣烂外敷患处,每日 1~2 次。

2)墨旱莲、白茅花、丝瓜叶等:功能止血,适用于浅表创伤出血。将鲜草药洗净、捣烂后外敷出血处并加压包扎,其中白茅花可直接敷扎。

3)蛇床子、地肤子、徐长卿、泽漆、羊蹄根等:功能止痒,适用于急、慢性皮肤病。用时洗净,凡无渗液者可煎汤熏洗,有渗液者捣汁或煎汤冷湿敷;泽漆捣烂后加食盐少许,用纱布包擦白疕皮损处;羊蹄根用醋浸后取汁外搽治牛皮癣。

4)半枝莲:功能消肿解毒。捣汁内服,药渣外敷伤口周围,治毒蛇咬伤。

(3)注意点:使用鲜草药时,须先洗干净,再用 1:5 000 高锰酸钾溶液浸泡后捣烂外敷,敷后应注意干湿度,干后可用冷开水时时湿润,以免患部干绷不舒及影响疗效。

(二) 手术疗法

手术疗法是应用各种器械进行手法操作的一种治疗方法,在外科治疗中占有十分重要的位置。常用的方法有切开法、烙法、砭镰法、挑治法、挂线法和结扎法等,可针对疾病的不同情况选择应用。手术器械必须严格消毒,保证无菌操作,正确使用麻醉方法,并注意防止出血和晕刀等情况的发生。

1. 切开法 切开法就是用手术刀对脓肿进行切开排脓的方法。本法可使疮疡毒随脓泄,达到肿消痛止、逐渐向愈的目的。这里所讲的切开法仅指对脓疡的切开方法。

(1)适应证:一切外疡不论阴证阳证,确已成脓者,均可使用。

(2)方法:运用切开法之前,应当辨清脓肿成熟的程度、部位的深浅、患部血脉、经络分布等情况,然后决定切开与否。具体运用如下:

1)切开的时机:切开的有利时机是脓已成熟之时,可见脓肿中央出现透脓点(脓肿中央有最软的一点),即为脓已成熟,此时切开最为适宜。若脓未成熟而过早切开,则徒伤气血,脓反难成,并可致脓毒走窜。

2)切口的选择:切口的选择以便于引流为原则,可选择脓肿最低点或最薄弱处进刀。一般疮疡宜循经直开,免伤血络;乳房部脓肿应以乳头为中心,放射状切开,免伤乳络;面部脓肿应尽量沿皮肤的自然纹理切开;手指部脓肿应从侧方切开;关节区附近的脓肿,切口尽量避免越过关节;关节区脓肿,一般做横切口、弧形切口或"S"形切口,若为纵切口则瘢痕形成后易影响关节功能;肛旁低位脓肿应以肛管为中心,放射状切开。

3)切开的原则:脓肿切开深浅要适度,脓腔浅者浅切,脓腔深者稍深切无妨,以得脓为度。切口大小根据脓肿范围和肌肉厚薄定,脓流通畅即可。脓腔大、肌肉厚则切口大,脓腔小、肌肉薄则切口小。切口不可超出脓腔,以免损伤好肉,留下大瘢痕;切口也不可过小,以免引流不畅,延长愈合时间。

4)操作方法:切开时以右手握刀,左手拇指、示指按住所要进刀部位的两侧,进刀时刀刃宜向上,在脓点部位向内直刺,深入脓腔即止。如欲开大切口,则可将刀口向上或向下轻轻延伸,然后将刀直出即可。

（3）注意点：在关节和筋脉的部位开刀宜谨慎,不要损伤关节或筋脉,以免致使关节不利或损伤正常功能。如过于体弱,应先内服调补药物,或先输液而后切开,以防刀晕或晕厥。凡颜面部疔疮,尤其在鼻唇部位,切忌早期切开,以免疔毒走散,并发走黄危象。切开后由脓自流,切忌用力挤压,以免感染扩散,毒邪内攻。

2. 火针烙法　古称"燔针""焠刺",是指将针具烧红后烫烙病变部位,以达到消散、排脓、止血、去除赘生物等目的的一种治疗方法。常用的针具有平头、尖头、带刃等多种粗细不同的铁针。用于消散的,多选用尖头铁针;用于引流的,可选用平头或带刃铁针。

（1）适应证：甲下瘀血、四肢深部脓肿、疖、痈、赘疣、息肉及创伤出血等。

（2）方法：外伤指甲下瘀血可行开窗术,用烧红平头铁针点穿指甲放血,缓解患指疼痛,避免指甲与甲床分离。四肢深部脓疡用烧红平头或带刃粗针刺入脓疡中心,斜拖出针,开大创口,一烙不透,可以多烙,烙后应放入药线引流。表浅脓疡用平头粗针烙后脓液自流,或挤出脓液,不必放药线引流。赘疣、息肉切除后用烙法治病根。创伤出血用烧红平头铁针点灼出血点止血。

（3）注意点：治疗时应避开患者的视线,以免引起患者精神紧张,发生晕厥。灼时火针应避开大血管及神经,不能盲目刺入,以免伤及正常组织。胸肋、腰、腹部不可深烙,以免伤及胸腹膜及内脏。手、足筋骨关节处应禁用烙法,用之恐焦筋灼骨,造成残疾;头面部为诸阳之会,皮肉较薄,禁用烙法;血瘤、岩肿等亦禁用烙法。年老体弱、大病之后、孕妇等不宜用火针。

3. 砭镰法　砭镰法俗称飞针,现多是用三棱针或刀锋在疮疡患处浅刺皮肤或黏膜,放出少量血液,促使内蕴热毒随血外泄的一种治疗方法。本法有疏通经络、活血化瘀、排毒泻热、扶正祛邪的作用。

（1）适应证：适用于急性阳证疮疡,如下肢丹毒、红丝疔、疖疮痈肿初起、外伤瘀血肿痛、痔肿痛等。

（2）方法：治疗时局部先常规消毒,用三棱针或刀锋直刺患处或移动性击刺皮肤或黏膜,令微微出血,或排出黏液、黄水,刺毕用消毒棉球按压针孔。红丝疔患者用挑刺手法,于红丝尽头刺之,令微微出血,继而沿红丝走向寸挑断;下肢丹毒及疖、痈初起,可用围刺手法,用三棱针围绕病灶周围点刺出血。

（3）注意点：注意无菌操作,以防感染。击刺时,宜轻、准、浅、快,出血量不宜过多,应避开神经和大血管,刺后可再敷药包扎。头、面、颈部不宜施用砭镰法,阴证、虚证及有出血倾向者禁用。

4. 挑治法　挑治法是在人体腧穴、敏感点或一定区域内,用三棱针挑破皮肤、皮下组织,挑断部分皮内纤维,通过刺激皮肤经络使脏腑得到调理的一种治疗方法。本法有调理气血、疏通经络、解除瘀滞的作用。

（1）适应证：适用于内痔出血、肛裂、脱肛、肛门瘙痒、颈部多发疖肿等病。

（2）方法：常用的挑治法有选点挑治、区域挑治和截根疗法。

1）选点挑治：适用于颈部多发性疖肿。可在背部上起自第7颈椎,下至第5腰椎,旁及两侧腋后线范围内,寻找疾病的反应点进行挑治。反应点多为棕色、灰白色、暗灰色等按之不褪色、小米粒大小的丘疹。

2）区域挑治：适用于内痔出血、肛裂、脱肛、肛门瘙痒等。可在腰椎两侧旁开1~1.5寸的纵线上任选一点挑治,尤其在第2腰椎至第3腰椎之间旁开1~1.5寸的纵线上挑治效果更好。

3)截根疗法:适用于项部牛皮癣。取大椎下 4 横指处,在此处上下左右 1cm 范围内寻找反应点或敏感点。治疗时让患者反坐在靠背椅上,两手扶于靠背架,暴露背部。体弱患者可采用俯卧位,防止虚脱。挑治前局部常规消毒,用小号三棱针刺入皮下至浅筋膜层,挑断黄白色纤维数根,挑毕用消毒纱布敷盖。如 1 次未愈,可于 2~3 周后再行挑治,部位可以另选。

(3)注意点:注意无菌操作。挑治后一般 3~5 日内禁止洗澡,防止感染。挑治后当天应注意休息,不吃刺激性食物。孕妇、有严重心脏病或出血性疾病及身体过度虚弱者,禁用挑治法。

5. 挂线法　挂线法是用普通丝线,或药制丝线,或纸裹药线,或橡皮筋线等挂断瘘管或窦道的治疗方法。其作用机制是利用挂线的紧箍力,促使气血阻绝、肌肉坏死,达到切开的目的。挂线还能起到引流的作用,病灶内的分泌物和坏死组织液可随挂线引流而出,从而保证引流通畅,防止发生感染。

(1)适应证:适用于疮疡溃后脓水不尽,经内服、外敷等治疗无效而形成瘘管或窦道者;或疮口过深,或生于血络丛处而不宜切开手术者。

(2)方法:以橡皮筋线挂线法为例,将球头银丝自甲孔探入,从乙孔穿出,若无乙孔可在局部麻醉(简称局麻)下用硬性探针顶穿。用丝线做双套结,将橡皮筋线结扎在银丝球头部,退回从甲孔抽出。剪开丝线与橡皮筋线,橡皮筋线下垫 2 根丝线,收紧打单结,垫丝结缚固定,抽出保留丝线。普通丝线或纸裹药线须每 2~3 日收紧 1 次,而橡皮筋线因有弹性,1 次扎紧后即可自动收紧切开组织,故多用。

(3)注意点:如果瘘管管道较长,发现挂线松弛时,必须及时将线收紧;在探查管道时要轻巧细致,避免形成假道。

6. 结扎法　结扎法,又名缠扎法,是将线缠扎于病变部位与正常皮肉分界处,通过结扎,促使病变部位经络阻塞、气血不通,结扎远端的病变组织失去营养而逐渐坏死脱落,从而达到治疗目的的一种治疗方法。对较大脉络断裂而引起的活动性出血,亦可利用本法结扎血管,使出血停止。

(1)适应证:适用于瘤、赘疣、痔、脱疽等,以及脉络断裂引起的出血之证。

(2)方法:凡头大蒂小的赘疣、痔核等,可在其根部以双套结扣住扎紧;头小蒂大的痔核,可以缝针贯穿其根部,再用"8"字结扎法或"回"字结扎法两线交叉扎紧;如截除脱疽坏死的趾、指,可在其上端预先用丝线缠绕 10 余圈,渐渐紧扎;如脉络断裂,可先找到脉络断裂出血处,用缝针引线贯穿出血底部,然后系紧打结止血。结扎所用线的种类有普通丝线、药制丝线、纸裹药线等,目前多采用较粗的普通丝线或医用缝合线。

(3)注意点:如内痔用缝针穿线,不可穿过患处的肌层,以免化脓;扎线应扎紧,否则不能达到完全脱落的目的。扎线未脱,应待其自然脱落,不要硬拉,以防出血。肿瘤、岩肿忌用结扎法。

(三) 其他疗法

外治法尚有引流法、垫棉法、药筒拔法、针灸法、熏法、熨法、热烘疗法、溻渍法、冷冻疗法和激光疗法等。

1. 引流法　引流法是在脓肿切开或自行溃破后,用药线、导管或扩创等方法使排脓通畅,腐脱新生,防止毒邪扩散,促使溃疡早日愈合的一种治疗方法。

(1)药线引流:药线,或称纸捻、药捻,多用桑皮纸或丝绵纸制成。剪裁至适当大小后搓成药线形备用。药线利用药物和线的物理作用,插入溃疡疮孔中引流脓水,并带出坏死组织。同时,药线还能探查脓肿深浅和是否有死骨存在。采用药线引流方便、痛苦少,患者可自行更换。目前临床上将捻制成的药线经过高压蒸汽灭菌后应用。

1)适应证:适用于溃疡疮口过小,脓水不易排出者;或已成瘘管、窦道者。

2)方法:常用的药线类别分外粘药物法和内裹药物法两类,目前临床上大多应用外粘药物法药线。

外粘药物法:分为两种,一种是将搓成的纸线临用时放在油中或水中润湿,蘸药插入疮口;另一种是预先用白及汁与药和匀,黏附在纸线上,候干存贮,随时取用。目前大多采用前法。外黏药物多用含有升丹成分的方剂或黑虎丹等,因其有提脓去腐的作用,故适用于溃疡疮口过深过小,脓水不易排出者。

内裹药物法:是将药物预先放在纸内,裹好搓成线状备用。内裹药物多用白降丹、枯痔散等,因其具有腐蚀化管的作用,故适用于溃疡已成瘘管或窦道者。

3)注意点:药线插入疮口中,应留出一小部分在疮口之外,并应将留出的药线末端向疮口侧方或下方折放,再以膏药或油膏盖贴固定。如脓水已尽,流出淡黄色黏稠液体时,即使脓腔尚深,也不可再插药线,否则影响收口。

(2)导管引流:古代导管用铜制成,长约10cm,粗约0.3cm,中空,一端平面光滑,一端呈斜尖式,在斜尖下方两侧各有1孔(以备脓腐阻塞导管腔头部后仍能起引流的作用),即为导管的形状,消毒备用。这种导管引流较之药线引流更易使脓液流出,从而达到脓毒外泄的目的。

1)适应证:适用于附骨疽及流痰、流注等脓腔较深、脓液不易畅流者。

2)方法:操作时将消毒的导管轻轻插入疮口,到达底部后再稍退出一些即可。当管腔中已有脓液排出时,即用胶布固定导管,外盖厚层纱布,导管可放置数日(纱布可每日更换),当脓液减少后改用药线引流。当脓腔位于肌肉深部,切开后脓液不易畅流时,也可将导管插入脓腔深部,引流脓液外出,待脓稍少后即拔去导管,再用药线引流。

导管引流目前在体表脓肿中已很少采用,大多应用于腹腔手术后;且制造导管的材料已改为塑胶、橡皮胶、乳胶或硅胶,现在临床以乳胶管最常用。

3)注意点:导管应放在疮口较低的一端,以使脓液畅流。导管必须固定,以防滑脱或落入疮口内。管腔如被腐肉阻塞,可松动引流管或轻轻冲洗,以保持引流通畅。

(3)扩创引流:扩创引流是应用手术扩大引流疮口,使脓液引流通畅的一种治疗方法。大多用于脓肿溃破后有袋脓现象,经其他引流、垫棉法等治疗无效者。

1)适应证:适用于痈、有头疽溃后有袋脓现象,瘰疬溃后形成空腔或脂瘤染毒化脓等。

2)方法:常规消毒,局麻,对脓腔范围较小者,只需用手术刀将疮口上下延伸即可;如脓腔范围较大,则用剪刀做“十”字形扩创。瘰疬之溃疡除扩创外,还须将空腔之皮修剪,剪后使疮面全部暴露;有头疽袋脓做“十”字形扩创后,切忌将空腔之皮剪去,以免愈合后形成较大的瘢痕,影响活动功能;脂瘤染毒化脓的扩创,宜做“十”字形切开,将疮面两侧皮肤稍作修剪,便于棉花嵌塞,并用刮匙将渣样物质及囊壁一并刮尽。

3)注意点:扩创后须按疮口大小,用消毒棉花蘸八二丹或七三丹嵌塞疮口以去腐,并加压固定,以防止出血,之后可按溃疡处理。

2. 垫棉法　垫棉法是用棉花或纱布折叠成块以衬垫疮部的一种辅助疗法。它是借加压的力量,使溃疡的脓液不致下坠而潴留,或使过大的溃疡空腔皮肤与新肉得以黏合而达到愈合的目的。

(1)适应证:适用于溃疡脓出不畅有袋脓者;或疮口窦道形成,脓水不易排尽者;或溃疡脓腐已尽,新肉已生,但皮肉一时不能黏合者。

(2)方法:有袋脓者,垫棉花或纱布于疮口下方,用绷带加压固定;窦道深者,棉垫压迫整个窦道并扎紧;溃疡空腔皮肤与新肉不黏合者,使用时可将棉垫按空腔的范围稍为放大,满垫在疮口之上,用较宽的绷带绷紧。腋部、腘窝部疮疡易成袋脓或空腔,影响愈合,应早用垫棉法。不同部位用不同绷带加压固定,如项部用四头带,腹壁用多头带,会阴部用丁字带,腋部、腘窝部用三角巾包扎,小范围用宽胶布加压固定。

(3)注意点:此法在急性炎症红肿热痛尚未消退时不可应用,否则有促使炎症扩散之弊。所用棉垫必须比脓腔或窦道稍大。用于黏合皮肉一般5~7日更换1次,用于治疗袋脓可2~3日更换1次。应用本法未能获得预期效果时,则宜采取扩创引流手术。应用本法期间若出现发热、局部疼痛加重者,则应立即终止使用,采取相应的治疗措施。

3. **药筒拔法**　药筒拔法是采用一定的药物与竹筒若干个同煎,制成药筒,趁热将药筒迅速扣于疮上,借助药筒的负压吸力吸取脓液毒水的一种治疗方法。本法具有宣通气血、拔毒泻热的作用,从而达到脓毒自出、毒尽疮愈的目的。

(1)适应证:适用于有头疽坚硬散漫不收,脓毒不得外出者;或脓疡已溃,疮口狭小,脓稠难出,有袋脓者;或毒蛇咬伤,肿势迅速蔓延,毒水不出者;或反复发作的流火等。

(2)方法:鲜菖蒲、羌活、紫苏、蕲艾、白芷、甘草各15g,连须葱60g,清水10碗煎好备用。取直径约4cm的鲜嫩竹段,截为长约10cm的竹筒,一头留节,刮去青皮留白,厚约0.3cm,靠节钻孔塞入杉木条,放药水内煮(如药筒浮起则用物压住),创口小(一般指直径小于4cm)的,可用上述药筒拔罐治疗。将盛有药水的锅移至病床前,取筒倒出药水,趁热对准疮口合上按紧,使之自然吸住,凉后(5~10分钟)拔出杉木条,则筒可取下。每日可拔1~5筒,连用数日。如应用于丹毒,在患部消毒后放血后,再用药筒拔吸,血液凝固后用纱布包扎,用于复发性丹毒已形成腿象皮肿者。现多以拔火罐代替。

(3)注意点:必须查验筒内拔出的脓血,若红黄稠厚者预后较好;若是败浆稀水,气秽色黑绿者预后较差。此外,操作时须避开大血管,以免出血不止。

4. **针灸法**　针灸法包括针法与灸法,两者各有其适应证。在外科方面,古代多采用灸法,但近年来针法较灸法应用广泛,很多疾病均可配合针刺治疗而提高临床疗效。灸法是用药物在患处燃烧,借药力和火力的温暖作用,以温阳祛寒、活血散瘀、疏通经络、拔引蓄毒,使肿疡未成者易于消散,既成者易于溃脓,既溃者易于生肌收口。

(1)适应证

1)针刺法:适用于瘰疬、乳痈、乳癖、湿疮、瘾疹、蛇串疮、脱疽、内痔术后疼痛、排尿困难等。

2)灸法:适用于肿疡初起坚肿,特别是阴寒毒邪凝滞筋骨而正气虚弱,难以起发,不能托毒外达者;或溃疡久不愈合,脓水稀薄,肌肉僵化,新肉生长迟缓者。

(2)方法

1)针刺法:一般在远离病变部位取穴,手法大多应用泻法,不同疾病取穴各异。

2)灸法:方法虽多,但主要方法分直接灸与隔物灸。明灸因灼痛易生水疱,现今少用。隔物灸可捣药成饼或切药成片(如附子等做饼,或姜、蒜等切片),置于疮上,上置艾炷灸之。还有艾绒配伍其他药物做成药条,隔纸燃灸,称为雷火灸。豆豉饼及隔姜、蒜灸适用于疮疡初起,可行气散邪;附子饼灸适用于气血俱虚、风寒湿邪凝滞,可温经散寒,调气行血;雷火神针灸适用于风寒湿邪侵袭、经络痹痛,可温通经络,祛风除湿。灸炷大小、壮数视疮形及疮口深浅而定。药力须达病所,痛者灸至不痛,不痛者灸至觉痛。

(3)注意点:凡针刺一般不宜直接刺于病变部位。疔疮等实热阳证不宜灸之,以免以火济火。头面为诸阳之会,颈项接近咽喉,灸之恐逼毒入里,故头面及颈项不宜使用灸法;手指等皮肉较薄之处,灸之更增疼痛,故亦不宜施灸法。此外,在针灸治疗的同时,应根据病情与内治、外治等法共同施治。

5. 熏法　熏法是把药物燃烧后,取其烟气上熏,借药力与热力的作用,使腠理疏通、气血流畅,从而达到治疗目的的一种治疗方法。包括神灯照疗法、桑柴火烘法、烟熏法等。

(1)适应证:肿疡、溃疡均可应用。

(2)方法:神灯照疗法功能活血消肿,解毒止痛,适用于痈疽轻证,使未成脓者自消,已成脓者自溃,不腐者即腐;桑柴火烘法功能助阳通络,消肿散坚,化腐生肌,止痛,适用于疮疡坚而不溃、溃而不腐、新肉不生、疼痛不止;烟熏法功能杀虫止痒,适用于干燥而无渗液的各种顽固性皮肤病。

(3)注意点:操作过程中要随时听取患者对治疗部位热感程度的反映,以免引起皮肤灼伤。室内烟雾弥漫时,要适当使流通空气。

6. 熨法　熨法是把药物加酒或醋炒热,布包熨摩患处,使腠理疏通而达到治疗目的的一种治疗方法。目前常因药物的炒煮不便而较少应用,但临床上单纯热敷还在普遍使用。

(1)适应证:适用于风寒湿痰凝滞筋骨肌肉等证,以及乳痈的初起或回乳。

(2)方法:取赤皮葱连须240g,捣烂后与熨风散(组成:羌活、防风、白芷、当归、芍药、细辛、芫花、吴茱萸、官桂各等分)药末和匀,醋拌炒热,布包熨患处,稍冷即换,有温经祛寒、散风止痛之功,适用于附骨疽、流痰皮色不变、筋骨酸痛者;用青盐适量,炒热布包熨患处,每日1次,每次20分钟,治腰肌劳损;取皮硝80g,置布袋中,覆于乳房部,再把热水袋置于布袋上使其溶化,有消肿回乳之功,适用于乳痈初起或哺乳期的回乳。

(3)注意点:使用熨法时注意不要灼伤皮肤。阳证肿疡慎用。

7. 热烘疗法　热烘疗法是在病变部位涂药后再加热烘,通过热力的作用使局部气血流畅,腠理得开,药物渗入,从而达到活血祛风以减轻或消除痒感,活血化瘀以消除皮肤肥厚目的的一种治疗方法。

(1)适应证:适用于鹅掌风、慢性湿疮、牛皮癣等皮肤干燥、瘙痒之证。

(2)方法:应依据病情的不同,选择相应的药膏,如鹅掌风、牛皮癣用疯油膏,慢性湿疮用青黛膏等。操作时先将药膏涂于患部,应均匀且极薄,然后用电吹风烘(或火烘)患部,每日1次,每次20分钟,烘后即可将所涂药膏擦去。

(3)注意点:使用热烘疗法时注意不要灼伤皮肤。一切急性皮肤病禁用。

8. 溻渍法　溻是用饱含药液的纱布或棉絮湿敷患处,渍是将患处浸泡在药液中。溻渍法是通过湿敷、淋洗、浸泡对患部的物理作用,以及不同药物对患部的药效作用,从而达到治疗目的的一种治疗方法。

(1)适应证:适用于阳证疮疡初起和溃后、半阴半阳证及阴证疮疡。近年来,溻渍法除了治疗疾病,在用途上有了新的发展,如药浴美容、浸足保健防病等。

(2)方法:常用方法有溻法和浸渍法。

1)溻法:用6~8层纱布浸透药液,轻拧至不滴水,湿敷患处。溻法又有冷溻、热溻和罨敷之分。冷溻是待药液凉后湿敷患处,30分钟更换1次,适用于阳证疮疡初起,溃后脓水较多者;热溻是趁热湿敷患处,稍凉即换,适用于脓液较少的阳证溃疡、半阴半阳证和阴证疮疡;罨敷是在冷或热溻的同时外用油纸或塑料薄膜包扎,可减缓药液挥发,延长药物作用时间。

2)浸渍法:包括淋洗、冲洗、浸泡等。淋洗多用于溃疡脓水较多、发生在躯干部者;冲洗适用于腔隙间感染,如窦道、瘘管等;浸泡适用于疮疡生于手、足部及会阴部者,亦可用于皮肤病全身性沐浴。

3)常用药物举例:① 2%~10% 黄柏溶液或二黄煎冷敷,功效清热解毒,适用于疮疡热毒炽盛等;②葱归溻肿汤热溻,功效疏导腠理,通调血脉,适用于痈疽初肿;③苦参汤浸洗,功效祛风除湿,杀虫止痒,治疗尖锐湿疣等;④五倍子汤坐浴,功效消肿止痛,收敛止血,适用于内外痔肿痛等;⑤鹅掌风浸泡方加醋煎泡,功效疏通气血,杀虫止痒,连泡7日治鹅掌风;⑥香樟木煎汤沐浴,功效调和营卫,祛风止痒,适用于瘾疹;⑦桑皮柏叶汤沐头,功效润泽头发,治发鬓枯黄;⑧鲜芦荟汁、柠檬汁敷面,功效润肌白面,美容除皱。

(3)注意点:用溻法时药液应新鲜,溻敷范围应稍大于疮面。热溻、罨敷的温度宜在45~60℃。淋洗、冲洗时用过的药液不可再用。局部浸泡一般每日1~2次,每次15~30分钟;全身药浴可每日1次,每次30~60分钟。冬季应保暖,夏季宜避风凉。

9. 冷冻疗法 冷冻疗法是利用各种不同等级的低温作用于患病部位,使之冰寒凝集、气血阻滞,病变组织失去气血濡养而发生坏死脱落的一种治疗方法。

(1)适应证:适用于瘤、赘疣、痔核、痣、早期皮肤癌等。

(2)方法:目前最常用的制冷剂为液氮,制冷温度可达 −196℃。根据病变组织情况,可选不同的操作方法。①棉签法适用于小的浅表病变,用棉签蘸液氮涂点患部至皮肤变白;②喷射冷冻法适用于面积稍大、表面不平的病变,直接喷射液氮于患部;③冷冻头接触法持续时间长,可施压,适用于深部病变;④冷冻刀接触法降温快,保持低温久,适合多种病变的治疗。

(3)注意点:冷冻疗法使用后有疼痛、水肿、水疱、出血或瘾疹发生,应做好相应的预防和处理。亦有患者可能出现色素脱失或色素沉着,一般需经数月可自行消退。

10. 激光疗法 用各种不同的激光治疗不同疾病的方法称为激光疗法。常用的有二氧化碳激光和氦氖激光。

(1)适应证:二氧化碳激光适用于瘤、赘疣、痔核、痣,以及部分皮肤良、恶性疾病等。氦氖激光适用于疮疡初起及僵块、溃疡久不愈合、皮肤瘙痒症、蛇串疮后遗症、油风等。

(2)方法:①二氧化碳激光多用于治疗皮肤表面各种赘生物、良性肿瘤;祛除皱纹,清除色斑,平整轻度凸起或凹陷瘢痕、皮肤萎缩性瘢痕和光老化皱纹等;②脉冲染料激光多用于治疗皮肤血管异常性疾病,包括血管瘤、鲜红斑痣、毛细血管扩张区伴有血管改变的皮肤病;③Q开关激光主要用于治疗表皮、真皮的色素增生性皮肤病,如雀斑、咖啡牛奶斑、脂溢性角化病等。

(3)注意点:创面浅而小的患者治疗后没有明显渗出及红肿反应,可以不作特殊处理,但要保持创面清洁。创面较大,超过1cm²,或创面有渗液者,应使用无菌敷料包扎,并酌情用散焦二氧化碳激光或氦氖激光照射,可预防感染,加速创面愈合。

●（王伊光）

复习思考题

1. 消、托、补三大内治法则是历史上针对中医外科疮疡疾病初起、成脓、溃后三个不同发展阶段确立的法则,外治法是否也适用消、托、补三大法则? 请举例说明。

2. 试述外科疾病的中医手术治法及适应证。

3. 试述箍围药的适应证、代表方及其相应的用法。

4. 试述切开法的切口方向及其操作方法。

第六章

无 菌 术

学习目标

1. 掌握(术前准备)洗手、穿手术衣和戴手套的方法,手术进行中的无菌原则,外科的无菌原则及灭菌和消毒的方法。

2. 熟悉常用的灭菌法和消毒法,手术人员和患者手术区域的准备。

3. 了解手术区皮肤的消毒和铺巾(手术室的基本布局及管理要求)。

　　各种微生物普遍存在于人体生存的环境中。在外科手术及各种有创诊疗操作过程中,必须采取相应的严格有效的预防措施,防止病原微生物通过直接接触、飞沫或空气等传播途径进入创面,否则可能导致感染。无菌术(asepsis)是外科最基本的操作技术,是针对微生物可能的感染来源及感染途径所采取的预防措施,由灭菌(sterilization)、消毒(disinfection)和无菌操作规则及管理制度等构成。

　　理论上,杀灭一切活的微生物是灭菌;杀灭病原微生物和其他有害微生物,并不要求彻底清除所有微生物(如芽孢等)是消毒。无菌术中的操作规则和管理制度是人们在医疗实践中总结、制定的规范,其目的是保证已经灭菌或消毒的物品、已行无菌准备的手术人员和已消毒的手术区域不被污染,防止感染发生。外科无菌术目的是预防手术操作区域被污染和创面感染,是各种手术操作、穿刺、引流、插管、换药等过程中所遵守的原则和应用方法。无菌术应贯穿于术前、术中、术后的各项有关处理过程中。临床实践中,培养无菌观念,坚持无菌操作是十分重要的。

第一节　手术器械与物品的灭菌与消毒

(一) 灭菌方法

　　灭菌是用物理方法彻底消灭与手术区域接触的物品上所附带的微生物,包括高温灭菌法、气体灭菌法和电离辐射灭菌法(超声波)等方法。在医院内以高温灭菌法的应用最为普遍。

　　1. 高温灭菌法　利用高温使微生物的蛋白质、酶发生凝固或变性。这是应用最广泛且最有效的方法,主要用于物品和手术器械的灭菌。

　　(1)高压蒸汽灭菌:通过高温、高压蒸汽杀灭细菌和芽孢,主要适用于金属器械、玻璃制品、搪瓷、敷料和橡胶等耐高温物品。高压蒸汽灭菌器有下排气式和预真空式两种类型,分别具有不同的操作参数和时间要求。

　　(2)煮沸灭菌:是一种简单可靠的灭菌方法,适用于一些金属器械、玻璃制品和橡胶类物品。将物品放入水中煮沸,保持100℃,15~20分钟可以杀灭一般细菌,而芽孢需要更长时间。加入碱性溶液可以缩短时间并可防止金属制品生锈。

（3）干热灭菌：通过酒精火焰或干热空气灭菌器进行热力灭菌。酒精火焰灭菌适用于特殊情况，将器械放入盆中，点燃酒精燃烧一段时间。干热空气灭菌器常用温度为 160℃，灭菌时间为 1~2 小时。然而这种方法可能使锐利器械变钝且失去光泽。

2. 气体灭菌法　由环氧乙烷法、臭氧和负离子等气体消毒灭菌法等组成。目前应用最多、最广泛的是环氧乙烷法，有专用的环氧乙烷灭菌器，该方法不损伤拟灭菌的物品，且穿透力强，可以杀灭各种微生物。一般灭菌条件为：环氧乙烷浓度 800~1 000mg/L，温度 55~60℃，相对湿度 60%~80%，时间不少于 6 小时。

3. 电离辐射灭菌法　属工业灭菌法，适用于所有的医疗器械、大量运用的一次性物品，如塑料注射器、丝线等。也用于某些药物，比如抗生素、激素、类固醇、维生素等的灭菌。用 ^{60}Co 电离辐射灭菌，效果可靠。

（二）消毒方法

消毒是应用化学方法消灭微生物，又称抗菌法，例如某些器械的消毒、手术室空气的消毒、手术人员的手臂消毒与患者的皮肤消毒等。包括药液浸泡、甲醛蒸气熏蒸和紫外线消毒三种方法。甲醛、环氧乙烷及戊二醛等化学品可消灭一切微生物。

1. 药液浸泡法　适用于锐利器械、内镜、腹腔镜、特殊材料制成的导管等不宜用热力灭菌的器械。常用的化学消毒剂有下列几种：2% 戊二醛（$C_5H_8O_2$）消毒液、75% 酒精、1∶1 000 氯己定溶液、5% 过氧乙酸（$C_2H_4O_3$）溶液。

2. 甲醛蒸气熏蒸法　因甲醛具有强烈刺激作用，此种消毒方法已经逐渐被淘汰。

3. 紫外线消毒法　多用于室内空气和物品表面消毒。紫外线照射作用强，可杀灭悬浮在空气和附于物体表面的细菌、支原体和病毒等。

第二节　手术人员和患者手术区域的准备

（一）手术人员的术前准备

（1）一般准备：进入手术间之前，摘下手表、戒指等个人物品，剪短指甲，脱去袜子，在更衣室更换手术室准备的清洁鞋和衣裤，戴好帽子和口罩。帽子盖住全部头发，口罩盖住口鼻。手或臂部皮肤有破损或化脓性感染者，不能参加手术。

（2）手臂消毒法：包括洗手和消毒两个步骤。在皮肤皱褶内和皮肤深层藏有细菌，手术过程中，这些深藏的细菌可逐渐移到皮肤表面。手臂消毒后，穿无菌手术衣和戴无菌手套，是为了防止这些细菌污染手术创面。

1）刷洗手臂：用肥皂液刷洗手臂法沿用多年，近年来也有用灭菌剂刷洗手臂的。刷洗手臂是基本的术前准备流程之一，也是必须遵守的。①先用肥皂洗手，再用无菌刷手刷蘸取液态肥皂，刷洗手及手臂，范围从手指到肘上 10cm；两手和手臂交叉刷洗，特别要注意甲缘、甲沟、指蹼等处。刷洗 3 分钟后，手指朝上、肘向下，用清水冲洗掉手臂上的肥皂水。如此反复 3 次，共约 10 分钟。②用无菌巾按从手到肘部的顺序擦干，擦过肘部的毛巾不能再擦手。

2）用消毒剂涂擦双手和双前臂，肘部应下垂，保持拱手姿势。不可接触未经消毒灭菌的物品，否则须重新洗手。接着穿无菌手术衣、戴无菌手套。

如无菌手术完毕，手套未破，手术人员需要连续施行另一手术，可不用重新刷洗手臂，仅需用消毒液再次涂擦手和前臂，穿上新的无菌手术衣，戴上新的手套。若前一次为污染手术，则应重新洗手。现在很多医院改用了新型消毒剂，消毒过程简化，但同样有效。尽管各

ER-6-3

一般准备

ER-6-4

外科手消毒

ER-6-5

戴无菌手套

ER-6-6

穿无菌
手术衣

种消毒剂的使用要求不同,但均强调消毒前的皮肤清洁步骤。

(3)穿无菌手术衣和戴无菌手套的方法

1)穿无菌手术衣:要有较大的空间,最好面对无菌手术台。提起手术衣两肩袖口,将手术衣轻轻抖开,稍微掷起,顺势双手插进衣袖内并向前伸,两手自衣袖口处伸出,其后襟叠盖,由巡回护士协助系衣领系带及腰带(图 6-1)。

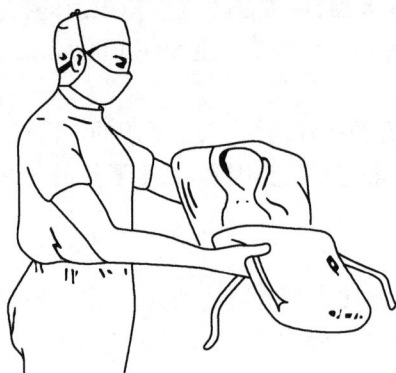

(1)取出手术衣

(2)手提衣领

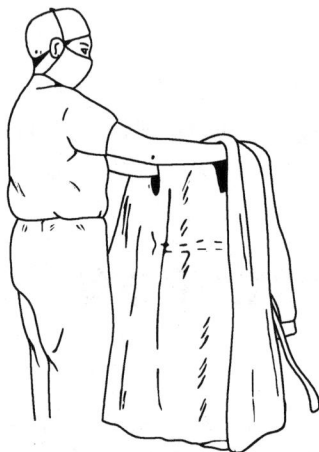

(3)轻抛手术衣,双手进入袖笼

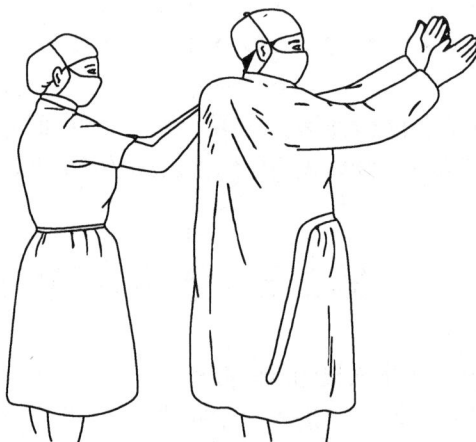

(4)巡回护士系衣领系带

(5)双手递腰带

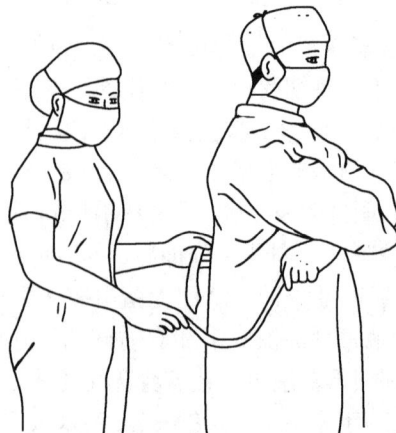

(6)巡回护士协助系腰带

图 6-1 穿无菌手术衣

2)戴无菌手套:未戴无菌手套的手,只允许接触手套套口向外翻折的部分,不能触碰手套的外面;已戴一只手套的手,不可触碰另一手套的内面和未戴手套的手。无菌手套分干、湿两种,以干手套使用最为普遍。

戴干手套法:穿无菌手术衣后,用右(左)手自手套袋内捏住两只手套的翻折部,提出手套,两只手套拇指相对。先用左(右)手插入左(右)手手套,再将戴好手套的左(右)手 2~5 指,插入右(左)手手套的翻折部内;右(左)手插入右(左)手手套,然后将双手套翻折部翻回套压住手术衣袖口。手术开始前,应将双手举于胸前,切勿下垂或高举(图 6-2)。

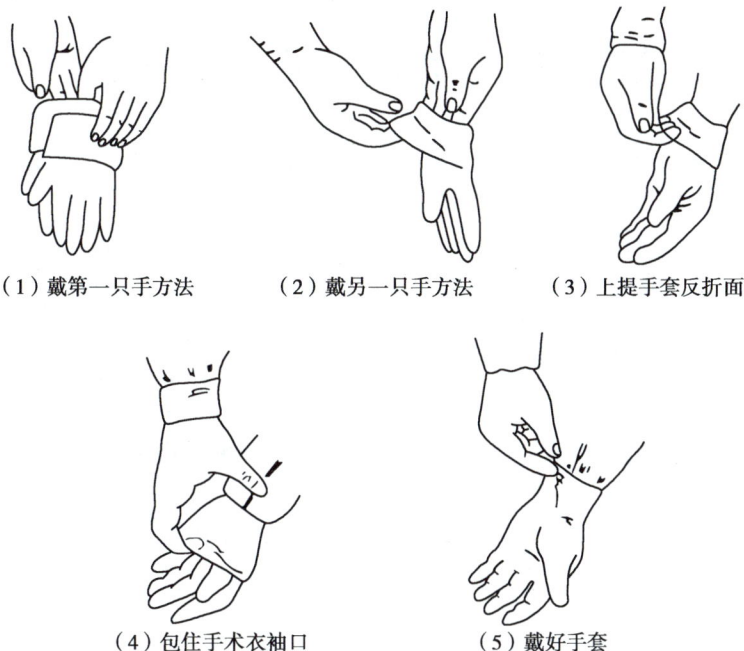

（1）戴第一只手方法　　　　（2）戴另一只手方法　　　　（3）上提手套反折面

（4）包住手术衣袖口　　　　（5）戴好手套

图 6-2　戴无菌手套

(二) 患者手术区域的准备

目的是消灭拟做切口处及周围皮肤上的细菌,尽可能减少切口感染。

1. 术前皮肤准备　不同手术对患者手术区域皮肤准备要求不同。一般外科手术,在手术前 1 日洗浴,用肥皂清洗皮肤。如皮肤上有油脂或胶布粘贴痕迹,可以用 75% 的酒精拭去。对外伤需施行紧急手术者,则可在手术室内麻醉状态下进行。剃除手术区域的毛发,又称备皮。关于术前备皮目前存在不同意见。手术前一天备皮,如皮肤出现划痕或浅表割伤,则细菌易从伤口入侵,故主张当日术前备皮,降低感染风险;若毛发细小,也可不备皮,并不会增加切口感染的概率;也有采取专用胶布粘贴去毛法备皮。

2. 皮肤消毒　一般由第一助手洗手后执行。碘伏(或安尔碘)属中效消毒剂,是目前国内普遍使用的皮肤消毒剂,不刺激皮肤,不损伤黏膜,可直接用于皮肤、黏膜和切口。消毒方法简单,用 0.5% 碘伏涂擦患者手术区域 3 遍。

注意事项:①一般以手术区为中心向四周涂擦;如为感染伤口或为会阴部手术,则应自手术区外周至感染伤口或会阴部涂擦;②已经接触污染部位的碘伏纱布,应丢弃,不应再返擦清洁处;③皮肤消毒范围要包括手术切口周围 15cm 的区域;④如有延长切口可能的手术,则应事先扩大皮肤消毒范围。

ER-6-7

铺盖无菌
手术巾

(三) 手术区铺盖无菌手术巾

在手术前,进行皮肤消毒并使用无菌塑料薄膜覆盖手术切口,以提高无菌效果。对于小手术,只需要覆盖一块洞巾。而对于较大的手术,需要使用无菌巾和其他必要的无菌单进行铺盖。一般的铺盖方法是使用四块无菌巾,先铺在操作者对面或不洁区域,最后铺在靠近操作者一侧,并用巾钳夹住交角处。铺好后不可移动,如果位置不准确,只能从手术区向外移动。然后再铺中单和大单,确保除手术区域外至少有两层无菌巾。对于上肢、下肢和特殊部位的手术,需要根据具体情况采用不同的覆盖方法。例如,手(足)部手术需要用无菌巾包裹近端肢体。

第三节 手术进行中的无菌原则

ER-6-8

手术人员
调换位置

手术前的各项准备工作,为手术提供了一个无菌操作环境。但是,在手术过程中,如果没有一定的规章来保持这种无菌环境,则有可能引起创面感染,或可导致手术失败,甚至危及患者的生命。无菌操作规则是所有参加手术的人员必须认真执行的最重要的规章。

这种无菌操作规则包括:

(1) 手术人员穿无菌手术衣和戴无菌手套之后,不准接触未经消毒的物品;手和前臂不能接触背部、腰部以下和肩部以上部位,也不能接触手术台边缘以下的布单,这些区域被视为有菌区。

ER-6-9

手术进行中
的无菌原则

(2) 不可经手术人员背后传递手术器械及物品。手术使用的物品,坠落到无菌巾或手术台边以外,不准拾回再用。

(3) 如术中手套破损或接触到有菌区,应立即更换无菌手套;手指被污染,应用 0.5% 碘伏消毒。如前臂或肘部触碰到有菌区,应更换无菌手术衣或加戴无菌袖套。如无菌巾、布单等被浸透,应加盖干的无菌布单。

(4) 同侧手术人员如需调换位置,一人应先退后一步,背对背地转身到达另一位置,以免被污染。

(5) 加强切口保护,手术区覆盖无菌贴膜,切口边缘以无菌大纱布覆盖,尤其是感染手术、恶性肿瘤手术等。

第四节 手术室的管理

在外科领域,手术室的管理是一个非常重要的环节,保证患者不受感染的威胁,手术室的管理贯穿术前、术中、术后各阶段。患者术后是否感染与医院环境、手术室的无菌条件、所采用的无菌原则和外科技术等密切相关。

(一) 一般手术室的设置和要求

根据医院的规模、性质、手术科室床位数以及开展手术工作的需要,设定手术室的手术间数量和面积。无菌手术间和有菌手术间应分开,可单独设立急诊清创手术间。手术间大小宜适中、实用,一般面积为 $24\sim40m^2$,对于复合手术室,则面积要足够;要有空调设施,保持室内温度 $18\sim20\,℃$,湿度 48% 左右。手术室的附属房间应分别设置,并与手术室构成一个完整单位,一般应设有更衣室、洗手室、器械室、辅料室、消毒灭菌室、清洁杂物准备室、办公室、洗澡间等。

（1）手术室应布局合理,符合功能流程。洁净区、污染区分开,污染区、清洁区、无菌区应划分明确、严格、合理。

（2）要设有接送患者的专用通道。进入手术室的平板车要消毒处理。有条件的医院应使用对接车,以减少手术室的污染。

（3）手术废弃物要有专用通道,密闭运输,以减少再污染的机会。

（4）一个手术间以只摆放一个手术台为宜,不宜在一个手术间内同时进行多台手术。

（5）同一天内,同一手术间有多台手术时,应先进行无菌手术,后进行感染手术;两次手术之间应清洁手术间;乙型肝炎表面抗原阴性患者的手术要安排在阳性者前面。

（6）每日手术结束后应对墙面、物体表面和地面等进行彻底清洁、擦洗。

（7）患有急性感染性疾病者,不得进入手术室;手术参观人员不超过 2 人;凡进入手术室的人员,必须更换清洁鞋帽、衣裤和口罩。

（二）手术室的消毒方法

（1）紫外线灭菌:主要适用于室内空气消毒,此外也可以用于空调导管等物体表面的消毒。根据消毒房间容积和距灯管的远近计算照射剂量,平均照射剂量为 $1W/m^3$,照射时间为 30~60 分钟,每日 2~3 次。

（2）乳酸熏蒸消毒:适用于普通手术后的消毒。地面喷洒少量清水,紧闭门窗,按每 $100m^3$ 空间用 80% 的乳酸 12ml,再加等量水,倒入容器内,下置酒精灯加热,待药液蒸发完毕后,熄灭酒精灯,密闭 30~60 分钟后,开窗通风。

（3）过氧乙酸熏蒸法:适用于手术室空气消毒。20% 的过氧乙酸 $3.75ml/m^3$,置于耐热容器中加热蒸发,室温超过 18℃,密闭 1~2 小时。

（沈银峰）

复习思考题

1. 无菌术的基本原理和目的是什么? 解释为什么无菌操作对于外科手术和其他医疗程序至关重要。

2. 请列举并解释无菌术中常用的无菌技术和器械,包括洗手、穿戴手术衣物、使用无菌巾等方法。请详细说明每种技术或器械的正确使用步骤和注意事项。

3. 请描述无菌术中可能遇到的常见问题和挑战,并提供解决这些问题的方法和措施。

ER-6-10

扫一扫
测一测

◇◇◇ 第七章 ◇◇◇

麻 醉

学习目标

　　1. 掌握麻醉前准备,局麻药的剂量、中毒表现和处理,呼吸道的管理及气管插管及拔管技术;掌握麻醉前的病情评估。

　　2. 熟悉麻醉期间和麻醉恢复期的监测和管理;熟悉针刺镇痛与针刺麻醉的特点、选穴原则及操作手法。

　　3. 了解局部麻醉、椎管内麻醉以及全身麻醉的分类、适应证、常用药物、并发症、术中监测与管理及操作方法。

第一节 概 述

　　麻醉(anesthesia)一词源于希腊文,是指用药物或其他方法使患者整体或局部暂时失去感觉,以达到无痛的目的,从而能为进一步的手术或其他治疗创造条件。麻醉学(anesthesiology)则是运用有关麻醉的基础理论、临床知识和技术以消除患者手术时和手术后疼痛,保障患者安全,为手术创造良好条件的一门科学。

　　麻醉的历史悠久,从古代的麻沸散麻醉到近代的乙醚麻醉,在人类与疼痛的斗争中不断前进。从 20 世纪 50 年代末至今,麻醉学汲取了基础医学、临床医学、生物医学工程及多种边缘学科中与麻醉学有关的理论与技术,形成了包含临床麻醉、重症治疗、急救复苏和疼痛诊疗的临床医学二级学科,也成为临床医学的一个重要分支学科。麻醉学随着整个医学的发展而前进,其发展又促进了整个医学的发展。

一、麻醉方法的分类

　　随着麻醉药品、器材、仪器的不断进步,以及新的理论技术的不断应用,麻醉方法也在不断地充实提高。根据麻醉作用的范围与性质,大致将麻醉方法分为以下几类。

(一)针刺麻醉

　　针刺麻醉是根据中医针刺腧穴止痛的经验发展起来的一种镇痛辅助麻醉方法。按针刺部位可分为体针、耳针、唇针、面针、鼻针、头针、足针和手针麻醉等。目前最常用的是体针和耳针镇痛辅助麻醉。

(二)局部麻醉

　　局部麻醉(local anesthesia)是在患者神志清醒状态下,将局麻药应用于身体局部(如脊神经、神经丛、神经干或周围神经末梢),使机体某一部分的神经传导功能暂时可逆性阻断,从而达到麻醉效果的一种麻醉方法。

1. 表面麻醉 将渗透性强的局麻药作用于皮肤和黏膜表面,局麻药渗透入其下的神经末梢,产生局部麻醉作用的方法,称表面麻醉。

2. 局部浸润麻醉 沿手术切口分层注射局麻药,阻滞组织中的神经末梢而产生麻醉作用的方法,称局部浸润麻醉。

3. 区域阻滞麻醉 围绕手术区,在其四周和底部注射局麻药,以阻滞进入手术区的神经末梢而产生麻醉作用的方法,称区域阻滞麻醉。

4. 神经阻滞麻醉 在神经干、丛、节的周围注射局麻药,阻滞其冲动传导,使其所支配的区域产生麻醉作用的方法,称神经阻滞麻醉。

(三) 椎管内麻醉

椎管内麻醉是将局麻药注入椎管内的不同腔隙,使脊神经所支配的相应区域产生麻醉作用的一种麻醉方法。根据局麻药注射腔隙的不同,又分为蛛网膜下腔阻滞麻醉和硬膜外麻醉。

(四) 全身麻醉

全身麻醉是全身麻醉药经呼吸道吸入、静脉注射、肌内注射或直肠灌注的方式进入体内,可逆性地抑制中枢神经系统,使患者出现意识消失、全身痛觉消失、遗忘、反射抑制和骨骼肌松弛的一种麻醉方式。

1. 吸入全身麻醉 吸入性全麻药经呼吸道吸入,到达肺泡内,再进入血液循环,最终使中枢神经系统受到抑制而达到麻醉效果。

2. 静脉全身麻醉 麻醉药通过静脉注射进入血液循环,使中枢神经系统受到抑制而达到麻醉效果。

(五) 复合麻醉

临床上常将两种或两种以上的麻醉药复合应用或将不同的麻醉方法联合应用,称为复合麻醉或平衡麻醉(balanced anesthesia)。其目的是发扬各自的优点,克服彼此的缺点或不足,取长补短,使麻醉易于控制,效果更为完善,减少副作用。

二、麻醉方法的选择

麻醉选择包括麻醉方式的选择和麻醉药物(包括辅助用药)的选择。总的原则是在确保麻醉效果、保障患者安全、满足手术要求的前提下选择对患者最有利的麻醉方法和药物。原则如下:

(一) 充分估计患者的病情和一般情况

(1)对病情重、一般情况差的患者,应选择对全身影响小、并发症少的麻醉方法,如针刺麻醉、局部麻醉等。但是对于手术较大、生命体征难以控制的患者,气管插管下全身麻醉应是比较好的选择。

(2)对精神紧张不能自控的患者,最好采用全麻,或在基础麻醉下行局部麻醉。

(3)对老人、小儿、孕产妇,因有生理性改变,麻醉方法的选择应与一般患者有所不同。

(4)对合并慢性疾病者,选择麻醉方法时应根据具体情况酌情选定。

(二) 根据手术需要

(1)根据手术部位选择麻醉方式。如下肢手术,多采用椎管内麻醉;上肢手术,多选用臂丛神经阻滞。

(2)根据手术是否需要肌肉松弛进行选择。如腹部开放手术,多选用肌松药辅助的气管插管下的全身麻醉。

（3）根据手术创伤或刺激的大小及出血的多少进行选择。如可用止血带的骨科下肢手术可选用椎管内麻醉；若是出血量大的骨科下肢肿瘤手术、关节翻修术等，选择气管插管下的全身麻醉较为安全。

（4）根据手术时间的长短合理选择。手术时间长的手术不宜选择单次神经阻滞麻醉。

（5）根据患者的体位是否影响呼吸和循环功能进行具体选择。长时间俯卧位的手术，宜选用气管插管下的全身麻醉。

（6）根据手术可能发生的意外情况进行选择。

（7）根据医疗机构现有的条件进行选择。

（三）按麻醉药和麻醉方法本身的特点进行选择

各种麻醉药和麻醉方法都有各自的特点和适应证、禁忌证，选用前要结合病情及手术加以全面考虑。

（四）麻醉医生的技术和经验

原则上应首选采用安全性较大的和比较容易操作的麻醉方法。如遇危重患者或较大手术，最好采用麻醉医生最熟悉的麻醉方法。不应将麻醉选择绝对化，某些手术可在不同的麻醉方法下进行，同一种麻醉方法也可用于多种手术。在不违反麻醉选择原则的情况下，应尽量考虑患者的愿望和要求。

第二节　麻醉前准备和麻醉前用药

术前访视和术前评估是麻醉医师在术前根据患者病史、体格检查、实验室检查与特殊检查结果及患者的精神状态对外科患者整体状况作出评估，制订出麻醉和围手术期管理方案的过程。术前访视和术前评估是围手术期管理的基础与工作流程之一，可以减少并发症，缩短患者住院时间，改善临床结局，降低医疗费用。

一、麻醉前评估的目的

麻醉前评估的目的概括起来有以下四个方面：

（1）获取病史（包括现病史、既往史、个人史、过敏史、手术麻醉史、吸烟史、饮酒史、药物应用史等）、体格检查、实验室检查、特殊检查中有价值的信息。

（2）术前患者教育与面对面的访视，能减少患者对围手术期麻醉过程的焦虑和恐惧，取得患者的知情同意，指导患者配合麻醉。

（3）根据患者的具体情况，就围手术期风险和围手术期管理方案与外科医师达成共识。

（4）术前充分评估，优化术前准备和围手术期管理方案，将手术风险降至最低。

二、麻醉前评估的基本内容

麻醉前评估一般在麻醉前一日进行，对一些病情复杂的病例往往在麻醉前数日进行会诊，以便有时间完善麻醉前准备。患者到麻醉门诊进行术前评估可以降低手术取消和延期的概率，提高手术室使用效率，降低住院费用。不论采取何种方式，麻醉医师在术前应该检诊患者。传统的术前访视和术前评估模式对日间手术患者已不适用。日间手术患者的评估、选择和准备，可以采用电话访诊或麻醉门诊，以表格或问卷方式进行。

（一）病史采集

术前应充分了解患者的现病史、既往史、个人史、手术及麻醉史、拟施行的手术情况、处方药和非处方药的使用、过敏史及家族史等，并进行全身状态检查，对可能增加麻醉风险的因素仔细询问，采取措施防止并发症发生。对有麻醉史者，应详细询问既往麻醉用药、方法及是否有并发症等。尤其关注既往麻醉史中有无困难气道情况，以及是否患有可影响或累及气道的疾病，如类风湿关节炎、肥胖、肿瘤等。许多先天性综合征可能影响呼吸道，导致面罩给氧或气管插管困难。

（二）体格检查

术前体格检查应重点关注患者的生命体征、一般情况、气道、心肺功能、脊柱和神经系统等，并视患者的临床状况及手术类型进行系统查体。体格检查中，充分的气道评估是保证麻醉中气管插管和呼吸维持顺利的关键步骤。

1. 气道处理困难表现 ①张口困难；②颈椎活动受限；③颏退缩（小颏症）；④舌体大（巨舌）；⑤门齿凸起；⑥颈短；⑦病态肥胖；⑧颈椎外伤，带有颈托、牵引装置。

面罩通气困难是最危险的，年龄大于 55 岁、打鼾病史、蓄络腮胡、无牙、肥胖（BMI ≥ $30kg/m^2$）是面罩通气困难的五项独立危险因素。Mallampati 分级 Ⅲ 或 Ⅳ 级、下颌前伸功能受限、甲颏距离过短（<6cm）也是面罩通气困难的独立危险因素。当具备 2 项以上危险因素时，提示面罩通气困难的可能性较大。

除一般情况及气道评估外，对手术患者合并的其他内科疾病，麻醉医师应充分认识其病理生理改变，对其严重程度作出正确评价，必要时请内科医生协助诊治。

2. 实验室检查 建议对择期手术患者完善血尿常规、肝肾功能、凝血功能、感染指标、心电图及胸片等常规检查。对年龄较大、合并系统性疾病、实施复杂手术的患者，应针对其具体情况，完善相关特殊检查。如冠心病患者可行超声心动图和冠状动脉评估等，慢性阻塞性肺疾病患者可行血气分析、肺功能检查等，以充分评估手术及麻醉风险，预防并发症。

3. 体格状态评估分级 根据所获资料分析患者病理生理情况，对其进行术前评估。首先进行粗略评估（通常用病情和体格分类法）。一般将手术分为择期手术和急诊手术，急诊手术无充裕的麻醉前或术前准备时间，麻醉难度及风险增加。其次对器官系统的疾病或功能做出评估。美国麻醉医师协会（American Society of Anesthesiologists，ASA）将患者健康状态分为六级，急诊手术在评定的级别后加注字母 E，如 ASA ⅡE 代表 ASA Ⅱ 级行急诊手术。急诊手术是指如果延迟治疗将会显著增加患者生命或身体部位风险的手术。

美国麻醉医师协会健康状态分级（ASA physical status classification system）见表 7-1，确定麻醉前的病情分级，以供分析病情、选择麻醉方式及制订麻醉计划之用。

表 7-1 美国麻醉医师协会健康状态分级

ASA 分级	标准	举例，包括但不限于
ASA Ⅰ	体格健康患者	身体健康，不吸烟，没有或很少饮酒
ASA Ⅱ	合并轻度系统性疾病患者	轻度疾病但无实质性功能障碍。例如（但不限于）：正在吸烟者，社交型饮酒者，妊娠，肥胖 $30kg/m^2 < BMI < 34.9kg/m^2$，控制良好的 DM/HTN，轻微的肺部疾病
ASA Ⅲ	合并严重系统性疾病患者	实质性功能障碍；一个或多个中度到重度的疾病。例如（但不限于）：控制不良的 DM/HTN，慢性阻塞性肺疾病，病态肥胖症（BMI ≥ $40kg/m^2$），活动性肝炎，酒精依赖或滥用，植入起搏器，射血分数中度降低，ESRD 接受定期透析，早产儿孕后年龄 <60 周，3 个月以上的心肌梗死，CVA，TIA，或 CHD/支架

续表

ASA 分级	标准	举例,包括但不限于
ASA Ⅳ	合并严重威胁生命的系统性疾病患者	例如(但不限于):最近(<3个月)CVA,TIA,或CHD/支架。心肌缺血或严重瓣膜功能障碍,射血分数重度降低,败血症,DIC,ARDS 或 ESRD 不需要接受定期透析
ASA Ⅴ	预计不接受手术不能存活的垂死患者	腹/胸主动脉瘤破裂,巨大的创伤,颅内出血出现容积效应,严重心脏病或多器官功能障碍综合征合并肠缺血
ASA Ⅵ	确认脑死亡,其器官拟用于器官移植手术	—

注:DM:糖尿病(diabetes mellitus);HTN:高血压(hypertension);ESRD:终末期肾病(end-stage renal disease);CVA:咳嗽变异性哮喘(cough variant asthma);TIA:短暂性脑缺血发作(transient ischemic attack);CHD:冠心病(coronary heart disease);DIC:弥散性血管内凝血(disseminated intravascular coagulation);ARDS:急性呼吸窘迫综合征(acute respiratory distress syndrome)。

ASA Ⅰ、Ⅱ级患者麻醉和手术耐受力良好,麻醉经过平稳。Ⅲ级患者,麻醉有一定危险性,麻醉前准备要充分,对麻醉期间可能发生的并发症要采取有效措施,积极预防。Ⅳ级患者麻醉危险性极大,即使术前准备充分,围手术期病死率仍很高。Ⅴ级为濒死患者,麻醉和手术异常危险,不宜行择期手术。

三、麻醉前准备

麻醉前需根据患者病情、麻醉和手术方式做好各方面的准备工作,总的目的是使患者在体格和精神两方面均处于可能达到的最佳状态,以增强患者对麻醉和手术的耐受力,提高患者在麻醉中的安全性,避免麻醉意外的发生,减少麻醉后的并发症。良好的麻醉前准备往往需要麻醉医师和手术科室医师合作来完成。

(一) 改善患者的全身情况

麻醉前应改善患者状况,纠正生理功能紊乱和治疗内科疾病,增强对麻醉和手术的耐受力。具体措施包括:改善营养状况;纠正贫血、水电解质代谢紊乱和异常蛋白血症,停止吸烟,增强体力,练习深呼吸,改善心肺功能等。

(二) 心理方面的准备

患者在手术前常感到紧张、焦虑和恐惧,这可能影响其对麻醉和手术的耐受力。麻醉前的准备应着重解除患者及其家属的恐惧、焦虑,并增强患者的信心。尊重患者的人格和知情权,介绍所选麻醉的优点、过程、安全性和措施,并指导患者配合操作。患者对麻醉医师的信任非常重要。对于难以自控的过度紧张患者,可考虑药物辅助治疗。

(三) 严格禁食、禁饮

择期手术前应排空胃,严格执行麻醉前禁食的要求,以避免胃内容物的反流、呕吐或误吸导致的并发症。近年来,术前禁食时间的观念已经改变,因为传统的 12 小时禁食无法确保胃部完全排空,并可能导致脱水和应激状态。现在,成人麻醉前一般禁食难消化固体食物和低脂肪食物至少 6 小时,而高脂肪食物如肉类和油煎食品至少禁食 8 小时。如果食物摄入过多,禁食时间需要相应延长。新生儿和婴幼儿需要禁食母乳至少 4 小时,禁食易消化固体食物、牛奶和配方奶至少 6 小时。大多数患者可以在手术前 2 小时饮用清液,如水、糖水、无果肉的果汁、苏打饮料和清茶等。但对于特殊患者,如有胃食管反流、胃排空延迟或胃肠手术患者,需要更严格的限制。近年来,胃超声检查的普及使术前的空腹情况可以进行量化评估,进一步降低了反流误吸的风险。

（四）知情同意

术前应向患者和 / 或其家属说明将采取的麻醉方式、围手术期可能发生的各种意外情况和并发症，以及手术前后的注意事项等，并签署知情同意书。

四、麻醉前用药

（一）麻醉前用药目的

1. 镇静　消除患者对手术的恐惧、紧张、焦虑情绪，使者情绪安定、合作，产生必要的遗忘（amnesia）。

2. 镇痛　提高患者痛阈，增强麻醉效果，减少麻醉药用量，缓解术前和麻醉前操作引起的疼痛。

3. 预防和减少某些麻醉药的副作用　如呼吸道分泌物增加，局麻药的毒性作用等。

4. 降低基础代谢率和神经反射的应激性　调整自主神经功能，消除或避免不利的神经反射活动，如不良迷走神经反射。

5. 其他　如减少胃液容量和降低胃液酸度，镇吐，预防或对抗过敏反应。

（二）麻醉前常用药物

1. 镇静安定药　苯二氮䓬类药物均具有镇静、催眠、抗焦虑、抗惊厥及中枢性肌肉松弛作用，有顺行性遗忘作用。其镇静催眠作用呈剂量依赖性，但个体差异很大，对局麻药的毒性反应有一定的预防和治疗效果。其对呼吸和循环影响轻微，但剂量过大或静脉注射过快可引起明显的呼吸循环抑制。

2. 催眠药　催眠药主要为巴比妥类药物，这类药物有镇静、催眠、抗惊厥的作用，常用于预防局麻药的毒性反应。巴比妥类药物在预防局麻药中毒中的地位已逐渐被苯二氮䓬类药物代替。

3. 麻醉性镇痛药　麻醉性镇痛药也称中枢性镇痛药，由于这类药物都是阿片生物碱或其半合成的衍生物，常称之为阿片类药物。这类药物具有较强的镇痛作用，能提高痛阈，有的还有明显的镇静作用；与全身麻醉药有协同作用。其缺点是可引起血压下降和呼吸抑制，有时还引起恶心、呕吐。呼吸抑制的程度与剂量有关，低血容量、衰弱、老年患者血压下降较为显著。

4. 抗胆碱药　具有抑制多种平滑肌，抑制多种腺体分泌，抑制迷走神经反射的作用。常用药有阿托品和东莨菪碱。盐酸戊乙奎醚对 M 胆碱受体和 N 胆碱受体均有作用，其中枢和外周抗胆碱作用均明显强于阿托品，主要选择作用于 M_1 和 M_3 受体，而对 M_2 受体作用较弱或不明显。常用麻醉前用药详见表 7-2。

表 7-2　常用麻醉前用药

药物类型	药名	作用	用法及用量
镇静安定药	地西泮 咪达唑仑	镇静，催眠，抗焦虑，抗惊厥	口服 2.5~5mg 肌内注射 0.04~0.08mg/kg
催眠药	苯巴比妥	镇静，催眠，抗惊厥	肌内注射 0.1~0.2g
麻醉性镇痛药	吗啡 哌替啶	镇静，镇痛	肌内注射 0.1mg/kg 肌内注射 1mg/kg
抗胆碱药	东莨菪碱 阿托品 盐酸戊乙奎醚	抑制腺体分泌，解除平滑肌痉挛和迷走神经兴奋	肌内注射 0.2~0.6mg 肌内注射 0.01~0.02mg/kg 肌内注射 0.5~1mg

第三节　针刺镇痛与针刺麻醉

针刺镇痛（acupuncture analgesia）与针刺麻醉（acupuncture anesthesia）是根据经络理论、手术要求选择性对人体某些穴位进行捻针、电针等刺激，并辅以一定量的镇静、镇痛药物，以达到提高痛阈、调节人体生理功能的效果，在此基础上可施行某些手术的一种麻醉方法。针刺镇痛与针刺麻醉是我国医务工作者根据中医基础理论并结合现代医学知识和方法，在针灸止痛的基础上发展起来的。经过大量的临床实践和基础理论实验研究，已掌握了它的一些规律，可单独或复合应用于某些特定部位的手术。针刺镇痛与针刺麻醉成功开辟了麻醉镇痛学的一个新领域。

一、针刺镇痛与针刺麻醉的特点

在实施针刺镇痛与针刺麻醉过程中，对特定穴位的捻针、电针等刺激可调节机体的内环境，患者可保持神志清醒，除痛觉迟钝或消失外，其余生理功能受影响较小。其具体特点如下：

1. 使用较安全　针刺镇痛与针刺麻醉对组织器官功能干扰小，单独使用时无须担心药物引起的医源性疾病和因操作失误或用药过量而导致的相关并发症。特别适用于合并肺部疾病、肝肾功能不全、药物过敏、年老体衰的患者。

2. 适用范围广　临床上可应用于多种手术，如甲状腺切除术、拔牙术、剖宫产术、腹式输卵管结扎术、颅内手术、颈前路手术、心脏手术等。

3. 操作简单，易于掌握　在中医基础理论指导下，根据临床实践和基础研究，针刺镇痛与针刺麻醉的穴位选择不断精练，并可用电刺激代替手法运针，使针刺麻醉技术更为简便易行。

4. 术中患者可保持神志清醒，方便手术配合　针刺麻醉本身不影响患者的意识，可使患者在手术中保持清醒状态，使其发挥主观能动性，方便与手术人员密切配合，以判断手术效果。例如在甲状腺次全切除术中，可嘱患者发音，以判断是否误伤喉返神经。

5. 术中生理功能干扰小，术后康复快　针刺对机体的循环、呼吸、免疫等具有双向、良性调节作用，可增加机体抵抗力，术中生命体征一般都较平稳，术后并发症较少，康复快。

6. 患者经济负担轻　针刺镇痛与针刺麻醉的实施为毫针和 / 或电针仪，药物应用也仅限于小剂量，因此经济实用，患者负担轻。

此种麻醉方法也存在不足，如镇痛不全、肌肉松弛不佳、不能抑制内脏神经牵拉反射，尤其对于深部手术麻醉效果欠佳。由于针刺麻醉效果的个体差异较大，使针刺镇痛和针刺麻醉在临床麻醉中的应用受限，故该麻醉方法仍处于研究阶段。临床上主张"针药复合麻醉"，即针刺镇痛同时辅以麻醉性镇痛药或其他麻醉药，可减少麻醉药物用量，达到相同的麻醉效果，对患者的生理功能干扰较小，保证麻醉期间的安全。

目前，针刺镇痛与针刺麻醉的研究以镇痛为目标。中医经络学说与现代生理学相比较尚不明确，对针刺原理和经络实质存在各种设想和认识。人体是一个统一整体，在完整有机体内不会存在两套互不相干的调节体系。现今人们对经络的本质认识仍不一致，探索仍处于初级阶段。我们对人体结构和功能的了解仍然不够，神经生理学和经络学说都在发展，无论结论如何，经络必然与神经 - 体液调节密切相关。根据临床应用和实验研究，针刺镇痛效应、穴位得气实质、循经传感和经络阻滞现象等，至少可以认为在人体功能调节过程中存在

"循经"这一特征,反映了经络调节的内在规律。进一步坚持中西医结合,经络系统对人体功能调节的阐述将提升对人体结构和生理的认识水平。

二、麻醉前准备

(1)为保证患者安全和手术顺利,麻醉医师需要提前访视患者,制订麻醉方案,估计术中可能出现的困难,并做好相应预案。

(2)术前应向患者介绍针刺麻醉的特点,让患者了解基本过程,争取患者充分配合。

(3)合理的麻醉前用药可以增强镇痛效果,用药量以能保持患者清醒合作即可。

三、穴位选择

针刺麻醉的穴位选择以经络学说为基础,根据手术部位和术中要求选定某些穴位进行针刺麻醉。

根据针刺选择部位的不同,针刺麻醉分为体针、耳针、头针、面针、鼻针、手针和足针等多种,临床上常用体针和耳针麻醉。体针麻醉主要根据脏腑经络理论和神经解剖生理选取穴位;耳针麻醉则仅选用耳郭上的穴位。具体常用选穴原则如下。

(一)体针麻醉的选穴原则

1. 根据脏腑经络选穴　穴位是经络在体表气血流注的集点,针刺穴位可使脏腑经络气血运行通畅,产生镇痛和控制生理功能紊乱的效果。因此可根据手术所涉及的脏腑以及脏腑间或经络间的相互关系选穴。

(1)循经取穴:根据"经脉所过,主治所及"的理论,选取与切口部位、手术脏器联系密切的经络腧穴。例如头颈部手术可选取手阳明大肠经的合谷;胃部手术可取足阳明胃经的足三里;输卵管结扎术选足太阴脾经的三阴交等。

(2)辨证取穴:运用脏腑经络辨证法,先辨别与手术有关的疼痛等各种反应与脏腑经络之间的联系,再选取相关的经络穴位。

(3)邻近取穴:运用"以痛为腧"的针刺镇痛理念,选用手术附近部位的腧穴,配合循经取穴和辨证取穴,可提高手术的镇痛效果。例如拔下牙选颊车、大迎穴;剖宫产选带脉穴等。

2. 根据神经解剖生理选穴　神经解剖发现,大多数的穴位局部存在神经末梢或神经感受器,这是针刺穴位的物质基础,因此可根据神经解剖生理选定穴位。

(1)近神经节段取穴:选与手术部位同一或邻近脊髓节段支配的穴位。如甲状腺手术选扶突穴,因其邻近有颈浅神经丛通过;胸部手术选内关、合谷。

(2)远神经节段取穴:针刺穴位需保持"得气"才能取得最佳效果。得气由穴位下的感受器产生,得气感强的穴位镇痛效果相对比较好。这些穴位与手术部位多不属于同一或邻近脊髓节段支配,因此称为远神经节段取穴。如合谷、内关两穴的得气感都很强,这两穴位组合可适用于全身不同部位的手术,对胸部、颈部和头面部手术的镇痛效果尤佳。

(3)刺激神经干:针刺与支配手术区神经干相符合的穴位,可阻断来自手术区的冲动传入,而产生镇痛效果,骨科手术应用得较多。例如选极泉穴或臂丛神经进行某些上肢手术;刺激第三、第四腰神经及股神经、坐骨神经等进行某些下肢手术。

(二)耳针麻醉的选穴原则

耳郭上有近百个穴位,针刺这些穴位可治疗各种疾病,也可产生镇痛效果,由此发展成耳针麻醉。耳针麻醉选穴可分为基本穴、对应穴和配穴三类。

1. 基本穴　任何手术都可选用的穴位,具有镇痛、镇静和抑制交感神经兴奋的功效,如皮质下、内分泌、神门、交感等。

2. 对应穴 取与手术部位及手术脏器相对应的耳郭穴位。如阑尾切除术选用阑尾穴；肺部手术选用肺穴；胆囊手术选用胆囊穴等。此外，某些疾病可在耳郭的相应穴位上出现压痛、变色或电阻变小等反应点，如胃十二指肠溃疡可在耳郭的消化道区找到反应点；前臂、桡骨骨折的反应点在腕区。

3. 配穴 根据手术部位，按脏腑学说选用配穴，如"肺主皮毛"，肺穴可为切皮时的配穴；又如"肾主骨"，骨科手术的配穴为肾穴。

（三）选穴注意事项

(1) 不论体针还是耳针麻醉，一般只选患侧或单侧穴位。

(2) 选穴数不宜多，以 2~6 个为宜。

(3) 为增强协同效果，可同时选体穴和耳穴。

(4) 避免选用易出血或痛感强的穴位。

(5) 穴位不要妨碍手术和无菌技术。

四、麻醉方法与管理

（一）刺激方法

穴位进针后，需手法运针以求得气，然后再在穴位上施以特定的刺激，以保证持续得气，常用刺激方法如下。

1. 手法运针 体针常用捻转或捻转结合提插的手法；耳针只能捻转，不能提插。手法运针的镇痛效果较好，可根据患者的反应和手术各阶段的需要灵活变换运针的频率、幅度、综合运用捻转或提插等"补"与"泻"手法，以调整刺激强度，这是针刺麻醉的基本功。缺点是操作者易疲劳，捻针不当可致针眼疼痛、出血或滞针，偶尔可影响手术操作。

2. 脉冲电刺激 为针刺麻醉最常用的刺激方法。通过电麻仪与针干连接，用微弱脉冲电流代替手法运针，根据手术的需要，调节刺激频率和电流强度。电流强度应逐渐提高，避免突然过强刺激。亦有用银片或铝片制成电极板，固定在穴位的皮肤上以代替针刺，通电刺激后也能获得与针刺基本相同的效果。

3. 穴位注射法 在选定的穴位上注射少量药液，如将少量维生素 B_1、哌替啶、东莨菪碱、当归注射液或 10% 葡萄糖注射液等某一种注射于穴位，产生刺激穴位的作用。

（二）麻醉处理

针刺麻醉虽简、廉、便、安全，但存在镇痛不全、肌肉松弛不佳和内脏牵拉反应等不足，因此要从以下多方面进行处理。

1. 诱导时间 针刺穴位到产生镇痛效应称针麻诱导，常需 20 分钟左右。在诱导时间内可使患者逐渐适应较强的穴位得气感和稳定情绪。保证足够长的诱导时间是针刺麻醉成功的关键之一。

2. 辅助用药 由于针刺麻醉效果的个体差异较大，常常需辅助用药以增强针刺麻醉的效果。

(1) 镇痛不全：可考虑结合局部浸润和神经阻滞，亦可辅用芬太尼 50~100μg。为保证麻醉效果，临床常用针药复合麻醉方法，如针刺 - 局麻复合麻醉、针刺 - 全麻复合麻醉。

(2) 肌肉松弛不佳：如镇痛不全，可辅用镇痛药。如因肌肉紧张而导致手术无法进行，可在保证通气的前提下，使用肌肉松弛药。

(3) 内脏牵拉反应：在牵拉内脏之前，在相应的系膜或韧带部位给予局麻药，对牵拉反应有抑制效果。

3. 术者的配合 由于针刺麻醉患者处于清醒状态，同时保留除痛觉以外的全部感觉，因此要求术者掌握稳、准、快、轻、巧的操作手法,在保证安全的情况下,缩短手术时间。这对于提高针刺麻醉效果有帮助。

第四节 局 部 麻 醉

局部麻醉,简称局麻,也称部位麻醉,是指在患者神志清醒状态下,将局麻药应用于身体局部,使机体某一部分的感觉神经传导功能暂时被阻断,运动神经传导保持完好或同时有程度不等的被阻滞状态。这种阻滞应完全可逆,不产生任何组织损害。广义的局麻包含了椎管内麻醉。

局部麻醉主要适用于各种体表或四肢较为小型的手术,以及患者因全身情况较差或伴有其他重要脏器严重病变而不宜采用其他麻醉方式的情况。局部麻醉也可作为其他麻醉方式的补充手段,以增强麻醉效果,减少全身麻醉药物使用剂量,从而减轻全身麻醉药物对机体的不良影响。

一、局部麻醉方法和临床应用

(一)表面麻醉

是将强渗透作用的局麻药直接接触到局部皮肤或黏膜上,通过皮肤或黏膜渗透来阻断浅表神经末梢传导疼痛信号而产生的无痛状态。常用于眼科手术、鼻腔手术、咽喉手术等。根据手术部位选择不同的给药方式,如滴入法、填敷法、喷雾法、灌入法等。

(二)局部浸润麻醉

是沿着手术切口线逐层注射局麻药,阻断组织中的神经末梢,以达到止痛效果。适用于中小型体表手术和穿刺治疗前的局部止痛。注射时要将针头斜面贴近皮肤,形成皮丘后进一步注射麻醉药液。如果需要浸润远处组织,应从已浸润过的部位刺入,以减轻疼痛感。注射时应加压,使药液在组织中形成张力性浸润,增强麻醉效果。

(三)区域阻滞麻醉

是在手术区域四周和底部注射局麻药,以阻断进入手术区的神经干和神经末梢。可以通过环绕被切除组织注射或环绕基底部注射来实现。操作方法与局部浸润麻醉相似。区域阻滞的优点是避免了穿刺病理组织,适用于门诊小手术如皮下囊肿摘除、肿物活检,以及身体虚弱或高龄患者。

(四)神经阻滞麻醉

是将局麻药注射到神经干周围,使该神经支配的区域产生麻醉效果。常用的引导方法包括盲穿寻找异感法、神经刺激器法和超声波引导定位法。盲穿寻找异感法操作较为盲目,依赖临床经验。超声引导神经阻滞近年来很受欢迎,因为它可以直观地显示周围神经、血管和注射药液的分布情况。

常见的周围神经麻醉有以下几种:

1. 颈丛神经阻滞　颈丛神经阻滞适用于分布在 $C_2 \sim C_4$ 之间的手术麻醉,如颈部甲状腺次全切除术、淋巴结摘除术和气管造口术等。

(1)颈浅丛阻滞方法:胸锁乳突肌后缘中点为颈浅丛阻滞点。在阻滞点注射皮丘,选择长度 3~4cm 的 22G 穿刺针沿胸锁乳突肌后缘和内侧肌内注射 5ml 局麻药。

(2)颈深丛阻滞方法:在 C_2、C_3 和 C_4 横突分别注射 2~5ml 局麻药。需要注意的是,颈深丛阻滞可能会阻滞喉返神经而出现声音嘶哑或呼吸困难等并发症。

2. 臂丛神经阻滞

(1) 肌间沟法:适合于没有肺部疾病,需行肩部、前臂和手部手术的患者。

1) 患者去枕仰卧位,头偏向对侧并轻度后仰,手臂放松并平贴身旁。先令患者抬头,显露胸锁乳突肌锁骨头,向锁骨头后缘平移可触摸到前斜角肌,随即在前斜角肌外缘可摸到中斜角肌。在两块肌肉之间仔细触摸,可触到一凹陷间隙,即前、中斜角肌肌间沟。从环状软骨水平(相当于 C_6 水平)画一水平线,与肌间沟的交会点即为穿刺点,在该处向颈椎方向重压时会有异样感。穿刺针向对侧腋窝顶方向缓慢进针,当患者诉有放电感时即刻停止进针,待回抽无血无气后即可注入 15~25ml 的局麻药(成人剂量)。

2) 超声引导技术:肌间沟法非常适合使用超声引导技术实施。在锁骨上,超声引导下容易获得锁骨下动脉和臂丛神经的显影图像,然后超声探头向头端追踪神经丛(图 7-1)。超声图像上,前、中斜角肌之间显示出低回声结构("交通信号灯"标志)。可采用平面内或平面外技术,在针尖距离神经 5mm 左右时,回抽无血液,即可注入局麻药。

并发症:传统的盲穿寻找异感(C_6 水平)的肌间沟阻滞,不可避免带来同侧膈神经阻滞,此作用会引起膈肌麻痹诱发呼吸困难,尤其是既往患有呼吸系统疾病者。此外,此入路还有可能发生硬膜外和鞘内阻滞,目前多用超声引导代替盲探操作。

(2) 锁骨上法:适应证包括肘部、前臂和手部的手术。阻滞部位为臂丛神经的远端主干-近端分股水平,这一水平上,臂丛相对紧凑,少量局麻药即可产生可靠的阻滞效果(图 7-2)。鉴于此路径更靠近胸膜和血管以及超声引导技术的可靠性和使用广泛性,锁骨上入路阻滞首选超声引导技术。

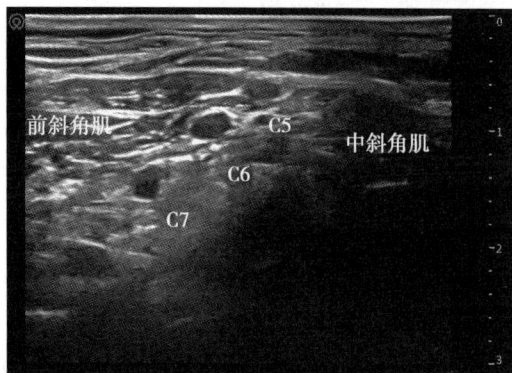

图 7-1 肌间沟法臂丛神经阻滞

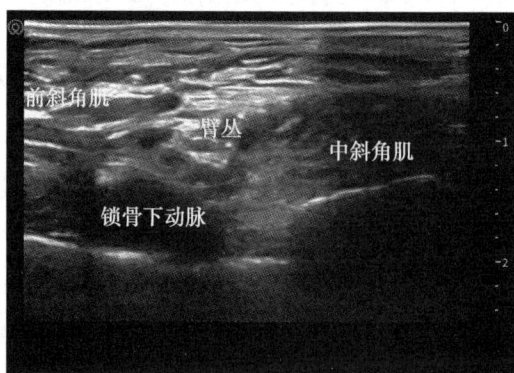

图 7-2 锁骨上法臂丛神经阻滞

1) 患者平卧,患侧肩垫一薄枕,头转向对侧,患侧上肢紧贴体旁。其体表标志为锁骨中点上方 1~1.5cm 处为穿刺点。皮肤常规消毒,用 22G 穿刺针经穿刺点刺入皮肤,针尖向内、向后、向下推进,进针 1~2cm 可触及第 1 肋骨表面,在肋骨表面上寻找异感,当出现异感后固定针头,回抽无血液、气体,一次性注入局麻药 20~30ml。

2) 操作者通过超声扫描显影,可以直观地观察臂丛神经、锁骨下动脉、胸膜和第一肋骨,进针过程可持续观察针尖位置与这些解剖结构的关系,大幅度增加了这项入路的安全性。

并发症:尽管应用超声引导技术大大减少了锁骨上入路阻滞时气胸的发生,但仍不能完全消除气胸的风险。此外,膈神经阻滞、霍纳综合征等均有可能发生。

(3) 腋窝法:可以满足肘和前臂的手术。患者仰卧位后,患肢外展 90°,前臂屈曲 90°,在胸大肌肱骨端止点的下缘可触及腋动脉搏动,找出搏动的最强点,即为穿刺点。垂直进针,当针尖穿破动脉鞘时有明显的突破感,同时可见针头随动脉搏动而明显摆动,回抽无血后即可注入局麻药。这种传统的方式虽然有效,但主要的不足之处就是不能阻滞肌皮神经。随着超声引导技术的应用,可以很好地显示肌皮神经,这个问题得以解决(图 7-3)。

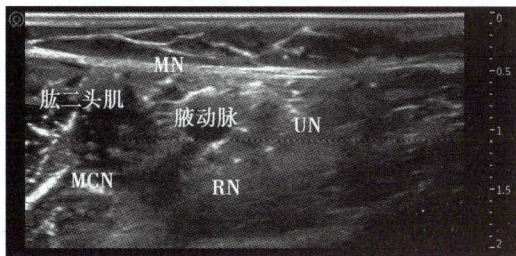

图 7-3 腋入路法臂丛神经阻滞

3. 腕部阻滞 腕部神经阻滞适用于手部及手指的手术。进行腕部神经阻滞时,嘱患者仰卧位,手臂固定,略微伸腕。

尺神经阻滞在尺骨茎突处的尺侧腕屈肌下方进针,进针深度为 0.5~1cm,针尖突破尺侧腕屈肌后回抽无血即可注射局麻药;在尺侧腕屈肌腱上方皮下注射少量局麻药,阻滞可延续到小鱼际区域的尺神经皮支。正中神经阻滞在掌长肌腱和桡侧腕屈肌腱之间进针,进针至深筋膜后注入局麻药。桡神经阻滞在桡骨茎突近端的内侧皮下注入局麻药。

4. 踝部阻滞 踝部神经阻滞适用于足和足趾的手术。操作时嘱患者仰卧位,足置于搁脚板上。

(1)腓深神经阻滞:进针点在趾长伸肌凹陷外侧,在趾长伸肌腱外侧缓慢进针,直至触及骨质后回退 2~3mm,回抽无血后注入局麻药。胫后神经阻滞通过触摸内踝后的胫动脉搏动来定位,操作时在胫动脉外侧进针,直至针尖触及骨质后,针尖略后退 2~3mm,回抽无血后注入局麻药。需要注意的是,仅靠单次注射难以达到完全阻滞,应采用"扇形"的注射方法以提高阻滞的成功率。

(2)三支浅神经阻滞:方法为直接向这三支神经通向足端的皮下区域注射局麻药即可。隐神经阻滞在内踝水平进针,分别向跟腱、胫骨嵴前方打出皮丘。腓浅神经阻滞时,从胫骨脊处进针,向外侧延伸至外踝打出皮丘。腓肠神经阻滞时,从外踝水平进针,并朝向跟腱阻滞一圈。

5. 股神经阻滞 股神经阻滞的范围包括大腿到膝关节的前内侧(包括膝关节)的运动和感觉,以及小腿和足内侧区域的皮肤感觉(该区域的神经支配不固定)。由此可见股神经阻滞的适应证为大腿前侧和膝部手术。

1)盲探股神经阻滞:股神经的体表标志包括腹股沟韧带和股动脉搏动。穿刺时嘱患者仰卧位,双腿伸直。麻醉医师站在患者一侧,在腹股沟韧带水平,触及患者一侧股动脉,在股动脉外侧进针,并且在矢状面稍向头侧进针。盲探穿刺可使用神经刺激仪辅助辨识,其标志性征象为 0.2~0.4mA 电流强度下看到明显的股四头肌抽动(髌骨抽动)。

2)超声引导下股神经阻滞:超声技术取代了触摸股动脉来定位神经的方法,可以有效降低穿破血管的风险。首先使用超声探头在腹股沟水平内外滑动寻找搏动的股动脉,股神经位于股动脉外侧,髂筋膜的深部,在超声图像上股动脉呈高回声的椭圆形。穿刺时针尖应处于股神经外侧或置于髂筋膜下(图 7-4)。

6. 坐骨神经阻滞

(1)坐骨神经阻滞的适应证:膝部、胫骨、腓骨、踝关节和足部的外科手术。

笔记栏

ER-7-2

超声引导下
臂丛神经
阻滞

71

　　(2)坐骨神经阻滞常用入路:骶骨旁入路、经典后入路、臀肌下入路、前入路、腘窝阻滞等多种阻滞入路。

　　经典后入路:嘱患者取侧卧位,患侧在上,屈髋,屈膝。经大转子与髂后上棘连线中点作一垂直线,该垂直线与股骨大转子-骶管裂孔连线的交点即为穿刺点(图7-5)。使用超声引导时选用凸阵探头,将探头横向放置于大转子与坐骨结节之间,在这一平面下可见坐骨神经位于大转子和坐骨结节(两个高回声的骨性突出)之间,其表面由臀大肌覆盖,深面为股方肌,见一扁平形状的高回声结构为坐骨神经。将穿刺针突破臀肌筋膜后,针尖置于坐骨神经周围,回抽无血后,在神经周围注射局麻药。

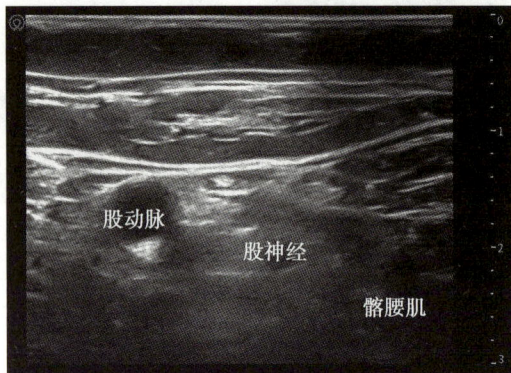

图7-4　股神经阻滞

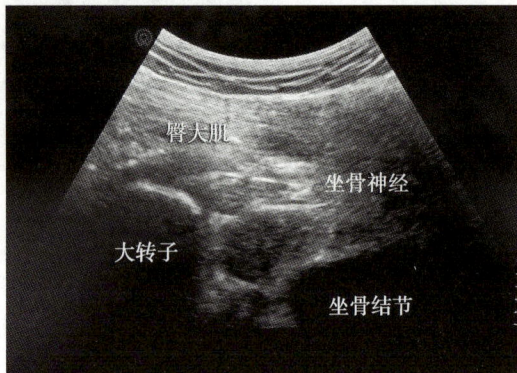

图7-5　坐骨神经阻滞

二、局麻药的临床药理特性

　　常见局麻药的临床药理特性见表7-3。

表7-3　常见局麻药的临床药理特性

局麻药	普鲁卡因	丁卡因	利多卡因	布比卡因	罗哌卡因
表面麻醉	—	1%~2%	2%~4%	—	—
局部浸润	0.25%~1%	0.1%(少用)	0.25%~0.5%	0.2%~0.25%	0.2%
细神经阻滞	1%~2%	0.1%~0.3%	1%~2%	0.25%	0.25%~0.5%
粗神经阻滞	1%~2%	0.2%~0.3%	1.5%~2%	0.25%~0.75%	0.5%~0.75%
作用时间/h	0.75~1	2~3	1~2	5~6	4~6
一次使用最大用量/mg	1 000	75	400~500	150	150
不包括蛛网膜下腔阻滞麻醉和表面麻醉/(mg·kg^{-1})	14	1~1.2	7	<2	<3

三、局麻药的不良反应与防治

　　常见的不良反应包括全身毒性反应、过敏反应和特异质反应三类。

(一)全身毒性反应

　　毒性反应:各种局麻药,通过各种途径进入血液,一旦血药浓度超过一定阈值,就可能发生不良反应,主要累及中枢神经系统和心血管系统,严重者可危及患者的生命。

1. 常见原因 ①一次用量超过患者的耐受量;②意外注入血管内;③注药部位血供丰富,吸收增快;④患者因体质差等原因导致耐受力降低。

2. 临床表现 中枢性毒性反应的机制主要为局麻药阻断大脑皮质抑制性通路,导致兴奋性神经元脱抑制。主要表现为兴奋性症状如:眩晕、头晕、复视、耳鸣、精神错乱、口唇麻木、肌震颤等。伴随着兴奋性症状后患者进入抑制状态,主要表现为:癫痫发作停止、呼吸抑制,最终可能会出现呼吸暂停。心脏毒性反应的机制为局麻药对心肌收缩能力、传导系统和周围血管平滑肌的抑制,阻滞交感神经或副交感神经传出纤维,降低心肌收缩能力,心输出量减少,血压下降。高血药浓度时,周围血管广泛扩张,房室传导阻滞,心率缓慢,甚至心搏骤停。

3. 预防

(1)进行操作前确保工作环境有利于区域阻滞的进行,操作前应开放外周静脉,建立心电监护,并确保抢救设备完好可用。

(2)操作时严格按照操作流程正确实施,需用能够达到目标效果的最佳剂量和浓度。

(3)麻醉前给予苯二氮䓬类药物。

(4)局麻药中加入适量肾上腺素,常用比例为 1:200 000。

(5)注药前应先回抽无血液,避免血管内注药。

(6)对于老年患者和体弱患者应减少局麻药的用量。

4. 治疗

(1)应立即停止用药,保持气道通畅,吸氧。

(2)出现兴奋性神经系统症状时,静脉注射咪达唑仑(2~5mg)(0.1~0.2mg/kg)或丙泊酚(1mg/kg),必要时可使用肌肉松弛药,然后进行气管插管控制呼吸。

(3)应早期输注 20% 脂肪乳剂 1.5ml/kg,必要时以 0.25ml/(kg·min)持续输注。

(4)对于心血管系统抑制的患者,及时使用血管活性药及补液维持血流动力学平稳,加强心电监护,一旦发生呼吸心搏骤停,立即进行心肺复苏。

(二) 过敏反应

临床上酯类局麻药过敏反应较多,酰胺类极罕见。对酯类局麻药过敏的患者可以安全使用不含防腐剂的酰胺类局麻药。

1. 症状 荨麻疹、喉头水肿、支气管痉挛、低血压和血管神经性水肿,严重者危及患者的生命。

2. 预防

(1)术前明确患者有无局麻药使用和过敏史。

(2)如有酯类局麻药过敏史,选用酰胺类局麻药。

3. 治疗

(1)对于严重过敏反应者,应使用肾上腺素 0.5~1mg 皮下注射或肌内注射。

(2)可以使用 H_1 受体拮抗剂缓解皮肤黏膜症状。

(3)可吸入短效 β_2 受体激动剂缓解支气管痉挛、哮喘等症状。

(4)当发生喉头水肿导致呼吸困难时,应及时进行气管切开。

(5)过敏性休克时应紧急综合治疗。

(三) 特异质反应

应用小剂量局麻药即出现严重中毒反应者,称特异质反应,也称高敏反应。该反应后果严重,一旦发生按照毒性反应处理。

第五节　椎管内麻醉

椎管内麻醉是将局麻药注入椎管内的不同腔隙,使脊神经所支配的相应区域产生麻醉作用的一种麻醉方法。椎管内有两个可用于麻醉的腔隙,即蛛网膜下腔和硬膜外腔。将局麻药注入蛛网膜下腔,暂时使脊神经前后根阻滞的麻醉方法称为蛛网膜下腔阻滞,简称脊麻;将局麻药注入硬膜外腔,暂时使脊神经根阻滞的麻醉方法,称为硬膜外阻滞。腰硬联合麻醉(combined spinal and epidural anesthesia,CSEA)则取两者的优点,在临床麻醉中应用日趋广泛。

一、椎管内麻醉的解剖基础

(一)骨性结构

脊椎由 7 节颈椎、12 节胸椎、5 节腰椎、5 节骶椎(融合为骶骨)及 3~4 节尾椎(融合为尾骨)组成。成人脊柱有 4 个生理弯曲(图 7-6),即前凸的颈曲和腰曲,后凸的胸曲和骶曲。患者仰卧时,C_3 和 L_3 所处位置最高,T_6 和 S_4 最低,这对脊麻时药液的分布有重要影响。

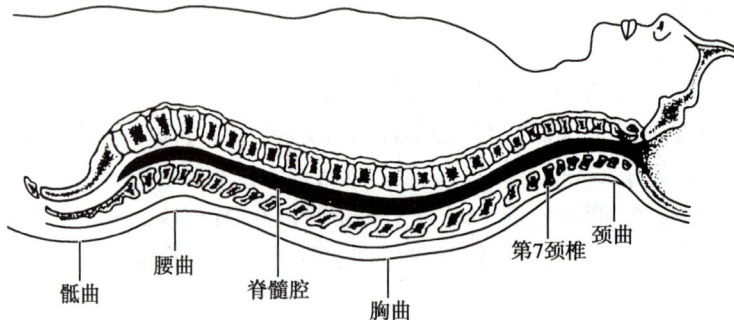

图 7-6　脊柱生理弯曲

(二)脊髓、脊膜与腔隙

椎管内有脊髓和三层脊髓被膜。脊髓下端成人一般终止于 L_1 椎体下缘或 L_2 上缘,新生儿在 L_3 下缘,并随年龄增长而逐渐上移。故成人做腰椎穿刺应选择 L_2 以下的椎间隙,而儿童则在 L_3 以下椎间隙。脊髓的被膜从内至外为软膜、蛛网膜和硬脊膜。硬脊膜内、外两层之间的间隙为硬膜外隙或硬膜外腔(图 7-7)。

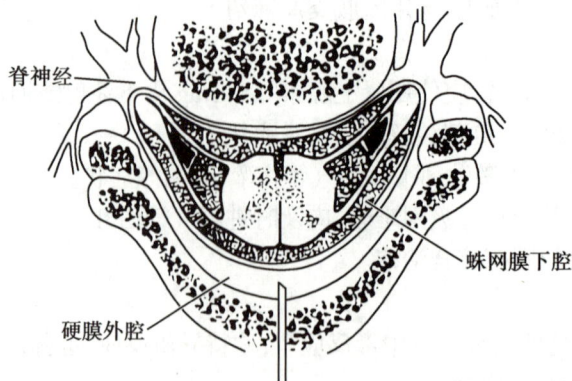

图 7-7　椎管横断面图

(三) 根硬膜、根蛛网膜和根软膜

硬脊膜、蛛网膜和软膜均沿脊神经根向两侧延伸,包裹脊神经根,故分别称为根硬膜、根蛛网膜和根软膜。根硬膜较薄,且愈近椎间孔愈薄。根蛛网膜细胞增生形成绒毛结构,可以突进或穿透根硬膜,并随年龄增长而增多。根蛛网膜和根软膜之间的腔隙称根蛛网膜下腔,它和脊髓部蛛网膜下腔相通,在椎间孔处闭合成盲囊。在蛛网膜下腔注入墨汁时,可见墨水颗粒聚集在根部蛛网膜下腔处,故又称墨水套囊(图 7-8)。蛛网膜绒毛有利于引流脑脊液和清除蛛网膜下腔的颗粒物。

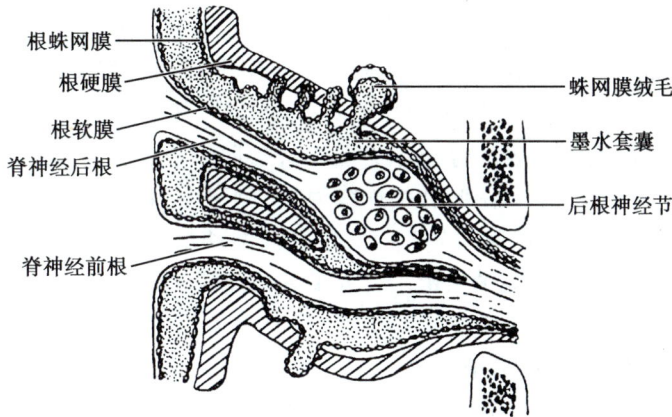

图 7-8 根硬膜、根蛛网膜和根软膜示意图

(四) 脊神经

脊神经共 31 对:颈神经(C)8 对,胸神经(T)12 对,腰神经(L)5 对,骶神经(S)5 对和尾神经(Co)1 对(图 7-9)。每条脊神经由前、后根合并而成。前根又名腹根,由运动神经纤维和交感神经传出纤维(骶段为副交感神经传出纤维)组成,从脊髓前角发出。后根又名背根,由感觉神经纤维和交感神经传入纤维(骶段为副交感神经传入纤维)组成,进入脊髓后角。各种神经纤维由粗到细依次为运动神经纤维、感觉神经纤维及交感和副交感神经纤维,交感和副交感神经纤维最易为局麻药所阻滞。

二、椎管内麻醉的机制及生理

(一) 脑脊液

成人脑脊液总容积约 120~150ml,在脊蛛网膜下腔内仅 25~30ml。透明澄清,pH 值为 7.35,比重 1.003~1.009。侧卧位时压力为 0.69~1.67kPa(70~170mmH$_2$O),坐位时为 1.96~2.94kPa(200~300mmH$_2$O)。脑脊液在脊麻时起稀释和扩散局麻药的作用。

(二) 药物作用部位

脊麻时,局麻药直接作用于脊神经根和脊髓表面。而硬膜外麻醉时局麻药作用的途径可能有:①通过蛛网膜绒毛进入根部蛛网膜下腔,作用于脊神经根。②药液

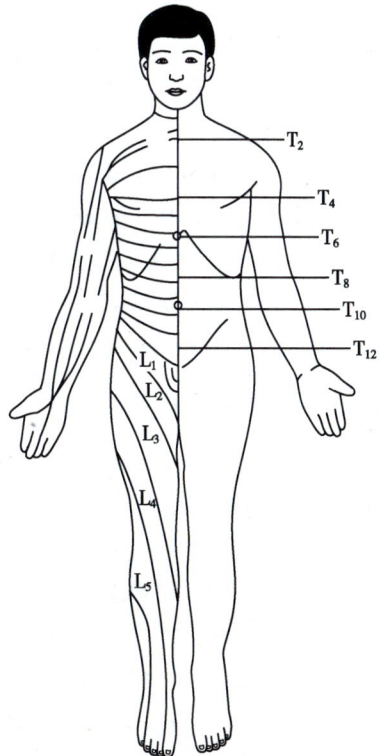

图 7-9 脊神经在体表的节段分布

渗出椎间孔,在椎旁阻滞脊神经。由于椎间孔内神经鞘膜很薄,局麻药可能在此处透入而作用于脊神经根。③直接透过硬脊膜和蛛网膜进入蛛网膜下腔,同脊麻一样作用于脊神经根和脊髓表面。椎管内麻醉的主要作用部位是脊神经根。由于蛛网膜下腔内有脑脊液,局麻药注入后被稀释,且脊神经根是裸露的,易于被局麻药所阻滞。因此,脊麻与硬膜外麻醉比较,脊麻用药的浓度较高,容积较小,剂量也小(为后者的1/5~1/4),而稀释后的浓度远较硬膜外麻醉为低。

(三) 麻醉平面与阻滞作用

麻醉平面是指感觉神经被阻滞后,用针刺法测定皮肤痛觉消失的范围。交感神经被阻滞后,能减轻内脏牵拉反应;感觉神经被阻断后,能阻断皮肤和肌肉的疼痛传导;运动神经被阻滞后,能产生肌肉松弛。由于神经纤维的粗细不同,交感神经最先被阻滞,且阻滞平面一般要比感觉神经高2~4个节段;运动神经最迟被阻滞,其平面比感觉神经要低1~4个节段。各脊神经节段在人体体表的分布区见图7-9,参照体表解剖标志,不同部位的脊神经支配分别为:胸骨柄上缘为T_2,两侧乳头连线为T_4,剑突下为T_6,季肋部肋缘为T_8,平脐线为T_{10},耻骨联合部为T_{12},大腿前面为L_1~L_3,小腿前面和足背为L_4~L_5,大腿和小腿后面以及肛门会阴区为S_1~S_5。如痛觉消失范围上界平乳头连线,下界平脐线,则麻醉平面表示为T_4~T_{10}。

(四) 椎管内麻醉对生理的影响

1. 对呼吸的影响　取决于阻滞平面的高度,尤以运动神经被阻滞的范围更为重要。如胸脊神经被阻滞,肋间肌大部或全部麻痹,可使胸式呼吸减弱或消失,但只要膈神经(C_3~C_5)未被阻滞,仍能保持基本的肺通气量。如膈肌同时麻痹,腹式呼吸减弱或消失,则将导致通气不足甚至呼吸停止。采用高位硬膜外麻醉时,为防止对呼吸产生严重不良影响,应降低局麻药浓度。

2. 对循环的影响

(1)低血压:椎管内麻醉时,由于交感神经被阻滞,导致小动脉舒张,周围阻力降低,静脉扩张使静脉系统内血容量增加,回心血量减少,心输出量下降,从而导致低血压。如麻醉平面不高,范围不广,可借助于未被阻滞区域的血管收缩来代偿。对术前准备不充分、已有低血容量、动脉粥样硬化或心功能不全,或麻醉平面高、阻滞范围广者,应特别注意血压下降。

(2)心动过缓:由于交感神经被阻滞,迷走神经兴奋性增强,或者在高平面阻滞时,心脏加速神经(T_4以上平面)也被阻滞,均可降低心率。

3. 对其他系统的影响　椎管内麻醉下,迷走神经功能亢进,胃肠蠕动增加,容易诱发恶心、呕吐;对肝肾功能有一定影响;也可能引起尿潴留。

三、蛛网膜下腔阻滞

局麻药注入蛛网膜下腔,阻断部分脊神经的传导功能而引起相应支配区域的麻醉作用,称为蛛网膜下腔阻滞。

(一) 分类

根据给药方式、麻醉平面和局麻药液的比重分类。

1. 给药方式　可分为单次法和连续法。

2. 麻醉平面　阻滞平面达到或低于T_{10}为低平面脊麻,高于T_{10}但低于T_4为中平面脊麻,如高至T_4或以上为高平面脊麻。

3. 局麻药液的比重　根据所用药液的比重高于、等于、低于脑脊液比重情况,分别称为重比重、等比重、轻比重脊麻。

(二) 适应证和禁忌证

1. 适应证

(1)下腹及盆腔手术：如阑尾切除术、疝修补术、膀胱及前列腺手术、子宫及附件手术等。

(2)肛门及会阴部手术：如痔切除术、肛瘘切除术等，如采用鞍区麻醉(saddle anesthesia)则更合理。

(3)下肢手术：如骨折或脱臼复位术、截肢术等。

(4)分娩镇痛。

2. 禁忌证

(1)中枢神经系统疾病：特别是脊髓或脊神经根病变，麻醉后有可能长期麻痹，应列为绝对禁忌。对脊髓的慢性或退行性病变，如脊髓前角灰白质炎、疑有颅内高压患者，也应列为禁忌。

(2)全身性严重感染：穿刺部位有炎症或感染者，脊麻穿刺有可能将致病菌带入蛛网膜下腔引起急性脑脊膜炎，故应禁忌。

(3)高血压患者只要心脏代偿功能良好，高血压本身并不构成脊麻禁忌，但如存在冠状动脉病变，则应禁用脊麻。如果收缩压在 160mmHg 以上，舒张压超过 110mmHg，应慎用或不用脊麻。

(4)休克患者应绝对禁用脊麻。休克处于代偿期，其症状并不明显，但在脊麻发生作用后，可突然出现血压下降，甚至心脏停搏。

(5)慢性贫血患者只要血容量无显著减少，仍可考虑施行低平面脊麻，但禁用中平面以上脊麻。

(6)脊柱外伤或有严重腰背痛病史者，应禁用脊麻。脊柱畸形者，只要部位不在腰部，可考虑用脊麻，但用药剂量应慎重。

(7)老年人由于常并存心血管疾病，循环功能储备差，不易耐受血压波动，故仅可选用低平面脊麻。

(8)腹内压明显增高者，如腹腔巨大肿瘤、大量腹水，腰麻的阻滞平面不易调控，一旦腹压骤降，对循环影响剧烈，故应列为禁忌。

(9)精神病、严重神经症以及小儿等不合作患者，除非术前已用基础麻醉，一般不采用脊麻。

(三) 麻醉前准备和用药

1. 术前访视患者 麻醉医师术前访视患者应明确以下问题：

(1)患者是否适宜进行脊麻，有无脊麻禁忌证。从手术部位和性质考虑，应用脊麻是否安全可靠。

(2)确定拟用局麻药的种类、剂量、浓度和配制方法，以及患者体位和穿刺点。

(3)麻醉过程可能出现的问题，应如何防治。

2. 麻醉前用药 蛛网膜下腔阻滞的麻醉前用药量不宜过大，应使患者保持清醒状态，以利于调节阻滞平面。

麻醉前晚常口服一定量苯二氮䓬类药或巴比妥类药。可于麻醉前 1 小时肌内注射苯巴比妥钠 0.1g(成人量)，阿托品或东莨菪碱可不用或少用，以免患者术中口干不适。

(四) 常用局部麻醉药

蛛网膜下腔阻滞较常用的局麻药有布比卡因、左旋布比卡因和罗哌卡因，普鲁卡因、利多卡因已极少使用(表 7-4)。

表 7-4 蛛网膜下腔阻滞常用局麻药剂量、起效时间及维持时间的比较

局麻药	剂量 /mg		起效时间 /min	维持时间 /min
	阻滞平面至 T_{10}	阻滞平面至 T_4		
布比卡因	10~15	12~20	4~8	130~230
左旋布比卡因	10~15	12~20	4~8	140~230
罗哌卡因	12~18	18~25	3~8	80~210

1. 布比卡因（bupivacaine） 目前蛛网膜下腔阻滞最常用的药物，一般用 0.5%~0.75% 布比卡因 2ml，加脑脊液 1ml，配成等比重溶液。布比卡因起效时间长，麻醉平面调节不可操之过急，以免平面过高。

2. 左旋布比卡因（levobupivacaine） 药理性能和临床使用与布比卡因类似，阻滞效果也相当。理论上全身毒性反应较布比卡因小。

3. 罗哌卡因（ropivacaine） 新型长效酰胺类局麻药，一般用 0.5%~0.75% 罗哌卡因 2ml，加脑脊液 1ml，配成等比重溶液。毒性较小，安全性高，可产生感觉与运动阻滞分离。

（五）蛛网膜下腔穿刺术

1. 穿刺点选择 为避免损伤脊髓，成人穿刺点应选择不高于 L_2~L_3，小儿应选择在 L_4~L_5。

2. 体位 一般常取侧卧位或坐位，以前者最常用（图 7-10）。

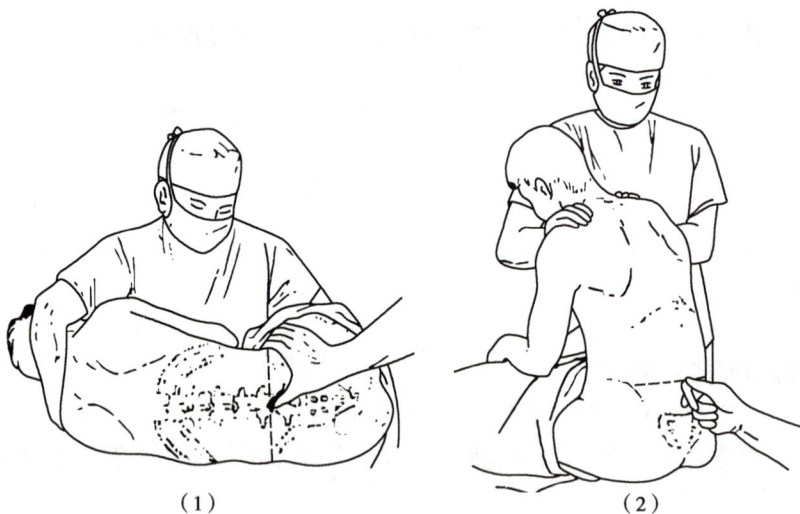

图 7-10 脊麻穿刺体位
1. 侧卧位；2. 坐位。

3. 穿刺部位和消毒范围 成人蛛网膜下腔穿刺常选 L_2~L_3 或 L_3~L_4 棘突间隙，此处的蛛网膜下腔较宽，脊髓至此形成终丝，故无穿刺损伤脊髓之虑。确定穿刺点：取两侧髂嵴的最高点作连线，与脊柱相交处，即为 L_4 棘突或 L_3~L_4 棘突间隙。如果该间隙较窄，可上移或下移一个间隙作穿刺点。穿刺前须严格消毒皮肤，消毒范围应上至肩胛下角，下至尾椎，两侧至腋后线。消毒后穿刺点处须铺孔巾或无菌单。

4. 穿刺方法 穿刺点用 0.5%~1% 利多卡因做皮内、皮下和棘间韧带逐层浸润。常用的蛛网膜下腔穿刺术有以下两种（图 7-11）。

（1）直入穿刺法：用左手拇、示两指固定穿刺点皮肤。将穿刺针在棘突间隙中点与患者背部垂直、针尖稍向头侧缓慢刺入，并仔细体会针尖处的阻力变化。当针尖穿过黄韧带时，有阻力突然消失的"落空"感觉，继续推进时常有第二个"落空"感觉，提示已穿破硬脊膜与蛛网膜而进入蛛网膜下腔。如果进针较快，常将黄韧带和硬脊膜一并刺穿，此时只有一次"落空"感觉。

（2）侧入穿刺法：于棘突间隙中点旁开 1.5cm 处做局部浸润，穿刺针与皮肤成 75° 角对准棘突间孔刺入，经黄韧带及硬脊膜而达蛛网膜下腔。本法可避开棘上及棘间韧带，特别适用于韧带钙化的老年患者，或脊椎畸形或棘突间隙不清楚的肥胖患者。此外，当直入法穿刺未能成功时，也可改用本法。针尖进入蛛网膜下腔后，拔出针芯即有脑脊液流出，如未见流出则应考虑系患者颅内压过低所致，可试用压迫颈静脉或让患者屏气等措施，以促进脑脊液流出。也可旋转穿刺针180°，或用注射器缓慢抽吸。

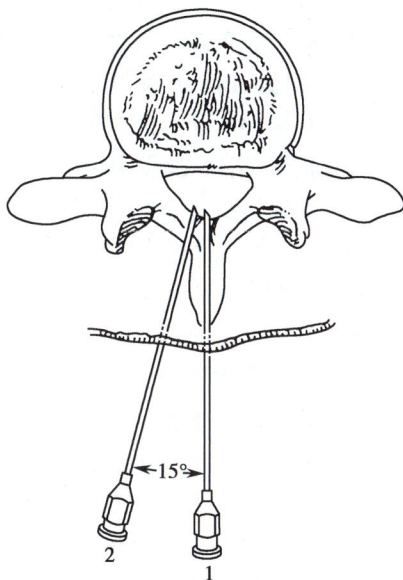

1. 直入；2. 侧入。
图 7-11 直入与侧入穿刺法

四、硬膜外麻醉

硬膜外麻醉是一种将局麻药注射到硬膜外腔，阻断部分脊神经传导功能，使其所支配区域的感觉或运动功能消失的麻醉方法。也被称为硬膜外阻滞。硬膜外麻醉可分为单次法和连续法。单次法是一次注入预定量局麻药的方法，但容易发生并发症，目前已较少使用。连续硬膜外麻醉是将导管置入硬膜外腔后逐渐注入药物的方法，具有调节阻滞范围、控制麻醉时间和提高安全性的优点，常用于术后镇痛。局麻药在硬膜外腔的扩散呈阶段性，从穿刺点向头、尾两侧扩散，因此选择穿刺点和置管方向是重要的。根据不同的需要，硬膜外麻醉可以选择高位、中位、低位或骶管穿刺。

（一）常用局麻药

硬膜外麻醉所需局麻药要求麻醉效果可靠，诱导期短，弥散性能强，毒性微弱。临床常用的药物详见表 7-5。

表 7-5 成人硬膜外麻醉常用药物

局麻药	浓度 /%	一次最大量 /mg	起效时间 /min	作用时间 /min
利多卡因	1.0~2.0	400	5~8	60
丁卡因	0.25~0.33	75~100	10~20	90~180
布比卡因	0.5~0.75	150	7~10	120~210
罗哌卡因	0.75	150	16~18	120~210

（二）适应证与禁忌证

1. 适应证　适用于胸壁、上肢、下肢、腹部和肛门会阴区各部位的手术。亦适用于颈椎病、腰背痛及腿痛等急、慢性疼痛的治疗。

2. 禁忌证

（1）严重休克或出血未能纠正者。

(2)穿刺部位有感染或全身严重感染者。

(3)有中枢神经系统疾病者。

(4)有凝血功能障碍性疾病或应用抗凝治疗者。

(5)有低血压或严重高血压者。

(6)患精神病而不能合作者。

(三) 麻醉前准备和用药

1. 术前访视患者　详细了解以往手术麻醉史、药物过敏史；根据患者全身情况及手术部位选择穿刺点及局麻药的种类、浓度和剂量；检查穿刺部位是否有感染，肿瘤患者应排除穿刺部位出现肿瘤转移情况。

2. 麻醉用品准备

(1)一次性无菌硬膜外麻醉穿刺包。

(2)急救用具准备：硬膜外麻醉操作失误易导致全脊髓麻醉意外，可致呼吸心搏骤停，因此必须常规准备气管插管、人工呼吸器械、氧源及急救药品，以备急用。

3. 麻醉前用药　常规使用苯巴比妥钠 0.1~0.2g、阿托品 0.5mg 肌内注射；精神过分紧张者可加用地西泮 5~10mg 肌内注射；剧痛者可用适量麻醉性镇痛药。

(四) 硬膜外穿刺术

1. 体位　常取侧卧位，具体要求与脊麻相同。

2. 穿刺点　根据手术部位选择穿刺点。上肢手术选 C_6 至 T_1 棘突间隙；乳腺手术选 T_3~T_4 间隙；上腹部手术选 T_8~T_{10} 间隙；中腹部手术选 T_9~T_{11} 间隙；下腹部手术选 T_{12} 至 L_2 间隙；下肢手术选 L_2~L_4 间隙；会阴部手术选 L_4~L_5 间隙或骶管裂孔。手术范围广者可选择高、低两个穿刺点置管。

棘突间隙可根据体表骨性标志确定，颈部最突出的棘突为 C_7 棘突；两侧肩胛下角连线与脊柱相交于 T_7 棘突；两侧髂嵴最高点连线与脊柱交于 L_4 棘突或 L_3~L_4 棘突间隙。

3. 穿刺方法　分直入法和侧入法两种。

(1)直入法：确定穿刺点后消毒铺巾，在上、下棘突间的正中线做皮内和棘间韧带局部浸润麻醉。用切皮针刺透皮肤及棘上韧带，沿针眼将穿刺针插入，在棘间韧带中缓缓推进穿刺针，直至遇黄韧带阻力，拔出针芯，接含水柱的细玻璃注射器，继续稍用力推进针，当阻力突然消失、玻璃管内水柱内移时，可初步断定针尖已进入硬膜外腔(图 7-12)。随后可做以下各试验并观察结果：①水柱波动阳性；②注气无阻力；③注水无阻力；④回抽无脑脊液和血液；⑤置管无阻挡；⑥试验性注入局麻药 3~5ml，5 分钟内无脊麻征象。经上述试验后可确定导管在硬膜外腔，可分次注入全量局麻药。

(2)侧入法：在棘突正中线旁开 0.5~1cm 处做局部浸润麻醉，将硬膜外穿刺针垂直刺入，直达椎板，然后退针至肌层，调整针尖指向正中线方向刺入，突破黄韧带后进入硬膜外腔。其余操作和试验同直入法。对于老年患者，棘上韧带、棘间韧带钙化，直入法穿刺有困难时，选择侧入法可避开以上韧带。

4. 骶管穿刺方法　该方法称为骶管阻滞，通过在骶管裂孔进行穿刺注入局麻药来达到骶神经阻滞。适用于肛门、直肠和会阴部手术。穿刺时，患者采取侧卧位或俯卧位，确定穿刺点并进行皮内和皮下浸润麻醉。使用穿刺针刺入骶尾韧带，确保位置准确后缓慢注入试验量局麻药 5ml，并观察 5 分钟，确认不在血管或蛛网膜下腔中后再缓慢注入全量局麻药。注药过快可能引发眩晕、头痛或烦躁等副作用。此外，还可使用切皮针或硬膜外穿刺针进行穿刺，成功后在硬膜外导管中分次给药，这样可以减少不良反应的发生，提高麻醉效果和安全性，同时也可在术后给予患者硬膜外自控镇痛。

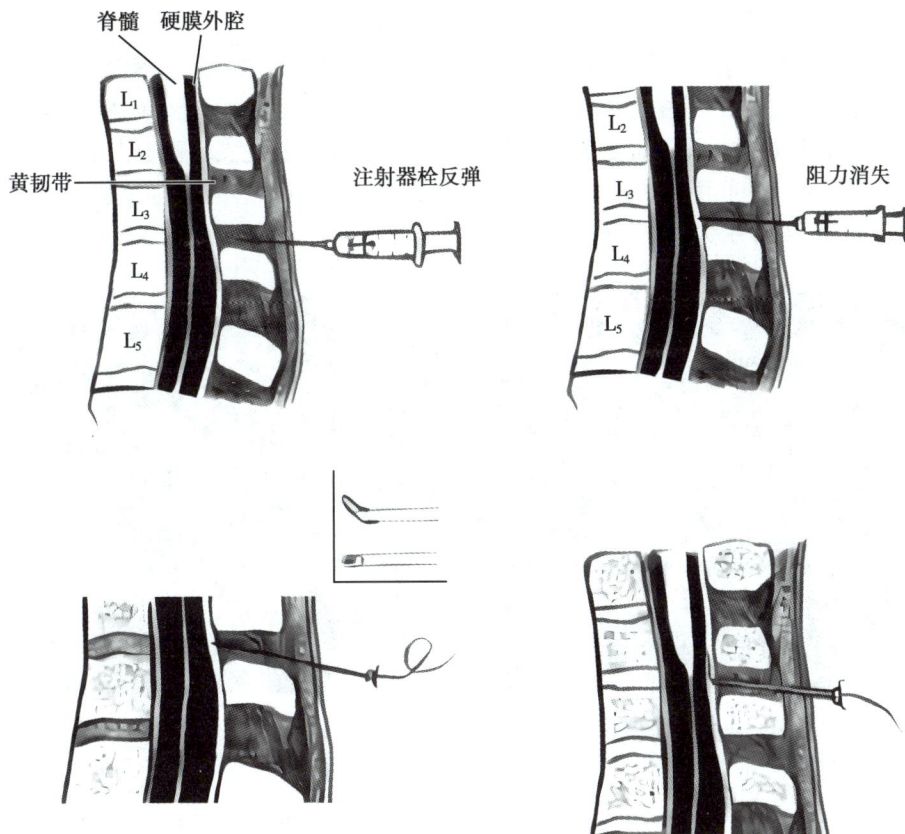

图 7-12 硬膜外负压实验及置管

五、椎管内复合麻醉

将硬膜外麻醉与蛛网膜下腔阻滞结合在一起,称为椎管内复合麻醉,亦称为腰硬联合麻醉(CSEA)。CSEA 综合了脊麻的起效快、阻滞完全、肌肉松弛良好、毒副作用小和硬膜外麻醉的时间可控性、可出现较广范围阻滞、能进行术后镇痛等优点,同时减少了传统硬膜外麻醉和蛛网膜下腔阻滞单独使用时可能出现的危险,更好地发挥了椎管内麻醉的优越性。临床上最适用于要求阻滞范围较广、肌肉松弛良好的下腹部的普外和泌尿外科手术、髋关节手术、下肢手术、妇科手术、剖宫产术和分娩止痛。腰硬联合麻醉已成功地用于儿童及老年人等各年龄组的患者。

操作方法:脊麻针比硬膜外针长 12mm。用于 CSEA 的硬膜外针尚有带背孔的 Touhy针。先做硬膜外穿刺,达到硬膜外腔后,将脊麻针缓慢通过硬膜外针内腔,刺穿蛛网膜至蛛网膜下腔,见脑脊液回流通畅后,注入 0.5%~0.75% 布比卡因或者罗哌卡因 8~15mg,退出脊麻针后,根据手术需要向头或者向尾端置入硬膜外导管。退针后固定好硬膜外导管,平卧后调整阻滞平面达到手术要求。如果平面未能达到要求,可经硬膜外导管给予局麻药 2~5ml,至平面升至要求为止。

六、超声引导椎管内麻醉

随着超声可视化技术的发展,越来越多的研究表明超声在椎管内麻醉中有一定的应用价值,尤其是应用在腰段椎管内麻醉中,超声可以辅助定位椎体间隙、预测穿刺难度、标记进针路径,特别是对老年、肥胖或者脊柱畸形及有脊柱手术史的患者可以提高穿刺成功率。

ER-7-3

腰硬联合麻醉

超声不能透过骨骼,其超声影像表现为一条亮线伴随后方低回声(黑)影。超声可以透过棘突间隙和椎板间隙,识别出前后复合体的结构:黄韧带、硬膜外腔、背侧硬脊膜呈一条高回声线状结构,统称为"后复合体";前方的腹侧硬脊膜、后纵韧带、椎体的后部或椎间盘呈现一条高亮的线状结构,即"前复合体";矢状位上骶骨为较长的弧形高回声亮线,骶骨线与 L_5 椎板的锯齿之间的间隙是 $L_5 \sim S_1$ 椎间隙,可据此定位椎间隙,在腰椎轴位超声影像中老年患者因韧带钙化而显示欠清晰(图 7-13、图 7-14)。

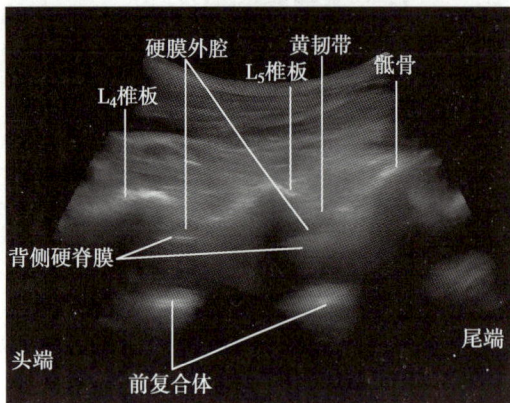

图 7-13 $L_4 \sim S$ 旁矢状位超声影像

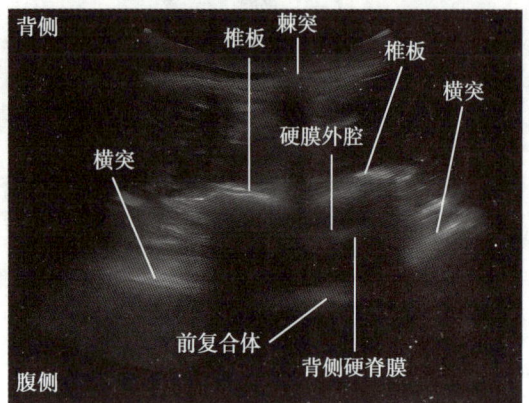

图 7-14 $L_3 \sim L_4$ 棘突间隙轴位超声影像

超声在椎管内麻醉中的应用包括超声辅助和实时引导椎管内麻醉,实时引导椎管内麻醉对操作技术要求较高,相对而言,超声辅助技术操作简单方便,实施效果好,主要适用情况包括以下 3 种:

(1)确定椎间隙;

(2)预测穿刺困难程度和最佳穿刺点;

(3)预测穿刺深度。

第六节 全 身 麻 醉

麻醉药经呼吸道吸入或静脉、肌内注射进入人体内,产生中枢神经系统的抑制,临床表现为神志消失、全身痛觉丧失、遗忘、反射抑制和一定程度的肌肉松弛,这种方法称为全身麻醉。麻醉药对中枢神经系统抑制的程度与血液内的药物浓度有关,并且可以调控。这种抑制是完全可逆的,当药物被代谢或从体内排出后,患者的神志和各种反射逐渐恢复。

一、全身麻醉药

根据用药途径和作用机制,全身麻醉药可分为吸入麻醉药和静脉麻醉药。

(一)吸入麻醉药

吸入麻醉药是指通过吸入肺部进入血液循环,达到产生全身麻醉作用的药物。吸入麻醉药的特点是在肺泡、血液和中枢神经系统之间保持动态平衡。停止吸入后,大部分药物会从肺泡原形排出体外。吸入麻醉药可以用于麻醉诱导和维持,是临床上复合麻醉的重要组成部分。

吸入麻醉药的强度用最低肺泡有效浓度(minimum alveolar concentration,MAC)来衡量。MAC 是指在吸入纯氧的同时,使 50% 的手术患者在切皮时不发生摇头、四肢运动等反应的最低肺泡浓度。MAC 越小表示麻醉效果越强。吸入麻醉药的药理性能受到血/气分配系数和油/气分配系数的影响。血/气分配系数越大,麻醉诱导越慢;血/气分配系数越小,麻醉诱导越快。麻醉药的油/气分配系数越高,麻醉强度越大,所需 MAC 也越小。常用吸入麻醉药如下:

1. 氧化亚氮(N_2O) 是无色、带有甜味、无刺激性的气体,具有镇痛作用,不燃烧。但与可燃性麻醉药混合时易助燃。化学上稳定,不与碱性物质反应。在血液中以物理溶解状态存在,几乎不分解,对肝肾无明显毒性。主要不良反应包括缺氧、闭合空腔增大和骨髓抑制。

2. 七氟烷(sevoflurane) 具有较强的麻醉效果,对中枢神经系统有抑制作用,对脑血管有舒张作用,但可能会升高颅内压。对心肌收缩能力有轻度抑制作用,可降低外周血管阻力,对呼吸道无刺激性。对呼吸的抑制作用较强,对气管平滑肌有舒张作用。主要在肝脏代谢,可用于麻醉诱导和维持。

3. 地氟烷(desflurane) 麻醉性能较弱,但因血/气分配系数特点表现为"快睡快醒"。具有抑制大脑皮质电活动、降低脑氧代谢率的效果。对心肌收缩能力有轻度抑制作用,对呼吸有轻度抑制作用,并对呼吸道有刺激性。几乎全部由肺排出,肝肾毒性很低。一般不用于全麻诱导,主要用于麻醉维持。

4. 异氟烷(isoflurane) 是一种无色透明的液体,化学性质稳定。优点包括理化和生物性质稳定、对心血管安全范围大、良好的肌松作用、对脏器无毒性以及麻醉苏醒快速舒适。缺点是对呼吸道有刺激性,抑制呼吸,延长麻醉诱导期,可能引起心率增快和低血压,也可引发恶性高热。

(二)静脉麻醉药

经静脉注射进入体内,通过血液循环作用于中枢神经系统而产生全身麻醉作用的药物,称为静脉麻醉药。与吸入麻醉药相比,其优点为诱导快,对呼吸道无刺激性,无环境污染,术后恶心呕吐发生率低。常用静脉麻醉药:

1. 丙泊酚 丙泊酚是一种新型静脉麻醉药,具有快速、短时的镇静、催眠和轻微镇痛作用。起效快,静脉注射 1.5~2mg/kg 后 30~40 秒患者即入睡,维持时间仅为 3~10 分钟,停药后苏醒迅速、完全。丙泊酚还能降低脑血流量、颅内压和脑代谢率。然而,它对心血管系统有明显的抑制作用,导致血压下降、心率减慢、外周阻力和心输出量降低。在大剂量、快速注射、低血容量者及老年人中使用时,可能引起严重的低血压。丙泊酚还对呼吸有明显的抑制作用,表现为潮气量降低、呼吸频率减慢甚至呼吸暂停,抑制程度与剂量相关。在反复注射或静脉持续输注时会在体内积累,但对肝肾功能无明显影响。临床应用如下:

(1)诱导:全麻诱导剂量为 1~2.5mg/kg,成人未给术前药者 95% 有效量(effective dose 95,ED_{95})为 2~2.5mg/kg,术前给阿片类或苯二氮䓬类药者应酌减。60 岁以上患者诱导量酌减;儿童诱导量需稍增加,其 ED_{95} 为 2~3mg/kg。通常需与镇痛药、肌松药合用完成气管插管。

(2)麻醉维持:丙泊酚麻醉维持可以采用单次间断静脉注射,每隔数分钟追加 10~40mg 维持麻醉。也可以采用连续输注,剂量多在 50~150μg/(kg·min),然后根据患者对手术刺激的反应调整。丙泊酚常与吸入麻醉药或阿片类药物相复合,合用时药量宜减少至 30~100μg/(kg·min)。

(3)其他:此药还特别适用于门诊患者胃肠镜诊断性检查、人工流产等短小手术的麻醉。静脉持续输注丙泊酚 100μg/(kg·min)时,潮气量可减少 40%。在人工流产、内镜检查等短小手术中应用该药,必须备有氧源及人工呼吸用具以备急用。也常用于重症医学病房(ICU)患者的镇静。

2. 依托咪酯　依托咪酯(乙咪酯)为短效催眠药,无镇痛作用。起效快,静脉注射后约30秒患者意识即可消失,1分钟时脑内浓度达峰值。可降低脑血流量、颅内压及脑代谢率。对心率、血压及心输出量的影响均很小;不增加心肌氧耗量,并有轻度冠状动脉扩张作用。主要在肝脏内水解,代谢产物不具有活性,对肝肾功能无明显影响。临床应用如下:

(1)麻醉诱导:常用量0.15~0.3mg/kg,危重患者可减至0.1mg/kg。因无镇痛作用,需要增大阿片类药物的用量,以减少或减轻气管插管时升压反应。

(2)麻醉维持:由于考虑到依托咪酯对肾上腺皮质功能的抑制作用,麻醉维持尚有争议。通常麻醉诱导后的维持剂量为0.12~0.2mg/(kg·h),同时复合其他阿片类药物及吸入麻醉药。

(3)有创检查:如内镜检查、介入治疗、人工流产、电除颤和拔牙等,可单次给药或追加。

(4)危重患者:心血管疾病、反应性气道疾病、高颅压或合并多种疾病的患者最适合选择依托咪酯诱导。

3. 咪达唑仑　该药具有短效麻醉镇静作用,随剂量增加,可产生抗焦虑、镇静、催眠、顺行性遗忘、抗惊厥和中枢性肌肉松弛等不同作用,无蓄积现象;对心血管系统影响轻微,可有轻度心率增快,血压降低;抑制呼吸;降低颅内压,减少脑血流量和氧耗量;经肝代谢,经肾排出。临床应用如下:

(1)麻醉前给药:口服、肌内注射、静脉注射和直肠给药均有效。成人口服7.5~15mg,即可迅速满意入睡,醒后可无困倦和嗜睡感。对小儿肌内注射剂量为0.08~0.15mg/kg,10~15分钟产生镇静效应,30~40分钟产生最大效应,其具有作用快、镇静作用强、无注射痛等优点。小儿麻醉前口服剂量为0.5mg/kg,也可经直肠注入,剂量为0.3mg/kg,最大量为7.5mg。

(2)麻醉诱导:麻醉诱导可产生睡眠和遗忘,但无镇痛作用。诱导量不超过0.3mg/kg。老年及危重患者剂量以<0.15mg/kg为宜。诱导推荐咪达唑仑、丙泊酚及阿片类镇痛药协同诱导,可减少单纯麻醉药用量,减少不良反应,提高麻醉安全性,并有利于麻醉后患者迅速清醒。

(3)麻醉维持:临床上单纯使用咪达唑仑麻醉维持较少,通常复合使用其他阿片类药物或其他静脉或吸入麻醉药。可采用静脉分次给药或连续静脉输注。分次给药在麻醉减浅时追加诱导量的25%~30%,连续静脉输注剂量为0.25~1μg/(kg·min)。

(4)镇静:多用于上消化道和肺的内镜检查以及心导管检查、心血管造影、脑血管造影、心律转复等诊断性和治疗性操作。在表面麻醉的基础上辅用咪达唑仑,可减轻和消除患者咳嗽、呃逆、喉痉挛和呕吐等症状,提供良好的操作条件。

(5)ICU患者镇静:咪达唑仑也常用于ICU机械通气患者的带管镇静,一般每小时1~3mg即可获得稳态镇静镇痛浓度。

4. 右美托咪定　右美托咪定是选择性较高的α_2肾上腺素能受体激动剂,对α_2受体的选择性较α_1受体高1 600倍。具有中枢性的镇静、抗焦虑、催眠和镇痛效应。临床应用如下:

(1)全身麻醉辅助镇静:右美托咪定具有镇静催眠作用,可以用于麻醉诱导期及麻醉维持期,甚至可以用于全麻苏醒期的辅助镇静。麻醉诱导前静脉泵注右美托咪定0.5~1.0μg/kg,维持10分钟以上,可以减轻插管反应,但需注意低血压和心动过缓的发生。麻醉维持时可辅助给予0.2~0.5μg/kg右美托咪定,可以使麻醉过程更加平稳,术后恢复质量更高。特别是在手术结束前40分钟,给予右美托咪定0.2~0.5μg/kg,可以使患者在全麻苏醒过程中血流动力学更加平稳,耐受导管更好,减少患者在拔管过程中的呛咳、躁动等反应,但是会延长苏醒时间。

(2)区域阻滞辅助镇静镇痛:在区域阻滞操作前给予右美托咪定 0.2~0.7μg/kg,泵注 10~15 分钟,可使患者镇静满意,提高舒适度,且不影响呼吸,同时可以增强区域阻滞的镇痛效果。

(3)有创检查及 ICU 患者的辅助镇静:有创检查包括胃肠镜检查、介入治疗和支气管镜检查等,可给予 0.2~1.0μg/kg 的负荷剂量,泵注时间不少于 10 分钟,之后以 0.2~0.8μg/(kg·h)维持。

(4)ICU 患者机械通气镇静:可给予 0.4μg/(kg·h)泵注,并根据镇静深度调整,可以使患者获得满意的镇静,解除焦虑和烦躁,同时可以被唤醒配合检查。

5. 氯胺酮　氯胺酮是苯环己哌啶的衍生物,具有显著镇痛作用,且对呼吸和循环系统影响较小,通过选择性阻断脊髓网状结构束对痛觉信号的传入,阻断疼痛向丘脑和皮质区传导,产生镇痛作用。给药后常呈现表情淡漠、意识消失、眼睛睁开、深度镇痛和肌张力增强的现象。临床主要适用于短小手术、清创、皮肤移植、更换敷料和小儿麻醉。单纯氯胺酮麻醉分为肌内注射法和静脉注射法两种。

(1)肌内注射法:主要用于小儿短小手术,或者作为其他麻醉方法的基础用药。常用剂量为 4~6mg/kg,对于年龄在 2 岁以内的婴幼儿,体液量相对较大,剂量可增大至 6~8mg/kg。给药后 2~5 分钟起效,维持 30 分钟左右,术中还可根据情况追加 1/3~1/2。

(2)静脉注射法:首次剂量为 1~2mg/kg,在 1 分钟内缓慢静脉注射,药物注射完毕即可手术,作用维持时间为 10~15 分钟,追加剂量为首次剂量的 1/2。

禁忌证如下:

1)严重的高血压患者,有脑血管意外史者。

2)颅内压增高者,如颅内肿瘤、颅内动脉瘤等。

3)眼内压增高者,或是眼球开放性损伤,手术需要眼球固定不动者。

4)甲状腺功能亢进症、肾上腺嗜铬细胞瘤患者。

5)心功能代偿不全者,冠状动脉粥样硬化性心脏病、心肌病或有心绞痛病史者。

6. 中药麻醉　中药麻醉是利用中药所具有的麻醉作用来消除患者感觉,以达到缓解或消除全身或局部疼痛的目的。常用麻醉中药有洋金花、川乌、茉莉根、闹羊花、细辛、蟾酥、祖师麻、花椒等。

适应证与禁忌证:由于"中药麻醉"的主要有效成分是东莨菪碱,而东莨菪碱是胆碱受体阻断剂,因此中药麻醉有严格的适应证和禁忌证。

(1)适应证:临床各科各年龄组的手术,因其具有改善微循环的作用,适用于断肢再植或其他显微外科手术;休克患者。

(2)禁忌证:高血压、心动过速、心功能不全;肝、肾功能严重损害;青光眼或眼内压升高;高热患者或室温过高;重症甲状腺功能亢进症。

(三)肌松药

肌肉松弛药简称肌松药,这类药物选择性作用于神经肌肉接头,暂时干扰正常的神经肌肉兴奋传递,从而使肌肉松弛。肌松药主要用于辅助全麻诱导时气管插管和在手术过程中为手术提供良好的肌松条件。根据神经肌肉阻滞性质不同,肌松药可分为去极化类肌肉松弛药和非去极化类肌肉松弛药,目前临床使用的去极化类肌肉松弛药为琥珀酰胆碱,其余均为非去极化类肌肉松弛药。

1. 琥珀酰胆碱　琥珀酰胆碱(司可林)是超短效去极化类肌肉松弛药,静脉注射 0.5~0.6mg/kg,起效时间为 60~90 秒,在 60 秒内均可达到气管插管要求。持续静脉滴注琥珀酰胆碱可维持较长时间肌松,静脉滴注浓度为 0.1%~0.2%,速度为 50~100μg/(kg·min),但持续静脉滴注或间断静脉注射琥珀酰胆碱,时间超过半小时或总量超过 500mg,均有可能发生肌松阻滞性质转变,由Ⅰ相阻滞逐渐变化为Ⅱ相阻滞。

琥珀酰胆碱的不良反应:①琥珀酰胆碱引起的持久的去极化肌松作用,以及其对神经肌肉接头以外的胆碱能受体的作用,与琥珀酰胆碱的不良反应有密切关系;②肌纤维成束收缩:肌痛,眼内压增高,颅内压增加,胃内压增加;心律失常;高钾血症;咬肌痉挛。

2. 顺式阿曲库铵 顺式阿曲库铵为苄异喹啉类,中时效非去极化类肌肉松弛药。起效时间为 2~3 分钟,临床作用时间为 50~60 分钟。最大优点是在临床剂量范围内不会引起组胺释放。代谢途径主要为霍夫曼消除(Hofmann elimination),占 77%,但不能被非特异性血浆酯酶水解。肌张力恢复不依赖药物用量或持续用药时间。临床应用于全麻气管插管和术中维持肌肉松弛。静脉注射 0.15~0.2mg/kg,1.5~2 分钟后可以行气管插管。术中可间断静脉注射 0.02mg/kg,维持全麻期间的肌肉松弛,无心血管不良反应。

3. 维库溴铵 非去极化类肌肉松弛药,不促进组胺释放,所以特别适用于心肌缺血和心脏病患者。维库溴铵主要在肝脏代谢,代谢产物经肾排泄,梗阻性黄疸及肝硬化患者维库溴铵消除减慢,时效延长。维库溴铵 15%~25% 经肾排泄,肾衰竭时可通过肝消除来代偿,因此可应用于肾衰竭患者。气管插管剂量为 0.07~0.15mg/kg,2~3 分钟后可行气管插管。术中可间断静脉注射 0.02~0.03mg/kg,或者持续静脉滴注 1~2μg/(kg·min),维持全麻期间肌肉松弛。

4. 罗库溴铵 非去极化类肌肉松弛药,至今临床上使用的非去极化类肌肉松弛药中起效最快的一个。罗库溴铵有弱的解迷走神经作用,但在临床应用剂量并无明显的心率和血压变化。罗库溴铵不促进组胺释放。其药代动力学与维库溴铵相似,消除主要依靠肝脏,其次是肾脏,肾衰竭时虽然血浆清除减少,但并不明显影响其时效,而肝功能障碍可延长时效达 2~3 倍。老年人用药量应略减。罗库溴铵静脉注射 0.6~1.2mg/kg,60~90 秒即可插管,术中可间断静脉注射 0.1~0.2mg/kg 维持麻醉。此药尤其适用于禁用琥珀酰胆碱又要做快速气管插管的患者。

(四)麻醉性镇痛药

常用的麻醉性镇痛药为阿片类药物。其在临床麻醉缓解围手术期患者疼痛方面发挥着重要作用,尤其适用于严重创伤、急性心肌梗死等引起的急性疼痛,以及围手术期疼痛。临床麻醉中,目前认为除非患者有急性疼痛,手术前不必作为常规用药。近年来这类药主要用于静脉复合麻醉或静吸复合麻醉,同时在术后镇痛方面的应用也较广泛。常用的有以下几种:

1. 吗啡 吗啡是阿片类受体激动剂,作用于痛觉传导区的阿片受体,提高痛阈,减轻疼痛,并产生镇静和欣快感,具有成瘾性。吗啡对躯体和内脏疼痛有效,对持续性钝痛的效果优于间断性锐痛。应在疼痛出现前使用以获得最佳效果。吗啡对呼吸中枢有抑制作用,降低呼吸频率,甚则可能导致潮气量减少或呼吸停止,并引起支气管痉挛。吗啡能使小动脉和静脉扩张,降低外周血管阻力和回心血量,引起血压下降,但对心肌无明显抑制作用。主要用于镇痛,如创伤或手术引起的剧痛、心绞痛等。由于吗啡的镇静和镇痛作用良好,常用作麻醉前药物和麻醉辅助药。成人推荐剂量为 8~10mg,皮下注射或肌内注射。

吗啡禁用于下列情况:①支气管哮喘;②上呼吸道梗阻;③严重肝功能障碍;④伴高颅压的颅内占位性病变;⑤诊断未明确的急腹症;⑥待产妇和哺乳妇;⑦甲状腺功能减退症、皮质功能不全;⑧前列腺增生、排尿困难;⑨ 1 岁以内的婴儿。

2. 哌替啶(杜冷丁) 是一种镇痛药物,其镇痛强度约为吗啡的 1/10,静脉注射后作用持续 30~60 分钟,但其残存的镇痛作用可持续 4~6 小时。它可产生轻度的欣快感,但也容易产生依赖性。哌替啶对呼吸有明显的抑制作用,临床上常用作麻醉的辅助药物。

3. 芬太尼　是人工合成的阿片类受体激动剂,具有高脂溶性。它的镇痛强度为吗啡的 75~125 倍,作用时间约为 30 分钟。芬太尼主要用于全麻诱导、麻醉维持和术后镇痛。它对呼吸有抑制作用,大剂量使用可能导致呼吸停止。芬太尼对心血管系统的影响轻微,常引起心动过缓,但可被阿托品对抗。它还可引起恶心、呕吐,但不会释放组胺。相比吗啡和哌替啶,芬太尼所引起的依赖性较轻。

4. 舒芬太尼　是芬太尼的衍生物,具有更强的镇痛作用,为芬太尼的 5~10 倍,作用持续时间约为其 2 倍。它对呼吸的抑制程度与等效剂量的芬太尼相似。舒芬太尼对心血管系统的影响较轻,不会释放组胺。由于这些特点,它更适用于心血管手术和老年患者的麻醉。舒芬太尼引起的恶心、呕吐和胸壁僵硬等作用与芬太尼相似。它常用于麻醉诱导、术中和术后镇痛,以及区域阻滞期间的辅助用药,对抑制应激反应的效果优于芬太尼。

5. 瑞芬太尼　是一种超短时效的阿片类镇痛药,其镇痛强度与芬太尼相当。消除半衰期约为 9 分钟,注射后起效迅速,药效消失快。瑞芬太尼对呼吸有抑制作用,但停药后呼吸会迅速恢复。它不会引起组胺释放,引起恶心、呕吐和肌肉僵硬的发生率较低。瑞芬太尼还具有使脑血管收缩和降低颅内压的作用,因此适用于颅脑手术的麻醉。它的药物代谢不依赖于肝肾功能,重复应用或持续输注不会导致药物蓄积。瑞芬太尼主要用于全身麻醉的诱导和维持,特别适用于门诊短小手术的麻醉。然而,它的镇痛效果在手术结束后并不持续,需要替代性镇痛治疗来进行镇痛。

二、麻醉深度监测

全身麻醉要求患者意识消失、镇痛良好、肌肉松弛适度、应激反应适当控制、内环境相对稳定。麻醉深度的观察和管理是重要任务之一。如何准确判断麻醉深浅并维持适当的麻醉深度很重要。Guedel 在 20 世纪 30 年代总结了乙醚麻醉分期的体征和表现,描述了典型的全身麻醉过程。他将全身麻醉分为四期:遗忘期、兴奋期、外科麻醉期和延髓麻醉期。但由于新药物的应用,乙醚麻醉分期已不适用于其他全身麻醉药。目前的监测方法包括临床观察和仪器监测。

(一) 临床体征观察

维持适当的麻醉深度是重要而复杂的,应密切观察患者,综合患者各项反应做出合理判断,并根据手术刺激的强弱及时调节麻醉深度,以适应手术麻醉的需要。通常根据临床体征将麻醉分为浅麻醉期、手术麻醉期和深麻醉期(表 7-6),这对于掌握麻醉深度具有参考意义。

表 7-6　麻醉分期

麻醉分期	呼吸	循环	眼征	其他
浅麻醉期	不规则,呛咳,气道阻力↑,喉痉挛	血压↑,心率↑	睫毛反射(-),眼睑反射(+),眼球运动(+),流泪	吞咽反射(+),出汗,分泌物↑,刺激时体动
手术麻醉期	规律,气道阻力↓	血压稍低但稳定,手术刺激无改变	眼睑反射(-),眼球固定中央	刺激时无体动,黏膜分泌物消失
深麻醉期	膈肌呼吸,呼吸↑	血压↓	对光反射(-),瞳孔散大	

(二) 仪器监测

1. 脑电双频谱指数监测　脑电双频谱指数(bispectral index,BIS)在麻醉深度监测中应用广泛。BIS 是应用非线性相位锁定原理对原始脑电图(electroencephalogram,EEG)波形进行回归处理的一种方法。BIS 数值范围为 0~100,数值越大,患者的神志越清醒,反之提示大脑皮质的抑制越严重。目前认为,当麻醉期间将 BIS 值控制在 60 以下时,术中知晓发生率很低。因此,建议麻醉期间将 BIS 控制在 40~60 为宜。监测 BIS 能较好地反映催眠药对中枢神经系统的抑制效应,但对镇痛药效应的敏感性较差。

2. 脑电熵　熵是热力学里的一个物理量,用来表示某种物质系统状态的一种量度。熵指数分析脑电图和前额肌电图信号的复杂性。熵指数模块有两个指标:状态熵和反应熵。熵指数模块通过创建两个参数来探索这种变化。麻醉下熵指数与 BIS 有相似的功能。满意的麻醉状态变化范围是 40~60。

3. Narcotrend 指数(NI)　Narcotrend 能将麻醉下的脑电图进行自动分析并分级,从而显示麻醉深度。Narcotrend 检测仪与 BIS 检测仪的功能相似。

4. 脑干听觉诱发电位　听觉刺激产生的脑干听觉诱发电位(brainstem auditory evoked potential,BAEP)包括短潜伏期、中潜伏期和长潜伏期 BAEP。A-line 监测仪与脑电 BIS 监测仪一样,计算生成听觉诱发电位指数,推荐的手术麻醉指数范围是 15~25。

三、吸入麻醉

麻醉药经呼吸道吸入,产生中枢神经系统抑制,使患者意识消失而不感到疼痛,称为吸入全身麻醉,简称吸入麻醉(inhalation anesthesia)。吸入麻醉是全身麻醉的主要方法之一,其麻醉深浅与药物在脑组织中的分压有关,当麻醉药从体内排出或在体内代谢后,患者逐渐恢复清醒。实施吸入麻醉需要必要的麻醉装置和正确的方法,并对吸入麻醉深度和影响进行观察和管理。吸入麻醉按重复吸入程度及二氧化碳吸收装置的有无分为开放、半开放、半紧闭、紧闭四种方法。

(一) 开放式

开放式有三种方法:开放点滴法、冲气法和无重复吸入法。

开放点滴法是将吸入麻醉药滴到面罩的纱布上,患者吸入挥发后的气体,麻醉药浓度与点滴速度呈正相关。冲气法是将氧和麻醉蒸气的混合气体吹送入口腔、咽部或气管内的吸入麻醉方法。麻醉药的吸入量取决于患者通气量和吹送气体流量。这两种方法简单且无效腔和呼吸阻力小,但由于容易造成气道干燥和污染手术室空气,并且无法应用辅助呼吸,已不常使用。

无重复吸入法通过吸气活瓣吸入新鲜气体,呼气时通过呼气活瓣将气体排出至大气中。吸气和呼气活瓣构成无复吸入活瓣。该方法适用于婴幼儿,可进行辅助和控制呼吸,无效腔和呼吸阻力小。然而,气道易干燥,丧失热量,呼气中的水气、分泌物和血液等可能导致活瓣失灵,造成通气困难。

(二) 半开放式

呼气大部分排出至大气中,一小部分被重复吸入。吸入麻醉的通气系统中,没有无复吸入活瓣及含 CO_2 吸收装置的 CO_2 清除回路,由麻醉机输出的麻醉气体、蒸气及氧气进入贮气囊和 / 或贮气呼吸管,与患者部分呼出气体混合后被患者吸入。缺点是因高流量造成浪费及手术室污染,长时间使用可引起气道干燥。

(三) 半紧闭式

循环式麻醉机通过逸气阀控制呼气流向,一部分气体经逸气阀排出,一部分经 CO_2 吸收器混合后再次吸入,以避免 CO_2 积聚。该方法易于控制麻醉药浓度,随着新鲜气流量增加,重复吸入比例减少,吸入气体成分接近新鲜气体,调节麻醉药浓度方便。无体内吸收时,大流量进入麻醉机的气体应有等量呼出。麻醉气体进入体内最终与机中浓度平衡。该方法的缺点是浪费麻醉药和污染室内空气,低流量或氧浓度不足时可能导致缺氧。

(四)紧闭式

是目前最常用的吸入麻醉方法。本法是用来回式或循环式紧闭麻醉装置实施吸入麻醉的方法,在呼气时全部呼出气体通过 CO_2 吸收器,在与新鲜气体混合后被重复吸入。

1. 主要优点

(1) CO_2 排出完全。

(2)吸入气体的湿度接近正常,易保持呼吸道湿润,保留体内水分。

(3)可减少体热丧失,碱石灰产热,有助于维持麻醉中的体温。

(4)因采用低流量气体,行低流量吸入麻醉,可显著节约麻醉药和氧气。

(5)麻醉深浅较易调节和控制,麻醉易维持平稳,一般维持肺泡麻醉药浓度为1.3MAC即可。

(6)可随时了解潮气量的大小和气道阻力的变化。

(7)可减少手术室的空气污染。

2. 主要缺点

(1)结构较复杂,整机连接口较多,均有出现连接不良或漏气等可能。

(2)导向活瓣较易失灵而引起严重事件:活瓣固定于开放位置时可致严重 CO_2 蓄积,固定在密闭位置时可致呼吸道完全阻塞。

四、静脉麻醉

静脉麻醉是指将全麻药物经静脉注入,通过血液循环作用于中枢神经系统而产生全身麻醉作用的方法。近几十年来,随着对静脉麻醉机制研究的深入、新型静脉麻醉药物的开发应用和静脉麻醉技术的不断进步,静脉麻醉的安全性和可控性也不断提升。静脉麻醉是现代麻醉方法中的主要麻醉方法之一。

静脉麻醉的优点是实施简单、起效快、效能强、对呼吸道无刺激、患者依从性好、无手术室污染及不可燃烧等。但可控性差,药物代谢对肝肾功能依赖较大,单一种类药物常难以达到理想的麻醉效能,需要多种药物复合应用。

(一)静脉麻醉的分类

1. 根据所用药物分类 以实施静脉麻醉所用的最主要的药物名称命名,如依托咪酯静脉麻醉、丙泊酚静脉麻醉、氯胺酮静脉麻醉、咪达唑仑静脉麻醉、右美托咪定静脉麻醉等。丙泊酚静脉麻醉现被广泛应用于内镜检查和门诊短小手术的麻醉。

2. 根据临床应用分类 分为静脉诱导麻醉和静脉维持麻醉。静脉诱导麻醉是通过静脉注射麻醉药物使患者由清醒状态进入麻醉状态。静脉维持麻醉是在患者手术过程中,通过输注静脉麻醉药使患者维持合适的麻醉深度,以满足手术的需要。

3. 根据给药方法分类 分为单次给药、间断给药和持续给药法。单次给药法常用于内镜检查及门诊短小手术,如丙泊酚单次给药法麻醉。间断给药法血药浓度波动大,麻醉深度变化大。持续给药法可使用静脉滴注、输注泵持续泵注方式。靶控输注(target-controlled infusion,TCI)技术的应用丰富了持续输注的方式选择,近年来应用越来越成熟。TCI可以帮助麻醉医师计算出达到满意和预期血药浓度所需的给药剂量和时间过程,能自动控制输注速率使血药(或效应室)浓度迅速达到并维持设定的靶浓度。

(二)静脉麻醉的实施

静脉麻醉包括麻醉诱导、麻醉维持和麻醉苏醒三个阶段。临床上静脉麻醉通常需要多种药物复合应用,这种联合使用几种麻醉药的麻醉方法称为静脉复合麻醉。全凭静脉麻醉

(total intravenous anesthesia, TIVA)是一种完全通过静脉麻醉药实施麻醉的方法,广泛应用了新的速效和超短效静脉麻醉药和麻醉性镇痛药。静脉全身麻醉主要使用三类药物:静脉麻醉药、麻醉性镇痛药和肌肉松弛药。静脉麻醉诱导适用于多数全身麻醉情况,应根据患者的特点选择合适的药物,并注意药物的剂量以及患者的生理变化。静脉麻醉维持通过持续滴注或泵注静脉麻醉药来达到手术全程的麻醉效果,需要根据手术时段的不同和患者的生理指标及麻醉深度数据进行调节。静脉麻醉的苏醒取决于药物血药浓度的下降速度,药物持续输注半衰期越小,苏醒越快。良好的苏醒除了迅速,还需要保留足够的镇痛效应。丙泊酚苏醒较快且副作用较少;瑞芬太尼苏醒迅速,但停止输注后没有镇痛效应;舒芬太尼的镇痛时效较长。肌松药需要充分代谢后呼吸才能恢复良好,常使用短效肌松药。

五、呼吸道的管理

全身麻醉期间呼吸道的管理极其重要,麻醉期间如发生严重低氧血症,不能在数分钟内逆转,患者将有可能发生不可逆的中枢神经系统损伤,并可能危及生命。麻醉期间可能出现的呼吸障碍包括通气功能障碍和换气功能障碍,需要妥善防治。

(一) 麻醉前对呼吸系统的评估

麻醉前对患者气道的评估一般包括病史、体格检查和呼吸道辅助检查。

1. 病史 主要了解患者既往有无气道处理困难的病史,是否存在可能影响气道的疾病,如先天异常、颈前区及呼吸道肿瘤、类风湿关节炎等,以及是否存在肺气肿、支气管炎、哮喘、近期上呼吸道感染史等。对于气道疾病的患者,需了解其呼吸顺畅度、舒适体位、日常活动能力、咳嗽咳痰量及发展情况、治疗方案与效果。

2. 体格检查 评估气道条件包括头颈部检查,如了解双鼻孔通畅程度,了解牙齿情况及张口度,测量甲颏距离,检查颈椎活动度,了解有无颈部损伤、颈部肿物、气管位置异常等,了解患者是否存在气道处理困难的体征如改良 Mallampati 气道分级评定。Mallampati 气道分级评定方法:患者取端坐位,尽最大可能张大口并最大限度地将舌头伸出进行检查。Ⅰ级:可见腭咽弓、软腭、悬雍垂;Ⅱ级:可见腭咽弓、软腭,但悬雍垂被舌根部遮挡不可见;Ⅲ级:仅可见软腭;Ⅳ级:仅可见硬腭。评估为Ⅲ级或者Ⅳ级的患者在麻醉期间如需进行气管插管,极有可能存在插管困难,需要提高警惕。

3. 呼吸道辅助检查 如喉镜、支气管镜、X 线检查,肺通气功能检测等。

(二) 呼吸监测

1. 呼吸功能的观察 对于未插管的患者,需要观察口唇颜色、胸廓呼吸运动的频率和幅度,以及及时采取有效的面罩辅助通气措施。对于气管插管患者,需要听诊双肺呼吸音,确保导管深度适当,并根据机械通气过程中的呼吸监测参数变化判断原因。

2. 设备监测 心电监护仪可以测定脉搏血氧饱和度(SpO_2),这对所有麻醉患者都是必要的。使用呼气末二氧化碳监测模块可以监测通气情况,快速判断导管是否误入食管。麻醉机的呼吸监测装置可以监测潮气量、呼吸频率、每分通气量、气道压和吸呼气时间比等参数。若有条件,可以使用麻醉气体分析仪监测吸气和呼气时的氧浓度、二氧化碳浓度和吸入麻醉药气体浓度。对于危重患者,还可以抽取动脉血进行血气分析和酸碱平衡及部分离子值测定。

(三) 麻醉期间呼吸道通气管理

麻醉期间可能发生梗阻性或者非梗阻性通气不足,都可能威胁患者的生命安全。麻醉中进行良好的气道管理,是患者接受手术治疗的必要保障。

1. 药物对呼吸的抑制 会减少潮气量,导致呼吸浅慢或急促,通气量下降。需要改善通气,可使用面罩辅助通气或行气管插管进行人工通气。

2. 手术体位对通气量的影响　体位的改变可能会限制胸腹扩张活动,导致气道压升高,影响通气量。需要注意监测呼吸参数的变化,及时调整通气参数,避免通气不足。

3. 手术操作对通气量的影响　腹腔镜手术的气腹压力、胸部损伤引起的气胸,以及胸科手术中的单肺通气等,均可影响通气量。如果通气受限无法通过调整呼吸模式等方法改善,应与手术者沟通并考虑暂停手术操作以改善通气情况。

(四)麻醉期间换气功能障碍及管理

麻醉期间也可能发生换气功能异常,主要见于急性肺水肿和急性呼吸功能障碍,需要谨慎管理。

1. 急性肺水肿　是麻醉中可能发生的并发症,常见于全身麻醉患者。引起急性肺水肿的因素较多,早期很难发现。可通过气道阻力上升、血氧饱和度下降、湿啰音等表现来预警其发生。处理方法包括正压通气、持续正压通气或呼气末正压通气,纠正低氧血症;减少肺血流量和静脉回心血量,降低心脏负荷;使用呋塞米和血管扩张剂等,但需注意血压监测。

2. 急性呼吸窘迫综合征(ARDS)　是在数小时内发生肺通气和/或换气功能障碍的急性呼吸衰竭综合征。通常不伴有气道或呼吸系统疾病或内脏分流。主要症状为严重低氧血症,可能伴随呼气末二氧化碳升高。对于 ARDS 的处理,可选择呼气末正压通气以改善肺顺应性和肺泡通气,纠正低氧血症。

六、全身麻醉的并发症及防治

全身麻醉期间的并发症与患者疾病本身及病情变化、手术应激操作和药物作用以及麻醉实施与管理过程的异常等因素相关,下面就全身麻醉可能出现的并发症做一些介绍。

(一)呼吸道梗阻

麻醉期间呼吸道梗阻多数为急性,未能妥善解决会导致缺氧甚至死亡。造成梗阻的原因多样,主要原因及处理措施介绍如下。

1. 舌后坠　是全身麻醉期间最常见的并发症,因舌肌松弛导致舌头向咽部坠落,造成呼吸道阻塞。处理方法包括仰卧时头后仰同时托起下颌,若无效可放置通气道或插管。

2. 喉头水肿　常见于咽喉部疾病患者,气管插管困难,需进行紧急抢救,如环甲膜穿刺或气管切开。

3. 反流误吸　麻醉期间胃内容物由于麻醉药物作用易反流至呼吸道,严重时会导致缺氧、肺不张、肺炎等。预防措施包括禁食、胃超声评估和表面麻醉插管。

4. 通气管路和设备异常　可能导致低氧血症,应密切观察患者并及时检查导管和设备情况。

5. 气管受压或狭窄　可导致呼吸困难,麻醉前需评估气道情况并选择合适的导管型号,必要时进行清醒插管或气管造口术。

6. 气道痉挛　常见于哮喘等患者,对异物刺激敏感。轻度可通过停止刺激和面罩加压吸氧缓解,重度需给予肌松药或气管插管。支气管痉挛可通过停止刺激和药物治疗改善。

(二)呼吸抑制

呼吸抑制是指通气不足。主要分为常用麻醉药、麻醉性镇痛药及过度通气导致的中枢性呼吸抑制,与使用肌松药、低钾血症等产生的外周性呼吸抑制。由于全身麻醉过程中吸入了高浓度氧气,轻度呼吸抑制的患者,动脉血氧分压(PaO_2)和动脉血氧饱和度(SaO_2)可能并不会立即下降,但是动脉血二氧化碳分压($PaCO_2$)会升高;严重呼吸抑制的患者,PaO_2 和 SaO_2 会下降,$PaCO_2$ 升高。对于任何原因产生的呼吸抑制,都应当立即实施有效的人工通气,将 PaO_2、SaO_2、$PaCO_2$ 维持在正常范围内。

(三) 低血压和高血压

低血压指收缩压下降幅度超过麻醉前 30% 或者绝对值低于 80mmHg。全麻期间发生低血压的原因包括麻醉因素、手术因素以及患者因素。

1. 麻醉因素　各种麻醉药的心肌抑制和血管扩张作用,禁饮禁食和尿量过多导致的血容量相对不足,各种原因发生的酸中毒,以及低体温等影响。

2. 手术因素　术中失血过多、过快,手术操作压迫心脏或者大血管,副交感神经刺激,以及手术特殊体位要求影响血液回流等因素。

3. 患者因素　术前存在心律失常、急性心肌梗死、心力衰竭、肾上腺皮质功能衰竭、严重低血糖,以及术前失血过多导致的血容量不足等。

麻醉期间一旦发生严重低血压,应当立即适当减浅麻醉深度,血容量不足应当予以加快输液,必要时成分输血。如血压短时间内无法纠正,在纠正病因的同时,应当依据病情酌情选用麻黄碱、去氧肾上腺素等血管活性药。对于严重心力衰竭、严重冠状动脉(冠脉)病变和顽固性低血压,予以完善监测,采取一切可行措施支持心泵功能。血压一旦消失,应当立即予以心肺复苏。

高血压指收缩压升高幅度超过麻醉前 30% 或者绝对值高于 160mmHg。全麻期间发生高血压的原因包括麻醉因素、手术因素以及患者因素。

1. 麻醉因素　气管插管操作,麻醉过浅,通气不足缺氧和二氧化碳蓄积等。

2. 手术因素　颅脑手术时牵拉额叶或者刺激第Ⅴ、Ⅸ、Ⅹ脑神经,脾切除术时挤压脾脏导致回心血量剧增,嗜铬细胞瘤手术中探查肿瘤等。

3. 患者因素　术前精神过度紧张,术前存在严重高血压,术前存在甲状腺功能亢进症、嗜铬细胞瘤等。

(四) 心肌缺血

麻醉期间心肌缺血可能由多种因素引起,包括心血管病史、手术疼痛、血压过低、麻醉药的心肌抑制作用、心动过速和心律失常。预防心肌缺血的方法包括监测和维持良好的血压、心输出量和尿量,确保心肌供氧需求平衡,避免缺氧,并及时处理心肌缺血以防止严重并发症。

(五) 体温降低或升高

麻醉过程中会出现体温降低或升高的情况。体温降低常由室温低、液体输注、手术暴露内脏、麻醉药抑制体温调节中枢等因素引起。体温过低会延长麻醉药的作用时间,增加出血和组织氧耗。为预防体温降低,应注意保持适宜的室温,使用加温装置进行输液输血,并采取保温措施。

体温升高常由室温过高、覆盖过密、使用阿托品等因素引起。高体温会增加基础代谢率和氧需求,并可能导致一些严重的并发症。为预防体温升高,应控制室温,监测体温,并及时采取物理降温措施。

(六) 术中知晓

术中知晓是指全身麻醉的患者在术后能回忆起术中所发生的事,并告知有无疼痛。术中知晓的发生通常与麻醉药对大脑皮质与脑干网状结构上行激活的抑制作用减弱或消除相关。术中知晓对患者精神损害较大,已成为严重的并发症之一,应当尽量避免发生,可以通过监测 BIS 和 BAEP 协助监测麻醉深度。

(七) 全身麻醉后苏醒延迟

全身麻醉后苏醒延迟是指停止麻醉后超过 60 分钟患者意识仍然不能恢复,对痛觉刺激无明显反应的状态。原因有手术时间长、麻醉药物因素、高二氧化碳血症、低温、水电解质紊乱、酸碱平衡紊乱以及脑血管意外等。对术后苏醒延迟的患者,应积极查找原因,常规监测心电图、脉搏血氧饱和度、呼气末二氧化碳值、血气分析,积极复温,改善通气,维持良好心率、血压,纠正水电解质紊乱及酸碱平衡紊乱,必要时请相关专科协助诊治。

(八) 术后认知障碍

手术、麻醉后认知障碍,以老年患者更多见。临床表现可分为焦虑型、安静型和混合型。术后认知障碍的发生与多种因素相关。麻醉过程中应当维持循环稳定,避免缺氧。治疗要求早期诊断和治疗主要病因,注意营养、液体、电解质和加强心理支持,焦虑、幻觉患者可适度镇静。

(九) 苏醒期躁动

苏醒期躁动是全身麻醉后的患者苏醒前意识障碍的一种表现,多为自限性,持续时间不等,一般在患者意识完全恢复后可自行缓解。其通常表现为粗暴的动作或者激烈的情绪。可加强护理,适量予以镇静类药物,同时加强呼吸监测与管理。

(十) 术后恶心呕吐

术后恶心呕吐是全身麻醉后常见的并发症,可导致伤口疼痛加重和误吸。可使用 5- 羟色胺 3($5-HT_3$)受体拮抗剂作为止呕药物。

(十一) 恶性高热

恶性高热是一种遗传性疾病,常由麻醉药物触发,表现为体温急剧升高(可超过 42℃)、肌肉强烈收缩等。治疗包括停用麻醉药物,物理降温,纠正酸中毒和高钾血症,并使用丹曲林等恶性高热治疗药物。需转入重症监护室进行监测治疗。

第七节 气管插管术与拔管术

ER-7-4

经口气管内插管术

将气管导管经口腔或鼻腔插入气管内的一种操作技术,称为气管插管术。气管插管术是气管内麻醉、心肺复苏和抢救时保持呼吸道通畅和气体交换良好的基础,是麻醉医师必须掌握的技能。气管插管有经口腔和经鼻腔两种常用途径。经口明视插管是利用喉镜显露声门,直视下将气管导管插入气管内,仍是现在最普遍应用的方法。做了气管切开的患者则可以经气管切开处插管。

一、气管插管术

(一) 经口插管法

1. 适应证

(1)手术麻醉适应证:全麻颅脑手术,胸心血管手术,俯卧或坐位等特殊体位的全麻手术,呼吸道难以保持通畅的患者,饱胃需要全麻的患者,需要降温或者控制性降压的患者等。

(2)危重患者的抢救:气道保护能力丧失如昏迷、呼吸功能障碍、中毒、休克和心搏骤停等。

2. 插管前准备

(1)氧气源:①中心供氧,普遍应用,检查其接头是否正确,压力是否正常;②氧瓶,基层医院多见,检查其是否正常,压力及氧量是否足够。

(2)麻醉机及监护仪:①电源是否正常;②钠石灰是否变色失效;③麻醉机回路有无漏气,连接是否正确;④麻醉机系统工作是否正常;⑤麻醉面罩有无破损,大小及充气量是否合适。

笔记栏

(3)插管用具:①喉镜/可视喉镜:镜片大小合适,电源电量充足,照明亮度足够。②气管导管及管芯:选择管径合适的导管,并备好比所选导管大一号及小一号的导管各1根。导管内径(ID)的选择:成人一般选用7.0~8.0的导管;6岁以内小儿可利用公式估计:导管内径(ID)=(年龄÷4)+4.0。③局麻药喷雾剂、导管润滑剂。④牙垫、连接管、插管钳等。⑤负压吸引器、吸引管、吸痰管等。

3. 插管步骤

(1)摆放头位:头部抬高适度后仰,使咽轴线与喉轴线重叠,利用喉镜将舌根上提,即可使上呼吸道口咽喉三条轴线重叠而显露声门(图7-15)。

(2)置入喉镜:右手拇指、示指将上、下唇分开,左手持喉镜从右口角轻轻将喉镜置入口腔,将舌体推向左侧,使喉镜片位于正中位即可显露悬雍垂(显露声门的第一标志)。

(3)暴露声门:喉镜片顶端抵达舌根,稍上提喉镜即可看到会厌(显露声门的第二标志)。如用直喉镜片,稍微继续推进越过会厌喉侧面再提喉镜,可挑起会厌而暴露声门。若用弯喉镜片,推进喉镜片抵达会厌与舌根交界处,上提喉镜即可显露声门。必要时可请助手在喉结部位向下适当按压,往往有助于看到声门。

(4)插入导管:右手以执笔式持气管导管对准声门裂轻柔插入气管内,如使用导管芯,在导管斜口进入声门约1cm时及时拔出。导管插入长度:自门齿算起,长度为22~24cm,小儿可利用公式:插入长度(cm)=(年龄÷2)+12。

(5)固定导管:退出喉镜后塞入牙垫,套囊充气5~10ml,证实导管在气管内后,将导管与牙垫一起固定。

4. 注意事项

(1)显露声门是关键,必须根据解剖标志循序推进喉镜片,防止过深或过浅。

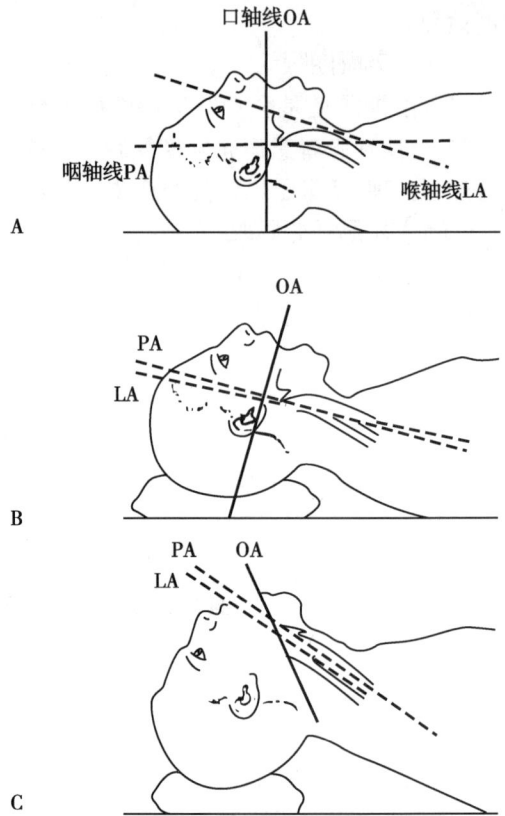

图 7-15 头位改变对三轴线的影响

A.平卧时三轴线交叉;B.头后仰时喉轴线与咽轴线接近重叠;C.伸展寰枕关节时三轴线接近重叠。

(2)插管动作必须迅速准确,如插管困难应立即放弃,面罩加压吸氧后寻求帮助。

(3)喉镜着力点放在喉镜片顶端,向上提喉镜切不可以上门牙为支点而上撬,否则极易撬落门牙。

(4)导管插入声门时动作必须轻柔,如遇阻力,更换小一号的导管试插,切不可暴力插入。

(5)体胖、颈短或喉头过高等特殊患者有时无法看到声门,可由助手协助按压喉结部位,可有助于暴露声门。或利用导管芯将导管变成"L"形施行盲探插管。

(6)插管完成后应立即判定导管是否在气管内,并核对插入深度。其主要方法有:①用棉絮试探导管口有气流呼出;②观察胸廓左右呼吸动度一致,无上腹部膨隆;③听诊器听两肺呼吸音对称一致;④呼吸末二氧化碳波形及水平正常,可视插管软镜看到气管环和气管隆嵴。

（二）经鼻插管法

1. 适应证

(1)口腔、颌面、咽腔手术。

(2)经口插管有困难者,如张口困难、门齿松动并必须避免损伤者。

2. 禁忌证

(1)颅底骨折。

(2)鼻出血、正在使用抗凝药。

(3)鼻腔闭锁、鼻骨骨折。

3. 方法　基本上与经口插管法相同,但有以下不同之处。

(1)插管前鼻腔内先使用医用润滑剂充分润滑,最好加用 1% 麻黄碱,再用 2% 利多卡因进行鼻腔内表面麻醉。导管前端涂润滑剂。

(2)右手持导管从垂直面部方向插入鼻孔,首先将柔头导管沿鼻底部捻转推进,出后鼻孔到达咽腔,切忌将导管向头顶方向推进。

(3)左手持喉镜暴露声门,右手持导管轻柔进入声门,必要时可用插管钳持导管前端送入声门。

(4)对于声门暴露困难者,导管出后鼻孔后可依靠导管内呼吸气流声的强弱判定,导管前端越接近声门气流声越强。当声音变弱或消失时可将导管左右旋转或拔出少许,再调整并重新探插,首选可视插管软镜引导插管。

（三）清醒气管插管

1. 适应证

(1)评估快速诱导插管有一定困难者。

(2)消化道梗阻或饱食者,以避免麻醉引起胃反流误吸。

(3)气道不全梗阻,如咯血、颈部肿块压迫气管等,估计在面罩通气时会发生困难者。

(4)张口困难、颞下颌关节强直、上门齿突出、门齿松动残缺、颈部瘢痕挛缩等。

(5)颈项粗短、后仰困难者。

(6)评估颈前急救困难者。

2. 禁忌证

(1)小儿、精神紧张或神志不清无法合作者。

(2)支气管哮喘患者。

3. 方法

(1)预先对患者做好解释工作,争取患者合作。

(2)完善的口、鼻、咽喉和气管内表面麻醉是关键,插管操作同快速诱导明视插管法。

1)咽喉黏膜表面麻醉:嘱患者张口发"啊"声,用 2%~4% 利多卡因对舌根、软腭、咽后壁及喉部喷雾表麻,并可持软镜通过硬膜外导管对声门进行表麻,一般喷洒入 2%~4% 利多卡因 2~3ml。

2)气管黏膜表面麻醉:有两种方法:①经环甲膜穿刺注药法:取头后仰位,在甲状软骨与环状软骨之间穿刺,经抽吸有气证实针尖位置正确后,在患者呼气末吸气初快速注入 2%~4% 利多卡因 2ml。②经声门注药法:左手持喉镜或软镜显露声门,右手持带有硬膜外导管的注射器,将导管前端通过声门,然后注入 2%~4% 利多卡因 2~3ml。

（四）可视插管软镜引导插管

1. 适应证

(1)需清醒插管者。

(2) 预知的困难喉镜暴露。

2. 方法

(1) 取自然头位,面对患者站立。

(2) 拟经鼻插管者,先将气管导管经鼻插至口咽腔,然后将可视插管软镜镜杆经导管插入声门抵达气管中段,在镜杆引导下将气管导管慢慢推入气管后退出软镜。

(3) 拟经口插管者,将气管导管套在软镜镜杆上,左手将镜杆沿舌背正中线插入咽喉并在窥见声门后将镜杆前端插至气管中段,然后引导气管导管进入气管,退出软镜。

(五) 双腔支气管导管插管

双腔支气管插管术可以把左右支气管通气隔离,既可通过一侧或双侧管腔进行通气,也可随时吸出其中的分泌物。

1. 适应证

(1) "湿肺"患者全麻手术,如肺脓肿、支气管扩张等。

(2) 开放性肺结核,分泌物有扩散感染可能者。

(3) 支气管胸膜瘘、外伤性支气管断裂者,以健侧肺维持有效通气量和麻醉深度。

(4) 近期有大咯血者。

2. 方法

(1) 导管准备:男性常用 37~39Fr,女性常用 35~37Fr,导管表面涂抹润滑剂。

(2) 置入导管:①左手持喉镜显露声门,右手持导管插入口腔,导管左管开口朝上,明视下通过声门;②导管前端进入声门后即拔除探条,导管继续推进同时逆时针方向旋转 90°;③保持水平位下推进导管,直至遇到阻力为止。

(3) 位置确认:确认气管导管没有插入过深、误插入食管:①双侧听诊呼吸音正常,胸廓抬动一致;②临时阻断一侧通气,阻断侧听不到任何呼吸音而通气侧呼吸音正常;③可视插管软镜进入主管,以窥及一级隆突及支气管套囊。

(4) 确认导管位置正确后,主气管套囊和主支气管套囊分别充气。

二、拔管术

(一) 拔管指征

1. 肌松药的残余作用已逆转,肌张力完全恢复。

2. 麻醉性镇痛药的呼吸抑制作用消失,自主呼吸通气量正常。

3. 吞咽反射、咳嗽反射活跃。

4. 患者清醒,呼之能应。

5. 循环功能良好,血氧饱和度正常。

(二) 注意事项

1. 拔管前必须先将气道分泌物吸净,气管内吸引时间每次不要超过 10 秒。拔管后应继续将口、鼻、咽腔内的分泌物吸净以防误吸。

2. 拔管后要密切观察呼吸道是否通畅,通气量是否足够,如有舌根后坠可放置口咽通气管,若血氧饱和度低于正常值应立即面罩吸氧。

3. 饱胃患者应待患者完全清醒后拔管,以防止呕吐误吸。

4. 昏迷不醒的患者,可将导管带回病房,后期再拔出。

5. 颌面、口腔、鼻腔手术,待患者完全清醒且呼吸功能满意后才能拔管。

6. 颈部甲状腺手术有喉返神经损伤或气管塌陷可能者,须待呼吸恢复后试探拔管,但应做好重新插管的准备。拔管前先在气管导管内插入交换管至气管隆嵴上,然后仅拔出气管导管,如果出现呼吸困难可沿交换管重新插管。

三、气管插管术的并发症

(一)机械性损伤

1. 喉镜片放置位置不当,将患者口唇或舌尖挤压于牙齿与镜片之间,造成出血。

2. 喉镜用力过猛或插入过深可损伤会厌和声带,造成声嘶、杓状软骨或下颌关节脱臼、术后喉头水肿。

3. 暴露声门时以门齿为支点上撬,可使门齿松动或脱落。

4. 拔管前套囊未放气,造成声带损伤。

(二)呼吸道梗阻

1. 盲探插管或声门暴露不清时,可能把气管导管插入食管内。

2. 导管插入过深进入一侧主支气管,可造成对侧通气障碍。

3. 导管过细、导管内有分泌物硬痂或异物,体位改变使导管扭曲或扭折,患者咬住导管,均可造成呼吸道梗阻。

4. 气道肿瘤压迫气管使之移位变形,若导管末端位于变形部位以上,可能因气管壁阻塞导致呼吸道梗阻。

(三)神经反射并发症

1. 插管时因刺激会厌、舌根、喉部、气管及气管隆嵴而引起迷走神经兴奋,导致心动过缓、心脏传导阻滞、心搏骤停等。

2. 气管插管困难时可引起喉痉挛;导管插入过深刺激气管隆嵴可引起反射性支气管痉挛。

3. 拔管刺激可引起心律失常;浅麻醉下拔管容易引起喉痉挛。

(四)缺氧和二氧化碳蓄积

1. 插管困难或误入食管未能及时发现。

2. 插管期间因牙垫固定不牢、导管插入过浅、连接管过重使导管滑脱而未能及时发现。

3. 插管期间引起气道堵塞的任何因素。

4. 拔管后喉反射未完全恢复,若发生窒息或误吸,可导致缺氧和二氧化碳蓄积。

第八节　麻醉期间和麻醉恢复期的监测和管理

在手术麻醉期间和麻醉恢复期,创伤、出血、特殊体位、麻醉使用的药物、麻醉方法以及患者本身并存的疾病等原因,均可对患者的各脏器功能产生不同程度的影响,常可导致患者生命体征出现不同程度的波动,严重情况下甚至可危及生命。因此,在麻醉期间和麻醉恢复期应对患者的各种生理功能的变化进行监测,并对其异常情况做出进一步预防和处理,避免发生手术和麻醉相关的并发症。

一、麻醉期间的监测和管理

麻醉期间由于手术及各类相关干预措施可能导致患者生命体征出现剧烈波动,因此,在此期间,应该对患者的循环系统、呼吸系统、体温等生命体征进行监测,同时可根据手术种类及患者自身基础疾病选择一些针对性的监测,进而实施管理决策。

笔记栏

(一) 呼吸系统的监测和管理

呼吸系统在麻醉期间易受影响,需要密切监测。建立人工气道下全身麻醉时应监测呼吸力学指标、呼气末二氧化碳分压(partial pressure of end-tidal carbon dioxide,$PETCO_2$)等。使用镇静、镇痛药物的患者也需监测呼吸功能。椎管内麻醉或区域阻滞可能影响呼吸功能。特殊体位、通气方法也会影响呼吸。保持正常呼吸功能是重要任务。

自主呼吸的患者可观察呼吸运动类型、幅度、频率和节律,注意黏膜颜色、皮肤状况和出血情况,并监测脉搏血氧饱和度。机械通气的全麻患者还需监测潮气量、呼吸频率、气道压和呼气末二氧化碳分压。如有需要可进行动脉血气分析。根据监测结果调整呼吸支持策略,保持呼吸系统功能稳定。

(二) 循环系统的监测和管理

麻醉期间维持循环系统稳定是重要任务,监测结果可提供重要信息。监测包括无创监测和有创监测。所有患者都应常规监测心率、血压和心电图,并且每5~10分钟记录一次参数。手术相关的步骤、出血量、输液量、麻醉及其他药物也需详细记录。对于中小型手术且患者无严重基础疾病者,优先使用无创监测。大型手术、手术出血量大、有影响循环的因素以及患者基础疾病较重时,应适当使用有创监测。常用的有创监测指标包括有创动脉压、中心静脉压、肺动脉压、肺毛细血管楔压和心输出量。

循环功能障碍的原因有:外科疾病、并存疾病的生理改变和麻醉手术对循环的影响。发生循环功能障碍时,需要正确判断血容量、心脏泵功能和外周血管状态,并进行相应处理。根据术前情况评估患者有效循环血容量,补充术中失血和围手术期体液丢失。监测循环系统功能有助于临床判断。交感神经兴奋、浅麻醉可导致心脏兴奋性增加、血压升高和心率加快;心脏疾病、深麻醉可影响心脏泵功能;麻醉药物和过敏感染等因素可引起外周血管舒张,导致血压下降。准确有效的循环系统监测有利于麻醉医师根据病情和手术变化调整麻醉深度,维持循环稳定,并在必要时使用血管活性药支持循环功能。

(三) 体温的监测和管理

体温是人体的生命体征之一,因此术中的体温监测十分必要,特别是对于小儿患者。过高或过低的体温都可能引发一系列问题。身体热量丢失、输液、手术创面等因素都可能导致低体温。手术中可以采用不同方法监测体温,包括体表温度监测、鼻咽温监测以及中心体温监测。某些手术需要降低体温来降低代谢率和延缓细胞活动。根据监测结果,可以采取适当措施进行体温调控,如冰敷、输注低温液体来降低体温、调高室温、使用温毯或暖风机和输液加温来升高体温。

(四) 其他监测

麻醉期间还应密切观察患者的全身情况。非全麻患者应注意神志和表情的变化,严重低血压和缺氧可使患者的表情淡漠、神志突然丧失。全麻患者,在某些必要情况下需要对麻醉深度进行监测来指导麻醉用药剂量,防止术中知晓等情况。另外,还必须根据手术情况及患者并存疾病对电解质、酸碱平衡、血糖、凝血功能等进行监测,指导维持机体的正常功能。

二、麻醉恢复期的监测和管理

在手术结束后的早期阶段,手术及麻醉对患者的生理影响并未完全消除,患者的循环和呼吸功能仍然处于不稳定状态,各种保护性反射仍未完全恢复,因此,应重视麻醉恢复期患者的监测和管理,重视麻醉后恢复室的建立和管理。

(一) 监测

在麻醉恢复期应常规监测患者的心电图、血压、呼吸频率和脉搏、血氧饱和度等,并进行记录,直至患者完全恢复。手术较大或全麻用药尚未代谢完全者、区域阻滞对呼吸功能影响尚未完全消除的患者术后都应常规吸氧。尤其是对于并存肺部疾病,或行开胸和上腹部手术的患者,更应重视其呼吸功能的变化和管理。对于全麻后的患者,要注意其神志恢复的情况;而对于实施椎管内麻醉及区域阻滞的患者,应密切观察其阻滞部位感觉和运动的恢复情况。

(二)全麻后苏醒延迟的处理

苏醒延迟常见原因为全麻药的残余作用,包括吸入及静脉全麻药、肌肉松弛药和麻醉性镇痛药等药的残余作用。上述药物的残余作用可因手术时间长导致使用量较大而引起蓄积所致,亦可因各种原因而引起药物的代谢和排泄时间延长所致,如高龄、肝肾功能障碍和低温等。此外,手术、麻醉期间发生的其他情况如电解质紊乱、酸碱平衡紊乱、二氧化碳蓄积、脑血管意外、低体温、高血糖或低血糖、脓毒症和酮症酸中毒等也可起患者的意识障碍。无论是何种原因引起的麻醉后苏醒延迟,首先都应维持循环通气功能正常和充分供氧。对于术后长时间不苏醒者,应进一步探查其原因,并针对病因治疗,必要时转 ICU 继续治疗。

(三)维持循环系统的稳定

麻醉恢复期血压波动、心律失常和心肌缺血等心血管事件也时常发生,体位的变化对循环的影响也应引起重视。一旦发生心血管事件,应积极寻找病因,及时处理。

(四)保持呼吸道通畅

术前并存肺部疾病、肥胖、高龄、长期吸烟史、胸部和上腹部手术、呼吸道手术、长时间俯卧位手术、应用大剂量麻醉性镇痛药、残余神经肌肉阻滞等因素,可能增加术后呼吸道管理的难度,在麻醉恢复期容易发生呼吸道梗阻等严重呼吸系统意外事件,需密切观察监测。一旦发生呼吸系统意外事件,首先必须保证患者的呼吸道通畅并让其吸氧,可利用托下颌、置入口 / 鼻咽通气道等方法使其呼吸道通畅,必要时面罩辅助通气或气管插管。对于困难气道患者尤应重视,同时密切监测循环系统功能。

(五)术后恶心、呕吐的防治

术后恶心、呕吐是常见并发症,尤其在女性、大剂量使用阿片类药物者、全麻和麻醉时间较长的患者中发生率较高。恶心、呕吐不仅增加患者的痛苦,还可能导致呼吸道阻塞和误吸。对于存在高风险因素的患者,宜调整麻醉方法,并采取预防措施。已发生术后恶心、呕吐的患者应首先排除其他情况,并予以处理。治疗上可使用止吐药如 5-HT$_3$ 受体拮抗剂、促胃肠动力药、糖皮质激素、氟哌利多等。针灸、中药外敷和吸嗅芳香类中药也有良好的治疗效果。

三、中西医结合麻醉管理讨论

麻醉是医学中使用药物或方法使患者进入意识丧失或对疼痛无感知的状态,停止使用该药物或方法后患者可恢复至麻醉前的状态,以便进行诊断、手术或其他治疗操作。麻醉与外科学的发展息息相关,对手术安全和顺利进行至关重要。它涉及围手术期的各个方面,如患者评估、麻醉实施、监护治疗、疼痛治疗和并发症防治等。

我国医务工作者从 20 世纪 50 年代开始运用针刺麻醉,并逐渐将中医药理论和方法应用于围麻醉期,开启了中西医结合麻醉的新时代。中医药在麻醉中的应用主要包括术前提高机体免疫力、缓解焦虑情绪,术中针刺麻醉、提高痛阈和减少麻醉药用量,以及手术后疼痛治疗和促进患者快速康复。

在围麻醉期,应结合中医基础理论和现代麻醉的指导,根据患者具体情况制订个体化的中西医结合麻醉方案。术前可以采用各种方法如镇静药物和针灸来优化患者的生理和心理状态,缓解焦虑和紧张情绪,并提高痛阈。在术中,可以根据患者的体质和手术部位选择不同的麻醉方案,并注意整体环境的变化对麻醉和手术的影响。中西医结合的药物配伍原则和穴位刺激法都可以有效减少药物使用量、减轻副作用,并调节机体功能,使麻醉管理更加平稳。术后可根据患者需求选择不同的镇痛方法,其中穴位刺激作为辅助治疗方法在术后镇痛中具有重要地位。

总之,中医药在多模式镇痛中扮演着重要角色,其简便、经济、有效的特点与西医治疗相互融通,最大程度地造福患者。

（马武华）

复习思考题

1. 试述麻醉的定义和作用,以及麻醉的分类和常用的麻醉药物。

2. 描述全麻和局麻的原理和操作步骤。比较全麻和局麻在手术过程中的优缺点,并举例说明适用的不同情况。

3. 讨论麻醉前评估的重要性和内容,解释为什么充分的麻醉前评估对手术的安全和成功至关重要。

4. 针刺镇痛与针刺麻醉的优点和不足分别有哪些?

5. 试述麻醉并发症的概念和常见的麻醉并发症。

6. 探讨麻醉相关的伦理和法律问题,解释医务人员在实施麻醉时需要遵守的伦理准则和法律规定。

第八章

体液与营养平衡

📝 **学习目标**

1. 掌握外科常见脱水的补液原则及方法。

2. 熟悉各类型水、电解质和酸碱平衡紊乱的病因、临床表现、诊断和治疗原则；熟悉营养状态的评定与监测方法；熟悉外科营养支持的并发症及防治。

3. 了解外科患者的营养代谢及中医辨证论治。

第一节 体液代谢与酸碱平衡

人体内的液体由水和溶解在水中的无机盐及有机物一起构成,统称为体液。水是体液中的主要成分,也是人体内含量最多的物质。体液广泛分布于机体细胞内外,细胞内液是物质代谢的主要部位,细胞外液则是机体各细胞生存的内环境。保持体液容量、分布和组成的动态平衡,是保证细胞正常代谢、维持各种器官生理功能的必需条件。

一、体液分布及组成

成人体液总量约占体重的 60%,其中细胞内液(intracellular fluid,ICF)约占体重的 40%,细胞外液(extracellular fluid,ECF)约占体重的 20%。细胞外液包括组织液、血浆和淋巴液,其中组织液又称细胞间液,是存在于组织间隙中的液体,约占体重的 15%;血浆和淋巴液是存在于血管及淋巴管内的液体,约占体重的 5%。

全身的细胞外液是一个有机的整体,组织液、血浆、淋巴液并不是孤立的,三者在毛细血管壁侧相互交换成分,处于动态平衡状态。因此按功能分类,细胞外液可分为功能性细胞外液和无功能性细胞外液。前者为绝大部分的组织液,能够迅速同血管内液体或细胞内液进行交换并取得平衡,从而在维持机体的水和电解质平衡方面具有重要作用;后者则是一小部分的组织液,占体重的 1%~2%,仅有缓慢地进行交换并取得平衡的能力,因此它在维持体液平衡方面的作用甚微,亦称为第三间隙液,例如脑脊液、胃肠道黏膜分泌液、各种体腔(胸腔、腹腔、关节腔)内的液体、心包液、滑液等。

二、体液渗透压

细胞外液和细胞内液中电解质成分差异很大。细胞外液中最主要的阳离子是 Na^+,其次是 Ca^{2+},阴离子主要是 Cl^-、HCO_3^- 和蛋白质。细胞内液中主要阳离子是 K^+ 和 Mg^{2+},主要阴离子是 HPO_4^{2-} 和蛋白质。溶液的渗透压取决于溶质分子或离子的数目,体液中起渗透作

笔记栏

用的溶质主要是电解质。细胞外液和细胞内液渗透压相等。血浆渗透压的稳定是维持细胞内、外液平衡的基本保证。血浆渗透压的正常范围为 280~310mOsm/L。

三、体液平衡调节

正常人每日水的摄入与排出平衡,来源为饮水、食物水和内生水。成人每日饮水 1 000~1 300ml,食物中水 700~900ml,内生水约 300ml。水排出途径为消化道、皮肤、肺和肾脏。健康成人每日粪便排水约 150ml,皮肤蒸发约 500ml,肺呼气带水约 350ml,尿液 1 000~1 500ml。

体液容量及血浆渗透压的稳定由神经内分泌系统调节,渗透压感受器位于下丘脑视上核和室旁核,影响血管升压素分泌。水分丧失时,渗透压增高刺激下丘脑 - 垂体后叶 - 血管升压素系统,产生口渴感而饮水。高渗透压促进血管升压素分泌,增加肾远曲小管和集合管对水的重吸收,减少水排出,同时抑制醛固酮分泌,减少 Na^+ 重吸收,降低渗透压。水过多时,渗透压降低,抑制血管升压素分泌,减少水重吸收,排出多余水,促进醛固酮分泌,增加 Na^+ 重吸收,回升渗透压至正常。

四、酸碱平衡调节

人类体液的酸碱度对于正常代谢和生理功能至关重要,血浆酸碱度保持在狭窄范围内,即动脉血 pH 值在 7.35~7.45 之间。机体通过血液缓冲系统、肺、组织细胞和肾脏来调节体液的酸碱度。血液缓冲系统包括碳酸氢盐、磷酸盐、血浆蛋白、血红蛋白等,其中碳酸氢盐缓冲系统最为重要,可以缓冲固定酸。肺通过调节 CO_2 的排出来调节血浆碳酸浓度,维持 pH 值稳定。组织细胞内液通过离子交换发挥缓冲作用,维持电中性。肾脏通过排出固定酸和保留碱性物质来维持血浆中 HCO_3^- 浓度,保持 pH 值稳定。

五、中医的津液理论

精、气、血、津液是构成人体的基本物质,是人体脏腑、经络等组织器官进行生理活动的物质基础。其中津液是人体一切正常水液的总称,包括各脏腑组织器官的正常体液及其正常的分泌物,如胃液、肠液、唾液、关节液等,也包括人体代谢产物,如尿、汗、泪等。津液以水分为主体,含有大量营养物质,是构成人体和维持人体生命活动的基本物质。在体内除血液以外,其他所有正常的水液均属于津液的范畴。

津液的生理功能主要有滋润濡养和充养血脉两个方面,津和液在性状、分布和功能上有所不同。质地较清稀,流动性较大,布散于体表皮肤、肌肉和孔窍,并能渗入血脉,起滋润作用的,称为津;质地较浓稠,流动性较小,灌注于骨节、脏腑、脑、髓等,起濡养作用的,称为液。津液来源于饮食水谷,在脾胃运化及有关脏腑的共同参与下生成,依靠脾、肺、肾、肝和三焦等脏腑生理功能的协调配合来完成输布,最后通过排出尿液和汗液来完成排泄。

第二节　体液代谢的失调

人体新陈代谢在体液微环境中进行,疾病和外界环境变化常引起体液容量、分布、电解质浓度变化以及酸碱平衡紊乱,这些紊乱若得不到及时纠正,常会引起严重后果,甚至危及患者的生命。

一、水和钠的代谢紊乱

水、钠代谢紊乱往往同时或相继发生，包括容量失调和浓度失调。根据体液容量和渗透压变化，将水、钠代谢紊乱分为脱水、水中毒和水肿（表 8-1）。

表 8-1　水、钠代谢紊乱分类

分类	细胞外液变化	临床表现
容量失调	细胞外液渗透压不变	细胞外液缺乏（等渗性脱水）
		细胞外液过多（水中毒/水肿）
浓度失调	细胞外液渗透压改变	低钠血症（低渗性脱水）
		高钠血症（高渗性脱水）

（一）脱水

脱水（dehydration）是指人体由于饮水不足或消耗、丢失大量水而无法及时补充，导致细胞外液减少而引起新陈代谢障碍的一组临床综合征。脱水常伴有血钠和渗透压变化，根据其伴有的血钠和渗透压变化，脱水分为等渗性脱水、低渗性脱水和高渗性脱水。

1. 等渗性脱水（isotonic dehydration）　又称急性脱水或混合性脱水，是外科最容易发生的脱水类型，细胞外液减少而血钠正常，其特点是水钠成比例丢失，虽然血容量减少，但是血清 Na^+ 浓度和血浆渗透压仍在正常范围内。等渗性脱水如不进行处理，患者可通过不感蒸发和呼吸等途径不断丢失水分而转变为高渗性脱水；如果补给过多的低渗溶液则可转变为低钠血症或低渗性脱水。因此，单纯性等渗性脱水在临床上较少见。

（1）病因：任何等渗性液体大量丢失所造成的血容量减少，短时间内均属等渗性脱水。常见病因包括：

1）消化液急性丧失，如肠外瘘、大量呕吐、腹泻等。

2）体液丧失在感染区或软组织内，如腹腔内感染、肠梗阻等。

3）大量抽放胸腔积液、腹水，大面积烧伤等，因为这些液体与细胞外液的成分基本相同。

（2）临床表现：根据脱水严重程度不同，临床表现分为轻度、中度和重度脱水。轻度脱水丢失体液量占体重的 2%~4%，可出现恶心、厌食、乏力、少尿等症状，但无明显口渴；可有舌干燥，眼窝凹陷，皮肤干燥、松弛等体征。中度脱水时体液丧失量达到体重的 4%~6%，会出现脉搏细速、肢端湿冷、血压不稳定或下降等血容量不足的表现；重度脱水时体液继续丧失，超过体重的 6%，出现嗜睡、意识不清甚至昏迷等中枢神经系统功能障碍。

（3）诊断：主要根据病史、临床表现及实验室检查（血细胞比容、血钠和渗透压检测）即可确诊。其中红细胞计数、血红蛋白量和血细胞比容均明显升高，提示存在血液浓缩，此时血清 Na^+、Cl^- 正常，尿比重增高。

（4）治疗：静脉输注平衡盐溶液或等渗盐水，使血容量得到尽快补充，纠正脱水状态。对已有脉搏细速和血压下降等血容量不足表现者，需从静脉快速输注以恢复其血容量，同时监测心率、中心静脉压或肺动脉楔压等，预防心力衰竭及肺水肿发生。值得注意的是，在纠正脱水后，排钾量会有所增加，血清 K^+ 浓度因细胞外液量的增加而被相应地稀释降低，故应预防低钾血症，并且当患者尿量达 40ml/h 后可考虑静脉补充氯化钾溶液。

2. 低渗性脱水（hypotonic dehydration）　又称继发性脱水。细胞外液减少合并低血钠，其特点是失钠多于失水，血清 Na^+ 浓度<135mmol/L，血浆渗透压<280mOsm/L，伴有细胞外

液量减少。

（1）病因

1）胃肠道大量消化液丢失而只补充水，这是最常见原因。如大量呕吐长期胃肠减压引流导致大量含 Na^+ 消化液丢失，且只补充水或仅输注葡萄糖溶液。

2）液体在第三间隙聚集：如腹膜炎、胰腺炎形成大量腹水；肠梗阻导致大量肠液在肠腔内聚集；胸膜炎形成大量胸腔积液等。

3）经肾丢失：如长期连续应用排钠利尿剂，例如呋塞米、依他尼酸（利尿酸）、噻嗪类等。

4）经皮肤途径丢失：如大量出汗、大面积烧伤创面的渗液等均可导致体液和 Na^+ 大量丢失。

5）等渗性脱水补液治疗时，若只补充水而未及时适量补充钠盐。

（2）诊断：根据病史、临床表现及实验室检查（血钠和血浆渗透压检测）即可明确诊断。根据缺钠程度分为3级（表8-2）。

表8-2 缺钠分级

分级	临床表现	血 Na^+/$(mmol \cdot L^{-1})$	缺钠量 /$(g \cdot kg^{-1})$
轻度	疲乏感、头晕、手足麻木，口渴症状不明显，尿钠减少	130~135	0.5
中度	除轻度缺钠表现外，尚有恶心、呕吐，皮肤弹性差，静脉萎陷，血压不稳定或下降，尿少、比重低	120~129	0.5~0.75
重度	除中度缺钠表现外，还有表情淡漠、肌肉痉挛、抽搐，严重时可出现昏迷、休克	<120	0.75~1.25

（3）治疗：除治疗原发疾病外，静脉输注含盐溶液或高渗盐水，以纠正体液的低渗状态和补充血容量，常用生理盐水。临床上治疗原则是根据血钠降低速度、程度及症状进行及时补液。低渗性脱水补钠量可按下列公式计算：需补充的钠量（mmol）＝［血钠正常值（142mmol/L）－血钠测得值（mmol/L）］×体重（kg）×0.6（女性×0.5）

注：1g 钠盐 ≈ 17mmol Na^+。

总输入量应分次完成，一般先补充缺钠量的一部分，以解除急性脱水症状，然后再根据临床表现及 Cl^- 浓度、血气分析等指标完成剩余量。重度缺钠出现休克者，应先补足血容量，以改善微循环和组织器官灌注。输注高渗盐水时应严格控制滴速在每小时 100~150ml 之间，根据病情及 Na^+ 浓度再调整治疗。

3. 高渗性脱水（hypertonic dehydration） 又称原发性脱水。细胞外液减少合并高血钠，其特点是失水多于失钠，血清 Na^+>150mmol/L，血浆渗透压 >310mOsm/L。严重时细胞内液移向细胞外间隙，此时细胞外液量和细胞内液量都减少，导致脑细胞缺水和脑功能障碍，又称低容量性高钠血症。

（1）病因

1）摄入水分不足：临床上多见于进食和饮水困难等情况，如食管癌致吞咽困难，危重患者总的给水量不足等。

2）水丢失过多：如高热、大量出汗、甲状腺功能亢进症患者常可通过皮肤丢失大量水分。

3）胃肠道失水：频繁呕吐、反复腹泻及持续消化道引流等可导致等渗或含钠低的消化液丢失。

4）经肾脏失水：中枢性或肾性尿崩症时均可经肾排出大量低渗性尿液；使用大量高渗性脱水剂（如甘露醇）、昏迷患者鼻饲浓缩的高蛋白饮食均可因为溶质性利尿而导致失水。

5)经呼吸道不显性失水:任何原因引起的过度通气,可经呼吸道黏膜不显性蒸发加强,丢失不含电解质的水分。

(2)临床表现:脱水程度不同,症状亦不同。可将高渗性脱水分为3级(表8-3)。

表8-3 脱水分级

分级	临床表现	脱水量占体重比例
轻度脱水	口渴、尿少	2%~4%
中度脱水	严重口渴、口干、尿少、尿比重高、乏力、皮肤弹性下降	4%~6%
重度脱水	除上述症状外,出现躁狂、幻觉、谵妄,甚至昏迷等,体温升高,血压下降甚至死亡	>6%

1)轻度脱水者除口渴外,无其他症状,脱水量为体重的2%~4%。

2)中度脱水者脱水量为体重的4%~6%,有极度口渴症状,且出现乏力、尿少、唇舌干燥、皮肤失去弹性、眼窝下陷、烦躁不安、肌张力增高、腱反射亢进等表现。

3)重度脱水者脱水量超过体重的6%,除上述症状外,还可以出现躁狂、幻觉、错乱、谵妄、抽搐、昏迷等症状。严重者出现心动过速、体温上升、血压下降甚至死亡。

(3)诊断:根据病史和临床表现一般可以初步明确诊断。实验室检查:尿比重和尿渗透压增高;红细胞计数、血红蛋白量、血细胞比容轻度升高;血清 Na^+ >150mmol/L,血浆渗透压>310mOsm/L。

(4)治疗:积极治疗原发病,控制钠摄入,纠正细胞外液容量异常;若有液体持续丢失,应予以及时补充。

严重的高钠血症通常分两个阶段治疗,先快速纠正细胞外液容量缺乏以改善组织灌注、休克,再逐步纠正水分缺乏,包括补充持续的水丢失。所需补充液体量应根据临床表现,估计丧失水量占体重的百分比,然后按每丧失体重的1%补液400~500ml计算,总补水量还应该包括不显性失水、尿和胃肠道失水量。能进食者可以口服,无法口服的患者,可静脉输注5%葡萄糖溶液。纠正高渗性脱水速度不宜过快,一般控制在0.5~1.0mmol/(L·h),以避免快速扩容导致脑水肿。

治疗期间应监测全身情况及血钠浓度,酌情调整后续补水量。常根据 Na^+ 浓度来计算:

补水量(ml)=[血钠测得值(mmol/L)-血钠正常值(142mmol/L)]×体重(kg)×4(女性×3,婴幼儿×5)。

4.等渗性脱水、低渗性脱水和高渗性脱水的比较(表8-4) 无论等渗、低渗、高渗性脱水均有血液浓缩表现(红细胞计数、血红蛋白量、血细胞比容升高等)。等渗、高渗性脱水尿比重增高,低渗性脱水尿比重则常降低。

表8-4 三种常见脱水的鉴别

	低渗性脱水	等渗性脱水	高渗性脱水
血浆渗透压/(mOsm·L^{-1})	<280	280~310	>310
病因	消化液丢失	消化液、腹水丢失	高热、大汗、烧伤
水、钠情况	失钠为主	失水、失钠成比例	失水为主
体液丢失	细胞外液低渗,细胞外液丢失为主	细胞外液等渗,细胞内外液均有丢失	细胞外液高渗,细胞内外液丢失为主
皮肤弹性降低	不明显	明显	很明显

续表

	低渗性脱水	等渗性脱水	高渗性脱水
眼球下陷	明显	可有	很明显
口渴	无	可有	明显
肌肉痉挛	常见	可有	无
精神、神经症状	淡漠	轻度精神、神经症状	烦躁、惊厥、谵妄
尿量	减少或正常	减少	显著减少
尿钠	显著降低	降低	正常
血钠/(mmol·L^{-1})	<130	130~145	>145
血压	明显降低	正常或降低	降低
治疗	补生理盐水或高渗盐水,用 1/2 张含钠液	补水为主,用 1/2 张含钠液	补低渗盐水,用 1/3 张含钠液

(二) 水中毒和水肿

1. 水中毒（water intoxication）　是指当机体所摄入水总量远超过了排出水量,以致水分在体内潴留,引起血浆渗透压下降和循环血量增多。血清 Na$^+$ 浓度<130mmol/L、血浆渗透压<280mOsm/L,但由于血清钠总量正常或增多,故又称为高容量性低钠血症（或称稀释性低钠血症）。

(1)病因

1)各种原因所致的血管升压素分泌过多,使肾远曲小管和集合管对水的重吸收增加。

2)肾功能不全者,不能有效通过增加滤过排出多余的水分而发生水中毒。

3)摄入水分过多或静脉输注过多的晶体液:如持续性大量饮水或精神性饮水过量,静脉输入不含盐或含盐量少的液体过多过快,超过肾脏排水能力。

(2)临床表现:水中毒分为急性和慢性两类。

1)急性水中毒:发病急骤,水分过多所致脑细胞肿胀,可造成颅内压增高,引起一系列神经、精神症状,如头痛、嗜睡、躁动、精神紊乱、定向能力失常、谵妄,甚至昏迷。若发生脑疝将出现相应的神经定位体征。

2)慢性水中毒:症状往往被原发疾病的症状所掩盖,可出现软弱无力、恶心、呕吐、嗜睡等症状,患者体重明显增加,皮肤苍白而湿润。

实验室检查:红细胞计数、血红蛋白量、血细胞比容和血浆蛋白量均降低,血浆渗透压降低、平均红细胞体积增加和平均红细胞血红蛋白浓度降低,提示细胞内、外液量均增加。

(3)治疗:积极治疗原发病,对于急性肾衰竭、心力衰竭患者应严格限制水摄入,预防水中毒发生。疼痛、失血、休克、创伤及手术等因素容易引起血管升压素分泌过多,对于这类患者输液治疗应注意避免过量。轻度水中毒者只要停止或限制水摄入,在机体排出多余水分后,水中毒即可解除;重度水中毒者除严格禁止水摄入外,还需应用利尿剂,如 20% 甘露醇或呋塞米等,能够减轻脑细胞水肿和增加水分排出。

2. 水肿（edema）　又称浮肿,是指过多的液体在组织间隙或体腔内积聚。水肿发生于体腔内称为积水。

临床上水肿多由心血管功能障碍、肾功能障碍、肝功能障碍及营养缺乏或低蛋白血症、内分泌功能紊乱等原因引起。皮下水肿是躯体局部水肿的重要体征。当皮下组织有过多的液体积聚时,皮肤肿胀、弹性差,用手指按压时可能有凹陷,称为凹陷性水肿或显性水肿。严重时可出现胸腔积液、心包积液和腹水。由于水肿不是独立的疾病,而是多种疾病发生的病理过程,故西医治疗原则主要是针对不同的水肿发病机制对症治疗。

中医认为水肿是指因感受外邪、饮食失宜或劳倦过度等,使肺失宣降通调,脾失健运,肾失开阖,膀胱气化失常,导致体内水液潴留,泛滥肌肤,以头面、眼睑、四肢、腹背,甚至全身浮肿为临床特征的一类病证。因此,肺、脾、肾是与水液代谢关系最为密切的脏腑,这三个脏器的功能失调正是引起水肿发生的关键所在,遂以宣肺、健脾、温肾为治则,通过全身调理通调水道来改善水肿。

二、钾的异常

正常人体内 90% 的钾存储于细胞内,骨钾约占 7.6%,跨细胞液钾约占 1%,仅约 1.4% 的钾在细胞外液中。钾是机体重要的微量元素之一,在维持神经、肌肉及心肌细胞功能方面起着重要作用。机体可通过以下 5 条途径维持血钾平衡:①通过细胞膜 Na^+-K^+ 泵改变钾在细胞内外液中的分布;②通过细胞内外 H^+-K^+ 交换影响细胞内外钾的分布;③通过肾小管上皮内外跨膜电位的改变影响 K^+ 的排泄量;④通过醛固酮和远端小管调节肾脏排钾量;⑤通过体表出汗方式或结肠排泄钾。

正常血清钾浓度为 3.5~5.5mmol/L,钾的代谢异常包括低钾血症和高钾血症。

(一)低钾血症

血清钾浓度低于 3.5mmol/L 并产生以肌细胞功能障碍为主要表现的一系列病理生理反应,称为低钾血症(hypokalemia)。

1. 病因
(1)消化道梗阻、长期禁食、昏迷、神经性厌食等导致钾摄入不足。
(2)严重呕吐、腹泻、持续胃肠减压、肠瘘等,从消化道途径丧失大量钾。
(3)长期应用呋塞米或噻嗪类利尿剂;急性肾衰竭多尿期;盐皮质激素或肾上腺皮质激素使用过多导致肾排出钾过多。
(4)长期输注不含钾盐的液体或者肠外营养液中钾补充不足。
(5)向组织内转移,见于大量输注葡萄糖和胰岛素,代谢性碱中毒或呼吸性碱中毒者。

2. 诊断 根据病史、临床表现以及实验室检查即可确定低钾血症的诊断(表 8-5),血钾浓度低于 3.5mmol/L 有诊断意义,心电图会出现 ST 段下移、T 波改变、U 波、Q-T 间期明显延长等改变,其中 T 波振幅降低是低钾血症最早的心电图表现。低钾血症还会导致各种心律失常,包括室性期前收缩、室上性心动过速、房室传导阻滞,甚至发生尖端扭转型室性心动过速。

3. 治疗 通过积极处理造成低钾血症的病因,较易纠正低钾血症。补钾主要是根据血清钾浓度,是否存在低钾的症状和体征,以及是否有钾持续丢失而进行。轻度低钾血症者以口服氯化钾为佳,如有胃肠道刺激可改用枸橼酸钾。无法进食的患者需经静脉补给,补钾量可参考血钾浓度降低程度,每日补氯化钾 3~6g。静脉补钾有浓度及速度限制,通常浓度为每升输液中含钾量不宜超过 40mmol(相当于氯化钾 3g),溶液应缓慢滴注,输注速度应控制在 20mmol/h 以下。

(二)高钾血症

血清钾浓度高于 5.5mmol/L 的病理生理状态,称为高钾血症(hyperkalemia)。

1. 病因
(1)进入体内(或血液内)钾增多,如静脉输入过多的钾,以及大量输入保存期较久的库存血等。

（2）肾脏排钾功能减退，如急、慢性肾衰竭，应用保钾利尿剂或肾上腺皮质功能减退等。

（3）细胞内的 K^+ 短时间内大量移出且未能迅速排出体外，如严重缺氧、酸中毒、脓毒症、大面积软组织损伤（如挤压伤）、血型不合溶血等。

2. 诊断　根据病史、临床表现、实验室检查及心电图即可确定高钾血症的诊断（表 8-5）。当血钾>5.5mmol/L 时，心电图会出现 T 波高耸、基底部变窄，呈帐篷状，Q-T 间期缩短；当血钾>6.5mmol/L 时，会出现 T 波高耸，QRS 波群增宽。

3. 治疗　高钾血症是一种短时间内可危及生命的体液失衡，是临床上的危急情况，一经诊断，应予紧急处理。首先应立即停用一切含钾药物或溶液，应用钙剂拮抗钾对心肌的抑制作用；其次降低血钾浓度，促进排钾。

可紧急采取下列几项措施：

（1）促使 K^+ 转入细胞内：5% $NaHCO_3$ 溶液 250ml 静脉滴注，既可增加血容量而稀释血清 K^+，又能促使 K^+ 移入细胞内或由尿排出，同时还有助于酸中毒的治疗；10U 胰岛素加入 10% 葡萄糖溶液 300~500ml 中静脉滴注，持续 1 小时通常可以降低血钾 0.5~1.2mmol/L。

（2）给予高钠饮食及排钾利尿剂：常见药物有呋塞米（40~100mg）或噻嗪类利尿剂，可促使钾从肾排出，但对肾功能障碍者较差。

（3）阳离子交换树脂：饭前口服 15~20g，每日 3~4 次；加入温水或 25% 山梨醇溶液 100ml 中，保留灌肠 0.5~1 小时，每日 3~6 次，可使 K^+ 从消化道排出。

（4）透析疗法：最快速有效的降低血钾方法，有血液透析和腹膜透析两种，前者对钾的清除速度明显快于后者，可用于上述治疗仍无法降低血钾浓度或者严重高钾血症患者。

表 8-5　低钾血症与高钾血症的鉴别

	低钾血症	高钾血症
血清 K^+ 浓度 /(mmol·L^{-1})	<3.5	>5.5
病因	钾摄入不足、丢失过多或分布异常等	肾脏排钾减少，进入体内（或血液内）的钾增多或 K^+ 从细胞内外移
神经肌肉系统表现	肌无力，先四肢后躯干；重者弛缓性瘫痪、腱反射减退或消失；抑郁、嗜睡及表情淡漠、谵妄和昏迷	肌无力，甚至瘫痪，通常遵循下肢—躯干—上肢—呼吸肌发展；轻度神志模糊或淡漠、感觉异常等
消化系统表现	腹胀、恶心、呕吐，甚至肠麻痹	恶心、呕吐、腹泻
心血管系统表现	T 波低、宽、双相或倒置、ST 段降低、Q-T 间期延长和 U 波	心率缓慢、心律失常或心脏传导阻滞，心脏可扩大，心力衰竭较少见；T 波高而尖，QRS、P-R 间期延长；血 K^+>7mmol/L 时，几乎都有心电图改变
酸碱平衡	碱中毒，反常性酸性尿	酸中毒

三、钙的异常

正常人体内钙大部分（99%）以磷酸钙和碳酸钙的形式存在于骨骼和牙齿中，其余以溶解状态分布于体液和软组织中。血钙指血清中所含的总钙量，成人正常浓度为 2.25~2.75mmol/L。钙的主要生理功能是形成和维持骨骼、牙齿的结构，维持细胞的正常生理功能，调节细胞功能和酶的活性，维持神经肌肉兴奋性，参与凝血过程。

（一）低钙血症

血钙浓度<2.25mmol/L 的病理状态，称为低钙血症（hypocalcemia）。

1. 病因

(1)维生素 D 缺乏或功能障碍：食物中维生素 D 摄入缺少；光照不足导致维生素 D_3 未能转化为维生素 D_4；梗阻性黄疸、慢性腹泻、脂肪泻等引发肠道对维生素 D 吸收障碍；肝硬化或肾衰竭等导致维生素 D 羟化障碍等。

(2)甲状旁腺功能减退：临床上常见于甲状旁腺或甲状腺手术误切除了甲状旁腺，导致甲状旁腺素缺乏，破骨减少、成骨增加，造成低钙血症。

(3)急性胰腺炎：胰腺炎症或坏死释放出的脂肪酶与钙结合成皂化斑影响肠道吸收。

2. 诊断 根据病史、临床表现及实验室检查常可明确诊断(表 8-6)，血钙浓度低于 2.25mmol/L 有诊断价值。

3. 治疗 首先治疗其原发病。低钙血症出现手足抽搐、喉痉挛等紧急症状时应立即处理，一般用 10% 葡萄糖酸钙 10~20ml 稀释后缓慢静脉注射，通常用药后立即起作用。然后可用 10% 葡萄糖酸钙稀释于 5% 葡萄糖溶液中静脉滴注，调整滴注速度直至血清钙浓度达到正常值下限。此外，对于伴有低镁血症的患者，镁的补充有助于低钙血症的纠正。慢性低钙血症首先要治疗原发病，如维生素 D 缺乏、甲状旁腺功能减退，通常推荐联合应用钙和维生素 D 制剂，临床上应用最多的是骨化三醇加碳酸钙或葡萄糖酸钙等钙剂。

(二) 高钙血症

血钙浓度 >2.75mmol/L 的病理状态，称为高钙血症(hypercalcemia)。

1. 病因

(1)甲状旁腺功能亢进症：常见于甲状旁腺腺瘤或甲状旁腺增生患者。

(2)骨肿瘤或骨相关肿瘤：白血病、多发性骨髓瘤等恶性肿瘤或恶性肿瘤骨转移。

(3)维生素 D 中毒：长期大量服用维生素 D 可造成维生素 D 中毒，导致高钙高磷血症。

2. 诊断 根据病史、临床表现及实验室检查诊断(表 8-6)。当血 Ca^{2+}>3.75mmol/L 时称为高钙血症危象，常见于严重脱水、感染、应激状态、手术、创伤等情况，表现为严重呕吐、脱水、高热、嗜睡、意识不清、酸中毒，并迅速出现肾衰竭、心律失常，心电图有 Q-T 间期缩短，甚至心搏骤停。

表 8-6 低钙血症与高钙血症的鉴别

	低钙血症	高钙血症
血钙浓度 /(mmol·L^{-1})	<2.25	>2.75
病因	低蛋白血症，甲状旁腺功能减退，碱中毒及急性胰腺炎	甲状旁腺功能亢进症，骨转移性癌等
临床表现	兴奋性增强，手足抽搐，肌肉痉挛，喉鸣与惊厥，疲乏，易激动，记忆力减退，幻觉，甚至癫痫发作	兴奋性降低，肌无力或乏力；血钙 3.0~4.0mmol/L，可有头痛、步态不稳，语言、视觉及听力障碍，定向力减弱，腹痛、麻痹性肠梗阻、消化性溃疡等表现。严重者呕吐、高热、意识不清，可引起肾衰竭、心律失常甚至心搏骤停

3. 治疗 高钙血症治疗包括病因治疗和降低血钙治疗，原发性甲状旁腺功能亢进症者手术切除腺瘤或增生的腺组织可彻底治愈。

常用的降低血钙的方法有：

(1)增加尿钙排出：高钙血症常有低血容量，静脉补充生理盐水可增加尿钙排出；呋塞米等利尿剂可抑制钙重吸收而增加尿钙排泄。

(2)抑制骨吸收：降钙素可抑制骨吸收、增加尿钙排泄；唑来膦酸是目前治疗恶性肿瘤骨转移的标准治疗用药。

(3)减少肠道钙吸收:糖皮质激素通过抑制维生素 D 减少肠道对钙的吸收,增加肾脏排出钙;口服磷制剂可以降低肠道对钙的吸收。

(4)血液透析:透析疗法可有效降低血钙浓度,对肾功能不全或心功能不全患者尤为适用。

四、镁的异常

正常人体内约半数的镁存在于骨骼中,其余大部分在骨骼肌及其他组织细胞内,仅有 1%~2% 在细胞外液中。镁具有多种生理功能,包括各种离子通道的电流、催化体内多种酶而参与 ATP 代谢,在调控细胞生长,维持心肌、骨骼肌及胃肠平滑肌的兴奋性等方面有重要作用。体内镁平衡主要靠肾脏调节,正常血清镁浓度为 0.75~1.25mmol/L。

(一)低镁血症

血清镁浓度<0.75mmol/L 的病理状态,称为低镁血症(hypomagnesemia),又称镁缺乏。

1. 病因

(1)摄入不足:长期禁食、厌食或长时间肠外营养而没有补充镁。

(2)吸收障碍:如短肠综合征等。

(3)经胃肠道丢失:严重腹泻、长期胃肠减压引流及肠瘘等导致经胃肠道消化液丧失。

(4)经肾脏排出增加,重吸收减少:大量应用利尿剂、某些肾脏疾病导致增加镁经肾排出;高钙血症可使肾小管对镁及磷酸盐的重吸收减少;糖尿病酮症酸中毒、甲状腺功能亢进症以及严重甲状旁腺功能减退均使肾小管对镁的重吸收减少。

2. 诊断　根据病史、临床表现、实验室检查及心电图常可诊断(表 8-7)。其中心电图类似低钾血症时的 ST-T 改变,P-R 间期及 Q-T 间期延长。

表 8-7　低镁血症与高镁血症的鉴别

	低镁血症	高镁血症
血清镁浓度 /(mmol·L^{-1})	<0.75	>1.25
病因	镁摄入不足,丢失过多或肾脏重吸收减少等	肾衰竭,严重脱水,肾上腺皮质功能减退,补镁过多等
临床表现	肌震颤,手足搐搦及 Chvostek 征阳性,眩晕,共济失调,肌无力和肌萎缩,心律失常	嗳气,呕吐,便秘,尿潴留,乏力,疲倦,腱反射减退,肌肉迟缓性麻痹,嗜睡或昏迷
心电图表现	P-R 间期和 Q-T 间期延长	Ⅲ度房室传导阻滞和心动过缓

3. 治疗　轻度无症状低镁血症可以通过口服补充镁剂加以纠正。对于有症状的低镁血症或严重低镁血症患者,临床上一般可用 25% 硫酸镁 5~10ml 加入 5% 葡萄糖溶液中缓慢静脉滴注。由于镁从细胞外液向细胞内分布相对较慢,因此即使血清镁浓度正常,仍应谨慎继续补充镁 1~2 日。此外,由于低镁血症很少单独发生,治疗时应注意纠正低钙血症、低钾血症、低磷血症及碱中毒等其他电解质紊乱。

(二)高镁血症

血清镁浓度>1.25mmol/L 的病理状态,称为高镁血症(hypermagnesemia),又称镁过多。

1. 病因

(1)肾功能不全:是最常见的病因,包括急性或慢性肾衰竭少尿或无尿时、严重脱水伴少尿时、烧伤早期(创面大量渗出)、广泛性外伤或创伤性休克等。

（2）肾脏排镁障碍：如肾上腺皮质功能减退、甲状腺功能减退症等。

（3）静脉内补镁过多过快：见于低镁血症治疗不当时。

（4）分解代谢亢进疾病：如糖尿病酮症酸中毒使细胞内镁移至细胞外。

2. 诊断　根据病史、临床表现、实验室检查及心电图常可诊断（表 8-7）。心电图改变类似高钾血症的改变，表现为心动过缓、Ⅲ度房室传导阻滞，QRS 波群增宽，甚至心脏停搏。

3. 治疗　肾功能正常的轻度高镁血症无须特殊治疗，因为肾脏能快速清除镁，且镁的血清半衰期仅为 1 日。有明显心血管症状患者应立即静脉注射钙剂，可用 10% 葡萄糖酸钙（或氯化钙）溶液 10~20ml 缓慢注射，可以对抗镁对心脏和肌肉的抑制作用。若疗效不佳，可采用血液透析治疗。

五、磷的异常

磷是人体内重要的无机元素，血液中磷以有机磷和无机磷两种形式存在，血磷通常是指血浆中的无机磷，成人正常浓度为 1.1~1.3mmol/L。磷是人类遗传物质核酸的重要成分，参与细胞膜的组成，也是一些凝血因子的成分，还参与蛋白质的磷酸化、机体能量代谢、调控生物大分子活性。磷酸盐参与酸碱平衡调节，是血液缓冲系统的重要组成部分。

（一）低磷血症

血清无机磷浓度<0.8mmol/L 的病理状态，称为低磷血症（hypophosphatemia）。

1. 病因

（1）摄入不足或吸收减少：如饥饿、长期禁食，或者长期肠外营养支持却未补充磷制剂等情况导致磷摄入不足；反复呕吐、腹泻等导致肠道吸收磷减少。

（2）排泄增加：急性酒精中毒、长期应用糖皮质激素或利尿剂、代谢性酸中毒、糖尿病等可使尿磷排泄增加。

（3）甲状旁腺功能亢进症：甲状旁腺激素作用于肾脏近曲小管抑制磷酸盐的再吸收，并且通过促进小肠钙的吸收，升高血钙反向抑制血磷水平。

（4）细胞外液中的磷转入细胞内：如大量应用胰岛素，特别是同时大量静脉输注葡萄糖时，长期应用雄激素均可促使磷进入细胞内。

（5）其他：严重烧伤或感染时，大量创面渗出、酸中毒、休克、肾功能障碍常常导致高钙血症，相应出现低磷血症。

2. 诊断　根据病史、临床症状及实验室检查常可明确诊断（表 8-8），测定尿磷和血磷有助于诊断，血清无机磷浓度<0.8mmol/L 时诊断成立。

3. 治疗　低磷血症主要是针对病因治疗，轻度无症状的低磷血症无须特别处理，或口服补充磷 1~2g/d，分次给予。严重低磷血症或症状明显的患者需要静脉补充磷，当血清磷<0.3mmol/L 时，每日静脉补充磷酸盐量为 0.3mmol/kg，在 24 小时内给予；当血磷浓度在 0.3~0.6mmol/L 时，一般每日静脉补充 50~60mmol/L 磷酸盐安全且有效。补充磷制剂时应注意低钙血症、抽搐、低血压、腹泻等，应及时纠正存在的低钾血症、低镁血症以及水、酸碱代谢紊乱，维护心肺等脏器功能。

（二）高磷血症

成人血清无机磷>1.6mmol/L 的病理状态，称为高磷血症（hyperphosphatemia），临床少见。

1. 病因

（1）急、慢性肾功能不全时，肾排磷减少。

（2）甲状旁腺功能低下时，尿磷排出减少。

（3）维生素 D 中毒时可促进肠道及肾脏对磷的重吸收。

（4）甲状腺功能亢进症可促进溶骨发生，骨磷释放。

（5）急性酸中毒、骨骼肌破坏、高热、恶性肿瘤等可促使磷向细胞外移出。

2. 诊断　根据病史、临床症状及实验室检查常可明确诊断（表8-8）。当血磷异常升高，继发性出现一系列低钙血症的症状、异位钙化和肾功能损伤等表现时，应高度怀疑此病。

表8-8　低磷血症与高磷血症的鉴别

	低磷血症	高磷血症
血磷浓度 /(mmol·L⁻¹)	<0.8	>1.6
病因	磷吸收减少，排泄增加，磷进入细胞内，长期肠外营养等	急、慢性肾功能不全，甲状旁腺功能低下，维生素 D 中毒，急性酸中毒，高热，恶性肿瘤等
临床表现	易激动，神志障碍，重症者可有木僵，昏迷，肌无力，呼吸困难，呼吸衰竭，食欲下降，恶心，呕吐，腹泻，便秘，心律失常，急性心力衰竭，心搏骤停，休克	急性高磷血症增加钙磷沉淀风险，从而导致软组织及肾脏钙化，引起肾衰竭。高磷常继发低钙血症，患者可因为低钙而出现抽搐、心律失常、低血压等症状

3. 治疗　防治原发病，对于无症状或肾功能正常的高磷血症无须特殊治疗，过量的磷可以通过肾脏排出。急性肾衰竭或伴明显高磷血症者，可通过血液透析治疗清除过高的血磷。慢性高磷血症的治疗包括限制食物中磷的摄入，口服钙盐、氢氧化铝等。

第三节　酸碱平衡紊乱

机体处理酸碱物质的含量和比例以维持 pH 值在恒定范围的过程称为酸碱平衡。临床上许多因素可以引起酸碱负荷过度或调节机制障碍，导致体液酸碱度稳定性破坏，称为酸碱平衡紊乱。原发的酸碱平衡紊乱可分为代谢性酸中毒、代谢性碱中毒、呼吸性酸中毒和呼吸性碱中毒四种，有时可同时存在两种以上的原发性酸碱平衡紊乱，即为混合性酸碱平衡紊乱。酸碱平衡紊乱很多情况下是某些疾病或疾病过程的继发性变化，但酸碱平衡紊乱又会使得病情加重或更加复杂，甚至危及患者的生命。因此，及时发现和正确处理往往是治疗成功的关键。常用酸碱平衡指标及其缩略语、正常值及临床意义见下表（表8-9）。

表8-9　常用酸碱平衡指标及其缩略语、正常值

缩略语	名称	正常值	降低	升高
pH 值	酸碱度	7.35~7.45	酸中毒	碱中毒
PaCO₂	动脉血二氧化碳分压（反映呼吸因素）	35~45mmHg	呼吸性碱中毒或代谢性酸中毒代偿	呼吸性酸中毒或代谢性碱中毒代偿
PaO₂	动脉血氧分压	60~100mmHg	有缺氧可能	/
HCO₃⁻	碳酸氢根浓度（反映代谢因素）	22~27mmol/L	代谢性酸中毒或呼吸性碱中毒代偿	代谢性碱中毒或呼吸性酸中毒代偿
BE	剩余碱（反映代谢因素）	–3~+3mmol/L	负值代谢性酸中毒	正值代谢性碱中毒
BB	缓冲碱	45~52mmol/L	代谢性酸中毒	代谢性碱中毒

一、代谢性酸中毒

代谢性酸中毒(metabolic acidosis)是指细胞外液 H^+ 增加和 / 或 HCO_3^- 丢失引起的 pH 值下降,以血浆原发性 HCO_3^- 减少为特征的一系列病理生理变化,是临床上最常见的酸碱平衡紊乱类型。

1. 诊断　根据患者有严重腹泻、肠瘘或休克等病史,又有深而快的呼吸,即应怀疑有代谢性酸中毒(表 8-10)。动脉血气分析及血生化检测可以明确诊断,并可了解代偿情况和酸中毒严重程度。代谢性酸中毒的血气分析参数变化规律: HCO_3^- 和 BB 值均降低,BE 负值加大,pH 值下降, $PaCO_2$ 继发性降低。

表 8-10　代谢性酸中毒与呼吸性酸中毒的鉴别

	代谢性酸中毒	呼吸性酸中毒
血 pH 值	<7.35	<7.35
病因	固定酸生成过多,肾功能不全及碱性物质丧失过多等	呼吸中枢抑制,胸廓及肺部疾病,呼吸道吸入性损伤,呼吸机使用不当,ARDS,全麻过深等
临床表现	呼吸深而快,重者呼吸节律异常或呼吸衰竭;酮症酸中毒者呼出气带有酮味;可引起心律不齐、急性肾衰竭和休克	呼吸困难,换气不足和全身乏力;可有气促、发绀、头痛、胸闷。重时可心律失常、血压下降、谵妄或昏迷。脑缺氧可引起脑水肿、脑疝,甚至呼吸骤停
血气分析	代偿期,血 pH 值、HCO_3^-、$PaCO_2$ 均有一定程度的降低,BE 负值增大;失代偿时,血 pH 值和 HCO_3^- 明显下降	急性呼吸性酸中毒时,血 pH 值明显下降,$PaCO_2$ 升高,血 HCO_3^- 可正常。慢性呼吸性酸中毒时,血 pH 值下降不明显,$PaCO_2$ 升高,HCO_3^- 增加

2. 治疗　代谢性酸中毒治疗中最重要的是针对原发病的治疗,如乳酸性酸中毒应首先纠正循环障碍,改善组织灌注,控制感染;糖尿病酮症酸中毒应及时输液、应用胰岛素、纠正电解质紊乱。由于机体具有较强调节酸碱平衡的能力,可通过肺通气排出更多 CO_2,又能通过肾排出 H^+ 和保留 Na^+ 及 HCO_3^-,因此只要能消除病因,再辅以补充液体以纠正缺水,较轻的代谢性酸中毒(血浆 HCO_3^- 为 16~18mmol/L)常可自行纠正,不必应用碱性药物。低血容量性休克所致的轻度代谢性酸中毒,经补液、输血纠正休克之后也可被纠正,不宜过早使用碱剂,否则反而可能造成代谢性碱中毒。

对血浆 HCO_3^- 低于 10mmol/L 的重症酸中毒患者,应立即输液和纠正酸中毒等治疗。常用的碱性中和药物是 5% $NaHCO_3$ 溶液。该溶液进入体液后即离解为 Na^+ 和 HCO_3^-,HCO_3^- 与体液中的 H^+ 化合成 H_2CO_3,再离解为 H_2O 及 CO_2,CO_2 则自肺部排出,从而减少体内 H^+,使酸中毒得以改善;Na^+ 留于体内则可提高细胞外液渗透压和增加血容量。临床上根据酸中毒严重程度,首次可静脉输注 5% $NaHCO_3$ 溶液 100~250ml,用后 2~4 小时复查动脉血气分析及血浆电解质浓度,根据测定结果再决定是否需继续给药及调整剂量。总之,临床上应边治疗边观察,逐步纠正酸中毒症状。

二、呼吸性酸中毒

呼吸性酸中毒(respiratory acidosis)是指 CO_2 排出障碍或吸入过多引起的 pH 值下降,以血浆 H_2CO_3 浓度原发性升高为特征的一系列病理生理变化。

1. 诊断　有呼吸功能受影响病史,又出现呼吸急促、呼吸困难以及明显的神经系统症状,再结合血气分析结果可诊断。呼吸性酸中毒的血气分析参数变化规律:$PaCO_2$ 增高,pH 值降低,通过肾代偿后,代谢性指标继发性升高,HCO_3^- 和 BB 值均升高,BE 正值加大

（表 8-10）。

2. 治疗　急性呼吸性酸中毒时应迅速去除引起通气障碍的原因，改善通气功能，使蓄积的 CO_2 尽快排出。如呼吸停止、气道阻塞引起者应尽快插管，机械通气，可有效地改善机体通气及换气功能。应注意调整呼吸机的潮气量及呼吸频率，保证足够的有效通气量。由吗啡导致的呼吸中枢抑制者，可用纳洛酮静脉注射。慢性呼吸性酸中毒患者应积极治疗原发病，有针对性地采取控制感染、扩张小支气管、促进排痰等措施，以改善换气功能和减轻酸中毒程度（图 8-1）。

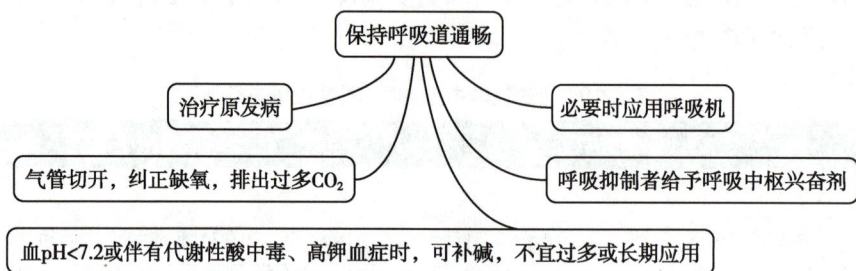

保持呼吸道通畅

治疗原发病

必要时应用呼吸机

气管切开，纠正缺氧，排出过多 CO_2

呼吸抑制者给予呼吸中枢兴奋剂

血 pH<7.2 或伴有代谢性酸中毒、高钾血症时，可补碱，不宜过多或长期应用

图 8-1　呼吸性酸中毒的治疗

三、代谢性碱中毒

代谢性碱中毒（metabolic alkalosis）是指细胞外液碱增多和/或 H^+ 丢失引起 pH 值升高，以血浆 HCO_3^- 原发性增多为特征的一系列病理生理变化。

1. 诊断　根据病史和症状可以作出初步诊断，血气分析可确定诊断及其严重程度。代谢性碱中毒的血气分析参数变化规律：pH 值升高，HCO_3^- 和 BB 值均升高，BE 正值加大，$PaCO_2$ 继发性升高（表 8-11）。

表 8-11　代谢性碱中毒与呼吸性碱中毒的鉴别

	代谢性碱中毒	呼吸性碱中毒
血 pH 值	>7.45	>7.45
病因	H^+ 丢失过多，碱性物质输入过多，低钾血症，使用利尿剂	休克、高热、革兰氏阴性菌感染、脑部损伤或炎症、呼吸机等所致过度通气
临床表现	常无明显症状，或呼吸浅慢；可烦躁不安、谵妄、精神错乱；腱反射亢进、手足抽搐等	呼吸浅快短促，可叹息样呼吸；头晕、胸闷；四肢及口唇部麻木，肌肉震颤，手足抽搐；重者可眩晕、意识障碍，肌肉强直及四肢抽搐
血气分析	代偿期，血 pH 值正常，HCO_3^- 和 $PaCO_2$ 增高；失代偿时，血 pH 值和 HCO_3^- 明显升高	血 pH 值升高，$PaCO_2$ 和 HCO_3^- 下降

2. 治疗　首先应积极治疗原发病，对丧失胃液所致的代谢性碱中毒，输注等渗盐水或葡萄糖盐水，既恢复了细胞外液量又补充了 Cl^-，血液稀释后 HCO_3^- 很快下降并随尿液排出，随即可纠正轻症低氯性碱中毒。另外，代谢性碱中毒可伴有尿 pH 值升高、低氯血症和低钾血症，可同时补给氯化钾，通过 K^+ 进入细胞内将其中的 H^+ 交换出来。补钾可促进肾脏排泄 HCO_3^-，有利于加速碱中毒的纠正。治疗严重碱中毒时，为迅速中和细胞外液中过多的 HCO_3^-，可应用 0.1~0.2mol/L 稀盐酸溶液，即可将 1mol/L 盐酸 100ml 溶入 0.9% NaCl 或 5% 葡萄糖溶液 1 000ml 中，经中心静脉导管缓慢滴入（25~50ml/h），间隔 4~6 小时监测血气分析及血电解质。

四、呼吸性碱中毒

呼吸性碱中毒(respiratory alkalosis)是指肺泡通气过度引起的 $PaCO_2$ 降低、pH 值升高，以血浆 H_2CO_3 浓度原发性降低的低碳酸血症为特征的一系列病理生理变化。

1. 诊断 结合病史和临床表现常可作出诊断。呼吸性碱中毒的血气分析参数变化规律：$PaCO_2$ 降低，pH 值升高，经代偿后代谢性指标继发性降低，HCO_3^- 和 BB 值均降低，BE 负值加大(表 8-11)。

2. 治疗 首先应防治原发病和去除引起通气过度的原因。急性呼吸性碱中毒患者可吸入含 5% CO_2 的混合气体或让患者反复屏气，或用纸袋罩住口鼻使其反复吸回呼出的 CO_2 以维持血浆 H_2CO_3 浓度，症状即可迅速得到控制。对精神性通气过度患者可酌情使用镇静剂。对因呼吸机使用不当所造成的通气过度，应调整呼吸频率及潮气量。危重患者或中枢神经系统病变所致的呼吸急促，可用药物阻断其自主呼吸，由呼吸机进行适当的辅助呼吸。伴有手足抽搐的患者可静脉注射葡萄糖酸钙进行治疗(图 8-2)。

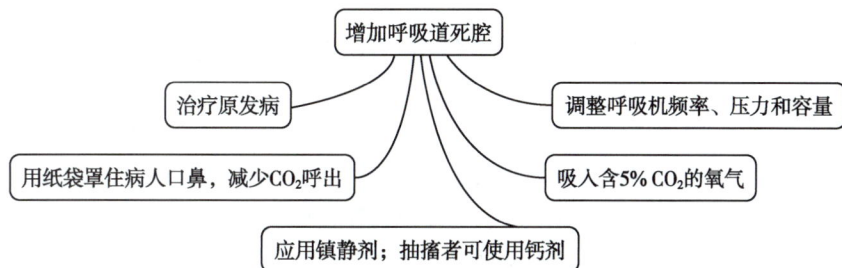

图 8-2 呼吸性碱中毒的治疗

五、混合性酸碱平衡紊乱

临床上患者时常不是存在单一的原发性酸碱平衡失调，而是存在两种以上混合性酸碱平衡失调。若患者同时存在两种以上的酸碱平衡紊乱，则可发生混合性酸碱平衡紊乱。在这种情况下，机体的病理变化很复杂，临床表现也不典型，以致在诊断时比较困难。

(一) 代谢性酸中毒合并呼吸性碱中毒

常见于革兰氏阴性菌引发的脓毒症患者。由于严重感染影响组织灌注，造成组织缺氧，产生乳酸积聚，导致代谢性酸中毒；又由于感染、疼痛等因素使通气过度，以致发生呼吸性碱中毒。在动脉血气分析资料中可见：反映代谢性因素的 BE 负值增大，而反映呼吸性因素的 $PaCO_2$ 值降低。在这两方面的影响下，有时血 pH 值会在正常范围之内。在治疗上，积极控制全身性严重感染最为重要，解除病因就能纠正酸碱平衡紊乱。

(二) 代谢性酸中毒合并代谢性碱中毒

肾功能不全或糖尿病酮症酸中毒的患者伴有严重呕吐或纠正酸中毒时应用 HCO_3^- 太多，则可出现代谢性酸中毒合并代谢性碱中毒的现象。由于酸碱中毒的相互抵消作用，使反映酸碱平衡的各项指标如 pH 值、$PaCO_2$ 和 BE 等变化不大。在治疗上应着重在控制呕吐和限制碱性药物用量方面，对原发病的控制也非常重要。

(三) 呼吸性酸中毒合并代谢性碱中毒

常见于严重肺部疾病或慢性肺源性心脏病的患者。这类患者都有不同程度的 CO_2 潴留，即存在呼吸性酸中毒。如果患者发生反复呕吐，或多次使用碱化利尿剂，使体内 HCO_3^- 增多，则发生代谢性碱中毒。患者的血气分析表现为：反映呼吸性因素的 $PaCO_2$ 升高，反映代谢性因素的 BE 值也增大,pH 值可能在正常范围之内。在治疗上主要也是需要控制患者的呕吐。

(四) 呼吸性酸中毒合并代谢性酸中毒

常见于心搏骤停的患者或有严重肺水肿的患者。由于通气障碍使 CO_2 在体内积聚而导致高碳酸血症,组织灌注不足又引起乳酸性酸中毒。这种混合性酸中毒的血气分析特点是:$PaCO_2$ 升高,BE 的负值增大,血 pH 值受此双重影响而明显下降,有时甚至低于 7.0。在治疗上,应首先使用呼吸机辅助通气以改善呼吸功能。

(五) 代谢性碱中毒合并呼吸性碱中毒

常见于剧烈呕吐合并发热的患者。因呕吐而丢失大量 H^+,引起代谢性碱中毒。发热引起的过度通气可导致呼吸性碱中毒。这类患者的血气分析特点是:BE 的正值增大;$PaCO_2$ 降低,以致 HCO_3^- 升高。在这双重因素的影响下,血 pH 值明显升高。在治疗上,应首先尽早消除病因,可静脉输注等渗盐水,严重时需用稀盐酸溶液静脉滴注。

第四节　外科营养支持概述

营养指机体为维持生长发育和生理功能而摄取、吸收和利用食物及其营养物质的生物学过程。外科患者由于疾病和手术创伤,机体会产生明显的代谢改变,此时如果得不到及时、足够的营养补充,容易导致营养不良,影响组织器官的结构和功能,以及机体的康复过程,严重者将会导致多器官功能衰竭,从而影响预后。

临床营养支持已成为重症患者救治中不可缺少的重要措施。充分了解机体各种状况下的代谢变化,有效地提供合适的营养底物,选择正确的喂养途径和时机,可降低应激状况下机体的分解代谢,维护重要脏器的功能,提高救治成功率。

一、物质代谢

为了维持生命和身体各个器官的正常活动,每个人必须从外界摄取各种食物。食物中能够产生能量的营养物质有蛋白质、脂肪、碳水化合物,经过氧化转变为能量。有了能量和各种营养素的补充,才能保证人体正常的生长发育和新陈代谢,以适应各类生理状况及各种环境条件下的人体的需要。

食物中的三大营养素在消化吸收过程中有不同程度的损失,蛋白质的损失率为 8%,脂肪为 5%,碳水化合物为 2%。若将食物直接燃烧,则 1g 蛋白质可产生的热量为 23.6kJ(5.64kcal),1g 脂肪可产生的热量为 39.54kJ(9.45kcal),1g 碳水化合物可产生的热量为 17.15kJ(4.1kcal)。

二、能量代谢

生物体内碳水化合物、蛋白质和脂肪在代谢过程中所伴随的能量释放、转移、贮存和利用称为能量代谢。在空腹、清醒、安静的非应激状态下,适宜的气温(18~25℃)环境中,人体为维持基本的生命活动而进行新陈代谢消耗的热能称为基础能量消耗(basal energy expenditure,BEE),也称静息能量消耗。单位时间内人体每 $1m^2$ 体表面积所消耗的维持基础代谢的热能称为基础代谢率。通常成年男性每千克体重每小时约消耗 4.2kJ(1kcal),即日需能量 1 500~1 800kcal;成年女性的基础代谢率比男性低 2%~12%;老年人比中年人低 10%~15%;儿童比成人高 10%~12%。

不同的劳动强度、不同年龄、不同的环境气候条件及不同的生理状态如妊娠、哺乳,人体能量的消耗均不相同。影响人体能量消耗的因素主要有:年龄、气温和劳动(或活动)强度等。

创伤应激时能量需要 = 基础能量消耗(BEE)× 校正系数。(校正系数:择期大、中手术约为 1.2;多发性骨折为 1.3;严重感染为 1.5;大面积烧伤为 2.0。)

三、创伤、感染后的代谢改变

创伤和感染后表现为高代谢和高分解,且与创伤的严重程度相关。

(一) 能量代谢增高及蛋白质分解代谢加强

创伤或感染时机体的代谢特点是蛋白质持续分解、丢失增加,出现负氮平衡。患者肌肉组织分解并有糖原异生,部分氨基酸分解后转变为糖,尿中氮排出增加,血糖升高,血浆组氨酸、精氨酸减少,支链氨基酸增加。蛋白质的丧失可能是蛋白质的合成受到抑制,或者分解增加,或两者共同作用的结果,即使摄入蛋白质较多,仍可出现负氮平衡。此种反应的程度及时间随创伤的类型和程度而异,一般持续 2~3 日,复杂的大手术后可持续数周。

(二) 糖代谢紊乱

主要是下丘脑 - 垂体 - 肾上腺轴对创伤的应激反应,表现为肾上腺皮质分泌增多和胰岛素功能受到抑制,处理葡萄糖能力下降而出现高血糖。采用肠外营养支持的同时,需要充分考虑到患者对糖的吸收能力比非创伤、感染患者差得多。

(三) 体重下降

由于肌肉组织和脂肪的消耗增加,体重下降。若创伤、感染后病情趋于平稳,营养基质得到适当补充,体重下降可以出现逆转,主要表现为尿排氮量减少,血糖趋向正常,蛋白质合成大于分解,正氮平衡。

四、饥饿时的代谢变化

单纯饥饿时,机体代谢率降低,调整代谢活动,仅维持生命必需代谢,降低基础代谢率,属自我保护反应。身体消耗自身成分提供必需能量。禁饮食后,糖原在 24 小时内耗尽,脂肪提供大部分热能;蛋白质虽也是可动用能源,但其是维持身体组织结构与功能的重要成分,一旦蛋白质消耗过度可危及生命。

在饥饿状态下,糖原代谢主要为循环中激素水平所控制。胰岛素分泌减少可解除对糖原分解代谢的抑制,可引起胰高血糖素、生长激素、儿茶酚胺分泌增加,使血糖下降,从而维持了糖代谢稳定。此外,加速糖原分解,使葡萄糖生成增加,蛋白质分解,糖原异生随饥饿的时间延长而增加,脂肪供能成为机体能量的主要来源以减少蛋白质消耗。实验室检验结果表现为尿氮排出量开始时增高(大于 8.5g/d),以后逐渐降低(2~4g/d);血浆中脂肪酸、酮酸、酮体逐渐升高,导致发生代谢性酸中毒及酮尿症,血糖水平轻度下降,尿钠及尿钾排出增加。

另外,水分丢失、大量脂肪及部分蛋白质分解、体重减轻等变化可导致机体内大部分器官功能异常,例如肾浓缩能力消失,肝蛋白丢失,胃肠排空延迟,消化酶分泌减少,肠上皮细胞萎缩,肺通气及换气功能降低,心功能减退等,从而引起多器官功能障碍综合征(multiple organ dysfunction syndrome,MODS)。

五、外科营养的中医辨证论治

外科手术和治疗操作可能损伤 "正气",但 "正气" 关乎机体抗病和康复能力。因此,外科治疗应贯穿 "扶正" 理念,如《黄帝内经》所云:"正气存内,邪不可干。" 人体正气受体质、精神状态、生活环境、营养等多种因素影响,其中营养是关键部分。

"脾胃为气血之源",术前术后脾胃功能失调会导致气血生化不足,引发各种虚证,如气虚、血虚,甚至阴阳俱虚。围手术期营养不良中医辨证多为虚证或虚实夹杂,治疗应以调理脾胃、补虚为主。针对气血阴阳虚实,"虚则补之",以增强"正气",改善功能状态。

凡是能够进食的患者,都应通过饮食调理脾胃功能,提振食欲与促进胃肠营养的吸收,改善营养状况,促进机体的快速康复。对手术后不能进食的患者,可通过针灸加速胃肠功能恢复,缩短肠外营养时间,保护胃肠黏膜,减少感染及全身炎症反应,降低多器官功能障碍风险。

第五节 营养状态的评定与监测

临床上对外科患者的营养状态评定,既可判断其营养不良的程度,又是营养支持治疗的客观标准。所谓营养不良主要是指能量、蛋白质缺乏所致的营养状态不佳。在外科住院患者中营养不良的发生率较高,此类患者感染发生率高,切口愈合延迟,甚至出现吻合口瘘等严重并发症,会影响患者的康复过程和临床治疗效果。

一、营养状态的评定指标

所谓营养评定就是对患者营养状态进行全面的评估。评定患者的营养状态是营养治疗的第一步,通过营养评定,可以判定机体的营养状况,确定营养不良的类型和程度,评估营养不良的危险性,并监测营养支持的疗效。

(一) 临床检查

包括病史采集与体格检查。病史采集中尤其要注意 5 个方面的因素:食物摄入不足、营养吸收不足、营养利用减少、营养丢失增加和营养需要增加。

(二) 身体测量指标

1. 体重(body weight,BW) 是营养评定中最简单、直接而又可靠的反映营养状态的指标,但要排除脱水或水肿等影响因素。

2. 体重指数(body mass index,BMI) 是一种统计数据,反映蛋白质热量、营养不良及肥胖症的可靠指标。具体计算方法:BMI= 体重(kg)÷身高的平方(m²)。根据世界卫生组织的标准,BMI 在 18.5~24.9kg/m² 为正常,25.0~29.9kg/m² 为偏胖,≥30kg/m² 属于肥胖。

3. 皮褶厚度与臂围 可以推算出机体脂肪及肌肉总量,间接反映热能变化。包括上臂肌围、肱三头肌皮褶厚度、上臂中点围等。

(三) 生化及实验室检查

1. 血浆蛋白 反映机体蛋白质营养状况,是临床上最常用的营养评定指标之一。具体指标包括:白蛋白、前白蛋白、转铁蛋白等(表 8-12)。

表 8-12 内脏蛋白正常值及营养不良指标

检查项目/(g·L⁻¹)	正常值	轻度营养不良	中度营养不良	重度营养不良
白蛋白	≥35~≤55	≥30~<35	≥25~<30	<25
前白蛋白	≥0.15~≤0.4	≥0.1~<0.15	≥0.05~<0.1	<0.05
转铁蛋白	≥2~≤4	≥1.5~<2.0	≥1.0~<1.5	<1.0

（1）白蛋白：半衰期较长，约为 20 天，可代表体内较稳定的蛋白质情况。饥饿可使肝脏白蛋白合成速度迅速降低，在严重创伤、感染等应激情况下，分解代谢增强，白蛋白合成缓慢或继续丢失而减少。

（2）前白蛋白：半衰期为 2 天，对蛋白质和能量的变化反应敏感，能反映短期内营养状态变化。

（3）转铁蛋白：半衰期较短，约为 8 天，能较迅速地反映营养状况，是一个比较敏感的指标。但是影响转铁蛋白代谢的因素较多，缺铁、肝功能受损也会影响其测定结果。

2. 免疫功能测定　总淋巴细胞计数（total lymphocyte count，TLC）是评估人体免疫功能的常用指标，为单位体积血液中淋巴细胞的数量。其正常值因年龄、检测方法和实验标准略有差异。迟发型皮肤超敏试验（delayed cutaneous hypersensitivity test，DHT），将结核菌素、白念珠菌、双球菌、腮腺炎病毒、植物血凝素等各 0.1ml 分别行皮内注射，24~48 小时后观察，局部红肿区大于 5mm 为阳性。阳性反应者表示细胞免疫有反应性。DHT 在营养不良时可有反应减弱的表现。

3. 氮平衡测定　是蛋白质代谢变化的动态观察指标，反映了机体分解代谢情况。正平衡表示蛋白质合成占优势，负平衡表示蛋白质消耗多于摄入，也可用于估算临床营养支持的效果。

（四）人体组成测定

常用于评价患者的营养状况，动态监测营养支持时机体各种组织的恢复情况。目前临床上常用的测定方法有生物电阻抗法（bioelectric impedance analysis，BIA），双能 X 射线吸收法（dual energy X-ray absorptiometry，DEXA）等。

（五）综合性营养评价指标

目前尚没有一项指标能够准确、全面地评估营养状况，综合性营养评价指标是结合多项营养评价指标来评价患者的营养状况，以提高灵敏度和特异度。常用的综合营养评价指标有以下几种：

1. 主观全面评定　以病史和临床检查为基础，省略实验室检查。其内容主要包括病史和体检 7 个项目的评分。A 级为营养良好，B 级为轻到中度营养不良，C 级为重度营养不良。

2. 微型营养评定（mini-nutritional assessment，MNA）　这是一种评价老年人营养状况的简单快速的方法。其包括人体测量、整体评定、膳食问卷以及主观评定等 18 项内容，上述评分相加即为 MNA 总分。分级标准如下：①若 MNA ≥ 24，表示营养状况良好；②若 17 ≤ MNA<24，表示存在发生营养不良的危险；③若 MNA<17，表示有确定的营养不良。

3. 营养不良通用筛查工具　该方法主要包括三方面内容：①机体 BMI 测定（0~2 分）；②体重变化情况（0~2 分）；③急性疾病影响情况（如果已经存在或将会无法进食>5 天者，加 2 分）。总评分 = 上述三个部分评分之和，0 分 = 低风险；1 分 = 中等风险；2 分 = 高风险。

二、营养风险及营养风险筛查工具

营养风险（nutritional risk）是指现存或者潜在的与营养因素相关的导致患者出现不利临床结局的风险。所谓的临床结局包括生存率、病死率、感染性并发症发生率、住院时间、住院费用、成本 - 效果比及生活质量等。因此营养风险并不是指发生营养不良的风险，而是一个与临床结局相关联的概念，其重要特征是营养风险与临床结局密切相关。

2002 年，欧洲肠外肠内营养学会以 Kondrup 为首的专家组在 128 个随机对照研究的基础上，提出营养风险的概念，即现存或潜在营养和代谢状况所致的疾病或手术后出现相关的临床结局的机会,并倡导采用营养风险筛查 2002(Nutritional Risk Screening 2002,NRS 2002)作为住院患者营养风险筛查的首选工具。

NRS 2002 主要包括三方面:①营养状况受损评分(0~3 分);②疾病的严重程度评分(0~3 分);③年龄评分(年龄≥70 岁者,加 1 分);总分为 0~7 分。NRS 2002 评分≥3 分表示存在营养风险,<3 分表示不存在营养风险。

第六节　肠外营养和肠内营养

凡是因各种原因在较长时间内(超过 1 周)不能正常进食或饮水,均为需要临床营养支持的指征。目前临床外科营养支持包括肠内营养(enteral nutrition,EN)和肠外营养(parenteral nutrition,PN)。

一、肠外营养

肠外营养(PN)指通过静脉途径提供患者所需的全部营养素的营养支持方式,使患者在不进食的情况下维持良好营养状态的治疗方法。它可以提供足够的各种必需的营养物质和维护正氮平衡,防止或减少体内蛋白质的消耗,重建和恢复机体的无脂细胞群,促进康复,还可以使机体生长发育正常、伤口愈合和体重增加。PN 不同于一般静脉输液,后者仅能供患者所需的部分热量及电解质。

(一) 肠外营养方法

肠外营养支持方法有两种:对于一般用量不大、肠外营养支持不超过 2 周的患者,可用经外周静脉输注;对于需长期支持的,则采用经中心静脉导管输入为宜。常采用经锁骨下静脉或颈内静脉途径置入导管至上腔静脉。

(二) 肠外营养的要求和制剂

1. 营养液的基本要求　其中含有七大营养物质:碳水化合物、脂肪、氨基酸、电解质、维生素、微量元素和水。提供足够的能量、保持机体正氮平衡是肠外营养支持的关键。原则上要求:

(1)每日应能供给氮 0.2~0.24g/kg,热量 167~188kJ/kg(40~45kcal/kg),氮和热量之比为 1g:(628~837kJ)[1g:(150~200kcal)]。

(2)含有适量的电解质、维生素和微量元素。

(3)钾与氮的比例为 5mmol:1g,镁与氮的比例为 1mmol:1g,磷量为每 4 184kJ(1 000kcal)供磷 5~8mmol。

(4)氨基酸和葡萄糖应同时滴注,以保证氨基酸能为机体所充分利用,不致作为热量被浪费掉。

(5)在较长时间的不用脂肪乳剂的肠外营养治疗的过程中,应定期补充脂肪乳剂,以防发生必需脂肪酸的缺乏。

(6)补充胰岛素以防应用高浓度的葡萄糖后发生高血糖症。

2. 肠外营养制剂

(1)葡萄糖:葡萄糖是肠外营养的主要能源物质,通常每日 50%~60% 的所需热量由葡萄糖提供。葡萄糖来源丰富,价格低廉,机体所有的组织、器官都能利用葡萄糖能量。但机体利用葡萄糖的能力有限,如单纯用其作为热量来源,主要的代谢产物是丙酮酸和乳酸,而且血清中胰岛素水平可以是正常人饭后的 4 倍,游离脂肪酸和酮体减少。所以如过量或过快输入可能导致高血糖、尿糖异常,甚至出现高渗性非酮症性昏迷。若葡萄糖与脂肪乳剂共同作为热量来源,则上述情况可避免。此外,应激状态下机体利用葡萄糖的能力下降,多余的糖将转化为脂肪沉积在器官内,形成脂肪性肝病。高浓度(25%或50%)的葡萄糖液输注时对静脉壁的刺激很大,不宜经外周静脉补给,必须经中心静脉输入。

(2)脂肪乳剂:脂肪乳剂是肠外营养的一种重要能量来源,我国成人脂肪乳剂的常用量为每日1~2g/kg。脂肪乳剂按其脂肪酸碳链长度分为长链甘油三酯(long-chain triglyceride,LCT)及中链甘油三酯(medium-chain triglyceride,MCT)两种,LCT内含有人体必需脂肪酸;MCT内不含必需脂肪酸,其在体内代谢较LCT快,极少沉积在组织、器官内,但大量输入后可发生毒性反应。临床上常由MCT提供30%~50%的热量。10%脂肪乳剂含热量4.18kJ(1kcal)/ml,且为等渗,可经外周静脉输入。脂肪乳剂安全无毒,在应激状态下其氧化率不变,甚至加快。单独输注时须注意速度要慢,开始时每分钟1ml,500ml需5~6小时输完。输注速度太快可致胸闷、心悸或发热反应。通常比较普遍使用的是LCT。对于特殊患者(如肝功能异常)临床上常将MCT与LCT合用,重量比为1:1。

(3)复方氨基酸溶液:复方氨基酸溶液是肠外营养的唯一氮源。健康成人正常基础代谢状态下每日氨基酸需要量为0.8~1.0g/kg,创伤、应激状态下需要量可增至1.2~1.5g/kg/d。1g氨基酸可提供约4kcal热量,1g氮相当于6.25g蛋白质。复方氨基酸溶液分为平衡型和非平衡型两类。平衡型氨基酸溶液含必需氨基酸8种、非必需氨基酸8~12种,其组成符合人体合成代谢的需要,适用于大多数患者。特殊氨基酸溶液配方成分不同,专用于不同的疾病。例如适用于肝病的制剂中含支链氨基酸较多,含芳香族氨基酸较少;用于肾病的制剂主要是8种必需氨基酸,非必需氨基酸仅有精氨酸、组氨酸;用于严重创伤或危重患者的制剂含更多的支链氨基酸或含谷氨酰胺二肽等。

(4)维生素:常用的复合维生素制剂含有9~13种维生素,每支注射液的含量即是正常人每日的基本需要量。

(5)微量元素:包含锌、铜、铁、锰、铬、碘等多种微量元素。如果缺铬可引起糖尿病、神经病变及抗感染能力下降;锌缺乏可发生皮炎。

(6)水和电解质:每日水的入量以2 000ml、尿量以1 000ml为基础计算。成人主要需要的电解质有钠、钾、氯、钙、镁、磷。镁的补充用25%硫酸镁。磷在合成代谢及能量代谢中发挥重要作用,磷的补充常用有机磷制剂(甘油磷酸钠),含磷10mmol;其他电解质按常态需求补给。

(三) 全营养混合液

将肠外营养所需的营养素按照一定的比例在无菌条件下混合、配制,盛放于3L的塑料袋内,供静脉输注,即为全营养混合液(total nutrient admixture,TNA)。

1. TNA 的优点

(1)混合后高浓度葡萄糖被稀释,使经外周静脉输注成为可能。

(2)由于脂肪乳剂被稀释,避免了其单独输注容易造成输入过快的不良反应。

(3)全封闭的输注系统大大减少了污染机会,使用安全。

2. TNA 的配制原则

(1)氨基酸、葡萄糖、脂肪乳剂的容量之比为2:1:1,或1:1:1,或2:1:0.5。

(2)总容量应大于1.5L。

(3)混合液中葡萄糖的最终浓度为10%~20%,以利于混合液的稳定。

3. TNA 的配制程序

(1)将所有一价、二价、三价电解质及微量元素、水溶性维生素、胰岛素加入氨基酸或葡萄糖液中。

(2)磷酸盐加入另一瓶氨基酸液中。

(3)脂溶性维生素加入脂肪乳剂中。

(4)将含有添加物的氨基酸、葡萄糖、脂肪乳剂分别经 3L 袋的 3 个输入口同时注入。

(5)配制应不间断地一次完成,并不断加以摇动使之均匀混合。也可采用先加入葡萄糖液,继而加入电解质、微量元素、维生素,最后加入脂肪乳剂混合的方法。

在临床实际应用中,应根据病情及血、尿生化检查,在基本溶液中酌情添加各种电解质溶液。由于人体无水溶性维生素的储备,故每日均需补给复方水溶性维生素。短期禁食不会产生脂溶性维生素或微量元素缺乏,只有禁食超过 2~3 周才予补充。溶液中可加胰岛素,以胰岛素∶葡萄糖 =1U∶(8~10)g 比例补给,以避免发生高血糖。

4. TNA 配制的注意事项

(1)糖尿病患者应限制葡萄糖用量,充分补给外源性胰岛素,以控制血糖;增加脂肪乳剂用量,以弥补供能不足。

(2)代偿期肝硬化肝功能基本正常者,可以使用基本营养液;而肝功能异常的肝硬化患者,由于肝合成及代谢各种营养物质的能力锐减,所以肠外营养液的用量应减少 1/2 左右,且在营养制剂中宜用支链氨基酸含量高的氨基酸溶液,并改用兼含 MCT 和 LCT 的脂肪乳剂。肝硬化伴有明显低蛋白血症的患者由于肝脏合成白蛋白的能力下降,需适量补充人血清白蛋白。

(3)肾衰竭患者应严格限制水的入量,氨基酸选用以必需氨基酸为主的肾病氨基酸溶液,葡萄糖和脂肪乳剂用量一般不受限制。

(4)对脂代谢紊乱的患者不宜使用脂肪乳剂。

(四) 肠外营养的输注技术

1. 肠外营养的输注途径

(1)经中心静脉:因其管径粗,血流速度快,血流量大,输入的液体很快被血液稀释而对血管壁的刺激小。此法不受液体浓度与 pH 值的限制,也不受输液速度与输液量的限制,可连续 24 小时输注,最大限度地根据机体需要输入营养液量。留置的管道在良好的管理下,尤其适用于需长期接受肠外营养支持的患者(如短肠综合征者)。但其技术难度较大,要求高,并发症也多。

(2)经外周静脉:技术要求较低,适应证与经中心静脉路径者相同,但因输入溶液的低pH 值、高渗透压,以及与导管刺激和损伤性穿刺等,常诱发静脉炎而限制了该途径的使用。适用于接受肠外营养支持,但需求时间不长的患者。

2. 肠外营养的输注方式

(1)持续输注法:将一天的营养液在 24 小时内均匀输入。优点是体内胰岛素的分泌及血糖比较稳定,波动小。缺点是由于血清胰岛素持续处于高水平状态,阻止了脂肪分解,促进了脂肪合成,并使葡萄糖以糖原形式储存于肝脏,因此经常出现脂肪性肝病和肝大,有时还会有转氨酶及胆红素的异常升高。

(2)循环输注法:使用较广泛,是将营养液放在夜间 12~16 小时内输注。此法尤其适用于需长期接受肠外营养支持的患者,使其白天可以恢复正常活动,有利于改善患者的生活质量。为避免血糖有较大的波动,输液速度应采取递增或递减的方式,并密切监测血糖。必要时增加脂肪供能的百分比,或适量使用胰岛素,以控制血糖。

肠外营养治疗所需费用较大,技术要求高,有并发全身性感染的风险,而其适应证又和肠内营养基本相同。因此,凡尚有部分消化道可被利用时,应试用肠内营养来代替肠外营养。

二、肠内营养

肠内营养是将营养物质经胃肠道途径供给患者的营养支持方式。当小肠功能存在（完好或部分功能）且能安全使用时，就应尽量选用经胃肠营养支持。肠内营养具有节省费用、使用方便、容易监护、并发症少等优点。膳食的直接刺激有助于促进胃肠运动及消化道激素和酶的分泌，维护肠黏膜屏障功能；肠内营养能使营养物质经肠道吸收入肝，在肝内合成机体所需的各种成分，且可发挥肝脏的解毒作用，符合生理状态。长期肠外营养的患者可给予逐渐增量的肠内营养作为过渡，有助于早日恢复正常膳食。

(一) 肠内营养的种类

包括经口的饮食、经管饲的一般流质饮食、部分水解的流质饮食、要素饮食等四种。临床上肠内营养以要素饮食为主。要素饮食是指包括自然食物的各种营养素，含有氨基酸、葡萄糖、脂肪、多种维生素和矿物质（含微量元素）的治疗饮食。要素饮食的配方均为化学组成明确的膳食，是根据病理生理和生物化学知识，采用现代食品技术和制药技术人工配成的，含有人体必需的各种营养素，加水后形成溶液或较稳定的混悬液。

1. 常用制剂　有粉剂和溶剂两种制剂，粉剂需加水后使用，它们的浓度均为24%，可供能4.18kJ(1kcal)/ml。肠内营养制剂大致分为两类：

(1)以蛋白水解产物或氨基酸为主的制剂：其蛋白质源为乳清蛋白水解产物、肽类或氨基酸，碳水化合物源为寡糖、糊精，脂肪源为大豆油及中链甘油三酯，不含乳糖。溶液渗透压较高，适用于胃肠道消化吸收不良者。

(2)以整蛋白为主的制剂：其蛋白质源为酪蛋白或大豆蛋白，碳水化合物源为麦芽糖、糊精，脂肪源为玉米油或大豆油，并且不含乳糖。溶液渗透压较低，适用于胃肠道功能正常者。有的制剂中还含有谷氨酰胺、膳食纤维（可溶性果胶）。前者可直接被肠黏膜利用；后者有调整肠动力的作用，而且在结肠内可被细菌分解为短链脂肪酸(short-chain fatty acid, SCFA)，被吸收而供能。

以上两种制剂内均含有生理状态需要的电解质、维生素及微量元素。

2. 特殊制剂

(1)创伤后用制剂：外科常用。其热量分配、热量密度和支链氨基酸的含量均高，维生素C、维生素E、维生素B复合物及钙、磷、铜、锌含量较多。适用于大手术后、烧伤、多发性创伤和脓毒症等高分解代谢患者。

(2)肝衰竭要素膳：其氮源为14种纯氨基酸，支链氨基酸含量较高，占35.6%，而芳香族氨基酸较少，仅3.3%，可减轻肝性脑病的症状。

(3)肾衰竭要素膳：其氮源为8种必需氨基酸和少量组氨酸、精氨酸和酪氨酸，目的在于重新利用体内分解的尿素氮以合成非必需氨基酸，既减轻了氮质血症又合成了蛋白质。

(二) 肠内营养的输入途径与输注方法

1. 输入途径　可以用口服的方式，但由于营养制剂有特殊气味，患者常不愿接受，故多需经导管输入。常用的方式有经鼻胃管、鼻十二指肠管和鼻空肠管，也常采用经胃管、空肠造瘘管途径。

2. 输注方法　可分为一次性投入、间歇重力滴注和连续输注等三种方式。目前一般采用连续输注的方式，营养液缓慢、均匀输入，常需输液泵控制输注速度。通常为使肠道适应，初用时予以用量的1/3~1/2，稀释成12%浓度，速度控制为50ml/h，每8~12小时后逐次增加浓度和速度，经3~4日后达到全量，即浓度为24%，速度为100ml/h，总量为2 000ml/d。输注时以接近体温为宜，通常为37~38℃。

(三) 肠内营养的注意事项

(1) 年龄小于 3 个月的婴儿不能耐受高张力膳食喂养,宜采用等张的婴儿膳食,使用时要注意可能产生的电解质紊乱,并补充足够的水分。

(2) 有些患者对肠内营养耐受性差,可出现腹胀、恶心、呕吐、腹泻和腹部不适的症状,宜更换肠内营养的饮食种类和方法,或者改为肠外营养,或肠内肠外同时营养。

(3) 小肠广泛切除后宜采用肠外营养 4~6 周,以后才能采取逐步增量的肠内营养。

(4) 胃部分切除后不能耐受高渗糖的膳食,易产生倾倒综合征,有些患者仅能耐受缓慢的滴注。

(5) 空肠瘘的患者不论在瘘的上端或下端喂养均有困难,因为缺少足够的小肠吸收面积,不能贸然进行管饲,以免加重病情。

(6) 处于严重应激状态,如麻痹性肠梗阻、上消化道出血、顽固性呕吐、腹膜炎或腹泻的急性期,均不宜予肠内营养。

(7) 严重吸收不良综合征和衰弱的患者在肠内营养前应予一段时间的肠外营养,以改善肠内酶的活力及黏膜细胞的状态。

(8) 症状明显的糖尿病、接受大剂量类固醇药物治疗及糖代谢异常的患者都不耐受膳食的高糖负荷。

(9) 先天性氨基酸代谢缺陷病的儿童不能采用一般的肠内营养治疗。

第七节 外科营养支持的并发症及监护

肠外营养与肠内营养虽然是救治营养不足的强有力措施,但也有可能发生并发症,如处理不当,后果十分严重。尤以肠外营养的并发症为多。

一、肠外营养的并发症

(一) 静脉导管相关并发症

1. 插管操作的并发症

(1) 肺与胸膜的损伤:在进行深静脉插管的过程中气胸是常见的并发症之一,偶尔可发生张力性气胸或血胸。插管后常规胸部 X 线检查可及时发现并处理。

(2) 动脉与静脉损伤:锁骨下动脉损伤及锁骨下静脉撕裂伤可致穿刺局部出血,应立即拔出导针或导管,局部加压 5~15 分钟。如导管质地较硬,可穿破静脉及胸膜导致血胸或水胸;如发现导管头端进入胸腔并输进了液体,应立即终止,拔出导管,并视胸腔积液量采取必要的胸腔引流术。如遇到置管困难时,可在超声引导下置管。

(3) 神经损伤、胸导管损伤、纵隔损伤:首先立即退出导针或导管。

(4) 栓塞:导管栓子一般需在透视定位下由带金属圈的专用器械取出。

(5) 导管位置异常:透视下重新调整,如不能纠正,应予拔出。

(6) 心脏并发症:需要避免导管插入过深,伤及心脏。

2. 静脉导管留置期并发症

(1) 静脉血栓形成和空气栓塞一旦出现,应立即拔出导管并行溶栓治疗。

(2) 导管堵塞后常常需要换管,应在营养液输注后用肝素稀释液冲洗导管。

(二) 感染性并发症

感染是长期肠外营养最严重的并发症之一,发病原因主要是插管操作不严格和高价营养液受到污染。预防感染的主要措施是进行无菌操作和完善管理系统。导管性脓毒症的患病率为 4%~7%,病死率可达 20%。如出现无明确原因的发热,应首先考虑插管感染的可能性。治疗上需要更换输液器和营养液,并进行细菌培养。如果数小时后仍有发热,应拔除导管,改用其他输液方式。留置在深静脉内的导管引起的感染通常在拔除导管后可得到控制,如果保留导管并依靠抗菌药物治疗,则很难控制感染。体弱患者在使用抗生素或激素治疗以及接受肠外营养时容易感染真菌,需要警惕。如患者高热不退,可拔出导管,将其远端进行细菌培养 + 药物敏感试验,有利于选择有效抗生素。

(三) 脏器功能损害

1. 肝胆系统损害 由于长期不经口进食,十二指肠黏膜缺乏刺激而处于休眠状态,缩胆囊素(cholecystokinin,CCK)分泌减少,导致胆囊弛张胀大,胆汁淤积,胆泥生成,甚至形成胆石。胆汁滞留也有损害肝功能的风险。

2. 肠屏障功能受损 肠外营养长期禁食,肠道缺少食物刺激和体内谷氨酰胺缺乏,使肠道屏障结构受损,引发的严重后果是肠道细菌、内毒素移位,损害肝和其他脏器功能,引起肠源性感染,甚至导致多器官功能障碍。应力争早日改用肠内营养,在肠外营养期间补充肠黏膜细胞的主要能量物质谷氨酰胺,均为保护肠屏障功能的有效措施。

3. 充血性心力衰竭 有心脏病或营养不良的患者,如开始输入过快,可因热量或水分骤然增加导致充血性心力衰竭,可通过控制输入速度来预防。

(四) 代谢性并发症

长期处于饥饿状态的患者,大量补给营养液后可出现以呼吸衰竭为主的低钾、低镁、低磷和水超负荷等表现,宜缓慢增加补给量来预防。此外,部分长期肠外营养的患者出现骨钙丢失,骨质疏松,血碱性磷酸酶升高,高钙血症,尿钙排出增加,四肢关节疼痛,甚至出现骨折,称之为代谢性骨病。

二、肠内营养的并发症

肠内营养途径有口服和经导管输入两种,其中经导管输入包括胃鼻管、鼻十二指肠管、鼻空肠管和空肠造瘘管。重点是控制好速度、温度、浓度、洁净度、适宜度和耐受度。

(一) 吸入性肺炎

由于年老体弱、昏迷或存在胃潴留,当通过鼻胃管输入营养液时,可因呃逆后误吸而导致吸入性肺炎,这是比较严重的并发症。预防措施是患者采取半卧位,输营养液后停输30 分钟,若回抽>150ml,则考虑有胃潴留存在,应暂停鼻胃管输入,可改用鼻空肠管输入。

(二) 胃肠道并发症

腹胀、腹泻、恶心、呕吐等胃肠道并发症,发生率为 30%~50%,与输入速度、溶液浓度、溶液渗透压有关。输入过快是引起上述症状的主要原因,故应缓慢输入。

(三) 机械性并发症

肠内营养机械性并发症有鼻、咽、食管损伤,喂养管堵塞,喂养管拔出困难等,主要与喂养管的质地、粗细、置管方法及部位有关。

三、外科营养支持的监护

多学科密切配合、良好的组织管理和认真细致的监护,是确保外科营养支持取得良好疗效、避免并发症的重要条件。

(一) 营养支持的管理

营养支持包括营养师决定时机和方式,负责放置导管并监督工作完成;护士观察患者,记录状态和消除心理疑虑;药剂师提供相容性知识,确保安全有效;配制营养液需专人,洁净无菌操作,4℃冰箱储存备用。

(二)营养支持的监护

1. 中心静脉插管监护　中心静脉插管可通过上、下腔静脉分支的多种路径插入,要求导管尖端应达到上、下腔静脉的根部。

2. 对导管有关感染的监护　穿刺插管的进皮处每天须用碘伏消毒 2 次,严格避免微生物进入导管。应用 1.2μm 的过滤器,定期对滤膜进行微生物培养检查。营养液也需定期做微生物培养检查。

3. 输液系统的监护　包括进空气的除尘滤器、泵的选择、滤器使用及各联系点的可靠性检查,以免发生各种事故。深静脉插管只用来输给营养液,专管专用。给药、输血、输血浆或抽血化验应另选周围静脉进行。

4. 代谢平衡的监护　严密对临床水、电解质和氮平衡监测,最初数日每 6 小时检查一次血糖和尿糖。糖和胰岛素供量趋于稳定后突然出现对糖的不耐受,常表示有新的应激情况出现,如败血症等,要及时处理。每日须记录出入量,测定尿比重、尿糖、尿丙酮、尿电解质、血清电解质、血糖和体重。

第八节　外科营养与代谢疾病防治

人体在正常生命活动过程中需要不断摄取各种营养物质,比如蛋白质、脂肪、糖、水、维生素等,来参与新陈代谢。外科患者由于疾病或手术原因,身体中各种营养素代谢会发生改变,所以需要专业的营养支持及防治。

一、糖代谢紊乱

(一)高血糖与低血糖

1. 病因　葡萄糖注射液输注过快,机体尚不适应;严重创伤感染者或糖尿病患者机体胰岛素分泌不足,糖利用率下降,均可致体内血糖过高而出现高渗性利尿、脱水甚至死亡。

2. 防治措施　预防在于调节好输注速度,控制葡萄糖总量(每日摄入量<400g),进行临床及实验室检查,如血糖、尿糖的监测等。对原有胰岛功能低下或处于应激状态下者,输注液应加入胰岛素。若要停止肠外营养,要逐渐撤除或从外周静脉输入等渗葡萄糖溶液,可防止低血糖发生。

(二)高渗性非酮症性昏迷

1. 病因　当血糖浓度超过 40mmol/L 时,可产生高渗性非酮症性昏迷,是由输入大量高浓度的葡萄糖而内生胰岛素一时不能相应增加,不能调节血糖水平所致。高渗导致细胞内脱水,进行性细胞内脱水可使细胞严重受损,首当其冲的是中枢神经系统受累而功能失常,患者出现昏迷甚至死亡。

2. 防治措施　一旦发生,应立即停用葡萄糖液,用 0.45% 低渗盐水以 250ml/h 的速度输入,降低血浆渗透压,并输入胰岛素 10~12U/h 以降低血糖水平。伴有低钾血症者应同时纠正。为了预防高渗性非酮症性昏迷的发生,一般可先应用浓度较低的葡萄糖注射液(15%~20%),在数日内逐渐增加浓度,使机体逐渐适应,以分泌足够的胰岛素。也可按每 8~10g 葡萄糖加胰岛素 1U,以后改为 12~15g 葡萄糖加胰岛素 1U,来防止血糖过度升高,促进机体对葡萄糖的利用。在 5~7 日内可逐渐减量,直至完全不用胰岛素。

（三）肝脂肪变性

1. 病因　长期输入单一葡萄糖而又缺乏外源性脂肪酸摄入者。

2. 防治措施　要减少这种并发症,宜用脂肪乳剂替代部分能源,减少葡萄糖的长期输注量。

二、氨基酸性疾病

（一）高血氨、高氯性代谢性酸中毒

1. 病因　由蛋白质代谢异常所致。

2. 防治措施　目前采用氨基酸的醋酸盐和含游离氨低的氨基酸溶液后,这种并发症已较少发生。精氨酸在氨转换为尿素的过程中起到重要作用,能预防及纠正高氨血症。

（二）肝酶谱升高

1. 病因　部分患者在肠外营养治疗后不久(2周左右)出现转氨酶、碱性磷酸酶和血清胆红素升高。引起这些改变有多方面原因:如长期应用高糖补液,患者对氨基酸的耐受性不良;体内大量谷氨酰胺被消耗;色氨酸的分解产物溶液中的抗氧化剂重硫酸钠对肝脏毒性作用等。肠外营养时肠屏障功能减退,肠道细菌和内毒素移位均会使肝功能受损。

2. 防治措施　肝酶谱升高通常是可逆的,当肠外营养减量或停用后,肝功能可逐渐恢复正常。

（三）肝性脑病

1. 病因　肝功能异常的患者若输入色氨酸含量高的溶液,会改变血浆氨基酸谱而引起肝性脑病。

2. 防治措施　肝性脑病患者应输支链氨基酸含量高的溶液。

三、营养物质缺乏

（一）电解质紊乱

1. 病因　在肠外营养时,低钾血症和低磷血症比较常见,治疗中未规范补给是其主要原因。严重低磷血症表现为昏睡、肌肉软弱、口周或四肢刺痛感、呼吸困难,甚至发生昏迷、抽搐。

2. 防治措施　每日补足需要量即可预防。

（二）微量元素缺乏

1. 病因　锌缺乏较多见,常发生于高分解状态并伴有明显腹泻者。锌是多种重要酶的必需元素,锌缺乏可产生口周或肛周红疹、出血性皮疹、皮肤色素沉着、神经炎、脱发、腹泻、腹痛或伤口愈合不良等,测得血清值下降可确诊。铬缺乏可致难以控制的高血糖。铜缺乏可产生小细胞性贫血。

2. 防治措施　在肠外营养液中常规加入多种微量元素可有效预防。

（三）必需脂肪酸缺乏

1. 病因　长期肠外营养时如未补充脂肪乳剂,可发生必需脂肪酸缺乏症。表现为皮肤干燥、鳞状脱屑、脱发、伤口愈合延迟、肝脂肪变性和易发生血栓等。

2. 防治措施　每周只需补充脂肪乳剂1次即可预防。

（四）维生素缺乏

1. 病因　维生素是机体不可缺少的营养物质,肠外营养时如未及时补充,可导致维生素缺乏,引起一系列临床症状。

2. 防治措施　按每日需求适量补给多种维生素制剂,以预防其发生。

四、肥胖症

肥胖症是一种慢性疾病,由于摄入热量超过消耗而导致体内脂肪过多积聚,引起体重过度增长和病理生理改变。它不仅对外貌和生活产生负面影响,还会导致多种代谢紊乱性疾病,如 2 型糖尿病、高血压、高脂血症等。国际上使用 BMI 来评估肥胖程度,并预测相关疾病的风险。传统非手术治疗方法如饮食控制、运动、中医针灸和药物疗法,短期效果明显但长期效果不佳。手术治疗以重塑解剖结构为手段,控制体重并改善肥胖症相关代谢疾病,成为最成功、疗效最持久的治疗方法,形成了肥胖与代谢病外科这一新兴学科,又称减肥外科或减重外科。

袖状胃切除术和 Roux-en-Y 胃旁路术是目前最常用的两种减重手术方式。

（雷 霆）

复习思考题

1. 试述水、电解质和酸碱平衡的概念,讨论失衡可能导致的健康问题和治疗方法。

2. 试述人体水分的来源、调节机制和尿液产生过程,探讨渗透压的重要性和尿液成分的临床意义。

3. 解释电解质的概念、类型和功能,列举常见的电解质异常及临床表现,提供纠正失衡的治疗方法。

4. 讨论酸碱平衡的重要性、调节机制和常见紊乱分类,介绍监测和治疗策略。

5. 试述营养平衡与健康的关系,列举常见的营养失衡和相关疾病以及外科营养支持的中医辨证论治应把握的原则。

第九章

输　血

📐 **学习目标**

1. 掌握输血适应证和不良反应的防治。
2. 熟悉成分输血的优点及其主要制品的临床应用。
3. 了解自体输血的作用、血浆代用品的种类及应用。

　　输血（blood transfusion）是抢救失血性休克的重要手段，也是其他严重贫血重要的治疗措施。输血可以补充循环血量不足，增加血液携氧能力，提高血浆蛋白含量，改善凝血功能。输血与麻醉、无菌术一起被称为促进近代外科发展的三大要素。

　　中医学认为血是构成人体和维持人体生命活动的基本物质之一，可分为有形之血与无形之血。清代张隐庵认为："有形之血，行于脉中；无形之气，行于脉外。"现代医学的"血"属于中医"有形之血"范畴。血和津液关系密切，均源于饮食的精气，并能相互资生、相互作用，同属人体的阴液。《灵枢·邪客》云："营气者，泌其津液，注之于脉，化以为血。"中医学的"血""津液"和"津血同源"概念，以及由脾胃运化生成的津液渗注于脉中成为血液等，类似于现代医学的血管外液与血液之间的关系。

第一节　血型与血源

一、血型

　　血型（blood type）是人类的遗传性状之一。人类的红细胞、白细胞和血小板表面存在着许多不同的抗原，这些不同的抗原就构成了血型系统。一般所说的血型是指红细胞血型，由存在于红细胞表面的多种抗原所决定（这些抗原又称凝集原）。常说的红细胞血型包括 ABO 血型、Lewis 血型、MN 血型、P 血型和 Rh 血型，ABO 血型最常见，也是最为重要的血型系统。

（一）ABO 血型及血型鉴定

　　红细胞表面含有不同的凝集原（抗原），血清中含有不同的凝集素（抗体），按红细胞表面所含凝集原及血清中所含凝集素的不同将血型分为 A、B、AB、O 四型。A 型血红细胞含 A 凝集原而血清中含抗 B 凝集素；B 型血红细胞含 B 凝集原而血清中含抗 A 凝集素；AB 型血红细胞含 A 和 B 凝集原而血清中不含抗 A 和抗 B 凝集素；O 型血红细胞不含 A 和 B 凝集原而血清中含抗 A 和抗 B 凝集素。除 ABO 血型系统外，还有 Rh 和 ABO 亚型等血型系统，其中 Rh 阴性血型对临床输血有重要意义，须引起注意。

血型鉴定通常采用正、反定型来确定。正定型是用标准的抗 A 和抗 B 血清测定受检者红细胞上的抗原,反定型是用标准的 A 型、B 型和 O 型红细胞抗原测受检者血清中的抗体,从而鉴定出 A、B、O 或 AB 血型。

(二) 交叉配血试验

在输全血和红细胞之前,除需证明供血者与受血者的 ABO 血型相同外,还必须常规做交叉配血试验。交叉配血试验分为直接试验和间接试验。直接试验是指把受血者血清与供血者的红细胞混悬液相混合,间接试验则是指把供血者血清与受血者的红细胞混悬液相混合,两者必须同时进行,均无凝集或溶血发生,才能输血。

(三) 紧急输血的策略

临床上会碰到一些急需输血的情况,但没有足够的时间完成血型鉴定和交叉配血试验,此种情况下可以按下列步骤进行输血治疗:

(1) 用晶体液如生理盐水、乳酸钠林格注射液,或人工胶体液羟乙基淀粉、琥珀酰明胶等进行血容量补充,以维持循环功能。

(2) 可选择输注 O 型、Rh 阴性或阳性的洗涤红细胞。

二、血源

目前的医疗用血主要来自供血者,少数来自胎盘血或手术中回收的无污染的创面出血。近年来越来越多地开展的术前自体血储备、术前等容性血液稀释及术中血液保护等技术,对于减少供血依赖和输血并发症有重要的意义。

(一) 供血者条件

血型应与受血者相同,年龄 18~50 岁,身体健康,无急、慢性疾病,包括肝炎、结核、心脏病、高血压、肾炎、心肌炎、梅毒、血栓性静脉炎等。血内应无疟原虫。供血者一次献血量为 200~400ml,间隔时间不少于 6 个月。

(二) 手术中血液回收

术中创面出血经血液回收机收集、抗凝,再经过滤、离心洗涤成为红细胞悬液或浓缩红细胞后回输给患者,此类血液回收技术在心脏和脊椎等出血较多的手术中已广泛应用。脏器损伤所致胸、腹腔积血可在无菌操作下吸出,经过抗凝、过滤或洗涤、浓缩后再输给患者,如脾破裂、胸部创伤等。但一般情况下,开放性创伤超过 4 小时或有内脏穿孔造成污染者,以及肿瘤患者的血液不应回收。

第二节　输血的适应证、方法及注意事项

一、输血的适应证

外科输血的目的有两个:一是纠正低血容量,二是纠正血液成分的缺乏。正确的输血可以治疗疾病,挽救生命。滥用输血反而产生不良作用或并发症,且造成血源的浪费。因此,我们必须严格掌握输血的适应证。

(一) 大量出血

根据失血量、速度和患者的临床表现确定输血量和输血类型。当失血量低于总血容量的 10%(500ml) 时,可通过机体自身代偿而无须输血。失血量在 10%~20%(500~1 000ml) 之间时,可输入晶体液、胶体液或少量血浆代用品。失血量超过 20%(1 000ml) 时,除了输入晶

体液或胶体液补充血容量,还应适当输入浓缩红细胞以提高氧气携带能力。失血量在 30%以下时,不输全血,超过 30% 时,可输全血与浓缩红细胞各半;失血量超过 50% 时,还需监测和补充特殊成分如清蛋白、血小板和凝血因子。补充血容量的方案应根据患者的临床症状和血液指标进行选择。

(二) 贫血或低蛋白血症

常由慢性失血、烧伤、红细胞破坏增加或白蛋白合成不足所致。贫血使患者常难以经受创伤及疾病的侵害,低蛋白血症使患者对麻醉及手术创伤的耐受力降低,术后容易出现组织愈合不良及感染等并发症,因此必须在术前给予纠正。贫血患者应输浓缩红细胞,使血红蛋白提高至 90~100g/L;低蛋白血症患者可输血浆或白蛋白液,使血浆总蛋白升至 60g/L,至少不低于 50g/L,白蛋白不低于 30g/L,以提高患者对手术的耐受力。

(三) 凝血异常

临床上常输入新鲜冰冻血浆、血小板进行预防和治疗。根据引起凝血异常的原因补充相关的血液成分可望获得良效,如血友病 A 患者输凝血因子Ⅷ或抗血友病球蛋白(antihemophilic globulin);纤维蛋白原缺乏症患者补充纤维蛋白原或冷沉淀制剂;血小板减少症或血小板功能障碍者输血小板等。

血小板输注用于患者血小板减少或功能异常伴有出血倾向或表现:血小板计数 $>100 \times 10^9$/L,可以不输;血小板计数 $<50 \times 10^9$/L,应考虑输;血小板计数在 $(50 \sim 100) \times 10^9$/L 之间,应根据是否有自发性出血或伤口渗血决定;如术中出现不可控渗血,确定血小板功能低下,输血小板不受上述限制。

新鲜冰冻血浆输注用于凝血因子缺乏的患者:凝血酶原时间(prothrombin time,PT)或活化部分凝血活酶时间(activated partial thromboplastin time,APTT)>正常人 1.5 倍,创面弥漫性渗血;患者急性大出血输入大量库存全血或浓缩红细胞后(出血量或输血量相当于患者自身血容量);病史或临床过程表现有先天性或获得性凝血功能障碍;紧急对抗华法林的凝血作用。

(四) 严重感染

全身性严重感染或脓毒症、恶性肿瘤化疗后致严重骨髓抑制继发难治性感染者,当其中中性粒细胞低下和抗生素治疗效果不佳时,可考虑输入浓缩粒细胞以控制感染。但因输粒细胞有引起巨细胞病毒感染、肺部合并症等副作用,故使用受到限制。

二、输血的方法

(一) 输血的途径

输血的主要途径有 2 条,即静脉输血和动脉输血。

1. 静脉输血　是最常使用的输血途径。成人一般选择较大的表浅静脉,小儿则可选用头皮静脉。如患者处于休克状态或过于肥胖而静脉不易穿刺者,可做中心静脉置管或静脉切开输血。

静脉输血有间接输血法和直接输血法两种:

(1)间接输血法:即通过密闭式输血器输血,是最常用的输血方法,通常采用重力点滴输入。

(2)直接输血法:很少使用,用 50~100ml 注射器先抽好一定量的枸橼酸钠溶液(每100ml 血液内需加 2.5%~3.8% 枸橼酸钠溶液 10ml),从供血者肘前静脉抽取所需要的血量,轻轻转动注射器,使血液与抗凝剂混合均匀后即直接注入患者静脉内。此法多用于小儿或无专门输血器材时。

2. 动脉输血 动脉输血是一种临床上不常用的治疗方法,适用于静脉输血无效、心脏因缺血导致功能不全的情况。常使用肱动脉、桡动脉或股动脉进行穿刺或切开,操作简便。动脉输血可以通过直接注入动脉来迅速补充动脉血容量、升高血压;还可刺激动脉血管壁的压力感受器,反射性地调节中枢神经和血管收缩中枢,提高冠状动脉的血流量,改善心脏排血功能;对于心脏收缩无力或停搏的患者,可以直接增加冠状动脉和其他动脉的灌注量。动脉输血是对休克濒死患者很有效的复苏手段。在进行动脉加压输血时应随时观察病情变化,当收缩压超过 80mmHg 时可停止动脉输血,改为静脉输血。

(二) 血液过滤

所有血液制品均应经带过滤器的输血器输入,便于滤出细胞聚集物和纤维蛋白块。常用的标准过滤器孔径为 170μm。大量输血时过滤器网孔的孔径最好能小于 150μm。

(三) 输血的速度

输血的速度应根据患者的具体情况决定。大量出血、失血性休克抢救或动脉失血时输血的速度要快。动脉输血的输入速度一般为 2~7 分钟内 100~200ml,总量以 400ml 左右为宜,其余的失血量由静脉输血补足。静脉输血在一般情况下开始应慢,每分钟 10~20 滴,并密切观察 30 分钟,如无不良反应,可根据病情加快或保持原来的速度。如果应用的输血器是塑料袋,只需加压即可达到快速输血的目的,也可用特制的加压输血器加速输血。正常的输血速度成人一般为每分钟 40~50 滴,小儿每分钟 5~10 滴,老年人、贫血或心功能不全者每分钟 15~20 滴,以防循环负荷过重而引起心力衰竭、肺水肿。

三、输血的注意事项

1. 严密查对 输血前详细核对受血者和供血者姓名、血型、血瓶号、交叉配血试验的结果及受血者的住院号、床号等,完全无误后方能输血。

2. 认真检查 应检查血袋有无破损,标签是否完整清晰,袋口密封是否严密,血浆是否透明,如有浑浊、絮状物、变色、气泡者,表示已有污染,不能使用。正常库存血的血浆与红细胞之间应该有明显界限,如血浆呈淡红色,表明已有溶血现象,则不能使用。输注前应轻柔地转动血瓶或血包,使血浆与红细胞充分混匀,切忌用力猛摇、猛晃,以防止血细胞破坏而发生溶血。

3. 保存时间 用枸橼酸盐 - 磷酸盐 - 葡萄糖溶液(CPD)、酸性枸橼酸盐葡萄糖溶液(ACD)保存的库存血超过 3 周不应使用。

4. 放置时间 从血库取出的血液应在短时间内输完,不宜在室温下放置过久,一般不得超过 4 小时,以免溶血或污染。用开放法采集的血液应在 3~4 小时内输完。

5. 无菌操作 在输血的整个过程中,均应严格执行无菌操作技术。

6. 加强观察 在输血的过程中应认真、密切观察患者有无输血反应,尤其应注意体温、脉率、血压及尿色。有严重反应时应立即停止输血并及时进行以下处理:①取血样重新鉴定血型和交叉配血;②取血袋内血做细菌学检查;③采集患者尿液检查有无游离血红蛋白;④保留剩余血液以备核查。

7. 保留血袋 输血完毕后血袋应保留 1 天,以备核查。

8. 输血的温度 输血时的温度不宜过低,特别是动脉输血时血温过低可引起心律失常或心搏骤停。一般情况下动脉输血应加温至 35~37℃。一般速度下输入 1~2L 冷藏血不需要预热。但当快速大量输血、新生儿输血或输入物含有很强的冷凝集素时,应在血袋外加保护袋预热(<32℃)后输入。

9. 不加药物 输血前后可用生理盐水冲洗输血管道,但除生理盐水外,不应向血液中加入任何药物,以免发生凝血或溶血。

第三节　输血的不良反应、并发症及防治

输血可发生各种不良反应,严重者甚至危及生命。输血是在临床上作为治疗和辅助治疗的重要和必不可少的措施,但任何血液成分的输注在一定条件下都可能对受血者产生一定的风险。不适当的输血可能造成不良后果,轻者导致各种输血不良反应,重者可危及生命。受血者不良反应发生率一般为 1%~10%。因此认识输血反应的类型、机制,对开展输血反应的预防、诊断和治疗等方面的工作十分重要,有助于避免输血不良反应的发生,保证输血安全,提高输血治疗的水平。

(一) 发热反应

是最常见的早期输血不良反应之一,发生率为 2%~10%。多发生于输血开始后 15 分钟至 2 小时内。主要表现为畏寒、寒战和高热,体温可上升至 39~40℃,同时伴有头痛、出汗、恶心、呕吐及皮肤潮红。症状持续 30 分钟至 2 小时后逐渐缓解。血压多无变化。少数反应严重者还可出现抽搐、呼吸困难、血压下降,甚至昏迷。在全身麻醉时输血,很少出现发热反应。

1. 原因

(1)免疫反应:常见于经产妇或多次接受输血者,因体内已有白细胞或血小板抗体,当再次输血时可与输入的白细胞或血小板发生抗原抗体反应而引起发热。

(2)致热原:所使用的输血器具或制剂被致热原如蛋白质、死菌或细菌的代谢产物等污染而附着于贮血的器具内,随血输入体内后引起发热反应。目前此类反应已少见。

2. 治疗　发热反应出现后,应首先分析可能的病因。对于症状较轻的发热反应可先减慢输血速度,病情严重者则应停止输血。畏寒与寒战时应注意保暖,出现发热时可服用阿司匹林,发热严重者给予物理降温及糖皮质激素,伴寒战者可肌内注射异丙嗪 25mg 或哌替啶 50mg。

3. 预防　应强调输血器具严格消毒、控制致热原。对于多次输血或经产妇患者应输注不含白细胞和血小板的成分血(如洗涤红细胞)。

(二) 过敏反应

多发生在输血数分钟后,也可在输血中或输血后发生,发生率约为 3%。表现为皮肤局限性或全身性瘙痒或荨麻疹。严重者可出现支气管痉挛、血管神经性水肿、会厌水肿,表现为咳嗽、喘鸣、呼吸困难以及腹痛、腹泻,甚至过敏性休克乃至昏迷、死亡。

1. 原因

(1)过敏体质患者对血中蛋白类物质过敏,或过敏体质的供血者随血将其体内的某种抗体转移给患者,当患者再次接触该过敏原时,即可触发过敏反应。此类反应的抗体常为 IgE 型。

(2)患者因多次输注血浆制品,体内产生多种抗血清免疫球蛋白抗体,尤以抗 IgA 抗体为主。或有些免疫功能低下的患者,体内 IgA 低下或缺乏,当输血时便对其中的 IgA 发生过敏反应。

2. 治疗　当患者仅表现为局限性皮肤瘙痒或荨麻疹时,应暂时中止输血,可口服抗组胺药如苯海拉明、异丙嗪等,并严密观察病情发展。反应严重者应立即停止输血,肌内注射肾上腺素(1:1 000,0.5~1ml)和 / 或静脉滴注糖皮质激素(皮质醇或地塞米松)。合并呼吸困

ER-9-3

过敏反应

难者应做气管插管或切开,以防窒息。

3. 预防

(1)对有过敏史的患者,在输血前半小时同时口服抗过敏药和静脉输注糖皮质激素。

(2)对 IgA 水平低下或检出 IgA 抗体的患者,应输不含 IgA 的血液、血浆或血液制品。如必须输红细胞时,应输洗涤红细胞。

(3)有过敏史者不宜献血。

(4)献血员在采血前 4 小时应禁食。

(三)溶血反应

溶血反应是最严重的输血并发症。虽然很少发生,但后果严重,病死率高。发生溶血反应患者的临床表现有较大差异,与所输的不合血型种类、输血速度与数量以及所发生溶血的程度有关。分为两种:

1. 免疫溶血反应 由红细胞血型不合的输血导致的溶血性输血反应称为免疫溶血反应。这类反应严重而且病死率高。

(1)ABO 血型不合:主要是血管内溶血,抗体为 IgM 类,可导致急性溶血性输血反应,为临床上最危险的输血反应。这是因为抗 A 和抗 B 抗体迅速使补体活化至 C9,从而导致血管内溶血发生。ABO 血型不符的输血反应,也可活化血液凝固系统而释放血管活性胺类。这类事件可导致血管动力障碍、循环呼吸系统虚脱或弥散性血管内凝血、肾衰竭等严重问题,任何一种情况都可能是致命的。

(2)Rh 血型不合:主要是血管外溶血,抗体为 IgG 类,即不规则抗体,导致延迟性溶血性输血反应(delayed hemolytic transfusion reaction,DHTR)。Rh 系统中 Rh(D)抗原性仅次于 A、B 抗原,约 2/3 的 Rh 阴性的人通过输血或妊娠能免疫产生抗 D 抗体。抗体往往可持续多年,甚至终身。

(3)其他血型不合:MNS 血型系统中有许多变异型及卫星抗原,而其中 Miltenberger 亚系统的抗原抗体反应在黄种人中发生的概率较其他人种高。在该系统中 Mi Ⅲ 是最常见的血型抗原之一,国内所发现的抗体限于抗 Mi^a(0.18%),是重要的同种异体抗体之一。抗 Mi^{a}主要是 IgM 抗体,也有 IgG 抗体。Kidd 血型不合输血可能导致严重的迟发型溶血性输血反应,主要由抗 Jk^a 和抗 Jk^b 抗体(属于 IgG,主要是 IgG3)引起,且在抗人球蛋白介质中反应。它们与补体的结合良好,可导致血管内或血管外溶血,常伴有血红蛋白尿的严重溶血性输血反应。

2. 非免疫性溶血反应 受血者或供血者红细胞缺损,如膜缺陷、酶缺陷和珠蛋白异常,导致非免疫性溶血反应。输血前的红细胞损伤也可能引发溶血反应,如冰冻、加热、溶液渗透性变化、乙醇混入、贮存时间过长、机械损伤和细菌生长等。

典型症状为输血后立即出现输血静脉周围的红肿、疼痛,以及寒战、高热、呼吸困难、腰背酸痛、头痛、胸闷、心率加快、血压下降等。严重情况下可出现血红蛋白尿和溶血性黄疸。延迟性溶血性输血反应(DHTR)多发生在输血后 7~14 天,表现为原因不明的发热、贫血、黄疸和血红蛋白尿。近年来,DHTR 引起重视是因为它可能导致全身炎症反应综合征(systemic inflammatory response syndrome,SIRS),表现为体温异常、心律失常、白细胞溶解和减少、血压异常,甚至多器官功能衰竭。

3. 原因

(1)绝大多数是由误输了 ABO 血型不合的血液引起,是由补体介导、以红细胞破坏为主的免疫反应。其次,当 A 亚型不合或 Rh 及其他血型不合时也可发生溶血反应。此外,溶血反应还可由供血者之间血型不合引起,常见于一次大量输血或短期内输入不同供血者的血液时。

笔记栏

ER-9-4

溶血反应

(2)少数在输入有缺陷的红细胞后可出现非免疫性溶血反应,如血液贮存、运输不当,输入前预热过度,血液中加入高渗、低渗性溶液或对红细胞有损害作用的药物等。

(3)受血者患自身免疫性溶血性贫血时,其血液中的自身抗体也可使输入的异体红细胞遭到破坏而诱发溶血。

免疫复合物引发免疫反应,激活神经内分泌、补体和血液凝固系统,可能导致休克、弥散性血管内凝血和急性肾衰竭。溶血可分为血管内溶血和血管外溶血,血管内溶血主要由 IgM 类抗体引起,如抗 A 和抗 B 抗体,是急性溶血反应。一旦形成免疫复合物,则激活补体,导致红细胞在血管内迅速破坏,释放血红蛋白到血浆,超过一定浓度时会从尿液中排出。血管外溶血多由 IgG 类抗体引起,常见的有抗 Rh、Diego 等血型抗原的抗体,尤其是抗 D 抗体最为重要。这些抗体包裹在红细胞上,被单核吞噬细胞系统吞噬和清除,导致 DHTR。

4. 治疗 诊断一般不困难,但遇轻度反应时,难与发热反应和早期细菌污染输血反应相鉴别。当怀疑有溶血反应时应立即停止输血,核对受血者与供血者姓名和血型,并抽取静脉血离心后观察血浆色泽,若为粉红色即证明有溶血。尿潜血阳性及血红蛋白尿也有诊断意义。收集供血者血袋内血和受血者输血前后血样本,重新做血型鉴定、交叉配血试验及做细菌涂片和培养,以查明溶血原因。对患者的治疗包括:

(1)抗休克:应用晶体、胶体液及血浆以扩容,纠正低血容量性休克,输入新鲜同型血液或输浓缩血小板或凝血因子和糖皮质激素,以控制溶血性贫血。

(2)保护肾功能:可给予 5% 碳酸氢钠 250ml,静脉滴注,使尿液碱化,促使血红蛋白结晶溶解,防止肾小管阻塞。当血容量已基本补足且尿量基本正常时,应使用甘露醇等药物利尿以加速游离血红蛋白排出。当有尿少、无尿或氮质血症、高钾血症时,则应考虑行血液透析治疗。

(3)若 DIC 明显,还应考虑肝素治疗。

(4)血浆交换治疗:以彻底清除患者体内的异形红细胞及有害的免疫复合物。

5. 预防

(1)严格执行输血、配血过程中的核对制度。

(2)严格按照输血的规程操作,不输有缺陷的红细胞,严格把握血液预热的温度。

(3)尽量行同型输血。

(四)细菌污染反应

细菌污染反应虽然发生率不高,但后果严重。患者的反应程度因细菌污染的种类、毒力大小和输入的数量而异。若污染的细菌毒力小、数量少,可仅有发热反应;反之,则输入后可立即出现内毒素性休克(如大肠埃希菌或铜绿假单胞菌)和 DIC。临床表现有烦躁、寒战、高热、呼吸困难、恶心、呕吐、发绀、腹痛和休克。也可以出现血红蛋白尿、急性肾衰竭、肺水肿,致患者短期内死亡。

1. 原因 细菌性输血反应是由于血液和血液制品中的细菌污染,在输入患者循环后引发反应,甚至导致严重的细菌性脓毒症,危及生命。使用塑料血袋和密闭系统显著降低了细菌性输血反应的发生率。然而,由于一些医务人员对细菌性输血反应的认识不足,临床上对该反应的诊断率和报告率低于实际发生情况。随着血小板输血的增加,由于血小板在室温下存储,适宜于细菌生长,细菌性输血反应的发生率增加,成为重要的输血反应之一。采血和贮存过程中的无菌技术漏洞可能导致细菌污染,革兰氏阴性杆菌在 4℃ 环境下快速生长并产生内毒素,有时也可能出现革兰氏阳性球菌污染。

2. 治疗

(1)立即终止输血并将血袋内的血液离心,取血浆底层及细胞层分别行涂片染色细菌检查及细菌培养检查。

(2)采用有效的抗感染和抗休克治疗,具体措施与感染性休克的治疗相同。当发生严重的细菌性输血反应时,应立即停止输血,采取紧急抗菌等治疗措施,不能等细菌培养出报告后再开始治疗。如果革兰氏染色检出细菌,应根据革兰氏染色结果(阳性或阴性)选择相应敏感的抗生素,反之,应选用广谱抗生素。另外,还需要一般支持疗法,包括退热、输液等,均应根据病情决定,如发生感染性休克,应采取相应的抗休克措施。

3. 预防

(1)严格执行无菌制度,按无菌要求采血、贮血和输血。

(2)血液在保存期内和输血前定期按规定检查,如发现颜色改变、透明度降低或产气增多等任何受污染可能时,不得使用。

(五) 循环超负荷

常见于心功能低下、老年、幼儿及低蛋白血症患者,由于输血速度过快、过量而引起急性心力衰竭和肺水肿。表现为输血中或输血后突发心率加快、呼吸急促、发绀或咳吐血性泡沫痰,颈静脉怒张、静脉压升高,肺内可闻及大量湿啰音。胸片可见肺水肿表现。

1. 原因

(1)输血速度过快致短时间内血容量上升超出了心脏的负荷能力。

(2)原有心功能不全,对血容量增加承受能力小。

(3)原有肺功能减退或低蛋白血症,不能耐受血容量增加。

2. 治疗 立即停止输血。吸氧,使用强心剂、利尿剂以改善循环负荷并排出过多的体液。

3. 预防 对心功能低下者要严格控制输血速度及输血量,严重贫血者以输浓缩红细胞为宜。

(六) 输血相关急性肺损伤(transfusion related acute lung injury, TRALI)

TRALI 是一种与年龄、性别和原发病无关的疾病,主要是由输血引入的白细胞抗体与患者的白细胞发生反应造成的。这些抗体会凝聚白细胞,并在肺微循环中引起滞留,导致肺部浸润和补体的激活。TRALI 的临床表现包括输血后不久出现肺水肿及多种症状,如发热、呼吸困难、发绀等,并可能导致血压下降、休克、肾衰竭等。诊断 TRALI 时需要与过敏性输血反应和循环超负荷进行鉴别。TRALI 的预防措施包括禁止使用多次妊娠供血者的血浆作为输血制品。及时采取有效的治疗措施可以改善患者的症状和生理状况,并使其在48~96 小时内恢复。

(七) 输血相关移植物抗宿主病(transfusion associated graft versus host disease, TA-GVHD)

TA-GVHD 是由于输入免疫活性的淋巴细胞到免疫缺陷的受血者体内,这些细胞成为移植物并对受血者组织发生免疫反应而引发的疾病。TA-GVHD 发病需要三个条件:受血者和供血者人类白细胞抗原(human leucocyte antigen, HLA)存在差异、输入血液中含有免疫活性细胞以及受血者免疫系统不能排斥这些异体细胞。如果免疫系统不能清除输入的免疫细胞,这些细胞就会在受血者体内扩增并攻击受血者的组织和器官,导致 TA-GVHD 的发生。TA-GVHD 的预防方法目前主要是用 γ 射线照射输血细胞制品,以清除其中的白细胞。预防措施非常重要,因为目前对 TA-GVHD 的治疗效果较差,病死率很高。因此,在输血时不应动员家庭成员或亲属献血,并且不提倡输新鲜血。

(八) 疾病传播

病毒和细菌性疾病可经输血途径传播。病毒包括 EB 病毒、巨细胞病毒、肝炎病毒、HIV

和人类嗜 T 淋巴细胞病毒（human T-cell lymphotropic virus，HTLV）1、2 型等；细菌性疾病如布鲁氏菌病等。其他还有梅毒、疟疾等。其中以输血后肝炎和疟疾多见。预防措施有：①严格掌握输血适应证；②严格进行献血员体检；③在血制品生产过程中采用有效手段灭活病毒；④自体输血等。为了降低因输血感染病毒和其他病原体的风险，进一步提高输血的安全性，世界卫生组织提出的输血安全战略如下：

1. 建立国家协调的采供血系统并实施全面质量管理　我国政府高度重视血液安全，除加大投入、加强血站硬件建设外，在血站系统强化实施全面质量管理，保证血液的安全和质量。

2. 从低危人群 - 无偿献血者采集血液　国内外研究证明，无偿献血制度是保证血液安全的基础和关键。我国经多年努力，已基本达到全面实施无偿献血的目标。

3. 严格筛选检测血液　为保证血液质量，我国严格管理血液检测，包括建立更高的检测试剂标准和试剂"批批检"制度，以及严格的实验室质量管理制度。

4. 临床合理输血　中国在提高输血用血液质量和安全性方面做出了努力，但由于一些限制因素，如无偿献血水平有限和病毒检测的不完善，临床输血仍存在较低的感染传染病的风险。因此，世界卫生组织将临床合理输血列为血液安全战略，并要求临床医师通过合理输血进一步降低风险。合理输血的原则是严格掌握输血指征，避免给不需要输血的患者输血。另一个要素是选择适当的血液制品，外科临床中，大多数需要输血的患者主要是为了提高血红蛋白水平以确保器官和组织得到足够的氧供应，所以应该选择红细胞制品，而不是输血浆或全血，这些患者不需要补充血浆蛋白和白细胞，输入这些成分会增加感染风险和其他不良反应的风险。

（九）免疫抑制

输血可使受血者的非特异性免疫功能下降和抗原特异性免疫抑制，增加术后感染率，并可促进肿瘤生长、转移及复发，降低 5 年生存率。输血所致的免疫抑制同输血的量和成分有一定的关系，小于或等于 3 个单位的红细胞成分血对肿瘤复发影响较小，而输注异体全血或大量悬浮红细胞液则影响较大。

（十）大量输血的影响

大量输血（24 小时内用库存血细胞置换患者全部血容量或数小时内输入血量超过 4 000ml）后可能出现多种变化，包括低体温、碱中毒、低钙血症、高钾血症或低钾血症以及凝血功能异常。当出现出血倾向和 DIC 表现时，应及时补充新鲜冰冻血浆、冷沉淀和浓缩血小板。对于体温正常、无休克的患者，通常可以耐受快速输血而无须补充钙，但在监测血钙的同时可考虑补充钙剂，首选 10% 葡萄糖酸钙。在碱中毒情况下，通常不会出现高钾血症，除非存在肾功能障碍，而此时监测血钾水平非常重要。如果同时出现高钾血症和低钙血症，需要注意其对心功能的影响。

（十一）输血的其他不良反应

除上述输血不良反应外，还有一些其他输血不良反应，现简述如下：

1. 酸碱平衡紊乱　血液保存期间可产生大量乳酸和丙酮酸，使血液呈酸性，但人体具有酸碱平衡的代偿能力，不需要常规使用碳酸氢钠。

2. 高血氨　血液在（4±2）℃保存过程中血浆中氨含量将逐步升高。因此对于肝功能不全、肝昏迷或肝衰竭的患者，输注大量库存血，由于肝脏不能及时将大量的血氨代谢，可以引起血氨升高，临床出现肝性脑病的症状。

3. 肺微血管栓塞　肺微血管栓塞主要是由输注血液中的微聚体所引起。微聚体主要由贮存血液中的白细胞、血小板和纤维蛋白形成的微聚颗粒组成，其直径为 10~164μm。微聚体随着血液保存时间的延长而增加。大量输血时,微聚体通过标准滤网(孔径为170μm)进入血液循环,可以阻塞肺毛细血管引起肺损伤。

(十二) 输血不良反应的中医辨证思路

1. 输血后发热反应的中医辨证思路 中医认为发热有外感和内伤之分。在输血引起的发热反应中两类发热均可出现。输血中引起发热的致热原及引起免疫反应的白细胞或血小板抗体等均可视为外感热邪。外感热邪的发病途径并非传统中医认为的由表及里,而是通过输血的途径直中营血,因此发病更为急剧迅猛,病位多在营血分,这种情况可视为输血反应中的外感发热。输血中出现的溶血反应或过敏反应所致发热,则可视为内伤发热。内伤发热直接耗伤营阴,耗血动血,甚或热扰心神,出现神昏谵语等神志症状。

在不同的情况下,外感发热和内伤发热表现的轻重主次不同。针对不同病因,分析病位在营血之不同,按卫气营血辨证,四诊合参,遣方用药。

如身热夜甚,心烦不寐,甚则时有谵语,口干而不甚渴饮,或斑疹隐隐,舌红绛,脉沉细数者,则为营热阴伤,治当以清热养阴为主,辅以透热转气之法,使热邪里清外透,以清营汤为代表方药。

若身热灼手,时有昏谵,或昏聩不语,舌謇肢厥,舌绛,苔燥,脉细滑而数者,则为热闭心包,治以清热解毒、开窍醒神为主,以安宫牛黄丸为代表方药。

若高热神昏、心烦、口渴,伴有衄血、便血、尿血、吐血,斑疹透露,舌深绛,苔少,脉细数者,则为热入血分,必耗血动血。耗血者,阴伤血凝,治当滋阴以散血;动血者,出血而留瘀,治当凉血止血,活血祛瘀。但往往耗血动血并存,故治宜凉血散血并用,可以犀角地黄汤为基础方化裁(犀角已禁用,现多用水牛角代替)。

2. 输血后过敏反应的中医辨证思路 对于输血后出现病情和缓的迟发性输血相关过敏反应,可优先考虑中医药干预治疗。针对过敏反应的不同症状,辨证施治,以清热解毒为基础,治以祛风、散寒、益气固表、凉血、养血活血以及清利肠胃湿热等法可取得较好的效果。同时结合现代医药治疗,可缩短病程,提高疗效。

3. 输血后溶血反应的中医辨证思路 溶血反应临床表现轻重不一,如壮热,头痛,口渴,心烦躁扰,甚或谵语,斑点隐隐;甚或大渴引饮,头痛如劈,骨节烦痛,烦躁不安,昏狂谵妄,或发斑血尿者,可按气营两燔或气血两燔辨证施治,治以清热解毒、凉血泻火之法,以清瘟败毒饮为基础方化裁。若临床表现以溶血性黄疸为主者,则可按中医"黄疸"加以辨证施治。

输血不良反应的病因复杂、症状轻重不一,中医临证时应始终以辨证施治为准绳,以中西医结合为原则,优势互补,提高疗效。

第四节 血液成分制品

一、血细胞

(一) 红细胞

1. 浓缩红细胞 浓缩红细胞含有全血中全部的红细胞、几乎全部的白细胞、大部分血小板和少量血浆,血细胞比容可达60%~80%。适用于各种血容量正常的贫血者、急性出血或手术失血低于1500ml者、心肝肾功能不全者、小儿和老人需要输血者、妊娠后期伴贫血需要输血者及一氧化碳中毒者。浓缩红细胞是使用最普遍的一种红细胞。

2. 悬浮红细胞(也称红细胞悬液或混悬红细胞)　这是一种从全血中尽量移除血浆后的高浓缩红细胞,其血细胞比容可高达 90%。适应证与浓缩红细胞相同,是应用最多的一种红细胞成分。

3. 去白细胞的红细胞　制备采用去白细胞过滤器在血液采集后立即过滤去除绝大部分的白细胞。减少 HLA 的同种免疫反应,输血不良反应少。适用于:多次输血已产生白细胞或血小板抗体而引起非溶血性发热反应者、预期需要反复输血者(如再生障碍性贫血、白血病等)及预行造血 T 细胞移植或器官移植者。

4. 洗涤红细胞　全血经离心去除血浆和白细胞后,再用生理盐水洗涤红细胞,最后加入生理盐水。可去除 99% 的血浆、80% 以上的白细胞,同时去除了血小板、钾、氨、乳酸、抗凝剂、微小凝块、细胞碎屑、代谢产物等。因此可显著减少输血的不良反应。适用于输入全血或血浆后发生荨麻疹或过敏反应或发热者、自身免疫性溶血性贫血要输血者、高钾血症及肝肾功能障碍但需要输血者、IgA 缺乏并已因输血或妊娠而体内有 IgA 抗体者、有粒细胞或血小板抗体需要输血者。

5. 冰冻红细胞　主要用于稀有血型的血液保存、自身输血者的血液保存。在低温下可以保存 3~10 年。因其白细胞含量少于 5%,可以减少输血时的免疫反应,适应证与洗涤红细胞相同。

6. 辐照红细胞　射线照射以杀灭有免疫活性的淋巴细胞,以供免疫缺陷或免疫抑制患者输血、新生儿换血、宫内输血、选择近亲供者血液输血时使用。

7. 年轻红细胞　多为网织红细胞。主要适用于需长期输血的患者,如重型地中海贫血、再生障碍性贫血等患者,以便延长输血的间隔时间,减少输血次数,从而防止因输血过多所致继发性血色病的发生。

(二)白细胞

主要有浓缩白细胞(leukocyte concentrate)。但因输注后不良反应及并发症多,现已较少应用。一般认为,使用时要同时具备以下 3 个条件,且充分权衡利弊后才考虑输注:①中性粒细胞绝对值低于 $0.5 \times 10^9/L$;②有明显的细菌感染;③强有力的抗生素治疗 48 小时无效。

(三)血小板制剂

产品中红细胞和白细胞污染量低,可减少或延迟同种免疫反应,同时可最大限度地减少肝炎等疾病的传播。血小板制剂可用于再生障碍性贫血和各种血小板低下的患者及大量输库存血或体外循环手术后血小板锐减的患者。成人输注 1 治疗量机采血小板可使血小板数量增加 $(20~30) \times 10^9/L$。

为满足不同疾病患者的需求,对普通浓缩血小板进行特别处理后可得到各种特制血小板制剂。主要有:①移除大部分血浆的血小板,适用于不能耐受过多液体的儿童及心功能不全患者,也用于对血浆蛋白过敏者;②洗涤血小板,适用于对血浆蛋白高度敏感者;③去白细胞的血小板,可减少由白细胞引起的输血反应,适用于存在抗 HLA 抗体而需要输注血小板的患者;④辐照血小板,灭活有免疫活性的淋巴细胞,适用于有严重免疫损害的患者,若将白细胞过滤和射线照射结合起来,可预防绝大多数由血小板输注引起的同种免疫;⑤冰冻血小板,主要用于自体血小板的冻存,属自体输血范畴。

二、血浆

(一)新鲜冰冻血浆和冰冻血浆

新鲜冰冻血浆(fresh frozen plasma,FFP)是在全血采集后 6 小时内分离并立即置于 -20~-30℃条件下保存的血浆。冰冻血浆(frozen plasma,FP)是新鲜冰冻血浆保存 1 年以上、5年以内的普通冰冻血浆,也可以是在全血有效期内分离并置于 -30℃ 条件下保存的血浆。

FFP 和 FP 两种血浆的主要区别是 FP 中凝血因子Ⅷ(FⅧ)和凝血因子Ⅴ(FⅤ)及部分纤维蛋白原的含量较 FFP 低,其他全部凝血因子和各种血浆蛋白成分含量则与 FFP 相同,两者皆适用于多种凝血因子缺乏症、肝胆疾病引起的凝血功能障碍和大量输库存血后的出血倾向。血友病或由 FⅧ 和 FⅤ 缺乏引起的出血患者均可应用 FFP。

(二) 冷沉淀

冷沉淀(cryoprecipitate,Cryo)是 FFP 在 4℃ 融化时不融的沉淀物。每袋 20~30ml 内含纤维蛋白原、FⅧ 及血管性血友病因子(von Willebrand factor,vWF)。主要用于血友病 A、先天性或获得性纤维蛋白原缺乏症等。

三、血浆蛋白

(一) 白蛋白

白蛋白制剂有 5%、20% 和 25% 三种浓度。常用者为 20% 的浓缩白蛋白液,可在室温下保存,体积小,便于携带与运输。当稀释成 5% 的溶液应用时不但能提高血浆蛋白水平,且可用来补充血容量,效果与血浆相当;当直接应用时尚有脱水作用,适用于治疗营养不良性水肿及肝硬化或其他原因所致的低蛋白血症。

(二) 免疫球蛋白

免疫球蛋白包括正常人免疫球蛋白(肌内注射用)、静脉注射免疫球蛋白和针对各种疾病的免疫球蛋白(抗乙肝、抗破伤风及抗牛痘等)。肌内注射免疫球蛋白多用于预防病毒性肝炎等传染病,静脉注射丙种球蛋白用于低球蛋白血症引起的重症感染。

(三) 浓缩凝血因子

浓缩凝血因子包括抗血友病球蛋白、凝血酶原复合物(凝血因子Ⅸ复合物)、浓缩凝血因子Ⅷ、Ⅺ及Ⅻ复合物、抗凝血酶Ⅲ(antithrombin Ⅲ,AT-Ⅲ)和纤维蛋白原制剂等。用于治疗血友病及各种凝血因子缺乏症。其中凝血因子Ⅻ复合物有利于促进伤口愈合。

第五节　血液代用品

血浆代用品(plasma substitute)又称血浆增量剂(plasma volume expander),是由天然加工或合成的高分子物质制成的胶体溶液,可以代替血浆以扩充血容量。其分子量和胶体渗透压近似血浆蛋白,能较长时间在循环中保持适当浓度,一般不在体内蓄积,也极少导致红细胞聚集、凝血功能障碍及切口出血等不良反应。产品无抗原性和致敏性,对身体无害。临床常用的血浆代用品包括右旋糖酐、羟乙基淀粉和明胶制剂。

1. 右旋糖酐　6% 右旋糖酐等渗盐溶液是常用的多糖类血浆代用品。中分子右旋糖酐(平均分子量 75 000)的渗透压较高,能在体内维持作用 6~12 小时,常用于低血容量性休克、输血准备阶段以代替血浆。低分子右旋糖酐(平均分子量 40 000)输入后在血中存留时间短,增加血容量的作用仅维持 1.5 小时,且具有渗透性利尿作用。由于右旋糖酐可覆盖血小板和血管壁而引起出血倾向,本身又不含凝血因子,故 24 小时用量不应超过 1 500ml。

2. 羟乙基淀粉(hydroxyethyl starch,HES)代血浆　是由玉米淀粉制成的血浆替代品,具有较长的体内作用时间。它被广泛应用于低血容量性休克和手术中的扩容治疗。常用的 6% 羟乙基淀粉代血浆与血浆相似,含有电解质和碳酸氢根,可维持胶体渗透压,补充细胞外液的电解质和提供碱储备。HES 主要用于纠正急性失血引起的低血容量,使用时间不超过 24 小时。然而,由于 HES 可能加重脓毒症患者的肾损害并增加死亡风险,不推荐用于脓毒症休克的液体复苏。此外,HES 会影响凝血功能,因此不适合严重凝血功能障碍的患者使用。

3. 明胶类代血浆　是由各种明胶与电解质组合的血浆代用品,含 4% 琥珀酰明胶的血浆代用品,其胶体渗透压可达 46.5mmHg,能有效地增加血浆容量、防止组织水肿,因此有利于静脉回流,并改善心输出量和外周组织灌注。又因其相对黏稠度与血浆相似,故有血液稀释、改善微循环并加快血液流速的效果。

4. 人造血　理想的人造血有下列优点:不受血型限制,能运输氧气和二氧化碳,具有扩容作用。目前人造血正在研究之中,如能成功,将解决人类的用血难题。

第六节　自体输血与成分输血

一、自体输血

自体输血(autologous transfusion)或称自身输血(autotransfusion)是收集患者自身血液后在需要时进行回输。主要优点是既可节约库存血,又可减少输血反应和疾病传播,且不需检测血型和交叉配血试验。目前外科自体输血常用的有三种方法。

(一) 回收式自体输血(salvaged autotransfusion)

是将收集到的创伤后体腔内积血或手术过程中的失血,经抗凝、过滤后再回输给患者。它主要适用于外伤性脾破裂、异位妊娠破裂等造成的腹腔内出血;大血管、心内直视手术及门静脉高压等手术时的失血回输和术后 6 小时内所引流血液的回输等。目前多采用血液回收机收集失血,经自动处理后去除血浆和有害物质,可得到血细胞比容达 50%~65% 的浓缩红细胞,然后再回输。回收式自体输血除了可以避免异体输血的大量并发症,回收的洗涤红细胞的变形能力和携氧能力也要远强于库存血,回输后可以立刻起到氧传递的生理作用。

(二) 预存式自体输血(predeposited autotransfusion)

适用于择期手术患者估计术中出血量较大需要输血者。对无感染且血细胞比容大于 30% 的患者,可根据所需的预存血量,从择期手术前的一个月开始采血,每 3~4 日一次,每次 300~400ml,直到术前 3 日为止,存储采得的血液以备手术之需。术前自体血预存者必须每日补充铁剂、维生素 C、叶酸和给予营养支持。

(三) 稀释性自体输血(hemodiluted autotransfusion)

指麻醉前从患者一侧静脉采血,同时从另一侧静脉输入为采血量 3~4 倍的电解质溶液或适量血浆代用品等以补充血容量。采血量取决于患者状况和术中可能的失血量,每次可采 800~1 000ml,一般以血细胞比容不低于 25%、白蛋白 30g/L 以上、血红蛋白 100g/L 左右为限,采血速度约为每 5 分钟 200ml,采得的血液备术中回输用。手术中失血量超过 300ml 时可开始回输自体血,应先输最后采的血液。由于最先采取的血液中含红细胞和凝血因子的成分最多,宜在最后输入。

自体输血的禁忌证包括:①血液已受胃肠道内容物、消化液或尿液等污染;②血液可能受肿瘤细胞污染;③肝、肾功能不全的患者;④已有严重贫血的患者,不宜在术前采血或血液稀释法作自体输血;⑤有脓毒症或菌血症者;⑥胸、腹腔开放性损伤超过 4 小时或血液在体腔中存留过久者。

二、成分输血

(一)血液成分输血的概念

血液成分输血是现代输血的重要标志,根据患者病情需要,选择输注需要的成分以提高治疗效果。

(二)血液成分输血的优点

1. 提高输血疗效　血液成分制品有效成分的含量多、浓度高,因此可以保证给患者输注有效成分的数量达到有效剂量,从而产生预期的治疗效果。对于大多数患者来说,不能耐受大量的全血输入。

2. 减少输血不良反应　输血不良反应中相当部分,如常见的非溶血性发热反应,以及近年来受到高度关注的输血相关急性肺损伤,都和白细胞相关,输血相关传染病的相应病毒中也有许多是嗜白细胞的。血液成分输血,除提高疗效外,可减少输血不良反应的发生,提高输血的安全性。

3. 充分利用宝贵的血液资源　目前临床所需要的血液只能来自献血者,实际上除输入患者需要的血液成分外(在外科实践中常是红细胞),也输入了其他并不需要的成分,这无疑造成血液资源的浪费。而实施成分输血,意味着每单位全血可以分离制备成各种成分,分别输给不同需要的患者,显著提高了血液的综合利用水平。

4. 成分输血的种类多　如红细胞制品、血小板制品、粒细胞制品、血浆、冷沉淀、血浆蛋白制品。

(三)红细胞制品

红细胞制品是临床应用最多和最重要的血液成分制品。红细胞和其他血液成分一样,单位规格定义基于全血,即从一单位全血(200ml)制备获得的红细胞为一单位红细胞。

1. 浓缩红细胞　全血高速离心后将大部分上清血浆分出后制成的血液成分制品为浓缩红细胞,200ml 和 400ml 全血制备的容量分别为 120ml ± 10% 和 240ml ± 10%。血细胞比容为 0.65~0.80。由于该制品黏度比较大,手术中或急救情况下常需添加生理盐水以加快输注速度。

2. 悬浮红细胞　全血高速离心后尽可能将上清血浆分出,然后加入配制的红细胞添加剂。制作常用的红细胞添加剂有红细胞保存液(MAP)、甘露醇(SAGM)(制备的悬浮红细胞保存期 35 日)、AS-1、AS-3 和 AS-5(保存期 42 日)。各种添加剂的成分和含量有差别,主要成分有提供红细胞能量和保持红细胞膜完整性的糖类化合物,细胞需要的重要元素磷和镁,以及和细胞存活力相关的核苷酸等。容量应为标示量 ±10%,血细胞比容为 0.50~0.65。由于悬浮红细胞的添加剂为晶体液,血细胞比容较低,因此黏度较小,特别适用于外科手术和创伤抢救,是目前临床使用的主要红细胞制品。

3. 洗涤红细胞　全血高速离心后尽可能分出上清血浆,然后加入生理盐水充分混匀洗涤,高速离心后去除上清液。如此重复 3 次达到洗涤红细胞,去除血浆、白细胞和血小板的目的。最终加入适量生理盐水制成。容量为 250ml ± 10%(400ml 全血制备)或 125ml ± 10%(200ml 全血制备)。洗涤后血浆清除率 ≥98%,白细胞清除率 ≥80%,红细胞回收率 ≥70%。尽管洗涤红细胞在无菌室中制备,但洗涤过程中加入生理盐水时不能避免密闭塑料袋系统的开放,因此,需要在 2~6℃保存,并尽快输注,最迟不能超过制备后 24 小时。

4. 冰冻红细胞　以全血或红细胞制品为原料,除去上清血浆/液后,加入甘油作低温保护剂,于 −65℃以下冰冻保存。当需要时融化后用生理盐水洗涤去除甘油,最终加入适量生理盐水即可供临床输注。该制品的红细胞回收率 ≥80%,游离血红蛋白 ≤1g/L,残留白细胞≤1%,残留甘油≤10g/L,体外溶血试验≤50%。解冻融化去甘油后,应尽快输注,最迟不能超过融化去甘油后24小时。我国目前该制品主要用于稀有血型红细胞的保存和输注。

5. 适应证

(1)急性失血和围手术期输血:输注红细胞的目标是提高患者的血红蛋白水平,确保重要器官如心脏、脑等得到足够的氧供应。止血和恢复血容量是首先要考虑的。根据规范,当患者的血红蛋白浓度低于一定数值时,才需要考虑输注红细胞,但这并不适用于所有患者。国际上一般指南建议血红蛋白低于70g/L时应输注红细胞,血红蛋白低于80g/L的手术患者要考虑输注,还需综合考虑患者的耐受能力、心肺功能、止血功能以及手术类型和预计失血量。

(2)慢性贫血:仅适用于贫血严重,通过药物和其他治疗不能纠正者。轻度贫血时机体可以通过代偿机制,如心脏加大血液输出量,血红蛋白氧解离曲线右移使血红蛋白在组织中氧的释放量增加等,保证机体器官和组织氧的供应。一般只有当血红蛋白水平低于正常值一半并出现代偿不全时才应考虑输注红细胞。

6. 临床应用特点　目前外科临床主要使用的红细胞制品有悬浮红细胞、浓缩红细胞和洗涤红细胞。悬浮红细胞含有大部分红细胞,添加红细胞添加剂改善保存条件,质量和功能与新鲜血相近。红细胞添加剂为晶体液,降低了黏稠度,适合手术和急救时快速输注。浓缩红细胞由于血细胞比容高,黏度大,需要稀释后才能快速输注。洗涤红细胞去除了血浆、白细胞和血小板,常用于对血浆蛋白过敏但需要输血的患者。对于A、B、AB型患者需要输血而无同型血液时,可以考虑输注O型洗涤红细胞。

(四) 血小板制品

1. 浓缩血小板　浓缩血小板(platelet concentrate,PC)为手工离心分离制备。国内将采血200ml的一单位全血分离制备的血小板定义为一单位浓缩血小板,国家标准要求血小板含量≥2.0×10^9个,白细胞残余量≤2.5×10^8个,红细胞混入量≤1.0×10^9个,容积为25~35ml(主要是作为悬浮液的血浆)。国外则通常将采血450ml的一单位全血制备的血小板定义为一单位浓缩血小板。由于供者血液中的血小板含量存在较大的个体差异,加上手工分离操作方法和技术等因素的影响,因此,手工制备的浓缩血小板制品中的实际血小板含量、白细胞残余量和红细胞混入量每袋之间差异较大。

2. 单采血小板　单采血小板(apheresis platelet)即采用血细胞分离机采集的单个供者浓缩血小板(single-donor platelet concentrate,SDPC)。为避免与手工制备的浓缩血小板制品标示单位混淆,通常以袋作为计量单位。国家标准要求每袋SDPC中,血小板含量≥2.5×10^{11}个(美国FDA的标准是≥3.0×10^{11}个),白细胞残余量≤5.0×10^8个,红细胞混入量≤8.0×10^9个,24小时保存的容量为125~200ml,5天保存的容量为250~300ml。与手工制备的浓缩血小板制品相比,SDPC中的血小板含量更有保证。

3. 适应证

(1)治疗性血小板输注:为了止血,给血小板数量减少或功能异常的患者输注血小板。血小板减少的原因包括骨髓功能障碍、输血稀释、血小板消耗增多和免疫介导的破坏。决定输注与否及剂量、次数时,需综合考虑患者病情、出血情况和原因。

(2)预防性血小板输注:为了预防出血,给血小板数量严重减少但无明显出血表现的患者输注血小板。白血病、再生障碍性贫血、放化疗后或骨髓移植期间等患者存在血小板减少风险,通过输注血小板提高计数,可以预防严重出血并发症。

(3)同时需要预防HLA同种免疫、嗜白细胞病毒感染和非溶血性发热反应的血小板输注:对于此类患者,应选择少白细胞的血小板制品或经过白细胞滤器处理的单个供者血小板制品。为预防发热反应,使用去除率为 95%~99% 的滤器即可。为防止免疫反应和病毒传播,需使用高效除白细胞滤器,滤后残留白细胞应低于 5×10^6 个。对于预防 TA-GVHD 的患者,可采用经辐照处理的单个供者血小板制品。

4. 相对禁忌证

(1)免疫性血小板减少症:对于免疫性血小板减少症患者,由于存在血小板自身抗体和同种抗体的影响,血小板输注可能效果不佳,并有同种免疫的风险。因此,在这种情况下,应谨慎使用血小板输注,除非出血严重威胁生命。

(2)脾功能亢进和菌血症引起的血小板减少:对于脾功能亢进和菌血症引起的血小板减少,血小板输注的指征也应严格控制,不主张进行预防性输注。因为输注的血小板可能被脾脏滞留或迅速破坏,无法有效提高患者的血小板计数,反而增加了同种免疫和其他输血不良反应的风险。在确有严重出血需要输注血小板时,应在积极治疗原发病的基础上适当增加输注剂量。

(3)血栓性血小板减少性紫癜(thrombotic thrombocytopenic purpura,TTP):血栓性血小板减少性紫癜是一种罕见的出血性疾病。虽然患者的血小板计数很低且伴有严重出血表现,但不应输注血小板,因为输注后可能加重微血管栓塞和出血,并促进微血栓形成。治疗 TTP 的有效措施之一是进行血浆置换,只有在病情得到控制后,且有明确指征时才需慎重考虑输注血小板。

5. 血小板输注相关问题

(1)剂量:一般情况下,要显著提高患者血小板计数,需要输入 $(2~3) \times 10^9$ 个以上剂量。为此,当输注 PC 时,应该一次输注 10~12 单位或 2 单位 /10kg 患者体重。输注单采血小板需要一袋。由于血小板在体内寿命短,需要 3~4 日输注一次。血小板输注效果受众多因素影响,应该根据输注后血小板计数变化情况适当调整血小板输注剂量和间隔。

(2)血型:血小板表面有 ABO 血型系统抗原但数量较少,有报道称 ABO 血型不同的输注可能对疗效有一定影响。为此,最好选择 ABO 同型血小板输注。当临床确实需要,特别是紧急情况下,可以考虑 ABO 血型系统不同型而相容的血小板输注,但应选择红细胞污染较少的单采血小板。输注前是否需要做交叉配血试验,取决于红细胞污染量。单采血小板因红细胞含量少一般不需要做,但 PC 中红细胞污染较多,特别是制品外观颜色带红色时,应该做交叉配血试验以保证安全。血小板膜上没有 Rh(D)抗原,但 Rh(D)(–)患者输入 Rh(D)(+)血小板时,其中污染的红细胞可以引起致敏,给以后的输血和妇女的妊娠带来问题,因此 Rh(D)(–)患者应输注 Rh(D)(–)血小板。

(3)影响血小板输注效果的因素

1)免疫因素:同种免疫是影响输注效果的最常见及最主要的因素。HLA 系统、人类血小板抗原(human platelet antigen,HPA)系统和 ABO 血型系统抗原不配合都可以影响血小板输注效果,但前两者可以造成严重影响直至血小板输注无效,其中 70%~80% 由 HLA 系统抗原同种免疫引起。

2)非免疫因素:脾功能亢进、严重感染、发热、药物(如阿司匹林)作用、DIC 等病理性因素,都可破坏血小板,增加血小板消耗或抑制血小板功能而影响疗效。

3)血小板质量:由于血小板体外保存条件要求严格,其质量受外界因素影响大,包括保存温度、器材、制备过程、运输等因素,这些都可以对血小板产生损伤而影响输注效果。

(五)粒细胞制品

粒细胞输血(granulocyte transfusion)是指临床粒细胞缺乏并发严重感染的患者,在联合抗感染治疗无效的情况下,采用粒细胞输注进行治疗,以期通过补充中性粒细胞达到控制感染的目的。目前,临床上主要使用单采粒细胞(apheresis granulocyte)制品。随着临床预防、控制感染技术的发展和各种高效抗感染药物的开发和应用,以及对输注粒细胞引起的严重输血不良反应认识的加深,对粒细胞的输注指征要求更严,粒细胞输血在临床的应用日益减少。

1. 适应证 粒细胞严重减少,中性粒细胞计数$<0.5 \times 10^9$/L,伴有严重感染,经联合抗感染治疗 48 小时后无效者,经充分权衡利弊,可进行粒细胞输注,以期控制感染。粒细胞减少或缺乏的患者,重点应进行预防感染处理,如使用层流病房、无菌罩隔离,进行空气、口腔、肛门消毒等。一旦发生感染,首先应进行积极有效的联合抗感染治疗。粒细胞输注的不良反应和并发症多,且可能导致严重后果,增加抢救治疗的困难,使用时应十分慎重。

2. 制品与应用

(1)制品和剂量:采用血细胞分离机单采制备的 1 袋浓缩粒细胞,要求中性粒细胞含量$\geq 1.0 \times 10^9$ 个,容量为 150~500ml,血细胞比容≤ 0.15,以控制红细胞混入量。目前临床对输注浓缩粒细胞的治疗剂量还没有确定的标准,一般以 1 袋单采浓缩粒细胞作为 1 个成人患者的治疗剂量。由于粒细胞在体内寿命短,通常需要 1 袋/d 连续输注 4~6 日,直到感染控制为止。从全血手工分离白膜制备的浓缩粒细胞制品,以每 200ml 全血制备者为 1 单位。由于混入大量淋巴细胞,粒细胞含量少,目前不主张在临床使用。

(2)用法:采集分离获得的浓缩粒细胞制品,要求静置保存在 20~24℃或常规室温环境,尽可能在 4~6 小时内输注。制品中含有大量红细胞和血浆,应选择 ABO 同型输注。输注前参照全血输注要求,严格进行交叉配血试验和查对工作。输注时,应使用标准输血器,输注速度参照全血输注要求。输注浓缩粒细胞可能产生严重的输血不良反应,输注过程中和输注后都应严密观察病情变化,密切监测呼吸、脉搏、心肺功能等临床情况。为预防TA-GVHD 的发生,必要时应在输注前对制品进行辐照处理。

3. 疗效判断 输注粒细胞后,不能以患者外周血常规中白细胞或粒细胞计数是否升高进行疗效判断。输注粒细胞的疗效判断,主要是观察感染是否得到控制。因此,严密观察病情变化十分重要,通过观察到的各种症状改善、临床表现及有关实验室指标变化等情况进行综合判断。

4. 不良反应

(1)肺部并发症:常见的不良反应是肺部并发症,其发生率可高达 50%。存在严重肺部感染的患者,可能因细菌内毒素与输入大量的粒细胞作用而引起休克肺。在白细胞凝集素的作用下或因为输入的高浓度白细胞在肺部聚集,可导致肺微血管栓塞,引起肺水肿。输注的粒细胞在肺部的感染病灶形成的局部炎症反应还可能引起肺脓肿。

(2)非溶血性发热反应:以往有多次输血史或有妊娠史的患者,输注粒细胞制品后,可能产生严重的非溶血性发热反应。主要表现为输注过程中或输注 24 小时后出现不同程度的发热反应,严重时可表现为寒战、高热、呼吸困难、肺水肿等。

(3)输血相关移植物抗宿主病(TA-GVHD):浓缩粒细胞制品中含有大量具有免疫活性的淋巴细胞,而粒细胞缺乏的患者可能存在由化疗、放疗或其他因素引起的严重免疫抑制,或自身存在一定程度的免疫缺陷,因此输注前,应根据具体病情需要,对粒细胞制品进行辐照处理加以预防。

(4)输血传播疾病:输注粒细胞与输注其他血液成分一样可能发生输血传播疾病。由于输血可能传播的病毒中多为嗜白细胞病毒,因此相对发生感染的风险较大。

(六) 血浆

1. 制品种类

(1)新鲜冰冻血浆(FFP):全血采集后 6 小时(ACD-B 全血)或 8 小时(CPD、CPD-A 全血)

内全血高速离心后将血浆分出并快速冰冻成固体制备而成。规格为 100ml±10%(200ml 全血制备)或 200ml±10%(400ml 全血制备)。制品含有各种凝血因子,包括不稳定凝血因子,以及白蛋白、免疫球蛋白等各种血浆蛋白。血浆蛋白含量 ≥50g/L,Ⅷ活性 ≥0.7IU/ml。保存温度在 -20℃以下。

(2)冰冻血浆(FP):制备方法同新鲜冰冻血浆,唯一差别是没有达到采血后 6~8 小时内完成制备的要求,因此有效成分的主要差别是不稳定凝血因子,主要是Ⅷ和Ⅴ因子的活性较低。如果制备时间超过采血后 48 小时,Ⅷ活性已接近全部丧失。保存温度同新鲜冰冻血浆。

2. 适应证 血浆临床输注的主要治疗目的是补充凝血因子,因此适应证包括各种原因引起的凝血因子缺乏而导致的凝血功能障碍。

(1)多种凝血因子缺乏:①口服抗凝剂过量引起的出血:凝血因子Ⅱ、Ⅴ、Ⅸ、Ⅹ及蛋白 C 和蛋白 S 是维生素 K 依赖因子。双香豆素类抗凝药物,如华法林,可干扰维生素 K 的羧化作用,抑制肝脏合成这些凝血因子,以起到抗凝作用。用药过量时,可通过静脉注射维生素 K 纠正,但一般需要 4~6 小时才生效。对于有明显出血或需要紧急手术的患者,可通过输注 FFP 补充凝血因子,以达到止血的目的。②肝病患者获得性凝血功能障碍:许多凝血因子是在肝脏合成的。严重肝脏疾病的患者,由于肝脏合成凝血因子功能下降,特别是凝血因子Ⅱ、Ⅲ、Ⅸ、Ⅹ可能明显减少,多伴有凝血功能障碍,可采用 FFP 输注以补充缺乏的凝血因子。③大量输血引起的凝血功能障碍:大量输血时由于凝血因子稀释性减少而引起凝血功能障碍,虽然并不常见,如确实需要时可以通过输注血浆补充凝血因子。④ DIC:DIC 发展过程中消耗大量凝血因子,包括纤维蛋白原,可以用血浆输注及时给予补充。因为血浆含有各种凝血因子,并且凝血和抗凝成分维持着天然合理的比例,因此对纠正 DIC 时复杂的凝血和抗凝功能异常可以达到较好的治疗效果。

(2)单个凝血因子缺乏:对于单个凝血因子缺乏的患者,如果没有相应的凝血因子浓缩剂,可考虑使用 FFP 或 FP 补充相应的凝血因子。如 FFP 可用于 FⅧ缺乏(轻度血友病 A)伴出血的患者,FP 和 FFP 可用于 FⅨ缺乏(血友病 B)伴出血的患者。如果需要补充大剂量的凝血因子,就意味着需要输注大量血浆,而这往往是患者心脏无法耐受的。

(3)抗凝血酶Ⅲ(AT-Ⅲ)缺乏:AT-Ⅲ是正常血浆中存在的一种蛋白酶抑制物,含量约为 300mg/L,是血液凝固的主要生理抑制物,肝素可增强其抑制作用。原发性抗凝血酶Ⅲ缺乏症分为三型:Ⅰ型为 AT-Ⅲ抗原含量、抗凝血酶活性及肝素辅因子活性都降低;Ⅱ型为 AT-Ⅲ抗原含量正常,而抗凝血酶活性及肝素辅因子活性降低;Ⅲ型为 AT-Ⅲ抗原含量及抗凝血酶活性正常,仅肝素辅因子活性降低。原发性或获得性抗凝血酶Ⅲ缺乏症均增加血栓形成的风险,影响肝素疗效。服用避孕药、创伤、手术或肝病的患者可出现 AT-Ⅲ缺乏,需要及时补充 AT-Ⅲ。

(4)血浆置换:一般情况下,血浆置换的置换液不主张大量使用血浆,主要使用晶体液、代血浆和白蛋白等溶液,以降低输血风险。但是,对于血浆置换量大或伴有凝血因子缺乏等情况,需要考虑选用一定量的血浆。

(5)血栓性血小板减少性紫癜(TTP):TTP 是由于患者血浆中缺乏血管性血友病因子裂解蛋白酶(ADAMTS13)而引起的以广泛微血管血栓形成为特点的血栓性疾病。治疗除使用激素、抗血小板治疗、脾切除等手段外,通过血浆置换或血浆输注补充 ADAMTS13 也是有效的治疗手段之一,可以起到一定的缓解病情作用。

3. 相对禁忌证

(1)血浆过敏:对于曾输血蛋白过敏者,除非确定过敏原因并选择合适血浆,一般避免输注血浆。

(2)扩容:血浆有传播疾病的风险,可引起不良反应,不推荐作为扩容液,可选择其他安全有效的扩容制品。

(3)补充白蛋白:输注血浆补充白蛋白或营养不合理,浓度低且增加不良反应和感染风险,应选用安全的白蛋白制品。

(4)增强免疫力:输注血浆不能提高非特异性免疫力,反而可能增加感染风险,需要免疫球蛋白制品。

(5)严重心肾功能不全:血浆不适合严重心功能不全或肾功能不全患者,可能加重病情,宜选择浓缩制品或严控蛋白入量。

4. 剂量与用法

(1)剂量:根据患者具体病情需要确定血浆输注的剂量。一般情况下,将凝血因子提高到能够维持基本正常凝血功能水平的 25% 即可满足止血要求。成年患者的首次输注剂量为 200~400ml,儿童应酌情减量。根据输注后止血效果和实验室指标动态观察,如果血小板未明显减少,PT 或 APTT 超过正常值的 1.5 倍,则考虑增加用量。

(2)用法:血浆应在 −20℃以下保存,使用前放入 37℃恒温水浴中融化。融化时间应控制在 10 分钟以内,并轻轻摇动血袋加快融化速度。禁止在室温下自然融化或用自来水融化。融化后的血浆不能重新冰冻保存,临时不输注时应放入 4℃冰箱短时间保存。原则上,FFP 融化后应立即输注,最好在床边融化,以保证凝血因子活性。血浆输注时,可选择与患者 ABO 血型同型或相容的血浆。使用标准输血器,输注速度应从慢到快逐步调节,一般控制在 ≤10ml/min。对于特殊患者,如心功能不全、婴幼儿、老年患者,输注速度应减慢。对于失血性休克、严重血容量不足的患者,输注速度可加快,在补充凝血因子的同时起到扩容作用。

5. 血浆输注的相关问题

(1)FFP 和 FP:发达国家临床输注的血浆只占从全血分离制备血浆的 15%~20%,其余血浆主要用于血浆蛋白制品生产制备白蛋白、免疫球蛋白和凝血因子等,为此,强调采血后必须尽快将全血分离制备,因为需要制备的主要血浆制品是 FFP,以便作为原料用于制备包括浓缩 FⅧ 在内的血浆蛋白制品。当血浆直接用于临床输注时,主要用于补充多种凝血因子,对于补充单一凝血因子(如用于补充 FⅧ 治疗血友病 A),由于输注剂量的限制一般不能达到补充足够量的凝血因子。因此,对于大多数需要输注血浆的患者,没有必要刻意要求提供 FFP。

(2)血浆的不合理应用:我国将几乎所有从全血分离制备的血浆直接用于临床输注。这是因为对使用血浆的适应证掌握不全面,常用血浆来提高血浆蛋白水平和胶体渗透压。另外,由于白蛋白供应不足且价格差异大,所以使用血浆替代白蛋白。然而,这种不合理应用浪费了社会资源。如果将这些血浆用于制备血浆蛋白制品,可以更好地利用血浆的各种成分,改善我国血浆蛋白制品供需不平衡的情况。

(七) 冷沉淀

1. 制品 冷沉淀又称低温沉淀物,是由新鲜冰冻血浆在 1~6℃条件下缓慢融化时析出的不溶解成分沉淀分离制备而成。除主要成分 FⅧ 外,还含有血管性血友病因子(vWF)、纤维蛋白原、FⅧ和纤维连接蛋白。我国规范规定用 200ml 血浆制备的冷沉淀(约定为一单位)有效成分含量 FⅧ ≥ 80IU,纤维蛋白原为 150~200mg,容量为 20~30ml。

2. 适应证

(1)血友病 A:用于补充 FⅧ 以治疗血友病 A。应根据患者治疗前的 FⅧ 水平、期望治疗后达到的 FⅧ水平,以及制品中 FⅧ的含量计算使用剂量。如果没有条件获得上述信息,使用剂量为轻度出血 10~15IU/kg,中度出血 20~30IU/kg,重度出血 40~50IU/kg。对于中度和重度血友病 A 患者,由于需要补充的 FⅧ量大,应该首选经过病毒灭活处理的浓缩 FⅧ制品。FⅧ体内半衰期是 8~12 小时,必要时应隔 8~12 小时再次输注。

(2)血管性血友病:由于目前没有浓缩 vWF 制品,因此血管性血友病是冷沉淀重要的适应证。当患者有出血时,一般按 1 单位 /10kg 输注。对于血小板型血管性血友病,输注冷沉淀不能有效改善病情,需输注血小板才能达到预期疗效。

(3)纤维蛋白原缺乏症:先天性纤维蛋白原缺乏症、低纤维蛋白原血症、异常纤维蛋白原血症、纤维蛋白消耗增多等需要补充纤维蛋白原时,应首选经病毒灭活处理的浓缩纤维蛋白原制品,当没有该制品时,可以选用冷沉淀。

3. 用法 冰冻制品取出后放入 37℃水浴快速融化。由于 FⅧ不稳定,因此制品融化后应尽快输注。原则上应该 ABO 同型输注,当紧急情况下需要不同型输注时,需根据相容性原则选择。由于制品中有一定量血浆,当大剂量使用时,需要考虑血浆的扩容作用和患者的耐受能力。

(八) 血浆蛋白制品

血浆蛋白制品有数十种,目前国内常用的有白蛋白、免疫球蛋白、纤维蛋白原浓缩剂、FⅧ浓缩剂、凝血酶原复合物、FⅨ浓缩剂、纤维蛋白胶和抗凝血酶Ⅲ浓缩剂等。

1. 白蛋白制品 白蛋白制品是以血浆为原料,采用低温乙醇法进行提纯,并经病毒灭活处理制备的血浆蛋白制品。各种血浆蛋白制品中,白蛋白制品的临床应用最普遍。

(1)适应证

1)低蛋白血症:当白蛋白合成减少、丢失或消耗增多时,血浆中的白蛋白浓度降低,导致低蛋白血症。输注白蛋白制品可以提高血浆的白蛋白浓度和胶体渗透压,减轻水肿、减少积液。

2)扩容:输注白蛋白制品可以增加血浆白蛋白浓度,起到增加血容量的作用,调节组织与循环血液之间的水分平衡。

3)大面积烧伤:大面积烧伤患者丢失大量体液和白蛋白,输注白蛋白制品可以维持血容量、补充丢失的白蛋白成分,改善血流动力学状态。

4)体外循环:用于体外循环,晶体液和白蛋白作为泵的底液比全血更安全。

5)血浆置换:血浆置换在去除病理成分的同时也会去除血浆中的白蛋白,因此需要使用一定量的白蛋白溶液作为置换液,尤其是对于置换量大或伴有严重肝、肾疾病的患者。

6)新生儿溶血病:白蛋白能结合游离胆红素,预防胆红素脑病。但需注意白蛋白的扩容作用可能对患儿造成影响。

7)脑水肿:输注外源性白蛋白可以提高血液中的白蛋白浓度和胶体渗透压,减轻脑水肿的症状。白蛋白输注可作为脑水肿的辅助治疗手段之一。

(2)剂量与用法

1)剂量:白蛋白制品的规格有 5g/ 瓶和 10g/ 瓶,有效期按制品说明书,一般在 –10℃可保存 5 年,室温可保存 3 年。在白蛋白制备和保存过程中,会产生一些二聚体和寡聚体,二聚体和寡聚体应少于 5%。对于需要提高白蛋白浓度的患者,参照下列公式估算所需输注的白蛋白量:

所需白蛋白量(g)= [期望白蛋白浓度(g/L)– 输前白蛋白浓度(g/L)]× 体重(kg)× 0.08。

用于体外循环时,控制患者的白蛋白浓度为 25~30g/L。用于扩容时,可按 1g 白蛋白大约可保留 18ml 水进行计算。

2)用法：一般白蛋白制品都配备有专用的稀释液。如没有时,可根据所需的浓度加入适量生理盐水稀释进行配制。输注的速度应根据病情需要进行调节,需要紧急快速扩容时输注速度应较快。一般情况下,患者血容量正常或轻度减少时,5% 的白蛋白输注速度为 2~4ml/min,25% 的白蛋白输注速度为 1ml/min,儿童及老年患者酌情减慢。

（3）不良反应

1)热原反应：少见,临床多表现为寒战、发热,可进行对症处理。其主要原因是白蛋白生产过程中热原处理不彻底。

2)过敏反应：少见,临床多表现为皮肤瘙痒、荨麻疹。其主要原因是患者对白蛋白制品中残留的其他蛋白过敏。

3)低血压：罕见,多为一过性表现。其主要原因是白蛋白中存在激肽酶原激活物（prekallikrein activator,PKA）,激活激肽释放酶 - 激肽系统产生缓激肽。

（4）白蛋白的不合理使用

1)补充营养：白蛋白不适合用于补充营养。白蛋白的半衰期较长（约 20 天）,释放氨基酸缓慢,且含有的色氨酸较少;对于完全禁食者来说,输注的白蛋白仅有 45% 能够被身体利用。

2)单纯用于纠正低蛋白血症：不建议将白蛋白单纯用于纠正低蛋白血症。肝硬化代偿期患者,当没有严重腹水或其他脏器功能受损时,通常不需要输注白蛋白。盲目输注白蛋白可能会抑制机体自身白蛋白的合成。肾病综合征患者,输注的白蛋白会快速从肾脏排出,除非有明确的输注指征,否则不应盲目使用。

3)盲目使用白蛋白扩容：不宜盲目使用白蛋白扩容。在急性失血导致血容量不足时,机体会通过自体输液机制代偿补充血容量,将组织液转移到循环血液中,并改变血流动力学。如果在没有充分扩容、恢复组织灌注和纠正细胞脱水的情况下,先输注白蛋白或血浆以提高血浆渗透压,可能会加重组织灌注不足和细胞脱水,甚至导致器官功能衰竭。因此,必须根据病情和代偿能力,在必要时才使用白蛋白制品作为扩容剂。

4)过量输注白蛋白：不宜过量输注白蛋白。过量输入外源性白蛋白会导致血浆中的白蛋白浓度超过 55g/L,造成循环血液高渗状态。这可能导致细胞脱水、血容量过度增加和循环负荷过重,严重时甚至可导致心力衰竭。

2. 免疫球蛋白制品 常用的制品种类和用法如下：

（1）肌内注射免疫球蛋白（IMIG）：又称为丙种球蛋白,只能用于肌内注射,禁止用于静脉注射。主要适用于白喉、麻疹、脊髓灰质炎、甲肝、乙肝以及其他细菌或病毒感染的非特异性被动免疫。IMIG 注射后吸收缓慢,在组织酶的降解作用下活性逐步降低。根据预防或治疗需要,可一次肌内注射 0.3~0.6g,必要时加倍。

（2）静脉注射免疫球蛋白（IVIG）：是采用胃酶消化、低 pH 值孵育、化学修饰、离子交换层析等方法进一步处理制备的适宜静脉输注的免疫球蛋白,为 5% 或 10% 的溶液或冻干制剂。用法用量应根据患者年龄、体重、肝功能、肾功能、输注血液制品有无过敏反应及具体病情等多方面因素来决定。

（3）特异性免疫球蛋白：是以计划免疫供者血浆为原料制备的含有高效价特异性抗体的免疫球蛋白。国内常用的有抗乙肝、抗破伤风、抗狂犬病的特异性免疫球蛋白。

3. 适应证

（1）原发性免疫缺陷性疾病：如抗体缺陷综合征、高 IgM 综合征、成人免疫缺陷综合征、低丙种球蛋白血症、联合免疫缺陷病、侏儒症免疫缺陷和 X- 连锁淋巴增生症等患者,每年有 3 次以上呼吸道、消化道或尿路感染,可考虑使用免疫球蛋白制品,以提高机体免疫力。

（2）获得性免疫缺陷：如骨髓移植、肾移植、肝移植后、新生儿感染、严重烧伤、白血病、多发性骨髓瘤、病毒感染等患者，可考虑使用免疫球蛋白制品，以提高机体免疫力和抗感染能力。

（3）自身免疫病：如特发性血小板减少性紫癜（idiopathic thrombocytopenic purpura，ITP）、系统性红斑狼疮、自身免疫性溶血性贫血、重症肌无力等，可大剂量注射 IVIG 进行辅助治疗，起到免疫封闭的作用。

（4）特异性被动免疫：各种特异性免疫球蛋白制品，如抗 RhD、抗乙肝、抗狂犬病、抗破伤风等特异性免疫球蛋白，可应用于各种特殊情况下的被动免疫治疗。

（5）其他：IVIG 也可用于黏膜皮肤淋巴结综合征、干燥性角膜结膜炎、小儿难治性癫痫和原因不明的习惯性流产等辅助治疗。

4. 不良反应　肌内或静脉注射免疫球蛋白都可能出现不良反应，常见的有荨麻疹、皮肤瘙痒、寒战、发热、头痛、面色潮红、全身不适、恶心、呕吐、背痛、关节痛、消化不良、支气管痉挛和低血压等，一般可进行对症处理。

（1）低血压：多发生于低丙种球蛋白血症患者或输注速度过快者，因此在输注过程中应注意控制速度，也可以在输注前使用皮质醇加以预防。

（2）迟发性炎症反应：主要原因是抗原抗体反应激活补体。患者可在输注后数小时出现乏力、寒战、全身不适和关节痛等表现。

（3）血肌酐升高：肾衰竭患者，输注大量 IVIG 后，血肌酐可出现一过性升高。透析阶段的肾衰竭患者，禁忌输注免疫球蛋白。

（4）过敏反应：IVIG 引起严重的过敏反应罕见。IgA 缺乏的患者血浆中可能存在 IgA 抗体，用 IVIG 时应选用制备过程中去除 IgA 的制品。

三、输血的中医辨证思路

（一）输血与中医气血津液理论的关系

中医认为血液是循行于脉中的富有营养的红色液态物质，是构成人体和维持人体生命活动的基本物质之一。故《景岳全书·血证》指出："故凡为七窍之灵，为四肢之用，为筋骨之和柔，为肌肉之丰盛，以至滋脏腑，安神魂，润颜色，充营卫，津液得以通行，二阴得以调畅，凡形质所在，无非血之用也。"血液的生成依赖于水谷精微、营气、津液、精髓，因此与心、肝、肺、脾、肾五脏均有密切关系。气能生血，气能行血，气能摄血；血能载气，血能养气。气、血、津液有着密切关系。当急性大出血时，因快速、大量失血导致组织器官供血供氧严重不足，患者可出现气随血脱，在此危及生命的紧急时刻，同种异体红细胞输血无疑是最快、最有效的救治措施。输血可及时为急性失血患者补充红细胞，提升血液携氧能力，迅速改善组织器官缺血缺氧状态，让虚脱的机体得以快速恢复，达到中医补血载气之功效。

（二）红细胞输血的中医辨证思路

无论何种原因所致的贫血，患者能得到有形之血的及时补充，即及时输注红细胞，可起到补血载气之功效。中医认为"有形之血不能速生，无形之气所当急固"，故施以"补气固脱、回阳救逆"之法，亦可改善贫血患者的病情。代表方剂如独参汤、参附汤、生脉饮、八珍汤等补气固脱、回阳救逆，仍不失为一种有效的急救措施。

（三）血小板输血的中医辨证思路

传统中医并无血小板缺乏的相关论述，结合现代医学的认识，根据血小板减少与出血性疾病的联系，将其归属"紫癜""血证"等范畴。输注血小板，显然属"补血"范畴；但在受损血管内皮处形成血栓，起到止血及修复血管的作用，当属"止血"范畴。因此，血小板输血的中医功效是"补血止血",起到减少出血,或止血、预防出血的作用。

当血小板减少出现相关出血的情况,选择中医药干预,进行辨证分析时,应坚持中西医结合,借助现代医学手段,明确诊断,查明病因,在辨病前提下进行辨证分析,四诊合参。辨证分析应纳入现代医学检测指标,如血小板计数、凝血功能、骨髓象等,谨慎评估出血风险及危急程度,更好地确立施治原则。

(四)粒细胞输血的中医辨证思路

现代医学认为,粒细胞具有吞噬、消化、清除体内病原(细菌、病毒、真菌等)的免疫功能。这一特性应属于中医的"正气"范畴,与营气和卫气的作用很相似。因此,可用中医扶正祛邪之法来理解粒细胞输血的临床作用。粒细胞输血旨在增强患者的抗感染能力,与之对应的中医有固本培元之法。固本培元增强机体抗感染能力,是中西医融合之道。在体质调养方面,未病先防,已病防变,瘥后防复,更体现出中医治未病的明显优势。借助中医药固本培元,帮助粒细胞缺乏患者增强体质,增强自身抗感染能力,减少或避免必须输注粒细胞的情况。临床辨证中应以固本培元、补气养血、调和营卫作为主要治则。若能充分利用中医固本培元以治本,结合西医抗感染治疗,中西合璧,取长补短,定收满意疗效。

(五)血浆、冷沉淀输注的中医辨证思路

现代医学认为,输注血浆和冷沉淀的目的主要是补充凝血因子,大多数凝血因子主要在肝脏合成,肝功能障碍则影响机体凝血功能,而脾脏具有灭活血小板的功能。这正与中医肝藏血、养血、调血,脾生血、统血、摄血理论相一致。因此疏肝健脾法是治疗凝血因子缺乏相关疾病的基本治法之一。以此为基础,通过辨证施治,辅以滋阴养血、补血益气等治法,可减少输注血浆和冷沉淀等血液制品。

(六)白蛋白输注的中医辨证思路

现代医学认为,输注白蛋白的主要是低蛋白血症患者,由于血液胶体渗透压降低,导致水液代谢障碍,水液积聚于第三间隙,出现组织水肿、腹水、胸腔积液、心包积液甚至心悸等临床表现。这些症状与传统中医的"水肿""鼓胀""心悸"等病症一致。

中医对"水肿""鼓胀""心悸"等病症的治疗,以调通水道为基本治则。《素问·经脉别论》云:"饮入于胃,游溢精气,上输于脾,脾气散精,上归于肺,通调水道,下输膀胱。"《素问·水热穴论》云:"肾者,胃之关也,关门不利,故聚水而从其类也。"《素问·汤液醪醴论》云:"开鬼门,洁净府,精以时服,五阳已布,疏涤五脏。故精自生,形自盛,骨肉相保,巨气乃平。"可见,中医治疗此类病症不仅重视调和肝肾,而且还调和脾、肺等脏腑,施以发汗、利尿、祛湿、消肿等治法,养肝固肾促进白蛋白生成,减少白蛋白消耗,可减少或避免必须输注白蛋白的情况。

(高允海)

复习思考题

1. 试述输血的适应证。
2. 试述输血的不良反应。
3. 输血发生溶血反应时的表现有哪些? 如何预防及治疗?
4. 自体输血的禁忌证有哪些?

第十章

外 科 休 克

第一节 概 述

休克是循环功能衰竭的综合征之一。1773 年，Le Dran 医生首次将"休克（shock）"这一名称用于描述一位枪伤患者的临床表现。从创伤和失血等原因引起的综合征到休克与多器官功能障碍综合征（MODS）的关系，再到对休克机制和治疗方法的研究，人们对休克的认识经历了一个漫长的过程。

休克是由多种致病因素引起的病理生理过程，主要特点是机体有效循环血容量减少、组织灌注不足、细胞代谢紊乱和器官功能损伤。因此，休克被视为一种危急综合征。恢复微循环灌注、改善组织细胞供氧、促进能量物质的有效利用以及维持细胞正常功能是休克治疗的关键。根据休克不同阶段的病理生理特点，应采取相应的防治措施，以确保患者安全。

休克的临床表现以面色苍白或发绀、皮肤湿冷、呼吸浅快、脉搏细数、脉压变小、血压下降、尿量减少、精神紧张、烦躁不安、反应迟钝或意识障碍等为主要特征。休克在中医学中属于"厥证""脱证"范畴。《黄帝内经》中就有"厥论"专篇。中医学认为"厥"为急证，"脱"为危证，是由人体脏腑阴阳失调，气机逆乱所引起的以突然昏倒，不省人事，或伴有四肢逆冷为主要临床表现的一种病证。

一、分类

休克的分类方法很多，迄今尚未统一。通常将休克分为低血容量性、感染性、心源性、神经源性和过敏性休克等五大类，并将创伤性和失血性休克均归为低血容量性休克，而低血容量性休克和感染性休克（脓毒症休克）在外科最为常见。

二、西医病因与病理

休克的主要病理生理变化是有效循环血容量的减少、组织灌注不足和炎症介质的产生。有效循环血容量是单位时间内通过心血管系统循环的血液量，不包括储存或滞留在毛细血管中的血液。维持有效的循环血容量取决于足够的血容量、有效的心容量和良好的周围血管张力。任何一个因素的变化超过人体的代偿极限都可能导致有效循环血容量急剧下降,引发休克。

(一) 微循环的变化

在休克的发生发展过程中,微循环的变化可分为三个阶段。

1. 微循环收缩期 休克早期,有效循环血容量急剧减少,导致循环血容量和动脉血压下降。身体通过一系列代偿机制来维持循环功能的相对稳定。例如,通过主动脉弓和颈动脉窦压力感受器引起血管舒缩中枢加压反射,交感-肾上腺轴兴奋导致大量儿茶酚胺释放以及肾素-血管紧张素分泌增加等方式来提高心率和心输出量;同时,通过收缩外周和内脏的小血管,重新分配循环血容量,确保重要器官的有效灌注。这种代偿机制包括了儿茶酚胺等激素对内脏小动脉、静脉血管平滑肌和毛细血管前括约肌的收缩作用,同时动静脉短路开放,增加外周血管阻力和回心血量,促进组织间液的回吸收,部分补偿血容量,以维持血压稳定或生理性波动。然而,此时微循环仍处于"只流不灌"的状态,组织仍然缺血和缺氧。如果能及时除去休克的病因,并积极进行复苏治疗,休克可以得到纠正。

2. 微循环扩张期 休克进一步发展,微动脉会普遍收缩,动静脉短路会广泛开放,加剧了组织灌注不足。由于严重缺氧,细胞处于无氧代谢状态,能量不足,乳酸积累,血管化物质如组胺和缓激肽的释放增加。这些物质直接导致毛细血管前括约肌舒张,而后括约肌对这些舒血管物质的敏感性很低,仍然处于收缩状态。此时微循环进入了"只灌不流"的状态,毛细血管普遍扩张,血液滞留,导致毛细血管内的流体静力压升高,管壁通透性增加,血浆外渗,血液浓缩和黏稠度增加。这进一步降低了回心血量和心输出量,导致重要器官供血严重不足,休克进入抑制期。此时,患者出现进行性血压下降,反应迟钝或意识障碍,以及缺氧、发绀、酸中毒等情况。

3. 微循环衰竭期 在休克的后期或弥散性血管内凝血(DIC)期,病情进一步发展可能导致不可逆转的休克状态。血液在酸性环境中微循环停滞并处于高凝状态,红细胞和血小板聚集在毛细血管中,易形成微血栓和DIC。一方面,加重了组织细胞缺氧和能量匮乏,导致细胞内的溶酶体膜破裂,释放各种酸性水解酶,引发细胞自溶解,最终导致大片组织、整个器官甚至多个器官功能受损;另一方面,DIC耗尽了大量凝血因子,可能出现严重出血倾向。

(二) 代谢改变

休克期间发生的细胞代谢紊乱和功能受损主要是由微循环障碍和组织细胞缺氧所致。此外,由于应激反应、炎症反应和组织细胞坏死而释放的大量炎症介质和细胞因子,也促进了代谢紊乱的发生发展。

1. 代谢性酸中毒 休克时,由于组织缺氧,细胞无法获得足够的氧气,从而触发无氧糖酵解,导致乳酸生成增加,丙酮酸浓度降低。这会导致血液中乳酸浓度和乳酸/丙酮酸(L/P)比值增加。当没有其他引起高乳酸血症的原因时,乳酸盐含量和L/P比值可以反映患者细胞缺氧的程度。当酸中毒达到严重程度(pH值<7.2)时,心血管系统对儿茶酚胺的反应性降低,表现为心跳减慢、血管扩张、心输出量减少,并使氧解离曲线右移,出现呼吸加深、加快和意识障碍等症状。

2. 能量代谢障碍 严重创伤和感染应激时,交感-肾上腺髓质系统和下丘脑-垂体-肾上腺皮质轴被激活,使儿茶酚胺和肾上腺皮质激素分泌增加。这会促进蛋白质分解,抑制蛋白质合成,提供能量和急性期蛋白质合成所需的原料,并加速脂肪动员和糖异生,导致血糖升高。如果疾病继续发展,由于能量不足、支链氨基酸供应不足以及消耗过多的内脏蛋白质,可能会导致MODS。

(三) 炎症介质的释放和缺血 - 再灌注损伤

在应激条件下,机体会释放大量炎症介质和细胞因子,引发连锁反应。这些物质包括白细胞介素、肿瘤坏死因子、集落刺激因子、氧自由基和脂质自由基等。一方面,氧自由基会导致脂质过氧化,损伤膜磷脂,增加细胞膜通透性,干扰离子泵功能,造成电解质和体液分布异常,如低钠血症、水中毒、高钾血症等。另一方面,钙内流、溶酶体酶和炎症介质的作用会导致全身炎症反应综合征(SIRS),细胞自溶、组织坏死、器官损伤和功能障碍。这种恶性循环进一步加重休克,使病情恶化。

(四) 内脏器官的继发性损害

这是导致休克死亡的主要原因之一。由微循环障碍引起的内脏器官损伤和 / 或功能衰竭与休克的病因和持续时间密切相关。持续 6 小时以上的休克会对内脏器官造成继发性损伤。

1. 肺 休克导致的缺氧可损伤肺毛细血管内皮细胞和肺泡上皮细胞。这可能增加肺血管壁通透性,导致肺间质水肿;也可能减少肺泡表面活性剂的生成,引起肺泡萎陷和肺不张。这会导致肺泡通气与血流灌注比值失衡,增加死区通气和动静脉分流,表现为呼吸困难,即急性呼吸窘迫综合征(ARDS)。老年人和合并全身性感染的患者更容易发生 ARDS,病死率也更高。

2. 肾 休克时血压下降,儿茶酚胺分泌增加,导致肾小球血管痉挛和肾血流减少,从而降低肾小球滤过率,出现少尿。如果休克继续发展,肾内血流重新分布并转向肾髓质,不仅使尿液产生减少,还会导致急性肾衰竭,引起肾皮质内的肾小管上皮细胞缺血坏死。

3. 心 休克时冠状动脉血流减少,引起心肌缺血、酸中毒和高钾血症等,可能损害心肌。心肌微循环内的血栓形成可引起心肌局部坏死。这些变化足以导致心功能下降,甚至心力衰竭。

4. 脑 休克时,由于脑灌注压和脑血流量下降,将导致脑缺氧。缺血、二氧化碳潴留和酸中毒使得脑细胞肿胀和血管通透性增加,导致脑水肿和颅内压升高。患者可能出现意识障碍,甚至脑疝、昏迷。

5. 肝 休克会引起肝细胞缺血和缺氧性损伤,导致肝功能不全。表现为代谢功能障碍引起的酸中毒、低蛋白血症和凝血功能异常;解毒功能障碍引起内毒素血症,进一步使已有的代谢紊乱和酸中毒恶化;组织学改变包括中央肝小叶出血和肝细胞坏死等;生化检测包括谷丙转氨酶(glutamic-pyruvic transaminase,GPT)和血氨升高等代谢异常。

6. 胃肠道 休克导致胃肠道黏膜缺血、缺氧,出现糜烂、坏死和出血,导致应激性溃疡和肠源性感染。肠黏膜上皮细胞的屏障功能受损,易发生细菌和内毒素的移位,导致肠源性感染的形成,这对于休克的进一步发展和 MODS 的形成具有重要意义。

7. 内脏器官继发性损伤 休克可能导致内脏器官功能衰竭。多器官功能衰竭通常在休克好转后发生,并成为患者死亡的主要原因。内脏器官继发性损伤的发生与休克的原因和持续时间有关,低血容量性休克较少引起内脏器官的继发性损伤。休克持续时间较长或发展至失代偿阶段,则更容易引起内脏器官的损伤。心、肺和肾功能衰竭是导致休克死亡的三大原因。

(五) 免疫系统的继发性损伤

休克初期,机体免疫系统可预防休克进展。但随着休克发展,血流供应减少和有害物质作用,暂时性免疫抑制出现。表现为免疫球蛋白和补体减少,巨噬细胞和细胞内氧化过程受抑制。中性粒细胞趋化性降低,淋巴细胞和各种抗原反应减弱。当 G 细胞死亡或破裂时,释放具有抗原性的内毒素,形成免疫复合物,在肾、肝、肺、心等脏器内皮细胞上沉淀,导致细胞膜破裂和超微结构改变,影响细胞内氧化和 ATP 生成。此外,溶酶体也可能破裂,释放多种溶酶体酶,导致细胞崩解和免疫功能进一步降低。

三、中医病因病机

(一)病因

厥脱证的病因多以热毒炽盛和阴阳虚极较为多见。

(1)外感火热毒邪,失治内陷,或脏腑蕴热,火毒结聚,伤阴耗气或气血两燔,上扰神明所致。

(2)因久病真阴耗损,阳气衰微而成。

(3)外伤失血,大吐大泻,禁食日久,导致阴阳俱虚,发为本病。

(二)病机

中医学对"厥证""脱证"的论述十分广泛,历史悠久,内容丰富。虽分型不同,但最后都导致阴阳失调、气血逆乱,气血不足以周流全身濡养脏腑筋肉、四肢百骸,而出现"厥脱证"。现归纳为以下四方面进行论述。

1. 阳厥　《景岳全书·厥逆》曰:"血厥之证有二,以血脱、血逆皆能厥也。"久病真阴亏耗或因失血、大吐大泻致阴血大伤,脏腑失之濡养,阴不制阳,阳无以附而虚阳外越,阳无阴而不生,故阴损及阳,导致阴竭阳脱,发为阳厥,亦属于医学古籍中所说的"血厥""脱阴厥"等范畴。

2. 阴厥　久病阳气衰微或暴病伤阳耗气致阳气大衰,气化失司,阴血化生无权,五脏六腑失之濡养;气机逆乱,升降失调,气血瘀滞,阳虚不温,故有四肢厥逆,终由阳气衰微,阴不附阳而危及生命。如《素问·厥论》云:"阳气衰于下,则为寒厥。"《灵枢·厥病》曰:"真心痛,手足青至节,心痛甚,旦发夕死,夕发旦死。"多发生于其他疾病之后,由于大病久病,阳气虚衰,阴寒内盛或阳气欲脱,而成厥证。

3. 热厥　外感六淫之邪入里化热,热毒炽盛,伤津耗气,致阴亏阳损,脏腑失养,阳气不能温煦而致热深厥深。

4. 脱证　由于久病耗损或暴病大伤,阴血及阳气有亡失之险,此为中医之脱证。阳脱一般由于邪气旺盛,正不胜邪,阳气突然脱失,或久病阳气严重耗散,真阳耗损,虚阳外越致使脱失。阴脱由于吐泻不止,或大汗淋漓,或失血过多,或大病禁食水谷,阴液耗竭,真阴欲脱。阴阳互根互存,阴脱最终导致阳随阴脱;阳脱也因固摄失权,津液随之大泄,终致阴阳离决。

四、临床表现与诊断

(一)临床表现

根据休克的病程演变,将休克分为休克代偿期和休克失代偿期。

1. 休克代偿期　在休克早期,机体通过增高自身中枢神经系统兴奋性和增强交感 - 肾上腺髓质系统活动来代偿有效循环血容量的减少。患者表现为精神紧张,兴奋或烦躁不安,面色苍白或发绀,手足发冷,心率加快,血压正常或波动,脉压变小,呼吸加快,尿量减少等。正确及时处理可以快速纠正休克状态,否则将进入休克失代偿期。

2. 休克失代偿期　患者表现为神情淡漠,反应迟钝,甚至意识模糊或昏迷,皮肤湿冷,口唇及肢端发绀,脉搏细数,血压进行性下降。重症患者全身皮肤、黏膜明显发绀,四肢厥冷,脉搏及血压无法测量,出现少尿、无尿。若皮肤、黏膜出现瘀斑或消化道出血,则说明病情已发展到 DIC 阶段。若出现进行性呼吸困难、发绀、烦躁,并且吸氧后症状无改善,则应考虑 ARDS。休克的临床表现和程度见表 10-1。

表 10-1 休克的临床表现和程度

| 分期 | 程度 | 神志 | 口渴 | 皮肤黏膜 | | 脉搏 | 血压 | 体表血管 | 尿量 | 估计失血量* |
				色泽	温度					
休克代偿期	轻度	神志清楚,有痛苦表情,精神紧张	口渴	开始苍白	正常,发凉	100 次/min 以下,尚有力	收缩压正常或稍升高,舒张压升高,脉压缩小	正常	正常	20% 以下(800ml 以下)
休克失代偿期	中度	神志尚清楚,表情淡漠	很口渴	苍白	发冷	100~200 次/min	收缩压为 70~90mmHg,脉压小	表浅静脉塌陷,毛细血管充盈迟缓	尿少	20%~40%(800~1 600ml)
	重度	意识模糊,甚至昏迷	非常口渴可能无主诉	显著苍白,肢端青紫	厥冷(肢端更明显)	速而细弱或摸不清	收缩压在 70mmHg 以下或者测不到	毛细血管充盈非常迟缓,表浅静脉塌陷	尿少或者无尿	40% 以上(1 600ml 以上)

注:* 成人的低血容量性休克。

(二)诊断

根据病史、临床表现和实验室检查,对休克的诊断通常不难,但早期诊断至关重要。因此,对于有严重损伤、急性大出血、严重感染、过敏史或心脏病史的患者,应时刻警惕可能发生休克。临床观察中,精神紧张、烦躁不安、心率加快、脉压变小或尿量减少等症状应引起警惕;若患者出现意识模糊、反应迟钝、皮肤苍白、呼吸浅、呼吸急促、收缩压低于 90mmHg(12kPa)和/或尿量减少(<17ml/h),则提示进入休克期。

五、休克的监测

通过监测不仅可以了解病情变化和治疗反应,还可为调整治疗方案和判断预后提供客观依据。

(一)一般监测

1. 意识状态　是反映脑组织血流灌注状态的指标。意识清醒,对外界刺激反应灵敏,表示血液循环良好,反之则可能存在不同程度的休克。

2. 皮肤温度与色泽　是评价血液灌流情况的指标。四肢温暖,皮肤干燥,轻压指甲或口唇苍白但颜色能迅速恢复正常,表示末梢循环有改善,否则说明微循环障碍仍存在。

3. 血压　是反映休克治疗中器官灌注情况的重要指标。但血压并非最敏感的指标,需要结合其他监测参数综合评估。一般认为收缩压<90mmHg 或下降>30% 和脉压<20mmHg 是休克的表现。血压回升和脉压增大则表示休克有改善。

4. 脉率　能反映心脏泵血功能,一般先于血压变化。如果血压较低但脉率恢复正常且肢体温暖,通常表示休克有改善趋势。脉率与收缩压的比值常用于计算休克指数,指数在不同范围表示不同程度的休克。

5. 尿量　是衡量肾血流量及全身循环状况的指标。少尿通常是休克早期或不完全复苏的标志。休克患者应监测每小时的尿量,一般认为尿量<25ml/h 且密度增高表示肾血流

量不足。当尿量<0.5ml/(kg·h)时,继续液体复苏治疗。尿量维持在30ml/h以上表示休克得到纠正。需注意特殊情况下的少尿,如渗透性利尿或垂体神经间隙受损引起的尿崩后的少尿状态。同时应注意鉴别与尿路损伤相关的少尿与无尿情况。

(二)特殊监测

特殊监测包括有创血流动力学监测、氧代谢监测和相关化验监测等。

1. 有创血流动力学监测　对休克患者的临床治疗具有指导作用。

(1)中心静脉压:中心静脉压(central venous pressure,CVP)反映右心房或胸段腔静脉压的变化,早于动脉血压的变化。正常值为0.49~0.98kPa(5~10cmH$_2$O)。CVP<0.49kPa(5cmH$_2$O)表示血容量不足;CVP>1.47kPa(15cmH$_2$O)表示心功能不全、静脉过度收缩或肺循环阻力增高;CVP>1.96kPa(20cmH$_2$O)为充血性心力衰竭。因此,在需要容量复苏的患者中,持续监测CVP可以准确反映右心前负荷情况,指导临床治疗和评估预后。

(2)肺毛细血管楔压:肺动脉压(pulmonary artery pressure,PAP)和肺毛细血管楔压(pulmonary capillary wedge pressure,PCWP)是通过肺动脉漂浮导管(Swan-Ganz)测得的,反映肺静脉、左心的功能状态。PAP正常值为1.33~2.66kPa(10~20mmHg),PCWP的正常值为0.8~2kPa(6~15mmHg)。PCWP可更早、更准确地反映左心功能和肺循环阻力。PCWP<0.8kPa提示血容量不足;>2kPa提示肺循环阻力增高;>2.66kPa提示左心功能不全;>4kPa提示左心衰竭。临床上发现PCWP增高时,需限制输液量以免发生或加重肺水肿。还可以通过肺动脉导管进行混合静脉血气分析,了解肺内动静脉分流或肺泡通气与血流灌注比值的变化。肺动脉导管技术是有创检查,有一定的风险和适应证限制,置管时间一般不超过72小时。

(3)心输出量和心脏指数:心输出量(cardiac output,CO)是心率与每搏输出量的乘积,可通过热稀释法测得。成人CO正常值为4~6L/min。心脏指数(cardiac index,CI)是单位体表面积上的心输出量,成人CI正常值为2.5~3.5L/(min·m^2)。

2. 氧代谢监测　监测休克患者的氧代谢有助于了解机体的代谢情况,为判断病情和指导治疗提供依据。

(1)动脉血气分析:动脉血氧分压(PaO$_2$)正常值为10.7~13.3kPa(80~100mmHg);动脉血二氧化碳分压(PaCO$_2$)正常值为4.8~5.8kPa(36~44mmHg)。休克时可因肺换气不足,导致体内二氧化碳聚集,从而引起PaCO$_2$明显升高;相反,如患者既往并无肺部疾病,过度换气可引起PaCO$_2$降低;若PaCO$_2$>(5.9~6.6)kPa(45~50mmHg),常提示肺泡通气功能障碍;若PaO$_2$<8.0kPa(60mmHg),吸入纯氧却仍无改善者,则可能是ARDS的先兆。通过对pH值、碱剩余(BE)、缓冲碱(BB)和标准碳酸氢盐(standard bicarbonate,SB)的监测,可了解患者休克时酸碱平衡的情况。碱缺失(base deficit,BD)可间接反映血乳酸的水平,当休克导致组织供血不足时,碱缺失下降,多提示酸中毒情况存在。碱缺失与血乳酸水平相结合是判断休克严重程度和复苏状况的有效指标。

(2)动脉血乳酸盐监测:休克患者因组织灌注不足而出现无氧代谢和高乳酸血症,同时动脉血乳酸盐增高常比休克其他征象出现得早,因此,监测其变化有助于评估休克程度及复苏趋势。其正常值为1~1.5mmol/L,危重患者有时会达到4mmol/L。此外,还可结合其他代谢参数判断病情,例如乳酸盐/丙酮酸盐(L/P)比值(正常比值约10:1),升高亦可见于高乳酸血症。

(3)氧输送(DO$_2$)与氧耗量(VO$_2$)监测:通过连续监测混合静脉血氧饱和度(SvO$_2$)判断体内氧输送与氧耗量的比例。SvO$_2$值反映正常人氧输送与氧耗量之间达到平衡,其降低表示氧输送不足,主要原因为心输出量降低、血红蛋白(Hb)浓度或动脉血氧饱和度(SaO$_2$)降低。DO_2、VO_2 亦为评估低血容量性休克早期复苏效果的良好指标,其动态监测意义更大。DO_2 与 VO_2 具有一定相关性。

3. 相关化验监测　休克患者的其他化验监测对病情观察和治疗有重要意义。

(1)血常规监测:观察红细胞计数、血红蛋白和血细胞比容的变化,了解血液浓缩或稀释情况,对低血容量性休克的诊断和持续失血的评估非常重要。

(2)血清电解质与肾功能监测:对了解病情变化和指导治疗很有帮助。

(3)凝血功能监测:早期监测凝血功能,对选择适当的容量复苏方案和液体种类至关重要。对疑似 DIC 的患者,应检测血小板数量和质量、凝血因子消耗程度以及反映纤溶活性的指标。满足以下条件可诊断为 DIC:血小板计数 $<80 \times 10^9/L$、凝血酶原时间(PT)比对照组延长超过 3 秒、血浆纤维蛋白原 $<1.5g/L$ 或呈进行性降低、血浆鱼精蛋白副凝试验(3P 试验)阳性、血涂片中破碎红细胞 $>2\%$ 等。

六、治疗

(一) 西医治疗

对于休克这个由不同病因引起,但又具有共同病理生理改变基础和临床表现的危急综合征,应针对休克的病因,以及休克不同发展阶段的重要生理紊乱采取下列相应的治疗。其治疗的重点是恢复组织的灌流和提供足够的氧,维护微循环的正常功能。近年来强调氧供应和氧消耗超常值的复苏概念,并要求达到以下标准:$DO_2 > 600ml/(min \cdot m^2)$,$VO_2 > 170ml/(min \cdot m^2)$,心脏指数 $>4.5ml/(min \cdot m^2)$;其最终的目标是防止 MODS 的发生。其治疗措施如下:

1. 一般紧急治疗　主要措施如下:①保持患者安静,避免过度搬动;②积极处理原发伤和原发病,如制动创伤、控制出血等;③确保呼吸道通畅,早期使用鼻导管或面罩吸氧,必要时行气管插管或气管切开;④将头部和躯干抬高 20°~30°,下肢抬高 15°~20°,以便呼吸和增加回心血量;⑤迅速建立静脉通道,补充血容量,维持血压,并考虑使用适当的药物治疗;⑥在特殊情况下,如严重皮肤缺损或污染(如大面积烧伤、烫伤)或无法立即进行静脉输液扩容时,考虑通过长骨干的骨髓腔输液;尤其对于儿童患者,应予以足够重视;⑦注意保温,但避免在体表加热,以免影响重要器官的血流和增加氧耗;⑧根据需要,酌情使用镇静剂和镇痛剂。

2. 补充血容量　是纠正休克的关键措施。应连续监测动脉血压、尿量和 CVP,并结合患者的皮肤温度、末梢循环、脉搏幅度和毛细血管充盈时间等微循环情况判断复苏效果。采用晶体液和人工胶体液复苏,必要时进行成分输血。也可使用高浓度盐水来复苏休克。力争在诊断的最初 6 小时内通过积极液体复苏恢复最佳心输出量、稳定内环境功能和组织氧供。

3. 处理原发病　是对外科引起的休克的重要措施。需及时进行手术处理原发病以逆转休克,如控制内脏大出血、切除坏死肠袢、修补消化道穿孔、清除坏死组织和引流脓肿等。因此,在恢复循环血容量后应及时施行手术以有效控制休克。但在某些情况下,应在积极抗休克的同时针对病因进行手术,以免延误抢救时机。

4. 纠正酸碱平衡紊乱　对于休克的治疗也很重要。在休克早期可能出现低碳酸血症即呼吸性碱中毒。早期不推荐使用碱性药物,因为碱中毒会使氧解离曲线左移,加重组织缺氧。纠正酸中毒的根本措施是补充血容量,改善组织灌注,并根据需要使用碱性药物。目前倾向于酸性环境有利于氧与红细胞解离,增加向组织释放氧,有助于休克的复苏。使用碱性药物时应确保呼吸功能完整,避免继发呼吸性酸中毒。严重休克经扩容治疗后仍有代谢性酸中毒时,可使用5%碳酸氢钠溶液静脉滴注。用药后应复查动脉血气分析,评估治疗效果并确定下一步治疗措施。

5. **血管活性药的应用** 在充分容量复苏的前提下应用血管活性药以维持脏器的灌注,也是治疗休克的重要环节。随着对休克发病机制和病理生理变化研究的深入,对血管活性药的应用和疗效也在不断地进行重新评价。血管活性药辅助扩容治疗,可迅速改善循环和升高血压,尤其是感染性休克患者,升高血压是应用血管活性药的首要目标。理想的血管活性药应能迅速升高血压,在改善心脏和脑血流灌注的同时,又能改善肾脏和肠道等内脏器官的血流灌注。

(1)血管收缩剂:血管收缩剂主要有多巴胺、多巴酚丁胺、去甲肾上腺素(norepinephrine,NE)、间羟胺以及垂体后叶素等。

(2)血管扩张剂:分为 α 受体阻滞剂和抗胆碱能药两类。前者包括酚妥拉明、酚苄明等。该类药物能解除去甲肾上腺素所致的小血管收缩和微循环淤滞,并增强左室收缩力。抗胆碱能药包括阿托品、山莨菪碱和东莨菪碱。临床上治疗休克多用山莨菪碱(人工合成品为654-2),该药可对抗乙酰胆碱所致的平滑肌痉挛而使血管舒张,从而改善微循环;还可通过抑制花生四烯酸代谢,降低白三烯、前列腺素的释放而保护细胞膜。尤其是在外周血管痉挛时,其在升高血压、改善微循环及稳定病情方面效果显著。

(3)强心药:在临床上,无论是冷休克还是暖休克均存在着心功能不全或潜在的心功能不全等状况,因此,增强心肌收缩能力及增加心输出量是抗休克治疗中的一个重要环节。

有时,可将血管收缩剂和血管扩张剂联合应用,以取长补短。例如,可以将去甲肾上腺素 0.1~0.5μg/(kg·min)和多巴胺 5~10μg/(kg·min)或硝普钠 1.0~10μg/(kg·min)联合静脉滴注。其目的是把强心与改善微循环放在同等重要地位,可增加心脏指数30%,减少外周阻力45%,升高血压至 80mmHg 以上,尿量维持在 40ml/h 以上。

6. **治疗DIC改善微循环** DIC 是休克终末期的必然结果,一旦发生,可用肝素抗凝治疗。一般剂量为 1.0mg/kg,6 小时一次,成人首次可用 10 000U(1mg 相当于 125U)。有时还使用抗纤溶药如氨甲苯酸、氨基己酸,抗血小板黏附和聚集的药物如阿司匹林、双嘧达莫、丹参注射液以及小分子右旋糖酐等。

7. **皮质类固醇的应用** 皮质类固醇可用于感染性休克和其他较严重的休克。其作用主要有:①阻断 α 受体兴奋作用,使血管扩张,降低外周血管阻力,改善微循环;②保护溶酶体膜,防止细胞自溶和坏死;③增强心肌收缩能力,增加心每搏输出量;④增强线粒体功能,防止白细胞凝集;⑤通过改善微循环而间接增强单核吞噬细胞系统功能;⑥促进糖异生,使乳酸转化为葡萄糖,从而减轻酸中毒。一般主张从静脉及早用药,大剂量、短疗程。

8. **其他治疗** 休克纠正后可考虑加强营养代谢支持和免疫调节治疗,适当的肠内和肠外营养可减少组织的分解代谢;联合应用生长激素、谷氨酰胺以及鱼油等具有协同作用。

(二) 中医治疗

1. 辨证论治

本病危急,为气机逆乱,阴阳失和,虚实夹杂,以虚为主。治以益气回阳救阴,固本为先。

(1)热伤气阴证:神情淡漠,反应迟钝,身热汗出,口干欲饮,肢冷,尿赤,便结,舌红,苔黄,脉细。治以益气固脱,清热解毒养阴。方用生脉饮加清热解毒之品。

(2)热伤营血证:精神恍惚,语声低微,口唇紫,发斑出血,舌暗,脉数。治以气血双清,益气补阴。方用清营汤加减。

(3)阴厥证:烦躁,汗出,唇干,舌红少津,脉细无力。治以益气固脱,养血育阴。方用人参养营汤加减。

(4)寒厥证:精神萎靡,反应迟钝,大汗身冷,心悸肢厥,舌淡,脉微。治以回阳救逆。方用四味回阳饮加减。

(5)厥逆证:面色灰白,精神恍惚或神昏,汗出身冷,口燥咽干,四肢厥冷,舌淡,脉微。治以益气固脱,阴阳双补。方用保元汤合固阳汤加减。

(6)阴脱证:大汗出,烦躁,口燥咽干,皮肤皱,尿少,舌红,脉微细数。治以益气固脱,养血育阴。方用独参汤合四逆汤加减。

(7)阳脱证:神情淡漠,语声低微,冷汗出,身凉,四肢不温,舌淡,脉微。治以益气固脱。方用独参汤合四逆汤,频服。

2. 针灸治疗 实践证明针刺人中、素髎等穴具有明显升高血压、增强呼吸的作用;针刺内关具有强心升压作用;灸神阙、关元、百会、足三里、涌泉穴可回阳救逆。

3. 中药注射液的应用

(1)参麦注射液:适用于气阴耗伤型患者。通常用该药 10~40ml 加入 10% 葡萄糖注射液 20ml 内静脉注射,每隔 15~30 分钟重复 1 次,连用 3~5 次,待血压回升及稳定后再以该药 50~100ml 加入 5% 葡萄糖注射液 250ml 内静脉滴注,直至病情稳定。

(2)生脉注射液:适用于真阴耗脱型患者,用法及用量同参麦注射液。该药对于有洋地黄类药物的使用禁忌证者具有良好的替代作用。

(3)参附注射液:适用于阳气暴脱型患者。通常用该药 10~20ml 加入 10% 葡萄糖注射液 250ml 内静脉滴注,直至病情平稳。

(4)参芪扶正注射液:多用于气虚阳脱的患者。可用参芪扶正注射液 250ml 静脉滴注,病情好转后可再次静脉滴注 250ml。

此外,黄芪注射液也可应用于各类休克的抢救,临床实践证明,该药具有良好的升高及稳定血压的作用。

第二节 低血容量性休克

低血容量性休克(hypovolemic shock)常由大量出血或体液丢失导致,也可能是由体液积聚于第三间隙引起的有效循环血容量急剧减少所致。失血性休克是由大血管破裂或脏器出血引起的,而创伤性休克是指在各种损伤或大手术后同时伴有失血或血浆丢失。

低血容量性休克的主要表现包括 CVP 降低、回心血量减少和心输出量下降导致的低血压,外周血管收缩、血管阻力增加和心率加快等神经内分泌代偿机制引起的改变,以及微循环障碍引起的组织损害和器官功能不全。

治疗低血容量性休克的关键在于及时补充血容量,积极消除病因以停止继续失血和失液。

低血容量性休克属中医学"厥脱"范畴,传统医学认为厥脱的病机关键是气血运行障碍,导致阴阳之气不相顺接,气机逆乱,属于急危重症。

一、失血性休克

失血性休克(hemorrhagic shock)常见于外科情况。引起失血性休克的原因包括大血管破裂、腹部损伤导致的肝脾破裂出血、消化性溃疡出血,以及门静脉高压引起的食管胃底曲张静脉破裂出血等。通常当急性失血量达到全身总血量的 20% 时(约 800ml),会出现轻度休克;失血量为全身总血量的 20%~40%(800~1 600ml)时为中度休克;而失血量达到 50%

(2 000ml)时为重度休克。由于严重的体液丧失,导致细胞外液和血浆大量流失,有效循环血容量急剧减少,从而引发休克。年轻人具有较强的心血管代偿能力,即使大量失血,部分患者在一定时间内仍能维持接近正常范围的血压。然而,老年人常因伴有心血管疾病,在大出血时往往出现心力衰竭,同时表现为失血性休克和心源性休克共存的情况。

1. 西医治疗 失血性休克主要包括补充血容量和处理原发病控制出血两个方面。迅速止血,并消除失血的病因是首要原则。

(1)补充血容量:根据血压和脉率变化来估计失血量。不必全部补充血液,而是抓紧时机尽快增加静脉回流。建立补液通路,特别是中心静脉输液通路,必要时可建立多条通路同时补液。选择平衡盐溶液和人工胶体溶液进行快速滴注。输血视患者的血红蛋白浓度、出血情况、代偿能力和器官功能决定。低血容量性休克时,快速液体复苏以改善组织灌注为目标,输液应足够迅速以补充丢失的液体。输入液体量的评估应考虑病因、尿量和血流动力学状态,常以血压和中心静脉压测定作为补液指导(表 10-2)。

表 10-2 中心静脉压及血压变化的处理原则

CVP	BP	病因	处理原则
低	低	血容量严重不足	充分补液
低	正常	血容量不足	适量补液
高	低	心功能不全或血容量相对过多	给强心药,纠正酸中毒,舒张血管
高	正常	容量血管过度收缩	舒张血管
正常	低	心功能不全或血容量不足	补液试验*

注:*补液试验:用等渗生理盐水 250ml,于 5~10 分钟内静脉注入。如血压升高而中心静脉压不变,提示血容量不足;如血压不变而中心静脉压升高 0.29~0.49kPa(3~5cmH$_2$O),则提示心功能不全。

血容量和静脉回流恢复后,乳酸进入循环,可适时给予碳酸氢钠纠正酸中毒。高渗盐水输注可扩张小血管,改善微循环,增加心肌收缩能力和心输出量。机制涉及 Na$^+$ 增加和细胞外液容量恢复。然而,高血钠可能引起血压下降、继发低钾、静脉炎和血小板聚集,需谨慎处理。

(2)止血:在补充血容量的同时,如仍有出血,则难以保持稳定的血容量,休克也难以纠正。若患者对初始充分补液反应较差,可能存在活动性出血,应尽快查明并及时处理。对于肝脾破裂、急性上消化道出血等情况,应在保持血容量基本稳定的同时积极进行手术准备,并尽早进行止血手术。

2. 中医治疗

(1)阴厥型:烦躁咽干,唇甲紫暗,皮肤皱瘪,尿少或无尿,舌红少津,脉细无力。治以益气固脱,养血生津。方用人参养营汤,或生脉注射液 20~60ml 加入 5% 葡萄糖注射液 250~500ml 内静脉滴注,1~2 次/d。

(2)寒厥型:精神萎靡,大汗淋漓,身冷畏寒,心悸胸闷,四肢厥冷,尿少或无尿,舌淡,苔白,脉微欲绝。治以回阳救逆。方用四味回阳饮或四逆汤,或参芪扶正注射液 250ml 静脉滴注,1~2 次/d。

(3)厥逆型:面色灰白,精神恍惚,汗出身冷,口燥咽干,肌肤干瘪,四肢厥冷,尿少或无尿,舌淡无苔,脉细欲绝。治以阴阳双补,救逆固脱。方用保元汤合固阴煎,加用生脉注射液 20~60ml 加入 5% 葡萄糖注射液 250~500ml 内静脉滴注,1~2 次/d;或加用参芪扶正注射液 250ml 静脉滴注,1~2 次/d。

二、创伤性休克

创伤性休克是由严重外伤引起的有效循环血容量减少所致。创伤可导致血液或血浆丢失，组织炎性肿胀和体液渗出进一步降低循环血容量。刺激神经系统和疼痛反应、影响心血管功能的因素也会加重休克。创伤性休克常伴有多器官功能衰竭。

创伤性休克治疗的重点在于及时控制全身炎症反应的进展恶化。具体包括：①与失血性休克相同，创伤性休克也需要扩充血容量，但需要详细检查以准确估计丢失的体液量；②针对严重疼痛刺激的情况，可考虑给予镇静剂或镇痛剂；③妥善临时固定（制动）受伤部位；④对危及生命的创伤，如开放性气胸或浮动的胸壁，应紧急处理，其他较复杂的处理一般在血压基本稳定后进行；⑤对于创伤或大手术后继发的休克，使用抗生素以预防感染。

三、中西医结合讨论

本病因失血、失津、中毒、久病等耗气伤阴，损及五脏功能，导致真阴亏耗，阴阳失衡，表现为阳亢症状。阴血受损，阳无以附而外浮，四肢转凉，呈现虚寒症状。抢救和处理得当时，四肢可转温，色脉改善，阳气恢复，病情好转，否则可能出现阴竭阳脱的危险情况。治疗上以益气养阴、回阳固脱、救阴固脱、清热解毒、醒神开窍为主。益气养阴类药物如参麦注射液、参附注射液、生脉注射液等可增加心肌收缩能力，扩张冠状动脉，改善心功能，起到强心、升压作用，并能抗血小板聚集，改善微循环，纠正血液流变学异常。

第三节　感染性休克

感染性休克（septic shock）是一种难治的休克。它是机体对宿主 - 微生物应答失衡的表现，多由革兰氏阴性杆菌感染引起，如腹膜炎、胆道感染、肠梗阻和尿路感染等，也可能由革兰氏阳性菌感染引起。内毒素与体内的成分结合后刺激交感神经，引起血管痉挛并损伤血管内皮细胞。同时，内毒素还会促进炎症介质的释放，引起全身性炎症反应，最终导致微循环障碍、代谢紊乱和器官功能不全。有时，感染性休克病例中可能无明显感染病灶，但具有 SIRS 的表现：①体温 >38℃ 或 <36℃；②心率 >90 次 /min；③呼吸急促，>20 次 /min，或过度通气，$PaCO_2$<4.3kPa（32.3mmHg）；④白细胞计数 >12×10^9/L 或 <4×10^9/L，或未成熟白细胞 >10%。感染性休克必须同时满足以下三个条件：SIRS 存在，有细菌学感染证据和休克的表现。

感染性休克属中医学 "厥脱" 范畴，传统医学认为本病是在各种致病因素影响下，机体阴阳失调、阳气衰亡、阴血外脱及气血逆乱的危急重症，中医治疗多以扶心阳、存阴津为治法。

一、临床类型

感染性休克可分为高动力型和低动力型。前者少见，多由革兰氏阳性菌感染引起。致病菌产生的外毒素增加血管活性物质释放，导致外周血管扩张、阻力降低，心输出量正常或增加。同时出现血流分布异常、动静脉短路开放、细胞代谢障碍和能量生成不足。患者表现为皮肤比较温暖、干燥等症状，又称暖休克。低动力型较常见，主要由革兰氏阴性菌感染引起。在休克发生前即已出现循环血容量减少。内毒素刺激儿茶酚胺分泌增加，导致外周血管收缩、微循环淤滞和血容量、心输出量减少。患者表现为皮肤湿冷、发绀等症状，又称冷休克。感染性休克的临床表现见表 10-3。

表 10-3　感染性休克的临床表现

临床表现	冷休克(低动力型)	暖休克(高动力型)
神志	躁动、淡漠或嗜睡	清醒
皮肤色泽	苍白、发绀或花斑样发绀	淡红或潮红
皮肤温度	湿冷或冷汗	比较温暖、干燥
毛细血管充盈时间	延长	1~2 秒
脉搏	细数	慢、脉搏清楚
脉压 /mmHg	<30	>30
尿量 /(ml·h^{-1})	<25	>30

二、西医治疗

感染性休克是复杂且难以治疗的,病死率高达 30%~50%。外科引起的感染性休克的治疗首先要处理病因,即在纠正休克之前应着重于抗休克和抗感染治疗;在纠正休克后,应侧重于抗感染治疗。集束化治疗概念提倡早期应用有效的抗生素、尽快纠正组织的低氧代谢状态、动态评估等。

1. 补充血容量　首选平衡盐溶液输注来恢复循环血容量,可加人工胶体液、血浆或全血。扩容治疗应在中心静脉压监测下进行,以保证左室充盈压、动脉血氧含量和血液黏滞度处于正常范围。

2. 控制感染　使用抗菌药物治疗和处理原发感染灶。对未确定致病菌的患者,可经验性用药或选择广谱抗菌药;已知致病菌的种类时,应选用敏感而较为窄谱的抗菌药。早期应用抗生素非常重要。同时,需尽早处理原发感染灶,包括必要的手术。

3. 纠正酸碱平衡紊乱　代谢性酸中毒需要及时纠正。可以在补充血容量的同时输注碳酸氢钠,调整剂量应根据动脉血气分析的结果。

4. 心血管活性药的应用　如果经补充血容量、纠正酸中毒等治疗后休克未见好转,可以使用血管扩张药物,也可联合使用不同种类的药物来达到治疗效果。

5. 皮质激素治疗　糖皮质激素可以缓解 SIRS 反应,但仅限于早期、大量使用,一般不宜超过 48 小时。

6. 其他治疗措施　包括营养代谢支持、必要的免疫功能支持以及处理并发的 DIC 和重要器官功能障碍等。

三、中医治疗

1. 热伤气阴证　神情淡漠,反应迟钝,身热汗多,口干欲饮,肢厥唇紫,小便短赤,大便秘结,舌红,苔黄,脉细沉。治以益气养阴,清热固脱。方用生脉饮加清热解毒之品,或生脉注射液 20~60ml 加入 5% 葡萄糖注射液 250~500ml 内静脉滴注,1~2 次 /d。

2. 热伤营血证　精神恍惚,语声低微,唇甲发紫,肢厥,发斑出血,舌紫暗有瘀点,脉细数。治以气血两清,益气养阴。方用清营汤加减,或清开灵注射液 20~40ml 加入 0.9% 氯化钠注射液 250ml 内静脉滴注,1 次 /d。

四、中西医结合讨论

休克是危重症医学中的重要问题,按病因可分为低血容量性、感染性、心源性、神经源性和过敏性休克等五类。治疗重点是恢复组织灌注和提供足够氧气,维护微循环功能。主要包括紧急治疗、补充血容量、处理原发病、纠正酸碱平衡紊乱、应用血管活性药、治疗 DIC、使用皮质类固醇等治疗。

中西医对休克的治疗有不同的认识,中医注重临床整体辨证,西医依靠现代体液检测及辅助检查。建议结合两者,可以从辨证分型入手,将西医检测指标引入中医辨证分型中,也可将中医辨证引入西医诊断中。两者相互对照、印证,深入理解休克的病理生理机制。此外,可在现代休克治疗基础上借鉴中医治疗,运用中医药、针刺、灸疗、推拿等方法,提高疗效,改善患者预后。

(兴 伟)

复习思考题

1. 试述休克的分型。
2. 简述休克的中西医诊疗思路。
3. 简述休克早期微循环变化的特征及其机制。
4. 试述休克早期变化的代偿意义。
5. 休克治疗时,为什么采取"需多少,补多少"的补液原则?
6. 何谓全身炎症反应综合征(SIRS)? 发生 SIRS 时有哪些主要临床表现?

第十一章

重症监测、救治与复苏

第一节 重症监测

重症医学病房（intensive care unit，ICU）是医院集中监护和救治重症患者的专业病房。ICU 对因各种原因导致一个或多个器官与系统功能障碍、危及生命或具有潜在高危因素的患者，应用先进的诊断、监测和治疗设备与技术，对病情进行连续、动态的定性和定量观察，并通过及时、有效的干预措施，为重症患者提供规范的、高质量的治疗和生命支持。ICU 内重症患者的生命功能监测与支持技术水平，直接反映医院的综合救治能力，体现医院整体医疗实力，是现代化医院的重要标志之一。

ICU 的设立是根据医院的规模、病种、技术力量和设备条件而定的。一般认为，规模较小的医院可设综合性 ICU，500 张床位以上的医院应设立包含外科 ICU 的重症医学科。重症医学科的建立有利于学科的发展，有利于合理集中使用大型仪器和设备，有利于充分利用人力、物力和财力资源。在综合性医院，ICU 的床位数一般为医院总床位数的 2%~8%。每个 ICU 病房床位数为 8~12 张，床位使用率以 65%~75% 为宜。ICU 的患者救治，常需要多学科专业的合作，在日常医疗管理中，ICU 医师应与患者来源专科的医师以及相关学科（如外科、呼吸科、消化科、心血管科、感染科和影像科等）的专家密切协作，提高临床疗效。

一、ICU 的工作内容

ICU 的主要工作内容，是应用先进的监测与生命支持技术，对患者的生理功能进行连续、动态的定性和 / 或定量监测，对其病理生理状态、病情严重性和治疗迫切性进行评估，提供规范的、高质量的生命支持，提高救治成功率。

（一）监测的目的

1. 早期发现高危因素　早期发现严重威胁患者生命的高危因素，及时采取干预措施，避免疾病进一步恶化，这对于高危患者尤为重要。

2. 连续评价器官功能状态　发现器官功能损害的早期证据，为预防和治疗器官功能损害提供依据。

3. 评估原发疾病严重程度　通过连续、动态的监测和检查，并结合病史，较为准确地评估疾病严重程度及其变化,可预测重症患者的病情发展趋势及预后。

4. 指导对疾病的诊断和鉴别诊断 根据监测资料和生物化学信息,为疾病的诊断和鉴别诊断提供依据。

5. 采用目标导向治疗方法 根据连续监测的生理参数及其对治疗的反应,随时调整治疗方案(如治疗与干预策略、药物剂量和速度等),以期达到目标生理学指标。如对严重全身性感染与感染性休克进行目标导向治疗,就是通过一定的目标生理参数值,指导不断修正治疗方法,从而达到明显降低严重感染患者病死率的目的。在重症患者严密监测基础上的目标导向治疗,是 ICU 救治工作的重要特征之一。

(二) 重症监测治疗的内容

对重症患者的监测,已从过去的器官功能检查发展为全身各器官系统的综合性床旁快速监测。目前,在 ICU 广泛开展的监测,已涉及呼吸、循环及神经系统,以及肾脏、肝脏、胃肠道、免疫、代谢、血液和营养等功能与状态方面;监测内容也从基本生命体征的监测,发展到全面的器官系统功能的监测;从最初的器官水平功能监测,深入到组织水平的评估。下面简述循环与呼吸系统重症监测的主要内容。

1. 循环系统

(1)心电图监测:为常规监测项目,主要是为了了解心率的快慢,诊断心律失常类型,判断心肌缺血等。

(2)血流动力学监测:包括无创性和有创性监测,可以实时反映患者的循环状态;并可根据测定的参数,计算出血流动力学全套数据(表 11-1),为临床血流动力学状态的评估和治疗提供可靠依据。

表 11-1 血流动力学参数及计算方法

参数	缩写	方法	正常值范围
血压 /mmHg	BP	测定	(90~140)/(60~90) 平均 105/70
心率 /(次·min^{-1})	HR	测定	60~100
心输出量 /(L·min^{-1})	CO	测定	5~6
心脏指数 /(L·min^{-1}·m^{-2})	CI	CO/BSA	3.5±0.5
每搏输出量 /ml	SV	(CO×1 000)/HR	60~90
每搏指数 /(ml·m^{-2})	SVI	SV/BSA	40~60
左室每搏功指数 (g·min^{-1}·m^{-2})	LVSWI	(MAP-PAWP)×SVI×0.013 6	60
右室每搏功指数 (g·min^{-1}·m^{-2})	RVSWI	(MPAP-CVP)×SVI×0.013 6	2~6
中心静脉压 /cmH$_2$O	CVP	测定	5~10
肺动脉压 /mmHg	PAP	测定	(17~30)/(6~12) 平均 18/10
肺动脉楔压 /mmHg	PAWP	测定	6~12
体循环血管阻力 /(dyn·s·cm^{-5})	SVR	[(MAP-CVP)×80]/CO	1 760~2 600
肺循环血管阻力 /(dyn·s·cm^{-5})	PVR	[(MPAP-PAWP)×80]/CO	45~225
动脉血氧含量 /(ml·L^{-1})	CaO$_2$	1.39×SaO$_2$×Hb+0.031×PaO$_2$	160~220
动静脉血氧含量差 /(ml·L^{-1})	C(a-v)O$_2$	CaO$_2$-CvO$_2$	4~8
氧输送 /(ml·min^{-1}·m^{-2})	DO$_2$	CI×CaO$_2$×10	520~720

续表

参数	缩写	方法	正常值范围
氧耗量 /(ml·min^{-1}·m^{-2})	VO$_2$	CI×C(a-v)O$_2$×10	100~170
氧摄取率	O$_2$ER	C(a-v)O$_2$/CaO$_2$	22%~30%
体表面积 /m^2	BSA	0.61× 身高(m)+0.0128× 体重(kg)–0.1529	

注:BSA 为体表面积(body surface area);MAP 为平均动脉压(mean arterial pressure);MPAP 为平均肺动脉压(mean pulmonary artery pressure)。

维持重症患者循环功能的稳定十分重要,这有赖于对心率、心律、心脏前负荷、心脏后负荷、心肌收缩能力和组织灌注的正确评价和维持。选择恰当的监测手段,是获得准确监测结果的前提。

近年来,血流动力学监测技术不断进步,方法和手段不断更新,选择恰当的监测手段实现临床监测目标显得十分重要。经典的肺动脉漂浮导管(Swan-Ganz)可对左、右心室的负荷进行量化测定,心输出量、肺动脉楔压(PAWP)和中心静脉压(CVP)在评估心脏负荷和肺水肿危险性方面具有重要的临床价值。但是,PAWP 和 CVP 也受到心室顺应性、心脏瓣膜功能及胸腔内压力等多种因素的影响,以静态 PAWP 和 CVP 值来指导容量治疗具有一定的局限性。近年来,通过脉搏波分析及每搏输出量变异等方法,可连续、动态监测心输出量、胸腔内血容量(intrathoracic blood volume,ITBV)、血管外肺水(extravascular lung water,EVLW)及每搏量变异度(stroke volume variation,SVV)等参数,其中 ITBV 和 SVV 能较好地反映心脏的前负荷和机体对容量的反应性,已广泛应用于临床监测。床边抬腿试验、床边超声、阻抗法和重复 CO$_2$ 吸入法等无创或微创动态血流动力学监测方法,也已用于指导临床容量管理,为临床血流动力学监测提供更多选择。

(3)组织灌注的监测:对于外科重症患者,组织灌注状态与其预后密切相关。持续低灌注可导致脏器难以逆转的损伤。

1)传统监测指标:如血压、脉搏、尿量、末梢循环状态等,对于评估休克与液体复苏有一定的临床意义。但因无法量化评估组织灌注,其临床应用存在局限性。

2)血乳酸浓度:血乳酸浓度正常值 ≤2mmol/L。由于组织低灌注,血乳酸浓度升高(>4mmol/L)并持续 48 小时以上者,预后不佳,病死率达 80% 以上。血乳酸清除率比单纯的血乳酸绝对值能更好地反映组织灌注和患者的预后。在外科常见的低血容量性休克和感染性休克中,复苏治疗后第一个 24 小时的血乳酸浓度是否恢复正常非常关键。血乳酸浓度是全身组织乳酸生成的结果,不能反映局部组织的氧代谢异常。同时,血乳酸也受肝脏功能障碍导致乳酸代谢障碍、双胍类降糖药和代谢性疾病等因素的影响,临床应予以鉴别。

3)混合静脉血氧饱和度(mixed venous oxygen saturation,SvO$_2$):指肺动脉血氧饱和度,是反映组织氧平衡的重要参数,其正常值范围为 70%~75%。SvO$_2$ 小于 60%,反映全身组织氧合受到威胁,小于 50% 表明组织缺氧严重,大于 80% 提示氧利用不充分。中心静脉血氧饱和度(central venous blood oxygen saturation,ScvO$_2$)是指上腔静脉或右心房血的 SO$_2$,正常值范围为 70%~80%,与 SvO$_2$ 具有相关性,可以反映全身组织灌注和氧合状态,近年来临床应用较为普遍。

4)胃黏膜二氧化碳分压(PgCO$_2$):PgCO$_2$ 正常值<45mmHg,PgCO$_2$ 与动脉血二氧化碳分压(PaCO$_2$)的差 P$_{(g-a)}$CO$_2$ 正常值<9mmHg。PgCO$_2$ 或 P$_{(g-a)}$CO$_2$ 值越大,表示胃肠道组织

缺血越严重。胃肠道是全身低灌注最早受累、最迟恢复的器官,胃肠道组织缺血状态的评估对全身组织灌注状态的评估意义重大。

2. 呼吸系统

(1)呼吸功能监测:急性呼吸衰竭在术后患者中并不少见,术后肺部并发症是引起死亡的主要原因之一,术前肺功能异常者较易发生术后肺部并发症。正确认识和监测围手术期肺功能改变,对于预防术后肺部并发症有着重要意义。肺通气功能和换气功能监测,对评估肺功能的损害程度、呼吸治疗效果十分重要。常用呼吸功能监测参数见表 11-2。

表 11-2 常用呼吸功能监测参数

参数	缩写	正常值范围
潮气量 /(ml·kg^{-1})	TV	6~10
呼吸频率 /(次·min^{-1})	RR	12~20
动脉血氧饱和度 /%	SaO$_2$	96~100
动脉血氧分压 /mmHg	PaO$_2$	80~100
氧合指数(动脉血氧分压 / 吸入氧浓度)	PaO$_2$/FiO$_2$	>300
动脉血 CO$_2$ 分压 /mmHg	PaCO$_2$	35~45
最大吸气力 /cmH$_2$O	MIF	75~100
肺内分流量 /%	QS/QT	3~5
无效腔量 / 潮气量	VD/TV	0.25~0.40
肺活量 /(ml·kg^{-1})	VC	65~75

(2)呼吸治疗

1)氧疗:氧疗是通过不同的供氧装置或技术,使患者的吸入氧浓度(fraction of inspired oxygen,FiO$_2$)高于大气的氧浓度,以达到纠正低氧血症的目的。氧疗可使 FiO$_2$ 升高,当肺换气功能无障碍时,有利于氧由肺泡向血流方向弥散,升高 PaO$_2$。轻度通气障碍、肺部感染等,对氧疗较为敏感,疗效较好;当肺泡完全萎陷、水肿或肺泡的血液灌流完全停止时,单独氧疗的效果很差,必须针对病因治疗。

供氧方法包括:①高流量系统:患者所吸入的气体都由该装置供给,气体流速高,FiO$_2$ 稳定并能调节。常用方法为文丘里(Venturi)面罩吸氧。②低流量系统:所提供的氧流量低于患者吸气总量,在吸氧的同时还吸入一定量的空气。因此 FiO$_2$ 不稳定,也不易控制。常用方法有鼻导管吸氧、面罩吸氧、带贮气囊面罩吸氧等。

2)机械通气:机械通气是治疗呼吸衰竭的有效方法。机械通气的目的为:保障通气功能以适应机体需要;改善并维持肺的换气功能;减少呼吸肌做功;特殊治疗需要,如连枷胸的治疗等。机械通气本身也可引起或加重肺损伤,称为呼吸机相关肺损伤(ventilator induced lung injury,VILI),包括压力伤、容量伤及生物伤。机械通气常用模式如下:

①控制呼吸:呼吸机按预先设定的参数给患者进行机械通气,患者不能控制任何呼吸参数。该模式仅用于由各种原因引起的无自主呼吸者。

②辅助控制呼吸:呼吸机与患者的自主呼吸同步,给予预设的潮气量。呼吸机的送气由患者吸气时产生的负压触发,这一负压触发值是可调的。为防止因患者的呼吸频率过慢产生通气不足,可设置安全备用频率,当患者两次呼吸间歇长于备用频率的间歇时,呼吸机启动控制呼吸。

③同步间歇指令通气（synchronized intermittent mandatory ventilation，SIMV）：是一种指令性正压通气和自主呼吸相结合的通气模式，在机械通气期间允许患者自主呼吸。呼吸频率可由患者控制，呼吸机以固定频率正压通气，但每次送气都是在患者吸气力的触发下发生的。

④压力支持通气（pressure support ventilation，PSV）：只适用于有自主呼吸者，可降低患者的呼吸做功。患者吸气相一开始，启动呼吸机送气并使气道压迅速达到预设的压力值，当吸气流速降到一定量时即切换成呼气相。

⑤呼气末正压（positive end-expiratory pressure，PEEP）：机械通气过程中，借助于机械装置使呼气末期的气道压高于大气压。PEEP 可使肺容量和功能残气量增加，防止肺不张；可使萎陷肺泡再膨胀，改善肺顺应性，从而减少肺内分流量，纠正低氧血症。适用于合并小气道早期关闭、肺不张和肺内分流量增加者。

二、病情评估

在 ICU 对病情和预后进行正确的评估，对于治疗是十分重要的。使用统一标准对 ICU 患者病情进行评估具有以下意义：①可正确评估病情的严重程度和预后；②合理选用治疗用药和措施，并评估其疗效；③为患者转入或转出 ICU 提供客观标准；④可根据干预措施的效果来评价医护的质量。重症患者评分系统给临床提供了量化、客观的指标。常用病情评分系统有：

1. 急性生理学和慢性健康状况评价（acute physiology and chronic health evaluation，APACHE） APACHE 系统是 Knaus 于 1978 年设计的，APACHE Ⅱ 是根据 12 所医院 ICU 收治的 5 815 例危重患者的资料设计的。主要由急性生理改变、慢性健康状况以及年龄三部分组成。包含了 12 项生理指标和 Glasgow 昏迷评分，加上年龄和既往健康状况等，对病情进行总体评估。积分越高，病情越重，预后也越差。一般认为，APACHE Ⅱ 评分大于 8 分者为轻度危险，大于 15 分者为中度危险，大于 20 分者为严重危险。

2. 治疗干预评分系统（therapeutic intervention scoring system，TISS） TISS 由 Cullen 于 1974 年建立，是根据患者所需要采取的监测、治疗、护理和诊断性措施进行评分的方法。病情越重，所采取的监测、治疗及检查的措施越多，TISS 评分越高。目的是对患者病情严重程度进行分类，并可合理安排医疗护理工作。一般认为，评分为 40 分以上者都属高危患者。TISS 简单易行，但未考虑到患者的年龄和既往健康状况，不同水平的医疗单位所采取的监测和治疗方法也不一致。

3. 多器官功能不全评分（multiple organ dysfunction score） Marshall 于 1995 年提出，Richard 在 2001 年加以改良。其特点是参数少，评分简单，对病死率和预后预测较准确。但其只反映了 6 个常见器官功能状态，对其他影响预后的因素也没有考虑。

4. 感染相关器官衰竭评分（sepsis-related organ failure assessment，SOFA） 1994 年欧洲重症医学会提出此评分系统，强调早期、动态监测。包括 6 个器官，每项 0~4 分，每日记录最差值。研究显示，最高评分和评分动态变化对评价病情更有意义。

三、ICU 的人文关怀

ICU 的重症患者处于强烈的应激状态之中，其常见原因包括：

1. 自身严重疾病的影响 患者因为病重难以自理，各种有创诊疗操作，自身伤病的疼痛等。

2. 环境因素 患者通常要被约束于床上，长时间的灯光照射，各种噪声（机器声、报警声)的影响,睡眠剥夺等。

3. 疼痛及不适　外科创面疼痛、气管插管及其他各种插管和长时间卧床带来的不适等。

4. 对未来命运的忧虑　ICU 患者及其家属承受着很大的心理压力,包括对疾病预后的担忧、思念家人,床边其他患者的抢救以及不良预后带来的困扰。这些压力使患者感到无助和恐惧,增加痛苦并加重病情,甚至危及生命安全。ICU 面临的挑战是如何提供人文关怀照护,帮助患者度过危险期。医护人员需要个体化和人性化地监护治疗,注重患者的隐私和权利,加强宣教和沟通技巧。通过人文关怀措施,减少患者的痛苦和应激,促进康复。

第二节　心肺脑复苏

一、概述

"心肺复苏(cardiopulmonary resuscitation,CPR)"是指针对呼吸和心搏骤停所采取的紧急医疗措施,以人工呼吸替代患者的自主呼吸,以心脏按压形成暂时的人工循环并诱发心脏的自主搏动。但是,心肺复苏的成功不仅是要恢复自主呼吸和心跳,更重要的是恢复中枢神经系统功能。从心搏骤停到细胞坏死的时间以脑细胞最短,因此,维持适当的脑组织灌流是心肺复苏的重点,一开始就应积极防治脑细胞的损伤,力争脑功能的完全恢复。故将"心肺复苏"扩展为"心肺脑复苏"(cardiopulmonary cerebral resuscitation,CPCR)。

CPCR 成功的关键是时间。在心搏骤停后 4 分钟内开始初期复苏、8 分钟内开始后期复苏者的恢复出院率最高。因此,尽早进行复苏是提高患者生存率和脑功能完全恢复率的基础。CPCR 可分为三个阶段:基础生命支持,高级生命支持和复苏后治疗,其中每阶段各包含 3 个步骤,并且按英文字母 A~I 的顺序排列。实际上各步骤并非机械地按字母排序进行,常视病情需要交叉实施。

(1)基础生命支持:基础生命支持(basic life support,BLS)又称心肺复苏,是指在事故或发病现场进行应急抢救,是挽救患者生命的基础。主要任务是建立人工呼吸和循环,尽快有效地纠正组织器官的缺血缺氧状态。主要措施可归纳为 CAB 程序,C(circulation)指建立有效的人工循环,A(airway)指保持呼吸道通畅,B(breathing)指进行有效的人工呼吸。

(2)高级生命支持:高级生命支持(advanced life support,ALS)是在具有较好的技术和设备的条件下对患者进行治疗,其目的是通过更为有效的呼吸和循环支持,争取恢复心脏搏动,恢复自主呼吸,保持循环和呼吸功能稳定,为脑功能的恢复创造条件。采取的步骤为:D(drugs)药物治疗;E(ECG)心电监测及其他监测;F(fibrillation)处理心室颤动。

(3)复苏后治疗:复苏后治疗是指经过 ALS 后,尽管自主循环得到恢复,但仍需要维持循环功能的稳定,需要对引起心搏骤停的原发病及心搏骤停后的并发症进行治疗,包括G(gauge)病情判断,H(human mentation)神志恢复,I(intensive care)重症监护治疗。

二、基础生命支持

(一) 尽早识别心搏骤停和启动紧急医疗服务系统

心搏骤停的早期识别十分重要,有效复苏开始的时间虽仅有分秒之差,却可显著影响复苏的效果。对于非医疗专业人员来说,一旦发现有人突然神志消失或晕厥,可轻拍其肩部并大声呼喊,如无反应,无呼吸或呼吸异常,就应立即判断已发生心搏骤停(不再强调检查以大动脉搏动消失作为判断心搏骤停的必要条件),立即呼叫急救中心,启动急救医疗服务体系(emergency medical services system,EMSS)。即便是医疗专业人员,如在 10 秒内还不能判断大动脉搏动是否消失,也应立即进行 CPR。如有 2 人或 2 人以上在急救现场,一人立即开始进行胸外心脏按压,另一人打电话启动 EMSS。

(二) 尽早开始 CPR

CPR 是复苏的关键,在启动 EMSS 的同时立即开始 CPR。胸外心脏按压是 CPR 的重要措施,因为在 CPR 期间的组织灌注主要依赖心脏按压。成人 CPR 的顺序为 C-A-B,即在现场复苏时,首先进行胸外心脏按压 30 次,随后再开放呼吸道并进行人工呼吸。实际上,在心搏骤停的最初时段仍有氧存留在患者肺内和血液中,及早开始胸外心脏按压可尽早建立血液循环,将氧带到大脑和心脏。

1. 心脏按压　心搏骤停是指心脏突然丧失其排血功能而导致周身血液循环停止和组织缺血、缺氧的状态。由心脏的功能状态来看,心搏骤停包括:心室颤动(ventricular fibrillation,VF)、无脉性室性心动过速(pulseless ventricular tachycardia,PVT)、无脉性心电活动(pulseless electrical activity,PEA)和心脏停搏(asystole)。PEA 包括:心脏电机械分离、室性自搏心律、室性逸搏心律等。所有类型心搏骤停的表现皆为全身有效血液循环停止,组织细胞立即失去血液灌流,导致缺血缺氧。因此,在 BLS 阶段的处理程序和方法基本相同。

(1)胸外心脏按压:在胸壁外施压对心脏进行间接按压的方法,称为胸外心脏按压或闭式心脏按压。传统概念认为,胸外心脏按压之所以能使心脏排血,是由于心脏在胸骨和脊柱之间直接受压,使心室内压升高推动血液循环,即心泵机制。研究认为,胸外心脏按压时,胸腔内压力明显升高并传递到胸内的心脏和血管,再传递到胸腔以外的大血管,驱使血液流动;按压解除时胸腔内压下降,静脉血回流到心脏,称为胸泵机制。但无论其机制如何,只要正确操作,即能建立暂时的人工循环,动脉血压可达 80~100mmHg,足以防止脑细胞的不可逆损害。

施行胸外心脏按压时,患者必须平卧,背部垫一个木板,或平卧于地板上,术者立于或跪于患者一侧。按压部位在胸骨中下 1/3 交界处或两乳头连线中点的胸骨上。将一手掌根部置于按压点,另一手根部覆于前掌之上,手指向上方翘起,两臂伸直,凭自身重力通过双臂和双手掌,垂直向胸骨加压。胸外心脏按压应有力而迅速,每次按压后应使胸廓完全恢复原位,否则可导致胸膜腔内压升高,冠状动脉和脑的灌注减少。根据 2020 年美国心脏协会(American Heart Association,AHA)心肺复苏指南,高质量的复苏措施包括:胸外按压频率 100~120 次 /min;成人按压深度 5~6cm,儿童按压深度至少为胸廓前后径的 1/3,青春期前的儿童约为 5cm,1 岁以内的婴儿约为 4cm;每次按压后胸部充分回弹。在心脏按压过程中,容易发生疲劳而影响心脏按压的频率和深度。因此,如果有 2 人以上进行心脏按压,建议每 2 分钟(或 5 个按压呼吸周期)就交换一次。交换时一人在患者一旁按压,另一人在对侧做替换准备,当一方手掌一离开胸壁,另一方立即取代进行心脏按压。保证按压质量的另一个重点是尽可能避免或减少心脏按压中断。CPR 过程中每分钟的胸外按压次数对于患者能否达到自主循环恢复(return of spontaneous circulation,ROSC)以及存活后是否具有良好的神经系统功能非常重要。而每分钟的实际按压次数除了与按压频率有关,更与按压中断(例如开放气道、通气或除颤)的次数和持续时间有关。应尽量提高胸外按压占心肺复苏总时间的比例(chest compression fraction,CCF)。

(2)开胸心脏按压:切开胸壁直接挤压心脏的方法称为开胸心脏按压或胸内心脏按压,由于能直接挤压心脏,产生的冠状动脉和脑的灌注压及血流明显超过胸外心脏按压所能达到的水平。然而,开胸按压对技术条件的要求较高,难以立即开始,可能会延迟复苏时间。

比较开胸按压和胸外按压的研究很难开展,因此目前并无证据支持或反对常规进行开胸心脏按压。开胸手术中发生心搏骤停或合并严重的胸部开放性外伤的患者,可以考虑开胸心脏按压。

2. 通气　心脏按压 30 次后即进行 2 次通气。儿童的心搏骤停往往是呼吸原因导致的,需要强调通气的意义,例如有双人抢救儿童时按压通气比由 30:2 改为 15:2,增加了通气次数。对于新生儿来讲,通气是心肺复苏的首要步骤,AHA 指南推荐 ABC 的顺序,在出生后的 1 分钟内尽快开始通气,并且保持较高的通气比例(按压通气比 3:1,每分钟 90 次按压和 30 次呼吸)。

(1)开放气道:保持呼吸道通畅是进行人工呼吸的先决条件。昏迷患者很容易因各种原因而发生呼吸道梗阻,其中最常见的原因是舌后坠和呼吸道内的分泌物、呕吐物或其他异物引起呼吸道梗阻。因此,在施行人工呼吸前必须清除呼吸道内的异物。解除由舌后坠引起的呼吸道梗阻,最简单有效的方法是头后仰法;但对于有颈椎或脊髓损伤者,应采用托下颌法;有条件时可放置口咽或鼻咽通气道、食管堵塞通气道或行气管插管等,以维持呼吸道通畅。

(2)徒手人工呼吸:以口对口(鼻)人工呼吸最适于院前复苏。操作者一手保持患者头部后仰,并将其鼻孔捏闭,另一手置于患者颈部后方并向上抬起。深吸一口气并对准患者口部用力吹入,每次吹毕即将口移开,此时患者凭借胸廓的弹性收缩被动地自行完成呼气。进行人工呼吸时,每次送气时间应大于 1 秒,以免气道压过高;潮气量以可见胸廓起伏即可,为 500~600ml(6~7ml/kg),尽量避免过度通气;不能因人工呼吸而中断心脏按压。

(3)简易人工呼吸器和机械通气:专业的救援人员可使用携带的简易呼吸器进行现场通气,最常见的是由面罩、单向呼吸活瓣和呼吸球囊所组成的球囊面罩。使用时将面罩扣于患者口鼻部,挤压呼吸球囊即可将气体吹入患者肺内。松开呼吸球囊时,气体被动呼出,并经活瓣排到大气中。人工气道建立后,也可将其与人工气道相连接进行人工呼吸。呼吸球囊远端还可与氧气源连接,提高吸入氧浓度。利用机械装置(呼吸机)辅助或取代患者的自主呼吸,称机械通气。进行机械通气必须有人工气道,主要用于医院内、ICU 或手术室等固定医疗场所。

(三)尽早电除颤

电除颤是以一定强度的电流冲击心脏从而使室颤终止的方法,目前应用最为广泛的是直流电除颤法。过去常用的单相波除颤器近年来多被能量更低、除颤成功率更高的双相波除颤器所取代。心搏骤停最常见(85% 的成人)和最初发生的心律失常是室颤(VF)。无脉性室性心动过速(PVT)可在很短时间内迅速恶化为室颤,治疗方法同室颤。电除颤是目前治疗室颤和无脉性室性心动过速的最有效方法。室颤的患者如果除颤延迟,除颤的成功率会明显降低,室颤后 4 分钟内、CPR 8 分钟内除颤可使其预后明显改善。因此,尽早实施电除颤是复苏成功的关键,尽早启动 EMSS 的目的之一也是尽早得到自动体外除颤器(automated external defibrillator, AED)以便施行电除颤。

除颤器有显著标识的 1、2、3 按钮,分别对应选择能量、充电和放电。现在的 AHA 复苏指南推荐直接使用最大能量除颤,双相波 200J(或制造商建议的能量,120~200J),单相波 360J。儿童首次除颤的能量一般为 2J/kg,再次除颤至少为 4J/kg,最大不超过 10J/kg。除颤器两个电极的安放位置应保证电流通过尽可能多的心肌组织。胸外除颤时最常见的电极安放位置是"前 - 侧位",将一个电极板放在胸骨右缘锁骨下方(心底部),另一个电极板置于左乳头外侧(心尖部)。充电和放电的操作按钮除了仪器面板在电极手柄上也有,方便单人操作。电极板应涂抹导电糊或垫以盐水纱布,每个除颤手柄以 10kg 的力量紧压皮肤不留空隙,直至手柄接触灯提示"绿灯 - 接触良好"。两电极之间不能有导电糊或导电液体相连,以免局部烧伤和降低除颤效果;电极放置应避开植入式起搏器和植入型心律转复除颤器(implantable cardioverter defibrillator,ICD)。放电前注意提醒他人和自己,避免接触患者意外触电。双手同时按钮放电的设计降低了误放电的风险。除颤一次后立即恢复胸外心脏按压,CPR 5 个周期(按压 30 次 + 通气 2 次 =1 个周期)(约 2 分钟)后再判断心律,减少因除颤导致的按压中断。

开胸手术时可将电极板直接放在心室壁上进行除颤,称为胸内除颤。成人除颤能量从10J 开始,一般不超过 40J;小儿从 5J 开始,一般不超过 20J。有的公共场所如机场可能备有AED,附带自粘式电极贴,粘贴在上述心底部和心尖部,AED 自动判断心律并充电放电,便于非专业施救者使用,可增加院外心搏骤停患者的生存率。

三、高级生命支持

高级生命支持(ALS)是基础生命支持的延续,首先应检查患者的自主呼吸和循环功能是否恢复,以便决定是否继续初期复苏。ALS 是以高质量的复苏技术、复苏设备和药物治疗为依托,争取最佳疗效和预后的复苏阶段,是生命链中的重要环节,其内容包括:

(一) 呼吸支持

在 ALS 阶段应利用专业人员的优势和条件,进行高质量的心脏按压和人工呼吸。适时建立人工气道更有利于心脏复苏,最佳选择是气管插管,不仅可保证 CPR 的通气与供氧、防止发生误吸、避免中断胸外心脏按压,还可监测 PETCO$_2$,有利于提高 CPR 的质量。通过人工气道进行正压通气时,频率为 8~10 次 /min,气道压低于 30cmH$_2$O,避免过度通气。

(二) 恢复和维持自主循环

ALS 期间应着力恢复和维持自主循环,为此应强调高质量的 CPR 和对室颤及无脉性室性心动过速者进行早期电除颤。对室颤者早期 CPR 和迅速除颤可显著增加患者的生存率和出院率。对于非室颤者,应该采取高质量的复苏技术和药物治疗以迅速恢复并维持自主循环,避免再次发生心搏骤停,并尽快进入复苏后治疗以改善患者的预后。

高质量的 CPR 和复苏的时间程序对于恢复自主循环非常重要。CPR 开始后要考虑是否进行电除颤,应用 AED 可自动识别是否为室颤或无脉性室性心动过速(VF/PVT)并自动除颤,除颤后立即 CPR 2 分钟。如果是无脉性心电活动或心脏停搏(PEA/asystole),则应用肾上腺素,每 3~5 分钟可重复给予,同时建立人工气道,监测 PETCO$_2$。如果仍为 VF/PVT,则再次除颤,并继续 CPR 2 分钟,同时给予肾上腺素(每 3~5 分钟可重复给予),建立人工气道,监测 PETCO$_2$。再次除颤后如果仍为 VF/PVT,可继续除颤并继续 CPR 2 分钟,同时考虑病因治疗。如此反复救治,直到自主循环恢复。病因治疗对于成功复苏十分重要,尤其是对于自主循环难以恢复或难以维持循环稳定者。

(三) CPR 期间的监测

在不影响胸外按压的前提下,CPR 时应建立必要的监测方法和输液途径,以便于对病情的判断和药物治疗。主要监测内容包括:

1. 心电图　心搏骤停时的心律和复苏过程中出现其他心律失常,只有心电图可以明确诊断,监测心电图可为治疗提供极其重要的依据。

2. 冠状动脉灌注压　冠状动脉灌注压为主动脉舒张压与右心房舒张末压之差,对于改善心肌血流灌注和自主循环的恢复十分重要。临床观察表明,在 CPR 期间冠状动脉灌注压低于 15mmHg,自主循环是难以恢复的。但在 CPR 期间很难监测冠状动脉灌注压,而动脉舒张压与主动脉舒张压很接近。因此,监测直接动脉压对于评价 CPR 十分必要。如果在胸外按压时,动脉舒张压低于 20mmHg,则自主循环很难恢复,应提高 CPR 质量,或同时应用肾上腺素或血管升压素。

3. 呼气末二氧化碳分压($PETCO_2$)　近年来在复苏过程中连续监测 $PETCO_2$,用于判断 CPR 的效果。在 CPR 期间,体内 CO_2 的排出主要取决于心输出量和肺组织的灌注量,当心输出量和肺灌注量很低时,$PETCO_2$ 则很低($<10mmHg$);当心输出量增加、肺灌注改善时,$PETCO_2$ 则升高($>20mmHg$),表明胸外心脏按压已使心输出量明显增加,组织灌注得到改善。当自主循环恢复时,最早的变化是 $PETCO_2$ 突然升高,可达 40mmHg 以上。因此,连续监测 $PETCO_2$ 可以判断胸外心脏按压的效果,能维持 $PETCO_2>10mmHg$ 表示心肺复苏有效。

4. 中心静脉血氧饱和度($ScvO_2$)　$ScvO_2$ 与混合静脉血氧饱和度(SvO_2)有较高的相关性,是反映组织氧平衡的重要参数,而且在临床上监测 $ScvO_2$ 更具可操作性。$ScvO_2$ 的正常值为 70%~80%。在心肺复苏过程中,如果不能使 $ScvO_2$ 达到 40%,即使可以间断测到血压,复苏成功率也很低。如果 $ScvO_2$ 大于 40%,则有自主循环恢复的可能;如 $ScvO_2$ 在40%~72% 之间,自主循环恢复的概率逐渐增大;当 $ScvO_2$ 大于 72% 时,自主循环可能已经恢复。

(四) 药物治疗

复苏时用药的目的是激发心脏恢复自主搏动并增强心肌收缩能力,防治心律失常,调整急性酸碱平衡紊乱,补充体液和电解质。复苏期间给药途径首选为经静脉或骨髓腔内给药,如经中心静脉或肘静脉给药。建立骨内通路可用骨髓穿刺针在胫骨前、粗隆下 1~3cm 处垂直刺入胫骨,注射器回吸可见骨髓即穿刺成功。经骨内可以输液给药,其效果与静脉给药相当。此外,还可以经气管插管给药,肾上腺素、利多卡因和阿托品可经气管内给药,而碳酸氢钠、氯化钙不能经气管内给药。一般将药物常规用量的 2~2.5 倍量以生理盐水稀释到 10ml,经气管插管迅速注入,然后立即行人工呼吸,使药物弥散到两侧支气管系。由于心内注射引起的并发症较多,如张力性气胸、心脏压塞、心肌或冠状血管撕裂等,一般不采用。

1. 抗心律失常药　用于对除颤、CPR 和缩血管药物无反应的 VF/PVT 患者。

(1) 利多卡因:Ⅰb 类抗心律失常药,适用于室性心律失常,对室上性心律失常一般无效。利多卡因对于反复发作室颤的病例,可减少室颤复发,但在 CPR 时没有证据表明利多卡因可以提高 ROSC 的概率。在胺碘酮无法及时获取的情况下可以尝试静脉推注利多卡因 1~1.5mg/kg,5~10 分钟后可再次给予 0.5~0.75mg/kg,最大量为 3mg/kg。ROSC 后以 2~4mg/min 的速度连续静脉输注。

(2) 胺碘酮:广谱的 Ⅲ 类抗心律失常药,同时具有钠、钾、钙离子通道阻断作用,并有 α 和 β 肾上腺素能受体阻滞作用,对室上性的和室性心律失常都有效。CPR 时胺碘酮作为首选的抗心律失常药,能够持续改善患者对除颤的反应,提高短期存活出院率。推荐首剂 300mg 静脉推注,必要时重复注射 150mg,一日总量不超过 2g。胺碘酮可产生扩血管作用,使用胺碘酮前给予缩血管药可预防血压下降。

(3) 硫酸镁:仅用于伴有长 Q-T 间期的尖端扭转型室性心动过速相关性心搏骤停。

2. 缩血管药物　包括肾上腺素和血管升压素。利用其缩血管特性增加冠状动脉和脑的灌注压,有助于自主循环的恢复。此类药物对可除颤心律(VF/PVT)和不可除颤心律(PEA/asystole)的心搏骤停都适用。

肾上腺素:是心肺复苏中的首选药物,其药理特点有:①具有 α 与 β 肾上腺素能受体激动作用,但 CPR 时主要利用其 α 受体激动剂的特性,而其 β 受体激动效应尚存争议;②可使舒张压升高、周围血管总阻力增加,而冠状动脉和脑血管的阻力不增加,因而可以提高冠状动脉和脑的灌注压及血流量,冠状动脉灌注增加有利于恢复自主心律;③能增强心肌收缩能力,可使室颤者由细颤波转为粗颤波,提高电除颤成功率。CPR 时推荐静脉推注肾上腺素 1mg,每 3~5 分钟重复给予一次。对于可除颤心律(VF/PVT),经过 ≥1 次除颤和 2 分钟 CPR 后不能恢复自主循环者,应考虑使用肾上腺素。对于不可除颤心律(PEA/asystole),建议尽早使用肾上腺素。CPR 时不推荐使用其他 α 肾上腺素能受体激动剂,如去甲肾上腺素和去氧肾上腺素。

3. 不推荐在心搏骤停时常规使用的药物

(1)碳酸氢钠:恢复组织灌注对于纠正心搏骤停期间严重的代谢性酸中毒具有重要作用。在复苏期间不主张常规应用碳酸氢钠。虽然通过人工呼吸可维持动脉血的 pH 值接近正常,但由于心脏按压时心输出量很低,静脉血和组织中的酸性代谢产物及 CO_2 不能排出,导致 PCO_2 升高和 pH 值降低。如果给予碳酸氢钠,可解离出更多的 CO_2,使 pH 值更低。因为 CO_2 的弥散力很强,可自由地透过细胞膜,导致细胞外碱中毒和细胞内酸中毒,氧解离曲线左移,冠状动脉灌注压降低。CO_2 还可通过血脑屏障引起脑组织的严重酸中毒。只有在事先已存在严重的代谢性酸中毒、高钾血症或三环类抗抑郁药或巴比妥类药物过量的情况下,可考虑给予碳酸氢钠溶液。注意不要试图完全纠正代谢性酸中毒。

(2)钙剂:能够增强心肌收缩能力和心室自律性,延长心脏的收缩期,但在心搏骤停时几乎没有任何效果,因此不推荐常规使用。钙剂仅在合并低钙血症、高钾血症、高镁血症和钙通道阻滞剂中毒时考虑使用。

(3)阿托品:对于因迷走神经亢进引起的窦性心动过缓和房室传导阻滞有一定的治疗作用。而心搏骤停时 PEA/asystole 的主要原因是严重的心肌缺血,最为有效的治疗方法是通过心脏按压及应用肾上腺素来改善冠状动脉血流灌注和心肌供氧。因此,AHA 复苏指南已不推荐 CPR 中常规使用阿托品。阿托品仅适用于治疗自主心律恢复后的心动过缓。

四、复苏后治疗

通过心肺复苏成功恢复自主循环后,患者还可能面临全身各组织器官缺血缺氧造成的心、脑、肝、肾等多器官功能衰竭等问题。系统的复苏后治疗不仅可以提高患者的生存率,还能提高患者的生存质量。因此,一旦自主循环恢复,应立即转运到有重症医学病房的医疗单位进行复苏后治疗。通过维持呼吸循环功能稳定,改善重要脏器灌注,促进神经功能恢复等手段,多学科综合治疗,达到提高患者存活出院率和无神经功能障碍存活出院率的目的。

(一) 优化通气和氧合

自主循环恢复后,维持良好的呼吸功能,优化通气和氧合,对于患者的预后十分重要。首先将声门上气道更换为更可靠的气管插管,并采用胸部 X 线检查评价气管插管的位置。抬高床头 30° 预防误吸、肺炎和脑水肿。避免低氧血症的同时逐步下调吸氧浓度,维持血氧饱和度 ≥94%,避免过高的氧分压加重再灌注损伤和引起氧中毒。对于昏迷、自主呼吸尚未恢复,或有通气氧合功能障碍的患者,应给予机械通气辅助呼吸。机械通气过程中避免大潮气量和高气道压造成的肺损伤和对心功能的不利影响。$PaCO_2$ 应维持在正常水平,尽管过度通气可降低 $PaCO_2$,有利于降低颅内压,但也可引起脑血管收缩而减少脑的血流灌注,进一步加重脑损伤。

(二) 维持血流动力学稳定

脑损伤和血流动力学稳定性是影响心肺复苏后患者生存率的两个关键因素。即使自主循环恢复,患者血流动力学通常不稳定,需要评估和治疗心脏前负荷、后负荷和心功能。因此,在自主循环恢复后,应加强生命体征监测,全面评估患者的循环状态。最好能进行有创性监测,如直接动脉压、中心静脉压等,也可考虑使用其他监测方法指导治疗。一般情况下,要适当补充体液,并使用血管活性药维持适当的血压、心输出量和组织灌注。血压应保持正常或稍高于正常水平,平均动脉压应 ≥ 65mmHg,$ScvO_2$ ≥ 70%。对于顽固性低血压或心律失常,应考虑治疗病因,如急性心肌梗死或急性冠脉综合征等。

(三) 脑复苏

脑复苏是为了预防和治疗心搏骤停后的缺氧性脑损伤而采取的措施。人体脑组织占体重比例很小,但脑血流量、氧耗量和能量消耗都很高。当大脑完全缺血 5~7 分钟以上时,会出现多发性或局灶性脑组织缺血造成的改变。在自主循环恢复后,脑组织再灌注会导致脑充血、脑水肿和持续低灌流状态,继续使脑细胞缺氧和坏死,这被称为脑再灌注损伤。脑复苏的目标是改善脑的氧供需平衡,预防和治疗脑水肿和颅内压升高,减轻或避免脑组织再灌注损伤,并恢复脑细胞功能。

1. 低温治疗 低温治疗是脑复苏治疗的重要组成部分,通过降低脑细胞的氧需量,有利于恢复脑功能。降温可使脑代谢率降低、脑血流量减少、颅内压下降,对防治复苏后的脑水肿和颅内高压有益。但全身低温治疗也可能引发不良反应。一般认为,心搏骤停时间不超过 3~4 分钟的患者不需要低温治疗,而那些无意识反应的患者应接受低温治疗。低温治疗持续到患者神志恢复,通常不超过 5 天。对于循环停止时间过长导致中枢神经系统严重缺氧的患者,低温治疗难以改善功能。

2. 改善脑血流灌注 改善脑血流灌注的方法包括升高动脉压和降低颅内压。升高动脉压可以通过增加平均动脉压来促进脑内微循环血流的重建,一般认为平均动脉压应 ≥ 65mmHg。降低颅内压常采取脱水、低温和肾上腺皮质激素等措施。脱水应适当补充胶体液,以保持血管内容量正常,促使细胞内和组织间液的脱水,从而降低颅内压。适当的血液稀释可以改善脑血流灌注,有利于神经功能的恢复。

3. 药物治疗 虽然有不少对缺氧性脑细胞保护措施的研究,如钙通道阻滞剂、氧自由基清除剂等,但迄今仍缺乏能有效应用于临床者。肾上腺皮质激素在脑复苏中的应用虽在理论上有很多优点,但临床应用仍有争议。实验研究中激素能缓解神经胶质细胞的水肿,临床经验认为激素对于神经组织水肿的预防作用似乎较明显,但对于已经形成的水肿,其作用则难以肯定。

第三节 肝肾功能衰竭

一、急性肾衰竭与急性肾损伤

急性肾衰竭(acute renal failure,ARF)是指短时间(几小时至几天)内发生的肾脏功能减退,即溶质清除能力及肾小球滤过率(glomerular filtration rate,GFR)下降,从而导致以水、电解质和酸碱平衡紊乱及氮质代谢产物蓄积为主要特征的一组临床综合征。近年来医学界建议将 ARF 归类于急性肾损伤(acute kidney injury,AKI)。2002 年急性透析质量指导组(Acute Dialysis Quality Initiative Group,ADQI)提出了急性肾损伤的概念,并根据血清肌酐值(SCr)及尿量的变化,提出 RIFLE(risk-injury-failure-loss-end stage renal disease)分期诊断标准(表 11-3)。2005 年,急性肾损伤网络(Acute Kidney Injury Network,AKIN)专家组,在 RIFLE 标准的基础上提出了 AKIN 分期诊断标准(表 11-4)。AKIN 的共识规定了诊断 AKI 的时间窗(48 小时),

强调了血肌酐的动态变化，为临床上 AKI 的早期干预提供了可能性。2012 年，改善全球肾脏病预后组织（Kidney Disease Improving Global Outcomes，KDIGO）发布了《KDIGO 急性肾损伤临床实践指南》，指南运用 GRADE 评级，提出 AKI 的诊断、预防、药物治疗、肾脏替代治疗（renal replacement therapy，RRT）等方面的建议，对 AKI 的临床工作具有积极指导意义。同时提出了 KDIGO 分期标准，在临床工作中也被广泛采纳（表 11-5）。

表 11-3　ADQI 的 RIFLE 分期诊断标准

分级	SCr 或 GFR	尿量
危险期	SCr 增至基础值 ×1.5 或 GFR 下降>25%	<0.5ml/(kg·h)×6h
损伤期	SCr 增至基础值 ×2 或 GFR 下降>50%	<0.5ml/(kg·h)×12h
衰竭期	SCr 增至基础值 ×3 或 GFR 下降>75%，或 SCr≥4mg/dl（353.6μmol/L），且急性增加≥0.5mg/dl（44μmol/L）	<0.3ml/(kg·h)≥24h 或无尿≥12h
肾功能丧失期	肾功能完全丧失（需要 RRT>4 周）	
终末肾病期	肾功能完全丧失>3 个月	

表 11-4　AKIN 分期诊断标准

分期	SCr	尿量
1 期	绝对值升高≥0.3mg/dl 或相对升高≥50%	<0.5ml/(kg·h)（时间>6h）
2 期	相对升高>200%~300%	<0.5m/(kg·h)（时间>12h）
3 期	相对升高>300% 或在≥4.0mg/dl 基础上再急性升高≥0.5mg/dl	<0.3ml/(kg·h)（时间≥24h）或无尿时间≥12h

表 11-5　KDIGO 分期标准

分期	SCr	尿量
1 期	升高≥0.3mg/dl（≥26.5μmol/L）；增至基础值 1.5~1.9 倍	尿量<0.5ml/(kg·h)，持续 6~12h
2 期	增至基础值 2.0~2.9 倍	尿量<0.5ml/(kg·h)，持续≥12h
3 期	升高≥4.0mg/dl（≥353.6μmol/L）；增至基础值 3 倍及以上；或者启动 RRT；或者患者<18 岁，估计 eGFR 降低到<35ml/(min·1.73m^{-2})	尿量<0.3ml/(kg·h)，持续≥24h；或者无尿持续时间≥12h

AKI 的发病率和病死率一直居高不下，流行病学研究结果显示 AKI 的发病率与急性肺损伤和严重感染相当，每年百万人口中有 2 000~3 000 人发病，200~300 人需要肾脏替代治疗；尤其是在 ICU，需要肾脏替代治疗的患者达 4%~5%，按照 RIFLE 分级，有 2/3 的 ICU 患者会发生 AKI。

（一）病因与病理

1. 西医病因　AKI 或 ARF 的病因，广义上包括肾前性、肾性、肾后性三种类型；狭义上即指急性肾小管坏死（acute tubular necrosis，ATN）。

（1）肾前性：由于大出血、消化道或皮肤大量失液、液体向第三间隙转移、过度利尿等病因引起急性血容量不足，充血性心力衰竭、急性心肌梗死、严重心律失常、心脏压塞、肺栓塞等所致心输出量降低，全身性疾病，如严重脓毒症、过敏反应、肝肾综合征等引起有效循环血容量减少或重新分布，以及肾血管病变或药物等因素引起的肾血管阻力增加等病因，均可导致肾血流的低灌注状态，使肾小球滤过率不能维持正常而引起少尿。初时，肾实质并无损害，属功能性改变；若不及时处理，可使肾血流量进行性减少，发展成为急性肾小管坏死，出现 AKI。

笔记栏

(2)肾性:主要是由肾缺血和肾毒素所造成的肾实质性急性病变,急性肾小管坏死较常见。病变可以发生在肾小球、肾小管、肾间质、肾血管。临床上能导致肾缺血的因素很多,如大出血、脓毒症休克、血清过敏反应等。肾毒素物质有:氨基糖苷类抗生素,如庆大霉素、卡那霉素等;重金属,如铋、汞、铝、砷等;其他药物,如放射显影剂、阿昔洛韦、顺铂、环孢素A、两性霉素B等;有机溶剂,如四氯化碳、乙二醇、苯、酚等;生物类毒物,如蛇毒、蕈毒等。肾缺血和肾毒素对肾的影响不能截然分开,常交叉同时作用,如挤压综合征、脓毒症休克等。

(3)肾后性:由尿路梗阻所致,包括双侧肾、输尿管以及盆腔肿瘤压迫输尿管,引起梗阻以上部位的积水。输尿管结石、膀胱内结石、肿瘤以及良性前列腺增生(简称前列腺增生)、前列腺肿瘤和尿道狭窄等引起双侧上尿路积水,使肾功能急剧下降。

2. 中医病因病机

(1)邪毒内侵:感受风热、湿热或疫毒,或药物的误用或用之不当(如庆大霉素、四环素、两性霉素B等),误食生物毒素(如鱼胆中毒、毒蕈中毒、有毒中药等)及野蜂重伤、虫蛇咬伤等邪毒、毒素侵入人体,直接戕伤肾脏;或热毒亢盛,入里壅盛三焦,耗伤肾气,气化失司,水道不通,开阖不利。

(2)血脉损伤:因于跌仆打坠、妊娠流产、挤压创伤、手术损伤致肾络受损,或气随血脱,气不化水,开阖失司而为病。

(3)营阴损耗:温热毒邪,郁闭于内,燔营耗阴;或因汗、吐、下太过,或久饥不食,或烧伤烫伤,营阴损耗,津伤气脱,肾元受损;失血失液者,津血耗伤,肾失其养,气化不能。

(4)瘀血内停:《景岳全书·癃闭》:“或以败精,或以槁血,阻塞水道而不通也。”各种疾病引起气机不畅,瘀血败精、砂石内阻,或毒邪损伤脾胃,脾虚气弱,气虚血瘀,或久病体虚,脾肾阳虚,阴寒内盛,瘀血内生,瘀血阻于肾络或砂石阻于尿路而发为本病。

以上病因可互相夹杂,亦可以互为因果,使肺、脾、肾三脏对水液的调节失常,或使肝郁气滞,膀胱气化受阻,水湿壅塞,内聚成毒而发病。故本病的基本病机为肾失濡养或肾脏受损,气化失司,尿毒壅滞三焦。其病位在肾,与膀胱、脾、肺、三焦密切相关。由于本病起病急骤,初期即病情危重,常以实热证为主;随着病情本虚标实之间相互影响,演变十分迅速,易生凌心射肺、邪扰清窍、气逆风动等多种变证,常发生内闭外脱、阴竭阳亡的危候;顺证后期也多伤及正气,以气阴两伤为主。若判断失误,失治误治,常易危及患者的生命。故早期诊断、正确治疗具有十分重要的意义。

(二)临床表现

临床上急性肾衰竭分为少尿型和非少尿型,而少尿型ARF的临床病程分为少尿(或无尿)期、多尿期和恢复期。

1. 少尿(或无尿)期 为整个病程的主要阶段,一般为7~14日(平均5~6日,长者可达1个月以上)。少尿期越长,病情愈重,预后愈差。

(1)进行性氮质血症:由于肾小球滤过率降低,蛋白质的代谢产物不能经肾排泄,含氮物质积聚于血中,称氮质血症(azotemia)。如同时伴有发热、感染、损伤,则蛋白质分解代谢增加,血中尿素氮和肌酐升高更快。氮质血症时,血内其他毒性物质如酚、胍等亦增加,最终形成尿毒症(uremia)。临床表现为恶心、呕吐、头痛、烦躁、倦怠无力、意识模糊,甚至昏迷。

(2)尿量减少:尿量骤减或逐渐减少,24小时尿量少于400ml者称为少尿,少于100ml者称为无尿。

(3)水、电解质和酸碱平衡紊乱

1)水过多:随着少尿期延长,体内水分大量蓄积,加上体内本身的内生水,易发生水过多甚至水中毒。严重时可发生高血压、心力衰竭、肺水肿及脑水肿。水中毒是ARF的主要死因之一。

2）低钠血症（hyponatremia）和低氯血症（hypochloremia）：两者多同时存在。低钠血症可因水过多致高容量性低钠血症，或因皮肤、胃肠道及利尿剂导致低容量性低钠血症。严重者可致血渗透浓度降低，水向细胞内转移，出现细胞水肿，表现为疲乏、嗜睡、定向力消失甚至低渗昏迷等。低氯血症常见于呕吐、腹泻或应用大量袢利尿剂者，表现为腹胀、呼吸浅、抽搐等代谢性碱中毒症状。

3）高镁血症：正常情况下，60% 镁由粪便排泄，40% 由尿液排泄。在 ARF 时，血镁与血钾多呈平行改变。高镁血症时心电图表现为 P-R 间期延长，QRS 波增宽，T 波增高。高血镁可引起神经肌肉传导障碍，出现低血压、呼吸抑制、麻木、肌力减弱、昏迷甚至心搏骤停。

4）高钾血症：正常人 90% 的钾离子经肾排泄。少尿或无尿时，钾离子排出受限，特别是组织分解代谢增加（如严重挤压伤），钾离子由细胞内释放到细胞外液；酸中毒时细胞内钾离子转移至细胞外，有时可在几小时内血钾迅速升高达危险水平，是 ARF 死亡的常见原因之一。

5）高磷血症和低钙血症：ARF 时会发生血磷升高，有 60%~80% 的磷转向肠道排泄，并与钙结成不溶解的磷酸钙，影响钙的吸收，出现低钙血症。血钙过低会引起肌肉抽搐，并加重高血钾对心肌的毒性作用。

6）代谢性酸中毒：为 ARF 少尿期的主要病理生理改变之一。因缺氧而使无氧代谢增加，无机磷酸盐等非挥发性酸性代谢产物排泄障碍，加之肾小管损害以及丢失碱基和钠盐，分泌 H^+ 及其与 NH_3 结合的功能减退，导致体内酸性代谢产物积聚和血 HCO_3^- 浓度下降，产生代谢性酸中毒并加重高钾血症。临床表现为呼吸深而快，呼气带有酮味，面部潮红，并可出现胸闷、气急、嗜睡及神志障碍，严重时血压下降、心律失常，甚至出现心搏骤停。

（4）全身并发症：心血管系统可以表现为高血压、急性肺水肿和心力衰竭、心律失常、心包炎等。消化系统常见食欲减退、恶心、呕吐、腹胀、腹泻，亦可出现消化道出血、黄疸等。神经系统表现为疲倦、精神较差，若出现意识淡漠、嗜睡或烦躁不安甚至昏迷者，提示病情严重。血液系统表现为贫血和 DIC，贫血的程度与原发病因、病程长短、有无出血并发症等密切相关。

2. 多尿期　在少尿或无尿后的 7~14 日，如 24 小时内尿量增加至 800ml 以上，即为多尿期开始。多尿期一般约为 14 日，尿量每日超过 3 000ml。在开始的第 1 周，由于肾小管上皮细胞功能尚未完全恢复，虽尿量明显增加，但血尿素氮、肌酐和血钾仍继续上升，尿毒症症状并未改善，此为早期多尿阶段。当肾功能进一步恢复、尿量大幅度增加后，则又可出现低血钾、低血钠、低血钙、低血镁和脱水现象，此时患者仍然处于氮质血症及水电解质紊乱状态。待血尿素氮、肌酐开始下降时，则病情好转，即进入后期多尿。

3. 恢复期　ATN 患者在恢复早期可无症状，或体质虚弱、乏力、消瘦。肾小球滤过功能多在 3~6 个月内恢复正常，但部分病例肾小管浓缩功能不全可维持 1 年以上。若肾功能持久不恢复，提示遗留永久性肾损害，少数病例可出现肾组织纤维化而转变为慢性肾功能不全。

非少尿型急性肾衰竭（nonoliguric acute renal failure）：是指患者在进行性氮质血症期内，每日尿量维持在 400ml 以上，甚至 1 000~2 000ml。其发病机制目前仍不很清楚，尿量不减少的原因有三种解释：①各肾单位受损程度不一，小部分肾单位的肾血流量和肾小球滤过功能存在，而相应肾小管重吸收功能显著障碍；②所有肾单位的受损程度虽相同，但肾小管重吸收功能障碍在比例上远较肾小球滤过功能降低程度重；③肾髓质深部形成高渗状态的能力降低，致使髓袢滤液中水分重吸收减少。一般认为，与少尿型比较，非少尿型急性肾衰竭临床表现轻，进展缓慢，严重的水、电解质和酸碱平衡紊乱、胃肠道出血等并发症少；但高钾血症的发生率与少尿型相近,病死率仍可高达 26%,临床上仍须重视。

(三) 诊断与鉴别诊断

根据原发疾病、临床表现和实验室检查、影像学检查可作出诊断和鉴别诊断。

1. 病史及体格检查　需详细询问和记录与 AKI 相关的病史,归纳为以下三个方面。①有无肾前性因素;②有无引起肾小管坏死的病因;③有无肾后性因素。此外,应注意是否有肾病和肾血管病变,在原发病的基础上引起急性肾衰竭。全身和肢体水肿、颈静脉充盈程度检查可以提示 ARF 的发生原因及评价目前水、电解质平衡和心脏功能的情况。心肺听诊可了解有无心力衰竭、肺水肿及心律失常。

2. 尿液检查　注意尿色改变,酱油色尿提示有溶血或软组织严重破坏。肾前性 ARF 时尿浓缩,尿比重和渗透压高;肾性 ARF 为等渗尿,尿比重在 1.010~1.014 之间。尿常规检查,镜下见到宽大的棕色管型,即为肾衰竭管型,提示急性肾小管坏死;大量红细胞管型及蛋白提示急性肾小球肾炎;有白细胞管型提示急性肾盂肾炎。功能性 AKI 与急性肾小管坏死少尿期尿液有明显差别(表 11-6)。

表 11-6　功能性 AKI 与急性肾小管坏死少尿期尿液变化的比较

	功能性 AKI	急性肾小管坏死
尿比重	>1.020	<1.015
尿渗透压 /(mOsm·L^{-1})	>500	<350
尿钠含量 /(mmol·L^{-1} 或 mEq·L^{-1})	<20	>20
尿 / 血肌酐比值	>40	<20
尿蛋白含量	阴性至微量	+
尿沉渣镜检	基本正常	透明、颗粒、细胞管型,红细胞、白细胞和变性坏死上皮细胞

3. 血液检查　①血常规检查,嗜酸性粒细胞明显增多提示急性间质性肾炎的可能;轻、中度贫血可能与体液潴留有关;②动态监测血清酸碱与电解质水平;③动态监测血尿素氮、肌酐和肌酐清除率。

4. AKI 早期诊断标志物　血肌酐和尿量是目前临床上常用的检测指标,也是目前 AKI 分期的依据。但是,血肌酐并非一个敏感的指标,可受到其分布及排泄等综合作用的影响。尿量更容易受到容量状态、药物等非肾脏因素的影响。目前有关 AKI 早期诊断标志物主要有:血清半胱氨酸蛋白酶抑制剂 C(cystatin C)、尿肾损伤分子 -1(kidney injury molecule 1,KIM-1)、尿中性粒细胞明胶酶相关脂质运载蛋白(neutrophil gelatinase-associated lipocalin,NGAL)、IL-18 等,但与临床应用仍有一段距离。

5. 肾穿刺活检(renal needle biopsy)　通常用于没有明确致病原因的肾实质性急性肾衰竭,如肾小球肾炎、血管炎、过敏性间质性肾炎等。

(四) 西医治疗

AKI 的治疗原则:①加强液体管理,维持液体平衡;②维持内环境稳定,调节电解质及酸碱平衡;③控制感染;④肾脏替代治疗,清除毒素以利于损伤细胞的修复;⑤早期发现导致 AKI 的危险因素,积极治疗原发病。

1. 少尿期的治疗

(1)液体管理:针对不同程度的肾损伤,进行合理的液体管理,包括补充容量、控制水钠摄入量,并根据尿量和失水情况进行输液调整。

(2)纠正电解质、酸碱平衡紊乱:当血钾>5.5mmol/L,应以10%葡萄糖酸钙20ml经静脉缓慢注射或加入葡萄糖溶液中静脉滴注,以钙离子对抗钾离子对心脏的毒性作用;或以5%碳酸氢钠100ml静脉滴注或25g葡萄糖及6U胰岛素缓慢静脉滴注,使钾离子进入细胞内而降低血钾。当血钾>6.5mmol/L或心电图呈高钾血症图形时,应紧急实施血液净化治疗。轻度代谢性酸中毒无须处理,当血碳酸氢盐浓度<15mmol/L时,才予以补充碳酸氢钠。

(3)营养支持:提供合理的营养支持可以减少蛋白质分解,并促进肾损伤细胞的修复和再生。优先选择肠内营养途径,并注意氨基酸比例的平衡。

(4)控制感染:积极处理感染灶,预防导管相关感染,并注意抗生素的选择和用药调整,避免对肾功能产生不良影响。

(5)肾脏替代治疗(RRT):又称为血液净化,是应用人工方法替代肾脏功能清除体内水分和溶质,同时纠正水、电解质与酸碱平衡紊乱,是目前治疗肾衰竭的重要方法。常用方法包括:

1)血液透析(hemodialysis,HD):血液透析时,血液和透析液间的物质交换主要在滤过膜的两侧完成,弥散作用是溶质转运的主要机制。HD模式的特点是对小分子物质,包括尿素氮、肌酐、钾、钠等清除效率高,但对炎症介质等中分子物质清除能力较差。

2)血液滤过(hemofiltration,HF):是利用滤过膜两侧的压力差,通过超滤的方式清除水和溶质,对流和弥散作用是溶质转运的主要机制,所以HF有利于中、大分子物质的清除,对于SIRS的治疗效果更佳。

3)连续性肾脏替代治疗(continuous renal replacement therapy,CRRT):CRRT能连续、缓慢、等渗地清除水分及溶质,更符合生理状态,容量波动小,尤其适用于血流动力学不稳定的患者;血浆渗透压缓慢下降,防止透析失衡综合征;更好地维持水、电解质和酸碱平衡,为营养支持创造条件;能清除中、大分子及炎症介质,控制高分解代谢,从而改善严重感染及MODS患者的预后。

4)腹膜透析:腹膜透析的优点有:①设备和操作简单,安全而易于实施;②不需要建立血管通路和抗凝,特别适用于有出血倾向、手术后、创伤以及颅内出血的患者;③血流动力学稳定;④有利于营养支持治疗。

2. 多尿期的治疗　　多尿期初,由于肾小球滤过率尚未恢复,肾小管的浓缩功能仍较差,血肌酐、尿素氮和血钾还可以继续上升;当尿量明显增加时,又会发生水、电解质失衡,此时患者全身状况仍差,蛋白质不足,容易感染,故临床上仍不能放松监测和治疗。治疗重点为维持水、电解质和酸碱平衡,控制氮质血症,治疗原发病和防止各种并发症。

(五) 中医治疗

辨证论治

(1)腑实热结证:腹胀满,少腹急结,大小便闭,恶心呕吐,发热烦躁,舌红,苔黄腻,脉弦有力。治以通腑攻下,化湿泄浊。用大承气汤加减。

(2)湿浊弥漫证:全身水肿,喘促气急,纳呆呕恶,脘腹痞闷,小便不畅或尿闭,舌淡红,苔浊腻,脉沉缓。治以宣畅三焦,化气利水。用麻杏苡甘汤合三仁汤加减。

(3)瘀血内结证:尿少色淡红或呈酱油色,发热烦躁,身体疼痛,皮肤见青紫斑,或见血尿、衄血、便血,舌暗红或有瘀点,脉细涩。治以活血化瘀,利水解毒。用血府逐瘀汤加减。

(4)肾脾两虚证:小便短少,面色晦滞,神疲乏力,水肿以下肢为主,纳差腹胀,泛恶呕吐,大便溏薄,舌淡胖,苔白腻,脉沉细。治以温补脾肾,化湿降浊。用温脾汤合吴茱萸汤加减。

(5)阴虚风动证:小便短少,呕恶频作,头晕头痛,面部潮红,烦躁不安,腰膝酸软,肢体抽搐,舌红少苔或卷缩,苔黄腻,脉弦细。治以滋补肝肾,平肝息风。用杞菊地黄丸合羚角钩藤汤加减。

(6)心肾虚衰证:无尿或少尿,全身水肿,面灰唇暗,神志昏蒙,循衣摸床,心悸尿臭,四肢厥冷,舌淡胖,苔白腻,脉沉细欲绝。治以温阳益气,豁痰开窍。用参附龙牡救逆汤合涤痰汤加减。

(六)预防与调护

(1)维持肾脏灌注压:严密监测患者的血流动力学变化,维持适当心输出量、平均动脉压和血管容量,保证肾灌注,防止肾脏缺血。

(2)使用肾毒性药物应特别注意:①高龄、全身性感染、心力衰竭、肝硬化、肾功能减退、血容量不足和低蛋白血症者,对肾毒性药物尤为敏感,要高度重视;②药物的肾毒性与剂量和血药浓度直接相关,应选择合适的剂量和给药方法;③尽量避免使用肾毒性药物,尤其要避免同时使用两种及以上肾毒性药物。

(3)控制感染:生命体征变化,早期发现心力衰竭、尿毒症性脑病的先兆。及时、准确记录出入量,并注意尿量、神志、血压、呼吸的动态变化。定时监测血电解质、酸碱平衡、肌酐、尿素氮等,以了解病情变化。

(4)多尿期和恢复期应避免劳累,增强抵抗力,预防感染。

二、急性肝衰竭

急性肝衰竭(acute liver failure,ALF)是指由多种因素引起的,在短期内出现肝脏功能急剧恶化,导致肝脏本身合成、解毒、排泄和生物转化等功能发生严重障碍或失代偿,从而表现为进行性神志改变和凝血功能障碍的综合征。ALF病死率高,如不能早期诊断和治疗,则预后差。

(一)病因与病理

1. 西医病因

(1)病毒性肝炎:是我国ALF的多见病因,甲、乙、丙型病毒性肝炎均可发生,在我国尤其以乙型病毒性肝炎最常见。

(2)化学物中毒:较常见的是药物毒性损害,如对乙酰氨基酚(国外ALF常见病因)、甲基多巴、硫异烟肼、吡嗪酰胺、氟烷、非类固醇类抗炎药等。肝毒性物质如四氯化碳、黄磷等,误食毒菌也可能引起ALF。

(3)外科疾病:肝巨大或弥漫性恶性肿瘤,尤其合并肝硬化时,易并发ALF。严重肝外伤,大范围肝组织被手术切除,或者肝脏血供受影响(如血管损伤、肝血流阻断时间过长等),治疗门静脉高压的门体静脉分流术,胆道长时间阻塞,肝胆管结石反复炎症导致肝损害,都可能导致ALF。

(4)其他:妊娠急性脂肪肝、Wilson病、自身免疫性肝炎、缺血性肝损伤等过程中也可发生ALF。

2. 中医病因病机 急性肝衰竭的病因多为感受湿热疫毒,或药食不当,适逢劳倦内伤,正气虚弱,体质不支,致而为病。

病机为湿热内蕴,肝胆脾胃功能失调,气滞血瘀,脉络失和。湿热疫毒从口鼻而入,深入膜原,阻碍脾胃运化,肝失疏泄,胆汁内瘀,充斥三焦。不当饮食和药物损伤脾胃,体虚劳倦生痰湿,湿浊化热熏蒸肝胆,导致本病。本病由湿热邪毒蕴结肝脾引起,阳黄、急黄多见,阴黄少见。阳黄起病急、病程短、色鲜明,伴湿热症状;阴黄起病缓、病程长、色晦暗,伴寒湿症状。急黄由湿热夹时邪疫毒,热入营血,内陷心包所致,起病急,黄疸深,色如金,伴危重证候,预后差。

病位在肝胆,与心、脾、三焦相关。早期实证,晚期虚实错杂或虚中夹实。

(二)诊断标准

我国根据组织病理学特征和病情发展速度,将肝衰竭分为四类(表 11-7)。

表 11-7 肝衰竭的分类

命名	定义
急性肝衰竭	急性起病,2 周以内出现以Ⅱ度以上肝性脑病为特征的肝衰竭
亚急性肝衰竭	起病较急,15 日至 26 周出现肝衰竭的临床表现
慢加急性肝衰竭	在慢性肝病基础上,出现急性肝功能失代偿
慢性肝衰竭	在肝硬化基础上,出现慢性肝功能失代偿

ALF 诊断标准主要包括:①既往无肝炎病史,以急性黄疸型肝炎起病;②起病后 2 周内出现极度乏力,伴明显的恶心、呕吐等严重的消化道症状;③迅速出现Ⅱ度以上(按Ⅳ度划分)的肝性脑病;④出血倾向明显,凝血酶原活动度(prothrombin time activity,PTA)≤40%,且排除其他原因;⑤肝浊音界进行性缩小(表明肝细胞存在大面积坏死,与预后直接有关);⑥患者黄疸急剧迅速加深。起病初期可能黄疸很浅,甚至尚未出现黄疸,但有上述表现者应考虑本病。

(三)临床表现

1. 早期症状 初期为非特异性表现,如恶心、呕吐、腹痛、缺水及黄疸。

2. 意识障碍 主要是肝性脑病。肝衰竭时,代谢发生紊乱,如血中增多的游离脂肪酸、硫醇、酚、芳香族氨基酸等,均可能影响中枢神经;低血糖、酸碱平衡紊乱等也可影响脑功能;此外,缺氧或 DIC 等可使脑损害加重。肝性脑病根据程度分为四度:Ⅰ度(前驱期)为反应迟钝、情绪改变;Ⅱ度(昏迷前期)为瞌睡和行为不能自控;Ⅲ度(昏睡期或浅昏迷期)为嗜睡,但尚可唤醒;Ⅳ度(昏迷期)为昏迷不醒,对刺激无反应,反射逐渐消失,常伴有呼吸、循环等方面的改变。

3. 呼气异常 呼气常有特殊的甜酸气味(似烂水果味),可能为肝的代谢功能紊乱,血中硫醇增多引起。

4. 出血 纤维蛋白原和肝内合成的凝血因子减少、DIC 或消耗性凝血病,可出现皮肤出血斑点、注射部位出血或胃肠道出血等。

5. 并发其他器官系统功能障碍

(1)肾功能损害:较常见,部分患者可合并肝肾综合征。

(2)循环功能障碍:血压下降,与血管张力下降、心输出量减少有关。

(3)脑水肿及颅内压增高:多发生在Ⅳ度肝性脑病患者,表现为血压高、心率慢、去大脑强直、癫痫发作等。

(4)肺水肿:与肺毛细血管通透性增加有关,表现为呼吸窘迫,呼吸性碱中毒,后期可发生 ARDS。

(5)感染:大多数患者合并感染,而且是引起死亡的主要原因之一,常见部位为肺部、尿道、肠道等。

6. 实验室检查 ①转氨酶升高,但大面积肝坏死时可出现胆酶分离现象,此时胆红素持续升高,而转氨酶不升高;②血胆红素升高;③血小板常减少,白细胞增多;④血肌酐或尿素氮可升高;⑤血电解质紊乱;⑥酸碱平衡紊乱,多为代谢性酸中毒;⑦发生 DIC 时,凝血时间、凝血酶原时间或部分凝血活酶时间延长,纤维蛋白原可减少,而其降解物(FDP)增多,优球蛋白试验等可呈阳性。

(四)预防

预防高病死率的 ALF,注意药物对肝脏的不良影响。结核患者用药需定期检查肝功能,手术前评估肝功能。特别是对于有肝脏疾病的患者,需准备充分。手术时避免使用对肝脏有毒性的药物,防止缺氧、低血压、休克和感染等,以保护肝细胞。术后要继续监测肝功能,维持良好的呼吸循环,抗感染并维持营养代谢,保护肝脏功能。

(五)治疗

1. 西医治疗

(1)病因治疗

1)化学物质中毒:在可疑由药物肝毒性所致 ALF 时,停用必需药物以外的所有药物。对于已知对乙酰氨基酚过量或在就诊 4 小时内疑似对乙酰氨基酚过量患者,在开始给 N- 乙酰半胱氨酸治疗前先给予活性炭;对于摄入大量对乙酰氨基酚,血清药物水平或转氨酶水平升高,提示即将发生或已发生肝损伤的所有患者,迅速开始给予 N- 乙酰半胱氨酸治疗;对于已知或疑似蘑菇中毒的 ALF 患者,考虑给予青霉素 G 和 N- 乙酰半胱氨酸治疗。

2)病毒性肝炎:应考虑用核苷类似物治疗乙型病毒性肝炎相关的 ALF 和预防肝移植后乙型病毒性肝炎复发。与 ALF 相关的甲型(和丁型)病毒性肝炎必须用支持治疗。对于已知或怀疑由疱疹病毒或水痘 - 带状疱疹导致的 ALF 患者,应使用阿昔洛韦治疗。

3)其他:对于妊娠急性脂肪肝或 HELLP 综合征(溶血,肝酶水平升高,血小板计数低),建议迅速终止妊娠。

(2)一般治疗:①营养支持;②补充血清白蛋白;③口服乳果糖,以每日排软便 2~3 次为度;口服肠道抗菌药,以减少肠内菌群,如新霉素和甲硝唑;④静脉滴注醋谷胺(乙酰谷酰胺)、谷氨酸(钾或钠)或门冬氨酸等,以降低血氨;⑤静滴 γ- 氨酪酸、左旋多巴,改善中枢神经递质,可能有利于恢复大脑功能;⑥纠正酸碱平衡紊乱和电解质紊乱。

(3)防治多器官功能障碍:给予 H_2 受体拮抗剂或质子泵抑制剂(或硫糖铝作为二线药物)预防与应激相关的胃肠道出血;避免使用肾损害药物以预防肾损伤;预防和治疗 ARDS。

(4)预防感染:应全身使用广谱抗生素,必要时应使用抗真菌感染药物。

(5)肝性脑病的治疗:①脱水:建议以甘露醇(0.5~1.0g/kg)为一线治疗药物;②低温:将核心体温降至 34~35℃为宜;③自身免疫性肝炎引起的肝性脑病可考虑使用激素。

(6)人工肝:人工肝支持可通过灌流、吸附和透析作用,清除肝衰竭患者血中的有害物质。尤其是等待肝移植的患者,可用人工肝暂时支持肝的功能,为施行肝移植术做准备。

(7)肝移植:肝移植是治疗 ALF 最有效的手段,适用于经积极内科和人工肝治疗效果欠佳者。

2. 中医治疗

辨证论治

(1)肝郁气滞证:右胁胀满,恶心厌食,乏力,舌淡红,苔薄白,脉弦。治以疏肝解郁,行气止痛。用柴胡疏肝散加减。

(2)湿热壅盛证:身目黄染,高热烦渴,呕吐腹胀,烦躁不安,便秘或不爽,小便深黄,舌红,苔黄腻,脉弦数。治以清热解毒,利湿退黄。用茵陈蒿汤合黄连解毒汤加减。

(3)热毒内陷证:身黄,高热,烦躁,谵语,昏迷,尿少或尿闭,皮肤发斑,便血,舌红绛,苔秽浊,脉弦数。治以清热解毒,凉血开窍。用千金犀角散加减(犀角已禁用,现多用水牛角代)。

第四节　多器官功能障碍综合征

多器官功能障碍综合征(MODS)是指急性疾病过程中相继出现两个或两个以上的重要器官或系统急性功能障碍的综合征。MODS 是随着医学科学不断发展进步,延长了危重患者生存时间之后,于 20 世纪 70 年代提出的新问题。

一、病因与病理

(一) 西医病因与病理

1. 西医病因

(1)严重的感染与创伤:如脓毒症、菌血症以及各组织器官的严重感染(常见细菌有克雷伯菌、大肠埃希菌、假单胞菌、变形杆菌以及某些革兰氏阳性菌)、全身大面积烧伤、严重的外伤与手术创伤。

(2)心搏、呼吸骤停:造成全身脏器的缺血、缺氧,而复苏后又可导致缺血再灌注损伤。

(3)休克:休克是导致 MODS 最常见的病因。

(4)医源性因素:因高浓度吸氧等辅助呼吸治疗方法使用不当导致的心肺功能障碍、血液透析造成的血小板减少和出血等、药物使用不当、大量地输液和输血。

2. 西医发病机制　MODS 的发病机制非常复杂,涉及神经、体液、内分泌和免疫等诸多方面,目前 MODS 的确切发病机制尚未明确。严重的感染与创伤、缺血及再灌注损伤等不同的因素不但会导致细胞损伤,更重要的是还可以通过激活内源性炎症介质,导致全身性反应。但现在主流的看法是失控的 SIRS 很可能在 MODS 的发生中起主要作用。

(1)肠道细菌、内毒素移位:重大创伤、休克、缺血 - 再灌注损伤、外科手术等导致肠黏膜屏障功能破坏,使肠道细菌和毒素进入血液循环系统,引发毒血症、菌血症或脓毒症,并最终导致 MODS。

(2)炎症失控:机体对创伤和感染的炎症反应过度剧烈,炎症促进物和抗炎物质失衡,导致对自身细胞造成损伤。

(3)缺血 - 再灌注损伤:不同种类的休克和微循环障碍会导致器官血管内皮细胞和实质细胞的缺血、缺氧和功能障碍。

(4)两次打击假说:在早期炎症反应中,免疫细胞和炎症介质的参与程度有限。但一旦炎症细胞被激活,如果再次受到病情恶化或新损伤的刺激,构成第二次打击,这时炎症和应激反应将加剧,并释放更多细胞和体液介质。这种失控的炎症反应会不断发展,最终导致组织细胞损伤和器官功能障碍。

(5)应激基因假说:应激基因反应是细胞基本机制的一部分,可以促进创伤、休克、感染和炎症等应激刺激后细胞合成所需的蛋白质。这种应激基因反应机制有助于解释两次打击引发 MODS 的现象,内皮细胞也表现出这种细胞反应,当血管内皮细胞受到内毒素攻击时,会发生细胞程序性死亡或凋亡。

(二) 中医病因病机

MODS 的病因虽繁,概而言之,不外内因、外因、不内外因三因。外者六淫邪毒、疫疠之气、猝中虫兽邪毒、误施汗吐下法等外来致病因素;内者乃内生毒瘀痰热;不内外因者为情志太过、饮食不节、跌仆金疮等因素损伤阴阳气血,以致脏腑功能紊乱,甚至衰竭。"正虚邪实,气虚血瘀,阴阳逆乱衰而竭之"是 MODS 的基本病理变化。"正气不足,脏气受损,气阴两虚,阴竭阳脱"是 MODS 的病机之本。热、毒、痰、瘀是 MODS 的发病之本。

总之,外来致病因素、内生毒瘀痰热、创伤手术、跌仆金疮等不但在人体亏虚情况下侵犯人体,损伤正气,破坏脏腑阴阳协调平衡,耗伤气血津液精神;又可在一定条件下引起热、毒、湿浊之邪内犯机体,损伤阴阳气血,以致直中脏腑,或一脏受病,累及他脏,使脏腑间病邪迅速相互传变,邪毒内陷或痰浊瘀血内生,气血运行逆乱,生生之机告绝,气血精神耗竭,致多脏腑组织器官合病或并病,甚至全身整体功能衰竭。无论何种致病因素,病情发展至MODS,常是疾病转归的必然趋势。因此,证情多表现为以虚为本,虚实并见,寒热错杂。阴阳逆乱是 MODS 发病的根本,气滞血瘀是其基础病理改变,而正气欲脱、阴阳离决是该病发展的最终阶段。

二、诊断标准及严重程度评分标准

MODS 早期的症状和体征不明显,临床中难以发现,但随着病情的发展,临床表现也趋于明显和加重。早期诊断对于患者的预后有着至关重要的作用,因此临床医生要提高对 MODS 的病因、临床表现、各种检查指标和诊断标准的认识水平。由于 MODS 患者都为多脏器受累,病情发展并非同步进行,为了统一标准,故以病情严重程度评分:①功能受损期为 1 分,早衰期 2 分,衰竭期 3 分;②若两个或两个以上脏器均评 1 分,为 MODS 脏器功能受损期;若两个或两个以上脏器均评 2 分,其他脏器为 1 分时,为 MODS 脏器功能早衰期;③若两个或两个以上脏器均为 3 分,其他脏器为 2 分,为 MODS 脏器功能衰竭期。MODS 的先兆是功能受损期,应予重视,这是降低病死率的关键时期。具体诊断及评分标准见表 11-8。

表 11-8　1995 年 MODS 病情分期诊断及严重程度评分标准

项目	诊断依据	评分
外周循环	①无血容量不足;MAP(平均动脉压)≈ 7.98kPa(60mmHg); 尿量 ≈ 40ml/h	1
	②低血压时间持续 4 小时以上,无血容量不足;6.65kPa(50mmHg)<MAP<7.98kPa(60mmHg);20ml/h<尿量<40ml/h;肢端冷或暖	2
	③意识障碍,无血容量不足;MAP<6.65kPa(50mmHg);尿量<20ml/h;肢端湿冷或暖;多有意识恍惚	3
心	①心动过速;心率升高 15~20 次 /min;心肌酶正常	1
	②心动过速;心肌酶[肌酸激酶(CK)、谷草转氨酶(GOT)、乳酸脱氢酶(LDH)]异常	2
	③室性心动过速;室颤Ⅱ ~ Ⅲ度,A~V 导联传导阻滞;心搏骤停	3
肺	①呼吸频率 20~30 次 /min;吸空气 7.98kPa(60mmHg)<PaO_2<9.31kPa(70mmHg);PaO_2/FiO_2 > 39.9kPa(300mmHg);P(A-a)DO_2(FiO_2 1.0)3.33~6.65kPa(25~50mmHg);胸部 X 线检查正常(具备 5 项中的 3 项即可确诊)	1
	②呼吸频率>28 次 /min;吸空气 6.65kPa(50mmHg)<PaO_2<7.98kPa(60mmHg);$PaCO_2$<4.47kPa(33.6mmHg);13.3kPa(100mmHg)<PaO_2/FiO_2<26.6kPa(200mmHg);胸部 X 线检查示肺泡无实变或实变<1/2 肺野(具备 5 项中的 3 项即可诊断)	2
	③呼吸窘迫,呼吸频率>28 次 /min;吸空气 PaO_2<6.65kPa(50mmHg);$PaCO_2$>5.98kPa(45mmHg);PaO_2/FiO_2<26.6kPa(200mmHg);P(A-a)DO_2($FiO_2$1.0)>26.6kPa(200mmHg);胸部 X 线检查示肺泡实变>1/2 肺野(具备 6 项中的 3 项即可诊断)	3

续表

项目	诊断依据	评分
肾	①无血容量不足,尿量≈40ml/h;尿 Na⁺、血肌酐正常	1
	②无血容量不足,20ml/h<尿量<40ml/h,利尿剂冲击后可增多;尿 Na⁺ 20~30mmol/L(20~30mEq/L);血肌酐≈176.8μmol/L(2.0mEq/L)	2
	③无血容量不足,无尿或少尿(<20ml/h 持续 6 小时以上),利尿剂冲击后尿量不增加;尿 Na⁺>40mmol/L(40mEq/L);血肌酐>176.8μmol/L(2.0mEq/L),非少尿肾衰者;尿量>600ml/24h,但血肌酐>176.8μmol/L(2.0mEq/L),尿比重<1.012	3
肝脏	① SGPT>正常值 2 倍以上;34.2μmol/L(2.0mg/dl)>血清总胆红素>17.1μmol/L(1.0mg/dl)	1
	② SGPT>正常值 2 倍;血清总胆红素>34.2μmol/L(2.0mg/dl),肝性脑病	2
胃肠道	①腹部胀气;肠鸣音减弱	1
	②高度腹部胀气;肠鸣音近于消失	2
	③麻痹性肠梗阻;应激性溃疡出血(具备 2 项中 1 项即可确诊)	3
凝血功能	①血小板计数<100×10⁹/L;纤维蛋白原正常;PT 及 TT 正常	1
	②血小板计数<100×10⁹/L;纤维蛋白原>2.0g/L~4.0g/L;PT 及 TT 比正常值延长≈3 秒;优球蛋白溶解试验>2 小时;全身性出血不明显	2
	③血小板计数<50×10⁹/L;纤维蛋白原<2.0g/L;PT 及 TT 比正常值延长≈3 秒;优球蛋白溶解试验<2 小时;全身性出血明显	3
脑	①兴奋及嗜睡;语言呼唤能睁眼;能交谈;有定向障碍;能听从指令	1
	②疼痛刺激能睁眼;无法交谈,语无伦次;疼痛刺激有屈曲或伸展反应	2
	③语言无反应;对疼痛刺激无反应	3
代谢	①血 Na⁺<135mmol/L 或>145mmol/L;pH 值<7.35 或>7.45;血糖<3.9mmol/L 或>5.6mmol/L	1
	②血 Na⁺<130mmol/L 或>150mmol/L;pH 值<7.20 或>7.50;血糖<3.5mmol/L 或>6.5mmol/L	2
	③血 Na⁺<125mmol/L 或>155mmol/L;pH 值<7.10 或>7.55;血糖<2.5mmol/L 或>7.5mmol/L	3

注:以上标准均需持续 12 小时以上,P(A-a)DO₂:肺泡动脉血氧分压差。

三、预防

MODS 的病死率很高,治疗较为复杂和困难,患者的经济负担也很大,因此应重在预防,MODS 的早期诊断和早期治疗就显得尤为重要。

1. 感染的防治 感染是导致 MODS 的主要病因,且很大比例的 MODS 患者直接起源于感染,其中不仅包括各组织器官的感染性疾病如重症胰腺炎、化脓性胆管炎等,还有相当一部分的患者是由于严重创伤、烧伤和手术等因素合并感染。因此,对创伤或术后感染者应高度重视,合理使用抗生素,并尽量减少有创操作,规范用药,避免过量地输液、输血,防止医源性疾病的发生。

2. 积极治疗原发病 原发病病情的进展是导致 MODS 的根本原因。因此,尽早治疗原发病是防止病程进展到 MODS 的重要手段。

3. 生命支持治疗 保持呼吸道通畅并纠正低氧血症;要尽早尽快纠正休克导致的低血

容量与组织灌流不足;尽量选择肠内营养,并及早进食进水,增强蛋白质的补充,维持肠道的正常功能与屏障的完整,也可以减少肠源性感染的发生。

4. 休息 治疗期间要严格卧床休息,避免劳累,预防感染,加强与患者的沟通,保持健康放松的心理状态。

四、西医治疗

1. 去除病因 积极治疗原发病并控制感染。

2. 呼吸功能支持

(1)保持气道通畅。

(2)氧疗:若单纯吸氧不能缓解缺氧症状,可选择有创或无创机械通气,或选用体外膜肺氧合(extracorporeal membrane oxygenation,ECMO)技术。对严重低氧血症、ARDS 和急性肺损伤等患者应及时进行机械通气,以充分供氧,并有利于 CO_2 排出。

3. 循环支持

(1)维持有效血容量。

(2)支持有效心脏功能。

4. 肝功能支持

(1)补充足够的热量及能量合剂,维持正常血容量,纠正低蛋白血症。

(2)控制全身性感染:在抗生素的选择上应避免选择对肝脏毒性大的抗生素。应用抗生素与机体免疫功能下降均可导致肠道菌群的失衡,并导致肠源性感染,如果处理不当,会成为长期感染的病原体来源。

(3)肝脏支持疗法:有条件的医院可开展人工肝透析、肝移植等技术。

5. 肾功能支持 在药物治疗无效时,可以进行血液透析或血液滤过治疗。

6. 营养和代谢支持 感染或创伤后患者的机体代谢增高,应特别注意氨基酸的补充。首选肠内营养补充,以免出现静脉高营养导致的并发症,还可以预防肠黏膜萎缩。

五、中医治疗

辨证论治

(1)邪毒炽盛,正虚邪陷证:高热烦渴,面红目赤,心悸气短,唇甲青紫,腹胀便秘,尿少或无尿,神昏谵语,抽搐,汗多肢冷,舌红绛,苔黄燥,脉浮洪或细数。治以泻热解毒,清心开窍。用清瘟败毒饮加减。

(2)五脏俱损,真阴衰竭证:神志恍惚,惊悸不安,面色晦暗,呼吸微弱,汗出如油,口渴尿闭,时有躁扰,肢体震颤,舌干红,苔少,脉虚细数或结代。治以救阴敛阳,益气固脱。用三甲复脉汤加减。

(3)气虚不固,阳气暴脱证:神志不清,面色苍白,口唇发绀,气短厥冷,冷汗淋漓,舌质淡,脉微欲绝。治以温阳益气,回阳固脱。用参附龙牡汤合四逆汤加减。

(4)阴损及阳,阴阳俱脱证:神志昏迷,目呆口开,喉中痰鸣,气少息促,汗出如油,四肢逆冷,二便失禁,舌淡胖,脉微欲绝。治以回阳救阴,益气固脱。用四逆汤合生脉散加减。

(5)内闭外脱,气滞血瘀证:胸闷息短,汗出黏冷,唇甲青紫,皮肤瘀斑,腹胀尿闭,吐血、便血,舌紫暗,脉沉细涩或沉伏。治以理气救脱,活血化瘀。用四逆散合血府逐瘀汤加减。

(蔡金全)

ER-11-2

扫一扫
测一测

复习思考题

1. 人体的中心静脉压、肺动脉楔压、动脉血氧分压、动脉血二氧化碳分压、潮气量的正常值范围分别是多少？

2. 心肺脑复苏的三个阶段是什么？每一阶段分别包含哪些内容？

3. 胸外心脏按压的规范操作包括哪些内容？

4. 急性肾损伤有哪些类型？每种类型的病因是什么？

5. 急性肝衰竭的诊断标准是什么？

6. MODS 的诊断标准是什么？

笔记栏

ER-12-1

PPT 课件

ER-12-2

股骨颈骨折
空心钉固定

ER-12-3

人工股骨头
置换

ER-12-4

人工全髋
关节置换

ER-12-5

股骨转子间
骨折 PFNA
固定

ER-12-6

股骨转子间
骨折术后

第十二章

围手术期处理

学习目标

1. 掌握围手术期患者的术前一般准备和特殊准备。
2. 熟悉患者术后处理措施及术后各种并发症的表现及防治措施。
3. 了解中医药在围手术期的应用。

围手术期一般是指从确定手术治疗时起,至与本次手术有关的治疗基本结束为止的一段时间,可分为术前、术中和术后三个阶段。除了原发疾病,手术和麻醉都具有一定的创伤性和风险性,难免会给患者带来一定程度的心理和生理上的创伤。围手术期处理(perioperative management)具体来说就是为减少上述的创伤做好充分的术前准备并促进手术后顺利康复。包括患者体质与精神准备、手术方案选择、特殊情况处理、术中监护、术后并发症的预防与处理等,即术前准备、术中保障和术后处理三大部分。围手术期从患者决定需要手术治疗开始,患者往往忍受着疾病与心理压力的痛苦。严于术前、慎于术中、善于术后对保证患者安全、提高治疗效果有重要意义,也是一名合格的医者敬佑生命、尊重患者精神的体现。

第一节 术前准备

术前准备是指针对患者的术前全面检查结果及预期施行的手术方式,采取相应的措施,尽可能使患者具有良好的心理准备和机体条件,以便更安全地耐受手术。

术前准备与疾病的轻重缓急、手术范围的大小密切相关。按照手术的时限性可把手术分为三种类型:①急症手术:例如脾破裂、急性阑尾炎合并穿孔及大量脑出血等,需以最快速度完善术前准备并迅速实施手术。②限期手术:这类手术时间虽然可以选择,但不宜延迟过久,应在限定的时间内做好术前准备并实施手术。例如各种恶性肿瘤的根治术、已用碘剂做术前准备的针对甲状腺功能亢进症的甲状腺次全切除术等。③择期手术:手术应在充分的术前准备后选择合适的时机进行。例如胃十二指肠溃疡的胃次全切除术,一般的良性肿瘤切除术及腹股沟疝修补术等。需要注意的是,同一疾病的不同发展阶段手术类型可能会不同。如胃溃疡一般是择期手术,如发生癌变就成了限期手术,如在癌变基础上并发急性穿孔合并腹膜炎,则可能成为急症手术。

合格的外科医生应当在术前对患者有充分的了解,包括病史、体格检查、实验室检查及影像学检查等,以最大程度地发现可能影响麻醉或手术的危险因素,提高手术安全性。对于影响手术的异常情况,应争取在术前给予纠正。

一、一般准备

(一) 心理准备

患者的心理状态是医生不能忽视的因素,可影响诊疗过程,甚至出现医患矛盾。从患者及家属的角度出发,医务人员应当从疾病的诊断、可选择的手术方案、相关疗效及风险等方面与患者及家属进行充分沟通,加深他们对自己病情的科学认识,使其配合做出正确选择。确定治疗方案后,应由患者或其委托的法定代理人签署书面知情同意书(包括但不限于手术知情同意书、麻醉知情同意书和输血同意书等)。当需要紧急治疗而无家属或患者不能配合时,应当先进行救治,并在病历中详细记录。当患者能够配合或家属在场时,医务人员应当详细告知患者其病情及诊治经过,讲解下一步治疗方案及可能存在的并发症等情况,取得配合后继续开展救治工作并进行心理疏导。

(二) 生理准备

主要是针对患者的生理状态进行必要的调整,旨在让患者在较好的状态下接受手术,并能顺利康复的整个治疗过程。

1. 适应性训练 针对术后可能出现的生理不适,应当在术前进行指导与训练。例如:术后不能下床活动的患者,术前应练习卧床排大小便;卧床时间较长的患者,尤其是胸腹部手术的老年患者,应教会患者深呼吸及正确的咳嗽、咳痰的方法;吸烟者应于术前 2 周戒烟,并加强口腔卫生;涉及骨关节的手术时,术前应指导训练正确的康复运动及肌肉训练。

2. 输血和补液 输血是临床重要的救治手段。针对术中可能需要输血的患者,术前应完善血型鉴定和交叉配血试验,并申请备血;假如术前存在贫血、凝血功能障碍、低蛋白血症、酸碱平衡紊乱、水电解质紊乱等异常,应及时纠正。

3. 预防感染 术前预防感染的重要性远大于治疗感染后。为了预防感染,在术前应采取一系列措施,包括处理已发现的感染病灶、禁止患者接触感染者、加强手部消毒、定期消毒病房并通风、患者注意保暖以预防呼吸道感染,术中要遵循无菌原则和强化无创或微创理念。有些情况下,适当使用预防性抗生素是必要的,比如涉及感染病灶或接近感染区域的手术、胃肠道手术、长时间或大面积创伤、开放性创伤等。预防性抗生素的给药时间一般在术前半小时首次给药,如果手术时间超过 3 小时或失血量超过 1 500ml,可以给予第二剂,总体使用时间一般不超过 24 小时,个别情况下可以延长至 48 小时。

4. 胃肠道准备 择期手术的患者,禁饮禁食准备见第七章第二节麻醉前准备和麻醉前用药。一般情况下,术前 12 小时开始禁食,术前 4 小时禁饮,以预防麻醉时或术中发生呕吐而出现窒息或吸入性肺炎。涉及胃肠道手术者,应于术前 1~2 日开始进食流质饮食,必要时术前放置胃管;对于幽门梗阻的患者,需在术前 3 日开始洗胃并胃肠减压数日。长期便秘的患者,手术前一日可灌肠通便,有利于术后胃肠功能恢复。施行结直肠手术,胃肠或胆肠、胰肠、胰胆肠吻合术的患者,应在术前 2~3 日开始服用肠道抗生素和无渣饮食,术前 1 日服用聚乙二醇电解质等泻药清理肠道,如不满意应在手术前 1 日晚和术日清晨行清洁灌肠或结肠灌洗,以便于手术操作并降低感染风险。

5. 补充营养 体重是一个简便而很有价值的营养指标。如果患者的实际体重是标准体重的 80%~90%,就提示患者有轻度营养不良,低于标准体重的 60% 则是重度营养不良。内脏蛋白浓度是另一个重要的营养指标,血浆白蛋白浓度低于 25~30g/L,运铁蛋白浓度低于 2.4~2.8g/L,或前白蛋白浓度低于 280~350mg/L,都提示存在营养不良。若病情允许,可在术前先予肠内营养或肠外营养 2 周,以纠正其营养不良,然后进行手术。

6. 皮肤准备 手术前清除影响手术的手术区域的毛发,对腹部手术还需要注意肚脐清洁。其他手术部位则根据需要决定是否剃毛,但皮肤必须用消毒药皂清洗。

7. 其他准备 术前进行讨论分析和总结。如发现与疾病无关的不适症状或体征,应延迟手术。可以给予镇静剂或安眠药以保证患者睡眠良好。进入手术室前,患者要排尽尿液,必要时留置导尿管;取下活动义齿,避免手术过程中脱落和误吸。将相关资料送至手术室,如 CT、B 超、X 线片等。术后需要使用胸带或腹带的患者,须在术前准备好并带入手术室。

二、特殊准备

所有患者术前应进行风险评估及安全核查,必要时请麻醉科、心血管科或呼吸科等科室协助评估。对于麻醉及手术耐受力不良的患者,除了做好上述一般准备工作外,还需做好以下的特殊准备。

(一) 营养不良

营养不良会导致贫血、低蛋白血症及其相关问题,影响手术安全和术后康复。营养不良还会降低免疫力、心肺功能,增加术后感染和切口不愈合的风险。因此,在手术前要纠正营养不良。对于能够口服和吸收正常的患者,可以摄入富含营养且易于消化的食物或口服营养液,必要时也可以通过静脉注射脂肪乳、氨基酸等制剂。对于严重贫血或低蛋白血症的患者,应在手术前考虑输注血浆、人体白蛋白甚至全血,以达到正常水平,促进术后创面愈合。

(二) 高血压

术前应测量血压,血压在 160/100mmHg 以下无须特殊准备。高血压患者在手术过程中可能出现心力衰竭和脑血管意外等恶性事件,为降低风险,术前可使用降压药物,但并不要求将血压降至正常水平。利血平等药物可能导致术中低血压,所以术前 2 周应停用。对于术中血压急骤升高的原有高血压病史的患者,需要与麻醉医师共同决策是否延期手术。长期合并高血压的患者应进行心功能、肺功能等检查,以排除继发性病变是否影响手术或麻醉,必要时延期手术。

(三) 心脏病

手术对患者心功能要求较高,但大多数患者的手术耐受力良好。处于进展期或新发的心脏病通常不适合非心脏手术。某些心脏病患者长期服用抗凝药物时,需要检测国际标准化比值。根据心脏病的耐受能力可以分为耐受力良好、耐受力较差和耐受力很差三类。耐受力良好的心脏病包括非发绀型先天性心脏病、风湿性心脏病和高血压心脏病;耐受力较差的心脏病包括冠状动脉粥样硬化性心脏病和房室传导阻滞;耐受力很差的心脏病包括急性心肌炎、急性心肌梗死和心力衰竭,除急症抢救手术外应推迟手术。

Goldman 指数(Goldman's index)用于评估 40 岁以上接受非心脏手术患者围手术期心脏并发症的发生风险(表 12-1)。心脏致命性并发症的发生率及心源性死亡的危险性随着总评分的增加而升高。Goldman 指数评分、并发症发生率、病死率之间的关系分别为:0~5 分,危险性 <1%;6~12 分,危险性为 7%;13~25 分,危险性为 13%(2% 的病死率);>26 分,危险性为 78%(56% 的病死率)。Goldman 指数评分可以改变,如心力衰竭完全纠正后可减 11 分,急性心肌梗死延期手术可减 10 分等。

术前准备应注意:①若患者长期低盐饮食和服用利尿剂,应注意复查电解质,已有水、电解质失衡的患者,务必在手术前予以纠正;②贫血严重者应输血纠正;③有心房颤动、心动过缓等心律失常者,应尽可能将心率控制在正常范围之内,必要时可放置临时心脏起搏器;④急性心肌梗死者,在发病后 6 个月内不可施行择期手术;6 个月以上且无心绞痛发作者,可在严密的监护下施行手术;⑤心力衰竭患者,最好在心力衰竭控制 3~4 周后再行手术。

表 12-1　Goldman 指数评分要点

临床所见	得分
第二心音奔马律或静脉压↑	11
心肌梗死发病<6 个月	10
任何心电图>5 个室性期前收缩 /min	7
最近心电图有非窦性节律或房性期前收缩	7
年龄>70 岁	5
急症手术	4
胸腔、腹腔、主动脉手术	3
显著主动脉瓣狭窄	3
总体医疗条件差	3

(四) 呼吸功能障碍

老年患者常合并肺基础疾病,术前应进行相关检查,如血气分析、肺功能检测、胸部X线和心电图等。术后需要重视呼吸支持,特别是急诊手术的患者应进行辅助通气和加强监测。

该类患者的术前准备应包括停止吸烟,指导深呼吸和咳嗽、排痰,使用支气管扩张剂和药物雾化吸入,进行机械拍背等治疗促进咳出,对于痰液稠厚的患者,可以采用体位引流。对于肺功能不全和感染的患者,需要提前给予抗生素和机械通气治疗,并在病情控制后施行手术。在麻醉前给药时要注意合适的剂量,以避免不良反应。

(五) 肝脏疾病

肝炎和肝硬化会影响麻醉和手术的耐受力。如果患者缺乏明确病史和临床表现,需要进行肝功能、病毒和 B 超检查来评估肝脏状况。轻度或可代偿的损害对手术影响较小,严重或代偿不良时应避免手术。肝硬化患者的手术适应证根据肝功能分级(Child-Pugh 分级)确定。A 级患者一般无禁忌,B 级患者可进行中等以下手术,C 级患者禁忌各种手术,紧急情况除外。术前需改善整体状况和肝功能,纠正贫血、低蛋白血症和凝血功能异常。可静脉输液提供营养和血液成分。有胸腔积液和腹水的患者需限制盐摄入和利尿治疗。

(六) 肾脏疾病

不论麻醉还是手术,均可不同程度地增加肾脏负担。因此,术前肾功能检查应列为常规,以便了解肾功能及其损害的程度,特别是合并慢性肾小球肾炎、肾盂肾炎、肾动脉硬化、高血压、系统性红斑狼疮、糖尿病等疾病的患者。轻、中度肾功能损害的患者,经一定的内科治疗可较好地提高手术耐受力;重度肾功能损害者,须经有效的透析治疗并再次评估后方可安排手术。肾功能不全患者应避免使用对肾脏有毒(害)的药物或引起血管收缩的药物,并在术前最大限度地改善和保护肾功能。

(七) 肾上腺皮质功能减退

除了慢性肾上腺皮质功能减退的患者,凡是正在使用或近期内曾使用皮质激素治疗超过 1~2 周者,肾上腺皮质功能可能有不同程度的减退。这类患者应在术前 2 日开始服用皮质醇,以提高患者对手术的耐受力。术中、术后可根据患者的相关应激反应(低血压)情况来决策用药剂量和停药时间。

(八) 糖尿病

糖尿病患者在接受手术和麻醉时存在更高的风险,并发症和病死率增加约 50%。因此,在术前应进行评估,包括慢性并发症和血糖控制情况,并采取积极有效的措施进行改善。其中包括:对于血糖控制良好的患者,可以不需要额外使用胰岛素;长期口服降糖药的患者在术前需停药,并改用胰岛素注射;禁食的患者需静脉输注葡萄糖和胰岛素;术前使用抗生素以预防感染;术前控制血糖和纠正体液失衡;尽早施行手术以缩短禁食时间;术中监测血糖和尿糖,静脉滴注葡萄糖和胰岛素维持轻度升高的血糖水平;术后根据血糖测定结果调整胰岛素用量。总之,围手术期将血糖控制在 7.77~9.99mmol/L 为宜。

(九) 凝血功能异常

凝血功能异常在手术中危险性很大,因此需要进行凝血功能检查,并且要仔细询问病史和进行体格检查。在询问病史时要注意是否有出血性疾病、输血史、出血倾向等情况;同时还要了解是否有肝肾疾病、不良的饮食习惯、药物使用等因素。体格检查时要注意皮肤、黏膜出血点,以及脾大或其他全身疾病征象。根据凝血功能的情况,可以选择相应的治疗措施。血小板计数在不同手术类型中的安全范围也有所不同。阿司匹林、非甾体抗炎药以及一些抗血小板药物在手术前需要停用一段时间。当血小板 $<50 \times 10^9$/L 时,建议输血小板;大手术或涉及血管部位的手术,血小板达 75×10^9/L 较安全;神经系统手术,血小板最好不小于 100×10^9/L。

三、相关的准备

(一) 术前会诊

多个科室之间相互合作是保证患者得到良好治疗的重要条件,而术前会诊是术前准备中非常重要的一环。有必要进行术前会诊的情况有:①涉及医学法律问题;②治疗意见有分歧或新开展的手术;③危险性极大的手术;④患者存在着其他专科疾病或异常,如可影响手术安全性的呼吸功能障碍或心功能障碍,应请呼吸科及心血管科会诊协助评估及治疗;⑤术前的常规麻醉科会诊;⑥患者及其家属有会诊要求时。

(二) 术前小结

手术前应对患者所有病史、体格检查、实验室检查及影像学检查等内容进行总结,对诊断及治疗方案进行分析与审查。择期手术及新开展的手术均应在术前一日书写术前小结及手术计划,其主要项目包括:①术前诊断及诊断依据(包括鉴别诊断);②拟行手术名称;③手术指征(包括阴性指征);④术前准备;⑤术中可能发生的问题及其防范的措施、对策及其注意事项(包括手术的主要步骤、手术的难点及关键的解剖关系等);⑥术后可能出现的并发症及其预防的措施和注意事项;⑦麻醉方式;⑧手术日期;⑨手术主持人和参加人员;⑩科主任或院长审查意见。

(三) 签订手术知情同意书

手术知情同意书是在手术前,医生向患者及家属详细告知手术相关情况,并要求患者签署同意手术的一份医学文件。手术知情同意书的目的是确保手术顺利进行,获得良好效果和术后康复,并避免可能的麻烦和医疗纠纷。手术知情同意书包括术前诊断、治疗方案、风险和并发症、麻醉方式、康复时间等内容,并需如实告知治疗程序和费用等问题。在患者或家属充分理解并同意其中的内容后,才能签署手术知情同意书,并保存好文件。同时,麻醉同意书和输血治疗知情同意书也需要患者签署意见和签名,具有法律效力。

四、急症手术的术前准备

与择期手术不同,对于急症患者应争取以最快的速度完成术前准备并施行手术。因此,应做重点病史询问,行必要的体格检查和辅助检查;同时应根据病情做必要的紧急处理,并抓紧时间做好术前常规准备,如静脉补液、备皮、备血、胃肠减压和药物过敏试验等。对多发性损伤的患者,应首先处理危及生命的损伤或并发症,例如窒息、张力性气胸等;休克患者应在术前行及时有效的抗休克治疗,或边抗休克边手术治疗;绝不允许因术前准备而延误手术时机。危重患者的辅助检查以少搬动患者为原则,也不宜做复杂而特殊的检查,争取及时手术治疗。

五、患者进入手术室前的准备

医务人员应给予鼓励,缓解患者和/或家属的焦虑情绪,使其树立战胜疾病的信心;指导做好手术准备,例如穿手术衣、排空膀胱、整理影像资料等。如术中需做特殊检查或其他治疗,患者及其家属应先签署书面知情同意书再进入手术室。

(马 博)

第二节 术 后 处 理

从手术结束返回病房到患者基本康复这一阶段,称手术后期,是连接手术与术后康复之间的桥梁。麻醉苏醒后患者常可返回病房进一步治疗,特殊情况或病情危重者则送入 ICU 进一步监护。术后处理得当,不仅可以预防并发症发生,降低病死率,也可大大促进康复进程。

一、术后监护与处理

(一) 病情交代与监护

1. 一般要求 手术结束后应由麻醉医师和手术医生共同护送患者到监护室或病房,向患者和/或家属告知术中情况及注意事项;搬移患者要保持输液管和各种引流管通畅,避免脱落;根据病情及术后复苏情况,及时制订下一步诊疗方案并开具医嘱,包括术后诊断、施行的手术、护理等级、各种管道和引流物的处理、静脉输液或饮食的要求、监测方法和治疗措施等。同时,应与责任护士沟通,交代注意事项。术后应立即完成手术记录及术后病程记录这两项医疗文件,特别是术后病程记录不能忽略。

2. 病情监护 手术完成后患者仍处于病情不稳定状态,应重点监测体温、呼吸、脉搏、血压、意识和尿量的变化,每间隔 15~30 分钟测量记录一次,直至病情平稳后修改监护频率,并做好记录。所有患者在术后均应观察尿量,同时动态复查肾功能,必要时留置导尿管监测每小时尿量;换药时应常规观察伤口有无渗血、出血及感染等情况。有下列情况者应加强其他项目的监护:①术中大出血或失液者,应监测中心静脉压至病情平稳;②颅脑术后应监测意识、瞳孔、深浅反射、肢体活动度和颅内压的变化;③心血管术后应做动态心电监测并观察末梢循环是否良好;④糖尿病以及胰岛素瘤术后的患者应定时监测血糖、尿糖及尿酮体的变化;⑤对老年人或心肺功能不佳者应酌情进行呼吸功能监测,其主要包括呼吸监测、呼吸机使用与血气分析三项。

3. 预防并发症 术后合适的体位不仅有利于患者心肺功能恢复,也有利于预防意识不清或麻醉尚未苏醒的患者发生窒息、坠床等意外;热水袋保暖时应避免烧(烫)伤;患者咳嗽或咳痰时应注意保护切口避免裂开,清理口腔;尽早协助患者翻身、适当地变换体位,尤其是不能独立翻身的患者,应做好皮肤护理,避免压疮发生,必要时可使用防压疮垫;同时,应该关注是否存在排尿困难、尿潴留、尿液少、恶心、呕吐、腹泻等其他异常。

(二) 常规处理

1. 卧位 不同的患者、麻醉方式及手术种类要求不同的合适体位,患者感到舒适的同时要注意安全。全身麻醉尚未清醒的患者应取平卧位,头转向一侧,使得痰液或口腔异物顺利排出,预防窒息或吸入性肺炎;蛛网膜下腔阻滞的患者,应取去枕平卧或头低卧位12小时,否则可能因脑脊液外渗出现头痛不适;全身麻醉清醒后、蛛网膜下腔阻滞12小时后、硬膜外阻滞、局麻等患者,可根据手术种类的不同采取对应体位。施行颅脑术后,若患者无昏迷或休克,可取15°~30°头高脚低斜坡卧位,有利于减轻脑水肿;颈、胸手术后取高半坐卧位较适宜,有利于呼吸和有效引流;腹部手术后多取低半坐卧位或斜坡卧位,可有效降低腹壁的张力,有利于切口愈合;腹腔有污染的患者,若病情允许,应尽早改为半坐位或头高脚低位,以减少毒素吸收及避免腹膜炎加重;脊柱或臀部手术后的患者,多采用俯卧或仰卧位;休克患者应采取下肢抬高15°~20°,头和躯干抬高20°~30°的特殊体位;肥胖患者一般采取侧卧位,有利于呼吸和静脉回流。

2. 导管及引流物的处理 手术康复过程中常需要放置不同类型的引流物。这些引流物可以放在伤口内、体腔内或空腔器官内。常见的引流物包括皮瓣下引流管、脑室引流管、胸腔闭式引流管、胃肠减压管、T型管、空肠营养管、胃肠或胆囊以及膀胱造瘘管等。术后需定期检查引流通畅性,避免压迫或扭曲等情况。负压吸引时要保持正常。换药时要无菌操作,防止污染。定时观察和记录引流液的量、颜色和性质。根据需要进行导管冲洗、负压吸引、逆行造影和介入治疗等。确定引流物拔除时间需考虑病情。一般情况下,烟卷引流在术后3天内拔除,乳胶片引流在术后1~2天内拔除,胃肠减压管需等待肠道功能恢复和肛门排气后方可拔除。其他管道的拔除时间或是否拔除需根据具体病情决定。需要注意的是,随着手术技术和器械的改进,手术安全性已大幅提高,许多手术已不需要常规放置引流物。对胃肠道影响较小的腹部手术也不再常规放置胃管。

3. 活动 原则上应鼓励及早活动,并力争在短时间内下床活动,除非有休克、心力衰竭、严重感染、出血、极度衰弱等情况,以及施行过有特殊固定、制动要求的手术患者。早期活动的优点包括:①有利于增加肺活量,减少肺部并发症;②有利于改善全身血液循环,促进切口愈合,避免和减少因静脉血流缓慢而并发的深静脉血栓的发生;③有利于胃肠道和泌尿道功能的恢复,从而避免腹胀和尿潴留的发生;④有利于增强患者对治疗效果的信心,加速康复的过程。

4. 饮食与输液 腹部手术与非腹部手术有所不同。非腹部手术患者何时开始进食应视其手术大小、麻醉方法和患者的反应等决定。如局部麻醉下施行的小手术,以及体表或肢体手术,一般在术后即可进饮食;大手术或全身反应较重者,需待2~3日后进食较安全;椎管内麻醉者,术后6小时即可进饮食;全身麻醉者,须待麻醉清醒,恶心、呕吐反应消失后方可进食;不能进食者应予以输液。腹部手术,尤其是胃肠道手术后,一般应禁食24~48小时,待胃肠功能恢复、肛门排气后,方可开始从饮水、流质逐渐改为半流质直至普食。禁食期间或摄食量不足者,应通过静脉补充水、电解质和营养物质。如禁食时间较长,还可经深静脉提供肠外营养,以保证充足的营养并预防代谢紊乱。

二、术后不适的处理

(一) 切口疼痛

疼痛是术后最常见的不适症状之一,根据切口部位、大小等因素,剧烈程度可有一定差异。随着麻醉作用的消失,患者开始感觉切口疼痛,一般于24小时内最剧烈,2~3日后逐渐缓解。凡增加切口张力的动作,如翻身、咳嗽,都会引发或加剧切口疼痛。切口疼痛一般多可忍受,无须特别处理。疼痛可使呼吸、循环、胃肠道和骨骼肌功能发生变化,甚至引起并发症,所以有效地控制切口疼痛可促进患者早日康复。小手术后可使用一般止痛药,大手术后1~2日可注射哌替啶或吗啡(婴儿禁用),必要时4~6小时重复使用。切口疼痛超过3日者,应及时查明原因,如有无切口血肿、感染、胃肠吻合口瘘、肢体受压等情况,并及时做相应处理。目前大、中手术后多采用静脉镇痛泵,能够迅速而便捷地缓解手术后疼痛。也可采用针灸止痛,如针刺曲池、合谷、内关、足三里、三阴交等穴位,止痛效果也较满意。

(二) 发热

发热是术后最为常见的症状。术后1~3日内的发热属机体对手术创伤的应激反应,不需做特殊处理,更不应随意使用抗生素。一般体温升高的幅度在1℃左右属正常范围,一般在术后3日内自行消退。如体温超过38.5℃而持续时间较长者,有感染的可能性较大,应注意判断是手术部位感染或肺部感染及留置导管所致的感染;如体温恢复或接近正常后再度发热,或发热持续不退,则应考虑有无脓肿形成、吻合口瘘或更严重的并发症等。对于术后发热的处理,可使用退热药物或物理降温。同时,应该从病史和术后不同阶段可能引起发热的原因等方面进行综合分析,力求明确诊断并采取最合理的处理措施。必要时需要完善腹部超声、肺部CT、引流液细菌培养等检查。

(三) 恶心、呕吐

术后出现的恶心、呕吐常由麻醉反应所致,待麻醉作用消失后一般可停止。但是颅内压增高、糖尿病酮症酸中毒、尿毒症及水电解质紊乱时也可出现恶心、呕吐,应注意鉴别。腹部手术后反复呕吐,则可能是胃肠功能紊乱或肠梗阻所致。处理术后恶心、呕吐应着重查明原因,进行针对性治疗;如原因暂时不明者,可对症治疗,如胃肠减压、止吐、促进胃肠动力等;也可采用针灸治疗,如针刺内关、足三里、中脘、天枢等穴位可获一定疗效。

(四) 腹胀

术后腹胀是一种常见并可能引发其他并发症的情况。早期腹胀通常是由于胃肠功能受抑制,导致肠腔内积气无法排出。大多数情况下,腹胀可在术后48~72小时内自行缓解。然而,如果数日内仍未排气且腹胀持续存在,可能是腹膜炎、低钾血症或肠麻痹等原因引起的。严重的腹胀可能会影响呼吸功能和血液回流,对胃肠吻合口和腹壁切口的愈合也会有影响。

对于术后腹胀,应查明原因并及时处理。处理措施包括胃肠减压或肛管减压、腹部热敷或高渗溶液低压灌肠、胃肠促动力药物等,以恢复肛门排气和胃肠功能。对于腹腔感染引起的肠麻痹或已确诊的机械性肠梗阻,如果非手术治疗无效,可能需要再次进行手术。此外,还可以尝试足三里穴位封闭、胃管灌注大承气汤、口服炒小茴香籽或外敷芒硝等方法来缓解腹胀和促进胃肠道蠕动的恢复。

(五) 呃逆

可能是因为神经中枢或膈肌直接受到刺激引起,可严重影响患者休息和睡眠。多为暂时性,少数为顽固性。处理方法:①压迫眶上缘,或针刺天突、内关、中脘、足三里等穴位;②经胃肠减压抽吸胃内积液和积气,或短时间吸入二氧化碳或给予镇静、解痉药物;③上腹部手术后发生的顽固性呃逆,要警惕膈下感染或积液的可能,如吻合口瘘或十二指肠残端瘘等,此时,应做CT、X线平片或超声检查,一旦明确有膈下感染或积液,需要及时处理;④原因不明且经一般处理(肌内注射哌甲酯、溴隐亭)无效的顽固性呃逆,可试着采用中医药治疗,严重者可在颈部做膈神经封闭。

(六) 尿潴留

术后尿潴留的发生率很高,尤其是老年患者。常见原因包括全身麻醉或蛛网膜下腔阻滞后排尿反射受到抑制、切口疼痛引起膀胱和后尿道括约肌反射性痉挛及患者不习惯卧床排尿等。除此之外,下腹部及盆腔手术很可能伤及支配排尿的神经分支,术后必然会发生尿潴留。另外,近年来术后止痛泵的应用已相当普遍,其止痛效果虽很好,但尿潴留的发生率也随之升高。因此止痛泵最好只用在术后当日和术后第 1 日,尽早停用,以免影响排尿功能的恢复。凡是手术后 6~8 小时尚未排尿,或虽有排尿,但尿量甚少,次数频繁,往往提示患者有尿潴留,行下腹部耻骨上区叩诊检查,若发现有明显的浊音区,即表明有尿潴留。

处理:①首先安抚患者情绪,如无禁忌,可协助患者坐于床沿或站立排尿;②下腹部热敷,或针刺关元、气海、中极、水道、三阴交和阳陵泉等穴位,可改善膀胱功能,促进自行排尿;③使用止痛药物解除切口疼痛,或肌内注射氨甲酰胆碱(卡巴胆碱)0.25mg 促使膀胱收缩,患者自行排尿;④经上述处理仍无效者,可进行导尿术。如导出尿量超过 500ml 者,应留置导尿管 1~2 日,可促进膀胱收缩功能恢复。有器质性病变者,如骶前神经损伤、前列腺增生等,导尿管至少放置 4~5 日再拔除比较安全。

(七) 切口的缝线拆除和愈合记录

缝线的拆除时间,受切口部位、局部血液供应情况、切口愈合情况及患者年龄、营养状况等多种因素的影响。一般头、面、颈部术后 4~5 日拆线,下腹部、会阴部 6~7 日,胸部、上腹部、背部、臀部 7~9 日,四肢 10~12 日(近关节处可适当延长),减张缝线 14 日。青少年患者切口愈合相对较快,拆线时间可以适当缩短,而年老、营养不良、贫血、糖尿病患者拆线时间则可延迟,可先间隔拆线,1~2 日后再拆除剩余缝线较安全。

拆线时应记录切口及愈合情况。初期完全缝合的切口可分为三类:①清洁切口,用"Ⅰ"表示,指无菌切口,如甲状腺次全切除术、疝修补术等。②清洁 - 污染切口,用"Ⅱ"表示,指手术时有可能被污染的切口,如胃次全切除术、胆囊切除术等。皮肤不容易彻底灭菌的部位、6 小时内的切口经过清创后缝合、新缝合的切口再度切开者,也都属此类。③污染切口,用"Ⅲ"表示,指邻近感染区或组织直接暴露于感染区的切口,如穿孔阑尾的切除术、肠梗阻肠坏死的手术等。

切口的愈合分为三级:①甲级愈合,用"甲"表示,指愈合优良,无不良反应;②乙级愈合,用"乙"表示,指愈合处有炎症反应,如红肿、硬结、血肿、积液等,但未化脓;③丙级愈合,用"丙"表示,指切口化脓,需要做切开引流等处理。应按照上述分类分级方法,观察切口愈合情况并做记录。如甲状腺次全切除术后愈合优良,则记为"Ⅰ/甲";胃次全切除术后切口血肿,则记为"Ⅱ/乙";阑尾穿孔切除术后切口愈合优良,则记为"Ⅲ/甲"等。

（马　博）

第三节　术后并发症的防治与切口处理

术后由于原有疾病本身、手术对机体造成的扰乱、原有疾病的复发等综合因素引起的所有病症总称为术后并发症。重视术后各种并发症的发生原因及其各自的临床表现,以便采取积极有效的措施加以防治,是围手术期处理的一个重要环节。绝大多数术后并发症均发生在术后早期,故而术前对患者的病情、全身情况、危险因素的确切了解及相应的准备都是必不可少的,这对于避免和减少术后并发症的发生具有普遍的临床意义。

外科患者发生术后并发症的原因很多。从患者角度,年龄、营养状态、病变性质和病程,以及器官功能状态是很重要的因素。从手术创伤角度,手术越复杂,术后并发症的发生率也就越高。从外科医师角度,手术技巧娴熟程度、预防措施是否到位,显然也与并发症的发生有关。绝对避免术后并发症是不可能的,但应使其发生率降低至最低限度。特别是对于一些已经预知的影响因素必须做好相应的处理,将会避免不少并发症的发生。

术后并发症可分为两类:一类是各种手术后都可能发生的并发症,有很多共同点,本节将重点介绍;另一类是与手术方式相关的特殊并发症(如胃次全切除术后的胃排空延迟、吻合口瘘等,以及甲状腺次全切除术所致的甲状旁腺损伤及喉返神经损伤),将在有关章节中详细叙述。

一、术后出血

引起术后出血的原因很多,包括术中止血不彻底、创面的渗血在手术结束时还未完全控制、患者凝血功能欠佳、大血管的结扎线滑脱等。有时血管断端在术中呈痉挛状态而看不见出血,术后血管扩张后则开始出血。手术数日之后的出血可能是由结扎血管组织的坏死使结扎线脱落,或水肿组织消退后使血管结扎线松脱引起。

术后出血可发生在手术切口、空腔脏器或体腔内。切口出血的诊治比较容易,一般不会引起严重后果。体腔内出血的位置隐蔽,诊治困难,若不及时有效处理常可导致严重后果。术后出现下列情况时往往提示腔内出血:①引流管引流出的血液超过 100ml/h 就提示有内出血存在;②腹胀或呼吸困难进行性加重,以及在手术部位严重肿胀的同时,出现不明原因的急性贫血者,要考虑有内出血;③术后早期出现失血性休克的临床表现,如血压下降、中心静脉压低于 0.49kPa(50mmH$_2$O)、每小时尿量少于 25ml,在输入足够的血液和液体后,休克征象和监测指标不好转或继续加重,或一度好转后又恶化等,都应考虑到术后出血;④血常规见红细胞、血红蛋白数值下降,提示可能存在术后出血。

术后出血应以预防为主。术前注重改善患者凝血功能并术后动态监测,出血后若发现有凝血功能障碍,可给予输血、输注凝血因子等治疗加以改善;术中止血确切,结扎务必规范可靠,锁扣或吻合器止血不放心时应该加强缝合止血;关闭任何切口前须仔细检查术区,确保术野无任何出血点。一旦确诊为术后出血,应积极给予输血、止血、抗休克等治疗,必要时果断再次手术止血。

二、肺不张和肺部感染

常发生于胸、腹部大手术后,有吸烟史和患有急、慢性呼吸道感染及年老体弱者更常见;麻醉后尚未清醒时所致的误吸,术后切口疼痛,不敢深呼吸或咳嗽,也是发生原因之一。由于患者呼吸活动度受限,不能有效咳嗽,致使肺底、肺泡和支气管内分泌物积聚,黏稠的痰液堵塞支气管,造成肺不张或继发感染。术后早期发热、呼吸急促、心率加快、频繁咳嗽、痰液不易咳出等为常见的临床表现。病侧叩诊呈实音或浊音,听诊时有局限性湿啰音、呼吸音减弱或消失、为管状呼吸音。继发感染时,体温明显升高,白细胞和中性粒细胞计数增加。胸部 X 线平片和血气分析有助于诊断。有些年老体弱患者咳痰乏力,痰液稠厚更使咳痰困难,可能会发生呼吸困难和缺氧,出现低氧血症(PaO$_2$<60mmHg)。

预防措施:①术前应该练习深呼吸,胸部手术练习腹式深呼吸,腹部手术练习胸式深呼吸;②术前 2 周停止吸烟以减少支气管及肺泡内的分泌物;③术中和术后防止呕吐物吸入,及时处理口腔异物;④术后应避免限制呼吸运动的固定或绑扎;⑤术后协助患者咳嗽、排痰,鼓励做深呼吸运动和早期活动;⑥如果痰液黏稠不易咳出,在使用蒸汽吸入或超声雾化吸入及祛痰药物的同时,可配合使用有效的抗生素,必要时进行痰培养及药物敏感试验;⑦严重痰液阻塞时,可采用支气管镜吸痰,必要时行气管切开术。

三、尿路感染

经尿道的器械操作或检查、留置导尿管及尿潴留为术后尿路感染的常见原因。既往有尿路感染病史者更为常见。感染多起自膀胱,逆行感染可引起肾盂肾炎。急性膀胱炎一般可无明显全身症状,常表现为尿频、尿急、尿痛,有时可有排尿困难,尿液检查可见较多的红细胞和脓细胞。急性肾盂肾炎以女性更常见,主要表现为畏寒发热,肾区疼痛和叩痛;可有体温升高、白细胞计数增加等异常;无菌条件下采集中段尿液镜检时,可见大量的白细胞和细菌;尿液细菌培养多为革兰氏阴性肠源性细菌。

防治措施:可不放置导尿管时尽量不用;预防和及时解除术后尿潴留,或去除留置物。当尿潴留量超过 500ml 时,应行导尿术并留置导尿管。确保充分的尿量和排尿通畅,必要时膀胱冲洗,正确合理地应用抗生素,均是防治尿路感染的基本措施和有效方法。

四、切口感染

切口感染是指清洁切口和可能污染切口并发的感染。发生切口感染的原因有很多,年老、应用糖皮质激素、肥胖、营养不良等因素可使切口感染发生率明显升高。手术时间越长,切口感染的机会也就越多。放置引流物的伤口容易引发感染,目前提倡尽量少放引流物,已置的引流物也宜尽早拔除。切口感染还可能是院内感染的结果,住 ICU 较久的患者感染率增高。

术后 3~4 日,切口疼痛加重或减轻后再度加重,伴有发热、脉速、体温和/或白细胞计数升高,应考虑到切口可能感染,此时应及时检查切口,如发现切口及其周围有红、肿、热、压痛或波动感等典型征象,必要时做局部穿刺或拆开切口取分泌物做细菌学检查,以明确诊断;当疑有切口感染时,可部分打开切口,进行观察和引流。感染切口在敞开引流后一般不需要再用全身性抗菌药物。但对于面部切口感染、疑伴有脓毒症或扩展性蜂窝织炎者,应加用抗生素,以防感染扩展至颅内或全身。

防治切口感染的要点:①术中严格遵守无菌操作技术要求,避免切口污染;②手术操作技术精湛细致,严密止血,强化微创和无创原则;③强化手术前后处理,提高患者抵抗力;④关闭切口前可用过氧化氢溶液和等渗盐水冲洗切口,缝合牢固不留死腔,必要时可放置引流物;⑤如切口已有早期炎症征象,可使用抗生素和局部理疗,遏制脓肿形成,已形成脓肿者,应及时切开引流,待创面清洁后再行二期缝合。

五、切口裂开

切口裂开常见于腹部正中线或腹直肌分离切口或邻近关节的切口,一般发生在手术后 1 周内。患者营养不良、切口缝合技术缺陷、切口内积血或积液感染者容易发生伤口裂开,此外还有多量腹水、癌症、肥胖、低蛋白血症等因素。往往在患者某次突然用力时,感觉切口疼痛和骤然松开,随即伴有淡红色液体自切口溢出和/或脏器脱出。如皮肤缝线完整尚未裂开,仅深部组织裂开者,称切口部分裂开;切口全部裂开,伴有肠袢或网膜脱出者,称为切口全层裂开。

预防措施:①术前改善患者全身情况,纠正贫血、低蛋白血症、黄疸及营养不良等;②提高手术技巧,解剖层次对位,降低切口张力,防止强行缝合所造成的腹膜等组织裂伤;③切口裂开风险高的患者,在依层缝合腹壁切口的基础上,加用腹壁全层减张缝合;④消除腹内压增高因素,及时处理腹胀、咳嗽,预防切口感染;⑤用腹带适当包扎腹部,也有一定预防作用。

处理:①切口裂开时,应首先用无菌敷料覆盖切口,防止污染;②切口完全裂开者,应送往手术室在良好的麻醉下清理切口,重新缝合,同时加用减张缝线;切口完全裂开再缝合后肠麻痹多见,应行胃肠减压;③切口部分裂开者,视具体情况而行相应处理。对于腹部切口部分裂开者,一般不立即重新缝合,待以后再择期做切口疝修补术。

六、急性肝功能不全

全身麻醉、手术、休克和感染可能导致肝细胞大量坏死和肝功能损害，严重情况下可能出现肝功能衰竭。术后急性肝功能不全的主要症状包括黄疸、腹水、意识改变，严重时可出现肝性脑病。病因可以分为肝前性、肝细胞性和肝后性三类。肝前性病因常见的有血细胞溶解、出血或血肿再吸收、营养不良以及使用可引起溶血的药物等。肝细胞性病因常见的有肝炎、肝硬化、对肝脏有毒有害的药物、术中失血或休克、肝脏缺血缺氧、胆红素负荷增加、感染和脓毒症以及特殊手术等。肝后性病因常见的是术后肝后性黄疸，多见于肝、胆、胰腺等手术后，造成原因是胆管水肿、胆管损伤、结石残留和胆管阻塞等导致胆汁引流不畅。对于诊断，肝功能测定、肝活检、肝脏超声、肝脏 CT 扫描、内镜逆行胰胆管造影术（ERCP）或磁共振胰胆管成像（MRCP）等检查有帮助。该类患者还可能发生肾衰竭，需要密切监测肾功能变化。一旦术后发现肝功能不全的征兆，应根据类型和病因进行相应治疗，并加强护肝和支持治疗。

七、应激性溃疡

大手术和严重疾病等应激情况下，特别是并发休克、严重感染和多器官功能障碍时，胃十二指肠黏膜出现的弥漫性及浅表性溃疡，大多发生在创伤应激后 1 周左右这类情况应预防用药。发病机制主要是胃黏膜缺血与 H^+ 反弥漫，胃酸增多与胃黏液成分的减少，致使胃黏膜屏障功能破坏，从而发生黏膜的糜烂与溃疡。本病最突出的表现是无痛性上消化道出血，表现为大量呕血和黑便。胃镜检查在明确诊断的同时，可查明出血的部位和范围，并予以相应治疗。

大多数应激性溃疡出血经非手术治疗能得到控制，治疗的原则和具体措施是：①病因治疗，输血补液、补充血容量、使用止血药物，控制感染和全身支持；②放置鼻胃管洗胃：用冷盐水 250ml 加入去甲肾上腺素 10mg 灌入胃内，留置 1~2 小时，每 4~6 小时重复一次；③全身或局部应用抗酸剂，包括 H_2 受体拮抗剂西咪替丁 400mg 静脉滴注，每日 1 次；或法莫替丁 20mg，静脉滴注，每日 2 次；或 H^+/K^+ 泵抑制剂奥美拉唑 40mg 静脉滴注，每日 1~2 次；④胃镜检查或经胃镜涂止血剂、电灼或激光止血；⑤手术治疗，有 10%~20% 的患者需要手术治疗，手术方式应根据出血的部位和范围等情况而定，小的、局限的出血点可考虑出血点缝扎、部分胃切除；对出血点多、范围较广泛的可采用胃次全切除术，甚至胃全切除术。手术方式至今尚无一致意见，较多学者主张采用迷走神经切断加胃次全切除术。

●（马　博）

第四节　中医药在围手术期的应用

改革开放以来，随着中西医结合医学的蓬勃发展，中医药在围手术期患者中的独特诊疗优势日益凸显。2007 年中国中西医结合学会围手术期专业委员会成立，有力推动了我国围手术期中西医结合交流与发展，中医药在围手术期的应用取得了一系列成果，包括建立与实施快速康复中医药方案、发布相关行业标准、研发并产出中医药产品等，充分体现了中医药的特色与优势。目前，快速康复成为中西医结合围手术期研究的核心理念，应用中医药促进快速康复成为提高手术疗效的生力军，获得了良好的社会效益。

中医药在围手术期的应用，源于中西医结合外科学临床实践与研究成果，以加速康复外科理念为核心,在手术实施前后,在常规给予西医规范化治疗措施的同时,以中医整体观念与辨证论治为指导,运用中药内服外治、针灸、贴敷、推拿导引等多种方法,促进机体与外界、机体气血津液、升降出入与脏腑功能平衡,以预防和减少术后并发症的发生,加快术后康复进程,缩短术后住院时间,最终促进疾病早愈。

一、中医药在围手术期的主要作用与优势

(一) 身心同调,促进术后局部与整体功能恢复

身心同调是中医情志学说的重要组成部分。手术既是治疗手段,也可引起创伤应激,导致患者术前紧张、焦虑等不良情绪,可影响术后恢复质量。术前有效的沟通谈话、功法锻炼、中药茶饮与五行音乐等,可调理气机,舒畅情志,调和脏腑功能,从而促进局部与全身生理功能的恢复。

(二) 顾护脾胃,调畅气机

禁食与术前肠道准备是围手术期的重要措施。术前给予承气汤类与番泻叶、莱菔子等单药制剂口服或灌肠,辅以营养支持,可以有效减轻术前禁食联合肠道准备带来的不适感,降低水电解质紊乱的发生率,同时有助于术后胃肠动力的早期恢复,且患者依从性较好。术后通过内服中药汤剂、穴位贴敷、针灸等中医特色疗法与中医饮食调护,可益气健脾,行气通腑,改善术后胃肠屏障功能,减轻恶心呕吐及腹胀等胃肠道反应,促进胃肠功能早期恢复。

(三) 术中术后镇痛

运用针刺、艾灸、中药汤剂等手段缓解或消除痛感疗效确切,其中针刺、穴位贴敷治疗效果最为显著。穴位刺激主要通过调理经络系统、激发和强化机体固有的良性调节功能,使机体重新达到阴阳平衡的健康状态,包括针灸、穴位注射、穴位埋线、刺络放血及拔罐等方法。耳穴压豆、针刺、电针、经皮穴位电刺激等效应可作用于中枢神经系统,经由神经激素和神经递质信号通路的介导,能显著减轻炎症介质释放引起的炎症反应,促进机体释放脑啡肽、内啡肽和强啡肽等内源性镇痛物质,从而提高患者痛阈,减少阿片类与非甾体类镇痛药的用量,同时有效抑制机体应激反应,有利于加快术后康复。近年来,针灸、中药治疗腹股沟疝术后慢性疼痛取得了显著疗效,得到业内广泛认可并写入成人腹股沟疝诊疗指南。

(四) 有效改善术后机体免疫功能

中医药对免疫功能的调节具有整体性和双向性特点,既可扶正,提高免疫功能,又可祛邪,抑制免疫功能亢进。大手术后常伴有免疫功能抑制,在手术后的一段时间内出现乏力、失眠、注意力不集中、抑郁、紧张、焦虑等一系列症状,即术后疲劳综合征,中医病机为手术耗伤气血,气血两虚,脏腑气机升降失调。中药扶正固本方剂如补中益气汤、四君子汤、八珍汤及多种单药如黄芪、人参、当归等有确切的免疫增强作用,并且可以通过抗菌、抑菌、中和内外毒素的免疫调节作用提高创面肉芽中内源性表皮生长因子(epidermal growth factor,EGF)水平,加速创面愈合。

二、围手术期的中医常见病证与治则治法

在围手术期,外科疾病及手术创伤对机体的不良影响、手术前后对患者精神心理的刺激、各项创伤性检查的损伤、坏死组织及微生物分解释放的毒素等,均会造成人体组织结构及体液、内分泌的改变,从而影响人体气血、脏腑、经络的正常运行,如气机升降出入失常,气血津液耗伤,瘀血痰湿内蕴,郁结化热,阴阳平衡失调。基本病机是本虚标实,或虚实夹杂,治以扶正祛邪。

(一)阴阳两虚

部分外科疾病特别是腹部疾病,由于病程长、纳寐差或合并慢性失血、梗阻或肿瘤等并发症,麻醉、腹膜刺激、术中胃肠牵拉、腹腔内炎症、手术创伤及水电解质紊乱等,均会直接影响机体正常的消化吸收功能,造成负氮平衡、贫血及低蛋白血症等。中医辨证多属虚证,表现为神疲乏力、少气懒言、声低息微、气短汗出、口干咽燥、纳差食少等。因此,对这类患者应该以"虚则补之"为治则,以补法为主,对改善机体全身状况有良好的疗效。

(二)阳明腑实

急腹症在急诊手术后常见。术中肠道的操作、麻醉药物的使用、腹腔内感染、腹部创伤、内脏炎症、术后肺炎、电解质紊乱、腹膜后血肿以及胰腺炎等,均可使胃肠道产生变化,导致腹胀、排气和排便功能障碍等胃肠功能紊乱。按照"六腑以通为用"的原则,首先考虑的问题是疏通肠道及恢复其传送、吸收和消化功能。常见处理方法有:①针灸、膏摩、穴位贴敷、穴位封闭以及脉冲电刺激等方法;②口服或经术后留置的胃肠导管注入各种通里攻下药,如三承气汤等;③中药灌肠:如单味大黄、番泻叶煎剂、复方大承气汤、通腑泻热合剂等灌肠;④肛门周围穴位按摩及扩肛疗法:对下腹部手术后多日不排便和肛门括约肌痉挛影响排便者有良效。

(三)热毒炽盛

热毒炽盛尤以术后切口感染最为常见。遵循中医外科"辨病与辨证相结合、整体与局部相结合、内服与外治相结合、分期辨证"的思路,切口感染早期以消为贵,内服以清热解毒、行气活血散瘀为主,代表方如五味消毒饮、仙方活命饮等;外治以如意金黄散、玉露散等固卫消散。感染后期出现化脓,及时切开引流,治法以托、补为要,常用透脓散、托里消毒散等清解余毒、透脓外出,脓尽之后补气养血,生肌收口。采用内服与外治相结合的消、托、补三法,除改善全身状况外,可缩短病程,有效促进切口愈合。

(四)瘀血内停

本证多见于各类恶性肿瘤,或由术后久卧所致。临床上表现为腹腔肿块,或低热不退,腹痛,痛处拒按、固定不移、常在夜间痛甚,身疼痛,面色黧黑,舌暗有瘀斑,舌下络脉迂曲,脉弦或细涩。本病多因气滞日久而气衰,无力推动血行而血停,瘀血凝滞或溢于脉外,则见舌暗或有瘀斑;凝滞不散而积聚,则疼痛、拒按压痛、痛处不移。治宜行气活血化瘀,常选用桃红四物汤、血府逐瘀汤、膈下逐瘀汤、少腹逐瘀汤等。

三、中医药围手术期应用的规范与前景

围手术期处理已经成为我国中医药应用与中西医结合的创新领域。陈可冀院士提出中西医要在围手术期研究领域加强团结合作,相互取长补短,共同提高。吴咸中院士强调要尽可能实行术前评估与术后辨证论治相结合,观察中医药疗效,阐明中医药作用机制,选用有效方剂与药物。尽管外科疾病多为需要手术治疗的器质性或解剖结构异常导致的病症,但手术的最终目标不只是去除病灶,更要着眼于功能恢复和患者生活质量的提高,外科医生在诊疗过程中进行决策时应该提供最优治疗方案。围手术期临床实践过程中,中医药的应用思路一是要坚持整体观念,特别是治疗策略上中医、西医两种方法的协同整合,因时因势择优选用;二是要有扎实的中西医理论功底,在把握手术适应证的同时,更要严格把握中医药应用的适应证与时机,科学决策;三是中医药的应用必须坚持中医理论指导下的辨证论治,特别是深入探索中医经方的应用,以提高中医疗效。中医药在围手术期的应用需要多学科交叉融合,开展更多的临床与基础随机对照试验(randomized controlled trial,RCT)以提供循证依据,形成系统规范的临床路径。

笔记栏

　　进入 21 世纪以来,根据中医辨证论治的原则,在预防和治疗手术前后并发症等方面的临床与基础研究,特别是应用中医药调节全身功能、加速术后患者康复的研究进展迅速,成果丰硕,对不同病种的围手术期中西医结合诊疗出台了多个方案,也形成了中西医结合加速康复外科、中西医结合围手术期胃肠动力管理等专家共识,为中医药在围手术期的应用提供了规范性的指导,有利于进一步推进中医加速康复外科理念的发展实践,临床前景广阔。

(王伊光)

复习思考题

1. 简述术前胃肠道准备的中西医相关内容。
2. 简述术后发热的诊断和处理原则。
3. 简述中西医结合思想在快速康复理念中的应用。
4. 简述切口分类和愈合情况。

ER-12-7

扫一扫
测一测

第十三章

疼　痛

学习目标

1. 掌握疼痛的基本概念、发病机制及测定与评估方法。
2. 熟悉慢性疼痛的中西医治疗原则及方法,手术后疼痛的治疗原则及方法。
3. 了解癌性疼痛的治疗原则及方法。

第一节　概　述

疼痛是临床最常见的症状之一,广泛出现于各种疾病的病程中,也是许多疾病首发或主要的症状。疼痛不仅给患者造成躯体和精神上的痛苦,还会严重扰乱患者的正常工作和生活。人类与疼痛的斗争有着悠久的历史,但至今疼痛以及止痛的机制尚不十分明确,诸多疼痛性疾病仍缺乏确切的治疗方法,解除疼痛既是患者的迫切需求,也是治疗疼痛性疾病的主要工作目标。中医学在发展过程中逐渐积累了大量缓解疼痛的方法和经验,疼痛治疗学是研究和阐述疼痛及疼痛性疾病的诊断与治疗的学科,也是当代医学和生命科学研究的重点。目前许多医院均开设了疼痛专科门诊,有的还设有病房或成立疼痛诊疗中心,专门对疼痛进行研究和治疗。

一、疼痛的定义

国际疼痛研究协会(International Association for the Study of Pain,IASP)于 1979 年发布的 IASP 疼痛定义被广泛接受,2020 年 IASP 对其进行了修订,目前其定义疼痛"是一种与实际或潜在的组织损伤相关的不愉快的感觉和情绪情感体验,或与此相似的经历",认为疼痛是一种个人体验,在不同程度上受到生物学、心理学和社会因素的影响。疼痛和伤害感受是不同的现象,疼痛不能仅从感觉神经元的活动推断出来。

二、疼痛的分类

在临床上,疼痛可以按病程、程度、持续性、部位深浅、性质特点等分类。按病程分类可分为急性疼痛和慢性疼痛,急性疼痛可因创伤、急性炎症、手术等情况产生,慢性疼痛包括慢性癌症相关性疼痛、慢性继发性内脏痛、慢性肌肉骨骼痛、慢性神经病理性疼痛等。按程度分类可分为轻度疼痛、中度疼痛和重度疼痛。按持续性分类可分为阵发痛和持续痛。按部位深浅分类可分为浅表痛、深部痛。按性质特点分类可分为①刺痛:痛而尖锐,如有针刺;②灼痛:痛而伴有灼热、烧灼感,病变多在肌肤,如疖、颜面部疗疮、烧伤等;③冷痛:痛而伴有冰冷感;④重痛:痛而伴有坠重感;⑤钝痛:疼痛滞缓;⑥酸痛:痛而伴有酸楚感;⑦胀痛:痛而伴有胀满不适感;⑧裂痛:痛如撕裂;⑨绞痛:痛如刀绞,发病急骤;⑩走窜痛:痛而位置游走不定;⑪啄痛:痛如鸡啄,并伴有一定节律性;⑫抽掣痛:痛时扩散,抽掣并伴有放射痛。

三、疼痛的机制

疼痛可由创伤、炎症、机械压迫、代谢、免疫、药物、射线损伤等因素诱发。疼痛的机制目前仍待进一步明确,不过随着近年来各专科医师逐渐参与到疼痛的研究当中,新型药物和治疗方法不断出现,疼痛治疗有了显著的进展。

(一) 疼痛的传导

1. 感觉神经元 感觉神经元胞体位于脊髓的背根神经节或颅内神经节,背根神经节接受躯干和四肢的感觉信息传入,而脑神经Ⅴ、Ⅶ、Ⅸ、Ⅹ则接受头、面和咽喉处的感觉信息传入。Erlanger-Gasser分类法依据轴突直径的大小及有无髓鞘包绕将外周神经纤维分为A、B、C三大类。

2. 脊神经角 初级神经元传递的信息首先进入脊髓后角,然后经上行传导束向上传导。大多数初级传入纤维都于同侧脊髓后角终止,脊髓投射神经元的轴突发出分支分别上行和下行,与邻近的脊髓节段发生联系。

3. 脊髓上系统 脊髓丘脑束将信息传到丘脑,丘脑最终接收感觉信息,同时也将感觉信息向皮质传递。脊髓丘脑网状系统将感觉信息传至脑干网状结构、丘脑下部及大脑边缘系统,引起机体产生疼痛情绪和自主神经系统的反应。边缘系统和皮质其他区域之间复杂的相互作用决定了机体反应的多样性。

4. 下行系统 有学者认为中枢神经系统存在调节伤害性传入机制,其主要通过传入纤维的调节作用以及高级中枢的下行调节作用调节脊髓后角的伤害性信息传入。

(二) 敏化现象

1. 外周敏化(peripheral sensitization) 致炎物质刺激神经元导致组织内炎症介质的释放,同时伴有伤害性感受器的阈值降低,这一现象称为外周敏化。当痛觉纤维敏化后,其对正常情况下的非伤害性刺激也可产生反应,称为痛觉超敏(allodynia)。

2. 中枢敏化(central sensitization) 其是中枢神经系统在痛觉形成过程中表现出来的一种可塑性变化。一方面伤害性刺激使得神经元能够在短时间内发生功能上的可逆改变,刺激移除后恢复正常;另一方面也会使神经系统发生长期不可逆的变化。组织损伤后,损伤区域以及邻近未损伤区域对无害性刺激反应均增强,即所谓"继发性痛觉过敏"。

3. 神经元敏化(neuronal sensitization) 高强度的刺激激活C纤维后,导致脊髓后角广动力范围神经元上的相应受体过度兴奋而引起敏化,发生突触效能增强以及沉默突触激活。

中医认为疼痛可因外感六淫、劳逸失度、饮食失节、情志内伤间接所致,抑或跌仆、金刃、虫兽、烧烫、冰冻等因素直接所致。正气强盛,血气丰沛,卫外固密,外邪无从侵入,疾病亦无从滋生;正气虚衰,卫外不固,病邪乘虚而入,诸痛由此而生。邪气"客于脉外则血少,客于脉中则气不通","气滞血瘀,不通则痛;气血不足,不荣则痛"为疼痛性疾病的基本病机。

四、疼痛对机体的影响

1. 精神情绪 急性疼痛可致患者焦虑、烦躁和不安,甚至恐惧。长期的慢性疼痛可使人神情淡漠、懒动少言,甚至精神抑郁。

2. 内分泌系统 疼痛所致应激反应可引发体内多种激素的释放,如儿茶酚胺、皮质激素、血管紧张素Ⅱ、血管升压素、醛固酮、胰高血糖素等升高而引起相应症状。

3. 循环系统　剧烈疼痛可引起交感神经兴奋,血液中儿茶酚胺和血管紧张素Ⅱ水平升高、血管升压素水平升高,可导致血压升高、心动过速和心律失常、心肌耗氧增加,这些变化对伴有高血压、冠状动脉供血不足等心血管疾病的患者可产生较大的不利影响。剧烈的深部疼痛有时可引起副交感神经兴奋,引起血压下降、心率减慢,甚至引发虚脱、休克。疼痛常限制患者活动,影响血流动力学,血液流动滞缓,可能进一步加重深静脉血栓形成。

4. 呼吸系统　疼痛可导致肌张力增加及膈肌功能降低,肺顺应性下降,患者呼吸浅快,肺活量、潮气量、残气量和功能残气量均降低,通气与血流灌注比值下降,易发生低氧血症等情况。同时疼痛使患者不敢用力呼吸和咳嗽,使积聚在小支气管内的分泌物不能及时排出,易引起肺炎和肺不张,老年患者尤甚。

5. 消化系统　慢性疼痛可引起消化功能障碍,食欲缺乏。强烈的深部疼痛可致恶心、呕吐。

6. 泌尿系统　疼痛可致血管紧张素Ⅱ升高,引起肾血管反射性收缩,垂体血管升压素分泌增加,导致尿量减少。疼痛还可引起排尿困难、排尿不畅甚至尿潴留,长此以往易发生泌尿系统感染。

7. 骨骼、肌肉系统　疼痛可诱发炎症介质的释放,从而进一步加重关节、肌肉的疼痛,甚至导致功能丧失。

8. 免疫系统　疼痛可致免疫系统功能低下,增加感染和肿瘤扩散机会。

9. 凝血系统　疼痛对凝血系统的影响包括血小板黏附功能增强、纤溶功能减弱,使机体处于高凝状态,易导致血栓形成,增加如急性肺栓塞等的发生概率。

五、疼痛的测定与评估

针对疼痛所采用的测定评估方法,是判断患者疼痛状态以作为制订治疗方案,选择恰当的治疗,以及评价治疗效果的重要依据。评估过程不仅关注个人体验,更可从认知、情感和社会因素等方面进行综合评估。疼痛可以通过自评量表、行为测试和生理测量进行评估,自评量表评估法被认为是疼痛评估的黄金标准。

(一) 单维度疼痛强度评估量表

1. 视觉模拟评分法(visual analogue scale,VAS)　在纸上画一长 10cm 的直线,两端分别表示"完全无痛(0)"和"想象中最剧烈的疼痛(10)"。被测者根据其感受程度,在直线的相应位置做记号,以"完全无痛"端至记号之间的距离(cm)作为痛觉评分分数。0 为无痛,4 以下为轻度疼痛,4~7 为中度疼痛,大于 7 为重度疼痛,10 为最痛或极度疼痛。此法简便易行,直观且易掌握,具有粗略的量化含义,是目前临床最常用的疼痛定量方法,也是比较敏感和可靠的方法。另外因其连续分值可以用于参数检验,比类别评估量表(如 5 点评估法)的非参数检验更有优势,因此 VAS 是临床科研的首选。视觉模拟评分法(VAS)见图 13-1。

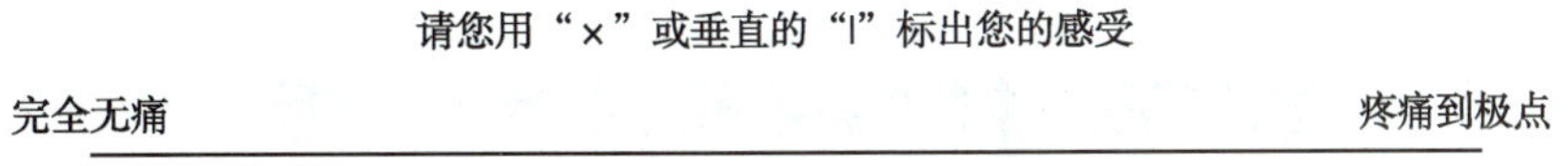

请您用"×"或垂直的"|"标出您的感受

完全无痛　　　　　　　　　　　　　　　　　　　　　　　疼痛到极点

图 13-1　视觉模拟评分法

2. 语言分级评分法(verbal rating scale,VRS)　根据患者描述自我感受的疼痛状态,对疼痛程度进行分级。在 VRS 的多个版本中 5 点评分法(VRS-5)最为常用,其将疼痛分为六级,即 0 为无疼痛,1 为轻度疼痛,2 为中度疼痛,3 为重度疼痛,4 为疼痛剧烈,5 为疼痛无法忍受,每级 1 分。此法虽简洁,患者也易理解和配合,但不够精确,容易受文化程度、方言影响。VRS-5 仅能进行非参数检验,统计效力较低。语言分级评分法(VRS)见表 13-1。

表 13-1 语言分级评分法

0	1	2	3	4	5
无痛	轻度不适	不适	比较疼痛/难受	非常疼痛	疼痛到极点

3. 数字分级评分法(numerical rating scale,NRS) WHO 的五级分法,NRS 曾被美国疼痛学会视为疼痛评估的金标准,多个版本中最常用的是 NRS 0~10 版。患者要在 11 种评分(0~10)中选择:即无疼痛(0)、轻度疼痛(1~3)、中度疼痛(4~6)、重度疼痛(7~10)。NRS 可以用于口头采访是其应用优势。数字分级评分法(NRS)见图 13-2。

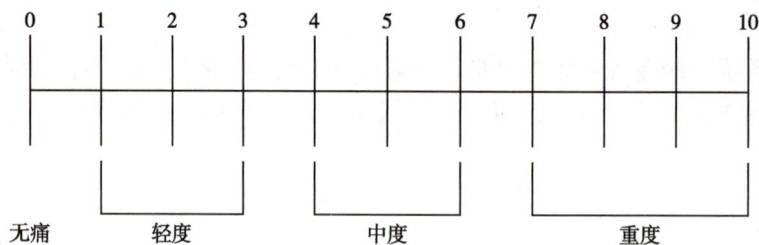

图 13-2 数字分级评分法

4. 程度积分法

(1)疼痛程度积分法:1 分为轻痛,不影响睡眠及食欲;2.5 分为困扰痛,疼痛反复发作,有痛苦表情,痛时中断工作,并影响食欲和睡眠;5 分为疲惫痛,持续疼痛,表情痛苦;7.5 分为难忍痛,疼痛明显,勉强坚持,有显著的痛苦表情;10 分为剧烈痛,剧痛难忍,伴情绪、体位的变化,呻吟或喊叫,脉搏或呼吸加快,面色苍白,多汗,血压下降。总分 = 疼痛分 × 疼痛小时 /d。

(2)疗效评定:显效为总分下降 50% 以上;有效为总分下降 50% 或以下;无效为总分无下降。

(二) 多维度疼痛强度评估量表

麦吉尔疼痛问卷(McGill pain questionnaire,MPQ)和简式麦吉尔疼痛问卷(short form McGill pain questionnaire,SF-MPQ)。原版问卷(MPQ)设计精密,可以对疼痛性质、特点、强度、情绪状态及心理感受等方面进行详细的记录,适用于非急性患者和科研。因其耗时较长,结构复杂,临床上并不常用。随后有学者对 MPQ 进行了简化,保留部分疼痛强度评估和疼痛情感评估,并增加单维度 VAS 评估整体疼痛程度,形成简式麦吉尔疼痛问卷(SF-MPQ),SF-MPQ 在大幅缩短了评估时间的同时保留了原版 MPQ 的灵敏度和可靠性。

(王 刚)

第二节 慢性疼痛的中西医治疗

慢性疼痛是指持续或反复发作超过 3 个月的疼痛。世界卫生组织(WHO)于 2018 年重新修订了国际疾病分类(ICD-11),慢性疼痛首次被作为独立的疾病列入分类目录。慢性疼痛包括慢性原发性疼痛、慢性癌症相关性疼痛、慢性术后或创伤后疼痛、慢性继发性肌肉骨骼疼痛、慢性继发性内脏痛、慢性神经病理性疼痛、慢性继发性头痛或口面部疼痛等。

一、药物治疗

疼痛治疗是对伴发疾病的对因与对症治疗,药物治疗是以对因治疗为主,是疼痛治疗最基本、最常用的方法。常见的药物为非甾体抗炎药、阿片类药物和疼痛辅助治疗药物。

(一)非甾体抗炎药

1. 药理机制 前列腺素由花生四烯酸代谢产生,具有多种生理作用,也是引起炎症、疼痛和发热等病理状态的关键物质。环氧合酶(cyclooxygenase,COX)有两种亚型,即COX-1和COX-2,前者维持正常功能,后者主要引起疾病状态。花生四烯酸还可通过其他途径产生白三烯,也导致炎症。抑制COX-1可能引发不良反应,而抑制COX-2是非甾体抗炎药(nonsteroidal anti-inflammatory drugs,NSAIDs)的主要治疗靶点。不同NSAIDs对COX的抑制作用有差异,其中COX-2选择性抑制剂耐受性更好,但存在心血管不良反应的限制。需注意,COX-1和COX-2在炎症反应中有重叠功能。

2. 典型药物及分类 NSAIDs具有比较明确的构效关系,一些药物是通过对同类药物进行结构改造而得的。在分类上一般按其对COX的选择性分为经典NSAIDS(tNSAIDs)和COX-2选择性NSAIDs,对于tNSAIDs按照其化学结构特点再进行分类。常用NSAIDs的分类见表13-2。

表13-2 常用非甾体抗炎药的分类

分类	代表药物
水杨酸类	阿司匹林、赖氨匹林
苯胺类	非那西丁、对乙酰氨基酚
乙酸类	吲哚美辛、舒林酸、依托度酸、托美丁、酮咯酸氨丁三醇、萘丁美酮、双氯芬酸钠
丙酸类	布洛芬、萘普生、非诺洛芬、酮洛芬、氟比洛芬、洛索洛芬、奥沙普秦
灭酸类	甲芬那酸、氟芬那酸、单氯芬那酸
烯醇酸类	吡罗昔康、美洛昔康、氯诺昔康
吡唑酮类	保泰松、羟布宗、安替比林、氨基比林、异丙安替比林、非普拉宗
其他	尼美舒利、贝诺酯
COX-2选择性抑制剂	塞来昔布、罗非昔布、伐地昔布、帕瑞昔布、艾瑞昔布

3. 临床应用 NSAIDs主要适用于轻至中度疼痛。相对于阿片类药物,NSAIDs无成瘾性,也无呼吸抑制、便秘等不良反应,因此是目前使用最多的镇痛药物。NSAIDs尤其适用于因炎症导致的外周或中枢痛阈降低而引起的疼痛,如手术后疼痛、骨关节炎疼痛等。但对于胃、肠等空腔器官引起的疼痛,以及非炎症导致的神经痛,NSAIDs的作用较差。

(1)急性疼痛:NSAIDs因抗炎、镇痛作用而广泛应用于围手术期止痛。尽管各类NSAIDs疗效无显著差异,但对于出血量大或观察时间短的手术,为避免影响血小板功能,COX-2选择性抑制剂或更适用。对于内脏平滑肌收缩引起的急性疼痛,如肾绞痛或胆绞痛,NSAIDs疗效佳,但不宜单独使用阿片类药物,因其可能加重症状。对于胃、肠等空腔器官疼痛,NSAIDs效果不佳。对于重度急性疼痛,如骨折、某些手术或急性心肌梗死引起的疼痛,NSAIDs效果不佳,应考虑使用阿片类药物。

(2)骨关节炎及肌肉疼痛:这是NSAIDs在慢性疼痛治疗中的最主要的适应证。但在缓解疼痛和强直上,NSAIDs可能只有部分疗效,还需要借助于其他对因治疗或非药物治疗手段。对于如腕管综合征、肱骨外上髁炎等软组织风湿症的疼痛,可首选耐受性好的对乙酰氨

ER-13-2

基酚进行治疗。

(3)偏头痛：对于急性偏头痛的镇痛，NSAIDs 是首选的治疗药物，具有重要的地位。阿片类药物在急性偏头痛中的疗效弱于 NSAIDs，同时可能导致慢性偏头痛或药源性头痛，因此不宜用于急性偏头痛的治疗。

(4)痛经：月经期间子宫内膜释放前列腺素从而造成腹痛及其他痛经症状，NSAIDs 则可作为缓解症状的首选药物。对于痛经患者，COX-2 选择性抑制剂因其对血小板功能影响小，且在增加月经出血风险上低于 tNSAIDs，故适用于痛经的治疗。

(5)癌性疼痛：在 WHO 三阶梯镇痛原则中，NSAIDs 作为第一阶梯镇痛用药，可单独用于治疗轻度癌性疼痛。而对于中至重度癌性疼痛，则应首选阿片类药物。临床研究也证实，NSAIDs 与阿片类药物具有较好的协同作用，两者联用能使单用阿片类药物效果不佳的患者获得更好的疗效，或减少阿片类药物耐受不佳患者的阿片类药物用量，以减少阿片类药物的不良反应。因此 NSAIDs 也广泛用于癌性疼痛的治疗。

NSAIDs 有封顶效应，无耐受性和依赖性，禁用于有消化性溃疡、胃炎、肾功能不全、出血倾向病史的患者及 12 岁以下儿童。

对乙酰氨基酚是一种临床广泛应用的解热镇痛药物，其作用机制与 NSAIDs 类似，均是通过抑制环氧合酶的合成而发挥作用，但对乙酰氨基酚几乎无抗炎作用，因此在分类中国内外一般将其与 NSAIDs 并列。目前观点认为在镇痛中不能合用两种 NSAIDs，但对乙酰氨基酚可以和其他 NSAIDs 合用。

(二)阿片类药物

1. 药理机制　阿片类药物与 G 蛋白偶联的 μ、κ、δ 和 σ 受体结合发挥作用，这些受体遍布全身组织。G 蛋白启动细胞内信号转导；μ 受体控制止痛、欣快等；κ 受体控制止痛、镇静等；δ 受体控制止痛并增强其他受体作用；σ 受体控制幻觉、血管收缩等。阿片类药物抑制神经递质释放及突触后反应，改变钾、钙离子通透性，产生中枢效应；激活 μ 受体产生奖赏、戒断和镇痛作用；影响 G 蛋白和信使酶。受体位置、G 蛋白类型及激活频率影响神经元 μ 受体作用。中枢神经系统中 μ 受体激活可引起呼吸抑制、镇痛等，外周 μ 受体激活则抑制咳嗽和引起便秘。

2. 典型药物及分类　从解剖和生理上研究阿片类镇痛药的作用机制也很重要。阿片类药物直接阻断自脊髓后角上传的痛觉信息，并激活自中脑下传的疼痛控制环路，经腹内侧髓质传到脊髓后角。阿片肽类和它们的受体遍布于这一下传疼痛控制环路中。

(1)按化学结构分类：分为吗啡类和异喹啉类，前者即天然的阿片生物碱（如吗啡、可待因），后者主要是提取的罂粟碱，不作用于阿片受体，有松弛平滑肌的作用。

(2)按药理作用分类

1)完全激动剂 μ、κ、δ 受体激动剂：如吗啡、可待因、氢吗啡酮、美沙酮、芬太尼、羟考酮、哌替啶等。

2)部分受体激动 - 拮抗混合剂：喷他佐辛是 κ 受体激动剂，高剂量有轻度拮抗吗啡的作用，有剂量极限，不能与吗啡等完全激动剂同时使用，以免促发戒断综合征，使疼痛加剧。丁丙诺啡有剂量极限，是 μ、κ 受体激动剂，对 δ 受体有拮抗作用，与吗啡联合使用可降低吗啡的镇痛效能。

3)受体拮抗剂：纳洛酮的受体拮抗强度为 μ>κ>δ，可以逆转阿片类药物的药理作用，用于吗啡过量抢救。

目前在临床已使用纯阿片类受体激动剂治疗的患者，在药效有效时间内不能换用受体激动 - 拮抗混合剂或部分受体激动剂，否则可能导致戒断症状；而用受体激动 - 拮抗混合剂或部分受体激动剂进行治疗的患者可较安全地换用纯阿片类受体激动剂,不会产生戒断症状。

(3)按作用强度分类:临床分为弱阿片类药物和强阿片类药物。弱阿片类药物包括可待因、双氢可待因;强阿片类药物包括吗啡、芬太尼、哌替啶、舒芬太尼和瑞芬太尼。弱阿片类药物主要用于轻至中度急、慢性疼痛和癌性疼痛的治疗;强阿片类药物则用于全身麻醉诱导和维持的辅助性用药,以及术后镇痛和中至重度癌性疼痛、慢性疼痛的治疗。

3. 临床应用

(1)轻至中度疼痛

1)可待因:可待因与吗啡一样,是天然阿片类物质。其镇咳作用强而迅速,镇痛作用弱,为吗啡的 1/12~1/7,但强于一般解热镇痛药。故其只应用于轻至中度疼痛管理,极少用于缓解重度疼痛。可待因经肾排泄,故不推荐用于肾功能损害人群,否则可能产生严重的副作用。

2)曲马多:从对阿片受体的作用上看,曲马多属于弱阿片类镇痛药,适用于慢性疼痛的治疗;同时,曲马多还可以抑制去甲肾上腺素和 5- 羟色胺(5-HT)再摄取,使之在神经病理性疼痛的治疗中获得更多的应用。用曲马多治疗时,恶心、呕吐的发生率较高,影响了患者的依从性,也限制了该药在急性疼痛中的应用;一般从较低剂量开始,经数周慢慢提高。

(2)中至重度疼痛

1)吗啡:吗啡是纯阿片类受体激动剂,镇痛作用强。其代谢物有 M3G 和 M6G,M3G 具有神经兴奋作用,可能引发副作用;M6G 效力强,镇痛效果显著。两者均经肾消除,M6G 蓄积可致肾功能损害者过度镇静和呼吸抑制。吗啡可诱导组胺释放,导致低血压和瘙痒。与亲脂性药物相比,吗啡起效慢但持久。

2)羟考酮:羟考酮比吗啡的作用更强,且严重的副作用(如组胺释放、瘙痒和恶心等)更少。羟考酮本身具有强镇痛作用,其代谢产物羟吗啡酮也有较强的镇痛活性。

3)芬太尼:芬太尼起效快,持续时间短,镇痛效力强。选择性作用于 μ 受体,在副作用方面有很大改善。静脉给药起效迅速,持续 30~60 分钟;但连续输注或重复给药可致半衰期延长至 13~24 小时。代谢产物无活性,是肾衰竭患者的安全选择。

阿片类药物全身镇痛的给药途径包括口服、直肠、透皮、舌下黏膜及皮下、肌内、静脉注射或连续给药。传统多为肌内注射间断给药。还有患者自控静脉镇痛(patient controlled intravenous analgesia,PCIA)、患者自控皮下镇痛(patient controlled subcutaneous analgesia,PCSA)、患者自控硬膜外镇痛(patient controlled epidural analgesia,PCEA)和患者自控神经丛镇痛(patient controlled nerve analgesia,PCNA)等途径。不良反应主要有恶心、呕吐、便秘、组胺释放、瞳孔收缩、尿潴留和呼吸抑制。术后镇痛治疗最危险的不良反应是呼吸抑制,需监测呼吸和脉搏氧饱和度,必要时用纳洛酮对抗。

(三)疼痛辅助治疗药物

疼痛辅助治疗药物包括抗抑郁药、抗惊厥药(抗癫痫药、镇静催眠药)、局部麻醉药、糖皮质激素和其他镇痛药物。

【抗抑郁药】

1. 三环类抗抑郁药

(1)阿米替林

1)药理机制:阻断去甲肾上腺素、5- 羟色胺在神经末梢的再摄取,从而使突触间隙的递质浓度增高,促进突触传递功能而发挥抗抑郁作用;通过降低机体对疼痛的敏感性和反应性而发挥抗焦虑、镇静及抗胆碱作用。阿米替林可作用于中枢阿片受体,从而缓解慢性疼痛。

2）适应证：治疗各种抑郁症。阿米替林的镇静作用较强,主要治疗焦虑性或激动性抑郁症。辅助治疗慢性疼痛,如癌性疼痛和神经病理性疼痛(如痛性糖尿病神经病变、疱疹后神经痛、三叉神经痛等),以及预防与治疗偏头痛。

3）禁忌证：严重心脏病、近期有心肌梗死发作史、癫痫、青光眼、尿潴留、甲状腺功能亢进症、肝功能损害、对三环类药物过敏者禁用;使用单胺氧化酶抑制剂(monoamine oxi-dase inhibitor,MAOI)者禁用;6岁以下的儿童禁用。

4）特殊人群：①儿童:国内资料认为6岁以下的儿童禁用。②老年人:慎用,老年人的肝、肾功能下降,对本药的敏感性增强,使用时尤应避免直立性低血压的发生。③妊娠期妇女:妊娠期妇女用药的安全性尚不明确,应慎用。本药可透过胎盘,动物实验中发现有致畸作用,有引起中枢神经系统不良反应、四肢畸形以及发育迟缓的个案报道。④哺乳期妇女:哺乳期妇女用药时应停止哺乳。本药可随乳汁排泄,可对乳儿产生不良影响。

（2）丙米嗪

1）药理机制：通过阻断中枢神经系统对去甲肾上腺素、5-羟色胺(5-HT)的再摄取,升高突触间隙的递质浓度,降低机体对疼痛的敏感性和反应性。此外,本药还有抗胆碱、抗 α_1 肾上腺素受体及抗组胺 H_1 受体的作用,但对多巴胺受体的影响极小。本品具有较强的抗抑郁作用,镇静作用和抗胆碱作用中等。

2）适应证：治疗各种抑郁症;辅助治疗慢性疼痛(包括关节炎)和神经性疼痛(包括糖尿病性神经病)。

3）禁忌证：高血压、严重心脏病、肝肾功能不全、青光眼、甲状腺功能亢进症、尿潴留者禁用;6岁以下的儿童禁用;妊娠期妇女禁用。

4）特殊人群：①儿童:6岁以下的儿童禁用。②老年人:慎用,老年人的肝、肾功能下降,对本药的敏感性增强,使用时尤应避免直立性低血压的发生。③妊娠期妇女:妊娠期妇女用药尚缺乏充分、严格的对照研究资料,有引起先天畸形的报道,但与本药的关系尚不明确,故妊娠期妇女禁用本药。④哺乳期妇女:哺乳期妇女用药时应停止哺乳。本药可随乳汁排泄,可对乳儿产生不良影响。

2. 选择性 5-羟色胺再摄取抑制药(selective serotonin reuptake inhibitor,SSRI)

（1）西酞普兰

1）药理机制：西酞普兰通过抑制中枢神经系统神经元对 5-羟色胺的再摄取、增强中枢 5-羟色胺能神经的功能,从而产生抗抑郁作用。本药对去甲肾上腺素和多巴胺再摄取的影响较小,对 5-羟色胺(5-HT$_{1A}$、5-HT$_{2A}$)、α_1 肾上腺素受体、α_2 肾上腺素受体、β 肾上腺素受体、组胺 H_1 受体、γ-氨基丁酸(GABA)受体、苯二氮䓬受体无亲和力,或仅有较低的亲和力。

2）适应证：用于治疗抑郁障碍;辅助用于糖尿病性神经病的镇痛治疗。

3）特殊人群：①儿童与 18 岁以下青少年:禁用本药,安全性与有效性未明。②老年人:60 岁以上老年患者单次用药后曲线下面积(area under curve,AUC)、半衰期分别增加 30%、50%,多次给药则分别增加 23%、30%。60 岁以上患者酌情减量。③妊娠期妇女:禁用,药物及代谢物可透过胎盘,停药可增加抑郁风险,持续使用或致新生儿缺陷。④哺乳期妇女:慎用,本药可随乳汁排泄,对新生儿的影响未明确。⑤不稳定患者禁用,糖尿病患者用本药需调整血糖并控制药物剂量。

（2）氟西汀

1）药理机制：本药为选择性 5-羟色胺再摄取抑制药,可特异性地抑制 5-羟色胺再摄取,增加突触间隙的 5-羟色胺浓度,从而起到抗抑郁的作用。本药对 5-羟色胺再摄取的抑制作用强于对去甲肾上腺素或多巴胺再摄取的抑制作用。其抗副交感神经的作用和抗组胺的作用较弱。

2)适应证:用于治疗伴有焦虑状态的抑郁症、强迫症及神经性贪食等;辅助用于纤维肌痛症、头痛、腰背痛和持续性躯体形式疼痛障碍的镇痛治疗。

3)特殊人群:①儿童:不推荐使用,安全性和有效性不明确;②老年人:每日剂量 40mg以下,最高 60mg;③妊娠期妇女:药物及代谢物可透过胎盘,无致畸作用,晚期或分娩时需谨慎;④哺乳期妇女:本药可随乳汁排泄,使用时需停止哺乳或采用最低剂量;⑤特殊疾病:糖尿病患者调整胰岛素和降糖药剂量,注意低血糖和高血糖风险;有 Q-T 间期延长和室性心律失常风险者慎用,定期监测心电图,有症状需停药评估。

3. 5- 羟色胺去甲肾上腺素再摄取抑制剂(serotonin-noradrenalin reuptake inhibitor, SNRI)

(1)度洛西汀

1)药理机制:本药为选择性 5- 羟色胺去甲肾上腺素再摄取抑制剂,抗抑郁与中枢性镇痛的作用机制尚不明确,可能与其增强中枢神经系统 5- 羟色胺能和去甲肾上腺素能的功能有关。本药能提高两种递质在控制情感和对疼痛敏感方面的作用,提高机体对疼痛的耐受力;对多巴胺再摄取的抑制作用相对较弱,与多巴胺受体、胆碱能受体、组胺受体、肾上腺素受体、阿片受体、谷氨酸受体、γ- 氨基丁酸(GABA)受体无明显的亲和力,对单胺氧化酶亦无抑制作用。

2)适应证:用于治疗各种抑郁症;用于治疗广泛性焦虑症、糖尿病性周围神经病相关的疼痛、纤维肌痛症、慢性肌肉骨骼疼痛、化疗所致的周围神经病变相关的疼痛。

3)特殊人群:①儿童:定期监测体重、身高,以防食欲减退和体重减轻;②老年人:65 岁及以上患者与年轻患者用药效果相当,但部分老年人可能更敏感;③妊娠期妇女:用药前权衡利弊,因有新生儿并发症风险;④哺乳期妇女:不推荐用药期哺乳,因药物可随乳汁排出;⑤特殊疾病:高血压患者慎用,有引起血压升高的报道。

(2)文拉法辛

1)药理机制:本药及其活性代谢物是神经系统 5- 羟色胺和去甲肾上腺素再摄取抑制剂,通过抑制 5- 羟色胺和去甲肾上腺素再摄取而发挥抗抑郁作用。本药及其活性代谢物对多巴胺再摄取有轻微的抑制作用,对单胺氧化酶无抑制作用。

2)适应证:用于治疗各种类型的抑郁症和广泛性焦虑症;辅助用于癌性疼痛、神经性疼痛(包括糖尿病性神经病)的治疗。

3)特殊人群:①儿童:慎用,临床研究及相关数据表明使用文拉法辛可能增加儿童自杀风险,其潜在机制可能与抗抑郁药物对神经递质平衡的调节作用在儿童大脑发育尚未成熟阶段产生复杂影响有关,具体仍有待进一步深入研究。②老年人:慎用。③妊娠期妇女:妊娠早期后逐渐减量,防止新生儿出现戒断症状。④哺乳期妇女:慎用,因药物可随乳汁排出。⑤特殊疾病:定期监测血压,200mg/d 的剂量可致高血压;高血压患者密切监测,按需调整药物。

【抗惊厥药】

1. 钙离子通道调控剂

(1)加巴喷丁

1)药理机制:本药通过与电压门控 L 型离子通道的 $\alpha_2\delta$ 亚单位相结合,从而减少突触前递质兴奋性氨基酸的释放,发挥抗癫痫作用,小剂量发挥镇静作用。

2)适应证:用于治疗成人疱疹后神经痛、糖尿病性周围神经病、三叉神经痛、纤维肌痛症、手术后疼痛、痛性多发性神经病、中枢性疼痛,以及吉兰 - 巴雷综合征和多发性硬化的镇痛治疗。

3)禁忌证:急性胰腺炎患者禁用。

4)特殊人群:①儿童:无镇痛证据;②老年人:剂量需根据肾功能调整,肾功能减退,药物消除减慢;③妊娠期妇女:权衡利弊使用,动物实验未见致畸性,但无妊娠期妇女用药经验;④哺乳期妇女:禁用,因药物可随乳汁排出,若用药应暂停哺乳;⑤糖尿病患者:密切监测血糖,调整降糖药剂量。

(2)普瑞巴林

1)药理机制:本药通过与电压门控 L 型钙离子通道的 $\alpha_2\delta$ 亚单位相结合,从而减少突触前递质兴奋性氨基酸的释放。与钙离子通道的结合程度强于加巴喷丁。

2)适应证:用于疱疹后神经痛、糖尿病性周围神经病、纤维肌痛症、与脊髓损伤相关的神经性疼痛的镇痛治疗。

3)特殊人群:①儿童:<12 岁不推荐,安全性和有效性未确定;②老年人:剂量需根据肾功能调整,肾功能减退,药物清除减慢;③妊娠期妇女:该药尚无妊娠期妇女用药的经验,妊娠期间使用本药需权衡利弊;④哺乳期妇女:不清楚是否入乳汁,若用药应暂停哺乳。

2. 钠离子通道调控剂

卡马西平

1)药理机制:本药的抗周围神经痛作用可能是通过作用于 γ- 氨基丁酸(GABA)B 受体而产生镇痛效应,并与调节钙通道有关。

2)适应证:用于缓解三叉神经痛和舌咽神经痛,亦用于三叉神经痛缓解后的长期预防性用药。也可用于脊髓结核、多发性硬化、糖尿病性周围神经病相关的疼痛,以及患肢痛、外伤后神经痛、疱疹后神经痛。

3)禁忌证:有房室传导阻滞、血清铁严重异常、骨髓抑制、肝卟啉病、严重肝功能不全等病史者禁用。

4)特殊人群:①儿童:根据体重调整剂量;②老年人:慎用,老年人对该药敏感,使用后可能出现认知障碍、精神错乱及再生障碍性贫血;③妊娠期妇女:慎用,尤其早期,该药可透过胎盘,有致畸风险;④哺乳期妇女:不宜用,药物随乳汁排泄,乳汁中药物浓度高;⑤特殊疾病:HLA-A*3101、HLA-B*1502 阳性患者禁用,风险高,可能导致 Stevens-Johnson 综合征、中毒性表皮坏死松解症。

(四)中药治疗

中医对各种疼痛症状的诊治,应该遵循辨证施治原则。

不通则痛,属于实痛。疼痛病机是气血运行不畅,并具体概括为"通则不痛,痛则不通"。辨证为气血瘀滞所致的各种疼痛,如头痛、肋胁痛、心腹痛、痛经、产后腹痛、肢体痹痛、跌打损伤之瘀痛,可使用血府逐瘀汤、失笑散、七厘散等。

不荣则痛,属于虚痛。气血阴阳不足,脏腑经脉失于温养濡润,则不荣而痛。辨证为阳虚或气虚,可用桂枝、人参、黄芪、炙甘草、灵芝等益气温阳、通脉止痛之品;辨证为血虚或阴虚,可用白芍、当归、熟地、鸡血藤、麦冬、玉竹、阿胶等养血荣筋、缓急止痛药物,常常会有桴鼓相应之效。

不正则痛,关节、肌肉的不对称、不协调状态称为失衡状态,筋移位和骨错缝等均可引起疼痛。使用正的方法、技巧,以使脊柱、骨骼、肌肉等位置不歪斜。对于骨错缝、筋出槽引起的疼痛需要用推拿、按摩等方法,使骨复位、筋归槽、骨正筋柔,气血以流。选方可使用壮筋续骨丸、鳖甲煎丸。

瘀邪阻滞,气血失和,机体功能紊乱时,易致六淫邪气外袭,尤以风寒湿为多见。六淫侵袭,使经络闭阻,营卫凝滞,气血不通,而致关节疼痛。寒主收引,寒性凝滞,若风寒客表,可引起外感头痛、身痛等,寒邪直中可引起胃痛、恶心呕吐等。

二、神经阻滞

神经阻滞是慢性疼痛治疗中广泛应用的一种治疗方法,是指在相应神经组织内或附近注入局麻药或以局麻药为主的药物,或使用物理方法(热凝、冷冻等),暂时或永久阻断疼痛部位的神经传导功能,同时改善疼痛部位的血液循环、减轻局部组织炎症水肿,从而达到缓解疼痛的目的。常用的神经阻滞方法包括周围神经阻滞、硬膜外阻滞、蛛网膜下腔阻滞、交感神经阻滞、神经干阻滞、神经节阻滞、神经丛阻滞、全脊髓麻醉。

1. 周围神经阻滞 头颈部、躯干和四肢的疼痛可根据神经分布阻滞相应的神经干或分支。一般选用长效局麻药,如顽固性头痛、三叉神经痛可采用无水乙醇或 5%~10% 苯酚进行神经毁损治疗,以达到长期镇痛的目的。此外,常用的周围神经阻滞还包括枕大神经阻滞、颈丛神经阻滞、肩胛上神经阻滞、臂丛神经阻滞、肋间神经阻滞等。亦可根据疼痛的原因、性质等选用局麻药物,或加糖皮质激素和维生素 B 族、神经破坏药物等。

2. 交感神经阻滞 交感神经阻滞疗法随着神经病理性疼痛病理机制中有关交感神经系统和感觉神经系统偶联关系的逐步认识,越来越受到重视。多种疾病的疼痛与交感神经有关,可通过交感神经阻滞进行治疗,例如用交感神经阻滞治疗急性期带状疱疹,不仅可解除疼痛,使皮疹迅速消退,还可降低后遗神经痛的发生率。常用的交感神经阻滞法有星状神经节阻滞和腰交感神经阻滞。

(1)星状神经节阻滞(stellate ganglion block,SGB):星状神经节由下颈交感神经节和第 1 胸交感神经节融合而成,位于第 7 颈椎和第 1 胸椎之间前外侧,支配头、颈和上肢。阻滞时,患者平卧,肩下垫一个薄枕,取颈极度后仰卧位。在环状软骨平面摸清第 6 颈椎横突。术者用手指将胸锁乳突肌拨向外侧,使附着于胸锁乳突肌后鞘的颈内动脉和静脉被一起推向外侧。用 3.5~4cm 长的 7 号针,在环状软骨外侧垂直进针,当触及第 6 颈椎横突时,将针后退0.3~0.5cm,回抽无血,注入 0.25% 布比卡因或 1% 利多卡因(均含肾上腺素)10ml(图 13-3),即可阻滞星状神经节。注药后同侧出现霍纳综合征(图 13-4,见文末彩图)和手指温度升高,即示阻滞有效。适用于偏头痛、灼性神经痛、患肢痛、雷诺综合征、血栓闭塞性脉管炎、带状疱疹等。并发症有药物意外注入椎管内,引起血压下降、呼吸停止、气胸、膈神经麻痹、喉返神经麻痹;药物意外注入血管引起中毒反应等。

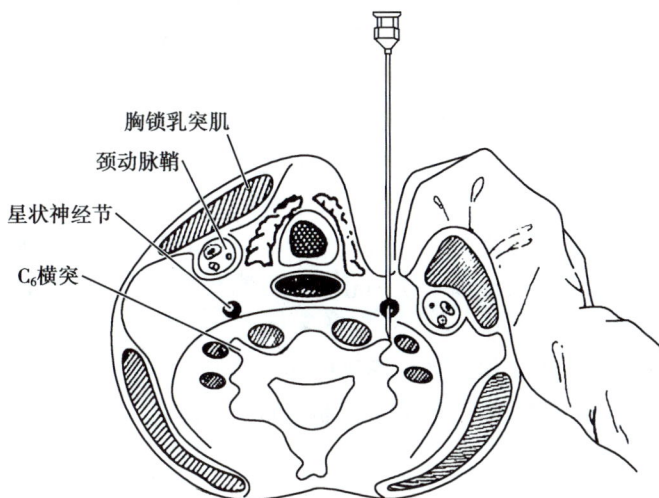

图 13-3 星状神经节阻滞

(2)腰交感神经阻滞(lumbar sympathetic nerve block):腰交感神经节位于腰椎椎体的前侧面,左右有 4~5 对神经节,支配下肢,其中 L_2 交感神经节尤为重要,操作必须在影像显示器引导下进行。操作时患者取侧卧位或俯卧位,侧卧位操作时,阻滞侧在上,而俯卧位时在下腹部垫一个枕头,使背部突出。在 L_3 棘突上缘旁开 4cm 处做皮丘(局部麻醉),取 10cm 长的 22G 穿刺针,经皮丘垂直进针直至针尖触及 L_3 横突,测得皮肤至横突的距离。将针退至皮下,使针向内向头侧均呈 30° 倾斜,再刺入而触及椎体。然后调整针的方向,沿椎体旁滑过再进入 1~2cm,抵达椎体前外侧缘,深度离横突不超过 4cm,回抽无血、无脑脊液后,注入 0.25% 布比卡因或 1% 利多卡因(均含肾上腺素)10ml(图 13-5),即可阻滞 L_2 交感神经节,阻滞后下肢温度升高,血管扩张。适用于血管痉挛性疾病如血栓闭塞性脉管炎、糖尿病性末梢神经痛、缺血性坏死等;下肢带状疱疹和疱疹后神经痛;恶性或癌性交感神经痛。并发症有药物意外注入蛛网膜下腔,引起血压下降、呼吸困难;药物意外注入血管引起中毒反应;损伤邻近血管引起局部血肿。

图 13-5　腰交感神经阻滞

三、椎管内注药

(一)硬膜外腔注药

硬膜外阻滞原本是实施手术麻醉的常用方法,经过多年来对硬膜外腔注射药物研究的不断深入,除了采用局麻药物行硬膜外阻滞,阿片类药物和类固醇、糖皮质激素在慢性疼痛治疗中亦得到广泛应用。硬膜外阻滞疗法以止痛及扩张血管为目的,须考虑与镇痛和治疗相适应的穿刺部位,由于常常需要较长时间留置导管,故应注意导管的管理。适用于各种脊柱病变导致的颈肩腰背痛,以及晚期癌痛等。

1. 局麻药物　可单独使用,但常与阿片类药物和糖皮质激素合用。

2. 类固醇　主要用于治疗颈椎病和腰椎间盘突出症,每周注射 1 次,3 次为 1 个疗程,根据病情需要,可间隔 1~2 个月后再注射 1 个疗程。常选用泼尼松龙、地塞米松、曲安奈德等,可迅速减轻或消除因脊神经根受机械性压迫引起的神经根炎症,或消除髓核突出后释放出糖蛋白和类组胺等物质引起的神经根的化学性炎症,从而缓解症状。颈椎病一般选择 C_6~C_7 或 C_7~T_1 椎间隙穿刺,成功后注入泼尼松龙 1.5ml(37.5mg)、地塞米松 1ml(5mg),再加 1% 利多卡因 4~5ml。腰椎间盘突出症一般选椎间盘突出的上或下一个椎间隙进行穿刺,成功后注入泼尼松龙 2ml(50mg)、地塞米松 1ml(5mg),再加 2% 利多卡因 4ml。以上药物均应充分混匀后再注入。

3. 阿片类药物常用吗啡　从硬膜外导管内注入含吗啡 2~3mg 的 5~10ml 的生理盐水,可用微量注射泵给药。因成瘾问题,多限于晚期癌痛的治疗。

(二)蛛网膜下腔注药

是指把局麻药、镇痛药或神经破坏药物注入蛛网膜下腔,选择性对椎管内脊神经感觉根(背根神经)进行阻断或毁损,从而阻断痛觉传导,达到止痛目的。临床常用无水乙醇或酚甘油等化学性神经破坏药物,适应证与硬膜外腔注药相仿,多用于晚期癌痛的治疗。

1. 酚甘油 常用浓度为 5%~7%,为重比重溶液,穿刺点应选择在拟麻痹脊神经根的中间点。患者卧向痛侧,穿刺针进入蛛网膜下腔后,将患者体位变换向背后倾斜 45°(即侧向操作者侧),使酚甘油可集中于一侧感觉神经,然后缓慢注入酚甘油 0.5ml,最多不超过 1ml。注药后维持原体位不变 20 分钟。

2. 无水乙醇 为轻比重溶液,患者应采用患侧向上并前倾 45° 体位,使拟麻痹的后根处于最高点,穿刺点的确定同上,穿刺成功后注药 0.5ml,总量不超过 2ml。注药后维持原体位不变 30 分钟。

四、手术治疗

(一) 射频治疗

射频治疗利用高频电波在局部组织产生热凝固和电流场效应,治疗疼痛疾病。可在超声、CT 或 DSA 定位下进行,实时监控。分标准射频(热凝)、水冷射频和脉冲射频。标准射频通过热能破坏神经纤维,阻断疼痛信号。水冷射频在较低温度下产生更大的毁损范围。脉冲射频用脉冲电流引起场效应镇痛,不损害神经。操作中需严格把控电极针规格、温度和治疗时间。射频治疗发展快速,包括水冷、手动脉冲和四针射频等,广泛应用于疼痛治疗,主要包括:

1. 周围神经治疗

(1)脊神经根射频治疗:根据疼痛情况选择合适的射频模式。多采用标准射频治疗癌性疼痛。脉冲射频可用于治疗神经根性疼痛、神经损伤后疼痛、带状疱疹后神经痛、术后切口痛等。

(2)神经干射频治疗

1)三叉神经分支射频:可用于治疗三叉神经痛、三叉神经源性疼痛、三叉神经带状疱疹后疼痛、非典型性面痛等。

2)舌咽神经射频:可用于治疗舌咽神经痛、咽喉部癌性疼痛、颅底肿瘤所致的咽喉部疼痛等。

3)脊神经后支射频:可用于治疗颈肩痛、腰椎小关节紊乱、腰腿痛、脊神经后支卡压综合征等。

4)枕神经射频:用于治疗枕神经痛、颈源性头痛等。

5)肋间神经射频:可用于治疗术后切口痛、带状疱疹后神经痛等。

(3)末梢神经射频治疗

1)头皮末梢神经射频:可用于治疗头皮末梢神经瘤。

2)残肢末梢神经射频:主要用于治疗残肢痛和幻肢痛。

2. 神经节治疗

(1)脊神经节射频治疗:可用于治疗带状疱疹后神经痛、神经根性疼痛、颈源性头痛、神经损伤后疼痛、术后切口痛等。

(2)颅神经节射频治疗:三叉神经半月节射频用于治疗原发性三叉神经痛;蝶腭神经节射频用于治疗各类头面痛等。

(3)交感神经节射频治疗:颈、胸或腰交感神经节射频热凝,可治疗神经病理性疼痛和复杂性局部疼痛综合征;腰交感神经节射频热凝对于糖尿病合并下肢血管病变、血栓闭塞性脉管炎、周围神经病、复杂性局部疼痛综合征等疼痛症状具有明确的疗效。

此外,射频治疗还广泛应用于椎间盘、关节以及软组织的疼痛治疗中。

(二) 富血小板血浆治疗

富血小板血浆(platelet-rich plasma,PRP)治疗是通过离心自体全血制备含有多种细胞成分的血浆浓缩物,其包含高浓度的血小板以及上千种生物活性蛋白,其中的各类生长因子对组织再生与修复发挥着重要作用,且不会引起过敏反应,安全性较高。PRP 主要通过促进组织修复、再生和抗炎作用发挥疼痛治疗作用。临床中 PRP 用于治疗疼痛的范围较广,主要有:

1. 骨关节疾病　骨性关节炎、半月板损伤等。
2. 骨缺血性疾病　股骨头坏死等。
3. 椎间盘源性疼痛　椎间盘突出症、椎间盘退变、椎间盘裂隙等。
4. 软组织疾病/损伤　肩周炎、肩袖损伤、肩关节滑囊炎、肱骨外上髁炎、髌腱炎、跟腱炎、腱鞘炎等。

(三) 经皮球囊压迫术

经皮球囊压迫术(percutaneous balloon compression,PBC)于 1983 年首次文献报道用于三叉神经痛的治疗,是近年来逐渐趋于成熟并被广泛应用的技术,如今部分医生推荐其作为三叉神经痛的首选手术方式。该技术运用球囊套管针经皮穿刺至卵圆孔,从穿刺针内置入球囊导管(Fogarty 导管)到 Meckel 腔,向导管内注射对比剂使导管的球囊充盈,压迫三叉神经节及神经根,损伤传导痛觉的神经,从而达到缓解疼痛的目的。

(四) 冷冻治疗技术

冷冻治疗技术目前临床主要应用于腰脊神经后支损毁,其采用冷冻系统贴近相应部位的脊神经后支,利用冷冻探头的低温效应破坏髓鞘,从而阻断疼痛信息在神经传导,达到止痛目的。临床观察效果较好,术后并发症发生率低。

(五) 内镜技术

内镜技术目前临床仅用于腰脊神经后内侧支治疗,内镜技术包括内镜下脊神经后支等离子射频消融术、内镜下脊神经后支切断术等。部分神经分支解剖变异,内镜下可以更完善地进行治疗,其可获得较射频热凝术更好的效果。

(六) 其他技术

经皮穿刺椎体成形术可用于治疗骨质疏松压缩性骨折疼痛;经皮激光椎间盘减压术(percutaneous laser disc decompression,PLDD)用于治疗颈椎间盘膨出、突出或椎间盘退变并伴有颈肩痛及根性症状;骶髂关节融合术适用于保守治疗 6 个月以上仍疗效欠佳且体检时 3 项以上骶髂关节激惹试验阳性的难治性骶髂关节痛患者。目前交感神经切除术治疗神经病理性疼痛和复杂性局部疼痛综合征证据有限,在其他治疗方法无效时也应谨慎选择。

五、痛点注射

多种慢性疼痛疾病,如腱鞘炎、肩周炎、肱骨外上髁炎、紧张性头痛、腰肌劳损等,均在疼痛处存在相对明显的压痛点。痛点注射即通过在痛点注药,达到镇痛目的。

(一) 常见痛点

1. 肩、背部　喙突、肱骨大小结节、结节间沟、冈上窝、冈下窝、斜方肌顶点、肩胛提肌止点、三角肌、大小菱形肌、肩峰上下滑囊、三角肌下滑囊等。
2. 肘部　肱骨内外上髁、肱桡滑囊、尺骨鹰嘴等。
3. 腰、骶、臀部　脊肋角、棘突、棘间、横突、椎旁、髂后上棘、髂嵴、臀上肌、臀中肌、坐骨结节等。
4. 膝部　胫骨结节、胫骨内外髁、膝内外侧关节间隙、髌骨上下极、腓骨小头等。

5. 指、腕、踝、足部　掌指部、掌腕部、内外踝、跟骨结节等。

(二) 药物选择

通常用 1% 利多卡因或 0.25% 布比卡因 1~4ml,加用泼尼松龙混悬液 0.5ml(12.5mg)。

(三) 疗程

每周 1~2 次,3~5 周为 1 个疗程。

(四) 痛点与阿是穴

阿是穴又称压痛点、天应穴、不定穴等,既无具体名称,又无固定位置,多位于病变的附近,也可在与其距离较远的部位,通常选取压痛点或其他反应点作为针刺部位。痛点即是阿是穴的一部分。

(五) 痛点注射与穴位注射

穴位注射是在中医经络学说的指导下将药物注入穴位以防治疾病的一种治疗方法。痛点注射可视为穴位注射的一种方式。

六、针刺疗法

针刺对于缓解疼痛,疗效确切,可用于治疗慢性原发性疼痛、慢性癌症相关性疼痛、慢性术后或创伤后疼痛、慢性继发性肌肉骨骼疼痛、慢性继发性内脏痛、慢性神经病理性疼痛、慢性继发性头痛或口面部疼痛等。

(一) 常见方式

针刺治疗疼痛一般包括皮肤电刺激、毫针针刺、电针针刺、皮肤针针刺、皮内针针刺等方式。

(二) 操作方法

针灸操作方法涉及指切、夹持、舒张、提捏等不同的进针方法;操作过程中根据角度,可分为直刺、斜刺、平刺;进针时要考虑到年龄、体质、部位等因素,选择不同的进针深度;将针刺入穴位后,行针,直至产生酸、麻、胀等感觉,医者指下产生沉紧或徐和感觉,就达到了"得气",是否"得气"会影响治疗效果。行针手法操作可分为提插捻转基本手法,以及循法、弹法、刮法等辅助手法。行针手法治疗有补、泻之分,通过手法操作达到补益正气、祛邪外出的目的。

(三) 理论机制

1. 传统理论　中医认为正常人体阴平阳秘,阴阳相互作用并调节气血的流动。当阴阳不平衡,气血瘀滞或亏虚,气血流动被阻断时,"不荣""不通"而发生疼痛。通过针刺行气导滞,疏通经络,气血运营如环无端,使机体气血得通、得荣则不痛。

2. 现代理论　针刺镇痛可能是多通路同时进行的复杂过程,作用机制涉及神经结构、神经递质、分子生物、内分泌、免疫调节等多方面,改变神经传导某个阶段的信息传递内容而达到镇痛效果。其中,神经 - 体液调节是主要机制之一。现代研究认为针刺镇痛通过整个神经系统发挥作用,脊髓、脑干、中脑、丘脑、皮质、边缘系统参与针刺治疗疼痛的信息整理、协调中枢、双向调控;另外,针刺可通过调节胆碱类、神经肽、氨基酸类、单胺类等体液物质发挥镇痛作用。

(四) 留针时间

留针时间视不同部位、不同程度疼痛而定,一般可在得气后即刻出针,或者留针 10~20 分钟,必要时可适当延长留针时间。另外,针灸联合穴位埋线、电针围刺等的治疗方法也有研究。

(五) 一般选穴原则

针刺一般的选穴原则如下:

1. 近取法 在疼痛部位及其附近取穴,如颈肌筋膜炎取阿是穴。

2. 远取法 根据循经取穴原则,选取与痛处相距较远的腧穴,如腰背痛取委中穴。

3. 远取与近取相结合 如偏头痛取合谷、攒竹、印堂等穴位。

4. 随证取穴 根据某些腧穴具有主治一些特殊病证的特点进行选穴,如内关、郄门治心口痛等。

七、按摩疗法

按摩疗法是医生根据病情在患者身上的特定部位或穴位,沿经络运行线路或气血运行方向,施用各种手法,以矫正骨与关节解剖位置异常,改善神经肌肉功能,疏通经络气血,以达到治疗目的。本法能治疗多种慢性疼痛,如颈椎病、肩周炎、肱骨外上髁炎、腰肌劳损和腰椎间盘突出症等。

1. 常用手法 一指禅推法、点法、按法、㨰法、揉法、拿法、拨法、拍法等。

2. 操作方法 在按摩疗法的具体实施中,应采用轻柔按摩的手法,切勿重力按压以避免肌肉进一步受损,而使疼痛加重。力量由小到大,层次由浅至深,以患者能接受的力度缓缓进行。局部或单一关节治疗,每次 10~15 分钟;较大面积或多部位治疗,每次 20~30 分钟。

3. 作用机制 "不通则痛",当人体遭受损伤后,气血瘀滞,经络阻隔。不通则痛,壅塞则肿,治疗的关键在于"通"。通过一定的按摩手法,作用于损伤的部位或附近,使局部经络气血疏通,瘀滞化散,瘀去新生,筋肉肌肤得到营养,"通则不痛"。

4. 按摩手法的原理 "㨰"和"揉"使肌肉充分松弛,消除肌肉痉挛;"点"和"按"是对痛点附近的穴位进行按压,疏通经络,活血化瘀;"拨"即分离肌纤维筋膜增生条索状物;"拿"和"拍"使疼痛部位的肌肉充分松弛,恢复正常肌张力,使局部肌肉变软,有利于粘连纤维条索分离,以改善局部血液循环,减少炎症介质,改善毛细血管通透性,抑制炎症细胞的浸润和改善组织营养等,达到局部镇痛的目的。

5. 身心放松 按摩疗法除了能疏通气血、放松肌肉,还可提高脑内啡肽水平。内啡肽是身体天然的止痛剂,可以很好地缓解疼痛,产生幸福感,提高疼痛阈值,并能降低应激化学物质的水平,如皮质醇和去甲肾上腺素,从而达到身体和精神的双重放松来缓解疼痛症状。同时,在按摩治疗中,医者与患者亲切沟通和密切接触,产生的亲密、信任感有利于缓解慢性疼痛患者的焦虑、抑郁症状。

八、物理疗法

物理疗法是应用物理因素治疗慢性疼痛的方法,简称理疗。其主要通过温度刺激、机械刺激、化学刺激、电磁刺激等,利用各种物理能量作用于机体,引起神经和体液的调节作用,促进血液循环,降低神经兴奋性,改善组织代谢,加速致痛物质排泄,缓解肌肉痉挛,起到去除病因、消炎、止痛、消肿、解痉、镇痛的作用。临床一般应用各种物理治疗机(仪)进行治疗,主要有电疗(直流、低频、中频、高频电疗等)、光疗(红外线、激光、紫外线等)、声波疗(超声波治疗等)、压力疗法(体外冲击波等)、磁疗(磁块、电磁感应等)、热疗(热敷、蜡疗、透热疗法等)、水疗(浸浴、蒸汽浴、药洗等)、冷疗(冰敷、冰按摩等)。

九、经皮神经电刺激疗法

经皮神经电刺激(transcutaneous electrical nerve stimulation,TENS)是一种以电流脉冲激活外周神经纤维的非侵入式镇痛疗法,它是基于"闸门控制理论",存在于脊髓后角内的胶质（substantia gelatinosa,SG）细胞有一种类似闸门的神经机制,能减弱或增强来自外周上传到中枢的神经冲动。经皮神经电刺激产生各种刺激,通过激活阈限较低的大直径传入纤维,有效关闭闸门,以达到镇痛效果。

采用电脉冲刺激治疗仪,将电极贴在特定皮肤表面并施加脉冲电刺激,根据脉冲频率、强度和持续时间进行调整。

根据不同的刺激强度,可分为四种模式：

1. 传统经皮神经电刺激（normal TENS）　高频、短脉冲持续时间、低强度。多用于急性创伤性疼痛,应用时可尽量使用患者可承受的最大电流强度,可显著提高压痛阈限,达到最佳的镇痛效果。

2. 针刺样经皮神经电刺激（acupuncture-like TENS,ALTENS）　低频、长脉冲持续时间、高强度。多用于慢性疼痛的长期治疗。电流强度以患者疼痛耐受阈值为宜。

3. 爆发性经皮神经电刺激（burst mode TENS）　以低频率输出高频成串脉冲。

4. 短暂强刺激型经皮神经电刺激（brief intense TENS）　以高强度输出高频、长脉冲持续时间的脉冲。

经皮神经电刺激作为一种非侵入式的镇痛技术,广泛应用于临床,对慢性疼痛、癌痛、术后痛等有良好的辅助镇痛效果,也可通过联合药物的方式增强对偏头痛的治疗效果。

十、心理疗法

慢性疼痛时患者的心理表现尤其突出,因而心理因素在慢性疼痛治疗中发挥着重要作用。心理疗法过程中医务人员采用解释、鼓励、安慰和保证等手段,通过言语、表情、姿势、行为及周围环境帮助患者消除焦虑、忧郁和恐惧等不良心理因素,调动患者的主观能动性,增强机体抗病痛的能力。具体方法有正念疗法、行为疗法、认知疗法、心理动力学疗法（精神分析法）、生物反馈疗法、支持疗法、催眠暗示疗法等。

十一、中西医结合讨论

中西医对疼痛的病因、病理的理解各有不同,《黄帝内经》提出"不通则痛"的实痛病机学说,至明代温补学派提出"不荣则痛"的虚痛病机理论,构建了较为完整的虚实辨证体系。西医关于痛觉的理论有"闸门控制理论""内外侧通路理论""痛觉矩阵理论"等,是阐明痛觉信息如何从外周神经末梢传递到中枢引起疼痛的理论根据。虽然中医和西医对疼痛理论的探索有所不同,但都在试图寻找疼痛产生的根源和发生的内在机制。疼痛是个复杂的疾病或症状,是多种因素综合作用的结果,心理因素同样不能忽视。

中西医治疗疼痛均重视短期止痛与长期缓解的结合,西医根据阻断不同的痛觉传导路径来减轻痛感,从止痛药物的使用再到经由经皮神经电刺激、神经阻滞等途径来影响痛觉的传递,并配合其他物理疗法来治疗取效。中医根据疼痛的不同性质来寻找疼痛的病机,明确其证型,而后通过针灸、按摩、穴位注射等治疗手段,消除机体所产生的"痰湿""瘀血"等病理产物,调节气血运行,恢复脏腑功能,达到通则不痛、荣则不痛的干预效果。同时,对于伴有慢性持续性疼痛的患者亦宜采取心理干预,以达舒缓情志、调和气血之效,进而缓解患者的疼痛。

中西医结合治疗疼痛,建议重在治疗上的互相辅助、配合,以疾病和疼痛的缓解为核心,在诊断和辨证认识上不必强求一致,或受阻于孰为主次的争执,建议互相借鉴,力争形成新的认识乃至理论。

（王　刚）

第三节 术 后 镇 痛

手术后疼痛（postoperative pain）简称术后痛，是手术后即刻发生的急性疼痛，通常持续不超过 7 天。对于创伤大的胸外科手术和需较长时间功能锻炼的关节置换等手术，有时镇痛需持续数周。术后痛是由于术后化学、机械或温度改变刺激伤害感受器而产生的炎性疼痛，属伤害性疼痛。术后痛如果不能在早期被充分控制，则可能发展为慢性手术后疼痛（chronic postoperative pain），也可能转变为神经病理性疼痛或混合性疼痛。神经病理性疼痛是由感觉神经受损，导致外周与中枢神经敏化所引起的疼痛。研究表明小至腹股沟疝修补术，大到体外循环等大手术，都可发生慢性手术后疼痛，多为中度疼痛，亦可为轻或重度疼痛，持续痛达半年甚至数十年。良好的术后镇痛不仅可以减轻患者的痛苦，而且可以预防慢性手术后疼痛的发生。

一、手术后疼痛对机体的影响及术后镇痛的意义

手术后疼痛如未得到有效控制，可能对机体生理功能产生不良影响。作为医务人员要高度重视手术后疼痛对患者的心理和社会行为的影响，要关心术后患者，及时、有效地控制术后疼痛。

（一）手术后疼痛对生理功能的影响

急性手术后疼痛对患者病理生理的影响是多方面的，要认识术后镇痛治疗的临床意义，首先有必要了解疼痛对机体的影响。

1. 对神经内分泌系统的影响　急性手术后疼痛向中枢传送的伤害性刺激首先引起神经内分泌应激反应，包括下丘脑 - 垂体 - 肾上腺皮质系统和交感 - 肾上腺髓质系统的相互作用。急性手术后疼痛引起的神经内分泌反应使儿茶酚胺、皮质醇、血管紧张素、血管升压素、促肾上腺皮质激素、生长激素和胰高血糖素、醛固酮、肾素、血管紧张素 Ⅱ 分泌增加，而使胰岛素和睾酮等分泌减少，结果导致水钠潴留，血糖、乳酸、酮体和游离脂肪酸增加，导致氧耗增加、高分解代谢和负氮平衡。神经内分泌应激反应能影响机体其他部位有关的生理效应，包括心血管、呼吸、消化、代谢、凝血功能等多个器官系统和生理内环境的功能。

2. 对凝血系统的影响　急性手术后疼痛的应激反应可以使凝血功能增强，包括血小板活性和血浆黏性增加、纤溶功能降低，使机体处于一种高凝状态，甚至是术后深静脉血栓形成、心肌缺血和血管移植手术失败的主要原因。

3. 对心血管系统的影响　手术后疼痛兴奋交感神经系统，儿茶酚胺分泌增加，使全身血管收缩，心率加快，血压升高，心肌耗氧增加，在某些患者可能引起心肌缺血，甚至成为术后心肌梗死的重要诱因。醛固酮、皮质醇和血管升压素引起患者体内水钠潴留，在某些心脏储备功能差的患者可能引起充血性心力衰竭。

4. 对呼吸系统的影响　手术损伤后的伤害性感受器激活能触发有害的脊髓反射弧，使呼吸肌功能降低。尤其上腹部手术和胸外科手术后，膈神经兴奋的脊髓反射性抑制可导致术后肺功能降低。此外，水钠潴留可以引起血管外肺水的增多，从而又可导致患者的通气与血流灌注比值失常。在胸腹部手术的患者，疼痛引起的肌张力增加可以造成患者总肺顺应性下降，通气功能下降，这些改变又可能促使患者术后发生肺不张，因为疼痛使患者不能深呼吸和充分咳嗽，也是引起术后肺部并发症的重要因素。

5. 对胃肠道的影响　急性手术后疼痛引起的交感神经系统兴奋能抑制胃肠蠕动功能，

使术后胃肠功能恢复延迟。临床上患者可出现术后胃肠绞痛、腹胀、恶心、呕吐等症状。

6. 对免疫系统的影响　急性手术后疼痛的应激反应可以导致机体淋巴细胞减少、白细胞增多，单核吞噬细胞系统处于抑制状态，使得术后免疫抑制，患者对病原体的抵抗力减弱。

通常，应激反应的程度取决于患者所经历的手术的大小。手术创伤越大，手术伴随应激反应的不良影响越大，局麻下小的外周手术可能产生较小的病理生理改变；颅内手术引起的应激反应较小，因为颅内手术相对手术的范围较小，脑组织中缺乏疼痛感受器；胸腔和腹腔手术比起四肢手术可诱发更强烈的神经内分泌应激反应。

(二) 术后镇痛的意义

加速术后康复（enhanced recovery after surgery，ERAS），指采用一系列经循证医学证实有效的围手术期优化措施减少外科应激，加快术后康复。ERAS 利用现有手段对围手术期各种常规治疗措施加以改良、优化和组合，旨在减少外科应激，维持患者内环境稳定，加快术后康复，缩短住院时间。从 ERAS 概念提出到现在的十几年的发展过程中，ERAS 越来越被外科医生所接受并运用，同时针对不同的手术纷纷建立了相应的 ERAS 指南。手术后疼痛的治疗在 ERAS 中占有重要的地位，因为术后良好的镇痛是 ERAS 得以顺利进行的关键。

1. 提高患者的舒适度及满意度　手术后疼痛会造成患者紧张及焦虑，导致患者情绪波动，进而大大降低了患者的满意度和舒适度。而在无痛和较为舒适的状态下度过术后阶段会令患者及其家属满意，但这并不意味着只提供充足的镇痛药物，重要的是如何使药物镇痛恰好满足不同患者的需求，且副作用最小。而且，应提前做好患者的心理准备工作，尽可能使患者参与疼痛治疗方法的选择。一旦患者及其家属理解了医护人员为减轻其手术后疼痛所做的努力，他们的满意度则会大大提高。

2. 缩短术后恢复时间　目前，人们对积极术后镇痛的作用意见不一，一些研究证实积极术后镇痛（如硬膜外镇痛或静脉镇痛）能有效缩短术后恢复时间及住院时间，而有的研究认为即使进行积极术后镇痛，也对患者的恢复无明显促进作用。但是很多证据都表明在某些患者及某些手术后采取积极术后镇痛会带来显著的益处。例如：在接受开胸手术和开腹手术的术后患者，使用硬膜外镇痛可以明显改善患者的肺功能，特别是在那些原有肺部疾病的患者。肠道手术后的患者如果使用硬膜外镇痛，能明显缩短肠道排气时间及住院时间。

3. 加速患者功能恢复　术后镇痛旨在减轻患者手术后的疼痛，并提高患者自身防止并发症的能力。硬膜外镇痛已被证实可以提高大手术患者围手术期的安全性和出院率。术后镇痛可以减少应激性激素的释放，降低心率，防止高血压，减少心肌做功和氧耗量。对于心功能正常的患者，术后镇痛对左室射血分数影响不大；对于慢性稳定型心绞痛患者，术后镇痛可以明显改善左室射血分数和左室壁顺应性。在一些特殊情况下，如心绞痛患者和血管手术患者中，术后镇痛还可以减少心肌缺血和高凝状态的发生。对于关节手术后的患者，采用区域阻滞和镇痛方法可以促进早期功能锻炼和恢复。然而，使用阿片类药物和 NSAIDs 需要谨慎，以避免不良结果。因此，术后镇痛的关键是选择正确的方法，并正确使用。总之，积极有效地治疗手术后疼痛可以增加患者的舒适度并加速康复。

二、术后镇痛模式

术后镇痛有全身给药镇痛和局部镇痛。具体镇痛方法的选择应依据手术部位、手术大小、估计手术后疼痛程度和患者意愿等多种因素综合考虑，综合评价镇痛模式的风险和效果，个性化地选择最适合的镇痛方法和药物。

(一) 预防性镇痛

预防性镇痛是指从术前一直延续到术后一段时期的镇痛治疗，是采用持续的、多模式的镇痛方式,达到消除手术应激创伤引起的疼痛的目的,并防止和抑制中枢及外周的敏化,取得完全、长时间覆盖术前、术中、术后的有效镇痛手段。

(二) 多模式围手术期镇痛

多模式围手术期镇痛是指在整个围手术期联合应用作用不同的镇痛药、辅助药和镇痛技术,以应对不同机制产生的手术后疼痛,达到最佳的减轻手术后疼痛的疗效。多模式围手术期镇痛的原则包括:①术前、术中、术后镇痛;②多水平镇痛,即包括末梢、外周神经、脊髓水平、大脑皮质镇痛;③使用多种药物和镇痛技术;④联合方案中各种药物、技术的选择,充分利用各自的优点,避免缺点,注意平衡,使患者能早日活动、早日恢复肠道营养,缩短住院时间。

多模式围手术期镇痛的主要方式有:以神经阻滞复合非甾体抗炎药(NSAIDs)(无禁忌时)作为基础镇痛,重度疼痛时加用不同剂量的阿片类药物以及非药物镇痛方法。如:①硬膜外镇痛联合口服或肌内注射止痛药如 NSAIDs、曲马多等;②区域阻滞联合口服或肌内注射止痛药;③区域阻滞联合静脉镇痛;④术前口服或肌内注射止痛药,术中静脉给予止痛药,术后硬膜外或静脉镇痛。

多模式围手术期镇痛改变了传统治疗模式,被认为是高效术后康复的"临床途径"或"快通道"。多种药物和技术的联合应用要注意预防由于各种药物副作用的叠加可能导致的风险。此外,对不同手术、不同患者,个体化多模式围手术期镇痛方案还需要加强研究。需要根据患者康复需求选择镇痛方式。

三、术后镇痛常用药物

临床上常用的术后镇痛药物有局部麻醉药、非甾体抗炎药(NSAIDs)和阿片类药物等。

(一) 非甾体抗炎药

NSAIDs 是一类具有解热、镇痛作用,绝大多数还兼有抗炎和抗风湿作用的药物。按照化学结构,NSAIDs 分为水杨酸类、苯胺类、吡唑酮类、吲哚乙酸类、邻氨基苯甲酸类和芳基烷酸类。

非选择性 COX 抑制药:萘普生、氟比洛芬、双氯芬酸钠、萘丁美酮;COX-1 低选择性抑制药:布洛芬;COX-1 高选择性抑制药:阿司匹林、吲哚美辛、舒林酸、托美丁;倾向性 COX-2 抑制药:美洛昔康和尼美舒利;特异性 COX-2 抑制药:塞来昔布、罗非昔布、伐地昔布、帕瑞昔布、艾瑞昔布。NSAIDs 常用于超前镇痛,或与阿片类药物、非阿片类镇痛药以及区域阻滞组成多模式镇痛;亦可单独用于小手术术后镇痛。NSAIDs 有封顶效应,无耐受性和依赖性,禁用于有消化性溃疡、胃炎、肾功能不全、出血倾向病史的患者及 12 岁以下儿童。

(二) 阿片类药物

阿片类药物依然是治疗中至重度疼痛的最为重要的药物。手术后全身应用阿片类药物要维持血药浓度稳定在治疗范围内。治疗范围的血药浓度是指从药物发挥镇痛作用至出现药物毒性作用之间的浓度。全身应用阿片类药物的原则:首先给予足量的阿片类药物,以达到有效镇痛的血药浓度,然后间断规律小剂量给药,以维持稳定的最低有效镇痛血药浓度。

传统的给药方式多采用肌内注射间断给药。目前多采用的术后阿片类药物镇痛的方法是 PCIA,也可以采用 PCSA、PCEA 和 PCNA 等方法。

阿片类镇痛药的不良反应主要包括恶心、呕吐、便秘、组胺释放、瞳孔收缩、尿潴留和呼吸抑制。在术后镇痛治疗时,最危险的不良反应是呼吸抑制。故对所有用药患者,尤其在术后,应监测呼吸频率、深度、模式和脉搏氧饱和度,必要时采用纳洛酮进行对抗。

（三）其他镇痛药

NSAIDs 及阿片类药物在术后镇痛中应用较多，尤其是后者，但是这两类药物也存在各自的不良反应。因此，新的镇痛药物也逐渐被研制出来，近年来术后镇痛药物如曲马多、可乐定、氯胺酮、利多卡因、右美托咪定、加巴喷丁等也多有报道，主要用于协同镇痛和预防术后慢性疼痛。同时还有一些复合药物逐渐应用于临床，如氨酚羟考酮等。

（四）辅助药物

术后镇痛常用的辅助药物作用为防止恶心、呕吐、便秘，因此在镇痛过程中可以合用抗组胺药以及缓泻药物等。具体药物包括：甲氧氯普胺、昂丹司琼、托烷司琼、氟哌利多、地塞米松和番泻叶等。

四、术后镇痛的方法

（一）患者自控镇痛

患者自控镇痛（patient controlled analgesia，PCA）是 20 世纪 70 年代初由 Sechzer 提出的一种新的镇痛治疗方法。PCA 本质上是给药方式的改变，以适应患者的用药个体差异，降低医护人员的工作强度，同时能维持最低有效镇痛药物浓度，提高镇痛效果，减少不良反应。PCA 是目前术后镇痛的主要方式。

1. 给药途径及选择

（1）患者自控静脉镇痛（PCIA）：是应用最广泛、最主要的给药途径，可以方便地使用于外周静脉。PCIA 还可以滴定出最低有效镇痛药物浓度的用药量。

（2）患者自控硬膜外镇痛（PCEA）：适用于头面部以外手术后患者，镇痛效果确切，节段性好，但硬膜外导管不易保留也不能长时间保留是其不足之处。

（3）患者自控神经丛镇痛（PCNA）：适用于四肢手术，有利于患者早期活动。

2. 常用药物及其组合

（1）吗啡：为首选的最常用的药物，可通过静脉、皮下及硬膜外腔途径给药。

（2）芬太尼：为近年来广泛应用于 PCA 途径的阿片类药物，可经皮下、静脉、硬膜外腔或神经丛途径给药。

（3）罗哌卡因：为最常用的局部麻醉药，可通过硬膜外腔、神经丛途径给药。

（4）阿片类药物与 NSAIDs 合用：如芬太尼和氟比洛芬酯用于 PCIA，两者合用，既可增强镇痛效果，又可减少阿片类药物的用量及其不良反应的发生。

（5）阿片类药物与局部麻醉药：如芬太尼和罗哌卡因，主要用于 PCEA 和 PCNA。临床研究表明，阿片类药物能增强局部麻醉药的镇痛作用。

（6）阿片类药物与其他辅助用药：如芬太尼和止吐药昂丹司琼，两者合用，可以减轻阿片类药物引起的恶心呕吐。

（二）硬膜外镇痛及蛛网膜下腔给药镇痛

硬膜外镇痛和蛛网膜下腔镇痛是一种用于胸外科手术、腹部手术、盆腔手术和下肢手术后的镇痛方法。硬膜外置管是将导管放置在硬膜外腔，通过给药来实现镇痛。对于腹部手术患者，硬膜外置管镇痛在术后 72 小时内效果优于静脉镇痛。蛛网膜下腔镇痛可提供 24 小时以上的镇痛效果，不需要硬膜外置管的护理措施，并可作为术后唯一或辅助的镇痛方法。联合应用局麻药物和阿片类药物可以减少每种药物的剂量，同时减少不良反应的发生。对于结直肠癌术后患者来说，单次蛛网膜下腔镇痛联合静脉阿片类药物的效果优于单纯使用硬膜外置管镇痛，且术后住院时间更短、并发症发生率更低。尽管硬膜外镇痛在临床上效果良好，但由于外科的发展和早期康复要求的提高，以及术后抗凝药物的使用等挑战，其应用已逐渐减少。

（三）静脉镇痛

自 20 世纪 70 年代起，PCIA 被应用于临床，经过几十年的发展被认为是阿片类镇痛药的最佳给药方式。与传统按需镇痛相比，PCIA 能提供更好的镇痛效果，提高患者的满意度。PCIA 的药物以阿片类药物为主，适当配合镇静药、止吐药。可用的阿片类药物有阿片类受体激动剂吗啡、芬太尼、氢吗啡酮、阿芬太尼、舒芬太尼、美沙酮、羟吗啡酮和阿片类受体激动-拮抗剂丁丙诺啡、纳布啡和喷他佐辛。但最常用的是吗啡、芬太尼、舒芬太尼。此外，曲马多、氯胺酮、NSAIDs 等药物以及可乐定和右美托咪定等都可联合阿片类药物用于 PCIA。为了防止出现术后胃肠道反应，还可以加入 $5\text{-}HT_3$ 抑制药等止吐类药物。

（四）连续神经阻滞镇痛

随着超声和神经刺激定位仪的应用增加，神经阻滞在手术中的准确性得到提高。通过阻断手术创伤部位支配的神经可以实现镇痛效果，因此推荐使用周围神经阻滞作为一种高效且副作用较少的镇痛方法。具体的方法包括末梢神经浸润阻滞、臂丛神经阻滞、肋间神经阻滞和腰丛神经阻滞等。这种方法常用于大血管重建、再植手术和关节手术，也适用于不适合脊麻的患者进行术后镇痛。该方法的优点是简单安全，对心血管、呼吸肌和神经内分泌功能的影响较小，同时还能降低术后静脉血栓形成和出血的风险。然而，某些神经阻滞的实施可能存在一定的难度。根据手术部位的不同，可以选择不同的周围神经阻滞镇痛方法。

（五）口服药物镇痛

在临床上使用较少，主要用于非胃肠道小手术。如日间手术患者，一般使用非甾体抗炎镇痛药，主要用特异性 COX-2 抑制药，包括塞来昔布、罗非昔布、伐地昔布、帕瑞昔布、艾瑞昔布，疗程不超过 3 天。

五、手术后疼痛的管理

（一）目标

急性疼痛管理的目标是要达到：①最大限度地镇痛（术后即刻镇痛，无镇痛空白期；持续镇痛；避免或迅速制止突发性疼痛；防止转为慢性痛），提高患者的生活质量；②最小的不良反应，尽快达到出院标准；③最佳的躯体和心理功能（不仅安静时无痛，还应达到运动时镇痛），促进患者机体的恢复和功能的改善；④最好的患者满意度。

（二）管理模式和运作

有效的术后镇痛应由团队完成，成立全院性或以麻醉医师为主，包括外科医师和护士的急性疼痛服务（acute pain service，APS）小组，能有效提高术后镇痛质量。APS 工作范围和目的包括：①治疗术后痛、创伤和分娩痛，评估和记录镇痛效应，处理不良反应和镇痛治疗中的问题；②推广术后镇痛必要性的教育和疼痛评估方法，既包括团队人员培养，也包括患者教育；③提高手术患者的舒适度和满意度；④减少术后并发症。

良好的手术后疼痛的管理是保证术后镇痛效果的重要环节，在实施时应强调个体化治疗。APS 小组不仅要制订镇痛策略和方法，还要落实其执行，检查所有设备功能，评估治疗效果和副作用，按需做适当调整，制作表格记录术后镇痛方法、药物配方、给药情况、安静和运动（如咳嗽、翻身、肢体功能锻炼）时的疼痛评分（VAS 或 NRS）、镇静评分及相关不良反应。

（三）术后镇痛患者的监护

由 APS 小组麻醉护士负责术后镇痛的随访，及时了解镇痛效果和不良反应并记录。疼痛作为第五生命体征，以及术后并发症，病房护士也应该对患者的疼痛进行常规访视。

常见副作用的处理原则、镇痛药物、给药途径及给药方案参见中华医学会麻醉学分会制定的《成人手术后疼痛处理专家共识(2014)》。

(四) 术后镇痛宣传

APS 小组到病房巡视时应主动向患者、家属及医护人员宣传镇痛,介绍有关疼痛治疗的知识。与各科室主管医师、护士长保持联系,随时交流术后镇痛治疗情况,征求病房意见,改进工作。

第四节 癌 性 疼 痛

恶性肿瘤在其发展进程中,因肿瘤本身或其相关疾病引发的疼痛被称为癌性疼痛,简称癌痛。癌痛包含慢性疼痛,同时也存在急性疼痛,如暴发痛(break through pain,BTP)。癌痛不仅对患者的情绪和生活质量产生影响,而且持续且剧烈的疼痛可能致使患者及其家属决定放弃积极治疗,这不仅是医疗问题,更是社会问题。WHO 将控制癌痛列为攻克癌症综合规划中的四项关键工作之一,曾提出到 2000 年 "让癌症患者不痛" 的目标。我国地域辽阔、人口众多,癌症患病率持续攀升。据国家癌症中心 2024 年发布的报告,2022 年我国癌症新发病例达 482.47 万,世界人口年龄标准化发病率为 201.61/10 万,癌症死亡病例为 257.42 万,世标死亡率为 96.47/10 万。在全部癌症患者中,初诊癌症患者疼痛发生率约为 25%;晚期癌症患者疼痛发生率处于 60%~80% 之间,其中 1/3 的患者承受重度疼痛。由此可见,癌痛治疗工作依然是一项长期且艰巨的任务。

一、癌性疼痛的病因、评估与诊断

(一) 癌痛的病因

癌痛是多种原因形成的一个复杂的、反复出现的过程。目前认为癌痛分为三种情况,即癌症发展直接造成的疼痛、诊断和治疗癌症引起的疼痛、癌症患者并发其他疾病引起的疼痛。

1. 癌症发展直接造成的疼痛

(1) 癌瘤侵犯神经:癌细胞通过神经周围淋巴管或沿神经周围抵抗力较弱的部位浸润,并引起疼痛。对于疼痛机制的解释包括:神经纤维被绞窄;致痛物质的释放;营养神经的血管堵塞导致缺血。癌转移常以神经痛的形式出现,呈锐痛并放散到体表神经分布范围;当癌瘤浸润到特定神经丛时,疼痛部位不明确且持续剧痛。

(2) 硬膜外转移、脊髓压迫:乳腺癌、前列腺癌、肺癌、多发性骨髓瘤、恶性黑色素瘤、肾癌常导致硬膜外转移。硬膜外转移通常是邻近椎体的转移灶浸润至硬膜外腔引起的,少部分由腹膜后肿瘤、后纵隔肿瘤通过椎间孔浸润所致。硬膜外转移癌压迫脊髓时,疼痛局限在椎体附近,接近中线。肿瘤侵犯神经根时,出现神经根分布区域的锐痛、刺痛或放射痛,呈带状分布,若不治疗可导致脊髓压迫综合征。

(3) 癌瘤侵犯管腔脏器:恶性肿瘤引起管腔脏器功能障碍时,会产生特殊的疼痛表现,如无明确定位、剧烈的绞痛,周期性和反复发作,常伴有恶心、呕吐、冷汗。例如,胆道、胰管狭窄或阻塞常引起剧烈疼痛,子宫癌压迫输尿管也会引起难忍的疼痛。

(4) 癌瘤侵犯脉管系统:癌瘤压迫、堵塞或浸润动脉、静脉、淋巴管时会引起疼痛;静脉或淋巴回流受阻而造成明显肿胀时,致痛物质聚积引起疼痛;动脉闭塞导致局部缺血或坏死时常引起剧痛,若合并感染,则疼痛更加剧烈。

(5)癌瘤侵犯骨骼:无论是原发性骨肿瘤还是转移性骨肿瘤,都会产生难以忍受的疼痛。感觉神经末梢与痛觉有关,骨膜内、骨髓和中央管中也存在感觉神经纤维。骨性疼痛的原因主要是骨髓腔内压力变化和骨膜刺激。癌性骨痛的特点是钝痛、定位不明确且伴有深部压痛,除了骨骼本身的疼痛,邻近神经根和感觉神经的刺激也可导致体表性疼痛。

(6)癌瘤本身分泌致痛物质:癌瘤坏死崩解释放前列腺素、肽类等致痛物质,同时组织缺血、变性坏死、炎症或感染也会产生大量致痛物质,这些物质均可引发疼痛。

2. 诊断和治疗癌症引起的疼痛

(1)诊断性检查引起的疼痛:如骨髓穿刺术、腰椎穿刺术以及各种内(腔)镜检查等均可引起疼痛。

(2)手术后疼痛:手术损伤神经以及术后瘢痕形成微小神经瘤可致疼痛;瘢痕的牵拉、挛缩,以及癌瘤术后复发牵拉组织也可产生疼痛。

(3)放射治疗后疼痛:放射治疗致组织纤维化,压迫或牵拉神经和疼痛敏感组织,以及放疗后产生的神经炎、带状疱疹、黏膜炎、小肠炎、放射性肺炎、放射性骨坏死等均可引起疼痛。

(4)化学治疗后疼痛:主要是化疗药物的毒副作用引起的疼痛,如多发性神经炎、各种皮炎、黏膜炎、咽炎、食管炎以及周围神经病等均可引起疼痛。

(5)介入治疗后疼痛:各种有创的介入治疗技术均可产生疼痛,如经皮肝穿刺术、经皮动静脉穿刺置管术、椎管穿刺置管术、皮下埋置镇痛泵等均可引起疼痛。

(6)激素治疗后疼痛:激素治疗后疼痛又叫类固醇性假性风湿病,是指癌症患者在接受糖皮质激素治疗后,全身肌肉、肌腱、关节和骨头出现烧灼样疼痛,特别是肋间肌出现痉挛性疼痛,同时伴有全身不适、软弱无力和发热,有时还伴有心理和精神障碍。

(7)免疫治疗后疼痛:常见的免疫治疗后疼痛是指干扰素引起的急性疼痛,这种疼痛表现为发热、寒战、肌痛、关节痛和头痛。

(8)心理因素引起的疼痛:行乳房切除术或子宫全切除术后,患者因丧失本来的生理功能而产生自卑感;因病丧失工作能力、经济负担加重、与家族成员间的交往和社会交际也在逐渐消失,从而在心理上产生孤独感;此外,对治疗失去信心,恐惧死亡的不安情绪,终日处于焦虑、恐惧、孤独的环境中,这些都是增加疼痛的重要因素。

3. 癌症患者并发其他疾病引起的疼痛

(1)癌症合并感染:恶性肿瘤患者极易并发伴有疼痛的各种感染。常见的疼痛性炎症有鼻窦炎、肺炎、脑膜炎、尿路感染、皮肤感染、念珠菌性食管炎、真菌性肠炎、口腔或生殖器疱疹以及带状疱疹等。

(2)癌症合并慢性疼痛性疾病:癌症合并慢性疼痛性疾病是指患者在患有各种关节炎、筋膜炎、痛风、颈椎病、腰椎间盘突出症等疼痛性疾病的基础上再罹患癌症。这类疼痛夹杂癌性疼痛,使疼痛的性质变得更为复杂,治疗难度更大。

(3)癌症合并精神疾病:据不完全统计,晚期癌症患者 50% 合并有精神疾病,如抑郁、焦虑、情感障碍(恐惧、孤独、绝望、失眠、情绪低落等),这些精神疾病可能使癌痛加剧。

(二)癌痛的评估与诊断

癌痛是一种主观感觉,癌痛评估是合理、有效地进行镇痛治疗的前提。癌痛评估应当遵循"常规、量化、全面、动态"的原则。

1. 评估的原则及方法

(1)常规评估原则:医护人员需主动询问癌症患者是否有疼痛,并在入院后 8 小时内完成疼痛评估,将其列入护理常规监测和记录的内容。

(2)量化评估原则:通过疼痛程度评估量表来量化患者的主观疼痛感受,使用具体数字表示。重点评估最近 24 小时内患者最严重和最轻的疼痛程度以及通常情况下的疼痛程度。入院 8 小时内完成量化评估,常用的是数字分级评分法(NRS)。

(3)全面评估原则:对癌症患者进行全面评估,包括明确癌症诊断,了解疼痛的时间、部位、性质、程度、减轻或加重因素、对生活质量的影响以及治疗史等。同时进行体格检查和必要的辅助检查,注意排除其他与疼痛相关的急症情况。首次全面评估应在患者入院后 24 小时内进行,治疗过程中需要定期再次评估。

(4)动态评估原则:持续、动态评估疼痛患者的症状变化,包括疼痛程度、性质变化、暴发痛发作情况、疼痛减轻或加重因素以及药物治疗的不良反应等。动态评估对于药物剂量调整非常重要,需要记录用药种类、剂量、疼痛程度和病情变化。

(5)评估的方法:用于评估癌痛程度的评估方法与慢性疼痛程度的评估方法一样,临床上以 NRS 最为简单、直观、常用。

2. 癌痛的诊断　癌痛的诊断并不困难,完整的癌痛诊断包括:癌症诊断;疼痛原因(身体或心理 - 社会因素);疼痛部位和性质;疼痛程度。疼痛部位是诊断的重要线索,也是患者关注的重点。疼痛部位是病变部位的,多为躯体性疼痛或末梢神经介导的疼痛;而疼痛部位不是病变部位的,多是内脏性疼痛、中枢性疼痛或神经病理性疼痛,应当依据神经分布和内脏神经反射的区域来寻找病变部位。如腰椎转移引发的下肢疼痛,肝脏或胰腺肿瘤或转移引起的胸背疼痛。如果累及交感神经系统,则临床表现更为复杂,需要进一步鉴别诊断。肿瘤的性质和治疗经过对癌痛的发生和发展也有一定的影响,有些肿瘤容易发生不同部位的转移,如乳腺癌、肺癌、前列腺癌容易发生骨转移;消化系统肿瘤容易出现局部压迫和淋巴结转移,造成梗阻和缺血。影像学检查有助于肿瘤转移的诊断和确定解剖部位。骨转移的诊断主要依据影像学检查,灵敏度和特异度较高的有 CT 和 MRI;放射性核素骨扫描[如发射计算机断层显像(ECT)]是发现骨转移的敏感方法,但特异度不高,可作为骨转移的筛选检查。疼痛的性质可用于区分疼痛来源于机体的何种组织,详见疼痛的分类。而疼痛的程度,一方面可用于判断癌症的分期,往往晚期癌性疼痛程度都很严重;另一方面可用于判断治疗的效果,如果疼痛减轻,说明治疗是有效的。

二、癌性疼痛的治疗

(一)癌痛的治疗原则与目标

1. 癌痛的治疗原则　①应进行全面、系统的疼痛评估;②科学合理地选择与应用镇痛药物;③预防和处理药物引起的不良反应;④当药物治疗无效或效果不佳时,选择合适的非药物治疗方法。

2. 癌痛治疗的目标　癌痛治疗的目标是持续、有效地缓解疼痛,减少药物的不良反应,减轻疼痛及治疗所致的心理负担,提高生活质量。有效控制疼痛的标准是:①NRS ≤ 3 或达到 0;②24 小时暴发痛次数 ≤ 3 次;③24 小时需要解救药的次数 ≤ 3 次;④或者达到无痛睡眠、无痛休息、无痛活动。

(二)癌痛的药物治疗

癌痛是可以控制的。药物治疗是控制和治疗癌痛最基本、最主要的治疗方法。据临床统计,70%~90% 的癌痛可以通过口服药物得到有效控制。药物治疗具有显效快、疗效好、作用肯定、安全性高和经济等优点,普遍为癌痛患者所接受。

癌症三阶梯镇痛治疗原则

1982 年,WHO 癌症疼痛治疗专家委员会经科学论证后达成共识,一致认为合理使用现有的药物和知识,可以控制大多数癌症患者的疼痛。1986 年,WHO 发布《癌症三阶梯镇

痛治疗原则》,建议在全球范围内推行癌症三阶梯镇痛治疗方案。1990 年,我国卫生部与
WHO 癌症疼痛治疗专家委员会的专家合作,正式开始在我国推行 WHO 癌症三阶梯镇痛治
疗方案。

大量的国内外临床实践证明,严格按照"三阶梯疗法"进行规范化治疗,可以有效地缓
解和控制癌症患者的疼痛,提高他们的生活质量。癌痛药物治疗的五个基本原则是:①首选
无创(口服、透皮等)给药;②按阶梯给药;③按时给药;④个体化给药;⑤辅助用药。

(1)首选无创(口服、透皮等)给药:口服药物无创、方便、安全、经济。其他无创性给药途
径包括透皮贴剂、直肠栓剂、口腔和鼻黏膜喷剂、口含服剂等。

(2)按阶梯给药:镇痛药物的选择应根据控制疼痛的需要逐渐由弱到强。根据 WHO 癌
性疼痛治疗指导原则,人为地根据镇痛药物作用的强度和性质将镇痛药物划分为三级阶梯,
规范了用药,增强了镇痛效果,减轻了不良反应,提高了患者对镇痛药物的依从性。WHO 经
典的三阶梯用药方案:①轻度疼痛:主要用 NSAIDs,以阿司匹林为代表,为第一阶梯用药,
必要时加其他辅助药物;②中度疼痛:主要用弱阿片类药物,以可待因为代表,为第二阶梯
用药,必要时加 NSAIDs 或其他辅助药物;③重度疼痛:主要用强阿片类药物,以吗啡为代
表,为第三阶梯用药,必要时加 NSAIDs 或其他辅助药物。

由于各国用药习惯及药品来源的差异,各国执行"三阶梯疗法"的具体用药是不同的。
目前我国疼痛临床常用药物为:第一阶梯多选用双氯芬酸钠;第二阶梯常用曲马多;第三阶
梯除选用吗啡外,还常用羟考酮、芬太尼。

近年来,在第三阶梯治疗方案上又增加了以介入治疗(有创治疗)为主的第四阶梯治疗,
或称之为改良第三阶梯。当用第三阶梯的药物和方法后仍无法控制癌痛患者的疼痛时,应
选用第四阶梯。第四阶梯的主要治疗方法有神经阻滞疗法、神经射频疗法、脊髓电刺激、鞘
内输注阿片类药物以及介入治疗等。

(3)按时给药:根据时间药理学原理,按时用药能维持平稳、有效的血药浓度,有利于持
续有效地镇痛,减少药物的不良反应。

(4)个体化给药:癌痛个体对麻醉性镇痛药的剂量、疗效、不良反应有较大的差异,因此
需要个体化选择药物,个体化滴定药物剂量。

(5)辅助用药:使用催眠药和抗焦虑药提高患者的生活质量。

癌痛治疗前应有一定的时间对患者及其家属进行癌痛治疗的知识宣教,主要内容有:
有癌痛应及时镇痛;用于癌痛的阿片类药物不会"成瘾";如何进行疼痛程度的评估;了解镇
痛药物的作用与不良反应及其处理;如何提高用药依从性等。注意具体细节的目的是监测
用药效果及不良反应,及时调整药物剂量,提高镇痛治疗效果,减少不良反应的发生。

(三) 癌痛的神经阻滞与介入治疗

多数癌痛患者严格按三阶梯治疗原则治疗后,疼痛往往得到明显的控制。但是,临床上
仍有 10%~30% 的癌痛患者因镇痛效果不满意,或因不能进食,或有药物禁忌证,或不能耐
受镇痛药等原因,无法充分接受"三阶梯疗法",需要使用三阶梯以外的治疗方法,如神经阻
滞治疗、神经调控治疗和介入治疗等。

1. 神经阻滞疗法

(1)周围神经阻滞:周围神经阻滞常用药物为长效局部麻醉药、神经破坏药,也有使用医
用三氧(O_3)或超氧化水治疗的,但远期效果仍在评估中。

(2)硬膜外腔神经阻滞:根据疼痛部位选择相应的穿刺点,可单次注药,亦可留置硬膜外
导管行间断或连续注药,或使用 PCEA 方法给药。

(3)蛛网膜下腔神经阻滞:用药同周围神经阻滞。目前临床上多使用由电脑程序控制的

镇痛泵,经蛛网膜下腔连续给药进行持续镇痛。

(4)交感神经阻滞:星状神经节阻滞常用于头颈部癌痛的治疗;腹腔神经丛阻滞多用于腹部癌痛的治疗;腰交感神经节阻滞则用于下肢癌痛的治疗。交感神经阻滞用于癌痛治疗,其效果优于周围神经阻滞。

2. 神经射频治疗 可选用脉冲射频和连续射频对支配疼痛区域的神经进行热凝和毁损。

3. 脊髓电刺激疗法 脊髓电刺激疗法(spinal cord stimulation,SCS)最初用于治疗慢性顽固性神经源性疼痛,目前也越来越多地应用于癌痛的治疗。

4. 鞘内药物输注系统疗法 鞘内药物输注系统(intrathecal drug delivery system,IDDS),临床上简称脊髓吗啡泵,是治疗癌痛和慢性顽固性疼痛的终极方法之一,对许多其他镇痛方法不能缓解的疼痛,该方法具有较理想的疗效。IDDS 安装技术与蛛网膜下腔神经阻滞的穿刺技术相同,当蛛网膜下腔穿刺成功后,将一特殊导管一端放置于蛛网膜下腔,另一端通过皮下隧道方式与系统的可编程自动给药泵连接,然后植入患者皮下,泵内有储药器,可储存吗啡、氢吗啡酮、芬太尼等药物。泵的输注系统可自动将药液经导管持续、缓慢、匀速地输注到蛛网膜下腔的脑脊液中。这种方法使用微量药物即可获得满意、有效的镇痛效果,以吗啡为例,口服用药与蛛网膜下腔用药之比为 300∶1,极大地减少了大量口服药物带来的不良反应。储药器可反复加药,可使用体外遥控器来调节药液的速度。

(四) 癌痛的患者自控镇痛治疗

PCA 最初用于手术后疼痛的治疗,近年来也越来越广泛地应用于癌痛的治疗。

1. 适应证 PCA 在癌性疼痛患者中应用的适应证主要包括两方面,即患者不能经口服用药和口服药物已不能有效地控制疼痛,具体有以下几种情况。

(1)吞咽困难和胃肠道功能障碍:晚期癌症患者可能因上消化道梗阻或腹腔转移而出现吞咽困难和胃肠道问题。

(2)难以控制的晚期癌痛:长期口服镇痛药产生的耐药性,是癌痛治疗中常常遇到的问题。此外,晚期癌症的复发转移使癌痛逐渐加重,此时口服药物已不能有效地缓解疼痛,常需要调整治疗方案和联合其他治疗方法。

(3)口服阿片类药物不良反应明显,患者难以耐受:部分癌痛患者应用阿片类药物时,由于胃肠道功能紊乱,出现剧烈的胃肠道反应。另外,由于个体差异或体质衰弱,患者出现严重的难以忍受的不良反应。还有极少数患者合并有肺源性心脏病、肺部感染、支气管哮喘等疾病,吗啡等药物可能诱发胸闷、气喘、气短,甚至哮喘等不适症状,因此需要调整药物种类和给药途径。采用 PCA 的方法,经皮下或静脉途径给药,在控制疼痛的同时,能明显减少这些不良反应的发生。

(4)出现顽固性剧烈性神经痛:PCA 可以用于肿瘤侵犯神经丛导致的神经痛,如肺癌、乳腺癌锁骨上转移压迫臂丛神经,采用 PCA 进行持续臂丛神经阻滞,可以有效地控制疼痛,明显减少阿片类药物的使用,优于全身使用镇痛药的方法。

2. 给药途径及选择

(1)患者自控静脉镇痛(PCIA):是应用最广泛、最主要的给药途径,可以方便地用于外周静脉和中心静脉。PCIA 还可以滴定出最低有效镇痛药物浓度的用药量,然后改用其他给药途径。PCIA 的适应证有:①全身有两处以上疼痛,现有的镇痛方法不能有效地缓解疼痛的患者;②胃肠道功能紊乱已不能口服镇痛药物的患者;③生存期较短的晚期癌痛患者;④癌症患者的急性疼痛,需紧急控制疼痛,可以通过静脉给药途径快速滴定镇痛,然后进行自控镇痛。

(2)患者自控皮下镇痛(PCSA):多用于需长期胃肠道外给药的癌痛患者,其管理较静脉给药途径简便,并发症也较静脉途径少。PCSA 药物的生物利用度是静脉给药的 80%,临床上多经过静脉给药,控制疼痛后,改用皮下给药途径。但应注意使用 PCSA 时应定期(7~10日)更换皮下针头的放置部位,以免吸收不良造成镇痛不足。此外,对皮下组织有刺激的镇痛药物如哌替啶不能用于 PCSA。

(3)患者自控硬膜外镇痛(PCEA):适用于头面部以外的癌痛患者,镇痛效果确切,节段性好,但硬膜外导管不易保留也不能长时间保留是其不足之处。

(4)患者自控神经丛镇痛(PCNA):是指通过神经丛鞘或神经根鞘给药的 PCA 方法,适用于治疗顽固性、疼痛剧烈的神经源性疼痛,如经臂丛神经鞘行 PCNA 治疗上肢癌痛。

3. 常用药物及其组合

(1)吗啡:为首选的最常用的药物,可通过静脉、皮下及硬膜外腔途径给药。

(2)芬太尼:为近年来广泛应用于 PCA 途径的阿片类药物,适用于对吗啡产生耐药的癌痛患者,可经皮下、静脉、硬膜外腔或神经丛途径给药。

(3)罗哌卡因:为最常用的局部麻醉药,可通过硬膜外腔、神经丛途径给药。

(4)吗啡、芬太尼和咪达唑仑合用:适用于烦躁不安,不能入睡的患者。但应注意药量需逐渐增加,达到疗效后维持用药。

(5)吗啡和氯胺酮合用:适用于剧烈的顽固性癌痛患者,尤其是合并有神经病理性疼痛的患者。使用时应注意控制氯胺酮的剂量,以免引起交感神经兴奋以及神志改变。

(6)阿片类药物与 NSAIDs 合用:如芬太尼和氟比洛芬酯用于 PCIA,两者合用,既可提高镇痛效果,又可减少阿片类药物的用量及其不良反应的发生。

(7)阿片类药物与局部麻醉药:如芬太尼和罗哌卡因,主要用于 PCEA 和 PCNA,临床研究表明,阿片类药物能增强局部麻醉药的镇痛作用。

(8)阿片类药物与其他辅助用药:如吗啡和止吐药昂丹司琼,两者合用,可以减轻阿片类药物引起的恶心呕吐。

(五) 癌痛的中医治疗

癌痛,尤其是晚期癌痛,属于中到重度疼痛。中医中药在抑制癌痛方面也有作用。第一,抑瘤止痛,可以用中药或者外敷的方法消瘤,等瘤体缩小,对局部的压力减轻了,疼痛在一定程度上可以得到缓解;第二,可以用火针止痛,通过火针在瘤体周围围刺,可以减轻局部的疼痛;第三,口服活血通络的中药,对于癌痛也有一定作用。

(六) 癌痛的其他治疗

癌痛是总痛(total pain),即癌症患者的疼痛不仅是生理症状,更是融合了心理、社会、精神等多维痛苦的综合性体验。这一理念突破了传统医学对疼痛的单一认知,强调需从整体角度干预癌痛。因此,除上述治疗方法外,癌痛的其他治疗方法还有心理治疗、化学治疗、放射治疗、激素治疗、物理治疗等,下面主要介绍心理治疗、化学治疗和放射治疗。

1. 心理治疗 心理治疗在癌痛治疗中占有极其重要的地位。据统计,大约91.3%的肿瘤患者存在不同程度的心理障碍,焦虑评分和抑郁评分均高于正常人。癌痛是患者身体与心理、社会因素的总和,故在治疗癌痛患者身体疼痛之前或同时,必须帮助患者解决心理和社会问题,才能取得良好的镇痛效果。

(1)常用评价方法:抑郁自评量表(self-rating depression scale,SDS):SDS 含有 20 个项目,为四级评分法;Hamilton 焦虑量表(Hamilton anxiety scale,HAMA):HAMA 由 Hamilton 于 1959 年编制,是精神科临床中常用的评价量表之一,包含 14 个项目,所有项目采用 0~4 分的五级评分法,各级的标准为:0 分为无症状;1 分为轻;2 分为中等;3 分为重;4 分为极重。

（2）常用治疗方法

1）以语言为主的心理治疗：有支持性心理治疗和认知疗法。

2）操作性心理治疗：操作性心理治疗主要是指行为疗法，是以减轻或改善患者的症状或不良行为为目标的一类心理治疗技术的总称。

（3）适应证：无肿瘤直接造成的疼痛征象的患者；年老体弱的癌痛患者；应用镇痛药物不良反应严重的患者；严重癌痛患者。

（4）常用药物：①抗抑郁药：如阿米替林、三唑酮；②抗焦虑药：如地西泮、丙米嗪。

2. 化学治疗

（1）方法：根据不同的癌症，选择不同的化疗方案。如肝癌痛用氟尿嘧啶（5-FU）＋多柔比星（ADR）＋丝裂霉素（MMC）；肺癌痛用多柔比星（ADR）＋长春新碱（VCR）＋环磷酰胺（CTX）；胃肠道和胰腺癌痛用 20（S）- 原人参二醇（PPD）＋氟尿嘧啶（5-FU）＋依托泊苷（VP-16）；鼻咽癌和喉癌痛用 20（S）- 原人参二醇（PPD）＋丝裂霉素（MMC）＋氟尿嘧啶（5-FU）；宫颈癌痛用 20（S）- 原人参二醇（PPD）＋氟尿嘧啶（5-FU）。

（2）适应证：肝癌、胃肠道和胰腺癌、鼻咽癌、喉癌、宫颈癌、恶性淋巴瘤、乳腺癌、绒毛膜上皮癌、小细胞肺癌、睾丸癌、卵巢癌、多发性骨髓瘤或白血病等引起的疼痛。

（3）禁忌证：白细胞总数或血小板计数显著降低者；肝、肾功能严重异常者；心功能障碍者，不选用蒽环类抗肿瘤药；一般状况衰竭者；有严重感染的患者；有精神病不配合治疗者；食管、胃肠道有穿孔倾向的患者；妊娠期妇女，可先做人工流产或引产后再进行；对所用抗肿瘤药过敏者。

（4）注意事项：治疗中应根据病情变化和药物不良反应，随时调整治疗用药以及进行必要的处理；治疗过程中密切观察血常规、肝肾功能和心电图变化，定期行血常规检查（包括血红蛋白、白细胞和血小板计数），一般每周检查 1~2 次，当白细胞和血小板计数降低时，则每周检查 2~3 次，直到化疗疗程结束后血常规恢复正常为止。肝肾功能于每周期前检查 1 次，疗程结束日检查 1 次。心电图则根据情况复查。年龄 ≥65 岁，一般状况较差者应酌情减量；骨髓转移者应密切观察病情；既往化疗、放疗后骨髓抑制严重者，用药时应特别注意；全骨盆放疗后的患者应注意血常规，并根据情况掌握用药；严重贫血患者应先纠正贫血再化疗。

3. 放射治疗

（1）方法：①体外远距离照射（外放射）：放射源位于体外一定距离，集中照射人体某一部位，如使用直线加速器、^{60}Co 治疗机等；②近距离照射（组织间放疗或腔内放疗）：将放射源密封直接放入被治疗的组织内或人体的天然腔内，如鼻咽腔、食管、直肠、宫颈，常用的放射源有 ^{60}Co、^{192}Ir 等。

（2）适应证：骨转移性癌痛，脑转移性癌痛，脊髓压迫性癌痛。

（3）禁忌证：一般情况差，不能耐受放疗者；伴有多器官功能衰竭者；伴有癌性胸腔积液、腹水、心包积液者；伴有严重感染者；食管或胃肠道有穿孔倾向者；白细胞总数低于 4.0×10^9/L 或血小板计数低于 1×10^{11}/L 者。

（4）注意事项：①在放疗中要定期复查血常规，观察白细胞及血小板的变化，若低于正常值，则应停止放疗，给予相应处理，待这些指标恢复正常后方可继续治疗。②在放疗中要密切观察患者的病情变化，如遇病情加重，则应重新核对资料、放射野、剂量，及时修订放疗方案。如果病情发展则应停止治疗，改用其他治疗方法。③在制订放疗计划时，要充分考虑到肿瘤周围正常组织的耐受量，在照射肿瘤的同时要最大限度地保护正常组织，避免造成损伤,给患者带来不必要的痛苦。④对于年龄≥70岁的老年患者或儿童,放疗剂量应酌减。

(七) 常见癌痛综合征与顽固性癌痛的治疗

1. 常见癌痛综合征的治疗

(1)暴发痛:暴发痛是指使用阿片类药物治疗的患者在稳定的疼痛形式(持续痛)的基础上出现的短暂而剧烈的疼痛发作。据统计,在全部肿瘤患者中暴发痛的总体发生率为65%。

1)临床表现:①通常发生在相同的部位;②发作频率约为4次/d;③持续时间一般较短,40%~50%被发现是阵发性的,持续15~30分钟;④疼痛剧烈,约92%是重度以上;⑤不可预测,约59%的患者不能事先知道;⑥治疗效果很不理想,约75%的患者对暴发痛的控制不满意。

2)治疗:应用口服吗啡、羟考酮即释片控制暴发痛,每次所用剂量为每日固定剂量的10%~20%。如每日暴发痛和用即释片次数超过4次,将所用即释片剂量折算为控释片剂量按时用药。对于暴发痛频发,用药物控制不理想的住院患者,PCA是理想的治疗方法,可采用PCSA、PCIA。

(2)骨转移性疼痛:骨转移性疼痛是指原发性癌症转移到人体的骨骼系统而产生的疼痛。最常见的转移部位是脊柱(胸腰椎)、骨盆和长骨骨干。骨转移性疼痛主要使用镇痛药物治疗,但不少患者单用镇痛药仍然达不到满意的镇痛效果。对于这些患者,一体化综合镇痛治疗不仅能提高骨转移性疼痛的镇痛治疗效果,还能降低病理性骨折、神经压迫的发生率。骨转移性疼痛的治疗方法主要有放射治疗和药物治疗。

1)放射治疗:姑息性放射治疗是骨转移性疼痛治疗的有效手段。其主要作用是控制疼痛,减少病理性骨折的发生。骨转移性疼痛放射治疗的体外放射常用剂量及分割方法有3种:每次300cGy,共10次;每次400cGy,共5次;每次800cGy,单次照射。3种照射方法治疗骨转移性疼痛的效果及耐受性相似。骨转移性疼痛单次照射技术已取得较肯定的疗效,该方法尤其适用于活动及搬运困难的晚期癌症患者。放射治疗镇痛显效需要一定的时间。因此,在放射治疗显效前,应根据患者疼痛程度继续给予镇痛药物治疗。

2)镇痛药物治疗:骨转移病灶区的破骨细胞活性增高,局部前列腺素及炎症因子增多是导致疼痛剧烈的原因之一。因此,骨转移性疼痛的镇痛药物治疗时,最好使用非甾体抗炎药,如双氯芬酸钠和塞来昔布。

3)双膦酸盐类药物治疗:双膦酸盐类药物具有明显抑制破骨细胞活性、减少骨吸收的作用,骨转移性疼痛患者使用双膦酸盐类药物,可以有效地减轻疼痛,减少病理性骨折的发生。常用药物有阿仑膦酸钠、伊班膦酸钠等。

(3)内脏性疼痛

1)特点:内脏痛缓慢、持续、定位不清楚、对刺激的分辨能力差;切割、烧灼等不能引起内脏痛,而机械性牵拉、缺血、痉挛和炎症等刺激则能引起剧烈的内脏痛。

2)治疗原则:祛除或减少导致内脏性疼痛的病因及诱因;联合用药,应联合NSAIDs、阿片类药物、解痉药和肌肉松弛药进行治疗;综合治疗,包括调整给药途径,药物轮换,NSAIDs、阿片类药物、解痉药、抗抑郁药和抗惊厥药的联合应用,必要时实施介入治疗。

(4)神经病理性疼痛:晚期癌痛往往合并有神经病理性疼痛。

2. 顽固性癌痛的治疗 顽固性癌痛是指使用WHO的三阶梯癌痛治疗方案后,仍不能有效控制的癌痛。临床上,约15%的癌症患者表现为顽固性癌痛。三阶梯癌痛治疗方案是癌痛治疗的基本方法,但该方法没有充分考虑疼痛的不同机制和不同性质,也没有考虑患者的心理因素,这些都是其存在的缺陷。癌症患者的疼痛多系伴发了神经病理性疼痛、内脏性疼痛、骨转移性疼痛、有交感神经参与的疼痛综合征,或出现多源性、多部位性疼痛,或出现了治疗中的矛盾,如患者出现了消化、呼吸、循环、泌尿系统的功能异常而不能采用三阶梯治疗方案,或有明显的心理因素导致疗效不尽如人意。因此,顽固性癌痛需要采用综合治疗(多模式镇痛),包括药物的联合使用和治疗方法的联合使用。顽固性癌痛的治疗原则如下:

(1)增加镇痛药物的剂量:由于阿片类药物没有封顶效应,对于镇痛效果不佳者,可以增加剂量来达到满意的治疗效果。此外,当剂量增加过快、过大而疗效还不尽如人意时,应更换其他制剂。非阿片类镇痛药物也可以通过增加剂量来增强镇痛效果,但有量的限制。

(2)阿片类药物的轮换使用:长期应用一种阿片制剂,需要不断地增加剂量,如果剂量增加过快,疗效增加不明显,且不良反应增加时,应当考虑更换另一种制剂。

(3)改变给药途径:对于无法经口服给药的患者,包括口咽部肿瘤,食管梗阻,胃肠道不能消化和吸收,严重的恶心、呕吐,患者意识不清,药物副作用明显,患者嗜好非经口给药,发生暴发痛等,应当改用其他途径给药。

(4)采用 PCA 方法:使用 PCA 后,患者可以根据疼痛感受程度自行追加药量,达到有效的镇痛效果。给药的途径包括静脉、皮下、硬膜外腔和神经丛。具体使用见本章第二节慢性疼痛的中西医治疗。

(5)联合用药

1)原则:镇痛作用相加或协同,不良反应不相加或互相拮抗,药物最好作用在不同时间点、不同镇痛途径或不同受体上。

2)"黄金搭档":是指同时联合使用非甾体抗炎镇痛药、阿片类镇痛药、抗惊厥药、抗抑郁药、N- 甲基 -D- 天门冬氨酸(NMDA)受体拮抗剂、激素类药物、镇静催眠药物、抗焦虑药等。

(6)多模式镇痛:在联合用药的基础上再联合其他治疗方法,包括神经阻滞疗法、神经调控治疗、介入治疗、手术治疗、物理治疗、心理治疗和社会支持等。

(刘 庆)

复习思考题

1. 术后镇痛的主要方式有哪些?
2. 针灸镇痛的主要机制是什么?
3. 癌痛药物治疗原则有哪些?
4. 癌痛三阶梯给药方案是什么?
5. 简述对"成瘾性"的正确理解。
6. 为什么芬太尼透皮贴剂不适合用于治疗中至重度慢性疼痛?

ER-13-3

扫一扫
测一测

ER-14-1

PPT 课件

ER-14-2

中西医结合
微创诊治
理念

◆◆◆ 第十四章 ◆◆◆

外科微创技术

　　外科手术在切除病变的同时必然会对机体的局部或全身造成不同程度的损伤与破坏,甚至引起严重并发症而导致死亡。因此,要减少手术操作对机体造成的过度损伤与不良后果,"微创"技术一直是外科医生所努力追求的最高境界。

一、微创的基本概念

　　目前"微创"仍没有统一的定义与标准。从理论上讲,微创是指把手术对人体局部或全身的损伤控制到最小的程度,而又能取得最好的治疗效果,诸如损伤控制外科、功能保护外科、钥匙孔外科和加速术后康复外科等。实际上,外科"微创"的概念范围大于外科技术本身,"微创"更涉及医疗过程中"整体治疗观念"的人文关怀与关爱。当然,历代外科学家曾反复强调手术过程中应该尽量保护正常的机体组织结构,使其不受损伤与破坏,要求手术时不用有损伤的钳、镊夹持或牵拉内脏或组织,不用粗线做大块组织的结扎;能用简单的手术达到治愈疾病者绝不采用更大而复杂的手术方法;强调手术切口应选择在最接近病变的部位,在满足充分显露病变的前提下,争取采用小切口,不要随意扩大切口。诸如此类,都属于外科手术的"微创"范畴,长期以来一直是外科学必须遵循的基本原则。然而,随着时代的前进与人类文明的进步,以及现代科学技术的迅猛发展,特别是现代科技所带来的先进医疗设备和器材,如超声、CT、MRI、数字减影血管造影(DSA)、正电子发射计算机体层成像(PET-CT),伽马刀、X 刀、粒子束刀,各种腔镜和内镜、机器人手术系统,各类手术电凝刀、水刀、超声刀和各种手术材料等的临床广泛应用,使外科"微创"技术所涉及的领域更加广泛,手术的方式更加繁多,手术技巧的要求也就越来越高。

二、微创的基本要素

　　微创包含微创医学(minimally invasive medicine,MIM)与微创外科技术(minimally invasive surgery,MIS)。

　　微创医学(MIM)是将社会人文思想与医学微创理念融为一体的现代医学观念。社会人文思想强调医学要以人为本,患者至上,治病过程中要从人文关怀出发,在不违背医疗原则的基础上,确立以患者为中心的医疗方案,促进其心身全面康复;医学微创理念则强调在诊断与治疗疾病的全过程中,尽可能减少对机体内环境稳定性的破坏。

外科微创技术包括已应用于外科各个领域的腔镜外科技术、内镜外科技术和介入外科治疗技术。但要强调的是,虽然现代科技给当今医学带来了各种各样的先进医疗设备与器械,医学界也开辟了很多以往难以想象的治疗手段与方法,但是,由于医学是一门与社会人文及自然科学息息相关的学科,具有一些一般自然科学所不能解决的极其困难的问题,特别是医患间的信任与沟通一直影响着治疗效果,甚至可因医患双方对医学这门科学理解的不一致与沟通不良而造成纠纷,导致精神上的创伤。这应该是当今强调微创技术临床应用过程中随时都应注意的。此外,手术方法的改进与变革绝不意味着就是"微创",因为手术本身就是一把双刃剑,要取得任何手术的成功与达到预期的效果,医者就必须充分发挥其技术和智慧。否则,上述微创技术临床应用一旦失败,其后果可能更加严重。如腹腔镜胆囊切除术并发肠管、胆管损伤就是典型的例子,应引起重视。

第一节 内镜外科技术

一、概述

1795 年德国医生 Bozzini 将细铁管插入患者直肠以观察直肠病变,并于 1805 年最早提出了内镜的设想。早期内镜多属于硬式内镜,灵活度差,仅用于诊断。经过 200 多年的发展,内镜系统已经相当完善,并已成为临床医学的诊断和治疗方法。内镜外科(endoscopic surgery)技术是指将内镜通过人工建立的通道或人体正常通道送到或接近体内病灶处,在 X 线透视和超声辅助或在内镜直视下,对局部病灶进行观察、止血、切除、清除、引流或重建通道等手术,以达到明确诊断、治愈疾病或缓解症状的目的。

根据内镜的结构特点,内镜可分为刚性硬质内镜、软性内镜两种。刚性硬质内镜具有结构简单、操作方便、不易受损等优点,但其不能随意调节观测方向。软性内镜一般有多个腔道,术者可经腔道进行多种操作,如活检、切除、取石等。按学科分类,内镜可分为消化内镜、胸腔镜、腹腔镜、胆道镜、支气管镜、膀胱镜、输尿管镜、肾盂镜、宫腔镜、关节镜、脑室镜、鼻咽镜、血管镜及心脏内镜等,其中消化内镜应用较广泛;按其功能和技术难度又可分为胃肠系统消化内镜(食管镜、胃镜、结肠镜等)、胆胰系统消化内镜(十二指肠镜、子母胆道镜、胰管镜等)、泌尿系统内镜、妇科系统内镜等。虽然分类如此复杂,但不同专业学科的内镜在手术技巧、器械应用和操作方法等方面却具有共性。

内镜手术有别于传统外科手术,它是使内镜前端抵达患者体内的病灶部位,在内镜直视下进行治疗操作的手术。内镜治疗可以有效地解决内科保守治疗难以解决的问题,如胃镜处理急性食管胃静脉曲张出血。同时内镜手术可在明确诊断的同时进行治疗,如采用十二指肠镜行内镜逆行胰胆管造影术(endoscopic retrograde cholangiopancreatography, ERCP)可以治疗急性梗阻性化脓性胆管炎等。这些微创外科手术具有快速、高效、安全、对患者损伤小、患者病死率低和总医疗费用低等优点,为急诊危重患者提供了更加有效的治疗手段。

二、设备与器械

内镜外科的基本工具包括三部分:内镜系统、手术设备和手术器械。

ER-14-3
胃镜(胃癌)

ER-14-4
胶囊内镜
(胃黏膜及
小肠黏膜)

ER-14-5
染色内镜
(食管早癌)

ER-14-6
电子染色
(慢性萎缩
性胃炎伴
糜烂)

ER-14-7
双气囊小
肠镜

ER-14-8
肠息肉肠镜
活检

(一) 内镜系统

该系统包括内镜、主机 - 光源系统和内镜监视器。内镜具有 1 个或 2 个工作通道,不同用途内镜的通道内径有所不同。超声内镜的镜端安装有一个微型超声探头,既具有内镜的基本结构和功能,还能同时进行局部超声检查,由此可观察到病灶或器官表面(内镜直视)和深部管壁及邻近结构(超声扫描)。超声内镜不仅可以进行诊断,同时也可以在超声引导下完成内镜治疗。

(二) 手术设备

不同内镜手术所用的设备可以不同,基本的设备是高频电刀,其他设备有射频氩气刀、液电碎石器及其辅助手术用的器械等。

(三) 手术器械

主要有各种类型的抓钳、活检钳、剪刀、多连发曲张静脉结扎器、注射针、息肉圈套器、狭窄扩张器、导丝、囊肿穿刺器、内镜穿刺针、机械碎石器、ERCP 造影管、十二指肠乳头切开刀等。用于治疗的支架和导管有食管支架、结肠支架、胆胰管内引流支架、输尿管支架及呼吸道支架等。

三、基本操作技术

内镜除了进行诊断,还能够进行治疗。内镜外科手术的基本操作技术包括:

1. 钳夹术　使用内镜止血夹,对准出血点、息肉基底或裂开的黏膜边缘钳夹,起到止血、预防出血或闭合创面等作用。

2. 注射术　使用内镜注射针,在内镜直视下对准病灶,如出血点、病灶基底、肿瘤瘤体等,穿刺注射药物以达到止血、托起病灶、使肿瘤坏死或局部封闭等目的。

3. 导线置入和扩张术　在内镜直视下利用导丝结合球囊技术,将导丝前端对准狭窄的腔道口,在 X 线辅助或直视下使导丝通过狭窄段,沿导丝置入扩张探条或扩张球囊,对狭窄段进行逐级扩张,以重建通道。

4. 切除术　使用内镜圈套器,直接或在剖开病灶表面的黏膜后将病灶套住,接通高频电流以切除病灶。

5. 氩气刀凝切术　在内镜下对准目标物(肿瘤、狭窄环、出血点及异物等)行凝切,使得目标物凝固、坏死和气化。

6. 支架植入术　在导线置入和扩张术的基础上,对狭窄的通道植入塑料或金属支架以维持腔道的通畅性。

7. 超声内镜穿刺引流术　使用内镜穿刺针,在超声内镜下确定目标物,在单独超声内镜或联合 X 线监视下对目标物进行穿刺,以针吸组织、引流囊液、注射药物或建立通道等。

四、内镜在临床上的应用

下面介绍常见内镜在临床上的应用。

(一) 胃镜

胃镜通常检查或治疗的部位包括食管、胃、十二指肠。

适应证

(1)消化道出血

1)硬化止血:采用环绕出血点静脉内、旁注射和出血点直接注射术,经内镜注射硬化剂,可用于食管及食管胃结合部位出血的治疗。

2）电凝止血。

3）结扎止血：使用结扎器，对食管曲张静脉出血在直视下结扎出血点，可达到止血的目的。

（2）消化道恶性肿瘤

1）早期癌：对于直径小于 2cm 的消化道（食管、胃、结肠和直肠）原位癌、黏膜或黏膜下层癌，无肌层浸润、无远处淋巴结转移者，可采用内镜下黏膜切除术（endoscopic mucosal resection,EMR）切除癌灶。

2）晚期肿瘤：内镜方法治疗晚期肿瘤是一种姑息性疗法，其主要目的是对症止血、再通腔道、缓解症状，改善患者心理状态，提高生活质量。

（3）消化道良性狭窄

1）狭窄扩张术：除使用探条扩张器和气囊扩张器外，也可将内镜本身作为特殊的"扩张器"进行狭窄扩张。

2）烧灼 - 扩张联合术：对于环形瘢痕性狭窄，直接采用探条或气囊扩张有造成穿孔的可能，采用先烧灼瘢痕浅层、而后扩张的方法可有效避免狭窄环局部无序撕裂，安全有效地完成治疗。

3）支架植入术：良性狭窄原则上不应植入金属支架。内镜下支撑管植入术简便、有效且安全，但在原则上，禁止选用不可取出的自膨胀性金属支架，因为植入超过一定时间后，此类支架将难以取出。

（4）食管瘘：食管瘘一旦确定，如无手术适应证，应及早采用内镜下支架植入术，堵塞食管瘘，再通食管腔。

（5）胃石症：胃石可导致消化道梗阻。

（6）胃肠道息肉、良性肿瘤：内镜切除术是解决胃肠道息肉和良性肿瘤的主要技术。

（二）支气管镜

适应证

（1）诊断方面

1）原因不明的咯血或血痰，须明确诊断及确定出血部位者。

2）原因不明的顽固性咳嗽、气道阻塞、声带麻痹、呼吸困难，须查明原因者。

3）胸部影像检查发现肿块影、阻塞性肺炎及肺不张，疑为肺癌者；或影像检查阳性，但痰液细胞学检查阴性，须进一步明确诊断者。

4）肺弥漫性病变或支气管病变，须进行活检者。

5）须做肺叶、段支气管选择性碘造影者。

6）肺叶切除前后检查，确定切除范围及判断手术效果者。

7）长期气管切开留置导管者，可通过支气管镜定期观察气管黏膜情况。

8）对结节病、肺泡蛋白沉积症等疾病须做支气管肺泡灌洗检查者。

（2）治疗方面

1）对支气管内有大量分泌物而无力咳嗽或引起肺不张者，可用支气管镜进行深部吸痰，改善通气，利于肺复张。

2）镜下对病变局部注射药物，对肺癌患者进行局部激光照射治疗。

3）清除支气管内小异物。

4）对咯血不止者可通过支气管镜送入气囊导管堵塞止血。

（三）胆道镜和十二指肠镜

胆道镜和十二指肠镜多用于胆管的检查及治疗。主要作用包括术中对肝内外胆管的探

笔记栏

查,对结石数目、大小、分布的了解,以及了解有无合并肿瘤等其他病变;术后经皮经肝窦道及 T 管窦道行反复取石、引流等。十二指肠镜常用于 ERCP、内镜十二指肠乳头括约肌切开术(endoscopic sphincterotomy,EST)等。

五、应用现状及展望

内镜技术不同程度地改变着医生诊断和治疗的思维方法,同时也为治疗提供了一种新的选择。内镜外科将随着现代高新技术和中西医结合事业的发展而不断发展,通过实时影像引导可完成疾病诊断、治疗全过程,可以使内镜下远程诊疗成为现实。

(尚　东)

第二节　腔镜外科手术

一、概述

1910 年瑞典的 Jacobaeus 首次将腔镜用于观察人的腹腔。1983 年英国泌尿外科医生 Wickham 首次提出"微创外科"的概念。1987 年法国的 Mouret 医生用腹腔镜在为一妇女治疗妇科疾病的同时切除了病变的胆囊,自此开启了以腹腔镜手术为代表的微创外科时代。进入 21 世纪,腔镜手术已在外科各个专科开展,而且随着经验的积累与设备的进步,逐渐向更加微创化、美容化发展。

二、设备与器械

(一) 腹腔镜系统

该系统有腹腔镜、高清晰度微型摄像头、数模转换器、高分辨率显示器、全自动冷光源和图像存储系统等。临床上常用直径 10mm,镜面视角 0° 和 30° 的腹腔镜。3D 腹腔镜出现于 20 世纪 90 年代,以解决二维图像在辨认解剖结构方面的不足,其已成为腹腔镜设备发展的一个热点。

(二) CO_2 气腹系统

建立 CO_2 气腹的目的是为手术提供足够的空间和视野,是避免意外损伤其他脏器的必要条件。整个系统由全自动大流量(40L)气腹机、二氧化碳钢瓶、带保护装置的穿刺套管鞘、弹簧安全气腹针组成。

(三) 手术设备

手术设备主要有高频电凝装置、激光器、超声刀、腹腔镜超声、氩气刀、冲洗吸引器等。手术器械主要有电钩、分离钳、抓钳、持钳、肠钳、吸引管、穿刺针、扇形牵拉钳、持针钳、术中胆道造影钳、打结器、施夹器、各类腔内切割缝合与吻合器等。

三、基本操作技术

(一) 建立气腹

1. 闭合法　又名 Veress 针穿刺法,在脐下缘做弧形或纵向切口,长约 10mm,深达皮下,在切口两侧用巾钳或手提起腹壁,将气腹针经切口垂直或向盆腔斜行刺入腹腔,针头穿过筋膜和腹膜时有两次突破感,穿刺进腹后可采用抽吸试验、负压试验或容量试验证实气腹针已进入腹腔,即可向腹腔内注入二氧化碳气体,至预设压力 12~15mmHg。待腹部呈对称

ER-14-9

胸腔镜下行
左肺下叶解
剖型病灶
切除

性膨隆,叩诊呈鼓音,气腹建立即告完成。

2. 开放法　又名 Hasson 法,先在脐上或脐下做一小切口,逐层解剖进腹后插入套管,向腹腔内注入气体。这种方法虽然较为烦琐,但不易造成盲穿时可能出现的腹内脏器损伤。

(二) 腹腔镜下止血

电凝止血是腹腔镜手术中的主要止血方式,有单极和双极电凝两种。其他有钛夹、超声刀、分离钳、自动切割吻合器、闭合器、热凝固、内套圈结扎及缝合等。

(三) 腹腔镜下组织分离与切开

组织分离是腹腔镜手术中重要的步骤,分离得好,解剖结构就清楚,手术中出血就少。腹腔镜手术分离组织结构时,不同于开腹手术可以用手触摸感觉组织的致密与疏松,一旦操作不当,容易造成组织损伤,所以必须仔细辨认组织结构,操作轻柔。组织分离与切开的方法主要有电凝切割、剪刀锐性剪开、超声刀凝固切割、分离钳钝性分离、柱水分离等。

(四) 腹腔镜下缝合

腹腔镜下缝合是腹腔镜手术中难度较高的操作技术,是手术者必须掌握的手术技巧,需经过一定时间的体外训练和手术实践才能掌握。缝针通过穿刺套管鞘进入腹腔后,用持针器夹住缝针,分离钳提起组织,同常规方法一样进行缝合。缝线打结方法有腔内打结与腔外打结两种。

(五) 标本取出

小于或略大于套管鞘的标本可以直接从套管鞘内取出。如标本较大,可将操作孔扩大后取出。若切除的组织巨大,又是良性病变,可借助器械或组织粉碎机将组织缩小、"粉碎"后从套管鞘内取出,亦可做一小切口取组织。有条件的最好使用标本袋,将标本放入袋中,再用上述方法取出标本;恶性肿瘤标本取出必须使用标本袋,以免造成肿瘤的播散。

四、手术适应证

腹腔镜手术作为一种微创技术已被广泛地应用在普通外科、泌尿外科、妇科等手术中,主要适应证包括炎性疾病、外伤、良恶性肿瘤及先天发育异常等。目前几乎所有的腹部手术均可采用腹腔镜手术,常见的手术包括胆囊切除术、结直肠切除术(良恶性肿瘤)、胃良性疾病手术、阑尾切除术、胃减容术、小肠切除术、腹壁与腹股沟疝修补术、腹腔镜急腹症探查手术等。

五、手术并发症

腹腔镜手术的创伤微小,并不等于其手术危险也是微小的。腹腔镜手术除了可能发生与传统开腹手术同样的并发症,还可发生腹腔镜技术所导致的特有并发症。

(一) 与 CO_2 气腹相关的并发症与不良反应

腹腔镜手术一般用 CO_2 气体来建立气腹,气腹的建立必将对心肺功能产生一定程度的影响,如膈肌上抬、肺顺应性降低、有效通气量减少、氧输出量减少、下肢静脉淤血和内脏血流减少等,并由此产生一系列并发症,包括皮下气肿、气胸、心包积气、气体栓塞、高碳酸血症与酸中毒、心律失常、下肢静脉淤血和血栓形成、腹腔内缺血、体温下降等。

(二) 与腹腔镜手术相关的并发症

1. 血管损伤　术中血管损伤可发生于各种腹腔镜手术中,暴力穿刺是损伤后腹膜大血管的主要原因,其他则发生在手术操作过程中。根据损伤血管的部位,大致可分为以下 3 类:腹膜后大血管;腹壁、肠系膜和网膜血管;手术区血管等。

2. 内脏损伤　腹腔镜手术中内脏损伤并不少见,常由术中未能及时发现所致。如术后发生腹膜炎等严重并发症而又未能及时确诊,可造成严重后果。根据损伤脏器的不同可分

笔记栏

为 2 类：空腔脏器损伤和实质性脏器损伤。

3. 腹壁并发症　腹腔镜手术的腹壁并发症主要是与戳孔有关，有戳孔出血与腹壁血肿、戳孔感染、腹壁坏死性筋膜炎和戳孔疝等。

六、腹腔镜应用现状

（一）腹腔镜的诊断作用

诊断性腹腔镜技术（diagnostic laparoscopy）在临床应用已有百余年历史，早期受器械的限制，未能广泛开展，随着超声、CT、MRI、血管造影及核素扫描等现代诊疗技术的发展，该技术一度受到冷落。20 世纪 80 年代末，腹腔镜技术在外科领域得到广泛应用，腹腔镜的手术器械亦得到相应的开发与完善，各种腹腔镜手术器械的出现及腹腔镜超声设备的使用极大地扩展了腹腔镜技术在外科诊治中的应用。腹腔镜诊断可以弥补一些实验室与影像学检查的不足，避免因诊断不明而导致的病情延误。

同时，我们也应该看到腹腔镜在诊断方面的局限性与不足。首先，腹腔镜诊断术是创伤性检查，须进行麻醉，不论是局麻还是全麻都可能出现麻醉方面的一些并发症；其次，腹腔镜诊断术对腹腔深部的病变发现率低，而这正是超声、CT、MRI、内镜超声等检查的优势所在，将其有机地结合则可大大提高诊断的准确性与特异性。

（二）腹腔镜的治疗作用

腹腔镜在完成诊断的同时，还可以完成一定范围的外科治疗，特别是在普通外科、泌尿外科、妇科、胸外科手术方面，在规范化的基础上逐渐普及。腹腔镜胆囊切除术、腹腔镜下的粘连松解术、脓肿切开引流术、阑尾切除术、穿孔修补术、胰周引流术、腹腔冲洗术均是目前在外科手术中应用较广泛、效果显著的手术方式。

（尚　东）

第三节　外科机器人的应用

随着科学技术的发展和多学科交叉融合，顺应外科微创化、精准化的趋势，同时也遵循着"扶正不留邪，祛邪不伤正"的医疗理念，外科机器人应运而生。外科机器人的出现，是微创外科理念指导下外科手术技术不断创新和进步的重要成果，也标志着现代智慧医疗的一大进步。

一、外科机器人概述

（一）定义

外科机器人（surgical robots）是一种结合了材料、光电技术、视觉成像、算法、机械控制、耗材设计等多种核心技术，能够帮助定位和手术操作的新型医疗器械。

（二）外科机器人的发展历史

外科机器人的发展历史可以追溯到 1985 年，一台 Puma 560 被使用于神经外科脑部活检手术的辅助定位，成为机器人在手术领域的首次尝试。1989 年，被称为"手术机器人之父"的王友仑开始研究"伊索"（AESOP，一种可以声控的"扶镜"机械手）。1997 年，"伊索"在比利时布鲁塞尔完成了第一例腹腔镜手术，成为 FDA 批准的第一个手术机器人。1998 年，"伊索"通过安装内窥镜等一系列升级改造，进化成了"宙斯（Zeus）"。手术机器人系统取得突破性进展的是"达·芬奇"机器人手术系统（da Vinci system）的研制成

ER-14-10

机器人胰体尾肿瘤切除

ER-14-11

机器人卵巢畸胎剥除术

功,该系统于 1991 年获得欧洲认证。2000 年,"达·芬奇"手术机器人正式获得 FDA 的认证,成为 FDA 批准的第一个内窥镜手术机器人,也是当前微创外科手术系统最为常见的医疗外科机器人。我国首台可用于临床外科手术的微创机器人"妙手 A(McroHand A)"于 2010 年研制,在视觉控制系统中应用新投影算法,填补了我国微创外科三维视觉领域的空白。

(三)外科机器人的特点

与普通工业机器人不同,外科机器人除具备普通工业机器人的一般特征外,因要满足患者的安全性和功能的复杂性要求,外科机器人的技术更为复杂,需要接受无菌处理,配合医疗器械使用,受到空间限制等。

20 世纪医学科学的重要贡献之一是微创外科的形成和发展。微创外科手术是指外科医生通过患者身体上面的微小创口,利用内窥镜观察并操控手术器械进入患者体内完成操作的手术过程。微创外科手术具有患者创伤小、恢复快的优越性。然而相对的,外科医生也面临着手术过程中二维影像影响对术野的观察、操作灵活性差、缺乏深度信息、手部颤动放大等不利因素。

应用外科机器人辅助进行微创外科手术则是以上诸多问题的热门解决方案。应用外科机器人进行外科手术具有很多优势,如具有三维图像,可以舒适地操控机器进行手术;具有良好的活动自由度,大大提高了主刀医生的操作能力;能将抓持手的大幅度移动按照比例转换成患者体内的精细动作,通过软件处理消除医生手部震颤等,总体而言降低了劳动强度,提高了术者的舒适性,可远程操控手术等。但需要指出的是,外科机器人当前还存在一些局限性,例如:

1. 费用昂贵 昂贵的维修保养费和医疗费用会造成医院和患者经济上的压力,从而可能使相关者的决策产生偏移,同时也限制了其培训的开展。

2. 器械无反馈 相较于腹腔镜手术,机械臂的触感无法传导到术者的手指,因此机器人手术存在一定的组织撕裂的风险。

二、外科机器人的分类

(一)按动力来源分类

按动力来源可分为被动式机器人、半自动和协同机器人、主动式机器人、主 - 从式机器人等。

1. 被动式机器人 被动式机器人系统的动力完全来自外科医生,系统能提供有关手术器械和操作定位的信息。在手术操作困难的部位,被动式机器人可以握持医生在目的区域所使用的器械,如腔镜固定器等设备。

2. 半自动和协同机器人 半自动和协同机器人是指部分功能自动化,而其余功能仍靠医生操控的装置,如腔镜辅助机器人系统。

3. 主动式机器人 主动式机器人是一种带有动力的装置,可不依赖医生指令来完成其相关功能。这类机器人一般是为了一些特定目的而创造,使用较为安全。

4. 主 - 从式机器人 主 - 从式机器人是一种有自身动力、由电脑控制的装置,但它不能自动完成任务,而是完全依靠医生的操控。操作时,医生坐在控制台前,机器人手臂被安装于手术视野中,医生通过显示器观察手术野,用手操作机械传感器。"达·芬奇"机器人系统和"宙斯"机器人系统是最为著名的主 - 从式机器人系统。

(二)按应用科室分类

按应用科室可分为泌尿外科机器人、骨科机器人、神经外科机器人等。

1. 泌尿外科机器人 "达·芬奇"手术机器人是目前全球最成功且应用最广泛的手术机器人,泌尿外科始终是应用"达·芬奇"手术机器人最多的学科(图14-1)。在2010年以前,机器人手术以前列腺手术和肾部分切除手术为主,从2011年起应用范围逐渐扩大至膀胱、输尿管、结石等手术。目前认为,对于以下泌尿外科手术,机器人手术相较于传统腹腔镜机器人手术有不可比拟的优势:狭小空间内重建类手术,纵深范围内复杂操作类手术,多维多角度缝合类手术,复杂肾肿瘤的限时类手术,巨大腹膜后肿瘤的分离手术,腔静脉癌栓类手术,腹膜后淋巴清扫重要大血管周边的精细手术。

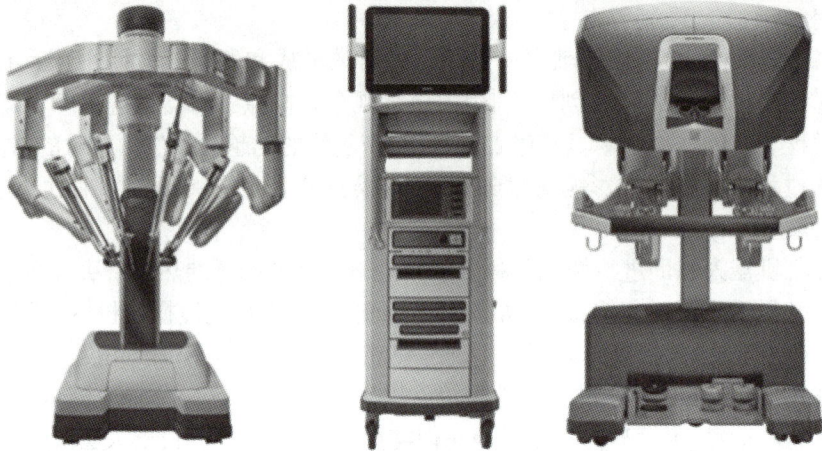

图14-1 "达·芬奇"手术机器人XI模式图

2. 骨科机器人 骨科是手术机器人最早进入的领域之一,也是当前医疗机器人的热点领域。国内第一台有医疗器械注册证的手术机器人产品正是"天玑"骨科手术机器人。根据机器人构型特征可将骨科机器人分为三类:基于工业机器人构型的骨科手术机器人、基于骨安装的微型专用骨科手术机器人和基于并联结构的骨科手术机器人。基于骨安装的微型专用骨科手术机器人针对特定手术适应证,作为微创手术高精度、高安全性的定位工具而设计,主要在脊柱手术和全膝关节置换手术中使用,因应用场合而受限。基于并联结构或串并联结构的骨科手术机器人主要用于创伤复位等需要大操作力的场合,一般采用主从遥操作控制。基于工业机器人构型的骨科手术机器人因其具备更大的作业空间和操作灵活性,可针对各种植入、骨去除、骨假体植入等手术操作,有更好的通用性,因而从研究角度受工程和临床关注更多。

3. 神经外科机器人 自1985年起诸多神经外科医生联合医学工程师将手术机器人辅助神经外科手术这一想法应用于实践,神经外科逐渐步入机器人手术时代。如今具有动力驱动、计算机辅助、影像导航功能的机器人系统已经广泛应用于神经系统的定位与导航。目前神经外科手术机器人尚在研发之中,主要分两类,一类在手术显微镜下操作,另一类以内镜为基础进行操作。

三、未来发展与展望

(一)远程手术

2001年9月,位于纽约的外科医生为远在6 000km法国东北部的患者,成功实施了一台横跨大西洋的胆囊切除术,成为世界首例远距离手术。随着通信技术和设备进一步完善,外科手术将不再受地域距离和极端环境的限制。利用先进的通信手段,哪怕身处外太空也可以同时接受来自地球两端的不同学科的外科医生的手术操作。该技术将对地处医疗资源贫乏国家或地区的人们，以及对于太空医疗保障、战时医疗资源调度有重要意义。

（二）柔性机器人

柔性机器人是指具有柔性关节并考虑关节柔性变形的机器人。与多孔内镜手术相比，单孔手术具有创伤小、恢复快的优点。但这也同时使外科医生面临着更狭小的操作空间。传统的刚性机器人很难满足这种狭小受限空间中的灵活性要求，因此有必要研究柔性机器人的相关导航控制方法，以增加外科医生的操作灵活性。

（三）自主智能化

目前，在手术机器人领域，大多数机器人系统无法独立完成外科手术。通过机器人控制和规划技术的进一步发展，机器人可以更自主地完成复杂的外科手术，这将是未来的重要研究方向。人工智能及大数据技术的支持将为外科机器人智能化奠定基础。

四、中医与外科机器人

古代中医拥有悠久的外科手术历史，然而由于现代医学发展迅猛，解剖学却发展缓慢，在现代医学的成就当中现代中医缺少开创性手术成果。现代医学中微创技术的发展与"扶正不留邪，祛邪不伤正"的中医医疗理念十分一致。在这个科学技术迅猛发展的时代，把针灸、推拿、正骨等具有中医特色的项目与外科机器人有机结合，新的科学技术应用于博大精深的中医理论体系，将会有力推进中医外科的发扬光大。

例如，南京中医药大学徐天成领衔跨校科创团队研发的"数字经络 - 智能针灸机器人系统"，具有自动定位穴位、智能配伍穴位、扎针、模拟人的手法等功能。新加坡开发的推拿按摩机器人 EMMA 已经接受了数千个"数据点"的培训来计算每个人的经络和穴位，EMMA 通过传感器和 3D 视觉识别患者肌肉的硬度和压力点，实现精准按摩。广州制造的业内首款脊柱治疗智能机器人"神龙手"，可以模拟传统中医按摩手法治疗脊柱，且能结合人工智能与大数据学习的结果识别人体，因人而异，通过人机交互，采用按压、推、揉 3 种方式推拿穴位。

人工智能、物联网等现代科学技术的进步为中医药发展提供了广阔的前景，外科机器人与中医外科结合将会为传统医学提供越来越多的可能性。

（王少刚）

第四节　显微外科技术

ER-14-12

显微外科（microsurgery）技术是在手术放大镜和手术显微镜下，应用特殊精细的器械和材料对微组织进行微小修复与重建的一项外科技术。其特点是组织创伤小，手术质量高，扩大了手术范围，使过去肉眼下无法进行的手术得以实施。经过半个世纪的发展，现已广泛应用于手术学科的各个专业，如手外科、骨科、神经外科等。

健侧囊根间入路（腰 5 骶 1）

一、显微外科技术的发展历史

关于伤口缝合线的最早历史记录可追溯到公元前 3000 年的古埃及。在显微外科出现之前前人已对血运重建技术不断探索：古希腊时代，Hippocrates 使用血管结扎和缝合线进行止血；春秋战国时期，《黄帝内经》一书最早提出用截趾手术治疗脱疽；16 世纪，Ambroise Paré 首次使用止血带结扎受伤动脉；19 世纪，光学双目放大镜的问世是显微外科手术出现的一个里程碑。20 世纪,外科手术、麻醉技术以及机械仪器取得一系列突破,显微外科技术变得更加切实可行。20 世纪 20 年代,显微外科之父 Carl-Olof Siggesson Nylén 制造了第一台手术显微镜,加速了显微外科技术的形成。1963 年,手外科医生 Harold Kleinert 和 Mort Kasdan 首次对部分手指截肢进行了血运重建。20 世纪 70 年代,显微外科技术高速发展并日臻成熟。20 世纪 90 年代以来,随着手术技术的积累、数字化技术的广泛应用及显微器械的改进,显微外科向纵深发展,出现了超级显微外科(super-microsurgery)和数字化显微外科技术。

目前,随着生物医学和再生医学的出现,显微外科进一步发展。在结合中医的背景下,显微外科更具时代特色:治疗领域不断拓宽,在疾病治疗、康复过程中,西医与中医分工不同,中西医结合融入全程。显微外科手术更具快速起效、针对性强的特点,中医则往往在显微外科术后实现调理、调和、调养等功效。西医善于祛病,中医长于调理,治病与调理相结合,这使得中医与显微外科技术互为补充。

二、显微外科设备与器械

(一) 光学放大设备

包括手术显微镜和放大镜,不同专业对手术显微镜的要求不同,适用于手外科、骨科、整形外科的手术显微镜如图 14-2 所示:

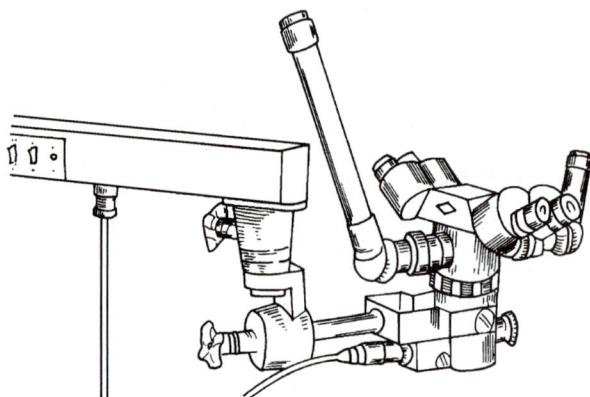

图 14-2　带示教镜的双人双目手术显微镜

(1)放大倍数 6~30 倍,用手或脚踏控制变倍。

(2)工作距离 200~300mm,根据需要调整。

(3)具有 180° 对立位的主、副两套双筒目镜,能各自调节屈光度、瞳孔间距,视场直径大、视场合一,影像呈正立体像。

(4)具有同轴照明的冷光源,可调节光度。

(5)悬挂、支撑显微镜的支架灵活、轻便。

(6)有连接参观镜、照相机和摄像系统的接口,以便参观和教学。

手术放大镜为望远镜式(图 14-3),放大倍数 2.5~6 倍,使用方便、灵活,适用于直径 2mm 以上的血管、神经缝合。

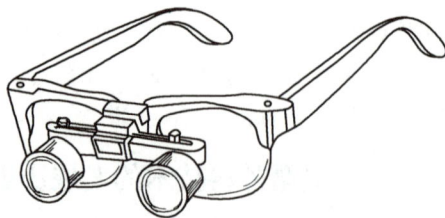

图 14-3　镜组式手术放大镜

(二) 显微手术器械

包括微血管钳、镊子、剪刀、持针器、血管夹、合拢器、冲洗平针头等(图 14-4)。最常用的显微器械有:①镊子:用来提取、分离微细组织和夹缝线打结,故要求镊子尖细、对合好,有夹持力而无切割;②剪刀:用来分离修剪组织和剪线;③持针器:咬合面光滑无齿,有适宜宽度,能牢固夹持较细的显微缝合针和线;④血管夹:有适用于不同血管口径的各种血管夹,要求在不损伤血管壁条件下阻断血流。

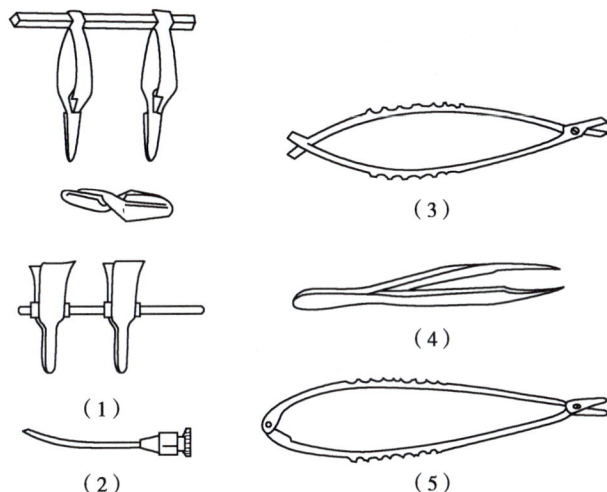

图 14-4 显微手术器械
(1)血管夹及合拢器;(2)冲洗平针头;(3)弹簧柄式显微剪;
(4)血管镊子;(5)持针器。

(三) 显微缝合针线

各种不同规格的显微缝合针线适用于不同口径的血管(表 14-1)。

表 14-1 常用的显微缝合针线规格

型号	针		线		用途
	直径 /μm	长度 /mm	直径 /μm	拉力 /g	
7-0	200	6	50	50	吻合口径 >3mm 的动脉、静脉、神经
8-0	150	6	38	50	吻合口径 1~3mm 的血管
9-0	100	5	25	25	吻合口径 1~3mm 的血管
11-0	70	4	18	10	吻合口径 <1mm 的血管、淋巴管

三、显微外科手术技术分类

显微外科基本手术技术包括显微血管、淋巴管吻合技术,神经、管道和肌腱缝合技术。其中,前者要求最高,也最常用。

(一) 显微血管吻合术(microvascula anastomosis)

有端端吻合和端侧吻合两种,以前者最常用,其基本原则和方法如下:

1. 缝合原则

1)缝接的血管必须是正常的血管;

2)血流是正常的;

3)缝合的血管口径最好是相似的;

4)缝合的血管应有适当的张力;

5)注意无损伤血管缝合。

2. 血管及血管床肝素化 以肝素生理盐水滴注血管床、血管表面,冲洗血管腔,以保持湿润肝素化,避免局部血液凝固。

3. 血管断端清理及血管外膜修剪 镜下仔细检查血管壁损伤情况,彻底切除挫伤的血管壁。用镊子夹住外膜边缘,向断端侧牵拉、切除,使其自然回缩,以免将其带入管腔引起血栓(图 14-5)。

4. 缝合血管

(1)缝合法:两定点缝合较常用。即在血管 0°、180° 方位定点各缝合 1 针,两针线作牵引,根据血管口径大小均匀缝合血管壁 2~4 针,然后 180° 翻转血管,同样均匀缝合血管后壁(图 14-6)。

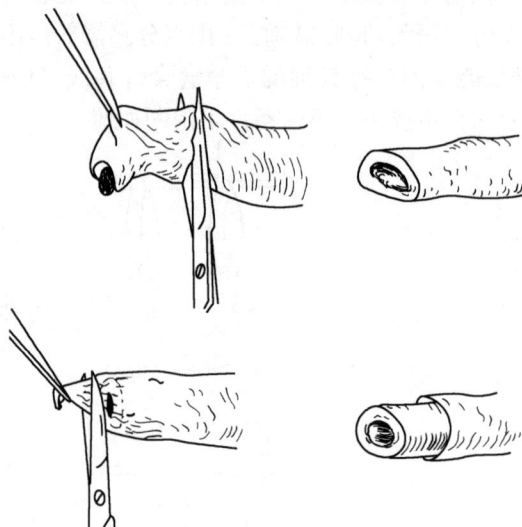

图 14-5 血管清创和外膜切除

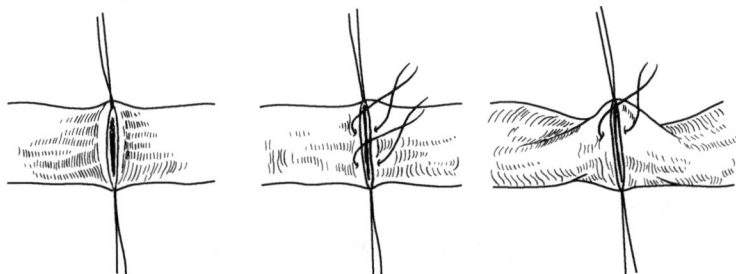

图 14-6 两定点血管缝合法

(2)针距、边距:结合血管口径、管壁厚度、管内血流压力而定,一般动脉缝合的边距相当于血管壁厚度的 2 倍,针距为边距的 2 倍;静脉管壁较薄,边距比例可比动脉稍大。

(3)进针与出针:应尽量与血管壁垂直进针,顺缝针的弧度出针。

(4)打结:应使血管轻度外翻,内膜对合良好,打第一个结松紧适度,第二、第三个结应打紧(图 14-7)。

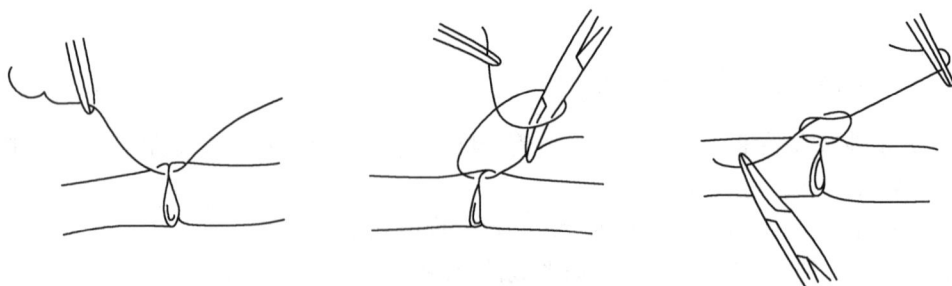

图 14-7 应用持针器与血管镊打结的方法

(5)漏血检查与处理:缝合完毕放松血管夹,血流迅速通过吻合口,如漏血不多,可用小块温纱布轻度压迫片刻,如吻合口有喷射状出血,应补加缝针。

血管通畅试验:是测试吻合口是否通畅的最有效易行的方法。手术者用血管镊,在血液流经动脉吻合口的远侧或静脉吻合口的近侧,轻轻地压瘪血管,再用另一把镊子向远侧或近侧移动,把其中血液驱去。此后把靠近吻合口的那把镊子放开,如血液通过吻合口后迅速在压瘪的血管中充盈,即表示吻合口畅通(图 14-8);如充盈缓慢,则表示吻合口有部分阻塞;如驱去血液的那段血管迟迟得不到充盈,则提示吻合口已阻塞。

显微血管吻合除缝合外,还有非缝合方法,如激光焊接、电凝、黏合等,尚处于实验研究阶段,难以在临床应用。

(二)显微神经缝合术

1. 神经缝合的原则　神经组织必须正常,避免扭转,无张力缝合,保证局部血供。

2. 显微神经对接技术　显微神经缝合有神经外膜缝合法和神经束膜缝合法。

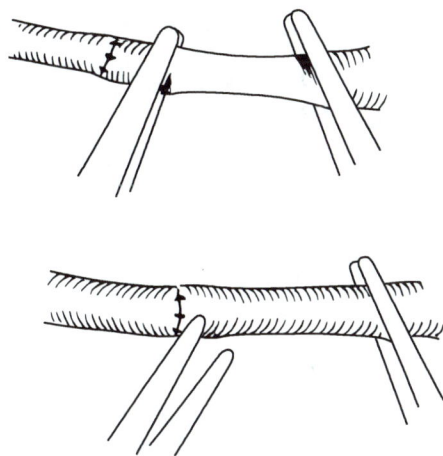

图 14-8　血管通畅试验

(1)神经外膜缝合:根据上述缝合原则,先在镜下按神经内部结构准确地试行对合,务必使断端间没有张力与扭转。外膜缝合一般采用 9-0 无损伤单丝尼龙缝线做间断缝合,可先在相隔 180° 处缝合 1 针,留下线尾作牵引,以后每隔 1mm 左右缝合 1 针,只缝合较疏松的外膜。缝合一侧后,调转两牵引线缝合另一侧。对较粗大的神经,为使神经束的对合良好,在外膜缝合前可先行几针束膜缝合。

(2)神经束膜缝合:应先将靠近端的神经外膜修去数毫米,使神经束按其结构分组或单独地分开,试行理想的对合。神经束膜为较致密的结缔组织,所以边距可以小些,一般成组的神经束可缝合 2~3 针,单独神经束缝合 1~2 针即可。缝合时先缝合深侧的神经束,此后再缝合浅表的神经束。

(三)显微淋巴管缝合术

淋巴管由于口径小,管壁薄而脆,所以在没有手术显微镜的情况下进行缝合,技术上是有困难的。随着显微外科缝合技术的发展,现在淋巴管的缝合技术有淋巴管与静脉缝合及淋巴结与静脉缝合两种。

(四)显微管道缝合术

显微外科技术可被应用于多种管道缝合,例如泌尿外科的输精管缝合、妇科的输卵管缝合、眼科的泪管缝合和腹部外科的胆管缝合等。

(五)显微肌腱缝接

一般认为肌腱缺乏内在的愈合力,断裂的肌腱经缝合后其血供源于周围结缔组织中血管的长入。近年来,研究证实在肌腱的内部存在完整的供血系统。因此必须对断裂的肌腱进行准确的对合和精巧的缝接,以尽快恢复肌腱本身的血液供应,加速肌腱的愈合。应用显微外科技术缝接肌腱完全可达到上述目的。

四、显微外科技术的应用范围

显微外科技术可应用于所有以手术为治疗手段的外科。

(一)手外科

显微外科技术在手外科的应用具有代表性。断肢(指)再植成功的关键在于吻合小血管手术的成功。含有完整动脉、静脉血管系统的皮肤及皮下组织或肌肉形成的皮瓣或肌(皮)瓣,当移植后需吻合血管,恢复其血液供应,才能成活,故称为游离移植。

目前我国在断肢(指)再植领域成绩巨大：无论多节段断指、多指离断还是四肢离断再植均达到较高水平。在皮瓣移植领域，已开发出 20 余种皮瓣，例如肩胛皮瓣、前臂皮瓣、胸大肌肌(皮)瓣等，为创面及组织修复重建提供了丰富的供区。近年来，皮瓣还可选自受区邻近的供区，将吻合血管改为带血管蒂的局部皮岛转移，使手术的安全性大大提高。

(二) 骨科

采用微创外科技术治疗骨折，有手术创口小、出血少、愈合快等优势。经皮微创手术可于骨折端不直接裸露的状况下实施间接复位，然后予以髓内固定术，或者经过皮下隧道，于肌肉下方植入钢板予以实施桥接固定。目前，在关节镜领域，可实现镜下对关节软骨病灶进行有效清理以及软骨面修复的显微操作。此外，显微外科技术在骨科的创伤修复、带血运骨移植、脊柱手术等方面均有所应用。

(三) 神经外科

神经组织很脆弱，易损伤，手术要求较高。用显微外科技术进行各种神经手术，如巨大颅内动脉瘤手术、听神经瘤手术等，术后其疗效都有明显提高。此外，周围神经瘤摘除术、神经束内外松解术、神经吻合术，都适宜采用显微外科技术进行，可在最大限度保留正常神经束组织下切除病变及瘢痕组织，使功能恢复得更好。

(四) 其他

在眼科中，角膜移植、人工晶状体手术等都要在显微镜下完成；在口腔颌面外科领域，显微外科技术可应用于颌面部创面修复、舌再造等；在普通外科，显微外科技术可应用于肠移植、腹部组织缺损修复等。此外，一些小器官的自体移植或小儿器官移植更适宜采用显微外科技术进行。吻合小管道的显微外科手术，例如输精管结扎后再吻合手术、输卵管结扎或炎症阻塞的复通手术、鼻泪管外伤的吻合手术和输尿管吻合手术等，也展现出显著疗效。

五、中西医结合显微外科技术

显微外科技术的操作主要依赖于现代仪器设备和手术者技能，为更好地实现中西医结合，可在围手术期合理运用中医方法，促进患者显微外科术后的恢复。显微外科术后易发生血管危象，各种致病因子所致的全身或组织器官的缺血、缺氧、血液循环障碍及血流动力学异常，以及随之出现的组织水肿、渗血、血管痉挛、血管栓塞等一系列病理变化，都可以概括在中医血瘀证的病理变化中。因此，为预防显微外科术后常出现的血管危象等并发症，活血化瘀是消除此类血液瘀滞所致症状或疾病的主要手段。临床上，常用的活血化瘀类方剂有桃红四物汤、血府逐瘀汤、膈下逐瘀汤、少腹逐瘀汤、补阳还五汤、复元活血汤等。研究已证实，通过活血化瘀类药物的运用可以达到瘀化、血活、脉长、骨生、皮愈、络通、形健等治疗目的，有助于患者机体的康复。

(王少刚)

第五节　介　入　技　术

一、介入放射学技术概述

(一) 介入放射学技术的定义及临床应用价值

介入放射学技术(interventional radiology technique)是以影像学为基础，在 X 线、超声、CT、MRI 等影像诊断设备的引导下，利用穿刺针、导管、导丝及其他介入器材，对疾病进行诊断或治疗的微创技术。

介入放射学技术作为微创诊疗的主要方法,具有创伤小、并发症少、适应证广泛和疗效确切等优点,已经成为肿瘤和血管及非血管腔道疾病诊断和治疗中越来越重要的手段。它在临床中的主要应用价值包括:作为首选治疗方式,如对于某些疾病的治疗效果已经与其他治疗方法相当甚至更好;作为姑息治疗方式,可为不适合手术治疗的患者提供损伤小、疗效确切的治疗选择;作为辅助治疗措施,可为暂时不适合外科手术治疗的疾病创造条件;穿刺活检作为介入诊断学的组成部分,可为难以确定病变性质的病理诊断提供确切的组织标本,对最终明确诊断和治疗方案的选择具有重要意义。

(二) 介入放射学技术的发展历史

介入放射学技术起源于 20 世纪 40 年代,最初用于诊断性心血管造影,但操作复杂且风险高。1953 年,Sven-Iran Seldinger 创造了 Seldinger 技术,该技术简化了操作并提高了安全性,逐渐应用于非血管腔道造影检查。1964 年,Charles Theodore Dotter 开展了下肢动脉硬化闭塞患者的经皮腔内血管成形术,开创了血管介入放射学的发展历程。此后,出现了一系列介入治疗新技术,并取得了良好的治疗效果。

介入放射学技术是一种非外科治疗技术,于 1967 年提出并得到广泛认同。随着血管造影设备的进步和介入治疗器材的创新,该技术迅速发展,应用领域不断扩大,治疗效果显著提高。例如,在治疗肿瘤、肝硬化门静脉高压消化道出血、动脉导管未闭、主动脉瘤等方面取得了优异效果。同时,相应的学术期刊和学术团体也得到了建立和发展。

我国的介入治疗技术起步较晚,但发展迅速。国内的介入放射学先驱们在 20 世纪 70 年代末和 80 年代初率先进行了相关研究,并组织了培训班培养了一批医师。随后,在 1996 年的研讨会上,介入治疗正式被列为与内科和外科同等重要的治疗学科,并被称为介入医学。随着介入医学的快速发展,许多相关学科开始融入其中,同时中医药也被引入介入治疗中,提出了中西医结合介入治疗的理念。这种新途径将中药制剂应用于介入治疗中,或作为辅助手段,取得了积极效果。中药治疗肿瘤和血管病在我国有着悠久的历史和明确的疗效,随着研究的深入,许多中药的药理作用和机制也逐渐明确,使得这些药物可以通过介入方法使用。目前,中西医结合介入治疗已经在原发性肝癌、股骨头坏死、心血管疾病等方面展现出了独特优势。

二、常见介入技术

根据治疗领域不同,分为经血管介入技术与非经血管介入技术两类。

(一) 经血管介入技术(vascular interventional technique)

在影像设备的引导下,利用专业的介入器材,通过 Seldinger 技术建立经皮血管通道,将特定导管选入靶血管,进行造影诊断和治疗的技术,包括药物灌注、栓塞、球囊扩张和支架植入等。

1. 经导管血管灌注术(transcatheter vascular infusion,TVI)　经导管将药物直接注射到靶器官的供血动脉或回流静脉,以提高病变局部的药物浓度,减少药物的毒副作用。临床常用于下列情况:

(1)恶性肿瘤:应用较为广泛,适用于全身各部位的恶性实体肿瘤的治疗,包括无法切除的恶性肿瘤的姑息性治疗、术前化疗、术后预防性化疗或复发性肿瘤的局部化疗等。给药方式主要包括一次性给药及经导管药盒系统长期给药。

(2)消化道出血:适用于上、下消化道出血的诊断与治疗,特别是对出血部位不明确时可先行造影确定出血部位,再做止血治疗,如胃十二指肠、小肠、结肠、胆道等部位的出血。

（3）器官缺血性病变：如脑血管痉挛,急性非闭塞性肠系膜缺血,由药物、冷冻损伤等引起的周围血管痉挛和雷诺病引起的肢体缺血性病变,通过介入导管注入血管解痉药物如硝酸甘油、罂粟碱等,可解除或改善动脉痉挛引起的器官血供障碍。

（4）动脉血栓形成：通过导管注入溶栓剂如尿激酶、链激酶到靶血管,以及时快速溶解心、脑、肺、肾、肠管和四肢等相应病变器官的血管内血栓。下列情况禁用溶栓剂：消化道出血、外伤性出血、出血性脑梗死、妊娠期、产后和月经期间等。

2. 经导管动脉化疗栓塞术或栓塞术（transcatheter arterial chemoembolization or embolization, TACE or TAE）　前者是将抗肿瘤药物和栓塞剂（如碘油或固体栓塞剂）混合后通过导管注入肿瘤血管内,直接杀伤肿瘤细胞和引发肿瘤缺血坏死。常用于不可切除肝癌的姑息性治疗。后者常用明胶海绵（gelfoam）颗粒、聚乙烯醇（ivalon）颗粒或栓塞弹簧圈（coil）等固体栓塞材料。TAE 主要适用于消化道出血、大咯血、外伤性大出血（如肝、脾、肾和后腹膜及骨盆）,还适用于动脉瘤、脾功能亢进和各种动静脉瘘等。

3. 经皮腔内血管成形术（percutaneous transluminal angioplasty, PTA）　主要包括球囊扩张成形术和血管内支架植入术。球囊扩张成形术是采用球囊导管,通过球囊对狭窄段动脉壁进行有限度的扩张挤压,使病变段动脉壁伸展,动脉内膜和中膜部分断裂、分离,动脉外膜伸展超过其弹性程度,动脉管腔扩大,从而达到治疗的目的。血管内支架植入术是指在 X 线透视引导下,将金属内支架植入病变血管内的介入技术。其基本原理是利用支架的支撑力将狭窄的管道撑开,使其内径扩大,恢复血流通畅。起隔绝作用时,覆膜支架可对异常扩张的血管进行管腔重建,纠正病变血管血流动力学的异常。主要适用于动脉粥样硬化、大动脉炎（非活动期）、血管肌纤维发育不良、血管搭桥术或移植术后吻合口狭窄、Budd-Chiari 综合征等。

4. 经颈静脉肝内门体静脉分流术（transjugular intrahepatic portosystemic shunt, TIPS）　以颈内静脉为穿刺入路,将导管经颈内静脉、上腔静脉、右心房、下腔静脉插入肝静脉,并在 X 线引导下由肝静脉穿刺门静脉,在肝脏内建立肝静脉与门静脉的通道,使门静脉内血液可直接流入肝静脉,降低门静脉压力,从而达到治疗门静脉高压的目的。主要适用于门静脉高压引起的上消化道出血、顽固性胸腹水等。

（二）非经血管介入技术（non-vascular interventional technique）

在影像设备的引导下,对非心血管部位进行介入性诊断和治疗的技术。包括经皮穿刺活检术、经皮实体肿瘤消融术、经皮穿刺实体肿瘤放射性粒子置入术、经皮穿刺引流与抽吸术、腔道狭窄扩张成形术及支架植入术、椎体成形术、神经阻滞术等。

1. 经皮经肝胆管穿刺引流（percutaneous transhepatic cholangial drainage, PTCD）　在影像设备的引导下,经皮经肝穿刺肝内扩张的胆管,并置入导管进行胆道引流或减压。可作为不能耐受外科手术的急性梗阻性化脓性胆管炎暂时性外引流,也可作为肝门部胆管癌或胰头癌术前减轻黄疸、改善肝功能,以提高手术安全性的一种手段。对于肝门部胆管癌不能手术之姑息性治疗时,最好是将导管从肝内扩张的胆管插过癌肿的梗阻部位进入胆总管进行内引流。在 PTCD 的基础上,进一步行经皮胆管球囊扩张术（percutaneous biliary balloon dilatation）和经皮经肝胆道内支架置入术（percutaneous transhepatic biliary stent placement）。前者主要用于治疗胆道良性狭窄;后者大多是在 PTCD 引流胆汁几天后,再经引流管插入导丝,退出引流管,同时沿导丝插入导管鞘到胆管内,对狭窄部位进行球囊扩张,而后经导丝植入相应大小的支架。常用的支架或支撑物有网状金属内支架、螺旋状支架、Z 形金属支架和塑料内支架等。

2. 热消融术（thermal ablation therapy）　在影像设备的引导下,将热消融电极穿刺至靶肿瘤组织内,通过消融电极对局部产生高温,使肿瘤发生凝固性坏死。主要包括微波消融术及射频消融术等。

3. 冷冻消融术（cryoablation）　其穿刺方法与上述两种方法相同,不一样的是冷冻消融术在肿瘤组织内产生超低温冷冻效应,可使肿瘤组织发生凝固性坏死。

4. 经皮穿刺置管引流术（percutaneous catheter drainage）　在影像设备的引导下,将引流管置入脓腔或积液区内进行引流。用于治疗肝脓肿、腹腔内脓肿、盆腔脓肿或积液等。

三、传统介入技术面临的挑战与机遇

(一) 传统介入治疗面临的挑战

随着介入手术技术的逐渐成熟,手术适应证范围逐渐扩大,随之而来的并发症也逐渐成为介入手术进一步发展的阻碍。外科介入技术常见并发症有:

1. 经血管介入技术相关并发症

(1)穿刺并发症:常见为穿刺部位出血、血肿、血管内膜损伤或假性动脉瘤形成。故穿刺时务必注意患者的凝血功能状况,并选择合适的介入器材进行精细操作,以免并发症的发生。

(2)对比剂不良反应:仅有极少数病例会发生对比剂不良反应。常见的对比剂不良反应主要有:荨麻疹、支气管痉挛、明显的血压降低、抽搐、肺水肿、迷走神经反应、全身过敏样反应等。术前应充分水化,并遵循产品说明书中规定的剂量和适应证范围,对高危人群进行严格评估。

2. 非经血管介入技术相关并发症　主要有感染、出血、穿刺部位相关的组织和脏器损伤等,如肝肿瘤射频消融治疗导致的胆囊或肠管损伤,胸腔穿刺引流引起的气胸等肺损伤。另外还有穿刺所致的脓肿破溃扩散、肿瘤种植播散等。

肿瘤介入治疗作为一种姑息性治疗的手段,无法根除肿瘤,其附带的肿瘤复发风险及长期治疗带来的不良反应,如发热、腹痛、恶心呕吐、肝功能损害等,均阻碍传统介入技术的进一步创新与发展。

(二) 中医药在介入技术中的应用

目前,对于中医药在介入治疗中的应用的探究越来越多,其给传统介入治疗带来了新的生机。相关研究主要集中在以下几个方面:

1. 导管内中药灌注治疗　目前经导管注入的药物只占常用药物很小一部分,常用药物包括血管收缩与扩张药物、止血与抗凝溶栓药物和化疗药物,伴随一定的毒副作用。相比之下,中药制剂具有低毒、增效、能提高免疫功能等特点。不良反应少且具活血化瘀、通经活络功效的丹参注射液配合注射用血塞通和注射用骨肽,已在非创伤股骨头坏死患者的治疗中取得满意效果。同时,临床和实验研究均已证实,在肿瘤体内注入某些中药制剂可以促使肿瘤细胞坏死。目前中药抗肿瘤制剂根据作用机制可分为以下六类:

(1)抑制肿瘤细胞增殖:如黄芩素、苦参碱、雷公藤红素和姜黄素;

(2)促进肿瘤细胞凋亡:如小檗碱、沙蟾毒精、冬凌草甲素和槲皮素;

(3)抑制肿瘤细胞侵袭、转移:如双氢青蒿素、三七、淫羊藿苷和蝎毒素;

(4)调节肿瘤微环境:如黄芪、人参皂苷和灵芝提取物;

(5)抗肿瘤血管生成:如川芎嗪和斑蝥素;

(6)逆转药物耐药:如榄香烯和熊果酸。

2. 肿瘤及血管病的导管内中药栓塞治疗　常见的栓塞物质包括生物栓塞物质、海绵类、簧圈类、可脱球囊、组织坏死剂、微粒微球微囊类、碘油与中药类。中药栓塞剂可根据性质分为以下几类:

(1)油性中药制剂:鸦胆子油和莪术油等中药制剂有良好的载药和血管内滞留栓塞作用,低毒,无骨髓抑制作用,同时具有增强免疫和抗炎作用。一项关于肝癌的介入治疗实验表明,莪术油可代替碘油作为肿瘤血供末梢的载药栓塞剂。

(2)中药粉粒和胶质制剂:目前用于动脉栓塞的中药粉粒或胶质制剂主要是白及粉粒、自体毛发颗粒和白及胶等,均具有较好的组织相容性,药源丰富,制作简单,无明显毒副作用。

(3)中药微囊微球制剂:微囊是利用高分子天然或合成材料将固体药物或液体药物包裹而成的药库型微型胶囊,可定位在靶动脉的局部,在栓塞的同时充当药库,起到缓释的作用,从而使局部组织保持较高的药物浓度。其在制药方面所具有的靶向、缓释等作用能有效弥补传统中药制剂的缺点与不足。目前,中药微囊微球制剂正处于研究阶段,制备工艺与包被药物的选择是阻碍其发展的两大难点,值得关注的是,已有初步探索将鸦胆子油微囊用于肾癌患者的介入治疗(4例个案报道),提示其潜在应用价值,但需更大规模临床研究证实。

此外,可通过中药配伍使用提高栓塞剂的效果。例如,由斑蝥、白花蛇舌草、白及、莪术、生地黄、麦冬、虎杖、草乌等10味中药组成的复合中药栓塞剂,已在体外肿瘤抑制实验中取得较好的效果。已在体外肿瘤抑制实验中取得较好效果。目前对于中药栓塞剂的研究相对较少,但有广阔的研究发展空间。

3. 肿瘤及血管病介入治疗前后的中药辅助治疗 中医药在恶性肿瘤介入治疗中的辅助作用主要体现在配合介入治疗提高疗效和对抗介入治疗后的副作用。用于配合介入治疗以提高疗效的中药有参三金粉、肝复乐、寿尔康胶囊等,均取得较好的疗效。通过中西药物综合治疗,可达到:

(1)增强体质,调节机体的免疫功能,从而提高疗效;

(2)防止和减轻患者对化疗药物的不良反应;

(3)巩固疗效,防止复发和转移,提高远期生存率和生存质量。

介入治疗尤其是肝动脉介入治疗的肝损害发生率较高,不同程度地影响介入治疗的进行。这是临床上直接困扰医务人员、患者和家属的现实难题,目前尚无一种西药能有效地拮抗这种化疗药和栓塞剂引起的肝损伤和加重肝硬化的毒副作用。而研究发现,茵陈蒿汤、健脾理气中药可在一定程度上减轻介入治疗所致的慢性肝功能损伤。

4. 预防和缓解介入治疗引起的不良反应 除中药制剂在介入治疗中的辅助作用外,针灸也可用于预防介入治疗引起的不良反应。可通过针刺内关、合谷、足三里等穴位,达到降逆止呕、宽胸解郁、镇静安神的效果,缓解介入术中患者的不良反应。

四、中西医结合讨论

为更好地实现中西医结合,可在介入技术的术前准备、术中用药、术后护理三个阶段合理运用中医药,促进患者在介入治疗术后的恢复。其中术前准备期间,可根据手术目的,在术前常规服用相应药物的同时,联合中医辨证论治,对患者进行个性化中医药干预,达到提高患者机体免疫力、降低患者介入治疗中凝血风险与其他危险等目的。术中除目前常用西医介入栓剂外,可根据手术目的选择合适的中医药栓剂辅助、强化介入治疗效果,如三七总皂苷在股骨头坏死介入治疗中的使用,可发挥活血化瘀、抗炎抗凝的作用。术后护理期间,除常规西医用药外,可基于中医辨证论治的结果进行术后护理,促进患者术后恢复,改善患者的预后,如原发性肝癌消融术后的中医药汤剂治疗有利于手术效果的巩固。另外,术后的针刺、艾灸等中医治疗手段也可在一定程度上缓解患者的不适症状,提高生活质量,延长生存期。

剂型现代化、用药个性化及治疗综合化为中西医结合介入技术今后的发展方向。如何使药物的剂型适合介入的需要是临床研究的重要内容,可通过开发中药介入剂型,进行深入的药理研究,保证其剂型的稳定性和疗效的发挥。临床上患者存在个体差异,根据辨证论治原则,单一的中药制剂难以适合全部患者,故一方面应在中医理论指导下将治疗患者分型,另一方面开发复方中药制剂,满足个性化用药需求。根据各自特点将介入技术与其他疗法结合起来,将动脉栓塞、灌注、肿瘤消融、内服中药及静脉输注中药针剂等方法有机结合以发挥最大疗效,如中药介入序贯疗法、中药"鸡尾酒"疗法等。相信随着临床及基础研究的进一步深入,中西医结合介入治疗将成为介入医学的新方向。

(王少刚)

第六节　针刀微创技术

古代中医外科文献常见"针刀"或"刀针"字样,这里的"针刀"和现代的针刀不是同一个概念,它是当时针灸器械和外科手术器械的统称,常用于排脓放血。如《严氏济生方·痈疽论治》记载:"痈疽之证甚恶,多陷下透骨者,服狗宝丸,疮四边必起,依前法用乌龙膏、解毒散讫,须用针刀开疮孔,其内已溃烂,不复知痛,乃纳追毒丹于孔中,以速其溃。"

现代的针刀特指针刀微创技术,又称针刀疗法,此疗法于 1976 年由朱汉章教授首次发明,于 2003 年确立了针刀医学。其具有相对独立的理论依据、治疗手段和研究范畴,是基于现代针灸学和外科微创技术发展形成的一门新兴的交叉学科。

一、针刀医学的概念

针刀集合了针灸针和手术刀两者的特点,是以针刺的方法刺入人体皮肤行切开、牵拉及机械刺激等一系列治疗操作的器械。针刺可在不切开皮肤的条件下到达病变深部组织,但不能对病变组织进行切开、剥离、松解等操作。外科手术虽可完成上述操作,但存在较大的损伤。而针刀治疗结合了两者的优势,既可以起到松解、剥离、切开、清除病灶的作用,又可避免外科手术带来的创伤。

针刀微创技术是以针刀医学理论为指导,以针刀为主要工具,以解剖学为支撑,参考外科技术而形成的一种新的治疗方法。

针刀医学是在针刀医学理论的指导下,以针刀器械为主要工具,以针刀微创技术为手段来防治疾病的新兴学科,是研究针刀微创技术的作用效应、作用机制及作用规律的学科。

二、针刀医学的基础理论

(一) 闭合性手术理论

闭合性手术技术是在非直视条件下通过小切口进行某些类似手术的操作,其具有痛苦小、切口小、感染风险小、术后无须缝合等优点。针刀闭合性手术的特点有三:一是切口小,二是非直视手术,三是技术操作有限。针刀操作需要操作者熟练掌握运动系统解剖结构。一般的外科手术术式多种多样,包括切除术、成形术、重建术、清理术等,而针刀微创操作只有切开、牵拉和机械刺激三种直接作用,术式较外科手术少,能够处理的病灶类型也少得多,但这并不代表针刀微创技术的适应证少。因此提示针刀微创技术需要严格筛选适应证。

(二) 慢性软组织损伤的理论

一般我们将人体的肌肉、肌腱、筋膜、韧带、关节囊组织等统称为软组织。软组织主要承担运动功能,软组织损伤后往往以纤维化方式进行修复,形成与原组织不同的纤维性结构,导致组织的力学性能改变。当人体软组织发生适应性改变时,组织的力学性能会发生改变,这将直接影响运动系统甚至运动系统以外的力学平衡。目前,针刀治疗疾病是通过对软组织病灶的干预来调整人体的力学平衡。因此,针刀医学的基本思想之一就是重视人体软组织及人体力学平衡。

(三) 骨质增生的理论

骨骼结构受应力影响,负荷增加骨增粗,负荷减少骨变细。软组织张力增高可增大骨的负荷,刺激其在骨上的附着点形成骨赘。

(四) 经络理论

中医学认为经络内属于脏腑,外络于肢节,具有沟通人体表里,行气血、通阴阳,内溉脏腑、外濡腠理,保卫机体、抗御病邪等作用。现代生理学认为,只有神经体液综合调节才能维持机体内环境的稳定,这与经络的调节功能相似。因此有人提出经络与神经体液调节学说、经络系统与神经体液系统的功能密切相关。针刀刺入人体组织与普通毫针刺入穴位类似,都是以神经和体液调节为渠道进行全身调节。

三、针刀微创技术的适应证与禁忌证

(一) 针刀微创技术的适应证

针刀微创技术有特定的适应证范围,对适应证的准确把握是针刀治疗的前提。根据针刀文献来看,针刀微创技术的适应证非常广泛。根据针刀相关文献统计,涉及频次较高的疾病依次是颈椎病、膝关节骨性关节炎、腰椎间盘突出症、腱鞘炎、肩周炎、第三腰椎横突综合征、足跟痛症、肱骨外上髁炎、颈源性疾病、背腰腿痛、神经卡压、筋膜炎等。针刀微创技术的适应证广泛,但分布不均,优势病种相对集中,主要为肌肉骨骼和结缔组织病,值得临床推广应用。针刀治疗的适应证和优势病种处于动态变化的过程中,其将随着研究的深入而不断改变。因此,应当采取科学的研究方法,本着大胆假设、小心论证的科学态度来看待针刀治疗的适应证。

(二) 针刀微创技术的禁忌证

1. 全身禁忌证　①严重内脏病的发作期:此时患者应积极行内科治疗,待病情稳定后再择期行针刀治疗,如糖尿病、心脏病、高血压等;②有出血倾向者:如选择针刀治疗,可能出现治疗部位止血困难的情况,甚至形成血肿,如长期使用华法林、阿司匹林等抗凝药物者;③体质极度虚弱不能耐受者;④妊娠期妇女:可因疼痛刺激有流产的风险;⑤精神紧张不能合作者:可能出现晕针或者相反的治疗效果。

2. 局部禁忌证　①施术部位有感染、坏死、血管瘤或肿瘤;②施术部位有红肿、灼热,或深部有脓肿者;③施术部位有重要神经、血管或脏器,在进行针刀操作时无法避开者。

四、针刀的治疗作用

(一) 针刀的直接作用

1. 切开作用　利用针刀前端的平刃将组织直接切开产生的作用,此为锐性松解。常使用的针刀前端平刃宽度为 0.6~1.0mm,可在软组织中形成若干毫米级别的整齐的切口。针对不同组织,针刀的切开方法多种多样,包括纵切、横切、平切、十字切、铲切等,可以起到分离粘连、延长挛缩、减张减压、损毁等作用。

2. 牵拉作用　利用针刀体在组织内进行摆动或者撬拨的方式对病变周围软组织进行牵拉产生的作用,此为钝性松解。针刀体较粗、较硬,不易弯曲,可以对组织进行有效的牵拉。牵拉的方式有很多,包括纵向摆动、横向摆动、通透剥离等,同样可起到分离粘连、延长挛缩、减张减压等作用。

3. 机械刺激作用　针刀治疗除具有切开和牵拉作用外,还有类似于现代毫针针刺的针刺效应。因为针刀形似毫针,其治疗方式也与毫针的提插手法类似,所以可以认为针刀治疗必然具有针刺效应,特别是使用针刀直接接触神经的神经触激术。

(二)针刀的治疗效应

1. 分离粘连 用针刀在粘连的病变部位施以锐性切割方式和钝性牵拉方法都可以将其松解,如果粘连面积较大可连续切开。因针刀的刀口很窄,一般不会形成互相连续的切口,可配合纵向或横向摆动针刀以牵拉粘连组织,使粘连组织分离或松弛,以达到松解的目的。

2. 延长挛缩 在挛缩组织上用针刀创造小切口,配合牵拉的方式延长挛缩组织。这种方式与开放手术比较,具有创伤小、出血少、时间短、术后恢复快的优点。

3. 其他作用 针刀还具有减张减压、局部损毁、镇痛的作用。

五、针刀的操作流程

基本针刀操作技术属于针刀治疗的基本技能,对于针刀治病具有重要意义。基本针刀操作技术包括调整患者体位、进针刀点的揣定、消毒与麻醉、进针刀规程、针刀入路、针刀松解方法、术后手法和康复技术等方面。

(一)体位的选取

针刀操作时嘱患者选取舒适的体位,避免产生紧张情绪。所有体位的选取都要便于施术者操作。

(二)治疗点的选取

根据不同疾病,进行治疗点的揣定,并用记号笔进行标记。要避开重要的神经、血管及脏器等。

(三)消毒与麻醉

局部常规消毒,铺无菌洞巾,采用 0.5% 利多卡因行局部麻醉,每点注射 1~2ml,每次注射前应注意回抽,以防注入血管。

(四)针刀操作

根据施术部位或疾病的不同,选取适宜型号的针刀,刀口线平行于肌肉、血管等走行方向,按四步规程法进针刀:①定点:选择最佳的进针刀点,用记号笔标记;②定向:精确掌握进针刀部位解剖结构,采取适当入路,避开重要的神经、血管及脏器等,确保操作安全;③加压分离:进针刀时,以左手拇指下压定点皮肤,同时横向拨动,使血管在挤压下尽可能被分离在指腹一侧,此时右手持针刀紧贴左手拇指甲缘刺入;④刺入:右手持针刀,针刀体垂直皮肤,快速、小幅度用力下压刺破皮肤到达病灶。术毕拔出针刀,局部压迫止血,确认无出血后用无菌敷料覆盖刀口,并嘱患者 24 小时内患处不沾水,保持伤口干燥。

(赵 文)

复习思考题

1. 与传统手术或腹腔镜手术方式相比,机器人手术有哪些优势?

2. 显微外科技术主要应用于哪些方面?

3. 在临床中如何运用中西医结合显微外科技术?

4. 当前临床常见介入技术根据治疗领域的不同,可分为哪两类?各自有哪些代表技术?

5. 介入治疗的临床应用价值体现在哪些方面?

6. 中西医结合介入治疗具有哪些优势?

ER-14-15

扫一扫
测一测

◆◆◆ 第十五章 ◆◆◆

移　植

学习目标

1. 掌握器官的切取与保存。
2. 熟悉供者的选择、肾移植、肝移植、胰腺移植、心脏移植。
3. 了解小肠移植、肺移植。

第一节　概　　述

器官移植是人类医学发展进程中最引人注目的成果,是 20 世纪医学研究领域的重大进步。1954 年美国波士顿布莱甘医院完成了人类第一例肾移植手术,开启了人类实体器官移植的进程。半个多世纪以来,人类突破重重禁区,完成心、肺、肝、肾、肠、胰腺等多个实体脏器的同种移植,并通过免疫抑制药物的研发及创新应用,打破免疫排斥壁垒,实现了移植受者和脏器长期存活,彻底改变了器官衰竭患者的命运。

1960 年,泌尿外科泰斗吴阶平院士完成了中国首例尸体供肾肾移植手术,开启了我国器官移植事业。但至 20 世纪 90 年代初期,我国器官移植在全球发展迅速的背景下,仍处于跟跑状态。20 世纪 90 年代后,随着环孢素开始在国内应用,器官移植后的排斥反应得到有效控制,我国器官移植进入加速追赶阶段。21 世纪以来,在精准外科等理念的推动下,我国器官移植水平飞速提升,在自体器官移植等领域目前已达到全球领先水平。2015 年起,随着政策的进一步完善,公民逝世后器官捐献是我国移植器官的唯一合法来源,亲属间活体捐献仅在法定条件下作为补充。随着我国器官捐献法治化的快速健全,器官捐献与分配系统不断完善,我国器官移植的国际影响力迅速提升。目前,我国(未包含港澳台数据)每年完成器官移植 2 万多例,总量居亚洲第一、世界第二,医疗质量与国际水平持平。

一、移植的概念

移植(transplantation)是指将正常细胞、组织或器官植入到自体其他部位或异体,以改变或产生相应功能的技术。植入的各类细胞、组织或器官称为移植物(graft),提供移植物的一方被称为供者(donor),而接受移植物的一方被称为受者(recipient)。

二、移植的分类

(一)根据移植物性质分类

1. 细胞移植　将具有某种功能的活性细胞输注到受者体内的技术。如骨髓与造血干细胞移植治疗各类血液疾病,胰岛细胞移植治疗糖尿病,通过这种方式增加受者体内该细胞数量或弥补细胞功能降低。

2. 组织移植 将某一种或几种组织联合移植到自体或异体的特定部位的技术。组织种类通常为角膜、皮肤、脂肪、肌腱、血管、骨或软骨等。例如采用自体肌肉脂肪组织进行身体重塑整形,利用自体或异体皮肤移植修复创伤等。

3. 器官移植 整体或部分的实体器官进行移植,器官移植通常是异体来源。常见的实体器官包括肝脏、肾脏、心脏、肺脏、胰腺、小肠等。

(二) 按供受者来源分类

1. 自体移植 将移植物植入本体体内,供受者为同一个体。

2. 同种移植 供受者为同一物种的不同个体,此为临床最常见的移植类型。

3. 异种移植 供受者为不同物种。如猪 - 猴器官移植,以及新近报道的猪心脏、肾脏、肝脏 - 人类移植。

(三) 根据移植物来源分类

1. 死亡供者捐献 可分为脑死亡和心脏死亡,目前死亡供者器官捐献占比较大。

2. 活体供者捐献 通常为亲属间捐献,人体单器官(如肝脏、小肠)活体供者移植仅能使用部分器官,不能使用完整器官;双器官(如肾脏、肺脏)可捐献其一;心脏不存在活体捐献。在多米诺器官移植的情况下可能有非亲属捐献。

(四) 根据供受者基因的差异程度分类

1. 同质移植术 供受者虽非同一个体,但两者遗传基因完全相同。

2. 同种移植术 同上文"按供受者来源分类"中内容。

3. 异种移植术 同上文"按供受者来源分类"中内容。

三、临床移植目前所面临的挑战

移植学科不仅涉及多类细胞、组织、器官,更与临床各学科,如外科、内科、麻醉科、重症医学科、影像科、病理科等息息相关。同时,器官移植事业的整体推进和发展,不仅需要临床技术的不断精进,还需要生命科学、化学与药学、工程与信息、人文与法学、经济与管理等专业的共同助力。

进入 21 世纪,器官移植技术全面迅速发展,器官移植手术量大幅增加,移植术后效果明显提高。但仍有许多问题亟待解决,包括:①如何扩大供器官的来源,改变目前器官严重短缺的窘境;②建立精准移植物评估体系及体外保存修复策略,开发新的器官保存液和装置,修复和妥善保存移植物,提高边缘移植物利用率;③优化免疫监测和免疫平衡维护体系,提高移植物长期生存率,降低移植物失功风险,同时避免由免疫抑制过强诱发的感染或肿瘤;④深入研究免疫抑制药物与免疫耐受诱导科学问题,实现同种 / 异种移植术后免疫耐受,减少长期应用免疫抑制剂的副作用。

第二节 移 植 免 疫

一、免疫的概念与免疫系统组成成分

免疫是机体区别"自己"和"非己"的生物学过程,它通过识别、应答和清除非己物质来保护人类机体免受损害。机体免疫系统由免疫器官、免疫细胞和免疫分子组成。免疫器官由中枢免疫器官和外周免疫器官组成；免疫细胞包括淋巴细胞、单核吞噬细胞、抗原提呈细胞和其他免疫细胞(粒细胞、肥大细胞、血小板、红细胞)；免疫分子主要有白细胞分化抗原分子、黏附分子、主要组织相容性复合体、分泌型分子等。

二、免疫系统的功能

免疫系统的功能包括：①抵御外界病原体的侵袭并清除已入侵的病原体(如细菌、病毒、真菌、支原体、衣原体、寄生虫等)及其他有害物质或产物，称为免疫防御；②通过自身免疫耐受和免疫调节，保持免疫系统内环境的稳定性，称为免疫稳定；③监测和清除内源性的"非己"成分，如衰老细胞、凋亡细胞记忆基因突变而产生的肿瘤细胞，称为免疫监视。而在器官移植手术后，受者免疫系统可识别移植物抗原，将其判定为"非己"并产生应答，同时移植物中免疫细胞也识别受者组织抗原并产生应答，这一过程称为移植排斥反应或移植免疫反应。

三、免疫应答的类型及特点

免疫应答通常可分为固有免疫应答和适应性免疫应答。固有免疫应答的主体为巨噬细胞、中性粒细胞、树突状细胞、NK 细胞、NK T 细胞、γ/δ T 细胞、B-1 细胞等。固有免疫细胞不表达特异性抗原识别受体，而是通过模式识别受体或有限多样性抗原识别受体识别免疫原，进而发挥非特异性抗感染、抗肿瘤等免疫保护作用，同时参与适应性免疫应答的启动和效应过程。固有免疫识别和应答的特点是：天生就有，无选择性，可通过趋化募集而无须克隆增殖。适应性免疫应答又称为特异性免疫应答，是指体内 T、B 细胞接受"非己"物质的刺激后，迅速活化、增殖并分化为效应细胞，进而产生一系列生物学效应的过程。根据参与成分及功能，适应性免疫应答可分为细胞免疫应答和体液免疫应答两种类型。细胞免疫应答主要由 T 细胞介导，体液免疫应答主要由 B 细胞介导。在器官移植反应中，这两种免疫应答方式都发挥重要作用。适应性免疫的特点是：特异性、记忆性和自身耐受性。

四、器官移植的免疫学配型原则

人类的同种抗原包括主要组织相容性复合体、ABO 抗原、组织特异性抗原等。移植物抗原进入受者体内后通过直接识别和间接识别进行移植抗原的识别和呈递，通过细胞免疫应答和体液免疫应答，引发 T 细胞或 B 细胞的增殖活化，产生免疫损伤。临床常见配型包括：①ABO血型：在同种异体肝移植中，供体与受体血型相合即可，即 O 型供肝可以用于 A、B、AB 和 O型受者，而 AB 型供肝仅适于移植给 AB 型受者，且肝移植通常不需要进行其他配型。而对于小肠、肾脏等器官，大多数情况下临床仍要求供体与受体血型完全相同。②群体反应性抗体(panel reactive antibody，PRA)：器官移植致敏程度分为三个等级：无致敏 PRA=0%~10%，中度致敏 PRA=11%~50%，高致敏 PRA>50%。从无致敏到高致敏，移植器官的生存率逐渐下降。③淋巴细胞毒试验：当受者血清中含有对抗供者淋巴细胞抗原 HLA 的抗体时，则两者结合后激活补体，会损害供者淋巴细胞膜甚至引起细胞溶解。通过显微镜观察死亡的淋巴细胞数量，便可了解供受者之间的组织相容性。④HLA 配型：HLA 是指人类白细胞抗原 A 系统，分为 HLA-1类、HLA-2 类抗原。前者广泛存在于有核细胞的表面，它有 HLA-A、B 和 C 位点；HLA-2 类抗原只分布于血管内皮细胞、B 细胞、树突状细胞和胸腺上皮细胞，它包括 HLA-DR、DP、DQ 位点。移植前若受者血清中存在细胞毒 HLA 抗体，移植后则可能出现急性或超急性排斥反应。

五、排斥反应的机制

器官移植后，可发生两种不同类型的排斥反应。一种是宿主抗移植物反应，即常说的排斥反应,受者免疫系统通过直接和间接方式识别移植物中的异体抗原,使效应细胞增殖、活化,产生对移植物的杀伤效应,造成移植器官功能损害甚至丧失。另一种为移植物抗宿主反应,即移植物免疫细胞攻击受者,其免疫学机制是由移植物中淋巴细胞(主要是 T 细胞)识别宿主抗原而致敏、增殖分化,直接或间接攻击受者靶细胞、器官而发生的一种排斥反应。这种反应表现为移植物外的多器官功能损害,病死率极高,死因多为继发感染、消化道出血和多器官功能衰竭。最常见于骨髓移植,另外也可见于含大量淋巴组织的实体器官移植手术,如小肠移植等。

六、临床应用的主要抗排斥药物

(一) 化学免疫抑制剂

1. 钙调磷酸酶抑制剂(calcineurin inhibitor,CNI)　主要包括环孢素(环孢素 A,cyclos-porin A,CsA)和他克莫司(Tacrolimus,别名 FK506),作用机制是阻断免疫活性细胞的 IL-2 效应,控制淋巴细胞活化。1979 年环孢素问世,彻底改变了器官移植患者的术后生存期,是器官移植史上里程碑式的进步。1984 年他克莫司面世,现在已成为临床一线免疫抑制药物,其作用机制与环孢素类似,但其抑制 T 细胞活性的作用强度为环孢素的数十倍至数百倍,而且对已发生的排斥反应也有显著的抑制作用。他克莫司血药浓度通常以谷值为参考,根据器官差异波动在 5~20ng/ml 之间。其最常见的副作用为肾毒性和代谢紊乱。

2. 霉酚酸酯　其水解产物为霉酚酸,具有免疫抑制活性,可抑制鸟嘌呤合成,能够选择性阻断 T 细胞和 B 细胞增殖。霉酚酸酯一般不单独使用,目前主要用于联合用药以降低 CNI 用量,或出现急性排斥反应时,联合使用其他免疫抑制剂进行补救性免疫抑制治疗。其主要副作用为骨髓抑制和消化道不良反应。

3. 大环内酯类　雷帕霉素(西罗莫司)通过阻断 T 细胞活化,抑制细胞从 G_1 期进入 S 期,阻断 IL-2 与其受体结合,使 Tc、Td 细胞无法获得免疫应答功能,减少致敏性 T 细胞。由于其肾毒性和神经毒性低,与其他免疫抑制剂联用可起到提高疗效并减少不良反应的作用。此外,雷帕霉素作用于信号转导通路,表现出较强的抗增殖、抗肿瘤作用。雷帕霉素不良反应主要为脂代谢紊乱和口腔溃疡。

4. 糖皮质激素　糖皮质激素具有特异性和非特异性免疫抑制作用,是最早被应用于免疫抑制治疗的药物之一,其主要作用为溶解淋巴细胞,影响 T 细胞的再循环。临床常用的主要为甲泼尼龙和泼尼松。作为非特异性抗炎药物,在急性排斥反应治疗中可作为一线用药,然而在维持免疫抑制治疗阶段,长期应用糖皮质激素可能增加各种感染的概率,其中也包括病毒性肝炎的复发和再感染。同时激素会增加肿瘤复发率,并引起和加重糖尿病、高血压、高脂血症、骨质疏松和消化性溃疡等不良反应。因此,移植手术后激素减量应用或早期撤除已成为趋势。同时,服药期间需监测血压、血脂和血糖。

其他还包括一些目前临床不常规应用的药物,如硫唑嘌呤、咪唑立宾等。

(二) 生物免疫抑制剂

主要为抗淋巴细胞免疫球蛋白制剂,包括多克隆抗体和单克隆抗体:抗淋巴细胞球蛋白(antilymphocyte globulin,ALG)、抗胸腺细胞球蛋白(antithymocyte globulin,ATG)、抗 CD3 单克隆抗体、抗 CD25 单克隆抗体(巴利昔单抗和达利珠单抗)和抗 CD52 单克隆抗体(阿仑单抗)等。ALG 和 ATG 主要用于糖皮质激素治疗无效的急性排斥反应冲击治疗。临床最常用的抗体制剂为巴利昔单抗,是一种鼠/人嵌合的单克隆抗体,可有效阻断 T 细胞与 IL-2 结合,继而阻断辅助性 T 细胞信号的传导,进而发挥作用。巴利昔单抗主要用于围手术期免疫诱导治疗,可以在保证免疫抑制前提下延迟和减少术后早期 CNI 的使用并实现无糖皮质激素免疫抑制方案,有利于保护肾功能和避免糖皮质激素不良反应。其在治疗急性排斥反应中也有重要作用。抗体制剂常见的不良反应有血压波动、外周性水肿和胃肠道反应等。

应用免疫抑制剂时,应遵循以下原则:①在有效预防排斥反应的前提下,尽量减少药物副作用;②联合用药,利用药物协同作用,增加免疫抑制效果,同时减少各种药物的剂量,降低不良反应发生率;③个体化的用药原则,依据移植器官类型、受者一般状态、有无潜在危险因素等进行个体化评估;④动态监测药物浓度,及时调整用药剂量。目前一般采用以 CNI 类药物为基础的联合免疫抑制方案,联合霉酚酸酯等抗增殖类药物和/或糖皮质激素,即 CNI+霉酚酸酯+糖皮质激素。

七、排斥反应的分类及特点

(一)超急性排斥反应

临床上超急性排斥反应极为罕见,但预后极差,是排斥反应中最剧烈的一个类型。常发生于移植物血液灌注后几分钟或几小时内,多数发生在手术台上,可观察到移植物颜色由正常迅速转变为斑点状或暗红色,并且明显肿胀,随后血流量减少,移植物变软塌陷,失去饱胀感,同时功能丧失。主要原因包括:①供、受者间 ABO 血型不相容;②受者体内预存有抗供者的抗体;③非免疫学因素,如移植物冷、热缺血时间过长,灌注保存方式不当等。

(二)加速性排斥反应

术后 3~5 天发生的剧烈排斥反应,且不可逆转,伴移植物功能丧失,是一种体液免疫反应,与超急性排斥反应类似。

(三)急性排斥反应

是同种器官移植的各类排斥反应中最常见的一种类型,以往认为急性排斥反应主要发生于移植术后 3 个月内,但由于目前临床强效免疫抑制剂的应用,其发生时间可见于移植后的任何时间段。临床表现为移植物功能受损,严重程度取决于供、受者之间的组织相容性,移植后抗排斥药物浓度低、受者免疫功能强等是急性排斥反应的诱因。

(四)慢性排斥反应

慢性排斥反应多继发于反复发作的急性排斥反应,发生于移植术后数月甚至数年内。其临床症状不明显,呈缓慢的进行性发展过程。慢性排斥反应是限制移植器官长期存活的重要因素,也是器官移植学科面临的最大障碍之一。由于其涉及因素众多、复杂且部分发生机制仍未完全明了,目前缺乏有效的治疗措施。

(五)移植物抗宿主反应

如上文所述,移植物抗宿主反应的发生主要与供者来源的大量免疫活性细胞有关,病死率极高,死因多为继发感染、消化道出血和多器官功能衰竭。主要有体液免疫及细胞免疫两条通路:①体液免疫反应,以 ABO 血型不相合器官移植相关的免疫溶血为特征;②细胞免疫反应,以供者来源的 T 细胞激活与杀伤为特征。最终对受者免疫系统、皮肤、消化道和骨髓等靶器官造成极为严重的免疫损伤。

第三节 移植物的获取

一、供者的分类

捐献是移植工作的基础。没有捐献,就没有移植。开展移植工作前,须建立供者识别系统。因此,对于医务工作者,有必要了解供者的分类,以便在日常的临床工作中识别潜在的捐献者,必要时与器官获取组织取得联系,完成捐献的后续工作。

供者可分为不同类型。首先,根据捐献的移植物不同,可分为器官供者和组织供者。其次,根据捐献者捐献时的状态可分为活体捐献供者和公民逝世后捐献供者。

(一) 活体捐献供者

在世界范围内,34% 的移植器官来自活体捐献。此类供者应为健康人,捐献后不会影响其后续的生活质量及预期寿命。有的国家法律规定活体捐献只限于供者和受者有某种关系才被允许实施,有的国家允许利他性捐献,即自愿捐献相应的器官给等待移植的陌生人。在我国,只有直系或三代以内旁系亲属之间才能进行活体捐献。

(二) 公民逝世后捐献供者

目前,根据我国公民逝世后捐献分类,可将此类供者分为三大类:脑死亡供者(中国一类,国际标准化脑死亡捐献:donation after brain death,DBD)、心脏死亡供者(中国二类,国际标准化心脏死亡捐献:donation after cardiac death,DCD)、脑 - 心双死亡供者(中国三类,中国过渡时期脑 - 心双死亡捐献:donation after brain death plus cardiac death,DBCD)。对于医院内的所有逝者,如一些慢性病终末期的患者,均可评估角膜等组织捐献的可能性。

1. 脑死亡供者　这类供者是在完全的、不可逆的脑损伤(如脑出血、脑梗死、脑外伤、脑肿瘤、缺氧缺血性脑病等)后根据神经学相关标准进行判定,符合脑死亡的标准。具体判定标准可参考《中国成人脑死亡判定标准与操作规范(第二版)》《中国儿童脑死亡判定标准与操作规范》《脑死亡判定标准与操作规范:专家补充意见(2021)》。目前,我国脑死亡并未立法,需在供者所有直系亲属认可脑死亡捐献并签署相关文书的情况下实施。

2. 心脏死亡供者　这类供者死亡判定采用的是循环死亡标准,即心跳停止、心电图呈一直线。我国目前心脏死亡捐献基本都合并有严重的、不可逆的脑损伤。有些国家对于重症肌无力、高位脊髓损伤等需要辅助设备支持来维系生命的患者,在计划行撤除生命支持后,心跳停止,也可进行捐献。但对于这类患者撤除生命支持,存在伦理上的巨大争议。因此,有的国家法律明确禁止心脏死亡捐献,有的国家规定心脏死亡捐献仅能在指定的医疗单位进行。

3. 脑 - 心双死亡供者　已符合脑死亡标准的患者,其所有直系亲属同意捐献但不接受脑死亡捐献的情况下,要等到其循环死亡后,再进行捐献,故称之为脑 - 心双死亡供者。

二、供者的评估与管理

活体器官捐献供者必须符合以下条件:成年,具有完全民事行为能力,自愿捐献、不受胁迫,器官功能评估、社会心理评估后为适宜捐献,并充分了解捐献对供者的风险和受者的获益,了解受者现有的治疗方案及替代方案等。

对于公民逝世后捐献供者,在征得亲属同意的同时,需要进行相应的医学评估,以确定其不存在捐献的禁忌。然而,移植物用于某个受者可能预后不好,但对另一个受者则可能起到挽救生命的作用。因此,在全面掌握供者情况的前提下,应结合受者情况评估移植物利用的可能性。目前认为只有少数情况不允许捐献,即存在无法有效治疗的传播性疾病,如扩散到多个器官或有系统性表现的恶性肿瘤、无法控制的败血症和播散性全身性感染、来源不明或病原体不明的感染等。

三、器官与组织的获取与保存

(一) 活体捐献器官获取

原则是保证供者安全以及移植物结构、功能完整。捐献的部分可以满足受者的生理需求。

笔记栏

(二) 公民逝世后捐献器官获取

公民逝世后可捐献的器官一般包括心、肺、肝、肾、小肠、胰腺。供器官获取过程一般包括:获取时再次评估、供器官灌注、整块切取三个步骤。原则为快速、充分地灌注及降温,无损伤切取供器官,尽可能地保护供器官功能。灌注时根据不同器官的供给血管选择相应的位置进行插管并进行相应的阻断,以保证供器官的灌注,然后建立相应的流出道。例如:腹腔器官经腹主动脉插管灌注,阻断腹腔干近心端的主动脉,下腔静脉建立流出道;心脏经升主动脉插管灌注,阻断远心端,肺脏经肺动脉插管灌注,阻断近心端,左心耳及膈肌以上下腔静脉建立流出道;在不获取小肠及胰腺时,还需经门静脉插管灌注肝脏。目前,对于灌注液的使用,并没有充分的证据表明某种灌注液的效果更加优异,常用的灌注液包括 HTK 液(腹部器官)、UW 液(腹部器官及心脏)、LPD 液(肺脏)。在做整块切取时,要保证供器官的结构及其相应脉管结构的完整,能够满足移植手术的需求。在联合器官切取后行供器官分离时,需各专业移植医生共同决定脉管及相连结构的归属。

(三) 供器官保存

器官捐献和移植过程中的供器官损伤可分为两个阶段:第一个阶段是"缺血性损伤",包括热缺血、冷缺血或两种情形都有。热缺血始于循环停止,终于冷灌注开始。冷缺血从冷灌注开始至器官移植后血流恢复结束。第二个阶段为"再灌注损伤",主要是供器官在受者体内血流恢复后启动的氧化和炎症过程。缺血 - 再灌注损伤是影响移植物预后的重要非免疫性独立因素。除了非特异性作用,还可以增加移植物的免疫原性和受者的同种反应性,可影响供器官的结构和功能,进而危及移植物的存活。供器官保存的主要目标是保持移植物从供者到受者过程中功能、形态学的完整性,减少缺血 - 再灌注损伤是其重要目标之一。

目前器官保存方法主要有单纯低温保存和连续灌注法。单纯低温保存通过将供器官放入冷保存液中维持低温,以抑制细胞新陈代谢,减少供器官获取后的细胞损伤。连续灌注法则提供持续氧气和营养底物,确保供器官的新陈代谢、代谢产物清除和灌洗效果更好。连续灌注保存方式具有多个优势,包括防止供器官功能变差、延长保存时间、评估功能和活力、进行特定治疗改善状态,并增加边缘供器官的利用率。根据灌注温度分为低温机械灌注、亚低温机械灌注和常温机械灌注。目前,低温机械灌注已经在临床中得以常规应用,收获了切实的成效;而亚低温和常温机械灌注这类更为先进的机械灌注技术,当下不仅在科研攻关层面成果斐然,多项临床试点也反馈良好,展现出极大的应用潜力与优势,有望逐步拓宽临床适用范围,为器官保存及移植工作带来更多突破。

(四) 组织的获取与保存

组织的获取一般在供者逝世后一段时间内进行即可。如进行多种组织获取,获取顺序一般为:皮肤、角膜、心血管、肌肉骨骼组织。一般根据需求可分为有活性的移植物和无活性的移植物,保存条件不同,保存期限也不相同。

第四节　器官、组织与细胞移植

一、器官移植

器官移植技术日益成熟,肾脏、肝脏、心脏、肺脏、胰腺、小肠移植,以及心肺、肝小肠、心肝、胰肾等多器官联合移植已经广泛开展,成为治疗各种终末期疾病、挽救患者生命的有效手段。移植器官免疫耐受的建立、缺血 - 再灌注损伤、供器官不足、器官保存以及移植伦理等仍是器官移植领域亟待解决的问题。

（一）肾移植

在实体器官移植手术中，肾移植开展得最早，完成例数最多。我国于 1960 年正式开展，目前临床技术最为成熟，是治疗慢性终末期肾脏病或其他肾脏疾病导致的不可逆的肾衰竭者的最有效的手段。近年来随着外科技术的提高、肾脏组织配型的精准评估、肾脏移植物保存方法的不断改进、多种强有力免疫抑制剂的开发和临床应用，肾移植患者短期生存率明显提高，多数移植中心术后 1 年内急性排斥反应发生率控制在 10% 以下。影响肾移植患者长期生存的主要因素是感染、心血管疾病和肿瘤等，大多与免疫抑制剂的应用有关，免疫抑制剂的合理应用仍在不断改进中。

1. 适应证　肾移植的适应证是各种病因导致的肾衰竭（尿毒症），包括慢性肾小球肾炎（在中国占 90% 以上）、慢性肾盂肾炎、多囊肾、糖尿病肾病、高血压肾病和自身免疫性肾病等。受者年龄在 12~50 岁范围内较好，年龄范围在不断扩大，这让更多患者受益。在长期寿命、生活质量、医疗费用等方面肾移植明显优于尿毒症透析治疗，存活者可恢复良好的工作、生活、心理和精神状态。研究表明，肾衰竭患者接受透析时间越长，其长期预后越差。所以在没有禁忌证的前提下，尽早接受肾移植能带来更满意的长期存活。

2. 肾移植外科技术　首先将获取的供体肾脏进行修整（获取步骤见前章节），明确供肾质地、血管变异及输尿管情况，剪除供肾周围结缔组织及肾脂肪囊，保护输尿管血供，充分游离肾动脉、肾静脉，结扎肾门处的细小血管分支，完成修整。肾移植术式已经定型：移植肾植于腹膜后的髂窝处，无论供肾是左肾或是右肾，初次肾移植均可植于右侧髂窝处，供肾动脉与髂内动脉或髂外动脉行端侧吻合，供肾静脉与髂外静脉行端侧吻合，膀胱壁开口与供肾输尿管吻合，通常在输尿管膀胱吻合时放置双"J"管以防止输尿管并发症（图 15-1，见文末彩图）。并在术区留置引流管，以观察手术后术区有无出血。

3. 移植术后常见并发症及处理

（1）出血：根据发生时间可分为早期出血和延迟性出血。各种原因引起的凝血功能障碍、血管吻合不良、动脉瘤、细菌感染、真菌感染均可导致或诱发出血，大量出血可引起患者失血性休克，危及生命，需及时给予输血、手术探查止血等处理，抢救生命，抢救器官。

（2）尿瘘：通常认为与供肾输尿管滋养血管损伤、外科手术操作相关，也与远端尿路梗阻、输尿管膀胱吻合处张力过大等有关。发现后宜及时积极再次手术探查，明确原因，及时处理。

（3）尿路梗阻：常见原因为输尿管膀胱吻合处狭窄、供肾输尿管瘢痕挛缩、输尿管扭曲受压等。处理上应积极明确病因，去除梗阻，内镜下导管扩张，或再次手术治疗。

（4）血管并发症：常见血管并发症包括肾动脉狭窄、肾动脉血栓形成、肾静脉血栓形成。彩色多普勒超声、CT 血管成像、血管造影检查对诊断有指导意义。处理上应积极介入治疗，必要时手术探查，挽救器官。

（5）排斥反应：肾移植术后 2~6 周是最关键的阶段，最常见的急性排斥反应大多发生在这一时期。因此，需要足够剂量的药物以达到最佳血药浓度，以获得适当的免疫抑制效果。多数移植中心采用以环孢素 A 或他克莫司为主的用药方案。

（6）移植后感染：感染是造成移植术后患者死亡的最常见原因之一，免疫状态下，约 80% 的患者在术后 1 年内发生过感染性疾病，包括细菌感染、病毒感染、真菌感染，受累部位常为呼吸道、泌尿系、手术伤口、胃肠道等。临床表现为发热以及受累器官的相应症状，治疗上要针对性地选择敏感的抗生素，并辅以全身支持治疗。

（二）肝移植

1. 适应证　肝移植适应证包括进行性、不可逆性和致死性终末期肝病，如病毒性、酒精性或脂肪性肝硬化失代偿期、暴发性肝衰竭，先天性胆道闭锁、肝豆状核变性等先天或自身免疫性良性病变，以及符合米兰标准的肝细胞肝癌。经过半个多世纪的不断探索研究和突破，以往认为是禁忌证的高龄、门静脉血栓等情况，也已经转变为适应证。目前肝移植术后总体 1 年生存率可达到 90%，3 年生存率可超过 80%，最长存活时间已近 40 年，儿童肝移植术后长期生存率较成人更为理想。

2. 肝移植技术　肝移植受者手术可分为三个部分，受者病肝切除、供肝修整和新肝植入。肝移植患者多伴有肝硬化，在凝血功能障碍和门静脉高压的情况下，病肝切除的出血量会明显增加，术中需要仔细游离肝脏、分离结扎血管各小分支，确切止血。供肝修整过程中维持低温灌注，剪除肝周膈肌、结缔组织，聚丙烯缝合线结扎、缝扎血管小分支，保留门静脉、肝动脉、肝静脉及胆管，等待植入手术。按植入肝脏部分可分全肝移植和部分肝移植。全肝移植的术式包括经典原位肝移植（orthotopic liver transplantation）和背驮式肝移植（piggyback liver transplantation）。经典原位肝移植中，受体肝后下腔静脉连同病肝一并切除，供肝完全原位置换，并完成各脉管吻合。背驮式肝移植则保留受体完整下腔静脉，将供体肝后下腔静脉与受体下腔静脉做侧壁吻合，完成下腔静脉吻合后，门静脉、肝动脉、胆管的吻合方式与经典原位肝移植相同。背驮式肝移植的优点在于，从病肝切除至新肝植入开通血流，完全或部分保留了下腔静脉的回心血流，最大程度维持受体循环稳定，避免各肝外脏器缺血或瘀血。部分肝移植主要包括：劈离式肝移植（split liver transplantation，SLT），是把一个供者肝脏依血流分布进行精准手术分割，再分别移植给不同的受者。活体供肝移植（living donor liver transplantation），通过手术切取供者大小适宜的部分肝叶或肝段（左外叶、左或右半肝）移植给受者，这一手术的前提是保证供者围手术期的安全，而受者又能获得与常规肝移植相同的效果（图 15-2，见文末彩图）。此外，还有减体积肝移植（reduced-size liver transplantation）等术式，常见于儿童肝移植。

3. 移植术后常见并发症及处理　术后肝功能良好的表现为转氨酶、胆红素、凝血功能各项指标一过性升高后进行性好转，如果出现不降反升，且各项酶类指标、胆红素持续升高，往往提示问题存在。移植物无功能、急性排斥反应、动脉闭塞、门静脉血栓、感染等情况都会导致严重后果，术后需严密监测，每日行多普勒超声检查，必要时行 CT 血管造影、肝穿刺活检等进一步明确诊断。脉管类并发症一旦发现要及时处理，介入下支架植入再通，必要时再次手术，重新吻合。急性排斥反应应对措施与肾移植相似。移植术后，患者免疫功能抑制、自身虚弱，出现细菌、真菌感染并不少见，多发于呼吸道、腹腔术区，要积极留取样本（痰、引流液等）进行培养鉴定，制订有效的抗感染方案。

（三）胰腺移植

1. 适应证　胰岛 B 细胞功能丧失、胰腺切除后功能不全而依赖外源性胰岛素的糖尿病患者有胰腺移植的手术适应证。手术适用于即将出现或已经出现糖尿病严重并发症如肾功能不全、视网膜病变、严重神经受损等患者，禁忌证包括恶性肿瘤、无法控制的全身性感染等。

2. 胰腺移植技术　临床上分为三种方式：单纯胰腺移植（pancreas transplantation alone，PTA）、胰 - 肾联合移植术（simultaneous pancreas-kidney transplantation，SPK）、肾移植后胰腺移植（pancreas after kidney transplantation，PAK）（图 15-3，见文末彩图）。单纯胰腺移植多选择全胰腺移植，异位植入下腹部，移植物动脉与受者髂动脉吻合，静脉可与髂静脉或肠系膜血管吻合，使分泌的胰岛素不会直接进入循环引起高胰岛素血症，同时可避免排斥反应发生。胰管与受者空肠吻合，恢复消化道功能，但伴随吻合口瘘、胰瘘等外科问题，术后需密切关注。

笔记栏

3. 胰 - 肾联合移植术 胰 - 肾联合移植术是目前临床上应用最多的胰腺移植术式,已成为公认的治疗合并有尿毒症的 1 型糖尿病和部分 2 型糖尿病患者的最有效方法。单纯胰腺移植即可延缓甚至部分逆转糖尿病相关的严重并发症,近年来临床数据显示所有类型胰腺移植的受者 1 年生存率均超过 95%,胰腺移植物 1 年生存率则可达 85%。

4. 胰岛移植 将分泌胰岛素的胰岛移植到 1 型糖尿病患者体内,对患者创伤小,并发症发生率低,虽然有效性不及全胰腺移植,但安全性更高。门静脉、肾包膜、腹腔内网膜都是目前移植的主要部位,移植后同样给予抗排斥药物维持免疫抑制状态。目前胰岛移植的远期疗效尚不理想,新的方法、新的移植技术有待进一步完善,以推动胰岛移植未来的发展。

(四) 小肠移植

小肠移植的适应证是各种病因导致小肠功能衰竭,且不能耐受营养支持者。国际小肠移植注册中心(Intestinal Transplant Registry,ITR)将小肠移植分为单独小肠移植(isolated small intestine transplantation)、肝小肠联合移植(combined liver and small intestine transplantation)、改良腹腔多器官簇移植(modified multivisceral transplantation)和腹腔多器官簇移植(multivisceral transplantation)(图 15-4,见文末彩图)。20 多年来,随着小肠移植技术的不断发展,全球报道的小肠移植患者总体的 1 年和 5 年生存率已分别超过 70% 和 50%,美国匹兹堡移植中心小肠移植术后患者的 1 年和 5 年生存率更高达 91% 和 75%。但因小肠淋巴细胞丰富且与外界环境相通的生理特点,移植术后排斥反应发生率高于其他脏器,且极易并发严重感染,还可能发生移植物抗宿主病,目前这一技术在临床未能广泛开展。

(五) 肺移植

1. 适应证 肺移植的适应证主要是各类内科治疗无效的终末期肺部疾病,主要包括:特发性肺纤维化(idiopathic pulmonary fibrosis,IPF)、慢性阻塞性肺疾病(chronic obstructive pulmonary disease,COPD)、硅沉着病、原发性肺动脉高压(primary pulmonary hypertension,PPH)、肺囊性纤维化、支气管扩张、α_1 抗胰蛋白酶缺乏症(α_1-antitrypsin deficiency,α_1-AT)、肺淋巴管平滑肌瘤病(pulmonary lymphangioleiomyomatosis,PLAM)等。

2. 肺移植的主要术式 包括单肺移植、双肺移植、肺叶移植、肺减容后移植和心肺联合移植等(图 15-5,见文末彩图)。根据患者病情进行选择,术中需应用单肺通气及体外循环,吻合供受体间的气管、左心房以及肺动脉。

目前影响肺移植术后生存率的主要因素包括早期的原发性移植物功能不全(primary graft dysfunction,PGD),以及术后远期的闭塞性细支气管炎综合征(bronchiolitis obliterans syndrome,BOS)。

(六) 心脏移植

1. 适应证

(1)内科治疗无效的广泛心肌不可逆性损害,如心肌病、终末期冠心病和心脏瓣膜病。

(2)先天性复杂性心脏畸形不适合外科手术矫正或矫正手术无效者。经统计,非缺血性心肌病是心脏移植的主要原因,其次是缺血性心肌病。此外,原发性肺动脉高压、艾森门格综合征,以及严重的心肌病、先天性心脏病、风湿性心脏病等伴有不可逆性的肺或肺血管病变者,可根据病情行心脏移植。目前术后 1 年、5 年、10 年的生存率分别为 87%、74% 和 60%。影响术后长期存活的主要因素是慢性排斥反应所致的冠状动脉硬化。

2. 心脏移植技术 原位心脏移植的手术方式有经典法(standard HT)、全心法(total HT)和双腔静脉法(bi-venacava HT)。目前开展最多的是双腔静脉法(图 15-6,见文末彩图),修整后的供体心脏送达手术室后,受体立即开始进行体外循环,切除受者心脏,采用依次连续缝合方法吻合左心房、右心房、肺动脉、主动脉。排气后松开主动脉钳,让心脏复跳,并适时停止体外循环。

3. 术后处理　移植术后患者应置于层流式加护病房,如无条件则严格无菌,防止交叉感染。术后早期通常需要强心药物辅助,并通过肺动脉漂浮导管(Swan-Ganz)或连续心排血量(pulse indicator continuous cardiac output,PiCCO)监测评估心脏功能。术后预防感染及抗感染治疗在心脏移植中同样重要,要注意巨细胞病毒、疱疹病毒、各类真菌感染,高危人群要给予预防性治疗。器官排斥及抗排斥方案与其他器官移植类似。

二、组织和细胞移植

(一)组织移植

是指将组织如皮肤、筋膜、肌腱、软骨、骨、血管、角膜等,单独或几种联合进行自体或异体移植,以修补缺损的技术。活体组织移植以自体移植为主,通过显微外科技术和血管外科技术吻合血管和/或神经;施行自体皮瓣、肌肉等移植,多用于修补创面皮肤缺损。

(二)细胞移植

是指将适量游离的具有特定功能的活细胞输注到受者的血管、组织、器官或体腔内的技术,例如输注悬浮红细胞治疗贫血、造血干细胞移植治疗白血病等血液系统恶性肿瘤等。值得一提的是,干细胞生物学的发展促使再生医学(regeneration medicine)再焕生机。

第五节　再生医学与组织工程

细胞、组织和器官的损伤或功能受损的修复是临床一大难题。通过干细胞(stem cell)体外培养和扩增技术将干细胞种植于细胞外基质(支架)(extracellular matrix,ECM)上,经过一段时间的培养形成正常结构和功能的组织和器官,再移植回人体内,重建解剖和生理功能,达到治疗疾病的目的,这便是组织工程。广义上讲,再生医学是一门研究如何促进组织器官缺损后生理性修复、再生与功能重建的科学。而组织工程是再生医学治疗手段的一种体现。

一、干细胞与再生医学的关系

干细胞是一类具有自我更新和分化潜能的细胞,可分为胚胎干细胞和成体干细胞。胚胎干细胞具有全能性,成体干细胞分化潜能受限。干细胞研究在再生医学中应用广泛,但胚胎干细胞受伦理限制,多能干细胞具有临床应用价值。再生医学的发展依赖于干细胞研究,需要解决干细胞鉴定与分类、临床适应证筛选和治疗方案等问题。

干细胞研究推动着再生医学的发展,涉及神经修复、组织修补、关节置换、造血和免疫系统重建、部分遗传缺陷疾病治疗等领域。干细胞研究和应用需遵循科学、安全、伦理、社会和公开原则。

二、间充质干细胞在实体器官移植中的应用

间充质干细胞(mesenchymal stem cell,MSC)是一类多能干细胞,最初从骨髓中分离得到,具有多种功能。目前研究发现,几乎所有组织间质中均可分离出 MSC,如脂肪、脐带(血)、胎盘、肾、肝等。MSC 在特定条件下可分化为成骨细胞、成软骨细胞、脂肪细胞和成肌细胞,分化能力使其具有强大的组织修复功能,同时在体内也参与骨髓造血微环境的建立。MSC 具有低免疫原性,具有天然的免疫抑制与调节功能,这些特性是 MSC 应用于实体器

官移植的关键。体外实验显示,MSC能抑制T细胞增殖、抑制树突状细胞成熟和诱导调节性T细胞(Treg cell)生成,同时分泌炎症抑制因子。另外,MSC可以有效抑制T细胞、B细胞和巨噬细胞的浸润,诱导T细胞无应答,减少炎性渗出。有研究证实,MSC能有效延长肾脏、胰腺、胰岛、肝脏和心脏等移植物的存活时间,减轻排斥反应。免疫抑制剂、诱导治疗等药物虽然可以减少移植器官的排斥,但毒副作用明显,并增加机会性感染的风险。因此,MSC作为一种免疫调节细胞,在实体器官移植中的应用将越来越受到重视。

三、组织工程

组织工程(tissue engineering)一词首先由Wolter于1984年提出,用来描述植入人体内的聚甲基丙烯酸甲酯(polymethyl methacrylate,PMMA)骨替代材料表面形成的内皮样结构。1988年被正式定义为:根据细胞生物学和工程学的原理,将正常的具有特定生物学活性的组织细胞与生物材料相结合,在体外或体内构建组织和器官,以维持、修复、再生或改善损伤组织和器官功能的一门科学。

现代外科学利用组织移植和生物材料替代等方法治疗组织或器官损伤,以恢复组织结构的完整性和重建功能。组织工程技术包括种子细胞、生物材料和工程化组织构建。种子细胞有多种来源,包括自体细胞、成体干细胞和胚胎干细胞。生物材料是构筑细胞生长支架的材料,分为人工合成材料和天然材料。工程化组织构建有体内、体外和原位方法,可以构建单一类型组织和多种类型组织及器官。

四、再生医学与器官再造

2008年6月,由自体干细胞分化培养得到的气管移植给了30岁的Claudia Castillo,她成为世界上首个应用再生医学器官移植成功的患者。尽管手术获得了成功,但这一技术在适应证和疗效上仍存在较大的争议。这一尝试预示着科学家们长久以来的预言——"替换件",干细胞可以被用来制造人体的各种器官,必要时植入人体。目前器官再造技术主要有三种方式:①采用经典组织工程技术构建器官;②利用"囊胚互补"技术构建器官;③全器官"去细胞支架"构建器官。利用这些技术,目前研究者在体外已经成功构建了心脏、肾脏、肝脏、肺、气管、胰腺等多种人工器官。

(一) 经典组织工程技术构建器官

应用组织工程方法,将"种子细胞"种植在三维生物支架材料中进行培养,然后将这种"细胞+支架"复合体移植到患者体内所需部位。随着时间推移,植入物与受者间血管网络逐渐建立,新的组织会逐渐在支架材料上形成。而后这种支架材料在一定时间后会完全降解,只留下构建成功的器官。目前,胶原等生物性支架材料和聚酯类可降解聚合物支架材料具有出色的生物相容性,可以有效地支撑组织工程构建器官,适用于组织工程构建器官。

(二) "囊胚互补"技术构建器官

这项技术的材料是一个突变小鼠囊胚,它能为细胞发育提供所需的微环境,但同时不具有能继续发育成器官的潜能。在该囊胚中注入外源性多能干细胞,经过特定的诱导可发育成一个供者特异性的器官。利用此项技术,科学家们已成功构建了胰腺和肾脏。

(三) 全器官"去细胞支架"构建器官

近年来,一种新的、有前景的器官重建方法逐渐形成。将同种异体甚至异种来源的心脏、肝脏和肺等实质器官的细胞去除,留下天然的三维生物支架,然后将备选的祖细胞或者有功能的实质细胞种植到生物支架上,在动物模型中,这些种植的细胞在三维生物支架的适宜环境中逐渐生长,形成有功能的组织结构。最早采用去细胞支架成功重建的器官是皮肤。

随后,科学家们构建了多种复杂的人工器官,包括心脏、支气管、肝脏、肺、膀胱等。

目前构建人工器官的研究已取得了巨大的进展,但仍有许多技术问题等待我们去解决。最主要的是重建的实体器官还无法长久地在体内获得功能。但科学家们相信,随着科技的发展,生命科学、材料科学、医学理念、外科手术技术、医工结合的共同的突破能使医学在21世纪发生一场革命。在克服众多障碍之后,人工器官应用于人体终将成为现实。

（卢　倩）

复习思考题

1. 简述排斥反应的种类和特点。
2. 请按移植物的特点,简述三种常见的移植术种类。
3. 简述供者免疫学方面的选择。
4. 防治急性排斥反应的常用药物有哪些?

ER-15-2

扫一扫
测一测

第十六章

外科感染

📝 **学习目标**

1. 掌握外科感染的特点、分类、临床表现和中医辨证论治。

2. 熟悉外科感染的概念、常见致病菌、抗菌药物的使用原则、中西医结合防治原则、切开引流方法和原则、疾病预后和调护。

3. 了解浅部和深部组织的外科感染临床特点及诊治原则。

第一节 概 述

外科感染是指需要外科治疗的感染,是在创伤、手术、烧伤等一定条件下,病原微生物入侵机体组织,在其中生长繁殖并与机体相互作用,引起一系列局部和/或全身炎症反应等病理变化的过程。外科感染在临床上很常见,占所有外科疾病的 1/3~1/2。中医外科学的疮疡病,是各种致病因素侵袭人体后引起的体表化脓性疾病的总称,也是常见的中医外科疾病,与现代医学所称的浅部组织外科感染范围大致相同。

一、外科感染的特点与分类

(一) 外科感染的特点

1. 多为混合感染 常由一种以上的病原微生物引起,且多为内源性机会致病菌。

2. 多有局部症状 局部症状明显而突出,在局部病变基础上可引起全身反应,有的发展为全身性感染。大多不能自愈或单靠抗菌药物治愈,常需进行外科处理,如引流、清创、切除等,否则将继续发展,严重时危及患者生命。

3. 感染通常集中在某个局部或器官 受感染的组织常发生坏死、化脓等,使组织结构遭到破坏,愈合后形成瘢痕组织并影响功能。

(二) 外科感染的分类

外科感染的分类方法和角度较多,主要有:

1. 按感染部位分类

(1) 软组织感染和感染性组织坏死:如蜂窝织炎、糖尿病足等。

(2) 器官或系统感染:如胆道感染、尿路感染等。

(3) 手术部位感染 (surgical site infection,SSI):如通过切口感染手术涉及的器官,如脑脓肿等,或腔隙感染如腹膜炎等。

(4) 在区域内扩散的感染:如腹膜炎、腹腔或盆腔感染、胸腔化脓性感染、纵隔感染、颅内感染、腹膜后蜂窝织炎。

2. 按发生感染的场所分类

(1)医院感染：包括发生在医院的一切感染，如手术部位感染和其他感染并发症、侵入性操作相关性感染、人工材料相关性感染、器官移植后感染等。

(2)社区获得性感染：即在医院以外环境获得的感染，如疖、痈、丹毒等。

3. 按病原微生物的来源分类

(1)外源性感染：病原菌来自环境或他人，如交叉感染。

(2)内源性感染：病原菌来自患者本身，通过破损皮肤或黏膜感染，或通过易位途径和易感生态环境引起感染。

4. 按病原微生物的种类分类　如耐甲氧西林金黄色葡萄球菌感染、厌氧菌感染、混合性(需氧菌加厌氧菌)感染、真菌感染、病毒感染等。

5. 根据病程长短分类　3 周内多属急性感染；超过 2 个月多属慢性感染；亚急性感染则介于 3 周和 2 个月之间。

二、病因与病理

(一)西医病因

1. 致病菌侵入　致病菌侵入是外科感染的主要原因。外科感染与致病菌数量及清洁度和消毒措施有关，手术过程中需要注意器械和环境的清洁，以及正确治疗和护理伤口，降低感染风险。外科感染也与致病菌的毒力有关，包括对组织的侵袭能力和产生毒素的能力。菌株种类、数量和宿主免疫状态都会影响致病菌的毒力，不同致病菌通过不同方式引起疾病。

(1)对组织的侵袭能力：致病菌通过分泌酶类破坏宿主组织，引起疾病，如链球菌引起皮肤感染和其他疾病。

(2)产生毒素的能力：致病菌通过分泌毒素直接或间接引起宿主疾病，包括内毒素和外毒素，例如破伤风梭菌分泌的痉挛毒素引起肌肉痉挛和神经系统症状。

总的来说，致病菌毒力越强，数量越多，外科感染发生的风险就越大。

2. 人体免疫力下降　免疫力的下降亦是引发感染的条件，包括局部和全身免疫力下降。人体的皮肤和黏膜具有屏障作用，可阻止微生物侵入体内，偶尔少数微生物进入组织内即被功能良好的免疫系统消灭。若机体的屏障功能障碍或免疫功能低下，感染则易于发生。

3. 环境及其他因素　化脓性感染的发生与炎热气候、潮湿环境以及通风不良有关。在医院内，烧伤病房和 ICU 是高发区。医务人员的带菌手是主要传播因素，洗手是最有效的预防措施。创伤患者早期外科处理不当和术后护理不当也会促发化脓性感染。医源性因素如抗生素过度使用和滥用也是导致外科感染的原因之一。此外，肠道细菌移位与外科感染相关，严重情况下可能导致脓毒症和脓毒症休克。

(二)西医病理

1. 感染后的炎症反应　致病菌通过局部组织破损处进入机体后，即在该处引发以渗出为主的炎症反应，渗出液中有大量白细胞、抗体和补体，可吞噬或杀灭细菌。如果入侵细菌很快被机体清除，则炎症局限于局部并逐渐消退，临床可无明显感染症状出现。如果入侵细菌数量多、毒力强，则可有剧烈炎症反应，局部组织出现"红、肿、热、痛"的临床感染表现。若机体抵抗力极低或未适当治疗，感染可由局部扩散至全身，出现寒战、高热、血中白细胞计数明显增加等全身性感染的临床表现。

2. 感染的转归 外科感染的病程演变受多种因素影响,细菌的毒力、机体的抵抗力和治疗措施是主要因素。外科感染有三种结局:第一种是炎症局限,即由于人体抵抗力较强或有效治疗,感染被限制在一定范围内,可以自行吸收或形成脓肿并排出,最终愈合。第二种是炎症扩散,当致病菌的毒力超过人体抵抗力时,感染会通过淋巴或血液扩散到全身,引起严重的全身性感染。第三种是转为慢性感染,当人体抵抗力与致病菌毒力呈相持阶段时,感染被局限,但无法完全消除,形成慢性感染病灶,其中仍存在致病菌。一旦机体抵抗力下降,致病菌重新生长繁殖,慢性感染会再次发展成急性感染。

(三) 中医病因病机

外科感染当属中医"疮疡"范畴。《黄帝内经》将疮疡的病因归纳为外感六淫、内伤饮食和情志失调、针刺不当和金刃所伤等三类。具体而言,外感六淫属外因,内伤饮食和情志失调属内因,针刺不当和金刃所伤则属外来伤害。此外,感受特殊疫毒也是外科感染的病因之一。

1. 外因 六淫邪毒均可导致感染。外感六淫有一定的季节性,春季多风温、风热,发病快,多为阳证,如颈痈、丹毒等;夏季多暑热夹湿,患部多见焮热肿胀、流脓渗水,如暑疖等;秋季多干燥,易致皮肤干燥皲裂,受邪生痛,如手足疔疮等;冬季多寒,血凝气滞而生冻疮、脱疽等。由于六淫皆可化火,因此一切化脓性感染均可表现为热毒、火毒证候。火邪属热,热为火之轻,火为热之重,热毒、火毒致病,起病急,发展快,红、肿、热、痛皆有,如疔、痈、丹毒等。

2. 内因 "正气存内,邪不可干""邪之所凑,其气必虚"。正气虚损,不足以抗邪,易致外科感染的发生,邪正盛衰的变化将直接影响外科感染的预后与转归。其中内伤饮食和情志失调是常见的内因,劳伤过度亦是内在致病因素。陈实功强调"是为疾者,房劳过度,气竭精伤……以致真水真阴从此而耗散。既散之后,其脏必虚,所以诸火诸邪乘虚而入。既入之后,浑结为疮",即因虚致疮。

3. 外来伤害、感受特殊疫毒 针刺不当和金刃所伤、火烧水烫、跌仆损伤等均属于外来伤害;破伤风、结核病、真菌感染、坏疽等疾病,均为感受特殊疫毒所致。

三、临床表现

(一) 局部表现

急性炎症有红、肿、热、痛和功能障碍的典型表现。但这些局部表现不一定全部出现,随病程阶段、病变范围和位置深浅而异。体表浅部的化脓性感染均有疼痛和触痛、局部肿胀、色红、温度增高;慢性感染多有局部肿块或硬结,但疼痛大多不明显;浅部脓肿形成时,触诊可有波动感。

(二) 全身表现

感染轻者可没有全身症状。感染较重者常有畏寒、发热、头痛、全身不适、乏力、食欲减退、脉搏加快、白细胞计数增高、中性粒细胞核左移等;严重者可伴有酸中毒、水电解质紊乱,甚至出现脓毒症。严重脓毒症患者可出现表情淡漠、尿少、血压下降、体温不升、白细胞计数下降,甚至休克和多器官功能障碍。病程长者可有贫血和营养不良。

四、体格检查与辅助检查

(一) 体格检查

浅表脓肿的波动感试验阳性;深部脓肿波动感不明显,但表面组织常有水肿,局部有压痛,可通过穿刺明确诊断。

(二) 实验室检查

血常规：常有白细胞计数增高及中性粒细胞百分比增高。白细胞总数大于 $12 \times 10^9/L$ 或小于 $4 \times 10^9/L$ 或发现未成熟的白细胞，提示重症感染。

病原体的鉴定：①脓液或病灶渗液涂片行革兰氏染色后，在显微镜下观察，可以分辨病菌的革兰氏染色性和菌体形态；②脓液、血、尿、痰或穿刺液做细菌培养（包括需氧菌、厌氧菌和真菌）及药物敏感试验，以指导选用抗菌药物，必要时可重复培养；③采用免疫学、分子生物学等特殊检测手段明确病因。

(三) 影像学检查

主要用于深部感染的诊断。超声检查可用以探测肝、胆、肾等病变，还可以发现胸腹腔、关节腔的积液。骨关节病变常需 X 线摄片；胸部病变可用 X 线透视或摄片，还可用以确定有无膈下游离气体，肠管内气液积存的情况。CT、MRI 等可用以发现体内脓肿、炎症等多种病变，诊断率较高。

五、诊断与鉴别诊断

外科感染的诊断一般并不难，根据局部症状和全身表现大都可以明确诊断。浅部外科感染根据局部症状和体征即可诊断；有些深部外科感染，如位于腹膜后间隙、肠间隙、膈下等处，则诊断较困难，需通过超声、X 线、CT、MRI 等检查明确诊断。疑有全身性感染时应做血细菌培养和药物敏感试验。在使用抗生素后，细菌培养多为阴性，此时可尝试二代测序（next-generation sequencing，NGS）技术。

六、治疗

(一) 西医治疗

1. 局部治疗

(1) 患部抬高或制动：可减轻疼痛，有利于炎症局限和消退。不可用外力挤压，以防止感染扩散。

(2) 药物外敷：用于浅部感染未成脓阶段。可使用鱼石脂软膏或硫酸镁外敷，可改善局部血液循环，消除肿胀，有利于炎症消散或局限成脓。

(3) 物理疗法：可采用湿热敷、红外线或超短波理疗等，可以改善局部血液循环，促进炎症吸收和消散。

(4) 手术治疗：包括脓肿切开引流和切除坏死的组织、器官、坏疽的肢体等。

2. 全身治疗

(1) 支持疗法：①营养摄入不足时应从静脉补充，并注意纠正水电解质紊乱和酸碱平衡紊乱；②严重感染、贫血、低蛋白血症者应少量多次输新鲜血，必要时可输入白蛋白、免疫球蛋白，以增强免疫功能；③感染严重而引起全身严重中毒症状时，可在使用抗生素的同时短期使用肾上腺皮质激素，以改善患者一般情况，减轻中毒症状。

(2) 对症治疗：高热者应用物理或药物降温。疼痛者可给予镇静止痛。

(3) 抗感染治疗：初步诊断为细菌感染者以及经病原学检查确诊为细菌感染者，方有指征应用抗菌药物抗感染治疗，不能单纯以使用抗生素取代外科无菌技术。

(二) 中医治疗

应根据外科感染的病程阶段与证候辨证施治，如根据初起、成脓、溃后 3 个阶段分别按消、托、补的原则进行内治。初期尚未成脓时，用消法使之消散；中期脓成不溃或脓出不畅，用托法以托毒外出；后期体质虚弱者，用补法以恢复正气，使疮疡早日愈合。外治法则以消、腐、敛为总则。初期宜箍围消肿,中期脓熟时宜切开排脓,后期宜提脓去腐、生肌收口。

七、预防与调护

要加强预防外科感染,主要目的是减少病原体进入人体的机会,增强机体的全身和局部抵抗力。治疗过程中应注重患者的精神调摄、饮食宜忌、日常起居、护理换药等方面,加强医患配合,争取早日康复。具体如下:

1. 加强宣传教育　注意个人清洁和公共卫生,减少感染机会。

2. 做好劳动保护　预防创伤的发生;做好清创术,及时正确地处理各种新鲜伤口,清除污染的创面和异物。

3. 及时使用有效的特异性免疫疗法　如预防破伤风可用类毒素和抗毒素,预防狂犬病可接种疫苗与注射免疫球蛋白。

4. 及时调整用药方案　糖尿病、尿毒症、白血病、长期或大量使用激素疗法及恶性肿瘤的化疗、放疗等均可削弱人体抗感染的能力,要重视对这些患者的观察和护理,及时调整用药方案,以防发生严重的外科感染。

5. 预防医院感染　院内感染的致病菌通常比院外的同类菌有更强的毒力和耐药性。要认真落实医院各项规章制度,在施行手术、置管、注射和其他介入性操作时,要严格贯彻无菌原则,防止病菌侵入。

（程宛钧）

第二节　外科感染的中医治疗

一、内治法

外科感染的内治法需根据患者的体质、致病因素、病情轻重等辨证施治,治疗总则为消、托、补。因为外科感染转化过程可分为初期、中期、后期三个不同阶段,即疮疡初起、成脓与溃后。因此内治法亦按照外科感染的邪正斗争和转化过程不同分别应用。

1. 初期　尚未成脓之时,宜用消法,使之消散。首辨病因病机,制订不同的治法,如热毒炽盛者清热解毒,气滞血瘀者理气活血,表证未解者祛邪解表,寒邪凝结者温阳通脉,里实不通者通里攻下,湿热蕴结者清热利湿等。其中清热解毒为疮疡最常用的治法,常用方剂如五味消毒饮、黄连解毒汤、五神汤等。

2. 中期　成脓不溃或溃脓不畅之时,祛邪与扶正并重,宜用托法,以托毒外出并扶助正气。托法分为透托法和补托法。透托法适用于疮疡酿脓尚未成熟,毒盛而正不虚者,常用方剂为透脓散,并宜与清热、和营等法配合施用。补托法适用于疮疡中期毒盛正已虚,不能托毒外达的虚中夹实证,表现为疮形平塌,肿势散漫,难溃难腐,常用方剂为托里消毒散。

3. 后期　溃后疮敛之时,宜用补法,以补虚扶正为主,去腐生新,则疮愈口敛。补法通常有益气、养血、滋阴、助阳等四个方面。补法多用于疮疡后期,毒邪已净,正气未复,疮口难收者,但需注意如毒邪未净时则应慎用补法,以免留邪为患。常用方剂有四君子汤、四物汤、六味地黄丸和桂附八味丸等。

此外,其他一些外科感染的内治法,如由于细菌毒力过强或治疗措施不够得力,导致脓毒症,相当于邪毒内陷,疔毒走黄,证见神昏谵语或昏厥不语,此系危重之证,除内服安宫牛黄丸、紫雪丹、至宝丹等清热凉心开窍之剂外,应中西医结合,采取紧急抢救措施以纠正感染性休克,保全生命。

二、外治法

外治法是药物直接作用于病所,使之吸收,从而达到治疗作用,这也是外科所独具的治疗方法。外科感染的外治法以消、腐、敛为总则,主要根据疾病发展过程中的初期、中期、后期阶段及辨证特点来选择。

1. 感染初期 宜箍围消肿。阳证可选用金黄散(膏)、玉露散(膏)、太乙膏、千捶膏,可掺红灵丹、阳毒内消散等,或用蒲公英、紫花地丁等清热解毒消肿的新鲜草药捣烂外敷;阴证可选用回阳玉龙散(膏)、阳和解凝膏等,或掺黑退消、桂麝散、丁桂散等;半阴半阳证可选用冲和散(膏)。

2. 中期脓熟 宜切开排脓。颜面部疔疮忌过早切开;蛇头疔、附骨疽应尽早切开;手指疔应从侧方切开以免影响屈伸功能。

3. 后期溃后 宜提脓去腐,生肌收口。阳证用八二丹、九一丹提脓去腐,阴证用七三丹、五五丹提脓去腐;疮口太小或成瘘管时,用白降丹、千金散药线腐蚀;疮面胬肉突出用平胬丹;腐脱脓尽时用生肌散、八宝丹,以生肌收口。并根据情况配合使用垫棉法等。

总之,外科感染的中医药治疗的具体施治应根据全身和局部情况,病证结合,按病情的变化和发展,抓住主要矛盾立法用药,内治与外治相结合。内治法与外治法虽在给药途径和选药剂型上有所不同,但治疗法则与外科感染的中医治疗原则并无二致。正如吴师机《理瀹骈文》指出:"外治之理即内治之理,外治之药亦即内治之药,所异者法耳。医理药性无二,而法则神奇变幻。"指明了外治法与内治法没有本质上的差别。

（程宛钧）

第三节 抗菌药物的合理应用

抗菌药物在预防、控制与治疗外科感染中发挥重要作用。目前临床常用的抗菌药物达数百种,由于应用广泛,滥用的现象时有发生。不合理地使用抗菌药物不仅会引起毒副作用和过敏反应,还会增加病原菌的耐药性,导致二重感染。因此,合理应用抗菌药物至关重要。

一、抗菌药物合理应用的基本原则

(一) 尽早确认致病菌

对明确或怀疑外科感染者,应尽早查明致病菌并进行药物敏感试验,有针对性地选用抗菌药物。危重患者在未获知致病菌及药物敏感试验结果前,应在临床诊断的基础上预测最有可能的致病菌种,并结合当地细菌耐药情况,选择适当的药物进行治疗;获知致病菌与药物敏感试验结果后,应结合之前的治疗效果对用药方案做出调整。

(二) 选择最佳的抗菌药物

各种抗菌药物均有特定的抗菌谱与适应证,不同的致病菌对药物的敏感性也不同,要根据临床诊断、细菌学检查、药物的效应及药代动力学特点(吸收、分布、代谢和排泄过程),选择疗效好、毒性小、应用方便、价廉易得的药物。

(三)制订合理的用药方案

制订用药方案时应考虑以下因素:

1. 给药途径　感染局限或较轻、可接受口服给药者,应选用口服吸收完全的抗菌药物。重症感染者,应给予静脉给药,以确保药效。

2. 给药剂量　按各种抗菌药物的治疗剂量范围确定。氨基糖苷类、喹诺酮类等剂量依赖型抗菌药,其杀菌效应与药物浓度相关,给药剂量宜偏向高限。β-内酰胺类、大环内酯类等时间依赖型抗菌药,只要血药浓度超过最低抑菌浓度(minimal inhibitory concentration, MIC)即可发挥杀菌效应,因此给药剂量宜偏向低限,通过增加给药次数,维持血药浓度大于MIC水平即可。

3. 给药次数　根据药代动力学和药效学相结合的原则确定给药次数。半衰期短者,如青霉素、头孢菌素类、克林霉素等,应一日给药多次;半衰期长者,如喹诺酮类、氨基糖苷类等,可一日给药一次。

4. 疗程　多数外科感染经有效抗生素治疗5~7日即可控制。脓毒症抗生素的治疗疗程一般维持7~10日。抗菌药物一般在患者体温正常、白细胞计数正常、病情好转、局部病灶控制后停药。骨髓炎、感染性心内膜炎、植入物感染等常需6~12周的疗程,过早停药可使感染不易控制。

5. 联合用药　联合用药的指征有:①病因未明的严重感染,包括免疫缺陷者的严重感染;②单一抗菌药物不能控制的混合感染或严重感染,如腹膜炎、盆腔炎、感染性心内膜炎、脓毒症等;③需长时间用药,病原菌易产生耐药性的感染,如结核病、尿路感染等;④减少个别药物剂量,降低毒性反应,如两性霉素B与氟胞嘧啶联用治疗深部真菌病。

二、常用抗菌药物合理使用的适应证

(一)青霉素类抗生素

1. 青霉素　常用药物有青霉素G、青霉素V等。适用于溶血性链球菌、肺炎链球菌、对青霉素敏感的金黄色葡萄球菌等革兰氏阳性菌感染,包括脓毒症、破伤风、气性坏疽、梅毒、淋病等。普鲁卡因青霉素可供肌内注射;苄星青霉素为长效制剂;苯氧甲基青霉素耐酸,可口服,其抗菌谱与青霉素相仿。

2. 耐青霉素酶青霉素　常用药物有甲氧西林、苯唑西林、氯唑西林等。抗菌谱与青霉素相仿,疗效稍差,但对青霉素酶稳定。适用于因产酶而对青霉素耐药的葡萄球菌感染。

3. 广谱青霉素　常用药物有氨苄西林、阿莫西林,以及对多数革兰氏阴性杆菌包括铜绿假单胞菌有抗菌活性的青霉素,如哌拉西林、美洛西林等。抗菌谱对革兰氏阳性菌与青霉素相仿,同时对革兰氏阴性菌有效,还适用于肠道、尿路、胆道、腹腔等部位的感染。

(二)头孢菌素类抗生素

1. 第一代头孢菌素　常用药物有头孢唑林、头孢拉定、头孢氨苄等。主要适用于甲氧西林敏感葡萄球菌、溶血性链球菌和肺炎链球菌所致的各种感染;流感嗜血杆菌、奇异变形杆菌、大肠埃希菌敏感株所致的尿路感染和肺炎;预防手术后切口感染;口服制剂主要用于敏感菌所致的轻症感染。

2. 第二代头孢菌素　常用药物有头孢呋辛、头孢克洛、头孢替安等。适用于甲氧西林敏感葡萄球菌、溶血性链球菌和肺炎链球菌等所致的各种感染;流感嗜血杆菌、奇异变形杆菌、大肠埃希菌敏感株所致的尿路感染、皮肤软组织感染、败血症、腹腔感染、盆腔感染、骨关节感染,腹腔感染、盆腔感染需与抗厌氧菌药合用;口服头孢呋辛酯可用于治疗单纯性淋菌性尿道炎、直肠肛门感染等。

3. 第三代头孢菌素　常用药物有头孢噻肟、头孢曲松、头孢哌酮、头孢他啶等。适用于敏感肠杆菌科等革兰氏阴性杆菌所致的严重感染，如脓毒症、腹腔感染、复杂性尿路感染、盆腔炎性疾病、骨关节感染、复杂性皮肤软组织感染、中枢神经系统感染等，腹腔感染、盆腔感染需与抗厌氧菌药如甲硝唑合用；对化脓性链球菌、肺炎链球菌、甲氧西林敏感葡萄球菌所致的各种感染亦有效，但并非首选用药；头孢他啶、头孢哌酮尚可用于铜绿假单胞菌所致的各种感染。

4. 第四代头孢菌素　常用药物有头孢吡肟等。抗菌谱和适应证与第三代头孢菌素相同。适用于对第三代头孢菌素耐药而对其敏感的产气肠杆菌、阴沟肠杆菌、沙雷菌属细菌感染；可用于中性粒细胞缺乏伴发热患者的经验治疗。

(三) 碳青霉烯类抗生素

常用药物有亚胺培南、美罗培南、帕尼培南等。适用于多重耐药但对本类抗生素敏感的严重感染，还适用于尚未查明病原菌的免疫缺陷患者中重症感染的经验治疗。亚胺培南可能引起癫痫、肌阵挛、意识障碍等严重中枢神经系统不良反应，故不适用于中枢神经系统感染。美罗培南、帕尼培南则可用于年龄在 3 个月以上的细菌性脑膜炎患者的治疗。

(四) β- 内酰胺类抗生素 /β- 内酰胺酶抑制药

常用药物有阿莫西林克拉维酸、氨苄西林 - 舒巴坦、头孢哌酮 - 舒巴坦、哌拉西林 - 三唑巴坦等。适用于因产 β- 内酰胺酶而对 β- 内酰胺类抗生素耐药的感染。不推荐用于对复方制剂中抗生素敏感的感染和非产 β- 内酰胺酶的耐药菌感染。阿莫西林克拉维酸、氨苄西林 - 舒巴坦适用于流感嗜血杆菌、大肠埃希菌等肠杆菌科细菌感染，亦可用于对甲氧西林敏感的金黄色葡萄球菌感染，如泌尿生殖系统感染、皮肤软组织感染、骨关节感染、腹腔感染等；头孢哌酮 - 舒巴坦等适用于产 β- 内酰胺酶的大肠埃希菌、肺炎克雷伯菌等肠杆菌科细菌感染，以及铜绿假单胞菌和拟杆菌属等厌氧菌感染。

(五) 氨基糖苷类抗生素

常用药物有卡那霉素、庆大霉素、妥布霉素、奈替米星、阿米卡星、新霉素、大观霉素等。适用于中重度肠杆菌科等革兰氏阴性杆菌感染；中重度铜绿假单胞菌感染，常与具有抗此类菌作用的 β- 内酰胺类抗生素联合应用；严重的葡萄球菌或肠球菌感染的联合用药；链霉素可用于抗结核分枝杆菌感染的联合用药；新霉素口服可用于结肠手术前准备或局部用药；大观霉素仅适用于单纯性淋病。

(六) 大环内酯类抗生素

常用药物有红霉素、阿奇霉素、克拉霉素、罗红霉素等。适用于革兰氏阳性菌所致的皮肤、眼耳鼻喉及口腔的感染。阿奇霉素、罗红霉素等可用于支原体、衣原体感染。

(七) 林可胺类抗生素

常用药物有克林霉素、林可霉素。适用于对甲氧西林敏感的金黄色葡萄球菌及其他链球菌（肠球菌除外）所致的感染。克林霉素还可用于厌氧菌感染的治疗，常与其他抗菌药物联合治疗腹腔、盆腔感染。

(八) 万古霉素和去甲万古霉素

适用于耐药革兰氏阳性菌所致的严重感染，特别是甲氧西林耐药金黄色葡萄球菌（methicillin resistant staphylococcus aureus，MRSA）或耐甲氧西林凝固酶阴性葡萄球菌（methicillin-resistant coagulase-negative staphylococcus，MRCNS）、肠球菌属及耐青霉素肺炎链球菌感染，也可用于对青霉素过敏的严重革兰氏阳性菌感染。此外，也适用于粒细胞缺乏症高度怀疑革兰氏阳性菌感染者，且可用于经甲硝唑治疗无效的艰难梭菌所致的假膜性小肠结肠炎患者。

（九）甲硝唑和替硝唑

适用于需氧菌与厌氧菌的混合感染,包括腹腔感染、盆腔感染等,但常需与其他抗需氧菌药物联合应用;口服可用于艰难梭菌所致的假膜性小肠结肠炎等的治疗;亦可用于阿米巴病、阴道滴虫病等寄生虫病的治疗;与其他抗菌药物联合可用于某些盆腔、肠道及腹腔等手术的预防用药。

（十）喹诺酮类抗生素

常用药物为氟喹诺酮类,有诺氟沙星、左氧氟沙星、环丙沙星、西他沙星、莫西沙星等。适用于肠杆菌科、铜绿假单胞菌所致的尿路感染、细菌性前列腺炎、淋菌性和非淋菌性尿道炎、尿路感染。左氧氟沙星、加替沙星、莫西沙星等对伤寒沙门菌属感染可作为首选,对腹腔、胆道、盆腔感染可与抗厌氧菌药物合用治疗。

三、围手术期预防使用抗菌药物的原则

围手术期预防使用抗菌药物的目的在于预防和减少手术相关的外科感染,包括术后切口感染、手术深部或腔隙的感染以及可能发生的全身性感染。

（一）预防使用抗菌药物的原则

围手术期是否预防使用抗菌药物,应根据手术切口类别、手术创伤程度、可能的污染细菌种类、手术持续时间、感染发生机会和后果严重程度、抗菌药物预防效果的循证医学证据、对细菌耐药性的影响和经济学评估等因素,综合考虑决定。但抗菌药物的预防性应用并不能代替严格的消毒、灭菌技术和精细的无菌操作,也不能代替术中保温和血糖控制等其他预防措施。

1. 清洁手术（Ⅰ类切口） 手术脏器为人体无菌部位,局部无炎症、无损伤,也不涉及呼吸道、消化道、泌尿生殖道等与外界相通的器官。手术部位无污染,通常不需预防使用抗菌药物。但在下列情况时可考虑预防用药:①手术范围大、手术时间长、污染机会增加;②手术涉及重要脏器,一旦发生感染将造成严重后果者,如头颅手术、心脏手术等;③异物植入手术,如人工心脏瓣膜植入、永久性心脏起搏器放置、人工关节置换等;④有感染高危因素如高龄、糖尿病、免疫功能低下（尤其是接受器官移植者）、营养不良等患者。

2. 清洁-污染手术（Ⅱ类切口） 手术部位存在大量人体寄殖菌群,手术时可能污染手术部位引发感染,故此类手术通常需预防使用抗菌药物。

3. 污染手术（Ⅲ类切口） 已造成手术部位严重污染的手术。此类手术需预防使用抗菌药物。

4. 污秽-感染手术（Ⅳ类切口） 在手术前即开始治疗性应用抗菌药物,术中、术后继续,此不属预防应用范畴。

（二）抗菌药物品种选择

(1) 根据手术切口类别、可能的污染菌种类及其对抗菌药物敏感性、药物能否在手术部位达到有效浓度等综合考虑。

(2) 选用对可能的污染菌针对性强、有充分的预防有效的循证医学证据、安全、使用方便及价格适当的品种。

(3) 应尽量选择单一抗菌药物预防用药,避免不必要的联合使用。预防用药应针对手术路径中可能存在的污染菌,如心血管、头颈、胸腹壁、四肢软组织手术和骨科手术等经皮肤的手术,通常选择针对金黄色葡萄球菌的抗菌药物;结肠、直肠和盆腔手术,应选用针对肠道革兰氏阴性菌和脆弱拟杆菌等厌氧菌的抗菌药物。

(4) 头孢菌素过敏者,针对革兰氏阳性菌可用万古霉素、去甲万古霉素、克林霉素;针对

革兰氏阴性杆菌可用氨曲南、磷霉素或氨基糖苷类。

(5) 对某些手术部位感染会引起严重后果者,如心脏瓣膜置换术、人工关节置换术等,若术前发现有 MRSA 定植的可能或者该部位 MRSA 感染率高,可选用万古霉素、去甲万古霉素预防感染,但应严格控制用药持续时间。

(6) 不应随意选用广谱抗菌药物作为围手术期预防用药。鉴于国内大肠埃希菌对氟喹诺酮类药物耐药率高,应严格控制氟喹诺酮类药物作为外科围手术期预防用药。

(三) 给药方案

1. 给药方法　给药途径大部分为静脉输注,仅有少数为口服给药。

静脉输注应在皮肤、黏膜切开前 0.5~1 小时内或麻醉开始时给药,在输注完毕后开始手术,保证手术部位暴露时局部组织中抗菌药物已达到足以杀灭手术过程中沾染细菌的药物浓度。万古霉素或氟喹诺酮类等由于需输注较长时间,应在手术前 1~2 小时开始给药。

2. 预防用药维持时间　抗菌药物的有效覆盖时间应包括整个手术过程。手术时间较短(<2 小时)的清洁手术术前给药一次即可。如手术时间超过 3 小时或超过所用药物半衰期的 2 倍,或成人出血量超过 1 500ml,术中应追加一次。清洁手术的预防用药时间不超过24 小时,心脏手术可视情况延长至 48 小时。清洁 - 污染手术和污染手术的预防用药时间宜为 24 小时,污染手术必要时延长至 48 小时。过度延长用药时间并不能进一步提高预防效果,且预防用药时间超过 48 小时,耐药菌感染机会增加。

四、抗菌药物在特殊人群中的应用

患者的病理、生理及免疫状况可影响药物的作用,即使是同一种抗菌药物,在不同的患者体内吸收、分布、代谢与排泄过程也会有差异,用药时应予以重视。特别是对特殊人群,用药需遵循个体化原则。

(一) 肾功能减退者

根据感染的严重程度、病原菌种类及药物敏感试验结果等,选用低肾毒性或无肾毒性的抗菌药物;必须使用肾毒性抗菌药物时,应调整给药剂量和方法。

(二) 肝功能减退者

1. 主要经肝脏清除的药物　肝功能减退可导致药物清除明显减少,若无明显毒性反应,仍可正常使用,但治疗过程中需严密监测肝功能,必要时减量;若发生毒性反应,应避免使用此类药物。

2. 经肝、肾两种途径清除的药物　严重肝病时应减量应用。

3. 主要经肾脏清除的药物　无须调整用药剂量。

(三) 老年患者

老年患者肾功能呈生理性减退,因此给药时应按轻度肾功能减退情况减量,即使用正常治疗量的 1/2~2/3 ;宜选用毒性低、杀菌作用强的药物;若必须使用高毒性药物,应同时行血药浓度监测,并及时调整剂量。

(四) 新生儿患者

新生儿感染应避免使用毒性强的抗菌药物,若确有应用指征,必须同时行血药浓度监测,并及时调整剂量;避免使用可能引起严重不良反应的抗菌药物;主要经肾脏代谢的药物需减量应用;给药方案应按新生儿日龄进行调整。

(五) 小儿患者

尽量避免使用有耳、肾毒性的抗生素,如氨基糖苷类和万古霉素,若确有应用指征,需在使用过程中严密观察不良反应;四环素类抗生素可致牙齿黄染及牙釉质发育不良,不可用于

8 岁以下小儿;喹诺酮类抗生素对骨骼发育可能产生不良影响,应避免用于 18 岁以下未成年人。

(六)妊娠期患者

对胎儿有致畸或明显毒性作用的药物,如四环素类、喹诺酮类,应避免使用。对母体和胎儿均有毒性的药物,如氨基糖苷类和万古霉素,应避免使用;确有应用指征时,需行血药浓度监测。对母体和胎儿均无明显影响,且无致畸作用的药物,如 β- 内酰胺类,适宜在妊娠期使用。

(七)哺乳期患者

哺乳期患者使用抗菌药物,药物均可自乳汁分泌,不论乳汁中药物浓度如何,均可对乳儿产生潜在影响,因此,哺乳期使用任何抗菌药物均应暂停哺乳。

总之,外科感染合理地选择抗菌药物,既要依据致病菌的种类和药物敏感试验结果,同时也要考虑患者具体的生理病理状况。

(程宛钧)

第四节　浅部组织的化脓性感染

浅部组织的化脓性感染是指皮肤、皮下组织、淋巴管、肌间隙及周围的疏松结缔组织间隙等软组织的外科感染。该病属于中医学疮疡病范畴,有急性和慢性两大类,是外科最普遍最常见的疾病。常见类型有疖、痈、急性蜂窝织炎、丹毒以及浅部急性淋巴管炎和淋巴结炎等。中西医在长期的医疗实践中,对此类外科感染均有充分的认识、丰富的理论和治疗经验。

一、疖和疖病

疖是指一个毛囊及其所属皮脂腺的急性化脓性感染。多个疖同时或反复发生于身体各部位,则称为疖病。中医学亦称之为"疖",而发生在面部的疖,中医称之为"颜面部疔疮"。暑天发生者称"暑疖"。疖初起可分为有头疖、无头疖两种。本病通常症状轻而易治,特征为随处可生,局部红、肿、热、痛,虽肿但凸起根浅,肿势局限,常大不逾寸,出脓即愈。但疖若发在头部皮肤,也可因治疗或护理不当而形成"蝼蛄疖",导致窜空头皮,损伤颅骨,迁延难愈。

(一)病因与病理

1. 西医病因与病理　人体皮肤的毛囊和皮脂腺通常有细菌存在,在皮肤不洁、擦伤、环境温度较高及全身或局部抵抗力下降时,细菌侵入可导致疖的发生。疖常发生于毛囊和皮脂腺丰富的部位,如颈部、头面部、背部、腋窝、腹股沟及会阴等处。常见致病菌为金黄色葡萄球菌,偶可由表皮葡萄球菌或其他致病菌致病。因金黄色葡萄球菌的毒素含凝固酶,脓栓形成是其感染的一个特征。

2. 中医病因病机　本病主要因火热之毒为患,因夏秋炎热,感受暑毒,汗泄不畅,暑湿热毒蕴蒸肌肤而成;或抓破染毒以致气血凝滞而成;或由恣食膏粱厚味、醇酒辛辣,脏腑蕴热,火毒结聚所致。上述病因皆可导致气滞血瘀,经络阻塞,营气不从,毒邪壅遏,使局部发生红、肿、热、痛等症状。头为诸阳之首,气血旺盛之部,火毒阳邪较易蕴积于此,发病则反应剧烈,病情变化迅速,容易造成毒邪走散而成"走黄"之证。疖若处理不当,可致脓毒旁窜,在头顶皮肉较薄处尤易蔓延、窜空而成蝼蛄疖。此外,体质虚弱或伴消渴者,亦容易发病。

汪机《外科理例·疖名有三》云："疖者,初生突起,浮赤无根脚,肿见于皮肤,止阔一二寸,有少疼痛,数日后微软,薄皮剥起,始出青水,后自破脓出。"

(二) 临床表现

1. 局部症状　初起毛囊处有红、肿、热、痛的小结节,逐渐肿大并隆起,病变局限。若为有头疖,4~5 日后,结块顶部形成脓头,自行溃破而愈;无头疖则肿块无头,3~5 日成脓,脓出后,数日收口而愈。

蝼蛄疖多继发于小儿头皮的无头疖。可分为两种类型,一种疮小而硬,溃破虽出脓水,但坚硬不退,疮口愈后易复发,此起彼伏;另一种疮大如梅李,相连 3~5 枚,溃破脓出,其口不敛,日久头皮窜空。不论何型,若无适当治疗,迁延日久,也可损伤颅骨,形成死骨。

疖病指臀、项、背或全身散发数个至数十个疖肿,此愈彼发,与患者的抗感染能力较低(如有糖尿病)或皮肤不洁且常受擦伤相关。

2. 全身症状　一般无全身症状。若发生于血液丰富的部位,可出现全身不适、畏寒、发热、头痛、厌食等。

(三) 辅助检查

有发热等全身炎症反应者,检测血常规通常有白细胞计数和中性粒细胞百分比增高;超敏 C 反应蛋白(high-sensitivity C-reactive protein,hs-CRP)亦会升高,>10mg/L 提示为有临床意义的炎症。疖病患者还应检测空腹血糖和糖化血红蛋白等,必要时需做脓液细菌培养及药物敏感试验,以指导合理使用抗菌药物。

(四) 诊断与鉴别诊断

1. 诊断要点

(1)局部出现红、肿、热、痛的小结节,逐渐肿大呈锥形隆起,中央组织坏死变软,出现黄白色小脓栓,红肿范围扩大。

(2)一般无明显全身症状,但在血液丰富的部位、全身抵抗力减弱时,可引起不适、畏寒、发热、头痛和厌食等毒血症状。

(3)主要根据临床表现诊断,皮损处革兰氏染色和细菌培养可支持诊断疖,广泛的疖肿血常规中白细胞计数增高。

2. 鉴别诊断

(1)皮脂腺囊肿(粉瘤):初为坚实丘疹,可见皮脂腺开口阻塞所致的小黑点,可挤出白色粉样物质,反复挤压则形成大小不等的结节,病程更长;并发感染时可伴有恶臭。

(2)痤疮:一种累及毛囊皮脂腺的慢性炎症性皮肤病,好发于青少年,青春期后常能自然减轻或痊愈。临床表现以好发于面部的粉刺、丘疹、脓疱、结节等多形性皮损为特点。

(五) 治疗

1. 西医治疗　以局部治疗为主。初起可外用莫匹罗星软膏、10% 鱼石脂软膏、如意金黄散等,可配合热敷、理疗、药物外敷,促其吸收消散。脓栓出现时,在其顶部点涂 2.5% 碘酊,促进坏死脱落。当疮顶变软有波动感时,可切开引流,切忌挤压,出脓后以呋喃西林湿敷或纱条引流。面部疖应避免切开、挤压,给予流质饮食,少说话,以防感染扩散。面部疖和有全身症状的疖与疖病应给予抗生素治疗,并增加营养。患有糖尿病者,应同时治疗糖尿病。

2. 中医治疗

(1)辨证论治

1)热毒蕴结证(轻症):局部红肿热痛,疮顶高突,根脚收束,全身热象明显,口渴口干,小便黄,大便秘结,舌红,苔薄黄,脉数。治以清热解毒,用五味消毒饮或黄连解毒汤加减。

2)火毒炽盛证(重症):局部疮形平塌,肿势散漫,皮色紫暗,焮热疼痛,高热,头痛烦躁,口渴唇燥,恶心呕吐,小便灼热,大便干结,舌红,苔黄厚燥,脉滑数。治以凉血清热解毒,方用犀角地黄汤(犀角已禁用,现多用水牛角代)、黄连解毒汤、五味消毒饮加减。

3)暑热浸淫证(暑疖):初起皮肤潮红,次日肿痛,范围局限,有头疖脓头黄白,疼痛剧增,破溃流脓后肿痛减轻;无头疖红肿疼痛,3~5日成脓,切开脓出黄稠。若迁延1周以上,则脓水稀薄或夹血水,再经2~3日收口。舌苔黄腻,脉滑数。治以清热利湿解毒,用清暑汤加减。

4)阴虚内热,体虚毒恋证:疖肿反复发作,口干唇燥,舌红苔薄,脉细数。治以养阴清热解毒,方用仙方活命饮合增液汤加减。

5)脾胃虚弱,体虚毒恋证:成脓收口时间长,脓水稀薄,面黄乏力,便溏,舌淡红或边有齿痕,苔薄,脉细。治以健脾和胃,清化湿热。方用五神汤合参苓白术散加减。

(2)其他治法

1)初起小者,用千捶膏盖贴或三黄洗剂涂搽;大者,用金黄散或玉露散,以金银花露或菊花露调成糊状外敷;遍体发疮,破溃流脓水成片者,用青黛散,以麻油调敷。

2)脓成则切开排脓,掺九一丹、太乙膏盖贴,深者可用药线引流;颜面部疔疮严禁切开。若有袋脓者,宜"十"字形剪开,长度超过病变范围;若有出血,可用绷带缚扎以压迫止血。

3)脓尽改用生肌散收口,可配合垫棉法。

(六) 预防与调护

(1)平时少食辛辣油炸及甜腻食物,病时忌食鱼腥发物,保持大便通畅。

(2)注意个人卫生,勤洗澡,勤理发,勤换衣,保持局部皮肤清洁。婴儿应注意保护皮肤,避免表皮受伤。

(3)夏秋季节在炎热环境中生活工作,应避免汗渍过多,适当饮用清凉饮料,如金银花露、绿豆米仁汤等。

(4)有消渴及体质衰弱者,应及时治疗全身性疾病,以增强体质。

(5)面部"危险三角区"的疖需特别注意不要捏挤或过早切开,否则不仅会导致严重的海绵窦血栓性静脉炎,还会伴有剧烈的头痛、恶心、呕吐甚至脑脓肿而危及生命。故有"面无善疮,切勿捏挤"之说。

(七) 中西医结合讨论

本病致病菌有金黄色葡萄球菌、乙型溶血性链球菌、大肠埃希菌等。中医病因病机可概括为火毒结聚,气血凝滞阻隔经络。常见的临床表现具有阳证疮疡的特点,如红肿热痛、功能障碍,可伴有轻重不同的畏寒、发热等全身症状,重者可有寒战、高热、头痛、食欲不振、便秘溲赤等症状。常用方剂有五味消毒饮、黄连解毒汤、透脓散等。抗菌药物的应用与调整一般需根据细菌培养与药物敏感试验结果,常选用头孢类抗菌药物等。重症感染应改善患者的全身情况,增强营养,维持水电解质平衡。总之,本病以辨病辨证相结合,采用内外治法治疗,常可获得较好的疗效。如能结合细菌培养与药物敏感试验结果精准地联合应用抗菌药物,则可缩短疗程,增加疗效。视患者全身状况联合支持疗法的中西医结合的诊疗思路较为贴近临床实际,可使患者获益。

二、痈

痈是多个相邻的毛囊及其所属腺体的急性化脓性感染,或由多个疖融合而成。中医称之为"有头疽"。临床上以初起皮肤上即有粟粒状脓头,焮热红肿胀痛,易向深部及周围扩散,脓头相继增多,溃烂之后,状如莲蓬、蜂窝为特点。以中老年患者,尤其糖尿病患者多见。好发于颈项、背部等皮肤厚韧的部位。因患病部位不同,可有对口疽、发背、搭手、膻中疽、少腹疽等多种病名。

(一) 病因与病理

1. 西医病因与病理　细菌感染为本病的主要原因,常见致病菌为金黄色葡萄球菌。致病菌从损伤的皮肤或毛囊侵入,常由一个毛囊底部开始,由于皮肤厚,感染只能沿阻力较小的皮下脂肪柱蔓延至皮下组织,沿着深筋膜向四周扩散,侵及附近的脂肪柱,再向上传入毛囊群而形成具有多个"脓头"的痈。糖尿病患者易患痈。

2. 中医病因病机　中医认为,本病的发生可因感受风温、湿热之毒,凝聚肌肤;或因七情内郁,气郁化火;或因房事不节,劳伤精气,以致肾水亏损,水火不济,阴虚则虚火炽盛;或由于平素恣食膏粱厚味,以致脾胃运化失常,湿热火毒内生。上述内外病因均可导致脏腑蕴毒,凝聚肌肤,经络阻隔,营卫不和,气血凝滞而发为本病。

体虚之人,更易发病,故消渴患者常伴发本病。若阴虚之体,水亏火炽,使热毒蕴结更甚;气血虚弱之体常因毒滞难化,不能透毒外出,容易"疽毒内陷"。

(二) 临床表现

高秉钧《疡科心得集·辨脑疽对口论》云:"对疽、发背必以候数为期,七日成形,二候成脓,三候脱腐,四候生肌。"古时称 7 日为一候。

1. 初期　皮肤呈片状稍隆起的紫红色浸润区,质地坚韧,界限不清,故见患部起一肿块;随后肿块渐向周围扩大,中央形成多个脓栓,上有粟粒状脓头并逐渐增多;痈易向四周及深部浸润发展,形成浸润性水肿,常伴局部淋巴结肿大、疼痛,故见色红灼热,高肿疼痛。伴有畏寒、发热、头痛、食欲不振,舌苔薄白或黄,脉滑数。

2. 溃脓期　疮面渐渐腐烂,破溃后形似蜂窝状,肿块范围常超过 10cm,此时高热口渴,便秘溲赤。如脓液逐渐畅泄,腐肉脱落,则病情停止发展,全身症状也随之减轻或消失。

3. 收口期　脓腐渐尽,新肉开始生长,逐渐愈合。

整个病程约 1 个月,病情初期在第 1 周,溃脓期在第 2~3 周,收口期在第 4 周。

需要注意的是,本病发病过程中若兼见神昏谵语、气息急促等严重全身症状,则为合并内陷。内陷多见于脑疽、发背患者,尤以脑疽患者更为多见。唇痈也有感染扩散到颅内的危险。

(三) 辅助检查

血常规检查通常有白细胞计数和中性粒细胞百分比明显增高,白细胞计数为 $(15\sim20)\times10^9/L$,中性粒细胞百分比为 80%~90%。常规还应进行急诊生化、血糖、电解质、CRP 等检查,同时可做脓液细菌培养及药物敏感试验,以指导合理使用抗菌药物。

(四) 诊断与鉴别诊断

1. 诊断要点

(1)初起呈片状酱红色炎性浸润区,高出体表,质地坚硬,水肿,与正常组织界限不清。

(2)经 1~2 周中央区皮肤出现多个小脓头,破溃后呈蜂窝状,继之中心部塌陷,如"火山口"状,患处剧痛。

(3)常伴有高热、寒战、全身不适、食欲不振等。

(4)可发生于糖尿病患者,应详细检查,以免漏诊。需了解患者有无糖尿病、低蛋白血症、心脑血管病等全身性疾病病史。

(5)血常规示白细胞计数增加。

2. 鉴别诊断

脂瘤染毒:患处素有结块,或有扩大的毛囊口,可挤出皮脂栓。染毒后红肿多局限,全身症状轻,溃后脓液中可见豆渣样物质。

(五) 治疗

1. 西医治疗

(1)全身治疗:应注意休息,加强营养支持,镇静止痛,静脉使用抗生素。糖尿病患者应控制血糖。

(2)局部治疗:初起可用2%莫匹罗星软膏、鱼石脂软膏外涂,50%硫酸镁外敷。超短波和紫外线照射对控制感染扩散、促进炎症消散有一定效果。小部分痈早期取出脓栓换药后,坏死组织脱落,创面逐渐愈合。大部分患者,尤其是病变范围大,多个脓栓破溃后呈蜂窝状的,常需手术切开引流。引流切口应做成"十"字形或"卅"形,长度超过病变范围,深达筋膜或筋膜下,切断所有纤维间隔。切开后应尽量彻底清除脓液和切除坏死组织,每日换药。如创面过大,待肉芽生长良好时及时进行皮肤移植,可缩短病程。

2. 中医治疗

(1)火毒蕴结证:初起局部红肿热痛,脓头增多,形似蜂窝,范围大;后脓液畅泄,新肉生长,逐渐愈合;可伴恶寒发热、纳呆;舌红苔黄,脉滑数。治以和营托毒,清热利湿。方用黄连解毒汤合仙方活命饮加减。

(2)阴虚火炽证:消渴患者多见,疮形平塌紫滞,不易化脓,脓水稀少或带血,剧痛;伴高热、唇燥咽干、纳呆便秘、小便短赤;舌红,苔黄燥,脉细数。治以滋阴生津,清热托毒。方用竹叶黄芪汤加减。

(3)气血两虚证:老年体虚者多见,疮形平塌晦暗,化脓慢,腐肉难脱,脓水清稀,闷肿胀痛,疮口易成空腔;伴发热、精神不振、面色少华;舌淡,苔白腻,脉数无力。治以益气托毒,用八珍汤合仙方活命饮加减。

(六) 预防与调护

(1)项、背部生疖,忌挤压。消渴患者特别要注意个人卫生,避免皮肤损伤破溃和感染。

(2)高热时卧床休息,多饮热水。

(3)有头疽患处切忌挤压、碰伤。在头部者,可用四头带包扎;在上肢者宜用三角巾悬吊;在下肢者宜抬高患肢,减少活动。

(4)忌食鱼腥、辛辣等发物或甜腻食物。

三、急性蜂窝织炎

急性蜂窝织炎是发生于皮下、筋膜下、肌间隙或深部蜂窝组织的急性弥漫性化脓性感染。其特点是在皮肤疏松的部位突发红肿,蔓延成片,灼热疼痛,红肿以中心最明显,四周较淡,边界不清,有的3~5日皮肤湿烂,随即变成褐色腐溃,或中软而不溃,伴有明显的全身症状。

本病属于中医"发"的范畴,其范围较痈大。生于项前的"锁喉痈"和生于臀部的"臀痈"虽以痈命名,但实属"发"的范畴。此外,生于小腿的称"腓䏶发",生于手足背者称"手发背""足发背"。

(一) 病因与病理

1. 西医病因与病理　致病菌主要是溶血性链球菌,其次是金黄色葡萄球菌,亦可以是厌氧菌。其特点是感染不易局限,扩散迅速,与正常组织无明显界限。感染可由皮肤或组织损伤引起,亦可由邻近化脓性感染直接扩散或经淋巴、血行感染而成。因致病菌具有毒性较强的溶血酶、透明质酸酶、链激酶等,加之受侵组织质地较疏松,故病变近侧的淋巴结常受感染,且常有明显的毒血症或菌血症。

2. 中医病因病机　本病多因风火湿热之邪结聚,气血凝结而成;或因劳伤经脉,外伤瘀血感染毒邪所致;亦可因疖、痈等挤压后邪毒向四周蔓延而成。

(二) 临床表现

急性蜂窝织炎的临床表现因致病菌种类、发病部位、位置深浅不同而异,但总体表现为局部红、肿、疼痛、温度升高,伴有全身症状和脓液积聚等。主要临床表现包括:

1. 发生部位浅者 局部症状明显,如红、肿、热、痛等,范围迅速扩大,中心坏死、化脓,出现波动感。

2. 发生部位深者 局部红肿不明显,但局部水肿、压痛明显,并伴有全身症状。

3. 由溶血性链球菌引起的急性蜂窝织炎 病变扩展迅速,不易局限,有时引起脓毒症。由金黄色葡萄球菌感染引起的急性蜂窝织炎,易局限形成脓肿。由厌氧菌感染引起的急性蜂窝织炎,可出现捻发音,脓液恶臭,全身症状重,常见于被肠道、泌尿道内容物污染的会阴部、腹部伤口。

4. 发生于口底、颌下、颈部的急性蜂窝织炎 可因炎症水肿扩展引起喉头水肿,出现呼吸困难,有发生窒息的危险。

(三) 辅助检查

血常规检查示白细胞计数增多。有浆液性或脓性分泌物时,涂片检查致病菌种类。病情较重时,应取血液和脓液做细菌培养和药物敏感试验。

(四) 诊断与鉴别诊断

1. 诊断要点

(1)主要临床表现为局部红、肿、热、痛,并向周围迅速扩大,红肿的皮肤与周围正常组织无明显的界限,中央部颜色较深,周围颜色较浅。感染部位较浅、组织较疏松者,肿胀明显且呈弥漫性,疼痛较轻;感染部位较深或组织较致密者,则肿胀不明显,但疼痛剧烈。伴随全身症状如畏寒、发热、头痛、乏力等。

(2)影像学检查有助于了解感染程度及致病菌的判断。

(3)实验室检查:白细胞计数升高,脓液的细胞学检查有助于诊断。

2. 鉴别诊断

(1)丹毒:是由乙型溶血性链球菌感染皮肤淋巴管网引起的急性非化脓性炎症。好发于下肢与面部,局部表现为片状微隆起的皮肤红疹,界限清楚,扩散迅速,病变区可有烧灼样疼痛。局部很少有组织坏死或化脓,但全身炎症反应明显,易治愈,但常复发。

(2)气性坏疽:产气性皮下蜂窝织炎需与气性坏疽鉴别。气性坏疽发病前创伤常累及肌肉,病变以产气荚膜梭菌引起的坏死性肌炎为主,伤口常有某种腥味,X线检查肌肉间可见气体影。脓液涂片检查可大致区分致病菌形态,细菌培养有助于确认致病菌。

(五) 治疗

1. 西医治疗

(1)全身治疗:应加强营养支持,维持水电解质平衡,止痛和应用抗菌药物治疗。抗菌药物一般先用青霉素或头孢类抗生素,疑有厌氧菌感染时加用甲硝唑、替硝唑等。根据临床治疗效果或细菌培养与药物敏感试验结果调整用药。

(2)局部治疗:初起应休息,局部理疗,药物外敷。一旦脓肿形成,应及时切开引流。位于口底、颌下的急性蜂窝织炎,有时虽未形成脓肿,但为了减轻组织水肿、气管压迫,防止喉头水肿或窒息,应早期切开减压引流。而由厌氧菌感染引起的捻发音性蜂窝织炎应做广泛切开引流,切除坏死组织,并用3%过氧化氢溶液冲洗、湿敷伤口。

2. 中医治疗 宜清热解毒,化痰消肿。病初兼用疏风清热之品;中期佐以凉血透脓之品;后期应顾护气血津液及脾胃。成脓后应及早切开减压。

(1)痰热蕴结证(锁喉痈):小儿多见,感染起于口腔或面部。喉部红肿痛,渐延腮颊至前胸,壮热口渴,头痛项强,便秘溲赤,舌红,苔黄腻,脉弦滑数。治以散风清热,化痰解毒。方用普济消毒饮加减。

(2)湿火蕴结证(臀痈):臀红热肿痛,或湿烂溃脓,恶寒发热,头痛骨楚,食欲不振,舌红,苔黄腻,脉数。治以清热泻火,解毒化湿。方用黄连解毒汤合仙方活命饮加减。红热不显者加重活血化瘀药,减少清热解毒药。

(3)湿痰凝滞证(臀痈):臀漫肿不红,结块坚硬,进展缓慢,苔薄白或白腻,脉缓。治以和营活血,利湿化痰。方用桃红四物汤合仙方活命饮加减。

(4)湿热壅阻证(手发背):手背漫肿红热痛,化脓溃烂,皮肤湿烂难愈,或伴壮热恶寒,头痛骨楚,苔黄腻,脉数。治以清热解毒,和营化湿。方用五味消毒饮合仙方活命饮加减。

(5)湿热下注证(足发背):因足癣感染。足背红肿热痛,化脓溃破,寒战高热,纳呆泛恶,舌红,苔黄腻,脉滑数。治以清热解毒,和营利湿。方用五神汤加减。

(六) 预防与调护

(1)重视皮肤的日常清洁和卫生;防止损伤,受伤后要及早医治。

(2)及时治疗原发疾病,如足癣等。

(3)婴儿和老年人的抗感染能力较弱,要重视生活护理。

(4)患病后宜减少活动,否则易使肿势扩散而致病情加剧。

(七) 中西医结合讨论

急性蜂窝织炎的中西医结合治疗思路和优势,主要体现在将中西医外治法与中药内服、西医全身抗感染及支持治疗结合运用。

应用抗菌药物是治疗急性蜂窝织炎的重要措施之一。根据细菌培养及药物敏感试验结果选用有针对性、敏感的药物是原则。药物敏感试验结果未出时,可根据脓液涂片检查选择相对有针对性的广谱抗生素。金黄色葡萄球菌感染者,首选头孢菌素类药物;革兰氏阴性菌感染者,可选用阿米卡星;厌氧菌感染者,替硝唑是首选药物。

中医外治方面,初起用金黄膏或玉露膏外敷;也可用玉露散或双柏散以金银花露或菊花露调敷;或以50%硫酸镁湿热敷;或取生石膏、芒硝等比例外敷患处,起清热解毒、活血消肿、软坚定痛之功效,亦可促进深部炎症消散。红热不明显者用冲和膏外敷。西药可根据细菌培养及药物敏感试验结果针对性地使用。还可应用紫外线、红外线治疗,可促进脓肿局限、炎症消散。

脓成则切开排脓,以九一丹药线引流,外敷金黄膏或红油膏。溃后提脓去腐,可用八二丹、九一丹换药。对于口底及颌下的蜂窝织炎,经短期积极抗感染治疗无效时,应及早切开减压,以防喉头水肿压迫气管造成窒息。手指部的蜂窝织炎,亦应早期切开减压,防止指骨坏死。对于捻发性蜂窝织炎,应做广泛切开引流,切除坏死组织,用3%过氧化氢溶液冲洗伤口。当有大量皮下组织坏死时,待坏死组织脱落后可进行皮肤移植以促愈合。

脓尽改用生肌散、白玉膏外敷。若有空腔不易愈合,可以棉垫加压包扎。此时脓液排出后可选择透热法,如超短波、微波等,改善局部血液循环,促进肉芽组织生长,加快创口愈合。

四、丹毒

丹毒是皮肤和黏膜网状淋巴管受乙型溶血性链球菌感染所致的急性感染性疾病。其特点是患处焮赤灼热,迅速向外扩大。多数发生于下肢,其次为头面部。发于头面部者,称"抱头火丹";发于胸腹者,称"内发丹毒";发于下肢者,称"流火";新生儿丹毒称"赤游丹"。

(一) 病因与病理

1. 西医病因与病理 本病的致病菌为乙型溶血性链球菌,由细菌从皮肤或黏膜的细小伤口处侵入皮内网状淋巴管所致,常累及引流区淋巴结。其特点是蔓延很快,很少发生组织坏死和化脓,但全身反应剧烈,治愈后容易复发。

2. 中医病因病机　中医认为,本病因素体血分有热,复感火毒,热毒搏结,郁阻肌肤而发;或因皮肤、黏膜破损,毒邪乘隙侵入而成。发于头面部者多夹风热,发于胸腹者多夹肝脾郁火,发于下肢者多夹湿热。新生儿丹毒,多由胎热火毒所致。

(二) 临床表现

1. 症状

(1)局部症状:本病多发于下肢,其次为头面部。皮肤大片红斑、灼热、疼痛,稍微隆起高出皮面,边界较清楚,病变范围扩展快;严重者可在红肿处伴发瘀点、紫斑或大小不等的水疱,偶有化脓或皮肤坏死;发于小腿者,愈后容易复发,常因反复发作,皮肤粗糙增厚,下肢肿胀而形成象皮肿。新生儿丹毒常游走不定,多有皮肤坏死。

(2)全身症状:本病初起即可出现恶寒、发热、头痛、全身不适、便秘、尿赤等。严重者可发展成脓毒症,出现高热不退、烦躁、神昏谵语等症状。

2. 体征　局部皮肤发红、肿胀,肤温升高;近侧淋巴结常肿大,有压痛,如头面部丹毒可有颈部淋巴结肿大,下肢丹毒可有腹股沟淋巴结肿大。

(三) 辅助检查

血常规检查示白细胞计数增多,中性粒细胞百分比可达 80%~90%。

(四) 诊断与鉴别诊断

1. 诊断要点

(1)丹毒的典型表现为局部红肿、疼痛、温度升高,伴有全身症状如发热、头痛、乏力等。病变部位常位于下肢,也可发生于手臂、面部等部位。

(2)病原菌检查:丹毒常由乙型溶血性链球菌感染引起,可通过细菌培养和药物敏感试验来确定致病菌类型和药物敏感性。

(3)血常规检查:丹毒患者常伴有白细胞计数、中性粒细胞百分比升高等炎症表现。

2. 鉴别诊断

(1)发:局部红肿,色紫红或暗红,以中央显著并隆起,周边较轻而边界不清,微硬而坚实,疼痛呈持续性胀痛,化脓时呈跳痛,大多化脓溃烂。

(2)接触性皮炎:常有接触过敏物质史,皮损以肿胀、水疱、丘疹为主,局部焮热、痛痒,一般无明显全身症状。

(五) 治疗

1. 西医治疗　局部及周围皮肤用 50% 硫酸镁溶液湿热敷。全身应用抗生素,如青霉素、头孢菌素等,并在全身和局部症状控制 3~5 日后再停药,防止再发。下肢丹毒患者,宜卧床休息,抬高患肢;伴有足癣者,应积极治疗足癣,以减少丹毒复发。

2. 中医治疗

(1)辨证论治

1)风热毒蕴证:头面部红肿,延及双目,口唇外翻,舌红,苔薄黄,脉浮数。治以疏风清火解毒,方用普济消毒饮加减。

2)肝胆湿热证:胸腹腰胯部大片鲜红,肿胀灼痛,舌红,苔黄腻,脉弦滑数。治以清肝泻热利湿,方用龙胆泻肝汤或柴胡清肝汤加减。

3)湿热毒蕴证:下肢红热肿胀,痛如火燎,或见水疱、紫斑,舌红,苔黄腻,脉滑数。治以利湿清热解毒,方用五神汤合萆薢渗湿汤加减。

4)胎火蕴毒证:新生儿臀部红肿灼热,呈游走性,舌红苔黄,脉数。治以凉营清热解毒,方用犀角地黄汤(犀角已禁用,现多用水牛角代)合黄连解毒汤加减。

5)毒邪内攻证:红肿蔓延,壮热神昏,谵语烦躁,头痛,恶心呕吐,舌红绛,苔黄,脉洪数。治以凉营泻火解毒,方用清瘟败毒饮合犀角地黄汤加减(犀角已禁用,现多用水牛角代)。

(2)外治法

1)外敷:红肿初起时,可用金黄散、玉露散或双柏散外敷。

2)砭镰法:患处消毒后用三棱针浅刺皮肤放血,以泻热毒,亦可针刺后拔罐。适用于下肢丹毒。发于头面部者禁用。

(六) 预防与调护

(1)患者应卧床休息,多饮开水,床边隔离。流火患者应抬高患肢30°~40°。

(2)有皮肤黏膜破损者,应及时治疗,以免感染毒邪。

(3)因足癣致下肢复发性丹毒患者,应彻底治愈足癣,以减少复发。

(七) 中西医结合讨论

中医对于丹毒的治疗有较为明显的优势,主要分为中医内治法和中医外治法。由于丹毒一般由于素体血分有热,加之外感火、热之毒邪,蕴结肌肤而发,所以中医内治法多以清热解毒类方药为主,在祛除邪气的同时还可以提高机体免疫力,达到扶正祛邪、标本兼治的目的。中医外治法主要针对丹毒的局部皮损进行治疗,涉及中药溻渍、中药掺药和物理治疗等,可达到清热解毒、软坚散结等目的。中西医结合治疗丹毒,在中医内服外治的基础上联合超短波物理治疗,无热量的超短波可改善局部代谢及营养状况,减少局部刺激现象,消肿止痛,有利于炎症的消散。

西医对于丹毒的治疗主要分为全身治疗、局部治疗和外科治疗等,因为单纯使用西药治疗不仅容易产生抗菌药物耐药,而且疗程较长,复发率高。较多患者单纯应用西医治疗1~2个月,虽然身热已退,血常规中白细胞、hs-CRP均已恢复正常,但下肢红肿硬仍然难以消退,而迁延为慢性丹毒。对于慢性丹毒的持续性硬性水肿,最后多只能选择整形外科治疗。所以临床上提倡中西医结合治疗,在丹毒初期就应融入中医疗法,早期进行中西医结合治疗不仅能减少抗生素的耐药性,还能缩短疗程,减少复发,可以明显改善丹毒患者的预后,提高患者的生活质量。

五、浅部急性淋巴管炎和淋巴结炎

浅部急性淋巴管炎和淋巴结炎是指致病菌从皮肤、黏膜破损处或其他感染病灶侵入淋巴组织,导致浅部淋巴管与淋巴结的急性化脓性疾病,分别属于中医"红丝疔""外痈"的范畴。外痈局部光软无头,红肿疼痛,结块范围多在6~9cm,发病迅速,易肿、易脓、易溃、易敛,或有恶寒、发热、口渴等全身症状,一般不损伤筋骨,也不会造成内陷。外痈因发病部位不同而分为"颈痈""腋痈""胯腹痈"等,相当于颈部、腋部、腹股沟部等对应部位的急性化脓性淋巴结炎。急性淋巴管炎中医称"红丝疔"。

(一) 病因与病理

1. 西医病因与病理　致病菌常为金黄色葡萄球菌和溶血性链球菌。致病菌从损伤破裂的皮肤或黏膜侵入,或从其他感染性病灶侵入,经组织的淋巴间隙进入淋巴管内,引起淋巴管及其周围的急性炎症,称急性淋巴管炎。急性淋巴管炎继续扩散到局部的淋巴结,或化脓性病灶经淋巴管蔓延到所属区域的淋巴结,即可引起急性淋巴结炎。如头面、口腔、颈部和肩部感染,引起颌下及颈部的淋巴结炎;上肢、乳腺、胸壁、背部和脐以上腹壁感染引起腋部淋巴结炎;下肢、脐以下腹壁、会阴和臀部的感染,可以引起腹股沟淋巴结炎。

2. 中医病因病机　中医认为,本病的发生多因邪毒感染或湿热内蕴。外痈中,外感六淫邪毒,或皮肤外伤染毒,或过食膏粱厚味,聚湿生浊,邪毒湿浊留阻肌肤,郁结不散,皆可致营卫不和,气血凝滞,经络阻隔,化为火毒而成痈。红丝疔因内有火毒凝聚,外有手足破伤、皲裂、冻疮溃烂、足癣、湿疮等,感染毒邪,以致毒流经脉,向上走窜而成。若火毒内攻,可成走黄之证。

(二) 临床表现

急性淋巴管炎分为网状淋巴管炎和管状淋巴管炎。丹毒即为网状淋巴管炎。管状淋巴管炎常见于四肢,尤以下肢多见,常合并有手足癣感染。

管状淋巴管炎又分为深、浅两种。浅部淋巴管受累常在伤口或感染灶肢体近侧出现一条或数条"红线",硬且有明显压痛。深部淋巴管炎看不到"红线",但肢体明显肿胀和压痛,特别是淋巴管走行部位压痛更明显。伴有全身不适、畏寒发热、头痛、乏力、食欲减退等。

急性淋巴结炎早期有局部淋巴结肿大和压痛,触诊时肿大淋巴结可与周围软组织相分辨。病情发展则有局部红、肿、热、痛加剧。炎症继续向淋巴结周围蔓延,几个淋巴结可粘连成团,可扩展成肿块,出现发热、头痛、乏力等全身症状。也可发展形成脓肿,呈外痈表现。

(三) 辅助检查

血常规检查示白细胞计数升高。成脓时可抽脓做细菌培养和药物敏感试验。

(四) 诊断与鉴别诊断

1. 诊断要点 本病多发生于四肢内侧。四肢远端有化脓性病灶或创伤史。根据病史、临床表现、体征及辅助检查诊断多不困难。

(1)浅部急性淋巴管炎的诊断要点

1)临床表现:皮肤局部红、肿、热、痛,沿着淋巴管走向呈线状分布,常伴有全身症状如发热、乏力等。

2)实验室检查:血常规检查可见白细胞计数升高、中性粒细胞增多等炎症表现。

(2)浅部急性淋巴结炎的诊断要点

1)临床表现:淋巴结局部红、肿、疼痛,质地硬实,大小不一,可单发或多发,常伴有全身症状如发热、乏力等。

2)检查:淋巴结穿刺可取脓液,细菌培养＋药敏试验可明确致病菌类型和药物敏感试验结果。血常规检查可见白细胞计数升高、中性粒细胞增多等炎症表现。

2. 鉴别诊断 深部淋巴管炎需与急性静脉炎相鉴别,后者也有皮肤下条索状触痛,沿静脉走行分布,常与血管内留置导管处理不当或输注刺激性药物有关。

(五) 治疗

1. 西医治疗 首先要及时处理原发病灶,如损伤、手足癣、感染灶等,同时抬高患肢,局部休息。急性淋巴结炎形成脓肿应切开引流,早期应全身使用抗生素,局部和全身症状消失后继续用药 5~7 日。

2. 中医治疗

(1)辨证论治

1)红丝疔(火毒入络证):下肢小腿部多发,由足部疔或足癣感染等引起。红丝细,局部肿痛,全身症状较轻;重者红丝粗肿明显,蔓延迅速,伴臖核肿大作痛、发热等全身症状;舌红,苔黄腻,脉数。治以清热解毒,方用五味消毒饮加减。

2)颈痈(风热痰毒证):颈部两侧颌下多发,初起结块形如鸡卵,肿胀灼热疼痛,渐漫肿坚实,焮热疼痛,伴发热、头痛等全身症状,舌红,苔黄腻,脉滑数。或发热不退,皮色渐红,肿热高突,疼痛加剧如鸡啄,为欲成脓之势。治以散风清热,化痰消肿,方用牛蒡解肌汤加减。

3)腋痈(肝郁痰火证):腋部肿胀热痛,伴发热、头痛、胸胁牵痛等,舌红苔黄,脉弦数。治以清肝解郁,消肿化毒,方用柴胡清肝汤加减。

4)委中毒(湿热蕴阻证):委中穴处木硬疼痛,皮色如常或微红,患肢小腿屈伸困难,伴恶寒发热、口苦口干、纳呆等,舌红,苔黄腻,脉滑数。若肿痛加剧,身热不退,2~3周后可成脓。治以和营祛瘀,清热利湿,方用五神汤合二妙丸加减。

(2)外治法:初起可敷金黄散,脓成则切开排脓,溃后敷八二丹加药线引流,脓净可用生肌玉红膏收口。

(六) 预防与调护

1. 少食辛辣之物及肥甘厚腻之品。

2. 减少患部活动,有全身症状者宜卧床休息。

3. 控制感染,维持正常体温。监测体温,高热患者给予物理降温,必要时可给予中西医结合药物降温。

4. 预防血栓性静脉炎及脓毒症。

(七) 中西医结合讨论

急性淋巴管炎和急性淋巴结炎常是由金黄色葡萄球菌和溶血性链球菌感染导致的急性炎症。本病很容易复发,多次复发可引起淋巴管的闭塞而导致淋巴水肿,长期水肿又容易并发感染,淋巴水肿和感染互为因果造成恶性循环。中医认为,本病的发生系由于血分伏热,外受火毒、风热、湿邪而致。邪毒通过皮肤破损处乘隙而入,毒热与血热相搏,郁于皮肤,邪毒壅聚,气血凝滞,经络阻塞,发而为病。若湿热毒邪缠绵留恋,则迁延不愈反复发作。本病采用中西医结合疗法,标本兼顾,疗效明显优于单用西药治疗。采用清热泻火解毒、清热燥湿、清热凉血,活血化瘀,通经活络等治法,实现清热化湿解毒、活血化瘀通络之疗效。此类药物有效成分的现代医学药理研究表明其对溶血性链球菌有显著的抑制作用。中西医结合治疗能有效清除残留在皮肤、黏膜、淋巴管内或淋巴结内的细菌,促进淋巴管的回流,对内有火毒凝聚,外感毒邪,流于经络导致的营卫不和,邪热壅聚,经络壅遏不通,气血凝滞进行标本兼治,从而发挥良好的治疗效果。

六、脓肿

在感染过程中,组织或器官内组织坏死、液化后,形成局限性脓液积聚,周围有脓腔壁形成,称为脓肿。中医学认为发于浅部的脓肿属"外痈"或"发"的范畴,发于深部的属"流注"的范畴,相当于西医的脓血症、肌肉深部脓肿、髂窝脓肿。

(一) 病因与病理

1. 西医病因与病理 脓肿常继发于各种化脓性感染,如急性蜂窝织炎、急性淋巴结炎等;也可由于局部损伤后血肿、异物存留、组织坏死继发感染而成;或由远处感染灶经血液循环转移而来,形成转移性脓肿。

2. 中医病因病机 多由于外感六淫及过食膏粱厚味,内郁湿热火毒,或外来伤害感染邪毒等,以致毒邪深入,致使营卫不和,经络壅遏不通,气血凝滞,郁而化热而成。甚者腐筋蚀骨,内窜脏腑。

(二) 临床表现

1. 浅表脓肿 略高出体表,红、肿、热、痛及波动感,一般无全身症状。

2. 深部脓肿 一般无波动感,红肿不明显,但脓肿表面组织常有水肿和明显的局部压痛,患处可发生功能障碍,伴有全身中毒症状。在压痛或水肿最明显处用粗针穿刺,可抽得脓液。

(三) 辅助检查

1. 血常规检查示白细胞计数及中性粒细胞百分比增高。

2. 血培养可有细菌生长。

3. 超声检查有助于协助诊断。

(四) 诊断与鉴别诊断

1. 诊断要点

(1)脓肿的典型临床表现为局部红、肿、疼痛、温度升高,伴有脓液积聚。脓肿可发生于皮肤、软组织、内脏等部位。

(2)影像学检查:脓肿患者可进行 X 线、CT 及超声等影像学检查,以确定脓肿的位置、大小和范围。

(3)脓液细菌学检查:脓液细菌学检查是诊断脓肿的重要手段,可确定致病菌类型和药物敏感试验结果。

(4)血常规检查:脓肿患者常伴有白细胞计数升高、中性粒细胞增多等炎症表现。

2. 鉴别诊断

(1)髂窝脓肿:属中医"环跳疽"范畴,疼痛在关节部,可致臀部外突,大腿略向外旋,患肢不能伸直和弯曲(髂窝流注是屈而难伸)。患侧漫肿上延腰胯,下及大腿。必要时可做髋关节穿刺以助鉴别。

(2)结核性脓肿:由结核分枝杆菌感染引起的脓肿,起病缓慢,病程长,可有虚劳病史,无红肿热痛。常继发于骨结核或淋巴结核。

(五) 治疗

1. 西医治疗

(1)一般治疗:早期诊断和积极治疗原发病灶,如积极治疗髂窝淋巴结炎,有可能预防髂窝脓肿的形成。脓肿形成时卧床休息,加强营养;脓肿液化不明显时采用局部热敷、理疗等。

(2)药物治疗:可全身应用抗菌药物抗感染治疗。伤口长期不愈者,应进一步查明原因。

1)浅表脓肿,经切开引流后可两种抗菌药物联合应用;

2)深部脓肿伴有全身中毒症状者,可选用广谱高效抗生素和支持疗法。

(3)手术治疗

一旦形成脓肿,应行切开引流术。

浅部脓肿切开的方法和注意事项如下:

1)应在麻醉下施行脓肿切开,大的脓肿切开应防止休克发生,必要时补液、输血。

2)切口部位应选在脓肿最低位,以利引流。浅部脓肿在波动感最明显处切开,深部脓肿应在穿刺抽得脓液后,保留穿刺针头,先切开皮肤,用血管钳沿穿刺针指引方向钝性进入脓腔,引导切开或置引流管。

3)要有足够的切口长度以保证引流通畅,应与脓腔大小相当,但不超过脓腔壁。对于巨大脓肿,必要时可行对口切开引流。

4)切口的方向一般应与皮肤纹理一致,以减少瘢痕;与血管、重要神经平行,循经切开,以防损伤;关节部位不做纵切口。

5)如要引流充分,除要有相应长度的切口外,脓肿切开后应探测脓腔,如有间隔应予分开,并尽量清除坏死组织和脓液。

深部脓肿切开引流,以髂窝脓肿为例,在局部麻醉或硬膜外麻醉下,先做肿块穿刺,证实为脓肿后,在脓肿部位做一条与腹股沟韧带平行的切口,切开排脓,排出脓液后放置引流管等,手术时注意避免污染腹腔或损伤内侧的大血管。手术后继续全身使用抗生素抗感染治疗,并逐渐纠正患者髋关节的屈曲畸形,必要时做牵引治疗。

2. 中医治疗

(1)辨证论治

1)火毒结聚证:体表感染,肿势高突,焮热痛,有波动感,舌红苔黄,脉数。治以清火解毒透脓,用五味消毒饮合透脓散加减。

2)余毒流注证:起病急,肌肉疼痛,漫肿色白,肿胀,焮热痛,可触及肿物,恶寒发热,口渴,便秘尿赤,舌红,苔黄腻,脉滑数。治以清热解毒,凉血通络。方用黄连解毒汤合犀角地黄汤加减(犀角已禁用,现多用水牛角代)。

3)瘀血流注证:患部肿痛,皮色微红或青紫,皮温略高,脓液夹瘀血块,舌红或有瘀点,苔薄黄或黄腻,脉数或涩。治以和营祛瘀,清热化湿。方用活血散瘀汤加减。

4)暑湿流注证:局部症状同"余毒流注证",兼有恶寒发热、头痛、纳呆、胸闷呕恶,舌红,苔白腻,脉滑数。治以清热解毒化湿,用清暑汤加减。

5)正虚邪恋证:肿块此起彼伏,壮热不退,消瘦,面色无华,舌红,苔薄腻,脉虚数。治以益气补血,清热托毒。方用托里消毒散加减。

(2)外治法:初起肿而无块用玉露膏、金黄散等外敷,肿而有块用太乙膏掺红灵膏外贴;成脓者宜切开引流;溃后先用八二丹药线引流以提脓去腐,脓尽后改用生肌散外敷收口。

(六)预防与调护

1. 及时治疗急性蜂窝织炎、急性淋巴结炎等。

2. 卧床休息,多饮白开水。热退而肿块未消时,仍需卧床休息以免反复。

3. 加强营养,宜清淡易消化饮食,忌食鱼腥、辛辣食物。

(七)中西医结合讨论

脓肿是一种常见的疾病,西医药物治疗主要是使用抗生素和消炎药物,以控制感染、预防脓肿扩散和消除炎症;对于较大的脓肿或已经破溃的脓肿,需要进行手术治疗。中医药物治疗可以采用清热解毒、活血化瘀、消肿止痛等方法,以促进脓肿愈合和恢复。对于深部脓肿,手术治疗效果目前仍不理想,单纯中药治疗也难以奏效,尤其在急性化脓期,或全身中毒、水电解质紊乱、营养吸收障碍发生时。采用中西医结合治疗,取中西医之所长、补中西医之所短。在急性化脓期,采用西医抗感染治疗,纠正水电解质紊乱,待急性期控制、脓肿局限或脓成后,配合西医引流或清创,再辨证施药:肠痈、腹腔脓肿等肠腑脓肿予通里攻下,他处脓肿以托毒清热、散结消痈为主,中西医协同促进脓肿吸收、炎症消退。此外,早期脓肿可采用针灸、艾灸等方法改善局部血液循环和淋巴回流,缓解疼痛和消肿;后期脓肿可采用中药外敷等方法促进伤口愈合和恢复。

总之,脓肿的中西医结合诊疗思路,可以根据不同病情和治疗阶段采用不同的方法,以达到更好的治疗效果。

（程宛钧）

第五节　手足部急性化脓性感染

手足部急性化脓性感染比较常见,中医学称之为手足部疔疮。按发病部位又可分为甲沟炎及甲下脓肿、化脓性指头炎、急性化脓性腱鞘炎和化脓性滑囊炎、掌深间隙感染,相当于中医学的蛇眼疔、蛇头疔、蛇腹疔、托盘疔。通常是由微小擦伤、针刺和切伤后细菌感染所致,主要致病菌是金黄色葡萄球菌。手部发病多于足部,小的损伤有时亦可引起严重感染,若治疗不当,感染引起的肌腱与腱鞘的缩窄及瘢痕形成,损筋伤骨,影响手足的功能。

手足部感染与解剖有密切关系：

1. 手背皮肤薄而松弛，手掌皮肤角化明显、厚而坚韧，因此手掌侧皮下脓肿很难向掌面溃破，而容易通过淋巴管或直接反流到手背侧，引起手背肿胀，极易误诊为手背感染。

2. 手的掌面皮下组织在大小鱼际处比较松弛，而掌心的皮下组织甚为致密，并有许多垂直的纤维束将皮肤与掌腱膜紧密相连，把皮下组织分隔成许多坚韧密闭的小腔隙。因此掌心感染化脓后，炎症不易向四周扩散，而往往向深部组织蔓延。炎症可以在化脓前就已经侵入深层组织，导致腱鞘炎、滑囊炎和屈指肌腱腱鞘、掌部滑囊及掌深间隙感染（图16-1）。

3. 手部腱鞘、滑囊与筋膜间隙相互沟通，感染可能蔓延全手，甚至累及前臂。

图 16-1　手掌侧的腱鞘、滑囊和深间隙

4. 手指末节皮肤与指骨骨膜间存在许多纵行纤维束并将皮下组织分隔成致密的小腔隙，发生感染后组织内张力较高，压迫神经末梢而致剧烈疼痛，并可迅速压迫末节手指滋养血管而造成指骨缺血、坏死、骨髓炎。

5. 肌腱与腱鞘感染后导致病变部位缩窄或瘢痕，可严重影响手部运动及触觉等功能。

因此，手部急性化脓性感染在炎症不能消散吸收而继续发展时，应及早切开减压、引流，以防深部组织坏死和骨髓炎。恢复期要尽早开始患部附近关节功能锻炼，以尽快恢复功能。

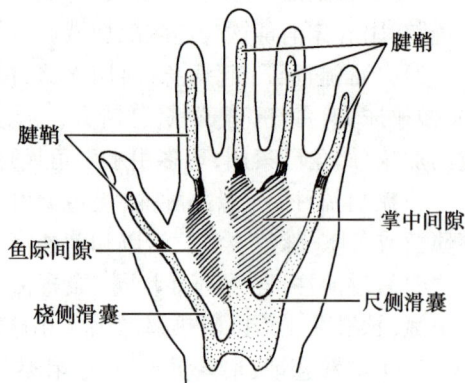

一、甲沟炎及甲下脓肿

甲沟炎（paronychia）是皮肤沿指甲两侧形成的甲沟及其周围组织的化脓性细菌感染，常因微小刺伤、挫伤、倒刺逆剥或修剪指甲过深等引起。甲板下的感染化脓称为甲下脓肿。中医称为"蛇眼疔""代指"。

(一) 病因与病理

1. 西医病因与病理　常因微小刺伤、挫伤、倒刺逆剥或修剪指甲过深等引起。致病菌多为金黄色葡萄球菌。

2. 中医病因病机　多由外伤染毒，湿热火毒凝结，脏腑火毒炽盛，阻于皮肉之间，阻塞经络，气血凝滞，热盛肉腐而成。

(二) 临床表现

常发于一侧甲沟皮下，先为局部红、肿、热、痛，化脓后甲沟皮下出现白色脓点，有波动感，但不易破溃，并可蔓延至甲根或另一侧甲沟，形成半环形脓肿；向下蔓延则形成甲下脓肿，继续向深层蔓延则会导致化脓性指头炎或慢性甲沟炎。感染加重时常有疼痛加剧和发热等症状。

(三) 诊断与鉴别诊断

1. 诊断要点

(1) 中医辨病与辨证要点

1) 辨病要点：手部发病常见，不容易损筋伤骨，不影响手的功能。

2) 辨证要点：局部红肿热痛，全身有畏寒发热者，多为火毒凝结证。红肿明显，疼痛剧烈，肉腐成脓，溃后脓出肿痛消退者，多为热盛肉腐证。

(2) 西医诊断要点：依据临床表现，本病易于诊断。

294

2. 鉴别诊断

类丹毒：本病与类丹毒相鉴别，后者一般好发于接触猪肉、鱼肉较多的人群，尤其是有皮肤破损者。

(四) 治疗

1. 西医治疗　甲沟炎尚未化脓时，局部可给予鱼石脂软膏、金黄散等敷贴或超短波、红外线等理疗，并口服敏感抗菌药物。脓肿形成者应行手术，沿甲沟旁纵行切开引流。甲根脓肿则需要分离拔出部分甚至全部指甲，拔甲后可敷红油膏，用纱布包扎。术中需注意避免损伤甲床，以利于指甲再生；不可在病变邻近处采用指神经阻滞，以免感染扩散。

2. 中医治疗

(1) 辨证论治：一般无须内治。

(2) 中医外治：可用金黄散外敷，也可用 10% 黄柏溶液湿敷。

二、化脓性指头炎

化脓性指头炎是手指末节掌面皮下组织的化脓性感染。中医称为"蛇头疔"。

(一) 病因与病理

1. 西医病因与病理　多由刺伤引起。致病菌多为金黄色葡萄球菌。感染时脓液不易向四周扩散，肿胀并不显著，但可形成压力很高的脓腔，因而引起非常剧烈的疼痛，并且压迫末节指骨滋养血管，容易引起末节指骨缺血、坏死。

2. 中医病因病机　外伤染毒，火毒结聚，导致气血凝滞，热盛肉腐而成。

(二) 临床表现

初始指头有针刺样疼痛，轻度肿胀，继而指头肿胀加重、剧烈搏动性跳痛，可伴有发热、全身不适。感染加重时，可因神经末梢受压麻痹而疼痛缓解。皮肤由红转白，提示局部缺血趋于坏死，如不及时治疗，常因指骨缺血坏死，形成慢性骨髓炎，则可能出现皮肤破溃流脓，指骨坏死，创口经久不愈。

(三) 诊断与鉴别诊断

参照甲沟炎及甲下脓肿。

(四) 治疗

1. 西医治疗　初起应悬吊前臂、平放患手，给予敏感抗生素，指端肿胀、疼痛并不明显可采用热敷。经上述处理如炎症不能消退，一旦出现跳痛，指头张力显著增高时即应及早切开减压、引流。切开后脓液可能很少，或没有脓液，但可有效降低密闭腔内压力，减轻疼痛和防止指骨坏死。一般采用指神经阻滞，切开时在患指末节侧面做纵切口，远端不超过甲沟的 1/2，近端不可超过指关节横纹，分离切断皮下纤维条索，通畅引流。如脓腔较大，亦可放置橡皮片做对口引流，剪去多余脂肪，有死骨片应除去。不宜做鱼口状切口，以免术后瘢痕影响手指功能(图 16-2)。

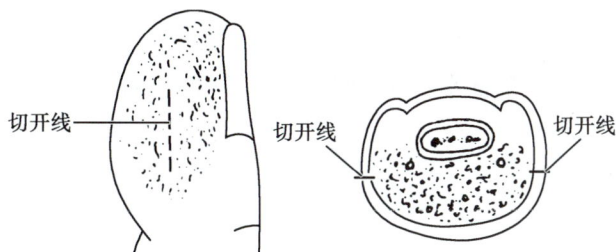

图 16-2　化脓性指头炎与切开引线

2. 中医治疗

(1)辨证论治

1)火毒结聚证：红肿高突，根脚收束，隐痛转刺痛，肿胀发红不明显，或伴发热、全身不适，舌红苔黄，脉数。治以清热解毒，用五味消毒饮、黄连解毒汤加减。

2)热盛肉腐证：指端跳痛剧烈，皮色紫暗，焮热触痛明显，肿胀显著，伴高热、烦渴、头痛、呕恶、便秘、失眠，舌红苔黄，脉数。治以凉血清热解毒，透脓止痛。方用犀角地黄汤(犀角已禁用，现多用水牛角代)、黄连解毒汤、五味消毒饮加减。

(2)外治法：早期可用金黄散等外敷；切开后可用八二丹药线引流；脓尽后改用生肌散、白玉膏外敷。若胬肉高突，修剪胬肉后，用平胬丹、枯矾粉外敷；若已损骨，久不收口者，可用2%~10%黄柏溶液浸泡患指，每日1~2次，每次10~20分钟。有死骨存在，可用七三丹提脓去腐，待死骨松动时用血管钳或镊子钳出死骨。筋脉受损导致手指屈伸障碍者，待伤口愈合后，用桂枝、桑枝、红花、丝瓜络、伸筋草等煎汤熏洗，并加强患指屈伸功能锻炼。

三、急性化脓性腱鞘炎和化脓性滑囊炎

手掌侧化脓性腱鞘炎(suppurative tenosynovitis)及滑囊炎(bursitis)，中医称为"蛇腹疔"。

手的腱鞘包绕着同名的5个屈指肌腱。拇指的腱鞘与桡侧滑囊相通，小指的腱鞘与尺侧滑囊相通；中指、环指和示指的腱鞘则不与任何滑囊相通。桡侧滑囊与尺侧滑囊有时经一小孔在腕部相互沟通。因此，小指和拇指的腱鞘炎可蔓延到尺侧、桡侧滑囊，有时甚至蔓延到前臂的肌间隙。中指、环指和示指腱鞘感染发生时，腱鞘内炎症常局限，有时可扩散到手掌深部间隙，但滑囊不易受侵犯。

(一)病因与病理

1. 西医病因与病理 手掌面的屈指肌腱腱鞘炎多见，多为局部刺伤后继发细菌感染，也可由掌部感染而来，手伸指肌腱腱鞘感染较少。致病菌多为金黄色葡萄球菌。拇指和小指的腱鞘分别与桡侧、尺侧滑囊沟通，其腱鞘炎可蔓延到桡侧、尺侧滑囊，有时也可经腕部小孔沟通导致感染蔓延。示指、中指与环指的腱鞘的感染一般局限于各自腱鞘，但可扩散至手掌深部间隙。

2. 中医病因病机 外伤染毒，火毒结聚，致局部经络阻塞，气血凝滞，热盛肉腐而成。

(二)临床表现

1. 急性化脓性腱鞘炎 患指中、近节均匀肿胀，皮肤极度紧张；患指各个关节轻度弯曲，腱鞘有压痛，被动伸指运动时疼痛加剧。如腱鞘感染不及时切开引流减压，可致肌腱缺血坏死。感染可蔓延至手掌深部间隙，甚至经滑囊到腕部和前臂。

2. 化脓性滑囊炎 是指桡侧和尺侧滑囊感染，分别由拇指和小指的腱鞘炎引起。桡侧滑囊感染时，拇指肿胀微屈，不能外展及伸直，拇指及大鱼际处压痛。尺侧滑囊感染时，小指及环指半屈，被动伸直时剧痛，小指及小鱼际处压痛。

病情发展迅速，24小时左右即可出现剧烈疼痛和明显炎症。患者伴有发热、头痛、全身不适等全身症状。

(三)诊断与鉴别诊断

参照甲沟炎及甲下脓肿。

(四)治疗

1. 西医治疗 早期使用抗生素，可配合红外线、超短波理疗。如治疗无好转或局部肿

痛明显时,需尽早切开引流、减压,以防止肌腱受压坏死。化脓性腱鞘炎可在肿胀腱鞘一侧切开引流,也可双侧切开对口引流,注意避免损伤神经和血管。切口应避开手指及手掌的横纹,以免损及肌腱影响患指伸屈。桡侧与尺侧滑囊炎分别在大鱼际与小鱼际掌面做小切口引流或对口引流,注意切口近端距离腕横纹不少于1.5cm,以免损伤正中神经。术后抬高患手并固定于功能位(图16-3)。

2. 中医治疗 参照化脓性指头炎。

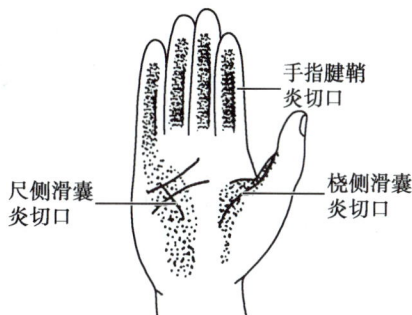

图 16-3 腱鞘、滑囊切开引流切口位置

四、掌深部间隙感染

掌深部间隙感染指手掌深部刺伤或由化脓性腱鞘炎蔓延引起掌深面两个相毗邻的潜在间隙的急性感染。中医称之为"托盘疔"。

(一) 病因与病理

1. 西医病因与病理 掌深部间隙感染可由腱鞘炎蔓延或直接刺伤引起。致病菌多为金黄色葡萄球菌。掌深部间隙位于手掌屈指肌腱和滑囊深面的疏松组织间隙,外侧为大鱼际,内侧为小鱼际。掌腱膜与第三掌骨相连的纤维结构将此间隙分为桡侧的鱼际间隙和尺侧的掌中间隙。示指腱鞘感染可蔓延至鱼际间隙;中指与环指腱鞘感染可蔓延至掌中间隙。

2. 中医病因病机 由蛇腹疔蔓延而来;或外伤染毒,气血凝滞,热盛肉腐而成。

(二) 临床表现

1. 症状 掌中间隙感染可见掌心隆起,正常凹陷消失,皮肤明显紧张、发白、压痛,手背水肿;中指、环指及小指处于半屈位,被动伸指可引起剧痛。鱼际间隙感染时掌深凹陷存在,而鱼际和拇指指蹼肿胀、压痛,示指半屈,拇指外展略屈,活动受限,不能对掌。

2. 体征 伴有高热、头痛、脉数等全身症状。还可继发肘内或腋窝淋巴结肿痛。

(三) 诊断与鉴别诊断

参照甲沟炎及甲下脓肿。

(四) 治疗

1. 西医治疗 掌深部间隙感染应用大剂量敏感抗生素静脉滴注。局部早期可配合红外线、超短波理疗,如无好转应及早切开引流。掌中间隙感染时纵行切开中指与环指间的指蹼掌面,切口不应超过手掌远侧掌纹,以免损伤掌浅弓。也可以在环指相对位置的掌远侧横纹处做小横切口,进入掌中间隙。鱼际间隙感染引流的切口可直接选在鱼际最肿胀、波动最明显处,注意避免损伤神经、血管、肌腱。还可以在拇指、示指间指蹼处"虎口"做切口,或于第二掌骨桡侧做纵切口(图16-4)。手掌部脓肿常表现为手背肿胀,切开引流应该在掌面而非手背进行。术后手掌向下,使脓液容易流出。

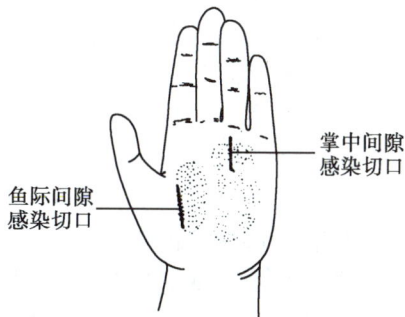

图 16-4 掌深部间隙感染的手术切口

2. 中医治疗
参照化脓性指头炎。

(杨 成)

第六节　全身性感染

全身性感染（systemic infection）是指致病微生物经局部感染灶进入血液循环,并在其内生长繁殖和产生毒素,引起严重的全身性反应者。全身性感染属中医学"走黄""内陷"范畴。

脓毒症（sepsis）常继发于严重的外科感染,是机体对感染的反应失调而导致危及生命的器官功能障碍。现定义尤为强调"危及生命的器官功能障碍",既往使用的"重症脓毒症"的概念不复存在。当脓毒症合并出现严重的循环障碍和细胞代谢紊乱时,称为脓毒症休克（septic shock）,其死亡风险与单纯脓毒症相比显著升高。临床上常使用菌血症（bacteremia）的概念描述。

菌血症是脓毒症的一种,是血培养阳性者。目前多指临床有明显感染症状的菌血症。不局限于以往一过性菌血症的概念,如拔牙、内窥镜检查时血液在短时间内出现细菌,应注意与脓毒症的概念相区别。

全身性感染不仅由于病原菌,还因其产生的内毒素、外毒素及其介导的多种炎症介质对机体产生严重损害。在感染过程中,细菌繁殖、裂解游离,释放毒素,毒素除其本身的毒性外,还能刺激机体产生多种炎症介质,包括如IL-1、IL-6、IL-8、肿瘤坏死因子,以及一氧化氮、氧自由基等。这些炎症介质适量时可起防御作用,过量时就可造成组织损害。感染若得不到有效控制,发生级联或网络反应,可导致严重的脏器受损和功能障碍、SIRS;严重者可致MODS、感染性休克。

一、病因与病理

（一）西医病因与病理

导致全身性感染的原因包括致病菌数量多、毒力强和机体免疫力低下。它常继发于严重创伤后的感染和各种化脓性感染,如大面积烧伤创面感染、开放性骨折合并感染、急性弥漫性腹膜炎、急性梗阻性化脓性胆管炎等。机体免疫力低下者,如糖尿病、尿毒症、长期或大量应用皮质激素、免疫抑制剂或抗肿瘤药的患者,一旦发生化脓性感染,也较易引发脓毒症。另外,一些潜在的感染途径需要注意。

1. 静脉导管相关感染（catheter-related infection）　静脉留置导管,尤其是中心静脉置管,如果护理不慎或留置时间过长,很容易成为病原菌直接侵入血液的途径。一旦形成感染灶,可不断向机体播散病菌和毒素。

2. 肠源性感染（gut-derived infection）　肠道是人体中最大的"储菌所"和"内毒素库"。健康情况下,肠黏膜有严密的屏障功能。但是,在危重患者肠黏膜屏障功能受损或衰竭时,肠内病原菌和内毒素可经肠道移位而导致肠源性感染。

（二）中医病因病机

全身性感染是正邪相争的结果。因疔疮毒邪炽盛,疔毒走散,毒入血分,内攻脏腑而成走黄,临床又称"疔疮走黄";或因正气虚弱,火毒炽盛,正不胜邪,反陷于内,内攻脏腑而成内陷。且临床上内陷主要发生在有头疽,故又称"疽毒内陷"。

二、临床表现

常见表现包括:发热,可伴寒战;心率加快,脉搏细速,呼吸急促或困难;神志改变,如淡漠、烦躁、谵妄、昏迷；肝脾可肿大，可出现皮疹，严重者出现黄疸或皮下出血瘀斑等。

如病情发展，感染未能控制，可出现感染性休克或急剧发展为多器官功能障碍乃至衰竭。

不同病原菌引发的脓毒症有不同的临床特点。

1. 革兰氏染色阳性球菌脓毒症　常继发于严重的痈、蜂窝织炎、骨关节化脓性感染等，多数为金黄色葡萄球菌所致，常伴高热、皮疹和转移性脓肿。

2. 革兰氏染色阴性杆菌脓毒症　常继发于腹膜炎、腹腔感染、大面积烧伤感染等，一般比较严重，可出现三低现象(低温、低白细胞、低血压)，发生脓毒症休克者也较多。

3. 厌氧菌常与需氧菌掺杂形成混合感染所致的脓毒症　常继发于各类脓肿、会阴部感染、口腔颌面部坏死性感染等，感染灶组织坏死明显，有特殊腐臭味。

4. 真菌性脓毒症　常继发于长期使用广谱抗生素或免疫抑制剂，或长期留置静脉导管，可出现结膜瘀斑、视网膜灶性絮样斑等栓塞表现。

三、辅助检查

1. 白细胞计数明显增高，一般常可达 $(20\sim30)\times10^9/L$，或核左移、幼稚型增多，出现毒性颗粒。

2. 可有不同程度的酸中毒、氮质血症、溶血，尿中出现蛋白、血细胞、酮体等，出现代谢紊乱和肝肾受损征象。

3. 寒战、发热时抽血进行细菌培养加药物敏感试验，较易发现细菌。

四、诊断

根据在原发感染灶的基础上出现寒战、发热、脉搏细速、低血压、腹胀、黏膜皮肤瘀斑或神志改变等典型脓毒症的临床表现，一般不难做出初步诊断。根据原发感染灶的性质及其脓液性状，结合一些特征性的临床表现和实验室检查结果综合分析，可大致区分致病菌为革兰氏阳性或阴性菌。但对于原发感染灶比较隐蔽或临床表现不典型的患者，有时诊断很困难。应提高警惕，密切观察，以免误诊。

致病菌的检出对脓毒症的确诊和治疗具有重要意义。在不显著延迟抗生素使用的前提下，建议在抗生素使用前采集样本。确定致病菌应做血和脓液的细菌培养，应多次或一天内连续多次培养，因为在发生脓毒症前多数患者已经接受抗菌药物治疗，可致血液培养常得不到阳性结果。为提高阳性率，最好在预计将发生寒战、发热前抽血做细菌培养。静脉导管留置超过48小时者，如果怀疑静脉导管相关感染，应从导管内采样送检。用脓液、穿刺液等做培养，对致病菌的检出也有一定帮助。对多次血液细菌培养阴性者，应考虑厌氧菌或真菌性脓毒症，可做厌氧菌血培养，或做尿和血液真菌检查和培养。

五、治疗

(一)西医治疗

全身性感染应采用综合性治疗：

1. 早期复苏　对确诊为脓毒症或脓毒症休克的患者，应立即进行液体复苏。如果患者有脓毒症诱导的低灌注表现(急性器官功能障碍、低血压或高乳酸)或脓毒症休克，在最初3小时内应给予不少于 30ml/kg 的晶体液。对需要使用血管活性药的脓毒症休克患者，建议复苏初始目标为平均动脉压 65mmHg。完成早期液体复苏后，应根据患者血流动力学的检测结果决定下一步的复苏策略。

笔记栏

2. 抗微生物治疗　对确诊为脓毒症或脓毒症休克的患者,应在 1 小时内启动静脉抗生素治疗。对于早期的抗生素治疗,建议经验性地使用一种或几种广谱抗生素,以期覆盖所有可能的病原体(包括潜在的真菌或病毒);一旦致病菌和药物敏感试验结果明确,建议使用针对性的窄谱抗生素进行治疗。抗生素的治疗疗程一般维持 7~10 日,在患者体温正常、白细胞计数正常、病情好转、局部病灶控制后停药。

3. 感染源控制　感染的原发灶应尽早明确,并及时采取相应措施控制感染源,如清除坏死组织和异物、消灭死腔、脓肿引流等;同时,如果存在血流障碍、梗阻等致病因素,也应及时处理。静脉导管相关感染时,拔除导管应属首要措施。危重患者疑为肠源性感染时,应及时纠正休克,尽快恢复肠黏膜的血流灌注,并通过早期肠道营养促使肠黏膜尽快修复,口服肠道生态制剂以维护肠道正常菌群。

4. 对症治疗　控制高热、纠正电解质紊乱和维持酸碱平衡,四肢厥冷者应注意保暖等。

5. 其他辅助治疗　早期复苏成功后,应重新评价患者的血流动力学状态,酌情补液和使用血管活性药。如果血流动力学仍不稳定,可静脉给予皮质醇(200mg/d)。当患者血红蛋白低于 70g/L 时,给予输血。对于无 ARDS 的脓毒症患者,建议使用小潮气量(6ml/kg)辅助通气。对于高血糖者,应给予胰岛素治疗,控制血糖上限低于 10mmol/L。对于无禁忌证的患者,建议使用低分子肝素预防静脉血栓。对于存在消化道出血风险的患者,建议给予质子泵抑制剂预防应激性溃疡。对于能够耐受肠内营养的患者,应尽早启动肠内营养。

(二) 中医治疗

1. 辨证论治

(1)疗疮走黄证:疮顶陷黑无脓,肿势软漫扩散,寒战高热,头痛烦躁,胸闷,肢体酸软,舌红,苔黄燥,脉洪数。治以凉血清热解毒,用犀角地黄汤(犀角已禁用,现多用水牛角代)、黄连解毒汤、五味消毒饮加减。

(2)火陷证:疽证毒盛,疮色紫滞,干枯剧痛,壮热口渴,烦躁神昏,舌红苔黄,脉洪数。治以凉血清热解毒,养阴清心开窍。方用清营汤合黄连解毒汤、安宫牛黄丸、紫雪丹加减。

(3)干陷证:疽证溃脓期,疮面腐烂,脓少灰暗,闷胀微痛,发热神疲,食少自汗,苔黄,脉虚数。治以补养气血,托毒透邪,清心安神。方用托里消毒散、安宫牛黄丸加减。

(4)虚陷证:疽证收口期,脓水稀薄,新肉不生,虚热不退,形神萎靡,舌淡苔薄,脉沉细无力。治以温补脾肾,用附子理中汤加减。

(5)阴伤胃败证:疮面愈合迟缓,脓腐已净但创口久不敛合,肌肤干涩失润,伴有口舌生糜,纳少口干,舌红苔光,脉细数。治以生津养胃,用益胃汤加减。

2. 其他疗法

(1)根据不同疗疮的原发病灶,选择相应的外治法。颜面部疗疮早期应药物外敷以箍肿消毒,避免毒邪走散;中期脓成应及时切开,保持引流通畅。烂疗应及时清除坏死组织,清除异物,保持引流通畅。

(2)针刺法:火陷证高热时可用梅花针叩刺大椎穴,配以拔火罐以清热泻火;针刺曲池、合谷穴,强刺激或透天凉手法,至针下有凉感出针。若神昏谵语,加水沟、劳宫、十宣穴点刺放血;接近愈合者,针刺足三里、气海穴用补法,留针 30~60 分钟。

(3)灸法:收口期属脾肾阳虚者可用灸法。取足三里、脾俞、肾俞、关元穴,温和灸,每次 30 分钟。

六、中西医结合讨论

全身性感染是指致病微生物经局部感染灶侵入血液循环,并在其内生长繁殖和产生毒素,引起严重的全身性反应者。如病情发展,感染未能控制,可出现感染性休克或急剧发展为多器官功能障碍乃至衰竭。结合中医关于"走黄""内陷"的内容,走黄是因疗疮火毒炽盛,疗毒走散,毒入血分,内攻脏腑而致的全身性感染;内陷是因正气虚弱,火毒炽盛,正不胜邪,毒不外泄,反陷入里,内传脏腑者。说明全身性感染与中医"走黄""内陷"的范畴相同。

全身性感染者,病情重,预后差,病死率高,临床上要积极处理原发感染灶、足量应用抗生素、补充血容量、控制高热、应用肾上腺皮质激素等,达到控制原发感染灶、杀灭病原菌、对症治疗及减轻中毒症状和防治休克的治疗目的,起到西医综合性治疗效果。中医认为此类患者,以"走黄""内陷"辨证施治,根据证候不同,采用疗疮走黄、火陷证、干陷证、虚陷证、阴伤胃败证五种证型的治法和方药,以急折火毒,扶正祛邪,防毒邪内攻脏腑。具体来看,西医治疗中根据原发感染灶的性质、部位及早选用覆盖面广的抗生素,对应中医在疗疮走黄中运用凉血清热解毒的治法,选用五味消毒饮、黄连解毒汤合犀角地黄汤(犀角已禁用,现多用水牛角代)加减治疗。若病情发展,感染未能控制,西医指出,临床会出现感染性休克或急剧发展为多器官功能障碍乃至衰竭,这与中医"内陷"内攻脏腑而致的全身性感染相对应,使用凉血解毒、清心开窍、补养气血、托毒透邪,泻热养阴,佐以清心安神、温补脾肾治法,分别选用清营汤加减、托里消毒散加减、附子理中汤加减治疗。运用中西医结合的综合治疗以消灭病原菌、提高患者的抵抗力,促进疾病痊愈。

(杨 成)

第七节　特异性感染

一、破伤风

破伤风(tetanus)是指皮肉破伤,破伤风梭菌侵入人体伤口,在缺氧环境下生长繁殖,产生毒素所致的一种特异性感染。常与创伤相关联。是以局部或者全身肌肉强直性痉挛和阵发性抽搐为特征的急性疾病。预后差,死亡率高。

中医学对本病在隋唐时期已有记载,"破伤风"名称首见于宋代《太平圣惠方》。本病"金创痉"指因外伤所致者,"产后痉"指产后发生者,"脐风撮口"指新生儿断脐所致者。

(一)病因与病理

1. 西医病因与病理　破伤风是一种可能发生在创伤后的疾病,也可能发生于不洁条件下分娩的产妇和新生儿。致病菌是破伤风梭菌,为专性厌氧菌,存在于人畜的肠道和土壤中。创伤伤口的破伤风梭菌污染率很高,但实际患病率只占污染者的10%~20%。发病需要其他因素,主要是缺氧环境。

在缺氧环境中,破伤风梭菌的芽孢会发育为增殖体,迅速繁殖并产生大量外毒素,主要是痉挛毒素和溶血素。痉挛毒素是引起破伤风的主要毒素,它与神经反应有关,使运动神经元兴奋性增强,导致全身横纹肌持续性收缩或阵发性痉挛。破伤风毒素还可阻断脊髓对交感神经的抑制,致使交感神经过度兴奋,引起血压升高、心率增快、体温升高、自汗等。溶血素能破坏局部组织,并损害心肌。

2. 中医病因病机　本病是因皮肉破伤,感受风毒之邪所引起。创伤后皮破血损,卫外失固,风毒之邪从伤口侵袭人体,从外达里而发病。风为阳邪,善行数变,通过经络、血脉入里传肝,外风引动内风,导致肝风内动,筋脉失养而出现牙关紧闭、角弓反张、四肢抽搐等。如不及时控制,风毒内陷,必然导致脏腑功能失调,筋脉拘急不止,甚至危及生命。

ER-16-2

破伤风

笔记栏

ER-16-3

破伤风典型
症状 - 角弓
反张

(二)临床表现

潜伏期长短不一,短则 1 日,长则 50 日,但一般发生于伤后的 5~10 日。潜伏期越短,预后越差。

1. 前驱症状　全身乏力,头晕头痛,咀嚼无力,局部肌肉发紧、扯痛,反射亢进等。

2. 典型症状　典型症状是在肌紧张性收缩(肌强直、发硬)的基础上,阵发性强烈痉挛。通常最先受影响的肌群是咀嚼肌,随后顺序为面部表情肌、颈项肌、背腹肌、四肢肌,最后为膈肌、肋间肌。相应出现的征象为:张口困难(牙关紧闭)、蹙眉、口角下缩、呲嘴"苦笑"、颈部强直、头后仰;当背、腹肌同时收缩时,因背部肌群较为有力,躯干因而扭曲成弓,结合颈及四肢的屈膝、弯肘、半握拳等痉挛姿态,形成"角弓反张"或"侧弓反张";膈肌受影响后,发作时面唇青紫,通气困难,可出现呼吸暂停。上述发作可因轻微的刺激,如光、声、接触、饮水等而诱发。间隙期长短不一,发作频繁者,常示病情严重。发作时神志清楚,表情痛苦,每次发作时间由数秒至数分钟不等。

(三)辅助检查

实验室检查很难诊断破伤风,因脑脊液检查可以正常,伤口厌氧菌培养也难发现该菌。

(四)诊断与鉴别诊断

1. 诊断　凡有外伤史,不论伤口大小、深浅,如果伤后出现肌紧张、扯痛、张口困难、颈部发硬、反射亢进等,均应考虑此病的可能性。

2. 鉴别诊断

(1)化脓性脑膜炎:虽有角弓反张和颈项强直等症状,但无阵发性痉挛;有剧烈头痛、高热、喷射性呕吐,神志有时不清;脑脊液检查有压力增高、白细胞计数增多等。

(2)狂犬病:有被疯狗、猫咬伤史,以吞咽肌抽搐为主。喝水不能下咽,并流大量口涎,患者听见水声或看见水,咽肌立即发生痉挛。

(五)治疗

1. 西医治疗　破伤风是一种极为严重的疾病,病死率高,尤其是新生儿和吸毒者。为此要采取积极的综合治疗措施,包括清除毒素来源,中和游离毒素,控制和解除痉挛,保持呼吸道通畅和防治并发症等。

(1)处理伤口:凡能找到伤口,伤口内存留坏死组织、引流不畅者,应在抗毒血清治疗后,在麻醉并控制痉挛下进行清创,并用 3% 过氧化氢溶液冲洗,置放引流物充分引流。有的伤口看上去已愈合,而痂下可能存在窦道或死腔,应仔细检查。

(2)抗毒素的应用:常用破伤风抗毒素(tetanus antitoxin,TAT),目的是中和游离的毒素,所以只在早期应用有效,若毒素已与神经组织结合,则难收效。一般用量是 10 000~60 000IU,分别由肌内注射与静脉滴注。静脉滴注应稀释于 5% 葡萄糖溶液中,缓慢滴注。用药前应做皮内试验。连续应用或加大剂量并无意义,且易致过敏反应和血清病。破伤风人免疫球蛋白(human tetanus immunoglobulin,HTI),剂量为 3 000~6 000IU,一般只需一次肌内注射。破伤风抗毒素皮试阳性者,可行脱敏注射,或使用破伤风人免疫球蛋白。脱敏注射前,需签订知情同意书,告知可能出现严重的过敏反应,甚至危及生命。

要注意的是,破伤风的发病不能确保对本病形成终身免疫,在确诊破伤风 1 个月后,应给予 0.5ml 破伤风类毒素,并完成基础免疫注射。

(3)抗生素治疗:首选青霉素,剂量为 80 万 ~100 万 U,肌内注射,每 4~6 小时 1 次;或大剂量静脉滴注,剂量为 200 万 ~1 000 万 U,每日分 2~4 次给药,可抑制破伤风梭菌。也可给予甲硝唑 2.5g/d,分次口服或静脉注射,持续 7~10 日。如伤口有混合感染,则相应选用抗菌药物。

(4)对症治疗:患者入院后,应住隔离病房,避免光、声等刺激;避免打扰患者。根据病情可交替使用镇静、解痉药物,以减少患者的痉挛和痛苦。由于患者不断阵发痉挛、出大汗等,故每日热量消耗和水分丢失较多。因此要十分注意营养补充(高热量、高蛋白、高维生素)和水电解质平衡的调整。必要时可采用鼻胃管管饲,甚至采用中心静脉肠外营养。

(5)并发症的防治:主要并发症有窒息、肺不张、肺部感染等。重症患者应尽早进行气管切开,以便改善通气,清除呼吸道分泌物。必要时可进行人工辅助呼吸,还可利用高压氧舱辅助治疗。

2. 中医治疗

(1)辨证论治

1)风毒在表证:轻度吞咽困难、张口困难及局部肌肉痉挛,抽搐轻,间歇时间长,苔薄白,脉弦紧。治以祛风镇痉,用玉真散合五虎追风散加减。

2)风毒入里证:频繁发作,全身肌肉痉挛、抽搐,牙关紧闭,角弓反张,发热多汗,面色青紫,呼吸急促,痰涎壅盛,胸闷腹胀,便秘尿赤,舌红,苔黄糙,脉弦数。治以祛风镇痉,清热解毒。方用木萸散加减。

3)阴虚邪留证:抽搐停,倦怠乏力,头晕心悸,面色无华,口渴汗出,牙关不适,偶有痉挛或屈伸不利,肌肤蚁行感,舌淡红,脉细弱。治以益胃养阴,疏风通络。方用沙参麦冬汤加减。

(2)外治法

1)外敷疗法:外敷玉真散,隔日换药1次;创面出脓后,可外用七三丹、红油膏;创面干净,脓尽新生,用生肌散、生肌白玉膏。

2)针刺疗法:牙关紧闭,取下关、颊车、合谷、内庭;角弓反张,取风池、风府、大椎、长强、承山、昆仑;四肢抽搐,取曲池、外关、合谷、后溪、风市、阳陵泉、太冲、申脉。采用泻法,留针15~20分钟。

(六) 预防与调护

1. 预防　破伤风是可以预防的。创伤后早期清创和改善局部循环是重要的预防措施。免疫也是一种重要的预防方法。主动免疫通过注射破伤风类毒素抗原产生稳定的免疫力。我国的计划免疫疫苗已经包括了破伤风免疫注射。被动免疫法适用于伤前未接受自动免疫的伤员,早期皮下注射破伤风抗毒素可以起到预防作用。抗毒素可能引发过敏反应,使用前需要进行皮内试验。最佳的被动免疫方法是肌内注射破伤风人免疫球蛋白,其免疫效能高于破伤风抗毒素。

2. 调护

(1)患者隔离:患者应住单人暗室,保持环境安静,避免声、光、风等外界刺激,必要的治疗应争取在安静下进行。

(2)专人护理:防止发生窒息,严重患者在上下牙之间放置橡皮开口器,防止舌咬伤;抽搐发作时防止摔伤和骨折;吸痰器放在床边,随时吸出口腔分泌物;注意口腔及皮肤护理,防治压疮;患者用过的器具严格消毒,敷料予以烧毁;监测血压、脉搏、呼吸,记录出入水量。

(七) 中西医结合讨论

破伤风是一种极为严重的疾病,病死率高,一经明确诊断应立即采取积极的中西医结合综合治疗措施。

破伤风发病必须具备两个条件:①创伤伤口;②局部伤口处于缺氧环境下。对此,西医针对伤口内存留坏死组织、引流不畅者,在抗毒血清治疗后,在良好麻醉并控制痉挛的情况下,对伤口进行处理,清除伤口内坏死组织、脓液,充分引流,局部用3%过氧化氢溶液清洗。在控制痉挛和应用破伤风抗毒素情况下进行彻底清创,将创口开放。创口未愈合,局部红肿渗出,伴偶发痉挛、舌红苔黄为风毒未尽,以黄酒调敷玉真散,薄涂创面周缘,避开引流,祛风解毒；恢复期渗出减少、肉芽新鲜，换生肌玉红膏或康复新液纱条，配合西医换药、高蛋白饮食，初期祛残毒防疫，后期促修复愈创，实现创面治疗的中西医序贯协同。

破伤风主要的临床表现特点为局部或者全身肌肉持续性或阵发性痉挛抽搐。控制和解除痉挛是治疗破伤风的重要环节之一，可以减轻患者的痛苦，降低体能消耗，防止窒息和并发症的发生。西医采用地西泮 10~20mg 或苯巴比妥钠 0.1~0.2g 肌内注射，以及冬眠 1 号等镇静解痉药或者氯化琥珀胆碱等肌肉松弛药，达到控制和解除痉挛的目的。针对此类患者，中医确立了祛风镇痉的治法，对风毒在表证用玉真散合五虎追风散加减，对风毒入里证用木萸散加减。

破伤风后期由于患者剧烈痉挛、抽搐，大量出汗，水电解质紊乱，应纠正酸中毒，加强营养供给。西医针对病情轻者，可在痉挛发作间歇期给予高营养易消化饮食；症状严重、不能进食者，可行静脉高营养或在控制痉挛后放置鼻胃管进行鼻饲供给营养。针对此类患者，中医治疗确立了益胃养阴、疏风通络的治法，对证候表现为疾病后期的阴虚邪留证可用沙参麦冬汤加减。

二、气性坏疽

气性坏疽（gas gangrene）是发生于皮肉之间、腐烂甚剧、病势暴急的急性化脓性疾病。其特点是来势急骤凶险，焮热肿胀，疼痛彻骨，肿胀迅速蔓延，极易化腐，患处皮肉很快大片腐烂脱落，范围甚大，疮形凹如匙面，流出脓液稀薄如水、臭秽，易并发走黄，危及生命。已知的梭状芽孢杆菌有多种，引起本病的主要有产气荚膜梭菌、诺维梭菌、败毒梭菌、溶组织梭菌等。中医称之为"烂疔"。

（一）病因与病理

1. 西医病因与病理　气性坏疽是一种由厌氧菌感染引起的肌坏死或肌炎。常见的病原菌有产气荚膜梭菌、诺维梭菌、败毒梭菌、溶组织梭菌等。这些细菌广泛存在于人畜粪便和土壤中。发生感染的机会较高，但实际感染者并不多。感染的发生往往是多种细菌混合的结果，临床表现因细菌组合的不同而有所差别。

这些致病菌能产生多种有害外毒素和酶。其中一些酶通过脱氮、脱氨、发酵作用产生大量不溶性气体，如硫化氢和氮气，在组织间积聚。另一些酶可溶解组织蛋白，导致组织细胞坏死、渗出和严重水肿。由于气体和水分同时存在，局部迅速膨胀，皮肤表面变得非常硬。筋膜下的张力急剧增加，压迫微血管，进一步加重组织缺血和缺氧，为细菌的繁殖提供了有利条件。

这类细菌还能产生卵磷脂酶和透明质酸酶，使细菌更容易穿透组织间隙，并迅速扩散。病变一旦开始，可沿肌束向上下蔓延，使肌肉变成砖红色且失去弹性。如果侵犯皮下组织，气肿、水肿和组织坏死会快速沿着筋膜扩散。通过活体组织检查可见肌纤维间有大量气泡和革兰氏阳性粗短杆菌。

大量的毒素进入血液循环，会引起严重的脓毒症和脓毒症休克。

2. 中医病因病机　本病多因皮肉破损，接触潮湿泥土、脏物等，感染特殊毒气，又有湿热火毒内蕴，以致毒聚肌肤，气血凝滞，热盛肉腐而成。若湿热火毒炽盛走窜入营，则易成走黄重证。

（二）临床表现

气性坏疽早期，患者出现全身中毒症状，病情恶化，烦躁不安，皮肤、口唇变白，大量出汗，脉搏快速，体温逐步上升。随着病情发展，可发生溶血性贫血、黄疸、血红蛋白尿、酸中毒，通常在伤后 1~4 日出现，最快 8~10 小时，最迟 5~6 日。全身情况可在 12~24 小时内迅速恶化。

患者常感觉伤肢沉重或疼痛，持续加重，有如胀裂，程度超过创伤伤口所能引起者，止痛剂无效。局部肿胀与创伤所能引起的程度不成比例，并迅速向上下蔓延，每小时加重。伤口中有大量渗出物,可渗湿厚层敷料,有时移除敷料时可见气泡冒出。皮下可能积气,触摸时可感到捻发音。由于局部张力较大,皮肤受压而发白,静脉回流发生障碍,表面可出现如大理石样斑纹。伤口可有恶臭,有组织分解、液化、腐败和产气。局部探查时,如属筋膜上型,可发现皮下脂肪变性、肿胀;如为筋膜下型,筋膜张力增高,肌肉切面不出血。

(三) 辅助检查

1. 血常规检查示红细胞计数、血红蛋白出现下降,白细胞计数稍高,通常为$(12~15) \times 10^9/L$。

2. 肌坏死时,血中肌酸激酶水平有升高,部分患者可见肌红蛋白尿。

3. 渗出物涂片染色可见革兰氏阳性杆菌。

4. X 线平片、CT、MRI 检查常显示软组织间有积气。

(四) 诊断与鉴别诊断

1. 诊断　因病情发展急剧,重在早期诊断。早期诊断的重要依据是局部表现。伤口内分泌物涂片检查有革兰氏阳性粗短杆菌和 X 线检查显示伤处软组织间积气,有助于确诊。

2. 鉴别诊断

(1)组织间积气:并不限于梭状芽孢杆菌的感染。某些脏器如食管、气管因手术、损伤或病变导致破裂溢气,体检时也可发现皮下气肿、捻发音等,但不同之处是不伴有全身中毒症状;局部的水肿、疼痛、皮肤改变均不明显,而且随着时间的推移,气体常逐渐被吸收。

(2)兼性需氧菌感染:大肠埃希菌、克雷伯杆菌的感染也可产生一定的气体,但主要是CO_2,属可溶性气体,不易在组织间大量积聚,而且无特殊臭味。

(五) 治疗

1. 西医治疗　一经诊断,须立即开始积极治疗。越早越好,可以挽救患者的生命,减少组织的坏死,降低截肢率。主要措施有:

(1)急诊清创:深部病变往往超过表面显示的范围,故病变区应做广泛、多处切开,包括伤口周围水肿和皮下气肿区,术中应充分显露探查,彻底清除变色、不收缩、不出血的肌肉。因细菌扩散的范围常超过肉眼可见的病变范围,所以应整块切除肌肉,包括肌肉的起止点。如感染限于某一筋膜腔,应切除该筋膜腔的肌群。如整个肢体已广泛感染,应果断进行截肢以挽救生命。如感染已部分超过关节截肢平面,其上的筋膜腔应充分敞开,术后用氧化剂冲洗、湿敷,经常更换敷料,必要时还要再次清创。

(2)应用抗生素:对这类感染,首选青霉素,常见的产气荚膜梭菌对青霉素大多敏感,但剂量必须大,每日应在 1 000 万 IU 以上。大环内酯类和硝唑类也有一定疗效,氨基糖苷类抗生素已被证实对此类细菌无效。

(3)高压氧治疗:提高组织间的含氧量,创造不适合厌氧菌生长繁殖的环境,可提高治愈率,降低伤残率。

(4)全身支持治疗:包括输血、纠正水电解质紊乱、营养支持与对症处理等。

2. 中医治疗

(1)辨证论治

1)湿热火盛,燔灼营血证:起病急,患肢沉重紧束,胀裂痛,皮肤暗红、肿胀发亮,迅速蔓延;1~2 日后肿胀剧烈,皮肤可出现水疱、腐烂,色紫黑,范围大,疮形凹陷,脓液稀薄恶臭,有捻发音;高热,烦渴,恶心,神昏,尿赤;舌红绛,苔黄燥,脉洪数。治以清火利湿、凉血解毒。方用黄连解毒汤、犀角地黄汤(犀角已禁用,现多用水牛角代)合三妙丸加减。

2)气血不足,心脾两虚证:局部肿痛渐消,腐肉脱落,疮口扩大,疮面色淡,收口慢,神疲乏力,纳差,舌淡苔白,脉沉细。治以益气补血、养心健脾。方用八珍汤合归脾汤加减。

(2)外治法:初起用玉露膏外敷;皮色紫黑,加掺蟾酥合剂。中期腐肉与正常皮肉分界明显时,改掺 5%~10% 蟾酥合剂或五五丹。后期腐肉脱落,肉色鲜润红活者,用生肌散、红油膏盖贴。

(六) 预防与调护

1. 预防　对易发生感染的创伤要格外注意。如开放性骨折合并广泛肌肉损伤、重要血管损伤或血管栓塞;使用止血带时间过长、石膏包扎过紧。挫伤、挤压伤的软组织活力较难判断,在 24~36 小时后才明显,需密切观察。对腹腔穿透性损伤,尤其是结肠、直肠、会阴部损伤,也需警惕感染。早期使用大剂量的青霉素和甲硝唑进行治疗。

预防关键在于及早清创,包括去除失活、缺血组织和非金属异物;深而不规则的伤口要充分敞开引流,避免死腔;对筋膜下张力增加者,早期切开筋膜减张等。可用 3% 过氧化氢或 1∶1 000 高锰酸钾溶液冲洗、湿敷疑有气性坏疽的伤口。

2. 调护　注意隔离,防止交叉感染。应将患者隔离,患者用过的一切衣物、敷料、器械应单独收集,进行消毒或焚毁。煮沸消毒时间应在 1 小时以上,最好采用高压蒸汽灭菌。

(七) 中西医结合讨论

气性坏疽是梭状芽孢杆菌引起的严重感染,发病急速且预后差。应积极采用中西医结合的方法抢救治疗,越早越好,以挽救患者生命、减少组织坏死和降低截肢率。

早期诊断后,西医可进行手术清创并广泛引流。深层病变通常超出表面显示的范围,因此应广泛切开,包括伤口周围水肿和皮下气肿区,并彻底清除变色、不收缩和不出血的肌肉。细菌扩散范围通常超出肉眼可见的病变范围,因此应整块切除肌肉,包括肌肉的起止点。同时,应使用足量抗生素,并尽早进行高压氧治疗,以提高组织间的氧含量,创造不适合厌氧菌生长的环境,提高治愈率,降低残疾率。在这个阶段,中医主要采用清热解毒的治法。

该病的临床表现包括起病急骤,患肢沉重、灼热、肿胀、剧痛,皮色暗红,按之凹陷;皮肤可见水疱,中央皮肉大部分腐烂,四周皮肤转为紫黑色,迅速腐烂,范围甚大,溃疡形态略带凹陷,流出脓液稀薄如水、恶臭,并混有气泡,轻压周围组织有捻发音;全身伴有高热烦渴,恶心呕吐,神志昏迷,小便短赤;舌红绛,苔黄燥,脉洪数。这是湿热火盛,燔灼营血证的表现,中医治疗上可以使用黄连解毒汤、犀角地黄汤(犀角已禁用,现多用水牛角代)合三妙丸加减,以清火利湿,凉血解毒。对于中医外科治疗,可以使用玉露膏外敷。如果皮肤呈紫黑色,可加用蟾酥合剂。

西医方面,可应用输血,纠正水电解质紊乱,进行营养支持,积极控制疼痛,镇静,退热等对症处理以达到全身支持的效果。中医方面,对于气血不足,心脾两虚证,采用益气补血、养心健脾的治法,可以使用八珍汤合归脾汤加减,以补益气血为目的,这也是一种全身支持治疗。

(杨 成)

复习思考题

1. 外科感染有哪些特点?
2. 请简述外科感染的治疗原则。
3. 外科感染的中医治疗方法有哪些?
4. 请简述抗菌药物应用的基本原则。
5. 丹毒的辨证要点是什么?
6. 脓肿余毒流注证的证候、治法、方药是什么?
7. 手足部感染与解剖的密切关系是什么?
8. 急性化脓性腱鞘炎和化脓性滑囊炎的临床表现是什么?
9. 请简述掌深部间隙感染的西医综合治疗。
10. 手部急性化脓性感染溃脓期如何进行切开排脓?

◇◇◇ 第十七章 ◇◇◇

外科急腹症

掌握急腹症的诊断与鉴别诊断,急腹症的中西医结合治疗原则。

大 爱 无 疆

大爱无疆是指最高级的爱是没有边界的。大爱无疆是一种美德。它与"敬佑生命、救死扶伤、甘于奉献"共同构成了新时代医务人员的职业精神的内容。

在医药卫生领域,"中国肝胆外科之父"吴孟超就是践行大爱无疆的杰出代表。吴孟超说:"我这一生有三条路走对了,回国、参军、入党。如果不是在自己的祖国,我也许会很有钱,但不会有我的事业;如果不在人民军队,我可能会是个军医,但不会有我的今天;如果不是在党组织,我可能会做个好人,但不会成为无产阶级先锋队的一分子。所以,当我的人生价值在自己热爱的祖国和为之奋斗了一生的人民军队中得到实现的时候,我的快乐是不可言表的。"吴孟超获得感动中国 2011 年度人物时,主办方给他写的颁奖词是:60 年前,他搭建了第一张手术台,到今天也没有离开。手中一把刀,游刃肝胆,依然精准;心中一团火,守着誓言,从未熄灭。他是不知疲倦的老马,要把患者一个一个驮过河。

吴咸中是我国中西医结合治疗急腹症的主要奠基人,也是践行大爱无疆的杰出代表,至 90 多岁高龄仍坚持出诊、参与疑难病例救治。他曾写道:古今圣贤,莫不以立德立功立言为本,于医尤然。非盛德不可操此仁术,非明哲不能通其至理,非精诚难成苍生大医。务有精敏之思、果敢之勇、圆融之智、坚持之守,始可承国粹,创新知,起沉疴,济斯民。

急腹症(acute abdomen)是以急性腹痛为主要症状的一组疾病,特点是起病急、变化多、进展快、病情重,需要早期诊断和及时治疗。现代外科急腹症包括急性阑尾炎、急性胆囊炎、急性胰腺炎、肠梗阻、消化性溃疡急性穿孔等,可归属中医学的"腹痛""肠结""肠痈""脾心痛"等范畴。

急腹症的诊断和治疗原则

一、急性腹痛的发病机制

(一)内脏性腹痛

内脏神经主要感受胃肠道膨胀等机械和化学刺激,其疼痛特点为:

1. 疼痛部位不确切,接近腹中线。

2. 疼痛感觉模糊,多为痉挛、不适、钝痛、灼痛。

3. 常伴恶心、呕吐、出汗等其他自主神经兴奋症状。依据胚胎来源,前肠来源的器官(胃、十二指肠、肝脏和胰腺)引起的疼痛位置通常在上腹部;中肠来源的器官(小肠、近端结肠和阑尾)引起脐周疼痛;后肠来源的器官(远端结肠和泌尿生殖道)引起下腹痛。

(二) 躯体性腹痛

是由来自腹膜壁层及腹壁的痛觉信号,经体神经传至脊神经根,投射到相应脊髓节段所支配的皮肤所引起。其特点是:

1. 定位准确,可在腹部一侧。

2. 剧烈而持续。

3. 可有局部腹肌强直。

4. 可因咳嗽、体位变化而加重。

二、急腹症的诊断

急腹症起病急骤,临床情况复杂,对临床医师具有很大的挑战性,需要快速、准确地进行临床决策,以确定是否需要手术干预。正确把握急腹症的诊断、鉴别诊断以及处理时机和方法十分重要,一旦延误诊断,处理不当,常危及患者的生命。急腹症的诊断主要包括病史、体格检查、辅助检查等。

(一) 病史

由于急腹症起病急,临床情况复杂,故其诊断应以安全、准确、迅速为原则,以询问病史、体格检查为主,结合其他辅助检查做出快速诊断。能否及时准确地做出诊断、及早给予有效的治疗,直接影响到疾病的预后。

全面、详细、客观地采集病史,将腹痛作为重点,包括患者的病史、诱因、部位、性质、转归等在内的腹痛情况。

1. 年龄与性别　婴幼儿以先天性消化道畸形、肠套叠、绞窄性疝为多见;儿童以嵌顿疝常见,蛔虫性肠梗阻已逐年减少;青壮年以急性阑尾炎、胃十二指肠溃疡伴穿孔、急性胆囊炎、胆石症为多见;老年人以消化道癌肿穿孔或梗阻、乙状结肠扭转、胆系感染、急性胰腺炎为多见。胃十二指肠溃疡伴穿孔以男性居多。

2. 腹痛情况　腹痛是急腹症共有的症状,对腹痛的详细了解和分析是诊断急腹症的关键。

(1)腹痛发生的诱因:腹痛的发生常与饮食不当有关,如暴饮暴食、大量饮酒引起急性胰腺炎,进食油腻食物后可诱发急性胆囊炎、胆石症。剧烈运动引起肠扭转等。

(2)腹痛的部位:腹痛起始和最严重的部位通常即是病变部位。如胃十二指肠溃疡伴穿孔患者,疼痛始于上腹部,后波及全腹,穿孔处仍是腹痛最显著的部位。

要注意以下情况:

牵涉痛或放射痛:急性胰腺炎的上腹痛可伴左腰背痛,胆囊炎、胆石症出现右上腹或剑突下疼痛的同时,可伴有右肩或右肩胛角处疼痛。腹腔以外的疾病,如肺炎、胸膜炎等,由于病变刺激肋间神经和腰神经而引起腹部的反射性疼痛。

转移性腹痛:是急性阑尾炎典型的腹痛特点,当炎症未波及浆膜层时,此时表现为内脏神经痛,所以先表现为脐周或上腹痛。随着病情进展,炎症波及浆膜层,表现为躯体神经痛,疼痛转移至右下腹病变所在区域。

(3)腹痛发生的缓急:空腔脏器疾病穿孔者起病急,如胃或十二指肠溃疡一旦穿孔,由于消化液进入腹腔,立即引起剧烈腹痛。炎症性疾病起病缓,腹痛也随着炎症逐渐加重而加重,如急性胆囊炎、急性阑尾炎。

(4)腹痛的性质:腹痛的性质反映了腹腔内脏器病变的性质,持续性腹痛多为腹腔内炎症或出血所致,如阑尾炎、腹内实质性脏器破裂出血等;阵发性腹痛多为空腔脏器梗阻或痉挛所致,如机械性肠梗阻、胆石症等;持续性腹痛伴阵发性加重多因炎症和梗阻并存,如胆总管结石合并感染等。突发腹部持续性剧烈绞痛,难以缓解,而体征不显著,要注意肠系膜血管栓塞可能,多见于风湿性心脏病、心房颤动患者,此类疾病进展快,极易导致肠缺血坏死。剑突下钻顶样剧烈绞痛,腹痛可骤然缓解,间歇期全无症状,而腹部体征轻,出现"症征不符",多见于胆道蛔虫症。不同性质的疾病又可引起不同特点的腹痛,常可分为隐痛、钝痛、绞痛、刺痛、刀割样痛、钻顶样痛等。

(5)腹痛的程度:腹痛的程度一般反映腹内病变的轻重,但因个体对疼痛敏感程度不同而有差异。有的腹痛表现剧烈,有的腹痛表现反而可以不严重,如高龄、体弱者。炎症初期的腹痛多不剧烈,可表现为隐痛,定位通常不确切。随着炎症发展,疼痛加重,定位也逐渐清晰。空腔脏器穿孔引起的腹痛起病急,一开始即表现为剧烈绞痛。实质性脏器破裂出血对腹膜的刺激不如空腔脏器穿孔消化液的化学刺激强,故腹痛和腹部体征也相对较弱。

3. 腹痛的伴随症状

(1)恶心、呕吐:腹痛发生后常伴有恶心和呕吐。病变位置高,一般发生呕吐早且频繁,如急性胃肠炎、幽门或高位小肠梗阻等。病变位置低,则恶心、呕吐出现时间迟或无呕吐。呕吐物的色泽、量和气味可以帮助判断病变部位。呕吐宿食且不含胆汁见于幽门梗阻;呕吐物含胆汁表明病变位于十二指肠乳头以下;呕吐物呈咖啡色提示伴有消化道出血;呕吐物如粪水状、味臭,通常为低位小肠梗阻或结肠梗阻所致。

(2)排便情况:胃肠炎症患者多伴有便次增多;消化道梗阻患者可表现为便秘;消化道肿瘤及肠系膜血管栓塞患者可伴有血便;上消化道出血患者粪便呈柏油状黑色;下消化道出血患者,依据出血部位距肛缘的距离和血液滞留肠道的时间,粪便可呈紫色、暗红色或鲜红色。

(3)其他伴随症状:腹腔器官炎症性病变患者通常伴有不同程度的发热;急性胆管炎患者可伴有寒战、高热和黄疸;消化道出血患者可见贫血貌;肝门部肿瘤、胰头癌等慢性梗阻性黄疸患者可伴皮肤瘙痒;尿路感染患者常伴有尿频、尿急、尿痛;腹痛伴有阴道异常出血,应考虑妇科疾病。

(4)既往史及个人史:不少急腹症是慢性病急性发作的表现。如疑为溃疡病急性穿孔,应询问有无溃疡病史或不规律饮食等;有胆囊结石病史者,出现腹痛、黄疸应怀疑结石落入胆总管。既往有手术史出现阵发性腹痛者,可能为粘连性肠梗阻。阑尾炎、胆道疾病、泌尿系统结石等常有过去类似发作史;粘连性肠梗阻患者常有腹部手术、炎症或外伤史。

(5)女性患者的月经及婚育史:对于与妇科疾病进行鉴别诊断尤为重要。

(二) 体格检查

1. 全身检查　首先应对患者全身状况做一个全面的了解。包括体位、表情、神志、肤色、重要器官的功能状态,还要检查体温、脉搏、呼吸、血压,观察有无脱水、酸碱平衡紊乱和休克征象。

2. 腹部检查　应该充分展露从乳头至腹股沟的整个区域。检查包括视、听、触、叩四个方面,按步骤进行。心、肺等相关检查也不能忽略。

(1)视诊:观察手术瘢痕、腹部轮廓、腹式呼吸、静脉曲张等。注意腹股沟区有无肿物或疝。急性腹膜炎患者腹式呼吸减弱或消失;全腹膨隆表示有气腹、腹水或低位肠梗阻;有肠型、蠕动波提示机械性肠梗阻。肝硬化患者可见腹壁浅静脉显露,皮肤可见蜘蛛痣。

(2)叩诊:先从无痛区开始,用力均匀,叩痛明显区域常是病变所在处。叩诊应注意音质和界限,重点检查肝浊音界是否消失、有无移动性浊音。肠梗阻时叩诊呈鼓音;肝浊音界缩小或消失,提示胃肠道穿孔引起气腹;移动性浊音表示腹腔内有炎性渗出液、内出血等。

(3)触诊:腹部触诊在急腹症的诊断中尤为重要。检查时患者取仰卧屈膝位,使腹壁肌肉放松,应先从无痛或腹痛较轻的部位开始,后查病变部位。重点检查有无压痛、肌紧张和反跳痛等腹膜刺激症状,腹膜刺激征的存在表示炎症已波及腹膜。如胃溃疡穿孔、胆囊穿孔,腹膜受到消化液刺激,会出现腹壁高度肌紧张呈“板状腹”。需注意老年人、幼儿、经产妇、肥胖或休克的患者,腹膜刺激征常较实际病情为轻。另外,还要检查有无包块、位置、大小、形状、质地、活动度和压痛。如急性胆囊炎可触及肿大压痛的胆囊;胃肠道晚期癌肿可扪及质硬的腹部肿块;肠套叠可触及“腊肠样”肿块。

(4)听诊:腹部听诊对判断胃肠蠕动功能有帮助,多从脐部周围或右下腹开始,肠鸣音活跃表明肠蠕动增加,机械性肠梗阻初起时肠鸣音次数增加,音质高亢,常伴有气过水声。肠鸣音亢进为急性肠炎、机械性肠梗阻的表现;有气过水声、金属音是肠梗阻特有的体征,音调越高亢,说明梗阻越完全;肠鸣音减弱或消失为麻痹性肠梗阻的表现;幽门梗阻、急性胃扩张时上腹部可出现振水音。

3. 直肠、阴道指检　急腹症患者均应行直肠指检,检查时需明确直肠腔内、腔外有无肿物。应注意区分肿物和粪块:肿物与肠壁相连,粪块不相连。还应注意直肠壁、直肠子宫陷凹有无触痛,不要把女性宫颈误认为肿物。观察指套上粪便性质和色泽,有无染血和黏液。已婚妇女疑有妇科疾病时需做腹壁阴道双合诊。卵巢囊肿蒂扭转经双合诊检查附件可发现肿块;异位妊娠内出血时阴道检查宫颈有抬举痛。

(三) 辅助检查

通过详细收集病史和仔细的体格检查,大多数急腹症可得出正确或基本正确的诊断,但有时为了进一步确定疾病的部位、性质、程度及做鉴别诊断,往往需要一些有关的辅助检查。

1. 实验室检查　白细胞计数和分类提示有无炎症和感染;红细胞、血红蛋白、血细胞比容下降提示内脏活动性出血。检查尿液中红细胞、白细胞、蛋白、葡萄糖、淀粉酶等对泌尿系统疾病、胰腺疾病的诊断有意义。粪便检查对急腹症有重要意义,柏油样便或隐血试验阳性可提示上消化道出血;有鲜红色血性液体应考虑结肠溃疡、肿瘤、痔等引起的下消化道出血。急性胰腺炎时血、尿或腹腔穿刺液淀粉酶升高;胆道疾病需做血清胆红素、肝肾功能测定;肠梗阻患者需了解电解质变化,如血清钾、钠、氯等;中老年患者常规检查血糖及消化道肿瘤标志物。

2. X 线检查　腹部立位平片可以显示肠道气液平面和肠袢分布情况,卧位片可以显示肠腔扩张程度,有助于肠梗阻的诊断。X 线造影检查对胆道疾病、泌尿系统疾病、胃肠道疾病亦有诊断价值,如可以诊断肠梗阻、肠套叠、消化道肿瘤、胆道结石、泌尿系统结石等。

3. 超声检查　对于腹腔实质性器官破裂、肿块以及胆囊结石的诊断有较大帮助。对了解腹腔脓肿、膈下脓肿的部位、大小及定位穿刺引流也较为常用。

4. 内镜检查　是消化道病变常用的诊断和治疗方法。在消化道出血时,它可判断出血的部位和原因。胆胰疾病可通过 ERCP,结肠疾病常使用结肠镜进行检查。

5. CT、MRI 检查　已成为急腹症常用的诊断方法,特别是 CT 检查,快捷方便,可以帮助了解病变的部位、性质、范围以及与周边脏器的关系,常用于肝、胆、脾、胰、肾、腹膜后、盆腔等疾病及实质性脏器破裂的诊断。

6. 选择性动脉造影　对于不能明确出血部位的病变,选择性动脉造影可以协助诊断,同时通过栓塞出血血管来治疗。

7. 腹腔穿刺及腹腔灌洗　对诊断不确切的急腹症,移动性浊音阳性或腹部超声或CT提示有腹腔积液者,可进行腹腔诊断性穿刺。穿刺点通常选在左侧或右侧的髂前上棘和脐连线中外1/3处,女性患者也可以选择经阴道后穹窿穿刺。如穿刺抽出不凝血,可以断定有腹腔内脏器出血;如穿得脓性渗液,可以明确腹膜炎诊断。腹腔穿刺液的涂片镜检有助于鉴别原发性或继发性腹膜炎。

8. 腹腔镜探查　当诊断不明确而有外科手术指征时,等待、观察有可能延误病情,导致严重后果。此时,腹腔镜探查就是一个非常必要的诊断方法。许多研究已证实,腹腔镜探查可以有效诊断急性腹痛的病因,其优势在于灵敏度和特异度高,在诊断的同时,可以直接进行腹腔镜手术治疗,从而降低并发症发生率和病死率,缩短住院时间,降低总的住院成本。

三、急腹症的鉴别诊断

急腹症一般包括炎症性疾病,如急性阑尾炎、急性胆囊炎等;空腔脏器破裂穿孔性疾病,如消化性溃疡伴急性穿孔、外伤导致消化道破裂等;空腔脏器梗阻性疾病,如肠梗阻、胆道结石梗阻导致的急性胆管炎等;实质性脏器破裂出血性疾病,如外伤性脾破裂、肝脏肿瘤破裂出血等;脏器缺血性疾病,如肠系膜血管栓塞等。

(一) 常见急腹症的诊断

1. 急性阑尾炎　转移性右下腹痛和右下腹固定压痛是急性阑尾炎的典型表现。疼痛始于脐周或上腹部,待炎症波及阑尾浆膜(脏腹膜),腹痛转移并固定于右下腹。阑尾炎病变加重达到化脓或坏疽时,可出现右下腹局限性腹膜炎体征。如果阑尾穿孔,腹膜炎体征可扩大到全腹,但压痛仍以右下腹最重。

2. 急性胆囊炎　进食油腻食物后发作右上腹绞痛,向右肩和右腰背部放射。体检时右上腹有压痛、反跳痛、肌紧张,Murphy 征阳性。部分胆石症腹痛可表现为上腹剑突下痛,不少患者被误诊为“胃病”。超声检查可见胆囊壁炎症、壁增厚、胆囊内结石等。

3. 急性胆管炎　上腹部疼痛伴寒战、高热、黄疸是急性胆管炎的典型表现。由于胆管的终末支为毛细胆管,与肝血窦相连,所以一旦感染,细菌很容易进入血液循环,导致休克甚至出现精神症状,宜尽早行 ERCP 鼻胆管减压引流或超声等影像引导下经皮肝穿刺胆管引流。如失败应立即改行手术进行胆道减压引流。

4. 急性胰腺炎　常见于大量饮酒或暴饮暴食后。腹痛多位于左上腹,疼痛剧烈,呈持续性,可向腰背部放射。腹痛时伴有恶心、呕吐。呕吐后腹痛不缓解。血清淀粉酶和 / 或脂肪酶高于正常上限 3 倍。增强 CT 可见胰腺弥漫性肿胀,或有胰周积液,伴有感染性胰腺坏死时可见气泡征。

5. 小肠梗阻　小肠梗阻时通常有腹痛、腹胀、呕吐和便秘四大典型症状,但视梗阻部位的不同而有所变化。高位小肠梗阻症状以呕吐为主,腹胀可以不明显。反之,低位小肠梗阻时,腹胀明显,但呕吐出现较晚。小肠梗阻初期肠蠕动活跃,肠鸣音增强,可闻“气过水声”。梗阻后期出现肠缺血坏死时,肠鸣音减弱或消失。X 线立卧位平片可见气液平面,肠腔扩张。超声检查对肠套叠引起的小肠梗阻有诊断意义,对其他类型小肠梗阻无诊断价值。腹部 CT 有助于诊断。

6. 消化性溃疡伴急性穿孔　“板状腹”和 X 线检查有膈下游离气体是溃疡穿孔的典型表现。患者既往有溃疡病史,突发上腹部刀割样疼痛,迅速蔓延至全腹部,有明显的腹膜刺激症状,呈典型的“板状腹”,肝浊音界消失,X 线或 CT 检查有膈下游离气体可以确诊。部分患者发病前无溃疡病史。

7. 泌尿系统结石 腹痛一般为绞痛,向下放射至会阴、腹股沟区及大腿内侧,可伴有尿痛、血尿。查体发现在相应结石区有叩击痛,尿常规检查和超声或 CT 检查有助于诊断。

8. 妇科疾病 异位妊娠破裂、急性盆腔炎、卵巢囊肿蒂扭转、卵泡或黄体破裂等需要与外科急腹症进行鉴别。其特点为:①腹痛多在中下腹,疼痛常向会阴骶尾部放射;②腹痛多与月经紊乱或停经有关;③可伴有腹腔内出血或阴道出血;④妇科检查常有阳性发现。

9. 某些内科疾病 大叶性肺炎、胸膜炎、心绞痛等都可以引起反射性腹痛,通过详细地询问病史及查体,并借助辅助检查如胸部 X 线或 CT 及心电图等可进行鉴别。另外,急性胃肠炎、急性肾盂肾炎、糖尿病酮症酸中毒等常有急性腹痛伴恶心呕吐等症状,但查体均无腹膜刺激征。内科疾病引起的腹痛常常是先有发热后才有腹痛,而外科急腹症常先有腹痛而后发热。

(二) 外科常见急腹症的鉴别诊断要点(表 17-1)

表 17-1 外科常见急腹症的鉴别诊断要点

疾病	疼痛部位	鉴别要点
消化性溃疡伴急性穿孔	上腹始发,后波及全腹	"板状腹",CT 或 X 线检查可发现膈下游离气体
急性胆囊炎	右上腹、剑突下,常放射至右肩背	胆绞痛、Murphy 征阳性,上腹超声或 CT 检查可发现胆囊增大,胆囊壁双边征或胆囊周围渗出积液等
急性胆管炎	右上腹、剑突下	腹痛、畏寒发热、黄疸,上腹超声或 CT 检查可发现胆管扩张和/或胆管结石等
急性胰腺炎	上腹部,尤其是剑突下及左上腹,可放射至腰背	淀粉酶、脂肪酶升高,上腹超声或 CT 检查可发现胰腺增粗、胰周渗出积液等
急性阑尾炎	右下腹	转移性右下腹痛,超声或 CT 检查可发现阑尾增粗和/或阑尾粪石
小肠梗阻	脐周	腹痛、腹胀、呕吐、停止排气排便,X 线或 CT 检查可发现气液平面

四、急腹症的处理原则

(一) 尽快明确诊断,诊断时需要明确以下问题

1. 有无需要外科紧急处理的手术指征 一定要密切观察病情变化,并要慎用麻醉性镇痛剂,以免影响诊断,延误治疗。

2. 是器质性还是功能性腹痛 原则上要首先除外器质性疾病,不要轻率诊断功能性腹痛。

3. 腹痛最后的病因 不论何种腹痛,最后总要归结到具体病因。审证求因、治病求本,只有明确病因,才能有正确的处理。禁忌治病不求其本,不能满足于对症处理,要争取尽早明确诊断。

(二) 如诊断不能明确,但有以下情况需进行急诊手术探查

(1)腹膜炎不局限,有扩散倾向。

(2)脏器有血运障碍,如肠坏死等。

(3)腹腔有活动性出血。

(4)非手术治疗病情无改善或恶化。

(三) 手术原则

急则治标、缓则治本。把救命放在首位,其次是根治疾病。手术选择力求简单又能解决问题。在全身情况许可情况下,尽可能将标本兼治,病灶一次根治;病情危重者,按照损伤控

制性理念,可先控制病情,待平稳后再行根治性手术。随着高清腹腔镜和 3D 腹腔镜的推广应用,急诊腹腔镜手术已经从简单的腹腔镜阑尾切除术、腹腔镜胆囊切除术扩展至几乎所有急腹症的诊断与治疗。相较开腹手术,腹腔镜手术具有创伤小、恢复快等优势。

五、中西医结合讨论

中西医结合治疗外科急腹症,从 1958 年大连医学院(现大连医科大学)率先开展,之后在天津市南开医院吴咸中院士的带领下,在继承中发扬,在结合中创新,蓬勃发展,至今已有60 多年的历史,积累了丰富的经验,在肝胆疾病、胰腺疾病、胃肠疾病等危重急腹症以及围手术期治疗方面,取得了显著的成就。

(一)中西医结合诊断

中西医结合诊断需要做到病证结合,将西医的辨病与中医的辨证相结合对疾病进行全面诊断。既要作出西医疾病诊断,全面认识疾病的发生发展规律;又要体现中医证候在疾病不同阶段的变化规律。充分利用先进的诊断技术,作出明确的定位、定性及定量诊断;利用中医的四诊信息,对病因、病机作出分析,为合理的治则、治法、处方、用药及手术指征与治疗过程中的动态观察提供依据。

1. 诊断程序 由于急腹症患者发病急、变化快,需要及时处置。因此在诊断过程中必须要快而准,抓住重点,分清层次。

首先,要通过详细询问病史、仔细体检,对急腹症的部位和性质作出大致判断。此时诊断方法以西医为主,作出初步西医诊断。其次,在询问病史及体检过程中,可以通过望、闻、问、切收集中医的基本资料,应特别重视患者的发热、畏寒、腹痛、大便、饮食等中医辨证信息。

适合非手术治疗的患者,则在明确西医疾病诊断(辨病)的基础上,按照辨证分型分期方法,辨证施治,进行立法、选方及用药。治疗过程中要进行密切的动态观察,若病情无明显好转或进行性加重,应及时手术治疗。

2. 辨病与辨证结合 在急腹症的中西医结合治疗过程中,要做到辨病与辨证的灵活运用。西医优势是辨病,将具有一定发病特点、特定临床表现、共同发病规律的病理过程归纳为某种疾病;中医优势是辨证,可明确病位、病因、病性及邪正盛衰核心要素,对指导中医遣方用药具有重要的意义。运用西医辨病与中医辨证相结合的方法,对疾病进行分型与分期,有助于推动诊疗的规范化,为立法选方用药提供共同遵循的标准。

(1)病证结合的诊断意义:一般来说,先辨病,以掌握疾病发生、发展的规律和病理变化情况,判断疾病的进展和预后,初步判断是否需要手术治疗,避免延误病情;后辨证,在有非手术治疗的可能时,从中医角度了解疾病当前的证候特点,以便于辨证施治。病证结合,不仅有助于在西医辨病、中医辨证的基础上进行诊断,更有助于指导治疗。如急性肠梗阻的治疗,先进行西医的辨病和分型,若伴有肠绞窄、坏死、穿孔等危重情况,则应立即手术治疗;若为单纯性肠梗阻,则应重点进行中医辨证,分析属热属寒、属实属虚,或腑实热结,或肠腑寒凝,或气滞血瘀,或阴虚肠燥等,选用不同的方药治疗,同时根据肠梗阻的病理特点给予禁食水、胃肠减压、中药灌肠等治疗。

(2)病证的舍从:一般情况下,西医的病和中医的证可并行不悖、相辅相成。若两者在治疗方面发生矛盾,则只能依据病情的具体情况,抓主要矛盾,依据其矛盾的主要方面进行辨证施治。

1)舍病从证:如急性阑尾炎所致阑尾周围脓肿形成,由于炎症的持续存在,西医治疗以抗感染为主要治疗方法,疗效有限。中医辨证认为,脓肿为气血所化,炎症迁延不愈,多损耗人体气血,多辨证为气血亏虚、正虚邪恋。这时,应舍病从证,进行辨证施治。因抗生素类似于中医清热解毒之品,为苦寒之剂,必要时停用,以免损耗人体正气,致脓肿迁延。宜用中药扶正托毒之品,如薏苡附子败酱散、托里消毒散等加减,扶正与祛邪同用,托毒与消毒并行,往往可起到良好的效果。

2)舍证从病:如急性胰腺炎的治疗,按中医辨证,若为实邪里积方用攻下通腑之法。但临床研究和基础实验证实,通里攻下法能有效减轻胃肠道压力、减少胰腺分泌、保护肠道屏障等,即便无里实之证,亦可酌情使用,亦即舍证从病。对于急性胰腺炎,无论有无腑实证,均可使用通里攻下之法,但应中病即止。

3. 中西医结合分期

(1)对于拟采用中西医结合非手术治疗的患者,可根据中医四诊取得的资料,再参照西医检查结果,进行辨证与分期。中西医结合诊治急腹症,在中医传统辨证的基础上,结合每类急腹症的具体情况,参照西医学病理解剖及病理生理学知识,进行分期研究,目前已广泛应用于临床,这是对中医辨证的补充与发展。

(2)分期是根据同一患者在疾病不同发展阶段的特点进行纵向区分。一般来说,凡病程较长的急腹症,都要经过初期、中期、后期三个阶段:

1)初期:为疾病的起初阶段,以某些早期症状或不典型症状为主,炎症属于早期阶段,病情尚未达到高峰,一般不伴有组织坏死、化脓及穿孔,此期属于中医外科的"未成脓期"。

2)中期:是正邪交争、正盛邪实的疾病高峰阶段,症状及体征十分明显,辨证多属里实热证,或伴有腹腔积液积脓、组织坏死等,此期属于中医外科的"成脓期"。

3)后期:可有两种情况,一是邪去正安,稍加调理即可痊愈;二是邪去正伤,还有某些残存症状,如出现气虚或血虚的见证,需进行补养以善后,相当于中医的"溃脓期"。

(二) 中西医结合治疗

1. 中西医结合治疗原则　急腹症包括许多病种,同一病种又有轻重缓急之分,再加上患者的年龄有老幼之差,在体质上有强弱之别,故其治疗原则应根据患者的具体情况,结合医疗技术、设备条件,进行认真的选择。根据以往经验,可将常见的急腹症分为三类,分别采用不同的治疗原则。

第一类:病情较轻、患者全身情况好、对该病已经积累了较为成熟的治疗经验,首选中西医结合非手术疗法者。此类急腹症包括:急性单纯性及轻型化脓性阑尾炎、阑尾周围脓肿;年龄较小、病程较短、腹腔污染不重的溃疡病急性穿孔;大多数急性胆道感染;大部分急性胰腺炎;单纯性、机械性或动力性肠梗阻等。

第二类:病理损害较重、病情变化较快、但患者全身情况尚好,可在严密观察及做好手术准备的条件下,试用非手术疗法者。此类急腹症包括:阑尾炎所致局限性腹膜炎,胆管结石引起的急性化脓性胆管炎、重症急性胰腺炎等。

第三类:凡病变严重、病情复杂及全身情况不佳者,均应在经过必要的术前准备后,及时采用手术或其他内镜、介入治疗。具体情况有以下三种:

(1)感染及中毒症状明显,已有休克或先兆休克表现的急腹症,如各种原因引起的原发性腹膜炎、绞窄性肠梗阻等。

(2)局部病理改变难以用非手术疗法治愈者,如各种疝及先天畸形所引起的肠梗阻、肿瘤所致的各类急腹症、胆囊结石引起的梗阻性或坏疽性胆囊炎以及胆总管下端结石引起的急性梗阻性化脓性胆管炎等。

(3)局部病变虽不严重,但由于反复发作而需经手术切除病变以防止复发者。如复发性阑尾炎、反复发作的胆囊结石等。

对于暂时诊断不清的急腹症,除继续收集临床资料、进一步明确诊断外,可根据局部与全身情况,采用不同的治疗对策。凡病变局限,全身情况好,在治疗观察过程中病情无明显进展者,可根据分类诊断及中医辨证,试用中西医结合非手术疗法,如病情好转可继续治疗及观察;如病情恶化则及时中转手术。凡局部病变较严重,有进展趋势且全身情况不佳者,则应及时进行手术,根据手术所见进行妥善的处理。

2. 中西医结合分期治疗 针对急腹症发病过程中的阶段性特征,在疾病发展的早、中、后期抓住主要矛盾,分析中西医方法在不同阶段治疗中的实际效果及配合优势,使彼此有机地结合,取得最佳疗效。分期治疗是中西医结合治疗急腹症的重要思路,对各个类型的急腹症具有普遍适用的重要意义。

在急腹症的初期,炎性急腹症的病情尚在进展,梗阻性急腹症的梗阻尚未解除,应以祛邪的治法为主,根据"六腑以通为用""通则不痛"的理论原则,采用通里攻下、清热解毒、理气开郁、活血化瘀等治法,可分别针对急腹症的若干病理过程发挥疗效,早期将炎症控制和局限,在一定程度上降低手术率。

在急腹症的中期,炎症开始消退,梗阻已经解除,腹痛减轻,但尚有胀闷及饮食欠佳等症状。此阶段应在继续采用祛邪治法的同时,兼用行气活血、消食导滞、消痈散结等治法,调理脏腑及疏通气血,加速残存症状的消退。

在急腹症的恢复期,患者炎症仍未完全消散,但可并发气血亏虚、气阴两虚、肝阴亏虚、脾阳不足等病后体虚的病象,此时应攻补兼施,在健脾和胃、补气养血等方法的基础上,适当给予清解余邪,扶正祛邪并用,加快康复。

3. 中西医结合围手术期治疗 手术在急腹症的治疗中有着非常重要的地位。运用中西医结合的方法,在围手术期的各个环节,能起到提高手术疗效、降低并发症发生率、加速康复等作用。

(1)中西医结合完善术前准备

1)改善术前营养状态:部分患者由于基础条件差、发病时间长、食欲不佳或消化功能减退,造成贫血、低蛋白血症等,影响手术效果及术后吻合口的愈合等,除了采用营养支持、输血、输注白蛋白等措施外,还可联合使用中药。根据辨证情况,灵活使用健脾助运、补气养血等方法,可改善营养状态,纠正贫血及低蛋白血症。常用的方剂如香砂六君子汤、当归补血汤、归脾汤、黄芪建中汤、补中益气汤等。现代药理研究证实,黄芪、党参等补气药具有增强机体免疫功能的作用。

2)控制并局限炎症:急腹症在发病过程中,往往伴随组织感染,若炎症范围较大,与周围组织粘连,或形成局部脓肿,无法手术治疗,需等待炎症局限或包裹后择机手术治疗。如阑尾周围脓肿形成后,单纯使用抗生素疗效不佳,联合使用清热解毒、消痈托毒的中药,能加速脓肿的吸收和局限,为之后行阑尾切除术创造条件。

(2)中西医结合加速术后康复

1)促进术后胃肠功能恢复:胃肠功能紊乱是外科术后的常见并发症。尤其急腹症的急诊手术,由于术前全身炎症状态、组织缺血坏死、手术创伤、麻醉影响、营养不良、胃肠道手术等,均会引起胃肠功能紊乱。表现为腹痛、腹胀、排气和排便障碍、恶心、呕吐、食欲不振等,甚至引起更为严重的并发症,如术后炎性肠梗阻、术后吻合口瘘等,远期可出现粘连性肠梗阻。

术后胃肠功能紊乱可归属于中医学的"痞证""肠痹""肠结"等范畴。病因病机较为复杂,外科手术在治疗疾病的同时不可避免地会损伤人体正气,加之术中失血及失液,导致术后气血两虚;术后长时间卧床及禁食,脾胃气机升降失调;术中损伤经脉血络,血液运行不畅,瘀血内结,加之恐惧、焦虑、悲观等负面情绪,致肝气不舒,疏泄失职,继发痰湿中阻,痰瘀互结于中焦,久而化热;气滞、痰阻、血瘀、郁热等诸多因素,蕴结于中焦,脾虚不运、胃气上逆、腑气不畅,导致排气排便障碍、呕吐不欲食等胃肠功能紊乱的表现。

总体上,急腹症术后胃肠功能紊乱病位在中焦,基本病机为虚实夹杂,病理要素有虚、逆、滞、痰、瘀等。中医内治宜运脾畅气、调整中焦气机,重点把握一个"运"字,根据临床辨证,或补脾健运,或通腑降运,或调肝疏运,或化痰导运,或活血化运,使脾胃升降功能恢复,腑气自然得通,及早快速地恢复胃肠功能。另外,多种中医疗法并用,如针灸、穴位贴敷、中药灌肠等,可获得更好的疗效。

2) 防治术后感染:外科急腹症往往术前已经伴随有腹腔及全身性感染,术后往往需要继续使用抗生素。肺部感染是腹部术后常见的并发症,多继发于慢性肺部炎症,如慢性支气管炎、慢性肺炎、长期吸烟等,加上术中麻醉刺激及创伤、术后长时间卧床、手术切口疼痛使深呼吸及咳嗽动作受限,均可导致术后继发肺炎及肺不张。另外,长时间留置导尿管导致的尿路感染也常见于腹部术后。

围手术期应用抗生素主要是为了预防和控制感染,种类繁多的抗菌药物是外科手术不可或缺的药品。但由于长期以来的不规范使用抗生素,导致细菌耐药性不断增加,抗生素的耐药问题也越来越严重;另外,抗生素的肝肾毒性、过敏反应、肠道菌群紊乱也常见于临床治疗过程中。实验研究已经证明,中药具有抑菌、减毒的作用,某些常用的活血化瘀中药具有抑制炎症反应的作用,少数通里攻下及理气中药亦具有抗菌作用,与抗生素协同应用,能有效增强抗菌效果、减轻毒副作用、稳定肠道菌群微生态。

在临床上,应根据患者的不同情况及主治医生自己的经验,灵活联合运用抗生素及中药。可以按照中西药物的各自用药规律来使用,亦可根据已经掌握的药理知识使用中西药物,使它们的作用有所侧重。如选用抑菌或杀菌力强的抗生素来抑制细菌,选用解毒能力较好的中药来缓解中毒症状;早期联合应用抗生素及清热解毒中药控制感染,待炎症的发展已经得到控制后,停用抗生素,重用活血化瘀药物,以促进炎症的吸收消散。又如在有阳明腑实证的各类炎性急腹症中,除少数禁忌证外,均应根据"六腑以通为用"的原则,先给予通里攻下药物,使大便畅通、腹胀好转,随后再应用抗生素或清热解毒中药。再如对于年老、体弱或有脾肾阳虚表现不能耐受苦寒清热中药的患者,则应选用抗生素来控制感染,配合补气养血或温补脾肾的中药来改善全身情况。

(三) 治疗过程中的动态观察

对于采用中西医结合非手术疗法的患者,在治疗过程中严密观察病情变化是十分重要的环节。一是观察诊断是否正确,当出现新的症状、体征,或经特殊检查有新的发现,需要修正原来的诊断时,应毫不迟疑地进行补充或修正;二是观察正在进行的治疗是否有效,如果有效应继续,如果无效则应认真审查原定的治疗计划并改进治疗措施,包括从非手术疗法转为手术疗法;三是观察治疗过程中症状、体征及其他化验指标的变化规律,为分析疗效及探讨疗效机制提供依据。在观察中应注意以下几个方面:

1. 自觉症状 腹痛、腹胀等症状减轻,患者排气排便,是病情好转的表现;而腹痛、腹胀加剧,频繁呕吐,或体温升高,则表示病情加重。在观察中还应注意可能出现的假象。如坏疽性阑尾炎,在发生穿孔后,由于阑尾腔内压的降低,原来的剧烈腹痛可能得到暂时的缓解,但随着腹膜炎的扩展,感染及中毒症状将不断加重。在这种情况下,不能只把腹痛作为判定病情进退的唯一指标,而应结合其他情况进行综合判断。另外,在胆道或尿路结石的中西医结合排石过程中,常有腹痛的暂时加重和体温升高,随着结石的排出,症状将迅速缓解,临床上称之为排石现象。对这种特殊表现应有所认识,避免进行不必要的手术。

2. 体检所见 在非手术疗法过程中,应定期检查及记录主要体征的变化,如压痛范围及程度、肌紧张的强度、反跳痛的有无、肠鸣音的变化等。如有炎性包块,要注意包块的增大与缩小。除局部体征外,还应注意脉搏、血压、体温、呼吸等改变。

3. 实验室检查 定期复查外周血白细胞是观察炎症发展趋势的一个重要指标;内出血患者要注意血细胞比容、红细胞计数及血红蛋白的变化;定期测定血清淀粉酶和脂肪酶,结合临床表现,有助于判断急性胰腺炎的变化;对于胆道感染及梗阻性黄疸患者,应定期测定血胆红素及肝功能;随时测定二氧化碳结合力、血气分析及钾、钠、氯等电解质,对于了解患者电解质平衡状态及制订液体及电解质补充计划,是不可缺少的参考资料;对于危重患者,还应定时测定能反映重要脏器功能变化的指标。

4. 特殊检查 可以将 X 线、超声、CT 等影像学检查作为急腹症治疗过程中的动态观察手段。在肠梗阻的治疗中,在不同时间进行 CT 或腹部 X 线检查,对比充气胀大肠管及气液平面的变化,特别是在小肠梗阻时,观察是否有气体进入结肠,有助于判断梗阻是否已解除。对胆囊炎及胆管结石患者,可用超声或 CT 观察胆囊大小的变化、胆管扩张程度的增减及结石位置的变化,对病情的判断很有帮助。在急性胰腺炎的治疗过程中,用超声及 CT 观察胰腺肿胀的程度,判断有无小网膜腔积液、胰周脓肿及假性囊肿的形成,能为临床提供有价值的参考资料。

(尚 东)

复习思考题

1. 急腹症的定义是什么?
2. 急性阑尾炎的临床特点有哪些?
3. 诊断急腹症时需要明确哪几个问题?
4. 急腹症的辅助检查有哪些?
5. 急腹症的中西医结合治疗原则有哪些?

ER-17-2

扫一扫
测一测

◇◇◇　第十八章　◇◇◇

损　伤

✏ **学习目标**

1. 掌握损伤各类伤口处理原则,烧伤的临床表现特点,烧伤面积计算方法,烧伤的处理原则。

2. 熟悉损伤的分类,各组织器官损伤临床特点及其诊断和治疗原则。

3. 了解损伤组织修复过程,冻伤、压伤及咬蛰伤处理原则。

第一节　概　　述

损伤(injury)是指外界各类致伤因素作用于人体,造成组织器官解剖结构的破坏和生理功能紊乱,并引起机体局部与全身的反应。狭义上机械性致伤因素作用于人体所造成的损伤称为创伤(trauma)。损伤不论在平时还是在战时都极为常见,手术也是一种人为的损伤。现代外科学是在处理损伤的基础上成长和发展而形成的,所以,损伤是外科学的重要内容之一。本病属中医"外伤""内伤"等范畴。

一、分类

为了尽快对伤员作出正确的诊断和评估,以便使伤员得到及时有效的救治,提高救治工作的有效性和时效性,同时,也有利于日后的资料分析、经验总结和科学研究,现将损伤常用的分类方法介绍如下:

(一) 按致伤因素分类

有利于伤后的病理变化评估。机械性损伤有刺伤、切伤、挤压伤、火器伤等;物理性损伤有烧伤、放射伤、冲击伤;化学性和生物性损伤平时较少见。两种以上不同致伤因素作用于同一机体所致的损伤称为复合性损伤,战时多见。同一种致伤因素作用于机体,造成 2 个以上脏器的损伤,称为多发性损伤。

(二) 按损伤部位与组织器官分类

有利于判断伤处重要脏器的损害和功能紊乱。一般分为头部伤、颌面部伤、颈部伤、胸(背)部伤、腹(腰)部伤、骨盆伤、脊柱脊髓伤、四肢伤和多发伤等,多发伤常见于灾害事故。诊治时需进一步明确受伤的组织和器官,如软组织损伤、骨折、脱位或内脏损伤等。

(三) 按伤后皮肤或黏膜完整性分类

1. 闭合伤　皮肤或黏膜完整无伤口者称闭合伤(closed injury),多由钝性暴力引起。损伤局部皮肤或黏膜尚保持完整,表面无伤口。常见的有以下几种类型:如挫伤(contusion)、挤压伤(crush injury)、扭伤(sprain)、震荡伤(concussion)、关节脱位和半脱位、闭合性骨折和闭合性内脏伤等。

2. 开放伤 有皮肤或黏膜破损者称开放伤(open injury),多由锐性物体或高速运动的物体打击所致。伤部皮肤或黏膜破裂,深部组织与皮肤表面伤口相通,常有外出血、细菌污染及异物存留。开放伤常见的类型有擦伤(abrasion)、撕裂伤(laceration)、切割伤、火器伤、砍伤和刺伤等。在开放伤中,又可根据伤道类型再分为贯通伤(既有入口又有出口者)和非贯通伤(只有入口没有出口者)等。

一般而言,开放伤易发生伤口感染,但某些闭合伤如腹部闭合性损伤合并胃、肠等空腔脏器破裂则会引起腹膜炎,造成严重的感染。

(四) 按伤情严重程度分类

目的在于区分组织器官遭受破坏的程度及其对全身状况影响的大小。

1. 轻度伤 组织器官结构轻度损害或部分功能障碍,暂时失去作业能力,但仍可坚持工作,无生命危险,或只需小手术者,一般无须住院治疗,预后良好。

2. 中度伤 组织器官结构损害较重或有较严重的功能障碍,有一定生命危险,如四肢骨折和广泛软组织损伤,常需住院治疗者,预后对健康有一定伤害。

3. 重度伤 组织器官结构严重损伤和功能障碍,通常威胁生命,预后对健康有较大伤害。有下列伤情之一者即为重度伤:①有活动性大出血的损伤;②合并有休克的损伤;③颅脑损伤昏迷或颅内压增高者;④胸腹部内脏损伤;⑤有呼吸道阻塞或呼吸功能障碍的损伤;⑥合并急性肾功能不全的损伤;⑦断肢、断指等丧失肢体功能的损伤;⑧合并有特殊致伤因素的损伤,如放射伤、大面积烧伤、强碱或强酸灼伤、毒气伤者。

损伤评分是估计损伤的严重程度、指导合理治疗、评价治疗效果的有效方法。常用的创伤评分有院前指数、创伤指数、简明损伤定级和损伤严重度评分等。

二、病因与病理

(一) 西医病因与病理

1. 病因 引起损伤的因素是多种多样的,可概括为以下四类:

(1) 机械性因素:最多见的损伤,是指机械致伤因子所造成的损伤。

(2) 物理性因素:如高温、电流、冷冻、放射线、冲击波所致的损伤。

(3) 化学性因素:如强酸、强碱、毒气造成的损伤。

(4) 生物性因素:如毒蛇、兽类及昆虫咬伤。

2. 病理

(1) 局部反应:损伤的局部反应是由于组织结构破坏、细胞变性坏死、局部微循环发生障碍,或病原微生物入侵及异物存留等所致。主要表现为局部炎症反应,其基本病理过程与一般炎症基本相同,是非特异性的防御反应,有利于清除坏死组织、杀灭细菌及组织修复。局部反应的轻重与致伤因素的种类、作用时间、组织损害程度和性质、污染轻重和是否有异物存留等有关。严重创伤时,由于局部组织细胞损伤较重,多存在组织结构破坏及邻近组织细胞严重变性坏死,加之伤口常有污染、异物存留、局部微循环障碍及各种化学物质生成而造成的继发性损伤,从而使局部炎症反应更为严重,血管通透性增加,渗出更加明显,局部炎症细胞浸润更为显著,炎症持续时间可能更长,对全身的影响将更大。

(2) 全身反应:致伤因素引发了非特异性应激反应,导致神经内分泌活动增强。神经内分泌系统通过多个轴产生儿茶酚胺、肾上腺皮质激素等物质,同时肾素 - 血管紧张素 - 醛固酮系统也被激活。这三个系统相互协调,调节器官功能和代谢,动员机体的代偿功能来对抗伤害。全身反应导致基础代谢率增高,能量消耗增加,糖、蛋白质和脂肪分解加速,造成高血糖、高乳酸血症以及负氮平衡状态。水电解质代谢紊乱会导致水钠潴留、钾排出增多以及钙磷代谢异常。全身反应还涉及凝血系统、免疫系统、重要生命器官以及一些炎症介质和细胞因子等。

(二) 中医病因病机

中医认为人体是一个内外统一的整体,损伤不仅可以造成皮、肉、筋、骨、脉等外伤,还可引起脏腑、气血和经络功能紊乱等内伤。损伤除了外力伤害为主要因素,还与邪毒感染、外感六淫等外因以及人体年龄、体质、局部解剖结构等内因有一定关系。

(1) 外因:如跌倒、坠落、刀刃、压轧、撞击、闪挫、负重、劳损等引起的损伤。损伤后风寒湿邪可乘虚侵袭,阻塞经络,导致气机不得宣通而加重伤痛。

(2) 内因:老年人骨质疏松,轻微外力可致骨折;相同外力下,体质虚弱者比体质强壮者更易受伤害;伤后如情志郁结,则耗伤气血,不利于损伤的康复。

三、临床表现

(一) 局部症状

1. 疼痛　由局部神经末梢受到损伤物刺激和炎症反应所引起。疼痛的严重程度与局部水肿的程度、组织的紧张度和神经分布、损伤范围及程度都有直接关系,也与损伤部位、个体差异、精神状态有关。疼痛多在2~3日后缓解,若疼痛持续或加重提示有并发感染的可能。疼痛部位有指示受伤部位的诊断意义,因此,在未确诊前应慎用镇痛药物,以免误诊或漏诊。

2. 肿胀及瘀斑　局部出血或炎性渗出可引起肿胀、瘀斑、青紫或波动感疼痛。受伤位置浅或在组织松弛处,触痛、发红、青紫、瘀斑或血肿明显;反之,受伤位置较深或在组织致密处则不甚明显。

3. 伤口和出血　伤口大小、形状、深度和损伤的程度因损伤的类型不同而各异。刺伤的伤口较小,但不能单凭伤口的大小来判断伤情严重程度,因为有时可能损伤到深部组织血管或内脏。此外,伤口或创面还可能有异物残留,包括泥沙、木刺、弹片等。出血速度则取决于受伤血管、脏器的性质和数量。动脉及实质性脏器损伤出血速度快,静脉及空腔脏器损伤出血速度相对较慢。

4. 功能障碍　表现为局部或器官破坏以及疼痛可引起保护性反应。当骨折、关节脱位或神经损伤时,肢体功能障碍更为明显。

(二) 全身症状

1. 发热　由局部出血或组织坏死分解的产物被吸收所致,故称为吸收热(应激性低热)。体温一般在38℃左右。若有继发感染,则体温更高。脑损伤可引起持续性中枢性高热。

2. 感染　开放伤一般都有污染,处理不及时或不当,加之免疫功能降低,很容易发生感染。闭合伤如累及消化道或呼吸道,也容易发生感染。初期可为局部感染,重者可迅速扩散成全身性感染。特别是广泛软组织损伤,伤口较深,并有大量坏死组织存在,且污染较重者,还应注意发生厌氧菌(破伤风或气性坏疽)感染的可能。

3. 休克　早期常为失血性休克,晚期由于感染发生可导致脓毒症休克。表现为面色苍白、四肢湿冷、脉搏细弱、血压下降、脉压缩小及尿量减少等,是损伤急性期死亡的主要原因之一。

4. 并发症　多发性骨折可引起脂肪栓塞综合征,重度创伤并发感染、休克后可诱发应激性溃疡、凝血功能障碍甚至MODS等严重并发症。

5. 尿量减少　多见于严重挤压伤、大面积烧伤和创伤性休克。其发生原因往往是兼有肾中毒和肾缺血,血管升压素、醛固酮分泌增加,肾血流量减少。

四、辅助检查

1. 实验室检查　血常规和血细胞比容可判断失血或感染情况;尿常规可提示泌尿系统损伤和糖尿病;电解质检查可分析水、电解质和酸碱平衡紊乱的情况;对疑有肾脏损伤者,可进行肾功能检查;疑有胰腺损伤时,应做血清或尿淀粉酶测定等。

2. X 线平片检查　对骨折伤员可明确骨折类型和损伤情况,以便制订治疗措施;怀疑胸部和腹腔脏器损伤者,可明确是否有肋骨骨折、气胸、血气胸、肺病变或腹腔积气等;还可确定伤处某些异物的大小、形状和位置等。对重症伤员可进行床旁 X 线平片检查。

3. 超声检查　可发现胸、腹腔的积血和肝、脾的包膜内破裂等。

4. CT 检查　CT 检查能够显示身体不同层面的图像,明确损伤的原因及部位。可以诊断颅脑损伤和某些腹部实质器官及腹膜后的损伤。

5. MRI 检查　MRI 检查无创且无辐射,可用于损伤伤情评估及鉴别诊断。

6. 选择性血管造影　可帮助确定血管损伤和某些隐蔽的器官损伤。

7. 对严重创伤伤员,还可根据需要监测心(如心输出量)、肺(如血气)、脑(如颅内压)、肾等重要器官的功能,以利于观察病情变化,及时采取治疗措施。

8. 穿刺和导管检查　诊断性穿刺是一种简单、安全的辅助方法,可在急诊室内进行。阳性时能迅速确诊,但阴性时不能完全排除组织或器官损伤的可能性,还应注意区分假阳性和假阴性。如腹腔穿刺引起腹膜后血肿,则为假阳性,可改变穿刺点或多次穿刺。一般胸腔穿刺可明确血胸或气胸;腹腔穿刺或灌洗,可证实内脏破裂、出血。放置导尿管或灌洗可诊断尿道或膀胱的损伤,留置导尿管可观察每小时尿量,以作补充液体、观察休克变化的参考;监测中心静脉压可辅助判断血容量和心功能;心包穿刺可证实心包积液和积血。

五、诊断

无论战时还是平时的损伤,多具有群体性和复合性的特点,病情大多危急而严重,有的直接危及生命,应尽快分清受伤种类,辨别轻重,要贯彻"保存生命第一"的原则。在接诊时需要详细了解受伤史,进行仔细的全身检查,并借助辅助诊断措施等才能得出全面、正确的诊断。

(一)详细询问病史

了解受伤史及其全过程对伤情评估有重要价值。包括伤前情况、致伤因素、受伤部位、受伤后出现的症状、初步处理及既往疾病情况。若伤员因昏迷等原因不能自述,应在救治的同时向现场目击者、护送人员及 / 或家属了解情况,并详细记录。

(二)全面体格检查

应从整体上观察伤员状态,判断伤员的一般情况,区分伤情轻重。对生命体征平稳者,可进一步仔细检查;伤情较重者,可先着手急救,在抢救中逐步检查。严重损伤可能造成多部位、多脏器的损伤或合并多种致命性的损害。如从高处坠落,足跟或臀部先着地可造成脊柱骨折、脱位的脊髓损伤;挤压伤不但可造成肢体损伤,而且能引起内脏破裂等;火器伤伤员,子弹由臀部穿入,可能伤及腹部和胸部的重要脏器。只有进行全面、仔细的检查和分析,才能避免漏诊或误诊。

(三)辅助检查

实验室检查对机体全身变化和器官功能状态的掌握很有价值。影像学检查对损伤的诊断有重要意义,但是必须在伤情允许情况下及时完成,避免延误抢救。

(四) 严密观察病情

首先应密切观察患者的神志、脉搏、血压、呼吸、体温等生命体征。注意有无窒息、休克等表现。其次,对未明确诊断及伤情严重者,更需进行认真的动态观察,以便掌握病情的变化,及时发现问题。

(五) 检查注意事项

(1) 发现危重情况如窒息、大出血、心搏骤停等,必须立即抢救,不能单纯为了检查而耽误抢救时机。

(2) 检查步骤尽量简捷,询问病史和体格检查可同时进行。检查动作必须谨慎轻柔,切勿因检查而加重损伤。

(3) 重视症状明显的部位,同时应仔细寻找较隐蔽的损伤。例如左下胸部损伤有肋骨骨折和脾破裂,肋骨骨折疼痛显著,而脾破裂早期症状可能被掩盖,但其后果更加严重。

(4) 接收批量伤员时,不可忽视异常安静的患者,因为有窒息、深度休克或昏迷者已不能呼唤呻吟。

(5) 一时难以诊断清楚的损伤,应在对症处理过程中密切观察,争取尽早确诊。

(6) 对于严重创伤伤员,只有当伤员生命体征相对平稳时,才能进行 CT 等影像学检查,以防伤员在检查时发生生命危险。

(六) 确定伤情

通过全面检查、严密观察、判断分析后,基本上可以确定损伤的性质、部位、范围和程度。

六、治疗

(一) 西医治疗

损伤常发生于生活和工作的场所,院前急救和院内救治是否及时和正确直接关系到伤员的生命安全和功能恢复。本节重点介绍损伤处理的一般原则,各部位损伤的具体治疗方法详见相关章节。

1. 急救措施 包括现场急救、后送转运和急诊室初步处理。必须优先抢救的急症主要包括心搏骤停、呼吸骤停、窒息、大出血、张力性气胸和休克等。整个救治工作遵循"挽救生命第一,恢复功能第二,顾全解剖完整性第三"的原则。因地制宜,灵活运用复苏术、止血、包扎、固定、搬运等急救技术处理。

(1) 昏迷患者要保持呼吸道通畅,防止窒息的发生。急救时必须争分夺秒地解除各种阻塞原因,维持呼吸道通畅。

造成呼吸道阻塞的原因主要有:①颌面、颈部损伤后,血液、血凝块、骨碎片、软组织块、呕吐物和分泌物及异物阻塞气道;颈部血管伤形成血肿压迫,或气管直接受损等;②重型颅脑伤致伤员深度昏迷,下颌及舌根后坠,口腔分泌物或呕吐物误吸或阻塞气道;③吸入性损伤时,喉及气道黏膜水肿;④肺部爆震伤造成的肺出血或气管损伤。

对呼吸道阻塞的伤员必须果断地采取最简单、最迅速有效的方式通气。常用的方法有:①手指掏出:适用于颌面部伤所致的口腔内呼吸道阻塞。有条件时(急诊室或急救车)可用吸引管吸出。呼吸道通畅后应将伤员头偏向一侧或取侧卧位。②抬起下颌:适用于颅脑伤舌根后坠及伤员深度昏迷而窒息者。用双手抬起伤员两侧下颌角,即可解除呼吸道阻塞。如仍有呼吸异常音,应迅速用手指掰开下颌,掏出或吸出口内分泌物、血液、血凝块等。呼吸道通畅后应将伤员头偏向一侧或取侧卧位。必要时可将舌拉出,用别针或丝线穿过舌尖固定于衣扣上或用口咽通气管。③环甲膜穿刺或切开:在情况特别紧急,或上述两项措施不见效而又有一定抢救设备时(急诊室或急救车),可用粗针头做环甲膜穿刺;对不能满足通气需要者,可用尖刀片做环甲膜切开,然后放入导管,吸出气道内血液或分泌物。做环甲膜穿刺或切开时,注意勿用力过猛,防止损伤食管等其他组织。④气管插管。⑤气管切开:可彻底解除上呼吸道阻塞和清除下呼吸道分泌物。

(2)呼吸、心跳停止应就地进行人工呼吸和胸外心脏按压等复苏术。有条件时用呼吸面罩及手法加压给氧或气管插管接呼吸机支持呼吸;在心电监测下电除颤,紧急时可进行胸外心脏按压并兼顾脑复苏。

(3)大出血可使伤员迅速陷入休克,甚至致死,须及时止血。注意出血的性质有助于出血的处理。动脉出血呈鲜红色,速度快,呈间歇性喷射状;静脉出血多为暗红色,持续涌出;毛细血管损伤多为渗血,呈鲜红色,自伤口缓慢流出。具体止血方法见本章伤口处理一节。

(4)胸部开放性损伤应尽快用厚敷料封闭伤口;张力性气胸应行穿刺排气或闭式引流;开放性气胸应在封闭伤口后行闭式引流。如有多根肋骨骨折引起反常呼吸时,先用加垫包扎或肋骨牵引限制部分胸廓浮动,再行肋骨固定。

(5)胸腹腔脏器、脑组织等暴露或脱出时,要注意保护,切勿随意还纳脱出组织,避免污染或绞窄坏死,应采用纱布或弯盘覆盖等保护措施。

(6)当四肢及关节骨折时及时采取简易固定,脊柱骨折伤员应保证脊柱平直卧于硬板床后再搬运,减少神经二次损伤。

(7)开放性伤口可用干净纱布或无菌急救包敷料覆盖,并缠上绷带加以固定。肢体大血管损伤应采取加压包扎或止血带止血,应注意上止血带时间,避免远端肢体缺血坏死。

(8)断离的肢体或大块组织,应用无菌或清洁纱布包裹后装入塑料袋内,勿直接浸入液体内,置于4℃左右的低温条件下保存,并随同伤员送医院。

(9)无颅脑及胸腹内脏损伤但有剧痛的伤员,可使用止痛剂,早期应用抗生素以防感染。

(10)轻伤就地治疗;中度伤可到一般医院急诊室处理;重伤经初步急救后要及时转送到大医院或创伤急救中心。正确的搬运可减少伤员痛苦,避免继发损伤。多采用担架或徒手搬运。对骨折伤员,特别是脊柱损伤者,搬运时必须保持伤处稳定,切勿弯曲或扭动,以免加重损伤。搬运昏迷伤员时,应将头偏向一侧,或采用半卧位或侧卧位以保持呼吸道通畅。

在搬动和转运过程中应避免再次创伤或医源性损伤,如制动不良,使骨折端损伤原未损伤的血管神经;输液过快,引起肺水肿、脑水肿;输入血制品引起溶血反应;对有呕吐和意识不清的伤者,管理不善,因误吸而窒息。转送途中应严密观察伤情变化,持续监护,随时抢救生命危象。

2. 开放伤处理 详见本章第二节损伤修复与伤口处理。

3. 闭合伤处理

(1)颅脑、脊柱、胸部和腹部闭合性损伤造成重要内脏器官损伤时,包括颅内出血、脊柱挫裂、血气胸、肝脾破裂等,应紧急手术探查。

(2)多器官、多部位复合伤处理时应采取多学科联合诊治原则。

(3)严重的挤压伤出现伤肢肿胀明显,伴有感觉和/或运动功能障碍时,应尽早局部切开减压,以免组织缺血坏死。

(4)四肢骨折可先行手法复位外固定,若复位失败或怀疑神经、血管损伤时应及时手术探查。

(5)踝部、腕部扭伤时用绷带、小夹板等暂时固定制动,抬高伤肢,促进静脉回流,改善局部血液循环,减轻肿胀及疼痛。

(6)当肿胀、瘀斑明显时,早期进行局部冷敷,肿胀消退或缓解后可改为热敷或理疗,重视主动功能锻炼,促进组织功能恢复。

(7)当血肿较大或有增大趋势时,可穿刺抽血后加压包扎。

4. 全身的处理

(1)抗休克治疗:改善微循环,纠正血容量不足。对循环不稳定或休克患者应建立一条以上静脉输液通道,必要时可考虑做锁骨下静脉或颈内静脉穿刺,或周围静脉切开插管。在扩充血容量的基础上,可酌情使用血管活性药。

(2)积极防治感染:闭合伤和开放伤的Ⅰ类伤口以预防感染为主;开放伤的Ⅱ、Ⅲ类伤口以防治感染为主,并常规应用破伤风抗毒素。

(3)调节机体代谢,促进组织愈合和机体康复:中度及重度损伤和儿童、老年患者需要给予氨基酸、维生素、蛋白质等肠内或肠外营养支持,同时注意调节和维持体液、电解质和酸碱平衡,以防治因创伤造成机体静息耗能增加和分解加速,导致的体质消耗、组织修复迟滞、免疫力降低所引起的并发症。

(4)有针对性地维护器官功能,积极减少伤残的发生。

(二) 中医治疗

1. 内治法 损伤后,经脉受损,气机失调,血瘀于肌肤。气血不通则痛,需疏通气血。治疗分初、中、后三期,初期重在消肿止痛,中期活血化瘀,后期补养气血肝肾。各阶段治法明确,选用相应方剂,促进损伤修复与功能恢复。

(1)初期治法(1~2 周):气滞血瘀,以消肿止痛、活血化瘀为主。行气消瘀法用桃红四物汤等;攻下逐瘀法用大承气汤等;清热凉血法用五味消毒饮等;开窍活血法用夺命丹等。

(2)中期治法(3~6 周):症状改善,但仍需活血化瘀、和营生新。和营止痛法用和营止痛汤等;接骨续筋法用续骨活血汤等。

(3)后期治法(7 周后):瘀肿已消,需坚骨壮筋、补养气血肝肾。补气养血法用四君子汤等;补益肝肾法用壮筋养血汤等;补养脾胃法用补中益气汤等;舒筋活络法用大活络丹等。

2. 外治法 中医对损伤的外治方法种类繁多,有消肿止痛、止血生肌、舒筋通络等作用。常用的有搽擦药、敷贴药、熏洗湿敷药和热熨药。

(1)搽擦药:如跌打万花油、正骨水等。

(2)敷贴药:如活血消肿止痛的双柏膏、散瘀膏、活血散等;止血的云南白药;接骨续筋的接骨散、驳骨散等;清热解毒的金黄膏、四黄膏等。

(3)熏洗湿敷药:常用各种中药熏洗方剂治疗新伤瘀血积聚或陈伤风湿冷痛。如新伤常用散瘀和伤汤、海桐皮汤等;陈伤常用八仙逍遥汤等。

(4)热熨药:是一种中医热疗方法。常用坎离砂或粗盐、吴茱萸等炒热后热熨患处,尤其适用于风寒湿型的陈伤。

3. 其他治法 不同的损伤中医都有不同的治法,如骨折的手法复位、小夹板固定等;颅脑及胸腹部损伤可以辨证选穴进行针灸治疗等。

（李春雨）

第二节 损伤修复与伤口处理

一、损伤组织修复

损伤组织修复是损伤病理过程的最后阶段,其基本方式是由伤后增生的细胞和细胞间质再生增殖、充填、连接或替代损伤后的缺损组织。理想的修复是组织缺损完全由原来性质的细胞来修复,恢复原有的结构和功能,称为完全修复。但由于人体各种组织细胞固有的再生增殖能力不同,如表皮、黏膜、血管内皮细胞等能力较强,骨骼肌、脂肪等能力弱,导致创伤后部分组织修复方式是不完全修复,即组织损伤不能由原来性质的细胞修复,而是由其他性质的细胞(常是成纤维细胞)增生替代来完成。

(一) 组织修复和伤口愈合

组织修复和伤口愈合大致经历三个基本阶段,三阶段既相互区分又相互联系。

1. 局部炎症反应阶段 损伤后立即开始,通常持续 3~5 日,其主要改变是血液凝固和纤维蛋白溶解、免疫应答、微血管通透性增加、炎症细胞渗出,其意义在于清除致伤因子和坏死组织,防止感染,奠定组织再生与修复的基础。

2. 组织增生和肉芽组织形成阶段 损伤后 24~48 小时,伤缘上皮细胞开始增生,一部分基底细胞与真皮脱离,向缺损区移行,并可见有丝分裂。同时,伤处出现细胞质丰富、呈梭形或星形的成纤维细胞及成肌纤维细胞,后者与前者相似,但含有与细胞长轴平行的微丝束,并附着于胞膜上(有利于细胞收缩)。血管形成主要是由已有的血管"发芽"长出新的毛细血管,已有的血管祥也可能延长。新的毛细血管主要由损伤处附近的小静脉长出,它包括3 个主要步骤,即内皮细胞移动、分化和成熟。首先,在血管形成刺激物的作用下,内皮细胞产生某些蛋白酶,降解受到刺激一侧的血管基膜。约 24 小时后,内皮细胞穿过基膜,向刺激物的方向移动,并开始分裂增殖,形成实心的细胞条束。以后由于内皮细胞成熟和血流的冲击,新生细胞条束的中间部分开通,血流由此进入,形成新生的毛细血管。毛细血管新生支生长速度每天可达 0.1~0.6mm,甚至 2mm。增生的成纤维细胞与新生的毛细血管合称为肉芽组织,肉芽组织表层的成纤维细胞与毛细血管平行排列。由于肉芽组织以毛细血管弓为基础,加上周围成纤维细胞,使其肉眼观察时呈颗粒状。肉芽组织因含丰富的血管和炎性渗出物,故色鲜红,较湿润,触之易出血。此时神经尚未长入,故无痛觉。肉芽组织除填补和修复缺损的组织外,还有较强的抗感染能力和吸收、清除坏死组织的作用。

3. 伤口收缩与瘢痕形成阶段 即组织塑性阶段。损伤后 3~5 日创面尚未完全上皮化时,伤口的边缘开始向中心移动、收缩,以消除创面,恢复机体组织的连续性,这一过程就是伤口收缩。其机制是起初伤缘上皮细胞微纤维束收缩。因伤缘上皮细胞呈梭形,其长轴与伤缘平行,细胞质中微纤维与细胞长轴平行,收缩时类似于钱包口收拢,故称钱包收拢效应。最后为位于伤口中央的成肌纤维细胞发生收缩,即牵拉效应。随着愈合过程的进展,胶原纤维不断增加,成纤维细胞和毛细血管逐渐减少,最后转变为瘢痕组织。

(二) 损伤组织愈合类型

临床上根据伤口愈合的形式,可分为两种类型。

1. 一期愈合 组织修复以原来的细胞为主,仅含少量纤维组织,局部无感染、血肿或坏死组织,再生修复过程迅速,结构和功能修复良好。多见于损伤程度轻、范围小、无感染的伤口或创面。

2. 二期愈合 以纤维组织修复为主,不同程度地影响结构和功能恢复。多见于损伤程度重、范围大、坏死组织多,且常伴有感染而未经合理的早期外科处理的伤口。因此,在损伤治疗时,应采取合理的措施创造条件,争取达到一期愈合。

(三) 影响伤口愈合的因素

1. 局部因素 伤口感染是最常见的原因。细菌感染可损害细胞和基质,导致局部炎症持久不易消退,甚至形成化脓性病灶等,均不利于组织修复及损伤愈合。损伤范围大、坏死组织多或有异物存留的伤口,伤缘往往不能直接对合,且被新生细胞和基质连接阻隔,必然影响修复。局部血液循环障碍使组织缺血缺氧,或由于采取的措施不当(如局部制动不足、包扎或缝合过紧等)造成组织继发性损伤,也不利于愈合。

2. 全身因素 主要有年龄、代谢及营养状况、全身性严重并发症、大量使用细胞增生抑制剂、免疫功能低下等。

二、伤口处理

开放伤由于有伤口或创面,就有继发感染的可能。尽早清除伤口污染物,及时正确地清创包扎伤口,是防止伤口感染的关键。根据伤情施行各种相应手术,如清创、骨折内固定、断肢再植术等。在处理局部伤口时应检查伤员有无休克、大出血和重要脏器损伤,若有应首先抢救生命,同时进行局部处理。

(一)伤口的分类

1. 清洁伤口(Ⅰ类伤口) 临床上指伤口创缘整齐,周围组织损伤轻而没有污染的伤口。无菌手术的切口即属于清洁伤口,只要在无菌操作下进行伤口冲洗、消毒、止血和正确缝合,多能达到一期愈合。

2. 污染伤口(Ⅱ类伤口) 指伤口有细菌污染,尚未大量生长繁殖,损伤时间在6~8小时以内的伤口。此类伤口的处理原则是彻底地进行清创术,以清除感染源,尽可能将污染伤口变为清洁伤口,争取伤口一期愈合。

3. 感染伤口(Ⅲ类伤口) 受伤时间较长,细菌已侵入组织并生长繁殖引起感染和化脓的伤口,包括清创缝合后继发感染的手术切口。处理原则是控制感染,通畅引流,加强换药,促进伤口早日愈合。

(二)伤口的处理

处理原则是一般情况下,伤口都应尽可能早地给予包扎。开放性创伤在条件可能的情况下,也应尽早行清创术。对伤口(必要时扩大伤口)进行彻底探查,明确受伤的组织脏器、损伤程度和损伤类型,并进行止血、组织修复或切除损伤严重无法保留的脏器等。

1. 清创 在无菌操作技术下清除伤口内的污物异物,切除无活力的、坏死的组织;严重损伤可以扩大伤口探查,根据需要实施止血、组织修复。污染较轻的8~12小时内的伤口可以按层次一期缝合,争取达到一期愈合。污染较重或组织损伤较严重的深大伤口,清创较彻底的可放置乳胶片或软胶管引流做一期缝合处理。严重污染、12小时以后的伤口或战伤一般不缝合,于伤口疏松处填塞凡士林纱布,以后定期换药,待二期愈合,或经3~5日的观察,未见感染征象,再行二期缝合。

2. 止血 常用的止血方法有指压法、加压包扎法、填塞法和止血带法等。

(1)指压法:用手指压迫动脉经过骨骼表面的部位,达到止血目的。如头颈部大出血,可压迫一侧颈总动脉、颞动脉或颌动脉;上臂出血可根据伤部压迫腋动脉或肱动脉;下肢出血可压迫股动脉等。指压法止血是应急措施,因四肢动脉有侧支循环,故其效果有限,且难以持久。因此,应根据情况适时改用其他止血方法。

(2)加压包扎法:最为常用。一般小动脉和静脉损伤出血均可用此法止血。方法是先将灭菌纱布或敷料填塞或置于伤口,外加纱布垫压,再以绷带加压包扎。包扎的压力要均匀,范围应够大。包扎后将伤肢抬高,以增加静脉回流和减少出血。

(3)填塞法:用于肌肉、骨端等渗血。先用1~2层大的无菌纱布铺盖伤口,以纱布条或绷带充填其中,再加压包扎。此法止血不够彻底,且可能增加感染机会。另外,在清创去除填塞物时,可能由于凝血块随同填塞物同时被取出,又可出现较大出血。

(4)止血带法:一般用于四肢伤大出血且加压包扎无法止血的情况。使用止血带时,接触面积应较大,以免造成神经损伤。止血带的位置应靠近伤口的最近端。在现场急救中可选用旋压式止血带,操作方便,效果确定;而在急诊室和院内救治中,以局部充气式止血带最好,其副作用小。在紧急情况下,也可使用橡皮管、三角巾或绷带等代替,但应在止血带下放好衬垫物。禁用细绳索或电线等充当止血带。使用止血带应注意以下事项:①不必缚扎过紧,以能止住出血为度;②应每隔 1 小时放松 1~2 分钟,且使用时间一般不应超过 4 小时;③上止血带的伤员必须有显著标志,并注明启用时间,优先护送;④松解止血带之前,应先输液或输血,补充血容量,准备好止血用器材,然后再松止血带;⑤因止血带使用时间过长,远端肢体已发生坏死者,应在原止血带的近端加上新止血带,然后再行截肢术。

3. 包扎 其目的是保护伤口、减少污染、压迫止血、固定骨折并止痛。最常用的材料是绷带、三角巾和四头带。无上述物品时,可就地取材用干净毛巾、包袱布、手绢、衣服等替代。在进行伤口包扎时,动作要轻巧,松紧要适宜、牢靠,既要保证敷料固定和压迫止血,又不影响肢体血液循环。包扎敷料应超出伤口边缘 5~10cm。遇有外露污染的骨折断端或腹内脏器,不可轻易还纳。若系腹腔组织脱出,应先用干净器皿保护后再包扎,不要将敷料直接包扎在脱出的组织上面。而对于眼部损伤伤员,首先需要用硬质眼罩保护眼睛,然后再行包扎。

4. 固定 骨关节损伤时必须固定制动,以减轻疼痛,避免骨折端损伤血管和神经,并有利于防治休克和搬运后送。较重的软组织损伤,也应局部固定制动。固定范围一般应包括骨折处远端和近端的两个关节,既要牢靠不移,又不可过紧。伤口出血者,应先止血并包扎,然后再固定。开放性骨折固定时,外露的骨折端不要还纳伤口内,以免造成污染扩散。固定的夹板不可与皮肤直接接触,须垫以衬物,尤其是夹板两端、骨凸出部位和悬空部位,以防止组织受压损伤。

5. 清创后处理 伤口经清创、止血、包扎以及固定后,根据创口污染的程度和清创的情况适当使用抗生素,防治感染。应常规注射破伤风抗毒素 1 500IU。敷料如有渗血浸透,应及时更换。清创缝合后的伤口仍有感染的可能,应继续严密观察,如有持续发热、伤口疼痛加剧,应及时检查伤口,见局部红、肿、压痛明显或有分泌物渗出时,要及时拆除缝线,做伤口引流以排出脓液,定期换药直至愈合。

6. 感染创口的处理 已发生感染化脓的伤口,加强换药为主要方法。如引流口小、引流不畅,可适当扩大伤口或行对口引流,逐步剪除腐烂坏死组织,促进新鲜肉芽组织生长,促进伤口愈合。

(李春雨)

第三节 颅 脑 损 伤

面对颅脑损伤患者,医护人员如能作出及时正确的诊断,进行及时有效的救治,将有助于提高颅脑损伤患者的抢救成功率,降低伤残率和病死率。但由于重型颅脑损伤的严重性、不可逆性和医疗资源的差异性,其病死率和伤残率仍旧比较高,是 40 岁以下人群最主要的致残和死亡原因。颅脑损伤在中医属于“头痛”和“头部内伤”的范畴。

ER-18-2

颅脑损伤

一、概述

(一) 病因与病理

1. 西医病因与病理 颅脑损伤按暴力作用方式分为两种:一种为直接损伤,是指暴力直接作用于头部所引起的损伤。另一种为间接损伤，是指暴力作用于头部以外的部位，再间接传导至头部所引起的损伤。

(1)直接损伤

1)加速性损伤：或叫加速性伤，是指运动的物体使相对静止的头部沿其作用力方向加速运动而致的撞击伤。即运动着的物体(如木棍等)直接作用于静止的头部，而导致的颅脑损伤。颅脑损伤主要发生在着力作用部位(或着力点)时，称为加速性损伤或"冲击部位伤(简称冲击伤)"或着力伤。

2)减速性损伤：或叫减速性伤，是指处于运动状态的头部突然撞击至静止的物体，如紧急刹车、跌倒或高空坠落时，患者头部撞击至静止物体上而停止所导致的颅脑损伤。脑组织既可在着力部位受伤，也可在其对侧受伤，称为"减速性损伤"。着力部位对侧脑组织及血管的损伤称为"对冲部位伤"，简称为对冲伤。

3)挤压性损伤：挤压性损伤是指由两个或两个以上不同方向的暴力同时作用于患者头部，而导致的颅脑损伤，如产钳钳夹所致婴儿头部损伤、汽车车轮碾压伤者头部导致的损伤等。

(2)间接损伤

1)传导伤：传导伤是指患者从高处坠落时，足或臀部着地，其作用力沿脊柱传至颅底，而此时，头部(颅底)仍因惯性力继续向下运动，两力相互作用，便导致颅底及脑损伤。如颅底及其附近发生骨折(如枕骨大孔骨折)，从而损伤小脑、延髓和颈髓上段等部位。

2)挥鞭伤：挥鞭伤是指暴力使伤者躯干突然加速运动，因惯性力原因致使其头部运动落后于躯干部，导致头部发生过伸、过屈，出现挥鞭样运动；或高速行驶中的汽车突然急停，身体运动随即停止，但因惯性力因素，其头部继续向前运动，导致颈椎过度前屈，然后过度后伸，出现挥鞭样运动，损伤其颅颈交界处延髓、脑干或颈髓。

3)胸部挤压伤：胸部挤压伤是指暴力突然挤压患者胸部或胸腹部，引起其胸腔内压突然升高，导致胸内、右心房及上腔静脉内的血液被迅速挤向无静脉瓣的上半身静脉系统内，尤其是颈内静脉内的血液产生反流，出现冲击波效应，造成脑出血和面、颈、胸、肩、臂等处弥漫性点状出血，也叫创伤性窒息(traumatic asphyxia)。

2. 中医病因病机　颅脑损伤的病因主要是撞击、跌仆、坠落、压轧，头部遭受直接暴力或间接暴力致伤。其主要病机是气滞血瘀，脑髓损伤，清窍阻闭。重者神志昏蒙，久病致使肾精亏虚，脑髓空虚，阴损及阳。更有重者神志不清，不能正常进食，导致脾胃虚弱，气血乏源，不能上荣于脑髓脉络。更因脾失健运，痰湿内生，阻遏清阳，上蒙清窍。病理性质多为实证，伤势严重者也可出现脱证，后期有部分患者出现虚证。

(1)初期：头部遭受暴力，脉络受损，营血离经，气血凝滞，故出现伤处肿胀、疼痛；脑髓震荡，统摄失司，气机逆乱，闭阻清窍而神志恍惚；脑部血溢脉外，积而为瘀，瘀阻经络则偏瘫失语；脑部血壅气滞，津液输布障碍，水湿停聚，闭阻清窍，可致昏迷或神志昏蒙；颅内血肿，瘀积脑府，阻闭清窍，则昏迷不醒。脑髓损伤严重，元神失散，气无所主，成为脱证，而出现神昏肢软、气弱脉绝之危候。积血过重，瘀血攻心，元神失散，气无所主，气脱不固，则出现口开手撒、呼吸微弱、脉微欲绝之候。脑府破裂，元神溃散，亦可成脱证。皮破骨裂，犹壁之有穴、墙之有洞，门户洞开，易致邪毒外侵，创口感染。

(2)恢复期：由于患者伤后受头眩晕困扰，不能正常饮食，气血生化无源，脑髓失养，则为虚证；或积瘀较重，未能及早消散，瘀血停留，郁阻经脉，则遗留偏瘫失语；如水湿停聚日久，酿成痰浊，且水停气阻而气郁痰蒙，则长期头昏呆滞。

(3)康复期：病久病重可耗损气血，或虚实夹杂，产生气血不足、气虚血瘀、气虚湿阻、阴虚阳亢、内风扰动等证。

(二) 颅脑损伤的分类

颅脑损伤按患者受伤后头皮、颅骨、硬脑膜和脑组织是否完整或是否与外界相通,分为闭合性和开放性颅脑损伤。和平时期,以闭合性损伤较为多见;锐器和火器所致开放性创伤较为少见。战争时期,以火器性颅脑损伤为主。

1. 闭合性颅脑损伤 依据暴力损伤头部组织结构的不同,分为头皮损伤、颅骨骨折和脑损伤,其重者可引起颅内血肿。头皮损伤、颅骨骨折和脑损伤三者可以单独发生,也可以同时发生。

2. 开放性颅脑损伤 开放性颅脑损伤通常指钝器、锐器或火器造成头皮、颅骨和硬脑膜破损,导致脑组织直接或间接与外界相通的颅脑损伤。依据致伤性质,又分为非火器性颅脑损伤和火器性颅脑损伤。

(1) 非火器性颅脑损伤:又分为锐性伤和钝性伤。

(2) 火器性颅脑损伤:又分为头皮损伤、颅脑非穿透伤和颅脑穿透伤。颅脑穿透伤依据投射物作用于患者头部的方式、穿过组织的不同再分为非贯通伤、贯通伤和切线伤。

(三) 颅脑损伤的观察与监测

进行连续、动态观察和监测颅脑损伤患者,有利于:①及早发现脑疝,为及时更改治疗方案提供根据;②对原发性和继发性脑损伤进行鉴别;③对疗效和预后进行判断。

1. 一般监测 一般监测即观察病情,其内容很多,但以意识观察最为重要。一般监测包括:

(1) 生命体征:生命体征紊乱是脑干损伤的表现之一。

(2) 意识:患者的意识变化直接反映伤情的严重程度。常用的意识障碍程度分级有传统分级方法和格拉斯哥昏迷量表(Glasgow Coma Scale,GCS)。

1) 传统分级方法(表18-1)。

表 18-1 传统意识障碍分级

分级	内容
意识清醒	对外界的各种反应能力、语言与合作能力都正常
意识模糊	患者最早出现或最轻的意识障碍。对外界反应能力、语言与合作能力都降低,但尚未完全丧失。患者出现淡漠、迟钝、嗜睡、语言错乱、躁动、谵妄和遗尿;患者有不能辨别时间、地点和人物等定向障碍行为
浅昏迷 (半昏迷)	对语言已完全无反应,但痛觉反应尚敏感。压迫眶上神经等痛刺激时,患者能用手做简单的防御动作,或回避动作,或皱眉
昏迷	患者痛觉反应很迟钝,随意动作完全丧失。患者出现鼾声、尿潴留,瞳孔对光反射和角膜反射尚存在
深昏迷	患者痛觉反应完全丧失,出现双侧瞳孔散大,瞳孔对光反射和角膜反射均消失,出现生命体征紊乱

2) Glasgow 昏迷量表:简称 GCS(表18-2)。GCS 是意识障碍定量的国际通用标准,简单实用,但尚有不足之处。将患者睁眼反应、语言反应和运动反应的得分相加就可以反映患者的意识障碍程度。GCS 的最高得分为15分,即患者意识清楚;GCS 的最低得分为3分,即患者意识障碍,处于深昏迷状态;GCS 得分在8分以下,即患者意识障碍,处于昏迷状态。

表 18-2 Glasgow 昏迷量表

睁眼反应	得分	语言反应	得分	运动反应	得分
自行睁眼	4	能正确对答,定向正确	5	能按吩咐完成任何动作	6
呼唤睁眼	3	能对答,定向有误	4	刺痛时能定位,手伸向疼痛部位	5
刺痛睁眼	2	不能对答,胡言乱语	3	刺痛时肢体能回缩	4
不能睁眼	1	仅能发音,无语言	2	刺痛时双下肢过度屈曲	3
		不能发音	1	刺痛时四肢过度伸直	2
				刺痛时肢体松弛,无动作	1

注:定向是指患者对时间、地点和人物的辨别能力。

(3)瞳孔:正常瞳孔为双侧等大等圆,直径为 3~4mm。直接及间接对光反射存在。眼部、脑部病变及药物都有可能造成瞳孔发生改变,包括瞳孔形态、大小、直接及间接对光反射不灵敏或消失。

(4)神经系统体征:主要为偏瘫等局灶体征。原发性脑损伤引起的症状和体征,主要特点为受伤当时立即出现,且不再继续加重。脑水肿或颅内血肿等继发性脑损伤引起的症状和体征,主要特点为伤后过一段时间逐渐出现,并呈逐渐加重趋势,患者同时出现意识障碍进行性加重,则可能存在小脑幕裂孔疝。

(5)全身情况:颅脑损伤可单独发生,也可合并胸、腹部、四肢及脊柱等部位损伤。颅脑损伤与合并伤的分类有四种情况:第一种是颅脑损伤与合并伤,两者病情都轻;第二种是颅脑损伤与合并伤,两者病情都重;第三种是颅脑损伤病情重,合并伤病情轻;第四种是颅脑损伤病情轻,合并伤病情重。在诊治颅脑损伤的过程中,一是需注意病情轻的患者,后期可能加重;二是需注意合并伤;三是需注意全身情况、基础疾病及既往用药情况,如抗凝药物等。

2. 特殊监测

(1)CT 检查:是颅脑损伤患者的首选检查项目,尤其伤后早期,有时应进行连续、动态的 CT 检查,以利于观察病情变化。临床目的:①伤后 6 小时以内,颅脑 CT 检查无异常,此后多次 CT 检查,早期可发现迟发性颅内血肿;②颅脑损伤早期 CT 检查,发现有脑挫裂伤或颅内血肿,此后连续多次 CT 检查,能进一步观察脑水肿、颅内血肿、脑中线结构移位和脑室受压等情况的变化;③非手术和手术治疗时,对患者多次 CT 检查,可评估疗效,同时决定是否需要调整治疗方案。

(2)MRI 检查:颅脑损伤后期应用较多较广。对发现颅内病情变化、疑难病变的诊断,如弥漫性轴索损伤等,优于 CT。MRI 和 CT 检查各有所长、各有所短,两者要取长补短。

(3)颅内压监测:颅内压(intracranial pressure,ICP)是指颅腔内容物对颅腔壁产生的压力。正常值:在人体松弛状态下,侧卧位腰穿或平卧位测脑室内的压力,正常成人为 70~200mmH$_2$O,儿童为 50~100mmH$_2$O。监测颅内压可以使医生随时调整治疗方案,为手术指征和预后判断提供参考依据。

1)颅内压增高的分级详见表 18-3。

表 18-3　颅内压增高的分级

	颅内压数值 /mmHg	颅内压数值 /mmH$_2$O
正常	6.0~13.5（成人）	81.6~183.6（成人）
	3.0~6.75（儿童）	40.8~91.8（儿童）
轻度增高	15~20	204~272
中度增高	21~40	273~544
重度增高	>40	>544

注：1kPa=7.5mmHg=102.0mmH$_2$O。

2）颅内体积与颅内压的关系见图 18-1。

（4）脑诱发电位：脑诱发电位是中枢神经系统感受来自体内外各种特异性刺激时所产生的生物电活动，通过检测可以了解脑的功能状态。其主要用于检查躯体对视觉、听觉和感觉等通路刺激的敏感性。常用的有视觉诱发电位、脑干听觉诱发电位、躯体感觉诱发电位和磁刺激运动诱发电位等。

（四）颅脑损伤的分级

颅脑损伤分级的目的与意义：①对伤情进行评价或评估；②对疗效和术后病情变化进行评估；③制订诊疗计划；④科研和交流。

颅脑损伤分级的方法很多，常用下列两种（表 18-4、表 18-5）。

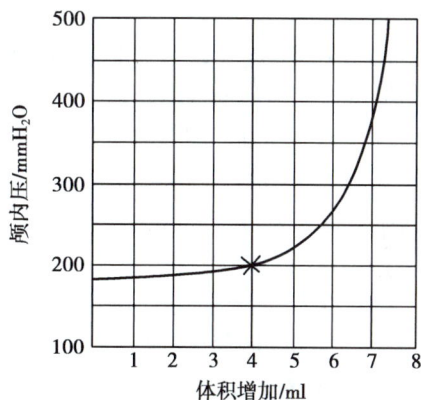

图 18-1　颅内体积 / 压力关系

表 18-4　国内颅脑损伤分级（按伤情轻重）

分级	标准
轻型（Ⅰ级）	患者伤后昏迷 20 分钟以内，有轻度头痛头晕等症状，神经系统和脑脊液检查无明显异常。主要病变是单纯脑震荡，有或无颅骨骨折
中型（Ⅱ级）	患者伤后昏迷在 6 小时以内，有轻度生命体征改变和轻度神经系统阳性体征。主要病变是颅内小血肿或轻度脑挫裂伤，没有脑受压表现，伴有或无颅骨骨折和蛛网膜下腔出血
重型（Ⅲ级）	患者伤后昏迷在 6 小时以上，意识障碍逐渐加重或再次昏迷，有明显的生命体征改变和明显的神经系统阳性体征。主要病变是广泛脑挫裂伤、脑干损伤或颅内血肿、广泛颅骨骨折

表 18-5　国际颅脑损伤分级（Glasgow 昏迷量表）

分级	标准
轻度	患者伤后昏迷时间在 30 分钟以内，GCS 评分 13~15 分
中度	患者伤后昏迷时间在 30 分钟 ~6 小时之间，GCS 评分 8~12 分
重度	患者伤后昏迷时间在 6 小时以上，GCS 评分 3~7 分
特重度	患者伤后昏迷时间在 6 小时以上，GCS 评分 3~5 分

（五）西医治疗

颅脑损伤的救治原则是"先救命后治伤"。积极抢救和治疗颅脑损伤及合并伤，早期进行神经康复，对昏迷等重症患者加强护理，预防各种并发症，降低患者的病死率和伤残率，提高患者的抢救成功率和生存质量。

1. 急救 急救的最终目的是挽救生命。救治颅脑损伤患者时，要做到及时、正确和有效。颅脑损伤常有合并伤，很容易危及生命，救治过程中，必须优先抢救危及生命的急症：①心搏和呼吸骤停；②窒息；③张力性气胸；④大出血和休克等。

常用急救技术包括：①复苏；②通气；③止血；④包扎和固定；⑤转运等。

2. 非手术治疗

(1)体位与头位：颅脑损伤患者宜卧床休息，头部抬高 15°~30°。其目的是有利于脑部静脉血回流，降低颅内压。深昏迷、呕吐或分泌物较多者，宜采取侧卧位或侧俯卧位，防止发生误吸。

(2)预防压疮和深静脉血栓：对患者要定期翻身、按摩，使用气垫床，保持患者皮肤干燥、清洁等，使用充气裤。

(3)建立人工气道：重型颅脑损伤患者早期要依据病情，决定是否建立人工气道。目的是保持呼吸道通畅，改善和维持有效的肺泡通气，纠正低氧血症。对于昏迷和重型颅脑损伤患者，因昏迷时间较长，呼吸道分泌物较多，或有大量呕吐物误吸进入气道内，不易吸出，容易导致呼吸困难，宜尽早行气管插管术或气管切开术，进行输氧和机械通气治疗，监测患者的血氧饱和度、血气分析。

(4)降低颅内压治疗

降低颅内压的治疗原则：①迅速消除引发颅内压增高的原因。②主要针对颅内血肿、脑水肿和脑肿胀等，采取有效措施控制颅内压。对于成人，力争持续控制颅内压在正常范围(70~200mmH_2O)。

颅脑损伤导致颅内压增高的主要因素：①颅内血肿；②脑水肿与脑肿胀；③脑脊液循环受阻，引起脑积水；④静脉窦回流受阻等；颅骨凹陷性骨折。

降低颅内压的治疗措施有：

1)头位和体位：见前文"非手术治疗"部分。

2)脱水治疗：脱水治疗是治疗脑水肿，降低颅内压的主要方法之一。应用脱水药物时，要监测患者的肾功能和电解质变化。常用脱水药物分为：①渗透性脱水药：属于高渗性药液，能提高血浆渗透压，使血管内与脑组织和脑脊液之间产生渗透压差，使脑组织和脑脊液中的水分转移至血管内，脑组织出现脱水，颅内压降低。常用药物为 20% 甘露醇，依据病情调整药物剂量和次数。②利尿性脱水药：通过增加患者尿量，引发体内脱水，脑组织也随之脱水，降低颅内压。常用利尿剂有呋塞米，依据病情调整药物剂量和次数。③甘油或甘油果糖：能降低颅内压。联合用药：①20% 甘露醇 + 呋塞米：20% 甘露醇脱水作用迅速，多在用药 15 分钟后，颅内压开始下降，半小时降达高峰；使用呋塞米 1~2 小时发挥最大利尿作用；两者联合应用更能增加降颅内压的疗效。②20% 呋塞米 + 白蛋白：联合应用，增加疗效。③20% 甘露醇 + 呋塞米 + 白蛋白：降颅内压的疗效更好。

3)应用激素：皮质激素防治脑水肿的作用不甚确定。多用于广泛性脑挫裂伤、原发性脑干损伤、下丘脑损伤、创伤性脑水肿及合并创伤性休克。常用药物有地塞米松等。

4)巴比妥疗法：适应证为常规方法难于控制的高颅压；重型颅脑损伤。常用药物为戊巴比妥钠或硫喷妥钠。此类药物能清除自由基、降低脑代谢率，促使脑血管收缩，增加血管阻力，使流入脑缺血区的血液增多，进一步改善脑缺血、缺氧状态。

5)目标温度管理：目标温度管理(targeted temperature management，TTM)是一种通过控制人体体温发挥脑保护作用的治疗措施，包括亚低温治疗(therapeutic hypothermia，TH)、正常体温控制和发热治疗。正常体温控制是指将核心温度控制在 36.0~37.5℃之间。

6)过度换气:可使颅内压降低,其机制为动脉血的 CO_2 分压每下降 1mmHg,脑血流量递减 2%。由于其降低脑血流量,故不宜长期应用。

7)氧气治疗:急性颅脑损伤患者出现低氧血症、呼吸衰竭等情况时,应给予氧气治疗,包括机械通气等。后期可给予高压氧治疗,有利于促进神经功能恢复。

8)手术治疗:常用的降低颅内压的手术有去骨瓣减压术、颅内血肿清除术、脑室外引流术等。

(5)维持水、电解质及酸碱平衡:重型颅脑损伤患者容易发生水、电解质及酸碱平衡紊乱。要注意观察 24 小时出入量,监测电解质和血气分析,若发现异常,依据病情给予纠正。

(6)抗休克:颅脑损伤合并其他脏器损伤而致失血性休克,应积极抗休克治疗,如输液输血、纠正酸中毒、止血等;如合并有肝、脾等脏器破裂,宜尽快手术。

(7)防治感染和破伤风:防治感染和破伤风的方法有三种,一是创口清创。二是依据病情选用抗生素,防治感染。如为开放性颅脑损伤,要选用既能通过血脑屏障,又对致病菌敏感的抗生素。抗生素的使用剂量应适当增大,时间适当延长。其目的在于提高患者脑脊液和脑组织中的药物浓度,提升疗效。三是开放性颅脑损伤患者,要注意预防破伤风,但宜先做破伤风抗毒素皮试,再肌内注射破伤风抗毒素 1 500IU。

(8)防治癫痫:脑损伤可能诱发癫痫。

(9)应用神经营养药物:该类药物可加强脑细胞代谢,改善脑细胞功能,促使患者意识和神经功能恢复。常用药物为 ATP、辅酶 A、胞磷胆碱、细胞色素 C 和谷维素等。

(10)对症治疗。

(11)积极防治并发症。

3. 手术治疗

手术原则:全力抢救患者的生命,尽可能保护神经系统功能,降低病死率和伤残率。

颅脑损伤的手术指征:①所有开放性颅脑损伤;②颅内血肿、重度脑挫裂伤、广泛性脑水肿和颅骨凹陷骨折等导致颅内压增高明显,甚至脑疝;③颅内血肿和颅骨凹陷骨折导致局灶性脑损伤;④非手术治疗无效,或病情恶化。

颅脑损伤的常用手术:清创术、脑室外引流术、颅骨钻孔外引流术、各类颅内血肿清除术、去骨瓣减压术(含去大骨瓣减压术)和颞下减压术、钻孔探查术(无 CT、MRI 检查或来不及做检查时应用,现很少使用)等。

手术目的:主要是清除颅内血肿、坏死脑组织和异物等,修复硬脑膜,重建颅底,凹陷骨折复位或去骨瓣减压等,控制高颅内压,防止脑疝发生和发展,挽救患者的生命,减少并发症。

(六)中医治疗

头痛首载于《黄帝内经》,称为"首风""脑风"。《伤寒论》论及太阳、阳明、少阳、厥阴病均有头痛见证。《东垣十书》将头痛分为外感头痛和内伤头痛。《丹溪心法》补充了痰厥头痛和气滞头痛。中华人民共和国中医药行业标准《中医病证诊断疗效标准》中将颅脑损伤归属于"头部内伤病"范畴。

1. 治疗要点 实证止血祛瘀,开窍醒神;虚证补益气血;脱证补气固脱,防治邪毒感染。颅脑损伤早期,根据标本缓急,以止血、祛瘀或固脱为主。实证窍闭加开窍醒神药,虚脱宜扶正固脱。

2. 辨证论治

(1)血瘀气滞证:头皮肿胀、瘀紫、疼痛,舌淡红有瘀点或暗红,脉弦。治以活血祛瘀,行气止痛。方用桃红四物汤加减。

(2)瘀阻脑络证：伤后头痛固定、如锥刺，或神识不清，头部青紫瘀肿，心烦不寐，舌质紫暗有瘀点，脉弦涩。治以祛瘀生新，通窍活络。方用血府逐瘀汤加减。

(3)痰浊上蒙证：头痛头晕，头重呆钝，健忘，胸闷，或神识不清、癫痫，舌胖，苔白或黄腻，脉濡滑。治以健脾燥湿，化痰降逆。方用半夏白术天麻汤加减。

(4)肝阳上扰证：眩晕头痛，耳鸣耳聋，烦躁恼怒加重，面色潮红，少寐多梦，口干口苦，小便黄赤，苔黄，脉弦数。治以镇肝息风，滋阴潜阳。方用镇肝熄风汤加减。

(5)心脾两虚证：伤后眩晕，神疲，怔忡，心神不安，或昏聩、面色萎黄，舌淡，脉细弱。治以健脾养心，调畅气机。方用归脾汤加减。

(6)气虚血瘀证：头痛头晕，记忆力减退，肢体无力，偏瘫失语，痴呆，听力下降，疲倦懒言，舌暗红或有瘀点，脉虚弱。治以补气祛瘀，用补阳还五汤加减。

(7)脱证：神志不清，气短肢冷，口开手撒，面色苍白，爪甲淡白，呼吸微弱，舌淡白，脉微欲绝。治以益气摄血固脱，用生脉散加减。

(七) 颅脑损伤的预后

颅脑损伤预后的评定有利于评价疗效和伤情鉴定。国际通用格拉斯哥预后评分（Glasgow Outcome Scale，GOS）分级。1975 年 Jenett 和 Bond 认为，在伤后半年至一年对患者恢复情况进行疗效评价和预后分级（表 18-6）。

表 18-6 GOS 分级

分级	标准
Ⅰ 级	患者死亡
Ⅱ 级	患者植物生存(植物人),长期昏迷,呈去大脑皮质和去大脑强直状态
Ⅲ 级	患者留有重度残疾,需他人护理和照顾
Ⅳ 级	患者留有中度残疾,但生活能自理
Ⅴ 级	患者恢复良好,成人能参加工作和学习

(八) 中医康复

1. 针刺疗法

(1)头皮针

选穴：额中线、顶中线、顶颞前斜线、顶颞后斜线。

(2)体针

主穴：水沟、内关、三阴交、百会、厉兑。

配穴：曲池、外关、环跳、阳陵泉、足三里、涌泉、解溪。

随症加减：意识障碍实证者加十二井穴(点刺出血),意识障碍虚证者加关元、气海、神阙；呛咳、吞咽障碍者加风池、翳风、完骨；语言不利者加廉泉、金津、玉液；手指握固者加合谷；足内翻者加丘墟透照海；尿失禁、尿潴留者加中极、曲骨、关元；睡眠倒错者加上星、四神聪、三阴交、神门。

(3)耳压疗法

选穴：心、脑干、神门、皮质下、交感、耳尖。

随症加减：手足麻痹、僵直者,加四肢运动中枢、脾；左侧手足不便者,加肺、大肠；右侧手足不便者,加脾；痰多者,加气管、内分泌、耳背脾；头晕头痛者,加枕、垂前。

(4)梅花针叩刺

头部取穴：顶颞前斜线、顶颞后斜线、顶中线。

督脉及膀胱经取穴：项背腰骶部督脉、夹脊穴、双侧膀胱经。

2. 灸法

选穴：百会、关元、气海、足三里、神阙、涌泉、曲池。

3. 推拿

(1) 四肢部：上肢从大椎穴至手指方向，揉、擦、捏、拿主要伸肌和屈肌及重要穴位，重点刺激极泉、曲池、手三里、外关、合谷等；下肢从腰部至足趾连拍6次，并按、点、揉重要穴位，如冲门、血海、足三里、三阴交、太冲、解溪等。

(2) 项背部：患者俯卧，沿脊柱两侧，用掌根揉法、擦法由上至下，重点在厥阴俞、膏肓、心俞、肝俞、肾俞等穴位。其后用大鱼际揉法沿督脉从大椎揉至尾骨末端，偏阴虚者自上至下，偏阳虚者自下而上。

4. 音乐疗法 向患者家属了解患者发病前熟悉的亲属声音、喜爱的音乐和歌曲名字，依据个性化的原则做选择。

5. 其他疗法

(1) 鼻吸药氧疗法：辨证选取芳香开窍类中药，经炮制后放于氧气湿化瓶中，通过鼻黏膜吸收。

(2) 中药外治法：①辨证选取药物外洗肢体；②中药封包治疗。

(九) 中西医结合讨论

颅脑损伤因其致伤原因多样、患者年龄和基础疾病等不同，病情复杂、多样、多变且严重。颅脑损伤的治疗包括非手术治疗和手术治疗。所有患者均可采取中西医结合的综合治疗，取长补短，减轻症状，缩短病程，促进痊愈，有利于提高临床疗效。

采用中医药治疗颅脑损伤时，要有整体观念，区分伤情不同阶段和程度，根据不同体质，进行辨证论治。

在颅脑损伤急性期，头皮挫伤导致的肿痛及头痛者，可采用祛瘀止痛；偏瘫失语者，可采用祛瘀通络；无须手术的颅内血肿患者，可采用祛瘀止血；昏迷患者，可采用开窍醒神治疗等。

在颅脑损伤康复期，患者遗留一些比较明显或严重的后遗症，如昏迷、偏瘫、肢体麻木、失语、健忘、头痛头晕等症状时，可采用补气养血、滋阴壮阳治疗，有利于改善体质，促进患者康复；同时给予针灸、艾灸、功能锻炼等舒筋通络治疗，可进一步改善症状。颅脑损伤并发颅内感染、肺部感染、尿路感染等可采用清热解毒或补益扶正祛痰等治疗。

二、头皮损伤

头皮损伤是颅脑损伤中最轻的一种类型，但严重时，可发生失血性休克，或伴有颅骨骨折和脑损伤，因此，在诊疗时，应高度重视。

头皮损伤分为闭合性和开放性头皮损伤。前者分为头皮挫伤和头皮血肿，后者分为头皮擦伤、头皮裂伤和头皮撕脱伤。

(一) 头皮挫伤

1. 诊断 头皮挫伤是指头部遭受钝性打击或碰撞，致使头皮全层受损，但没有破坏头皮的完整性。诊断依据：头皮局部疼痛、肿胀，皮下可见瘀血或血肿，有压痛。

2. 治疗 ①清洁、消毒伤处，保持创面清洁；②注意病情变化；③中医治疗。

(二) 头皮血肿

头皮血肿多由钝性暴力损伤头部所致。诊治时，关键要注意是否合并颅骨骨折和脑损伤。出现头皮血肿时，可立即进行冷敷治疗。头皮血肿较小者，1~2周可自行吸收；头皮血

笔记栏

肿巨大者,可能需要4~6周吸收。为了防止血肿感染,一般不进行穿刺抽吸治疗。头皮血肿分为下列三种:

1. 皮下血肿

(1)诊断:①头皮局部疼痛和肿块。一般血肿体积较小且局限,张力高,出现剧烈疼痛;体检时中心区稍软,周边隆起处较硬,无波动感,易被误诊为凹陷骨折。②影像学检查:无骨折、颅内血肿和脑组织损伤。

(2)治疗:①伤后早期冷敷,可减少出血,减轻疼痛;2~3天后给予热敷,以促进血肿吸收。②注意病情变化。③中医治疗。

2. 帽状腱膜下血肿

(1)诊断:①头皮血肿较大,血肿范围不受颅缝限制,可累及全头部;体检时,触压头皮血肿较软,可有明显波动感。婴幼儿出现巨大帽状腱膜下血肿时,可致贫血,甚至导致失血性休克。②影像学检查同上述。

(2)治疗:分为非手术和手术治疗。

1)非手术治疗:①较小血肿者,宜早期冷敷、加压包扎,2~3天后热敷,促进血肿吸收;②失血性休克者,应及时给予抗休克治疗;③血肿已感染者,应做细菌培养和药物敏感试验,根据药物敏感试验结果选用抗生素治疗;④中医治疗。

2)手术治疗:①较大血肿者,5~7天后仍没有被吸收时,可剃去头发,在严格消毒下进行血肿穿刺,抽出积血,并加压包扎;②血肿已感染者,应行切开引流术。

3. 骨膜下血肿

(1)诊断:①颅骨线形骨折和新生儿头部产伤时常见,其病因是骨膜剥离或颅骨板障出血聚积于颅骨外表面与颅骨外板骨膜之间;②这类血肿不会越过颅缝,原因为骨膜附着于颅缝,其范围较局限;③关键注意有无颅骨骨折和脑损伤。

(2)治疗:①治疗原则与帽状腱膜下血肿基本相同;②合并颅骨骨折时,不应强力加压包扎,防止积血经骨折缝隙渗入颅腔内,形成硬脑膜外血肿;③中医治疗;④密切注意病情变化。

(三) 头皮擦伤

1. 诊断 ①头皮擦伤是指外力作用于头部,产生摩擦,引起头皮表层损伤;②检查可见创面不规整,常伴有少量出血或渗出,多无裂口。

2. 治疗 头皮擦伤治疗比较简单。治疗:①剃去创面周围头发,清洁及消毒创面,可采用包扎或暴露治疗;②预防破伤风及感染;③中医治疗;④注意病情变化,有无合并颅骨骨折和脑损伤。

(四) 头皮裂伤

1. 诊断 ①头皮裂伤是指暴力作用于头部,致使头皮完整性被破坏,出现皮下组织断裂。帽状腱膜层断裂时,出现创口裂开。②头皮裂伤多由锐性或钝性致伤物引起。锐性伤的创口边缘整齐,裂口规整;钝性伤的创口边缘不整齐,或有部分组织缺损。③疼痛和创口出血等,失血性休克少见。④影像学检查:无骨折、颅内出血和脑损伤。⑤实验室检查:如头皮损伤有活动性出血时,血红蛋白和血细胞比容持续下降,提示出血程度严重;白细胞升高时,可能有感染。

2. 治疗 ①剃去创口周围头发,对创面进行清创、止血、缝合和包扎;②预防破伤风;③应用抗生素,预防感染;④中医治疗;⑤注意病情变化,有无颅骨骨折和脑损伤。

(五) 头皮撕脱伤

1. 诊断 ①头皮撕脱伤多为长头发卷入了正在运行的机器中,强烈牵扯,从而导致患者头皮自帽状腱膜下间隙全层撕脱,重者连同部分骨膜被撕脱。长发女性多见。②大量出血时,可致失血性休克。③剧烈疼痛时,可致疼痛性休克。

2. 治疗 由于头皮撕脱伤容易发生休克,所以其治疗原则为首先压迫止血、抗休克治疗,待病情稳定后,及时手术。

(1)非手术治疗:①压迫止血;②积极防治休克:迅速建立有效循环,给予输液,必要时输血,以抗休克治疗;③对症治疗:视病情,可使用强镇痛剂止痛;药物止血;④保护已撕脱的头皮:尽早将已撕脱的头皮放到无菌、无水和低温密封环境中,同时随患者一同送至医院,以备用;⑤预防破伤风,防治感染;⑥中医治疗;⑦积极术前准备。

(2)手术治疗:按患者伤后时间和创面损伤程度等不同,可采用不同的手术方式。常用手术方式:①清创缝合术:适用于头皮撕脱不完全,残留皮蒂较宽或主要血管蒂保留较好,且头皮血运良好者。先剃去头发,进行清创消毒,再原位缝合。②显微外科血管吻合和头皮原位缝合术:适用于头皮已完全撕脱,但完整,无血运;或头皮撕脱,创缘血运较差者,无明显污染,受伤未超过6小时者。同上清创消毒后,采用显微外科技术行血管吻合和头皮原位缝合术。如撕脱的头皮存活,可能长出头发。③皮肤移植术:适用于头皮撕脱伤已错过急诊手术时机,或无法再植者。应先剃除头发,清创消毒,再将撕脱头皮的皮下组织切除,做成中厚或全厚皮片,进行皮肤移植或转移皮瓣。如骨膜损伤较重,颅骨裸露,可做局部筋膜转移后,再进行皮肤移植。④延期手术:适用于患者受伤时间已较长,创面已出现感染,或经以上处理失败者。先应控制感染,创面换药,待新鲜肉芽组织长出,再行邮票状皮片移植术。如骨膜缺损范围较大,颅骨裸露,宜在颅骨外板上间隔适当的距离,进行多处钻孔,深达颅骨板障层,待其肉芽组织从板障长出,并覆盖全部裸露的颅骨时,再在肉芽组织表面进行邮票状皮片移植术或全厚皮片移植术。

三、颅骨骨折

颅骨骨折(fracture of skull)是指颅骨遭受暴力作用导致颅骨连续性中断,即颅骨结构发生改变。颅骨骨折的严重性和重要性除颅骨骨折本身外,更重要的是颅腔内并发的脑损伤。颅骨出现骨折时,表明暴力作用较重,容易合并脑损伤,但并非都会合并严重的脑损伤。没有颅骨骨折时,因力线作用,也可能发生严重的脑损伤。

颅骨骨折的分类:①按颅骨骨折的形态分为线形骨折、凹陷骨折、粉碎骨折和洞形骨折。粉碎骨折是指暴力与头部接触范围广,面积大,作用力大,出现多块碎骨片和多条骨折线。洞形骨折多由火器伤造成。②按颅骨骨折的部位分为颅盖和颅底骨折。③按颅骨骨折是否与外界相通,分为闭合性和开放性颅骨骨折。内开放性颅骨骨折是指颅底骨折处的黏膜同时发生破裂者。开放性颅骨骨折和伤及气窦的颅底骨折容易出现颅内积气、颅内感染和骨髓炎。

(一)线形骨折

1. 诊断 ①线形骨折(linear fracture)发生率最高。②有头部外伤史。③如无颅内损伤,多表现为骨折部位头皮损伤;如合并颅内损伤,临床表现较为严重。④头颅X线及CT检查:颅骨线形骨折呈线状改变,其边缘锐利、清楚。⑤鉴别诊断:应与正常的颅缝、血管沟、板障静脉沟等鉴别。

2. 治疗 ①如为单纯线形骨折,无颅内压增高和脑损伤时,无须特殊治疗;②骨折线伤及硬脑膜血管沟(比如脑膜中动脉)、静脉窦(比如矢状窦和横窦)等,注意硬脑膜外血肿的可能性;骨折线伤及鼻旁窦、岩骨,注意脑脊液漏的可能性;③密切观察有无脑损伤或迟发性颅内出血的可能性;④中医治疗。

(二) 凹陷骨折

凹陷骨折(depressed fracture)多见于颅盖骨折,颅骨全层内陷多见,内板凹陷少见。额骨和顶骨骨折多见。成人凹陷骨折多数为粉碎骨折,婴幼儿则为"乒乓球"样凹陷骨折。

1. 诊断　①骨折局部有明显软组织损伤;②伤处可触及颅骨下陷;③颅骨 X 线检查:可见颅骨骨折,骨折片内陷;④头颅 CT 检查:可见骨折凹陷深度、范围及是否合并脑损伤。必要时行 CT 扫描加三维成像或高分辨率 CT 扫描可查出细小的骨折。

2. 治疗　包括非手术治疗和手术治疗。

(1)非手术治疗

1)适应证:①骨折片下陷深度小于 1cm,且无颅内压增高及脑损伤;②位于大静脉窦处的凹陷骨折,如无神经系统体征或颅内压增高,尽管其骨折片陷入较深,也不必手术取出。

2)治疗措施:①密切注意病情,重点是有无颅内出血;②开放性骨折应预防破伤风;③抗感染;④新生儿凹陷骨折多数运用非手术复位,方法是将胎头吸引器的吸引头放置于新生儿头部骨折部位,行负压吸引,多数新生儿头部骨折可在数分钟内复位。

(2)手术治疗

1)目的:①整复骨折,消除凹陷骨折片对脑组织的压迫作用;②减少骨折移位可能引发的颅内出血;③修补破损的硬脑膜,以减少脑脊液漏和癫痫的发生。

2)治疗措施:①凹陷骨折片压迫脑重要功能区,导致神经功能障碍,如偏瘫、癫痫等,宜行骨折复位或骨折片取出术。②大面积骨折片陷入颅腔或合并脑损伤,出现颅内压增高,CT 检查见脑中线结构移位,有发生脑疝的可能性,应急诊手术,行开颅去骨瓣减压术。③开放性骨折碎骨片,手术时必须取出全部碎骨片,因为碎骨片容易引发感染。如果合并硬脑膜破裂,应同时进行硬脑膜缝合或修补。④位于大静脉窦处的凹陷骨折或大出血已经造成神经系统症状、体征,颅内压增高,宜手术取出骨折片,彻底止血,同时修补破裂的静脉窦。术前、术中都应做好充分准备,及时处理好可能出现的大出血。⑤位于非功能区的小面积凹陷骨折,深度超过 1cm,但无颅内压增高时,应视为相对手术适应证,可择期手术,行骨折复位。

(三) 颅底骨折

颅底骨折(fracture of skull base)多呈线形骨折。其病因为:①颅骨骨折线向颅底延伸所致;②颅底平面附近遭受间接暴力作用所致。颅底骨折按发生部位分为颅前窝、颅中窝和颅后窝骨折。颅底骨折的典型临床表现:皮下或黏膜下的瘀血斑,鼻或/和耳出血,脑脊液鼻漏或/和耳漏、脑神经损伤等。颅底骨折的常见并发症有:脑脊液漏、脑神经损伤和颈内动脉海绵窦瘘等;颅后窝骨折可造成原发性脑干损伤。头颅 X 线检查仅有 30%~50% 的患者能发现骨折线;CT 及 CT 三维重建检查可见骨折部位及有无颅内积气和脑损伤。颅底骨折的诊断主要依据典型的临床表现和影像学检查。

1. 临床表现

(1)颅前窝骨折

1)皮肤或黏膜下瘀血斑:典型表现为"熊猫眼征"。是指颅骨骨折伤及眶顶和筛骨,血液会慢慢渗入眼眶及其周围组织,数小时后,可见广泛的球结膜下瘀血和眶周瘀血斑,呈紫蓝色。

2)鼻出血和脑脊液鼻漏:颅骨骨折伤及眶顶和筛骨,会引起鼻出血。当硬脑膜和骨膜均破裂时,脑脊液经过额窦从鼻孔流出,便引发脑脊液鼻漏。早期多为血性脑脊液,呈淡红色;出血停止后,逐渐转为清亮脑脊液。患者的颅腔与外界相通者,为开放性骨折。

3)脑神经损伤:骨折线经过筛板,可伤及嗅神经,患者嗅觉功能减退或丧失。骨折线经过视神经管,可伤及视神经,患者出现视力障碍。

（2）颅中窝骨折

1）鼻出血或脑脊液鼻漏：颅骨骨折伤及蝶骨，引起鼻出血。脑脊液经过蝶窦，从上鼻道、鼻孔流出，便引发脑脊液鼻漏。

2）脑脊液耳漏：颅骨骨折伤及颞骨岩部时，骨膜、硬脑膜和鼓膜均会发生破裂，脑脊液可经过中耳、破裂的鼓膜及外耳道流出，引发脑脊液耳漏。如果鼓膜尚完整，脑脊液可经过咽鼓管、鼻咽部流出，此时常被误认为脑脊液鼻漏。

3）致命性鼻出血或耳出血：颅骨骨折造成破裂孔或颈内动脉管处破裂，可引发致命性鼻出血或耳出血。

4）颈内动脉海绵窦瘘：颅骨骨折伤及颈动脉海绵窦段，出现颈内动脉海绵窦瘘，患者有持续性突眼和颅内杂音。

5）脑神经及脑垂体损伤：颞骨岩部骨折可造成第Ⅶ、Ⅷ对脑神经（面、听神经）损伤，患者分别表现为口角歪斜和听力障碍。骨折线通过蝶骨和颞骨内侧面，可造成第Ⅱ、Ⅲ、Ⅳ、Ⅴ、Ⅵ对脑神经和脑垂体损伤，有相应的临床表现。

（3）颅后窝骨折

1）皮下瘀血斑：典型表现为 Battle 征。Battle 征是指颅骨骨折线经过颞骨岩部后外侧，在受伤后的数小时到 2 天内，患者乳突部出现皮下瘀血斑。骨折线通过枕骨鳞部和基底部，于受伤后数小时，患者枕下部可出现头皮肿胀和皮下瘀血斑。骨折线伤及斜坡时，咽后壁黏膜下可出现瘀血。

2）脑神经损伤：枕骨大孔或岩骨后部骨折，引起后组脑神经（Ⅸ～Ⅻ）损伤，患者会出现饮水、吞咽呛咳，伸舌偏斜等临床表现。

2. 颅底骨折的诊断与定位　①有头部外伤史。②典型临床表现有瘀血斑、脑脊液漏等，其对诊断颅底骨折具有重要的临床意义。当脑脊液漏不能确定时，应收集流出液，做葡萄糖定量测定。如存在脑脊液漏，则为开放性损伤。③X 线检查：直接征象为骨折线，30%～50% 能显示；间接征象为颅内积气。目前逐渐被 CT 检查取代。④CT 及 CT 三维重建检查：CT 检查为首先检查，尤其是 CT 三维重建检查对确认颅底骨折价值更大，可诊断颅底骨折（包括视神经管、眶内骨折情况等）、脑损伤、颅内出血、颅内积气及鼻旁窦积血等情况。

3. 治疗　颅底骨折多数情况下无须特殊治疗，重点是治疗合并症，如脑脊液漏、脑神经损伤、脑损伤和颅内出血等。

（1）非手术治疗：①仅颅底骨折，没有合并颅内损伤者，无须特殊处理，但需注意病情变化。②取头高位或半卧位。③患者应避免用力咳嗽、打喷嚏和擤鼻涕。④如有耳或鼻出血、脑脊液漏，严禁填塞、严禁冲洗耳或鼻腔，以免造成脑脊液逆流，出现颅内感染。⑤多不做腰穿，以免颅内压降低时，引起液体逆流，出现颅内感染。⑥脑脊液漏者，应注意防治感染和预防破伤风。绝大多数脑脊液漏者于伤后 2 周内可自愈；如 1 个月以上仍未愈合者，应手术修补漏口。⑦颅底骨折少有致命性鼻或耳出血。如发生，多为大出血来不及抢救而导致死亡。其主要原因为颅底骨折导致颈内动脉损伤、颈内动脉海绵窦段动脉瘤破裂和海绵窦损伤，引发致命性大出血。一旦出现，应立即进行抢救。急救措施：一是立即压迫止血，于颈部压迫患侧颈动脉，即触到颈部搏动大血管时，用大拇指将其压向后方的颈椎骨上；二是行颈外动脉造影和栓塞；三是结扎颈外动脉（必要时可在床旁进行）；四是气管插管，清除气道内积血，保持呼吸道通畅和通气；五是快速补充血容量；六是如鼻腔内有出血点，可填塞止血，待病情稳定后进一步检查与处理。

（2）手术治疗：主要治疗颅底骨折引起的合并症：①脑脊液漏：如脑脊液漏超过 1 个月

仍未愈合,应进一步检查,查找漏口。MRI 检查 T_2 加权像有利于发现脑脊液漏的漏口。在抗感染的情况下,行开颅硬脑膜修补,封闭漏口。②视神经损伤:患者受伤后,出现视力下降,如疑为碎骨片或血肿压迫所致,应力争在 24 小时内行视神经探查减压术。

四、脑损伤

脑损伤的严重程度及其治疗效果是决定患者预后的关键因素。脑损伤分为原发性和继发性脑损伤,对两者进行鉴别,具有十分重要的意义(表 18-7)。

表 18-7　鉴别原发性和继发性脑损伤

内容	原发性脑损伤	继发性脑损伤
定义	是指暴力作用于头部时立即发生的脑损伤,即脑震荡和脑挫裂伤等	是指头部受伤一段时间后出现的脑损害,即颅内血肿和脑水肿,并由此压迫造成的脑损伤
病理特点	脑震荡、脑挫裂伤、弥漫性轴索损伤、下丘脑损伤、原发性脑干损伤	颅内血肿、脑水肿和继发性脑干损伤等。颅内血肿主要有硬膜外、硬膜下、脑内血肿,脑室出血和蛛网膜下腔出血。脑水肿继发于脑挫裂伤的病理改变
临床特点	①原发性脑损伤可单独发生,也可伴发继发性脑损伤 ②原发性脑损伤后出现的临床表现是在受伤当时立即出现,并且不再继续加重	①继发性脑损伤可单独发生,也可伴发于原发性脑损伤 ②如继发性脑损伤后出现与原发性脑损伤同样的临床表现,则是在受伤一段时间后出现,主要与病变性质和发展速度有关,会有进行性加重趋势,或伤后当时已出现的临床表现,在伤后呈进行性加重趋势
治疗	主要是保守治疗,一般无须手术治疗	多需要手术治疗。手术方式主要有:患者出现颅内血肿时,宜行开颅血肿清除术;脑水肿严重时,还需要行去骨瓣减压术等
预后	主要与患者伤情轻重密切相关	除伤情外,主要与伤后治疗是否及时、正确和有效密切相关,尤其是单发性脑损伤不严重时

(一)脑震荡

脑震荡(concussion of brain)是一种最轻的脑损伤,是指患者头部受暴力作用后,立即出现的、短暂的、一过性的脑功能障碍。目前,发病机制仍未完全明确。脑震荡所致的意识障碍主要是由于脑干网状结构受损,也可能与惯性力引发弥漫性脑损伤相关,脑震荡可能是一种最轻的弥漫性轴索损伤。病理特点:①肉眼观察无神经病理改变;②显微镜观察有神经组织结构紊乱;③多数患者能迅速和完全恢复。

1. 临床表现

(1)症状:①有头部外伤史;②意识障碍:患者伤后立即发生意识障碍,且持续时间一般小于 30 分钟;③逆行性遗忘:是指患者受伤清醒后,不能回忆受伤当时及伤前一段时间内的情况;④短暂性脑干症状:伤情较重的患者在意识障碍期间,可能有面色苍白、出汗、血压下降、脉搏心跳缓慢、呼吸浅慢、各种生理反射消失和四肢肌张力降低等;⑤其他症状:头痛头晕、恶心呕吐、乏力、畏光、耳鸣、失眠、烦躁等症状。

(2)体征:神经系统检查未发现有阳性体征。

2. 辅助检查

(1)腰椎穿刺:测颅内压正常。脑脊液为无色、清亮、透明。脑脊液实验室检查不含红细胞,白细胞正常。

(2)影像学检查:头颅 CT 或 MRI 检查无异常发现。

(3)脑干听觉诱发电位检查:发现部分脑震荡患者有器质性损害。

3. 诊断与鉴别诊断　结合病史、典型临床表现和影像学检查,即可确诊。注意与脑挫裂伤、颅内血肿等进行鉴别。

4. 治疗

(1)留院观察:最好留院观察和治疗,注意患者有无颅内出血。如果患者不愿留院观察,嘱患者及家属密切注意意识等病情变化;如果有异常,即刻就诊。

(2)卧床静养:一般需要静养 5~7 天。减少外界刺激,保持病房清静。消除其恐惧心理。待症状缓解后,可下床活动。

(3)对症及支持治疗:可适当使用神经营养药物,如胞磷胆碱、维生素和谷维素等。如果患者恶心呕吐、难以进食,给予静脉输液,补充能量。如果患者头痛,在确定没有颅内出血时,给予镇痛剂。如果患者情绪不稳定,适当给予镇静剂。

(4)中医治疗:见本节概述中医治疗部分。

(二)脑挫裂伤

脑挫裂伤是脑挫伤和脑裂伤的合称,其损伤程度明显重于脑震荡,是一种严重的原发性脑器质性损伤。脑挫伤和脑裂伤多同时存在,临床上有时难于区分,故统称为脑挫裂伤。脑挫伤是指脑组织的损伤较轻,软脑膜尚完整。脑裂伤是指脑组织、软脑膜和血管同时发生破裂。脑挫裂伤的病理变化为大脑皮质损伤,重者伤及脑白质;可单发、多发,常见于额极、颞极及其底面。脑挫裂伤轻者局部脑皮质呈点片状出血、紫红色片状出血。重者损伤范围广泛,软脑膜撕裂,脑皮质及其深部的脑白质出现广泛挫碎、破裂和坏死,局部出血而形成脑内血肿、脑水肿。镜下可见脑组织出血,皮质结构不清或消失,组织细胞出现肿胀、变性和坏死,毛细血管充血,细胞外间隙水肿。脑挫裂伤常伴有脑水肿和弥漫性脑肿胀。脑挫裂伤的继发性改变主要为脑水肿和血肿。此类患者伤情严重时,如果处理不及时,病死率和致残率都很高。

1. 临床表现

(1)症状:①有头部外伤史。②意识障碍:患者受伤后立即出现意识障碍,且昏迷时间一般超过 30 分钟。患者昏迷的程度和持续时间与脑挫裂伤的程度、范围相关。伤情轻者表现为嗜睡或意识朦胧,持续数分钟至数小时;重者表现为昏迷状态,持续数日、数周或者更长时间,甚至迁延性昏迷。但少数脑挫裂伤的范围局限时,可不出现意识障碍,其原因为惯性力没有造成弥漫性脑损伤。③颅内压增高与脑疝:颅内血肿和继发性脑水肿是引发颅内压增高与脑疝的原因。主要表现为头痛、恶心呕吐,还有血压升高、心率减慢、瞳孔不等大和锥体束征等。④精神异常:患者在从昏迷到清醒的过程中,可能有意识模糊、定向障碍、精神兴奋、幻觉和错觉等精神症状。

(2)体征:①生命体征:脑挫裂伤较轻时,患者多无生命体征异常。较重时,患者可出现体温、脉搏、呼吸、血压的变化,如体温中枢调节失控,体温可高达 40℃。严重时,血压升高,脉搏、心跳变慢,呼吸深快,甚至出现病理呼吸。②瞳孔:伤情较轻时,一般不会出现瞳孔变化。广泛脑挫裂伤则伤后会出现双侧瞳孔立即散大,对光反射消失;患者处于深度昏迷状态,四肢强直或四肢肌张力消失;生命体征也会发生明显变化。脑挫裂伤合并较重的蛛网膜下腔出血(subarachnoid hemorrhage,SAH),或者双侧动眼神经受到刺激者,表现为剧烈头痛和发热,颈项强直,脑膜刺激征呈阳性,双侧瞳孔对称性缩小。脑挫裂伤合并原发性动眼神经损伤者,患者可能无明显意识及肢体功能障碍,但受伤后会立即出现一侧瞳孔散大,对光反射迟钝或消失。单侧颞叶钩回疝,即小脑幕裂孔疝,患者出现意识障碍且呈进行性加重,一侧瞳孔散大,对光反射迟钝或消失,对侧肢体偏瘫。脑挫裂伤引发广泛性脑水肿,造成颅内压明显增高,双侧小脑幕裂孔疝形成时,患者深度昏迷,双侧瞳孔散大,对光反射迟钝或消失,病情极其危重。脑干损伤患者瞳孔缩小,有如针尖样大小。③神经系统体征:为患者受伤当时立即出现的与伤灶相一致的神经功能障碍或神经系统体征。局灶性体征表现为偏瘫、偏侧感觉障碍、同侧偏盲、局灶性癫痫和失语等。伤及语言中枢可有失语。伤及运动区可有锥体束征、肢体抽搐或偏瘫。伤及脑"哑区"可无局灶症状和体征。④脑膜刺激症状：患者剧烈头痛、颈项强直、克尼格征阳性等,主要病因为外伤性蛛网膜下腔出血,红细胞破坏后形成胆色素,导致化学性刺激所引起。

2. 辅助检查

(1)实验室检查：①血常规：观察应激状态、感染及贫血等；②血气分析：观察有无酸碱平衡紊乱、缺氧和二氧化碳滞留；③脑脊液检查：脑脊液呈血性,有红细胞。

(2)影像学检查：①CT 检查：首选检查方法。脑挫裂伤的典型 CT 表现为受伤局部脑组织内见高低密度混杂影；出血灶为斑点状、片状的高密度影；脑水肿为出血灶周围不规则、片状的低密度影。病灶范围广泛,则会有明显占位效应,中线结构向健侧移位,患侧侧脑室缩小。受伤几天后,脑出血灶开始吸收,低密度影逐渐替代高密度影；也可仅为低密度影,是局部或大面积脑肿胀、水肿的表现。有颅骨骨折时,CT 检查可发现。②X 线检查：已被 CT 检查所取代。③MRI 检查：早期 MRI 检查 T_1 加权像为低信号、T_2 加权像为高信号,为脑组织出血、水肿和液化所致。后期 MRI 在损伤区 T_1 和 T_2 加权像为高低混杂信号。

(3)腰椎穿刺：腰椎穿刺可测量颅内压,即脑脊液压力；也可取脑脊液检查。脑脊液压力升高,表明颅内压增高,应注意有无颅内血肿和脑水肿。血性脑脊液提示有蛛网膜下腔出血。有明显颅内压增高时,腰椎穿刺可能诱发脑疝,应慎重。

3. 诊断与鉴别诊断　结合病史、临床表现和辅助检查即可确诊。需要与颅内血肿、脑干损伤等进行鉴别。

4. 治疗　原发性脑挫裂伤一般无须外科手术治疗；但当继发性损伤造成颅内压增高,甚至出现脑疝时,应及时外科手术治疗。

(1)非手术治疗

1)适应证：①原发性脑挫裂伤,特别是脑挫裂伤较轻者；②虽有脑挫裂伤,但无神经损伤表现,且高颅内压能被药物有效控制；③脑挫裂伤引起继发性颅内血肿、脑水肿,但颅内压增高不明显；④CT 检查无明显占位。

2)治疗措施：①体位与头位：见上述。②保持呼吸道通畅：所有昏迷患者,都应保持其呼吸道通畅；必要时,可行气管插管或气管切开。当呼吸道分泌物较多,呼吸困难,影响气体交换时,应行气管切开术。如果患者有呼吸困难,立即行气管插管。患者不能在短期内(如3~5 天)清醒,尽早行气管切开术,清除呼吸道内分泌物,以减少气道阻力和无效死腔,对氧气交换有利,纠正低氧血症。适时应用氧疗和呼吸机辅助治疗,防治呼吸道感染。③观察病情：密切观察脑挫裂伤的变化,如生命体征、意识、瞳孔和肢体活动等。如果可疑颅内血肿,应及时复查脑部 CT。④对于较轻的脑挫裂伤,应卧床休息 1~2 周；给予相应的支持与对症治疗,参见"脑震荡"部分。对于较重的脑挫裂伤,要防治脑水肿,保持呼吸道通畅,给予吸氧、脱水、激素等治疗。补液要遵循"量出为入"的原则；保持内环境的稳定,如水、电解质和酸碱平衡等。伤后早期有中枢性高热、去大脑强直或癫痫持续状态或躁动患者,可行冬眠降温及 / 或巴比妥疗法；给予营养支持、脑保护、促苏醒和功能康复治疗。⑤合并多发伤与休克：应警惕脑挫裂伤患者有无多发伤与休克。如发现情况,要迅速查明病因,特别要注意胸腹腔内脏器、血管损伤和四肢、脊柱、骨盆骨折等；立即采取有效措施进行救治,如肝、脾脏破裂时,在积极抗休克的同时,要做好急诊手术的准备等。⑥中医治疗。

(2)手术治疗

1)腰椎穿刺术：每天或隔天做腰椎穿刺,放出适量的血性脑脊液。腰椎穿刺的目的：

①能减轻蛛网膜下腔出血所导致的剧烈头痛症状;②能预防或减少外伤性脑积水的发生。颅内压增高,特别是严重脑挫裂伤继发脑水肿高峰期,腰椎穿刺可能诱发脑疝,应慎重或禁止做腰椎穿刺。

2)手术适应证及方式:①脑挫裂伤,合并颅内血肿大于 30ml、CT 检查示占位效应、非手术治疗效果不理想,或颅内压超过 4.0kPa(30mmHg)者,宜及时开颅手术,清除颅内血肿。②脑挫裂伤严重,破碎脑组织和脑水肿导致颅内压进行性增高,经过积极降颅内压治疗无效者,或颅内压高达 5.33kPa(40mmHg)时,宜开颅手术,行内、外减压术,包括清除破碎脑组织等,同时放置脑基底池或脑室外引流。③脑挫裂伤后期并发脑积水,宜行脑室引流手术。④重度脑挫裂伤、脑水肿者,急诊开颅手术,行去大骨瓣减压术,清除破碎脑组织。此类患者的手术适应证:a. 出现脑疝,意识障碍呈进行性加重,或一侧瞳孔散大;b. GCS 6~8 分,额叶、颞叶脑挫裂伤,体积超过 20ml,中线移位 ≥5mm,伴或不伴脑基底池受压;c. CT 检查见脑室明显受压,脑中线结构明显移位,或任何占位超过 50mL;d. 经过药物治疗,颅内压监测 ≥25mmHg,脑灌注压(cerebral perfusion pressure,CPP)监测 ≤65mmHg;e. 经过脱水等降颅内压治疗,没有控制高颅内压,病情继续恶化。⑤手术患者好转后又恶化,甚至出现脑疝;或其他部位出现颅内血肿,需再次手术。

(三)弥漫性轴索损伤

1. 病因与病理　①弥漫性轴索损伤产生的机制是患者头部受到旋转外力的作用,造成脑扭曲变形,脑内产生牵拉或剪切作用,造成脑白质广泛性轴索损伤,即以颅中央区脑内神经轴索发生肿胀断裂为特征的损伤。②弥漫性轴索损伤的病灶主要分布于灰白质交界处、内囊、基底节、胼胝体、小脑或脑干等神经轴索聚集区。③弥漫性轴索损伤一般不伴明显脑挫裂伤及颅内血肿。④肉眼观察,损伤部位脑组织间裂隙及血管撕裂性出血灶。显微镜下,发现轴缩球,是其特征性病理变化。轴缩球是轴索断裂后,近端轴浆溢出膨大的结构改变。⑤按病理改变,弥漫性轴索损伤分为三级:Ⅰ级,显微镜下见轴缩球,其分布在以胼胝体旁白质区为主的轴索聚集区;Ⅱ级,除Ⅰ级特征外,肉眼见胼胝体撕裂性出血灶;Ⅲ级,除Ⅱ级特征外,脑干上端背外侧组织撕裂性出血灶。

2. 临床表现　①有头部外伤史。②意识障碍:弥漫性轴索损伤的典型临床表现为损伤后立即出现的长时间的严重意识障碍。损伤级别越高,意识障碍越重,预后越差,严重患者数小时内死亡,存活者可能长期昏迷。无伤后清醒期;但轻型损伤时,可见中间清醒期,甚至可言语。昏迷原因是广泛性轴索损伤,使皮质与皮质下中枢失去联系。③瞳孔改变:损伤及脑干,患者一侧或双侧瞳孔散大,对光反射消失。广泛损伤时,患者双眼向下凝视、双侧眼球分离或同向偏斜,非特征性改变。④弥漫性轴索损伤最轻者为脑震荡,最重者为原发性脑干损伤。

3. 辅助检查　CT 或 MRI 检查的诊断依据为颅内中线区脑组织撕裂性出血灶,一般不伴周围组织水肿和其他损害。MRI 优于 CT。①CT 检查:可见大脑皮质与髓质交界处、胼胝体、内囊区域、基底节、第三脑室周围、脑干、脑白质等部位的多个点状或小片出血灶,呈高密度影。②MRI 检查:有助于提高诊断的阳性率,MRI 检查比 CT 检查更容易发现无出血的组织撕裂和微小出血灶。急性期,脑组织撕裂性出血灶在 T_1 加权像为低信号,T_2 加权像为高信号。3.0MRI 高分辨率磁敏感加权成像(susceptibility weighted imaging,SWI)更能提高对颅内微小损伤的灵敏度和诊断率。

4. 诊断与鉴别诊断　结合病史、临床表现和辅助检查即可确诊。诊断标准:①伤后持续昏迷超过 6 小时;②颅内压正常,但患者病情严重;③脑结构无明确异常,但伤后患者持续植物状态;④CT 检查发现脑组织撕裂性出血灶,或者正常;⑤损伤后期,出现弥漫性脑萎缩;⑥尸体病检,有脑组织特征性病理变化。需要与颅内血肿、脑挫裂伤、脑干损伤等进行鉴别。

5. 治疗 与脑挫裂伤基本相同,但病死率和致残率均很高。

(四)原发性脑干损伤

脑干损伤分为原发性脑干损伤和继发性脑干损伤。原发性脑干损伤的临床表现在患者受伤当时就会立即出现,且不伴有颅内压增高,这有别于脑疝造成的继发性脑干损伤。

1. 病因与病理 脑干损伤为暴力作用于患者头部所致,引起脑干神经组织结构紊乱、轴索裂断、脑干挫伤,出现软化。

2. 临床表现 ①有头部外伤史。②意识障碍:伤后立即出现的昏迷,患者昏迷程度较深,持续时间较长。暴力作用于患者头部脑干网状结构,导致其受损,上行激活系统功能出现障碍,引起昏迷。③瞳孔改变:患者瞳孔多变,如双侧瞳孔不等大、极度缩小、瞳孔大小多变、对光反射无常。同向凝视,或眼球位置不正。④神经系统体征:患者呈去大脑强直,病理反射阳性,肌张力增高,中枢性瘫痪等。⑤生命体征变化:伤及延髓,可导致患者呼吸、循环功能的严重紊乱。

3. 辅助检查 MRI检查有利于进一步确诊。

4. 诊断与鉴别诊断 结合病史、临床表现和辅助检查即可确诊。需要与颅内血肿、脑挫裂伤、继发性脑干损伤等进行鉴别。

5. 治疗 与脑挫裂伤的治疗基本相同。

(五)下丘脑损伤

下丘脑损伤多数与弥散性脑损伤同时存在。

1. 临床表现 ①有头部外伤史;②患者伤后早期即出现意识障碍或睡眠障碍;③体温异常,表现为高热或低温;④患者出现尿崩症、水电解质紊乱;⑤可发生消化道出血或穿孔;⑥急性肺水肿。

2. 辅助检查 CT及MRI检查可明确诊断。

3. 诊断与鉴别诊断 结合病史、临床表现和辅助检查即可确诊。需要与颅内血肿、脑挫裂伤等进行鉴别。

4. 治疗 与脑挫裂伤的治疗基本相同。①密切注意患者24小时出入量;②观察病情变化;③控制患者的体温;④治疗尿崩症,保持水与电解质平衡;⑤积极防治急性肺水肿;⑥积极防治消化道应激性溃疡;⑦中医治疗。

五、颅内血肿

颅内血肿是指暴力作用于头部造成颅脑损伤而致颅腔内出血,并积聚于颅腔内的某部位。当颅内出血达到一定量时,压迫脑组织,造成颅内压增高等症状。

(一)分类

1. 按血肿位于颅腔内的部位分类 ①硬脑膜外血肿;②硬脑膜下血肿;③脑内血肿;④脑室内出血。

2. 按血肿出现症状的时间分类 ①急性血肿:是指患者受伤后3日内出现症状;②亚急性血肿:是指患者受伤后3日到3周之间出现症状;③慢性血肿:是指患者受伤后3周以上出现症状。

(二)病因与病理

1. 西医病因与病理 患者头部遭受暴力作用时,可导致不同类型的颅内血肿。分为三种类型:①静止状态下遭受暴力作用,颅内血肿多发生在受力部位。②运动状态下遭受暴力作用,颅内血肿可出现在受力部位和对冲部位。受力部位常伴有颅骨骨折,多为硬脑膜外血肿;对冲部位无颅骨骨折,多为硬脑膜下血肿和脑内血肿。③额部遭受暴力作用时,不论头部处于运动还是静止状态,颅内血肿多发生在受力部位,很少发生在对冲部位。

颅内血肿引起的病理改变有:①脑血流循环障碍:颅内血肿压迫局部脑组织,导致脑功能障碍、局部脑水肿,增加颅内压力,影响静脉血回流,导致脑血液淤滞和脑缺氧,血管通透性增加,引起弥漫性脑水肿,进一步增加颅内压力、加重脑缺氧;②脑脊液循环障碍:颅内血肿导致颅内压升高和静脉压升高,影响脑脊液的产生和吸收,脑水肿导致脑脊液流通受阻,形成脑积水,进一步增加颅内压;③颅内压增高导致脑疝形成:颅内血肿、脑水肿和脑积水对脑组织产生压力,导致颅内压增高,形成脑疝,压迫脑干,引起缺血性改变甚至软化,导致脑干功能衰竭和死亡。脑疝形成是颅内血肿最严重的后果,需要迅速进行脱水和手术开颅,清除血肿、减压,降低颅内压,解除脑干压迫,才有可能逆转上述病理生理改变。反之,脑疝形成会导致恶性循环,最终导致脑干功能衰竭和死亡。

2. 临床表现 ①有头部外伤史。②意识障碍:一是严重的患者伤后持续昏迷,意识障碍进行性加重;二是患者伤后出现昏迷后清醒或意识好转,再次昏迷;三是患者伤后神志清楚,再进入昏迷。出现上述症状,有颅内血肿存在的可能性。③伤后,患者表现为动眼神经麻痹,一侧瞳孔散大、上睑下垂、眼球运动障碍等,可能存在颅内血肿。④生命体征改变,出现库欣反应,患者表现为"两慢一高",即脉搏慢、呼吸慢和血压升高。⑤颅内压增高,表现为剧烈头痛、频繁呕吐。⑥伤后患者可出现肢体偏瘫,可为轻偏瘫,或原有轻瘫加重。

3. 各种类型的颅内血肿

(1)硬脑膜外血肿:硬脑膜外血肿是指颅内出血聚集于颅骨与硬脑膜之间的硬脑膜外腔。硬脑膜外血肿最多见于颞部、额部或顶部;以急性硬脑膜外血肿最多,亚急性次之,慢性少见。单个血肿多见,多个血肿少见。所有年龄均可发病,但小儿少见。其发病率仅次于硬脑膜下血肿。

1)硬脑膜外血肿的出血机制:出血原因为颅骨骨折或颅骨短暂变形,伤及硬脑膜动脉、静脉窦及板障静脉出血。①损伤脑膜中动脉出血:最常见原因。脑膜中动脉从棘孔(颅中窝底)进入颅内,位于脑膜中动脉沟内,在翼点分为前支和后支。翼点部位的骨管内有脑膜中动脉通过,当此处骨管发生骨折时,比骨沟骨折更容易损伤脑膜中动脉主干,从而形成颞部的巨大硬脑膜外血肿。骨折伤及脑膜中动脉前支,可有额部或额顶部的硬脑膜外血肿形成,相对多见。骨折伤及脑膜中动脉后支,可有硬脑膜外血肿形成,相对少见。②损伤板障静脉出血:凹陷骨折损伤板障静脉出血,引起硬脑膜外血肿,血肿比较局限。③损伤矢状窦或横窦出血:骨折损伤矢状窦而出血,引起矢状窦旁血肿,或跨矢状窦血肿即骑跨型血肿。枕部暴力造成线形骨折,累及横窦而致颅后窝的硬脑膜外血肿,即骑跨型血肿。

2)临床表现:①头部外伤史:头皮软组织出现肿胀,多有颅骨骨折,骨折部位与硬脑膜外血肿部位相同;②意识障碍:典型者常有中间清醒期(表18-8);③颅内压增高与脑疝:多有头痛、恶心、呕吐等症状,为硬脑膜外血肿造成颅内压增高所致,如病情恶化,可出现脑疝。小脑幕裂孔疝早期,会刺激动眼神经,患侧瞳孔出现缩小,因出现时间短暂,故经常不被察觉。随着病情加重,压迫动眼神经,患侧瞳孔出现散大,对光反射迟钝或消失。病情再次加重,严重压迫脑干,损伤中脑动眼神经核,患者双侧瞳孔散大。④神经系统体征:有轻偏瘫、中枢性面瘫、运动性失语等症状,为运动区和其邻近部位的血肿所导致。矢状窦旁血肿可引起下肢单瘫。颅后窝硬脑膜外血肿可引起眼球震颤和共济失调。

表 18-8 硬脑膜外血肿引起的意识变化特征

意识障碍及变化特征	原发性脑损伤造成早期昏迷	中间清醒期	继发性脑损伤造成后期昏迷
昏迷→清醒→昏迷（最典型）	多为脑震荡或轻度脑挫裂伤等造成，患者伤后立即昏迷，时间短	清醒	硬脑膜外血肿形成慢，脑疝出现晚，造成再次昏迷
昏迷→昏迷→昏迷（最严重）	较重，伤后立即昏迷，持续时间较长	见不到	硬脑膜外血肿形成急、快，造成昏迷
清醒→清醒→昏迷	无原发性脑损伤或脑挫裂伤很局限，未造成昏迷	清醒	硬脑膜外血肿形成，造成昏迷
清醒→清醒→清醒（最轻）	无原发性脑损伤或脑挫裂伤很局限，未造成昏迷	清醒	硬脑膜外血肿很小，形成速度慢，未造成昏迷

3）辅助检查：①头颅 CT 及 CT 三维重建检查：首选检查项目。硬脑膜外血肿的 CT 特征为颅骨内板与硬脑膜之间呈双凸镜形或梭形、厚薄不一、边界清楚的高密度影。较大血肿会造成脑室受压变形，脑中线结构移位。其出血量采用多田公式计算，对临床有指导意义。颅骨骨折者，CT 骨窗像多能显示，但有少数不能显示骨折。②头颅 MRI 检查：损伤早期不主张 MRI 检查；但亚急性和慢性期 MRI 优于 CT。MRI 硬脑膜外血肿的形态与 CT 检查相同。急性硬脑膜外血肿的 MRI 血肿信号，T_1 加权像与脑实质信号相同（但硬脑膜外血肿的内缘则为低信号，此为硬脑膜所致）；T_2 加权像为低信号。亚急性和慢性硬脑膜外血肿 T_1 和 T_2 加权像都为高信号。

4）诊断与鉴别诊断：结合病史、临床表现和辅助检查即可确诊。需要与颅内其他类型血肿、脑挫裂伤等进行鉴别。

5）治疗

治疗原则：一经确诊急性硬脑膜外血肿，且具有手术指征时，争取在脑疝形成之前行开颅手术，清除血肿，彻底止血，控制高颅内压，防止形成脑疝。

治疗分为非手术治疗和手术治疗。

非手术治疗指征：①伤后无意识障碍，或意识障碍无进行性恶化，GCS 评分>8 分。②颅内压不增高。③无脑局灶性损害症状。④神经系统体征阴性，或阳性体征未出现进行性恶化。⑤CT 检查硬脑膜外血肿的出血量幕上<30ml，颞区<20ml，幕下<10ml；硬脑膜外血肿的最大厚度<15mm；脑中线结构移位<5mm；环池与侧裂池>4mm。

非手术治疗措施：①密切注意病情变化，如意识、瞳孔和生命体征改变；②止血；③对症治疗，必要时脱水等；④复查头颅 CT，若病情出现恶化，硬脑膜外血肿出现增大时，应立即手术治疗。

手术指征：①意识障碍或昏迷，呈进行性恶化；②颅内压增高明显；③急性硬脑膜外血肿的出血量>30ml，不考虑 GCS 评分多少；④CT 检查发现急性硬脑膜外血肿，出血量幕上>30ml，颞区>20ml，幕下>10ml；⑤CT 检查见硬脑膜外血肿明显压迫脑组织；⑥非手术治疗无效，病情恶化者。

手术治疗：①骨瓣或骨窗开颅手术，清除血肿，彻底止血。当颅内压不高时，可保留骨瓣，否则应去除骨瓣。②颅内压明显增高，形成脑疝，或脑损伤血肿压迫时间较长时，应行去骨瓣减压＋硬脑膜外血肿清除术，必要时去大骨瓣减压。③部分亚急性或慢性硬脑膜外血肿，尤其已经液化者，可行钻孔外引流术。④极少数特别危急者，如果来不及行 CT 检查，需立即直接钻孔探查。发现血肿后，将骨窗扩大，去除大骨瓣减压，清除血肿，彻底止血。目前已很少应用。

(2)硬脑膜下血肿:硬脑膜下血肿是指出血聚集于硬脑膜与蛛网膜之间的硬脑膜下腔。硬脑膜下血肿是最为常见的颅内血肿,占40%~50%。此类患者多伴有严重的脑挫裂伤,其临床表现与脑挫裂伤很相似。硬脑膜下血肿合并脑挫裂伤,颅内压增高更为明显,脑疝更易形成,患者常死亡于呼吸、循环功能衰竭。按硬脑膜下血肿出现时间,分为急性、亚急性和慢性硬脑膜下血肿。最常见者为急性硬脑膜下血肿,慢性次之,亚急性少见。

1)急性硬脑膜下血肿

病因与病理:①冲击伤造成颅骨骨折,引起脑挫裂伤,脑皮质血管发生破裂出血;②对冲伤造成对冲部位脑皮质血管损伤,发生破裂出血;③脑内血肿逐渐增大并突破脑皮质,聚于硬脑膜下腔而形成血肿;④损伤桥静脉,发生破裂出血。按头部暴力作用的部位不同,硬脑膜下血肿可分布在冲击部位和对冲部位;受力不大时,仅有一个部位出现硬脑膜下血肿。

诊断:①有头部外伤史。②意识障碍:头部受伤严重时,患者伤后立即出现昏迷,并进行性加重;可有很短的中间清醒期,或不出现。③颅内压增高与脑疝:患者较早出现剧烈头痛、恶心、呕吐等颅内压增高症状。可因病情加重而形成脑疝。如一侧瞳孔出现散大并固定,对光反射消失,则为小脑幕裂孔疝。④神经系统体征:多为脑挫裂伤和血肿压迫所致,如偏瘫、失语等。⑤头颅CT检查:首选检查项目。可见颅骨内板下有新月形高密度影。如与硬脑膜外血肿相比较,硬脑膜下血肿的范围较广、血肿较薄、难以局限。当合并广泛脑挫裂伤和脑水肿时,脑中线结构移位明显,脑室明显受压或消失等占位效应,要比硬脑膜外血肿更加明显。颅骨骨折的发生率低于硬脑膜外血肿。⑥头颅MRI检查:不是首选检查项目。血肿形态与CT检查相同。急性血肿T_1加权像信号与脑实质信号相同,血肿与脑组织的界限难以分清;病灶区T_2加权像信号略低,中心区更低。

2)亚急性硬脑膜下血肿:与急性硬脑膜下血肿的临床表现基本相同。但亚急性硬脑膜下血肿的临床表现相对较轻,进展速度较慢。头颅CT、MRI检查有别于急性期,亚急性期CT呈等密度,MRI T_1和T_2加权像信号呈高信号。因此,此期MRI检查比CT检查更好。

3)慢性硬脑膜下血肿:约占颅内血肿的10%,约占全部硬脑膜下血肿的25%。

病因与病理:慢性硬脑膜下血肿的发病机制和出血来源至今未明确,或许是颅脑损伤之外的相对独立的疾病。可能病因:①老年人出现脑萎缩,使颅腔内容积相对增大,当患者受到惯性力或轻微外力的作用时,引起脑组织在颅腔内的相对移动,可造成桥静脉撕裂出血而出现硬脑膜下血肿;②硬脑膜下血肿的血液会引发硬脑膜内层发生炎症反应,慢慢形成包膜,其产生的组织活化剂进入血肿腔,使局部纤维蛋白溶解过多,纤维蛋白降解产物增多,后者具有抗凝作用,包膜新生毛细血管不断出血,血浆渗出而形成硬脑膜下血肿;③也有无外伤患者,其出血原因可能是与硬脑膜出血性疾病、硬脑膜血管性疾病、抗凝药物的应用、维生素缺乏、营养不良等有关;④硬脑膜下血肿缓慢出血增多,2~3周后压迫脑组织,颅内压会增高而致临床症状。其临床表现与血肿的大小不成比例,与出血速度有关。

临床表现:①50岁以上人群多见。病程多为1个月左右,有的可长达数月。②头部可有轻微受伤史,但多数患者难以回忆其外伤史;部分患者有精神疾病、痴呆及记忆力理解力下降,难以回忆病史。③慢性颅内压增高症状:头痛头晕、恶心呕吐和视盘水肿等症状。④局灶性损害症状:轻偏瘫、失语和癫痫等。⑤脑供血不足或脑萎缩症状:智力障碍、记忆力差和精神异常等。⑥类似脑积水症状:儿童患者常有嗜睡、头颅增大、囟门隆起、抽搐等类似脑积水的临床表现。

辅助检查:①CT检查:在颅骨内板下可见新月形或半月形或双凸镜影。低密度影多见,高密度、等密度和混杂密度影少见。血肿早期为高、低混合密度影;高密度影为新鲜出血所致,呈点状或片状。血肿中期为双凸镜形低密度影。血肿后期为新月形低密度影。慢性硬脑膜下血肿CT检查为等密度影,易漏诊误诊;出现脑中线结构移位,一侧侧脑室受压变形,较易诊断。②MRI平扫+MRA检查:作为首选检查项目。亚急性与早期慢性硬脑膜下血肿信号相似;血肿后期T_1加权像的信号比亚急性低,但比脑脊液信号强;血肿T_2加权像为高信号。

(3)脑内血肿:脑内血肿是指血肿聚集于脑实质内,如额叶、颞叶、顶叶或枕叶血肿等。脑内血肿可以发生于单个脑叶,或两个以上脑叶。脑内血肿可单独发生,也可伴发硬脑膜下血肿或/和硬脑膜外血肿。

1)病因与病理:脑内血肿分为浅部血肿和深部血肿。病因:①浅部血肿由脑挫裂伤灶的脑皮质血管破裂所致,脑内血肿多位于额极、颞极及其底面,与硬脑膜下血肿相伴;少数位于凹陷骨折处。②深部血肿位于脑白质的深部,由脑深部破裂所致,脑表面可有脑挫伤,多见于老年人。

2)临床表现:脑内血肿伴发脑挫裂伤、硬脑膜下血肿时,病情较重。①意识障碍:重者呈持续性昏迷,无中间清醒期。凹陷骨折造成的脑损伤相对较轻,可有中间清醒期。②颅内压增高:脑内血肿小者少有颅内压增高;大者,或脑内血肿伴有脑挫裂伤、硬脑膜下血肿时,出现明显颅内压增高,病情发展快,易致脑疝形成。③神经系统症状与体征:不同部位的脑内血肿引起的神经系统症状与体征不同。额叶血肿者有对侧肢体偏瘫、失语、癫痫发作、精神症状等。颞叶血肿者有感觉性失语、命名性失语、颞叶癫痫、耳鸣或耳聋、记忆障碍等。顶叶血肿者有皮质感觉障碍、失读症、失用症、形象障碍、计算障碍等。枕叶血肿者有视野缺损、视物变形、幻视等。

3)辅助检查:头颅CT检查:脑实质部位的脑挫裂伤灶附近或脑深部白质可见圆形或不规则密度增高影,即脑内血肿,其周围可见水肿带;如果病灶范围较大,脑中线结构发生明显移位,则有侧脑室明显受压等占位效应。

(4)脑室内出血:脑室内出血是指暴力造成的一种严重颅脑损伤,引发脑室内的血液积聚。其发病率较低,预后差,病死率高。单纯由损伤引起的脑室内出血很少见,大多数与广泛的脑挫裂伤和不同类型的颅内血肿伴发。

1)病因与病理:①颅脑损伤时,脑室瞬间扩张而致其内负压形成,引发室管膜下静脉破裂出血或脉络丛出血;②脑室壁裂伤引起出血;③由脑内血肿破入脑室而形成;④脑脊液的稀释作用导致脑室内出血一般不会凝固,但脑室内大出血时,也会有血肿形成;⑤脑室内出血聚集于单侧或双侧侧脑室较多,也可聚集于第三或第四脑室,聚集于全脑室系统则很少见。

2)临床表现:①有头部外伤史;②意识障碍:病情重者,伤后出现持续昏迷,呈进行性恶化;③颅内压增高引起剧烈头痛、恶心、频繁呕吐;④瞳孔改变:脑干损伤者,瞳孔不规则、散大或固定,呈去大脑强直,并发生呼吸、循环功能衰竭等;⑤脑膜刺激征:颈部抵抗、克尼格征阳性等;⑥急性梗阻性脑积水:为脑室内出血堵塞脑脊液循环通路所致,加重颅内压增高;⑦神经系统体征:伴脑损伤者,可有偏瘫、锥体束征等;⑧中枢性高热:体温常持续超过39℃,多为血性脑脊液吸收出现的吸收热,或血液刺激,或体温调节中枢被血肿压迫所致。

3)辅助检查:①腰椎穿刺:大量血性脑脊液及血凝块被抽出。检验可见脑脊液中有大量红细胞。②CT检查:脑室内可见血凝块形成的高密度影,或血性脑脊液形成的中等密度影,位于单侧或左右侧脑室,或全脑室系统。脑室扩大多见脑积水。还可发现颅内的其他伤情。③必要时行脑血管检查,如MRA、CTA和DSA等,排除脑血管疾病。

(5)迟发性外伤性颅内血肿:颅脑损伤后,首次颅脑CT检查未发现有血肿,以后,复查颅脑CT时却发现有血肿;或者原先存在血肿的部位出现了新的血肿,称为迟发性外伤性颅内血肿。血肿可发生于颅内的任何部位。血肿出现的时间可长可短,从伤后数小时、数日到伤后数周甚至数月。

1)病因与病理:①颅脑损伤当时虽有血管损伤,但并未全层破裂,亦无出血,CT 检查阴性;②损伤后出现脑血管痉挛,导致局部二氧化碳蓄积,以及在酶的副产物释放等因素作用下,引起已经损伤的血管壁发生破裂出血而形成迟发性血肿,此时 CT 检查可显示血肿。

2)临床表现:①有头部外伤史;②伤后患者头痛,频繁呕吐,烦躁不安和意识障碍;③局限性癫痫发作;④神经系统体征,如偏瘫、失语、瞳孔散大等;⑤在诊断治疗过程中,患者意识障碍无好转,或好转又恶化;⑥凝血功能异常或服用抗凝药物者,更易出现迟发性颅内血肿;⑦患者较长时间为低意识状态,或术后减压窗的张力较高,或颅内压监测发现患者颅内压持续性增高或平稳后又突然增高,可能是迟发性颅内血肿。

3)辅助检查:①CT 检查:外伤早期 CT 检查可作为首选检查,动态 CT 检查更易发现迟发性颅内血肿,尤其是脑损伤轻微、少量出血及蛛网膜下腔出血、单纯颅骨骨折等,应提高警惕;②MRI 检查:外伤后期 MRI 检查更能清楚显示出血病灶,明确诊断,明显优于 CT 检查。

六、开放性颅脑损伤

开放性颅脑损伤与闭合性颅脑损伤的损伤原因和机制有所不同,两者的诊断和治疗亦不同。需要注意的是头皮裂伤和颅脑非穿透伤,并未导致脑组织与外界相通,不属于开放性颅脑损伤范畴,但属于开放性头皮损伤范畴。头皮裂伤和颅骨骨折同时存在时,属于开放性颅骨骨折范畴。

(一) 非火器性颅脑损伤

1. 病因和损伤机制

(1)致伤物:非火器性颅脑损伤的致伤物分为:①锐器,如刀、斧等;②钝器,如棍棒、石块等。

(2)损伤机制:①锐器的损伤机制:锐器容易切开或穿透患者的头皮、颅骨和脑膜,进入并损伤脑组织;伤道一般较为光滑整齐,损伤多局限,对周围组织影响较小。②钝器的损伤机制:钝器致伤物种类不同,损伤机制亦不同。比如棍棒等进入颅腔内造成的脑损伤与锐器伤所致的脑损伤相似。石块等击中患者头部造成的开放性颅脑损伤与闭合性颅脑损伤中的加速性伤相似。

(3)分类:非火器性颅脑损伤分为:①锐性伤:多由刀、斧等造成的切伤,剑和匕首等造成的戳伤,针和钉等造成的刺伤。锐性伤是指致伤物直接穿破头皮、颅骨、硬脑膜和脑所造成的损伤。一般脑内没有或很少有头发、头皮和颅骨碎片。经过严格清创手术和抗感染处理,感染发生率低。②钝性伤:钝性伤是指由棍棒等较钝的致伤物经过颅骨薄弱处,穿入颅腔内造成的损伤。可将头发、头皮和颅骨碎片等带入脑组织的伤道内。清创手术复杂,颅内感染发生率高。

2. 临床表现

(1)意识障碍:①锐器导致的脑损伤局限于着力部位,引起脑震荡或弥散性脑损伤的机会很少,患者伤后出现意识障碍也很少。②钝器导致的开放性颅脑损伤和闭合伤颅脑损伤相似,着力部位有局部脑损伤,轻者可无弥散性脑损伤,重者可伴有弥散性脑损伤,故多数患者伤后可立即出现意识障碍。伴有颅内血肿时,患者可能出现中间清醒。

(2)生命体征改变:锐器引起的局部的开放性颅脑损伤多无明显生命体征变化。头部开放性伤口大量出血时,会导致患者发生失血性休克。直接损伤到患者的重要结构,如脑干、下丘脑等部位,或钝器引起的广泛性脑损伤时,会出现明显的生命体征变化。

(3)脑局灶症状:开放性颅脑损伤的脑局部损伤比较严重时,可引起较多的脑局灶症状,如瘫痪、感觉障碍、偏盲和失语等。

(4)脑脊液、脑组织外溢:开放性颅脑损伤患者的伤口部位有脑脊液和脑组织外溢。

(5)异物:开放性颅脑损伤患者的伤口内可见各种异物存留,如棍棒、石块、头发、头皮和颅骨碎片等。

3. 辅助检查 CT 及 CT 三维重建检查能明确患者颅脑损伤的部位、范围、继发性颅内血肿、脑水肿和脑肿胀等病情,同时能精准地定位诊断存留的异物和骨折碎片。

4. 诊断与鉴别诊断 有明显的外伤史、头部伤口,有时可见脑脊液和 / 或脑组织外溢、异物等,结合 CT 检查,即可确诊。CT 检查可明确颅内损伤情况、异物等。

5. 治疗 开放性颅脑损伤的治疗与闭合性颅脑损伤有许多相似之处,分为非手术治疗和手术治疗,但也有其特点:

(1)积极防治休克:开放性颅脑损伤造成的失血性休克比较常见。原因是损伤部出血过多。应快速控制出血,补充血容量,纠正休克,中医治疗。

(2)积极防治感染和预防破伤风。

(3)显露和保护脑组织:开放性颅脑损伤和骨折范围较大时,破碎的脑组织经伤口外溢,或脑组织经伤口向外突出,增加了颅内感染的机会,但同时缓解了急性颅内压增高。急救和治疗过程中,要特别注意显露并保护脑组织。

(4)妥善处理插入颅腔内的致伤物:①避免再次损伤:对插入颅腔内的致伤物不可随便拔出和撼动,避免造成再次损伤,引发颅内出血;②充分准备、评估和选择最佳方案:在充分的准备下,认真评估和判断致伤物的位置、种类、数量、可能伤及的颅内重要结构和血管等,并选择最佳的解决方案;③手术取出致伤物:手术过程中,尽量显露并保护致伤物周围的组织和颅内重要结构,小心取出致伤物。

(5)清创手术:①开放性颅脑损伤最好在 6~8 小时内实施清创手术;有的可延长到 72 小时,如无明显污染者和在使用抗生素的前提下。②手术前,要仔细检查患者伤口,结合 CT 检查,掌握脑挫裂伤、颅内血肿、碎骨片和异物的位置、种类、数量等伤情。③清创手术时,宜由浅入深,逐层深入,尽可能清除异物、头发、碎骨片、破碎脑组织和血肿,彻底止血。严密缝合硬脑膜;如缝合困难时,可取自体帽状腱膜或颞肌筋膜等材料进行修补。开放性颅脑损伤伤及脑室,其内有异物、血块和碎屑等,术中给予清理。伤及静脉窦,术前应准备充足血液、静脉窦修补材料及器材,方可实施清创手术。伤及鼻旁窦,清创手术时,要修补与重建破损的颅底,严密修复硬脑膜。④手术后,应加强抗感染,预防破伤风。

(二)火器性颅脑损伤

火器性颅脑损伤发生率仅次于四肢损伤,病死率却居首位。战时常见,和平时期少见。

1. 分类与概念 火器性颅脑损伤分类方法很多,且比较烦琐。下列为简单实用的分类方法:

(1)头皮损伤:即头皮软组织伤。头皮损伤仅损伤患者的头皮软组织,颅骨保持完整,多无脑损伤,但也有少数患者会出现局部较轻的脑挫伤。

(2)颅脑非穿透伤:是指头皮损伤和颅骨骨折,但硬脑膜仍保持完整者,多有脑挫裂伤,引发颅内血肿。

(3)颅脑穿透伤:是指头皮损伤、颅骨骨折和硬脑膜破裂同时存在者,可有不同程度的脑损伤、颅内血肿。依据投射物作用于患者头部方式、穿过组织的不同分为:非贯通伤、贯通伤和切线伤。

2. 损伤机制和病理　火器性颅脑损伤的损伤严重程度与致伤物的性状、速度、大小等关系密切。现代武器枪弹的弹头尖而圆滑,发射速度快,穿透力极强,容易形成贯通伤。如果弹片不规则时,其穿透力相对较弱,多造成非贯通伤。

颅脑穿透伤的损伤机制和病理:

(1)非贯通伤:是指致伤物由大脑凸面或颜面部射入(颅面部仅有射入口),没有出口,颅腔内留有枪弹、弹片或异物的开放性颅脑损伤。入口处或伤道近端可见碎骨片、异物等。致伤物一般滞留于伤道的最远端;但也有致伤物经过颅腔,冲击至对侧颅骨内板,然后弹回,折转一段距离,滞留在脑内,对脑组织的损伤比较严重,称为反跳伤。

(2)贯通伤:是指颅部有射入口和出口,损伤贯通颅腔,枪弹已飞出,颅腔内无枪弹或弹片,但有碎骨片,多见于枪伤,伤情多数严重。入口部位脑组织内可有碎骨片及异物等。此类损伤造成颅内的伤道较长,损伤脑组织、脑内重要结构和脑室等比较严重。出口部位颅骨缺损较大。

(3)切线伤:是指投射物呈切线状经颅部擦过,可造成头皮、颅骨、硬脑膜和脑损伤,损伤呈沟槽状(沟槽状损伤),碎骨片等异物存留在浅部脑组织,脑内无致伤物。

(4)脑组织损伤:致伤物射入颅腔内,导致的脑组织损伤。分为两类:①管道性损伤:致伤物进入颅腔后,均可引起脑组织损伤,其伤道长短不一;损伤严重程度与致伤物种类、大小、速度密切相关。比如小弹片、低速子弹等射入颅腔后,造成脑损伤多比较局限。当损伤到脑重要结构(脑干、下丘脑等)和大血管时,则伤情严重。依据损伤程度和性质,脑组织伤道分为三个层区:一是脑破坏区,为伤道的中心部分,见有严重的脑组织损伤、坏死液化的脑碎屑、血凝块等,有时可经伤口外流;二是脑挫伤区,位于脑破坏区的周围,损伤的脑组织内可见点状出血、小血肿和水肿,恢复较难;三是脑震荡区,位于脑挫伤区的周围,系伤道的外层,肉眼观察无明显改变,受伤后,短期内可逐渐恢复。②膨胀性损伤:高速致伤物射入颅腔内,引发管道性损伤;同时,因致伤物穿过脑组织,瞬时产生膨胀,导致全脑弥漫性损伤;严重者脑和脑干功能出现衰竭;伤后短期内,多数患者死亡。

3. 临床表现

(1)意识障碍:意识障碍与脑损伤严重程度有关。①弹片等低速致伤物引发脑损伤,多比较局限,患者伤后立即发生意识障碍的机会相对较小;②枪弹等高速致伤物容易引发脑损伤,多为比较广泛的弥漫性损伤,患者伤后立即发生意识障碍的机会相对较大;③患者伤后出现意识障碍,并呈进行性加重,可能有颅内血肿形成。

(2)瞳孔改变:①伤后出现小脑幕裂孔疝,可能有颅内血肿,患者一侧瞳孔散大、对光反射消失;②患者伤后双侧瞳孔散大且固定,则损伤已累及脑干,损伤非常严重。

(3)生命体征改变:重型火器性颅脑损伤患者伤后多会发生生命体征改变。①颅内压增高:表现为头痛、呕吐、呼吸深慢、脉缓有力、血压升高等,可能有颅内血肿或严重脑水肿;②伤及脑干:可迅速发生中枢性呼吸、循环衰竭;③累及重要血管,可引起失血性休克。

(4)脑局灶症状:①直接伤及脑皮质运动区或其传导束,患者受伤后立即会出现肢体瘫痪。瘫痪程度进一步加重,则伤道内可能形成血肿。②顶部切线或穿透伤,造成矢状窦及其附近运动区受伤而致截瘫、三肢瘫或四肢瘫。

4. 辅助检查　①CT 检查:伤后应立即行 CT 检查,以明确颅脑损伤的部位和范围、颅内血肿、颅骨骨折等情况;明确伤道情况;明确异物的种类、数目、大小和位置;明确有无脑脓肿等。②MRI 检查:患者体内有金属异物滞留时,禁止 MRI 检查。

5. 诊断与鉴别诊断　结合外伤史、临床表现和辅助检查便可诊断。诊断火器性颅脑损伤时,应特别注意检查患者的头面部伤口和合并伤,其他情况与闭合性颅脑损伤相似。有时射入口虽然小,受伤后,患者甚至可以行走,仍需注意颅脑穿透伤。当伤口有脑脊液或脑组织碎屑外流时,便可确诊为颅脑穿透伤。火器性颅脑损伤有入口和出口者,即为贯通伤。

6. 治疗

(1)急救:火器性颅脑损伤特点为发病急、病情重、变化快,应及时全力救治。在院前(现场)、转送途中和急诊入院时,对此类危重患者应积极实施救治:①注意包扎伤口,减少出血;②注意保护膨出的脑组织;③对于昏迷者,保持呼吸道通畅,必要时可做气管插管或气管切开,详见前述;④休克者,要积极抗休克,同时迅速查明休克的病因,如头部伤口出血过多、胸腹腔内脏器损伤出血、骨盆及四肢骨折导致的出血等,并针对病因进行处理;⑤中医治疗。

(2)早期清创:①清创目的:将污染、出血、颅内破碎的脑组织、致伤物和异物等清除,将开放性损伤变成闭合性损伤。②早期清创时间:争取在患者受伤后的数小时到24小时内进行清创;但在应用抗生素的前提下,清创时间可适当延长到48小时或72小时。③清创的基本原则:彻底清创、清除异物、仔细止血;手术方法同非火器性开放性颅脑损伤。④手术时,患者的头发、碎骨片、碎化的脑组织和血肿、泥沙、帽子碎片等都应彻底清除。在不增加脑损伤的前提下,可清除或吸出(如用磁性导针)伤道内及其附近的金属异物。清创后,要分层缝合手术切口,严密修复硬脑膜,放置引流条。⑤术后加强抗感染、预防破伤风和抗癫痫治疗等。⑥中医治疗。

(3)其他治疗:与闭合性颅脑损伤相似。

(赵 文 芦晓溪)

第四节 胸 部 损 伤

胸部损伤多由车祸、挤压伤、摔伤和锐器伤所致,包括胸壁挫裂伤、肋骨及胸骨骨折、气胸、血胸、肺挫伤、气管及主支气管损伤、心脏损伤、膈肌损伤、创伤性窒息等。其中肋骨骨折、血胸、气胸、肺挫伤较为常见。

一、肋骨骨折

在胸部外伤中,无论是钝性损伤还是锐器伤,肋骨骨折都甚为常见。肋骨呈对称性排列,连接于胸骨与胸椎之间,构成骨性胸廓的一部分。第1~3肋骨较短,有锁骨、肩胛骨和肌肉的保护,较少发生骨折。若有骨折,则为严重的胸部外伤,并伴有锁骨或肩胛骨骨折。第4~7肋骨长且固定,是骨折的好发部位。第8~10肋骨虽较长,但其前端以肋软骨形成肋弓与胸骨连接,富有弹性,亦不易折断。第11、12肋骨前端游离,活动度大,骨折更为少见。而儿童和年轻人胸壁柔韧,肋骨弹性好,有时发生胸内脏器损伤却无肋骨骨折。成人尤其是老年人骨质疏松、脆弱,容易骨折,偶尔因咳嗽、喷嚏,胸部肌肉突然剧烈收缩引起骨折。

(一)病因与病理

1. 西医病因与病理 胸部的直接暴力和间接暴力可导致肋骨骨折。直接暴力骨折发生在受打击部位,肋骨向内弯曲折断,可能损伤胸膜、肺、肋间血管,引发并发症如气胸、血胸等。胸部前后挤压伤引起的骨折多发生在肋骨的腋段或中段,肋骨向外折断。

肋骨骨折的严重程度和类型与暴力的性质、大小和方向有关,可出现单根或多根肋骨的骨折。单根骨折时,骨折端通常不移位,对呼吸和循环功能影响较小。多根肋骨骨折导致胸壁软化,形成反常呼吸运动,即胸壁向内凹陷吸气,向外凸起呼气,又称连枷胸或浮动胸壁。

反常呼吸运动常出现在前胸壁或侧胸壁。早期可能不太明显,数小时后逐渐显现。反常呼吸运动影响回心血流,可能导致循环功能障碍。此外,疼痛、浅呼吸、咳嗽无力或自限咳痰也会影响呼吸功能,引发二氧化碳潴留、肺不张和缺氧。

2. 中医病因病机 肋骨古称"胸肋""胁肋"。肋骨骨折必然累及气血,因脉络受损,血瘀气滞为肿为痛。因气机逆乱,升降失调而引起呼吸困难,甚至引起气血两伤、气随血脱之重证。若累及肝肾精气,则影响骨折的愈合,故本病与气血、肝肾关系密切。

(二)临床表现与诊断

1. 局部疼痛 是肋骨骨折最显著的症状。疼痛随呼吸、咳嗽或变动体位而加重。疼痛的程度与骨折类型、有无错位和局部软组织损伤情况相关。患者常因疼痛而惧怕深呼吸、咳嗽和翻身,使气道内分泌物潴留引起呼吸道感染,从而加重呼吸困难。剧烈的胸痛可引起低通气量、低氧血症和呼吸衰竭。

2. 局部软组织肿胀、皮下瘀血和胸廓畸形 受伤的局部胸壁有时肿胀。单根单处或多根单处肋骨骨折常有胸廓呼吸活动减低和不对称。骨折有错位和严重多发性肋骨骨折,出现胸部畸形,局部凸起或凹陷,常伴有不同程度的反常呼吸运动。

3. 骨折处压痛 骨折局部剧烈压痛,有时可触及肋骨连续性中断及骨摩擦感、骨折断端。胸廓挤压试验阳性(用手前后挤压胸廓可引起骨折部位剧痛)有助于诊断。

4. 影像学检查 胸部 X 线检查可以明确骨折的部位、程度,还有助于判断有无气胸、血胸的存在。怀疑合并肺实质损伤,可行胸部 CT 及三维重建检查明确损伤的部位、范围和严重程度,可发现肺挫伤、肺内血肿和肺裂伤。

(三)治疗

1. 西医治疗 镇痛、清除呼吸道分泌物、稳固胸廓、防治并发症是治疗肋骨骨折的基本原则,根据伤情确定治疗方法。

(1)单纯肋骨骨折:骨折端无明显错位,亦无合并伤者,一般胸痛较轻,可不需特别处理,多可自愈。胸痛症状较重者,需镇痛治疗,有利于恢复正常的呼吸、咳嗽、排痰,防止肺部感染。传统的胶布胸廓固定有镇痛及固定效果,目前多用胸带固定。

(2)严重的多根多处肋骨骨折,必须迅速消除反常呼吸运动。

1)包扎固定法:在胸壁软化区施加外力,或用厚敷料覆盖,胶布固定。适用于现场急救或处理较小范围的胸壁软化。

2)牵引固定法:用带针不锈钢丝经皮围绕浮动的肋骨缝过胸壁全层,或在电视胸腔镜直视下导入钢丝,将钢丝悬吊于伤侧胸外的牵引支架上。此方法适用于大块胸壁软化。

3)手术固定法:在肋骨两断端分别钻孔,以不锈钢丝贯穿缝合固定、髓腔内置克氏针固定或使用特制固定装置等行肋骨固定,目前临床上多采用肋骨接骨板行腔内或腔外固定。

(3)严重胸部外伤合并肺挫伤患者,出现明显的呼吸困难,口唇发绀,肺部湿啰音或痰鸣音,呼吸频率>35 次 /min,$PaO_2<60mmHg$,$SaO_2<90\%$,$PaCO_2>55mmHg$,应行气管插管机械通气支持呼吸。正压机械通气能有效纠正低氧血症,改善二氧化碳潴留,还能控制胸壁反常呼吸运动。

2. 中医治疗

(1)辨证论治

分早、中、后期,采用祛瘀、接骨、补虚三法,如活血祛瘀、续筋接骨、调补肝肾等。《灵枢·本脏》强调血和则筋骨强健。《备急千金要方》指出肝肾与筋骨关系紧密,调补肝肾可促进筋骨修复。

1)气滞血瘀证:伤后胁肋刺痛,固定瘀斑,呼吸咳嗽加重,舌质紫暗,脉沉涩。治以活血化瘀,理气止痛。方用复元活血汤加减。

2)肺络损伤证:伤后胁肋刺痛,咳嗽咯血,呼吸短促,胸部胀闷,舌质紫,脉沉弦。治以宁络止血,止咳平喘。方用十灰散合止嗽散加减。

3)筋骨不续证:伤处肿痛减轻,骨折未愈,舌质暗红,脉弦。治以续筋接骨,理气活血。方用接骨紫金丹加减。

4)肝肾不足证:损伤后期胁肋隐痛,口干咽燥,头晕目眩,腰膝酸软,舌红少苔,脉弦细。治以调补肝肾,强筋壮骨。方用六味地黄丸加减。

5)气血亏虚证:少气乏力,失眠多梦,心悸纳减,舌质淡,苔薄白,脉沉细。治以益气养血,方用八珍汤加减。

(2)外治法

1)中药敷贴:根据骨折三期辨证,选择相应药膏外敷治疗。

2)中药涂擦:骨折早期,可选用活血止痛类中成药涂擦患处,每日1次。

3)中药熏洗:骨折中后期,瘀血阻络,局部仍有疼痛者,可选用海桐皮汤等中药熏洗治疗。

3. 其他疗法

物理疗法:适用于骨折中后期,如红外线照射、中频电疗法等。

二、气胸

气胸属于急症,历代中医文献中无气胸之病名,是以突发一侧胸痛、伴或不伴有呼吸困难、刺激性干咳等为主要症状的病证。属中医"胸痛""喘证""咳嗽"等范畴。气胸根据伤后胸膜腔内压力情况可分为闭合性气胸、开放性气胸和张力性气胸3类。

(一) 病因与病理

正常胸膜腔为不含气体具有负压的腔隙。胸膜腔内负压使肺处于扩张状态,还能促进血液循环和淋巴液的回流。胸部损伤累及胸膜、肺或气管时,空气经创口进入胸膜腔,导致胸腔内积气、肺萎陷,从而导致气胸。

闭合性气胸多为肋骨骨折的并发症,空气经肺裂伤处进入胸膜腔,也可经胸壁小创口进入胸膜腔,因创口迅速闭合,胸膜腔不再与外界沟通,气体不再增多,胸膜腔的压力仍低于大气压。

开放性气胸多由弹片、火器或锐器等造成胸壁缺损,使胸膜腔与外界相通,伤侧负压消失,肺萎陷而丧失呼吸功能。双侧胸膜腔压力不等,吸气时健侧胸膜腔负压升高,与伤侧压力差增大,纵隔向健侧移位;呼气时双侧胸膜腔压力差减少,纵隔又向伤侧移位,致使纵隔随呼吸来回摆动,影响静脉血液的回流,可导致循环功能紊乱。纵隔移位,健侧肺部分压缩,肺内气体交换量减少;呼气时,健侧肺部分残气进入伤侧气道,而吸气时伤侧呼吸道内的死腔气随健侧肺膨胀复流入健侧肺,使具有呼吸功能的健侧肺泡内氧分压降低;伤侧萎陷的肺有血流而无通气,形成动 - 静脉血分流。以上诸多因素均造成通气、换气功能紊乱,引起严重的缺氧。

张力性气胸常由肺裂伤、支气管损伤或胸壁穿透伤所引起。创口与胸膜腔相通,形成单向活瓣。吸气时空气经创口进入胸膜腔,呼气时活瓣关闭,空气无法排出,胸膜腔内空气不断增多,压力不断增高,压缩伤侧肺,并将纵隔推向健侧,挤压健侧肺,通气与血流灌注比值下降,形成功能性动静脉短路。另外,纵隔移位,心脏大血管扭曲及胸膜腔内高压,使血液回流受阻,迅速导致呼吸循环功能紊乱。

(二) 临床表现

突发胸痛或胸闷,呼吸困难,干咳。严重时出现紧张、胸闷、挣扎坐起、烦躁、发绀、出汗等症状,甚至意识不清、呼吸循环衰竭。

闭合性气胸的表现取决于积气量的多少和速度。少量气胸时,影响较小,无明显症状,可自行吸收。中量气胸 30%~50% 的肺萎陷,可出现呼吸困难、通气受限。大量气胸则肺萎陷超过 50%,有胸闷、胸痛和气促等症状。胸部 X 线检查可见肺萎陷和少量积液。

开放性气胸表现为气急、呼吸困难和发绀,胸壁有伤口,可听到呼吸时空气进出胸腔的声音,气管向健侧移位,患侧胸部叩诊呈鼓音,呼吸音减弱或消失。

张力性气胸出现极度呼吸困难,缺氧时出现发绀、烦躁和休克。体检可见患侧胸部饱满,皮下气肿,叩诊呈高调鼓音,听诊呼吸音消失。

(三) 辅助检查

影像学检查为诊断气胸的最可靠方法。标准立位后前位吸气相胸片可作为判断气胸的首要诊断措施。气胸的典型胸片表现为外凸弧形的细线条形阴影,称为气胸线,线外透亮度增高,肺纹理消失,线内为压缩的肺组织。胸部 CT 对于诊断气胸较胸片更为敏感,但并不推荐作为常规检查。当需要诊断气胸合并其他复杂肺部病变或接受外科治疗的患者可选择胸部 CT 扫描。气胸的 CT 表现为胸膜腔内出现极低密度的气体影,伴有肺组织不同程度的萎缩改变。

(四) 诊断与鉴别诊断

1. 诊断　根据症状、体征及影像学表现进行诊断。胸片及胸部 CT 显示气胸线是确诊依据,并可根据胸部 X 线检查对气胸量进行评估。

2. 鉴别诊断

(1) 急性心肌梗死:急性心肌梗死有突然胸痛、胸闷,甚至呼吸困难、休克等临床表现。但常有高血压、冠状动脉粥样硬化性心脏病等病史,可有心音性质及节律改变,或有左心功能不全体征,无气胸体征。不能区别时应先行床边心电图或胸片检查,同时肌钙蛋白、血清酶学等实验室检查结果可辅助鉴别。

(2) 急性肺栓塞:大面积肺栓塞也可突发起病,呼吸困难,胸痛,烦躁不安,惊恐甚至濒死感,临床上与气胸相似。但患者可有咯血、低热和晕厥,并常有下肢或盆腔血栓性静脉炎、骨折、手术后、脑卒中、心房颤动等血栓来源的基础病,或是长期卧床的老年人。体检、胸部 X 线及凝血功能等实验室检查可鉴别。

(五) 治疗

闭合性气胸少量可以临床密切观察,中、大量气胸需进行胸腔穿刺抽气或行胸腔闭式引流术,以减轻积气对肺和纵隔的压迫,促使肺复张,同时应用抗生素预防感染。对中量以上的气胸应警惕张力性气胸的发生。

开放性气胸可以用无菌凡士林纱布外加棉垫封盖伤口,再用胶布或绷带包扎固定,将开放性气胸变为闭合性气胸,然后穿刺胸膜腔抽气减压。并给予吸氧和输血、补液,纠正休克。待患者呼吸循环改善后,在气管插管麻醉下行清创术。缝闭胸壁伤口,行胸腔闭式引流。疑有胸膜腔内脏器损伤、活动性出血或异物存留时,需剖胸探查。术后应用抗生素预防感染。

张力性气胸是可致死的危急重症,紧急状态下立即抽气减压,用粗针头在伤侧第 2 肋间锁骨中线处刺入胸膜腔,有气体喷射出,即能收到排气减压效果。进一步处理应放置胸腔引流管,接水封瓶排气。必要时加用负压吸引装置。若胸腔引流管不断漏气,呼吸困难未见改善,往往提示肺、支气管有较大裂伤,难以自行愈合,应及时剖胸探查,修补裂口,或做肺段、肺叶切除术。

三、血胸

胸膜腔积血称为血胸(hemothorax),与气胸同时存在称为血气胸(hemopneumothorax)。

胸膜腔内任何组织的损伤均可导致血胸。

(一)病因与病理

1. **西医病因与病理** 胸腔出血主要来源于心脏大血管及其分支、胸壁、肺组织、膈肌和心包的血管出血,血胸发生后不但血容量减少影响循环功能,还可压迫肺,减少呼吸容积。血胸推移纵隔,使健侧肺也受到压迫,并影响腔静脉回流。当胸腔迅速积聚大量血液,超过肺、心包和膈肌运动所起的去纤维蛋白作用时,胸腔内积血发生凝固,形成凝固性血胸。凝血块机化后形成纤维板,限制肺与胸廓活动,损害呼吸功能。血液是细菌的良好培养基,经伤口或肺破裂口侵入的细菌会在积血中迅速滋生繁殖,引起感染性血胸,最终导致脓血胸。持续大量出血所致胸膜腔积血称为进行性血胸。少数伤员因肋骨断端活动刺破肋间血管或血管破裂处凝血块脱落,发生延迟出现的胸腔内积血,称为迟发性血胸。

(1)心脏或大血管出血:包括主动脉及其分支,上、下腔静脉和肺动脉、肺静脉出血。量多而猛,大多数患者死于现场,仅少数得以救治。

(2)胸壁血管出血:多来自肋间动脉、静脉和胸廓内动脉、静脉,因其来源于体循环,压力较高,出血常为持续性,不易自然停止,往往需开胸手术止血。

(3)肺组织破裂出血:因肺动脉压明显低于体循环压,而且受压萎陷的肺血管通过的循环血量比正常时明显减少,因而,肺实质破裂的出血可在短期内自然停止。需开胸者不多。

2. **中医病因病机** 血胸与气胸多见气血两伤,按其证候有伤气为主与伤血为主之不同。其病机为损伤气血,肺气不利,上逆而致气短;气滞胸胁而见胀痛;瘀血停滞,痹阻脉络,故胸胁刺痛不移;面青息促、唇舌紫暗、脉沉涩乃血瘀气滞之证。重伤气血,气少不足以息,故呼吸表浅;气血不能上荣则面色苍白;气随血脱,难以固外则大汗淋漓,不能温养肢体则四肢厥冷;脉道不充则脉微欲绝。此乃血虚气滞之证。

(二)临床表现

血胸按胸膜腔积血的多少、出血速度、有无感染和个人体质的不同,而引起不同的病理生理变化及临床表现。

1. **小量血胸** 指胸膜腔积血量在500ml以下。临床多无内出血的症状和体征。胸片可见肋膈角变钝,液面不超过膈顶。

2. **中量血胸** 指胸膜腔积血量在500~1 000ml之间。由于失血引起的血容量减少,心输出量减低,患者可出现内出血的症状,面色苍白,呼吸困难,脉细而弱,血压下降,检查发现伤侧呼吸运动减弱,下胸部叩诊呈浊音,呼吸音明显减弱。胸片见积液达肺平面。

3. **大量血胸** 指胸膜腔积血量在1 000ml以上。大量血胸除可引起血容量迅速减少,产生失血性休克外,尚因大量积血压迫肺使肺萎陷而引起呼吸、循环功能障碍,患者出现较严重的呼吸与循环功能紊乱。检查可见伤侧呼吸运动减弱,肋间隙变平,气管向健侧移位,呼吸音明显减弱或消失。胸片可见胸腔积液超过肺门平面。CT检查胸膜腔内可见大量积血。

4. **进行性血胸** 对于早期出血的患者,除明确血胸的诊断外,还必须判明胸腔内出血是否停止或仍在继续。有下列情况应考虑进行性血胸。

(1)脉搏加速、血压下降,经输血、补液等抗休克措施不见好转,或情况暂时好转不久又恶化。

(2)血红蛋白和红细胞进行性持续下降,或虽经补充血容量,但血压仍不稳定。

(3)放置胸腔闭式引流管,每小时引流量超过200ml,持续3小时以上。

以下情况可能需注意出血仍在继续:

(1)胸腔穿刺抽出的血液很快凝固,提示仍有继续活动性出血。若抽出血液不凝固,至少可认为在 8 小时内已无活动性出血。

(2)胸腔穿刺或者引流出胸内积血后,很快又见积血增多。

(3)流出血液色鲜红、温度较高,其血红蛋白测定及红细胞计数与周围血相似。

(4)24 小时引流量超过 1 000ml。

5. 凝固性血胸　当血液流入胸膜腔后,由于膈肌、心脏、肺组织的运动而产生去纤维蛋白作用,经 3~5 小时,胸内积血可失去凝固性;但如果出血较快而且较多,去纤维蛋白作用不完全,则血液可发生凝固,称为凝固性血胸。

6. 血气胸　在开放性胸部外伤,除可见到有血液随呼吸自创口涌出,还可听到空气随呼吸进出胸膜腔时发出的声响。另外肺破裂伤也可导致血气胸。胸部 X 线和 CT 检查血气胸时可见液平面,纵隔向对侧移位,肺萎陷更为清楚。超声检查可显示液性平段征象,若胸腔经穿刺抽出积血的同时抽出积气即可确诊血气胸。

7. 感染性血胸　血液积聚于胸膜腔,易于细菌生长繁殖,特别是穿透伤或有异物存留者,如不及时排出积血,则可导致脓胸发生。血胸若发生感染,其表现如下:

(1)畏寒、高热,并伴有其他全身中毒症状,白细胞明显增多。

(2)将胸膜腔抽出液 1ml,放于试管内,加清水 5ml,混合后放置 3 分钟,如果溶液为淡红色而透明,表示抽出液无感染,如果呈浑浊或出现絮状物,则多已感染。

(3)将抽出之血涂片检查红细胞、白细胞之比例,正常情况下红细胞、白细胞之比约为 500∶1,有感染时白细胞数量增多,红细胞、白细胞之比达 100∶1,即可定为已有感染。

(4)将抽出的积血进行涂片及细菌培养,并做抗菌药物敏感试验,为选择抗生素作参考。

8. 迟发性血胸　无论是闭合性或开放性胸部创伤,都应警惕迟发性血胸的发生。这类患者于伤后并无血胸表现,但数月后证实有血胸,甚至大量血胸存在。其原因可能为肋骨骨折断端活动时刺破肋间血管,或已封闭的血管破口处凝血块脱落,亦可能与肺挫裂伤、胸壁小血管损伤等因素有关。因此,在胸部创伤后 3 周内应重复多次行胸部影像学检查(X 线或 CT 检查)。

(三) 辅助检查

1. X 线检查　胸部 X 线片上,少量血胸可见到伤侧肋膈角变钝,液平面不超过膈顶;中量血胸液平面达到肺门水平;大量血胸液平面超过肺门水平。

2. 胸部 CT 检查　较普通胸部 X 线片的诊断准确性高,常能发现少量的血胸。

3. 胸腔穿刺　B 超定位下抽出血液后可确定诊断。

(四) 诊断与鉴别诊断

1. 诊断　胸部外伤后血胸确诊并不困难。开放性或闭合性胸部创伤患者,如果出现呼吸循环功能障碍和内出血表现,应考虑血胸的可能。伤后出现患侧胸痛,胸闷,气急,甚至出现休克症状,X 线和胸部 CT 检查有助明确诊断,胸腔穿刺抽出血液可确诊。

2. 鉴别诊断

(1)胸腔积液:最常见结核性胸膜炎导致的胸腔积液。结核性胸膜炎是结核分枝杆菌侵犯胸膜引起的胸膜炎症及变态反应,多见于青少年。渗出性结核性胸膜炎病变多为单侧,一般慢性起病,胸膜腔内有数量不等的渗出液,一般为淡黄色或者草绿色,偶见血性或化脓性。典型渗出性结核性胸膜炎也可表现为急性起病,有中度或高度发热、乏力、盗汗等结核中毒症状,发病初期有胸痛以及不同程度的气短和呼吸困难。体征随积液多少而异,少量积液可无明显体征。积液吸收后,往往遗留胸膜粘连或增厚。病史、胸部 CT 及胸腔穿刺等有助于鉴别诊断。

(2)恶性胸腔积液:恶性肿瘤细胞侵犯胸膜,导致胸膜腔内液体过多积聚的现象,称恶性胸腔积液,是晚期恶性肿瘤的常见并发症之一。此类积液多呈血性,量大且难以控制,常导致患者呼吸困难、胸闷、胸痛等不适。胸腔积液中可找到恶性肿瘤细胞。

(五) 治疗

1. 西医治疗　血胸的治疗主要是防治休克;对活动性出血进行止血;及早清除胸膜腔内积血,防治感染,以及处理血胸引起的并发症及合并症。

(1)出血已经停止的血胸和血气胸:主要采取胸腔穿刺,抽出胸腔内的积血,使肺及时复张。穿刺后可在胸腔内注射抗生素以防治感染。对中等量以上的血胸、血气胸,现多主张采用胸腔闭式引流。其优点是:①使血及气尽快排出,肺及时复张;②具有监测漏气及继续出血的作用;③可明显减少积血导致的胸腔感染。在胸腔闭式引流的早期,由于肺的部分复张及胸腔血的引出,患者可因循环血量相对不足而出现血压下降、心率加快。此为"一过性休克",勿认为由活动性出血导致,引流早期间断夹管控制引流量的方法可避免休克的发生。

(2)进行性血胸:已明确的活动性出血,应在输血、输液及抗休克治疗下,及时进行胸腔镜或开胸探查,清除胸腔内积血和进行止血。

(3)凝固性血胸:待病情稳定后,争取早期手术,一般在2周左右。胸腔镜探查或做开胸探查,清除凝血块及附着于肺表面之纤维蛋白膜;若为纤维胸亦应争取早期剥除纤维板。术后放置胸腔闭式引流管,必要时可采用负压吸引。同时加强肺功能康复,嘱患者吹气球训练,促使肺及早复张。

(4)感染性血胸:若血胸已继发感染,将可能发展为脓血胸甚至脓胸,应及时放置胸腔闭式引流管,以排除积血或积脓。如果发展成脓胸粘连,并形成多房性脓胸,或凝固性血胸,纤维胸发生感染,应尽早行手术治疗,清除脓性纤维素块,剥离肺纤维板,放置胸腔闭式引流管。多采用经肋床切口行粗管闭式引流,用冲洗引流管冲洗引流,使肺及早复张。

2. 中医治疗

(1)血瘀气滞证:呼吸气短,胸胁胀痛刺痛,面青,舌紫暗,脉沉涩。治以理气活血,逐瘀通络。方用复元活血汤加减。

(2)血虚气脱证:呼吸表浅,面色苍白,汗多肢冷,脉微欲绝。治以益气养血固脱,用当归补血汤合生脉散加减。

四、肺组织、心脏、膈肌损伤

(一) 肺挫伤

肺损伤按致伤原因和损伤的特点,可表现为肺挫伤、肺裂伤、肺爆震(冲击)伤和肺创伤性窒息。肺挫伤(pulmonary contusion)是肺损伤最常见的类型,大多为钝性暴力所致,伤后炎症反应导致毛细血管通透性增加,炎症细胞浸润和炎症介质释放,使损伤区域发生水肿,大面积肺间质和肺泡水肿引起换气功能障碍,导致低氧血症。胸部损伤严重者大部分容易合并肺挫伤,肺挫伤是其最常见的并发症,单纯的肺挫伤少见。肺挫伤病死率取决于其本身和合并伤的严重程度。肺挫伤被认为是导致胸部损伤患者病死率增加的直接原因之一。

1. 病因与病理

(1)西医病因与病理

1)病因:严重创伤,如车祸、钝器伤、高空坠落、爆炸气浪伤、烟雾烧伤或骨折脂肪颗粒肺栓塞等均可造成肺挫伤,钝性伤最常见。肺挫伤既可以是局部性的,也可以是弥漫性的,既可以单侧挫伤,也可以发生在双侧。

2)病理:肺挫伤的发病机制是胸部剧烈损伤造成肺部微血管内膜伤害,致血管壁的通透性增加,水分和胶体成分渗出到血管外,造成肺间质水肿和肺泡内水肿,继发肺泡萎缩,肺内动静脉分流增加,通气血流比例失调。

①出血和水肿:在挫伤部位,肺泡和毛细血管膜被撕裂,毛细血管和肺泡膜小血管损伤,导致血液和液体泄漏到肺泡和肺间质的间隙。随着创伤的程度加重,还有更严重的水肿、出血及肺泡的撕裂。因此,毛细血管出血、肺水肿是两个连续的过程。

②肺实变和肺萎缩:肺挫伤可引起肺部分实变、肺泡塌陷、肺不张。最常见的肺实变原因是毛细血管结构损伤,导致肺泡内皮细胞间隙增大,肺泡间隙被渗出物充填。受伤后 1 小时内可观察到肺泡间隔增厚和实变,肺挫伤还导致肺泡表面活性物质减少,加速肺泡萎缩和实变。肺部损伤的炎性过程是炎症细胞和血液成分进入肺组织,释放炎症介质,增加呼吸衰竭发生的可能性。炎症产生过量黏液,可能堵塞小气道,导致小气道萎缩。即使局部损伤,炎症也可能影响其他肺部区域,引发水肿、肺泡间隔增厚等变化。若炎症导致肺气体交换严重不足,可能导致类似 ARDS 的肺衰竭。

③通气血流比例失调:肺挫伤时,肺泡内的通气量减少,血液未能充分氧合就离开了肺。肺通气功能下降也导致机械通气不足,如连枷胸可导致通气血流比例失调,血氧饱和度降低。肺挫裂伤的主要病理改变是肺泡破裂、出血,其次是肺水肿、气肿,偶尔伴肺破裂。肺出血可为点状至弥漫性,血肿可堵塞气管导致窒息。肺水肿可表现为血性泡沫痰。肺气肿可为间质性或肺泡性,胸膜下可出现含血气的大疱,肺破裂可引起血胸或血气胸。以上病理生理变化导致肺顺应性下降、潮气量减少,最终导致低氧血症。严重肺挫伤可导致急性呼吸衰竭,进而引发多器官功能衰竭并致死亡。

(2)中医病因病机:中医学认为本病血瘀胸中,气机阻滞,清阳郁遏不升,可致胸痛;痰凝阻络,也可致胸闷。

2. 临床表现 肺挫伤的临床表现因伤情轻重不同而有所差异。轻者仅有短暂的胸痛、胸闷或憋气感,其症状还往往被其他合并伤所掩盖,只是在做胸部 X 线片或胸部 CT 时被发现。稍重者伤后 1~3 日出现咳嗽、咯血或血丝痰,少数有呼吸困难,体格检查肺部听诊可闻及变化不定的散在性湿啰音或捻发音。严重者可发生 ARDS,出现明显的呼吸困难、发绀、血性泡沫痰等,常伴休克。查体除肺内啰音外可有肺实变体征和血气胸体征。此外,常伴有其他脏器损伤的表现。

3. 辅助检查 肺挫伤的辅助检查主要包括影像学检查和实验室检查。

(1)实验室检查

动脉血气分析:此项检查早于胸部 X 线发现异常,可出现轻重不等的异常结果,一般呈持续性低氧血症。若通气功能受损严重,可出现低氧血症、高碳酸血症。

(2)影像学检查

1)X 线检查:胸部 X 线可用来帮助已经有明确临床病史、症状体征的患者肺挫伤的诊断。肺内可见肺纹理增粗、斑片状阴影、透光度降低,以至大片状高密度影,亦可有肺不张和血气胸的表现。胸部 X 线片灵敏度较低,在损伤的早期,肺部病变不明显,往往容易漏诊。

2)胸部 CT 检查:若表现为密度增高的云絮状阴影,提示肺泡及肺间质出血。CT 检查是肺挫伤较敏感的检查方法,有条件的地方建议首选,它可以在识别腹部、胸部或其他部位伤害的同时辨别是否伴有肺挫伤。CT 扫描可以检测几乎立即受伤后的肺挫伤。另外,CT 扫描还可以帮助确定挫伤程度,帮助评估患者是否需要机械通气,肺挫伤范围较大的患者,增加通气是必要的;CT 扫描也有助于区分肺挫伤和肺出血,这可能是其他检查难以实现的。

4. 诊断与鉴别诊断

(1)诊断:根据创伤史、临床表现和影像学检查,外伤后胸部 CT 表现为密度增高的云絮状阴影,肺挫伤容易确诊。但应注意其外轻内重、始轻末重、迅速发展和常有合并伤的特点。

临床上肺挫伤的症状表现最容易被其他外部损伤所掩盖,如烧伤、骨折等更易诊断的损伤。故对本病的诊断最重要的是要分析临床资料,且对这一类患者要充分考虑到肺爆震伤的存在,及时预防处理。

(2)鉴别诊断:需与肺部感染、呼吸窘迫综合征等进行鉴别。

5. 治疗

(1)西医治疗:治疗的目的是保证氧合、防止呼吸衰竭。主要治疗方法是维护呼吸和循环功能,包括保持呼吸道通畅、给氧、必要时行气管切开和人工呼吸器辅助呼吸以及输血补液抗休克。有血胸、气胸者尽早做胸腔闭式引流。注意给予止血药物,合理应用抗生素预防感染;对合并其他器官损伤进行相应的处理;支持治疗也非常重要。一定注意受伤部位和可能同期受到损伤的部位,防止更多的继发伤害,并提供支持性护理,同时等待肺的挫伤愈合。此类患者的各种监测非常重要,包括保持体液平衡、维护呼吸功能、血氧饱和度和脉搏血氧仪的监测使用,特别是对并发肺炎和 ARDS 患者的监测至关重要;为预防患者病情恶化,及时建立静脉通道和呼吸通道非常必要。

1)单纯肺挫伤:无须特殊治疗,只需吸氧、镇痛、鼓励咳痰、预防并发症。但在早期需密切观察,复查胸部 X 线片及血气分析,监测是否会转变为呼吸功能不全的肺挫伤。

2)通气:当创伤引起肺通气异常或肺换气功能无法维持正常血氧浓度时,机械通气是最行之有效的治疗手段,血气分析 $PaO_2 < 60mmHg$,$PaCO_2 > 50mmHg$,应行气管插管,呼吸机辅助呼吸。

需要注意的是,由于肺挫伤患者肺部损伤在不同阶段的主要矛盾不同,必须注意调整呼吸机压力、氧气浓度及湿度,在保证足够通气的情况下尽量降低呼吸条件,创造有利于肺组织愈合的条件。在恢复后期,部分患者由于重度肺水肿、肺部感染,会出现肺实变、肺萎缩和肺间质纤维化。

根据伤情轻重分类,个性化治疗:呼吸机辅助呼吸,痰液黏稠时注意给予超声雾化湿化气道,促进痰液排出,去除异物刺激,减少各种炎症介质的作用。对于痰液不能有效清除,且预计需长期呼吸机辅助的患者,可考虑行气管切开,建立人工气道,保持呼吸道通畅。疑有痰痂阻塞气道时,应立即进行纤维支气管镜检查,去除痰痂并做冲洗,对呼吸道内的出血点给予电凝止血。

呼吸机的使用应遵循"早上机、早撤机、个性化"的原则。当患者自主呼吸恢复好,咳有力,监测血气分析正常且稳定,即可考虑脱机。应争取早日脱机,避免呼吸机依赖。

当肺挫伤严重到各种常规支持治疗无效时,体外膜肺氧合(extracorporeal membrane oxygenation,ECMO)可以使用,在体外完成肺换气,为患者争取挫裂伤所致肺部炎症水肿消退的时间,增加存活希望。

3)液体治疗:肺挫伤补液治疗的管理策略目前是有争议的,总的倾向是限制晶体液过度输入。体循环系统存在过多的液体会加重缺氧,因为它可能会导致体液从受伤的毛细血管渗漏至肺间质引起肺水肿。然而,低血容量对患者有更直接及更严重的影响,可能造成低血容量性休克,因此,对体液丢失严重的患者,液体复苏是必要的。目前的推荐是,对需要扩容治疗低血容量性休克的患者,在给予静脉补液的同时,需要监测中心静脉压,限制过多液体输入,必要时适当应用利尿剂。

4)支持治疗:呼吸道分泌物会加重缺氧,导致感染。因此,胸部物理治疗非常重要,如促进呼吸运动、咳嗽刺激、吸痰、敲击、移动、振动来清除分泌物,增加氧合,使得肺萎缩实变部分复张。中度至重度患者应该预防性给予抗生素,部分医生建议即使没有科学证据,也应该预防性使用抗生素。然而,持反对观点的医生认为这可能会导致细菌耐药菌株的产生。

5)糖皮质激素的应用:激素本身有抗炎、减轻水肿、降低毛细血管通透性和血管阻力的作用,使肺组织内分泌物减少,可抑制血小板凝聚、防止微血栓形成,减少白细胞聚集、减轻肺纤维化。应用激素要求早期、足量、短疗程。

6)疼痛控制:疼痛控制是另一种非常重要的改善患者病情的手段。胸壁损伤导致的痛苦可使患者咳嗽无力、分泌物增加,痰液将积存在呼吸道,引起肺部感染、肺不张、肺实变。胸部扩张不足可能导致肺不张,从而进一步降低血液氧合。合理地使用镇痛药物可减轻患者疼痛,同时可防止患者产生呼吸抑制,促进患者排痰和功能锻炼,有利于患者恢复。因此,不能简单地认为镇痛就是缓解患者疼痛,而是综合治疗的重要一环。

7)并发症的诊断、治疗和预防:本病最常见且最严重的并发症包括肺部感染、ARDS 和 MODS。

ARDS 的肺部病变源于广泛的肺泡微血管受损,使得内皮细胞间通透性增加,引发肺泡出血及水肿等现象,最后导致肺内无效腔及分流增大,肺顺应性与氧合状况变差,从而造成临床上的呼吸窘迫。病理变化大致包含 3 期:渗出期、增生期和纤维期。目前 ARDS 患者死于呼吸衰竭的概率不高,而大多死于败血症或多器官功能衰竭,病死率约 50%。对患者而言,肺纤维化的程度也决定了日后的肺功能。

MODS 是严重创伤、烧伤、大腹腔手术、休克和感染等过程中,同时或相继出现 2 个以上的器官损害以至衰竭,多在上述病因作用后经复苏病情平稳后发生。MODS 包括器官损害由轻到重的过程,轻者发生器官的生理功能异常,重者达到多个器官、系统衰竭的程度,称为多器官功能衰竭。在肺挫伤患者中,常常是创伤、烧伤、肺部伤并存,休克和感染也很常见,故存在着非常大的并发 MODS 的风险。

(2)中医治疗:应用活血化瘀、行气止痛化痰之剂。血府逐瘀汤是由桃红四物汤合四逆散,加桔梗、牛膝而成。方中桃仁、赤芍、川芎、红花活血化瘀;牛膝祛瘀血并引血下行,配合当归、生地黄养血益阴,使瘀去而不伤正;柴胡、桔梗主升,枳壳主降,三者共用以行气止痛,气血同治,活血养血,升降同用,使气行血行,祛瘀生新。诸药合用,共奏活血祛瘀、通络止痛之功。川芎、牛膝、赤芍、柴胡、桔梗等还具有消炎镇痛作用,因此,临床应用血府逐瘀汤还可以减轻患处疼痛,使患者咳痰更加容易。

6. 中西医结合讨论 除早期应用中医药治疗外,面积较大的肺挫伤或挫裂伤,会引起肺炎、肺实变、肺萎缩等比较严重的并发症,需要长时间治疗才能好转,很多都会引起慢性肺功能不全,在受伤后长时间仍然可以检测到。部分患者由于病情较重和各种并发症的影响,可能形成肺间质纤维化,将影响患者终身。对于这种患者,西医没有已知的治疗方法,因此,早期应用中医药治疗防止肺间质纤维化尤为重要。

(二) 心脏损伤

对心脏创伤的治疗原则是尽早密切注意病情变化,早期诊断,早期处理。

1. 病因与病理

(1)西医病因与病理:心脏损伤多由意外事故造成,也有少量患者是由心脏介入等医源性因素引起。

心脏是一个空腔脏器,心肌张力在心动周期内处于动态变化过程。外力一方面可以从不同方向作用于心脏,另一方面还可以通过血液的压力传导作用于心脏的各个部位,造成心脏不同部位和不同程度的损伤或撕裂。一般分为穿透性心脏伤和非穿透性心脏伤两类。非穿透性心脏伤常见心肌挫伤,轻者心肌出血、肌纤维断裂;重者发生心肌广泛挫伤,大面积心肌出血坏死,甚至心内结构损伤。严重心肌挫伤的致死原因多为严重心律失常。穿透性心脏伤可迅速导致失血性休克或出现心包积血至心脏压塞,其病理生理取决于心包、心脏损伤程度和心包引流情况,重伤者多数死于受伤现场。

(2)中医病因病机:心脏受创伤引起的病证,伤及血络致脱血。

2. 临床表现 心脏贯穿伤或心房、心室壁破裂,常出现急性心脏压塞。症状包括全身湿冷、面唇发绀、呼吸急促、颈部静脉怒张、血压降低、脉搏细速、心前区浊音界扩大等。心包是一层坚韧缺乏弹性的包膜,少量急性出血(150~200ml)在心包腔积聚(血心包),立即使心包内压力上升,阻碍心正常的舒张,产生急性心脏压塞。最先受压的是腔静脉和心房,可引起中心静脉压和舒张末期压力升高,而使周围静脉压逐渐上升。起初收缩压尚无影响,当心脏舒张容量严重受损时,每搏输出量下降,动脉压异常下降。心输出量减少,影响冠脉血液供应,导致心肌缺氧,心脏功能失代偿而发生衰竭。心包腔内压力升高至一定压力时可产生血流动力学代偿功能失调。心脏压塞能延迟致死性大出血,提供抢救时间。如心包内急性出血不止,将危及生命。典型的贝克三联征(Beck 三联征):心音遥远、心搏动减弱,动脉压下降、脉压减少,静脉压升高、颈静脉怒张等对诊断有帮助。其他部位损伤表现为心前区疼痛、病理性心脏杂音等。

3. 辅助检查 对于诊断明确的胸内大出血,怀疑心脏损伤者,应紧急剖胸探查,无须进行以下各项检查,以免错失良机。

(1)心电图检查:如有电压下降,ST 段改变,可协助诊断,但一般帮助不大。

(2)心脏多普勒超声检查:可明确诊断是否存在心包积液,并可对积液量进行估算,是诊断心脏压塞的重要手段,可提高诊断率。

(3)X 线检查:对诊断急性心脏损伤的帮助不大。但胸部 X 线片能显示有无血胸、气胸、金属异物或其他脏器的合并伤存在,如胸部 X 线片示心包腔内有液平面,则有诊断意义。

(4)CT 检查:也可明确诊断是否存在心包积液,并可对积液量进行估算,也是诊断心脏压塞的重要手段。

(5)静脉测压:静脉压升高是心脏压塞的特征之一,但在胸内大量出血,血容量未纠正前,静脉压升高、颈静脉怒张和奇脉都可不明显。迅速补充血容量后,中心静脉压可见异常升高,有诊断价值。

(6)心包穿刺:对急性心脏压塞的诊断和治疗都有价值,但心包腔内血块凝结时,可出现假阴性,值得注意。

部分急诊患者由于血流动力学不稳定,上述检查和操作有时受到限制。

4. 诊断与鉴别诊断

(1)诊断:任何损伤前胸壁心脏危险区的贯穿伤,应高度警惕心脏损伤的可能。已有明显心脏压塞或内外出血症状的患者,较易作出临床诊断,及时给予紧急处理。但也有患者初期情况良好,在数分钟或数小时内,突然出现情况恶化,迅速陷入重度休克状态。故对任何胸部贯穿伤患者入院后应仔细观察,严密注意病情变化,及时进行紧急处理。任何胸腹部外伤患者,估计失血量与休克程度不符,或经足量输血而无迅速反应者,应高度怀疑有心脏压塞。此外,临床上初期低血压经补充血容量后迅速改善,但不久再度出现,甚至发生心搏骤停者,亦应怀疑为心脏压塞所致,须立即救治。

通常典型的 Beck 三联征对急性心脏压塞的诊断有帮助。关于其他心脏部位的损伤,常需心脏多普勒超声、心血管造影、CT 及 MRI 等辅助检查手段。

(2)鉴别诊断:本病与肺损伤、膈肌损伤有相似之处,一般通过受伤部位、临床表现、影像学检查即可鉴别。

5. 治疗

(1)西医治疗:除急性心脏压塞需紧急处理外,其他心脏结构损伤一般不会立即威胁生命,一般选择明确诊断后择期手术治疗或非手术治疗。紧急措施包括迅速积极的复苏术,如气管插管辅助呼吸,心脏压塞的迅速穿刺减压,及时地输血、补液、胸腔引流等。

1)抗休克治疗:立即建立静脉输液通道抗休克治疗。快速静脉输液和输血,补充血容量,支持血液循环。

2)保持呼吸道通畅:如伴有大量血胸或气胸,即做胸腔闭式引流,改善呼吸及氧供。如呼吸道欠通畅或神志昏迷,迅速行气管插管辅助呼吸。

3)心包穿刺或开窗术:解除急性心脏压塞,心包穿刺点一般选择左侧肋缘下近剑突处,患者取半坐位较为方便,如情况不允许可取平卧位。局部麻醉下剑突下心包开窗于剑突处做一小正中切口,切开白线,去除剑突,显露心包,在心包上开一小窗,放置减压引流管。

4)术前准备:以快速大量输血为主,给予血管活性药维持血压。刺入心脏的致伤物进入手术室前不宜急于拔除。若发生心搏骤停,须紧急开胸解除心脏压塞,进行心脏按压,并以手指暂时控制出血。需要注意的是体外心脏按压有时不仅无效,而且有加重心脏压塞之虞。

5)急诊手术:以气管插管全身麻醉为宜。麻醉诱导期由于麻醉药的扩血管作用,易发生心搏骤停,要准备进行紧急手术。手术切口应根据贯穿伤的径路与伤情,并能良好显露心脏伤口。常用切口为左胸前外侧切口,从第4肋间进胸,必要时可切断相邻肋骨,扩大手术视野。创伤位于右侧,则行右胸前外侧切口。如一侧显露不佳,可延长切口横断胸骨至对侧胸腔。

术中探查时,如裂口较小,手指按住裂口直接缝合。裂口较大,手指堵塞裂口暂时止血。裂口周围行荷包缝合或采用毛毡片褥式缝合,逐渐退出手指,收紧缝线结扎打结。心肌裂口较大,难以直接缝合时,立刻建立体外循环进行修补。心房裂口采用无创伤血管钳钳夹后连续缝合。冠状动脉裂伤,用无创伤血管缝线直接修补,如损伤面积较大或者主要冠状动脉中断,须建立体外循环行主动脉冠状动脉旁路移植术。

6)术后处理:给予破伤风抗毒素、抗生素等常规治疗,密切监护心、肺、中心静脉压及输血补液。严密观察有无贯穿性心脏损伤后遗症或迟发并发症,如损伤性心包炎、室间隔缺损、心脏瓣膜损伤、心室壁瘤和延迟性心脏压塞等。

(2)中医治疗:穿透性心脏伤属于危急重症,早期手术为主,后期恢复可用中医药调理,以补血为主。

(三) 膈肌损伤

膈肌损伤较严重的表现是创伤性膈疝,系膈肌创伤性破裂后,腹腔脏器经破裂处进入胸腔,左侧稍多见。

1. 病因与病理　按创伤的性质分为:①锐器伤(穿透伤):下胸和上腹部的穿透性损伤,如子弹或刀刺伤可导致膈肌破裂,并可同时损伤膈肌邻近器官;②钝性伤(闭合伤):非穿透性的严重胸部钝挫伤,如从高处坠落、交通事故引起的挤压伤、爆震伤,也可导致膈肌破裂。

2. 临床表现　创伤性膈疝的临床表现主要取决于创伤的程度、部位及休克等合并创伤的严重程度。较大的创伤性膈疝患者在急性期主要表现为剧烈疼痛、呼吸困难、发绀和创伤性休克,患者有钝性伤病史或有乳头到脐之间区域的躯体锐器伤口,可合并恶心呕吐和腹部肌紧张,患侧胸部活动受限,叩诊呈鼓音,心音及气管向健侧移位,呼吸音减弱或消失,可闻及肠鸣音。

3. 辅助检查　胸部 X 线检查表现为伤侧膈肌上抬、模糊和不规则,肋膈角变钝,纵隔移位,胸腔内可见含气体、液体的胃肠影像或实体脏器影像。小型的膈肌破裂或破裂口被网膜、肝所封闭,早期可因无明显症状及 X 线片表现而漏诊,进入潜伏期而发展成为延迟性膈疝,早期行胸部 CT 检查有助于明确诊断。

4. 诊断与鉴别诊断

(1)诊断:主要依据患者的临床症状、体征、影像学检查综合断定。

(2)鉴别诊断:术前应与食管膈壶腹表现、贲门失弛缓症、心脏及上腹部疾病相鉴别。

5. 治疗

(1)西医治疗:膈肌破裂诊断一旦确立,均应及时行手术治疗。术前应纠正休克,并吸氧和胃肠减压。有绞窄性肠梗阻的患者,还要按肠梗阻、肠绞窄行术前准备及肠道准备。经腹手术适用于有腹腔内脏器损伤而无胸腔内脏器损伤的左侧创伤性膈疝,经胸手术适用于无腹腔内脏器损伤的右侧膈疝和延迟性膈疝。

术中探查要全面细致,不要漏掉其他部位的损伤。急性膈肌破裂一般都能对拢缝合。时间过久的患者,撕裂的膈肌边缘常萎缩变薄,应尽量将周围广泛游离后缝合,或采用自体组织或人工材料重建,以求无张力和牢固缝合。术后应继续积极抗休克,吸氧,预防和控制感染,防治肺部并发症,胃肠减压至胃肠功能恢复,保持各部位引流通畅。

膈肌修补手术较为简单,但膈肌破裂合并有胸、腹腔脏器损伤等患者术后有一定病死率。

(2)中医治疗:属于危急重症,早期手术为主,后期恢复可用中医药调理。

(赵　文)

第五节　腹　部　损　伤

一、概述

外部侵袭力作用于腹部而造成腹壁和腹腔内脏器组织结构完整性破坏或功能障碍,称为腹部损伤。和平时期发病率占各种损伤的 0.4%~1.8%,多数腹部损伤因内脏损伤而病情严重,病死率高达 10%~20%,早期正确的诊断和及时合理的处理是降低腹部损伤病死率的关键。按腹壁有无伤口分为开放性和闭合性两类,有皮肤破损者为开放性损伤,腹壁伤口穿破腹膜者为穿透伤(多伴内脏损伤),未穿破腹膜者为非穿透伤(有时伴内脏损伤)。其中投射物有入口、出口者为贯通伤,有入口无出口者为非贯通伤。此外,临床上行穿刺、内镜检查、钡灌肠检查、刮宫术或腹部手术等诊治措施引起的腹部损伤称医源性损伤。开放性腹部损伤患者腹壁均有伤口,一般需要剖腹手术(尤其是穿透伤或贯通伤)。然而闭合性腹部损伤时,由于体表无伤口,判断有无内脏损伤有一定难度,但早期诊断闭合性腹部损伤具有重要的意义。腹部损伤属中医"腹部内伤""腹部外伤""损伤昏厥""损伤腹痛"等范畴。

(一) 病因与病理

1. 西医病因与病理　开放性腹部损伤中常见的受损内脏依次是肝脏、小肠、胃、结肠、大血管等;闭合性腹部损伤中依次是脾脏、肾脏、小肠、肝脏、肠系膜等。胰腺、十二指肠、膈、直肠等由于解剖位置较深,损伤发生率较低。腹部损伤的范围及严重程度,是否有内脏损伤,以及涉及什么内脏等情况,在很大程度上取决于暴力的强度、速度、着力部位和作用方向等因素,还受解剖特点和内脏原有病理情况和功能状态等内在因素的影响。例如,肝和脾组织结构脆弱,血供丰富,位置比较固定,受到暴力打击时容易破裂;上腹受挤压时,胃窦、十二指肠水平部或胰腺可因被压在脊柱上面而发生断裂;肠道的固定部分(上段空肠、末段回肠、粘连的肠管等)比活动部分更易受损;充盈的空腔脏器(饱餐后的胃、未排空的膀胱等)比空虚时更易破裂。

2. 中医病因病机　腹部遭受冲击、挤压、坠跌、碰撞、踢踏等钝性暴力或刀刃、火器伤等利器刺入,致腹部气血、经络、脏腑损伤。轻则脉络破损,营血阻溢经隧内外,气机阻塞络道;重者内伤脏腑,甚至脏腑破裂,气血暴脱,阴阳离决而危及生命,出现血脱、厥脱之危证。

(二)临床表现

1. 症状

(1)全身状况:单纯性腹壁损伤生命体征平稳,无明显内出血征象,仅表现为受伤部位疼痛,短期内疼痛症状缓解,开放性单纯腹壁损伤则可见有伤口,一般不会出现恶心、呕吐等胃肠道症状或休克等表现。严重内脏损伤者多出现休克。脏器破裂的早期,由于胃酸、胆汁、胰液等消化液外溢,对腹膜产生强烈的化学刺激,引起剧烈疼痛,可出现疼痛性休克,晚期由于细菌感染可继发感染性休克。

(2)局部症状:腹痛是腹部损伤的主要症状,腹痛最早出现、最明显的部位通常是损伤所在部位。可伴有恶心、呕吐、腹胀、呕血、便血或血尿等症状。

2. 体征　腹部体征最明显处一般是损伤所在处,空腔脏器以弥漫性腹膜炎为主,而实质性脏器以腹腔内(或腹膜后)出血为主。如两类脏器同时破裂,则出血和腹膜炎可同时存在。

(1)伤口、腹壁肿胀和瘀斑。

(2)腹膜刺激征是腹内空腔脏器破裂引起急性弥漫性腹膜炎的主要表现,体征最明显处即是损伤所在处。

(3)移动性浊音是腹腔内出血的有力证据,但出血量较大时才会出现,对早期诊断帮助不大。

(4)空腔脏器破裂后可有气腹征,肝浊音界缩小或消失。

(5)肠鸣音减弱或消失,早期由反射性肠蠕动受抑制所引起,晚期则是由腹腔感染、毒素吸收所导致。

(三)辅助检查

1. 实验室检查

(1)血常规:红细胞计数、血红蛋白、血细胞比容等下降,表示有大量失血。白细胞计数及中性粒细胞升高不仅见于腹腔内脏器损伤时,同时也是机体对创伤的一种应激反应,对明确诊断价值不大。

(2)淀粉酶:血清、尿淀粉酶升高通常提示胰腺受损,但不能排除胃肠道破裂和腹膜后十二指肠破裂。

(3)尿常规:大量红细胞,提示泌尿系损伤。

2. X线检查　若腹部损伤诊断已明确,不必行 X 线检查。若伤情允许,选择性地行 X 线检查明确诊断是有必要的,最常用的是胸片、腹部立位平片。必要时拍骨盆片,因为骨折的存在可能提示有关脏器的损伤。

(1)气腹:腹腔游离气体为胃肠道(主要是胃、十二指肠和结肠)破裂的确证,腹部立位平片可表现为膈下新月形阴影,或侧卧位时的穿窿征(侧腹壁下积气)和镰状韧带征(韧带下积气),或仰卧位时的双肠壁征。一般腹腔内有 50ml 以上的游离气体时即可显示。X 线检查见花斑状阴影提示腹膜后十二指肠破裂。

(2)积血或积液:当腹腔内有大量积血(>800ml),在仰卧位时 X 线平片可显示肠间隙增大,腹部立位平片可见肠间液平。腹膜后血肿时,腰大肌影消失。

（3）内脏变形与移位：胃右移、横结肠下移、胃大弯有锯齿样压迹（脾胃韧带内血肿）是脾破裂的征象；右膈抬高、肝正常外形消失及右下胸肋骨骨折，提示有肝破裂的可能。

（4）口服水溶性造影剂：当怀疑胃或十二指肠破裂时，可经口或胃管注入泛影葡胺或碘海醇，造影剂从腔内溢出是穿孔或破裂的证据。

3. 诊断性腹腔穿刺　适用于怀疑有腹腔内出血或空腔脏器穿孔者。此方法简单、快速、经济、安全，准确率高达 90%。抽到液体后应观察其性状（血液、胃肠内容物、浑浊腹水、胆汁或尿液），借以推断哪类脏器受损。如果抽到不凝血，提示实质性脏器破裂出血。但阴性结果则不能完全排除内脏损伤。对于严重腹胀、晚期妊娠、既往腹部有手术或炎症造成的腹腔广泛性肠粘连及躁动不能合作者，不宜做腹腔穿刺。

4. 诊断性腹腔灌洗　适用于腹腔穿刺阴性而又怀疑腹腔内脏器损伤者，早期诊断阳性率比腹腔穿刺高。检查结果符合以下任何一项，即属阳性：

（1）灌洗液含有肉眼可见的血液、胆汁、胃肠内容物或证明是尿液。

（2）显微镜下红细胞计数超过 $0.1 \times 10^{12}/L$ 或白细胞计数超过 $0.5 \times 10^{9}/L$。

（3）淀粉酶超过 100 索氏单位。

（4）沉渣染色涂片找到细菌。

5. B 超、腹部 CT 和 MRI　腹部 B 超主要用于诊断肝、脾、胰、肾等实质性脏器的损伤，能提示损伤的有无、部位和程度。如果空腔脏器周围有积液，可以在超声引导下行腹腔穿刺诊断，但空腔脏器损伤因气体干扰而难以判断。腹部 CT 能够清晰显示脏器损伤的部位及范围，为选择治疗方案提供重要依据，同时对空腔脏器损伤的诊断也有一定价值。腹部增强 CT 能鉴别有无活动性出血及其部位。MRI 检查对血管损伤和某些特殊部位如十二指肠壁间血肿有较高的诊断价值，而磁共振胆胰管成像（magnetic resonance cholangiopancreatography，MRCP）则适用于胆道损伤的诊断。

6. 腹腔镜探查术、血管造影术　对早期诊断及鉴别诊断或治疗有较高价值。腹腔镜可直接窥视确诊损伤，且可明确受伤的部位和程度，特别是可以确认损伤的脏器有无活动性出血，有些损伤可在腹腔镜下进行治疗。但二氧化碳气腹可引起高碳酸血症和因抬高膈肌而影响呼吸，大静脉损伤时更有发生气体栓塞的危险。

7. 血管造影　选择性腹腔动脉造影能帮助确定脏器损伤、血管出血部位；数字减影血管造影最适合用于血管损伤的诊断。

（四）诊断

1. 诊断

（1）在腹部损伤的诊断中，详细了解受伤时间、地点、致伤条件、伤情及其变化和就诊前的急救处理。首先确定有无内脏损伤，其次分析鉴别哪一类脏器受损伤，最后考虑是什么脏器损伤，是否有多发性损伤。

（2）动态观察全身情况，重点观察生命体征，特别要注意有无休克征象。

（3）全面而有重点地查体，以腹部系统查体为主，尤其要注意是否有腹膜刺激征、移动性浊音、直肠指检阳性等体征，同时要注意腹部以外部位有无损伤。

（4）针对性地选择相关的影像学和实验室检查。

2. 分析判断

（1）明确有无内脏损伤

1）肝、脾、胰、肾等实质性脏器或大血管损伤主要临床表现是内出血，体征最明显处一般即损伤所在处。

2）胃肠道、胆道、膀胱等空腔脏器破裂主要临床表现是弥漫性腹膜炎，最突出的表现是有腹膜刺激征,其程度因空腔脏器内容物不同而异。

(2)分辨受损伤的脏器:先确定是哪一类脏器受损,然后考虑具体脏器。单纯实质性脏器损伤时,症状及体征轻,出血量多时常有腹胀和移动性浊音。但肝、脾破裂后,因局部积血形成血凝块,可出现固定性浊音。单纯空腔脏器破裂以腹膜炎为主要临床表现,尤其是上消化道器官破裂穿孔,腹膜刺激征尤为严重。但有时空腔脏器破裂所致的腹膜炎,不一定在伤后很快出现,尤其是下消化道破裂或裂口较小时,腹膜炎体征通常出现得较迟。有时肠壁的破口很小,可很快闭合而不发展为弥漫性腹膜炎。

(3)判断是否有多发性损伤:各种多发性损伤可能有如下若干种情况:①腹腔内某一脏器有多处伤;②腹腔内有一个以上脏器受损伤;③除腹部损伤外的合并损伤;④腹部以外的损伤累及腹腔内脏器。不论哪一种情况,在诊断和治疗中均应避免遗漏,否则后果不堪设想。追问病史、详细体检、严密观察和诊治中的全局观是避免误诊漏诊的关键。

(4)进一步诊断

1)其他辅助检查:①诊断性腹腔穿刺术和腹腔灌洗术;②X线检查;③B超检查;④CT检查;⑤其他检查。

2)进行严密观察:①观察的内容包括:每15~30分钟测定一次脉搏、呼吸和血压;每30分钟检查一次腹部体征,注意腹膜刺激征的程度和范围的改变;每30~60分钟测定一次红细胞计数、血红蛋白和血细胞比容,了解是否有所下降,并复查白细胞计数是否上升;必要时可重复进行诊断性腹腔穿刺术和腹腔灌洗术。②除了随时掌握伤情变化,观察期间应做到:不能随便搬动伤者,以免加重伤情;不注射止痛剂,以免掩盖伤情;禁止饮食,以防胃肠道穿孔而加重腹腔污染。③观察期间还应进行以下处理:积极补充血容量,并防止休克;注射广谱抗生素以预防或治疗可能存在的腹腔感染;疑有空腔脏器破裂或有明显腹胀时,应进行胃肠减压。

3)剖腹探查:①腹痛和腹膜刺激征有进行性加重或范围扩大者;②肠蠕动音逐渐减弱、消失或出现明显腹胀者;③全身情况有恶化趋势,出现口渴、烦躁、脉率增快或体温及白细胞计数上升者;④红细胞计数进行性下降者;⑤血压由稳定转为不稳定甚至下降者;⑥胃肠出血者;⑦积极救治休克而情况不见好转或继续恶化者。

(5)腹部闭合性损伤和非贯通伤的处理原则

1)首先处理对生命威胁最大的损伤;

2)其次要迅速控制明显的外出血,处理开放性气胸或张力性气胸,尽快恢复循环容量,控制休克和进展迅速的颅脑外伤;

3)对于腹腔内脏器本身,实质性脏器损伤常可发生威胁生命的大出血,故比空腔脏器损伤更为紧急;

4)探查次序:①原则上应先探查肝、脾等实质性脏器,同时探查膈肌有无损伤;②接着从胃开始,逐渐探查十二指肠上部、空肠、回肠、大肠以及肠系膜;③然后探查盆腔脏器,再后则切开胃结肠韧带显露网膜囊,检查胃后壁和胰腺,如有必要最后还应切开后腹膜检查十二指肠降部、水平部、升部。

(五) 治疗

1. 西医治疗

(1)紧急治疗

1)先处理危及生命的合并性损伤。

2)解除呼吸道梗阻,保持呼吸道通畅。

3)建立静脉液体通道,补充血容量,抗休克治疗。

4）胃肠减压及留置导尿管。

5）根据患者病情变化进行必要的辅助检查。

（2）非手术治疗

适应证：①暂时不能确定有无腹腔内脏器损伤者；②生命体征平稳，无腹膜炎体征者；③未发现其他内脏的合并伤者；④诊断已明确为轻度的单纯实质性脏器损伤，生命体征稳定或临床症状较轻者。

治疗措施：①补充血容量，防治休克；②应用广谱抗生素预防或治疗可能存在的腹腔感染；③疑有空腔器官破裂或明显腹胀时，禁食、胃肠减压；④营养支持；⑤做好术前准备。

（3）手术治疗

适应证：已确定腹腔内脏器破裂或有下列指征者宜剖腹探查，包括：①腹痛和腹膜刺激征进行性加重或范围扩大者；②全身情况有恶化趋势者；③膈下有游离气体者；④红细胞计数、血红蛋白进行性下降者；⑤积极抢救休克而情况不见好转者；⑥腹腔穿刺吸出不凝血液、胆汁或胃肠内容物者；⑦胃肠道出血不易控制者；⑧非手术治疗者，经观察仍不能排除腹腔内脏器损伤或症状加重者。

手术原则：①麻醉应选择气管内麻醉。②根据受伤脏器就近选择切口进腹。如不能确定受伤的器官，应选用腹部中正切口。腹部有开放性损伤时，不可通过扩大伤口去探查腹腔。③先止血后修补，先处理污染严重的损伤，再处理污染较轻的损伤。探查次序同上所述。④腹腔内损伤处理完后，彻底清除腹腔内残留液体，仔细清点器械和纱布，用大量温生理盐水冲洗腹腔至干净，根据需要放置引流管。腹壁切口污染重者皮下应留置引流物。

2. 中医治疗

（1）治疗原则

1）对于已明确或疑诊为腹部空腔脏器损伤者，术前禁用中药内服治疗。

2）对非手术治疗的轻症患者，在病情稳定后可予中药内服。

（2）辨证论治

1）气脱血枯证：肝、脾、肠系膜血管破裂，腹痛拒按，面色苍白，四肢厥逆，冷汗淋漓，恶心呕吐，烦躁不安，血压下降，脉微欲绝。治以回阳救逆，养血益阴。静脉滴注参附注射液、生脉注射液。

2）气滞血瘀证：腹腔出血渗液量少，无休克，但病情不稳定，腹痛拒按，恶心欲吐，少腹胀满，神疲乏力，或有低热，苔白或黄，脉细缓。治以活血化瘀，静脉滴注丹参注射液或血塞通注射液。

（六）中西医结合讨论

对于单纯腹壁挫伤，在常规西医补液、预防感染的基础上予活血祛瘀、行气止痛为主的中药内服，偏于气伤者可选用顺气活血汤，偏于血伤者，可选用膈下逐瘀汤。中西医结合治疗腹部损伤的优势主要体现在术后，首先，促进术后消化道功能的恢复，腹部手术术后都面临胃肠道功能紊乱、腹腔内残余感染、腹腔受损伤脏器水肿等问题，可出现较严重的腹胀，进而影响心肺功能，并且也会增加肠粘连的发生率。中医认为，腹部手术后，脏腑处于不通的状态，即"气血瘀滞、腑气不通"，因此，在辨证的前提下，应予"通里攻下"的中药，如大黄、枳壳等，还可用大承气汤水煎灌肠，恢复胃肠蠕动，加快排气排便，尽早恢复饮食。其次，减少术后并发症，部分患者术后腹腔内有残余炎症，伴有发热、腹痛等症状，尽管应用抗生素能有效杀菌抑菌，减轻炎症，但如果使用时间过长，会产生耐药等问题。临床试验证实，中药如清热解毒类中药可以起到类似消炎药的作用，辅助抗生素增强抗菌效果。另外，活血化瘀类中药可以改善微循环,恢复肠壁屏障功能,加快腹腔内积液的吸收,促进炎症消散,并改善肠道的营养状态。中医认为"邪之所凑,其气必虚",术后由于出血、感染、情绪等因素的刺激,多有气血不足、正气虚弱,可予"补益气血、扶正祛邪"的方药,以增强体质,提高抗病能力,减少并发症的发生。另外中医的针灸、按摩等也对手术后的恢复有良好的作用。

一、肝破裂

(一) 概述

肝破裂是指肝脏遭受强大暴力损伤而破裂,在腹部损伤中占 15%~20%。单纯性肝破裂病死率约为 9%,合并多脏器损伤和复杂性肝破裂的病死率可高达 50%。右半肝破裂较左半肝为多见。肝破裂的主要危险是失血性休克、胆汁性腹膜炎和继发性感染。因肝破裂后可能有胆汁溢出,故腹痛和腹膜刺激征常较脾破裂伤者更为明显。肝破裂后,血液有时可通过受伤的胆管进入十二指肠而出现黑便或呕血,称为外伤性胆道出血;肝被膜下破裂也有转为真性破裂的可能;而中央型肝破裂形成的血肿,可以被吸收,但有继发感染形成肝脓肿的可能。

(二) 病因与病理

1. 西医病因与病理 肝破裂的主要病理改变是出血、胆汁外溢和肝组织坏死。按照肝脏损伤程度不同,可分为三种病理类型:

(1)肝实质及肝包膜裂伤;

(2)肝包膜下血肿:肝实质裂伤但肝包膜完整;

(3)中央型裂伤:肝深部实质裂伤,可伴有或无肝包膜裂伤,此型易发展为继发性肝脓肿。

2. 中医病因病机 肝脏受到直接或间接暴力损伤后,轻则脉络破损,营血阻溢于经隧内外,气机阻塞络道;重则内动脏腑,甚至肝破裂,藏血失司,血涌于外,胆汁外溢,患者可发生休克、腹膜炎等危重证候。

(三) 临床表现

肝破裂的临床表现取决于损伤的程度与病理类型。

1. 肝实质及肝包膜裂伤(真性破裂) 大多数肝破裂为真性破裂,主要病象为因腹腔内出血引起失血性休克和腹膜刺激征,常引起右肩部放射性疼痛,腹部出现移动性浊音;直肠指检在直肠膀胱陷凹内有饱满隆起的感觉;胆囊及胆总管损伤者可出现陶土样便、黄疸、胆红素尿、皮肤发痒。

2. 中心型肝裂伤与肝包膜下血肿 中心型肝裂伤与肝包膜下血肿可无腹膜刺激征,仅右季肋部有疼痛与压痛。严重的中心型肝破裂可因肝细胞坏死而出现肝细胞性黄疸、创伤性胆道出血,或继发感染形成肝脓肿;胆管创伤后胆汁外溢,可造成胆瘘及胆汁性腹膜炎。

(四) 辅助检查

1. 血常规及生化 血红蛋白、红细胞计数、血细胞比容等均有下降,白细胞计数有不同程度的升高,血清谷丙转氨酶(glutamic-pyruvic transaminase,GPT)、谷草转氨酶(glutamic-oxaloacetic transaminase,GOT)在创伤后几小时内可升高。

2. X 线检查 肝脏阴影增大或不规则,膈肌抬高,活动受限;对可疑胆囊及胆总管损伤的患者可行静脉胆管造影或胰胆管造影,以帮助确诊。

3. B 超检查 为肝破裂首选方法,于床旁进行反复检查,可发现腹腔积血、肝包膜下血肿或肝中央型血肿,可做出定位与定性判断。

4. 腹部 CT 检查　肝轮廓不完整,肝周积液。

5. 腹腔穿刺　可抽出大量不凝固血性液体和胆汁;腹腔灌洗为血性液体并含有胆汁。

(五) 诊断

(1)有右季肋外伤病史。

(2)右上腹部疼痛,有时向右肩部放射,可伴有口渴、恶心、呕吐、心慌、气促、面色苍白、呕血、黑便等;触诊时右上腹有明显腹膜刺激征和腹部有移动性浊音,早期即有休克症状。

(3)血红蛋白、红细胞计数、血细胞比容等呈进行性下降。

(4)X 线摄片可见右膈肌升高;B 超或 CT 检查可发现肝周积液及破裂部位。

(5)腹腔穿刺于右下腹可抽出不凝血液或胆汁。

(六) 治疗

1. 西医治疗

(1)术前准备:迅速建立两条以上静脉输液通道,快速静脉输注平衡液,积极配血,尽快输入全血,以纠正休克。补液时应注意防止肺水肿、输血反应、低蛋白血症及凝血功能障碍的发生,并做好急诊手术的各项准备。

(2)手术

1)肝破裂原则上均应及时手术治疗。

2)手术治疗的原则为:确切止血,彻底清创,清除溢漏胆汁,建立通畅引流和处理其他合并伤。

3)损伤较轻者只需清创性切除,清除血块及无活力的肝组织,用大网膜覆盖创面后做间断或褥式缝合。

4)严重损伤无法修补者,可做肝部分切除术。

5)对术中的大出血,限于设备及技术条件无法施行手术者,可先在伤处填入网膜或止血海绵后,再有计划地填纱布压迫止血,同时用手或橡皮管阻断第一肝门控制出血,尚不失为挽救生命、争取时间的应急手段。

6)无论何种手术均需腹腔引流,防止感染。

2. 中医治疗　中医辨证施治时应注意,在致伤早期明确诊断之前,不宜内服中药治疗。

(1)辨证论治

1)气滞血瘀证:跌打损伤轻,未伤及内脏,血积胁下,右胁肋部肿痛固定,压痛明显,舌质紫暗,脉弦或紧。治以疏肝理气,活血逐瘀。方用复元活血汤加减。

2)气血两虚证:损伤后期,胁肋隐痛,面色无华,头晕心悸,神疲纳少,舌淡,脉细弱。治以益气养血,用八珍汤加减。

3)气随血脱证:伤后出血多,突然昏厥,面色苍白,冷汗肢冷,口渴气急,二便失禁,舌淡唇干,脉芤或细数。治以益气生血,回阳固脱。方用当归补血汤合参附汤加减。

4)肝郁气滞证:损伤后期,胁肋隐痛,走窜不定,屏气时加剧,胸闷,喜太息,情志抑郁,纳少,苔薄白,脉弦。治以疏肝解郁,理气止痛。方用柴胡疏肝散加减。

(2)外治法:轻度肝损伤可用消瘀止痛膏、七厘散、金黄散等外敷、外搽以活血化瘀、消肿止痛。肝破裂厥脱者可采用灸法,取至阴、气海、足三里,以使患者苏醒为度。

(七) 中西医结合讨论

根据中医急则治其标,缓则治其本及标本兼治的治疗原则,肝破裂的治疗应包括抗休克、促进肝修复两个阶段。

抗休克阶段治疗主要是迅速控制内出血与纠正循环衰竭,孰先孰后,依机体情况而定,衰竭严重者先抢救衰竭,同时或而后止血。机体情况尚可宜先积极制止出血。抢救循环衰竭的主要措施是手术疗法和非手术疗法,两者应相互配合,相互辅佐,抓住时机,方能取得好的效果。重症肝破裂一经确诊,应在抗休克、补充血容量的同时,立即进行手术探查,根据情况采取不同手术方式。对于早期失血性休克,虽有瘀血实积,但仍以气随血脱为主,用现代治疗手段救其急,辨证中药煎剂以益气回阳固脱为主。

肝破裂休克纠正后早期病理改变主要是瘀血内积,气郁不畅的腑实证,辨证中药煎剂治疗主要是去其瘀实。由于肝破裂后失血过多或手术损伤气血,肝破裂后期主要病理改变是气血亏虚,中药治疗主要是益气养血,康复其本;有瘀未尽者,应扶正祛邪,标本兼顾。总之,中西医结合在治疗外伤急症方面已取得了一定的疗效。

二、脾破裂

(一)概述

脾破裂是指脾脏遭受暴力损伤而发生的破裂。在闭合性腹部损伤中,脾破裂居于首位,占 20%~40%;在开放性腹部损伤中,脾破裂约占 10%。脾破裂主要危险在于大出血,单纯性脾破裂病死率约 10%,若多发性损伤,病死率高达 15%~25%。

(二)病因与病理

1. 西医病因与病理 外界暴力直接或间接打击脾脏,致使脾脏破裂,是腹外伤最常见的严重并发症。此外,病理性脾大时脾脏更容易损伤破裂。

按病理解剖,脾破裂可分为包膜下破裂、中央破裂和真性破裂。包膜下破裂表现为包膜下血肿,并无腹腔内出血。中央破裂发生在脾实质内,可以自限。真性破裂是脾实质与包膜同时破裂,最为常见。若脾破裂发生在脏面,尤其是邻近脾门,有撕裂脾蒂的可能,患者可因大出血,迅速发生休克,甚至因未及时抢救而死亡。

2. 中医病因病机 脾主统血,当暴力直接或间接作用于脾脏致使脾脏损伤,其脉络、筋膜、气血运行随之受伤,致统血失司,血溢脉外,气随血脱。若大脉络爆裂,出血汹涌,则致血脱而亡。

(三)临床表现

脾破裂主要临床表现为腹痛、腹膜刺激征、腹腔内出血和失血性休克症状;出血刺激左膈下,出现左肩牵涉痛(Kehr 征)。患者可伴随恶心、呕吐、腹胀等症状,如出血量大,出现失血性休克(口渴,心慌,四肢无力,厥冷,烦躁不安,面色苍白,神志淡漠,脉搏细数,血压下降等表现)。

(四)辅助检查

1. 血常规 血红蛋白、红细胞计数、血细胞比容等进行性下降,白细胞计数可稍增高。

2. 腹部 B 超、CT 检查 B 超可发现腹腔积液,脾脏增大,尤其是对被膜下脾破裂能及时做出诊断,是首选的检查方法。CT 检查能清楚地显示脾脏的形态,对诊断脾脏实质裂伤或包膜下血肿的准确性很高,同时可发现腹腔内多脏器损伤。

3. 腹腔穿刺 抽出不凝血液,结合病史,对确诊有较大意义。

4. 腹腔动脉造影 属于侵入性检查,具有高度的特异度和准确性,因其有一定的危险性,故仅用于难以确诊的病例。

5. 腹腔镜、剖腹探查术 对于有腹部外伤、临床表现不典型、一时难以诊断者或受到各种条件限制等,可行探查术。两种方式可根据医院条件、术者手术操作技巧、评估病情等综合选择,也可两者结合。

(五)诊断

(1)左上腹及左季肋区有外伤病史。

(2)患者有休克、恶心、呕吐、腹胀及左肩部放射性疼痛;叩诊脾区可有固定的扩大的实音区,腹膜刺激征以左上腹为甚。

(3)红细胞计数、血红蛋白、血细胞比容可出现进行性下降。

(4)X线腹部平片可见脾区阴影扩大,腰大肌阴影不清楚及左膈肌抬高。

(5)诊断性腹腔穿刺或腹腔灌洗为血性液体。

(6)B超与CT检查可见脾区积血及脾脏破损。

(六) 治疗

1. 西医治疗　脾破裂的处理原则是"抢救生命第一,保脾第二"。具体处理方法如下:

(1)经超声或CT等影像学检查证实脾裂伤比较局限、表浅,无其他腹腔脏器合并伤,患者生命体征平稳,可行非手术治疗。主要措施:绝对卧床休息至少1周,禁食、水,输血补液,应用止血药物和抗生素等。

(2)观察中如发现继续出血,或发现有其他脏器损伤,应立即手术,以免延误治疗。

(3)手术探查时,要彻底查明伤情,如果损伤轻(Ⅰ、Ⅱ级损伤),可保留脾,根据伤情采用不同的处理方法,如生物胶粘合止血、物理凝固止血、单纯缝合修补、脾动脉结扎及脾部分切除等。如果损伤严重,如脾中心部碎裂,脾门撕裂,缝合修补不能有效止血或有大量失活组织,或伴有多发性伤,伤情严重,需迅速施行全脾切除术。

(4)在野战条件下或原先已呈病理性肿大的脾发生破裂,应行全脾切除术。

(5)延迟性脾破裂一般发生在伤后2周,也有迟至数月以后,一旦发生,应立即手术。

(6)对于5岁以下儿童不宜行全脾切除术,以免导致严重的全身性感染。应保留副脾或脾组织自体移植;但病理脾或脾脏内有污染时,则不宜施行保脾手术及脾组织自体移植。

2. 中医治疗　患者病情稳定,生命体征平稳,腹部症状、体征无继续加重,亦无其他腹腔内脏器合并伤时,可在严密监护下行中医治疗。辨证论治可参见肝破裂内容。

(七) 预防与调护

(1)术后加强随访,告知患者有感染后立即治疗。

(2)加强营养,增强体质,提高机体免疫力。

(3)对于行保守治疗的脾破裂患者,密切观察生命体征,患者绝对卧床两周。

三、胰腺损伤

(一) 概述

胰腺损伤(pancreatic injury)占腹部损伤的1%~2%,但其位置深而隐蔽,早期不易被发现,甚至在手术探查时也有漏诊的可能。胰腺损伤后常并发胰液漏或胰瘘。因胰液侵蚀性强,又影响消化功能,故胰腺损伤的病死率高达20%。

(二) 病因与病理

1. 西医病因与病理　胰腺的位置相对固定,其后紧邻坚硬的脊椎体,因此,当钝性暴力直接作用于上腹部时,胰腺因受挤压易发生挫裂伤或横断伤。胰腺遭受损伤而破坏后,胰岛素分泌减少,血糖升高,胰管断裂,胰液外流至腹腔,外溢的胰液中消化酶被激活后,又可将胰腺组织自身消化,引起更多的胰腺组织进一步坏死及胰腺周围组织的腐蚀,可出现腹膜刺激征及休克的症状。根据胰腺损伤的病理程度,可分为:①轻度挫伤;②严重挫伤;③部分胰腺断裂;④完全断裂伤等。胰腺损伤的病理程度是胰腺外伤病理分型的基本依据。美国创伤外科学会(American Association for the Surgery of Trauma, AAST)分型:①Ⅰ型:小血肿、浅表裂伤,无大胰管损伤;②Ⅱ型:较大血肿、较深裂伤,无大胰管损伤;③Ⅲ型:胰腺远侧断裂伤,有大胰管损伤;④Ⅳ型:胰腺近侧断裂伤或累及壶腹部,有大胰管损伤;⑤Ⅴ型:胰头严重毁损,有大胰管损伤。

2. 中医病因病机　外在暴力性挤压伤及胰腺,引起胰腺周围组织、气血、筋膜及本身脏器不同程度的损伤,脉络破裂,气机阻滞,滞留脏腑与筋膜之间;或内动脏腑,血涌于外,胰液外溢而危及生命。

(三) 临床表现

轻度胰腺损伤早期多无临床症状。严重的胰腺损伤表现为上腹部剧烈疼痛,还可因膈肌受刺激而出现肩部疼痛,伴恶心、呕吐、腹胀、肠鸣音减弱或消失,甚至休克;外渗的胰液经网膜孔或破裂的小网膜进入腹腔后,可出现弥漫性腹膜炎;脐周皮肤可呈青紫色。

(四) 辅助检查

1. 实验室检查　血白细胞计数、中性粒细胞增高,红细胞计数和血红蛋白下降;血清、尿淀粉酶可升高,C反应蛋白升高。

2. 腹部B超、CT检查　B超可发现胰腺弥漫性或局限性增大,回声增强或减弱,胰腺周围积血、积液。CT能显示胰腺轮廓是否整齐及周围有无积血、积液。

3. 腹腔穿刺与腹腔灌洗　若穿刺抽出液或灌洗液淀粉酶含量增高,结合病史和腹部CT可考虑为胰腺损伤。

(五) 诊断

(1)有上腹部穿透伤或严重挤压伤史。

(2)轻度胰腺损伤早期多无临床症状。较重的胰腺损伤表现为上腹部剧烈疼痛和肌紧张,还可因膈肌受刺激而出现肩部疼痛,伴恶心、呕吐、腹胀,肠鸣音减弱或消失,甚至休克;外渗的胰液经网膜孔或破裂的小网膜进入腹腔后,可出现弥漫性腹膜炎;脐周皮肤可呈青紫色。

(3)血清淀粉酶升高,腹腔穿刺液或灌洗液淀粉酶升高,若高于100U/dl,更具有早期诊断意义。

(4)B超可发现胰腺回声不均和周围积血、积液。CT能显示胰腺轮廓是否整齐及周围有无积血、积液。

(六) 治疗

1. 西医治疗

(1)胰腺损伤的紧急处理:胰腺损伤后主要表现为腹腔内出血、急性胰腺源性腹膜炎,继而水、电解质及酸碱平衡紊乱。因此必须立即抗休克、积极扩充血容量,并适量输入白蛋白以减少渗出,在积极抗休克的同时积极手术。

(2)胰腺损伤非手术治疗:目前,胰腺损伤非手术治疗基本上局限于无主胰管损伤及合并伤的Ⅰ、Ⅱ级损伤。在行ERCP检查过程中发现胰管不完全断裂的情况下,可放置支架引流。抑肽酶能抑制胰腺分泌,是非手术治疗胰腺损伤的新型药物,可减少胰瘘、胰腺假性囊肿的发生。保守治疗过程中应该定期行B超、CT检查,如有胰腺肿胀及胰周积液,可予手术引流。疑有主胰管损伤,宜早日探查。治疗措施:①禁食和胃肠减压;②抑制胰酶分泌、抑酸疗法;③抗休克;④抗感染;⑤营养支持治疗;⑥对症治疗。

(3)手术治疗:原则是彻底清创,完全止血,制止胰液外漏及处理合并伤,充分有效地行胰周引流。被膜完整的胰腺挫伤,仅做局部引流即可。胰体部分破裂而主胰管未断者,可用丝线做褥式缝合修补。胰颈、体、尾部的严重挫裂伤或横断伤,宜做胰腺近端缝合、远端切除术。胰腺头部严重挫裂或断裂,为了保全胰腺功能,此时宜做主胰管吻合术,或结扎近端主胰管、缝闭近端腺体并行远端与空肠Roux-en-Y吻合术。胰头损伤合并十二指肠破裂者,伤情最重。若胰头部胆总管断裂而胰管完好,可缝闭胆总管断裂的两端,修补十二指肠及胰腺裂口,另行胆总管-空肠 Roux-en-Y 吻合术。若胆总管与胰管同时断裂但胰腺后壁完整,可以空肠 Roux-en-Y 襻覆盖其上与胰腺和十二指肠裂口吻合。只有在胰头严重毁损确实无法修复时才施行胰头十二指肠切除。各类胰腺手术之后,腹腔内均应留置引流物。保持引流通畅,不能过早拔除。最好是同时使用烟卷引流和双套管负压吸引。胰瘘多在 4~6 周内自愈,少数流量大的瘘可能需引流数月之久。生长抑素可用于预防和治疗外伤性胰瘘。胰瘘宜禁食并给予全胃肠外静脉营养治疗。

2. 中医治疗 多适用于轻度胰腺挫伤的患者。同时配合禁食、胃肠减压、抗感染、抑制胰酶分泌、维持水电解质平衡、营养支持等常规治疗。

(1)辨证论治

1)气郁血瘀证:上腹部疼痛放射至腰背部,腹胀,恶心,压痛明显,舌红,苔黄,脉弦紧。治以行气止痛,活血祛瘀。方用越鞠丸合复元活血汤加减。

2)热毒内蕴证:持续腹部剧痛,拒按压痛,肠鸣音减弱,发热,恶心呕吐,便秘尿赤,舌红,苔黄腻,脉洪数。治以清热解毒,顺气通腑。方用黄连解毒汤合大承气汤加减。

3)气血瘀结证:伤后数周或数年,上腹部包块隐痛,肩背部放射痛,俯仰转侧加重,纳呆,便秘,低热,舌偏红,苔黄干,脉细数或弦涩。治以行气活血,化瘀散结。方用膈下逐瘀汤加减。

4)热厥证:腹部膨胀,全腹压痛、反跳痛,精神萎靡,烦躁不安,神昏谵语,口干,肢厥,呼吸浅促,斑疹、衄血、呕血、便血,少尿或无尿,舌红,苔黄干厚,脉沉细数或微细欲绝。治以清营泻热,解毒养阴。方用清营汤加减。

(2)外治法:轻型胰腺损伤可用消瘀止痛膏、七厘散、金黄膏等外敷以活血化瘀、消肿止痛。

(3)中药保留灌肠:大承气汤水煎,每日 1 剂,每次用药 100~200ml,肠麻痹解除后逐步减量至停止。

(4)体针

主穴:下巨虚、内关、中脘、梁门、阴陵泉、地机等。

镇痛操作:电针刺激足三里、三阴交。

止吐操作:平补平泻中等强度刺激公孙、太冲。

(七) 预防与调护

1. 密切注意病情变化,防止漏诊及并发症。

2. 术后腹内应留置引流管,要求引流通畅,注意防止术后胰瘘的发生。

3. 胰瘘明显者加强引流,保持引流通畅,注意引流液的色、质、量等,同时禁饮食并给予全胃肠外静脉高营养治疗。应用生长抑素可明显减少胰液分泌量,有利于胰瘘的愈合。

4. 长期胰瘘不愈者可通过手术将瘘管植入消化道,将外引流转为内引流。

(八) 中西医结合讨论

由于胰腺的解剖特点及胰腺损伤常合并其他脏器损伤,早期漏诊率及并发症发生率高,导致病死率较高,剖腹探查是诊断胰腺损伤首要可靠的方法。术后根据患者是否有消化道损伤,制订中医药治疗方案。无消化道损伤者,术后可经口或胃管注入活血清胰汤;有消化道损伤者在术中行空肠造瘘,经空肠造瘘管给予。胰腺损伤术后早期患者多有湿热与里实热证,临床多见证少阳阳明合病,另因为胰腺损伤多伴有血瘀证,治疗应以通里攻下法为主,辅以活血化瘀,以大柴胡汤为基础,增加活血化瘀药物。通里攻下法具有促进肠蠕动、改善肠壁血供、维护肠道正常菌群、促进内毒素排泄等作用。

四、十二指肠及小肠损伤

(一) 概述

小肠损伤(small intestinal injury)是指因钝性外力的直接或间接打击及锐器伤导致小肠破裂者。小肠是人体腹腔内占位最广的器官,因腹前壁、侧壁均为软组织,不能充分保护小肠,故受伤的机会较多。十二指肠的大部分位于腹膜后,损伤的发病率很低,多为上腹部穿透伤所引起,占腹部外伤的 3%~5%。

(二) 病因与病理

1. 西医病因与病理

(1) 直接暴力作用于腹部,并向腰骶方向传递,导致肠管及肠系膜损伤,也可以使一段肠腔内压力突然剧增而爆裂穿孔。

(2) 间接暴力作用过程中充盈的肠管由于惯性作用发生位置改变,造成肠管或其系膜的撕裂和断裂,主要发生在小肠两端的固定部位。

(3) 锐器损伤或自身肌肉强烈收缩导致小肠损伤,小肠损伤后的病理改变多是肠壁破裂,有时因肠系膜血管损伤而发生内出血引起失血性休克;或肠壁缺血性坏死穿孔,肠内容物和细菌进入腹腔引起急性弥漫性腹膜炎,肠壁愈合后可形成肠道瘢痕狭窄。

2. 中医病因病机 腹部损伤累及小肠及十二指肠,致肠壁破损,肠液外溢,污染腹腔,致腹腔气血运行不畅,经络阻滞,热毒壅遏,或肠络受损,血溢脉外,气血亏虚。若大脉络爆裂,出血汹涌,则产生热厥、血脱之危急证候。

(三) 临床表现

主要表现为剧烈的腹痛,伴有恶心、呕吐、腹胀等。查体可见患者面色苍白、皮肤厥冷、脉搏微弱、呼吸急促、血压下降;全腹压痛、反跳痛及腹肌紧张,肝浊音界消失、移动性浊音阳性及肠鸣音消失;严重损伤患者可出现休克表现。腹膜后十二指肠破裂患者有时可出现睾丸疼痛、阴囊血肿和阴茎异常勃起等症状和体征。

(四) 辅助检查

1. 实验室检查 血常规白细胞计数、中性粒细胞、C 反应蛋白等上升;出血较多时红细胞、血红蛋白、血细胞比容等下降;十二指肠损伤者血清淀粉酶可升高。

2. 腹部立位平片检查 小肠损伤者腹部立位平片发现膈下游离气体;十二指肠损伤者腹部立位平片见右肾及腰大肌轮廓模糊,有时可见腹膜后呈花斑状改变(积气)并逐渐扩展。

3. 消化道造影 胃管内注入水溶性碘液见外溢,应考虑有十二指肠及小肠破裂的可能。

4. 腹部 CT 或 MRI 检查 显示腹膜后及右肾前间隙有气泡或液体积聚。

5. 直肠指检 有时可在骶前扪及捻发音,提示气体已达到盆腔腹膜后间隙。

6. 腹腔穿刺或腹腔灌洗 抽出淡黄色浑浊液体或胆汁性液体。

(五) 诊断

(1) 有钝性或锐性暴力损伤史。

(2) 主要表现为剧烈的腹痛,伴有恶心、呕吐、腹胀等。查体可见患者面色苍白、皮肤厥冷、脉搏微弱、呼吸急促、血压下降;全腹压痛、反跳痛及腹肌紧张,肝浊音界消失、移动性浊音阳性及肠鸣音消失;严重损伤患者可出现休克表现。腹膜后十二指肠破裂者有时可出现睾丸疼痛、阴囊血肿和阴茎异常勃起等症状和体征。

(3) 腹部立位平片发现膈下游离气体;CT 或 MRI 显示腹膜后及右肾前间隙有气泡,腹腔穿刺或腹腔灌洗抽出淡黄色浑浊液体或胆汁性液体。

(六) 治疗

治疗的关键是抗休克和及时合适的手术处理。

1. 西医治疗

(1) 术前注射破伤风抗毒素。

(2) 禁食,持续胃肠减压。

(3) 营养支持、输血补液,纠正水、电解质及酸碱平衡紊乱,抑制胰酶及胃酸分泌等综合治疗。

(4) 使用广谱抗生素防治腹腔感染。

(5) 手术治疗:对十二指肠损伤可做单纯缝合修补加高位空肠造瘘术,如修补困难或不可靠,应考虑做改道术(胃窦部离断、胃空肠吻合术)。十二指肠壁内血肿造成梗阻,经过非手术治疗2周梗阻不能解除者,可切开行血肿清除,修补肠壁,或行胃空肠吻合术。若十二指肠降部严重碎裂殃及胰头,无法修复时,行胰头十二指肠切除术。小肠单纯穿孔者行修补术,部分断裂或完全离断者行清创缝合术;不宜单纯缝合者行小肠部分切除吻合术。各种修补方法应注意放置充分有效的减压管及腹腔引流管。

2. 中医治疗　对疑似或已确定诊断为小肠损伤,禁用中药内服治疗。对术后患者根据病情恢复情况进行辨证施治,可参考肝破裂的中医治疗。

(七) 预防与调护

(1) 及时处理术后腹胀症状,如持续胃肠减压、放置肛管、大承气汤灌肠等。

(2) 积极抗感染、营养支持治疗,保持术区引流通畅,防止肠瘘的发生。

(3) 解除禁食后,先予流质或半流质饮食。

(4) 动静结合,早期起床活动,防止术后肠粘连。

五、结肠与直肠损伤

(一) 概述

结直肠损伤是由腹部钝性伤和贯通伤引起的内脏损伤。结肠损伤发生率仅次于小肠损伤,而直肠损伤腹膜反折上下均可受到损伤。

(二) 病因与病理

1. 西医病因与病理　结肠损伤绝大多数为开放性损伤,大多伴有其他脏器损伤,单独结肠损伤较少。在钝性伤中,由外力从前方直接撞击、碾挫引起破裂,以位置较为表浅的横结肠和乙状结肠居多;胁腹部及腰部遭受暴力,可伤及升结肠或降结肠;盲肠段最容易因挤压后造成肠腔内压突然上升而胀裂;直肠损伤多由外伤和骨盆严重骨折引起,可分为闭合性和开放性直肠损伤。

2. 中医病因病机　腹部损伤累及大肠,致肠壁破损,肠液外溢,污染腹腔,致腹腔气血运行不畅,经络阻滞,不通则痛,热毒壅遏,或肠络受损,血溢脉外,气血亏虚,肠中糟粕溢出大肠,糟粕与血气互结,产生热厥、血脱之危急证候。

(三) 辅助检查

1. 实验室检查　血白细胞计数及中性粒细胞升高。

2. 腹腔穿刺与腹腔灌洗　腹腔可抽出粪臭味的脓性液体。

3. X线检查　腹腔内可有游离气体。

4. 腹部CT检查　可显示腹膜后结肠外积液、积气,腰大肌阴影模糊。

5. 结肠镜检查　怀疑直肠损伤而直肠指检阴性者,必要时行结肠镜检查。

(四) 临床表现及诊断

1. 结肠损伤　结肠向腹腔内破裂可出现腹膜刺激症状与体征,常发生便血。由于结肠内容物刺激性较小而感染力强,早期症状可能不严重,但可造成败血症等严重后果。X线检查可发现膈下游离气体,腹腔穿刺可抽出结肠内容物或血液。腹膜外结肠损伤,在腹前壁或腹后壁可触及皮下气肿,可引起严重的腹膜后感染。

2. 直肠损伤

(1)损伤在腹膜反折之上,其临床表现与结肠破裂基本相同。

(2)如发生在腹膜反折之下,则将引起严重的直肠周围间隙感染,无腹膜炎症状,容易延误诊断。

(3)腹膜外直肠损伤的临床表现:①血液从肛门排出;②会阴部、骶尾部、臀部、大腿部的开放性伤口有粪便溢出;③尿液中有粪便残渣;④尿液从肛门排出。

(4)直肠损伤后,直肠指检可发现直肠内有出血,有时还可摸到直肠破裂口。

(5)怀疑直肠损伤而直肠指检阴性者,必要时行结肠镜检查。

(五) 治疗

1. 西医治疗 结肠与直肠损伤一经确诊,均应立即手术治疗,对高度怀疑结直肠损伤病例亦应施行手术探查。

(1)根据不同部位的损伤分别处理,大多数情况下结肠损伤均宜行拉出式结肠造口术,2~3个月后再行二期手术还纳、闭合造口;对于盲肠、升结肠及横结肠的单纯性损伤,如裂口小且其他条件好,可考虑做一期修补。

(2)直肠损伤的处理原则是早期彻底清创,修补直肠破损,行转流性结肠造瘘和直肠周围间隙彻底引流。直肠上段破裂,应剖腹进行修补,如属毁损严重的损伤,可切除后端端吻合,同时行乙状结肠双腔造瘘术,2~3个月后闭合造口。

(3)直肠下段破裂时,应充分引流直肠周围间隙以防感染扩散,并施行乙状结肠造口术,使粪便改道直至直肠伤口愈合。

(4)一期修复手术的禁忌证为:①腹腔严重感染者;②伴有重要的其他疾病,如肝硬化、糖尿病等;③全身严重多发性损伤或腹腔内其他脏器合并伤;④失血性休克需大量输血(>2 000ml)、高龄患者、高速火器伤者或手术时间已延误者。

2. 中医治疗 确定诊断为结直肠损伤,不宜中药内服治疗。对术后患者或酌情进行辨证施治,可参考肝破裂的中医治疗。

(六) 预防与调护

可参照十二指肠及小肠损伤。

六、腹膜后血肿

(一) 概述

外伤性腹膜后血肿(retroperitoneal hematoma)多系高处坠落、挤压、车祸等所致腹膜后脏器(胰腺、肾脏、十二指肠)损伤,或骨盆或下段脊柱骨折和腹膜后血管损伤所引起。出血后,血液可在腹膜后间隙广泛扩散形成巨大血肿,还可渗入肠系膜间。腹膜后血肿因出血程度与范围各异,临床表现并不恒定,并常因有合并损伤而被掩盖。

(二) 病因与病理

1. 西医病因与病理 腹膜后血肿常见于复合性腹部损伤。腹膜为疏松组织,出血发作多为突发性,迅速广泛浸润形成巨大血肿,全身反应可有血压下降,甚至休克。腹膜后组织受压,血肿可沿腹后壁及肠系膜间弥散,也可向腹腔内穿破。如出血缓慢,或可自行停止,则可形成包裹性或局限性血肿,最后中心发生液化或纤维化、机化;较小的血肿能自行吸收。

2. 中医病因病机 腹部器官及腹膜后位器官损伤,气机阻滞,络脉破损,血溢脉外,留滞于腹膜后,形成血肿。重者气血暴脱,阴阳离决而危及生命,出现血脱、厥脱之危急证候。

(三) 实验室及其他检查

1. **血常规** 红细胞计数、血红蛋白、血细胞比容进行性下降;合并感染时白细胞计数、中性粒细胞百分比增加。

2. **腹部 CT** 能清晰显示腹部实质性脏器形态失常及腹膜后结构改变、受压、移位和发现异常软组织影,为诊断提供重要的依据。

3. **腹部 X 线平片** 可见腰大肌影模糊或消失;空腔脏器受压、移位;若十二指肠水平部破裂,第一腰椎前方可见气体影。

(四) 临床表现及诊断

主要临床表现是内出血征象、腰背痛和肠麻痹;伴尿路损伤者则常有血尿;血肿进入盆腔者可有里急后重感,并可借直肠指检触及骶前区伴有波动感的隆起;有时因后腹膜破损而使血液流至腹腔内,故腹腔穿刺或灌洗具有一定诊断价值。部分伤者可有髂腰部瘀斑(Grey-Turner 征),超声或 CT 检查可帮助诊断。

(五) 治疗

1. **西医治疗**

(1)积极防治休克和感染。小的血肿可自行吸收,腹膜后血肿常伴大血管或内脏损伤,需要剖腹探查。术中如见后腹膜并未破损,可先估计血肿范围和大小,在全面探查腹腔内脏器并对其损伤做相应处理后,再对血肿的范围和大小进行估计。

(2)如血肿有所扩展,则应切开后腹膜,寻找破损血管,予以结扎或修补。如无扩展,可不予切开后腹膜,因完整的后腹膜对血肿可起压迫作用,使出血得以控制。特别是盆腔内腹膜后血肿,出血多来自压力较低的盆腔静脉丛,出血自控的可能性较大。

(3)如血肿位置主要在两侧腰大肌外缘、膈脚和骶岬之间,血肿可来自腹主动脉、腹腔动脉、下腔静脉、肝静脉以及肝的裸区部分、胰腺或腹膜后十二指肠的损伤。此范围内的腹膜后血肿,不论是否扩展,原则上均应切开后腹膜,予以探查,以便对受损血管或脏器做必要的处理。

(4)剖腹探查时如见后腹膜已破损,则应探查血肿。探查时,应尽力找到并控制出血点;无法控制时,可用纱条填塞,静脉出血常可因此停止。填塞的纱条应在术后 4~7 日内逐渐取出,以免引起感染。感染是腹膜后血肿最重要的并发症。

2. **中医治疗** 根据急则治其标,缓则治其本及标本兼治的原则,本病治疗重证虚脱昏厥者以固脱为主,并配合现代医学积极抢救;轻证或手术后,用药以理气活血、清热解毒、疏肝健脾为主要治法。

(1)辨证论治

1)血虚气脱证:神志恍惚,头晕眼花,面色苍白,心悸气微,四肢逆冷,舌淡,脉弱。治以益气固脱,回阳救逆。方用独参汤。

2)瘀血内阻证:腹痛剧烈,痛有定处,腹壁僵硬拒按,舌质紫暗,脉弦或涩。治以活血化瘀,用膈下逐瘀汤加减。

3)热毒蕴结证:高热神昏,腹痛腹胀,腹壁僵硬,大便秘结,苔黄腻,脉洪大或数。治以清营凉血,解毒通里。方用犀角地黄汤加减(犀角已禁用,现多用水牛角代)。

4)肝郁脾虚证:腹痛隐隐,重滞不舒,喜按,遇劳尤甚,食少多思,形体消瘦,舌淡,脉弦细。治以疏肝健脾,用六君子汤加减。

(2)外治法:热毒腹痛,予金黄散或金黄膏外敷腹部或后腰部。

(3)针灸疗法

1)针法:①昏愦:可取人中、十宣、合谷等穴;②腹痛:可取中脘、足三里、内关等穴。

2)灸法:肠管损伤并厥脱昏愦者可用灸法,取中脘、膻中、神阙、气海、关元,至症状缓解为止。

(4)贴脐疗法:瘀血腹痛,可用五灵脂、蒲黄各等量,麝香 0.3g。纳入脐部,纱布覆盖,胶布固定。

(六) 中西医结合讨论

外伤后出现低血容量性休克,若其他部位损伤无法解释患者血容量不足并伴有腹痛、腹胀、肠鸣音减弱等症状,应考虑腹膜后血肿。腹膜后出血容易引起严重失血性休克,但在诊断中要首先注意各个脏器的情况。在外腹部损伤后,如存在腹腔内出血,首先要确定是否有腹腔内脏器破裂,并注意可能存在的腹膜后血肿。可以通过 X 线、超声、CT 和血管造影等手段评估腹腔内损伤情况,但对于病情危重无法接受这些检查的患者,只能依靠经验和仔细查体。诊断性腹腔穿刺是一种有效的诊断手段,抽出新鲜不凝血时可以确认腹腔内脏器损伤,若抽出血性渗液,则可能存在腹膜后血肿。腹膜后血肿的治疗关键在于是否需要手术治疗。对于合并外伤性腹膜后血肿的多发性损伤,应积极处理脏器破裂。对于单纯性血肿,通常是由腹膜后小血管破裂引起的,经非手术治疗往往能够治愈。对于合并腹腔内脏器损伤或腹主动脉等大血管损伤危及患者生命的,必须进行手术治疗。对于血肿较大且不确定是否合并重要脏器损伤的患者,应积极进行抗休克治疗,尽可能保持腹膜后间隙的封闭性,腹膜后的自身压力增加有助于止血。绝大多数单纯性腹膜后血肿可以通过保守治疗吸收好转并最终治愈。在西医的抗休克、控制和预防感染的同时,可以考虑使用中药进行辅助治疗,如理气活血、清热解毒、疏肝健脾。根据中医辨证论治原则,可以选用膈下逐瘀汤加减来活血化瘀、祛瘀止痛。如患者有肝郁脾虚表现,可先使用六君子汤加减来疏肝健脾,增强患者的免疫功能,促进康复。

●(王祥龙)

第六节 泌尿系损伤

泌尿系损伤是指由各种原因导致的肾、输尿管、膀胱和尿道的损伤。属中医“腰痛”“腹痛”“血尿”“淋证”等范畴。最常见的是男性尿道损伤,其次是肾和膀胱损伤,输尿管损伤最少见。泌尿系损伤通常是胸部、腹部、腰部和骨盆严重损伤的并发症,此外也可见于医源性损伤。

泌尿系损伤主要表现为出血和尿外渗,可引起休克、继发感染、周围脓肿、尿漏和尿道狭窄等。病情严重者,若不及时合理治疗,会造成严重后果,甚至可危及患者的生命。

一、肾损伤

肾脏位于肾窝内,被覆肾周脂肪和肾周筋膜,上有膈肌,前有腹壁及腹腔脏器,后有腰大肌、腰方肌,外有第 10~12 肋骨等保护,加之有一定活动度,可以缓冲外来暴力的作用,因而轻度外力作用时不易受损伤,但在较大暴力作用下可造成肾损伤。肾血液循环丰富,挫伤或轻度裂伤时容易愈合。肾损伤常是严重多发性损伤的一部分,多见于成年男性。

(一) 病因与病理

1. 西医病因与病理

(1)根据受伤病因分为 3 类

1)开放性肾损伤:由火器或刀刃伤引起,损伤多复杂而严重,可发生肾实质、集合系统和血管等明显的破坏,常同时合并胸、腹腔脏器及脊柱损伤。开放性损伤一般有创口与外界相通。

2)闭合性肾损伤:最为常见,常由钝性暴力所引起。其中直接暴力损伤是作用物体直接打击腹部和腰部,后者致伤力可达 60%;间接性损伤多见于高空坠落时足跟或臀部着地发生的减速性伤,肾由于惯性作用继续下降,可发生肾实质损伤或肾蒂撕裂伤;自发性肾破裂是由于肾本身病变,如积水、肿瘤等,当肾体积增加到一定程度时,肾实质变薄,轻微外伤或体力劳动时可发生破裂。

3)医源性肾损伤:体外冲击波碎石、开放手术、内镜检查和治疗、各种器械检查时所致的损伤。

(2)根据损伤严重程度及病理改变分为 4 种

1)肾挫伤:最多见。表现为肾实质毛细血管破裂、微小裂口、小血肿,肾包膜和肾盂黏膜完整,可有包膜下小血肿或局部瘀血。约半数患者可出现镜下血尿,持续 2~5 日消失,可以自愈。

2)肾挫裂伤:表现为肾部分裂伤。如伴肾包膜破裂,可引起肾周围血肿。如有肾盂肾盏黏膜破裂,可见明显的血尿,通常不引起严重的尿外渗。经保守治疗大多数可自行愈合。

3)肾全层裂伤:肾实质严重损伤,外及肾包膜,内达肾盂肾盏黏膜。常伴肾周围血肿和尿外渗。血肿破入集合系统,可引起严重血尿。严重时肾一极可完全撕脱或严重裂开呈粉碎状,后者有粉碎肾之称。此类肾损伤症状明显,后果严重,均需手术治疗。

4)肾蒂伤:此类损伤常因肾蒂血管撕裂而引起大出血、休克。常因就诊或处理不及时而导致患者死亡。

肾损伤晚期的病理改变包括长期尿外渗,形成尿性囊肿;血肿、尿外渗引起组织纤维化,压迫肾盂、输尿管交界处导致肾积水;肾蒂周围纤维化压迫肾动脉,引起肾血管性高血压等。

2. 中医病因病机

(1)跌仆损伤早期,腰肾受挫,血络瘀阻,血溢脉外,故见腰腹疼痛、出血及癥块等一系列症状。若出血较多,气无所依,则出现气随血脱之危证。

(2)损伤中期,离经之血不能及时排出体外,日久化热,出现腰部刺痛、灼热或者青紫肿块等症状;或染毒化热,侵袭腰府,毒邪蕴结,脏腑失和而成湿热火毒之证。

(3)损伤后期,瘀血尚未尽去,气血已伤,不能荣养机体,不荣则痛,不通则痛,而成虚实夹杂之证。腰府失养,故可出现隐痛。

(二) 临床表现

肾损伤的临床表现颇不一致,主要与损伤的类型和程度密切相关。同一肾脏可同时存在多种病理类型的损伤,有时可被其他器官的严重损伤掩盖。

1. 症状

(1)血尿:绝大多数肾损伤患者可出现血尿,轻者为镜下血尿,重者出现肉眼血尿,可伴有条状血凝块和肾绞痛。如肾挫伤涉及肾集合系统,可出现镜下血尿或轻度肉眼血尿。若肾近集合系统部位裂伤伴有肾盏肾盂黏膜破裂,则可有明显的血尿。肾全层裂伤则呈大量全程肉眼血尿。血尿量的多少不能断定肾损伤的范围和程度,严重肾损伤而大量出血时常因血块或肾组织碎片阻塞输尿管,血尿可不明显或无血尿。血尿时间延长常与继发感染或动静脉瘘形成有关。

(2)疼痛:多数患者有伤侧腰部或腹部疼痛。体检可有腰部压痛和叩击痛,严重时腰肌紧张和强直。合并腹腔脏器损伤时,可出现腹膜刺激征。

(3)腰部肿块:血液和尿液外渗进入肾周围组织,使局部肿胀形成肿块,有明显触痛和肌肉强直。在血肿和尿外渗继发感染时可伴有全身中毒症状,表现为发热和白细胞计数、中性粒细胞百分比升高。

(4)休克:多见于粉碎肾或肾蒂伤的患者。严重肾裂伤、肾蒂血管破裂或合并其他脏器损伤时,因损伤和失血常发生休克,可危及生命。伤后即刻出现休克可能为剧烈疼痛所致,短期内很快出现休克常提示严重的内出血。

2. 体征　腰腹部肿块和触痛。肾周围血肿和尿外渗使局部形成肿块,腰部可有压痛和叩击痛,严重时腰肌紧张和强直。尿液、血液渗入腹腔或合并腹腔脏器损伤时,可出现腹膜刺激征。

(三) 辅助检查

1. 实验室检查　尿常规多提示红细胞异常增多;全血细胞分析中血红蛋白和血细胞比容持续降低提示有活动性出血。

2. 影像学检查　根据损伤病史及临床表现,诊断肾损伤并不困难。早期积极的影像学检查可以发现肾损伤的部位、程度、有无尿外渗以及对侧肾情况。根据病情轻重,有选择地进行以下检查:

(1)超声检查:能提示肾损伤的部位和程度,有无包膜下和肾周围血肿、尿外渗,其他器官损伤及对侧肾的情况等。须注意肾蒂血管情况,如肾动静脉的血流等。

(2)X线检查:①轻度的肾损伤X线平片检查可无明显改变;严重的肾裂伤、肾粉碎伤或肾盂破裂时,可见肾影模糊不清、腰大肌影不清晰等,还可以发现脊柱、肋骨骨折等现象。②大剂量静脉尿路造影:肾盂肾盏裂伤时,可见造影剂向肾实质内甚至肾周外渗;肾内血肿时可见肾盏肾盂受压变形。③动脉造影:能显示肾血管及其分支的损伤情况。因该检查费时且为有创检查,故不作为常规检查,仅在肾动脉分支损伤导致持续或继发出血,并有条件行选择性肾动脉栓塞时才进行该项检查。

(3)CT检查:平扫和增强CT可清晰显示肾实质裂伤程度、尿外渗和血肿范围,以及肾组织有无活力,还可区分血肿在肾内、肾包膜下或在肾周,并可了解与其他脏器的关系。CT检查是肾损伤影像学检查的"金标准"。CT尿路成像可发现患肾造影剂排泄减少,造影剂外渗等,可评价肾损伤的范围和程度。CT血管成像可显示肾动脉和肾实质损伤的情况,也可了解有无肾动静脉瘘或创伤性肾动脉瘤;若伤侧肾动脉完全梗阻,提示有损伤性血栓形成。

(4)MRI检查:诊断肾损伤的作用与CT类似,但对血肿的显示比CT更具特征性,但一般不作为常规检查。

(四) 诊断与鉴别诊断

1. 诊断要点　根据病史、症状、体检和尿液检查可作出初步诊断。相关的特殊检查,如B超、CT检查、排泄性尿路造影可进一步明确。

2. 鉴别诊断

(1)腹腔脏器损伤:可与肾损伤同时并见,表现为出血、休克等危急症状。但腹腔脏器损伤有明显的腹膜刺激征;腹腔穿刺抽出血性液体;尿液检查无红细胞;尿路造影尿路正常;CT检查亦可鉴别。

(2)肾梗死:表现为腰痛、血尿,X线检查可有肾被膜下血肿征象。但肾梗死往往有心血管疾病或肾动脉硬化的病史;血清乳酸脱氢酶、谷草转氨酶及碱性磷酸酶水平升高;静脉肾盂造影肾显影迟缓或不显影。

(五) 治疗

1. 西医治疗

(1)急救治疗:对大出血休克的患者应采取抗休克、复苏等急救措施,严密观察生命体征变化,同时明确有无合并伤,并积极做好手术探查准备。

(2)非手术治疗:轻度肾损伤以及未合并胸腹腔脏器损伤的患者,可采用保守治疗,包括:①绝对卧床休息 2~4 周,症状完全消失后 2~3 个月方可参加体育活动;②镇静、止痛及止血药的应用;③应用抗生素防治感染;④加强支持治疗,补充血容量和热量,维持水电解质平衡,保持足够尿量;⑤动态检测血红蛋白含量和血细胞比容;⑥监测生命指征及局部体征的变化。

(3)手术治疗:一旦确定为严重肾裂伤、粉碎肾或肾蒂伤,应立即手术探查。

在非手术治疗中发现下列情况时应施行手术:

1)经积极抗休克治疗后症状不见改善,仍提示有内出血。

2)血尿加重,血红蛋白含量和血细胞比容继续下降。

3)腰腹部肿块明显增大并疑有腹腔脏器损伤。

手术方式:肾损伤患者一般经腹或腰部切口施行手术。先探查并处理腹腔脏器损伤,再切开后腹膜,显露并阻断肾动脉,然后切开肾周筋膜和脂肪囊探查肾脏。肾周筋膜为控制肾继续出血的屏障,在未控制肾动脉之前不宜切开肾周筋膜,否则易发生难以控制的出血,而被迫施行不必要的肾切除术。可根据肾损伤的程度施行破裂的肾实质缝合修复、肾部分切除术或选择性肾动脉栓塞术。

2. 中医治疗

(1)肾络损伤证:腰痛拒按,尿血鲜红,腰部肿胀瘀斑,舌暗有瘀斑,脉细涩。多见于创伤早期。治以化瘀止血,活血消肿。方用桃红四物汤合失笑散加减。

(2)湿热蕴结证:腰痛加剧,水肿癥块,患肢不利,高热恶心,舌红,苔黄腻,脉细数。尿检有感染。治以清热利湿,活血解毒。方用仙方活命饮合二妙丸加减。

(3)气随血脱证:腰部肿痛瘀斑,血尿不止,面色苍白,四肢厥冷,唇甲青紫,心悸烦躁,脉微细欲绝。治以补气固脱,回阳复脉。方用参附汤合生脉散加减。

(4)气血两虚,络瘀湿阻证:胁肋癥块,腰部隐痛,面色无华,疲乏头晕,舌淡,脉细。多见于创伤后期。治以益气养血,祛瘀渗湿。方用当归补血汤加减。

(六) 中西医结合讨论

肾损伤根据其病情轻重及不同时期的临床表现,采用中西医结合治疗,充分发挥各自的优势,形成强强联合,增强疗效,加速患者的恢复、痊愈。对于轻度肾损伤以及未合并胸腹腔脏器损伤的患者,在绝对卧床,并应用镇静、止痛、止血药的同时,根据肾脏络脉损伤,血离经外溢,渗于水道,阻滞经脉的特点,采用中医辨证施治,有助于瘀血消散、加速止血,减轻患者的疼痛。因中药在止血的同时还能化瘀,故还可一定程度地预防卧床以及长时间使用止血药患者静脉血栓形成。对于严重肾裂伤、粉碎肾或肾蒂伤等严重肾损伤患者,应及时手术探查,根据肾损伤的程度施行破裂的肾实质缝合修复、肾部分切除术或选择性肾动脉栓塞术。这类患者往往伴有失血性休克,在手术的同时还应补充血容量,同时选用生脉注射液、参附注射液静脉输注,可起到养阴、回阳、固脱的作用,增强抗休克治疗的效果。

二、膀胱损伤

膀胱是位于腹膜外盆腔内的空腔脏器,成人膀胱排空时完全位于骨盆内,不易损伤,当充盈 300ml 尿液时,膀胱底部高于耻骨联合之上,易遭受损伤。

(一) 病因与病理

1. 西医病因与病理

(1)根据损伤的病因分为 4 类

1)闭合性膀胱损伤:最常见,多为钝性暴力的直接或间接作用,使膀胱内压骤然升高或强烈振动而破裂,如撞击、踢伤、坠落或交通事故等。骨盆骨折的断端可刺伤膀胱,此时即使是膀胱空虚也难幸免。

2)开放性膀胱损伤:多见于战时,以弹片伤和刺伤多见,常合并其他脏器损伤,如直肠、阴道损伤等。

3)医源性膀胱损伤:常见于膀胱镜检查和治疗,如膀胱颈部、前列腺、膀胱癌电切术及膀胱碎石洗出术等,还可见于盆腔手术、腹股沟疝修补术及阴道手术的误损。

4)膀胱自发性破裂:有病变的膀胱(如膀胱结核、长期接受放射治疗的膀胱)过度膨胀,发生破裂,称为膀胱自发性破裂。

(2)根据损伤程度、部位及病理改变分为2类

1)膀胱挫伤:范围仅限于黏膜或肌层,膀胱壁未破裂,出现局部出血或血肿,可有血尿,但无尿外渗。

2)膀胱破裂:严重损伤可发生膀胱破裂,可分为腹膜外型和腹膜内型两类。

①腹膜外型:单纯膀胱壁破裂,而腹膜完整,尿液极易外渗入膀胱周围组织及耻骨后间隙,沿骨盆筋膜到盆底,或沿输尿管周围疏松组织蔓延到肾区,如继发感染可形成严重的盆腔炎及盆腔脓肿。大多由膀胱前壁破裂引起,常伴有骨盆骨折。

②腹膜内型:多发生于膀胱充盈时。膀胱壁破裂伴腹膜破裂,裂口与腹腔相通,尿液流入腹腔,可引起严重的尿源性腹膜炎。多见于膀胱后壁和顶部损伤。

2. 中医病因病机 损伤早期,外伤致膀胱脉络受损,络破血溢而出现血尿;损伤中期,瘀血内阻,日久化热,膀胱气化不利,故见疼痛及排尿不畅,尿道灼热;损伤后期,气血两伤,日久气虚津亏,造成气阴两虚,膀胱得不到濡养,故下腹隐痛,疲乏无力,五心烦热,尿短赤。

(二)临床表现

轻微的膀胱挫伤仅有下腹部疼痛和少量终末血尿,短期可愈合。膀胱破裂可因损伤的程度不同而产生休克、腹痛、排尿困难和血尿等。

1. 症状

(1)腹痛:多表现为下腹和耻骨后的疼痛,有骨盆骨折时症状会更加明显,并可放射至会阴、直肠及下肢。

(2)排尿困难和血尿:有尿意,但仅能排出少量的血尿。当有血块堵住时,尿液外渗至膀胱周围或腹腔,尿道可无尿液排出。开放性膀胱损伤可有体表伤口漏尿,如与直肠、阴道相通,可经肛门、阴道漏尿。

(3)休克:多为创伤和出血所致。如大量尿液进入腹腔,刺激腹膜引起剧烈腹痛,可导致休克。如合并其他脏器大量出血,可发生失血性休克。膀胱破裂致尿外渗,如长时间得不到处理,并发感染,可引起感染性休克。

2. 体征 膀胱挫伤时体检可出现下腹部触痛及压痛阳性。腹膜外膀胱破裂时,除下腹部疼痛、压痛外,体检可发现肌紧张,直肠指检可触及直肠前壁饱满并有触痛;腹膜内膀胱破裂时,有移动性浊音阳性体征。

(三)辅助检查

1. X线检查 如有骨盆骨折,腹部平片可以显示骨折状况和膀胱内有无碎骨片。膀胱造影是诊断膀胱破裂最可靠的方法,自导尿管向膀胱内注入15%泛影葡胺300ml,摄前后位片,可发现膀胱外有造影剂残留。腹膜内膀胱破裂时,可见造影剂外溢至腹膜内肠曲周围。也可注入空气造影,如空气进入腹腔,膈下见到游离气体,则为腹膜内膀胱破裂。

2. 导尿试验 导尿管插入膀胱后,如引流出300ml以上的清亮尿液,基本上可排除膀胱破裂。如顺利插入膀胱但不能导出尿液或仅导出少量血尿,则膀胱破裂的可能性大,此时

可经导尿管向膀胱内注入灭菌生理盐水 200~300ml,片刻后再引出。液体外漏时引出量会减少,腹腔液体回流时引出量会增多。若液体出入量差异大,提示膀胱破裂。

3. CT 检查　可发现膀胱周围血肿,增强后延迟扫描也可发现造影剂外渗现象。CT 检查在诊断复合伤中具有独特的优势。

(四) 诊断与鉴别诊断

1. 诊断要点　结合外伤病史和典型的临床表现常能确定膀胱损伤的诊断。当临床表现不典型而难以确诊时,可行导尿试验,或 X 线检查了解膀胱外是否有造影剂残留、膈下游离气体等。

2. 鉴别诊断

(1)尿道损伤:常发生于骨盆骨折或骑跨伤。患者可有休克、排尿困难、尿道出血。骨盆骨折常致前列腺部或膜部尿道损伤。骑跨伤常致球部尿道损伤。尿道口溢血,女性可采用阴道或直肠双合诊检查,男性直肠指诊可触及前列腺向上移位,可与单纯膀胱损伤相鉴别。但尿道损伤同时合并膀胱损伤,有时需手术探查方能确诊。

(2)急性腹膜炎:有腹痛、腹肌紧张、压痛、反跳痛。与膀胱破裂有相同之处。但急性腹膜炎无外伤史,多为继发性,常由消化道穿孔所引起。一般先有原发病的临床表现,再发展成腹膜炎,恶心、呕吐等胃肠道症状明显,体温及白细胞数量增高,没有血尿、排尿困难、尿外渗临床表现,导尿试验或膀胱造影可资鉴别。

(五) 治疗

1. 西医治疗

(1)膀胱挫伤:一般不需要特殊处理,只要让患者卧床休息、多饮水,让其自行排尿或尿道置管引流,必要时予以止血、抗感染等治疗,血尿和膀胱刺激症状可在短期内消失。

(2)膀胱破裂

1)处理原则:①闭合膀胱壁伤口;②保持通畅的尿液引流,或完全的尿流改道;③充分引流膀胱周围及其他部位的尿外渗。应根据损伤的类型和程度进行相应处理。

2)紧急处理:积极抗休克治疗,如输液、输血、镇痛及镇静。应尽早合理使用广谱抗生素预防感染。

3)保守治疗:膀胱造影显示仅有少量尿外渗且症状较轻者,可从尿道插入导尿管持续引流尿液 10 日左右,并保持通畅,同时使用抗生素预防感染,破裂多可避免手术而自愈。

4)手术治疗:膀胱破裂伴有出血和尿外渗,病情严重者,须尽早施行手术。显露并切开膀胱,清除外渗尿液,修补膀胱裂口,并做耻骨上膀胱造瘘。如腹膜内膀胱破裂,应行剖腹探查,同时处理其他内脏损伤,吸尽腹腔积液,缝合膀胱裂口,并予保留导尿管引流。手术方式根据不同情况可选择开放手术或者腹腔镜下膀胱修补术。出现休克时应行抗休克治疗,并尽早使用广谱抗生素预防感染。

2. 中医治疗

(1)络伤血瘀证:下腹疼痛,放射至会阴及下肢,膀胱区压痛,小便窘迫或有血尿,舌淡紫,苔薄白,脉弦细。治以活血祛瘀,用小蓟饮子加减。

(2)气阴两虚证:损伤后期腹痛减轻,神疲乏力,潮热盗汗,颧红咽干,心烦少寐,小便无力或尿频,面色无华,舌淡,苔薄或少苔,脉细数无力。治以补气养阴,用补中益气汤合知柏地黄汤加减。

三、尿道损伤

尿道损伤是泌尿系统最常见的损伤,多见于男性,约占 97%,女性尿道损伤仅约占 3%。

男性尿道以尿生殖膈为界,分为前、后两段。前尿道包括球部和阴茎部,后尿道包括前列腺部和膜部,以球部和膜部损伤最为多见。如果处理不当,极易发生尿道狭窄、梗阻、尿漏、假道形成或性功能障碍等。因此,早期诊断和正确处理十分重要。

(一) 病因与病理

1. 西医病因与病理

(1)病因:尿道损伤以会阴部骑跨伤最为常见,此时将尿道挤向耻骨联合下方,引起尿道球部损伤;当发生骨盆骨折时,易使薄弱的膜部尿道撕裂,甚至在前列腺尖部撕裂。开放性损伤大多在尿道球部、膜部,常合并阴茎、阴囊或直肠损伤。尿道内损伤可由应用尿道内器械进行检查、治疗时技术不熟练或操作粗暴所致;也可以由较大或表面粗糙的结石经尿道排出时引起。

(2)病理:尿道内损伤轻者,仅为黏膜及其下层组织有撕裂或擦伤;严重者器械尖端可部分或完全贯穿尿道壁层,并易引起感染,若不及时引流,可产生尿漏。外来暴力引起尿道开放性或闭合性损伤时,多为尿道壁裂伤或完全断裂,可造成出血、肿胀和尿外渗。

尿外渗的方向和范围取决于尿道破裂的部位。尿道球部损伤时,血液和尿液渗入会阴浅筋膜包绕的会阴浅袋,使阴囊肿胀。若继续发展,可沿会阴浅筋膜蔓延,使会阴或阴茎肿胀,并可沿腹壁浅筋膜深层向上扩展至腹壁,但在腹股沟和三角韧带处受限。膜部或前列腺尖部尿道断裂时,尿液渗至膀胱周围及耻骨后间隙等。尿外渗如不及时处理,可继发感染和组织坏死,引起全身脓毒症。

2. 中医病因病机 尿道血络受损,络破血溢,或瘀血阻窍,故可见尿道流血、排尿受阻。

(二) 临床表现

1. 症状

(1)尿道出血:可见肉眼血尿,即使不排尿时也可见尿道滴血。后尿道损伤时尿道可有少量流血,尿道完全断离时可无血液流出。

(2)疼痛:前尿道损伤时有会阴部疼痛,并可放射至尿道外口;后尿道损伤时出现下腹部疼痛。

(3)排尿困难:常因疼痛而出现排尿困难,尿道完全断裂时可出现尿潴留。

(4)休克:严重损伤时出现,如骨盆骨折所致后尿道损伤,常合并大出血,引起失血性休克。

2. 体征 尿道骑跨伤常发生在会阴部,可见阴囊处肿胀、瘀斑及蝶形血肿。前尿道损伤,如阴茎筋膜完整,其尿外渗局限于阴茎,表现为阴茎肿胀;如阴茎筋膜破裂而会阴浅筋膜完整,则尿液可外渗至阴囊或前腹壁。后尿道破裂,尿外渗在尿生殖膈以上,聚积于前列腺与膀胱周围,直肠指检可有压痛及波动感。

(三) 辅助检查

1. 诊断性导尿 可了解尿道的完整性和连续性。如一次导尿成功,提示尿道损伤不严重,可保留导尿管引流尿液并支撑尿道,应注意固定好导尿管,避免导尿管滑脱和二次插管。如果导尿管滑脱,第二次插管有失败的可能。如一次插入困难,说明可能有尿道裂伤或断裂伤,不应勉强反复试插,以免加重损伤,导致感染。

2. 逆行尿道造影 逆行尿道造影可显示尿道损伤部位及程度。尿道挫伤无造影剂外溢;如有外溢则提示部分裂伤;如造影剂未进入后尿道而大量外溢,提示尿道有严重裂伤或断裂。

(四) 诊断与鉴别诊断

1. 诊断要点 根据病史和体征,有典型症状及血肿、尿外渗分布,诊断并不困难。为检查尿道是否连续与完整,可行导尿术。造影检查可显示损伤部位与程度。

2. 鉴别诊断

(1)肾损伤:两者均可发生全程血尿,且可伴长条状血块。但肾损伤无尿道口滴血、疼痛与肿胀;瘀血斑位于腰部,而非会阴部;不出现排尿障碍。必要时,可行排泄性尿路造影检查。

(2)脊髓损伤:外伤后可出现排尿困难,发生急性尿潴留,但往往伴有神经系统症状和体征,如会阴部感觉减退、肛门括约肌松弛等,且脊髓外伤一般也无尿道口滴血。

(五) 治疗

1. 西医治疗

(1)紧急处理:尿道海绵体严重出血或骨盆骨折可致休克,应尽早采取抗休克措施。前者应积极采取手术止血,后者不能随意搬动,以防加重出血和损伤。尿潴留未能立即手术者,可行耻骨上膀胱穿刺造瘘引流尿液。尿道损伤或轻度裂伤者,排尿有困难时,予以保留导尿管 1 周,并用抗生素预防感染。

(2)手术治疗

1)前尿道横断或严重撕裂:经会阴切口,有血肿时应予清除,再做尿道断端吻合术,留置导尿管 2~3 周,同时行引流和耻骨上膀胱造瘘术。

2)后尿道损伤:早期做耻骨上高位膀胱造瘘。尿道不完全撕裂,一般在 3 周内愈合,恢复排尿。早期部分患者可行尿道会师复位术。尿道会师复位术后留置导尿管 3~4 周,若经过顺利,排尿通畅,可避免二期尿道吻合术。

3)并发症处理:尿道狭窄应定期施行尿道扩张术,无效者可用尿道镜行狭窄尿道切开或于伤后 3 个月切除尿道瘢痕组织及行尿道端吻合术。后尿道损伤合并直肠损伤,早期立即修补,并做暂时性结肠造瘘。尿道直肠瘘时,一般 3~6 个月后再施行修补手术。

2. 中医治疗

(1)络伤溢血证:尿道疼痛,滴血鲜红,小便不畅,舌淡苔白,脉弦。治以止血镇痛,用活血止痛散加减。

(2)瘀血阻窍证:尿道刺痛、出血,有血块,皮肤青紫肿胀,排尿不畅,舌淡紫或有瘀斑,脉弦涩。治以活血化瘀,用活血散瘀汤加减。

(王成李)

第七节　多发性创伤与挤压综合征

一、多发性创伤

多发性创伤是同一致伤因素造成两处以上解剖部位或脏器的创伤。多发性创伤可以表现为:①广泛性软组织损伤、多发性骨折;②同一器官多处创伤;③一个体腔多个器官创伤;④多个体腔的创伤。多发性创伤比单一器官受伤复杂且严重,绝不是几个受伤器官伤情的简单相加,常会威胁患者的生命,是外科临床常见急危重症。

(一) 病因与病理

1. 西医病因与病理　多由严重的交通事故、重大自然灾害、战伤等严重机械性或物理性致伤因素引起,临床特点是容易漏诊、病情轻重差异大、伤情变化快、处理顺序存在矛盾、并发症和感染发生率高以及病死率高。

2. 中医病因病机 由跌仆闪挫而引起体内脏腑、气血、经络功能紊乱,轻者气机阻滞,络脉破损,血溢脉外,滞留在脏腑与筋膜之间,出现脏腑不和、气血不调、经络不通等内伤证候;重者内动脏腑,血涌于外,危及生命。

(二) 临床表现

多发性创伤因致伤因素、创伤程度、创伤部位等不同,临床表现差异很大。轻者局部肿胀疼痛、功能障碍等;重者有生命体征改变,甚至出现休克,可迅速死亡。要迅速采集病史,明确创伤的具体原因;明确疼痛、出血、排泄物等演变情况;掌握体温、心率、呼吸、血压等基本生命体征,选择性地进行必要的理化检查,获取阳性证据。对于无法提供受伤史、无不适主诉、无法配合体格检查和理化检查者,要更加重视。创伤是一个进行性的过程,无论是症状、体征还是理化检查,一定要动态观察,不轻易放过任何疑点。

(三) 诊断

多发性创伤的诊断需要病史、症状、体征和辅助检查相结合,同时也需要丰富的临床经验、扎实的基础知识、准确的判断能力、缜密的临床思维,更需要责任心和使命感。

多发性创伤可存在多脏器、多系统、多部位的创伤,可同时存在开放性创伤和闭合性创伤,可同时存在明显外伤和不典型的隐匿性创伤,极易造成漏诊和误诊。为此应遵循以下程序:

1. 观察一般情况 观察患者的神志、面色、伤肢的姿势、呼吸、应答、出血、脉搏、血压等情况,及时发现威胁生命的创伤。若发现有呼吸困难、昏迷、抽搐、休克、脉搏细弱等,提示张力性气胸、颅脑损伤、心血管损伤等,应优先进行抢救治疗。

2. 重点检查与系统检查相结合 最初重点应放在最可能受伤的部位和器官,如疼痛最明显或最初发生疼痛的部位、着力点部位、有瘀斑和擦伤的部位,进而做更系统全面的检查,以寻找隐匿的、无典型表现的创伤。

3. 适当的理化检查 血液检查、影像学检查等对创伤的诊断非常重要,但应在伤情允许时进行,以免发生危险。必要的理化检查对了解病情及治疗有重要意义,应根据检查动态观察病情变化。

4. 监测和复查 创伤发生初期应严密监测生命体征及病情变化。在整个诊治过程中,甚至治疗后数日内,都应多次全面、详细地进行复查,以免遗漏。

(四) 治疗

1. 西医治疗

(1) 接诊患者时先处理威胁生命的创伤再诊断:诊治伤员的任何阶段,发现有威胁生命的创伤,立即投入抢救,暂缓其他非紧急的措施。急救措施包括:保持呼吸道通畅,维持正常的通气和气体交换功能,保证正常的循环功能,保证有充分的循环血量,对中枢神经系统予以重点保护等。

(2) 休克的救治:严重多发性创伤休克属于低血容量性休克,应立即采取针对性措施。已发生休克者立即进行抗休克治疗,有发展为休克的可能者积极预防。

1) 输血输液:建立静脉通路、输血输液是治疗休克的首选措施,尤其是对出血多、创伤严重者,及时补充血容量是治疗休克的关键。但在紧急情况下可先给予平衡盐溶液、血浆代用品等,但其总量不宜超过 1 500~2 000ml(小儿 70ml/kg),维持血细胞比容在 30% 左右,以保证有足够的携氧能力。输入量需根据各种创伤可能的出血量、临床表现的严重性决定,再根据治疗过程中机体的反应进行调整。

2) 针对当前引起休克的主要创伤进行治疗:如果发生多发性肋骨骨折导致的反常呼吸、张力性气胸、开放性气胸、心脏压塞、活动性出血等严重情况,单纯输血输液是不能纠正的,必须立即纠正这些严重情况才能纠正休克。

(3)手术治疗:多发性创伤大多需要紧急手术,需按照创伤对生命的威胁程度安排手术顺序。

1)立即处理威胁生命的严重创伤,如开放性气胸、张力性气胸、大出血、心脏压塞、颈部伤等,应在抢救休克的同时紧急手术。

2)不立即威胁生命的创伤,可在抢救休克的同时做必要的检查和准备,待情况平稳后争取尽快手术。

3)一般性外伤待伤情稳定后有计划地治疗。

4)如果手术部位较多,在不影响重要器官救治的情况下,同时分组进行。

对于损伤严重的患者需要谨记损伤控制外科(damage control surgery,DCS)的策略,紧急手术以抢救生命为原则,不能一次完成者可先行姑息性手术,等待患者生理紊乱得到适当纠正,全身情况改善后再行确定性手术的救治策略。

2. 中医治疗 致伤早期未明确诊断之前,不宜内服中药治疗;术后无胃肠道内营养禁忌证患者采用中药治疗有利于早期康复。

(1)气滞血瘀证:跌打损伤轻,血积伤部,肿痛固定,压痛明显,脉弦紧。治以活血化瘀,温里攻下。方用桃核承气汤加减。

(2)气血两虚证:损伤后期,面色淡白或萎黄,头晕心悸,神疲无力,纳少,舌淡,脉细弱。治以补气养血,用八珍汤加减。

(3)气随血脱证:伤后出血多,面色苍白,汗出肢冷,口渴气急,或倦卧,二便失禁,舌淡唇干,脉细数。治以回阳固脱,用参附汤加减。

二、挤压综合征

挤压综合征是指四肢或躯干肌肉丰富部位遭受重物长时间挤压或者自压,在解除压迫后,出现以肢体肿胀、肌红蛋白尿、高血钾、急性肾衰竭甚至 MODS 等一系列临床表现的综合征。严重创伤时可发生急性肾衰竭,如无肌肉缺血坏死、肌红蛋白尿和高血钾,则不能称为挤压综合征。

(一)病因与病理

1. 西医病因与病理 多发生于工程塌方、建筑和矿井事故、交通事故、地震或山体滑坡等自然灾害时,伤员被重物压砸、掩埋或挤压。偶见于昏迷与手术患者,肢体被长时间固定,由自身重力压迫所致。

(1)肌肉缺血坏死:随着肌肉因挤压导致缺血坏死产生类组胺物质,使毛细血管床扩大,通透性增加,肌肉发生缺血性水肿,体积增大,肌内压上升,进而导致肌肉组织的局部循环发生障碍,形成缺血-水肿恶性循环。

(2)肾功能障碍:肾缺血和组织破坏所产生的有害物质是导致肾功能障碍的两大原因,其中肾缺血是主要原因。肾缺血的原因有血容量减少、创伤后全身应激状态下的反射性血管痉挛、肾小球滤过率下降、肾间质发生水肿、肾小管功能恶化。随着肌肉的坏死,肌红蛋白、钾、磷、镁离子及酸性产物等有害物质大量释放,加重了创伤后机体的全身反应,造成肾损害。由于体液与尿液酸度增加,肌红蛋白更易在肾小管内沉积,造成阻塞和毒性作用,导致少尿甚至无尿,最终发展成急性肾衰竭。

2. 中医病因病机 肢体或躯干受挤压后,造成气滞血瘀,气不行则血不行,津液停留而不能四布,水湿外溢于肌肤之间乃发生肢体肿胀。

(1)少尿期:机体气滞血瘀,气机不畅,脾虚不能运化水湿而水肿,膀胱气化不行而尿闭。

(2)恢复期：气血不足，外伤未愈，肢体肿痛。

(二) 临床表现

1. 局部症状　主要是受压的肢体出现疼痛、肿胀，皮肤有压痕、发亮，可见点状红斑、瘀斑、水疱，被动活动牵拉肌肉可引起剧痛，远端肢体发凉、感觉减退，早期尚可触及动脉搏动，以后逐渐减弱、消失。

2. 全身症状　患者可出现全身无力、精神紧张、食欲下降、恶心、腹胀、血压下降、心率快、脉细弱、末梢循环差、呼吸急促、尿少等。出现肾衰竭后其症状和经过与一般急性肾衰竭相似，主要临床特点有：

(1)休克及血压变化：一部分伤员早期可不出现休克，或休克期短而未被发现；有些伤员因挤压伤严重，大量血液成分进入组织间隙，在解除外部压力后数小时出现低血压甚至休克，而且不断加重。

(2)肌红蛋白尿：是诊断挤压综合征的重要条件。伤肢解除压力后 24 小时内出现褐色尿或自述血尿，应该考虑肌红蛋白尿。

(3)高钾血症：在少尿期血钾可以每日上升 2mmol/L，高血钾的同时伴有高血磷、高血镁及低血钙，可以增强高血钾对心肌的抑制和毒性作用。

(4)酸中毒及氮质血症：非蛋白质氮、尿素氮迅速升高，临床上可出现神志不清、呼吸深大、烦躁、口渴、恶心等酸中毒、尿毒症等一系列表现。

(三) 诊断

1. 主要诊断要点

(1)严重挤压伤病史和临床表现。

(2)脱水、创伤性休克等全身循环障碍、衰竭的表现。

(3)严重肌红蛋白尿、少尿、无尿，尿常规、尿比重、渗透压改变。

(4)氮质血症、高血钾、代谢性酸中毒等表现。

(5)筋膜腔内组织压大于 4.0kPa（30mmHg）。

2. 临床将挤压综合征分为三级

一级：肌红蛋白尿试验阳性，肌酸激酶大于 1 万单位（正常值 130 单位），无急性肾衰竭等全身反应。

二级：肌红蛋白尿试验阳性，肌酸激酶大于 2 万单位，血肌酐和尿素氮增高而无少尿，出现低血压。

三级：肌红蛋白尿试验阳性，肌酸激酶明显增高，少尿或尿闭，出现休克、代谢性酸中毒。

如病史及临床表现疑为挤压综合征而理化检查不支持者，仍应密切观察病情变化，连续监测骨筋膜间隔内压力变化，定期复查理化检查，同时采取必要的预防措施。

(四) 治疗

1. 西医治疗　挤压综合征是外科急危重症，病死率高，积极防止急性肾衰竭及并发症的发生对改善预后起到关键作用。其处理原则是：妥善处理局部挤压伤，缩短受压、缺血、缺氧时间，有效防治休克和急性肾衰竭，在不影响生命安全的前提下尽量保护脏器的结构和功能。

(1)现场急救及早期处理：抢救人员应及早解除外部挤压，伤肢制动，以减少组织分解毒素的吸收及减轻疼痛；伤肢用凉水降温或暴露在凉爽的空气中，禁止按摩与热敷，以免加重组织缺氧；避免伤肢抬高，以免降低局部血压，影响血液循环。

(2)伤肢处理：受伤肢体解除压迫后，挤压局部肿胀不明显者，暂时固定，减少活动。如肢体迅速肿胀,影响血液循环,应尽早切开筋膜腔,充分减压,以改善循环,减轻肿胀,减少组织的变性、坏死及分解产物的产生和吸收。患肢如无血液循环或者血液循环严重障碍,即使保留患肢也无功能者需要截肢处理。

(3)抗休克治疗:有休克表现者应及时补充液体,扩充血容量,纠正休克,保证肾的血液供应。输液量可根据创伤的范围、严重性、休克的严重性和尿量等计算。一般先给予平衡盐溶液或生理盐水,后给低分子右旋糖酐等胶体溶液,必要时给予血浆和新鲜血液。

(4)急性肾衰竭及高血钾的处理:保护肾脏功能,实行有效的抗休克措施,保证肾血流供应;早期正确处理受挤压的肢体,减少有害代谢产物对肾的作用;早期使用碱性液体,减少肌红蛋白在肾小管的沉积;利尿剂和解除肾血管痉挛药物的应用都是有效的保护肾脏的措施。当出现明显少尿或无尿、氮质血症、高血钾等急性肾衰竭表现时,按急性肾衰竭处理。

(5)预防措施:挤压综合征的预防非常重要,常用的预防措施包括尽快补充林格液和胶体液,使用碱性药物碱化尿液以防止酸中毒并避免肌红蛋白沉积,进行利尿以增加有害物质的排泄。其中,口服碳酸氢钠或静脉注射 5% 碳酸氢钠可以碱化尿液,20% 甘露醇的快速静脉注射可以增加肾脏血流、保护肾功能。

2. 中医治疗 早期采用中西医结合治疗措施,提高治愈率,降低病死率,内外兼治。内治以清热解毒、益气养阴为主。

(1)实热积滞证:二便不通,腹胀口干,呕逆,舌红,苔黄厚,脉洪大。治以通里攻下,化湿利水。方用大承气汤加减。

(2)气阴两虚证:尿多,面色苍白,出汗,舌红少苔,脉弦细数无力。治以益气养阴固肾,用参麦饮加减。

(3)气虚血瘀证:气血不足,外伤未愈,肢体肿痛,舌淡红,苔薄白,脉弦缓无力。治以益气养血,通经活络。方用当归补血汤加减。

(五) 中西医结合讨论

治疗挤压综合征必须解决其主要矛盾,通里攻下法是有力措施。通里攻下的作用是泻毒、泻热、泻水、泻浊,解决水中毒和高钾血症,为抢救治疗争取时间。泻下在治疗中起主导作用,尤其对肾衰竭,需侧重泻下以促进肾功能恢复。

活血化瘀并用于通里攻下是抢救治疗挤压综合征的方法。通里攻下和活血化瘀相互促进,有利于通利二便和全身气血周流。

标本兼治是防治挤压综合征的首要原则。在治疗中注意局部和整体观点,结合现代医学诊断和中医辨证,关注局部病理变化和整体反应。挤压综合征局部伤害会引起整体变化,忽视将带来损失。实行"急则治标,缓则治本"的原则。

早期发现、早期治疗、预防为主是提高疗效的关键。对大面积外伤患者除做好局部处理外,还要观察尿量、测定尿素氮和血钾含量。如患者一般状态良好,仅非蛋白质氮高、血清钾稍高,及时应用活血化瘀、通里攻下治疗,效果更好,单用西医疗法难以收效。

(王建国)

第八节 烧 伤

烧伤是指接触火焰、热液、高温气体、激光、炽热金属等热力因素导致的组织损害。由电、化学物质所致的损伤,也属于烧伤范畴,但常以非热力因素损害为主。

一、西医病因与病理

热力对人体组织的损伤可分为原发性与继发性两大类。超过组织承受能力的热力作用，可以对组织蛋白质、脂肪、核酸等生物分子造成凝固变性而失去活力，为原发性损伤。皮肤黏膜等在热力作用下也可以产生红、肿、热、痛等炎症反应，通常认为是局部的肥大细胞等释放组胺等炎症介质，使血管扩张所致。轻度的炎症反应有利于散热，以减轻热损伤；过度的炎症反应将导致起泡、水肿、微循环障碍，进一步导致组织坏死及休克、系统性炎症反应综合征（systemic inflammatory response syndrome，SIRS）、免疫功能紊乱、感染、MODS 等局部或全身并发症。皮肤屏障的破坏会引起水电解质的丢失；不恰当的治疗措施，可导致细胞因赖以生存的内环境紊乱而凋亡、坏死；创面坏死组织也会招引中性粒细胞、巨噬细胞等聚集来分解之，导致局部炎症反应及愈合反应；深度烧伤愈合后常导致瘢痕，影响外观、功能、心理、社会生活等，为继发性损伤。

二、临床表现与诊断

烧伤伤情判断主要依据烧伤面积和深度，同时兼顾患者的全身情况，如吸入性损伤、特殊部位烧伤、有无多发伤、复合伤、烧伤休克等并发症等，也要考虑患者的基础情况，如心脑血管疾病等慢性疾病、伤员年龄、职业、体质等机体代偿潜力相关因素。预后还与季节、地域、伤员心理素质、经济承受能力等有关。

（一）症状、体征与伤情分级

小面积烧伤的症状体征比较明确，急性期主要表现为创面局部疼痛和肿胀、渗出；大面积烧伤往往伴随着全身系统性的临床表现，主要跟烧伤的面积和深度有关。

烧伤面积是指皮肤烧伤区域占全身体表面积的百分比。我国常用"中国九分法"（图18-2）及手掌法来估计烧伤面积：将身体表面划分成 11 个 9% 的等份，另外加 1%，共 100%。在 100% 的体表总面积中：头面颈部占 9%，其中头部 3%，面部 3%，颈部 3%；双上肢占 18%，其中双上臂 7%，双前臂 6%，双手 5%；躯干占 27%，其中躯干前面 13%，躯干后面 13%，会阴 1%；双下肢占 46%，其中双臀 5%，双大腿 21%，双小腿 13%，双足 7%。成年女性由于骨盆较大及双足较小，烧伤面积计算：双臀及双足各为 6%。儿童头所占比例较大，下肢所占比例较小，可按下法计算：头面颈部面积 =［9+（12- 年龄）]%，双下肢面积 =［46-（12- 年龄）]%，其余体表部分计算方法同成人。

传统上烧伤深度的评估采用三度四分法（图18-3）：Ⅰ度、浅Ⅱ度、深Ⅱ度、Ⅲ度。其中Ⅰ度和浅Ⅱ度烧伤称为浅度烧伤，深Ⅱ度和Ⅲ度称为深度烧伤。近年来多主张四度五分法，即在上述基础上，将伤及深筋膜以及深部组织，如肌肉、骨骼、内脏者，归为Ⅳ度。

Ⅰ度烧伤：仅伤及表皮浅层，生发层无损伤。主要表现为局部红斑、干燥、灼烧感等，无水疱形成。一般 3~7 日可恢复，局部可有短期色素沉着。由于烧伤发展有一个过程，伤后早期为红斑，但数小时甚至数十小时后还会产生水疱，因此判断Ⅰ度应慎重。

浅Ⅱ度烧伤：伤及表皮的生发层和真皮乳突层。局部红肿明显，有大小不一的水疱形成，疱液淡黄清亮，如疱皮剥脱，创面基底红润潮湿，触痛明显。若无感染或进一步血管网瘀滞的发生，一般在 2 周内愈合，一般不留瘢痕，但因表皮内黑色素细胞被激活，可产生局部色素沉着。

深Ⅱ度烧伤：伤及真皮乳突层以下，但仍残留部分网状层，深浅不一。可有水疱，疱液常呈胶冻样，去除疱皮后创面微湿，红白相间，触痛较迟钝。创面可依靠残留的皮肤附件（毛囊、汗腺）的表皮干细胞再生修复，若无感染，一般可在 3~4 周内愈合。因真皮网状层受损，皮肤力学结构被破坏，新生"真皮"组织纤维排列紊乱，形成瘢痕。

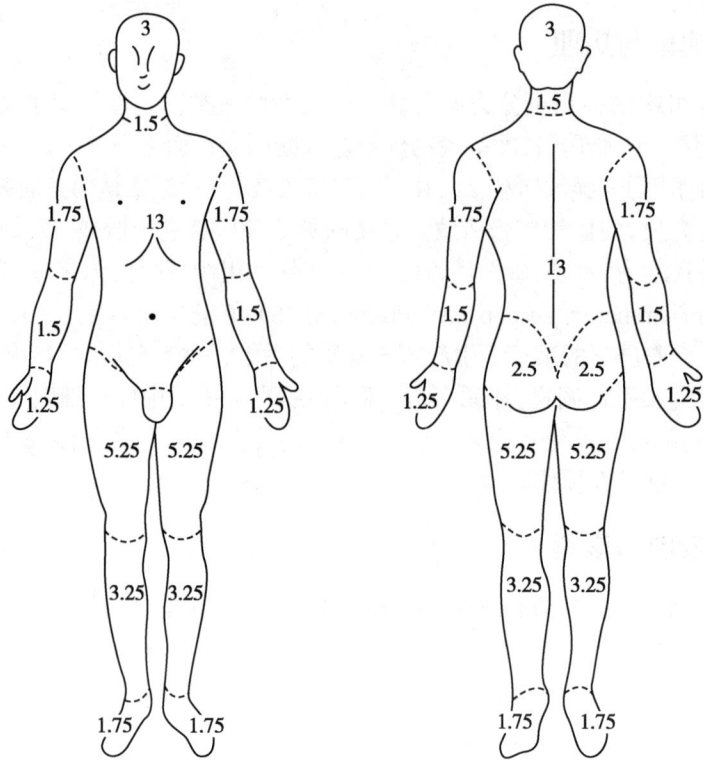

图 18-2 成人体表各部所占百分比示意图

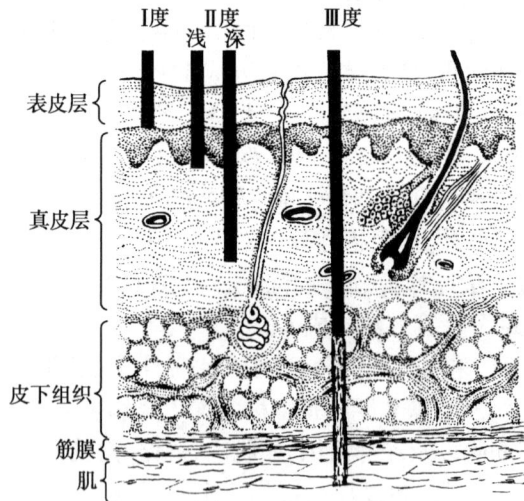

图 18-3 烧伤深度分度示意图

Ⅲ度烧伤：全层皮肤烧伤，创面蜡黄甚至碳化，硬如皮革，干燥，无渗液，针刺、拔毛无痛觉；皮下血管内凝血，皮肤表面可见粗大的树枝状血管网。由于无皮肤附件残留，创面愈合需要皮肤移植，或皮瓣修复，或在坏死组织溶解后依赖创缘周边表皮干细胞增殖爬行完成上皮化。愈合后局部遗留瘢痕，并因瘢痕挛缩导致畸形。

Ⅳ度烧伤：烧伤深达肌肉、骨骼，甚至内脏器官等。早期局部表现同Ⅲ度，坏死皮肤溶解或清除后可见肌肉、骨骼等组织变性坏死，失去正常光泽。Ⅳ度烧伤创面坏死组织多，血运差，更易发生感染。

为了对烧伤严重程度进行基本评估,我国常用以下烧伤严重程度的分级方法:

轻度烧伤:Ⅱ度烧伤面积在 10% 以下(儿童在 5% 以下)。

中度烧伤:Ⅱ度烧伤面积在 11%~30%(儿童在 5%~15%)之间,或Ⅲ度烧伤面积不足 10%(儿童不足 5%)。

重度烧伤:烧伤总面积在 31%~50%(儿童在 16%~25%)之间,或Ⅲ度烧伤面积在 10%~20%(儿童在 5%~10%)之间;或Ⅱ度、Ⅲ度烧伤面积虽然达不到上述比例,但已发生休克等并发症,或存在较重的吸入性损伤、复合伤等。

特重度烧伤:烧伤总面积在 50% 以上(儿童在 25% 以上);或Ⅲ度烧伤在 20% 以上(儿童在 10% 以上)。

(二)烧伤分期

根据烧伤后的病理生理变化特点,一般将烧伤临床发展分为四个时期,各时期相互交错,各期具有特征性的临床表现。

1. **体液渗出期** 在烧伤后早期,炎症介质导致创面局部或全身血管通透性增加,皮肤屏障被破坏,大量液体渗出血管外及体外。创面主要表现为局部水肿,体液持续渗出。渗出速度一般以伤后 6~12 小时内最快,持续 24~36 小时,严重者(延迟复苏等)可延续到 48 小时左右。

小面积的浅度烧伤,体液渗出主要表现为局部水肿,一般不影响有效循环血容量,对全身系统性影响不大。当烧伤面积较大(一般指Ⅱ度、Ⅲ度烧伤面积成人大于15%,小儿大于10%),若伴随早期抢救不及时或不当,液体丢失过多超过人体代偿能力时,循环血量会明显下降,进而出现休克表现。所以对大面积烧伤患者来说,体液渗出期又叫休克期。但此时如果液体输入过多,组织间隙及体内腔隙水肿严重,压力增高,导致外周循环阻力增加,循环障碍、呼吸运动受限、组织缺氧,也会加重病情。

2. **急性感染期** 在休克期后或与休克期同时,患者进入另一个严重威胁生命安全的时期:急性感染期。在烧伤后的第 3 日至 3 周,血管通透性逐渐恢复,早期渗出到组织间隙的大量体液成分回吸收进入血液循环,回吸收过程会携带大量的"毒素"(细菌、内毒素等)入血;且由于皮肤、黏膜功能受损,以及难以避免的手术、换药等治疗措施的干扰,应激性激素分泌紊乱,全身微循环及内环境也难以恢复,免疫物质消耗,免疫功能较为低下,此期极易发生局部或全身性感染。烧伤的感染可来自创面、肠道、呼吸道或静脉导管等。在创面未完全愈合前,特别是营养不良的情况下,感染加重的风险始终存在。

3. **创面修复期** 创面修复启动时间及修复所需时间与烧伤深度、机体状况等多种因素有关。浅度创面修复过程可以在伤后即刻启动;有坏死组织的深度创面,则将在坏死组织分解清除后,由成纤维细胞、血管内皮细胞、上皮细胞等增殖,分泌细胞外基质来修复创面,愈合过程由免疫细胞协助;浅Ⅱ度和部分深Ⅱ度创面,在没有严重感染的情况下可自行愈合。Ⅲ度及因感染等因素继发加深的深Ⅱ度创面,创面内因缺乏具有增殖能力的表皮干细胞形成皮岛,需依靠创缘上皮细胞缓慢爬行修复,所需时间较长。一般来讲,在Ⅲ度烧伤面积大于 3cm×3cm 时,不经皮肤移植创面自愈时间较长,或很难自愈;真皮层被破坏后,再生的胶原纤维等细胞外基质排列不符合生理性及生物力学要求,且容易挛缩,造成局部瘢痕,影响功能及外观。

4. **康复期** 此期为创面愈合后的瘢痕增生重塑期。位于关节部位的瘢痕需积极功能锻炼,配合局部压力治疗等对抗瘢痕挛缩手段。由于瘢痕增生的高峰期多在伤后 3~6 个月,在增生高峰期抑制瘢痕增生尤为重要。浅Ⅱ度创面一般以局部色素沉着为主,做好防晒,后期色素沉着一般可缓慢恢复。深Ⅱ度和Ⅲ度创面瘢痕早期常有疼痛和瘙痒,反复出现水疱,甚至破溃,直至瘢痕成熟。大面积烧伤患者由于大面积皮肤附件被破坏,机体散热和体温调节能力下降,在炎热环境下会有明显不适,常需数年时间的适应。

三、辅助检查

非特殊部位的体表轻度烧伤多为肉眼可见,目前也没有可靠的能预判创面变化的检查手段,一般不需要特别的辅助检查。涉及眼部的烧伤可通过角膜荧光染色等手段判断角膜损伤程度;涉及鼻腔口咽部的烧伤可通过鼻镜、咽喉镜、气管镜等检查判断相应的损伤程度。部分中度烧伤以及重度以上烧伤患者应及时检查血常规、肝肾功能、心肌损伤等,以判断血液浓缩、炎症反应、内环境紊乱程度以及器官损害情况;同时监测患者血压、心率、氧饱和度、尿量变化等,必要时检查中心静脉压、肺水肿程度(胸片或胸部 CT、MRI)、心功能等,根据生命体征变化判断烧伤的病情及全身情况,并制订相应的救治策略。如果合并多发伤、复合伤或基础疾病,则应做相应检查,以全面把握病情。

四、鉴别诊断

尽管烧伤病因多明确,但伤情复杂多变,与致伤原因、面积、部位、深度、合并症、并发症、基础疾病等有关,需要进行相应的鉴别。除了早期的Ⅰ度(不算面积)可能变为Ⅱ度外,烧伤面积的诊断相对能够明确。但由于组织细胞坏死的表现有一个过程,创面局部微循环在炎症反应下亦可能继发性障碍,烧伤深度常随时间变化而表现为加深,需要及时修正。并发症及合并症的诊断与鉴别可能没有明确界限及证据,具有一定模糊性及隐匿性,上文的辅助检查可以帮助诊断,甚至需要治疗性诊断,或依据经验判断。

五、治疗

小面积浅度烧伤按照外科原则,及时给予创面清洁,用适当敷料保护创面,定期换药防治感染,大多能自行愈合。水疱皮有一定的保护创面作用,如未明显感染可予保留。小面积深度创面,预计自愈时间长、瘢痕严重者,应尽早手术修复创面,尽早进行功能锻炼。大面积深度烧伤的全身反应重,并发症多,病死率和伤残率高,治疗原则是:①早期及时恰当补液,监测生命体征,防治低血容量性休克;②维持呼吸道通畅;③有计划更替使用有效抗生素,及时有效地防治全身性感染;④及时处理创面,择机切除深度烧伤坏死组织,封闭创面,减少感染源;⑤积极治疗吸入性损伤,保护心、肝、肺、脑、肾、胃肠道等脏器功能;⑥维持内环境稳定及确切的营养支持;⑦实施早期救治与功能恢复重建一体化理念,早期重视心理、外观和功能的恢复;⑧发挥中医药在创面处理及免疫炎症反应调节方面的优势,全程恰当介入。

(一) 现场的急救转送

现场抢救的目的是尽快去除致伤原因、脱离现场和对危及生命的情况进行现场救治。主要分为以下几个方面:

1. 迅速去除致伤原因 应尽快扑灭火焰、去除热源。劝阻伤员在衣服着火时站立或奔跑呼叫,以防增加头面部烧伤或吸入性损伤;迅速离开密闭和通风不良的现场。及时冷疗可防止创面进一步加深,并可减轻疼痛、减少渗出和水肿,越早效果越好。一般适用于中小面积烧伤。方法是将烧伤创面在自来水下淋洗或浸入水中(水温一般为 15~20℃),或用冷水浸湿的毛巾等敷于创面。冷疗终点为冷疗停止后不再有剧痛,多需 0.5~1 小时,或者更长时间。

2. 妥善保护创面 急救现场,妥善处理创面不受进一步污染即可。可用干净敷料或布类简单包扎后送医院处理。避免用有色药物涂抹,增加对烧伤深度判定的困难。

3. 保持呼吸道通畅 火焰烧伤常伴烟雾、热力等吸入性损伤,应注意保持呼吸道通畅。尽早吸氧,必要时做预防性气管切开,以防水肿高峰来临时喉头水肿窒息;同时为机械通气做准备。

4. 其他救治措施 严重大面积烧伤早期应避免长途转送,就近医院处理,尽早建立静脉通道,积极补液预防休克。转送路程较远者,应留置导尿管,观察尿量。同时做好镇痛等对症处理,以及患者和家属的心理辅导。此外,注意有无心跳及呼吸停止、多发伤、复合伤等,对大出血、窒息、颅脑损伤、开放性气胸、骨折、严重中毒等危及患者生命的情况应先行处理。

(二)入院后初期处理

患者入院后的早期处理轻重有别:

1. 轻度烧伤 主要为创面处理,清洁创面和创周健康皮肤。创面可用碘伏等消毒剂清洗,清除异物,浅Ⅱ度创面水疱可抽去疱液,保留疱皮,以保护真皮。深Ⅱ度创面水疱液应予去除,没有表皮的创面使用油性敷料可一定程度代偿表皮屏障功能,并采用外用抑菌制剂防治感染,外层吸水敷料包扎,包扎范围应超过创缘。面、颈、会阴等不适合包扎的部位可予暴露或半暴露,同时做好镇痛等对症处理,使用抗生素及破伤风抗毒素预防感染。

2. 中重度烧伤 处理程序为:①简要了解受伤史后,记录血压、脉搏、呼吸,注意有无吸入性损伤及其他合并伤,严重吸入性损伤应及早行气管切开。②立即建立静脉输液通道,开始输液防治休克。③留置导尿管,观察每小时尿量、尿比重、pH值,并注意有无血红蛋白尿。④清创,估算烧伤面积和深度(应绘图示意)。特别应注意有无Ⅲ度环状焦痂的压迫,其在肢体部位可影响血液循环,在躯干部可影响呼吸,应行焦痂切开引流、减张术。⑤按烧伤面积、深度制订第一个24小时的补液计划(参见烧伤休克)。

3. 创面污染重或有深度烧伤者 应加强注射破伤风抗毒素,并用抗生素防治感染。

4. 轻、中度烧伤 创面清洁后可用中药验方,清热降火、收敛消肿,阻断炎症反应加剧,避免创面加深,起到消肿止痛效果。

(三)烧伤休克的防治

烧伤休克是严重烧伤常见的并发症,可能危及生命。其主要原因是烧伤导致毛细血管通透性增加和体液丢失,造成微循环障碍、全身性水肿和心脏负荷增加等问题。烧伤休克与烧伤的严重程度及早期处理密切相关,同时较长时间的组织缺血缺氧也会引发感染和多脏器损害。

烧伤休克的主要表现包括心率增快、脉搏细弱、血压变化、呼吸浅快、尿量减少、口渴难忍、烦躁不安、周边静脉充盈不良、肢端凉、体温下降以及血液化验异常等。

液体疗法是治疗烧伤休克的主要方法。根据烧伤面积和体重计算出补液量,并通过静脉输液通道输入足够的液体补充失去的液体。常根据病人的烧伤面积和体重按下述公式计算补液量。伤后第1个24小时补液量:成人每1% Ⅱ度、Ⅲ度烧伤面积每千克体重补充胶体液0.5ml和电解质液1ml,广泛深度烧伤者与小儿烧伤其比例可改为1:1,另加基础水分2 000ml。伤后前8小时内输入一半,后16小时补入另一半。第2个24小时,胶体和电解质液为第1个24小时的一半,水分补充仍为2 000ml。上述补液公式只是估计量,应仔细观察病人尿量[应达0.5~1ml/(kg·h)]、精神状态、皮肤黏膜色泽、血压和心率、血液浓缩等指标,有条件者可监测肺动脉压、肺动脉楔压、中心静脉压和心排出量,随时调整输液的量与质。用Na^+浓度为130mmol/L的平衡盐溶液进行复苏时,但需注意低钠血症问题。胶体液应以血浆为主,注意胶体补液过早容易渗出到组织间隙,延长水肿时间。以上补液公式仅供参考,还需观察患者的尿量、精神状态、皮肤黏膜色泽、血压、心率、血液浓缩等指标,并根据需要调整输液成分和速度。注意考虑患者的心肺功能和容量弹性等因素,避免过度输液引发并发症。

中药在一定程度上可以缓解烧伤休克的炎症反应,减少渗出和补液需求。外用中药具有收敛、降火、活血、运化水湿的功效,可以减轻创面水肿和降低外周循环阻力。但中药的抗感染能力有限,同时严重烧伤后的免疫功能受损,容易发生创面感染。某些植物药所含鞣酸较高,大面积使用可能对肝脏造成损害,因此使用时需要慎重。

(四) 烧伤感染的防治

烧伤救治中的抗感染是重要环节,因为严重烧伤患者容易感染并发生多器官功能障碍,进而导致严重并发症和死亡。烧伤感染的原因主要有皮肤屏障被破坏、肠道微生物移位、呼吸功能障碍、医源性感染以及免疫功能下降。烧伤全身性感染的主要依据包括精神状态改变、体温异常、心率呼吸加快、创面变化、白细胞计数变化以及阳性培养结果。通过维护微循环、轻柔的无菌操作换药、观察处理导管感染等措施,可以降低感染风险。早期切痂、削痂、皮肤移植对防治全身性感染至关重要。合理使用抗生素对预防烧伤全身性感染至关重要,应根据菌群动态和药物敏感试验结果选择抗生素,并定期更换不同种类的抗生素。在高风险期可以联合使用多种抗生素。但长时间使用抗生素可能导致菌群失调、二重感染和细菌耐药,因此在创面修复后应及时停用抗生素。同时,应注意营养支持、水电解质平衡和脏器功能维护以恢复免疫力。一些中成药或辨证施治的方剂可能对感染引起的免疫反应有调理作用,可作为辅助疗法用于阻断感染进展和减少并发症。

(五) 烧伤内脏并发症的防治

1. **呼吸功能不全** 肺部并发症居烧伤的各类并发症之首,多发生于烧伤后 2 周内,与吸入性损伤、休克、全身性感染等有关。主要为肺部感染、肺水肿、肺不张等。治疗应以预防为主,积极加强呼吸道管理,做好排痰等气道护理,控制补液量防治灌注过量而加重肺水肿,选用有效抗生素等。出现呼吸、心跳增快时,应仔细进行胸部检查。必要时拍胸部 X 线片和做血气分析,及时发现排查相关危险因素。当发生换气功能障碍时,应采用呼吸机进行机械通气,以尽可能保证氧供,排出 CO_2。

2. **心功能不全** 心功能不全多发生于严重休克或感染时,主要因缺血缺氧和失控性炎症反应造成心肌损害。因此,在烧伤抗休克的同时,常规给予心肌保护和心功能支持。平稳度过休克期和防治严重感染,是预防心功能不全的关键。外周循环阻力增加,也会加重心脏负荷。控制补液及适当引流第三间隙液体、减少渗出等措施可改善微循环,降低外周循环阻力,减轻心脏负荷,有利于维护心脏功能。

3. **肾功能不全** 休克和全身性感染可致肾灌注不足或肾小球滤过膜损害,导致肾功能不全;深度烧伤因红细胞及肌肉大量破坏,分解出血红蛋白及肌红蛋白,容易在肾小管沉积,也可导致肾功能不全;少数化学烧伤中毒亦可致肾功能不全。因休克所致肾功能不全多为少尿型,早期应迅速补充血容量,适当增加输液量,回吸收期开始后可应用利尿剂以增加尿量;尿色深,有血红蛋白或肌红蛋白尿时,应碱化尿液、水化尿液,降低肾小管堵塞概率。

4. **胃肠道功能紊乱** 休克和全身性感染期间,胃肠道血液供应不足、水肿,蠕动能力下降。休克期间应禁食,回吸收期开始时给予轻流质饮食,促进胃肠道黏液分泌和黏膜再生,防止感染。广谱抗生素使用时间长可导致肠道菌群紊乱,可口服乳酸杆菌等制剂防治。部分患者可能出现烧伤应激性溃疡,可给予抗酸、抗胆碱药物保护胃黏膜。溃疡出血量不大时,可尝试非手术治疗。严重感染后可能发生麻痹性肠梗阻,可进行大黄汤灌肠治疗。

5. 中枢神经功能紊乱 严重烧伤所导致的全身广泛充血水肿、缺氧、酸中毒、补液过多（尤其是水分过多）、中毒（CO、苯、汽油中毒等）、代谢紊乱（尿毒症、低钠血症、血氨增加等）、严重感染、头面部严重烧伤、肾功能不全、复合脑外伤等均可引起脑水肿，烧伤休克期小儿多见。早期症状为恶心呕吐、嗜睡、舌后坠、鼾声或反应迟钝，有的表现为兴奋或烦躁不安，甚至出现精神症状。小儿则有高热、抽搐，严重者发生心律失常、呼吸不规则或骤停、昏迷，或因脑疝而突然死亡。应警惕其发生，注意控制输液量，必要时及早应用利尿剂及脱水剂，保持呼吸道通畅。如已发生脑水肿，处理方法同非烧伤者，重点是去除病因。

（六）烧伤瘢痕的防治

深度烧伤后产生瘢痕是必然的，严重程度因人而异，与多种因素有关。早期采取相关措施可减轻瘢痕，但难以完全避免。在烧伤早期，应注意创面保护和减少刺激，使用一些中成药可以保护创面和减轻瘢痕，但对于有感染迹象的情况要进行抗感染治疗。深度创面难以愈合时应尽早手术，创面愈合越快、越早进行功能锻炼，瘢痕越轻，外观和功能恢复效果越好。深度创面愈合后，在伤后 3~6 个月为瘢痕增生高峰期，可采取抑制瘢痕的措施，如外用硅酮、压迫等。对于关节部位的瘢痕，应采取相应的固定和锻炼措施。早期干预可缩短增生期、减轻瘢痕。手术皮肤移植愈合后，皮片下也可能出现瘢痕挛缩，对于薄皮片的情况影响相对严重，需要进行功能锻炼或激光治疗。对于严重影响外观和功能的瘢痕，可以采取多种治疗措施，如多次激光治疗、全厚皮片移植术、皮肤扩张术等。术后需要抗挛缩位固定和功能锻炼来提高疗效。某些中药配方可缓解瘢痕增生和瘙痒，或减轻挛缩的影响。

（七）烧伤创面的处理

1. Ⅰ度烧伤 不需要特殊处理，只需冷敷和外敷中成药。注意保护创面，避免晒伤。

2. 小面积浅Ⅱ度烧伤 需保持水疱皮完整，抽去水疱液后用无菌油性敷料或保湿敷料包扎。避免频繁更换敷料，防止新生上皮受损。如感染应及时清洁并更换敷料，使用有收敛或清热功效的中成药外敷促进愈合。

3. 深Ⅱ度烧伤 需早期切除坏死组织，进行皮肤移植，以减少感染和并发症发生。若因一定原因不能及时手术的，术前定期换药，使用外用抗菌药物或中成药促进愈合。清创或植皮术后也需及时更换外敷料。

4. Ⅲ度、Ⅳ度烧伤 需尽早切除坏死组织，进行皮肤移植或皮瓣修复。如果面积很小且有手术禁忌，可进行换药保守治疗，方法与深Ⅱ度烧伤相似。

（八）中医治疗

中医治疗烧伤运用的是辨证分型治疗，轻者为热伤营卫证，一般不需内服汤剂，只局部治疗即可。外用中药种类多，多有消肿止痛、去腐生肌等功效。重症者可按以下分型施治。

（1）热盛伤阴证：局部潮红、水肿、水疱及渗出，发热，烦躁，口渴，尿少，舌红，脉数。治以解毒利湿，养阴清热。方用解毒养阴汤加减。

（2）火毒伤津证：壮热，口干，便秘，尿赤，舌红，苔黄或无苔，脉洪数或弦细数。治以清热解毒，益气养阴。方用黄连解毒汤、银花甘草汤等加减。

（3）阴伤阳脱证：神倦，面色苍白，呼吸微弱，嗜睡，自汗肢冷，尿少，舌淡，脉微。治以回阳救逆，益气护阴。方用四逆汤、参附汤合生脉散加减。

（4）毒热炽盛证：皮肤水肿、红斑、水疱、糜烂，高烧，舌红，脉数。治以清营凉血解毒，方用清营汤合黄连解毒汤加减。

（5）火毒内陷证：壮热不退，口干唇燥，躁动不安，舌红，苔黄或糙干，脉弦数，伴内脏并发症。治以清营凉血解毒，方用清营汤或黄连解毒汤合犀角地黄汤加减（犀角已禁用，现多用水牛角代）。

(6)气血两虚证:疾病后期,低热,精神疲倦,形体消瘦,食欲不振,自汗盗汗,创面肉芽色淡、愈合迟缓,舌淡,苔薄,脉沉细无力。治以补气养血,健脾和胃,兼清余毒。方用托里消毒散或八珍汤加金银花、黄芪。

(7)脾虚阴伤证:疾病后期,脾胃虚弱,面色萎黄,纳呆腹胀,口干少津,舌暗红而干,苔花剥或无苔,脉细数。治以补气健脾,益胃养阴。方用益胃汤合参苓白术散加减。

六、特殊烧伤简介

(一)特殊部位烧伤

1. 吸入性损伤　吸入高温气体可导致上呼吸道黏膜坏死或呼吸道炎症水肿,引起通气和换气功能障碍。现代化学工业的发展导致了大量易挥发刺激性气体的化合物的产生,如油漆和有机溶剂。火灾和恐惧时大喊大叫易导致吸入刺激性烟尘,进而引起吸入性损伤。判断吸入性损伤的严重程度主要根据气道和肺部水肿程度以及呼吸困难程度。严重水肿可导致气道黏膜坏死,堵塞气道引发窒息,或吸入小气道引发感染和肺不张。对于严重影响通气和换气功能的情况,应进行早期气管切开和呼吸机机械通气,并使用激素减轻水肿。同时,进行良好的气道护理,包括吸痰和支气管镜下冲洗,以清除分泌物和坏死黏膜,并有助于诊断。

2. 头面颈部烧伤　头面颈部暴露在外易被烧伤,血运丰富的面颈部位于紧致的皮肤下,烧伤后水肿液会向内挤压并扩散至喉黏膜下,可能导致窒息,需要注意进行预防性气管切开或密切观察呼吸情况。由于口鼻眼等器官存在,分泌物多,不适合包扎治疗。烧伤后的创面容易结痂,影响口周活动,引发口周瘢痕增生和挛缩。头面部有五官和特征性毛发,烧伤会对外观及功能产生明显影响。面部创面处理有特殊要求:早期避免创面结痂,减轻肿胀,以减少瘢痕形成。面部血运丰富,含有表皮干细胞的腺体密集,自我恢复机会较大,深度创面不宜早期切痂以保护表情肌。难以自愈时,可以刮除虚浮的肉芽后进行皮肤移植,按照解剖分区进行,有助于改善外观。需要注意保护眼周、耳朵,并及时清除分泌物,以减少感染机会。头皮深度烧伤应及时去除坏死组织,促进创面愈合。

3. 手及下肢烧伤　手易被烧伤,损伤后影响严重,血液循环容易受损,导致继发性损伤。对于手烧伤,早期抬高患肢、使用中药等措施可以减轻肿胀和减少继发性损伤的机会。深度烧伤需尽早手术封闭创面以创造功能恢复条件,并注意清除坏死组织后进行皮瓣修复。术后包扎时避免压迫血管,恢复期应结合固定和锻炼,避免暴力损伤。下肢烧伤易发生肿胀和血运问题,抬高患肢、减轻炎症水肿尤为重要。糖尿病等基础疾病患者需要特别注意感染的早期治疗时机。

4. 会阴烧伤　会阴部烧伤后容易被排泄物污染,加上局部温暖潮湿,容易发生感染,应采取暴露或半暴露疗法,并留置导尿。会阴部烧伤后应及时清理排泄物、分泌物。阴囊皮下组织疏松,皮肤褶皱深,易严重水肿,也易自愈,宜筛状打孔引流、垫高、外敷消肿外用药(半暴露)。肛周深度烧伤后,瘢痕挛缩可能使肛门闭锁,应在创面愈合后至瘢痕成熟软化前期间用硬管支撑肛门,预防闭锁。

(二)特殊原因烧伤

1. 电烧伤　电烧伤是由电接触、电弧和电火花等因素引起的损伤。它可以通过热力和非热力两种方式造成伤害。电火花所致的损伤主要是热力引起的,表现为浅度烧伤,同常规损伤表现。而电接触和电弧造成的损伤与电流有关,电流通过组织会产生热量,导致严重的热力损伤,通常在皮肤上会有明显的入口和出口。然而,如果皮肤潮湿,如出汗多或在水中,皮肤的电阻减小,可能没有明显的入口和出口。电流进入体内后,除了热力损伤外,还会破坏细胞膜屏障功能,导致细胞坏死。电流经过心脏可能导致心搏骤停或心律失常,需要及时进行心肌保护。电流经过血管、头部或脊髓可能引起血栓、血管破裂和神经损伤,最终导致严重的后遗症。电烧伤通常会造成深度损伤,需要进行多次清创治疗,并重视防止感染。在修复过程中,应保护骨骼、肌腱等硬组织,采用自带血供的皮瓣修复,促进血液供应恢复。另外,还需注意引流和清除坏死组织以及预防厌氧菌感染。

2. 化学烧伤

(1)强酸强碱被人体组织接触后,可能引起热量损伤和吸收中毒。处理时应避免直接用水冲洗,先用干毛巾等吸附,然后用大量流水冲洗。创面浅、弹性好的可能自愈,而创面深、色泽暗的需要手术修复。

(2)氢氟酸常用于清洗各种金属物品,人体接触后会引起酸烧伤,氟离子会引起剧烈疼痛。如果接触面积较大,可能引起低钙而致死。中和氟离子可使用含钙膏剂。

(3)苯酚及其衍生物为弱酸,对创面的损害可能不明显,但吸收后可能对肝、肾、神经系统、血液系统等产生损害。治疗时需多输液利尿,保护脏器,并对症支持。

(4)强碱可使脂肪皂化,导致烧伤创面逐渐加深。处理时应尽早清洗,使用弱酸中和,并在创面健康后进行手术修复。

(5)液氨易蒸发而被吸入气道,会导致呼吸道水肿,造成通气障碍。治疗方法与吸入性损伤相同,包括早期气管切开和机械通气。

(6)生石灰遇水会产生热量,所以处理时应注意掸落粉尘,干布擦拭,不再有粉尘黏附后用水冲洗。

(7)磷具有较低的燃点,处理时应先掸落颗粒,然后使用油性敷料覆盖,减少燃烧机会。有吸收中毒时,需要适当多输液利尿,保护脏器,并对症支持。

3. 热压伤 热压伤常因热力作用时间持续较长,被压后往往试图抽离而造成碾搓撕脱,拉断皮下血管网,常为Ⅳ度创面,并可能有渐进性组织坏死。因此可能需要多次清创,有条件时早期皮瓣修复。

4. 低热烫伤 冬天人们使用取暖设备较普遍,此时肢体对低热的保护反应弱,皮肤长时间接触取暖设备,造成真皮、皮下血管网等不耐热组织损害,而表皮相对耐热而保持健康,从而造成"烘山芋"样损伤。伤后常先起水疱,破溃后显示真皮失去光泽、失活,但难以被吞噬细胞吞噬溶脱。创面愈合缓慢,可持续半年以上。因此建议手术切除坏死组织,行皮肤移植或皮瓣修复。从预防角度看,应先用取暖设备将被褥捂热,入睡时取出,避免热物长时间接触皮肤。

5. 放射性损伤 放射性损伤多发生在放疗后,造成皮肤糜烂、真皮及皮下组织坏死。由于放射线穿透性强,创面多为Ⅳ度。因创面组织细胞及参与愈合的免疫细胞被放射抑制,创面愈合困难,早期手术切口愈合同样存在障碍。半年以后,局部皮肤细胞及免疫功能可能恢复,肉芽开始生长后,可行手术修复。术前应排除局部肿瘤复发,以免影响伤口愈合。对单纯糜烂性皮炎的患者,可以外用生长因子或中成药、红光照射等措施,促进愈合。

七、中西医结合讨论

现代医学烧伤治疗发端于两次世界大战,近百年来,从生命体征监测到休克补液复苏及脏器功能维护,从微生物感染被发现到抗生素的使用,从外科清创皮肤移植手术到各种创面覆盖材料应用等,都有了长足进步,烧伤救治成功率明显提高。然而,现有治疗体系仍存在一些缺陷,如早期监测指标过度追求实验室"正常值"而忽视脏器代偿情况,可能导致补液过量;抗感染方案缺乏考虑创面特异性,加之反复换药和手术刺激,导致普遍瘢痕增生严重,影响外观及功能;对 SIRS 缺乏有效的调节手段,难以阻止因此造成的病情进展;分子生物学手段的精细化研究,发现了大量功能分子,但缺乏对其协同性作用的了解,单个节点分子产品的使用往往难以改变整个分子网络的过高或不足反应,临床疗效不显或容易产生耐药。

　　中医虽然缺乏现代医学对烧伤病理生理的"精细"了解,但对烧伤的治疗亦遵循其辨证施治、内外兼顾的原则,以系统性见长。临床经验显示,阴阳协调、补虚泻实、清热凉血解毒等治法往往能良好调理免疫炎症反应至恰当状态,缓解 SIRS 的进展;对于烧伤感染后胃肠道胀气梗阻等脏器功能紊乱有良好的调节作用。创面外用中成药品类繁多,多有消肿止痛、去腐生肌的作用,对创面刺激小,愈合后瘢痕较轻。因此,烧伤治疗上中西医有一定的互补性,结合起来可有更好的疗效。

　　中药方剂多为复方,含多种有机或无机分子,起协同作用。但其分子机制多不明确,分子种类也多不清楚。用现代生物医学研究方法与工具,特别是结构生物学的自动化分析方法的成熟,有望了解复杂的中药成分及其结构。在大数据计算能力提升的条件下,为研究不同分子的可能作用、了解其协同作用的分子机制、了解复杂系统的相互作用规律提供可能,将中医药的"阴阳协调""五行生克"等模糊概念精细化、科学化,弥补现代医学系统性不足的缺憾。

(方　勇)

第九节　冷　伤

　　冷伤(cold injury),又称"冻伤"或"冷损伤",是由于寒冷低温直接作用于人体引起的损伤,可分为非冻结性冷伤和冻结性冷伤两类。非冻结性冷伤是指暴露于 10℃以下、冰点以上的低温尤其合并潮湿条件所引起的损伤,多为局部冷伤,如冻疮、壕沟足、水浸足或手等;而冻结性冷伤是指暴露于冰点以下的低温所引起的损伤,可分为局部冷伤(又称冻伤)和全身冻伤(又称冻僵)。冷伤属中医"冻疮""冻僵"等范畴。本病的特点是:局部冷伤以局部肿胀发凉、瘙痒、疼痛、皮肤紫斑,或起水疱、溃烂为主要表现;全身性冷伤以体温下降、四肢僵硬,甚则阳气亡绝为主要表现,若不及时救治,可危及生命。

一、病因与病理

(一)西医病因与病理

1. 病因

(1)环境因素:主要是指寒冷或低温,潮湿和风速也可加速身体的散热。

(2)局部因素:如鞋袜过紧、长时间站立不动及长时间浸在水中均可使局部血液循环发生障碍,热量减少,导致冷伤。

(3)全身因素:如疲劳、虚弱、紧张、饥饿、失血及创伤等均可减弱人体对外界温度变化调节和适应能力,使局部热量减少导致冷伤。

(4)致冷剂损伤:包括液氮、固体二氧化碳等致冷剂的接触也可导致冷伤。

2. 病理

(1)非冻结性冷伤:上述病因,主要是寒冷(1~10℃)可导致非冻结性冷伤,其病理是局部血管尤其是肢体末端血管处于长时间收缩或痉挛状态,继而发生血管持续性扩张,血液瘀滞,血细胞和体液外渗,局部渗血、瘀血、水肿等。有的毛细血管甚至小动、静脉受损后发生血栓。严重者可出现水疱、皮肤坏死。

（2）冻结性冷伤：人体局部接触冰点以下低温时，发生强烈的血管收缩反应，如接触时间稍久或温度很低，则细胞外液甚至连同细胞内液形成冰晶。冷伤损害主要发生在冻融后，局部血管扩张、充血、渗出以及血栓形成等。组织内冰晶不仅可以使细胞外液渗透压增高，致细胞脱水、蛋白质变性、酶活性降低以致坏死，还可机械性破坏组织细胞结构，冻融后发生坏死及炎症反应。

（3）全身受低温侵袭时，外周血管强烈收缩和寒战（肌肉收缩）反应，体温降低由表及里（中心体温降低）使心血管、脑和其他器官均受损害。如不及时救治可直接致死。

（二）中医病因病机

《外科正宗》云："冻疮，乃天时严冷，气血冰凝而成。"概括地说明了冷伤的病因主要为寒冷。尤其是在潮湿、刮风、长时间不活动等情况下受寒冷侵袭更易发生。平素气血衰弱、疲劳、饥饿、对寒冷敏感，亦容易发生本病。

寒性凝滞、收引，为阴邪，伤阳气。寒冷侵袭，直接损伤肌表及卫阳，血泣则不通，致局部营卫失和，营强卫弱，营阴外溢致局部水肿、水疱、痛痒而为冻疮。重者直接导致局部血脉闭阻，肌肤筋骨坏死。瘀滞化热或复感他邪，邪热腐肉可成溃疡。暴受寒冻，内中脏腑，阴阳之气不相维系，阴蔽于内，阳绝于外，而发厥脱之证。此外，暴冻着热、暴热着冻也可导致气血运行失常，营卫失和而肌肤坏死成疮。

二、临床表现

（一）非冻结性冷伤

手、足等部位常见，先有寒冷感和针刺样疼痛，皮肤苍白，可起水疱，去除水疱后见创面发红、有渗液，合并感染后形成糜烂或溃疡。常有个体易发因素，易复发，可能与患病后局部皮肤抵抗力降低有关。有的壕沟足、浸渍足治愈后，再遇低温时患足可有疼痛、发麻、苍白等反应，甚至诱发闭塞性血管疾病。

（二）冻结性冷伤

在冻融以前，伤处皮肤苍白、温度低、麻木刺痛，不易区分其深度。复温后不同深度的创面表现有所不同。依损害程度一般分为三度：

1. Ⅰ度冷伤（红斑性冻伤） 损伤在表皮层。受冻皮肤红肿、水肿，自觉发热、瘙痒或灼痛，5~7日后开始干燥蜕皮，愈后不留瘢痕。

2. Ⅱ度冷伤（水疱性冻伤） 损伤达真皮层。皮肤红肿更加显著，有水疱或大疱形成，疱内液体色黄或呈血性。疼痛较剧烈，对冷、热、针刺不敏感。若无感染，局部干燥结痂，经2~3周脱痂愈合，少有瘢痕。若并发感染，愈后可有瘢痕。

3. Ⅲ度冷伤（焦痂性冷伤） 损伤达全皮层或深及皮下组织，创面由苍白变为黑褐色，皮肤温度极低，触之冰冷，痛觉迟钝或消失。一般呈干性坏疽，坏死皮肤周围红肿、疼痛，可出现血性水疱。若无感染，坏死组织干燥成痂，脱落后形成肉芽创面，愈合后常有瘢痕。

4. Ⅳ度冷伤（坏死性冷伤） 损伤深达肌肉、骨骼。表现类似Ⅲ度冷伤。局部组织坏死，分为干性坏疽和湿性坏疽。干性坏疽表现为坏死组织周围有炎症反应，肢端坏死脱落后可致残；并发感染后成湿性坏疽，出现发热、寒战等全身症状，甚至合并内陷而危及生命。

三、诊断与鉴别诊断

（一）诊断

1. 有低温环境下停留较长时间的受冻史；
2. 有局部冷伤或全身性冷伤的临床表现。

（二）鉴别诊断

1. 血栓闭塞性脉管炎（坏疽期） 其局部表现与冷伤所致肢体末端坏疽溃疡虽有相似之处，但前者是一个渐进的过程，前期有一些肢端缺血相关症状，如间歇性跛行、静息痛以及肢端发凉等，虽然可因受寒加重，但通常没有直接的寒冻局部损伤史，大多有吸烟史。

2. 雷诺综合征 雷诺综合征因寒冷和精神刺激双手出现发凉苍白，继而发绀、潮红，最后恢复正常的三色变化，这与Ⅰ、Ⅱ度冷伤有相似之处。前者多与免疫缺陷有关。多见于青年女性，好发于双手，诱发因素解除后，症状可及时改善。

四、治疗

本病治疗强调中西医协同，西医优势在于急救、抗休克及预防和及时纠正心肺等功能损伤；中医优势在于局部冷伤的处理，围冷伤期的康复。

（一）脱离冷冻源及复温

迅速脱离低温环境和冰冻物体。首先脱去冰冷潮湿的衣服、鞋袜（如衣服、鞋袜连同肢体冻结者，不可勉强，以免造成皮肤撕脱，可立即浸入40℃左右温水中，待融化后脱下或剪开）。可给予姜汤、糖水等温热饮料，但不宜给予酒精饮料，以免散热。早期复温过程中，严禁用雪搓、火烤或冷水浴等。

（二）西医治疗

1. 急救 严重的全身性冷伤患者必须立即采取急救措施。防治休克主要是补液、选用血管活性药、除颤等。为防止脑水肿和肾功能不全，可使用利尿剂。保持呼吸道通畅、给氧和呼吸兴奋剂、防治肺部感染等。其他处理如纠正酸碱平衡紊乱和电解质紊乱、维持营养等。复温后首先要防治休克和维护呼吸功能。

2. Ⅲ度及广泛的Ⅱ度局部冷伤常需全身治疗

（1）注射破伤风抗毒素。

（2）冷伤常继发肢体血管的改变，可选用改善血液循环的药物。常用的有低分子右旋糖酐、妥拉苏林、罂粟碱等，也可选用活血化瘀中药，或施行交感神经阻滞术。

（3）抗生素防治感染。

（4）补充高热量、高蛋白和高维生素饮食。

（三）辨证论治

（1）寒凝血脉证：暴露部位麻、木、冷、痛，肤色青紫或暗红，肿胀结块或有水疱，复温后发痒，舌淡，苔白，脉沉涩或细涩。治以温经散寒，活血通络。方用当归四逆或桂枝加当归四逆汤加减。

（2）寒盛阳衰证：寒战，四肢厥冷，感觉迟钝，意识模糊，蜷卧嗜睡，幻觉，神志不清，呼吸微弱，舌淡紫，苔白，脉微欲绝。治以回阳固脱，温经散寒。方用四逆加人参汤或参附汤加减。

（3）瘀滞化热证：冷伤部位坏死，创面溃脓，四肢肿胀紫暗，肤温增高，疼痛加剧，发热口干，舌红，苔黄或腻，脉数或滑数。治以清热解毒，活血止痛。方用四妙勇安汤加减。

（4）气血两虚证：冷伤恢复期神疲体倦，气短懒言，面色少华，疮面难敛，四肢暗红、漫肿麻木，脓液清稀或无脓，舌淡，苔白，脉细弱或虚大。治以益气养血，和营通脉。方用人参养荣汤或八珍汤合桂枝汤加减。

（四）冷伤的局部处理

1. Ⅰ度冷伤红、肿、痛痒、无水疱者用云香精液、红灵酒或姜辣椒酊外擦，每日数次。或用冻疮膏或阳和解凝膏外涂。

2. 有水疱的Ⅱ度冷伤应局部消毒后,抽吸或剪破疱皮放出疱液,然后外涂冻疮膏、红油膏或生肌白玉膏等。

3. Ⅲ度、Ⅳ度冷伤有水疱或血疱者,进行创面及周围常规消毒后,首先将水疱或血疱剪破抽吸放出疱液,再用中药如湿润烧伤膏、红油膏等油膏外敷后包扎。溃破者,常规消毒后,首先进行有限清创,清除浮动的坏死组织,再用湿润烧伤膏外涂或制成油纱条外敷以液化清除坏死组织,根据创面液化情况及时换药。也可选用红油膏掺八二丹外敷以腐脱坏死组织。如坏死组织难以液化清除,可采用药刀结合方式清创,所谓药刀结合即药物溶解配合手术蚕食清创。腐肉已尽,新肉始生时,可选用生肌药物如湿润烧伤膏、生肌玉红膏、康复新液等外用,以促进溃疡愈合。

4. 对于溃疡,坏死组织清除后,也可局部应用生长因子、新型敷料等治疗。对于较大的缺损,可采取负压封闭引流术手术治疗。

5. 局部冷伤严重者,待其坏死组织边界清楚时予以切除;损伤面积大者,待坏死组织脱落干净,肉芽组织红润时予以皮肤移植;若出现感染则应充分扩创引流;若出现肢体远端湿性或干性坏疽,与健康组织分界线已形成者,待其分界线清楚固定后可行截肢术。湿性坏疽威胁生命时,也应及时行截肢(趾、指)术。

五、预防与调护

1. 在严寒环境中适当活动,避免久站或蹲地不动。

2. 进入低温环境工作以前不宜饮酒,因为饮酒后常不注意防寒,可能增加散热。对可能遇酷寒的人员,应事先进行耐寒训练,如行冷水浴、冰上运动等。

3. 增强体质,加强耐寒训练,采用必要的防寒设备。

4. 注重"冬病夏治"。穴位贴敷法(于每年夏季的农历三伏期行穴位贴敷);药物外涂法(或于暑天中午,应用药物反复涂擦患过冻疮的部位)等。

六、中西医结合讨论

冷伤的治疗要脱离冷冻源并正确复温,以防进一步损伤。严重的全身性冷伤应立即采取急救措施,防止休克和重要器官损伤。

局部损伤以外治为主,根据冻伤的程度来治疗。Ⅰ、Ⅱ度局部冷伤主要采用中医药物外治;Ⅲ度及Ⅳ度需配合局部清创,清创后视情况应用中西药物促进创面愈合。严重冷伤出现肢端坏死时,如为干性坏疽,待患者情况好转后可考虑行截肢术;如为湿性坏疽,可先通畅引流,或配合药刀蚕食清创,待患者病情稳定后可考虑行截肢术。

总体而言,西医优势在于救急,而中医优势在于局部损伤的处理。中医内治,应针对寒凝血脉的基本病机,以通阳活血为治法。对于重度的全身性冷伤,早期重于回阳救逆,发病过程中如出现全身症状,可相应地辨证论治。中医另有一个优势,即未病先防,在夏天针对患者实际情况采取相应的预防措施。

(张 力)

第十节 压 疮

压疮指皮肤或皮下组织由于局部(尤其是骨凸处)长期受压损伤或复合有摩擦、剪切损伤,造成局部血液循环障碍,而发生局部组织缺氧、营养障碍。压疮病变开始仅为表皮损伤,呈现红斑,继而发展成皮肤、皮下组织、肌肉及骨骼等深部组织的广泛破坏,严重者可继发感染,引起败血症而导致患者死亡。压疮属中医"褥疮""席疮"范畴。

一、病因与病理

(一)西医病因与病理

1. 压疮的病因和危险因素

(1)致病因素:压力、剪切力和摩擦力、皮肤湿度、温度等。

1)压力:压疮形成的关键是压力的强度和持续时间,以及皮肤及其支持结构对压力的耐受力(图18-4)。压力经皮肤由浅入深扩散,呈圆锥形分布,最大压力在骨突处的周围。压力与时间关系的研究显示:低压长时间的压迫造成的组织危害>高压短时间的压迫造成的组织危害。肌肉及脂肪组织比皮肤对压力更敏感,最早出现变性坏死。萎缩的、瘢痕化的、感染的组织对压力的敏感性增加,易发生压疮。

2)剪切力:为引起压疮的第2位原因,是施加于相邻物体的表面,引起相反方向的进行性平滑移动的力量(图18-4)。当身体同一部位受到不同方向的作用力时,就会产生剪切力。剪切力比压力更易致压疮。剪切力作用于深层,引起组织的相对移位,能切断较大区域的小血管供应,导致组织氧张力下降,因此它比垂直方向的压力更具危害性。剪切力比垂直压力更易阻断血流。剪切力与体位关系密切,发生在深部组织中。有实验证明,剪切力只要持续存在超过30分钟,即可造成深部组织的不可逆损害。尽管剪切力与压力不同,但是不存在没有压力的剪切力或没有剪切力的压力。

3)摩擦力:是指表皮相互交错运动时产生的力(图18-4)。摩擦力作用于皮肤,易损害皮肤的角质层,引起皮肤的表皮层剥脱或使皮肤更易受到压力和剪切力的作用而产生坏死。摩擦力可使局部皮肤温度升高,温度升高1℃,能加快组织代谢而氧的需要量则增加10%。摩擦力大小可被皮肤的潮湿程度所改变,少量出汗的摩擦力>干燥皮肤的摩擦力,大量出汗则可降低摩擦力。床铺皱褶不平、有渣屑、皮肤潮湿或搬动时拖、拽、扯、拉患者,均可产生较大摩擦力。

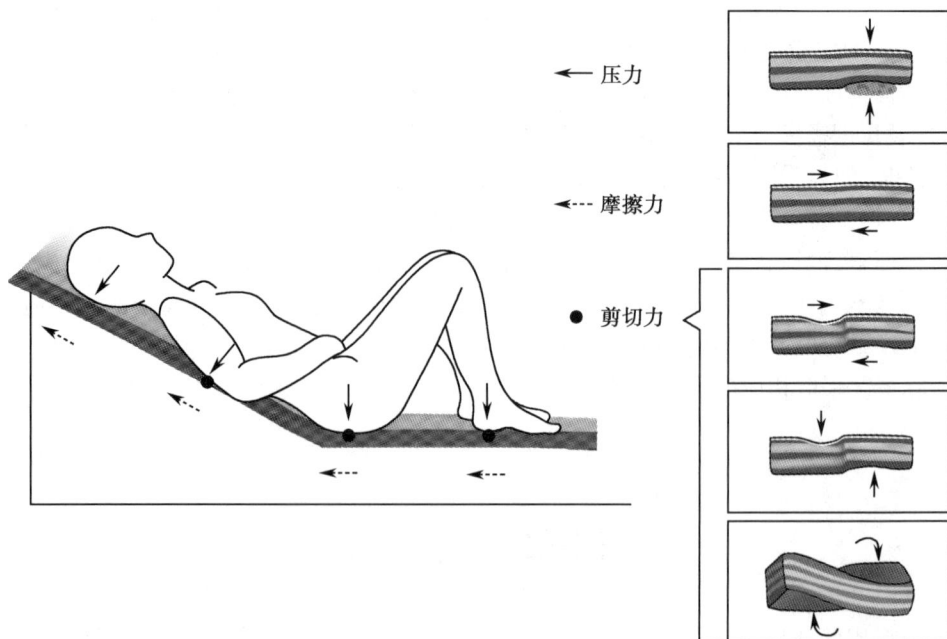

图 18-4　压疮致病三力

（2）诱发因素：坐、卧的姿势；移动患者的技术；大小便失禁；个体的社会状态、睡眠等。

（3）危险因素：营养不良、运动障碍、感觉障碍、意识水平、急性病、年龄、体重、血管病变、脱水等。

2. 病理

（1）局部缺血：压疮的实质是毛细血管血流被阻断，导致局部缺血。当外加压力大于外周血管内压力，或皮肤受牵拉，均可阻断血流。皮肤受磨损和微小损害，可促使外周血管血栓形成，也使局部血运断流。

（2）组织液和淋巴液回流障碍导致代谢废物堆积：毛细血管受压后血管完全或部分闭塞，微循环状态改变阻碍了组织液和淋巴液的流动，代谢产物在受伤区域堆积，导致液体流向组织间隙产生水肿，更易致受压组织变性、感染，最后导致压疮发生和难以愈合。

（3）再灌注损伤：再灌注期，缺血组织恢复血氧供应，同时也产生了大量电子受体，使得氧自由基在短时间内爆发性增多。过量的氧自由基可摧毁细胞膜，导致细胞膜发生变性，使得细胞不能从外部吸收营养，也排泄不出细胞内的代谢废物，并丧失了对细菌的抵御能力。

（4）持续的细胞变形，局部细胞损伤或死亡：细血管受压后血管完全或部分闭塞，血流灌注状态改变，使组织的氧和营养供应不足，水和大分子物质的输入、输出平衡遭破坏，血浆胶体渗透压和组织液的流体静力压改变，最终产生细胞损伤。多数压疮病因研究局限于真皮层，强调血管和血流因素。但表皮层无血管分布又能适应无氧环境，无法用血管学说解释压疮的发生。近年细胞持续变形对组织损害的作用机制渐成焦点。

（二）中医病因病机

压疮之病，其特点是溃疡难愈，难愈之因，无外虚与瘀。溃疡之病，其病理产物无外热、腐、脓，久病之变，无外内入营血，内攻脏腑，或损骨、伤筋、成漏。虚：一因久卧，所谓"久卧伤气"；二因久病。瘀：源于外来伤害。因局部持久受压，绞挤损伤或摩擦损伤，致局部气血凝滞、经脉阻隔。《灵枢·痈疽》云："营卫稽留于经脉之中，则血泣而不行，不行则卫气从之而不通，壅遏而不得行，故热。大热不止，热盛则肉腐，肉腐则为脓。"热之成，起因有二：其一诚如《灵枢·痈疽》所言，营卫滞留脉中，也滞于局部，而卫气属阳，以阳为热，营卫壅滞局部，导致局部为热；其二为外伤复感他邪，尤其是在潮湿环境中。脓之成，为热毒腐肉所致，同时脓成溃脓，邪也随脓而去，故成脓也为一种抗邪机制。脓腐不去，则易浸淫四周，或内攻脏腑，导致损骨、成漏。

二、临床表现及分期

在我国多根据症状及深度进行分期，分期类别如下（图18-5）：

1. Ⅰ期瘀血红润期　受压部位的皮肤出现暂时性血液循环障碍。主要表现为受压部位的皮肤呈暗红色，并有红、肿、热、痛或麻木。判断标准为：解除对该部位的压力30分钟后，皮肤颜色仍不能恢复正常。此期皮肤的完整性未破坏，为可逆性改变，如及时去除致病原因，则可阻止压疮的发展。

2. Ⅱ期炎性浸润期　损伤延伸到皮下脂肪层。受损皮肤呈紫红色，皮下有硬结。皮肤因水肿而变薄，并有炎性渗出，形成大小不一的水疱。水疱破溃后，形成潮湿红润的创面，如不采取积极的措施，压疮继续发展，此期患者感觉疼痛。

3. Ⅲ期浅表溃疡期　水疱破裂，局部浅层组织坏死，形成溃疡。创面有黄色水样渗出物或脓液，疼痛加重。

4. Ⅳ期深部溃疡期　坏死组织侵入真皮下层、肌肉层，甚至达骨膜或关节腔。局部呈黑色，脓性分泌物增多，有臭味，甚至可引起脓毒症。

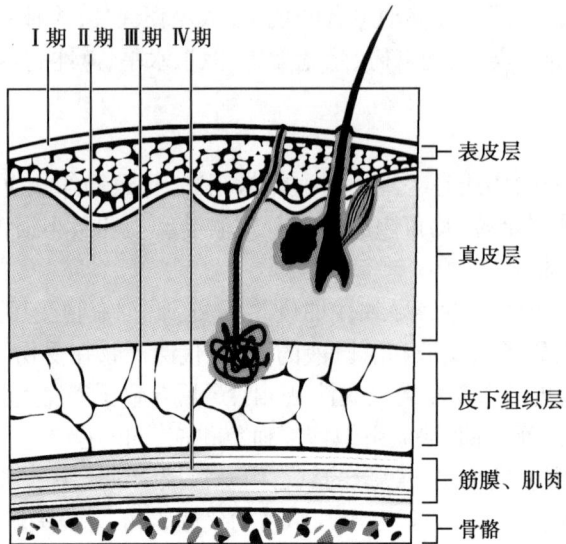

图 18-5　压疮深度

临床上分期也可参照美国国家压疮咨询委员会（National Pressure Ulcer Advisory Panel，NPUAP）修订的压疮分期。

（1）1 期压力性损伤：指压时红斑不会消失，局部组织表皮完整，出现非苍白发红，深肤色人群可能会出现不同的表现。局部呈现出的红斑、感觉、温度和硬度变化可能会先于视觉的变化。颜色变化不包括紫色或褐红色变色，若出现这些颜色变化则表明可能存在深部组织损伤。

（2）2 期压力性损伤：部分真皮层缺损，伤口床有活力，基底面呈粉红色或红色，潮湿，可能呈现完整或破裂的血清性水疱，但不暴露脂肪层和更深的组织，不存在肉芽组织、腐肉和焦痂。在不良的环境中，骶尾骨、足跟等处受剪切力的影响通常会导致 2 期压力性损伤。该期应与潮湿相关性皮肤损伤如尿失禁性皮炎、擦伤性皮炎、医用胶黏剂相关的皮肤损伤或创伤性伤口（皮肤撕裂、烧伤、擦伤）鉴别。

（3）3 期压力性损伤：皮肤全层缺损，溃疡面可呈现皮下脂肪组织和肉芽组织伤口边缘卷边（上皮内卷）现象，可能存在腐肉和 / 或焦痂。深度按解剖位置而异：皮下脂肪较多的部位可能呈现较深的创面，在无皮下脂肪组织的部位（包括鼻梁、耳郭、枕部和踝部）则呈现为表浅的创面。潜行和窦道也可能存在，但不暴露筋膜、肌肉、肌腱、韧带、软骨和骨。如果腐肉或坏死组织掩盖了组织缺损的程度，即出现不明确分期的压力性损伤。

（4）4 期压力性损伤：全层皮肤和组织的损失，溃疡面暴露筋膜、肌肉、肌腱、韧带、软骨或骨。伤口床可见腐肉或焦痂。上皮内卷、潜行、窦道经常可见。深度按解剖位置而异。如果腐肉或坏死组织掩盖了组织缺损的程度，即出现不明确分期的压力性损伤。

（5）不明确分期的压力性损伤：全层组织被掩盖和组织缺损。全层皮肤和组织缺损，其表面的腐肉或焦痂掩盖了组织损伤的程度，一旦腐肉和坏死组织去除后，将会呈现 3 期或 4 期压力性损伤。在缺血性肢体或足跟存在不明确分期的压力性损伤，当焦痂干燥、附着（贴壁）、完整、无红斑或波动感时不应将其去除。

（6）深部组织压力性损伤：皮肤局部出现持久性非苍白性发红、褐红色或紫色，或表皮分离后出现暗红色伤口床或充血性水疱，颜色发生改变前往往会有疼痛和温度变化。深肤色人群中变色可能会有不同。在骨隆突处强烈的压力和 / 或持续的压力和剪切力会致使该损伤出现。伤口可能会迅速发展，呈现真正的组织损伤，经过处理后或可能无组织损伤。如果出现坏死组织、皮下组织、肉芽组织、筋膜、肌肉或其他潜在结构，表明全层组织损伤（不明确期、3 期或 4 期压力性损伤)。

三、辅助检查

(一)实验室检查

1. 血常规检查。

2. 血电解质、肝肾功能及营养状况的动态监测。

3. 入院时常规创面细菌培养及药物敏感试验,连续 3 日。根据病情变化随时复查。皮肤表面溃疡培养出的细菌常常是污染的细菌,缺乏特异性。可利用探针取溃疡底部的标本做细菌培养。探针吸取样本也具有特异性,但是缺乏敏感性。

(二)病理切片检查及影像学检查

1. 长期不愈的压疮必要时可进行病理切片检查,可排除恶变及其他特殊性质的疾病。

2. 深部溃疡期及以上压疮出现脓腐难清、脓液恶臭,可酌情行局部 X 线片、CT、MRI 检查,用以排除骨质破坏及深部瘘、窦。

四、诊断与鉴别诊断

(一)诊断

诊断依据如下

1. 有局部组织长期受压史,或局部摩擦力及剪切力损伤病史,受压部位常见于骶尾部、髋部、足跟部、脊背部等骨突部位。

2. 创面 表皮损伤,呈现红斑,继而发展成皮肤、皮下组织、肌肉及骨骼等深部组织的广泛破坏,形成溃疡。

3. 合并严重感染时可出现 SIRS,甚至出现全身化脓性感染。

4. 溃疡长久不愈,可形成瘘、窦,甚至恶变。

(二)鉴别诊断

1. 失禁性皮炎 指皮肤长期或反复暴露于尿液和粪便中所造成的炎症,临床表现为红斑、水肿、浸渍、剥脱、破损水疱和丘疹的形成。伤口的边界通常不清晰,呈弥散状,伴有瘙痒或疼痛以及继发性的真菌感染。失禁性皮炎有时会和 1 期、2 期压疮的临床表现比较相似,但失禁性皮炎发生的区域不在骨突部位,通常呈弥散状以及在一些皮肤皱褶处。

2. 臀部穿凿性脓肿 此病相当于中医的"坐板疮",其特点是反复发生的脓肿,溃破后可形成暂时性的溃疡,局部反应重而全身情况良好。

五、治疗

(一)西医治疗

治疗原则:系统治疗与局部治疗相结合。局部治疗重在解除压力,通畅引流,清除坏死组织,控制局部感染,改善局部微循环,修复疮面。系统治疗重在防治感染及营养支持。

1. 全身治疗

(1)抗感染治疗:只要没有全身性感染的情况,就应避免局部和全身应用抗菌药物。有弥漫性或全身性炎症反应时,根据培养规范应用抗菌药物。

(2)营养支持疗法:纠正贫血和低蛋白血症,并给予高蛋白、高能量饮食。

2. 局部治疗

(1)解除局部压力,睡气垫床。

(2)创面处理:强调中西医协同治疗。

（二）中医治疗

辨证论治

(1)气虚血瘀证:受压部位皮肤红斑色褐,红肿紫暗,水疱破损,舌淡有瘀斑,苔薄白,脉细无力或涩。治以益气活血,用血府逐瘀汤加黄芪。

(2)毒蕴肉腐证:受压部位溃烂,腐肉脓液各异,恶臭或无脓,脓水清稀或黄稠,深及筋骨,四肢漫肿,发热神萎,口干口苦,舌脉因体质、感邪、原发疾病而异。治以和营托毒,热象明显用仙方活命饮加减,无虚象用透脓散加减,虚象较盛用托里消毒散加减。

(3)气血两虚证:疮面腐肉难脱,新肌色淡,愈合缓慢,面色㿠白,神疲纳差,舌淡苔少,脉沉细无力。治以益气补血,托毒生肌。方用托里消毒散加减。

(4)气阴两虚证:疮面干枯无脓,腐肉难脱,愈合缓慢,口干咽燥,耳鸣目眩,形体消瘦,舌红少苔,脉细数。治以益气养阴,托毒生肌。方用生脉散合托里消毒散加减。

（三）中西医协同创面处理

创面处理方法众多,应倡导中西医协同创面处理。其原则是根据患者创面情况、身体状况、自身需求及医院条件,选择最适宜的创面处理方式。

1. 解除压力　应用减压装置如气垫床并定时翻身。

2. 换药前后必须进行清洁消毒。

3. 创面保护　对于红斑可用油膏外涂保持局部润滑,也可选用新型敷料保护;对于有厚痂且撞击牢固者,如足跟部,采用姑息保护,甚至可运用收敛解毒中药如 10% 黄柏溶液溻渍。

4. 通畅引流。

5. 清创

(1)外科/锐性清创:使用手术刀、组织剪、刮匙等手术器械清除疮面坏死组织。

(2)保守锐性清创:其要旨是使用器械分次清除坏死或失活组织,以不引起疼痛和出血为目标。

(3)液化清创、药刀结合清创:采用药(油蜡膏溶解)刀(器械清创)结合的方法,以"无损伤的方式清除坏死组织,原位培植再生组织修复创面"(包括自溶清创:这是中医特色清创方式)。

(4)酶促清创:是在自溶清创的基础上,通过酶制剂促进纤维蛋白和坏死组织溶解,加速自溶清创过程。

(5)生物清创:使用无菌环境下培育的蛆虫清除坏死组织,其可以吞食和消化坏死组织和致病微生物。

(6)机械清创:又称物理清创,有多种方式,如敷料法、水疗法、冲洗法以及中医常用的耕耘清创法。

6. 促进创面愈合

(1)创面负压引流:是一种引流与促生为一体的方式,其应用前提是:清创相对彻底,以及少或没有残腔。

(2)中药软膏类促生:机制是以原位组织培植的方式,包括干细胞培植的方式以求原位再生修复创面。常用药物有:湿润烧伤膏、生肌玉红膏等。注意该法不应简单涂药,而应规范操作。

(3)生长因子的应用:表皮生长因子、成纤维细胞生长因子、人粒细胞巨噬细胞刺激因子、重组血小板衍生生长因子等。

(4)新型敷料的应用:水胶体敷料、透明膜敷料、水凝胶敷料、藻酸盐类敷料、泡沫敷料等。

7. 手术疗法 首先应当遵循以尽可能小的损伤换取满意疗效的原则。严格掌握手术适应证及禁忌证,常用手术方式包括:周围皮瓣填塞、刃厚皮片移植等。

六、预防与调护

1. 体位 重视患者体位的改变,每 2 小时定时翻身一次。

2. 精神 重视患者个人、家属、陪护、探访者的心理、精神情况。

3. 环境 创造适宜患者治疗的医院环境。

4. 饮食 从西医营养学及中医"阳化气,阴成形"的理论出发,强调富有营养易消化的饮食,而非清淡饮食。

5. 运动 只要患者身体条件许可,则应鼓励患者主动运动,若条件不允许,则应被动运动,如翻身、按摩等。

6. 局部清洁 重视局部清洁,防止复感他邪。

七、中西医结合讨论

压疮的诊疗,从判断是否压疮开始。可从三个方面进行判断:第一,是否存在导致压疮的病因和危险因素,一旦存在,就应采取针对病因的治疗;第二,是否形成溃疡,一旦溃疡形成,应当从整体和局部综合治疗;第三,需除外一些导致创面难愈的特殊疾病,如恶性创面、结核、皮肤穿凿性脓肿等。

针对病因的治疗,其中最重要的一环就是改善患者的全身状态,应充分纠正贫血、营养不良、脏器功能不全、药物不良反应这些潜在的影响愈合的因素。

压疮的治疗,应当中西医协同,中医治疗则应根据影响愈合的基础疾病及溃疡的分期情况辨证治疗。中医辨证论治既要考虑到影响压疮发生和发展的疾病和因素,又要考虑创面的情况。热象明显者,则以清托为法;若无虚象,以透托为法;若虚象较盛,则以补托为法。压疮患者的营养需求要高于正常人。蛋白质和能量配以精氨酸、微量元素和维生素能够促进创面愈合。中医认为"阳化气,阴成形",生命活动必须有阳物质(能量)和阴物质(营养)的源源补充,而补充从"饮入于胃"开始,因此中医在压疮的治疗中全程强调"固护胃气"。

针对创面,通畅引流应贯穿治疗始终,目的在于防止局部菌、毒留聚和流窜为病。治疗前应判断创面的愈合能力,如有潜在愈合能力则应清创并采取措施促进溃疡愈合,如无愈合能力则采取以患者为中心的治疗。

当创面坏死组织清除,感染和炎症控制后,如何促进创面愈合就是主要任务了。在创面修复的理念上更注重维持创面水分平衡,即中医所倡导的"润而不能湿"的湿润环境。以生肌为主要功效的中医油膏类制剂、现代含生长因子的水凝胶制剂及新型敷料都能体现这一理念。

(张 力)

第十一节 咬 螫 伤

一、毒蛇咬伤

毒蛇咬伤是指人体被毒蛇咬伤,其毒液由伤口进入人体内而引起的一种急性全身性中毒性疾病。在人类开始有文化记载的时候,就有很多关于蛇的记载。其中《山海经》是最

ER-18-3

如何区别有毒蛇和无毒蛇?

笔记栏

ER-18-4

最常见的有毒蛇

ER-18-5

被毒蛇咬伤后最先应该怎么办?

早记载本病的论著。《肘后备急方》载:"蛇绿色,喜绿树及竹上,大者不过四五尺,皆呼为青条蛇,人中立死。"本病发病急、变化快,若不及时救治,常可危及生命。其发病率在我国南方地区较高。毒蛇根据其所含主要毒素可分为三大类:①含有神经毒的毒蛇:如银环蛇、金环蛇、海蛇等;②含有血循毒的毒蛇:如五步蛇、竹叶青、蝰蛇、烙铁头等;③含有混合毒的毒蛇:如眼镜蛇、眼镜王蛇、蝮蛇等。

(一) 病因与病理

1. 西医病因与病理　　毒蛇咬伤人体时,除了局部的损伤,毒蛇的毒液通过毒牙注入人体内才是直接的致病因素。蛇毒扩散全身所引起的一系列全身中毒症状则是本病病理变化的关键所在。

蛇毒是毒蛇毒腺分泌的一种复杂的蛋白质混合物,其主要成分为毒性蛋白或多肽类物质,具有极强的毒性。新鲜蛇毒黏稠,透明或淡黄色,比重1.030~1.080,与空气接触易起泡沫,有特殊的腥苦味,一般呈酸性反应,性质不稳定,在常温下24小时即变性,在冰箱内保存15~30日毒性不变,干燥蛇毒可保持原毒力25年以上。各种理化因素如强酸、强碱、加热、紫外线照射、氧化剂、还原剂、消化酶及重金属盐类均可使其毒性降低或失去毒性。蛇毒不能透过正常的皮肤和黏膜,但遇皮肤黏膜破损则可透入人体。

蛇毒的有毒成分及性质十分复杂,各种成分的多少或有无根据蛇种而异。蛇毒按其毒理作用性质可分为神经毒、血循毒和酶类。

(1) 神经毒:主要是阻断神经 - 肌肉的接头引起弛缓性麻痹,产生肌肉运动障碍,如舌肌运动障碍产生言语困难;咽缩肌运动障碍产生吞咽困难;眼外肌运动障碍使眼球运动受限及复视;胸肌、肋间肌和膈肌运动障碍发生呼吸麻痹,终致周围性呼吸衰竭,引起缺氧性脑病、肺部感染及循环衰竭,若抢救不及时可导致死亡。这些症状从中医的角度看,属于风邪阻络症状,故中医将神经毒命名为"风毒"。

(2) 血循毒:具有强烈的溶组织、溶血和抗凝作用,中医将其命名为"火毒",对心血管和血液系统产生多方面的毒性作用。主要有:①心脏毒素:对哺乳动物的心脏有极强的毒害作用,发生短暂兴奋后转入抑制。可引起心脏搏动障碍、心室颤动、心肌坏死,严重者可致心力衰竭。②出血毒素:是一种血管毒素,可以引起广泛性血液外渗,导致显著的全身出血,甚至多器官实质出血而死亡。③溶血毒素:有直接和间接溶血因子,两者有协同作用。

(3) 酶类:蛇毒含有丰富的酶类。目前已发现的蛇酶有20多种,其中毒性较大的有:

1) 蛋白酶:多种蛇毒均含有此种酶。由于溶解肌肉组织和损害血管壁,从而增加管壁的通透性,可导致蛇伤局部肌肉坏死、出血及水肿,甚至深部组织溃烂。此酶相当于中医的"火毒"。

2) 磷脂酶A:其毒性作用是间接溶血作用,可引起极为严重的溶血症;还可使毛细血管通透性增加而引起出血,间接干扰心血管及神经系统的功能。此酶相当于中医的"风火毒"。

3) 透明质酸酶:多数蛇毒中含有此酶。它能溶解细胞与纤维间质,破坏结缔组织的完整性,促使蛇毒从咬伤局部向其周围迅速扩散并吸收。此酶亦相当于中医的"火毒"。

4) 腺苷三磷酸酶:此酶可破坏三磷酸腺苷而减少体内能量供给,影响体内神经递质和蛋白质的合成,导致各系统生理功能障碍。此酶相当于中医的"风火毒"。

2. 中医病因病机　　蛇毒是火毒或风毒单独致病或风火二毒混合致病。风者善行数变,火者生风动血,耗伤阴津。风毒偏盛,每多化火;火毒炽盛,极易生风。风火相煽,则邪毒鸱张,必客于营血或内陷厥阴,形成严重的全身性中毒症状。

毒蛇咬伤人体后,毒液经伤口而入,侵蚀肌肤,循经络或入营血,内攻脏腑而导致中毒,是本病的基本病因病机。风毒易犯经络,轻则经气运行不利,气血流行不畅;重则经脉瘀阻、传导、联络功能障碍,经气不至而麻痹;甚则风毒闭肺致呼吸麻痹,或风毒传肝而引动肝风。火毒初始侵扰气分或内结于六腑,表现为一派热毒症状;继则内陷营血,引起耗血、动血之变;甚者蛇毒攻心,耗伤心气,致心神蒙蔽,心气欲脱。风火毒既具火之性,又具风之特征,但有所偏重,或以风毒为主,或以火毒为重,或风火毒并举,随蛇之所含毒素而定。

(二)临床表现

1. 局部症状　被毒蛇咬伤后,患部一般都有两个较粗大而深的毒牙痕,而无毒蛇咬伤的牙痕则小而排列整齐。

(1)神经毒:毒蛇咬伤后局部症状不明显,疼痛较轻或没有疼痛,仅感局部麻木或蚁行感,伤口出血很少或不出血,周围不红肿。

(2)血循毒:毒蛇咬伤后局部疼痛剧烈,肿胀明显,且迅速向肢体近心端发展;伤口有血性分泌物渗出,或出血不止;伤口周围皮肤青紫,或有瘀斑和血疱;有的伤口组织坏死可形成溃疡,所属淋巴结、淋巴管红肿疼痛。

(3)混合毒:毒蛇咬伤后伤口疼痛逐渐加重,并有麻木感,伤口周围皮肤迅速红肿,并有水疱、血疱。重者伤口坏死溃烂,区域淋巴结肿大压痛。

2. 全身症状　随毒蛇种类而异。

(1)神经毒毒蛇咬伤者:多在伤后1~6小时内出现症状,如头痛、胸闷、四肢乏力、眼睑下垂。重者有声音嘶哑、呼吸困难、瞳孔散大等症状,最终导致呼吸麻痹而死亡。

(2)血循毒毒蛇咬伤者:短期内即出现全身中毒症状,如恶寒发热、口干、呕吐、腹痛、腹泻或便秘。重者可有皮下出血或内脏出血,如呕血、尿血等,最终导致死亡。

(3)混合毒毒蛇咬伤者:兼见上述两种表现,主要以神经毒为致命原因。神经毒吸收速度快,危险性大;血循毒引起的症状重,但病死率相对较低。

(三)辅助检查

1. 血常规检查　在无毒蛇或毒蛇咬伤的轻症时,白细胞总数不一定升高,也可能是反应性升高。而在血循毒或混合毒毒蛇咬伤时,动态观察可了解红细胞受损情况、有无进行性贫血或血小板计数持续性下降。

2. 尿常规检查　血循毒或混合毒毒蛇咬伤时,可出现血尿。

3. 生化检查　被血循毒毒蛇咬伤时需检查心肌酶,其中肌酸激酶水平可明显升高。被血循毒或混合毒毒蛇咬伤者,肝转氨酶水平异常升高。合并有肾功能损害时,尿素氮和肌酐水平均升高。

4. 凝血功能测定　可了解凝血时间、凝血酶原及纤维蛋白原的变化。

5. 血气分析及血氧饱和度检查　神经毒中毒者,可表现为血氧饱和度下降。

6. 心电图检查　重症者可有心电图异常,常表现为心律不齐、传导阻滞。

(四)诊断与鉴别诊断

毒蛇咬伤属于急症,必须迅速判断蛇属哪种、毒属何类,否则将贻误患者的最佳救治时间,造成严重的后果。

1. 诊断要点

(1)西医诊断要点

1)病史:①咬伤的时间:询问患者被蛇咬伤的具体时间、治疗经过,以估计蛇毒侵入人体的深浅程度。②咬伤的地点及蛇之形态:根据不同蛇类的活动习惯,结合患者所述蛇之形态,协助判断蛇之所属。如能带蛇前来就诊,诊断依据则更为可靠。③咬伤的部位:注意准确分辨蛇咬伤的部位,排除其他原因所致的皮损;还应了解局部伤口在自救、互救处理过程中的方式。④既往病史：应着重询问伤者是否有慢性疾病史，特别应询问是否有肝炎、肾炎、高血压、心脏病等。

2）相应的局部症状和全身症状。

3）中毒程度评估：蛇毒对机体所造成的损害与其毒性强度和注入机体的毒量有着密切关系，即蛇毒毒性愈强，中毒量愈多，对机体所造成的损害愈严重。蛇伤严重度评分量表见表 18-9。

表 18-9 蛇伤严重度评分量表

部位	症状/体征	分值
呼吸系统	无症状/体征	0
	呼吸困难、轻度胸部压迫感、轻度不适，呼吸 20~25 次/min	1
	中度呼吸窘迫（呼吸困难，26~40 次/min，动用辅助呼吸肌）	2
	发绀、空气不足感、严重呼吸急促或呼吸窘迫/衰竭	3
心血管系统	无症状/体征	0
	心动过速（100~125 次/min），心悸、全身乏力、良性心律失常或高血压	1
	心动过速（126~175 次/min）或低血压（收缩压<100mmHg）	2
	极快心动过速（>175 次/min）或低血压（收缩压<100mmHg），恶性心律失常或心搏骤停	3
局部创伤	无症状/体征	0
	疼痛，咬伤部位肿胀或瘀斑范围<5~7.5cm	1
	疼痛，咬伤部位肿胀或瘀斑范围不超过半个肢体（距咬伤部位 7.5~50cm）	2
	肿痛、肿胀或瘀斑范围超出肢体（距咬伤部位可>100cm）	3
胃肠道	无症状/体征	0
	腹痛、里急后重或恶心	1
	呕吐或腹泻	2
	反复呕吐或腹泻，呕血或便血	3
血液系统	无症状/体征	0
	凝血参数轻度异常[PT<20s,APTT<50s,血小板(100~150)×10⁹/L,Fib 100~150mg/L]	1
	凝血参数明显异常[PT<20~50s,APTT<50~75s,血小板(50~100)×10⁹/L,Fib 50~100mg/L]	2
	凝血参数明显异常[PT<50~100s,APTT<75~100s,血小板(20~50)×10⁹/L,Fib<50mg/L]	3
	凝血参数明显异常,伴有严重出血或危及生命的自发性出血(PT或APTT测不出,血小板<20×10⁹/L,Fib测不出),其他严重异常实验室结果也属于这一类	4
中枢神经系统	无症状/体征	0
	轻微不安或恐惧、头痛、乏力、头晕、寒战或感觉异常	1
	中度不安或恐惧、头痛、乏力、头晕、寒战、意识错乱或模糊，咬伤部位肌肉震颤或肌束颤动	2
	严重意识错乱、嗜睡、抽搐、昏迷、精神障碍，或全身肌束震颤	3

注：整体严重程度判断：轻度 0~3 分；中度 4~7 分；重度 8~20 分。PT 为凝血酶原时间；APTT 为活化部分凝血活酶时间；Fib 为纤维蛋白原。

（2）中医辨病与辨证

1）辨病：有毒蛇咬伤史，如被火毒或风火毒类毒蛇咬伤的伤口多有红肿疼痛、瘀斑或水疱，伴有呕吐或头痛、烦躁或腹痛。被风毒或风火毒类毒蛇咬伤者，可有头晕头痛、胸闷恶心、四肢乏力麻木、眼睑下垂，重者声音嘶哑、语言不利、呼吸困难、瞳孔散大、全身瘫痪等症状。

2）辨证：根据蛇毒成分性质和蛇伤的病理变化及表现规律，中医主要是按风毒、火毒、风火毒三证来辨证。其中，金环蛇、银环蛇、海蛇咬伤辨为风毒证，具有神经毒特点及其表现；竹叶青、烙铁头、五步蛇、蝰蛇咬伤辨为火毒证，具有血循毒特点及其表现；眼镜蛇、眼镜王蛇及蝮蛇咬伤辨为风火毒证，具有混合毒特点及其表现。如蛇毒扩散，内陷脏腑，毒气攻心，则辨为蛇毒攻心证，属本病危重证。

2. 鉴别诊断

（1）无毒蛇咬伤：一般无毒蛇咬伤处仅有多数细小呈弧形排列的牙痕，与毒蛇牙痕完全不同；局部仅有轻微疼痛与肿胀，且为时短暂，不加重不扩大，亦无全身明显中毒症状；虽极少数无毒蛇如赤链蛇咬伤局部反应较显著，患者因恐惧而晕倒，或有头晕眼花，但短时间内症状多可缓解或消失。

（2）蜈蚣咬伤：局部剧痛，炎症反应显著且可有组织坏死，与血循毒毒蛇咬伤相似，但无毒牙痕，其两点牙痕呈楔状排列，亦无下颌牙痕；全身症状轻微或无。

（五）治疗

毒蛇咬伤是一种严重的疾病，能否及时有效地进行抢救和处理，其病情转归和预后差别很大。尤其是咬伤早期，内外并治、排毒解毒、防毒内陷为本病治疗的首要宗旨，也是蛇伤治疗成功的关键点。若蛇毒内陷攻里，则宜护心解毒、中西医结合诊治。一旦明确毒蛇种类，需尽快使用相应的抗蛇毒血清以中和蛇毒。

1. 伤口局部急救治疗　原则是减缓毒素吸收，减少或破坏毒蛇毒素。

（1）伤后缓行，忌奔跑：患肢制动后放低，如有条件浸入凉水中，以减少毒素吸收。

（2）包扎：绷带加压固定是唯一推荐用于神经毒毒蛇咬伤的急救方法，这种方法不会引起局部肿胀，但操作略复杂。其余类型毒蛇咬伤部位可使用加压垫法，操作简单、有效。这两种方法对各种毒蛇咬伤都有较好的效果。

（3）扩创排毒：常规消毒局麻后，沿牙痕纵行切开1.5cm，深达皮下，或做"十"字形切口，如有毒牙遗留则应取出，同时以1∶5 000高锰酸钾溶液或过氧化氢溶液反复冲洗，使伤口处蛇毒被破坏，以促进局部排毒。但尖吻蝮蛇、蝮蛇、蝰蛇等咬伤后有伤口流血不止，并有全身出血现象，则不宜扩创。

（4）破坏蛇毒

1）暴烧法：用火柴头5~7个堆放于伤口上，点燃烧灼，连续1~2次。适用于牙痕较浅的蛇伤，或伤口流血不止而不宜扩创者，如蝮蛇、银环蛇等咬伤。

2）针刺排毒：出现肿胀时，可皮肤消毒后，用三棱针或粗针头与皮肤平行刺入八邪穴或八风穴，深度约1cm，迅速拔出后将患肢下垂，并由近心端向远心端挤压以排出毒液。但蝰蛇、尖吻蝮蛇等蛇咬伤患者应慎用。

3）火罐排毒：民间常用拔火罐的方法吸除伤口内的血性分泌物，以减缓局部肿胀症状，减少蛇毒吸收量。

（5）封闭疗法：毒蛇咬伤后，应及早应用0.5%普鲁卡因溶液5~20ml加地塞米松或胰（糜）蛋白酶2 000U，在牙痕周围注射，深达肌肉层，或于绑扎上端进行封闭。并根据情况12~24小时后重复注射1次。如有条件可用相应的抗蛇毒血清2ml加1%利多卡因溶液

2~6ml在伤口局部封闭,效果更好。若发生荨麻疹反应,可用盐酸异丙嗪25mg肌内注射。

（6）局部用药：经排毒方法治疗后,可用1∶5 000呋喃西林溶液或高锰酸钾溶液湿敷伤口,保持湿润引流,以防创口闭合。同时可以用鲜草药外敷,如半边莲、马齿苋、重楼、蒲公英、芙蓉叶等,适用于肿胀较重者。敷药时不可封住伤口,以防阻碍毒液流出,并保持药材新鲜与湿润,确保较长时间的疗效,避免局部感染。

2. 西医治疗

（1）一般治疗：补充足够的营养物质和维生素,维持水电解质平衡等。

（2）破伤风抗毒素：1 500IU常规注射。

（3）抗蛇毒血清：抗蛇毒血清具有高特异性和确切的疗效,越早使用效果越好。推荐在毒蛇咬伤后24小时以内（尤其是6小时以内）使用,超过48小时后使用无效。剂量应根据血清效价和毒蛇排毒量确定,一般要大于中和排毒所需剂量。儿童用量与成人相同,不能减少。国内有4种血清可供选择,包括抗银环蛇毒血清、抗蝮蛇毒血清、抗五步蛇毒血清和抗眼镜蛇毒血清。蝮蛇、竹叶青、烙铁头咬伤可使用抗蝮蛇毒血清；尖吻蝮蛇咬伤可使用抗五步蛇毒血清；银环蛇、金环蛇咬伤可使用抗银环蛇毒血清；眼镜蛇咬伤可使用抗眼镜蛇毒血清；眼镜王蛇咬伤可使用抗眼镜蛇毒血清加抗银环蛇毒血清。

（4）危重症的抢救

1）呼吸衰竭处理：出现气促、呼吸困难时立即吸氧,不建议使用呼吸中枢兴奋药。如因缺氧引起脑水肿,可选用呋塞米等。必要时行气管插管或气管切开术,辅助呼吸。

2）脓毒症休克处理：早期补液,保持水电解质平衡,给氧,保暖及镇静,酌情使用血管活性药。

3）急性肾衰竭处理：被毒蛇咬伤后可能出现急性肾功能损害,早期可用甘露醇或呋塞米,尿量增多时可重复使用。严重时可应用利尿合剂和肾上腺皮质激素。人工透析是有效的治疗方式。

4）循环衰竭处理：蛇毒可影响心血管和血液系统,导致溶血、出血和凝血功能紊乱。对于这类心力衰竭,洋地黄疗效不佳,可选择其他强心药物。

5）蛇伤相关DIC综合征：蛇毒可导致血管内凝血发生。随后可能发生凝血因子和血小板消耗,激活纤溶系统,出现出血。这个过程被称为耗血动血。应该指出的是蛇毒促凝物质有直接促凝物质和间接促凝物质两种：①直接促凝物质,类似凝血酶作用,促凝作用短暂而不稳定,可出现假性DIC或类DIC,往往凝血和出血相继出现。此类DIC应用肝素治疗不但无效而且有害。②间接促凝物质,有蛋白酶、细胞毒素、心脏毒素、膜毒,由于造成血管内皮受损、组织坏死、红细胞崩解、组织因子释放,胶原暴露,激活凝血的内源系统、外源系统而形成DIC,此类DIC应用肝素治疗有效。

3. 中医治疗　根据中医学治疗蛇伤"治蛇不泄,蛇毒内结；二便不通,蛇毒内攻"的原则,采用祛风解毒、凉血止血、利尿通便的治法。可用蛇伤解毒汤：半边莲15g,虎杖12g,白花蛇舌草30g,大黄（后下）9g,万年青12g,青木香12g。再根据不同证型加减治疗。

（1）辨证论治

1）风毒证

证候：局部伤口无红肿,疼痛轻微,感觉麻木；全身症状有头昏,眼花,嗜睡,气急、严重者呼吸困难,四肢麻痹,张口困难,口角流涎,双目直视,眼睑下垂,复视,表情肌麻痹,神志模糊甚至昏迷；舌质红,苔薄白,脉弦数或迟弱。

治法：活血通络,祛风解毒。

方药：五虎追风散加减。呼吸困难严重者加小陷胸汤,大便秘结者加芒硝10g,小便不利者加赤小豆 30g,颈项强直、抽搐者加羌活 10g、龙骨 20g、牡蛎 20g,神志不清者加服至宝丹或六神丸。

2)火毒证

证候:局部肿痛严重,常有水疱、血疱或瘀斑,严重者出现局部组织坏死;全身症状可见恶寒发热,烦躁,咽干口渴,胸闷心悸,肋胀胁痛,大便干结,小便短赤或尿血;或五官、内脏出血,斑疹隐隐;舌质红,苔黄,脉滑数或结代。

治法:泻火解毒,凉血活血。

方药:龙胆泻肝汤合五味消毒饮加减。合并溶血 DIC 者加犀角地黄汤(犀角已禁用,现多用水牛角代),发生少尿、无尿者加赤小豆 30g、白茅根 15g,发生脉跳不规则、胸闷者加莲子心 10g、麦冬 15g,发生黄疸、胁痛者加茵陈 10g、虎杖 15g,神志模糊、昏迷者加服安宫牛黄丸,呕血、黑便者加地榆炭 15g、茜草 10g、白及 10g,尿血者加大蓟、小蓟各 20g、三七粉(冲服)6g,出血不止并见脸色苍白、大汗淋漓、四肢厥冷、神志模糊,甚至昏迷、脉微欲绝者,加参附汤浓煎口服。

3)风火毒证

证候:局部红肿较重,一般多有创口剧痛,或有水疱、血疱、痕斑或伤处溃烂;全身症状有头晕头痛,眼花,寒战发热,胸闷心悸,大便秘结,小便短赤,严重者烦躁抽搐,甚至神志不清;舌质红,苔白黄相兼,脉弦数。

治法:清热解毒,凉血息风。

方药:黄连解毒汤合五虎追风散加减。呼吸困难者加杏仁 10g、麻黄 10g,胸廓运动障碍者加全瓜蒌 15g、枳实 10g,腹胀、膈肌升降不利者加厚朴 10g、藿香 10g,尿少者加赤小豆 30g、白茅根 15g,血尿者加琥珀 6g、益母草 20g,黄疸者加茵陈 10g、金钱草 15g,大便秘结者加芒硝 10g,出现严重的危急症者可加服安宫牛黄丸。

4)蛇毒内陷证

证候:毒蛇咬伤后失治、误治,出现高热、躁狂不安、痉厥抽搐或神昏谵语;局部伤口由红肿突然变为紫暗或紫黑,肿势反而消减;舌质红绛,脉细数。

治法:清营凉血解毒。

方药:清营汤加减。神昏谵语、惊厥抽搐者加服安宫牛黄丸或紫雪丹,以清心开窍、镇惊。

(2)外治法

1)被毒蛇咬伤后,应就地取材,尽快结扎。同时可外敷半边莲、蒲公英、白花蛇舌草、重楼等清热解毒的中草药,选取 1~2 种捣烂,敷于伤口周围肿胀部位。亦可以季德胜蛇药片研末醋调,或用内治草药加食盐少许捣烂敷伤口周围。

2)后期形成的蛇伤溃疡宜用八二丹或九一丹药线引流,外敷金黄膏。待脓净后,外敷生肌玉红膏掺生肌散。

3)隔蒜艾灸:用独头蒜或较大的蒜瓣横切成 0.2~0.3cm 厚的蒜片,中心用针穿刺数个孔,置于创口处,上点燃圆锥形艾炷,每次 3~5 壮,每日灸 3 次,连续用 2~3 日。

4)蛇伤外敷散外敷:由重楼、雄黄、五灵脂、天南星、川芎、黄柏、白芷、明矾、芒硝 9 种药物组成。将上药研成粉末,醋调外搽,每日 3 次。适用于毒蛇咬伤致局部肿痛者,但局部溃烂严重者禁用。

(3)其他治法:重楼、白花蛇舌草、半枝莲、鸭跖草、鬼针草、木防己、野菊花、蒲公英、大蓟根、商陆、茜草、徐长卿、两面针、穿心莲等均有一定解蛇毒作用,可以根据不同地区情况选用一种以上,洗净煎服。

（六）预防与调护

1. 宣传普及毒蛇咬伤的预防知识，让群众了解和掌握毒蛇的活动规律，特别是毒蛇咬伤后的自救方法。

2. 饮食上忌辛辣、燥热、肥甘厚腻之品，忌饮酒，保持二便通畅。

3. 对于患者的紧张恐惧情绪，应耐心做好解释和安慰工作。

4. 咬伤初期应嘱患者抬高患肢，避免走动，以防毒液扩散。病情好转时患肢应适当抬高，以利于消肿；外敷药物不要遮盖伤口。

（七）中西医结合讨论

1. 诊断思路　毒蛇咬伤是指人体被毒蛇咬伤，其毒液由伤口进入人体内而引起的一种急性全身性中毒性疾病。根据毒理、病理和症状，中医认为蛇毒系风、火二毒，西医则分为神经毒、血循毒以及各种毒素、酶等。风毒（神经毒）毒蛇咬伤人体后主要引起全身性横纹肌弛缓性麻痹，终至周围性呼吸衰竭，这与中医中风的风邪中络相似。蛇毒的风毒成分侵入人体，初期或中毒轻微者，先中经络。风毒之邪痹阻经络，则肌肉失去气血濡养，而产生系列病理变化。如痹阻颜面经络，则见上睑下垂、张口困难等；痹阻头颈太阳经络，则有项强不适；痹阻胸腹经络，则外周呼吸肌麻痹，胸廓运动障碍，导致外周性呼吸困难乃至呼吸衰竭；痹阻胃肠道经络，则产生肠麻痹、腹胀；痹阻四肢经络，则表现为肢体沉重，活动不利。火毒（血循毒）毒蛇咬伤后人体出现溶血、出血、溃烂、坏死等病理改变，这与中医火邪病理相似，故将血循毒命名为火毒。心主火，心主血脉，火毒之邪最易攻心，对心肌细胞产生强烈的毒害，终至心力衰竭。火毒之邪还具有使血管壁溃烂的作用，可导致血液广泛性外渗而形成低血容量性休克。火毒可耗血动血，迫血妄行，使血细胞溶解，导致酸中毒、氮质血症、肾衰竭等危重症。风火毒具备了风毒、火毒两者的病理特点。因风可助火势，火热也可生风，故毒邪更为鸱张，它的病理更为复杂，症状更为严重。毒蛇咬伤属于急症，必须迅速作出蛇属哪种、毒属何类的诊断，否则将贻误患者的救治时间，造成严重的后果。

2. 治疗优势

（1）院前急救：毒蛇咬伤早期，患者多处于野外较为偏僻的地方，此时可用烧灼、拔罐、针刺等方法破坏毒素，促进毒素的排泄。中草药外敷和内服可以起到破坏毒素和阻止毒素扩散和吸收的作用，从而减轻全身中毒症状，为及时到医院就诊争取到宝贵的时间。

（2）中西医结合外治能够有效减轻毒蛇咬伤患者局部的肿胀、疼痛、青紫、瘀斑等症状，能够有效降低患者局部的肢体伤残率，缩短患者的病程。古人在长期的生活实践中总结了治疗毒蛇咬伤疗效确切的中草药，如半边莲、青木香、重楼、野菊花、蒲公英、紫花地丁、鹅不食草、白花蛇舌草、虎杖等。早期结扎后，同时外敷中草药可起到解毒消肿止痛之功；后期引起的蛇伤溃疡除了常规的清创换药，也可先用丹药提脓去腐，后用生肌膏外敷，煨脓生肌长肉，能加速疮口的愈合，减少瘢痕的产生。

（3）中西医结合系统治疗方案能促进全身中毒症状的改善，在蛇伤中毒合并全身多器官功能衰竭时，适当补液、维持水电解质平衡。抗蛇毒血清特异性较高，疗效确切，尽早使用。一旦出现呼吸衰竭、脓毒症休克等急危重症，应及时处理。根据中医学治疗蛇伤"治蛇不泄，蛇毒内结；二便不通，蛇毒内攻"原则，采用祛风解毒、凉血止血、利尿通便的治法，可起到解毒、抗毒、排毒、提高机体免疫力等作用。

二、兽咬伤

兽咬伤是犬、猫、猪等家畜或鼠、狼等野兽咬伤人体，其中以犬咬伤较多见。一般兽咬伤继发的感染病原菌多是金黄色葡萄球菌、溶血性链球菌、大肠埃希菌、破伤风杆菌等，仅需常规处理。其中最严重的是狂犬病毒感染,由病兽咬伤或抓伤带入人体引发狂犬病(rabies),病死率极高。

(一)病因与病理

1. 西医病因与病理 兽咬伤伤口的主要病原菌为致伤动物口腔菌群和人皮肤菌群。感染通常是由混合的多种病原体导致。常见病原体包括:巴斯德氏菌属、葡萄球菌、链球菌及厌氧菌(按患病率由高到低排序)。犬咬伤二氧化碳嗜纤维菌(一种需要复杂营养的革兰氏阴性杆菌),可导致动物咬伤后菌血症和致死性脓毒症,尤其是在无脾患者、长期酗酒者以及有基础肝脏疾病的患者中。猫咬伤也可传播汉赛巴尔通体,一种导致猫抓病的微生物。

2. 中医病因病机 兽咬伤后其毒邪自伤口侵入;或皮肤本已破损,误触疯犬唾液;或患者汗液染传于人。毒邪入于营血,侵及脏腑,心受之则躁动不安、恐惧;肝受之则全身痉挛、颈项强直;肺受之则声音嘶哑、呼吸麻痹;脾受之则肌肉松弛,出现瘫痪。

(二)伤口特点

1. 犬咬伤 犬咬伤可导致从小伤口(如抓伤、擦伤)到较大且复杂的伤口(如深部开放撕裂伤、深部刺伤、组织撕脱和挤压伤)的多种损伤。大型犬的咬合可产生强大力量,导致严重的损伤。致死性的损伤(比较罕见)通常发生在幼儿的头部和颈部,或见于幼儿重要器官的直接贯穿伤。当大龄儿童或成人被犬咬伤时,四肢(尤其是优势手)是最易受伤的部位。

2. 猫咬伤 2/3猫咬伤都涉及上肢,抓伤通常发生在上肢或面部。由于猫具有细长锋利的牙齿,应特别注意深部穿刺伤。当这类穿刺伤发生在手部时,细菌可被接种至手部间隙、骨膜下或关节内,导致手部间隙感染、骨髓炎或脓毒性关节炎。

(三)临床表现

咬伤伤口感染的临床表现可能包括发热、红斑、肿胀、压痛、脓性引流物和淋巴管炎,并发症包括皮下脓肿、手部间隙感染、骨髓炎、脓毒性关节炎、肌腱炎和菌血症。多杀巴斯德菌感染在猫或犬咬伤后迅速特征性发生,红斑、肿胀和剧烈疼痛在咬伤后12~24小时即已明显。

感染的全身体征,如发热和淋巴结肿大,并不常见。该微生物导致的局部蜂窝织炎可亚急性发作,损伤后24~72小时开始出现。不到20%的患者会发生全身性感染,但可能累及骨、关节、血液和脑膜。咬伤后治疗延迟是能影响犬或猫咬伤后感染发病率的众多因素之一。受伤超24小时就诊的患者很可能已经出现感染,并且就诊的原因往往是因为感染性体征或症状,而不是为评估未感染的伤口。

(四)辅助检查

1. 实验室检查 对于有感染的咬伤伤口和全身性感染体征的患者,需要在抗生素治疗前进行需氧和厌氧菌血培养。出现蜂窝织炎、关节感染、骨髓炎或脓毒症的患者,全血白细胞计数、C反应蛋白和红细胞沉降率(erythrocyte sedimentation rate,ESR)可能增高,但这些指标正常不能排除上述感染。

2. X线平片和超声检查 关节附近的深部咬伤有必要行正位和侧位的X线平片,以评估骨或关节破坏以及是否存在异物(如嵌入的牙齿)。对于明显感染的伤口,还需要行X线平片检查骨和软组织损伤、皮下气体以及骨髓炎相关的改变。超声检查可有助于识别感染伤口的脓肿形成以及定位感染伤口的放射线可穿透的异物。

(五)治疗

1. 西医治疗

(1)稳定伤口:对于有活动性出血的伤口应给予直接压迫,并应在伤口远端区域进行神经血管评估。重要结构的伤口应作为严重穿透伤处理。

（2）咬伤后伤口处理：浅小伤口可常规消毒处理。深大伤口应立即清创，及时清除异物与坏死组织，用生理盐水或稀释的碘伏冲洗伤口，再用3%过氧化氢溶液淋洗伤口，伤口应开放引流。咬伤类型不同，处理方法在一定程度上有差异。接受过培训和对撕裂伤修复有经验的临床医生对犬咬伤所致的单纯撕裂伤可采取一期伤口闭合。对大多数猫咬伤或人咬伤则不闭合伤口，等待二期愈合。

（3）感染预防：不推荐常规预防性应用抗生素，但对于下列高危伤口推荐使用：①深部刺伤；②挤压伤相关的中度到重度伤口；③有静脉和／或淋巴受损区域的伤口；④手部、生殖器、面部、靠近骨或关节等部位需要闭合的伤口；⑤缺乏抵抗力的宿主的咬伤。预防性应用抗生素可降低一些动物咬伤的感染发生率，尤其是猫咬伤。同时注意破伤风的预防。

（4）感染处置：咬伤后伤口感染，应清创引流，抗感染治疗。应密切观察患者伤口情况，早期识别感染征象，并注意可能的病原体。如咬伤伤口疑似被感染，应采取以下措施：①应用抗生素前，取伤口分泌物和血液行需氧及厌氧菌培养；②如已形成脓肿或怀疑存在骨、关节或其他重要深部结构的感染，可能须行手术探查和清创术，引流物应送需氧及厌氧菌培养；③口服抗生素疗效不佳，伴有全身性感染症状或感染有进展的患者，应根据药物敏感试验结果更换敏感抗生素。

（5）狂犬病预防

1）主动免疫预防：我国使用的人用狂犬病疫苗为经过浓缩、纯化的细胞培养疫苗。执行的人用狂犬病疫苗免疫程序为"5针法"（即Essen法，第0、3、7、14、28天分别肌内注射1剂）和"4针法"（即Zagreb法，第0、7、21天分别肌内注射2剂、1剂、1剂）。人用狂犬病疫苗注射部位：≥2周岁选择三角肌；<2周岁选择大腿前外侧肌肉。狂犬病为致死性疾病，故暴露后进行人用狂犬病疫苗接种无任何禁忌。

2）被动免疫预防：狂犬病被动免疫制剂在伤口局部浸润注射以中和伤口经清洗、消毒后残留的病毒，产生局部免疫保护。我国的狂犬病被动免疫制剂有人源狂犬病免疫球蛋白（狂犬患者免疫球蛋白）和马源狂犬病F（ab′）2片段制剂（抗狂犬病血清）。狂犬患者免疫球蛋白和抗狂犬病血清的使用剂量分别为20IU/kg、40IU/kg。对伤口多且严重者，被动免疫制剂剂量不足以浸润注射全部伤口的，可适当稀释以满足全部伤口的浸润注射。狂犬病毒在进入神经组织前，通常会在局部肌肉细胞中缓慢复制一段时间。且疫苗初次免疫后的1周内人体尚不能产生较高水平的中和抗体，故首剂疫苗免疫时应给予但未给予狂犬病被动免疫制剂的患者，如仍在首剂疫苗注射后7日内，应尽早注射狂犬病被动免疫制剂。狂犬患者免疫球蛋白使用前无须皮试，抗狂犬病血清使用前需皮试，如皮试呈现阳性反应但不得不使用时，需在做好过敏反应救治准备的情况下采用脱敏注射方法继续使用。

2. 中医治疗

（1）前驱期：治宜祛风解毒。方用人参败毒散加减。

（2）毒发期：治宜解毒开窍。方用玉真散加减。

（3）麻痹期：治宜益气回阳，解毒固脱。方用生脉饮合人参四逆汤加减。

三、虫螫咬伤

虫螫咬伤包括蜂、蜈蚣、蝎、蜘蛛等螫咬，它们通过刺及毒毛螫或口器刺吮人体皮肤，毒液入里而表现出局部或全身中毒症状。

（一）病因与病理

1. 西医病因与病理

（1）蜂螫伤：蜜蜂和黄（胡）蜂的尾部有毒腺和刺，螫人时可将尾刺的蜂毒推入皮肤。蜂毒与蛇毒相似,包含具有抗原性质的蛋白质混合物、激肽、组胺和血清素。一般螫伤因注入毒液量少,仅有局部症状,但留在伤口内的尾刺易引起继发感染。群蜂螫伤可出现全身症状,症状出现得越早,病情可能越严重。大多数死亡是由于严重的变态反应而不是毒液的直接作用。

(2)毛虫螫伤:毛虫为蝶蛾类带毛刺的幼虫的统称。当毛虫接触人体后,有毛刺刺入皮肤。由于毛刺内带有毒液,可引起皮肤炎症或合并其他症状。

(3)蝎螫伤:蝎尾部有尖锐的钩刺,刺人时有蝎毒进入皮肤。蝎子有300余种,毒性大小不一。蝎子有弯曲而尖锐的尾刺,与毒腺相通,刺人时毒液经此注入。蝎毒为无色毒蛋白,主要成分为神经毒、溶血毒素和出血毒素,尚含有使心血管收缩及导致急性胰腺炎和高血糖症的毒素。

(4)蜈蚣咬伤:蜈蚣有一对中空的利爪,刺人时有毒液经此注入皮下。毒液内有组胺样物质及溶血蛋白质,可引起局部和全身性反应。

(5)水蛭咬伤:水蛭即蚂蟥,栖于水中,其头尾部各有吸盘。前吸盘叮在人的皮肤上,用吸盘内腭齿咬伤皮肤并分泌含有抗凝作用的水蛭素,能顺利地吸血,直至吸饱后脱离人体,而人体伤口暂时还不能止血。

(6)毒蜘蛛咬伤:毒液主要为神经毒、细胞毒素、溶血毒素和透明质酸酶等,神经毒可致运动中枢麻痹而死亡。

2. 中医病因病机　虫毒属"特殊之毒"范畴,其分为风毒、火毒及风火毒三种。虫螫咬伤后,由于虫毒注入人体内而发病,轻则局限于皮肤,重则走散,循经而入营血脏腑,从而引起局部的反应和全身的中毒症状。

(二)临床表现

轻者仅伤处红肿疼痛。重者除皮肤红肿疼痛外,还有发热、头晕、呕吐、烦躁不安等,甚至可能出现心律失常、血压降低、内出血、肺水肿、昏迷等危重症状。各种虫螫伤的临床表现如下。

1. 蜂螫伤　一般只有局部红肿疼痛,数小时后即自行消失,无全身症状。如蜂刺遗留在伤口内,尤其是黄蜂螫伤,伤处可呈现脓毒性或坏疽性改变;如被群蜂螫伤可出现全身症状,如发热、头晕、恶心呕吐等,严重者胸闷心悸、呼吸窘迫;过敏者出现鼻炎、荨麻疹、黏膜水肿和过敏性休克,甚至昏迷或死亡。有的还可发生血红蛋白尿或急性肾衰竭。伤后10~14日甚至可发生类似血清病的迟发型过敏反应。

2. 毛虫螫伤　一般仅有局部症状,如痛痒、红肿、灼痛感,少有全身症状。

3. 蝎螫伤　伤后局部红肿灼痛,数小时后缓解,数日后消失,亦可出现水疱或局部坏死。严重者流涎、恶心、呕吐、嗜睡、呼吸加快、全身疼痛、口及舌肌强直,累及心肌时可出现低血压和肺水肿。特别是幼童伤后可因呼吸和循环衰竭而死亡。

4. 蜈蚣刺伤　一般仅有局部症状,如痛痒、红肿、灼痛感。严重者出现局部坏死,被咬的肢体出现淋巴管炎和淋巴结炎。全身症状有头痛、头晕、发热、恶心、呕吐、抽搐及昏迷等。

5. 水蛭咬伤　一般局部症状轻微,以人体伤口暂时不能止血为特征性表现。

6. 毒蜘蛛咬伤　咬伤处有两个小红点,呈楔状,周围红肿疼痛。全身出现痉挛性肌痛、胸部压痛感、腹肌强直和肠痉挛等,历时1~2日。同时全身症状有恶心、呕吐、大汗、呼吸窘迫、寒战发热等;有的可出现耳鸣、皮肤麻木感及血压下降和意识不清等。

(三)辅助检查

1. 实验室检查　血常规检查、尿常规检查、生化检查、凝血功能测定、血气分析等。

2. 心电图检查　重症者可有心电图异常,常表现为心律不齐、传导阻滞。

（四）诊断

1. 曾经接触蜂或蝎或蜈蚣或水蛭或蜘蛛等，并被其螫咬伤。
2. 局部或全身出现相应的症状与体征。

（五）治疗

尽管诸虫之毒成分有异，但其大体划分类似蛇毒之性，故以解毒、排毒、中和其毒性为治则。

1. 西医治疗

（1）局部治疗：如局部肿痛严重，可用 2% 普鲁卡因或利多卡因 2~4ml 加地塞米松 5ml 做局部封闭。

（2）全身治疗：主要给予镇静、静脉输液、葡萄糖酸钙及抗生素等支持治疗。出现变态反应者，立即皮下注射 1:1 000 肾上腺素（成人）0.3~0.5ml，在 15~20 分钟后可重复此操作，并给抗组胺药。同时应注意休克、血红蛋白尿、急性肾衰竭及呼吸衰竭的防治。

2. 中医治疗

（1）蜂螫伤与蜈蚣咬伤：治宜清热解毒，活血祛风。方用消风祛毒汤加减。

（2）毒蜘蛛咬伤和蝎咬伤：治宜清热解毒凉血。方选五味消毒饮合清营汤加减。

3. 外治疗法

（1）有毒刺者拔出毒刺，在伤处拔火罐排毒。

（2）除黄蜂螫伤用醋或 0.1% 稀盐酸中和外，多数虫螫伤口用 3% 氨水、3% 小苏打液或淡石灰水冲洗湿敷，并使用肥皂水和盐水冲洗，而后以大青叶、蒲公英、马齿苋、紫花地丁等鲜品，选取其中 1~2 味各 50~100g 洗净捣烂外敷伤口。或用蛇药片研末，以醋调敷。

（3）感染者予扩创引流、换药。

（六）预防与调护

养蜂作业或于野外工作，估计有蜂群出没时，宜戴有网罩的防护帽及防卫衣。在林区、树荫下工作或休息时，注意环境中有无毛虫、蝎、蜈蚣等，并尽量减少皮肤的裸露。在水田、池塘中使用裹腿、长筒靴能防止水蛭咬伤。

（梁 育）

复习思考题

1. 请试述组织修复和伤口愈合大致经历的三个基本阶段。
2. 请试述腹膜内膀胱破裂的治疗方法。
3. 针对冷伤的治疗，中西医各有什么优势？
4. 针对冷伤，如何体现冬病夏治？
5. 请试述压疮的创面处理原则。
6. 压疮治疗过程中如何体现中西医协同？
7. 虫螫咬伤的诊断要点有哪些？
8. 有毒蛇和无毒蛇咬伤后的区别有哪些？
9. 请试述压疮的临床表现及分期。
10. 腹部损伤的体征有哪些？

第十九章

肿　瘤

✎ **学习目标**

1. 掌握良性肿瘤与恶性肿瘤的临床特点及鉴别要点,肿瘤的诊断方法,常见体表肿物的概念。

2. 熟悉肿瘤的概念、分类、临床表现、辅助检查及中西医治疗措施;熟悉各种良性肿瘤的临床表现及诊断。

3. 了解肿瘤的病因、病理及分期方法,各种良性肿瘤的治疗。

第一节　概　述

肿瘤(tumor)是机体在各种内在和外在致瘤因素作用下,细胞异常增生而形成的新生物。肿瘤细胞具有超过正常细胞增生的能力,根据肿瘤对人体的影响,可分为良性与恶性。良性肿瘤具有生长自限性,而恶性肿瘤细胞增生失去自限性,可无限生长,破坏正常组织与器官,并可转移到其他部位。由于传染病的逐渐控制,恶性肿瘤已成为人类目前最常见的死亡原因之一。我国癌症中心发布的统计数据显示,近十余年来,恶性肿瘤发病率保持每年约 3.9% 的增幅,死亡率保持每年约 2.5% 的增幅;我国最常见的恶性肿瘤是肺癌,其他常见的有结直肠癌、肝癌、胃癌、乳腺癌、宫颈癌和前列腺癌等。

中医关于肿瘤的叙述,早在中国的商代甲骨文中即有"瘤"字出现,《黄帝内经》一书中即有不少肿瘤疾病的记载,如"乳岩"等;《三因极一病证方论》卷十五有六种肿瘤疾病记载,即骨瘤、脂瘤、肉瘤、脓瘤、血瘤、石瘤。而"癌"字最早出现是在中国宋代东轩居士的《卫济宝书》中。肿瘤可以出现在身体的各个部位,既可以发生在皮肤和肌肉之间,也可以发生在肌肉和骨骼之间。多由七情劳欲、脏腑失调引起,导致痰瘀、气血凝结。症见表面出现肿瘤,如梅如李,随着时间的推移而增大,也可破溃化脓,病程长,多为阴性疾病。每一种肿瘤疾病都有不同的致病因素和发病机制,中医临床主张"审症求因,辨证论治",不同的病因病机,证候与治疗也就不同。因此,掌握病因病机,对于肿瘤的诊疗有着重要的指导意义。治疗以祛痰化瘀,软坚散结为主;如果溃烂化脓,则需解毒排脓,临床应根据不同的肿瘤进行选择。除内治外,肿瘤过大者可手术切除。在我国古代即有简单的肿瘤手术,如三国时期的华佗(发明麻沸散)就能进行一些体表肿瘤的切除。

一、肿瘤的命名与分类

(一)肿瘤的命名

西医根据肿瘤的组织来源和良恶性,同时冠以肿瘤的发生部位进行命名。良性肿瘤的命名方式,一般为组织来源＋瘤,如纤维瘤、脂肪瘤等。恶性肿瘤来源于上皮组织者,称为"癌",即组织来源＋癌,如鳞癌、腺癌等。如果恶性肿瘤来自间叶组织,称为"肉瘤",即组织来源＋肉瘤,如纤维肉瘤、脂肪肉瘤等。有些恶性肿瘤来自胚胎组织,则冠以××母细胞瘤,如肝母细胞瘤、肾母细胞瘤等。有些恶性肿瘤的组织来源不明,则冠以恶性××肿瘤,如恶性黑色素瘤、恶性间质瘤等。某些恶性肿瘤仍沿用传统名称"瘤"或"病",如精原细胞瘤、白血病等。

中医往往以肿瘤病灶的形状、患者的症状和病因等进行疾病的命名和分类。对于恶性肿瘤和良性肿瘤的区别,亦有较为详细的论述。《灵枢》中有筋瘤、肠瘤、脊瘤、肉瘤等。其中内脏肿瘤,后世文献多将其归属于癥瘕范畴。生于体表的外科肿瘤,《医宗金鉴·外科心法要诀》将其分为六种,即:气瘤、血瘤、筋瘤、肉瘤、骨瘤、脂瘤。对于恶性肿瘤,除少数称为"癌"外,宋元以来,多以"岩"立名,如"乳岩""肾岩""舌岩"等;此外尚有不以"癌""岩"命名者,如"失荣""茧唇""石疽"等。

(二)肿瘤的分类

根据肿瘤的组织来源分类:

1. 上皮组织来源的肿瘤　上皮组织可来自外胚层(如皮肤)、中胚层(如泌尿、生殖)及内胚层(如胃肠)。良性肿瘤有乳头状瘤、腺瘤等;恶性者称为癌,如鳞状细胞癌、腺癌等。

2. 间叶组织来源的肿瘤　间叶组织来源的肿瘤来自间叶组织,包括纤维组织、脂肪组织、脉管组织、肌细胞等,骨组织及软组织发生的肿瘤也属于间叶组织范围。良性间叶组织肿瘤有纤维瘤、脂肪瘤等;恶性者统称为肉瘤,如骨肉瘤、纤维肉瘤、脂肪肉瘤等。

3. 淋巴造血组织来源的肿瘤　淋巴造血组织属于中胚层来源,由它发生的肿瘤包括淋巴组织肿瘤、骨髓原始造血组织肿瘤等,多属于恶性肿瘤,如非霍奇金淋巴瘤、多发性骨髓瘤等。

4. 神经外胚叶性肿瘤　神经外胚叶来源的肿瘤,包括来自神经纤维、神经鞘膜、神经节、神经母细胞及神经胶质细胞等的肿瘤,如室管膜瘤、神经纤维瘤及神经鞘瘤等。一般认为恶性黑色素瘤及弥散的神经内分泌细胞肿瘤也来自神经外胚叶。

5. 胚胎残余组织来源的肿瘤　胚胎残余组织可见于很多脏器及组织,它可导致肿瘤,如脊索瘤、肾母细胞瘤、肝母细胞瘤等。

6. 组织来源尚未完全肯定的肿瘤　这些肿瘤的组织来源尚不明确,如腺泡状软组织肉瘤、颗粒细胞肌母细胞瘤、上皮样肉瘤、透明细胞肉瘤等。

在临床上除良性与恶性肿瘤两大类以外,少数肿瘤形态上为良性,但常呈浸润性生长,治疗后易复发,从生物行为上显示为良性与恶性之间的类型,故称交界性或临界性肿瘤,如纤维瘤病、胃肠道间质瘤等。

二、病因与病理

(一)西医病因与病理

1. 病因　肿瘤的发生过程尚不十分明确,一般认为肿瘤是正常细胞在多因素作用下经多阶段的改变而形成的病变。通过流行病学的调查研究及实验与临床观察发现环境与行为因素对人类恶性肿瘤的发生有重要影响(表 19-1),据估计 80% 以上的恶性肿瘤与环境因素有关。同时机体内在因素在肿瘤的发生发展中也起着重要的作用,如遗传、内分泌与免疫机制等。

表 19-1 肿瘤相关因素

环境行为因素	相关肿瘤
化学致癌物	
烷化剂类:氮芥、环氧化物、内酯类、苯、丁二烯等	白血病、肺癌等
多环芳烃类:3,4-苯并芘等	皮肤癌、阴囊癌等
芳香胺类:联苯胺、萘胺、N-2-乙酰胺基等	膀胱癌、乳腺癌等
氨基偶氮染料:邻氨基偶氮甲苯、4-二甲基氨基偶氮苯等	肝癌等
亚硝基化合物:N-亚硝胺、N-亚硝酸胺、亚硝脲等	食管癌、胃癌等
金属致癌物:铬、镍、镉	肺癌、前列腺癌等
植物毒素类:苏铁素、黄樟素、蕨的毒素	食管癌、肝癌等
真菌毒素:黄曲霉毒素、镰刀菌素	肝癌、食管癌等
行为因素	
烟草	肺癌等
乙醇	肝癌等
热裂解产物:煎烤食物	食管癌等
物理因素	
电离辐射	白血病
紫外线	皮肤癌
电磁波	脑瘤
病毒因素	
嗜肝病毒	肝癌等
EB 病毒	鼻咽癌、Burkitt 淋巴瘤等
疱疹病毒、乳头状瘤病毒	宫颈癌等
内在因素	
遗传因素	视网膜母细胞瘤等
内分泌因素	乳腺癌等
免疫因素	白血病等

2. 病理

(1)扩散与转移:恶性肿瘤的扩散与转移方式有直接蔓延、淋巴转移、血行转移以及种植转移等。①直接蔓延:肿瘤细胞自原发灶向周围的组织扩散生长,如胆囊癌侵及肝。②淋巴转移:是恶性肿瘤的主要转移途径,一般首先为局部淋巴结转移,如乳腺癌同侧腋窝淋巴结转移;在某些肿瘤也可出现淋巴结"跳跃性"转移。③血行转移:如结直肠肿瘤可经门静脉系统转移到肝,肺癌可随动脉系统转移到骨、脑。④种植转移:为肿瘤细胞脱落后在体腔或空腔脏器内表面继续生长,如胃癌破坏浆膜后种植到卵巢。

(2)肿瘤的大体形态:肿瘤的形态多种多样,外形常受部位及邻近组织的影响,在一定程度上与生长方式及良恶性行为有关。良性肿瘤一般界限清楚,呈结节状、蕈伞状、息肉状、乳头状或绒毛状等,而恶性肿瘤呈浸润性生长,形态不规则。肿瘤的颜色多为灰白色或灰红色,但因瘤组织中血液供应,有无变性、坏死,以及是否含有色素而呈不同的颜色。癌的切面常呈粗颗粒状,常有坏死与出血。肉瘤的切面常呈鱼肉样。纤维瘤与平滑肌瘤常为编织状结构。

(3)肿瘤的组织形态特点:任何肿瘤都由实质及间质两部分构成。肿瘤实质是肿瘤的主要成分,决定了肿瘤的性质,瘤细胞在不同程度上与其起源的组织相似,瘤细胞分化愈高,其形态和结构与其来源的组织愈相似。细胞间质由结缔组织及脉管构成,除起肿瘤的支架作用以外,还通过血管为瘤细胞提供营养;间质中的淋巴细胞及巨噬细胞是瘤细胞的反应性细胞成分,是机体对肿瘤生长的一种细胞免疫反应。

(4)恶性肿瘤的分期:是指导肿瘤治疗、判断预后、评价疗效的重要依据,同时也是学术交流的基础。目前常用的分期标准为 TNM 分期,由国际抗癌联盟(Union for International Cancer Control,UICC)及美国癌症联合会(American Joint Committee on Cancer,AJCC)制订并不定期更新。其分期是根据扩散程度、淋巴结累及程度及有无远处转移来制订。TNM 的含义如下:T 为 tumor,代表原发肿瘤的大小或范围;N 为 lymph node,代表区域淋巴结转移的存在与否及范围;M 为 metastasis,代表远处转移是否存在。三个大写字母后可分别通过接数字或小写字母来对原发部位、淋巴结转移及远处转移的情况作表达。

(二) 中医病因病机

中医认为,肿瘤的病机是在内虚的基础上,多种致病因素相互作用,导致机体阴阳失调,脏腑经络气血功能障碍,引起病理产物聚结而发生质的改变。肿瘤本身是一种全身性疾病,是一种全身为虚、局部为实的疾病。由于肿瘤的病因复杂,病种不一,临床表现多样,所以其病理变化也非常复杂。其常见病因病机大致有以下几种立论。

1. 七情不舒　人的正常情志活动是以脏腑气血作为物质基础的,因此情志致病有二:一是直接造成某脏腑和与之密切相关脏腑的严重损害;二是影响脏腑气机。情志因素通过影响脏腑功能日久可发为肿物。

2. 过度劳倦　过度劳倦可以耗损人体正气或使脏腑虚损,从而引发多种疾病。此外,房事不节、妇女多胎多产等也与肿瘤发病有一定的关系。

3. 脏腑功能失调　若脏腑功能失调,则气机紊乱,或脏腑禀赋不足,皆可成为肿瘤发生的内在因素。

4. 饮食不节　脾胃为后天之本,若纵情口腹,饥饱无常,必伤脾胃。饮酒及嗜食生冷、炙、膏粱均可损伤脾胃,毒蓄体内,热郁血滞津凝,从而导致各种肿瘤的发生。

上述病因病机中,主要是正气不足,即机体抗病力减低,加之邪毒侵袭,日积月累,导致肿瘤形成。

三、临床表现

早期肿瘤多无明显症状,晚期肿瘤由于出血、梗阻、脏器功能衰竭等出现相应的症状。

(一) 全身症状

良性肿瘤和恶性肿瘤早期一般没有明显的全身症状。恶性肿瘤患者常合并贫血、低热、消瘦等全身症状,恶病质是恶性肿瘤终末期全身衰竭的表现。某些部位的肿瘤可呈现相应的功能亢进或低下,如肾上腺嗜铬细胞瘤引起高血压,功能性胰岛细胞瘤出现低血糖症状等。

(二) 局部表现

1. 肿块　位于体表或浅在的肿瘤,肿块往往是首发症状,如乳腺癌。位于深在或内脏者,若出现肿块,常提示为进展期肿瘤。

2. 疼痛　早期肿瘤疼痛不明显,或无特异性。而恶性肿瘤出现剧烈疼痛常提示分期较晚,如胰腺癌侵犯腹膜后神经丛,引起腰背部疼痛。

3. 溃疡及出血　肿瘤破溃及出血是肿瘤的重要表现,往往是促使患者就医的原因。如体表肿瘤破溃出血,消化道肿瘤表面溃疡出血引起血便,肺癌出现痰中带血,肝癌破裂出血甚至会危及生命。

4. 梗阻 肿瘤生长可引起空腔脏器梗阻,如结直肠癌引起肠梗阻,胆管肿瘤引起胆道梗阻。

5. 脏器功能衰竭 肿瘤进展可引起相应脏器功能衰竭,如晚期肝癌引起肝功能衰竭。

6. 转移症状 肿瘤局部或远处转移引起相应症状,如椎骨转移可有疼痛或截瘫。

四、辅助检查

(一)实验室检查

1. 常规化验 包括血、尿及粪便常规检查。消化道肿瘤可伴贫血及粪便隐血,胆道肿瘤可见尿胆红素升高,泌尿系统肿瘤可见血尿等。

2. 血清学检查 血清学检查除可以检测各脏器功能外,还可以测定某些特征性的指标。大多数标志物特异性较差,但可以辅助肿瘤的诊断,或者作为治疗效果和预测复发转移的参考指标。

(1)酶学检查:碱性磷酸酶(alkaline phosphatase,AKP)升高见于肝癌、骨肉瘤;前列腺癌时酸性磷酸酶升高;肝癌及恶性淋巴瘤有乳酸脱氢酶不同程度的升高。

(2)肿瘤标志物:原发性肝癌患者可出现甲胎蛋白(alpha-fetoprotein,AFP)升高;胃肠道癌患者癌胚抗原(carcinoembryonic antigen,CEA)升高;乳腺癌患者可出现糖类抗原15-3(CA15-3)升高。对大多数肿瘤,目前尚缺少理想的肿瘤标志物,这将是今后需要研究的重点。

(3)激素类:不同激素器官肿瘤可出现不同激素分泌增加,如绒毛膜促性腺激素在绒毛膜上皮癌患者中明显升高;胰岛细胞癌伴胰岛素分泌过多导致低血糖;甲状旁腺肿瘤可导致高钙血症等。

3. 基因诊断 肿瘤基础研究的进展,以及基因芯片技术的发展,使肿瘤的基因诊断成为可能,如流式细胞测定等方法。

(二)影像学检查

影像学检查是目前肿瘤诊断的重要措施,根据影像学检查不但可以判断肿瘤的性质,对治疗方案的选择也至关重要。近年来医学影像学发展迅速,在数字X射线摄影(DR)、超声、CT、MRI等基础上,超声内镜、放射性核素显像以及各种各系统的造影技术与介入技术、数字减影血管造影(DSA)等影像技术均已发展成熟。放射对比剂的更新换代使选择性血管造影得以发展,血管内导管置入技术可进行血管栓塞与成形术,形成介入性放射学分支,放射诊断医生已进入了治疗领域。

1. X线检查 肺肿瘤、骨肿瘤等X线平片上可见肿块影;上消化道气钡双重对比造影检查可以发现食管肿瘤及早期胃癌;肝动脉造影是鉴别肝肿瘤的有效手段;纤维十二指肠镜下胆道与胰管逆行造影能够诊断出早期壶腹周围病变,同时可以进行相关操作;乳腺钼靶X线检查不但是判断乳腺肿瘤性质的有效手段,还可在X线定位下穿刺或定位活检。

2. 超声检查 超声显像具有安全、简便、无损伤等特点,广泛应用于全身各系统肿瘤的普查与诊断,对判断囊性与实质性肿块价值重大。在超声引导下,可以对实质性肿瘤进行穿刺活检;或者对胆道恶性肿瘤晚期患者行置管引流等。

3. CT检查 CT是诊断实质性肿瘤的重要手段之一。随着CT显像技术的不断发展,目前已可以完成三维成像、血管造影、仿真内镜检查等。

4. MRI检查 MRI常用于神经系统、软组织肿瘤及实质性肿瘤的诊断,如核磁胆道造影可清楚显示胆道梗阻的部位,对梗阻性黄疸的鉴别具有重要意义。

5. 放射性核素显像 放射性核素显像可应用于甲状腺、肝脏、骨、脑及大肠肿瘤等,其在骨肿瘤诊断中价值最大,可较早地发现骨转移肿瘤,但假阳性率较高。

6. 正电子发射体层成像(positron emission tomography,PET) PET能根据肿瘤与正常组织对葡萄糖利用率的变化和差异作出显像,是一项无创、动态、定量分子水平的三维活体生化显像技术。对脑、结肠、肺、乳腺、卵巢肿瘤及黑色素瘤等诊断率可高达90%左右,同时可以全面地判断肿瘤局部与远处转移情况。目前应用的大多为PET和CT的结合检查。

(三) 内镜检查

内镜检查的最大优点是可获得细胞或组织学诊断,对早期病变可行内镜下切除。常用的有食管镜、胃镜、纤维结肠镜、气管镜、腹腔镜、纵隔镜、膀胱镜、乳管镜及阴道镜等。内镜与其他检查结合更具诊断优势,如超声内镜、子母胆道镜、内镜逆行胰胆管造影术等,既可以诊断,又可以行内镜下微创治疗。

(四) 病理形态学检查

病理形态学检查是肿瘤诊断的最可靠依据,被视为肿瘤诊断的"金标准",包括细胞学与组织学检查。

1. 细胞学检查 肿瘤细胞易于脱落,胸腔积液、腹腔积液、尿液、痰液与阴道涂片、食管拉网、宫颈刮片及内镜下肿瘤表面刷脱细胞,均可供临床应用。浅表肿瘤可通过细针穿刺涂片或超声引导穿刺涂片。优点是取材方便、创伤小、易被接受,缺点是因为取材组织少,诊断结果不准确,易出现"假阴性"结果。

2. 组织病理学检查 组织病理学检查可经小手术切除或内镜下钳取活检,或通过超声或CT引导下穿刺活检,术中切取组织行冷冻切片检查是外科常用的手段。对色素性结节或痣,尤其黑色素瘤患者,应避免穿刺或局部切取活检,须完整切除检查。各类活检有导致恶性肿瘤扩散的可能,因此应在术前短期内或术中施行。

(五) 肿瘤分子诊断

肿瘤分子诊断是指以核酸或蛋白为核心的分子生物学诊断技术,是进行肿瘤诊断的重要方法。通过检测与肿瘤发生相关的生物大分子,进行肿瘤发生的预测、诊断,并可以对肿瘤治疗效果进行评价,为肿瘤的预后和转归提供参考。肿瘤分子诊断已广泛应用于体检、筛查、肿瘤治疗效果评价中,如消化道肿瘤、肝癌、肺癌等。随着肿瘤分子诊断的发展,不仅在早期诊断中作用明显,甚至可能成为优于肿瘤病理学诊断的"第五级"诊断。

五、诊断与鉴别诊断

肿瘤诊断的方法与步骤包括一般的病史与体检、实验室及影像学检查等。对于大部分肿瘤来说,早期缺乏特异性症状及有效的诊断指标,肿瘤的早期诊断相对困难。

(一) 病史

1. 年龄 一般来说,儿童肿瘤多为白血病或胚胎性肿瘤,青少年易发生软组织及造血系统肿瘤,癌多发于中年以上人群。但恶性肿瘤有年轻化的趋势,应特别注意,以免误诊。

2. 病程 相对来说,大多良性者病程较长,恶性者较短。需要注意的是短期内生长迅速的良性肿瘤往往提示恶变可能。年轻患者病情发展迅速,老年患者相对缓慢。

3. 既往史 某些肿瘤与一些疾病、职业或生活习惯相关,如肝癌与慢性肝炎;鼻咽癌与EB病毒感染;肺癌与吸烟等。

4. 家族史 有些肿瘤有家族多发史或遗传史,如家族性结肠息肉病等。

(二) 体格检查

全身一般常规体检应尽可能详细全面。对于肿瘤的检查,首先要尽量暴露病变所在部位,观察肿块的位置、数目、形态及皮肤表面的变化。再触诊肿块,扪触肿块的大小、质地、活动度,有无压痛,肿块与皮肤是否有粘连,与骨骼的关系等。检查相应区域淋巴结情况,如乳癌检查腋下与锁骨上淋巴结。同时结合病史,进行综合分析,必要时配合辅助检查,直至切取活体组织进行病理切片检查,以获得正确诊断。

(三) 鉴别诊断

良性肿瘤与恶性肿瘤的鉴别见表 19-2。

表 19-2　良性肿瘤与恶性肿瘤的鉴别

项目	良性肿瘤	恶性肿瘤
组织分化程度	分化好,异型性小,与原有组织的形态相似	分化差,异型性大,与原有组织的形态差别大
核分裂	无或稀少,不见病理核分裂象	多见,并可见病理核分裂象
生长速度	缓慢	较快
生长方式	膨胀性和外生性生长,前者常有包膜形成,与周围组织一般分界清楚,故通常可推动	浸润性和外生性生长,前者无包膜,一般与周围组织分界不清楚,通常不能推动,后者每伴有浸润性生长
继发改变	很少发生坏死、出血	常发生出血、坏死、溃疡形成等
转移	不转移	常有转移
复发	手术后很少复发	手术等治疗后较多复发
对机体影响	较小,主要为局部压迫或阻塞作用。如发生在重要器官也可引起严重后果	较大,除压迫、阻塞外,还可以破坏原发处和转移处的组织,引起坏死出血合并感染,甚至造成恶病质

六、治疗

肿瘤的治疗,原则上是以手术切除为主,辅助以化疗、放疗、生物治疗、中医药治疗及全身治疗等多种方式的综合治疗。

(一) 外科治疗

外科手术是肿瘤治疗的首选方案,对于良性肿瘤,手术切除即可治愈;对于恶性肿瘤手术仍是重要手段,随着化疗、放疗、介入治疗及生物治疗等的进展,外科手术在肿瘤治疗中的地位受到了挑战。肿瘤外科医生必须熟悉手术、放疗、化疗、介入治疗、生物治疗和其他新的治疗模式的原则和优缺点,与其他科医生共同设计个体化治疗方案。

1. 外科治疗原则

(1)尽可能对肿瘤进行准确地诊断和分期,充分评估手术切除的可能性,选择合适的手术方式。

(2)手术的进行应充分考虑功能与损伤之间的关系,在达到根治的前提下,应尽量使外形和功能达到接近正常。

(3)对于术后或晚期肿瘤患者选择最佳的综合治疗方案,提高生活质量,延长生存期,为其他治疗提供条件。

2. 手术分类

(1)根治性手术:根治性手术的范围包括原发肿瘤所在器官的部分或全部,连同周围正常组织和区域淋巴结。例如乳腺癌改良根治术应切除全部乳腺、腋下淋巴结及乳腺邻近的软组织。

(2)姑息性手术:对于晚期无法切除的肿瘤,手术减瘤或改道以解除或减轻症状。例如胃癌伴幽门梗阻者行胃空肠吻合术,壶腹周围癌伴有黄疸者行经皮经肝胆管穿刺以解除胆道梗阻,卵巢癌广泛转移压迫时行肿瘤部分切除术等。姑息性手术可减轻症状,提高生活质量,为进一步的治疗提供条件,延长生命。

(3)预防性手术:对于一些有癌变可能的疾病进行预防性手术切除,可以防止肿瘤的发生。如切除足底、外阴等易受摩擦部位的黑痣,可以防止其转变为恶性黑色素瘤;黏膜白斑病也应行预防性手术切除。

(4)诊断性手术:明确诊断,获得准确的病理分期,是肿瘤治疗必不可少的。如局部淋巴结活检,卵巢癌行腹腔探查取活检确定病变性质及肿瘤有无转移等。

(5)重建或康复手术:随着人们对生活质量要求的提高,此类手术越来越受到重视。如乳腺癌改良根治后乳房重建,全舌切除后舌再造等。

(二)化学治疗

从20世纪40年代开始,化疗应用于恶性肿瘤的治疗,并迅速发展,疗效日益提高,是当前肿瘤治疗的主要手段之一,也是研究中最活跃的一个领域。

1. 肿瘤化疗的适应证

(1)造血系统恶性疾病:白血病、多发性骨髓瘤、霍奇金淋巴瘤等。这些恶性疾病均属全身性疾病,采用化疗已取得良好效果。

(2)化疗效果较好的某些实体瘤:如绒毛膜上皮细胞癌、恶性葡萄胎、精原细胞瘤及卵巢肿瘤等。

(3)实体瘤术后、放疗后巩固治疗。

(4)实体瘤已有广泛或远处转移,不适于手术切除或放疗者。此类患者中部分病例经过周期化疗后,肿瘤得到控制,甚至重新获得根治性切除的机会,称为转化治疗。除化疗外,放疗、免疫治疗、靶向治疗也被应用于转化治疗。

(5)实体瘤手术或放疗后复发或播散者。

(6)癌性体腔积液:包括胸腔、腹腔及心包腔,采用腔内注射化疗药物,常可使积液控制或消失。

(7)肿瘤所致上腔静脉压迫、呼吸道压迫、脊髓压迫或脑转移致颅内压增高,常先用化疗以缩小肿瘤体积,减轻症状。

2. 化疗药物

按作用原理分为:

(1)细胞毒素类药物:烷化剂类,由其氮芥基团作用于DNA和RNA酶、蛋白质,导致细胞死亡。如环磷酰胺、氮芥、卡莫司汀、白消安、洛莫司汀等。

(2)抗代谢类药物:此类药物对核酸代谢物与酶结合反应有相互竞争作用,影响与阻断核酸的合成。如氟尿嘧啶、吉西他滨、阿糖胞苷、替加氟、甲氨蝶呤等。

(3)抗生素类:有抗肿瘤作用的如放线菌素D、多柔比星、丝裂霉素、阿霉素、平阳霉素等。

(4)生物碱类:主要为干扰细胞内纺锤体的形成,使细胞停留在有丝分裂中期。常用的有紫杉醇、长春新碱、长春花碱、喜树碱、秋水仙碱等。

(5)激素类:能改变内环境进而影响肿瘤生长,有的能增强机体对肿瘤侵害的抵抗力。常用的有己烯雌酚、黄体酮、丙酸睾酮、甲状腺素、泼尼松及地塞米松等。

(6)其他:不属于以上诸类如奥沙利铂、卡铂、顺铂和门冬酰胺酶等。

(7)分子靶向药物:除了上述6类根据化学特性来分类的化疗药物,随着人类对肿瘤细胞生物学和遗传学的研究,大量以肿瘤细胞水平表达为靶点的新的抗肿瘤药物不断问世,并逐渐走向临床。常见的分子靶向药物有：①细胞信号转导分子抑制剂：如酪氨酸激酶抑制剂吉非替尼、他昔瓦、甲磺酸伊马替尼等；②新生血管抑制剂：如贝伐单抗、西妥昔单抗、内皮素抑制剂等；③单克隆抗体药物：如利妥昔单抗、替伊莫单抗、曲妥珠单抗等；④转录因子抑制剂：维甲类 X 受体抑制剂；⑤蛋白酶小体抑制剂：硼替佐米；⑥L- 门冬酰胺酶制剂：培门冬酶。

（8）免疫治疗：肿瘤免疫治疗就是通过重新启动并维持肿瘤 - 免疫循环，恢复机体正常的抗肿瘤免疫反应，从而控制与清除肿瘤的一种治疗方法。临床上针对免疫检查点研究相对进展比较迅速的是 PD-1 与 PDL-1 抑制剂。

根据药物对细胞周期作用分类：细胞增殖周期包含有 DNA 合成的各时相（G_1、G_2、S、M期）。根据药物对细胞增殖周期作用的不同可分为：①细胞周期非特异性药物，该类药物对增殖或非增殖细胞均有作用，如氮芥类及抗生素类；②细胞周期特异性药物，作用于细胞增殖的整个或大部分周期时相者，如氟尿嘧啶等抗代谢类药物；③细胞周期时相特异药物，药物选择性作用于某一时相，如依托泊苷、羟基脲抑制 S 期，植物类药如喜树碱及长春新碱等抑制 M 期。

3. 化疗方式　化疗药物的用法一般是静脉滴注或注射、口服、肌内注射。为了提高药物在肿瘤局部的浓度，有时可做肿瘤注射、腔内注射、局部涂抹、局部灌流及经动脉插管的介入治疗。静脉给药的剂量与时间可有不同，具体以各系统各分期的肿瘤化疗方案不同而个体化制订。联合用药为应用不同作用类别的药物，以提高疗效，减轻不良反应，可同时投药或序贯投药。

随着新型药物的研发与手术技术的不断提高，化疗联合其他治疗的方式也越来越多地应用于临床，概括为以下几种。

（1）诱导化疗：指放化疗或其他治疗前使用的化疗，可在短时期内降低肿瘤负荷并减轻肿瘤引起的各种临床症状，改善血供，提高放疗敏感性，对亚临床转移灶也有一定的作用。

（2）辅助化疗和新辅助化疗：辅助化疗是在局部有效治疗后给予的化疗；新辅助化疗是指局限性肿瘤在手术或放疗前给予的化疗。

（3）转化治疗：是指通过化疗、放疗、靶向治疗、免疫治疗等，将不可切除的肿瘤转变为可以切除的，使患者得到根治的机会，从而达到延长生命、提高生活质量目的的一种治疗方式。转化治疗与新辅助治疗的区别在于，转化治疗的患者一定是当时情况手术不能切除的，而新辅助治疗的患者当时肿瘤可以切除，但有可能达不到无肿瘤残留切除。

4. 化疗副作用　化疗药物对正常细胞也有一定的影响，常见的化疗副作用有：①骨髓抑制，白细胞、血小板减少；②消化道反应：如恶心、呕吐、腹泻、口腔溃疡等；③脱发；④血尿；⑤免疫功能降低，容易并发细菌或真菌感染。

（三）放射治疗

放射治疗为局部治疗方法之一。包括外放射治疗和内照射治疗，目前适形放射治疗等新的放疗技术已广泛应用于临床。

1. 放疗的适应证

（1）根据各种肿瘤对放疗的敏感程度不同，可分为三类：①高度敏感，淋巴造血系统肿瘤，性腺肿瘤，多发性骨髓瘤、肾母细胞瘤等低分化肿瘤；②中度敏感，鳞癌及部分未分化癌，如基底细胞癌、鼻咽癌、乳腺癌、宫颈鳞癌、食管癌、肺癌等；③低度敏感，如成骨肉瘤、纤维肉瘤、一般的横纹肌肉瘤、脂肪肉瘤、恶性黑色素瘤、胃肠道高分化癌、胆囊癌、肾上腺癌、肝转移癌等。

（2）放疗与手术或其他方式相结合：①术前或术后放疗以降低局部的术后复发率，如腋体及躯干部皮肤癌、脑肿瘤（包括垂体肿瘤）、乳腺癌、淋巴结转移癌、食管癌、支气管肺癌、卵巢癌、恶性腮腺混合瘤、宫颈癌、外阴癌、阴茎癌等；②姑息性放疗，某些肿瘤因部位或分期原因无法进行手术或虽然对放疗不敏感但可以缓解症状，如喉外型喉癌、下咽癌、甲状腺肿瘤、唾液腺恶性肿瘤、尿道癌、阴道癌等。

2. 放疗的方式

（1）放疗中使用的放射线主要有三类：①放射性同位素放出的 α、β、γ 射线；② X 线治疗机和各类加速器产生的不同能量的 X 线；③各类加速器产生的电子束、快中子、质子束、负 π 介子束以及其他重粒子束等。第一类放射线可用作体内体外放射，第二、第三类放射线只能用作体外放射。

（2）放射治疗机的类型包括：① X 线治疗机，60~120keV 的 X 线机发射的 X 线能量低，适用于治疗表浅的病灶，如皮肤癌、血管瘤等。180~250keV 的深部 X 线机适用于治疗深部肿瘤。②钴 -60 治疗机，为 2.59×10^{14}GBq 的 60 钴源，其半衰期为 3~5 年，射线比 200keV 的 X 线强，适合于治疗中等深部肿瘤。③直线加速器，在磁场推动作用下加速，如推向靶则产生高能 X 线，如不用靶则为电子束，即电子束治疗机，其能量可至 4×10^{7}eV。④中子加速器，为回旋加速器，对乏氧细胞有杀灭作用。

（3）放射治疗技术：临床上常用的放射治疗技术包括外放射治疗、内照射治疗、适形放射治疗、X 刀立体定向放射治疗、全身放射治疗、半身放射治疗、中心治疗等。

（4）放疗的临床作用：①根治性，即通过放疗完全消灭肿瘤；②姑息性，对于某些无法进行根治性切除或其他治疗方式无效的肿瘤，采用放疗缓解症状、提高生活质量；③联合治疗，如放疗与化疗、手术相结合，放疗的转化治疗，放疗与生物治疗结合等模式。

3. 放疗的副作用 放疗的副作用为骨髓抑制、胃肠道反应、皮肤黏膜损伤等。

（四）生物治疗

肿瘤生物治疗是近年来发展很快的领域，从以前临床应用有效的黑色素瘤、肾癌等少数几种肿瘤到现在很多恶性肿瘤的一线、二线治疗中出现了不少的靶向治疗、免疫治疗药物。

1. 靶向药物治疗 是针对明确的致癌位点进行治疗，特异结合并作用于肿瘤细胞的一种方法。靶向药物通过设计相应的药物，选择性地结合致癌位点，使肿瘤细胞发生特异性死亡，而不会对正常组织细胞产生副作用。靶向药物治疗在恶性肿瘤研究中备受关注，并取得了在胃肠道间质瘤、乳腺癌和肺癌等多种恶性肿瘤治疗中的良好效果，如甲磺酸伊马替尼治疗胃肠道间质瘤、曲妥珠单抗治疗 HER-2 阳性乳腺癌等。

2. 免疫药物治疗 通过重新启动并维持肿瘤 - 免疫循环，恢复机体正常的抗肿瘤免疫反应，以控制和清除肿瘤。这种治疗方法包括单克隆抗体类免疫检查点抑制剂、治疗性抗体、癌症疫苗、细胞治疗和小分子抑制剂等。近年来，免疫药物治疗在黑色素瘤、非小细胞肺癌、肾癌和前列腺癌等实体瘤治疗中展现出强大的抗肿瘤活性，如帕博利珠单抗治疗黑色素瘤和非小细胞肺癌等。

（五）中医治疗

1. 中医辨证

（1）中医辨证思路：肿瘤疾病的病变复杂，证候多种多样，临床上肿瘤的辨证一般从以下几点进行：

1）病证相合：即辨证与辨病相结合，使用现代医疗检查手段，将影像学、检验学、病理学等融入中医四诊，相互参照，正确辨识患者的病情。

2）辨邪气偏胜：肿瘤总属癌毒侵袭，致气血失和，正虚邪盛。但不同的肿瘤其邪气偏胜的情况也各有不同，如鼻咽癌患者火毒偏盛，肺癌患者痰热偏盛，肠癌患者湿热偏盛等。

3)辨正虚程度:肿瘤不同阶段的正气呈渐进式虚衰,这决定了治疗的策略。正气强则宜攻之,正气虚则宜补之,正气的强弱盛衰决定了攻、补的治疗侧重。

4)辨主次:肿瘤的病理性质为本虚标实,但在病程不同阶段虚实的程度不尽相同,在治疗上要做到主次有别,根据具体病情病势决定中药的配伍及剂量。

5)慎防:在定位原发脏腑时,还应考虑与其相关的脏腑,预防传变。

(2)中医证型:大致分为毒热蕴结型、气滞血瘀型、痰凝毒聚型、阴阳失调型,根据这四大类型,分别进行辨证论治:

1)毒热蕴结型:因邪热蕴郁,郁结不化,灼烁脏腑,日久生毒而成肿块。

2)痰凝毒聚型:因脾肺功能失调,阳气不宣,水湿不化,津液不布,升降失常,凝结成痰。痰湿蕴结,着于脏腑形成阴毒,结于体表可为瘰疬。

3)气滞血瘀型:气郁不舒,血行不畅,导致气滞血瘀,瘀结日久,必成积聚。

4)阴阳失调型:各种原因引起的气血不足、肝肾阴虚、脾胃不运、阳气不振,均可引起脏腑失调,留滞毒邪而成肿物。

临床辨证时首先应抓住主证,参考兼证,结合脉象舌象进行辨证。如食管癌见噎膈呃逆、脉弦、舌青;胃癌见脘痛、恶心、呕吐、脉滑、舌腻;结肠癌见腹痛、便血、脉沉、舌红;肝癌见胁痛、脉弦、舌滞;肺癌见咳痰带血、脉细、舌暗;宫颈癌见白带夹血;乳腺癌的局部包块等征象都是辨证论治的重要依据。

对于肿瘤的治疗,既要看到它引起的各种病理损害,又要认识到这种病的根本在于癌组织的恶性发展,因此应将扶正与祛邪相结合。中医中药治疗肿瘤的方法较多,大体上可分为外治和内治。外治如膏药、贴敷、针灸等;内治需注意个体化辨证论治。临证时应首先处理好整体与局部统一的辨证关系,把握扶正与祛邪、标本缓急等治疗原则。

2. 恶性肿瘤分期　根据患者的全身情况和局部肿瘤变化,恶性肿瘤的临床发展过程大致可分为三期:

(1)初期:起居饮食如常,无明显自觉症状,肿块明显或不明显,无转移迹象,舌苔脉象大多正常。此期正盛邪实,以及时攻毒邪为主,佐以扶正。

(2)中期:肿瘤已发展到一定程度,肿块增大,耗精伤气,饮食减少,倦怠无力,形体日见瘦弱。此期已显正虚邪盛之象,邪正相持,须攻补兼施。

(3)晚期:肿瘤已发展至后期,甚至远处转移,肿瘤坚硬如石,面黄肌瘦,形销骨立,显露恶病质。此期正气亏损,如妄施攻法,徒伤正气,故治则以扶正调理,缓解症状为主,积极调动患者的主观能动性,以顽强的意志与疾病作斗争,同时大力补虚扶正,增强患者抗病能力,控制病情发展,寓攻于补。

3. 中医治疗原则　中医对肿瘤的治疗原则:中医强调整体观念,认为肿瘤是全身性疾病的部分表现。如治疗肝癌,因肝主藏血,故用活血化瘀之法;治疗胃癌,因脾胃相表里,当用健脾化滞之法;治疗肺癌,因肺主气、恶燥,故宜理气润肺;治疗骨癌、脑瘤和脊髓瘤都需注意补肾,因肾主骨生髓,通脑海。具体在肿瘤治疗中,常用的中医治疗法则有:活血化瘀法,清热解毒法,扶正培本法,软坚散结法,利湿逐水法等。尤其前三种疗法为最常用。

(1)活血化瘀法:活血化瘀药中全蝎、土鳖虫、水蛭、赤芍、川芎、红花、五灵脂、当归等一百余味中药,及以此为主组成的一百多个方剂,都有不同程度的抗癌作用。

(2)扶正培本法:扶正培本法就是扶助正气,培植本源的治疗法则。扶正培本法的临床应用,主要是调节人体阴阳、气血、津液或脏腑功能的不平衡,以增强机体抗病能力,消除各种虚弱证候,达到强壮身体、祛除病邪之目的。常用药物如下。

1)增强细胞免疫功能,促进淋巴细胞转化:黄精、紫河车、鸡血藤、黄芪、党参、女贞子、五味子、淫羊藿等。

2）增强体液免疫作用：党参、黄芪、锁阳、附子、淫羊藿、菟丝子、黄精、龟甲、玄参、麦冬、生地黄等。

3）增强机体抗癌能力：人参、白术、茯苓等。

（3）清热解毒法：常用药物如下。

1）抗肿瘤作用：如山豆根、苦参、白花蛇舌草等。

2）提高抗肿瘤药物及放疗、化疗效果，对抗其副作用：如由山豆根、夏枯草、全瓜蒌、黄芩、白术、丹参、薏苡仁、香橼组成的复方可增强抗肿瘤药物作用；生地黄、虎杖、水牛角、玄参等能使因放疗、化疗而减少的白细胞明显升高。

（六）其他治疗

其他治疗主要包括疼痛治疗和营养支持治疗。

常见的癌前病变见表 19-3。

表 19-3 常见癌前病变

消化系统	生殖系统	乳腺	皮肤与黏膜
胃溃疡	包茎、包皮炎	乳腺囊性增生病	老年性角化症
萎缩性胃炎	隐睾症	乳腺导管内乳头状瘤	色素痣（易受摩擦部位）
食管贲门黏膜增生	宫颈糜烂	纤维腺瘤	慢性溃疡、瘘管、窦道
慢性肝炎、肝硬化	葡萄胎		黏膜白斑（口、外阴、宫颈）

七、中西医结合讨论

中西医结合治疗肿瘤经历了六十多年的研究历程。早在20世纪五六十年代，我国第一代"西学中"的中西医结合工作者们提出了治疗肿瘤的基本方法和思路，为后续的研究奠定了基础。目前，中西医结合治疗恶性肿瘤在提高近期疗效、延长患者生存时间、提高生存质量方面取得了较大进展，显示了其特色与优势。

肿瘤发病可从局部开始向外扩散，影响全身。通过现代医学方法观察客观指标，可以发现机体某部分异常变化，准确了解肿瘤患者的情况，并针对不同类型的癌瘤选择特异性抗癌措施。中西医结合治疗肿瘤必须运用辨证与辨病相结合的方法进行诊断和治疗。中医治疗强调整体观念，重视对患者生理功能的调节，根据个体差异制订治疗法则，改善机体内环境，防止肿瘤复发和转移。采用中西医结合治疗，充分发挥两种医学方法的协同作用，提高疗效，减少并发症，促进康复。

在肿瘤切除围手术期，运用益气扶正、通调脏腑等治法，可促进术后胃肠道功能恢复，减轻炎症反应及疼痛不适症状，减少并发症的发生，加速患者康复。在化疗过程中，中医辨证论治有助于减轻化疗药物对胃肠道的刺激，调控脏腑功能，防治毒副作用。对于晚期患者，中西医结合治疗可增强机体免疫力，提高疗效。

随着科学技术的发展和诊疗观念的变化，中西医结合治疗肿瘤的前景更为广阔。在肿瘤外科治疗领域，更注重术后生存质量，并将生存质量纳入疗效评价。中医药治疗肿瘤通过改善症状、稳定瘤体、提高生活质量，实现了"带瘤生存"。将两种医学理论和治疗方法有机结合，充分发挥各自优势，在提高疗效、延长患者生存时间和提高生存质量方面取得了比单纯中医或西医治疗更好的效果。

第二节 常见体表肿物

体表肿物指位于身体表面,发源于皮肤及附属器、皮下及深部软组织而在体表可以触及的肿块。体表肿物多为良性疾病,患者以可见肿物而就诊。本病属中医"瘤"范畴,《医宗金鉴·外科心法要诀》将其分为气瘤、血瘤、筋瘤、肉瘤、骨瘤和脂瘤等6类。

一、脂肪瘤

脂肪瘤(lipoma)是一种常见的软组织良性肿瘤,基本的病变是正常的脂肪细胞在局部过度增生,形成一种团块状结构。其形成的原因不明,部分患者有家族史,部分患者可能与局部炎症或全身脂质代谢异常有关。多位于皮下,也可发生于深部如内脏、腹膜后。皮下的好发于肩、背、臀部,呈扁平团块状或分叶状,与表皮无粘连,边界清楚(图19-1,见文末彩图)。

脂肪瘤发展缓慢,极少恶变,生长迅速的脂肪瘤可能有疼痛感,长在特殊部位如腰背部、关节等处的脂肪瘤可能出现压迫症状,导致局部的功能受到影响。其可以单发,也可多发,一般无须处理,必要时手术切除。

脂肪瘤属中医"肉瘤""气瘤"范畴,《医学入门》论及脂肪瘤的成因:"原因七情劳欲,复被外邪,生痰聚瘀,随气留注,故又曰瘤赘,总皆气血凝滞结成。"脾主肌肉,由于思虑过度或饮食劳倦伤脾,脾气不行,津液聚而为痰,痰气郁结而成瘤。治当健脾祛湿,化痰散结。方以二陈汤加减。

二、纤维瘤

纤维瘤(fibroma)是由纤维结缔组织形成的良性肿瘤,较常见。可见于全身各部位,表面光滑,可自由推动,大小不等,有蒂者可以长得很大(图19-2,见文末彩图)。纤维瘤分为软、硬两种,软纤维瘤又称皮赘,有蒂;硬纤维瘤多数发生于年轻女性,乳腺纤维瘤常见,其次多见于腹壁。纤维瘤生长缓慢,呈浸润性生长而无包膜,与周围组织分界不清。

中医认为,乳腺纤维瘤发病多与脏腑功能失调、气血失和有关,病机特点为肝气郁结、冲任失调。其病位在肝脾,尤其是脾土虚弱或过食肥甘厚味,脾土受损导致脾主运化功能失常,聚湿为痰;或因七情所伤、忧思过度而致肝失疏泄,郁而成痰,痰湿结聚,气滞血瘀而形成肿块。《外科正宗》云:"忧郁伤肝,思虑伤脾,积想在心,所愿不得志者,致经络痞涩,聚结成核。"冲任失调,痰气郁结,血阻为瘀,气、痰、瘀血互结于阳明之络,则出现乳房结块疼痛。

纤维瘤宜早期手术切除,硬纤维瘤有浸润性,并易复发及恶变,故应早期切除。切除后腹壁缺损,可用阔筋膜、人造材料等修补。中医治疗纤维瘤需辨证施治,因人因病制宜,内治常以活血化瘀、通经活络、软坚散结、清热解毒、补气养血为治则;外治采用针灸、推拿及外敷等疗法舒筋活络、活血祛瘀。

三、神经纤维瘤

神经纤维瘤(neurofibroma)是起源于神经鞘细胞和间叶组织的神经内及神经外衣等结缔组织的良性肿瘤,可在神经末端或沿神经干的任何部位发生。多发性神经纤维瘤临床上又称神经纤维瘤病,是一种具有家族遗传倾向的先天性疾病。在儿童时期即可发病,常波及中枢神经系统、内分泌系统等,引起智力不全、癫痫、肢端肥大、甲状旁腺功能亢进等。单纯神经纤维瘤可进行手术切除治疗,而神经纤维瘤病尚无有效的治疗方法。

神经纤维瘤属中医"气瘤"范畴。肺主气,主一身之表,由于元气不足,肺气失于宣和,以致气滞痰凝,营卫不和,痰气凝聚肌表,积久成形,发为气瘤。治以通气宣肺,化痰开结。方用通气散坚丸加减。

四、皮脂腺囊肿

皮脂腺囊肿(sebaceous cyst)就是俗称的"粉瘤",是指皮脂腺导管阻塞后,腺体内皮脂腺聚积而形成囊肿。是最为多见的一种皮肤良性肿物,偶有恶变,常发生在成人头、面、背或臀部,呈圆形、光滑、质软或稍有张力,无波动感,与表层皮肤粘连,有囊壁,囊内容物呈豆腐渣样,为白色粉膏状的皮脂和破碎的皮脂腺细胞,肿物中央有一小孔呈黑色(腺体导管开口处),生长缓慢,常继发感染,并发感染时可有红、肿、热、痛。手术是皮脂腺囊肿唯一的治疗方法,需行梭形切口将紧密相连于皮肤的腺体导管开口连同囊壁一并完整切除。如果术前有红、肿、热、痛等炎症表现,则应首先控制炎症再手术。

皮脂腺囊肿属中医"脂瘤"范畴,由腠理津液滞聚,湿痰凝结所致。治法以外治为主,对已染毒但未酿脓的脂瘤,可用金黄膏或玉露膏外敷。已形成脓肿时,应切开引流,清除皮脂和脓液,再用棉球蘸少量升丹或七三丹或稀释后的白降丹塞入腔内,化去包囊,待囊壁蚀尽后再用生肌药收口,愈合后不易复发。

五、皮样囊肿

皮样囊肿(dermoid cyst)为先天性病变,常与发育异常有关,属于错构瘤,发病较早,大多在出生时或者5岁以内发病。好发于眼眶周围、鼻根部、头枕部及口底等处,极少发生癌变。其囊壁除表皮细胞外,尚包含汗腺、毛囊和皮脂腺等。囊腔内可以有毛发。生长缓慢,位于皮下,与皮肤不粘连,而与基底组织粘连较紧,不易推动。

需注意的是,虽然皮样囊肿属于良性增生,但其可能与中枢系统连接,发生于鼻部或者头皮中线的皮样囊肿,需完善相关检查了解患者有无颅内损害。治疗主要靠手术切除,囊肿应完整切除,否则可能复发。

六、表皮样囊肿

表皮样囊肿(epidermoid cyst)又称上皮囊肿、角质囊肿、漏斗部囊肿等,病因为胚胎发育时期遗留于组织中的上皮发展而形成,也可因外伤、手术使上皮细胞植入而形成。表皮样囊肿囊壁较厚,由皮肤及皮肤附件(汗腺、毛囊等)组成,囊内充满脱落的上皮细胞、皮脂腺、汗腺和毛发等结构。本病好发于头部、颈部、背臀部及趾和跖底,囊肿为单个或多个,基底可以移动,但与皮肤常有粘连,可继发感染,偶有恶变。

治疗以手术为主,切除时宜包括表皮和囊肿周围的皮下组织,可疑恶变时,切除范围应扩大。对于小脑角区、鞍区、小脑幕裂孔区及脑室内的表皮样囊肿采用恰当的手术入路,尽可能争取连同包膜一起切除;若包膜与周围重要结构粘连严重,不宜勉强剥离,避免造成神经功能障碍。

七、血管瘤和脉管畸形

传统意义上的血管瘤依据形态学可分为毛细血管瘤、海绵状血管瘤和蔓状血管瘤。1982年,John B.Mulliken首次基于血管内皮细胞生物学特性和临床行为,提出了血管瘤(hemangioma)和脉管畸形(vascular malformation)的生物学分类。1996年,国际脉管性疾病研究学会(The International Society for the Study of Vascular Anomalies,ISSVA)依据 Mulliken 生物学分类制定了一套较为完整的现代分类系统,并被国际各大学者接受。自此,血管瘤和脉管畸形的分类、诊断及治疗指南仍不断被细化和修订,形成现在的 ISSVA 分类。

根据 ISSVA 血管瘤和脉管畸形 2019 版分类,血管肿瘤可分为良性、局部侵袭性或交界性和恶性,良性主要有婴幼儿血管瘤、先天性血管瘤和化脓性肉芽肿等;局部侵袭性或交界性主要有卡波西型血管内皮瘤等;恶性包括血管肉瘤等。脉管畸形可分为单纯性和复杂性,单纯性脉管畸形包括毛细血管畸形、淋巴管畸形、静脉畸形、动静脉畸形和动静脉瘘(表 19-4)。

表 19-4 ISSVA 血管肿瘤分类(2019 版)

良性血管肿瘤	局部侵袭性或交界性血管肿瘤	恶性血管肿瘤
婴幼儿血管瘤	卡波西型血管内皮瘤 GNA14	血管肉瘤 MYC
先天性血管瘤* (RICH、NICH、PICH)GNAQ/GNA11	网状血管内皮瘤 乳头状淋巴管内血管瘤 (PILA),Dabska 瘤	上皮样血管内皮瘤 CAMTA1/ TFE3 其他
丛状血管瘤 GNA14	复合性血管内皮瘤	
梭形细胞血管瘤 IDH1/IDH2	假肌源性血管内皮细胞瘤 FOSB	
上皮样血管瘤 FOS	多形性血管内皮瘤	
化脓性肉芽肿 BRAF/RAS/GNA14	其他未另列明的血管内皮瘤	
其他:靴钉样血管瘤、微静脉血管瘤、交织状血管瘤、肾小球样血管瘤、乳头状血管瘤、血管内乳头状内皮增生、皮肤上皮样血管瘤样结节、获得性弹性组织变性血管瘤、脾脏窦岸细胞血管瘤 其他相关病变:小汗腺血管瘤样错构瘤、反应性血管内皮细胞瘤病、杆菌性血管瘤病	卡波西肉瘤 其他	

注:*RICH:迅速消退型先天性血管瘤;NICH:不消退型先天性血管瘤;PICH:部分消退型先天性血管瘤。

其中以婴幼儿血管瘤最为常见,其发病率为 4%~5%,约 60% 发生于头颈部,其次是躯干和四肢,多数血管瘤可自然消退,病程可分为增殖期、消退期和消退完成期。多在出生后几天至 1 个月内出现。1 岁以内处于快速增殖期,可达到其最终体积的 80%。1 岁以后进入自然消退期,此期可持续 3~8 年甚至更长时间。虽然部分血管瘤可自行消退,但消退后局部往往遗留红斑、色素改变、毛细血管扩张、萎缩性瘢痕和纤维脂肪组织赘生物,且头颈部血管瘤给患儿及家长带来显著的社会心理伤害。另外,发于特殊部位的血管瘤可生长迅速,或发生溃疡、感染、出血,可危及生命。

婴幼儿血管瘤治疗以系统用药或局部外用为主,还可以通过激光或局部注射进行综合治疗。目的是抑制血管内皮细胞增殖,促进瘤体消退,减少瘤体残余。临床上治疗婴幼儿血管瘤的方式多样,治疗方式根据病变的部位、范围大小、深度(浅表、深部、混合)、分期(增殖期、消退期)、是否有功能障碍以及患儿年龄及其家属的期望值等的不同而不同。

1. 依据血管瘤的风险等级,采取相应的治疗方案。

(1)高风险婴幼儿血管瘤:尽早治疗,口服普萘洛尔为一线治疗方案;

(2)中风险婴幼儿血管瘤:尽早治疗,早期可外用 β 受体阻滞剂治疗,若效果不佳,可参照高风险婴幼儿血管瘤治疗方案;

（3）低风险婴幼儿血管瘤：可随诊观察或尝试外用药物治疗,若效果不佳,可参照中风险婴幼儿血管瘤治疗方案;

（4）其他特殊部位婴幼儿血管瘤可依据部位、年龄等采取相应的治疗方案;

（5）患儿及家属的心理干预也是该疾病的重要诊疗内容。

2. 中医辨证认识

（1）病名与病位：此病属中医"血瘤""红丝瘤""胎瘤"范畴,病位在心、肝、肾。

（2）病机分析

1）多种因素导致心火亢盛,血热妄行,脉络扩张,气血纵横,结聚成形,显露于肌肤而成。《医学入门》云:"心主血,劳役火动,阴火沸腾,外邪所搏而为肿,曰血瘤。"认为过劳伤阴,致肾水不能上济心火,使心火亢盛,煎熬阴血,复感外邪,与外邪搏结成瘤。《外科正宗》又云:"心主血,暴急太甚,火旺逼血沸腾,复被外邪所搏而肿,曰血瘤。""心火妄动,逼血沸腾,外受寒凉,结为血瘤。"认为心主血脉,情志太过,郁而化火,火热迫血妄行,复与外邪搏结,血脉凝滞而生血瘤。

2）肝主疏泄,主藏血,故肝火旺盛,夹痰夹瘀,易生血瘤。《丁甘仁医案》记载血瘤的发生为:"肝火逼血妄行,凝结少阳之分。"认为肝火旺盛,迫血妄行,血瘀凝结,发为血瘤。

3）父母肾伏虚火,以气传子,致胎中瘀血凝滞,易成胎瘤。如《医宗金鉴》云:"婴儿初生红丝瘤,皮含血丝先天由,精中红丝肾伏火。"

4）气滞血瘀痰凝,结而成瘤。《疡科心得集》云:"瘿瘤者,非阴阳正气所结肿,乃五脏瘀血浊气痰滞而成也……瘤者,阴也……若劳役火动,阴血沸腾,外邪所搏而为肿者,自肌肉肿起,久而有赤缕,或皮俱赤者,名曰血瘤。"认为血瘤由五脏瘀血浊气痰浊凝滞而成,劳役过度,气机郁滞,郁而化火,火热迫血妄行,与外邪搏结,肿为血瘤。

3. 治法

（1）内治法

1）心火偏亢治宜凉血活血、抑火滋阴,方用《外科正宗》芩连二母丸。

2）血瘤破溃后创口难收,多因气血不足,治宜益肾养阴,方用补阴丸、肾气丸。小儿因父母肾虚伏火传子而得血瘤,治宜令其父滋胃阴,方用滋胃丸;其母滋肾阴,方用六味地黄丸。胎瘤,其父泻肾火,方用滋阴丸;其母用六味地黄丸,受胎五月之后,以黄芩、白术二味作散,间而用之。

3）肝火燥,治宜清热滋阴,生血凉血。方用八珍汤加栀子、龙胆草,以养气血、清肝火,六味丸以养肺金、生肾水。

4）气滞血瘀,治宜行气活血,化瘀通络。方用桃红四物汤。

（2）内外同治：婴儿出生即有血瘤,待其满月瘤成后以针放血或排出脓血,内服五福化毒丹兼黄连膏,清热解毒;表皮破溃者外用玉红膏敛疮收口。（《外科心法要诀》）

八、色素痣

色素痣（pigmented nevus）是由色素细胞构成的先天性肿瘤,临床上甚为常见。据统计,正常人体表平均每人有 15~20 颗之多。面颈部为好发部位（图 19-3,见文末彩图）。根据其细胞形态,色素痣可分为非细胞性和细胞性斑痣两类。其中后者又分为以下几种:

1. 交界痣　痣细胞集中分布在表皮、真皮的交界位置,可发生于体表任何部位,但以掌跖或外生殖器部位多见,表面平坦或稍高出皮面。组织病理学特征是表皮与真皮交界处有增长活跃的痣细胞。交界痣有恶变倾向,可发展成为黑色素瘤。

2. 皮内痣 病变位于真皮层内。表面光滑、平坦或稍隆起,有毛发生长。皮内痣一般不恶变。

3. 混合痣 为上述两型的混合,特点像皮内痣居多,因其有交界痣成分,故也有恶变可能。

4. 蓝痣 少见,多发生于儿童时期,呈深青到蓝黑色,界限明显。蓝痣多为良性,但偶有恶变者。

此外还有幼年型黑痣和巨痣两种少见色素痣。

有下列表现时应考虑色素痣恶变:①色素痣突然变大;②边界模糊;③局部有发痒作痛;④表面破溃、出血或形成溃疡;⑤病变四周出现小的卫星状痣。

治疗:对交界痣或有恶变倾向以及易受摩擦部位的色素痣应考虑手术切除,切除标本应送病理切片,确定恶变者应再次扩大手术。

九、黑色素瘤

黑色素瘤(melanoma)是一种高度恶性的肿瘤,各年龄段均可发病,50~55岁人群更为高发,男女发病比例约为1.2:1。多数是在色素斑痣病变基础上发生的,是痣细胞或色素细胞的恶性增殖,也可发生于正常皮肤,创伤、慢性刺激、日光照射均可促发斑痣(交界痣及混合痣)转变成黑色素瘤,部分患者有家族史。好发于足跟部、头颈部、躯干及四肢部(图19-4,见文末彩图)。一旦小痣逐渐增大,血管扩张,色素加深,四周出现炎症反应并出现卫星状小黑点、破溃出血以及发痒、疼痛时,应注意有恶变可能。黑色素瘤大部分经淋巴管转移至区域淋巴结,小部分可由血行转移至肺、骨、脑等。

治疗首选外科手术切除,针对早期黑色素瘤,建议活检确诊后行原发灶扩大切除术,且需要根据肿瘤浸润程度确定安全切缘。如果病灶厚度不超过1mm,可行前哨淋巴结活检,一旦发生淋巴结转移,需扩大清扫淋巴结,必要时可进行肢体移行转移处理。放疗常作为辅助疗法,尤其是行淋巴结清扫术后按疗程进行放疗。但放疗副作用较多,治疗期间应注意观察。中医治疗联合手术、放化疗,可以减轻药物或射线对机体的创伤和毒副作用,提高整体疗效,延长患者生命。应用中医药治疗黑色素瘤应注重辨证和辨病相结合。

十、皮肤癌

皮肤癌(epidermal cancer)是来自表皮细胞外胚叶及其附属器官的一种恶性肿瘤。临床上常见的有鳞状细胞癌和基底细胞癌两种,多见于男性。好发于老年人的裸露部位,如头、面、颈及手背等处(图19-5,见文末彩图)。鳞状细胞癌较基底细胞癌多见。皮肤癌的发生与人种、肤色和地域有关,欧美国家高发。

临床表现:鳞状细胞癌最早表现为皮肤上结节样凸起或浸润性红斑,生长发展较快,迅即破溃而形成慢性溃疡,溃疡外观如菜花状或蝶形,常伴局部感染,可有恶臭及疼痛。恶性程度高,较早出现区域性淋巴结转移,预后较差。基底细胞癌发展较慢,恶性程度较鳞状细胞癌低,表现为皮肤上基底较硬的斑块丘疹,或呈疣状凸起,逐步破溃而形成溃疡,较少发生区域性淋巴结转移。

治疗有手术治疗、放疗、冷冻治疗、激光治疗和化疗等。手术治疗适用于各期皮肤癌,尤其是早期患者,应超过病灶边缘1~2cm甚至更多(包括基底部)。对于晚期鳞状细胞癌,还需做淋巴结区域性清扫术,必要时还应考虑全身性化疗。基底细胞癌对放射线很敏感,鳞状细胞癌对放射线中度敏感;放疗对早期皮肤癌治愈率很高,也适用于已有或可能有淋巴转移的部位作为手术前后的辅助治疗。

十一、淋巴管畸形

淋巴管畸形是增生和扩张的淋巴管形成的一种良性肿瘤,临床可分为毛细淋巴管瘤、海绵状淋巴管瘤和囊性淋巴管瘤。其多出现于儿童时期,发展较慢。

1. 毛细淋巴管瘤　多发生在皮肤,也可发生在口腔黏膜,瘤体小者可冷冻或激光治疗,瘤体大者可手术切除。

2. 海绵状淋巴管瘤　最常见,主要发生于皮肤、皮下组织、肌间结缔组织间隙中,呈多房性,结构如海绵。范围较小者可用硬化剂或放疗,体积较大者需做切除整形术。

3. 囊性淋巴管瘤　又称水瘤,是一种充满淋巴液的先天性的囊肿,由来源于胚胎的迷走淋巴管组成,与周围正常淋巴管并不相连。多见于婴幼儿颈部,左侧多于右侧,好发于颈部后三角区,与皮肤无粘连。柔软、囊性、呈分叶状,能透光。体积过大时,可压迫气管、食管而出现呼吸困难或吞咽障碍。治疗主要是手术切除,由于囊肿大,壁薄,有时不易完整切除,容易复发。

（张　楠）

复习思考题

1. 请简述肿瘤的命名方法。
2. 请简述恶性肿瘤的三级预防。
3. 在恶性肿瘤的治疗中,哪些环节可以进行中西医结合治疗?
4. 请简述交界痣的临床表现。
5. 肿瘤的中医辨证要点有哪些?
6. 请简述纤维瘤的临床表现。

◇◇◇ **第二十章** ◇◇◇

甲状腺疾病

第一节 概 述

甲状腺疾病(thyroid disease)包括急性、亚急性、慢性甲状腺炎,毒性(有甲状腺功能亢进症状)及非毒性(无甲状腺功能亢进症状)甲状腺肿和甲状腺肿瘤。临床特点是在喉结两侧出现漫肿或肿块,皮色多数不变,随吞咽而上下移动。甲状腺疾病是一类常见的内分泌疾病,属中医"瘿病"的范畴,现具体分为气瘿、肉瘿、瘿痈、石瘿。

一、甲状腺的解剖

1. 解剖形态位置 甲状腺由左、右两个侧叶和峡部构成,呈"H"形。侧叶位于喉与气管的两侧,上极通常平甲状软骨,下极多数位于第5~6气管软骨环之间,峡部多数位于第2~4气管软骨环的前面,时有锥状叶与舌骨相连。甲状腺侧叶的背面有甲状旁腺,内侧毗邻喉、咽、食管(图20-1)。

甲状腺由内、外两层被膜包裹。内层被膜很薄、紧贴腺体并形成纤维束伸入腺实质,将甲状腺分隔成大小不等的小叶,称为甲状腺固有被膜;外层被膜为气管前筋膜的延续,包绕并固定甲状腺于气管和环状软骨上,又称为甲状腺外科被膜。在内、外被膜之间有疏松的结缔组织、甲状旁腺和喉返神经经过,甲状腺外科被膜在侧叶内侧和峡部后面与甲状软骨、环状软骨以及气管软骨环的软骨膜相连并增厚,形成甲状腺悬韧带,将甲状腺固定于喉及气管壁上。因此,吞咽时,甲状腺可随喉上下移动。临床上借此鉴别颈部肿块是否与甲状腺有关。在内、外被膜之间有疏松的结缔组织,行甲状腺手术时应在两层被膜之间进行,为保护甲状旁腺和喉返神经应紧贴固有被膜逐一分离。

2. 血液供应 甲状腺的血供非常丰富,主要源于甲状腺上动脉(颈外动脉的分支)和甲状腺下动脉(锁骨下动脉的分支),偶有甲状腺最下动脉。甲状腺上动脉沿喉两侧下行,在甲状腺上极分为前、后两支进入腺体;甲状腺下动脉分支进入甲状腺侧叶背面;甲状腺最下动

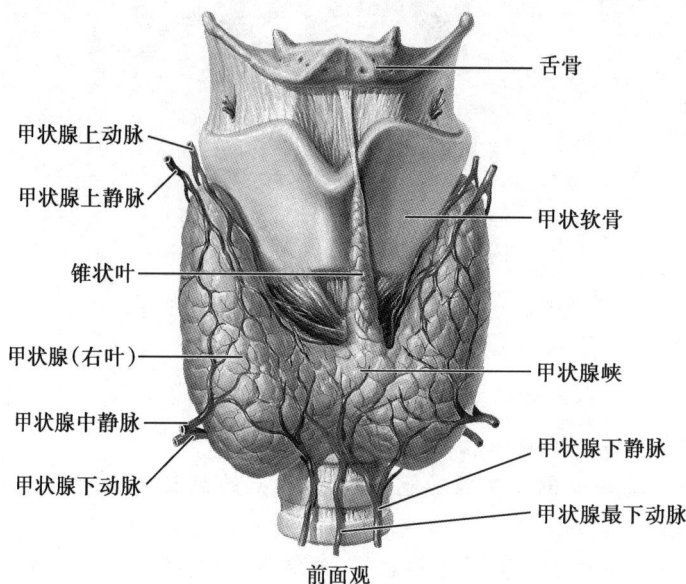

图 20-1　甲状腺解剖

脉起自无名动脉或主动脉弓,在气管前面上行至甲状腺峡部或一叶下极。甲状腺上、下动脉的分支之间,以及甲状腺上、下动脉分支与咽喉部、气管、食管的动脉分支之间,都有广泛的吻合支相互交通,故在手术时,虽将甲状腺上、下动脉全部结扎,甲状腺残留部分仍有血液供应。甲状腺的静脉在腺体形成网状,然后汇合成甲状腺上、中、下静脉。甲状腺上静脉与甲状腺上动脉伴行流入颈内静脉,甲状腺中静脉常单行流入颈内静脉,甲状腺下静脉由甲状腺下方流入无名静脉。

3. 淋巴引流　甲状腺内淋巴管网极为丰富,逐渐向甲状腺包膜下集中,形成集合管,然后伴或不伴行周边静脉引出甲状腺,汇入颈部淋巴结。颈部淋巴结分七区(图 20-2):第Ⅰ区,颏下区和颌下区淋巴结,下以二腹肌前腹为界,上以下颌骨为界;第Ⅱ区,颈内静脉淋巴结上组,上以二腹肌后腹为界,下以舌骨为界,前界为胸骨舌骨肌侧缘,后界为胸锁乳突肌后缘;第Ⅲ区,颈内静脉淋巴结中组,从舌骨水平至肩胛舌骨肌下腹与颈内静脉交叉处;第Ⅳ区,颈内静脉淋巴结下组,从肩胛舌骨肌下腹到锁骨上;第Ⅴ区,颈后三角区,后界为斜方肌,前界为胸锁乳突肌后缘,下界为锁骨;第Ⅵ区(中央组),气管周围淋巴结,包括环甲膜淋巴结,气管、甲状腺周围淋巴结,咽后淋巴结等;第Ⅶ区,胸骨上凹下至前上纵隔淋巴结。

4. 周围神经　甲状腺主要受交感神经和副交感神经支配,与手术关系密切的是喉返神经和喉上神经。喉返神经起自迷走神经,上行于甲状腺背面、气管食管沟之间,向上入喉并分为前、后两支,前支支配声带的内收肌,后支支配声带的外展肌,共同调节声带的运动。喉返神经多在甲状腺下动脉的分支间穿过,手术处理甲状腺下动脉时应远离腺体背面结扎,以防损伤喉返神经(图 20-3)。喉上神经亦来自迷走神经,在甲状腺上极上方 2~3cm 处分为内、外两支,内支(感觉支)分布在喉黏膜上,损伤后可产生饮水呛咳的症状,外支(运动支)与甲状腺上动脉伴行,支配环甲肌,使声带紧张,损伤后可导致发音减弱,易于疲劳。结扎甲状腺上动脉时应紧靠腺体结扎,切忌大块结扎,以防损伤喉上神经。

二、甲状腺的生理功能

甲状腺是人体最大的内分泌腺,成人甲状腺重 20~30g。甲状腺的主要功能是合成、贮存和分泌甲状腺素,以维持机体的生长发育和正常代谢。

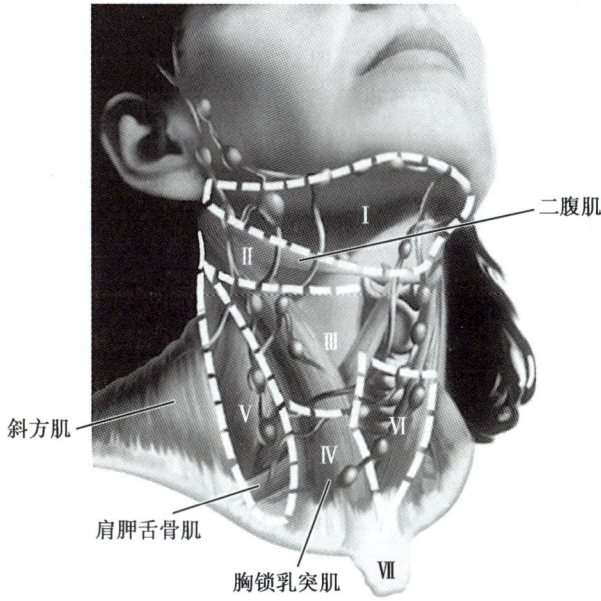

图 20-2　颈部淋巴结分区

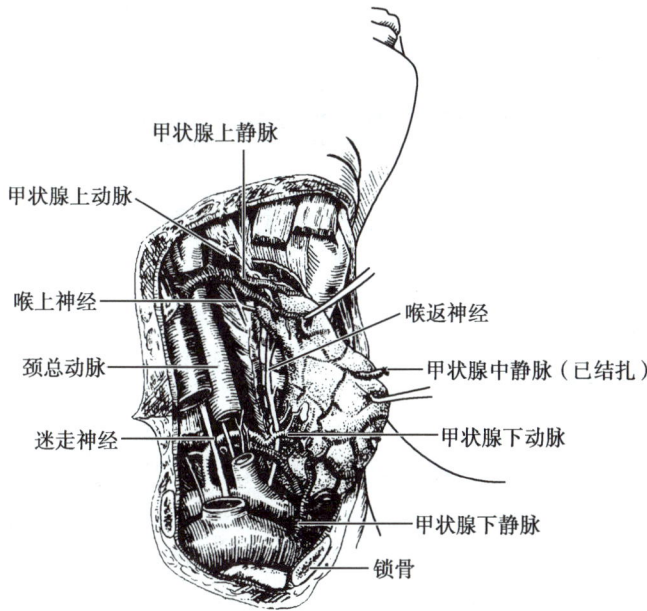

图 20-3　甲状腺下动脉与喉返神经的关系

1. 甲状腺素的合成与释放　甲状腺的结构和功能单位是滤泡,20~40 个滤泡由被膜的结缔组织包绕构成一个小叶。滤泡由单层滤泡上皮细胞组成,其首先在基底面从血中摄取氨基酸,在粗面内质网合成蛋白质,在高尔基复合体内加糖形成甲状腺球蛋白,通过分泌小泡分泌到滤泡腔贮存。与此同时,基底面细胞膜上的碘 ATP 酶可从血中摄取碘离子,在细胞内过氧化物酶的作用下碘被活化,由细胞内游离而进入滤泡腔,与甲状腺球蛋白的酪氨酸残基结合形成碘化的甲状腺球蛋白。在脑垂体分泌的促甲状腺素(thyroid stimulating hormone,TSH)的作用下,滤泡上皮以胞饮的方式将碘化的甲状腺球蛋白重新吸收入胞质内,吞饮小泡互相融合形成较大的吞饮泡,再与溶酶体融合。在溶酶体内蛋白酶的作用下,甲状腺球蛋白中碘化的酪氨酸残基被水解,形成大量的四碘甲状腺原氨酸(T_4)和少量的三碘甲状腺原氨酸(T_3),经细胞基底部释放入毛细血管。在血液循环中绝大部分甲状腺素与血浆蛋白质结合在一起,只有极少量游离状态的 T_3、T_4(FT_3、FT_4)发挥其生理作用。

甲状腺的功能活动受下丘脑-垂体-甲状腺轴控制系统和甲状腺腺体自身的控制、调节。垂体叶分泌的 TSH 能加速甲状腺素分泌和促进甲状腺素合成,而甲状腺素的释放又对 TSH 起反馈作用。TSH 的分泌除受甲状腺素反馈性抑制的影响外,主要受下丘脑促甲状腺素释放激素(thyrotropin-releasing hormone,TRH)的直接刺激。而甲状腺素释放增多时除对垂体 TSH 释放有抑制作用外,也对下丘脑释放的 TRH 有对抗作用,间接抑制 TSH 分泌。此外,当血浆中无机碘含量增加时,能刺激甲状腺摄碘及其与酪氨酸结合而生成较多的甲状腺素;当血浆中无机碘蓄积到一个临界值后,便发生碘与酪氨酸结合的进行性抑制及甲状腺素合成与释放的减少。

2. 甲状腺素的主要作用

(1)加快全身细胞利用氧的效能:加速蛋白质、碳水化合物和脂肪的分解,全面提高人体的代谢,增加热量的产生。

(2)促进人体的生长发育:在出生后影响脑与长骨的生长、发育。

甲状腺内还存在滤泡旁细胞,又称 C 细胞,该细胞成团聚集在滤泡之间,少量镶嵌于滤泡上皮细胞之间,能合成和分泌降钙素(calcitonin,CT)及降钙素基因相关肽。降钙素通过促进成骨细胞分泌类骨质、钙盐沉着和抑制骨质内钙的溶解使血钙降低。

第二节 单纯性甲状腺肿

单纯性甲状腺肿系指甲状腺肿大而无甲亢或甲减症状者。此病女性多见,发病年龄以 10~30 岁为高峰期。本病相当于中医的"气瘿"。

一、病因与病理

(一)西医病因与病理

1. 病因

(1)甲状腺原料(碘)缺乏:环境缺碘是引起甲状腺肿的主要因素。高原、山区土壤中的碘盐流失,导致饮水和食物中的碘含量不足。这些地区的居民更容易患上这种病,故称为"地方性甲状腺肿"。由于缺乏足够的碘摄入,无法合成足够的甲状腺素,反过来刺激垂体分泌 TSH,促使甲状腺增生和肿大。初期,缺碘时间较短,甲状腺滤泡较均匀地增生和扩张,形成弥漫性甲状腺肿。随着缺碘时间延长,病情继续发展,滤泡扩张聚集成多个不同大小的结节,形成结节性甲状腺肿。有些结节因血液供应不良而退变,引起囊肿、纤维化、钙化等改变。

(2)甲状腺素需要量增加:青春发育期、妊娠期或绝经期的妇女,由于对甲状腺素的需要量暂时性增加,有时也可发生轻度弥漫性甲状腺肿,叫作生理性甲状腺肿。这种甲状腺肿常在成年或妊娠以后自行缩小。

(3)甲状腺素合成和分泌障碍:某些食物、药物或饮水中存在致甲状腺肿因子,如硫脲嘧啶(久食含有硫脲的卷心菜、大头菜)、过氯酸钾、对氨基水杨酸等,这些物质通过干扰碘的利用,进而影响甲状腺素合成。先天缺乏合成甲状腺素的酶可引起单纯性甲状腺肿。

2. 病理 单纯性甲状腺肿是一种甲状腺疾病,其病理改变包括早期弥漫性滤泡上皮增生、中期胶质性甲状腺肿以及晚期结节性甲状腺肿。早期表现为甲状腺弥漫性肿大,呈深褐色颗粒状,多见于青少年。中期呈红褐色半透明的胶样,甲状腺仍然弥漫性肿大。晚期表现为结节性甲状腺肿,女性比男性多见,甲状腺呈不对称性肿大,表面有大小不一的结节。这些结节的大小、颜色和组织结构因个体差异而异,可见出血灶和钙化灶。此病的共同病理改变是血清甲状腺球蛋白(thyroglobulin,TG)升高以及 T_3/T_4 比值升高。

(二)中医病因病机

气瘿的形成,多由于所居之地的水源及食物中含碘不足,加之情志不畅、冲任失调等导致。

1. 情志不畅,忧怒无节 情志不畅致肝郁气滞,气滞则脾失健运而不能运化水湿,以致痰湿内停。痰气互凝,循经上行,结于喉结之处则导致本病发生。

2. 肾气亏损,正气不足 妇女经期、胎前产后、绝经期肾气受损,正气不足,外邪乘虚侵入,亦能引起本病,或使原有病情加重。

3. 水土因素,饮食偏嗜 《诸病源候论》云:“诸山水黑土中出泉流者,不可久居,常食令人作瘿病,动气增患。”可见古人早已发现山区流行地带之所以患瘿病者多,与当地饮水有关,而且会因情志不畅而加重病情。

二、临床表现

女性多见,一般无全身症状。甲状腺呈不同程度肿大,能随吞咽上下活动。病程早期,甲状腺呈对称、弥漫性肿大,腺体表面光滑,质地柔软。随后,在肿大腺体可扪及结节,通常存在多年,增长缓慢。囊肿样变的结节内发生出血时,结节会迅速增大。甲状腺肿大和肿大结节对周围器官的压迫所引起的症状是本病的主要症状。

甲状腺肿体积较大时可压迫气管、食管和喉返神经,影响呼吸。开始只在剧烈活动时感觉气促,严重时休息和睡觉也有呼吸困难。长时间压迫可导致气管软骨变性、软化。少数受压患者可能出现声音嘶哑或吞咽困难。

长久且巨大的甲状腺肿,可下垂于颈下胸骨前方。甲状腺肿向胸骨后延伸形成胸骨后甲状腺肿,压迫气管和食管,还可能压迫颈深部大静脉,引起面部青紫、肿胀和颈胸部的浅表静脉怒张。

此外,结节性甲状腺肿可导致甲亢,并可能发生恶变。

三、辅助检查

1. 甲状腺功能检查 基础代谢率(basal metabolism rate,BMR)正常或偏低。T_3 正常或增高,T_4 正常或偏低。

2. 放射性核素检查 摄 ^{131}I 率增高,但峰值不提前。甲状腺 ^{131}I 扫描,甲状腺弥漫性增大早期放射性分布均匀,结节性甲状腺肿放射性分布常不均匀,呈现有功能或无功能的结节。

3. 影像学检查 B超检查有助于发现甲状腺内囊性、实质性或混合性多发结节的存在。颈部X线检查可发现不规则的胸骨后甲状腺肿及钙化的结节,还能确定气管是否受压、移位及狭窄。

4. 喉镜检查 了解声带运动状态,以确定喉返神经有无受压。

四、诊断与鉴别诊断

(一)诊断要点

单纯性甲状腺肿的诊断主要根据患者有甲状腺肿大,而临床或检查示甲状腺功能基本正常。对于居住于高原山区缺碘地带的甲状腺肿患者或家属中有类似病情者常能及时做出地方性甲状腺肿的诊断。

（二）鉴别诊断

1. 甲状腺腺瘤 甲状腺有单个或多个光滑结节，不伴有甲状腺肿大。

2. 慢性淋巴细胞性甲状腺炎（桥本甲状腺炎） 起病缓慢，一般无全身症状，也可仅表现为甲状腺弥漫性肿大，质地较硬。甲状腺自身抗体滴度明显增高可鉴别。

五、治疗

（一）西医治疗

1. 生理性甲状腺肿 可不给予药物治疗，宜多食含碘丰富的海带、紫菜等食物。

2. 20 岁以下的弥漫性单纯甲状腺肿 可给予小剂量甲状腺素以抑制垂体前叶 TSH 的分泌，缓解甲状腺的增生和肿大。

3. 有以下情况时，应及时施行甲状腺手术 ①因气管、食管或喉返神经受压引起临床症状者；②胸骨后甲状腺肿；③巨大甲状腺肿影响生活和工作者；④结节性甲状腺肿继发功能亢进者；⑤结节性甲状腺肿疑有恶变者。

4. 手术方式 多采用甲状腺次全切除术。

（二）中医治疗

辨证论治

(1) 肝郁肾虚证：颈部肿块皮软，神情呆滞，倦怠畏寒，行动迟缓，性欲减退，舌淡，脉沉细。治以疏肝补肾，调摄冲任。方用四海舒郁丸合右归丸加减。

(2) 肝郁脾虚证：颈部弥漫性肿大，四肢困乏，气短，善太息，纳呆体瘦，肢冷，苔薄，脉弱。治以疏肝解郁，健脾益气。方用四海舒郁丸加减。结节性甲状腺肿加夏枯草、莪术；气虚加党参、黄芪。

六、中西医结合讨论

单纯性甲状腺肿系指甲状腺肿大而无甲亢或甲减症状者。此病女性多见，发病年龄以 10~30 岁为高峰期。环境缺碘是引起单纯性甲状腺肿的主要因素，故又称"地方性甲状腺肿"。青春发育期、妊娠期或绝经期的妇女，由于对甲状腺素的需要量暂时性增加，有时也可发生轻度弥漫性甲状腺肿，叫作生理性甲状腺肿。中医称为气瘿，其形成多由于所居之地的水源及食物中含碘不足，加之情志不畅、冲任失调等导致，辨证属肝郁脾虚证、肝郁肾虚证，治以疏肝解郁、健脾益气，或疏肝补肾、调摄冲任。中医药治疗时应该定期复查甲状腺功能及超声等相关检查，以明确病情及治疗效果。平素调情志，保持心情舒畅，勿动气郁怒，这样能起到一定预防调摄作用。

随着现代生活条件的改善、科学技术的进步、碘盐的普及补充、甲状腺素制剂的应用，地方性甲状腺肿在临床上已较少见，有明显肿大、压迫症状的更少。而甲状腺肿体积较大，压迫气管、食管和喉返神经出现相关症状，或结节性甲状腺肿继发功能亢进，或疑有恶变等手术适应证的更少。因此，此类疾病以非手术治疗为主，中医药辨证施治，个性化治疗特点突出，更具有显著优势。

第三节 甲 状 腺 炎

甲状腺炎分急性、亚急性和慢性三类，其中急性甲状腺炎临床少见，亚急性和慢性甲状腺炎临床上较为常见。甲状腺炎属中医"瘿痈"的范畴。

一、急性甲状腺炎

急性甲状腺炎(acute thyroiditis)是甲状腺出现的急性化脓性疾病,又称急性化脓性甲状腺炎,是由细菌感染等引起的甲状腺化脓性炎症,多继发于口腔、颈部等部位的细菌感染。急性甲状腺炎常见的病原菌为金黄色葡萄球菌、溶血性链球菌、肺炎链球菌、革兰氏阴性菌等。也可由于机体免疫力低下时,如 AIDS 造成真菌性感染。细菌可经血液、淋巴道、邻近组织器官感染蔓延或穿刺操作进入甲状腺。常初发于小儿期,多发生于左侧叶,梨状窝瘘是引起儿童急性甲状腺炎的主要原因。急性甲状腺炎是一种少见的可能危及生命的甲状腺外科急症。

(一) 西医病因与病理

急性甲状腺炎较少见,系化脓性细菌由血行或淋巴管传播至甲状腺所引起,感染灶来自口咽和扁桃体。致病菌以葡萄球菌为多见,其次为链球菌和肺炎球菌。罕见的特异性感染有甲状腺结核、真菌性及放线菌性甲状腺炎。

(二) 临床表现

起病急,突发高热、寒战、头痛、颈部疼痛并向耳枕部放射。甲状腺一侧叶肿胀、疼痛,有灼热感,脓肿形成后局部红肿并有波动感。脓肿偶可破入气管或食管及深入纵隔,引起气促、咳嗽、吞咽困难,甚至窒息、死亡。

(三) 辅助检查

1. 实验室检查

(1) 感染相关检查:行血常规、红细胞沉降率、C 反应蛋白、降钙素原检查,明确是否为感染性病变。

(2) 甲状腺功能检查:TSH、FT_3、FT_4、TT_3、TT_4 检查,甲状腺球蛋白抗体(TgAb)、抗甲状腺过氧化物酶抗体(TPOAb)检查。

2. 影像学检查

(1) 超声检查:甲状腺及颈部淋巴结超声检查,可明确病灶大小、位置及周围侵袭状态、周边淋巴结情况,判断是否有化脓性改变及液化的范围。

(2) 颈部 CT 平扫 + 增强检查:判断肿块与颈部血管、喉部软组织等周围软组织的关系,初步判断是否有异常瘘管可能,决定手术探查的范围。

3. 喉镜与食管镜检查　明确咽部是否有脓性渗出物,辅助判断是否有梨状窝瘘的可能,以选择合理的治疗方案。另外术前行喉镜检查,可观察双侧声带的运动情况。

4. 细针穿刺细胞学检查(fine-needle aspiration cytology,FNAC)　穿刺获得标本,进行细胞学涂片、细菌涂片、细菌培养 + 药物敏感试验。

5. 其他　完善心肺功能检查,评估全身状态。

(四) 诊断

典型的急性甲状腺炎诊断并不困难,主要依据发热,甲状腺局部红、肿、热、痛,白细胞总数及中性粒细胞数升高,结合甲状腺穿刺可明确。超声和 CT 有助于发现脓肿的形成。

(五) 治疗

确诊的急性甲状腺炎,抗生素抗炎治疗的同时,形成脓肿时应积极行脓肿切开引流术。极少数患者经过穿刺抽出脓液后,经抗炎治疗治愈。

二、亚急性甲状腺炎

亚急性甲状腺炎又称 De Quervain 甲状腺炎或巨细胞性甲状腺炎等。多见于 30~40 岁的女性,男女之比约 1:(3~4)。

(一) 病因

原因尚不明确,目前多认为与病毒感染有关,因常在上呼吸道感染、病毒性感冒、流行性腮腺炎后 2~3 周发病。亦有认为与遗传因素有关,因组织相容性抗原 HLA-Bw35 阳性的个体发病率比正常人高 16 倍。

(二) 临床表现

多数表现为甲状腺突然肿胀、发硬,吞咽困难及疼痛,并向患侧耳颞处放射。常始于甲状腺的一侧,很快向腺体其他部位扩展。有一过性甲亢症状,一般 3~4 天或 1~2 周达到高峰后缓解消退,后期偶有甲减的表现。随病程变化有时一叶肿胀消退后另一叶出现新的肿块。病程约为 3 个月,愈后甲状腺功能多不减退。

(三) 辅助检查

红细胞沉降率增快,BMR 早期升高,后期可降低。摄 ^{131}I 率显著降低,愈后恢复正常。血清 T_3、T_4 早期升高。碘扫描甲状腺显影浅淡、稀疏,分布不均匀,数周后重复扫描,原稀疏区消失,反而又发现新的稀疏区,呈特殊的游走现象。

(四) 诊断

发病前有上呼吸道感染史。发病后 1 周内因部分滤泡破坏可表现 BMR 略高,但甲状腺摄 ^{131}I 率显著降低,这种分离现象有助于诊断。如试用泼尼松治疗,甲状腺肿胀很快消退,疼痛缓解,亦可诊断。

(五) 治疗

肾上腺皮质激素是治疗本病最有效的药物。泼尼松每日 4 次,每次 5mg,2 周后逐渐减量,维持 1~2 个月,同时加用甲状腺干制剂,效果较好。停药后如果复发,则予放射治疗,效果较持久。抗生素治疗无效。

三、慢性淋巴细胞性甲状腺炎

慢性淋巴细胞性甲状腺炎,又称桥本甲状腺炎,是一种自身免疫病,也是甲状腺功能减退最常见的原因。由于自身抗体的损害,病变甲状腺组织被大量淋巴细胞、浆细胞和纤维化所取代。血清中可检出 TPOAb 和 TgAb 等多种抗体。组织学显示甲状腺滤泡广泛被淋巴细胞和浆细胞浸润,并形成淋巴滤泡及生发中心。本病多见于 30~50 岁女性,男女之比约为1:(10~20)。

(一) 病因与病理

目前认为本病与自身免疫有关。本病患者血清中可检测出抗甲状腺球蛋白抗体(antithyroglobulin antibody,anti-TGAb)、抗甲状腺微粒体抗体(anti-thyroid microsome antibody,anti-TMAb)、甲状腺刺激抗体(thyroid stimulation antibody,TSAb)等多种抗体。促使本病中甲状腺损害的机制可能是由于 T 淋巴细胞的遗传性缺陷,对 B 淋巴细胞产生大量自身抗体,使之不能发挥正常抑制作用,导致甲状腺自身抗体的形成,造成自体甲状腺的破坏。

(二) 临床表现

多为无痛性弥漫性甲状腺肿,对称、质硬、表面光滑,病程较长者可扪及结节,多伴甲减,较大甲状腺肿者可有压迫症状。

(三) 辅助检查

血清 TPOAb 和 TgAb 显著增高;BMR 降低;甲状腺摄 ^{131}I 率降低;FNAC 可见淋巴细胞成堆。

(四) 诊断

如果中年妇女出现甲状腺弥漫性肿大,质地坚韧,应考虑本病的可能性。抗甲状腺抗体测定对本病的诊断有特殊价值。疑难时可行穿刺活检以确诊。

(五) 治疗

1. 药物治疗　可长期服用甲状腺素或甲状腺片治疗,宜从小剂量开始,以后逐渐增加。疗程视病情而定,有时需终身服用。

2. 免疫抑制治疗　泼尼松每日 15~30mg,一般用药 1~2 个月,缓慢减量后停药,不宜长期应用。

3. 手术治疗　有明显压迫症状者,经药物治疗后甲状腺不缩小,或疑有恶变者,可手术治疗。

四、甲状腺炎的中医治疗

(一) 急性、亚急性甲状腺炎

多因风温、风火客于肺胃,或内有肝郁胃热,积热上壅,夹痰蕴结,以致气血凝滞,郁而化热而成。

1. 辨证论治

(1)气滞痰凝证:肿块坚实,皮色微红,轻度肿胀,重按痛,牵引耳后枕部,喉间梗塞感,痰多,苔黄腻,脉弦滑。治以疏肝理气,化痰散结。方用柴胡清肝汤加减。

(2)风热痰凝证:局部结块红肿疼痛,伴恶寒发热、头痛、口渴、咽干,苔薄黄,脉浮数或滑数。治以疏风清热,化痰消瘿。方用牛蒡解肌汤加减。

2. 外治法

(1)初期:宜用金黄散、四黄散、双柏散等箍围药,水或蜜调制外敷,每日 1~2 次。

(2)成脓期:若成脓宜切开排脓,八二丹药线引流,金黄膏外敷。

(二) 慢性淋巴细胞性甲状腺炎

1. 辨证论治

(1)血瘀痰结证:颈前肿块坚韧,或有结节感,局部闷胀,咽喉阻塞及其他压迫感,轻度疼痛,纳差,便秘,舌质暗或有瘀斑,苔微黄,脉沉细或弦滑。治以活血祛瘀,化痰散结。方用桃红四物汤加减。

(2)脾肾阳虚证:颈前肿块质韧,咽部梗阻及压迫感,形寒肢冷,神疲懒言,乏力气短,肢体肿胀,腹胀纳差,腰膝酸软,月经不调,舌胖嫩,边有齿痕,苔白,脉沉细弱。治以温补脾肾,散寒化瘀。方用金匮肾气丸合阳和汤加减。

(3)气阴两虚证:颈前肿块质中或韧,轻度压迫感,眼突,神疲乏力,心悸气短,怕热多汗,易怒,口渴,食多便溏,失眠多梦,形体消瘦,舌质红,苔少,脉细数无力。治以益气养阴,化痰散结。方用生脉散合消瘰丸加减;阴虚火旺者宜养阴降火,用知柏地黄汤加减。

(4)肝气郁滞证:颈前肿块质中或硬,咽喉梗阻感,情绪抑郁,胸闷不舒,乏力,大便溏或不爽,女性月经不调,舌质红,苔薄黄,脉弦滑。治以疏肝理气,软坚散结。方用柴胡疏肝散加减。

2. 外治法　可外贴冲和膏或阳和解凝膏。

五、中西医结合讨论

急性甲状腺炎是由细菌感染等引起的甲状腺化脓性炎症,应用抗生素抗炎治疗的同时,应积极行脓肿切开引流术。亚急性甲状腺炎病因尚不明确,目前多认为与病毒感染有关,肾上腺皮质激素是治疗本病最有效的药物,可同时加用甲状腺干制剂。中医认为本病病因病机多为风温、风火客于肺胃,或内有肝郁胃热,积热上壅,夹痰蕴结,以致气血凝滞,郁而化热。辨证为气滞痰凝证或风热痰凝证,前者治以疏肝理气、化痰散结,方以柴胡清肝汤加减;后者治宜疏风清热、化痰消瘿,方为牛蒡解肌汤加减。

第四节　甲状腺功能亢进症

(一) 分类

甲状腺功能亢进症是由于各种原因引起循环中甲状腺素异常增多而出现以全身代谢亢进为主要特征的疾病的总称,分为原发性、继发性和高功能腺瘤三类。

1. 原发性甲亢　最常见,是指在甲状腺肿大的同时出现功能亢进症状,表现为腺体弥漫性、两侧对称性肿大,常伴有眼球突出,故又称“突眼性甲状腺肿”。患者年龄多在 20~40 岁之间。

2. 继发性甲亢　较少见,如继发于结节性甲状腺肿的甲亢,患者先有结节性甲状腺肿多年,以后才出现功能亢进症状。发病年龄多在 40 岁以上。腺体呈结节状肿大,两侧多不对称,无突眼,容易发生心肌损害。

3. 高功能腺瘤　少见,甲状腺内有单个或多个自主高功能结节,无突眼,结节周围的甲状腺组织呈萎缩改变。

(二) 临床表现

包括甲状腺肿大、性情急躁、容易激动、失眠、两手颤动、怕热、多汗、皮肤潮湿、食欲亢进却消瘦、体重减轻、心悸、脉快有力(脉率常在每分钟 100 次以上,休息及睡眠时仍快)、脉压增大(主要由于收缩压升高)、内分泌紊乱(如月经失调)以及无力、易疲劳、出现肢体近端肌萎缩等。严重患者出现心律失常,以心房颤动最常见。其中脉率增快及脉压增大尤为重要,常可作为判断病情程度和治疗效果的重要标志。

(三) 诊断

主要依靠临床表现,结合辅助检查。常用的辅助检查方法如下:

1. 基础代谢率测定　可根据脉压和脉率计算,或用基础代谢率测定器测定,后者较可靠,前者更简便。测定基础代谢率要在完全安静、空腹时进行。常用计算公式为:基础代谢率 =(脉率 + 脉压)−111。正常值在 −10%~10% 之间,20%~30% 为轻度甲亢,30%~60% 为中度甲亢(不含 30%),60% 以上为重度甲亢。

2. 甲状腺摄 ^{131}I 率测定　正常甲状腺 24 小时内摄取的 ^{131}I 量为人体总量的 30%~40%。如果在 2 小时内甲状腺摄 ^{131}I 量超过人体总量的 25%,或在 24 小时内超过人体总量的 50%,且摄 ^{131}I 高峰提前出现,均可诊断为甲亢。

3. 血清 T_3 和 T_4 含量测定　甲亢时血清 T_3 可高于正常 4 倍左右,而 T_4 仅为正常的 2.5 倍,因此,T_3 测定对甲亢的诊断具有较高的灵敏度。

(四) 手术治疗

手术为治疗甲亢的主要方法之一。优点:手术的痊愈率为 90%~95%,手术病死率低于 1%。缺点:有一定的并发症,4%~5% 的患者术后会复发,也有少数患者术后发生甲状腺功能减退。

1. 手术指征　①中度以上的原发性甲亢;②继发性甲亢或甲状腺高功能腺瘤;③腺体较大,有压迫症状,或胸骨后甲状腺肿等类型甲亢;④抗甲状腺药物或 ^{131}I 治疗后复发者,或坚持长期用药有困难者;⑤妊娠早、中期的甲亢患者。凡具有上述指征者,应考虑手术治疗,并可以不终止妊娠。

2. 手术禁忌证　①青少年患者；②症状较轻者；③老年患者或有严重器质性疾病不能耐受手术者。

3. 手术方式　手术行双侧甲状腺次全切除术，手术可选择常规或腔镜方式。切除腺体量应根据腺体大小或甲亢程度决定。通常需切除腺体的 80%~90%，并同时切除峡部，每侧残留腺体以成人拇指末节大小为宜(3~4g)。腺体切除过少容易复发，过多又容易发生甲状腺功能减退。保留两叶腺体背侧面部分，有助于保护喉返神经和甲状旁腺。

4. 术前准备　患者在代谢高亢的情况下手术危险性很大，因此为了保证手术顺利进行和减少术后并发症，术前必须做好充分而完善的准备。

(1)一般准备：首先要消除患者的顾虑和恐惧情绪。精神过度紧张或失眠者可适当应用镇静和安眠药；心率过快者可口服普萘洛尔(心得安)10mg，每日 3 次；发生心力衰竭者应予洋地黄制剂。

(2)术前检查：除全面体格检查和必要的检验外，还应包括：①颈部摄片，了解有无气管受压或移位；②心电图检查；③喉镜检查，确定声带功能；④测定基础代谢率，了解甲亢程度。

(3)药物准备：是术前准备的重要环节。

1)抗甲状腺素药物加碘剂：先用硫氧嘧啶类药物，待甲亢症状得到基本控制后，改服 2 周碘剂，再手术。由于硫脲类药物使甲状腺肿大和血管充血，手术容易出血，加碘剂 2 周，待甲状腺缩小变硬后手术，安全可靠，但准备时间较长。

2)单用碘剂：适合症状不重的继发性甲亢和高功能腺瘤患者。开始即用碘剂，2~3 周后甲亢症状基本控制(情绪稳定、睡眠良好、体重增加、脉率<90 次/min、基础代谢率<20%)，可手术。少数患者服用碘剂 2 周后症状减轻不明显，可同时加用硫氧嘧啶类药物，直至症状基本控制，停用硫氧嘧啶类药物后，继续单独服用碘剂 1~2 周，再手术。常用碘剂是复方碘化钾溶液，每日 3 次，从 3 滴开始，逐日每次增加 1 滴，至每次 16 滴为止，然后维持此剂量，以 2 周为宜。碘剂抑制蛋白酶，减少甲状腺球蛋白分解，抑制甲状腺素释放，还能减少甲状腺血流，使甲状腺缩小变硬。

3)普萘洛尔：对于常规应用碘剂或合并应用抗甲状腺素药物不能耐受或效果不佳的患者，可单用普萘洛尔或与碘剂合用作术前准备。此外，术前不用阿托品，以免引起心动过速。

5. 手术和术后注意事项

(1)麻醉：通常采用气管插管全身麻醉。

(2)手术：操作应轻柔、细致，认真止血，注意保护甲状旁腺和喉返神经。

(3)术后观察和护理：术后当日应密切注意患者呼吸、体温、脉搏、血压的变化，预防术后并发症。患者采用半卧位，以利呼吸和引流。帮助患者及时排出痰液，保持呼吸道通畅。术后需继续服用复方碘化钾溶液，每日 3 次，每次 10 滴，共 1 周左右；或由每日 3 次，每次 16 滴开始，逐日每次减少 1 滴。

6. 常见手术的并发症及其防治原则

(1)术后呼吸困难和窒息：是术后最严重的并发症，多发生在术后 48 小时内，如不及时发现、处理，则可危及患者的生命。

常见原因：

1)手术止血不完善导致出血和血肿压迫气管；

2)喉头水肿，主要由手术创伤或气管插管引起；

3)气管塌陷，由于长期甲状腺压迫导致气管壁软化失去支撑；

4)双侧喉返神经损伤。

临床表现：呼吸困难为主要症状。轻度患者可能不容易察觉，中度患者表现为坐立不安、烦躁，重度患者可出现端坐呼吸、吸气性三凹征，甚至发绀和窒息。

处理原则：术后近期出现呼吸困难、颈部肿胀和切口渗血时，可能是切口内出血所致。必须立即进行紧急抢救，剪开缝线，敞开切口，快速清除血肿。如果患者的呼吸仍未改善，立即进行气管插管。情况稳定后，需进一步检查止血和其他处理。因此，术后应备有无菌的气管切开包和手套，以备急用。

（2）喉返神经损伤：发生率约为 0.5%。损伤的后果与损伤的性质（永久性或暂时性）、范围（单侧或双侧）密切相关。

常见原因：手术处理甲状腺下极时，不慎损伤喉返神经。血肿或瘢痕组织压迫或牵拉也可引起损伤。

临床表现：声音嘶哑，健侧声带代偿性内收，但患侧声带无法内收，音色无法恢复。

处理原则：双侧喉返神经损伤，可导致失音或严重的呼吸困难，甚至窒息，需紧急行气管切开。手术直接损伤喉返神经导致永久损伤，其他情况多为暂时性。经过适当处理，一般可在 3~6 个月内逐渐恢复。

（3）喉上神经损伤：通常发生在甲状腺手术中处理上极时，可能是由于离腺体太远、分离不仔细或将神经与周围组织一起结扎引起的。喉上神经可分为内（感觉）支和外（运动）支。若损伤了外支，会导致环甲肌瘫痪，声带松弛，音调降低。如果损伤了内支，则喉部黏膜失去感觉，进食特别是饮水时容易误咽引发呛咳。一般经过适当的治疗后，神经损伤可以自行恢复。

（4）甲状旁腺功能减退：手术中误伤甲状旁腺或其血液供给受累所致。严重情况下，血钙浓度会降低至 2.0mmol/L 以下，甚至降至 1.0~1.5mmol/L。这时，患者可能出现神经肌肉的应激性增高症状。初期，大多数患者只会感到面部、唇部或手足部的针刺样麻木感或强直感。严重情况下，患者可能出现面肌和手足的疼痛性痉挛，每天多次发作，每次持续 10~20 分钟甚至更长时间。有时，可能出现喉和膈肌的痉挛，导致窒息死亡。通常在 2~3 周后，未受损伤的甲状旁腺增大，或者血液供应恢复，这样就可以代偿功能，症状也会消失。为了避免这种并发症的发生，在切除甲状腺时，应注意保留腺体背面部分的完整。切下甲状腺标本后，需要立即仔细检查背面的甲状旁腺是否被误切。如果发现误切，应设法将甲状旁腺移植到胸锁乳突肌中，这是避免此并发症发生的关键措施。

当发生手足抽搐时，应限制肉类、乳品和蛋类等富含磷元素的食物摄入，因为它们会影响钙的吸收。在抽搐发作时，可以立即通过静脉注射 10% 葡萄糖酸钙或氯化钙 10~20ml 来进行治疗。症状轻微的患者可以口服葡萄糖酸钙或乳酸钙 2~4g，每日 3 次。对于症状较重或者长期无法恢复的患者，可以加服维生素 D_3，每天 5 万 U~10 万 U，以促进钙在肠道内的吸收。口服双氢速甾醇（双氢速变固醇）（DT10）油剂可以明显提高血中钙含量，降低神经肌肉的应激性。定期检测血钙水平，以调整钙剂的用量。对于永久性甲状旁腺功能减退的患者，可以考虑使用同种异体甲状旁腺进行移植。

（5）甲状腺危象：是甲亢的严重并发症，是由甲状腺激素过量释放引起的肾上腺素能兴奋现象。常见于未经治疗或控制不良的甲亢患者，在感染、手术、创伤或突然停药后出现。主要特征是高热、大汗、心动过速、心律失常、呕吐、意识障碍等症状。一些观察表明，危象的发生与术前准备不足、甲亢症状未得到有效控制以及手术应激有关。预防的关键在于充分的术前准备和轻柔的手术操作。主要临床表现包括高热（>39℃）、心率加快（>120 次/min），同时伴有神经系统、循环系统和消化系统的严重功能紊乱，如烦躁、谵妄、大汗、呕吐、腹泻等。如果不及时处理，病情可以迅速恶化至昏迷、虚脱、休克甚至死亡，病死率为 20%~30%。

处理原则：

1）一般治疗：应用镇静剂、降温、充分供氧、补充能量及维持水、电解质和酸碱平衡等。镇静剂常用苯巴比妥钠 100mg，或冬眠合剂 II 号半量，肌内注射，6~8 小时 1 次。降温可用退热剂、冬眠药物和物理降温等综合方法,保持患者体温在 37℃左右。静脉输入大量葡萄糖溶液补充能量,吸氧,以减轻组织的缺氧。

2)碘剂:口服复方碘化钾溶液,首次为 3~5ml,或紧急时用 10% 碘化钠 5~10ml 加入10% 葡萄糖溶液 500ml 中静脉滴注,以降低血液中甲状腺激素水平。

3)肾上腺素能阻滞剂:可选用利血平 1~2mg 肌内注射或胍乙啶 10~20mg 口服。前者用药 4~8 小时后危象可有所减轻,后者在 12 小时后起效。还可用普萘洛尔 5mg 加入5%~10% 葡萄糖溶液 100ml 中静脉滴注。

4)氢化可的松:每日 200~400mg,分次静脉滴注,以拮抗过多甲状腺激素的反应。

第五节　甲状腺肿瘤

甲状腺肿瘤,良性多为腺瘤,恶性多为癌,分别属中医"肉瘿""石瘿"范畴。

一、甲状腺腺瘤

甲状腺腺瘤是最常见的甲状腺良性肿瘤。本病多发生于 40 岁以下的妇女,约占甲状腺疾病的 60%,有恶变倾向。临床特点是颈前单发的无痛性肿块,质地稍硬,随吞咽动作上下移动,生长缓慢。本病属中医"肉瘿"范畴。

(一)病因与病理

1. 西医病因与病理　病因不明,可能与慢性 TSH 刺激、缺碘、摄入致甲状腺肿物质等因素有关。按形态学可分滤泡状和乳头状囊性腺瘤两种。一般呈单发结节状肿物,偶可多发。

(1)滤泡状腺瘤:多见,约占甲状腺腺瘤的 90%。发生于滤泡上皮细胞,呈圆形或卵圆形结节状肿物,直径为 2~5cm,有完整包膜,表面光滑,生长缓慢,合并出血时瘤体可迅速增大。

(2)乳头状腺瘤:少见,瘤体较小,直径为 1~2cm,有完整包膜。由滤泡上皮细胞发生,常形成囊腔,囊腔内形成乳头状凸起,故又称甲状腺乳头状囊腺瘤。有恶变可能,应注意与乳头状腺癌区分。

2. 中医病因病机

(1)肝肾亏虚:颈部为任脉所主,督脉之络所辖。任督之脉系于肝肾,痰气互结于此,久则耗损气血,伤及肝肾之阴。反之,肝肾不足,肝失所养,木旺气滞,侮土生痰,痰气互结于喉下,发为本病。

(2)肝郁气滞:情志抑郁或恼怒伤肝,致肝郁气滞,疏泄失司,木旺侮土,脾失健运,痰浊内生,气痰互结,积于喉下,发为肉瘿。

(3)痰凝血瘀:体虚外邪侵入或痰气互结于喉下,脉络受阻,日久致气血运行不畅,瘀滞喉下,发为本病。

(二)临床表现

多数患者无任何症状,常偶然发现颈前无痛性肿块,呈圆形或椭圆形,质地稍硬,表面光滑,边界清楚,无压痛,多为单发,随吞咽动作上下移动,腺瘤生长缓慢。当乳头状囊性腺瘤因囊壁血管破裂发生囊内出血时,肿瘤可在短期内迅速增大,局部出现胀痛、触痛,因张力较大,肿瘤质地较硬。肿物较大时可有压迫感,有时可压迫气管移位,但很少造成呼吸困难,罕见喉返神经受压表现。可引起甲亢及发生恶性病变。

(三)辅助检查

(1)放射性核素检查:^{131}I 及 ^{90m}Tc 扫描图像多为温结节,也可为热结节或冷结节。

笔记栏

（2）影像学检查

1）X线检查：肿块较大者颈正、侧位片常可见气管受压移位；

2）超声检查：可显示腺瘤的大小、形状。实性者内回声高于正常甲状腺，呈均匀性强回声光团；伴有囊性变时则呈不均匀回声或无回声。

（3）FNAC：对实性者诊断有较大的参考价值。

（四）诊断与鉴别诊断

根据典型的临床表现，诊断不难，但需与下列疾病鉴别：

1. 结节性甲状腺肿　与结节性甲状腺肿的单发结节较难鉴别。甲状腺腺瘤见于非单纯性甲状腺肿流行地区，多年保持单发，结节性甲状腺肿的单发结节经过一段时间后可演变为多发结节。超声检查提示包膜完整者多为腺瘤，而结节性甲状腺肿的单发结节包膜常不完整。

2. 甲状舌骨囊肿　青少年多见，肿块位于颈中线，呈半球形或球形，有囊性感，伸舌时肿块内缩。

（五）治疗

1. 西医治疗　手术方式根据肿瘤大小、部位，多采用甲状腺部分切除、次全切除或近全切除术。值得注意的是，术中冰冻病理如有恶变者，可采用甲状腺腺叶切除术。术后对于出现甲状腺功能减退者，应给予左甲状腺素钠（LT_4）治疗。

2. 中医治疗

（1）肝肾亏虚证：颈部肿块柔韧，易怒，口苦，心悸失眠，手颤，月经不调，舌红，苔薄，脉弦。治以养阴清火，软坚散结。方用知柏地黄丸与海藻玉壶汤加减。

（2）肝郁气滞证：颈部肿块无痛，烦躁易怒，胸胁胀满，舌苔白，脉弦。治以疏肝解郁，软坚化痰。方用逍遥散与海藻玉壶汤加减。

（3）痰凝血瘀证：颈部肿物坚硬疼痛，气急气短，吞咽不利，舌质暗红有瘀斑，脉细涩。治以活血化瘀，软坚化痰。方用海藻玉壶汤与神效瓜蒌散加减。

（六）中西医结合讨论

甲状腺腺瘤是最常见的甲状腺良性肿瘤。临床特点是颈前单发的无痛性肿块，质地稍硬，随吞咽动作上下移动，生长缓慢。西医治疗以手术为主，根据肿瘤大小、部位，手术方式多采用甲状腺部分切除、次全切除或近全切除术。值得注意的是，术中冰冻病理如有恶变者，可采用甲状腺腺叶切除术。术后对于出现甲状腺功能减退者，应给予左甲状腺素钠（LT_4）治疗。本病病机主要为肝郁气滞、痰凝血瘀或肝肾亏虚，治多以疏肝解郁、活血化瘀、软坚化痰或养阴清火、软坚散结为主。

二、甲状腺癌

甲状腺癌是最常见的甲状腺恶性肿瘤，约占全身恶性肿瘤的1%，近年来呈上升趋势。本病属中医"石瘿"范畴。

（一）病因与病理

1. 西医病因与病理　甲状腺癌的病因尚未明了，其发生与多种因素有关，如放射性损害（X线外放射）、致甲状腺肿物质、TSH的刺激、遗传等。除髓样癌起源于滤泡旁细胞外，绝大部分甲状腺癌起源于滤泡上皮细胞。甲状腺癌的病理类型可分为：

（1）乳头状癌：约占成人甲状腺癌的60%和儿童甲状腺癌的全部。多见于30~45岁女性，常有多中心病灶，约1/3累及双侧甲状腺。颈淋巴结转移早且常见。分化好，恶性程度低，预后好。

（2）滤泡状癌：常见于50岁左右中年人，肿瘤生长较快，属中度恶性，且有侵犯血管倾向,可经血运转移到肺、肝和骨及中枢神经系统。颈淋巴结转移仅占 10%,因此患者预后不如乳头状癌。

乳头状癌和滤泡状癌统称为分化型甲状腺癌,占成人甲状腺癌的 90% 以上。

(3)髓样癌:来源于滤泡旁降钙素分泌细胞(C 细胞),细胞排列呈巢状或囊状,无乳头或滤泡结构,呈未分化状;间质内有淀粉样物沉积。恶性程度中等,可有颈淋巴结侵犯和血行转移,预后不如乳头状癌,但较未分化癌好。

(4)未分化癌:多见于 70 岁左右老年人。发展迅速,高度恶性,且 50% 早期便有颈淋巴结转移,或侵犯气管、喉返神经或食管等。常经血运向肺、骨等远处转移。预后很差,平均存活 3~6 个月,1 年生存率仅 5%~15%。

2. 临床分期　在甲状腺癌 TNM 分期中,更注重肿瘤浸润程度、组织病理学类型及年龄(表 20-1)。

表 20-1　甲状腺癌的 TNM 分期

分期	分化型甲状腺癌		髓样癌 (所有年龄)	未分化癌 (所有年龄)
	55 岁以下	55 岁及以上		
I 期	任何 TNM_0	$T_{1-2}N_{0-1}M_0$	$T_1N_0M_0$	
II 期	任何 TNM_1	$T_{1-2}N_{0-1}M_0$ $T_{3a}/T_{3b}NM_0$	$T_{2-3}N_0M_0$	
III 期		$T_{4a}NM_0$	$T_{1-3}N_{1a}M_0$	
IV A 期		$T_{4b}NM_0$	$T_{1-3}N_{1b}M_0$ $T_{4a}NM_0$	$T_{1-3a}N_{0/x}M_0$
IVB 期		TNM_1	$T_{4b}NM_0$	$T_{1-3a}N_1M_0$ $T_{3b-4}NM_0$
IVC 期			TNM_1	TNM_1

注:① T:原发肿瘤

所有的分级可再分为:(a)孤立性肿瘤,(b)多灶性肿瘤(其中最大者决定分级)。

未分化癌 T 分期与分化型甲状腺癌 T 分期相同

T_x 原发肿瘤不能评估;

T_0 没有原发肿瘤证据;

T_1 肿瘤最大径 ≤ 2cm,且在甲状腺内;

T_{1a} 肿瘤最大径 ≤ 1cm,且在甲状腺内;

T_{1b} 肿瘤最大径 >1cm,≤ 2cm,且在甲状腺内;

T_2 肿瘤最大径 >2cm,≤ 4cm,且在甲状腺内;

T_3 肿瘤最大径 >4cm,且在甲状腺内,或任何肿瘤伴甲状腺外浸润(如累及胸骨甲状肌或甲状腺周围软组织);

T_{3a} 肿瘤最大直径 >4cm,且限在甲状腺腺体内的肿瘤;

T_{3b} 任何大小的肿瘤伴有明显的侵袭带状肌的腺外侵袭(包括胸骨舌骨肌、胸骨甲状肌、甲状舌骨肌、肩胛舌骨肌);

T_{4a} 适度进展性疾病;任何肿瘤浸润超过包膜浸润皮下软组织、喉、气管、食管、喉返神经;

T_{4b} 远处转移:肿瘤浸润椎前筋膜或包绕颈动脉或纵隔血管。

② N:区域淋巴结

区域淋巴结包括颈中央区、颈侧区和纵隔上淋巴结

N_x 区域淋巴结不能评估;

N_0 无证据表明存在区域淋巴结转移;

N_{0a} 发现 1 个或多个经细胞学或组织学证实为良性的淋巴结;

N_{0b} 无放射学或临床证据表明存在区域淋巴结转移;

N_1 区域淋巴结转移;

N_{1a} VI 区转移(气管前、气管旁、喉前 /Delphian 淋巴结)或 VII 区转移(纵隔上淋巴结),包括单侧或双侧转移;

N_{1b} 转移至单侧、双侧或对侧颈部或上纵隔淋巴结。

③ M:远处转移

M_0 无远处转移;

M_1 有远处转移。

3. 中医病因病机

(1)瘀热伤阴证:痰湿气郁,瘀血蕴结,蕴久化热,热盛灼津,阴液亏损而发为石瘿。

(2)气郁痰凝证:忧思恼怒之气在胸膈不能消散,搏于肺脾,经络痞塞;或肝郁不舒,肝脾不和,气结痰凝,循经上逆而结于颈部,正气日耗而邪气日坚,久而导致石瘿。

(二) 临床表现

甲状腺肿大或结节是常见症状,早期发现结节可随吞咽动作上下移动。肿块增大可压迫气管,导致气管移位和呼吸困难。肿瘤侵犯气管可引起呼吸困难或咯血;侵犯食管可引起吞咽障碍;侵犯喉返神经可导致声音嘶哑。

局部淋巴结转移可导致颈部淋巴结肿大,有些患者主要表现为颈部淋巴结肿大。

晚期常转移到肺、骨等器官,出现相应的临床症状。

髓样癌除了颈部肿块,还能产生降钙素、前列腺素、5-羟色胺、肠血管活性物质等,患者可能出现腹泻、面部潮红和多汗等类癌综合征或其他内分泌失调的表现。

(三) 辅助检查

1. 实验室检查　放射免疫测定血浆降钙素对髓样癌有诊断价值。

2. 放射性同位素检查　同位素^{131}I、^{99m}T等检查只能反映结节的形态和有无摄碘功能,不能确定其性质,但在热结节、温结节、凉结节、冷结节中,甲状腺癌的可能性依次递增。

3. 影像学检查

(1)X线检查:颈部组织正、侧位片常见甲状腺肿瘤内散在钙化阴影及气管受压和移位。肺及骨X线检查可发现转移灶。

(2)超声检查:可检测甲状腺肿块的形态、大小、数目,可确定其为囊性还是实性。

(3)CT检查:甲状腺癌表现为甲状腺内边界模糊、不均匀的低密度区,有时可见钙化点。除观察肿块数目、范围外,主要用于观察邻近器官如气管、食管、颈部血管侵犯情况,以及周围淋巴结情况。

4. FNAC与病理切片　通过非手术方式鉴别甲状腺结节的良恶性,大幅度减少了不必要的诊断性手术,有效避免了过度手术的发生。同时,对于颈部淋巴结异常肿大,术前可通过穿刺细胞学检查,结合洗脱液TG水平检测,或切取活检评估淋巴结性质。

(四) 诊断与鉴别诊断

1. 诊断　主要根据临床表现,若甲状腺肿块质硬固定,颈部淋巴结肿大,或有压迫症状者,或存在多年的甲状腺肿块,在短期内迅速增大者,均应怀疑为甲状腺癌。超声等辅助检查有助于诊断,FNAC可帮助诊断。此外,血清降钙素测定可协助诊断髓样癌。

2. 鉴别诊断

(1)慢性淋巴结炎:多继发于头、面、颈部和口腔的炎症病灶。肿大的淋巴结散见于颈侧区或颌下、颏下区。在寻找原发病灶时,应特别注意肿大淋巴结的淋巴接纳区域。常需与恶性病变鉴别,必要时应切除肿大的淋巴结做病理检查。

(2)转移性肿瘤:约占颈部恶性肿瘤的3/4,在颈部肿块中,发病率仅次于慢性淋巴结炎和甲状腺疾病。原发癌灶绝大部分(85%左右)在头颈部,尤以鼻咽癌和甲状腺癌转移最为多见。锁骨上窝转移性淋巴结的原发灶,多在胸腹部(胃肠道、胰腺癌肿多经胸导管转移至左锁骨上淋巴结)。另有少数原发病灶隐匿的转移癌。

(五) 治疗

1. 西医治疗

(1)手术治疗:甲状腺癌手术包括切除甲状腺和清扫颈部淋巴结。

(2)放射性核素治疗:利用^{131}I发射的辐射破坏残留的甲状腺组织和癌细胞,治疗甲状腺癌。对于有残留甲状腺组织或转移病灶的患者应进行 ^{131}I 治疗。

（3）内分泌治疗：术后服用甲状腺素或左甲状腺素预防甲状腺功能减退和抑制 TSH。根据患者的复发危险度和耐受度，调整药物剂量和疗程。

（4）外放射治疗（external beam radiation therapy，EBRT）：用于无法手术切除或有远处转移灶的碘难治性甲状腺癌患者。体外放疗可控制残余病灶复发，但对生存率的提高有限。

2. 中医治疗

（1）瘀热伤阴证：肿块坚硬不移，形体消瘦，皮肤枯槁，声哑，腰酸，舌红少苔，脉细沉数。治以养阴和营，化痰散结。方用通窍活血汤合养阴清肺汤加减。

（2）气郁痰凝证：颈前肿块无痛、坚硬，生长快，表面不平，性情急躁或郁闷，胸胁胀满，口苦咽干，纳呆，舌淡暗，苔白腻，脉弦滑。治以理气开郁，化痰消坚。方用海藻玉壶汤合逍遥散加减。

（王　刚）

复习思考题

1. 甲状腺癌的病理分型有哪些？
2. 甲状腺素的主要作用是什么？
3. 单纯性甲状腺肿的手术指征是什么？
4. 急性甲状腺炎的治疗有哪些？
5. 亚急性甲状腺炎的治疗有哪些？
6. 慢性淋巴细胞性甲状腺炎的治疗有哪些？
7. 甲状腺功能亢进症的手术指征是什么？
8. 甲状腺腺瘤需与哪些疾病鉴别？
9. 肉瘿的中医辨证要点及治疗原则是什么？
10. 气瘿的中医辨证要点及治疗原则是什么？

ER-20-2

扫一扫
测一测

◇◇◇ 第二十一章 ◇◇◇

胸 部 疾 病

学习目标

1. 掌握原发性支气管肺癌及食管癌的临床表现、诊断与鉴别诊断、手术治疗适应证,原发性支气管肺癌的手术禁忌证及术后并发症的处理。

2. 熟悉原发性支气管肺癌及食管癌的中医治疗、中西医结合治疗原则和措施,原发性支气管肺癌的手术方法。

3. 了解常见纵隔肿瘤的临床表现、诊断和治疗方法;了解食管癌新辅助治疗手段。

第一节 概 述

胸部疾病种类较多,按解剖位置可分为:

1. **胸壁疾病** 如漏斗胸、鸡胸和胸壁肿瘤等。

2. **胸膜疾病** 如脓胸、非创伤性血胸、自发性气胸、恶性胸腔积液和胸膜肿瘤等。

3. **肺部疾病** 如支气管扩张、肺脓肿、肺癌和肺转移癌等。

4. **食管疾病** 如食管癌和食管良性肿瘤等。

5. **纵隔疾病** 如纵隔肿瘤和纵隔炎等。

6. **膈肌疾病** 如膈膨升和膈疝等。

7. **心脏疾病** 包括先天性心脏病和后天性心脏病。

在外科各个专业中,胸外科起步比较晚。直到 21 世纪早期,随着对呼吸和循环系统的生理功能和对肺、食管、纵隔解剖学知识的积累,外科技术的改进,胸部手术前后处理的改善和提高,抗结核药物和抗生素的发展,特别是气管插管麻醉技术的出现,胸部外科手术才迅速发展起来。

1953 年后,继低温麻醉阻断血液循环施行心脏内直视手术获得成功后,体外循环装备的研制和临床应用迅速发展,同时对各种心脏疾病的病理解剖、病理生理、临床表现、诊断检查方法等知识的积累,越来越多的先天性和后天性心脏病都可以通过外科手术治疗。这样,胸外科的治疗范围就从肺、食管、纵隔、膈肌等器官发展到心脏和大血管,形成了胸外科学和心脏血管外科学。

（王 伟）

第二节　心脏病的外科治疗

一、体外循环及心肌保护

(一) 体外循环

体外循环(extracorporeal circulation),是利用特殊装置将回心静脉血引出体外,进行气体交换、调节温度和过滤后,输回体内动脉的生命支持技术。由于特殊人工装置替代了人体心肺功能,又称为心肺转流术(cardiopulmonary bypass,CPB)。体外循环的目的是暂时取代心肺功能,维持全身组织器官的血液供应和气体交换,为施行心内直视手术提供无血或少血的手术野。体外循环装置主要由人工心肺机和配件组成,包括血泵(人工心)、氧合器(人工肺)、变温器、变温水箱、回收血贮血器、滤器、管道和动静脉插管等。根据病情和手术方案制订个体化的体外循环方案。选择合适的体外循环插管、连接管路与材料,确保人工心肺机的良好工作状态。

1. 建立体外循环　由中心静脉注射肝素 300~350U/kg,维持激活全血凝血时间(activated coagulation time,ACT)≥480~600 秒。按顺序插入升主动脉导管、上 - 下腔静脉引流管(或腔静脉 - 右心房引流管),并与预充好的人工心肺机管道连接。

2. 体外循环与低温　根据手术需要实施低温技术。临床上分为:①浅低温(32~35℃);②中低温(26~31℃);③深低温(20~25℃);④超深低温(15~19℃)。一般以浅中低温常用,深低温多用于需暂时停循环手术患者。

3. 体外循环转流　人工心肺机的灌注流量应根据患者体重或体表面积计算。成人常温灌注流量一般为 2.2~2.8L/(m^2·min)。由于儿童基础代谢率高,如体重 10~15kg 的患儿灌注流量可为 2.6~3.2L/(m^2·min) 或 100~150ml/(kg·min),低于 10kg 的患儿可高达 150~200ml/(kg·min)。心肺转流开始,心内直视术常需束紧腔静脉阻断带,钳闭升主动脉并在心脏停搏下进行。从转流开始到心内直视术前,从开放升主动脉到停止转流这两段时间,主动脉的血来自心脏射血及血泵泵血,这种转流方式称为并行体外循环。在此期间通过体外循环装置调节血温与体温。

4. 体外循环撤除　停止转流的指标:心电图基本恢复正常,心脏充盈适度,心肌收缩有力,平均动脉压 60~80mmHg,鼻咽温度 36~37℃,血红蛋白浓度成人 ≥80g/L,儿童 ≥90g/L,婴幼儿 ≥110g/L,血气、电解质结果正常。转流结束后,静脉注射适量鱼精蛋白中和肝素的抗凝作用,鱼精蛋白与肝素用量为 1.5∶1,按顺序拔除上腔、下腔静脉和主动脉插管。

5. 体外循环中的监测　为保证体外循环期间安全,常规监测平均动脉压(MAP)并维持在 50~70mmHg;通过监测中心静脉压(CVP),评估血容量高低和腔静脉引流的通畅程度;而血泵的泵压可反映主动脉插管端的阻力和通畅程度。此外,还应严密监测 ACT、体温与血温、灌注流量与压力、尿量与尿色、血气分析和电解质等指标。

(二) 心肌保护

体外循环心内直视手术,为保证手术野干净、无血,必须暂时钳闭升主动脉,阻断冠脉血液循环,这将造成心脏缺血缺氧及再灌注损伤。为了既能获得无血手术野的条件,又能减轻心肌缺血 - 再灌注损伤,所采用的预防措施和方法称为心肌保护。缺血缺氧时心肌仅靠无氧酵解提供少量能量,氧化产能发生障碍,导致心肌细胞质膜功能障碍,细胞内电解质动态失调,大量钙离子细胞内流,致使心肌发生持续性收缩,严重时大量细胞内酶释放,心肌细胞死亡。缺血后恢复氧合血灌注,心肌损害进一步加重,主要表现为氧利用障碍,高能磷酸盐缺乏,心肌水肿和顺应性降低,称为缺血 - 再灌注损伤(ischemia-reperfusion injury)。其机制主要包括:能量耗竭、钙离子超负荷和氧自由基损伤。因此,心肌保护措施应为加强心肌高能磷酸盐贮存与供应,减少高能磷酸盐及其前体的消耗和流失,防止细胞内钙离子超负荷,消除氧自由基毒性作用。心肌保护的关键环节是防止高能磷酸盐耗竭。

心脏停搏液的灌注方法主要有以下三种:①经升主动脉或冠脉开口顺行灌注,此法临床使用最为广泛;②将特殊装置置入冠状静脉窦逆行灌注,适用于不能顺行灌注和冠状动脉严重狭窄或堵塞的患者;③顺行 - 逆行联合灌注,可减少反复灌注影响手术操作,主要用于主动脉根部手术或手术时间较长的患者。

二、先天性心脏病的外科治疗

先天性心脏病是最常见的先天畸形,在活产婴儿中的发生率近 1%,约占各种先天畸形的 28%,是指在胚胎发育时期由于心脏及大血管的形成障碍或发育异常而引起的解剖结构异常,或出生后应自动关闭的通道未能闭合(在胎儿属正常)的情形。除了一些不太可能在产前诊断出的小病变,产后诊断的各种心脏病变均能在胎儿期检出。在所有出生缺陷中,先天性心脏病是导致婴儿死亡的主要原因。最常见的先天性心脏病是室间隔缺损,其次是房间隔缺损、动脉导管未闭、肺动脉狭窄等。最常见的复杂先天性心脏病是法洛四联症,其次为大动脉转位、心内膜垫缺损、主动脉缩窄。主动脉瓣二瓣化畸形是最常见的先天畸形,据报道其人群发生率为 0.5%~2.0%。随着产前胎儿超声检查的不断发展,先天性心脏病的病种正在发生变化。

环境和遗传因素共同导致先天性心脏病的发生。常见的环境因素包括母亲疾病(例如,糖尿病、风疹、系统性红斑狼疮)或母亲服入致畸药物(例如,锂剂、异维 A 酸、抗惊厥药)。某些遗传综合征可能包括心脏缺陷,而产妇年龄是已知危险因素,最常见的是唐氏综合征。产妇年龄是否是先天性心脏病的独立危险因素尚不能确定。某些染色体异常,如 21- 三体综合征(唐氏综合征)、18- 三体综合征、13- 三体综合征和特纳综合征,与先天性心脏病密切相关。然而,这些异常在先天性心脏病患者中仅占 5%~6%,70% 以上的先天性心脏病患儿没有发现明确的遗传因素。

根据是否存在体循环与肺循环之间的分流,先天性心脏病分为三大类:

1. 左向右分流型 在心房、心室或大动脉之间存在异常通道,早期由于体循环(左心系统)压力高于肺循环(右心系统),血液左向右分流,患者无发绀。病情发展到晚期,肺动脉压力持续升高成为不可逆性改变,血液右向左分流,患者出现发绀、咯血。如房间隔缺损、室间隔缺损、动脉导管未闭、主动脉窦动脉瘤破裂等。

2. 右向左分流型(发绀型) 由于心脏解剖结构异常,大量右心系统静脉血进入左心系统,患者出现持续性发绀。如法洛四联症、完全型肺静脉异位连接、完全型大动脉转位等。

3. 无分流型(非发绀型) 体循环与肺循环之间无分流,患者一般无发绀。如主动脉缩窄、先天性主动脉瓣狭窄、先天性二尖瓣狭窄等。

【动脉导管未闭】

动脉导管是胎儿期连接主动脉峡部与左肺动脉根部的生理性血流通道。出生后由于肺动脉阻力下降、前列腺素 E_1 及 E_2 含量显著减少和血液氧分压增高,约 85% 的婴儿在生后 2 个月内动脉导管闭合,成为动脉韧带,逾期不闭合者即为动脉导管未闭(patent ductus arteriosus,PDA)。根据未闭动脉导管的粗细、长短和形态,分为管型、漏斗型和窗型三种类型。

（一）病理生理

正常主动脉压超过肺动脉压，由于未闭动脉导管的存在，血液从主动脉持续流向肺动脉，形成左向右分流。分流量大小取决于导管直径和主动脉、肺动脉之间的压力阶差。左向右分流导致肺循环血流增加，左心室容量负荷加重，左心室肥大。同时，肺循环血流增加使肺动脉压升高，引起肺小动脉反应性痉挛，早期出现动力性肺动脉高压。如果分流量大或时间长，则肺小动脉内膜增厚、中层平滑肌和纤维增生及管腔狭窄，终至不可逆性病理改变，形成阻力性肺动脉高压，此时肺血管阻力和压力明显升高，右心后负荷加重，右心室肥大。当肺动脉压接近或超过主动脉压时，血液呈现双向或右向左分流，患者出现发绀、杵状指 / 趾，即艾森门格综合征（Eisenmenger syndrome），可致右心衰竭而死亡。

（二）临床表现

1. 症状　导管直径细、分流量小者常无明显症状。直径粗、分流量大者常并发充血性心力衰竭，表现为易激惹、气促、乏力、多汗以及喂养困难、发育不良等。当病情发展为严重肺动脉高压且出现右向左分流时，表现为下半身发绀和杵状指 / 趾，称为"差异性发绀"。

2. 体征　胸骨左缘第 2 肋间闻及粗糙的连续性机器样杂音，以收缩末期最为响亮，向颈背部传导，常扪及连续性震颤。肺动脉高压时，表现为收缩期杂音或杂音消失，肺动脉瓣第二心音亢进。左向右分流量大者，可因相对性二尖瓣狭窄而闻及心尖部舒张中期隆隆样杂音。由于舒张压降低，脉压增大，有甲床毛细血管搏动、水冲脉、股动脉枪击音等周围血管征。

（三）辅助检查

1. 心电图检查　正常或左心室肥大，肺动脉高压时则左、右心室肥大。

2. 胸部 X 线检查　心影增大，主动脉结突出，左心室扩大，肺血增多，透视下可见肺门区动脉搏动增强，称为"肺门舞蹈征"。如发现心影较原来缩小，肺门血管增粗，肺野外带血管变细，即"残根征"，表明肺动脉高压严重。

3. 超声心动图检查　左心房、左心室增大。二维超声切面显示未闭动脉导管，多普勒超声发现异常血流信号。

（四）诊断与鉴别诊断

根据杂音性质、部位及周围血管征，结合超声心动图、X 线检查和心电图改变，一般不难诊断。动脉导管未闭需与主动脉肺动脉间隔缺损、主动脉窦动脉瘤破裂、冠状动脉静脉瘘、室间隔缺损合并主动脉瓣关闭不全相鉴别。

（五）治疗

1. 手术适应证　早产儿、婴幼儿反复发生肺炎、呼吸窘迫、心力衰竭、喂养困难或发育不良者，应及时手术。无明显症状者若伴有肺充血、心影增大，可择期手术。

2. 手术禁忌证　艾森门格综合征是手术禁忌证。在某些复杂先天性心脏病中，动脉导管未闭是患者赖以生存的代偿通道，如主动脉弓离断、完全型大动脉转位、肺动脉闭锁等，在此情况下，不可单独结扎动脉导管，需同期进行心脏畸形矫治。

3. 手术方法

（1）结扎 / 钳闭、切断缝合术：经左后外侧第 4 肋间切口或电视胸腔镜技术进入左侧胸腔，解剖动脉导管三角区纵隔胸膜，保护迷走神经、喉返神经，游离动脉导管，控制性降压后粗丝线双重结扎或钛钉钳闭动脉导管。

（2）导管封堵术：介入封堵是经皮穿刺股动脉和股静脉，在 X 线或食管超声引导下，右心导管经肺动脉和动脉导管，进入降主动脉，确定位置后释放 Amplatzer 封堵器或弹簧圈封闭动脉导管，适用于年龄稍大的患者。外科经胸封堵是采用胸骨左缘第 2 肋间小切口，在食管超声引导下穿刺肺动脉到达动脉导管及主动脉,释放封堵器,适用于全部年龄段的患者。

(3)体外循环下结扎导管或内口缝闭术:经胸骨正中切口,建立体外循环,在心包腔内游离并结扎动脉导管,或者切开肺动脉,浅低温下短暂降低流量或停止体外循环,直接缝闭或补片修补导管内口。适用于合并其他心脏畸形需同期手术,导管粗短、钙化、瘤样变伴有严重肺动脉高压、感染性心内膜炎,或结扎术后再通的患者。

【肺动脉狭窄】

右心室和肺动脉之间存在先天性狭窄的畸形,称为肺动脉狭窄(pulmonary artery stenosis)。可单独存在或者是复杂心脏疾病的一部分。病理解剖包括:右心室漏斗部狭窄、肺动脉瓣膜狭窄和肺动脉瓣环、肺动脉主干及分支狭窄。其中肺动脉瓣膜狭窄最常见,表现为瓣叶增厚、交界融合,瓣膜开口呈鱼嘴状突入肺动脉内,肺动脉主干多有狭窄后扩张。右心室漏斗部狭窄表现为隔膜性狭窄或管状狭窄,前者由纤维肌性隔膜样组织在右心室漏斗部形成局限性狭窄环,将右心室分为两个腔,其中位于狭窄环和肺动脉瓣之间的薄壁心腔称为第三心室;后者右心室前壁、室上嵴隔束及壁束肌肉广泛肥厚,导致弥漫性右心室流出道狭窄,易缺氧发作。肺动脉主干及其分支狭窄可为单处或多处肺动脉发育不良。

(一)病理生理

肺动脉狭窄导致右心室向肺动脉排血受阻,右心室必须增强收缩,提高右心室腔内压才能完成泵血。长期压力超负荷引起右心室肥厚,右心室腔变小,加重右心室流出道狭窄程度,同时部分患者因右心室压力高、乳头肌移位引起三尖瓣反流。晚期右心室心肌收缩能力下降、三尖瓣关闭不全可致心力衰竭。静脉回心血流受阻和血液瘀滞,可出现周围性发绀。严重肺动脉狭窄若合并心房或心室间隔水平的缺损,可因右向左分流而出现中央性发绀。右心室与肺动脉的压力阶差反映肺动脉狭窄程度,正常压差不超过 5mmHg,压差 <40mmHg 为轻度狭窄,40~60mmHg 为中度狭窄,>60mmHg 为重度狭窄。

(二)临床表现

1. 症状 轻度狭窄者可长期无症状。中重度狭窄者表现为活动后胸闷、气短、心悸甚至晕厥,活动耐量差,易疲劳。症状随年龄增长而加重,晚期出现肝大、下肢浮肿、腹水等右心衰竭表现。

2. 体征 胸骨左缘第2肋间闻及响亮的喷射性收缩期杂音,伴收缩期震颤,肺动脉第二心音减弱或消失。漏斗部狭窄者杂音位置一般在胸骨左缘第3~4肋间。严重狭窄者心脏杂音较轻,口唇、肢端发绀。

(三)辅助检查

1. 心电图检查 电轴右偏,右心室肥大劳损,T波倒置和P波高尖。

2. 胸部X线检查 肺血减少,右心房、右心室增大,心尖圆钝。瓣膜狭窄者因狭窄后扩张,肺动脉段突出。

3. 超声心动图检查 对肺动脉狭窄诊断准确性高,能明确狭窄的部位和程度,并初步估算跨瓣压差。

(四)诊断与鉴别诊断

根据症状体征,结合心电图、X线检查和超声心动图一般能作出诊断。肺动脉狭窄需与房间隔缺损、室间隔缺损、动脉导管未闭和法洛四联症相鉴别。

(五)治疗

1. 手术适应证 轻度狭窄者不需手术。中度以上狭窄,有明显临床症状、心电图显示右心室肥厚、右心室与肺动脉压力阶差>50mmHg时,应择期手术。重度狭窄者出现晕厥或继发性右心室流出道狭窄,应尽早手术。

2. 手术方法

(1)经胸骨正中切口建立体外循环,心脏停搏或跳动下实施心内直视手术。瓣膜狭窄者通过肺动脉切口,进行交界切开术。漏斗部狭窄者则切开右心室流出道,剪除纤维肌环以及肥厚的壁束和隔束心肌,疏通右心室流出道;如狭窄解除仍不满意,可用自体心包或人工材料补片加宽右心室流出道。瓣环狭窄者应切开瓣环,做右心室流出道至肺动脉的跨瓣环补片加宽。肺动脉主干及其分支狭窄者需根据狭窄部位分别采用心包或人工材料补片加宽。

(2)经皮肺动脉瓣球囊扩张术是经股静脉插入导管至肺动脉瓣口,通过球囊充气扩大狭窄的瓣膜开口,适用于单纯瓣膜狭窄且瓣叶病变较轻者。外科经胸肺动脉瓣球囊扩张术是在食管超声引导下穿刺右心室流出道,球囊扩大狭窄肺动脉瓣口,主要适用于年龄小、体重轻、狭窄严重的患儿。

【房间隔缺损】

房间隔缺损(atrial septal defect,ASD)是心房间隔先天性发育不全导致的左、右心房间异常交通的先天性心脏病,可分为原发孔型和继发孔型。根据最新的命名分类,原发孔型房间隔缺损被归入房室间隔缺损(心内膜垫缺损)。原发孔型房间隔缺损位于冠状静脉窦前下方,常伴二尖瓣大瓣裂缺。继发孔型房间隔缺损位于冠状静脉窦后上方。房间隔缺损分为中央型(卵圆孔型)、上腔型(静脉窦型)、下腔型和混合型。多数为单孔缺损,少数为筛孔状多孔缺损。较小的中央型房间隔缺损容易与卵圆孔未闭混淆。

(一) 病理生理

正常左心房压力(8~10mmHg)略高于右心房(3~5mmHg)。经房间隔缺损血液左向右分流,分流量多少取决于缺损大小、两侧心房压力差、两侧心室充盈压和肺血管阻力。原发孔型房间隔缺损的分流量还与二尖瓣反流程度有关。分流所致容量负荷增加造成右心房、右心室增大和肺动脉扩张。早期肺小动脉痉挛,随时间延长,逐渐出现肺小动脉管壁细胞增生、管壁增厚,形成阻力性肺动脉高压。当右心房压力高于左心房时,血液右向左分流,引起发绀,即艾森门格综合征。

(二) 临床表现

1. 症状　继发孔型房间隔缺损在儿童期多无明显症状,少数分流量大者出现发育迟缓、活动耐量差,青年期逐渐出现易疲劳、活动后气短等症状。原发孔型房间隔缺损症状出现早,病情进展快。

2. 体征　因肺循环血流增加、肺动脉瓣相对狭窄,胸骨左缘第2~3肋间闻及Ⅱ~Ⅲ级吹风样收缩期杂音,肺动脉瓣第二心音亢进伴固定分裂。原发孔型房间隔缺损伴二尖瓣裂缺者在心尖部闻及Ⅱ~Ⅲ级收缩期杂音。病程晚期出现心房颤动和肝大、腹水、下肢水肿等表现。

(三) 辅助检查

1. 心电图检查　继发孔型电轴右偏,不完全性或完全性右束支传导阻滞,右心室肥大;原发孔型电轴左偏,P-R 间期延长,左心室肥大。房间隔缺损晚期常出现心房颤动、心房扑动。

2. 胸部 X 线检查　右心房、右心室增大,肺动脉段突出,主动脉结小,呈典型"梨形心",肺血增多,透视下可见"肺门舞蹈征"。原发孔型显示左心室扩大。

3. 超声心动图检查　准确显示缺损位置、大小和房间隔水平分流信号,以及缺损与上腔静脉、下腔静脉及二尖瓣、三尖瓣的位置关系。原发孔型可有右心、左心扩大和二尖瓣裂缺、反流。

(四) 诊断与鉴别诊断

根据症状体征和超声心动图检查,结合心电图和 X 线检查,可明确诊断。需与室间隔缺损、动脉导管未闭、肺动脉狭窄等鉴别。

(五) 治疗

1. 手术适应证　无症状但存在右心房、右心室扩大的患者应手术治疗。年龄不是决定手术的主要因素,合并肺动脉高压时应尽早手术;50 岁以上成人、合并心房颤动或内科治疗能控制的心力衰竭患者也应考虑手术。艾森门格综合征是手术禁忌证。

2. 手术方法

(1)外科手术:建立体外循环,切开右心房,根据缺损大小选择直接缝合或使用补片材料修补。如合并部分性肺静脉异常连接,应使用补片将异位肺静脉开口隔入左心房。原发孔型应先修复二尖瓣裂缺,再用补片修补房间隔缺损。

(2)介入封堵和经胸封堵:在 X 线或食管超声引导下植入封堵器封闭房间隔缺损。该方法无须体外循环,创伤小,可适用于继发孔型且房间隔缺损大小、位置适宜的患者。

【室间隔缺损】

室间隔缺损(ventricular septal defect,VSD)是胎儿期室间隔发育不全所致的心室间异常交通,在心室水平产生左向右分流的常见先天性心脏病。可单独存在,也可合并其他复杂心血管畸形。根据缺损位置不同,分为膜部缺损、漏斗部缺损和肌部缺损三大类型以及若干亚型,其中膜部缺损最为常见,其次为漏斗部缺损,肌部缺损较少见。绝大多数室间隔缺损为单个,肌部缺损有时为多个。

(一) 病理生理

室间隔缺损血流动力学改变主要取决于缺损大小、左心室与右心室压力阶差和肺血管阻力高低。小缺损分流量少,对心功能影响小,但感染性心内膜炎发病率明显增加;大缺损分流量多,肺循环血流增加,左心室容量负荷加重,左心房、左心室扩大。因肺循环血流增加早期引起肺小动脉痉挛和肺动脉压升高,右心室后负荷增加,右心室肥厚,随病程进展终至阻力性肺动脉高压,出现右向左分流,即艾森门格综合征。

(二) 临床表现

1. 症状　缺损小、分流量少者,一般无明显症状。分流量大者出生后即反复呼吸道感染、充血性心力衰竭、喂养困难和发育迟缓。能度过婴幼儿期的较大缺损者,表现为活动耐量差、劳累后心悸、气促,逐渐出现发绀和右心衰竭。室间隔缺损患者易并发感染性心内膜炎。

2. 体征　胸骨左缘第 2~4 肋间闻及 Ⅲ 级以上粗糙、响亮的全收缩期杂音,常伴收缩期震颤。心脏杂音部位与室间隔缺损的解剖位置有关。分流量大者因二尖瓣相对性狭窄,在心尖部可闻及柔和的舒张期杂音。肺动脉高压时心前区杂音柔和、短促且强度降低,肺动脉瓣第二心音亢进,可伴有肺动脉瓣关闭不全的舒张期杂音。

(三) 辅助检查

1. 心电图检查　缺损小者心电图多正常;缺损大者常有左心室高电压。肺动脉高压时表现为双心室肥大、右心室肥大伴劳损。

2. 胸部 X 线检查　缺损小者肺充血及心影改变轻。缺损较大者左心室增大,肺动脉段突出,肺血增多。阻力性肺动脉高压时,左、右心室扩张程度反而降低,伴肺血管影"残根征"。

3. 超声心动图检查　不仅显示缺损大小、位置和分流方向、合并畸形,同时可初步了解肺动脉压。室间隔缺损时左心房、左心室扩大或双室扩大。

(四) 诊断与鉴别诊断

根据杂音部位、性质,结合超声心动图和X线检查,一般可作出诊断。严重肺动脉高压有时需行右心导管检查,测定肺动脉压和计算肺血管阻力,以明确手术适应证。需与房间隔缺损、动脉导管未闭、肺动脉狭窄等鉴别。

(五) 治疗

1. **手术适应证** 根据症状体征、心功能、缺损大小和位置、肺动脉高压程度、房室扩大等情况综合判断。年龄和体重不是手术的决定因素。

(1) 大室间隔缺损(缺损直径大于主动脉瓣环直径):新生儿或婴幼儿出现喂养困难、反复肺部感染、充血性心力衰竭时,应尽早手术。大龄儿童和成人出现肺循环(Qp)/体循环(Qs)血流量>2.3、心脏杂音明显、X线检查显示肺充血、超声心动图显示左向右分流为主时,应积极手术。

(2) 中等室间隔缺损(缺损直径为主动脉瓣环直径的 1/3~2/3):Qp/Qs 为 1.5~2.3,出现反复肺部感染、发育迟缓等症状,且伴心脏扩大、肺充血、肺动脉高压时,应尽早手术。

(3) 小室间隔缺损(缺损直径小于主动脉瓣环直径的 1/3):Qp/Qs<1.5,随访观察,约半数室间隔缺损在 3 岁以前自然闭合,以膜部缺损最为多见。一旦超声心动图、X线检查或心电图显示心脏扩大、肺充血,尤其合并感染性心内膜炎时,应积极手术。

(4) 特殊情况:肺动脉瓣下(干下型)缺损易并发主动脉瓣脱垂,导致主动脉瓣关闭不全,宜尽早手术。艾森门格综合征是手术禁忌证。

2. **手术方法** 心内直视手术仍然是治疗室间隔缺损的主要方法。建立体外循环,根据缺损位置选择右心房、右心室或肺动脉切口显露室间隔缺损。缺损小者可直接缝合,缺损大者用自体心包片或人工补片材料修补。术中避免损伤主动脉瓣和房室束。

介入封堵和经胸封堵是在X线或食管超声引导下治疗室间隔缺损的方法,具有创伤小、恢复快等优点,但仅适用于室间隔缺损大小、位置适宜的患者。其并发症主要为心脏瓣膜关闭不全与Ⅲ度房室传导阻滞。

【主动脉缩窄】

主动脉缩窄(coarctation of aorta)是指降主动脉起始段先天性狭窄。根据狭窄部位与动脉导管或动脉韧带的关系分为:

1. **导管前型(婴儿型)** 缩窄位于动脉导管开口的近心端,动脉导管呈未闭状态,并供应降主动脉血液;缩窄范围较广泛,多累及弓部;常合并室间隔缺损、主动脉瓣二瓣化畸形和二尖瓣狭窄等。

2. **导管后型或近导管型(成人型)** 缩窄位于动脉导管远心端或邻近动脉导管,动脉导管多已闭合,较少合并心脏畸形。缩窄段以下第 3~7 对肋间动脉常与锁骨下动脉分支建立广泛侧支循环。

(一) 病理生理

主动脉缩窄近端血压升高,引起左心室后负荷加重,左心室肥大和劳损,甚至心力衰竭或诱发脑卒中。缩窄远端血压降低,血流量减少,严重者出现肾脏缺血和下半身供血不足,造成低氧、尿少和酸中毒。导管前型侧支循环建立不充分,肺动脉部分血流经动脉导管流入降主动脉,引起下半身发绀。导管后型广泛侧支循环形成,粗大肋间动脉可形成动脉瘤。

(二) 临床表现

1. **症状** 症状轻重、出现早晚与缩窄程度、是否合并其他心血管畸形有关。若缩窄较轻,不合并其他心血管畸形,多无明显症状,常在体检时发现上肢高血压。缩窄较重者出现头痛、头晕、耳鸣、眼花、气促、心悸、面部潮红等高血压症状,并有下肢易麻木、发冷或间歇性跛行等缺血症状。严重主动脉缩窄合并心脏畸形者,症状出现早,婴幼儿期即有充血性心力衰竭、喂养困难和发育迟缓。

2. 体征　上肢血压高,桡动脉、颈动脉搏动增强。下肢血压低,股动脉、足背动脉搏动弱,甚至不能扪及。胸骨左缘第2~3肋间和背部肩胛区可闻及喷射性收缩期杂音,合并心脏畸形者在心前区闻及相应杂音。部分患者有差异性发绀。

(三) 辅助检查

1. 心电图检查　正常或左心室肥大、劳损。

2. 胸部 X 线检查　左心室增大,主动脉峡部凹陷,其上、下方左侧纵隔影增宽,呈"3"字形影像。7岁以上患者可在第3~9肋骨下缘发现增粗肋间动脉所致的压迹。

3. 超声心动图检查　锁骨上窝探查有助诊断,显示主动脉缩窄部位,缩窄近、远侧压力阶差和加速的血流信号。胸前区探查能发现合并心脏畸形。

(四) 诊断与鉴别诊断

根据上述特征,典型病例不难诊断。CTA、MRI或主动脉造影可明确缩窄部位、范围、程度、与周围血管的关系和侧支血管分布情况,有助于制订个体化治疗方案。

(五) 治疗

1. 手术适应证　当上、下肢动脉收缩压差>50mmHg,缩窄处管径小于主动脉正常段内径的50%,即具备手术指征。单纯主动脉缩窄者,若上肢动脉收缩压>150mmHg应及时手术。婴幼儿期反复肺部感染、心力衰竭或合并其他心脏畸形(如主动脉弓发育不良、动脉导管未闭、室间隔缺损),应尽早手术和一期矫治。无症状单纯主动脉缩窄者,目前认为4~6岁择期手术为宜。年龄过小者易发生术后远期再狭窄,年龄过大者主动脉分支易出现血管硬化等继发改变。

2. 手术方法

(1)缩窄段切除及端端吻合术:适用于缩窄段局限,切除后能无张力地吻合切缘者。

(2)左锁骨下动脉蒂片成形术:结扎、切断足够长度的左锁骨下动脉,纵行剖开左锁骨下动脉形成带蒂瓣,作扩大主动脉缩窄段的补片。适用于左锁骨下动脉较粗,缩窄段较长的婴幼儿。其优点是采用自体血管,有潜在生长能力,术后再狭窄发生率低。

(3)补片成形术:纵切缩窄血管段,使用人工补片加宽缝合。近年有应用自体肺动脉片代替人工材料的。适用于缩窄段较长,端端吻合困难者。主要缺点是易致动脉瘤形成。

(4)缩窄段切除及人工血管移植术:适用于缩窄段较长的患者。因管道不能生长,该方法在儿童期应尽量少用。

(5)人工血管旁路移植术:经左侧第4肋间切口或联合正中切口,选用适宜大小的人工血管连接缩窄段的近远端。适用于缩窄部位不易显露,切除有困难以及再缩窄需再次手术者。

(6)球囊扩张术及血管内支架植入术:经皮穿刺置入球囊扩张导管,扩大缩窄主动脉管腔。在球囊扩张术的基础上,可植入血管内支架,支架的支撑作用可以防止扩张后管壁的弹性回缩,降低再狭窄发生率,同时避免使用扩张后引发管壁撕裂出血,亦可减少动脉瘤的发生。适用于成人及年长儿。

【法洛四联症】

法洛四联症(tetralogy of Fallot)是右心室漏斗部或圆锥发育不良所致的一种具有特征性肺动脉狭窄和室间隔缺损的心脏畸形,主要包括四种病理解剖:肺动脉狭窄、室间隔缺损、主动脉骑跨和右心室肥大。肺动脉狭窄可发生在右心室体部及漏斗部、肺动脉瓣及瓣环、主肺动脉及左、右肺动脉等部位,狭窄可以是单处或多处。随年龄增长,右心室肌束进行性肥大、纤维化和内膜增厚,加重右心室流出道梗阻。右心室肥大继发于肺动脉狭窄。法洛四联症常见合并畸形有房间隔缺损、右位主动脉弓、动脉导管未闭和左位上腔静脉等。

(一) 病理生理

肺动脉狭窄和室间隔缺损是引起法洛四联症病理生理改变的基础。主要表现在四个方面:

1. 左、右心室收缩压峰值相等 右心室压只能等于而不超过体循环压力,右心室功能得到保护,避免承担进行性加重的压力超负荷,临床很少出现充血性心力衰竭。成人法洛四联症因左心室高压导致右心室压力超负荷,右心室心肌肥厚,常伴三尖瓣关闭不全。

2. 心内分流方向 主要取决于右心室流出道梗阻严重程度和体循环阻力。法洛四联症一般是右向左分流,体循环阻力骤然下降或右心室漏斗部肌肉强烈收缩时,可致肺循环血流突然减少,引起缺氧发作;蹲踞时体循环阻力上升,右向左分流减少,发绀减轻,缺氧症状缓解。

3. 肺部血流减少 主要取决于肺动脉狭窄严重程度,与狭窄部位无关。

4. 慢性缺氧 导致红细胞增多症和体-肺循环侧支血管增多。

(二) 临床表现

1. 症状 大多数患者出生时即有呼吸困难,生后3~6个月出现发绀,并随年龄增长逐渐加重。由于组织缺氧,体力和活动耐量均较同龄人差,伴喂养困难、发育迟缓。蹲踞是特征性姿态,多见于儿童期。蹲踞时发绀和呼吸困难有所减轻。缺氧发作多见于单纯漏斗部狭窄的婴幼儿,常发生在清晨和活动后,表现为骤然呼吸困难,发绀加重,甚至晕厥、抽搐、死亡。

2. 体征 生长发育迟缓,口唇、结膜和肢端发绀,杵状指/趾。胸骨左缘第2~4肋间可闻及Ⅱ~Ⅲ级喷射性收缩期杂音,肺动脉瓣区第二心音减弱或消失。严重肺动脉口狭窄者,杂音很轻或无杂音。

(三) 辅助检查

1. 心电图检查 电轴右偏,右心室肥大。

2. 胸部X线检查 心影正常或稍大,肺血减少,肺血管纹理纤细;肺动脉段凹陷,心尖圆钝,呈"靴形心",升主动脉增宽。

3. 超声心动图检查 右心室流出道、肺动脉瓣或肺动脉主干狭窄;右心室增大,右心室壁肥厚;室间隔连续性中断;升主动脉内径增宽,骑跨于室间隔上方。多普勒超声显示室间隔水平右向左分流信号。

(四) 诊断与鉴别诊断

根据特征性症状体征,结合上述检查,不难诊断。CTA能准确反映左右肺动脉发育情况。

(五) 治疗

1. 手术适应证 根治手术的两个必备条件:①左心室发育正常,左心室舒张末期容量指数 $\geqslant 30ml/m^2$;②肺动脉发育良好,McGoon比值 $\geqslant 1.2$ 或Nakata指数 $\geqslant 150mm^2/m^2$(McGoon比值指心包反折处两侧肺动脉直径之和除以膈肌平面降主动脉直径,正常值>2.0;Nakata指数指心包反折处两侧肺动脉横截面积之和除以体表面积,正常值 $\geqslant 330mm^2/m^2$)。对不具备上述条件,或者冠状动脉畸形影响右心室流出道疏通的患者,应先行姑息手术。有症状的新生儿和婴儿应早期手术,符合条件者应实施一期根治。对无症状或症状轻者,6个月到1岁行择期根治术,以减少继发性心肌损害。无论根治还是姑息手术,禁忌证为经内科治疗无效的顽固性心力衰竭、严重肝肾功能损害。

2. 手术方法

（1）姑息手术：目的是增加肺血流量，改善动脉血氧饱和度，促进左心室和肺血管发育，为根治手术创造条件。手术方式较多，最常用的有两种：①体循环 - 肺循环分流术，经典术式为改良 Blalock-Taussig 分流术，即在非体外循环下用人工血管连接无名动脉和右肺动脉；②姑息性右心室流出道疏通术，体外循环下纵行切开右心室和肺动脉，不修补室间隔缺损，切除肥厚的右心室漏斗部肌肉，用自体心包或人工材料补片拓宽右心室流出道及肺动脉。姑息手术后需密切随访，一旦条件具备，应考虑实施根治手术。姑息手术常见并发症为乳糜胸、霍纳综合征、肺水肿、感染性心内膜炎和发绀复发。

（2）根治手术：经胸骨正中切口，建立体外循环，经右心房或右心室切口，剪除肥厚的壁束和隔束肌肉，疏通右心室流出道，用补片修补室间隔缺损，将骑跨的主动脉隔入左心室，自体心包片或人工血管片加宽右心室流出道、肺动脉瓣环或肺动脉主干及分支。根治手术常见并发症为低心输出量综合征、灌注肺、残余室间隔缺损和Ⅲ度房室传导阻滞。

三、后天性心脏病的外科治疗

后天性心脏病这一概念主要是相对于先天性心脏病而言的，是对获得性因素导致的心脏病的总称，指由非发育性原因导致的心脏结构和功能异常，比如冠状动脉粥样硬化性心脏病、风湿性心脏瓣膜病、感染性心内膜炎、肥厚型心肌病、缩窄性心包炎等。

【冠状动脉粥样硬化性心脏病】

西医学中的冠状动脉粥样硬化性心脏病（coronary atherosclerotic heart disease），简称冠心病，中医称之"胸痹心痛"，是以胸部憋闷、疼痛，甚至胸痛彻背，短气，喘息不得卧为主症的疾病。轻者仅感胸闷如窒，呼吸欠畅，心前区、胸膺、背部、肩胛间区隐痛或绞痛，可伴随面色苍白、出冷汗，历时数分钟至十余分钟，经休息或舌下含药后迅速缓解，呈反复发作性；严重者胸痛彻背，背痛彻胸，持续不能缓解，甚至可发生猝死。主要病变是冠状动脉内膜脂质沉着、局部结缔组织增生、纤维化或钙化，形成粥样硬化斑块，造成管壁增厚、管腔狭窄或阻塞。

（一）病理生理

正常人在静息时冠状动脉血流量每分钟为 250ml，占心输出量的 5%。心肌摄氧量比较恒定，从每 1 000ml 冠状动脉血流量中摄氧约 150ml。心肌细胞氧分压是调节冠状动脉血流量的主要因素。当体力活动或情绪激动时，心脏搏动次数增加，收缩力增强，以及心室壁张力增高，致心肌需氧量增大，动脉血氧分压降低，冠状动脉血流量就相应增多，以满足心肌氧的需要。如冠状动脉管腔狭窄，则心肌需氧量增大时，冠状动脉供血量不能相应增多，临床上呈现心肌缺血的症状。长时间心肌严重缺血可引致心肌细胞坏死。

（二）临床表现

管腔狭窄轻者可不出现心肌缺血的症状。病变严重者冠状动脉血流量可减少到仅能满足静息时心肌需要的氧量；但在体力劳动、情绪激动等情况下，心肌需氧量增加就可引起或加重心肌血氧供给不足，出现心绞痛等症状。

冠状动脉发生长时间痉挛或急性阻塞，血管腔内形成血栓，使部分心肌发生严重、持久的缺血，可以造成局部心肌梗死。急性心肌梗死可引起严重心律失常、心源性休克、心力衰竭或心室壁破裂。

（三）西医治疗

冠心病外科治疗主要是应用冠状动脉旁路移植术（简称"搭桥"）为缺血心肌重建血运通道，改善心肌的供血和供氧。

1. 手术适应证　心绞痛经内科治疗不能缓解,影响工作和生活,经冠状动脉造影发现冠状动脉主干或主要分支明显狭窄,其狭窄的远端血流通畅。左冠状动脉主干狭窄和前降支狭窄应及早手术,因为这些患者容易发生猝死。冠状动脉如前降支近端狭窄,同时合并有回旋支和两支以上右冠状动脉明显狭窄者,功能性检查显示有心肌缺血征象,或者左心功能不全、合并有糖尿病等,都是"搭桥"的首选适应证。术前进行选择性冠状动脉造影时,除了要准确地了解冠状动脉粥样硬化病变的部位、狭窄程度和病变远端冠状动脉血流通畅情况,还要测定左心室功能。冠状动脉狭窄远端的血流通畅,供做吻合处的冠状动脉分支直径在1.5mm 以上,适宜施行手术治疗。

2. 手术方法　冠状动脉旁路移植术是利用桥血管重建狭窄冠状动脉的血运,可选用胸廓内动脉、桡动脉、大隐静脉等作为桥血管。心肌梗死引起的心室壁瘤、心室间隔穿孔及乳头肌或腱索断裂所致的二尖瓣关闭不全等并发症也可行手术治疗,如室壁瘤切除术、室间隔穿孔修补术和二尖瓣置换术等,并根据情况同时做冠状动脉旁路移植术。手术后冠状动脉再狭窄还可再次或三次手术。

(四) 中医病因病机

胸痹心痛的发生多与年老体虚、饮食不节、情志失调、劳逸失调、寒邪内侵等因素有关。本病病位在心,涉及肝、脾、肾。主要病机为心脉痹阻。病理性质为本虚标实,常表现为虚实夹杂。本虚多为气虚、阴伤、阳衰,并可表现为气阴两虚、阴阳两虚,甚至阳衰阴竭、虚阳外脱;标实为瘀血、寒凝、痰浊、气滞,又可相互为病,如气滞血瘀、寒凝血瘀、痰瘀交阻、痰浊化热等。一般胸痹心痛发作期以标实为主,多为痰瘀互结;缓解期以气血阴阳亏虚为主,心气虚最为多见。

(五) 中医辨证

辨证首先需要分辨标本虚实。气滞、血瘀、痰浊、阴寒,痹阻心脉者属实;阴阳气血亏虚,心脉失养者属虚。标实应辨气滞、血瘀、痰浊、阴寒的偏盛。气滞为主,则胸闷重而痛轻,兼见胸胁胀满,善太息,憋气,苔薄白,脉弦;血瘀为主,则胸部刺痛,固定不移,舌紫暗,脉涩;痰浊偏盛,则胸中闷塞而痛,苔浊腻,脉滑;阴寒偏盛,则常胸痛急剧,受寒易发,舌苔白滑,脉沉。本虚应辨阴阳气血亏虚的不同。

(六) 中医治法

治疗原则为先治其标,后治其本。标实当通,针对气滞、血瘀、寒凝、痰浊而疏理气机、活血化瘀、辛温通阳、泄浊豁痰,尤重活血通脉;对于痰瘀郁久化热,尚需涤痰活血泻热。本虚宜补,权衡心脏阴阳气血之不足,补气温阳、滋阴益肾,尤重补益心气。对真心痛的治疗,必须辨清证候之重危顺逆,应祛邪与扶正固本并举,注重活血化瘀,并必须尽早静脉应用益气固脱之品,必须采用中西医结合治疗。

(七) 中西医结合讨论

陈可冀院士创新提出的病证结合的临床诊疗模式,重视气血相关理论,倡导气血辨证与八纲辨证互参,善用活血化瘀法,明确提出"三通"(活血化瘀、芳香温通、通阳宣痹)和"两补"(补益气血、补益脾肾)治疗冠心病。20 世纪 50 年代后期开展的"血瘀证与活血化瘀研究",在国内率先建立了"血瘀证诊断标准"和"冠心病血瘀证诊断与疗效评价标准",成为国家行业标准,并得到国际社会的认可。首倡以活血化瘀为主治疗冠心病,使有效率从以往的 70% 提高至 88%;率先以活血化瘀方药预防冠心病支架术后再狭窄,使再狭窄率及心绞痛复发率下降 50%。此外,相关研究还从整体、细胞和基因蛋白表达分子水平科学阐释了活血化瘀治疗冠心病的作用机制,阐明了血瘀证实质。在临床上很多冠心病患者经冠脉介入、外科搭桥手术后,仍有心肌缺血症状,结合具体情况采取活血化瘀法,利用中药多靶点多通路作用的优势,发挥综合效应,促进血液循环,可取得较好的临床效果。

【二尖瓣狭窄】

后天性心脏瓣膜病是最常见的心脏病之一,心脏瓣膜病占我国心脏外科患者的 30% 左右。近年来由于加强了对风湿热的防治,风湿性心脏瓣膜病的发病率有所下降。在风湿性心脏瓣膜病中,最常累及二尖瓣,主动脉瓣次之,三尖瓣大多为继发性病变,风湿性病变直接累及三尖瓣者较少见。风湿性病变可以单独损害一个瓣膜区,也可以同时累及几个瓣膜区,常见的是二尖瓣合并主动脉瓣病变。风湿性二尖瓣狭窄(rheumatic mitral stenosis)发病率女性较高。在儿童和青年期发作风湿热,往往在 20~30 岁以后才出现二尖瓣狭窄的临床症状。

(一) 病理

二尖瓣两个瓣叶在交界处互相粘着融合,造成瓣口狭窄。瓣叶增厚、挛缩、变硬和钙化,限制了瓣叶活动,致使瓣口面积减小。如果瓣膜下方的腱索和乳头肌纤维硬化融合缩短,可将瓣叶向下牵拉,形成漏斗状。僵硬的瓣叶将失去开启、闭合功能。

(二) 病理生理

正常成人二尖瓣瓣口面积为 4~5cm²,每分钟有 4~5L 血液在舒张期从左心房通过二尖瓣瓣口流入左心室。当瓣口面积小于 1.5cm² 时,即可产生血流障碍,在运动后血流量增大时更为明显。瓣口面积缩小至 1cm² 以下时,血流障碍更加严重,左心房压力升高,呈现显著的左心房 - 左心室舒张压力阶差。左心房逐渐扩大,肺静脉和肺毛细血管扩张、瘀血,造成肺部慢性梗阻性瘀血,影响肺泡换气功能。运动时肺毛细血管压力升高更为明显。压力升高超过正常血浆渗透压 30mmHg 时,即可产生急性肺水肿,较易发生于疾病早期。晚期一方面由于肺泡与毛细血管之间的组织增厚,毛细血管渗液不易进入肺泡内;另一方面,由于肺静脉和肺毛细血管压力升高,可引起肺小动脉痉挛,血管壁增厚,管腔狭窄,可以阻止大量血液进入肺毛细血管床,并限制肺毛细血管压力的过度升高,从而降低肺水肿发生率。但是由于肺小动脉阻力增加,肺动脉压也显著增加。重度二尖瓣狭窄患者,肺动脉收缩压可明显升高,使右心室排血负担加重,逐渐肥厚、扩大,最终发生右心衰竭。

(三) 临床表现

1. 症状　主要取决于瓣口狭窄程度,瓣口狭窄较轻时,静息状态下可无症状;瓣口狭窄较重时,临床上可出现气促、咳嗽、咯血、发绀等症状。气促通常在活动时出现,其轻重程度与活动量大小有密切关系。在剧烈体力活动、情绪激动、呼吸道感染、妊娠、心房颤动等情况下,可以诱发端坐呼吸或急性肺水肿。咳嗽多在活动后和夜间入睡后,肺瘀血加重时出现。肺瘀血引起的咯血,为痰中带血;急性肺水肿引起的咯血,为血性泡沫痰液。有的患者由于支气管黏膜下曲张静脉破裂,可出现大量咯血。此外,还常有心悸、心前区闷痛、乏力等症状。

2. 体征　肺部慢性瘀血的患者,常有面颊与口唇轻度发绀,即所谓二尖瓣面容。并发心房颤动者,则脉律不齐。右心室肥大者,心前区可扪及收缩期抬举性搏动。多数患者在心尖区能扪及舒张期震颤。心尖区可听到第一心音亢进和舒张中期隆隆样杂音,这是二尖瓣狭窄的典型杂音。在胸骨左缘第 3~4 肋间,常可听到二尖瓣开瓣音。但在瓣叶高度硬化,尤其并有关闭不全的患者,心尖区第一心音则不脆,二尖瓣开瓣音常消失,肺动脉瓣区第二心音常增强,有时轻度分裂。重度肺动脉高压伴有肺动脉瓣功能性关闭不全的患者,在胸骨左缘第 2~4 肋间,可能听到舒张早期高音调吹风样杂音,在吸气末增强,呼气末减弱。右心衰竭患者可出现肝大、腹水、颈静脉怒张、踝部水肿等。

(四) 辅助检查

1. 心电图检查　轻度狭窄患者,心电图可以正常。中度以上狭窄可呈现电轴右偏、P 波增宽,呈双峰或电压增高。肺动脉高压患者,可示右束支传导阻滞,或右心室肥大。病程长的患者,常示心房颤动。

2. 胸部 X 线检查 轻度狭窄患者,X 线片可无明显异常。中度或重度狭窄患者,常见到左心房扩大、主动脉结缩小、肺动脉段隆出、左心房隆起、肺门区血管影纹增粗。间质性肺水肿的患者,在肺野下部可见横向线条状阴影,称为 Kerley B 线。长期肺瘀血的患者,由于肺组织含铁血黄素沉着,可呈现致密的粟粒形或网形阴影。

3. 超声心动图检查 M 型超声心动图显示瓣叶活动受限制,前瓣叶正常活动波形消失,代之以城墙垛样的长方波,前瓣叶与后瓣叶呈同向活动。左心房前后径增大。二维或切面超声心动图可直接显现二尖瓣瓣叶增厚和变形、活动异常、瓣口狭小、左心房增大,并可检查左心房内有无血栓、瓣膜有无钙化以及估算肺动脉压增高的程度等情况。

(五) 诊断与鉴别诊断

根据病史、体征、X 线、心电图和超声心动图检查即可确诊。怀疑同时有冠心病者应行冠状动脉造影。需与重度主动脉瓣关闭不全、左心房黏液瘤等鉴别。

(六) 治疗

外科治疗的目的是扩大二尖瓣瓣口面积,解除左心房排血障碍,缓解症状,改善心功能。

1. 手术适应证 无症状或心脏功能属于Ⅰ级者,不主张施行手术。有症状且心功能Ⅱ级以上者均应手术治疗。对隔膜型二尖瓣狭窄,特别是瓣叶活动好,没有钙化,听诊心尖部第一心音较脆,有开瓣音的患者,同时没有心房颤动、左心房内无血栓时,可进行经皮穿刺球囊导管二尖瓣交界扩张分离术,或在全身麻醉下开胸行闭式二尖瓣交界分离术。二尖瓣狭窄伴有关闭不全或明显的主动脉瓣病变,或有心房颤动、漏斗型狭窄、严重的瓣叶病变,有钙化或左心房内有血栓的患者,则不宜行球囊扩张术和闭式二尖瓣交界分离术,应在体外循环直视下行人工瓣膜二尖瓣置换术。如合并心房颤动,可以在瓣膜手术的同时进行心房颤动迷宫手术。

2. 手术方法

(1)闭式二尖瓣交界分离术:通常经左胸后外侧第 5 肋间或左前胸第 4 肋间切口进胸。在膈神经前方纵行切开心包。术者右手示指经左心耳切口检查二尖瓣瓣叶和瓣口等情况。在左心房内示指的引导下,将二尖瓣扩张器由左心室心尖部插入,通过瓣口,分次扩张,从 2.5cm 起,到 3.0~3.5cm。由于经皮球囊扩张术的广泛应用,闭式二尖瓣交界分离术已很少实施。

(2)直视手术:需在体外循环下进行。通常采用胸骨正中切口。经房间沟切开左心房,或者经右心房切开房间隔进入左心房,显露二尖瓣。如瓣叶病变较轻,切开融合交界,扩大瓣口和切开、分离粘着融合的腱索和乳头肌,以改善瓣叶活动度。如瓣膜病变严重,已有重度纤维化、硬化、挛缩或钙化,则需切除全部或部分瓣膜,做人工瓣膜置换术。

【二尖瓣关闭不全】

二尖瓣关闭不全(mitral insufficiency)可由风湿性病变、退行性变、细菌性心内膜炎、缺血性心脏病等导致,风湿性二尖瓣关闭不全多数合并狭窄,主要病理改变是瓣叶和腱索增厚、挛缩,瓣膜面积缩小,瓣叶活动受限制以及二尖瓣瓣环扩大等。近年来随着老年患者增多,瓣膜退行性变病例增多,主要病理改变是部分腱索断裂、瓣叶脱垂,细菌性心内膜炎可造成二尖瓣叶赘生物或穿孔;缺血性心脏病导致的乳头肌功能不全也可造成二尖瓣关闭不全。

(一) 病理生理

左心室收缩时,由于两个瓣叶不能对拢闭合,一部分血液反流入左心房,使排入体循环的血流量减少。由于左心房血量增多,压力升高,左心室前负荷增加,逐渐造成左心房代偿性扩大,二尖瓣瓣环也相应扩大,使二尖瓣关闭不全加重,左心室长时期负荷加重,终至左心衰竭。同时导致肺静脉瘀血,肺循环压力升高,最后可引起右心衰竭。

(二) 临床表现

1. 症状 病变轻、心脏功能代偿良好者可无明显症状。病变较重或历时较久者可出现乏力、心悸、劳累后气促等症状。急性肺水肿和咯血的发生率远较二尖瓣狭窄低。临床上出现症状后,病情可在较短时间内迅速恶化。

2. 体征 主要体征是心尖搏动增强并向左向下移位。心尖区可听到全收缩期杂音,常向左侧腋中线传导。肺动脉瓣区第二心音亢进,第一心音减弱或消失。晚期患者可呈现右心衰竭以及肝大、腹水等体征。

(三) 辅助检查

1. 心电图检查 较轻的患者心电图可以正常。较重者则常显示电轴左偏、二尖瓣型 P 波、左心室肥大和劳损。

2. 胸部 X 线检查 左心房及左心室明显扩大。吞钡 X 线检查见食管受压向后移位。

3. 超声心动图检查 M 型检查显示二尖瓣大瓣曲线呈双峰或单峰型,上升及下降速率均增快。左心室和左心房前后径明显增大。左心房后壁出现明显凹陷波。合并狭窄的患者则仍可显示城墙垛样长方波。二维或切面超声心动图可直接显示心脏收缩时二尖瓣瓣口未能完全闭合。超声多普勒检测示舒张期血液湍流,可估计关闭不全的轻重程度。合并冠心病危险因素或年龄在 50 岁以上者应行冠状动脉造影以排除冠心病。

(四) 诊断与鉴别诊断

如发现患者心尖区有典型杂音伴左心房、左心室增大,结合病史,较易诊断,确诊须依靠超声心动图检查。心尖部收缩期杂音需与三尖瓣关闭不全、室间隔缺损等鉴别。

(五) 治疗

二尖瓣关闭不全症状明显,心功能受影响,心脏扩大时,即应及时在体外循环下进行直视手术。手术方法可分为两种:

1. 二尖瓣成形术 利用患者自身的组织和部分人工代用品修复二尖瓣装置,使其恢复功能,包括瓣环的重建和缩小,乳头肌和腱索的缩短或延长,人工瓣环和人工腱索的植入,瓣叶的修复等。手术的技巧比较复杂,术中应检验修复效果,看关闭不全是否纠正;在心脏复跳后通过经食管心脏超声心动图评估效果,如仍有明显关闭不全,则应重新进行修复或二尖瓣置换术。

2. 二尖瓣置换术 二尖瓣严重损坏,不适于施行瓣膜修复术的患者,需做二尖瓣置换术。切除二尖瓣瓣叶和腱索,将人工瓣膜缝合固定于瓣环上。

【主动脉瓣狭窄】

主动脉瓣狭窄(aortic stenosis)是由于先天性瓣叶发育畸形或者风湿性病变侵害主动脉瓣致瓣叶增厚粘连,瓣口狭窄。病程长久者可发生钙化或合并细菌性心内膜炎等。风湿性心脏病常合并主动脉瓣关闭不全及二尖瓣病变等。先天性主动脉瓣二瓣化畸形或瓣叶发育不对称的患者,在成年或老年时发生瓣叶钙化,瓣口狭窄。

(一) 病理生理

正常主动脉瓣瓣口面积约为 $3cm^2$。由于左心室收缩力强,代偿功能好,轻度狭窄并不产生明显的血流动力学改变。但当瓣口面积减小到 $1cm^2$ 以下时,左心室排血就遇到阻碍,左心室收缩压升高,左心室排血时间延长,主动脉瓣闭合时间延迟。静息时排血量尚可接近正常水平,但运动时不能相应地增加。左心室与主动脉出现收缩压力阶差。压力阶差的大小,反映主动脉瓣狭窄的程度,中度狭窄压力阶差常为 30~50mmHg,重度狭窄则可达

50~100mmHg 或更高。左心室壁逐渐高度肥厚,终于导致左心衰竭。重度狭窄患者,由于左心室高度肥厚,心肌氧耗量增加,主动脉舒张压又低于正常,进入冠状动脉的血流量减少,常出现心肌血液供应不足的症状。

(二) 临床表现

1. 症状 轻度狭窄患者没有明显的症状。中度和重度狭窄者可有乏力、眩晕或昏厥、心绞痛、劳累后气促、端坐呼吸、急性肺水肿等症状,并可并发细菌性心内膜炎或猝死。

2. 体征 胸骨右缘第二肋间能扪及收缩期震颤。主动脉瓣区有粗糙的喷射性收缩期杂音,向颈部传导,主动脉瓣区第二心音延迟并减弱。重度狭窄患者常呈现脉搏细小、血压偏低和脉压小。

(三) 辅助检查

1. 心电图检查 显示电轴左偏,左心室肥大、劳损,T 波倒置,一部分患者尚可呈现左束支传导阻滞、房室传导阻滞或心房颤动。

2. 胸部 X 线检查 早期患者心影可无改变。病变加重后示左心室增大,心脏左缘向左向下延长,升主动脉可显示狭窄后扩大。

3. 超声心动图检查 M 型检查显示主动脉瓣叶开放振幅减小,瓣叶曲线增宽,舒张期可呈多线。在二维或切面超声图像上可见到主动脉瓣叶增厚、变形或钙化,活动度减小和瓣口缩小等征象。

4. 心导管检查 通常不需行心导管检查。怀疑冠心病的患者需要行冠状动脉造影以排除冠状动脉病变,可同时行左心导管检查测定左心室与主动脉之间收缩压差。

(四) 诊断与鉴别诊断

有典型主动脉瓣狭窄的收缩期杂音,向颈部传导,伴有收缩期震颤,主动脉瓣区第二音减弱或消失,X 线检查示左心室增大,超声心动图可以确诊。需与左心室流出道梗阻性疾病如梗阻性肥厚型心肌病、主动脉瓣上狭窄等鉴别。

(五) 治疗

临床上呈现心绞痛、昏厥或心力衰竭者,一旦出现症状,病情往往迅速恶化,在 2~3 年内有较高的猝死发生率,故应争取尽早施行手术治疗,切除病变的瓣膜,进行主动脉瓣膜置换术。经心尖或经皮支架瓣膜植入术在近年得到应用,但仅在不适合手术的患者才考虑选用。

【主动脉瓣关闭不全】

主动脉瓣关闭不全(aortic insufficiency)是主动脉瓣叶结构异常,导致瓣叶不能严密对合。病因包括风湿性心脏病、老年退行性病变、细菌性心内膜炎、马方综合征(Marfan syndrome)、先天性主动脉瓣畸形、主动脉夹层等。

(一) 病理生理

主要的血流动力学改变是舒张期血液自主动脉反流入左心室。由于主动脉与左心室之间舒张压力阶差较大,瓣口关闭不全的面积即使仅为 0.5cm^2,每分钟反流量也可达 2~5L。左心室在舒张期同时接受来自左心房和主动脉反流的血液,因而充盈过度,肌纤维伸长,左心室逐渐扩大。在心脏功能代偿期,左心室排血量可以高于正常。左心室功能失代偿时,出现心输出量减少,左心房和肺动脉压力升高,可导致左心衰竭。由于舒张压低,冠状动脉灌注量减少和左心室高度肥厚,氧耗量加大,因而造成心肌供血不足。

(二) 临床表现

1. 症状 轻度关闭不全患者,心脏代偿功能较好,没有明显症状。早期症状为心悸、心前区不适、头部强烈搏动感。重度关闭不全者常有心绞痛发作、气促,并可出现阵发性呼吸困难、端坐呼吸或急性肺水肿。

2. 体征　心界向左下方增大,心尖部可见抬举性搏动。在胸骨左缘第3~4肋间和主动脉瓣区有叹息样舒张早、中期或全舒张期杂音,向心尖区传导。重度关闭不全者呈现水冲脉、动脉枪击音、毛细血管搏动等征象。

(三) 辅助检查

1. 心电图检查　显示电轴左偏和左心室肥大、劳损。

2. 胸部X线及造影检查　左心室明显增大,向左下方延长。主动脉结隆起,升主动脉和弓部增宽,左心室和主动脉搏动幅度增大。逆行升主动脉造影,可见造影剂在舒张期从主动脉反流入左心室。按反流量的多少,可以估计关闭不全的程度。

3. 超声心动图检查　主动脉瓣开放与关闭的速度均增快,舒张期呈多线。由于舒张期血液反流入左心室,冲击二尖瓣,可呈现二尖瓣前瓣叶高速颤动。左心室内径增大,流出道增宽。二维或切面超声心动图常可显示主动脉瓣叶在舒张期未能对拢闭合。超声多普勒检测可估计反流程度。

(四) 诊断与鉴别诊断

有典型主动脉瓣关闭不全的舒张期杂音伴周围血管征,结合X线和超声心动图检查,不难确诊。重度主动脉瓣关闭不全需与二尖瓣狭窄杂音相鉴别。

(五) 治疗

临床上出现症状,如呈现心绞痛或左心衰竭症状,则可在数年内病情恶化或发生猝死,故应争取尽早施行人工瓣膜置换或者瓣膜修复术。

(李守军)

第三节　肺　大　疱

肺大疱指多种原因引起的肺泡腔内压力上升、肺泡壁破裂融合,在肺表面或肺实质内形成的大小不一、数量不等的含气囊腔。属中医"哮喘""咳嗽"等范畴。

一、病因与病理

(一) 西医病因与病理

肺大疱分为先天性和后天性。先天性肺大疱多在青少年时期发作,由遗传或生长发育异常引起。后天性肺大疱通常与慢性阻塞性肺疾病有关。肺大疱常由小支气管的炎症病变引起,如肺炎、肺气肿。小支气管炎症导致水肿、狭窄和部分阻塞,形成"单向活瓣"效应,使空气进入肺泡后难以排出,肺泡内压力逐渐升高;同时炎症刺激损伤肺组织,肺泡壁无法承受内压而破裂,形成薄弱囊腔并逐渐增大。

肺大疱可能是单发或多发。继发于肺炎或肺结核的通常是单发;继发于肺气肿的常为多发,且与周围呈气肿样改变的肺组织的边界通常不清晰。肺大疱通常位于肺尖部和肺叶边缘。根据形态和与正常肺组织的关系,可将其分为三型:

Ⅰ型:窄基底肺大疱,突出于肺表面,与肺实质有狭窄的蒂相连。通常为单发,也可呈簇状分布。囊壁薄,易破裂导致自发性气胸。

Ⅱ型:宽基底表浅肺大疱,位于肺实质表层,在脏层胸膜和肺组织之间,囊腔内有纤维结缔组织分隔。

Ⅲ型:宽基底深部肺大疱,结构与Ⅱ型相似,但位置较深,被肺组织包围,可延伸至肺门。

(二) 中医病因病机

肺大疱患者因肺脏功能受损,清气吸入量减少,生气量不足,气不摄津,阴不制阳,易引起热证。患者津液运行失调,肺易宣降不利,气机失调,气郁胸中,痰气互结,气结血滞。肺居于上焦,与皮毛相合,开窍于鼻,且肺为娇脏,易受邪侵。脏腑功能失调,肺气不利,引动伏痰,则易发生咳嗽、喘促等症。

二、临床表现

肺大疱的症状与大疱的部位、大小、数量以及是否伴有慢性阻塞性肺疾病有关。体积小、数量少的肺大疱常无明显症状,多数在体检时偶然被发现;体积较大、数量较多的肺大疱可有呼吸功能受损表现,如胸闷、憋喘、气促等。

肺大疱的主要并发症为自发性气胸和血气胸,少数患者可并发感染。自发性气胸是肺大疱最常见的并发症,临床表现为突发的胸闷、胸痛、咳嗽和呼吸困难,体格检查时患侧胸部叩诊呈鼓音,听诊时呼吸音减弱或消失,严重时可能出现气管向健侧移位。严重程度取决于气胸量的多少、发病时间及伴随疾病情况。自发性血气胸少见,患者除气胸症状外,还可能有头晕、心悸、口唇苍白等失血症状。肺大疱继发感染时,囊腔被炎性物质填充,患者常伴有咳嗽、咳痰、发热和喘息加重。

三、辅助检查

胸部 X 线和胸部 CT 检查是诊断肺大疱的主要方法。X 线平片表现为肺野内的薄壁空腔,腔内肺纹理稀少或仅有条索状阴影,大的肺大疱周围可见因受压而膨胀不佳的肺组织。胸部 CT 可进一步明确大疱的数量、大小、部位以及是否伴有其他肺部疾病。

四、诊断与鉴别诊断

根据病史、体格检查及辅助检查结果,一般可做出肺大疱的诊断。体积较大的肺大疱需要与气胸相鉴别。两者胸部 X 线检查均表现为局限性的肺野透亮度增加,但气胸患者透亮度更高、局部完全无肺纹理,且肺组织向肺门压缩,肺部边缘弧度与肺大疱相反。气胸常突然起病,症状变化迅速,而肺大疱病程较长。两者相鉴别时,应避免盲目胸穿,因为盲目胸穿可能会导致肺大疱破裂引起医源性气胸,甚至可能导致张力性气胸。

五、治疗

肺大疱是肺部不可逆的病理性变化,无特效药物。无明显症状的肺大疱一般暂不需要特殊治疗。

(一) 西医治疗

肺大疱破裂导致气胸、血气胸者,肺大疱体积大、压迫症状明显者,或反复感染者,建议行手术治疗。位置较表浅的肺大疱大多可在胸腔镜下通过肺楔形切除而被完整切除;难以完整切除的肺大疱可切除多余囊壁后予以仔细缝扎;位于深部的肺大疱,除非巨大或者合并感染,一般无须处理;较小的或靠近肺门的肺大疱,难以行楔形切除,可予以缝扎;如病变范围较大,几乎累及整个肺叶,可行肺叶切除。部分合并肺气肿的患者,评估肺功能及全身情况后可考虑行肺减容术。合并复发性气胸的患者,建议同时行胸膜固定术,诱导胸膜粘连,降低气胸复发率。

(二) 中医治疗

1. 辨证论治

(1)痰阻型:咳,喘,痰多、黏稠难咳,胸闷痛,苔白腻,脉滑。治以平喘祛痰,用加味二陈汤加减。

（2）肺喘型：喘，气促，咳声低弱，畏风，咽喉不利，面红口干，舌淡红，脉细弱。治以养阴益气平喘，用生脉散加减。

（3）风寒外感型：咳，喘，痰白稀，头痛无汗，苔薄白，脉浮紧。治以宣肺平喘，化痰祛寒。方用三拗汤加减。

（4）肾喘型：久咳，久喘，活动后加重，形神疲惫，四肢冷，腰膝酸软，舌淡，脉细沉。治以补肾益气，用肾气丸加减。

2. 针灸治疗　根据肺大疱的基本症状，如咳嗽、哮喘，可选择肺俞、天突、中府、定喘、尺泽等穴位进行治疗。

六、中西医结合讨论

肺大疱常起病隐匿，早期可能无明显表现，或仅表现为轻微气促、气短，多在体检时发现。临床的诊断常需结合病史、体征、查体及辅助检查，注意关注临床表现，仔细查体，选择合适的辅助检查，注意与其他疾病相鉴别。西医认为肺大疱是各种原因导致的大小不一、数量不等的含气囊腔；中医学对肺大疱的认识多见于"喘、湿、热"等，其核心病机在于肺脏功能受损，肺宣降不利，气机失调。

肺大疱的临床表现常呈进行性加重，在治疗时要及时判断病程，进行针对性治疗。胸部影像学检查有助于肺大疱疾病的鉴别诊断及分类评估是否需要手术治疗。对有手术指征的肺大疱患者，诊疗原则仍以手术治疗为主，辅以中医药治疗。研究表明，肺大疱患者围手术期易出现气郁、痰热等热证表现，中医对此类疾病有着丰富的经验。围手术期应用中药辅助治疗，可明显增强肺功能，提高患者生活质量，值得在临床上广泛应用。当患者肺大疱较小或临床症状不明显时，予以药物治疗可明显改善症状及延缓疾病进展。诊疗过程中建议定期随访、复查，对可行手术治疗的患者，选择合适时机进行手术干预。中医的辨证治疗具有良好的效果，宣肺平喘、消痰止咳、通气活血、散结复弹、修复气道炎性病灶、消除气流阻塞和气道高反应性以治标；温阳固本、整体调节、增强机体适应性调节以治本。值得注意的是，肺大疱是不可逆的肺部疾病，一旦形成，药物无法使其消失，但可根据临床表现进行积极处理和治疗。

（王　伟）

第四节　肺　肿　瘤

肺肿瘤（lung tumor）包括原发性肺肿瘤和肺转移性肿瘤。原发性肺肿瘤中良性肿瘤少见，恶性肿瘤多见，其中最常见的恶性肿瘤是肺癌。肺转移性肿瘤大多数为肺外器官或组织的恶性肿瘤经血行播散转移至肺部。

一、肺癌

肺癌（lung cancer）是指起源于支气管黏膜上皮或肺泡上皮的恶性肿瘤，因此又称为原发性支气管肺癌（primary bronchogenic carcinoma）。近几十年来，全世界肺癌的发病率明显增加，据统计，在发达国家和我国大城市中，肺癌的发病率和病死率居恶性肿瘤的首位。肺癌发病年龄大多在 40 岁以上，男性多于女性，男女之比为 (3~5) : 1，但近年来，女性肺癌的发病率也明显增加。

历代医家早有对肺癌的描述,古代医籍中记载的"息贲""肺积"与本病相符合,与肺癌疾病表现相近。《难经·论五脏积病》记载:"肺之积,名曰息贲。在右胁下,覆大如杯。久不已,令人洒淅寒热,喘咳,发肺壅。"《重订严氏济生方·癥瘕积聚门》亦载:"息贲之状,在右胁下,大如覆杯,喘息奔溢,是为肺积。"描述了"息贲""肺积"的症状。

(一) 病因与病理

1. 西医病因与病理

(1)病因:肺癌的确切病因至今仍未彻底阐明。肺癌危险因素包括吸烟、职业接触(包括铀、铬、镍、锡、铍、氡、砷、石棉、电离辐射等)、大气污染、免疫状态、代谢活动、遗传因素、肺部慢性感染、基因变异等。长期大量吸烟是肺癌的一个重要致病因素,纸烟燃烧时释放许多致癌物质,最主要的是 3,4- 苯并芘。开始吸烟的年龄越早、吸烟量越大、吸烟年限越长,则发生肺癌的危险性越高。

(2)病理

1)大体分型:就其好发部位而言,右侧肺癌比左侧多见,上叶肺癌比下叶多见。肿瘤起源于主支气管、肺叶支气管或肺段支气管开口以近,位置靠近肺门者称为中心型肺癌;肿瘤起源于肺段支气管开口以远,位置在肺的周围者称为周围型肺癌。

2)肺癌的病理分类:肺癌通常分为非小细胞肺癌(non-small cell lung cancer,NSCLC)和小细胞肺癌(small cell lung cancer,SCLC)两大类。两类肺癌在治疗方法的选择和模式上有很大的不同。因为小细胞肺癌在生物学行为、治疗、预后等方面与其他类型差异很大,因此将小细胞肺癌以外的肺癌统称为非小细胞肺癌。2015 年世界卫生组织(WHO)对肺癌的病理分型标准进行了修订,其中较为常见的肺癌病理类型有以下几种:①鳞状细胞癌:与吸烟关系密切,患者年龄大多数为 50 岁以上,男性占多数。鳞癌大多起源于较大的支气管,常为中心型肺癌。鳞癌分化程度不一,生长速度较缓慢,病程较长。肿瘤可以长得很大,患者却无症状。鳞癌转移相对较晚,通常先经淋巴转移,晚期可发生血行转移。②腺癌:近年来发病率明显上升,已超越鳞癌成为最常见的组织学类型。发病年龄较小,女性相对多见。腺癌大多起源于较小的支气管上皮,因此大多数腺癌位于肺的周围部分,呈圆形或椭圆形分叶状,靠近胸膜。一般生长速度较慢,但有时在早期即发生血行转移,发生淋巴转移较晚。③小细胞癌:约 80% 见于男性,与吸烟有关。一般起源于较大支气管,大多为中心型肺癌。小细胞肺癌为神经内分泌起源,恶性程度高,生长迅速,较早出现淋巴和血行转移。其对放射和化学疗法虽较敏感,但在各型肺癌中预后较差。

此外,部分肺癌患者可同时存在不同类型的癌肿组织,如腺癌和鳞癌混合,非小细胞癌与小细胞癌并存等,这一类癌称为混合型肺癌。

2. 中医病因病机 肺癌的病因病机主要是以"虚"为本,感受外邪六淫、内伤七情等。气虚而后累及阴虚、阳虚。同时伴有血瘀、痰浊、热毒等标实证。中医学认为正虚(内因)与邪实(外因)是肺癌发病的主要因素。通常先是由于饮食失调、劳倦过度、情志不畅等导致脏腑阴阳失调、正气虚损,然后六淫之邪乘虚袭肺,邪滞胸中,肺气膹郁,宣降失司,气机不利,血行受阻;津液失于输布,津聚为痰,痰凝气滞,瘀阻脉络,于是气、血、痰胶结,日久形成肺部肿瘤。因此,肺癌是因虚而致病,因虚而致实,是一种本虚标实的疾病。病变在肺,常可累及脾、肾。

(二) 临床表现

肺癌的临床表现与肿瘤的部位、大小,是否压迫、侵犯邻近器官以及有无远处转移等密切相关。

1. 症状

(1) 早期肺癌特别是周围型肺癌往往没有任何症状,大多数患者在行胸部 X 线或胸部 CT 检查时发现。肺癌常见的五大症状是刺激性咳嗽、痰中带血、胸痛、发热和气促,其中咳嗽是最常见的症状。癌肿在较大的气管内长大后,常出现刺激性咳嗽。当癌肿在气管内继续长大影响引流,继发肺部感染时,可有脓性痰液,且痰量也较前增多。痰中带血是另一个常见症状,多见于中心型肺癌,通常为痰中带血点、血丝或小量咯血,大量咯血则很少见。有的癌肿造成较大的支气管不同程度的阻塞,发生阻塞性肺炎或肺不张,临床上可出现发热、胸闷、气促和胸痛等症状。

(2) 晚期肺癌压迫、侵犯邻近器官和组织或发生远处转移时,可出现下列症状:

1) 侵犯胸膜可引起胸腔积液,往往为血性积液,出现气促症状;癌肿侵犯胸膜或胸壁可引起持续性剧烈胸痛。

2) 压迫或侵犯膈神经可引起患侧膈肌麻痹,出现气促症状。

3) 压迫或侵犯喉返神经,引起声带麻痹、声音嘶哑。

4) 压迫上腔静脉,引起颈部、面部、上肢和上胸部静脉怒张,上肢静脉压升高,皮下组织水肿,即上腔静脉综合征。

5) 侵犯心包可引起心包积液,多见于腺癌。

6) 侵入纵隔可压迫食管,引起吞咽困难症状,甚至发生气管食管瘘。

7) 肺上沟瘤,亦称 Pancoast 肿瘤(Pancoast tumor),侵入纵隔和压迫胸廓上口的器官和组织,如第 1 肋骨、锁骨下动脉和静脉、臂丛神经、颈交感神经等,产生剧烈胸肩痛、上肢静脉怒张、水肿、上臂疼痛和上肢运动障碍,也可引起患侧上睑下垂、瞳孔缩小、眼球内陷、面部无汗等颈交感神经综合征(霍纳综合征)。

(3) 远处转移的症状:远处转移的部位不同,产生的症状不同。脑转移可引起头痛、恶心、眩晕或视物不清等神经系统症状;骨转移可引起持续固定部位的骨痛、血液碱性磷酸酶或骨钙升高;肝转移可出现右上腹痛、肝大、碱性磷酸酶、谷草转氨酶、乳酸脱氢酶或胆红素升高等;皮下转移时,皮下可触及结节。

(4) 副肿瘤综合征(paraneoplastic syndrome,PNS):少数肺癌由于癌肿产生内分泌物质,可在临床上呈现多种非转移性的全身症状,如骨关节病综合征(杵状指、骨关节痛、骨膜增生等)、Cushing 综合征、重症肌无力、男性乳腺增大、多发性肌肉神经痛等。这些症状在切除肺癌后可能消失。

2. 体征

(1) 多数肺癌患者无明显相关阳性体征。

(2) 患者出现原因不明、久治不愈的肺外症状、体征,如杵状指、非游走性关节疼痛、男性乳腺增生、皮肤黝黑或皮肌炎、共济失调、静脉炎等。应做胸部影像学检查,如胸部 X 线或胸部 CT 检查。

(3) 临床诊断为肺癌的患者近期出现头痛、恶心或其他神经系统症状和体征,骨痛,肝大,皮下结节,颈部淋巴结肿大等,提示远处转移的可能。

(4) 临床诊断为肺癌的患者出现声音嘶哑、头面部水肿、霍纳综合征、Pancoast 综合征等,提示局部晚期的可能。

(三) 辅助检查

1. 影像学检查

(1) 胸部 X 线检查:包括胸部正位和侧位片,可发现较典型的肺内病灶。在基层医院,胸部正位片仍是肺癌初诊时最基本和首选的影像诊断方法。一旦诊断或疑诊肺癌,即行胸部 CT 检查。

1）中心型肺癌：早期胸部 X 线可无异常征象。但当癌肿阻塞支气管时可使远端的肺组织发生感染，从而出现肺炎征象。肺炎给予积极治疗后吸收仍不完全，同时经常反复发作。如支气管管腔被癌肿完全阻塞，可产生相应的肺叶或一侧全肺不张。如癌肿转移到肺门及纵隔淋巴结，可出现肺门阴影或纵隔阴影增宽，不张的上叶肺与肺门肿块联合可形成"反 S 征"影像（图 21-1）。纵隔转移淋巴结压迫膈神经时，可见膈肌抬高，透视可见膈肌反常运动。癌肿发展到一定大小，可出现肺门阴影，由于肿块阴影常被纵隔组织所掩盖，需进一步行胸部 CT 检查。

2）周围型肺癌：常表现为肺野周围孤立性圆形或椭圆形肿块影，直径从 1~2cm 到 5~6cm 或更大。肿块影轮廓不规则，常呈小的分叶或切迹，边缘模糊毛糙，常显示细短的毛刺影（图 21-2）。周围型肺癌长大阻塞支气管管腔后，可出现节段性肺炎或肺不张。癌肿中心部分坏死液化，可出现厚壁偏心性空洞，内壁凹凸不平，很少有明显的液平面（图 21-3）。

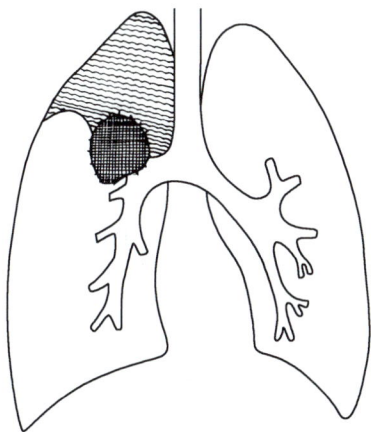

图 21-1　右肺上叶中心型肺癌（肺不张）

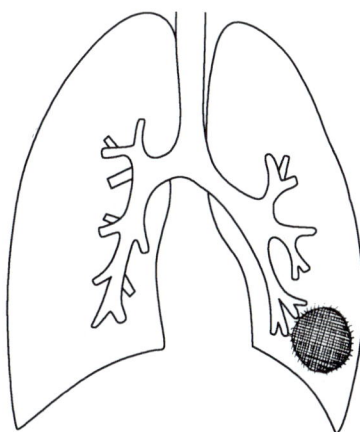

图 21-2　左肺下叶周围型肺癌

弥漫型细支气管肺泡癌的 X 线表现为浸润性病变，轮廓模糊，从小片到一个肺段或整个肺叶，类似肺炎。癌肿侵犯胸膜时可见患侧胸腔积液，侵犯肋骨时可见骨质破坏。

（2）胸部 CT 检查：胸部 CT 检查目前已成为估计肺癌胸内侵犯程度及范围的常规方法。在肺癌的诊断、鉴别诊断、临床 TNM 分期以及治疗后随访等方面，CT 是最有价值的无创性检查手段。胸部 CT 图像避免了病变与正常组织互相重叠，可发现一般 X 线检查隐藏区的病变（如肺尖、脊柱旁、心脏后、纵隔等处）。因其薄层扫描，密度分辨率很高，可以显示直径更小、密度更低的病变。低剂量胸部 CT 是目前肺癌筛查最有效的手段，可以发现肺内的早期病变。通过早发现、早诊断、早治疗来降低肺癌患者的病死率。

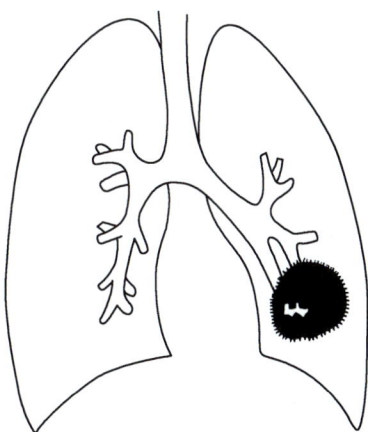

图 21-3　左肺下叶癌性偏心性空洞

肺癌常见的 CT 影像表现有：分叶征、毛刺征、空泡征、空气支气管像、肿瘤滋养动脉、血管切迹和集束征、胸膜凹陷或牵拉征、偏心空洞等征象。部分早期肺腺癌在 CT 中可表现为磨玻璃样病灶（ground-glass opacity，GGO）。中心型肺癌 CT 表现为肺门肿块，还可表现为支气管内占位，管腔狭窄、阻塞，管壁增厚，同时伴有肺门增大及阻塞性肺炎或肺不张等改变。

（3）正电子发射体层成像（PET）：该检查利用氟-18脱氧葡萄糖（^{18}F-FDG）作为示踪剂进行扫描显像。由于恶性肿瘤的糖酵解代谢高于正常细胞，示踪剂在肿瘤内聚集程度大大高于正常组织，肺癌 PET 显像时表现为局部异常浓聚。PET 检查可用于肺结节的鉴别诊断、肺癌分期、转移灶检测、疗效评价、肿瘤复发转移监测等。近年来将 PET 与 CT 结合的一种检查手段，称为 PET-CT，结合了 PET 和 CT 的优点，弥补了 PET 对病灶精确定位的困难，提高了诊断的效能及准确性。

（4）MRI 检查：胸部 MRI 检查的最大特点是较 CT 更容易鉴别实质性肿块与血管的关系，而且能显示支气管和血管的受压、移位与阻塞等情况。对碘过敏不能行增强 CT 扫描的患者可考虑行 MRI 检查。

（5）超声检查：对肺癌分期具有重要意义。对于贴邻胸壁的肺内病变或胸壁病变，可鉴别其囊实性及进行超声引导下穿刺活检；对胸腔积液定位、锁骨上区淋巴结穿刺等也是重要的辅助检查手段。

（6）骨扫描：采用 ^{99m}Tc 标记的双膦酸盐进行骨代谢显像是肺癌骨转移筛查的重要手段。

2. 组织学或细胞学检查

（1）痰细胞学检查：肺癌脱落的癌细胞可随痰液咳出，可通过痰细胞学检查找到癌细胞来明确肺癌诊断。在 60%~80% 的中心型肺癌及 15%~20% 的周围型肺癌患者可通过重复的痰细胞学检查发现阳性结果。

（2）支气管镜检查：支气管镜检查是诊断肺癌的一个重要手段。目前多采用光导纤维或电子支气管镜检查，通过支气管镜可直接窥察支气管内膜及管腔的病理变化情况，窥见癌肿或癌性浸润时，可用活检钳咬取小块组织做病理切片检查，亦可刷取肿瘤表面组织或吸取支气管分泌物做细胞学检查，以明确诊断和判定组织学类型。

（3）经气管镜超声引导针吸活检术（endobronchial ultrasound-guided trans-bronchial needle aspiration，EBUS-TBNA）：在超声引导下，通过气管镜，对纵隔或肺门淋巴结进行细针穿刺针吸活检，用于肺癌病理获取和淋巴结分期。

（4）纵隔镜检查：对中心型肺癌诊断的阳性率较高。通过纵隔镜可观察气管前、隆突下及两侧支气管区淋巴结情况，并可获取组织做病理切片检查，明确肺癌是否已转移到肺门和纵隔淋巴结。

（5）经胸壁针吸活检术（transthoracic needle aspiration biopsy，TNAB）：对于肺部病变，尤其是靠近周边的肿块，可考虑行 TNAB。这项检查可在 CT 或超声引导下，采用细针直接穿刺病灶，吸取肿瘤组织进行病理学检查，对周围型肺癌诊断的阳性率较高。但肺穿刺活检可能会产生气胸、胸膜腔出血或感染，以及癌细胞沿针道播散等并发症，应严格掌握适应证。

（6）胸腔积液检查：对于怀疑肺癌转移所致胸腔积液，可抽取胸腔积液做涂片检查，寻找癌细胞。

（7）转移病灶活检：晚期肺癌已有锁骨上、颈部、腋下等处表浅淋巴结转移或出现皮下转移结节者，可直接或在超声引导下行针吸活检术，也可切取转移病灶组织行病理切片检查，以明确诊断。

（8）胸腔镜检查：常用于肺周围型结节的切除、纵隔淋巴结和胸膜结节活检，当确定无明显转移时，可同时完成治疗性肺切除术。对于肺癌胸腔积液，应用电视胸腔镜外科手术（video-assisted thoracic surgery，VATS）可以准确评估胸膜转移情况、胸腔积液性质，并可同时施行引流术、注射抗肿瘤药物及胸膜固定术。

3. 血液免疫生化检查

(1)血液生化检查:对于原发性肺癌,目前无特异性血液生化检查。肺癌患者血液碱性磷酸酶或血钙升高考虑骨转移可能,血液碱性磷酸酶、谷草转氨酶、乳酸脱氢酶或胆红素升高考虑肝转移的可能。

(2)肿瘤标志物检查

1)癌胚抗原(carcinoembryonic antigen,CEA):30%~70%肺癌患者血清中有异常高水平的CEA,但主要见于晚期肺癌患者。目前血清中CEA的检查主要用于评估肺癌预后以及治疗过程的监测。

2)神经元特异性烯醇化酶(neuron specific enolase,NSE):是小细胞肺癌首选的标志物,用于小细胞肺癌的诊断和监测治疗反应。根据检测方法和使用试剂的不同,参考值不同。

3)CYFRA21-1:是非小细胞肺癌的标志物之一,对肺鳞癌诊断的灵敏度可达60%,特异度为90%。根据检测方法和使用试剂的不同,参考值不同。

4)鳞状细胞癌抗原(squamous cell carcinoma antigen,SCCA):肺鳞状细胞癌患者血清中SCCA阳性率为39%~78%,是疗效检测和预后判断的有效指标。根据检测方法和使用试剂的不同,参考值不同。

(四)肺癌 TNM 分期

肺癌的分期对临床治疗方案的选择具有重要指导意义。国际抗癌联盟按照肿瘤(T),淋巴结转移(N)和远处转移(M)情况将肺癌加以分期。第9版国际肺癌TNM分期(表21-1、表21-2)适用于非小细胞肺癌和小细胞肺癌,以前小细胞肺癌所用的"局限期"和"广泛期"两分法已不适用。

表 21-1 国际肺癌 TNM 分期(第 9 版)

分类	标准
T 分期	原发肿瘤
T_x	原发肿瘤大小无法测量;或痰脱落细胞、支气管冲洗液中找到癌细胞,但影像学检查和支气管镜检查未发现原发肿瘤
T_0	无原发肿瘤证据
T_{is}	原位癌
T_1	原发肿瘤最大径≤3cm,由肺或脏层胸膜包围,支气管镜检查未发现叶支气管及以上部位肿瘤侵犯的证据
$T_1(mi)$	微浸润腺癌
T_{1a}	原发肿瘤最大径≤1cm
T_{1b}	原发肿瘤最大径>1cm,≤2cm
T_{1c}	原发肿瘤最大径>2cm,≤3cm
T_2	原发肿瘤最大径>3cm,≤5cm;或具有以下任一种情况:侵及主支气管但未侵及隆突;侵及脏层胸膜;出现肿瘤相关的肺不张或阻塞性肺炎,延伸至肺门,侵及部分或全肺
T_{2a}	原发肿瘤最大径>3cm,≤4cm
T_{2b}	肿瘤最大径>4cm,≤5cm
T_3	肿瘤最大径>5cm,≤7cm,或具有以下任一种情况:侵及胸壁(包括壁层胸膜和肺上沟瘤)、膈神经、心包壁;原发肿瘤同一肺叶出现单个或多个独立的肿瘤结节
T_4	肿瘤最大径>7cm,或侵犯下列结构之一:横膈膜、纵隔、心脏、大血管、气管、喉返神经、食管、隆突或椎体;原发肿瘤同侧不同肺叶出现单个或多个肿瘤结节

续表

分类		标准
N 分期		区域淋巴结
N_x		淋巴结转移情况无法判断
N_0		无区域淋巴结转移
N_1		同侧支气管和/或同侧肺门淋巴结和肺内淋巴结转移,包括直接蔓延累及
N_2		同侧纵隔和/或隆突下淋巴结转移
	N_{2a}	单站 N_2 淋巴结累及
	N_{2b}	多站 N_2 淋巴结累及
N_3		对侧纵隔和/或对侧肺门和/或同侧或对侧前斜角肌或锁骨上区淋巴结转移
M 分期		远处转移
M_x		无法评估有无远处转移
M_0		无远处转移
M_1		远处转移
	M_{1a}	对侧肺叶内有孤立的肿瘤结节;胸膜或心包有肿瘤结节或恶性胸腔/心包积液
	M_{1b}	胸腔外器官有单发转移灶
	M_{1c}	胸腔外单个或多个器官有多发转移灶
	M_{1c1}	单个器官系统中多发转移
	M_{1c2}	多个器官系统中多发转移

表 21-2　国际肺癌分期标准

分期		T	N	M
隐匿性癌		T_x	N_0	M_0
0 期		T_{is}	N_0	M_0
Ⅰ期	ⅠA1	T_{1a}	N_0	M_0
	ⅠA2	T_{1b}	N_0	M_0
	ⅠA3	T_{1c}	N_0	M_0
	ⅠB	T_{2a}	N_0	M_0
Ⅱ期	ⅡA	T_{1a},T_{1b},T_{1c}	N_1	M_0
	ⅡA	T_{2b}	N_0	M_0
	ⅡB	T_{1a},T_{1b},T_{1c}	N_{2a}	M_0
		T_{2a},T_{2b}	N_1	M_0
		T_3	N_0	M_0
Ⅲ期	ⅢA	T_{1a},T_{1b},T_{1c}	N_{2b}	M_0
		T_{2a},T_{2b}	N_{2a}	M_0
		T_3	N_1,N_{2a}	M_0
		T_4	N_0,N_1	M_0
	ⅢB	$T_{1a},T_{1b},T_{1c},T_{2a},T_{2b}$	N_3	M_0
		T_{2a},T_{2b},T_3,T_4	N_{2b}	M_0
		T_4	N_{2a}	M_0
	ⅢC	T_3,T_4	N_3	M_0
Ⅳ期	ⅣA	任何 T	任何 N	M_{1a},M_{1b}
	ⅣB	任何 T	任何 N	M_{1c}

（五）诊断与鉴别诊断

1. 诊断　肺癌的诊断包括临床初步诊断和确诊。

（1）临床初步诊断：根据临床症状、体征及影像学检查，符合下列之一者可作为临床初步诊断。

1）胸部 X 线检查发现肺部孤立性结节或肿物，有分叶或毛刺。

2）肺癌高危人群，有咳嗽或痰中带血，胸部 X 线检查发现局限性病变，经积极抗感染或抗结核治疗（2~4 周）无效或病变增大者。

3）节段性肺炎在 2~3 个月内发展成为肺叶不张，或肺叶不张短期内发展成为全肺不张。

4）短期内出现无其他原因的一侧血性胸腔积液，或一侧血性胸腔积液同时伴肺不张者或胸膜结节状改变者。

5）明显咳嗽、气急，胸部 X 线显示双肺粟粒样或弥漫性病变，可排除血行播散型肺结核、肺转移癌、肺真菌病者。

6）胸部 X 线检查发现肺部肿物，伴有肺门或纵隔淋巴结肿大，患者出现上腔静脉阻塞、喉返神经麻痹等症状，或伴有远处转移表现者。

（2）确诊：肺部病变经细胞学或组织病理学检查确诊为肺癌。

1）肺部病变可疑为肺癌，可经过痰细胞学检查，纤维支气管镜检查，胸腔积液细胞学检查，胸腔镜、纵隔镜活检或开胸活检确诊。痰细胞学检查阳性者建议排除口腔、鼻腔、鼻咽、喉、食管等处的恶性肿瘤。

2）肺部病变可疑为肺癌，可经肺外病变细胞学或活检病理确诊。

2. 鉴别诊断　肺结节是指肺内直径小于或等于 3cm 的界限清楚的类圆形或不规则病灶。肺部形成结节的原因比较复杂，已知的原因大致有以下几种：肺结核、肺部炎症、肺癌、胸部其他肿瘤等。

肺癌按肿瘤发生部位、病理类型和分期，在临床上可以有多种表现，常需要和下列疾病相鉴别：肺结核、肺部炎症、胸部其他肿瘤、纵隔肿瘤、结核性胸膜炎。

（1）肺结核

1）肺结核球：需要与周围型肺癌相鉴别。肺结核球多见于青年人，病变常位于上叶尖后段或下叶背段，病程较长，发展缓慢。影像学上可见到病灶边界清楚，密度较高，有时有钙化点，肺内常另有散在性结核病灶。

2）粟粒型肺结核：需与弥漫型细支气管肺泡癌相鉴别。粟粒型肺结核常见于青年人，多有发热、盗汗等全身中毒症状，但呼吸道症状不明显，抗结核药物治疗可改善症状，病变逐渐吸收。影像学上病变为细小、分布均匀、密度较淡的粟粒样结节。

3）肺门淋巴结结核：需要与中心型肺癌相鉴别。肺门淋巴结结核胸部 X 线表现为肺门肿块。肺门淋巴结结核多见于青少年，常有结核感染症状，很少有咯血，结核菌素试验常为阳性，抗结核药物治疗有效。

值得指出的是少数肺癌可以与肺结核并存，由于临床上无特殊表现，胸部 X 线征象又易被忽视，以致延误肺癌的早期诊断。因此，对于中年以上的肺结核患者，在肺结核病灶附近或其他肺野内呈现块状阴影，经抗结核药物治疗肺部病灶未见明显好转、块状阴影反而增大或伴有肺段或肺叶不张、一侧肺门阴影增宽等情况时，都应高度怀疑结核与肺癌并存的现象，必须进一步做检查以鉴别。

（2）肺部炎症

1）支气管肺炎：肺癌产生的阻塞性肺炎易被误诊为支气管肺炎。支气管肺炎一般起病较急，发热、寒战等症状比较明显。胸部 X 线表现为边缘模糊的片状或斑点状阴影，密度不均匀,且不局限于一个肺段或肺叶,经抗菌药物治疗后症状迅速消失,肺部病变也较快被吸收。

2)肺脓肿:肺癌中央部分坏死液化形成时,胸部 X 线表现易与肺脓肿混淆。肺脓肿常有吸入性肺炎病史,在急性期有明显感染症状,痰量多,呈脓性,有臭味。胸部 X 线的表现是空洞壁较薄,内壁较光滑,常有液平面,脓肿周围的肺组织或胸膜常有炎性病灶。而癌性空洞胸部 X 线的表现为偏心,壁厚,内壁不规则。

(六) 治疗

1. 西医治疗　肺癌的治疗多为综合治疗,有手术治疗、放射治疗、化学治疗、靶向治疗、免疫治疗等。小细胞肺癌和非小细胞肺癌在治疗方法的选择和模式上有很大不同。一般来讲,非小细胞肺癌 I A 期患者以完全性切除手术治疗为主;而 II 期则应加做术后化疗,以提高疗效;III A 期、III B 期和 IV 期患者则以综合治疗为主(表 21-3)。

表 21-3　非小细胞肺癌分期治疗原则

分期	一般治疗原则
I A	手术治疗
I B	手术治疗 ± 术后化疗
II	手术治疗 + 术后化疗
III A	多学科综合治疗:化疗、放疗 ± 手术治疗
III B	多学科综合治疗:化疗、放疗
IV	综合治疗,根据基因突变情况考虑靶向治疗、化疗或免疫治疗

(1)手术治疗:外科手术仍是当前世界公认的非小细胞肺癌的首选治疗方法,主要目的是达到最佳的、彻底的肿瘤切除,减少肿瘤转移和复发,并且进行最终的病理 TNM 分期,指导术后综合治疗。手术治疗的适应证是 I、II 期和部分经过选择的 III A 期(如 $T_3N_1M_0$)的非小细胞肺癌。已明确纵隔淋巴结转移(N_2)的患者,手术可考虑在(新辅助)化疗 / 放化疗后进行。III B、IV 期肺癌,除个别情况外,手术不应列为主要的治疗手段。

手术切除的范围取决于病变的部位和大小。主要术式有:①解剖性肺叶切除和系统性淋巴结清扫术,是目前肺癌外科治疗首选的手术方式,适用于病变局限在一个肺叶内的大多数周围型肺癌和一部分中心型肺癌;②(单侧)全肺切除术,适用于中心型肺癌超出肺叶切除范围者;③支气管袖状肺叶切除术,主要适用于上叶中心型肺癌侵及上叶支气管开口或中间支气管者,将肿瘤所在的肺叶及相连的一段主支气管一同切除,再用支气管成形将余肺支气管与主支气管近端吻合,如此可保留有用的肺组织;④局部切除术,指切除范围小于一个肺叶的术式,包括肺段切除术和肺楔形切除术;⑤ VATS,具有创伤小、恢复快的优势,且手术效果好,已成为我国肺癌外科治疗的主要手术方法。

(2)放射治疗:放射治疗是肺癌局部治疗主要的手段之一。临床上常用的放射源有深部 X 线、^{60}Co 治疗机、直线加速器等,近年来又开始出现三维适形放射治疗、X 刀和调强放射治疗等。

(3)化学治疗:化学治疗简称化疗,是一种全身治疗。化疗药物有抑制细胞生长繁殖和杀死癌细胞的作用,临床上可单用,但近年来多采用联合用药方案,常与手术、放疗、免疫治疗及中药治疗等疗法联合应用,以防止癌肿的转移和复发。肺癌的标准化疗方案为包含铂类药的两药联合方案。肺癌的化疗可以分为六类：

1）根治性化疗：根治性化疗主要用于SCLC的治疗，其机制是通过足量、足疗程的联合化疗，来达到尽可能长期生存的目的。

2）姑息性化疗：姑息性化疗主要用于晚期肺癌，目的是延缓病变的进展，减轻患者症状，提高生活质量，延长生存时间。

3）新辅助化疗：新辅助化疗是术前化疗，通过化疗使肿瘤降期以达到可行手术治疗的目的，同时期望通过减少微转移而提高长期生存率。

4）辅助化疗：辅助化疗是完全性切除术后的化疗，期望通过减少微转移来提高生存率，特别是延长无瘤生存时间。

5）局部化疗：在影像介入下经支气管动脉内或病灶供应血管直接注入化疗药物，形成瘤内药物高浓度以达到提高疗效的目的。

6）增敏化疗：增敏化疗是在放疗的同时进行的，以增强肿瘤细胞对放疗的敏感性。

（4）靶向治疗：针对肿瘤特有的和依赖的驱动基因异常进行的治疗称为靶向治疗。靶向治疗具有针对性强、疗效较好、副作用小的特点。近年来，根据分子生物学研究，针对肺癌发病的分子机制确定出相应治疗靶点。目前，在肺癌领域得到广泛应用的靶点主要有表皮生长因子受体（epidermal growth factor receptor，EGFR）、血管内皮生长因子（vascular endothelial growth factor，VEGF）和间变性淋巴瘤激酶（anaplastic lymphoma kinase，ALK）等。

（5）免疫治疗：肿瘤的免疫治疗旨在激活人体免疫系统，依靠自身免疫功能杀灭癌细胞和肿瘤组织。

2. 中医治疗　根据症状、脉象、舌苔等辨证治疗肺癌，可改善病情，延长寿命。早期邪实为主，攻邪为主；中期邪盛正虚，攻补兼施，扶正祛邪并重；晚期正虚为主，扶正为主，祛邪为辅。

（1）邪实为主型

气滞血瘀证：咳嗽不畅，痰中带血，气急胸闷，胸痛如锥刺，唇甲紫暗，大便干结，舌质暗或有瘀斑，苔薄黄，脉弦或涩。治以理气化瘀，软坚散结。方用血府逐瘀汤或复元活血汤加减。

热毒炽盛证：气急高热，咳嗽，痰黄稠，胸痛，口渴口苦，便秘，尿少色赤，舌质红，苔黄干，脉大而数。治以清热泻火，解毒散肿。方用白虎承气汤加减。

痰湿蕴肺证：胸闷胸痛，咳嗽痰多，神疲乏力，便溏纳呆，舌质暗，苔白腻或黄厚腻，脉弦滑。治以健脾燥湿，行气化痰，解毒清肺。方用二陈汤、瓜蒌薤白半夏汤加减。

痰毒瘀滞证：胸闷胸痛，咳嗽痰多，身热尿黄，苔黄白腻，脉滑数。治以清热化痰，活血解毒消癥。方用千金苇茎汤加减。

（2）正虚为主型

气阴两虚证：咳声低弱，气短喘促，面色淡白，神疲乏力，自汗盗汗，口干不欲饮，舌质红或淡红，脉细弱。治以益气养阴，解毒软坚。方用沙参麦冬汤加减。

阴虚内热证：气急胸痛，咳嗽痰黄难咳，痰中带血，心烦失眠，口干，便秘，低热盗汗，舌质红绛少苔，脉细数。治以养阴清热，软坚散结。方用沙参麦冬汤合百合固金汤加减。

气血亏损证：面色少华，咳嗽痰少，神疲懒言，头晕目眩，心悸怔忡，舌质淡，苔薄，脉细软。治以益气生血消癥，用八珍汤合当归补血汤加减。

脾虚痰湿证：胸闷胸痛，食少纳呆，神疲乏力，咳嗽痰多，面色淡白或有浮肿，大便溏薄，舌淡胖，脉濡缓。治以健脾除湿，化痰散结。方用六君子汤合三子养亲汤加减。

肺脾气虚证：咳痰无力，胸闷气短，神疲乏力，食少纳呆，形体消瘦，面色无华，舌淡有齿痕,脉细软无力。治以健脾益肺,化痰消癥。方用补中益气汤加减。

(七) 中西医结合讨论

肺癌早期通常无明显症状,体检时才被发现,部分患者有咳嗽、痰中带血、咯血、胸痛等症状。但这些症状不明显,易被忽视,导致多数肺癌被发现时已属于中晚期。不同类型肺癌的治疗原则有所不同,小细胞肺癌主要采用化疗为主的多学科综合治疗,非小细胞肺癌早期主要进行手术治疗,根据分期情况考虑联合其他治疗方法。在围手术期及化疗、放疗或分子靶向治疗期间,可以综合应用中西医治疗,在确定疾病性质和脏腑情况的基础上进行治疗。

1. 中医药联合手术治疗 术前辅以中医药进行治疗,方案为扶正健脾、益气补血。术前新辅助化疗可以减轻不良反应,控制肿瘤进展。术后给予中医药治疗,方案为益气补血,可加速康复,减少并发症,防止肿瘤转移。

2. 中医药联合化疗 肺癌化疗后易出现阴伤证候,不良反应包括骨髓抑制、心脏毒性和肝肾毒性等。中医药通过辨证论治,能在一定程度上减轻化疗的不良反应。中医药辅助化疗需贯穿整个过程,以扶正培本为主,包括健脾和胃、降逆止呕、补气养血、滋补肝肾等,或合并活血化瘀法来减轻毒副作用。

3. 中医药联合放疗 放疗会对机体产生不良反应,中医认为主要为"热毒"损耗阴液,导致阴虚血瘀证,表现为乏力口干、干咳少痰等。中医药针对放疗的特点和损伤机制,以扶正培本为基础维护机体元气,通过清热解毒、益气养阴、活血化瘀、化痰等治法减轻不良反应。同时中医药联合放疗还具有增敏作用,如川芎和红花等能增强肺癌细胞对射线的敏感性。中医药联合放疗还具有防护作用,如补骨脂、菟丝子和枸杞子等可保护骨髓功能。

4. 中医药联合分子靶向治疗 这种疗法在肺癌治疗中显示出显著优势。研究表明,中医药联合化疗及分子靶向治疗能够稳定病灶、延长患者带瘤生存时间。肺复康方联合分子靶向治疗能改善患者临床症状、提高生活质量、减轻不良反应。

二、肺良性肿瘤

临床上相对较常见的肺良性肿瘤有错构瘤、软骨瘤、纤维瘤、平滑肌瘤、血管瘤和脂肪瘤等。

错构瘤是指机体某一器官内正常组织在发育过程中出现错误的组合、排列,因而导致的类瘤样畸形,是最常见的良性肿瘤。常表现为软骨的过度生长,也可以有腺体、纤维组织、平滑肌和脂肪等。错构瘤好发于青壮年男性,多为周围型,生长缓慢,一般没有症状,胸部 X 线可协助诊断。肿瘤影像学表现为边界清楚,常有分叶,无钙化或呈"爆米花样"钙化。

治疗方法是施行肺楔形切除术或肺叶切除术。肿瘤位于肺表浅部位且较小者,也可做肿瘤摘除术。

三、肺转移性肿瘤

肺是身体其他部位恶性肿瘤常见的转移部位,据统计,因恶性肿瘤而死亡的患者中,20%~30% 发生肺转移。常见的原发恶性肿瘤有胃肠道、泌尿生殖系统、肝、甲状腺、乳腺、骨、软组织肿瘤及妇科肿瘤、皮肤肿瘤和肉瘤等。恶性肿瘤发生肺转移的时间早晚不一,大多数患者在原发恶性肿瘤出现后 3 年内转移,有的患者可在原发恶性肿瘤治疗后的 5 年、10 年以后才发生肺转移,少数患者则是先发现肺转移病变再查出原发恶性肿瘤。

(一) 临床表现

大多数患者除了原发恶性肿瘤的症状,没有明显的特异性转移症状。肺转移性肿瘤一般在原发肿瘤患者的随访过程中,进行胸部影像学检查时才被发现。少数患者有咳嗽、咳血痰、发热、呼吸困难等症状。

(二) 诊断

多数患者的影像学表现为多发性、大小不一、密度均匀、轮廓清楚的圆形转移灶,少数患者 X 线表现与周围型肺癌相似,呈现单个转移病灶。根据胸部 X 线和胸部 CT 表现,再结合原发恶性肿瘤的诊断或病史,可初步诊断肺转移性肿瘤,但最终还需要病理检查确诊。

(三) 治疗

肺转移性肿瘤一般为恶性肿瘤的晚期表现,但具有以下四个条件的患者可行手术治疗,以延长生存期:①原发恶性肿瘤已得到彻底的治疗或控制,局部无复发;②身体其他部位没有转移;③肺转移性肿瘤能被全部切除;④患者的全身情况、心肺功能良好,可耐受相应的手术。

肺转移性肿瘤的手术方法可根据情况,选择肺楔形切除术、肺段切除术、肺叶切除术,但全肺切除术应特别慎重。双侧病变可考虑行同期或分期手术。

(四) 预后

肺转移性肿瘤手术的疗效受多种因素的影响:转移性肿瘤不能完全切除,预后较差;转移灶的数目越多,预后越差;原发肿瘤恶性程度越低、出现转移性肿瘤的间隔时间越长,手术治疗效果越好。

(田子强)

第五节　食　管　癌

食管癌(esophageal carcinoma)是人类常见的恶性肿瘤,其新发病例数在全世界男性、女性中分别排名第 7 位及第 13 位,死亡病例数在全世界男性、女性中分别排名第 6 位及第 9 位。我国是食管癌高发国家,发病和死亡人数占全球总人数的 53.7% 和 55.3%。随着人们生活水平的不断提高以及生活方式的改变,我国食管癌的发病率有降低趋势。在我国,食管癌的发病率有其独特的地理分布特点,以太行山南段的河南、河北、山西三省交界地区的发病率最高,此外,山东、江苏、福建、四川、安徽、湖北、陕西、新疆等地尚有相对集中的高发区。食管癌的发病率男性高于女性,男女比例为(1.3~2.7):1,发病年龄多为 40 岁以上。

一、病因与病理

(一) 西医病因与病理

食管癌的病因尚不明确,但吸烟和大量饮酒是其重要致病原因。吸烟者食管癌发生率比不吸烟者增加 3~8 倍,饮酒者比不饮酒者增加 7~50 倍。其他可能的病因包括缺乏某些微量元素和维生素、不良饮食习惯、遗传易感因素、亚硝胺和某些霉菌,以及食管慢性炎症和胃食管反流等。

食管癌的病变部位以中段为主,下段次之,上段最少。中国的食管癌主要是鳞状细胞癌,占 90% 以上;而美国和欧洲主要是腺癌,占 70% 左右。

早期食管癌病变多限于黏膜层或黏膜下浅层,无淋巴结转移。胃镜下表现为黏膜充血、糜烂、斑块或乳头状。中晚期食管癌则逐渐累及食管全周,突入腔内或穿透食管壁侵犯邻近器官。根据病理形态,可分为四型:髓质型、蕈伞型、溃疡型和缩窄型。

ER-21-3
食管鳞癌病理

食管癌主要通过淋巴途径转移,向上可转移到上纵隔淋巴结,向下可累及贲门周围的膈下及胃周淋巴结,血行转移较晚出现。第 9 版国际食管癌 TNM 分期标准见表 21-4。

表 21-4　国际食管癌 TNM 分期(第 9 版)

分类	标准
T 分期	原发肿瘤
T_x	原发肿瘤不能确定
T_0	无原发肿瘤证据
T_{is}	原位癌 / 高级别上皮内瘤变
T_1	肿瘤侵及黏膜固有层、黏膜肌层或黏膜下层
T_{1a}	肿瘤侵及黏膜固有层或黏膜肌层
T_{1b}	肿瘤侵及黏膜下层
T_2	肿瘤侵及食管肌层
T_3	肿瘤侵及食管外膜
T_4	肿瘤侵及食管周围结构
T_{4a}	肿瘤侵及胸膜、心包、奇静脉、膈肌或腹膜
T_{4b}	肿瘤侵及其他邻近器官,如主动脉、椎体或气管
N 分期	区域淋巴结
N_x	区域淋巴结转移不能确定
N_0	无区域淋巴结转移
N_1	1~2 枚区域淋巴结转移
N_2	3~6 枚区域淋巴结转移
N_3	≥ 7 枚区域淋巴结转移
M 分期	远处转移
M_0	无远处转移
M_1	有远处转移

(二) 中医病因病机

食管癌在中医文献中属于"噎膈"范畴,早在《黄帝内经》中就有"三阳结谓之膈""饮食不下,膈噎不通,食则呕",以及"微急为膈中,食饮入而还出,后沃沫"的记载。《临证指南医案》云:"噎膈之症,必有瘀血、顽痰、逆气,阻隔胃气。"认为气、痰、瘀血等病理产物阻塞食管,导致气机不畅乃本病病机,为后世祛痰、化瘀、散结、降气治疗奠定了理论基础。本病可累及胃、脾、肝、肾,病理因素主要为"气""痰""瘀"。本病可因实致病,亦可因虚致病。

二、临床表现

(一) 症状

早期食管癌症状不明显,吞咽粗硬食物时可能偶有不适,如胸骨后烧灼样、针刺样或牵拉摩擦样疼痛,食物通过缓慢,并有停滞感或异物感、哽噎停滞感,常通过吞咽水后缓解消失,症状时轻时重,进展缓慢。

中晚期食管癌的典型症状为进行性吞咽困难。食管癌还可以外侵周围器官和组织出现不同的临床症状,例如侵犯喉返神经可出现声音嘶哑;侵犯颈交感神经节可产生霍纳综合征;侵入气管、支气管,可形成食管气管瘘。晚期患者由于长期不能正常进食,最终出现恶病质状态,若有肝、脑等脏器转移,可出现相应症状。

(二) 体征

早期体征可缺如,晚期可出现消瘦、贫血、营养不良、脱水或恶病质等。出现转移后,常可触及肿大而质硬的浅表淋巴结或肿大的肝脏,少数患者可出现腹腔或胸腔积液。

三、辅助检查

1. 内镜检查 是食管癌诊断的首选方法,可直接观察病灶形态,并取活检以确诊。色素内镜、电子染色内镜、放大内镜及激光共聚焦显微内镜等检查可提高早期食管癌的检出率。

2. 食管 X 射线钡剂造影 当患者不宜行内镜检查时,可选用此方法。钡剂造影主要表现为:①黏膜皱襞破坏,代之以杂乱不规则影像;②管腔局限性狭窄,病变处食管僵硬,近段食管扩张;③不规则充盈缺损或龛影。

3. CT 检查 可清晰显示肿瘤位置及其与邻近纵隔器官的解剖关系、肿瘤外侵程度、淋巴结转移及远处转移病灶,有助于制订外科手术方案及放疗计划。

4. 超声内镜检查(endoscopic ultrasonography,EUS) 有助于判断食管癌的壁内浸润深度、肿瘤对周围器官的侵犯情况以及异常肿大的淋巴结,对肿瘤分期、治疗方案选择及预后判断有重要意义。

5. 其他检查 MRI 检查有助于判断病灶与周围血管的关系,PET-CT 有助于判断远处转移。此外,目前尚无诊断食管癌的特异性肿瘤标志物。

四、诊断与鉴别诊断

对于有食物通过缓慢、轻度哽噎感或吞咽困难者,应及时做相关检查确诊。食管癌需与下列疾病相鉴别。

1. 贲门失弛缓症 一般认为因食管肌间神经丛病变引起食管下括约肌松弛障碍所致。临床表现为间歇性吞咽困难、食物反流和胸骨后不适或疼痛,病程较长,一般无进行性消瘦。食管 X 射线钡剂造影可见贲门梗阻呈漏斗状或鸟嘴状,边缘光滑,食管下段扩张明显。

2. 胃食管反流病 胃十二指肠内容物反流入食管,引起胃灼热、胸痛或吞咽困难,内镜检查可见黏膜炎症、糜烂或溃疡,病变处黏膜活检无肿瘤细胞或组织。

3. 食管良性狭窄 有腐蚀性或反流性食管炎、长期留置胃管或食管相关手术病史,食管 X 射线钡剂造影见食管狭窄、黏膜消失、管壁僵硬,无钡影残缺征,内镜检查可确诊。

4. 其他 其他还需与食管平滑肌瘤、食管裂孔疝、食管静脉曲张、纵隔肿瘤等引起吞咽困难的疾病相鉴别。

笔记栏

ER-21-9

咽食管憩室
切除

ER-21-10

微创
McKeown
食管癌切
除术

五、治疗

(一) 西医治疗

食管癌的治疗原则是多学科综合治疗,即包括内镜治疗、手术、放疗、化疗、免疫治疗等。

1. **内镜下治疗** 早期食管癌及癌前病变可以采用内镜下治疗,包括射频、消融、冷冻治疗、内镜黏膜切除术(endoscopic mucosal resection,EMR)或内镜黏膜下剥离术(endoscopic submucosal dissection,ESD)治疗等。

2. **手术治疗** 是可切除食管癌的首选治疗方法,术前应进行准确的 TNM 分期。手术目标是肿瘤完全切除、消化道重建和胸腹两野或颈、胸、腹三野淋巴结清扫。

手术适应证:①Ⅰ期($T_{1b}N_0M_0$)和Ⅱ期($T_2N_0M_0$)患者可直接手术;②Ⅰ期($T_{1b}N+M_0$)、Ⅱ期($T_2N_1M_0$,$T_3N_0M_0$)、大部分Ⅲ期和一部分ⅣA 期(T_{4a})食管癌患者经新辅助治疗后手术;③少部分无远处转移的 T_{4b} 患者可通过新辅助治疗降期后手术;④心肺功能储备良好。

手术禁忌证:①ⅣB 期患者;②心肺功能差或合并有重要器官系统严重疾病,不能耐受手术者。

(1)手术方式

1)开放及腔镜辅助下 McKeown(经右胸、上腹、颈部三切口)食管癌切除术:McKeown 术式拥有更好的上纵隔视野,使胸腹部淋巴结扩大清扫成为可能,而且能够进行更大范围的食管切除。鉴于食管癌的淋巴结转移特点,推荐所有可切除的食管癌患者行 McKeown 食管癌切除术,优先推荐全胸腹腔镜 McKeown 食管癌切除术(图 21-4、图 21-5)。

2)开放及腔镜辅助下的 Ivor-Lewis(经右胸、上腹两切口)食管癌切除术:与 McKeown 手术相比,Ivor-Lewis 手术在兼顾上纵隔淋巴结清扫的同时,可能降低吻合口瘘的发生率。但是该术式的缺点是食管切除范围有限,有可能影响上纵隔淋巴结清扫。该术式主要适用于无上纵隔淋巴结转移的下段食管癌。

3)左开胸一切口食管癌切除术:由于左胸入路不能进行完全的胸、腹两野淋巴结清扫,因此,除右位主动脉弓畸形或全内脏转位外,当患者存在右胸入路禁忌证,且影像学提示上纵隔无明显淋巴结肿大时,可考虑经左胸入路行食管癌切除术(图 21-6)。

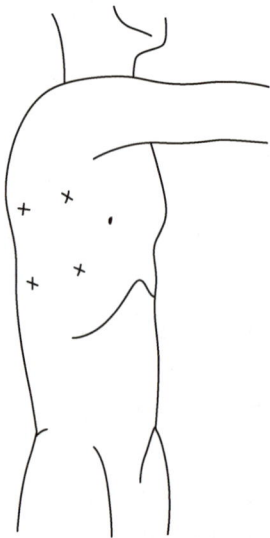

图 21-4 全胸腔镜
McKeown 食管癌切除术

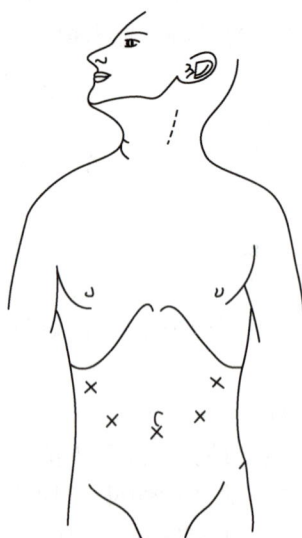

图 21-5 全腹腔镜
McKeown 食管癌切除术

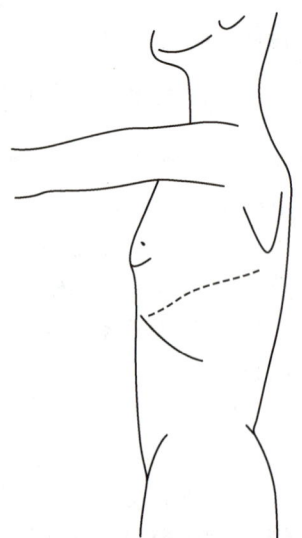

图 21-6 经左胸入路行食管癌切除术

4)经颈部及膈肌裂孔食管癌切除术(transhiatal esophagectomy,THE):THE 的突出优势是不进入胸腔操作,术后心肺并发症发生率较低,因此对心肺功能差,不能耐受单肺通气的患者及有严重胸膜疾病的患者适用。

5)机器人辅助食管癌切除术:近年来,机器人技术发展迅速,在术中能够更加清晰地分辨细微的神经、血管及淋巴管结构,有利于这些细微结构的分离和保护,尤其在淋巴结清扫方面具有突出优势,术后并发症也更少,患者术后生活质量更高。

可采用的替代器官:消化道重建中最常用的食管替代器官是胃,也可根据患者个体情况选择结肠和空肠。此外,对晚期食管癌无法手术者,为提高生活质量,可行姑息性减状手术,如食管腔内置管术、胃或空肠造瘘术等。

(2)术后并发症及其处理

1)吻合口瘘:是术后并发症之一。处理方法主要有:确保引流通畅、禁食水并建立肠内营养通路、纠正一般情况。颈部吻合口瘘发生率较高,处理方法需根据瘘的位置、大小、吻合部位和患者全身情况来确定。胸内瘘可采用胸腔闭式引流,颈部瘘可选择经原切口引流或经纵隔内引流。同时,患者应及早建立肠内营养通路以加强营养,并纠正一般情况。

2)吻合口狭窄:可在内镜或介入下进行扩张术或支架治疗。

3)肺部并发症:以肺炎、肺不张最常见。其治疗关键在于促进呼吸道潴留痰液的排出,术后鼓励患者用力咳嗽排痰,用广谱抗生素,对并发症采取及时有效的处理,预防比治疗更重要。

4)其他并发症:如乳糜胸、脓胸、胃扭转、膈疝、喉返神经损伤等。

3. 放射治疗　主要用于有手术禁忌证的食管癌患者,也可联合化疗用于术前进行新辅助治疗,或术后辅助放疗。

4. 化学治疗　食管癌化疗分为姑息性化疗、新辅助化疗(术前)和辅助化疗(术后),须强调治疗方案的规范化和个体化。采用化疗与手术治疗相结合或与放疗相结合的综合治疗,可提高疗效,或使食管癌患者症状缓解、生存期延长。

5. 免疫治疗　近年来,免疫治疗在食管癌围手术期中应用取得不错的疗效,目前仍然处于研究探索阶段。

(二) 中医治疗

1. 辨证论治

(1)痰气交阻证:进食不顺,胸膈满痛,嗳气呃逆,大便干,消瘦,口干,舌红,苔薄,脉弦滑。治以开郁润燥,化痰畅膈。方用旋覆代赭汤加减。

(2)痰瘀互结证:进食哽噎,胸背痛,泛吐黏痰,面色晦暗,消瘦,肌肤甲错,舌质暗有瘀点,苔腻,脉沉涩。治以化痰散结,活血化瘀。方用二陈汤合桃红四物汤加减。

(3)津亏热结证:饮食不下,吐后心烦口干,形体消瘦,胸背灼痛,五心烦热,大便干结,舌红苔黄,脉数。治以滋养阴液,清热散结。方用沙参麦冬汤加减。

(4)气虚阳微证:饮食不下,泛吐涎沫,面色苍白,神疲乏力,形寒气短,面浮足肿,舌质红,苔白,脉细弱。治以温补脾肾,益气回阳。温脾用补气运脾汤加减,温肾用右归丸加减。

2. 外治法

(1)如意金黄散外敷:选取天突或阿是穴,以化痰降气、止痛消肿。

(2)针灸疗法:选取天突、膻中、中脘、内关、太溪、足三里等穴,以健脾和胃、行气止痛。

(3)耳针疗法:选取肾、脾、胃、食道、贲门、交感、耳轮中的 4~6 个反应点和压痛点等,以健脾和胃、疏肝理气、滋阴补肾。

（4）隔姜艾灸：将生姜切成薄片，中间针刺数孔置穴位上施灸，每次 15 分钟，以健脾和胃、益气温阳。选穴：足三里、关元、中脘、阳陵泉、血海等。

（5）背俞穴艾灸：选取背部膀胱经穴位，隔鲜姜末艾灸，具有养血生血、增强免疫功能的作用。

六、中西医结合讨论

食管癌的病情演变往往是食管局部病变逐渐影响到全身的漫长过程，是局部小环境的变化影响到全身大环境变化的过程，是"由实致虚"的过程，是由"腑"引发"脏"病变的过程，也是一个从量变到质变的过程。早期轻症多无明显症状，邪不盛而正不虚；待到有症状时多属中晚期，邪盛而正已虚。虽然本病病灶和症状均在食管，但属全身性疾病，应重视局部治疗与全身治疗。解决局部症状有利于进食功能的改善，有利于身体的整体恢复。全身辨证施治可及时补益气血或补气养阴，同时有利于局部症状的治疗。

因此，对食管癌的诊治应采用中西医结合，多学科综合治疗。在西医手术、放化疗治疗的同时，结合中医辨证施治。中医认为本病初起以邪盛为主，重在祛邪，以理气开郁，化痰消瘀为法，可少佐滋阴补血润燥之品；后期以正虚为主，或虚实并重，但治疗重在扶正，以滋阴养血润燥或益气温阳为法，也可少佐理气开郁、化痰消瘀之品。如此，可起到减毒增效的作用，还可以有效保护食管黏膜、肝肾功能等。对于不能行手术、放化疗者，应根据患者体能状况决定扶正和祛邪的侧重点，如果体能状态尚佳，则扶正祛邪并重；如果体能状态较差，则以扶正治疗为主，兼以祛邪。以此来提高患者的生存质量，延长生存期，减少肿瘤复发和延缓肿瘤发展。

（田子强）

第六节　原发性纵隔肿瘤

纵隔是位于左、右纵隔胸膜之间的间隙，前为胸骨，后为胸椎，上连颈部，下达膈肌，两侧为纵隔胸膜。纵隔内含有心包、心脏、大血管、食管、气管、胸腺、胸导管、神经、淋巴管、淋巴结、脂肪和结缔组织。

一、纵隔分区

由于纵隔肿瘤有特定的好发部位，因此人为将纵隔分成若干区，在临床诊断及治疗上有重要意义。

（一）四区分法

四区分法为临床最常见的分区法，以胸骨角至第 4 胸椎下缘平面连一横线，其上为上纵隔，其下为下纵隔，下纵隔再以心包前后界分为前、中、后三部分。

好发于上纵隔的肿瘤有：胸腺瘤、淋巴瘤、胸内甲状腺和甲状旁腺腺瘤等。好发于前纵隔的有：胸腺瘤、生殖细胞肿瘤、淋巴管瘤、血管瘤和脂肪瘤等。好发于中纵隔的有：心包囊肿、支气管囊肿和淋巴瘤等。好发于后纵隔的有：神经源性肿瘤和肠源性囊肿等。

（二）五区分法

五区分法是在四区分法的基础上，将上纵隔一分为二。以气管为界，气管前区为前上纵隔，气管后区则为后上纵隔。

二、常见原发性纵隔肿瘤

(一)神经源性肿瘤

神经源性肿瘤是后纵隔最常见的肿瘤,主要源于肋间神经或交感神经链,多为良性。按其病理组织成分不同可分为神经鞘瘤、神经纤维瘤、神经节细胞瘤、神经母细胞瘤、神经节神经母细胞瘤等。肿瘤较小时可无明显症状,较大时压迫神经干或恶变侵蚀时可发生相应部位的疼痛。

(二)畸胎瘤

畸胎瘤起源于潜在多功能的原始胚细胞,多为良性,但恶性倾向随年龄增长而呈上升趋势。发生部位与胚生学体腔的中线前轴或中线旁区相关,多见于骶尾部、纵隔、腹膜后、性腺部位。好发于新生儿和婴儿,女性为多。一般认为畸胎瘤多系个体发育初期,部分多能性原始细胞迷离出来,在纵隔内增殖发展而成。这类肿瘤以良性畸胎瘤多见,常位于前纵隔。畸胎瘤多为实质性,可同时存在大小不等的囊腔,内含外、中或内胚层组织的衍生物如毛发、牙齿、软骨、平滑肌、支气管或肠壁等。部分畸胎瘤可以恶变,由未分化成熟组织构成的畸胎瘤属恶性,呈浸润性生长。畸胎瘤与邻近组织粘连或穿破入邻近脏器如肺、支气管,患者可咳出毛发或皮脂样物。

(三)胸腺瘤

胸腺瘤是前上纵隔最多见的纵隔肿瘤,按其细胞组织学结构可分为上皮细胞型、淋巴细胞型、混合型、上皮细胞癌和淋巴肉瘤。前三者中部分患者细胞组织形态上属于良性,但有恶性行为。10%~45%的胸腺瘤患者合并重症肌无力,而重症肌无力患者8%~20%合并有胸腺瘤。胸腺瘤和重症肌无力之间的关系复杂,目前尚不完全明确。肿瘤切除后大部分患者重症肌无力症状会缓解,但有部分患者反而加重。

(四)纵隔囊肿

纵隔囊肿多位于中、后纵隔,多属于先天性良性病变,常见的有支气管囊肿和食管囊肿,均由胚胎发育过程中部分胚细胞异位引起。

(五)纵隔甲状腺肿

纵隔甲状腺肿多与颈部甲状腺组织相连,是颈部甲状腺向胸骨后延伸所致,多为良性,可随吞咽动作上下移动。

(六)淋巴源性肿瘤

纵隔内淋巴组织丰富,原发性纵隔淋巴源性肿瘤有淋巴瘤、霍奇金病和淋巴母细胞瘤等,多位于前、中纵隔,病理多为恶性。

三、病因与病理

(一)西医病因与病理

纵隔肿瘤一般认为是异位细胞或组织种植在纵隔腔,异常增生所致,但大多数病因并不清楚。

(二)中医病因病机

纵隔肿瘤的发生为内因与外因的共同参与所致,特别是内因如精神因素、先天不足致脏腑功能失调,加上外邪侵袭,积久成瘤。其中六淫侵袭、饮食不洁、七情失调、先天禀赋不足、气血失调或痰饮壅结等为纵隔肿瘤发生的主因。

四、临床表现

纵隔肿瘤的症状与肿瘤大小、部位、生长方向和速度、质地、性质等相关。良性肿瘤由于生长缓慢,向胸腔方向生长,可生长到相当大的程度尚无症状或症状很轻微。相反,恶性肿瘤侵蚀程度高,进展迅速,肿瘤较小时可能已经出现相应症状。常见症状有胸痛、胸闷及刺激或压迫呼吸系统、神经系统、大血管、食管的症状。此外,还可出现与肿瘤性质相关的特异性症状。

1. 压迫神经系统　如压迫交感神经干时,出现霍纳综合征;压迫喉返神经出现声音嘶哑;压迫臂丛神经出现上臂麻木、肩胛区疼痛及向上肢放射性疼痛;压迫脊髓甚至可能导致截瘫。

2. 压迫或刺激呼吸系统　可引起胸闷、剧烈咳嗽、呼吸困难甚至发绀。

3. 压迫大血管　压迫无名静脉可致单侧上肢及颈静脉压增高。压迫上腔静脉可出现上腔静脉综合征,表现为面部及上肢肿胀发绀、颈浅静脉怒张、前胸静脉迂曲等征象。

4. 压迫食管　可引起吞咽困难。

5. 特异性症状　特异性症状对确诊意义较大,如随吞咽运动上下移动为胸骨后甲状腺肿;伴有重症肌无力考虑胸腺瘤。

五、辅助检查

胸部影像学检查是诊断纵隔肿瘤的最重要手段。胸部 X 线能发现部分体积较大的纵隔肿瘤。而胸部 CT 或 MRI 除了能显示肿瘤的部位、外形、密度、边缘清晰光滑度、有无钙化等特点,还可以清晰显示肿瘤与邻近组织器官的关系。B 超有助于鉴别实质性、血管性或囊性肿瘤。气管镜或胃镜等检查有助于鉴别诊断。肿大的淋巴结活检或纵隔镜活检可明确诊断。

六、诊断与鉴别诊断

根据患者病史、症状、体征及辅助检查,一般可做出纵隔肿瘤的诊断。而纵隔肿瘤种类繁多,既有原发,也有继发。临床中可根据肿瘤的位置大致区分可能的类别,并结合胸部 CT 等辅助检查进行诊断。

七、治疗

(一) 西医治疗

临床中除恶性淋巴源性肿瘤适用放射治疗或药物治疗外,绝大多数原发性纵隔肿瘤只要无手术禁忌证均应外科治疗。即使是良性肿瘤、囊肿或临床中毫无症状的肿瘤,也会由于逐渐长大而压迫毗邻器官,故均应手术治疗。而部分良性肿瘤尤其是胸腺瘤可表现为恶性侵袭的生长方式,甚至出现恶变或继发感染,因而均宜采取手术治疗。手术方式根据肿瘤部位、大小及与邻近器官的关系可采用传统开胸手术或微创胸腔镜手术。恶性纵隔肿瘤已侵入邻近器官无法切除或已有远处转移(肺内转移病灶并不是外科手术禁忌证,肺叶或局部楔形切除可与纵隔肿瘤同期进行),则可根据病理性质给予放疗或化疗。

(二) 中医治疗

辨证论治

(1)痰气凝结证:胸部疼痛,胸闷不舒,咳嗽气短,痰多,纳差,舌苔白腻或黄腻,脉弦或弦滑。治以化痰软坚,理气散结。方用海藻玉壶汤加减。

(2)气滞血瘀证:胸闷胸痛,胸痛如针刺,痛有定处,或胸闷累及胁部、肩部及上肢,气短咳嗽,有痰但咳之不出,或咳痰黄黏,伴气喘,舌苔白腻或黄厚腻,脉弦滑。治以宽胸理气,活血化瘀。方用血府逐瘀汤加减。

(3)阳虚寒盛证:胸痛彻背,遇寒痛甚,胸闷气短,心悸,动则喘息,不能平卧,面色苍白,四肢厥冷,舌紫暗,苔白,脉沉紧。治以温通胸阳,散寒消结。方用瓜蒌薤白半夏汤加减。

(4)气血两虚证:胸背部隐隐作痛,咳嗽痰少,或痰稀,咳声低弱,气短喘促,神疲乏力,视物昏花,微恶风寒,头昏,自汗或盗汗,口干少饮,舌质红,少苔,脉细弱。治以大补气血,益气养阴。方用人参养荣汤加减。

八、中西医结合讨论

纵隔肿瘤并不是一种常见的肿瘤,因起病隐匿,且大部分症状并无特异性,容易被忽略,临床中大多为检查发现,而胸部 CT 检查对纵隔肿瘤的诊断及术前评估起关键作用。虽然大部分纵隔肿瘤为良性,少数为恶性,但是由于部分良性肿瘤尤其是胸腺瘤,即使病理为良性,其生长方式却表现为浸润性生长,所以一旦发现应尽早治疗。对有手术指征的纵隔肿瘤患者,治疗仍以手术为主。而恶性淋巴源性纵隔肿瘤及有手术禁忌证的患者则以放化疗为主,辅以中医中药治疗。肿瘤早期,中医辨证以实为主,多为痰气凝结及气滞血瘀型,治疗以化痰软坚及活血化瘀为主,方选海藻玉壶汤及血府逐瘀汤加减;肿瘤后期,因正邪相争致正伤,辨证以虚为主,多为阳虚寒盛及气血两虚型,治疗以温通胸阳及大补气血为主,方选瓜蒌薤白半夏汤及人参养荣汤加减。围手术期应用中药辅助治疗,可减轻肿瘤带来的相关症状,增强患者心肺功能,提高患者生活质量。

（王　伟）

复习思考题

1. 局部晚期肺癌侵犯或压迫邻近器官时可产生哪些症状和体征?
2. 肺转移性肿瘤的手术指征有哪些?
3. 食管癌的鉴别诊断有哪些?
4. 食管癌不同时期的治疗原则是什么?
5. 二尖瓣狭窄的临床表现有哪些?
6. 主动脉瓣关闭不全的体征有哪些?
7. 肺大疱的并发症有哪些?
8. 常见的原发性纵隔肿瘤有哪些?

ER-21-11

扫一扫
测一测

◆◆◆ **第二十二章** ◆◆◆

乳 房 疾 病

> **学习目标**
>
> 1. 掌握乳房的生理结构及其与脏腑经络的关系。
> 2. 熟悉乳房疾病的病因病机、临床表现、诊断和治疗方法,乳房疾病的鉴别诊断。
> 3. 了解乳房疾病的实验室检查。

第一节 概 述

乳房疾病是源于乳腺腺体、脂肪、淋巴、血管、乳头等乳腺相关组织的疾病。多见于妇女,男子和儿童乳房不发育,故很少发生病变。《妇科玉尺·妇女杂病》有载:"妇人之疾,关系最钜者,则莫如乳。"早在汉代就有医书记载相关乳房疾病,对多种乳房疾病的病因、临床表现、治法等都有比较详细的描述,对后世诊治乳房疾病具有指导价值。本章讨论的主要疾病包括急性乳腺炎、乳腺囊性增生病、乳腺纤维腺瘤、乳腺癌等。

一、乳房的发育

乳房发育与神经和内分泌因素有关。青春期前,乳房发育缓慢。随着青春期的到来,雌激素水平增加,促进乳房发育。在雌激素刺激下,乳腺导管分支增生。成年后,乳房会因月经周期而轻微变化。妊娠时,孕激素促使腺泡生长发育。催乳素在分娩后刺激乳汁分泌,通过神经传导促使乳汁从乳头喷射出来。垂体分泌催乳素使腺细胞不断分泌乳汁。断乳后,刺激停止,催乳素生成停止,乳汁停止分泌,乳房恢复到静止状态。

二、乳房解剖与生理

女性乳房位于胸大肌浅层与深层之间,约在第 2 至第 6 肋骨水平。乳房腺体有角状伸延的乳腺腋尾部,其中部分女性可能有副乳腺,需要注意其病变情况。乳晕是乳房前方中央凸起的乳头周围的色素沉着区域,上面有散在的蒙氏结节。

乳房腺体由 15~20 个腺叶组成,每个腺叶又分为多个腺小叶,腺小叶内含有小乳管和腺泡。每个腺叶都有自己的导管系统,腺叶和乳管以乳头为中心呈放射状排列。小乳管汇聚成乳管,乳管开口汇聚于乳头。乳管靠近开口的 1/3 段稍大,称为"壶腹部",容易发生导管内乳头状瘤。腺叶、腺小叶和腺泡之间有结缔组织间隔,腺叶之间还有与皮肤垂直的纤维束,被称为 Cooper 韧带。

乳腺是许多内分泌腺的靶器官,其生理活动会受到腺垂体、卵巢和肾上腺皮质等分泌的激素的影响。不同年龄阶段,乳房的生理状态会因激素的不同影响而有所不同。

　　乳房的淋巴网甚为丰富,其淋巴液输出有四个途径(图 22-1):①乳房大部分淋巴液流至腋窝淋巴结,部分乳房上部淋巴液可直接流向锁骨下淋巴结;②部分乳房内侧的淋巴液通过肋间淋巴管流向胸骨旁淋巴结;③两侧乳房间皮下有交通淋巴管;④乳房深部淋巴网可沿腹直肌鞘和肝镰状韧带通向肝。

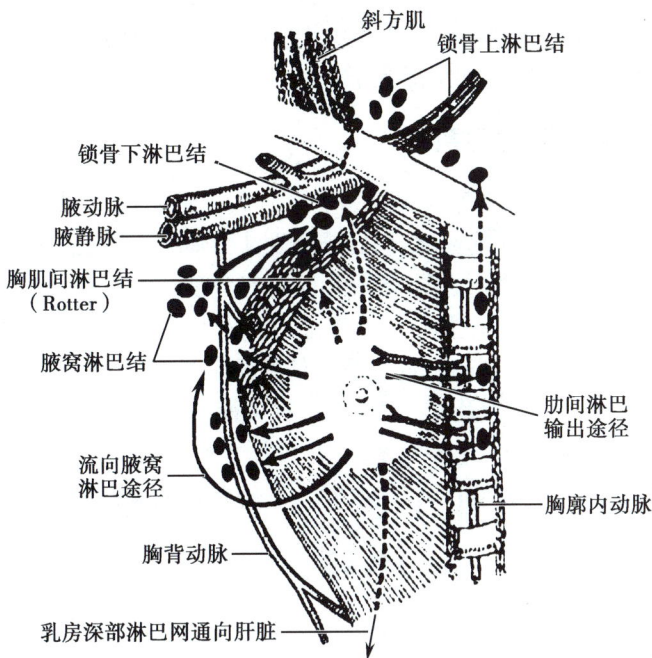

图 22-1　乳房淋巴输出途径

目前,通常以胸小肌为标志将腋区淋巴结分为三组(图 22-2):

Ⅰ组:胸小肌外侧腋窝淋巴结。

Ⅱ组:胸小肌后方的腋窝淋巴结和胸大、小肌间淋巴结。

Ⅲ组:胸小肌内侧锁骨下淋巴结。

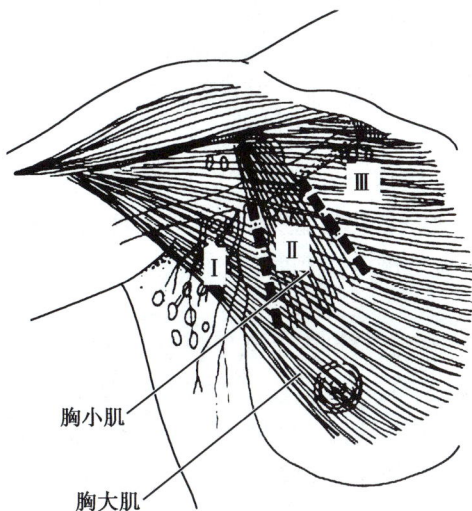

图 22-2　腋区淋巴结分组

笔记栏

ER-22-6
乳腺癌头部
皮肤转移

ER-22-7
乳岩局部表
现——乳岩
翻花

ER-22-8
乳岩局部表
现——乳岩
翻花,溃口
深如岩穴

ER-22-9
乳岩局部表
现——乳头
内缩、溃烂

ER-22-10
乳岩局部表
现——乳头
内缩、皮肤
橘皮样变

ER-22-11
乳岩局部表
现——肿块
高突

三、中医病因病机

乳房疾病主要病机为肝气郁结,或胃热壅滞,或痰瘀凝结,或肝肾不足,或乳汁蓄积,或外邪侵袭等,进而影响相关脏腑、经脉的生理功能而引发疾病。化脓性乳房疾病多由乳头破碎或凹陷畸形,感染邪毒;或嗜食厚味致脾胃积热;或情志内伤致肝气不舒,导致出现乳汁郁滞,排泄障碍,或出现痰浊壅滞,郁久化热,热盛肉腐而生成脓肿。

肿块性乳房疾病多由忧思郁怒,肝脾受损,气滞痰凝;或肝肾不足,冲任失调,气血运行失常,导致出现气滞、血瘀、痰凝,而阻滞乳络。

四、乳房与脏腑经络的关系

乳房的生理病理与脏腑功能盛衰关系密切。肾为先天之本,主藏精,肾气强天癸至,女子月事按时而至,乳房开始逐渐发育,孕育后分泌乳汁而哺乳;肾气衰则天癸竭,乳房也随之衰萎。脾胃为后天之本,气血生化之源,乳汁由水谷精华所化,脾胃气壮则乳汁浓而多,反之则稀而少。"女子以肝为先天",肝主藏血、主疏泄,对女性经、胎、产、乳至关重要。乳房与多条经脉息息相关,如胃经、脾经、肝经、肾经及冲任两脉。足阳明胃经行贯乳中;足太阴脾经络胃上膈,布于胸中;足厥阴肝经上膈,布胸胁绕乳头而行;足少阴肾经上贯肝膈而与乳联。冲任两脉起于胞中,任脉循腹里,上关元至胸中;冲脉夹脐上行,至胸中而散。故有称"男子乳头属肝,乳房属肾;女子乳头属肝,乳房属胃"。若脏腑功能失常,或经脉阻滞不畅,冲任失调,均可导致乳房疾病。

五、检查

(一)乳房检查

乳房检查对早期发现乳房疾病很重要。最佳检查时间是月经来潮后第 7~10 日。因为此时雌激素对乳腺的影响最小,乳腺处于相对静止状态,容易发现病变。

1. 望诊 患者站立,显露两侧乳房。注意乳房的形状、大小是否对称;乳房表面有无凸起或凹陷;乳头位置有无内缩或抬高;乳房皮肤有无发红、水肿、橘皮样、湿疹样改变等;乳房浅表静脉是否怒张。乳房皮肤凹陷时可让患者举臂过头或手提乳房。

2. 触诊 根据需要选择立位和卧位。先检查健侧,再检查患侧,方便对比。正确检查方法是四指并拢,用指腹平放在乳房上轻柔触摸,切勿用手指去抓捏。先触按整个乳房,然后按内上、外上(不遗漏腋尾部)、外下、内下象限的顺序触按乳房,再触按乳晕部,挤压乳头检查是否有液体溢出。最后触摸腋窝、锁骨下及锁骨上,检查淋巴结情况。

触诊时注意以下几点:①注意肿块的位置、数目、形状、大小、质地、边界、表面情况、活动度和是否有压痛;②检查肿块是否与皮肤粘连,可轻轻提起附近皮肤确定有无粘连;③最好在月经来潮的第 7~10 日进行乳房检查,此时乳房生理状态最平稳,易于发现病变;④确定肿块性质还需结合年龄、病史和其他辅助检查结果。触诊准确性取决于经验、手感和正确的检查方法等。

对于乳房疾病的诊断,检查腋窝淋巴结和锁骨上下淋巴结也很重要。医生与患者正对而立,用左手检查右侧,用右手检查左侧,让患者将上臂靠近胸壁,前臂放在检查者手臂上。先检查腋窝,再检查锁骨上区域和锁骨下区域。触及淋巴结时,注意位置、数目、形状、大小、质地、边界、表面情况、活动度和是否有压痛等。

(二)辅助检查

1. 乳房钼靶 X 线检查 是乳房疾病基本的辅助检查,广泛用于乳腺癌的普查,表现为密度增高的肿块影,边界不规则,或呈毛刺征,泥沙样及点簇样聚集钙化,其为癌前病变及乳腺癌特征性改变(图 22-3)。

2. 彩色多普勒超声检查　针对中国女性乳腺腺体致密的特点,超声对囊性病变有检出优势,可以对血供情况进行观察,可提高判断的灵敏度,且可为肿瘤的定性诊断提供有价值的依据。适用于致密型乳腺病变的评价,是亚洲女性乳腺筛查的首选辅查,是乳房钼靶 X 线检查的有效补充(图 22-4)。

3. 乳房磁共振成像检查　是乳房钼靶 X 线检查和彩色多普勒超声检查的重要补充,具有软组织分辨率高、多平面、多角度和多参数成像的特点,对多中心、多灶性病变的检出,对胸壁侵犯程度以及淋巴结转移情况的观察有优势。

4. 活组织病理检查　常用的活检方法有空芯针穿刺活检术、真空辅助旋切活检系统及细针吸取细胞学检查。前两者病理诊断准确率高,为 90%~97%,细针吸取细胞学检查的准确率为 70%~90%。

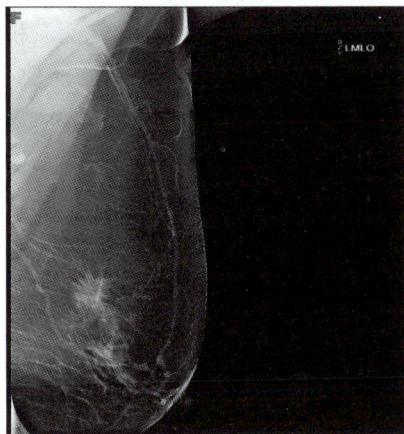

图 22-3　乳房钼靶片(乳腺癌)

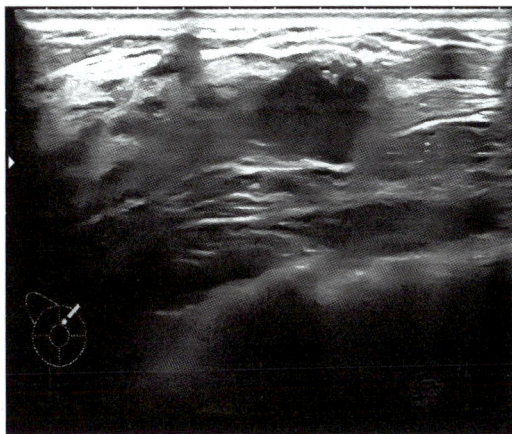

图 22-4　乳房彩超检查(乳腺癌)

乳头溢液,特别是血性溢液者,可行乳腺导管内镜检查或乳腺导管造影检查。乳头糜烂湿疹样变疑为湿疹样乳腺癌时,可行乳头糜烂部刮片或印片法细胞学检查,或行糜烂乳头部分切取活检术。

(刘晓菲)

第二节　急性乳腺炎

急性乳腺炎是发生在哺乳期妇女的常见的急性炎症性疾病,多属乳汁淤积或细菌感染导致乳腺导管和乳腺周围结缔组织发生的炎症性改变,以产后 3~4 周的初产妇多见。此病症属于中医"乳痈"的范畴,晋代皇甫谧《针灸甲乙经·妇人杂病》对本病进行了首次描述:"乳痈有热,三里主之。"认为其发病主要是由于产后乳腺导管不通或哺乳方式不正确,引起乳汁淤积,经内热熏蒸,蕴酿成脓,或由肝气郁结、胃热壅盛、气血瘀滞所致。初起时患侧乳房排乳不畅,乳汁淤积会出现肿块、疼痛。若不能及时通乳消散,继而肿块表面皮肤发红,液化成脓,初期即伴有发热、恶寒、头身酸痛不适等全身症状。表层脓肿者可自行破溃,深层部位的脓液易向更深部发展形成脓肿甚至形成乳瘘。乳头皲裂、内陷及乳汁排泄不畅是该病的主要发病因素,本病发病时间特殊,给产妇和婴儿的身心健康带来严重影响。

一、病因与病理

(一)西医病因与病理

本病的发病原因包括乳汁淤积和细菌入侵两个方面。

1. 乳汁淤积 常因喂奶不及时、乳汁量多不能完全排空或乳房局部受外力压迫导致乳汁淤积。或因乳腺发育不良,乳头扁平、短小、凹陷等乳房缺陷问题,导致小儿吮吸不畅,乳汁淤积阻塞乳腺导管。也可因乳头皲裂后造成的剧烈疼痛影响哺乳,导致乳房未及时排空而形成乳汁淤积。

2. 细菌入侵 乳头破损皲裂,细菌沿淋巴管入侵是感染的主要途径。细菌也可直接侵入乳管,逆行至乳腺小叶而致感染。致病菌大多为金黄色葡萄球菌。

(二)中医病因病机

中医学认为急性乳腺炎的发病原因主要是产后正气虚弱,风毒乘虚入络;情志内伤,肝气郁结;饮食不节,脾胃运化失司;乳头皲裂,毒邪入络。本病病机为肝胃郁热,乳汁淤积,乳络阻塞,气血瘀滞,郁久化热,热盛肉腐,肉腐成脓。病性为阳证,属热证疮疡。病位在乳房。

二、临床表现

(一)症状

初起肿块期乳房局部肿胀疼痛,乳汁排出不畅,或伴有结块。可出现寒战发热,头痛骨楚,甚或全身高热、口渴欲饮、不思饮食等全身症状。发病初期及时吸出乳汁、排空乳房,症状即可消失。若未能及时处理,或有乳头凹陷、皲裂等问题造成乳汁无法正常吸出时,淤积的乳汁就会出现化脓。成脓期乳房结块逐渐增大,疼痛加重,或焮红灼热,同侧腋窝淋巴结肿大压痛,伴有壮热不退、口渴喜饮、便秘溲赤等症状。7~10日即可成脓。可行穿刺法吸出脓液,少数患者也可将脓液从乳头排出。

若初起大量使用抗生素或寒凉药物,可导致乳房局部肿块质硬,迁延数月难以消除,部分肿块也可再次染毒酝酿成脓。若邪热鸱张,则可发展为乳发、乳疽,甚或导致热毒内攻脏腑的危象。若脓出肿痛不减,身热不退,可能形成袋脓,或脓液旁入侵则形成传囊乳痈。若乳汁从疮口溢出,或疮口脓水淋漓,久难收口,则为乳漏。均为乳痈之变证。

(二)体征

初起时患部压痛,结块或有或无,皮色微红或不红。化脓时患部肿块逐渐增大,结块明显,皮肤红热水肿,触痛显著,拒按。脓已成时肿块变软,按之有波动感,若病变部位较深,则皮肤发红及波动感均不甚明显。已溃疮口流脓黄而稠厚。若脓肿向乳管内穿破,可自乳头流出脓液。患侧腋下常可扪及肿大的淋巴结,并有触痛。

三、辅助检查

1. 血常规检查 白细胞总数及中性粒细胞比例明显升高,白细胞总数常 $>10 \times 10^9/L$,中性粒细胞比例常可达 75%~85%。

2. 脓液细菌培养及药物敏感试验 穿刺抽脓患者可行脓液细菌培养及药物敏感试验,有助于明确致病菌种类,对抗生素的选用进行指导。

3. 彩色多普勒超声检查 脓肿部位较深者有助于确定脓肿形成与否和脓肿的位置、数目和范围。

四、诊断与鉴别诊断

1. **乳腺导管扩张症** 发生在非妊娠期和非哺乳期。本病多因乳头先天内陷畸形,乳头溢出粉刺样、油脂样物或血性液。发病初期症状与急性乳腺炎类似,主要表现为乳房局部形成肿块并红肿疼痛,或形成脓腔、乳头溢液、乳头内陷,肿块溃破后疮面不愈合而形成瘘管。本病与急性乳腺炎的鉴别主要有三点:①抗炎治疗无效;②乳腺导管造影显示乳腺导管扩张;③乳头或乳晕下触到增粗的导管。

2. **哺乳期外伤性乳房血肿** 有乳房外伤史;局部可有红肿热痛,偶可触及边缘不清的肿块;局部穿刺吸出物为血液。

五、治疗

急性乳腺炎的治疗原则是消除感染、排空乳汁。

(一) 西医治疗

1. 一般治疗

(1)患乳暂停哺乳,用吸乳器定时吸出乳汁,促使乳汁排出通畅,勿使其淤积。

(2)患者经常用温水、肥皂洗净两侧乳头。如有乳头内陷,可经常挤捏、提拉矫正之。

2. **药物治疗** 早期呈蜂窝织炎表现而未形成脓肿时,应用抗生素可获得良好的效果。因主要病原菌为金黄色葡萄球菌,可不必等待细菌培养的结果,应用青霉素治疗,或用耐青霉素酶的苯唑西林钠(新青霉素Ⅱ),或头孢一代抗生素如头孢拉定。对青霉素过敏者,则应用红霉素。抗生素通过乳汁而影响婴儿的健康,因此如四环素、氨基糖苷类、喹诺酮类、磺胺类和甲硝唑等药物应避免使用。

3. **切开引流** 脓肿形成后宜及时切开排脓(图22-5)。切开引流时应注意以下几点:

(1)为避免手术损伤乳管,应以乳头为中心循乳管方向做放射状切口,至乳晕处为

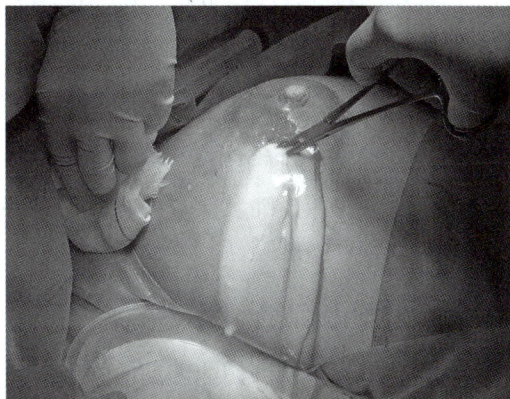

图22-5 乳晕中央区脓肿小切口引流

止;深部或乳房后脓肿可沿乳房下缘做弧形切口,经乳房后间隙引流,既有利于引流排脓,又可避免损伤乳管;乳房下脓肿应沿乳晕边缘做弧形切口。

(2)若炎症明显但波动感不明显者,应在压痛最明显处进行穿刺。及早发现深部脓肿,切开后应以手指探入脓腔,轻轻分离多房脓肿的房间隔膜以便引流。

(3)为使引流通畅,可在探查脓腔时找到脓腔的最低部位,另做切口引流。

若感染严重或脓肿引流后并发乳瘘,应停止哺乳,可口服溴隐亭1.25mg,每日1次,服用14日;或己烯雌酚1~2mg,每日3次,共2~3日;或肌内注射苯甲酸雌二醇2mg,每日1次,至乳汁停止分泌为止。

(二) 中医治疗

中医治疗强调及早处理,以消为贵;注重疏通,避免过用寒凉药物;积极配合使用多种外治法。

1. 辨证论治

(1)肝胃郁热证:乳房肿痛,排乳不畅,伴发热、头痛、胸闷呕恶等,舌红,苔薄,脉浮数或

弦数。治以疏肝清胃,通乳消肿。方用瓜蒌牛蒡汤加减。

(2)**热毒炽盛证**:乳房肿痛加剧,皮肤红肿灼热,脓出不畅,高热口渴,便秘溲赤,舌红,苔黄腻,脉洪数。治以清热解毒,托里透脓。方用五味消毒饮合透脓散加减。

(3)**正虚邪滞证**:溃后乳房肿痛减轻,脓液清稀,面色少华,神疲乏力,低热不退,舌质淡,苔薄,脉细。治以益气和营,托毒生肌。方用托里消毒散加减。

(4)**气血凝滞证**:乳房结块质硬,皮色暗红,日久不消,舌质瘀暗,苔薄白,脉弦涩。治以疏肝活血,温阳散结。方用四逆散加减。

2. **外治法**

(1)**初起**:因乳汁淤积而局部肿痛者可采用手法按摩。皮肤红热明显者,可用金黄散、双柏散或玉露散,加冷开水或金银花露调敷;或鲜菊花叶、鲜蒲公英、仙人掌单味适量捣烂外敷。皮色微红或不红者,用冲和膏外敷。

(2)**成脓**:宜切开排脓。脓肿在乳房部者,做放射状切口或循皮纹切开;乳晕部脓肿宜在乳晕旁做弧形切口;乳房后位脓肿宜在乳房下方皱褶部做弧形切口。

(3)**溃后**:用药线蘸八二丹或九一丹引流,加外敷金黄膏;脓腔较大者则用红油膏纱布蘸取八二丹或九一丹填塞;待脓净流出黄稠滋水,则改用生肌散、红油膏或白玉膏盖贴。同时配合垫棉法加快愈合。

(4)**袋脓或乳汁从疮口溢出**:可加用垫棉法。若失败则需扩创引流。

(5)**传囊**:若红肿疼痛明显,则按初起处理;若局部已成脓,则需再做一辅助切口引流或用拖线法。

3. **其他疗法**

(1)**针灸疗法**:适用于乳痈初起。选取肩井、膻中、足三里、膈俞、列缺、血海等穴,针用泻法,每次 15 分钟,每日 1 次。

(2)**回乳**:先减少哺乳次数使得乳汁分泌减少,再用麦芽 60g、山楂 60g,或生枇杷叶 15g 煎汤代茶饮,同时外敷芒硝。

六、中西医结合讨论

急性乳腺炎是初产妇哺乳期的常见病。初产妇乳管痉挛和乳头皲裂是淤乳产生的常见诱因,可采用疏肝理气、疏通乳络的中药,如黄柏、苦参、蒲公英、石菖蒲等内服外洗,并配合正确疏通排乳的手法,可有效缓解乳头的皲裂和破损,以便及早改善患者淤乳的情况。作为预防哺乳期乳腺炎的干预手段,这是中医"不治已病治未病"的策略。反之,如果治疗不当,则会迅速进入脓肿期。此时可依照西医脓肿切开彻底引流的原则,在彩超引导下进行精准穿刺抽脓,或者行小切口负压置管引流,既能达到有效引流的目的,也能最大限度地保护乳房外观和减少乳管损伤,防止乳瘘形成。

(刘晓菲)

第三节　乳腺囊性增生病

乳腺囊性增生病亦称乳腺病,由于对本病的认识不同,有多种命名,如乳腺小叶增生症、乳腺结构不良症、纤维囊性乳腺病等。本病是以乳腺小叶、小导管及末梢导管高度扩张而形成的囊肿为主要特点的,同时伴有其他结构不良病变的疾病。该病除单纯的乳腺增生外,还存在不典型增生。本病是妇女的常见病之一,多发生于 30~50 岁的妇女,40~49 岁为发病高峰,绝经后发病率迅速下降。临床特点是乳房胀痛、乳房肿块及乳头溢液,属中医"乳癖"范畴。

一、病因与病理

(一) 西医病因与病理

1. 病因　本病系雌激素、孕激素比例失调,使乳腺实质增生过度和复旧不全所致。部分乳腺实质成分中女性激素受体的质和量异常,使乳房各部分的增生程度参差不齐。

2. 病理　病理形态呈多样性表现。增生可发生于腺管周围并伴有大小不等的囊肿形成,囊内含淡黄色或棕褐色液体;或腺管表现为不同程度的乳头状增生,伴乳管囊性扩张;也有发生于乳腺小叶实质者,主要为乳管及腺泡上皮增生,表现为上皮瘤样增生、腺管型腺病、大汗腺样化生。

(二) 中医病因病机

"女子以肝为先天",女子以血为用,有经、孕、产、乳等生理特点。女子乳房疾病与肝经密切相关。肝体阴用阳,体阴者藏血,用阳者疏泄,具有调畅气机、疏泄情志的作用。

1. 因情志不遂,导致久郁伤肝,或受到精神刺激,性情急躁易怒,导致肝气郁结,气机阻滞,经脉闭阻,引起乳房疼痛;肝气郁久化热,灼烧津液成痰,导致气滞、痰凝、血瘀,形成乳房肿块。

2. 因肝肾不足,冲任失调,导致气滞血瘀;或脾肾阳虚,痰湿内结,经脉阻塞不通,从而出现乳房结块、疼痛及月经不调。

二、临床表现

一侧或双侧乳房胀痛和肿块是本病的主要表现。部分患者具有周期性乳房胀痛,经前明显,经后减轻,严重者疼痛伴随整个月经周期。体检发现一侧或双侧乳房内有大小不一、质韧的单个或多个结节,可有触痛,与周围组织分界不清,亦可表现为弥漫性增厚。少数患者可有乳头溢液,多为浆液性或乳汁性液体。本病病程较长,常因情绪、劳累等因素诱发。

三、辅助检查

1. 彩色多普勒超声检查　超声显示增生部位不均匀的低回声区,乳腺回声增粗、增强,排列稍紊乱。若为囊肿可表现出大小不等的无回声区,其后壁回声稍强。如有实性结节形成,可见低回声区,边界清楚,无包膜,内无血流信号。

2. 乳腺钼靶 X 线检查　增生的乳腺组织呈现边缘分界不清的棉絮状或毛玻璃状改变的密度增高影。伴有囊肿时,可见不规则增强阴影中有圆形透亮阴影。

3. 病理活组织检查　切取或切除活体组织检查,能明确诊断。

4. 乳腺导管造影或乳管镜检查　主要适用于乳头溢液患者的病因诊断。

5. 内分泌六项　可帮助了解患者的激素水平。

四、诊断与鉴别诊断

(一) 诊断

根据以上临床表现,本病的诊断并不困难,但要特别注意乳腺癌与本病有同时存在的可能,应嘱咐患者每隔 3~6 个月复查一次。当局限性乳腺增生肿块明显时,要与乳腺癌相区别,后者肿块更明确,质地偏硬,与周围乳腺有较明显区别,有时伴腋窝淋巴结肿大,乳腺钼靶 X 线检查和超声检查有助于两者的鉴别。

(二) 鉴别诊断

1. 乳腺纤维腺瘤　多见于 20~30 岁的女性。乳房肿块形如丸卵,表面坚实光滑,边界清楚,活动度好,可推移。病程进展缓慢。

2. 乳腺癌 乳房肿块,多无疼痛表现,逐渐长大。肿块质地坚硬,表面高低不平,边界不清,常粘连皮肤,且活动度差,患侧淋巴结可肿大,后期溃破呈菜花样表现。

五、治疗

(一) 西医治疗

本病的治疗主要是对症治疗。对症状较重者可用他莫昔芬治疗,于月经干净后第 5 日开始口服,每日 2 次,每次 10mg,连用 15 日后停药。该药治疗效果较好,但因对子宫内膜及卵巢有影响而不宜长期服用。

对局限性腺体增厚的乳腺囊性增生病,应在月经干净后 5 日内复查。若肿块变软、缩小或消退,则可予以观察或中药治疗;如有非典型上皮增生,同时有对侧乳腺癌或有乳腺癌家族史等高危因素者,可考虑手术切除活检。

(二) 中医治疗

中医采用疏肝理气、化痰散结、行气活血、调理冲任的方法治疗,可有效缓解乳房疼痛和肿块,具有预防癌变、疏导情志的作用。

1. 辨证论治

(1)肝郁痰凝证:乳房肿块质韧,胀痛或刺痛,随情绪变化,伴胸闷胁胀、易怒、失眠多梦、心烦口苦,苔薄黄,脉弦滑。治以疏肝解郁,化痰散结。方用逍遥蒌贝散加减。

(2)冲任失调证:乳房肿块在月经前重、后缓,疼痛轻或无,伴腰酸乏力、神疲倦怠、月经失调,舌淡,苔白,脉沉细。治以调摄冲任,和营散结。方用二仙汤合四物汤加减。

2. 外治法 阳和解凝膏掺黑退消或桂麝散盖贴;或用大黄粉加醋调敷。过敏者禁用。

3. 其他疗法

(1)针灸疗法:常用穴位有乳根、期门、膻中、内关、膺窗等,治以开郁、调血、止痛等。

(2)按摩疗法:按揉行间至太冲;或自乳头向下按推直接至期门 36 次,并于期门上轻揉 72 次。

六、中西医结合讨论

西医认为本病由内分泌紊乱引起,与雌激素/孕激素的动态平衡即下丘脑-垂体-性腺轴的调控密切相关。故对轻至中度疼痛患者的治疗以心理疏导和改变生活习惯为主。中医认为本病病因病机是因情志不畅、冲任失调,导致肾-天癸-冲任轴的失衡。肝者,主疏泄,宜条达,女子以肝为先天。如遇情志不畅,则肝失条达,气机不畅,易于郁阻乳络,肝郁不舒,郁而化火而发病,与陈实功“随喜怒消长”的观点一致。逍遥蒌贝散、二仙汤即从调控肾-天癸-冲任轴的角度,达到治疗目的,为临床治疗之常用方。但本病有一定比例可进展为乳腺非典型增生、原位癌,为乳腺癌的癌前病变。在癌前病变阶段应尽早进行手术切除或者药物阻断逆转,特别是针对有乳腺癌家族史等高危人群要及时筛查癌前病变,以便及时诊治。

(刘晓菲)

第四节 乳腺纤维腺瘤

乳腺纤维腺瘤是发生于乳腺小叶内纤维组织和腺上皮的良性肿瘤。好发于 18~35 岁的青壮年女性,尤以 25 岁以下为多见。临床表现为乳中结核,形如丸卵,边界清楚,表面光滑,推之活动。属中医"乳核"范畴。

一、病因与病理

(一)西医病因与病理

1. 病因　根据"种子 - 土壤学说",本病产生的原因是乳腺小叶内纤维细胞对雌激素的敏感性异常增高,可能与纤维细胞所含雌激素受体的量或质的异常有关。

2. 病理　本病的特点是腺上皮和结缔组织均有不同程度的增生,根据增生的比例不同可分为腺瘤、腺纤维瘤、纤维腺瘤 3 种基本类型。根据腺上皮和纤维组织结构的相互关系可分为管内型(又称管型腺纤维瘤)和管周型(又称乳管及腺泡周围型腺纤维瘤)。

(二)中医病因病机

情志内伤,郁怒伤肝,或忧思伤脾,运化失司,致痰湿内生,气滞痰凝;或冲任失调,致气滞血瘀痰凝,积聚于乳房胃络而发为本病。

1. 肝脾两伤　情志不畅,郁闷忧思,致肝气不舒而失于条达,气不舒则气滞血瘀;肝郁犯脾,脾失健运,则痰浊内生,气滞痰瘀互结于乳中而致病。

2. 冲任失调　"冲任二经,上为乳汁,下为经水",隶属肝肾。由于先天不足或后天失调,生育过多,以致肝肾亏损,冲任失调,精血不足,水不涵木,易致肝火上升,火灼津为痰,痰瘀互结于乳中而致病。

二、临床表现

乳房肿块约 75% 为单发,少数为多发。除肿块外,患者常无明显自觉症状。肿块增长缓慢,表面光滑,易于推动。月经周期对肿块的大小无明显影响,妊娠期肿块可迅速增大,应排除恶变可能。

青春期乳腺巨大纤维瘤是一种特殊类型的乳腺纤维腺瘤,较少见。其特点为生长速度较快,瘤体大,一般 >5cm,可见肿瘤占据整个乳房,从而使乳房皮肤高度紧张、发亮。

三、辅助检查

1. 彩色多普勒超声检查　肿瘤为圆形或卵圆形,实质性,边界清楚,内部为均质的弱光点,后壁线完整,有侧方声影,后方回声增强。彩超可以发现乳腺内多发肿瘤。

2. 乳房钼靶 X 线检查　表现为圆形或椭圆形阴影,密度均匀,边缘光整锐利。多发性纤维瘤表现为均匀一致、中等密度的阴影,大小不等。

3. 病理学检查　包括细针吸取细胞学检查、切取活体组织检查及切除活体组织检查。如有以下高危因素,应行组织病理学检查:①患者年龄超过 35 岁;②有乳房肿瘤家族史;③乳房肿块近期增长迅速;④肿瘤穿刺细胞学检查发现可疑癌细胞。

四、诊断与鉴别诊断

(一)诊断

根据临床表现,结合彩色多普勒超声检查、乳腺钼靶 X 线检查等辅助检查,可以帮助诊断。

(二)鉴别诊断

1. 乳腺囊性增生病　常为双侧乳房多发肿块,肿块大小不一,可为片块状、条索状、结节状或颗粒状,边界欠清晰,质地软或硬韧,多伴有触痛或胀痛,一般在经前加重、经后减轻。

2. 乳腺癌　乳房肿块,多无疼痛,逐渐长大。肿块质地坚硬,表面高低不平,边界不清,常与皮肤粘连,活动度差,患侧淋巴结可肿大,后期溃破呈菜花样。乳腺钼靶 X 线检查和超声检查有助于两者的鉴别。

五、治疗

手术切除治疗单发乳腺纤维腺瘤较为适宜,多发或复发性乳腺纤维腺瘤则可选用中药治疗,以发挥控制肿瘤生长、减少复发,甚至消除肿瘤的作用。

(一) 西医治疗

1. **随访观察** 大多数经细针吸取细胞学检查确诊为乳腺纤维腺瘤的患者,最佳选择是随访观察。适用于大多数肿瘤生长缓慢或无变化的乳腺纤维腺瘤患者。因为乳腺纤维腺瘤恶变的潜力很低,基于肿瘤学考虑的治疗是不必要的。在随访观察的过程中,有一小部分乳腺纤维腺瘤可以不经治疗自行消失,大部分病灶会保持大小不变或慢慢增大。

2. **药物治疗** 雄激素治疗:在月经停止 1 周后开始用甲睾酮,至下次月经前结束,5~10mg/d。每个月经周期总量不超过 100mg,治疗期间以不使月经紊乱为主。用药半年无效即停药。但雄激素易引起乳腺导管上皮增生,长期应用有癌变的可能,因此,应用雄激素应慎重。

3. **手术治疗** 手术切除是乳腺纤维腺瘤的最佳方法,可以一次治愈,且不影响其功能。

(1)开放手术:可采用乳房肿块切除术、乳房区段切除术,部分患者可行单纯乳房切除术。最常用的方法是乳房肿块切除术。对手术切下的肿块,必须明确其性质,并做病理学检查。早期乳腺癌有时可被误诊为腺纤维瘤而被切除,如病理学检查结果系属恶性,应及时进行乳腺癌根治术。

(2)微创技术:可采用乳房肿物微创旋切术(图 22-6)。在彩超引导下的乳房微创旋切术,具有切口微小、外形美观、定位精准、切除病灶准确的优势,美容效果好,针孔创伤,手术快速方便。

(二) 中医治疗

1. **辨证论治**

(1)肝气郁结证:肿块小,生长缓慢,无痛,可移动,伴胸闷叹息,苔薄白,脉弦。治以疏肝解郁,化痰散结。方用逍遥散加减。

(2)血瘀痰凝证:肿块大,质地坚硬,重坠,伴胸胁牵痛、烦闷急躁、月经不调等,舌质暗红,苔薄,脉弦滑或细。治以疏肝活血,化痰散结。方用逍遥散合桃红四物汤加减。

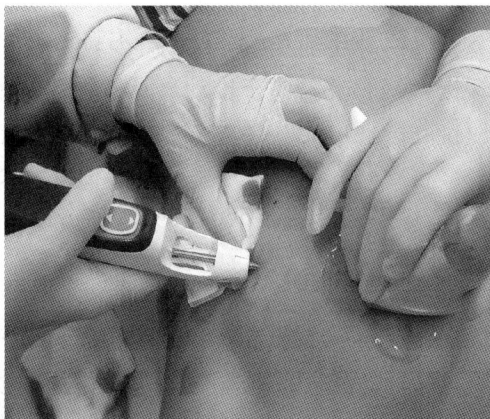

图 22-6 乳腺纤维腺瘤微创手术图像

2. **外治法** 阳和解凝膏掺黑退消外贴,每周换药 1 次。

六、中西医结合讨论

针对乳腺纤维腺瘤,西医治疗以手术切除为主,分为传统外科手术和微创治疗。其中,微创治疗主要包括微创旋切术及热消融、冷冻消融等物理消融技术。热消融又包括射频消融、微波消融、激光消融等。消融治疗具有创伤小、消融范围精准、美容效果好等优点,也是目前可替代的手术方式。乳腺纤维腺瘤常呈现多发病灶,基于"种子 - 土壤学说",术后容易复发,而中医药在预防其复发方面有明显优势。中医认为本病以"痰""瘀"为要,脏腑失调为病机,从中医整体观念、辨证论治的角度出发,治疗注重调补肝、脾、肾,以疏肝解郁,活血散结,健脾益肾,化痰散结为法。因此,中西医结合治疗不仅能够解决既有的乳房肿瘤,还能够调节患者的激素水平,降低肿瘤复发率,达到标本兼治的目的。

（刘晓菲）

第五节 乳 腺 癌

乳腺癌是女性最常见的恶性肿瘤之一,在我国发病率呈逐年上升趋势,目前位居女性恶性肿瘤之首,死亡率位居第四位。乳腺癌主要临床特点为乳房内肿块,质地坚硬,推之难移,溃后凸如泛莲或菜花,或凹陷如岩穴。本病属中医"乳岩""失荣""恶疮""石痈"等范畴。

一、病因与病理

（一）西医病因与病理

1. 病因 目前认为乳腺癌的发病与下列因素密切相关:

（1）内分泌因素:乳腺是雌激素、孕激素及催乳素等多种内分泌激素的靶器官,其中雌酮及雌二醇与乳腺癌的发病有直接关系。该病主要发生在40~60岁的女性,目前已有循证医学证据证实,雌激素中的雌酮和雌二醇能明显促进乳腺癌的发生;而孕酮在乳腺癌的发生过程中有致癌和抑癌的双重作用;催乳素在乳腺癌的发病过程中有反向作用。临床上月经初潮早于12岁,绝经晚于55岁,以及40岁以上未婚、未育者,乳腺癌的发病率均较高。

（2）遗传因素:绝经前乳腺癌患者,其姐妹及女儿发生乳腺癌的概率较正常人群高3~8倍。目前研究证实 BRCA1、BRCA2 为乳腺癌易感基因。

（3）饮食与肥胖:高脂饮食及过于肥胖会提高组织内脂溶性雌激素的浓度,流行病学研究发现脂肪的摄取与乳腺癌的死亡率有明显的关系,尤其在绝经后的妇女。

（4）其他因素:曾患乳腺癌或乳腺上皮不典型增生者,乳腺癌的发病率均明显高于正常妇女。长期的乳房良性肿瘤病史也是乳腺癌的发病原因。环境因素(电离辐射、药物)及其他系统的疾病(最有代表性的是非胰岛素依赖型糖尿病)也影响乳腺癌的发病率。

2. 病理 乳腺癌病理类型有多种分型方法,目前国内仍多采用以下病理分型:

（1）非浸润性癌:包括乳腺导管原位癌(癌细胞未突破导管壁基底膜)、小叶原位癌(癌细胞未突破末梢乳管或腺泡基底膜)及乳头湿疹样乳腺癌(伴发浸润性癌者不属于此类)。此型属早期,预后较好。

（2）早期浸润性癌:包括早期浸润性导管癌(癌细胞突破导管壁基底膜,开始向间质浸润)、早期浸润性小叶癌(癌细胞突破末梢乳管或腺泡基底膜,开始向间质浸润,但仍局限于小叶内)。此型仍属早期,预后较好。

（3）浸润性非特殊癌:包括浸润性小叶癌、浸润性导管癌、硬癌、髓样癌(无大量淋巴细胞浸润)、单纯癌、腺癌等。此型是乳腺癌中最常见的类型,约占80%,但判断预后尚需结合其他因素。

（4）浸润性特殊癌:包括乳头状癌、髓样癌(伴大量淋巴细胞浸润)、小管癌(高分化腺癌)、腺样囊性癌、黏液腺癌、大汗腺样癌、鳞状细胞癌等。部分特殊类型乳腺癌分化程度较高,预后尚好。

（5）其他少见癌:如佩吉特病(Paget disease)、炎性乳腺癌等。

（二）中医病因病机

中医学认为,乳腺癌发生的重要病因病机为人体在各种致病因素的作用下,气血运行失常,经络受阻,脏腑功能紊乱。

1. 先天禀赋因素 禀赋因素往往与先天遗传大有关系,后天较难纠正,故而在发病中对病情的发生发展及转归起到重要作用。

2. 情志因素 喜、怒、忧、思、悲、恐、惊的过度表达则产生异常情志,其与乳腺癌的发生有因果关系。

3. 饮食因素 长期暴饮暴食、恣食膏粱厚味、饮食不节或不洁等饮食不调均可损伤脾胃,致运化失司,痰浊内生或酿痰生热,以致阻塞经络,气血不行,而发本病。

4. 外邪入侵 六淫侵扰均可致病,正如《灵枢·九针论》所云:"四时八风之客于经络之中,为瘤病者也。"

5. 劳倦损伤 劳伤肾,肾不藏精,无以滋养冲任,冲任失调可发为乳腺癌。

外邪是乳腺癌发病的条件,内因是其决定因素。在整个发病过程中,可因虚致实,因实而虚,虚实夹杂,以致气滞、痰凝、血瘀、邪毒内蕴,结滞于乳络而成乳腺癌。同样,痰邪、瘀邪这些病理产物可作为新的致病因素直接或间接导致人体气血、经络、脏腑功能失调,又可产生疾病。

二、临床表现

(一)乳房肿块

早期表现为患侧乳房出现无痛、单发的小肿块,肿块位于外上象限最多见,其次是乳头、乳晕区和内上象限,常由患者在无意中发现。肿块质地较硬,甚至呈岩石样,表面不光滑,与周围组织分界不清,活动度差。随着肿瘤增大,可引起乳房局部隆起。乳腺癌发展至晚期,可侵入胸肌筋膜、胸肌,肿瘤固定于胸壁不易被推动。

(二)乳房疼痛

多数乳腺癌患者常以无痛性肿块就诊。当乳腺癌发展至一定阶段,可伴有不同程度疼痛,表现为持续性或阵发性乳房刺痛、钝痛或隐痛。

(三)乳房皮肤改变

肿瘤累及 Cooper 韧带,可使其短缩而致肿瘤表面皮肤凹陷出现"酒窝征";肿瘤侵及皮下淋巴管使其堵塞,淋巴回流障碍,出现真皮水肿,皮肤呈"橘皮样"改变;进一步侵犯皮内淋巴管,可在肿瘤周围形成卫星结节,多数小结节成片分布,称"铠甲样变"。有时皮肤可溃破而形成溃疡,这种溃疡常伴恶臭,并且容易出血。炎性乳腺癌(inflammatory breast cancer)并不多见,局部皮肤可呈炎症样表现,包括发红、水肿、增厚、粗糙、表面温度升高。

(四)乳头乳晕改变

若邻近乳头或乳晕的癌肿侵入乳管,使之缩短,则将乳头牵拉向癌肿一侧,进而出现乳头扁平、回缩、凹陷,甚至完全回缩到乳晕下。乳头湿疹样乳腺癌少见,表现为乳头有瘙痒、烧灼感,以后出现乳头和乳晕的皮肤变粗糙、糜烂如湿疹样,进而形成溃疡,有时覆盖黄褐色鳞屑样痂皮,部分患者可触及乳晕区肿块。少数患者可出现不同程度的乳头溢液。

(五)乳房外形不对称

由于肿瘤浸润,患侧乳房轮廓可出现外凸或凹陷等改变。或乳头受牵拉,或乳房上抬,令两侧乳头不在同一水平面上。

(六)区域淋巴结肿大

乳腺癌淋巴转移最初多见于腋窝,肿大淋巴结质硬、无痛、可被推动,随病情发展,肿大淋巴结数目增多,并可融合成团,甚至与皮肤或深部组织粘连。

三、辅助检查

(一)实验室检查

目前尚无乳腺癌特异性标志物,癌胚抗原(CEA)的阳性率为 20%~70% 不等;糖蛋白抗原 CA15-3 的阳性率为 33%~60%，可供临床诊断和随诊参考。

(二) 影像学检查

1. 乳腺钼靶 X 线检查　乳腺癌在钼靶影像上常表现为高密度的肿块影，形态不规则，可见"毛刺状"边缘；肿块内部或周围可伴有不定型砂砾状或针尖样大小钙化灶；部分乳腺癌无明显肿块影，但可见乳腺正常结构被扭曲。较典型者，当看到乳头乳晕变形明显，组织破坏形成边缘不规则的三角形致密影，即"漏斗征"时，可高度怀疑乳腺癌（图 22-7）。

2. 超声检查　超声扫描是乳腺钼靶 X 线检查的补充方法，典型的乳腺癌超声声像表现：肿块为明显的低回声，形态多不规则，部分可见"蟹足状"边缘，或可伴有"恶性晕"征，肿块纵横比>1，肿块内可见散在点状小钙化，后方回声衰减（图 22-8）。

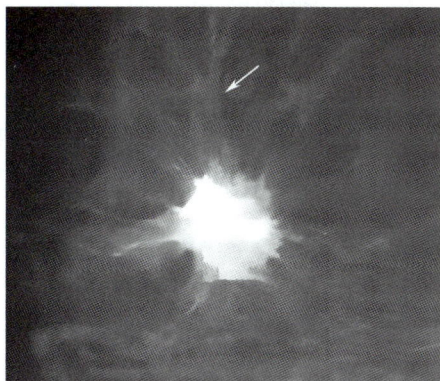

图 22-7　乳腺癌钼靶

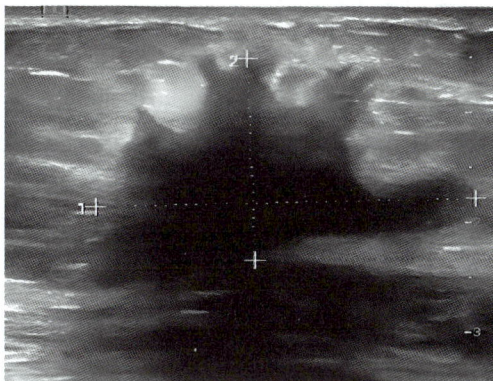

图 22-8　乳腺癌超声

3. MRI 检查　MRI 比乳腺钼靶 X 线、B 超能更好地显示肿瘤的形态学和血流动力学特征。多数浸润癌 MRI 平扫表现为不规则的星芒状、蟹足状、T_1 低、T_2 高信号影，个别可呈椭圆形、卵圆形或分叶状。乳腺癌因血运丰富，在注入造影剂后，多数病变的时间信号曲线表现出初始期明显的对比增强，之后快速流出的特点。目前认为早期迅速强化（1 分钟内）和强化迅速消失是乳腺癌的典型表现之一，约占 50%。

4. 乳腺导管内镜检查　可直接观察到乳腺大、中导管内壁，腔内及小导管开口的一些病变。当乳腺导管原位癌伴乳头溢血时，表现为沿管壁纵向蔓延的灰白病灶，呈不规则隆起状，触之易出血，管壁僵硬，病灶处取组织液涂片可寻找癌细胞帮助做出诊断。

(三) 病理学检查

1. 细针吸取细胞学检查　采用细针刺入肿瘤组织中，利用注射器的负压作用，吸取少量细胞，涂片后镜下确定疾病性质，从而达到诊断目的。阳性率大于 90%，但由于单独细胞学检查无法确定组织学类型、分子分型及受体检测，故诊断价值受限。

2. 细胞学刮片或抹片　对乳头糜烂、结痂或怀疑湿疹样乳腺癌时，可刮取糜烂面或蘸取湿疹表面的细胞组织，载于玻璃片上，固定染色，进行细胞学检查，为早期诊断提供病理依据。

3. 组织病理学检查　包括空芯针穿刺活检及切除活检，诊断准确率高。

(四) 其他检查

PET 检查可以反映肿瘤的代谢情况，获取功能和代谢信息，且全身扫描能早期发现淋巴结、骨和肺转移等情况。PET 结合 CT 检查能进一步增加全身病灶的检出机会。

四、诊断与鉴别诊断

(一) 诊断

1. 年龄　发病年龄多在 40~60 岁之间。

2. 肿块 早期症状是乳内出现单发的无痛性肿块,质硬,不易被推动,肿块多生长速度较快。

3. 乳头改变 部分患者可出现乳头牵向肿块方向,或牵拉内陷,患乳收缩抬高。

4. 皮肤改变 肿瘤表面皮肤可出现"酒窝征"或"橘皮样"改变,部分较大者或伴皮肤溃烂,流恶臭血水,疮形凹似弹坑或凸似菜花。

5. 转移表现 部分患者可触及腋窝或锁骨上、下等处肿大的淋巴结,部分可固定不移;甚至可有咳嗽、胸痛、呼吸困难、腰痛等症状,此时多提示肿瘤已出现远处转移。

6. 乳腺钼靶 X 线、B 超、细针吸取细胞学检查和活组织切片检查等有助于进一步明确诊断。

(二) 鉴别诊断

1. 乳腺纤维腺瘤 常见于青年妇女,肿瘤大多为圆形或椭圆形,边界清楚,活动度好,发展缓慢,彩超影像表现为形态规则的低回声肿物,边界清楚。一般易于鉴别。

2. 乳腺囊性增生病 特点是乳房胀痛,肿块大小与质地随月经周期性缓解或加重。肿块或局部乳腺腺体增厚,与周围乳腺组织分界不明显。若影像学检查未发现可疑肿物,且月经来潮后"肿块"缩小、变软,则可选择定期复诊,进行观察。

五、治疗

(一) 西医治疗

目前乳腺癌的治疗策略是以手术治疗为主的综合治疗。对于早中期乳腺癌患者,应早发现、早诊断、早治疗,手术治疗是首选。晚期患者或全身情况差、主要脏器有严重疾病或年老体弱不能耐受手术者,应将提高生活质量作为治疗目标。

1. 手术治疗 近年来基于乳腺癌的生物学行为进行的研究,认识到乳腺癌自发病开始即是一个全身性疾病,因此治疗上缩小手术范围、加强术后综合辅助治疗越来越重要。手术方式的选择应结合患者本人意愿,根据病理分型、疾病分期及辅助治疗的条件而定。对可切除的乳腺癌患者,手术应达到局部及区域淋巴结最大程度的清除,以提高生存率,然后再考虑外观及功能。

(1) 乳腺癌改良根治术:包括两种术式。术式一:保留胸大肌,切除胸小肌,淋巴结清除范围与根治术相仿。术式二:保留胸大肌和胸小肌,该术式不易清除腋上组淋巴结。根据大量病例观察,认为Ⅰ期、Ⅱ期乳腺癌应用根治术及改良根治术的生存率无明显差异,且该术式保留了胸肌,术后外观效果较好,是目前常用的手术方式。

(2) 保留乳房的乳腺癌切除术:手术目的是完整切除肿块。适用于乳腺癌临床Ⅰ期、Ⅱ期,且乳房有适当体积,术后能保持外观效果较好者。原发灶切除范围应包括肿瘤、肿瘤周围 1~2cm 的组织,确保标本的边缘无肿瘤细胞浸润,术后必须辅以放疗等。本术式禁忌施行于无法获得切缘阴性者。近年来随着患者对美容效果要求的提高及技术的发展,保乳手术在我国的开展逐渐增加。

(3) 全乳房切除术:此术式适用于原位癌、微小癌及年老体弱不宜做根治术者,手术范围必须切除整个患侧乳房,包括腋尾部及胸大肌筋膜。

(4) 乳腺癌根治术:被誉为"乳腺癌经典根治术",此术式手术创伤大,要求切除范围包括整个患侧乳房、胸大肌、胸小肌及腋窝Ⅰ、Ⅱ、Ⅲ组淋巴结。术后易出现上肢水肿、胸部畸形及较高的皮瓣坏死率等严重的并发症,目前此术式使用较少。

(5) 扩大根治术:在根治术的基础上还需同时切除胸廓内动、静脉及其周围的淋巴结(即胸骨旁淋巴结)。大量研究表明扩大根治术较根治术的疗效并无显著提高,相反,术后并发症增多,病死率高。目前此术式已很少被采用。

(6)前哨淋巴结活检术及腋淋巴结清扫术:对临床腋淋巴结阳性的乳腺癌患者常规行腋淋巴结清扫术,范围包括Ⅰ、Ⅱ组腋淋巴结。对临床腋淋巴结阴性的乳腺癌患者,可先行前哨淋巴结活检术。前哨淋巴结是指接受乳腺癌病灶引流的第一站淋巴结,可采用示踪剂显示后切除活检。根据前哨淋巴结的病理结果判断腋淋巴结是否有肿瘤转移,对前哨淋巴结阴性的乳腺癌患者可不常规做腋淋巴结清扫。

2. 化学治疗　乳腺癌是实体瘤中应用化疗最有效的肿瘤之一,化疗在整个治疗中占有重要地位。手术尽可能切除肿瘤后,残存的肿瘤细胞易被化学抗肿瘤药物杀灭。

3. 内分泌治疗　癌细胞中雌激素受体(estrogen receptor,ER)含量高者,称激素依赖型乳腺癌,内分泌治疗有效。ER含量低者,称激素非依赖型乳腺癌,内分泌治疗效果差。因此,对雌激素受体阳性的患者应使用内分泌治疗。

4. 放射治疗　放射治疗是乳腺癌局部治疗的手段之一,在保留乳房的乳腺癌手术后,放射治疗具有重要地位,应于肿块局部广泛切除后给予适当剂量的放射治疗。单纯乳房切除术后可根据患者年龄、疾病分期分类等情况,决定是否应用放疗。

5. 分子靶向治疗　乳腺癌的靶向治疗是在细胞分子水平上,针对研究已经明确的致癌位点设计相应的靶向药物,特异性地与致癌靶位相结合导致肿瘤细胞死亡。通过转基因技术制备的曲妥珠单抗,是最早问世的乳腺癌靶向药物,它对人表皮生长因子受体-2(human epidermal growth factor receptor-2,HER-2)过度表达的乳腺癌患者有良好效果,可降低该类乳腺癌患者术后的复发转移风险,延长无病生存期。国内已应用于临床的分子靶向药物还包括:帕妥珠单抗、恩美曲妥珠单抗(T-DM1)、拉帕替尼、贝伐单抗、CDK4/6抑制剂等。

6. 术前新辅助治疗　新辅助治疗是指在术前进行化疗、内分泌治疗和分子靶向治疗等全身药物治疗。满足肿瘤>5cm、腋窝淋巴结转移、HER-2阳性、有保乳意愿等条件之一,但肿瘤大小与乳房体积比例大难以保乳者,治疗前充分评估患者局部肿瘤及全身情况,可选用合理的术前新辅助药物治疗方案。新辅助治疗应按照既定方案完成周期,并及时讨论手术时机及合理术式。

(二)中医治疗

治疗原则:早期宜祛邪为主,扶正为辅;中期扶正祛邪同时兼顾;晚期扶正为主,祛邪为辅。中医治疗是乳腺癌综合治疗的重要部分,尤其在术后辅助放化疗期间,有明显的减毒增效作用,在提高治疗期间的耐受性及生活质量方面优势明显。

1. 辨证论治

(1)肝郁痰凝证:多见于初诊患者,乳房肿块,质硬,边界不清,情志抑郁或急躁,胸闷胁胀,经前乳胀,少腹胀,舌红,苔薄,脉弦或滑。治以疏肝解郁,化痰散结。方用神效瓜蒌散合开郁散加减。

(2)冲任失调证:乳房坚硬肿块,月经紊乱,经前乳胀,大龄未婚或反复流产,舌淡,苔薄,脉弦细。治以调摄冲任,理气散结。方用二仙汤合开郁散加减。

(3)正虚毒盛证:乳房肿块增大,破溃渗流血水,精神萎靡,面色晦暗或苍白,心悸失眠,舌紫暗或有瘀斑,苔黄,脉弱。治以调补气血,清热解毒。方用八珍汤加减(酌加半枝莲、白花蛇舌草、石见穿等清热解毒之品)。

(4)气血两亏证:癌症晚期,久病消耗,神疲乏力,心悸面白,失眠盗汗,月经延期,量少或闭经,舌淡,苔薄白,脉细弱。治以益气补血,养心安神。方用人参养荣汤加减。

(5)脾虚胃弱证:放化疗期间,食欲减退,腹胀面黄,精神萎靡,体倦神疲,痰多清稀,大便溏薄,舌淡胖有齿痕,苔薄,脉细弱。治以补中益气,健脾和胃。方用参苓白术散或补中益气汤加减。

2. 外治法

(1)二黄煎:对乳腺癌伤口溃烂、术后皮瓣坏死、放射性皮炎或化疗药物静脉外漏引起的局部红肿或溃烂者,用二黄煎(黄柏、土黄连各50g)煎水外洗或冷湿敷,能清热燥湿、泻火解毒,促进伤口收敛。

(2)生肌玉红膏:对术后切口皮瓣坏死者、放射性溃疡日久不愈者、晚期乳腺癌瘤块破溃者,予外涂生肌玉红膏,有活血去腐、解毒镇痛、润肤生肌之效。

六、预后及预防

1. 乳腺癌的预后　乳腺癌的预后与年龄、肿瘤大小、组织病理学类型、肿瘤组织分化程度、激素受体状态、HER-2过表达、淋巴结转移、社会心理因素等关系密切。

2. 乳腺癌的预防　乳腺癌是女性最常见的恶性肿瘤之一,部分大城市报告乳腺癌占女性恶性肿瘤首位,对患者身心造成极大损害。乳腺癌病因尚不清楚,目前尚难以提出确切的病因学预防(一级预防),但重视乳腺癌早期发现(二级预防),加强乳腺癌相关知识的普及,学会乳房自查,关注心理健康,对于乳腺癌的防治同样至关重要。经普查检出的患者,早发现、早诊断、早治疗,可提高乳腺癌患者的生存率。在我国一般推荐乳腺超声联合钼靶作为筛查方法。对于有 BRCA 基因突变的女性,可考虑行预防性乳房全切术。

七、中西医结合讨论

乳腺肿瘤严重危害妇女的身心健康,其中乳腺癌是女性常见的恶性肿瘤之一,发病率位居女性恶性肿瘤的首位,死亡率位居第四位。乳腺癌防治是我国肿瘤防治工作的重点之一,也是实现健康中国战略目标的重要环节。中医学以整体观念和辨证论治为核心,中医理论与现代医学相结合,可以发挥中西医结合防治乳腺癌的优势,扬长避短,在乳腺癌防治中发挥重要作用。乳腺癌的治疗一般需经过手术、放疗、化疗、靶向治疗、内分泌治疗等不同阶段,而每个阶段的中医病机、治疗目的不尽相同。因此,中西医结合治疗乳腺癌,可进一步分为围手术期、围化疗(包括靶向治疗)期、围放疗期及慢病管理期分期辨证,综合治疗。

1. 乳腺癌围手术期的中西医结合管理　乳腺癌围手术期是指患者入院至手术后接受化疗开始的这段时间,分为术前、术后两个阶段。术前阶段时间较短,西医主要在于完善基线检查,评估临床分期及排查手术禁忌证等,为手术做好充分的准备;中医在于情志疏导,疏肝解郁,调畅气机,改善患者身心状态,提高手术耐受性。根据患者临床分期,按手术适应证实施不同的手术方案。术后阶段的治疗,主要目的在于缓解手术及麻醉药物对患者的损伤,促进伤口愈合,预防手术并发症等。

气管插管全麻后的咽部疼痛不适症状,可给予中药代茶饮清热凉血利咽治疗。乳腺癌术后切口愈合不良或皮瓣坏死,可选用生肌玉红膏、功劳木煮水外洗液、湿润烧伤膏、去腐生新膏、化腐生肌膏等外敷。乳腺癌术后皮下积液者给予利水消肿治疗,方剂可选五皮饮或猪苓汤酌情加减;皮下积液病程迁延日久者,可给予消毒滑石5g加9%生理盐水20ml悬浊液管注积液区,留置3~5分钟后排出,促进皮瓣粘连愈合,必要时10日可重复1次。乳腺癌手术创口疼痛,可采用耳穴压豆治疗,以王不留行贴于相应耳穴(肝、皮质腺、内分泌、神门等),操作者给予按压刺激,患者感到局部酸胀、稍有疼痛为宜。耳穴压豆不仅可缓解伤口疼痛,还有疏肝解郁,改善睡眠的奇效。

2. 乳腺癌围化疗(包括靶向治疗)期的中西医结合管理　围化疗期指接受化疗开始至整个化疗周期结束后的3~4周,围靶向治疗期指接受靶向治疗开始至靶向治疗结束后的3~4周。西药在此期间进一步发挥杀灭或抑制残余肿瘤细胞的作用,中医辨证治疗则可减毒增效,减轻西药的副作用,提高患者的生活质量以及对当前治疗的耐受性。

化学治疗对消化道黏膜细胞产生的毒副作用,最常表现为恶心、呕吐,西医给予中枢性止吐药物的同时,中医辨证给予益气养血、降逆止呕治疗,常用方剂有旋覆代赭汤,中西医结合能明显提高患者化疗期间的生活质量。针刺或灸治足三里、内关,对恶心呕吐亦可获得较好的效果。针对乳腺癌术后部分患者恶心呕吐、腰腹部怕冷的症状,采用热罨包治疗(紫苏子、白芥子、吴茱萸等),可起到温经通络、活血通痹、行气止痛的作用。乳腺癌化疗所致便秘,可采用复方大黄膏贴敷脐部,也可采用中药热罨包热敷中脘、神阙、天枢等穴,治疗乳腺癌患者化疗期间便秘疗效确切。

化疗期间出现不同程度的骨髓抑制反应,严重者可出现低粒细胞性发热而发生重症感染。中医药在这方面有着丰富的临床经验,不同中医院校均有针对化疗白细胞减少症的经验升白汤剂,用以预防和治疗骨髓抑制反应,提高化疗及靶向治疗的耐受性。临床实践中可根据具体情况,因时、因地、因人制宜。艾灸防治白细胞减少症亦有一定疗效,常选关元、气海、足三里、三阴交、中脘等穴位。

化疗或靶向治疗期间失眠,可辨证给予中药内治,常用的基础方剂有酸枣仁汤、柴胡加龙骨牡蛎汤、黄连阿胶汤、交泰丸等,具体应用可根据病情加减配伍。亦可采用中药沐足并按摩疗法:取艾叶、当归、干姜各30g煮水沐足20~40分钟。耳穴压豆对改善失眠亦有较好的疗效,常选穴位有神门、心、肝、皮质下、内分泌等。

3. 乳腺癌围放疗期的中西医结合管理 围放疗期是指放疗开始至放疗结束后的3~4周。西医治疗目的在于局部杀灭残余肿瘤细胞,降低局部复发风险;中医治疗的目的在于减少放疗的副作用,提高生活质量。针对围放疗期出现的放射性皮炎,常采用中药外治法,功劳木液喷涂、功劳木外洗液外敷联合喷氧、加味如意金黄散外敷、鲜芦荟汁外涂等均能对局部皮肤产生良好的防护和治疗作用。

4. 慢病管理期的中西医结合管理 随着我国肿瘤防治水平的不断提高,乳腺癌已成为疗效最佳的实体肿瘤之一。早、中期乳腺癌经过规范综合治疗后,生存率得到很大提高;复发转移的乳腺癌经过规范的多线维持治疗后,带瘤生存期大大延长。所以,乳腺癌的长期治疗目前可参照慢性病的治疗理念来管理。慢病管理期指手术、化疗、放疗、靶向治疗结束以后的整个生命周期。此期主要包括西医内分泌治疗、对术侧上肢的保护、水肿治疗以及中医药的扶正治疗等,综合提高患者的生活质量并预防复发转移。

(李 巍)

复习思考题

1. "女子以肝为先天",请从脏腑经络的关系阐述肝脾不和及肝肾不足,冲任失调与乳房疾病的辨证关系。

2. 急性乳腺炎初期中西医结合诊疗如何体现"以消为贵"的优势?

3. 请简述乳腺囊性增生病肝郁痰凝证和冲任失调证的中医辨证施治。

4. 在乳腺囊性增生病诊治中如何体现乳腺癌的二级预防即"不治已病治未病"的中西医诊疗思路?

5. 请简述对于乳腺纤维腺瘤的治疗及预防复发的中西医结合讨论内容

6. 请简述乳腺癌的临床 TNM 分期。

7. 乳岩的临床表现有哪些?

8. 乳腺癌的辨证分型有哪些?

ER-22-17

扫一扫
测一测

◈◈◈ 第二十三章 ◈◈◈
胃与十二指肠疾病

学习目标

1. 掌握胃与十二指肠疾病的临床表现、诊断及治疗。
2. 熟悉胃与十二指肠疾病的病因病机、病理生理、鉴别诊断。
3. 了解胃与十二指肠疾病最新前沿进展。

第一节 概　　述

思政元素

敬 佑 生 命

敬佑生命,就是要求大家爱惜生命。生命都是平等的,不分高低。

据《论语·乡党》记载,孔子家的马厩失火,孔子的第一反应是急切询问"伤人乎",而"不问马"。孔子这种问人不问马的举动,充分彰显了其仁学思想中生命至上的核心要义。人无分贵贱,哪怕是养马的仆人,都拥有平等且无比珍贵的生命,这绝非马匹的价值所能相提并论的。生命至上的理念,后来逐渐延伸为人民至上。子贡曾问:"如有博施于民而能济众,何如? 可谓仁乎? "孔子回答道:"何事于仁,必也圣乎! 尧、舜其犹病诸! "

从古至今,生命至上始终是中华文明一脉相承的精神内核。

对于新时代的医务工作者而言,敬佑生命就是践行中国共产党人"生命至上,人民至上"的原则。

2016 年 8 月,习近平总书记在出席全国卫生与健康大会时强调,长期以来,我国广大卫生与健康工作者弘扬"敬佑生命、救死扶伤、甘于奉献、大爱无疆"的精神,全心全意为人民服务。

在过往诸多重大公共卫生事件以及日常医疗救助场景中,都深刻体现了生命至上的理念。例如在一些自然灾害后的救援行动里,救援人员争分夺秒,不放过任何一个可能存活的生命迹象,无论伤者是何种身份,都竭尽全力进行救治。医生们日夜坚守,以精湛的医术和高度的责任感,为每一位患者的生命健康保驾护航,真正诠释了对生命的敬重与守护。

习近平总书记高度重视生命至上的理念,使其成为统筹安全与发展的实践准则,深刻凸显了护佑生命的首要价值。

发生于胃十二指肠的外科有关疾病包括良性疾病和恶性疾病,良性疾病主要是良性肿瘤和胃十二指肠溃疡并发急性穿孔、大出血、瘢痕性幽门梗阻等;恶性疾病主要有胃十二指肠癌、间质瘤、淋巴瘤等。本章重点论述胃十二指肠溃疡的并发症和胃癌。

尽管胃十二指肠溃疡的发病率仍高达 10%,由于制酸剂和抗幽门螺杆菌药物的应用,胃十二指肠溃疡的严重并发症的发病率有所下降。目前急性穿孔发病率约占溃疡病例的 5%,溃疡大出血约占溃疡病例的 10%,瘢痕性幽门梗阻占手术治疗溃疡病例的 5%~20%,但若发生,仍将对人类健康和生命构成严重威胁。本病属中医"胃脘痛""心痛""吐酸""嘈杂"等范畴。

(于庆生)

第二节 胃十二指肠溃疡急性穿孔

胃十二指肠溃疡急性穿孔(acute perforation of gastroduodenal ulcer)是指胃及十二指肠溃疡活动期逐渐向深部侵蚀,将胃十二指肠穿破,其内容物进入腹腔,表现为严重的急腹症。本病发病急,变化快,病情重,需要紧急处理,如不及时治疗可因腹膜炎、脓毒症休克等而有致命风险。是胃十二指肠溃疡常见的严重并发症之一,占所有溃疡患者的 5% 左右。患者的发病年龄多在 30~50 岁之间,以青壮年居多,老年人的发病率有逐年升高的趋势,男性发病率高于女性。

本病属中医"胃脘痛""厥心痛""腹痛"范畴,如《素问·至真要大论》载"厥心痛,汗发呕吐,饮食不入",这是关于胃脘痛最早的记载;《医学启源·主治心法》首载"胃脘痛"病名;《诸病源候论·腹痛候》载:"腹痛者,由脏腑虚,寒冷之气,客于肠胃、募原之间,结聚不散,正气与邪气交争相击,故痛。"

一、病因与病理

(一)西医病因与病理

1. 病因 在各种导致慢性胃炎的病因持续作用下,胃酸、胃蛋白酶的侵袭作用与黏膜的防御能力间失去平衡,对黏膜产生自我消化,黏膜糜烂进展为溃疡。溃疡在活动期逐渐加深,由黏膜层至肌层再至浆膜层,最终导致穿孔。穿孔前常有精神紧张、过度疲劳、饮食不节制,或长期应用非甾体抗炎药、糖皮质激素等药物,手术、创伤等应激因素可诱发溃疡病加重。

2. 病理 其病理过程可分成三个阶段:

(1)穿孔阶段:溃疡急性穿孔后,含有食物、胃液、胆汁、胰液等的胃十二指肠内容物流入腹腔,酸性的胃液和碱性的十二指肠液、胆汁等刺激引起化学性腹膜炎,产生剧烈的持续性腹痛症状。

(2)反应阶段:穿孔 3~5 小时后,因患者腹腔渗出液增多,大量体液积聚于第三间隙,导致有效循环降低,流入腹腔的胃肠内容物被稀释,化学性腹膜炎刺激症状可暂时减轻。

(3)腹膜炎阶段:穿孔 6~8 小时后,腹腔内细菌开始生长繁殖,逐渐形成更为严重的弥漫性腹膜炎。常见致病菌有大肠埃希菌、链球菌。大量的液体丢失加上细菌毒素吸收,造成感染性休克。

(4)脓肿包裹期:胃十二指肠后壁溃疡穿孔,可在局部导致粘连包裹,受阻于毗邻器官,形成慢性穿透性溃疡。胃溃疡穿孔发生部位多见于胃小弯,由于胃窦小弯侧是胃底腺区和幽门腺区这两种不同结构的交界处,即胃体和胃窦黏膜交界处胃角,两个腺区的交界带是一个"接合部"(或称"结合部"),胃黏膜屏障功能相对较弱,氢离子容易从胃腔逆向胃黏膜弥散。十二指肠溃疡穿孔发生部位多在球前壁,由于十二指肠球属前肠,与胃酸及胃蛋白酶接触,球部神经分布丰富但血运较差,黏膜易受到胃酸侵袭。

(二) 中医病因病机

1. 病因　感受外邪、饮食所伤、情志失调、劳伤过度及素体脾胃虚寒,经脉失养,致脾胃气机不利,经脉阻滞或失养,脾胃气血骤闭之变。

2. 病机　早期多由感受外邪、饮食不节、情志不畅,加之素体阳虚,脾胃虚寒,致使中焦气机骤然壅滞闭塞,脾胃气血郁闭于内,以胃脘部剧痛为特征。中期气血郁闭日久化热,致使实热内结或湿热内蕴。如热盛伤阴,阴伤及阳,热深厥深,热扰神明,致大汗淋漓、四肢厥逆的亡阴亡阳之证。后期病后体虚,表现为脾胃虚寒;或脾胃功能未能恢复,转化为肝胃不和、肝胃郁热;或邪热与气血瘀热不散,血肉腐败,蕴酿成内痈。

二、临床表现

(一) 症状

1. 第一阶段(穿孔期)　当发生胃溃疡穿孔时,患者骤发上腹部剧痛,呈刀割样或烧灼样,为持续性,或有阵发性加重。初起部位为中上腹部或者右上腹部,迅速波及全腹部,胃肠内容物积聚和刺激膈下区域,疼痛可向左肩背部放射。十二指肠溃疡穿孔时,疼痛常向右肩部放射。如胃肠内容物沿右结肠旁沟流至右下腹,则可发生右下腹痛,可有恶心及反射性呕吐。

2. 第二阶段(反应期)　部分患者由于腹腔渗出液增多,流入腹腔的胃肠内容物被稀释,腹痛可暂时减轻,患者自觉症状好转,脉搏、血压、面色与呼吸恢复接近正常。

3. 第三阶段(腹膜炎期)　患者呈急性重病容,发热,口干,乏力,呼吸、脉搏加快。后期因弥漫性细菌性腹膜炎并发麻痹性肠梗阻,导致呕吐加重,病情严重,抢救不及时者常因麻痹性肠梗阻、脓毒症或败血症、感染性休克而死亡。

(二) 体征

患者表情痛苦,取屈曲体位,不敢移动,腹式呼吸减弱或消失,全腹部压痛、反跳痛和腹肌紧张,有时呈"板状腹",以上腹部或右上腹部为甚。叩诊肝浊音界缩小或消失,可有移动性浊音阳性体征。

三、辅助检查

(一) 实验室检查

白细胞计数升高,中性粒细胞增多,血红蛋白与红细胞计数可因脱水而升高。严重穿孔或溃疡穿透累及胰腺时,血清淀粉酶可升高,腹腔穿刺液淀粉酶也可升高,但一般不超过正常值的 5 倍。

(二) 影像学检查

50%~70% 的患者在立位或坐位 X 线检查中可观察到膈下游离气体,呈新月形透亮区。如患者不能站立做 X 线透视检查,可左侧卧位 5~10 分钟后,拍摄侧位片,可见肝右外侧有积气。对高度怀疑穿孔,而未观察到气腹者,可停留胃管,抽尽胃内容物后注入空气,做立位 X 线透视或摄片检查,或通过水溶性造影剂或 CT 扫描,可提高气腹征的阳性率。

四、诊断与鉴别诊断

（一）诊断

70% 以上的患者既往有溃疡病史，突发上腹部持续性刀割样剧痛，迅速发展至全腹部，加上典型的"板状腹"及腹膜刺激征，肝浊音界缩小或消失和 X 线检查的膈下游离气体，基本可以确定诊断。高龄、体弱以及空腹小穿孔患者的临床表现和腹部体征往往表现不典型，需要详细询问病史和仔细体格检查进行鉴别，必要时需要进行腹腔穿刺术。

（二）鉴别诊断

1. 急性胆囊炎　疼痛的部位主要在右上腹部，性质主要以绞痛或胀痛为主，呈持续性疼痛伴有阵发性加剧，疼痛向右肩部放射，伴有恶寒、发热。体格检查可有右上腹局限性压痛、反跳痛，可触及肿大的胆囊，Murphy 征阳性。当胆囊坏疽穿孔时有弥漫性腹膜炎表现，但是行 X 线检查膈下无游离气体。消化系统超声检查提示胆囊结石或者胆囊炎。

2. 急性阑尾炎　阑尾炎临床表现一般比较轻，发病不突然，体征局限于右下腹部，无腹部板状强直，X 线检查无膈下游离气体。溃疡穿孔后消化液沿右结肠旁沟流到右下腹部，引起右下腹部疼痛和局限性腹膜炎体征，与急性阑尾炎症状相似。

五、治疗

（一）西医治疗

1. 非手术治疗　适用于全身情况好，年龄不大，胃十二指肠溃疡病史不长，空腹穿孔，腹腔渗出液不多，或者诊断尚不明确的患者。同时积极做好手术准备，其间应严密观察症状和腹膜炎体征变化。

（1）基础治疗：患者半坐卧位，使消化液流入盆腔，防止膈下脓肿形成；禁食水，胃肠减压，保持有效负压吸引以减少胃肠液的外溢，是极为重要的措施；补液，维持水、电解质和酸碱平衡。

（2）西药治疗：选择广谱抗生素和针对厌氧菌的药物；静脉滴注抑制胃酸分泌的药物。

2. 手术治疗　手术指征：①进食后穿孔；②腹腔渗液较多，就诊时间较晚，发生局限或弥漫性化脓性腹膜炎；③一般情况欠佳或有休克表现；④消化性溃疡病史较长，有顽固性疼痛且发作频繁；⑤伴有幽门梗阻、出血等并发症；⑥保守治疗 6~12 小时腹部体征未见好转或加重。

（1）穿孔缝合术：手术操作简单，危险性小，但是术后仍需要抗溃疡治疗，约 2/3 患者术后仍有溃疡症状，或部分需再次行根治性手术。

1）腹腔镜穿孔缝合术：适用于穿孔时间短，腹腔渗液少，腹腔污染轻的患者。可选用腹腔镜穿孔修补术，应采取特殊器械施术，便于操作，修补可靠，有利于清除渗液，术后康复快，并发症少。且该手术术野清晰，冲洗彻底，引流充分，能够放置最低位引流，避免出现术后腹腔脓肿，减少腹腔粘连的发生。

2）开腹穿孔缝合术：穿孔时间长，腹腔污染重者；估计腹腔内有广泛粘连，难以选择安全入路者；同时有穿孔和出血情况而病情不稳定者；存在心血管和呼吸系统疾病，不能耐受气腹者，选用开腹穿孔缝合术。

（2）胃次全切除术或缝合穿孔后行高选择性迷走神经切断术：适用于患者一般情况可，有幽门梗阻或者出血史；穿孔在 12 小时内，腹腔内炎症和胃十二指肠壁水肿较轻；怀疑溃疡穿孔有癌变可能。该术式可一次性解决溃疡穿孔和术后溃疡复发。

（二）中医治疗

中医治疗以"急则治标，缓则治本"为原则。穿孔期采用中西医结合治疗促闭合，发挥中医辨证施治的优势促愈合。初期气血郁闭，以针刺疏通气血，缓中止痛；中期郁久化热，则清利湿热，通里攻下；后期体虚、脾胃虚寒或胃阴亏虚，当辨别虚实，灵活施治。亡阴亡阳者，益阴回阳救逆；瘀热不散、热盛肉腐者，去腐生新。

1. 辨证论治 适用于急性穿孔 48 小时后，经造影证实穿孔闭合，全身症状好转，腹膜炎体征明显减轻。药物经胃管注入时，需闭管 40 分钟。治疗过程中观察生命体征及腹部体征变化。

（1）郁闭期：胃脘痛，恶心，全腹痞满，冷汗，面色苍白，舌红，苔黄腻，脉细数。治以通里攻下，疏通气血，缓中止痛。以中药灌肠或针刺外治法为主。

（2）毒热期：腹痛胀满，发热口干，便秘尿黄，舌红苔黄，脉洪数或弦数。治以通里攻下，清热利湿。方用复方大承气汤加减。

（3）脘痛期

1）肝气犯胃证：腹部软，无按痛，胃脘胀满，攻撑作痛，喜按，嗳气，苔薄白，脉沉弦。治以疏肝理气，和胃止痛。方用柴胡疏肝散加减。

2）肝胃郁热证：腹部软，无按痛，脘腹痞闷，嘈杂不适，口苦，舌红，苔黄腻，脉滑数。治以理气和胃，清热化湿。方用半夏泻心汤加减。

3）脾胃虚寒证：腹部软，无按痛，胃脘隐痛，喜暖喜按，呃逆泛酸，纳差，神疲乏力，四肢不温，便溏，舌淡苔白，脉沉缓或细弱。治以温中散寒，健脾和胃。方用黄芪建中汤加减。

4）胃阴亏虚证：腹部软，无按痛，胃脘隐痛或灼痛，口燥咽干，嘈杂纳少，手足烦热，倦怠无力，心悸少寐，大便干结，舌红苔少，脉细数。治以养阴益胃，调理肝脾。方用沙参麦冬汤加减。

2. 中成药治疗 适用于溃疡穿孔修复期或者术后常规抗溃疡治疗。如胃苏颗粒、溃疡宁胶囊、珍珠胃安丸、康复新液。

3. 外治法

（1）中药外敷

1）穿孔期：双柏散蜂蜜调成糊状外敷上腹部，厚度 2mm 左右，外用保鲜膜密封后固定，具有抗炎镇痛、促进血肿消散之功。热敷后借助热力可使药力迅速透过皮肤进入腹腔直达粘连处，共奏调理气机、活血化瘀、软坚散结止痛之功，使粘连松解，胃肠功能恢复。

2）穿孔后内痈形成期：如意金黄散，用蒜瓣捣汁，蜂蜜、陈醋、菊花露、金银花露（任选一种）调成糊，外敷脓肿形成部位。

3）中医辨证敷脐：①热证（病程早期和中期）：选用纯净芒硝 300g，装入敷脐袋中，平铺于脐部并用宽胶布固定。敷脐袋潮湿或芒硝结块后即予以更换，每 12 小时更换 1 次。②寒证（病程后期）：选用吴茱萸 50g，研磨成细末，加米醋适量，装入敷脐袋中，平铺于脐部并用宽胶布固定，每 12 小时更换 1 次。

（2）中药保留灌肠或肠内滴注

1）中药保留灌肠：穿孔初期，可以选用复方大承气汤或复方大柴胡汤，煎汤 200~300ml，插入直肠内 20~30cm 保留灌肠，旨在促进胃肠运动功能恢复、消除局部炎症水肿、改善局部血液循环，促进溃疡愈合；同时保护肠黏膜屏障、清除肠道毒素和细菌，防治细菌移位和肠源性感染。

2）中药小肠内滴注：胃次全切除术后留有肠内营养管，可以经营养管小肠内滴注芪黄煎剂，健脾益气、通里攻下，促进术后胃肠功能尽快恢复、营养状况改善和免疫功能增强。

（3）针刺疗法：目的是促进穿孔闭合和镇静止痛。针刺取上脘、中脘、双梁门、双天枢、双内关、双足三里。留针 30 分钟，每 15 分钟捻转 1 次，每 4 小时针刺 1 次。足三里是胃经合穴，是治疗胃肠病之要穴，具有理气止痛、调节胃肠功能的作用，持续的刺激能收到良好的效果。

（4）中药冲洗：胃十二指肠溃疡穿孔后，形成腹腔脓肿或者盆腔脓肿，可以在超声或 CT 引导下，经皮穿刺脓肿（内痈）内置管，不仅可以引流脓液，使脓毒有"出路"，而且还可以经置入的引流管，予以去腐生新的中药冲洗。目前临床常用的制剂是复方黄柏液涂剂。

六、预防与调护

本病继发于胃十二指肠溃疡，因此平素应注意预防胃十二指肠溃疡的发生。对于已经发生溃疡穿孔的患者，一方面应积极选择正确的处理方式，治疗溃疡穿孔，另一方面需要避免引发胃十二指肠溃疡穿孔的高危因素，预防溃疡穿孔再次发生。

1. 保持乐观的心态，避免过度紧张或劳累。

2. 饮食以清淡易消化的食物为宜，忌粗糙多纤维食物，尽量避免进食浓茶、咖啡和辛辣刺激性食物，戒除烟酒，多食蔬菜。

3. 慎用非甾体抗炎药、水杨酸类和肾上腺皮质激素等西药。

4. 注意劳逸结合，保持心情愉快，适当锻炼，增强体质。提高身体免疫力，更有利于身体恢复。

七、中西医结合讨论

在治疗策略上，中医"急则治标，缓则治本"原则对胃十二指肠溃疡穿孔的治疗具有指导作用，应当遵循。首先，在穿孔期采用中西医结合的方法尽快促进穿孔闭合，在穿孔闭合后采用中西医结合方法促进溃疡愈合。其次，要发挥辨病与辨证相结合的诊疗优势，在溃疡穿孔的不同病理阶段采用不同的中医治疗方法。如穿孔期，发挥针刺治疗的优势，选用上脘、中脘、双梁门、双天枢、双内关、双足三里等穴位，促进穿孔闭合，减轻穿孔引起的腹痛症状；遵循"六腑以通为用"原则，采用复方大承气汤或复方大柴胡汤保留灌肠，发挥复方的行气导滞、攻里泻下、活血化瘀、清热解毒之功，可以促进胃肠蠕动、改善肠道血液循环、降低毛细血管通透性，促进局部炎症消除和穿孔愈合，同时清除肠道毒素、细菌，防治细菌移位和肠源性感染。再次，在穿孔愈合后，发挥中医辨证论治、整体观念的特色，促进溃疡愈合并防止其复发。在并发症腹腔脓肿（内痈）形成后，不仅可以应用中医托法托毒排脓（如透脓散或托里消毒散），而且可以在超声或 CT 引导下经皮穿刺脓肿内置管，中药（如复方黄柏液涂剂）经穿刺置管冲洗以达去腐生肌之功效。最后，在围手术期，可以借助现代外科小肠内营养管滴注健脾通里的中药，还可以通过针刺、灌肠促进胃肠功能恢复和增强免疫功能，让传统中医药与现代外科深度结合。

（于庆生）

第三节　胃十二指肠溃疡大出血

胃十二指肠溃疡大出血是溃疡病常见的严重并发症之一。据统计，全球人口一生中患消化性溃疡的概率约为 10%，而其中 20%~25% 的患者会并发上消化道出血，占整个上消化道出血患者的 50%。发病年龄多在 30~50 岁之间，男女比例约为 3∶1。如果每日出血>5ml，粪便隐血试验可为阳性；>50ml可有黑便；>500ml引起头晕、乏力、心慌、冷汗等临床症状；当出血超过机体总量的20%（约800ml），临床心率加快、血压下降进入休克状态时，称为大出血。尽管目前治疗策略已经改进，技术也已提高，但仍有20%~25%的患者会在出血48小时内再次出血，病死率高达10%。

中医根据本病的临床表现，将其归属"血证"中的"呕血""便血"范畴。《黄帝内经》中已有"呕血""便血""血溢"等记载，《素问·至真要大论》云："岁少阳在泉，火淫所胜……民病注泄赤白，少腹痛，溺赤，甚则血便……太阳司天，寒淫所胜……民病厥心痛，呕血，血泄，鼽衄，善悲时眩仆。"《金匮要略》称之为"吐衄下血""吐血"，《诸病源候论》将血证通称为"血病"，《医学正传》首次采用"血证"命名，并沿用至今。

一、病因与病理

（一）西医病因与病理

1. 病因　因胃酸、胃蛋白酶的侵袭作用与黏膜的防御能力间失去平衡，胃酸和胃蛋白酶对胃黏膜产生自我消化，导致胃十二指肠溃疡发生。随着溃疡的加重，其基底血管因胃液消化腐蚀，最终破裂出血。长期服用非甾体抗炎药、糖皮质激素，危急重症应激因素，幽门螺杆菌感染等均是胃十二指肠溃疡患者大出血的危险因素。

2. 病理　胃十二指肠溃疡大出血多位于胃小弯侧和十二指肠球部后壁。消化道黏膜层或肌层糜烂溃疡，肉芽组织增生、坏死，导致溃疡基底血管破裂，多数为动脉出血。若为溃疡底部毛细血管破裂，溃疡面则有少量出血；若溃疡底部大血管如动脉破裂，则引起大出血。

（二）中医病因病机

1. 病因　可以概括为外感和内伤两方面。外感六淫不外乎热邪、寒邪，但总以热邪为主；内伤因素主要为情志过极、饮食不节、劳倦形伤、久病体虚四个方面。

2. 病机　可以概括为火热和气虚两大方面。责之于火，无论外感火热、五志化火、饮食肥甘厚味所生之火，还是久病伤阴，虚火内生，其病机均为热伤胃络，迫血妄行。究之于气，气为血之帅，无论饮食所伤、劳倦过度，还是久病体虚，其病机均为气虚不能统摄血液，血不循经而外溢。

二、临床表现

（一）症状

临床症状与出血量及出血速度有关。轻者表现为黑便，重者表现为呕鲜红色血液或者两者同时出现。呕血前常有上腹部疼痛胀满不适和恶心。出血更甚者可出现晕厥和休克症状。短期内出血量达到机体总量的20%（约800ml），患者可出现烦躁不安、呼吸急促、晕厥等症状。

（二）体征

体征同样和出血量有关，一般出血量在400ml以内，血压、脉搏往往正常；出血量达到1 000ml时，可出现面色、甲床、黏膜苍白，四肢湿冷，脉搏增快，血压下降。出血时往往无明显腹部体征，少数患者可有上腹部剑突下压痛。部分患者由于肠腔内积血刺激，肠蠕动增加，导致肠鸣音亢进。

三、辅助检查

1. 内镜检查　内镜检查在上消化道出血诊疗中意义重大，大多数患者必须使用。首先内镜检查可正确鉴别出血来源，如弥漫性胃炎、食管胃底静脉曲张、胃十二指肠溃疡，有助于制订诊疗计划。重要的是可及时镜下治疗出血,降低手术率和病死率;同时通过镜下观察胃十二指肠溃疡外观,预测再次出血概率,制订下一步诊疗计划。

2. 实验室检查　检测红细胞计数、血红蛋白和血细胞比容可帮助评估出血量和出血速度。如果血红蛋白降至70g/L、血细胞比容降至30%以下,提示出血量超过机体总量的20%(约800ml)。

3. 数字减影血管造影(DSA)　当出血速度>0.5ml/min,DSA下可见造影剂从出血部位外溢,可以准确地反映血管的病变部位和程度。

4. 放射性核素^{99m}Tc标记的红细胞扫描　只要出血速度>0.1ml/min,放射性核素^{99m}Tc标记的红细胞扫描可显示出血部位。

四、诊断与鉴别诊断

1. 诊断　仅根据患者上消化道出血症状往往不能明确是否为胃十二指肠溃疡导致的出血。为了明确出血的病因,必须进行上消化道内镜检查。

2. 鉴别诊断　胃十二指肠溃疡大出血应与以下疾病相鉴别:如门静脉高压患者食管胃静脉曲张出血、胃癌、食管-贲门黏膜撕裂综合征、弥漫性胃炎等。区别如溃疡出血通常有溃疡病史,食管胃静脉曲张出血有肝硬化病史等。鉴别主要依赖上消化道内镜检查。

五、治疗

(一)西医治疗

1. 放置胃管　放置胃管,可吸出残血、冲洗胃腔,以便观察后续有无继续出血。胃肠减压同时可降低昏迷患者误吸的风险。

2. 早期复苏　大出血患者必须快速开放多条静脉通道,快速输血、补液以补充血容量来复苏。有条件者可放置中心静脉导管测定中心静脉压,以指导补液量和速度。同时监测生命体征,包括心率、血压、尿量、周围循环等。严格估算失血量,若失血量达到全身血容量的20%,可输注羟乙基淀粉、聚明胶肽或其他血浆替代品;出血量更大时,可输全血、浓缩红细胞,以维持血红蛋白浓度接近100g/L。休克患者需用中心静脉导管监测血流动力学,在排除心力衰竭的情况下,若持续血流动力学不稳定,通常提示复苏血容量不足,在此情况下,血管活性升压药多巴胺和去甲肾上腺素是无用的。

3. 药物治疗　胃管注入血凝酶或止血粉;肌内注射或静脉注射止血药物;静脉注射H$_2$受体拮抗剂或质子泵抑制剂;静脉注射生长抑素等。

4. 内镜治疗　内镜治疗不仅能准确找出病灶和实施干预,还能预测再次出血的风险,是治疗消化道出血的重要措施。方法有机械止血(如钛夹夹闭、套扎、缝扎)、热凝止血(如氩气刀、高频电刀)、局部喷洒或黏膜下注射药物(如肾上腺素、质子泵抑制剂)等。

5. 介入治疗　药物治疗、内镜治疗失败或者再出血的患者可考虑行介入治疗。通过选择性胃左动脉、胃十二指肠动脉、胰十二指肠动脉及其分支血管造影,针对造影剂外溢部位经导管注射血管升压素或去甲肾上腺素,使小动脉、毛细血管收缩出血停止,也可使用栓塞剂栓塞。

6. 手术止血　尽管内镜技术、质子泵抑制剂和根除幽门螺杆菌的治疗广泛应用能够控制90%的出血,但仍有10%甚至更多的患者需要外科手术才能挽救生命,因此外科手术指征的把握和技术的价值仍不能忽视。

手术指征:①经积极非手术治疗无效者,包括内镜和介入止血失败者;②出血速度快,短期内出现休克症状者;③高龄患者,伴有动脉硬化,出血自行停止可能性小;④出血量大,出血首个 24 小时需输血大于 4 个单位者;⑤出血时间长,持续出血 48 小时者;⑥经过非手术治疗出血已停止,短期内再次出血者。

手术方法:

(1)胃溃疡大出血:胃溃疡大出血可根据溃疡位置采取不同的手术方式。胃溃疡多见于胃窦小弯侧,因此胃次全切除术是临床最常见的手术方式。对于因大出血导致情况不稳定者,可采用出血部位的贯穿缝扎术。

(2)十二指肠溃疡大出血:在急症情况下,行溃疡缝合止血合并迷走神经干切断是最简单和最有效的手术方法。

(二)中医治疗

中医以"急则治标,缓则治本"为治疗原则,急性期控制出血,缓解期根治溃疡。辨证时需把控病位、辨别病性。血证病位在胃,与肝、脾相关,肝火犯胃或脾不统血为因。病性分寒热虚实,热证为主,虚证居多。热证有实热和虚热,虚证有气虚和阴虚。

1. 辨证论治

(1)从热辨证

1)胃火炽盛证:吐血暗红,口臭口干,脘腹胀闷,大便秘结,舌红,苔黄腻,脉滑数。治以清胃泻火,凉血止血。方用泻心汤合十灰散加减。

2)肝火犯胃证:吐血暗红,胃灼热泛酸,心烦易怒,胁痛口苦,舌红苔黄,脉弦数。治以清肝泻火,和胃止血。方用龙胆泻肝汤合左金丸加减。

3)肝胃阴虚证:黑便,脘胁隐痛,烦热盗汗,咽干口燥,舌红无苔,脉细弦数。治以养胃柔肝,滋阴凉血。方用茜根散加减。

(2)从虚辨证

1)脾不统血证:便溏黑便,胃脘隐痛,食欲不振,神疲乏力,心悸气短,自汗,面色苍白,舌淡苔白,脉细弱。治以补中益气,摄血归脾。方用归脾汤合黄土汤加减。

2)气虚血脱证:呕血或便血不止,呼吸微弱,昏仆昏迷,汗出肢冷,二便失禁,舌淡白,苔白润,脉微欲绝。治以益气摄血,回阳固脱。方用参附汤合生脉散加减。

2. 中成药治疗

(1)静脉滴注:热证用穿琥宁、清开灵、双黄连注射液等清热泻火,凉血止血;虚证用生脉注射液、参麦注射液、参附注射液等益气养血,滋阴壮阳。

(2)口服或胃管注入:云南白药、复方五倍子液等活血化瘀,收敛止血。

3. 外治法

(1)内镜下中药治疗

1)内镜下喷洒:辨证应用中药喷洒,肝胃郁热加黄连液,脾胃虚寒则加灶心土液;中成药云南白药、复方五倍子液、生肌止血散喷洒;单味中药生大黄、白及、三七喷洒。

2)胃镜下黏膜内注射:复方五倍子液黏膜下注射收敛止血。

(2)中药敷脐:生栀子 15g,生大黄 15g,陈米醋适量。生药研末,醋调成膏状,敷脐,每日 1 次,2 日为一个疗程,适用于胃热壅盛之吐血。生地 15g,咸附子 15g。将药烘干,研末,用醋和盐水调成膏状,敷双足涌泉,每日 1 次,3 日为一个疗程,适用于肝火犯胃之吐血者。

(3)针刺及艾灸:针刺曲池、大椎、三阴交,用泻法以清热泻火,每日 2 次,适用于实热证者。针刺足三里、太白、脾俞、肾俞,用补法或者温针,每日 2 次,适用于虚寒者。艾灸百会、关元、命门等,以益气固摄,每日 2 次,适用于气虚不摄者。

六、预防与调护

本病继发于胃十二指肠溃疡,因此日常生活中注意预防胃十二指肠溃疡的发生。对于已经发生大出血的患者,一方面需积极休养,促进康复;另一方面需避免导致出血的高危因素,预防再次出血。

1. 保持心情舒畅,避免精神过度紧张和劳累。
2. 戒除烟、酒,多食蔬菜、清淡饮食,避免辛辣刺激性食物,如辣椒、咖啡、浓茶等。
3. 减少非甾体抗炎药、皮质类固醇等刺激胃黏膜药物的使用。
4. 进行适当体育活动,增强体质,提高抗病能力。

七、中西医结合讨论

对于胃十二指肠溃疡大出血的发病机制,现代医学认为是损害胃十二指肠黏膜的因素和黏膜自身防御能力之间失衡。损害因素包括胃酸、胃蛋白酶和幽门螺杆菌;防御因素包括黏膜表面分泌液、黏膜上皮的完整性和黏膜血流。中医则将之归结为"火盛"及"气虚"两个方面,火热之邪包括外感热邪、肝郁化火和内生胃热;气虚主要为中焦脾气亏虚。西医与中医对本病致病因素的认识高度一致,其中火热之邪相当于损害或攻击因素,正气亏虚则相当于防御因素。这种在病因病机或病理上认识的高度统一,促进了中西医在临床治疗策略和方法上的深度融合,即两者都把祛除"攻击"因素和加强"防御"能力作为治疗的关键环节。中医采取清泻肝胃之火,西医采用抑制胃酸联合清除幽门螺杆菌以祛除"攻击"因素;中医采取健脾扶正,西医采用保护胃黏膜制剂加强"防御"能力。

在治疗原则与措施上,中医"急则治标,缓则治本"原则贯穿胃十二指肠溃疡大出血治疗的全过程。在急性出血期,现代胃镜技术可帮助中药快速直达病所,发挥中医药收敛止血、清热凉血、益气统血功能,中西医结合方法紧急复苏和控制出血。在缓解期,可以发挥辨证施治优势,扶正与祛邪并举治愈溃疡,中西医结合彻底治愈溃疡病灶。

(于庆生)

第四节　幽门梗阻

幽门梗阻(pyloric obstruction)是胃十二指肠溃疡常见的并发症之一,其多见于十二指肠球部溃疡,偶见于幽门管或幽门前区溃疡。在十二指肠球部溃疡中发生幽门梗阻者约占8%,而在胃溃疡中仅占2%。据国内统计,并发幽门梗阻的约占溃疡病患者的10%,常见于老年人,且以男性居多。

中医根据本病的临床表现,多将其归属"呕吐""反胃"等范畴。《太平圣惠方·治反胃呕哕诸方》始有"反胃"之病名;《金匮要略·呕吐哕下利病脉证治》指出:"脾伤则不磨,朝食暮吐,暮食朝吐,宿食不化,名曰反胃。"《灵枢悬解》又载:"上膈即噎膈,下膈即反胃也……反胃之家,肾寒脾湿,饮食不化,下窍约结,无入二肠之路,既不下行,故久之而上吐也。"

一、病因与病理

(一)西医病因与病理

幽门是消化道最狭窄的部位,正常直径约1.5cm,因此容易发生梗阻。当十二指肠球部或幽门溃疡时可引起幽门括约肌痉挛,或因病变附近充血、水肿,造成暂时性幽门梗阻(功能性);但也可因溃疡形成瘢痕狭窄而产生器质性梗阻。

幽门梗阻的分类方式有多种,按发病机制分类可分为:痉挛性幽门梗阻、水肿性幽门梗阻和瘢痕性幽门梗阻。按梗阻程度分类可分为:不全性幽门梗阻和完全性幽门梗阻。按梗阻性质分类可分为:良性幽门梗阻和恶性幽门梗阻。不同类型的幽门梗阻的治疗方式不同。

1. 痉挛性幽门梗阻　位于幽门或幽门附近的溃疡,可因为黏膜水肿或溃疡引起的反射性幽门环形肌收缩,使幽门通过障碍。此梗阻为间歇性。痉挛性幽门梗阻和水肿性幽门梗阻也被称为不全性幽门梗阻。

2. 水肿性幽门梗阻　由于溃疡导致黏膜炎性水肿,使幽门通过受阻。当炎性水肿吸收后,这一症状即可缓解,此梗阻为暂时性。

3. 瘢痕性幽门梗阻　慢性溃疡所引起的黏膜下纤维化,形成瘢痕性狭窄引起的幽门通过障碍,致使食物和胃液不能顺利通过。此梗阻为永久性,常需手术治疗。瘢痕性幽门梗阻又被称为完全性幽门梗阻。

(二) 中医病因病机

1. 病因　主要分为外感和内伤两大病因。外感风邪,脾风、胃风之疾作。外感寒邪,甚则直中脾胃。外感湿邪,内舍于脾,运化失司,水湿内生。感于秋燥,胃阴销铄枯涸等。其内伤病因多为饮食不节,饥饱无常,或嗜食生冷,损伤脾胃,或情志不遂,肝郁乘脾,脾失健运,化生痰饮,痰饮阻滞气机,气滞血瘀,痰瘀互结于幽门,格拒不下,胃失和降而上逆,故见呕吐。

2. 病机　本病证属本虚标实,即脾胃虚弱为致病之本,痰瘀互结为发病之标。中焦阳气不振,寒从内生,致脾胃虚寒,不能腐熟水谷,饮食入胃,停留不化,逆而向上,终至尽吐而出。而久吐又伤津耗气,津缺肠燥,燥则灼伤津液,故大便不通。气机受损,诸邪交阳,升降失调,清浊相干,且病久正气渐损,故见消瘦。其治疗宜通补共用,以"通"为顺,以"通"为补。

二、临床表现

(一) 症状

幽门梗阻患者主要表现为腹痛和反复呕吐。初期可见上腹部胀满不适,阵发性上腹部疼痛,同时伴有嗳气、恶心。随着症状加重,出现腹痛和呕吐。其特异性的症状主要是呕吐隔夜食物,是否伴有疼痛以及呕吐的轻重与溃疡部位和梗阻原因有关。呕吐多发生在下午或夜间,呕吐量的大小与梗阻的程度有关。如为完全性梗阻,则呕吐量较大,一次可达 1L;呕吐物多为胃内容物及胃液,伴有酸臭味,不含胆汁。呕吐后感觉腹部舒适,因此患者常自己诱发呕吐,以缓解症状。而幽门痉挛引起的呕吐,量不大,常不伴有隔夜食物,多含胆汁。

(二) 体征

患者因长时间呕吐,难以进食,全身多有脱水和消瘦的表现。腹部检查可见上腹隆起的胃型,有时见到胃蠕动波,蠕动起自左肋弓下,行向右腹,甚至向相反方向蠕动。用手叩击上腹时,可闻及振水音。

三、辅助检查

(一) 实验室检查

血常规检查可发现轻度贫血,明显失水时,血细胞比容和血红蛋白可以正常或轻度升高。长期饥饿可出现低蛋白血症;严重的幽门梗阻可出现低钾低氯性代谢性碱中毒,二氧化碳结合力和血 pH 值升高。

(二) 其他辅助检查

1. X 线检查　除透视下能见到巨大胃泡以外,应在洗胃后做 X 线钡剂胃肠造影。此检查可表现为胃排空障碍及胃扩张。若为幽门痉挛,可在较长的观察过程中见到幽门松弛时胃内容物暂时排出现象。一般在注射阿托品或山莨菪碱(654-2)后可观察到幽门松弛,因此较易鉴别。但黏膜水肿和瘢痕挛缩所引起的幽门狭窄,则难以在 X 线检查中鉴别。经一段时间内科治疗以后,再做造影,如幽门梗阻情况好转,则可以说明有水肿的因素存在。X 线钡剂胃肠造影检查有助于了解梗阻的部位、程度和病因,并可了解十二指肠球部以下有无梗阻性病变。如果幽门管形态不规则,偏心性或持续性狭窄,则提示存在器质性病变;如在狭窄的管腔内存在龛影则表示幽门管溃疡。如梗阻伴有幽门前胃窦的充盈缺损,则需考虑恶性病变。X 线钡剂胃肠造影前后必须洗胃。

2. 胃镜检查　纤维胃镜检查不但可确定梗阻之有无,同时可确定梗阻之性质,还可做刷洗细胞检查或活体组织检查以明确诊断。如胃潴留影响检查,可在直视下吸引后再行检查。

3. 盐水负荷试验　先将胃内容物抽吸干净,然后于 3~5 分钟内注入生理盐水 700ml,30 分钟后再吸出胃内盐水。若抽出不及 200ml,说明无幽门梗阻;若抽出超出 350ml,则可认为有梗阻存在。

4. 胃内容物抽吸　是判定有无胃潴留的简单可靠的方法,如餐后 4 小时仍能抽出胃液 300ml 以上,或禁食一夜后晨起可抽出胃液 200ml 以上,提示胃潴留存在。若胃液中混有宿食,则支持幽门梗阻诊断。

四、诊断与鉴别诊断

根据消化性溃疡病史、典型症状以及辅助检查的结果,不难做出幽门梗阻的诊断。对器质性梗阻患者,鉴别梗阻是由于消化性溃疡还是幽门前恶性病变所致至关重要。一般来说,消化性溃疡患者较年轻,过去有消化性溃疡疼痛的病史,胃扩张较大,更常出现低钾低氯性碱中毒。胃镜活检对排除恶性肿瘤非常重要。此外,还应与其他可引起梗阻表现的疾病相鉴别,如胃黏膜脱垂、幽门肌肉肥厚、胃扭转、胰十二指肠肿瘤及肝胆疾病等。

五、治疗

(一) 西医治疗

1. 非手术治疗

(1)非手术治疗指征:对于痉挛性幽门梗阻、水肿性幽门梗阻等不全性幽门梗阻常采用非手术治疗。

(2)非手术治疗方法

1)胃肠减压:在非手术治疗中,胃管的置入是必需的,通过胃肠减压和引流能有效解除胃潴留,也可以使胃本身的血液循环及黏膜充血得到改善;而且通过胃管高渗盐水洗胃,能有效减轻胃壁水肿,改善幽门梗阻症状。

2)纠正水、电解质、酸碱平衡紊乱:幽门梗阻病史长,普遍存在着低钾低氯性碱中毒,应该首先纠正。

3)营养支持:由于长期不能进食和呕吐,患者均存在着不同程度的营养不良,需要肠外营养补充热量、纠正负氮平衡。

2. 手术治疗

(1)手术指征：①恶性幽门梗阻、瘢痕性幽门梗阻；②内科保守治疗无效的患者。

(2)术前准备：准备要充分，积极纠正水、电解质、酸碱平衡紊乱，改善营养状况，洗胃3日以上。尽量消除胃局部的炎症与水肿。

(3)手术方法

1)胃空肠吻合术：方法简单，近期效果好，病死率低，但由于术后吻合溃疡发生率很高，故现在很少采用。对于老年体弱、低胃酸及全身情况极差的患者仍可考虑选用。

2)胃次全切除术：患者一般情况好，为我国最常用的术式。

3)迷走神经切断术：迷走神经切断加胃窦切除术，或迷走神经切断加胃引流术，对青年患者较为适宜。

4)高选择性迷走神经切断术：近年有报道高选择性迷走神经切断及幽门扩张术取得满意效果。幽门梗阻患者术前要做好充分准备。术前2~3日行胃肠减压，每日用温盐水洗胃，减轻胃组织水肿。输血、输液及改善营养状况，纠正水电解质紊乱。

手术治疗胃溃疡幽门梗阻仍以胃大部切除 Billroth Ⅱ 式手术为主。也可考虑行选择性迷走神经切断术加胃窦切除术，Billroth Ⅰ 式或 Billroth Ⅱ 式吻合。术后远期疗效优良，溃疡复发率低。对于十二指肠溃疡伴幽门梗阻者，除以上手术外还可选用扩大壁细胞迷走神经切断术加幽门扩张术，或附加引流术。单纯胃空肠吻合术不宜采用，因复发率(吻合溃疡)高达 30%~50%。

(二) 中医治疗

幽门梗阻早期，往往都是幽门炎症、水肿或痉挛引起的不全性幽门梗阻，证候属于脾胃虚寒、痰浊中阻或湿热内蕴，是中医药治疗的较好适应证，采用中医内治外治结合、针药结合治疗，能收到良好的疗效。若日久而虚实错杂、痰瘀互结，呈有形积块，往往已经发展到完全性幽门梗阻阶段，中医药难以奏效。当根据实际情况采用手术治疗。

1. 辨证论治

(1)术前辨证论治

1)脾胃虚寒证：脘腹胀满，食后尤甚，吐宿食，体倦乏力，舌淡苔白，脉沉细。治以温中健脾，用理中汤合香砂六君子汤加减。

2)痰浊中阻证：脘腹胀满，吐宿食痰涎，眩晕心悸，舌苔白滑，脉弦滑。治以涤痰化饮，用茯苓泽泻汤合枳术汤加减。

3)湿热内蕴证：脘腹胀满，吐宿食酸臭液，便秘尿黄，舌红苔黄，脉滑数。治以清热和胃，用温胆汤加减。

4)痰瘀互结证：脘腹胀满，吐宿食黄水，或血便，上腹胀痛拒按，舌质暗红有瘀点，脉弦涩。治以活血化瘀，用膈下逐瘀汤合二陈汤加减。

5)气阴两虚证：食欲不振，手足灼热，心烦口干，大便干，舌红苔剥，脉细弱数。治以益气养阴，用旋覆代赭汤加减。

6)脾肾阳虚证：脘腹胀满，吐完谷，神疲形寒，腰膝冷痛，面浮肢肿，舌淡苔滑，脉沉迟微细。治以温中益肾，用金匮肾气丸合理中丸加减。

(2)术后辨证论治

1)脾虚气滞证：小腹疼痛胀满，面色少华，气短懒言，大便不畅，舌淡苔白，脉沉弦或弦滑。治以健脾益气，用补中益气汤合枳术丸加减。

2)湿热中阻证：上腹胀满恶心，口干口苦，小便黄，大便不畅，舌红，苔黄腻或白厚腻，脉细数。治以清热化湿,用半夏泻心汤加减。

3)胃阴亏虚证:胃痛灼热,口干喜冷饮,纳差便秘,倦怠乏力,舌红少苔,脉细弦。治以养阴益胃,用益胃汤加减。

4)气阴两虚证:恶病质,卧床不起,贫血,自汗盗汗,或有浮肿,舌红少苔或光红,脉细沉。治以补气养阴,用一贯煎加减。

5)胃络瘀血证:胃脘刺痛拒按,上腹部肿物,呕血便血,皮肤干燥,舌质紫暗有瘀斑,脉细涩。治以活血化瘀,用桃红四物汤加减。

2. 外治法

(1)针灸:主要取任脉和足阳明胃经的经穴,以及背俞穴进行治疗。主要取穴:内关、足三里、天枢、上巨虚、中脘、胃俞。主要操作方法:内关、上巨虚、天枢、中脘,用毫针刺法,以泻法为主;足三里和胃俞,用毫针刺法,以补法为主。

(2)中药外敷:①寒证:取干姜、吴茱萸等调制成药膏外敷脐部或疼痛最明显处,外敷1~2次/d,并配合红外线照射;②热证:取大黄、黄柏调制成药膏外敷脐部或疼痛最明显处,外敷1~2次/d。

六、预防与调护

治未病理念在此病中尤为重要,有效地防止溃疡病的发生,对幽门梗阻的防治起着至关重要的作用。

1. 胃病患者的饮食应以温、软、淡、素、鲜为主,进餐做到定时定量,少食多餐,避免胃黏膜直接与过多的胃酸接触,从而防止胃酸侵蚀胃黏膜和溃疡面而加重病情。胃溃疡患者禁食生冷辛辣以及黏稠的食物,忌暴饮暴食,此外需要戒烟禁酒。饭后服药,以防刺激胃黏膜而导致病情恶化。

2. 加强对患者的心理以及情绪的护理,使患者保持精神愉快和情绪稳定,避免出现紧张、焦虑、恼怒等不良情绪。

3. 适当运动,提高患者的机体抗病能力,促进患者的身心健康发展。

七、中西医结合讨论

在中医治未病思想的指导下,为防止幽门梗阻的形成,在溃疡炎症、水肿、痉挛之不全梗阻阶段,可考虑实施中西医结合治疗,通过消除炎症、水肿,解除痉挛,避免向完全性瘢痕性梗阻转化。

在梗阻期,采用补液,纠正水、电解质、酸碱平衡紊乱和营养支持等西医治疗方法以"急则治标"。之后,考虑针药结合,治梗阻之本。针刺方法可如《勉学堂针灸集成·食不化》载:"翻胃,公孙、中脘针。"辨证施治可依据脾胃虚寒、痰浊中阻、胃中积热等证候类型,对应施以温胃散寒、除湿化痰、理气和中、清泻胃热等治法。

当日久而虚实错杂、痰瘀互结,发展到完全性瘢痕性梗阻阶段,此时需采用手术治疗,辅以中医药治疗。由于该病术前不能进食,且呕吐大量胃液,围手术期证候特征多为虚实夹杂,故术后就应发挥中医药健脾扶正优势,通过空肠营养管滴注健脾益气中药(如补中益气汤)或健脾通里中药(如芪黄煎剂),以促进胃肠功能恢复、营养状况的改善和免疫功能的增强。也可以发挥中医外治法的优势,如针刺上脘、中脘、双内关、双足三里等穴位,或中药复方大承气汤保留灌肠,促进术后胃肠运动功能恢复等。

（于庆生）

第五节　胃　癌

　　胃癌是我国及全世界最常见的恶性肿瘤之一，在我国消化道恶性肿瘤中居第二位，好发年龄在 50 岁以上，农村发病率较高，男女发病率之比约为 2∶1。近年来胃癌的发病率在世界范围内有明显的下降趋势。在我国，随着人民生活水平的提高及饮食结构的改变，预计胃癌的发病率也将随之下降。胃癌早期患者大部分没有特异性症状，多数患者就诊时已属中晚期。

　　胃癌属中医"胃脘痛""伏梁""反胃""噎膈"等范畴。《素问·六元正纪大论》载："木郁之发……故民病胃脘当心而痛，上肢两胁，膈咽不通，食饮不下。"《金匮要略·呕吐哕下利》载："朝食暮吐，暮食朝吐，宿谷不化，名曰胃反。"《医贯·噎膈论》载："噎膈者，饥欲得食，但噎塞迎逆于咽喉胸膈之间，在胃口之上，未曾入胃，即带痰涎而出。"

一、病因与病理

（一）西医病因与病理

　　1. 病因　胃癌发病与多种因素有关。

　　（1）饮食因素：长期食用熏烤、腌制食品可升高胃癌发病率。熏烤食品中含有多环烃化合物，腌制食品中含有亚硝基化合物前体；高盐食品可破坏胃黏膜保护层。缺乏新鲜蔬菜、水果也与发病有关。

　　（2）幽门螺杆菌（helicobacter pylori，HP）感染：HP 感染者胃癌发病率是未感染者的 3~6 倍。HP 通过对胃黏膜的损伤，促进胃癌发展；产生氨和细菌生长有关；产生 cagA 蛋白，引起炎症和 DNA 损伤。

　　（3）慢性疾病与癌前病变：胃腺瘤、慢性萎缩性胃炎等与胃癌相关。胃腺瘤直径超过 2cm 时癌变机会增加；慢性萎缩性胃炎可发生癌变；胃黏膜上皮异型增生可发展为癌。

　　（4）遗传因素：胃癌在少数家族中有聚集性。一级亲属发病比例高，遗传因素可能起作用。

　　（5）基因因素：胃癌涉及多基因异常改变，包括抑癌基因与癌基因的缺失、突变和扩增表达。

　　2. 病理

　　（1）大体类型

　　1）早期胃癌：病变局限于黏膜或者黏膜下层，不论病灶大小或者有无淋巴结转移。分为三型：Ⅰ 型隆起型，约占 10%；Ⅱ 型表浅型，最常见，约占 65%，可分为 Ⅱa 浅表隆起型、Ⅱb 浅表平坦型和 Ⅱc 浅表凹陷型；Ⅲ 型凹陷型，约占 25%。

　　2）进展期胃癌：指癌组织浸润深度超过黏膜下层的胃癌。按 Borrmann 分型法分为四型：Ⅰ 型息肉型，占 3%~5%；Ⅱ 型溃疡局限型，占 30%~40%；Ⅲ 型溃疡浸润型，约占 50%；Ⅳ 型弥漫浸润型，占 10%。

　　（2）组织类型：WHO 2000 年将胃癌分为：①腺癌（肠型和弥漫型）；②乳头状腺癌；③管状腺癌；④黏液腺癌；⑤印戒细胞癌；⑥腺鳞癌；⑦鳞状细胞癌；⑧小细胞癌；⑨未分化癌；⑩其他。胃癌绝大部分为腺癌。

　　（3）临床病理分期：根据国际抗癌联盟（UICC）和美国癌症联合会（AJCC）2010 年公布的胃癌 TNM 分期法，分期依据为肿瘤浸润深度、淋巴结以及远处转移情况。T 代表原发肿瘤浸润深度；N 表示局部淋巴结的转移情况；M 表示肿瘤远处转移情况。根据不同的组合将胃癌划分为 Ⅰ~Ⅳ 个临床病理分期（表 23-1）。

表 23-1 胃癌临床病理分期

	N_0	N_1	N_2	N_3
T_1	ⅠA	ⅠB	ⅡA	ⅡB
T_2	ⅠB	ⅡA	ⅡB	ⅢA
T_3	ⅡA	ⅡB	ⅢA	ⅢB
T_{4a}	ⅡB	ⅢA	ⅢB	ⅢC
T_{4b}	ⅢB	ⅢB	ⅢC	ⅢC
M_1	Ⅳ			

(二)中医病因病机

1. 病因

(1)正气内虚：机体正气不足,致病邪气亢盛;或正气虚弱,血瘀痰凝,均可导致胃癌的发生。

(2)饮食不节：胃为仓廪之官、水谷之海,胃之功能为受纳与腐熟水谷,因此饮食因素在脾胃疾病中是最常见的病因。饮食不节,损伤脾胃,运化失职,痰浊内生或饮食肥甘厚味,湿热内生,最终致病。

(3)情志内伤：情志不畅,肝气犯胃,脾胃运化失职,痰浊内生;或情志不畅,肝气郁结,气滞血瘀,终至癌肿。

2. 病机　胃癌的形成虽有诸多因素,但其基本病机为虚、痰、瘀、毒四个方面,即正气不足、痰浊内停、瘀血内阻、热毒内结等相互纠结,日久积滞而形成肿块。病理属性总属于本虚标实。

(1)虚：机体正气不足,邪气亢盛,外邪乘虚而入;或气虚血瘀,终至癌病。

(2)痰：水液代谢异常则生痰浊,其可影响机体正常的生理功能。气虚痰凝、情志不畅、饮食不节等引起痰浊内停,痰气搏结,最后积聚成块,导致胃癌的发生。

(3)瘀：血液运行异常则生瘀血,瘀血作为病理产物,也会阻碍局部组织气血运行而成为致病因素。气滞血瘀,最后积聚成块,引发癌病。

(4)毒：热邪或热毒的产生与饮食不节,湿热内生有关;也与脾气不足,脾失健运有关。湿热内聚,热毒久积不散,终成癌毒。

二、临床表现

(一)症状

胃癌早期常无特异性症状,甚至毫无症状。随着肿瘤的发展,影响胃的功能时,才出现较明显的症状,但此种症状也并非胃癌所特有,常与胃炎、溃疡病等胃慢性疾病症状相似。有时往往直至出现明显的梗阻、腹部扪及肿块或出现淋巴结转移时才被诊断。因此,临床医生应在症状不明显时或者从一般胃病症状中,警惕有胃癌的可能。

1. 胃痛　是胃癌最常见的症状,也是最无特异性而易被忽视的症状。初起时仅感上腹部不适,常被认为是胃炎、溃疡病等,而予以相应的治疗,症状也可暂时缓解。当症状缓解后,短期内又有发作者,就要予以注意,不要一味等待出现所谓"疼痛无节律性""进食不能缓解"等典型症状,才考虑胃癌的可能。临床上如出现疼痛持续加重且向腰背放射,则常是胰腺受侵犯的晚期症状。肿瘤一旦穿孔,则可出现剧烈腹痛的胃穿孔症状。

2. 食欲减退、消瘦、乏力　这是另一组常见而又非特异性的胃癌症状。当与胃痛症状同时出现又能排除肝炎时,尤应予以重视。

3. 恶心、呕吐　早期可能仅有食后饱胀及轻度恶心症状,这些症状常是由肿瘤引起梗阻或胃功能紊乱所致。

4. 出血和黑便　此症状也可在早期出现,早期胃癌有此症状者约占 20%。凡无胃病史的老年患者一旦出现黑便,必须警惕有胃癌的可能。

5. 其他症状　患者有时可出现腹泻、便秘及下腹不适,也可有发热。某些患者甚至可以先出现转移灶的症状,如卵巢肿块、脐部肿块等。

(二) 体征

一般胃癌尤其早期胃癌常无明显体征,部分患者可有上腹部深压痛;晚期患者可触及上腹部质硬、固定肿块,锁骨上淋巴结肿大,直肠前凹扪及肿块,以及有贫血、腹水、营养不良甚至恶病质等表现。

三、辅助检查

1. 纤维胃镜检查　能够直接观察胃黏膜病变的部位和范围,并可以对可疑病灶钳取小块组织做病理学检查,是诊断胃癌的最有效方法。为提高诊断率,应在可疑病变组织四周活检 4~6 处,不应集中一点取材。通过使用色素内镜和放大内镜,可显著提高小胃癌和微小胃癌的检出率。采用带超声探头的纤维胃镜对病变区域进行超声探测成像,获取胃壁各层次和胃周围邻近脏器超声图像,可了解肿瘤在胃壁内的浸润深度以及向壁外浸润和淋巴结转移情况,有助于胃癌的术前临床分期,以及决定病变是否适合进行内镜下切除。

2. X 线钡餐检查　数字化 X 线胃肠造影技术的应用,使得影像分辨率和清晰度大为提高,目前仍为诊断胃癌的常用方法。目前多采用气钡双重对比造影,通过黏膜相和充盈相的观察做出诊断,优点是痛苦小且易被患者所接受;缺点是不如胃镜直观且不能取活组织进行病理学检查。早期胃癌的主要改变为黏膜相异常,而进展期胃癌的形态与胃癌大体分型(Borrmann 分型)基本一致,X 线征象主要有龛影(溃疡型)、充盈缺损(肿块型)、胃壁僵硬胃腔狭窄(弥漫浸润型)、黏膜皱襞的改变、蠕动异常和排空障碍等。同时,钡餐检查对胃上部癌是否侵犯食管有诊断价值。

3. 胃癌 CT 检查　螺旋 CT 检查在评价胃癌病变范围、局部淋巴结转移和远处转移(如肝、卵巢)方面具有较高的价值,是判断胃癌术前临床分期的首选方法。此外,PET 是一种新型无创的检查手段,对胃癌的诊断,以及判断淋巴结和远处转移病灶情况,准确性也比较高。

4. 实验室检查　部分胃癌患者的粪便隐血试验可持续阳性。肿瘤标志物癌胚抗原(CEA)、CA19-9 和 CA125 在部分胃癌患者中可见升高,但目前认为仅作为判断肿瘤预后和治疗效果的指标,无助于胃癌的诊断。近年来血清中胃蛋白酶原(pepsinogen,PG)的水平与胃癌发生的关系,日益受到人们的关注。PG Ⅰ 主要由胃底腺主细胞分泌,PG Ⅱ 则除上述腺体外还有胃窦和幽门腺分泌。PG Ⅰ 的水平及 PG Ⅰ / Ⅱ 的比值可作为反映胃黏膜病变的指标,目前有采用 PG Ⅰ / Ⅱ 值来普查初筛胃癌的。

四、诊断与鉴别诊断

1. 诊断　通过临床表现、纤维胃镜或 X 线钡餐检查,多数胃癌可获得正确诊断。

2. 鉴别诊断　应与胃良性溃疡、胃间质瘤、胃淋巴瘤和胃良性肿瘤等进行鉴别诊断。目前临床多通过内镜活检进行鉴别诊断。

五、治疗

(一) 西医治疗

1. 手术治疗　外科手术是胃癌的主要治疗手段,也是目前能治愈胃癌的唯一方法。长

ER-23-2

胃间质瘤的CT 表现

ER-23-3

胃肠道间质瘤的显微镜下表现

ER-23-4

胃间质瘤的内镜表现

ER-23-5

胃肠道间质瘤的手术治疗方案

期以来,由于胃癌住院患者病期偏晚,外科治疗效果并不满意,国内胃癌根治术后的 5 年生存率一直在 30% 左右。

(1)根治性手术:原则为彻底切除胃癌原发灶,按临床分期标准清除胃周围的淋巴结,重建消化道。

1)胃切除范围:胃切断线要求距离肿瘤肉眼边缘 5cm 以上;远侧部癌应切除十二指肠上部 3~4cm,近侧部癌应切除食管下端 3~4cm。

2)淋巴结清扫:淋巴结清除范围以 D(dissection)表示,以 N 表示胃周已有转移的淋巴结站别。第一站淋巴结全部清除为 D1 术,第二站淋巴结完全清除称为 D2 术,依次为 D3 术。胃癌手术的根治度分为 A、B、C 三级。A 级:D>N,手术清扫的淋巴结站别,超越已有转移的淋巴结站别;切缘 1cm 内无癌细胞浸润,是效果好的根治术。B 级:D=N,清扫淋巴结的范围等同于有转移的淋巴结站别,或切缘 1cm 内有癌细胞浸润,也属根治性手术,但其根治程度及疗效较 A 级手术差。C 级:仅切除原发灶和部分转移灶,尚有肿瘤残余,属于非根治性手术。胃癌在外科治疗时应争取实施 A 级标准的根治术,以提高治疗效果。

3)手术方式:根据肿瘤部位、进展程度以及临床分期来确定。

①早期胃癌:由于病变局限且较少淋巴结转移,施行 D1 淋巴结清扫的胃切除术就可获得治愈性切除,如腹腔镜或开腹胃部分切除术。对小于 1cm 的非溃疡凹陷型和直径小于 2cm 的隆起型黏膜癌,可在内镜下行胃黏膜切除术。

②进展期胃癌:标准治疗是 D2 淋巴结清扫的胃切除术。以远端胃癌根治术为例,行根治性远端胃次全切除术,切除胃的 3/4~4/5,幽门下 3~4cm 切断十二指肠,距离癌边缘 5cm 切断胃,同时清除一、二站淋巴结,切除大小网膜、横结肠系膜前叶与胰腺被膜;消化道重建可选 Billroth Ⅰ式胃十二指肠吻合或 Billroth Ⅱ式胃空肠吻合。胃体与近端胃癌可行根治性胃全切除术,消化道重建常行食管空肠 Roux-en-Y 吻合。近端胃癌也可选用根治性近端胃切除术,胃食管吻合。

(2)扩大的胃癌根治术:是指包括胰体、尾及脾的根治性胃次全切除或胃全切除术,适用于胃癌侵及邻近组织或脏器者;有肝、结肠等邻近脏器浸润时可行联合脏器切除术。

(3)姑息性手术:是指原发灶无法切除,针对由于胃癌导致的梗阻、穿孔、出血等并发症而做的手术,如胃空肠吻合术、空肠造口术、穿孔修补术等。

2. 胃癌外科手术的辅助化疗　手术对较早的Ⅰ期胃癌有较好的疗效,对进展期胃癌常不易取得满意的疗效,因此术前、术中、术后的各种辅助化疗的应用利于增强手术疗效,延长生存期。

(1)术前化疗:又名为新辅助化疗,一般用于局部病期较晚的患者,该类患者不论能否手术切除,都有较高的局部复发率。术前化疗的目的是降低期别,便于切除肿瘤及减少术后的复发。

(2)术中化疗:即术中腹腔化疗,手术结束后腹腔放置化疗药物。近年来又在此基础上发展了术中的腹腔热灌注化疗,对病期较晚且已切除的胃癌,术中进行腹腔热灌注化疗,有可能提高疗效。

(3)术后化疗:主要针对进展期胃癌,早期胃癌根治术后原则上不必辅助化疗。有下列情况者应行辅助化疗:癌灶面积大于 5cm^2;病理组织分化差;淋巴结有转移;多发癌灶;年龄低于 40 岁者。进展期胃癌根治术后无论有无淋巴结转移均需化疗。对姑息性手术后、不能手术或术后复发等晚期胃癌患者采用适量化疗,能减缓肿瘤的发展速度,改善症状,有一定的近期效果。施行化疗的胃癌患者应当有明确病理诊断,一般情况良好,心、肝、肾与造血功能正常,无严重并发症。

ER-23-6

胃癌根治术淋巴结清扫范围

ER-23-7

根治性全胃切除术

ER-23-8

腹腔镜远端胃切除术

3. 胃癌的其他治疗　胃癌的其他治疗包括放疗、免疫治疗、靶向治疗等。胃癌对放疗的敏感性较低,故较少采用放疗,但放疗可用于缓解癌肿引起的局部疼痛症状。胃癌的免疫治疗包括非特异生物反应调节剂如卡介苗、香菇多糖等,细胞因子如白介素、干扰素、肿瘤坏死因子等,以及过继性免疫治疗如淋巴因子激活的杀伤细胞、肿瘤浸润淋巴细胞等的临床应用。靶向治疗包括选用曲妥珠单抗(抗 HER-2 抗体)、贝伐珠单抗(抗 VEGFR 抗体)和西妥昔单抗(抗 EGFR 抗体),对晚期胃癌的治疗有一定的效果。

(二)中医治疗

胃癌的核心病机为正虚邪实,因此中医药治疗本病以扶正祛邪为指导思想。扶助正气是基础,祛除邪毒是关键。

1. 辨证论治

(1)虚证:乏力,心悸,头晕,面色无华,脘腹肿块,形体消瘦,虚烦,自汗盗汗,舌淡苔白,脉细无力。治以健脾益气,化瘀散结。方用十全大补汤合血府逐瘀汤加减。

(2)痰证:胸闷,面黄虚胖,呕吐痰涎,腹胀便溏,痰核瘰疬,舌淡红,苔滑腻,脉滑。治以健脾燥湿,化痰散结。方用二陈汤加减。

(3)瘀证:胃脘刺痛,腹胀满,呕吐宿食或便血,肌肤甲错,舌紫暗,脉沉细涩。治以行气活血,软坚散结。方用失笑散或膈下逐瘀汤加减。

(4)毒证:胃脘灼痛,腹中结块,反酸,口干口臭,口舌生疮,咽肿,大便秘结,小便浑浊,舌红,苔黄燥或腻,脉滑。治以清热解毒,祛瘀散结。方用槐角丸加减。

2. 围手术期(术后早期)辨证论治　胃切除术后早期因消化道重建无法口服中药。因此术前将一根营养管和胃管一同置入胃腔,术中将营养管置入空肠内,从术后第 1 天开始,分上午和下午两次将中药经营养管滴入小肠,每次 100~150ml,温度 38~39℃,速度 30~40 滴 /min。

(1)脾虚腑实证:神疲乏力,面色苍白,腹胀腹痛,恶心呕吐,无排气排便,舌淡,苔白或黄腻,脉细弱。治以健脾益气,通里行气。方用芪黄煎剂加减。

(2)脾虚湿蕴证:气短,口渴,脘腹痞闷,腹痛腹胀,泻下急或不爽,大便黄臭,肛门灼热,小便短黄,舌质红,苔黄腻,脉濡或滑数。治以健脾通里,清热利湿。方用芪黄煎剂合四妙散(或猪苓汤)加减。

(3)气虚血瘀证:神疲乏力,腹胀刺痛,脘胀不欲食,面色黧黑,唇甲青紫,肌肤甲错,舌紫暗,脉沉细涩。治以健脾通里,行气活血。方用芪黄煎剂合桃红四物汤加减。

3. 外治法

(1)药物外敷:选用温通抗癌方或消痞膏,上述中药碾成粉末,制成膏剂,外敷胃脘部或神阙穴,每日 1 次,以消肿散结,活血祛瘀。有助于延缓胃癌进展,并减轻晚期患者的疼痛、腹胀等不适症状。

(2)针灸治疗:取中脘、双侧足三里、天枢、脾俞、膈俞、丰隆等穴位,用毫针针刺,能明显减轻胃癌患者的疼痛症状;取足三里、上巨虚、内关、公孙等穴位,用毫针针刺,能促进胃癌患者术后胃肠功能的恢复,减轻化疗期间胃肠道反应;取关元、大椎、足三里等穴位,用毫针针刺,对预防胃癌术后转移复发有一定的作用。

六、预防与调护

胃癌的确切病因虽有待明确,但按目前对胃癌病因的了解,其是多种因素复合作用的结果。从胃癌的预防措施来讲,一是设法控制和排除已知的可疑致癌因素,消除病因以降低其发病率,也即通常所说的一级预防;二是在自然人群中通过普查,或对易感个体的定期随访检查,以期做到早期发现、及时治疗,降低病死率,即二级预防。

（一）胃癌的一级预防

1. 注意卫生　避免多食刺激性食物，节制饮酒，戒烟，定时饮食，防止暴饮暴食，以减少胃炎及胃溃疡的发生。

2. 注意饮食习惯　食物冷冻保鲜，避免高盐饮食，食用富含维生素 C 的新鲜蔬菜及水果，多食肉类、鱼类、豆类等高蛋白食物。

3. 积极治疗胃溃疡及萎缩性胃炎　对经久不愈或有重度瘢痕组织的胃溃疡病，有肠上皮化生伴有重度不典型增生的萎缩性胃炎，以及多发性息肉或直径大于 2cm 的单发性息肉，可采取手术治疗。

（二）胃癌的二级预防

在健康人群中进行胃癌普查，是早期发现胃癌的重要途径。目前常用的筛查手段有血清胃蛋白酶原检测、胃镜检查等。

（三）对于已经确诊胃癌的患者

首先，需要消除心理恐惧，形成积极向上的心态，减轻心理恐惧因素对疾病恢复的影响。其次，积极接受并配合治疗，切勿认为胃癌无法治疗而不配合，以致丧失治疗机会。最后，注意合理营养饮食、加强锻炼，提高身体素质。

七、中西医结合讨论

胃癌发病原因与饮食、幽门螺杆菌感染、基因、遗传等因素相关。中医认为其与饮食不节、情志内伤、正气内虚有关。治疗思路和策略上，西医采用手术、放疗、化疗，中医采用化痰软坚散结、活血化瘀散结和清热解毒散结的治法。两种方法结合可以获得更好的效果，这是目前中西医都广泛认同和接受的治疗策略。对于可手术的胃癌，中医药可以在围手术期发挥作用。术前使用中药可改善患者营养、免疫状况；术中中药配合化疗药物可增效减毒；术后早期使用中药可促进恢复，改善营养状况，增强机体免疫功能，防止并发症发生。中医还可以治未病，完全治愈癌前病变，阻断恶变转化。对已手术根治的患者，中医辨证施治宜兼顾扶助正气，防止肿瘤复发。

（于庆生）

复习思考题

1. 胃十二指肠溃疡伴穿孔应与哪些急腹症相鉴别？主要鉴别要点有哪些？

2. 胃十二指肠溃疡伴穿孔的外科手术指征是什么？术后常见的近期并发症及处理措施有哪些？

3. 胃十二指肠溃疡伴穿孔腹膜炎期对应中医辨证论治的哪个证型？具体的中医治疗措施是什么？

4. 胃十二指肠溃疡大出血主要与哪些引起上消化道出血的疾病相鉴别？主要鉴别手段有哪些？

5. 请简述幽门梗阻的中医辨证分型及治疗。

6. 在幽门梗阻治疗中，中医药如何结合现代外科进行创造性应用？

7. 胃癌常见的大体病理类型有哪些？早期胃癌的概念是什么？

8. 胃癌的转移途径有哪些？最主要的转移途径是什么？

9. 胃癌的临床病理分期有哪些？

10. 胃癌目前西医主要的治疗手段是什么？

11. 请简述胃癌的中医病名、病因病机、辨证分型及治则、方药。

ER-23-9

扫一扫
测一测

第二十四章

肝胆胰疾病

第一节　肝　细　胞　癌

　　肝细胞癌（hepatocellular carcinoma），是肝部最常见的恶性肿瘤，约占 90%。发病年龄在 40~50 岁之间，男性多于女性，其中男性患者发病率位于主要恶性肿瘤发病率的第三位，死亡率为第二位；女性患者发病率位于第七位，死亡率为第三位。流行病学资料表明，肝癌高发区域的发病中位年龄较其他区域要小，我国东南沿海地区发病率较其他地区要高。

一、病因与病理

（一）西医病因与病理

　　目前认为肝癌的发病原因是多因素的，与肝硬化、病毒性肝炎、酒精、黄曲霉毒素等某些化学致癌物质和水土因素有关。在我国，乙型肝炎病毒（HBV）感染是肝癌发病的主要致癌因素，而黄曲霉毒素和饮水污染可能是主要的促癌因素。

　　按肝癌肿瘤大小，根据中华医学会外科学分会肝脏外科学组的分类，可分为微小肝癌（直径 ≤2cm）、小肝癌（>2cm，≤5cm）、大肝癌（>5cm，≤10cm）及巨大肝癌（>10cm）。

　　按肝癌的大体病理形态可分为结节型、巨块型、弥漫型三种类型。而肝癌病理组织分型，分别是肝细胞癌、胆管细胞癌和混合型肝癌三型，其中肝细胞癌约占 90%。

　　肝癌的转移首先是发生肝内转移，侵犯门静脉系统，形成癌栓，引起肝内播撒，同时阻塞门静脉主干，并引起门静脉高压的临床表现；其次通过血行转移，主要是转移到肺，此外还有骨、脑、肾等脏器；肝癌的淋巴转移较少见，主要是转移至肝门部淋巴结；中晚期肝癌可直接侵犯浸润邻近器官及组织，如胆囊、膈肌、结肠、胃、胰腺等，极少数发生腹膜种植转移，引起血性腹水。

（二）中医病因病机

　　1. 情志久郁　肝主疏泄，调畅气机，故一身之气机畅达与否主要关系于肝。情志久郁，疏泄不及，气机不利，气滞血瘀，是肝癌形成的主要因素之一。

　　2. 脾虚湿聚　饮食失调，损伤脾胃，气血化源告竭，后天不充，致使脏腑气血虚亏。脾虚则饮食不能化生精微而变为痰浊,痰阻气滞,气滞血瘀,肝脉阻塞,痰瘀互结,形成肝癌。

3. 湿热结毒 情志不遂,气滞肝郁日久,化热化火,火郁成毒;肝郁乘脾,运化失常,痰湿内生,湿热结毒,形成肝积,肝之疏泄失常,影响及胆,则胆的排泄功能亦失常,故此种病因所致肝癌多伴胆汁外溢而呈黄疸。

4. 肝阴亏虚 热毒之邪阻于肝胆,久之耗伤肝阴,肝血暗耗,导致气阴两虚,邪毒内蕴,此为本虚标实。

二、临床表现

(一)症状

肝癌早期无典型的临床表现,但病程发展较快,一旦出现较明显临床症状时,患者病程已进入中晚期,预后较差。

1. 肝区疼痛 是肝癌患者最主要的临床症状。疼痛以持续性隐痛为多见,肝病患者的肝区疼痛如果发生转变,并逐渐加重,对症处理后无好转,应高度怀疑肝癌的存在。部分大肝癌患者如发生癌结节破裂出血,会突发剧烈腹痛及腹膜刺激症状,严重者甚至发生休克。

2. 胃肠道症状 部分患者会出现胃纳变差、腹胀、腹泻等临床症状。当肝癌患者出现严重腹泻,对症处理未能控制时,要考虑疾病进展,可能与门静脉癌栓栓塞有关。

3. 乏力、消瘦 随着病情进展,患者会出现消瘦、疲劳、乏力等症状,且逐渐加重,晚期出现恶病质表现。

4. 发热 小肝癌患者一般无明显发热,但随着癌肿的增大,癌肿中央组织坏死,会出现发热,巨大肝癌患者可出现39℃以上的高热,伴有白细胞升高,使用非甾体抗炎药可缓解。

5. 其他症状 晚期肝癌患者可出现肺、肝静脉、骨、脑等转移,并产生相应的临床症状,甚至引起肺栓塞、猝死。少数患者会出现红细胞增多症、高钙血症、低血糖、皮肌炎等癌旁综合征的特殊临床表现。

(二)体征

主要表现在中晚期患者:

1. 肝大 随着病情发展,肝肿瘤进展导致肝脏体积进行性增大,病变部位质地硬有压痛,边缘不规则,表面触及凹凸不平的结节或肿块。

2. 黄疸 可见患者皮肤、巩膜黄染,主要是由于肝功能失代偿引起的肝细胞性黄疸及肿瘤压迫引起的梗阻性黄疸。

3. 腹水 是晚期肝癌的表现,由于我国肝癌患者多数由肝硬化发展而来,腹水主要为门静脉的压力升高后引起的门静脉高压的临床表现。腹部查体可见腹壁静脉曲张,腹部明显膨隆,叩诊有移动性浊音。

4. 其他 患者会出现肝掌、蜘蛛痣、下肢水肿等表现。此外,肝癌患者至晚期,可出现上消化道出血、肝癌破裂出血、肝肾功能衰竭等严重并发症。

三、辅助检查

(一)实验室检查

1. 血清AFP 是当前诊断肝癌和疗效监测常用且重要的指标。血清AFP≥400μg/L,在排除妊娠、慢性或活动性肝病、生殖腺胚胎源性肿瘤以及消化道肿瘤后,高度提示肝癌;而血清AFP轻度升高者或正常者,应结合影像学检查或进行动态观察,并与肝功能变化对比分析,有助于诊断。临床上有30%~40%的肝癌患者AFP检测阴性,AFP异质体的检测如为阳性,可提高肝癌的诊断率;对于AFP低度阳性的患者,如AFP异质体的检测亦为阳性,则肝癌检查阳性率可提高到 90% 以上。

2. 血清酶学　主要用于 AFP 阴性肝癌患者的诊断,肝癌患者肝功能相关的酶可能升高,如 γ- 谷氨酰转肽酶同工酶、异常凝血酶原、碱性磷酸酶、酸性同工铁蛋白等可协同诊断肝癌,但无特异性。

3. 其他肿瘤标志物　部分肝癌患者肿瘤标志物 CEA 或 CA19-9 可升高。近年来我国学者研究的肝癌诊断试剂盒同样应用于临床诊断,对于血清 AFP 阴性人群,2024 年国家卫生健康委员会发布的新版《原发性肝癌诊疗指南》推荐使用 GALAD 模型、GAAD 模型、ASAP 模型及 miRNA 试剂盒进行早期诊断。GALAD 模型是基于年龄、性别、AFP、血清 AFP 异质体(AFP-L3)、异常凝血酶原 II(PIVKA-II)构建的预测模型,其诊断早期肝癌的灵敏度和特异度高。

(二) 影像学检查

1. 超声检查　B 超可显示肿瘤的大小、形态、部位以及肝静脉或门静脉有无癌栓等,其诊断符合率可达 90%,具有便捷、实时、无创和无放射辐射等优势,是临床上最常用的肝脏影像学检查方法;也可以作为高危人群筛查的工具,有助于发现早期肝癌,其分辨率低限为 1cm。目前,术中超声在肝癌肝切除术中应用广泛,能显著提高肿瘤根治效果,应作为该手术的常规技术。

2. CT 检查　CT 已成为肝癌定性和定位诊断的常规检测技术,诊断符合率可达 90%,可检出 1.0cm 左右的早期肝癌。CT 能明确显示肿瘤的位置、数目、大小及与周围脏器和重要血管的关系,对判断能否手术切除很有价值。目前肝脏 CT 平扫及动态增强扫描除常见的应用于肝癌的临床诊断及分期外,也应用于肝癌局部治疗的疗效评价。同时,借助 CT 后处理技术可以进行三维血管重建、肝脏体积和肝肿瘤体积测量、肺脏和骨骼等其他脏器组织转移评价,已广泛应用于临床。

3. MRI 检查　磁共振成像目前是与 CT 相仿的常用的影像学诊断技术,对肝内良、恶性占位病变的鉴别,尤其是肝癌与血管瘤的鉴别要优于 CT 检查。MRI 可进行肝静脉、门静脉、下腔静脉和胆道重建成像,MRCP 已成为肝脏、胆道、胰腺等疾病常规采用的影像诊断技术。随着 MRI 增强剂(钆塞酸二钠等)的应用,与 CT 检查相比,MRI 提高了对早期肝癌的鉴别诊断能力,提高了对 ≤1cm 肝癌的检出率及准确率。

4. DSA 检查　是一种微创检查,采用经选择性或超选择性肝动脉进行 DSA 检查。该技术更多地用于肝癌局部治疗或肝癌自发破裂出血的治疗等。DSA 检查可以显示肝肿瘤血管及肝肿瘤染色,还可以明确显示肝肿瘤数目、大小及其血供情况。由于 DSA 检查为有创检查,具有一定的风险及并发症,进行检查时需慎重考虑。

5. 核医学检查　正电子发射计算机断层显像(positron emission tomography-computed tomography,PET-CT)的优势在于对肿瘤进行分期,通过一次检查能够全面评价有无淋巴结转移及远处器官的转移;对于抑制肿瘤活性的靶向药物的疗效评价更加敏感、准确,但目前该检查的费用还甚为昂贵。

6. 动脉造影　肝动脉造影对小肝癌的定位诊断是目前常用影像学检查中最敏感的方法,超选择性肝动脉造影诊断准确率可达到 95% 左右,可检出的最小肝癌直径仅 0.5cm,同时该检查对发现的肝癌病灶如病情允许,可直接进行肝动脉栓塞治疗。由于肝动脉造影检查为有创检查,具有一定的风险及并发症,进行检查时需慎重考虑。

7. 放射性核素肝扫描　应用 ^{99m}Tc、^{113m}In、^{198}AU 等进行肝扫描,对肝癌诊断的阳性率为 80%~90%,对直径 <3.0cm 的肿瘤不易显示,而且传统的放射性核素扫描仪因分辨率低,速度慢,只能静态显像,鉴别占位性肿瘤性质困难,逐渐被 CT、MRI 取代。

8. X 线检查　巨大的肝肿瘤可发现膈肌抬高,运动受限或者局部隆起。巨大的肝左外叶癌进行胃肠钡餐检查可发现胃被推压现象。

（三）其他检查

1. 肝穿刺活检　对血清学、影像学检查等不能临床确诊的高度可疑患者,可行超声或 CT 引导下的经皮肝穿刺活检术,但由于肝肿瘤穿刺有出血、针道扩散等风险,临床上一般不积极主张。

2. 腹腔镜检查　对位于肝脏外周边缘的肝肿瘤患者,如未能临床确诊,可行腹腔镜检查并取得病理确诊。但对于肝脏实质内肿瘤,临床应用受到一定的限制。

四、诊断与鉴别诊断

1. 诊断要点　肝癌诊断应按照早期定性、全面定位原则来处理。对于早期肝癌患者,由于无典型的临床表现,患者往往未能及时就诊,当有临床症状来就诊时已是中晚期。因此,对于中年以上,有肝病病史,特别是有乙肝病史的患者,如有原因不明的肝区疼痛、肝进行性肿大、食欲减退、乏力、消瘦等,应及时进行详细的检查。对有肝脏进行性肿大,查体触及右上腹肝区有不平整质硬压痛肿块,AFP ≥ 400μg/L,一般肝癌诊断可成立,而其他患者则需要进行相应的物理检查来协助诊断。

2. 鉴别诊断　原发性肝癌通过血清学检查及影像学检查等可与肝硬化结节、转移性肝癌、肝良性肿瘤、肝脓肿、肝囊肿、肝棘球蚴病等鉴别;同时对与肝脏相邻的右肾肿瘤、结肠右曲肿瘤、胃肿瘤、胰腺肿瘤等通过影像学、内窥镜等检查可以鉴别。

五、治疗

（一）西医治疗

肝癌的治疗宜采取早期诊断、早期选择以手术切除为主的多学科综合治疗模式,可提高肝癌的长期治疗效果。

1. 外科治疗　肝癌的外科治疗是肝癌患者获得长期生存的重要手段,主要包括肝切除术和肝移植。

（1）肝切除术:肝切除术是我国肝癌治疗的首选方式。

（2）肝移植:理论上肝移植手术由于同时切除肿瘤和硬化的肝脏,可以获得较好的长期治疗效果,但国内外大量的肝癌肝移植临床资料表明,尽管有部分患者达到了治疗目的,但总体治疗效果较差,主要是由于肝移植术后的复发。鉴于供肝匮乏和治疗费用昂贵,且大肝癌或弥漫型肝癌移植术后疗效极差,原则上选择肝功能 C 级的小肝癌患者行肝移植。国际上大多按照米兰肝移植标准选择肝癌患者行肝移植(米兰标准:1 个肿瘤,直径<5cm;2 个或3 个肿瘤,直径均<3cm,无血管侵犯或肝外转移)。国内推荐采用美国加利福尼亚大学旧金山分校(UCSF)标准:单个肿瘤直径 ≤ 6.5cm;肿瘤个数 ≤ 3 个,其中最大直径 ≤ 4.5cm,且肿瘤直径总和 ≤ 8cm;无大血管侵犯。

2. 消融治疗　适用于一些不能耐受手术切除,肿瘤结节不超过 3 个,且单个肿瘤直径 ≤ 3cm;无血管、胆管和邻近器官侵犯及转移者。也可应用于术中或术后治疗肝复发、转移瘤。消融的路径可以经皮肤、腹腔镜、开腹和经内镜四种方式,通常在超声或 CT 引导下经皮穿刺行微波、射频、冷冻、无水乙醇注射等消融治疗,具有操作简便、创伤小的优势,对于一些肝功能分级比较好的患者,可获得较好的治疗效果。

3. 经动脉化疗栓塞　经肝动脉和 / 或门静脉区域化疗或 TACE。对于肝肿瘤巨大或多发不能手术切除,肝功能代偿良好,无其他重要脏器的器质性病变患者,可施行 TACE。

4. 放射治疗　放射治疗分为外放射治疗和内照射治疗。外放射治疗是利用放疗设备产生的射线(光子或粒子)从体外对肿瘤进行照射的方法。内照射治疗是将放射源密封后经机体管道或通过针道植入肿瘤内进行照射的方法。

5. 系统抗肿瘤治疗 系统治疗或称之为全身性治疗,主要指抗肿瘤治疗,包括分子靶向药物治疗、免疫治疗、化学治疗和中医药治疗等。

(二) 中医治疗

辨证论治

(1) 肝郁脾虚证:胸胁胀痛,腹胀便溏,四肢倦怠,舌淡苔白,脉弦细。治以健脾益气,疏肝软坚。方用逍遥散加减。

(2) 肝热血瘀证:上腹肿块固定痛,肌肤甲错,口苦身热,舌瘀暗,脉弦。治以清肝凉血,解毒祛瘀。方用龙胆泻肝汤加减。

(3) 脾虚湿困证:腹胀纳少,食后胀甚,便溏浮肿,舌胖苔白,脉弦细。治以健脾益气,利湿解毒。方用四君子汤合五皮饮加减。

(4) 肝胆湿热证:发热口苦,黄疸,舌红,苔黄腻,脉滑数。治以清热利湿,凉血解毒。方用茵陈蒿汤加减。

六、中西医结合讨论

中医学注重宏观整体,西医学注重微观局部,中西医结合就是要把宏观整体与微观局部结合起来治疗疾病,两者之间取长补短,以求得对健康和疾病的全面认识。

肝癌早期,手术治疗是一种有效的治疗手段,但手术在去除癌症病灶的同时,也对机体造成一定的破坏。中医调理能纠正机体功能失调,以"扶正补虚"为原则,以健脾疏肝、清肝利湿为主要治法,培本固元,增强免疫力。术后康复期,以补益脾肾、祛瘀解毒为主要治法,增强术后肝脏功能,降低复发转移风险。

对于中晚期肝癌患者,系统抗肿瘤治疗可以创造潜在手术切除机会;采用中医药治疗方法,辨证论治,可起到减毒增效的作用。化疗的毒副作用主要表现为消化道反应、骨髓抑制、肝肾毒性、神经毒性等,患者多见恶心呕吐、白细胞下降、手足麻木感等症状,以疏肝和胃、健脾祛湿、活血祛瘀为主要治法,有助于提高生存质量。

晚期肝癌患者因肝功能差、黄疸、腹水、多发转移、恶病质等情况,已无力行手术、介入、放化疗、靶向药物治疗等,生存期通常不超过 3 个月。此阶段的主要治疗目标是兼顾保肝与抑瘤,以养阴柔肝、健脾补肾为主要治法,辅以利胆退黄、祛瘀解毒。

(张伟斌)

第二节 胆囊息肉

胆囊息肉(gallbladder polyp)泛指向胆囊腔内突出或隆起的病变,可以是球形或半球形,有蒂或无蒂,多为良性。由于胆囊息肉术前难以确诊,故笼统称为"胆囊息肉样病变"或"胆囊隆起性病变"。胆囊胆固醇息肉是胆囊黏膜面的胆固醇结晶沉积形成的;胆囊炎性息肉是胆囊黏膜增生所致,呈多发,直径常小于 1cm,多同时合并胆囊结石和胆囊炎;胆囊腺肌症是胆囊壁的良性增生性病变,如为局限型则类似肿瘤。

一、病因与病理

(一) 西医病因与病理

1. 肿瘤性息肉 包括腺瘤和腺癌,其他少见的还有血管瘤、脂肪瘤、平滑肌瘤、神经纤维瘤等。

2. 非肿瘤性息肉　如胆固醇息肉、炎性息肉、胆囊腺肌症等,尚有少见的如腺瘤样增生、黄色肉芽肿、异位胃黏膜或胰腺组织等。

(二) 中医病因病机

1. 病因

(1)饮食不节:若饮食不节,恣食油腻,损伤脾胃,运化失健,则湿浊内生。脾胃湿浊阻碍肝胆气机疏泄,肝胆气郁,进而化热,再与脾胃湿浊蕴蒸,促成本病。

(2)情志刺激:若情志刺激,导致肝胆疏泄不畅,肝胆气郁,一方面克犯脾胃,脾失健运,湿浊内生;另一方面气郁化热,肝胆之热与脾胃之湿蕴蒸,则发为本病。

(3)感受外邪:外感湿热毒邪,蕴结胆腑,疏泄不利,腑气不畅;或外感寒邪,邪入少阳,肝胆疏泄失职,胆精排泄不畅;或寒邪入里化热,煎熬胆汁成石,少阳枢机不利,胆腑通降受阻而发病。

2. 病机　一般来说,人体肝胆气机失调和整体功能紊乱是本病发病的内因;而饮食不节、情志刺激和感受外邪等因素是发病的外因,外因通过内因而起作用。本病发病以后病机发展变化多端,常是气郁、血瘀、湿热和实结四个病理环节互相兼夹,互相转化,并多反复发作,迁延缠绵,甚至变证百出。

二、临床表现

(一) 症状

本病大部分是体检时由超声检查发现,无症状。少数患者可有右上腹疼痛,恶心呕吐,食欲减退;极个别患者可出现梗阻性黄疸、非结石性胆囊炎、胆道出血、胰腺炎等。

(二) 体征

大部分患者无明显阳性体征,少部分患者可能出现右上腹压痛。

三、辅助检查

(一) 影像学检查

1. 超声检查　对此病的诊断主要依靠超声,其特点是在胆囊黏膜上的强回声的隆起性病变,不随患者的体位转动而移动,并缺少结石的特征性声影。由于在超声屏幕上常难以确定病变的性质,即难以区分是肿瘤性还是非肿瘤性息肉,是良性还是恶性病变,故常使用胆囊黏膜隆起性病变这一描述。

2. CT 或 MRI 增强扫描　与超声诊断相比,CT 或 MRI 增强扫描可以更好地区分是肿瘤性还是非肿瘤性息肉,是良性还是恶性病变。同时,可以无重叠地显示肝门、胆囊和胆道的解剖关系。

3. 内镜超声　内镜超声可以提供高分辨率的超声图像,其不仅可进行实时扫描,而且可以更接近目标脏器,从而提高诊断水平。

4. 超声造影　超声造影检查可准确识别器官和肿瘤微循环,提高鉴别胆囊黏膜隆起性病变性质的能力,被认为是常规超声和 CT、MRI 等其他横断面成像的有益补充。

(二) 病理检查

超声引导下经皮细针穿刺活检:可有效提供病理诊断,但该方法仅适用于胆囊肿块较大或胆囊弥漫性增厚的患者。

四、诊断与鉴别诊断

本病大部分是体检时由超声检查发现,诊断一般无困难,需要做出鉴别的疾病主要是胆囊结石。超声检查发现胆囊内有强回声团,随体位改变而移动,其后有声影即可确诊为胆囊结石。

五、治疗

(一) 西医治疗

外科手术是治疗胆囊息肉的有效手段,对于有明显症状的患者,在排除精神因素、胃十二指肠和其他胆道疾病后,宜行手术治疗。少数胆囊息肉可发生癌变,可能就是早期胆囊癌,临床上应予以重视。胆囊息肉恶变的危险因素:直径超过 1cm;单发病变且基底部宽大;息肉逐渐增大;合并胆囊结石和胆囊壁增厚等,特别是年龄超过 50 岁者。无症状的患者如有上述恶变危险因素的存在,应考虑手术。患者如无以上情况,不宜急于手术,应每 6 个月复查一次超声。直径小于 2cm 的胆囊息肉,可行腹腔镜胆囊切除术;超过 2cm 或高度怀疑恶变,术中应将切除的胆囊连同息肉样病变送冰冻切片或快速切片病理检查,以便于行根治切除。

(二) 中医治疗

辨证论治

(1) 肝胆蕴热证:胁腹隐痛,胸闷不适,肩背窜痛,口苦咽干,腹胀纳呆,大便干结,低热,舌红苔腻,脉弦。治以疏肝清热,通下利胆。方用金铃子散合大柴胡汤加减。

(2) 肝胆湿热证:发热恶寒,口苦咽干,胁腹剧痛,黄疸,食欲不振,便秘尿赤,舌红苔黄,脉弦滑数。治以清胆利湿,通气通腑。方用茵陈蒿汤合大柴胡汤加减。

六、中西医结合讨论

本病大多无症状,多由体检发现,中医学对此病也鲜有见述,据其临床表现当归为"胆胀""黄疸"等范畴。"胆胀"最早见于《灵枢·胀论》:"胆胀者,胁下痛胀,口中苦,善太息。"提示胁痛由胆腑病变引起。《灵枢·水胀》云:"寒气客于肠外,与卫气相搏,气不得荣,因有所系,癖而内著,恶气乃起,瘜肉乃生。"瘜肉即息肉,多由血瘀凝滞化生而成,血瘀凝滞于胆道则可引起"黄疸"。若胆囊息肉病变伴有剧烈的阳性症状或体征,甚至存在癌变危险,外科手术是治疗的有效手段。若患者无以上情况,则宜采用中医药治疗。胆胀若为肝胆蕴热之证,中医学认为是因肝失疏泄,浊气不降,导致胆腑瘀滞,通降失司,两者互相影响,致使肝胆疏泄失利、脾胃升降失和与肠道传导失司,治则以疏肝清热,通下利胆为主。若为肝胆湿热之证,则认为是浊毒内生,腑气不通,热邪伤津伤阴,肠燥津枯,燥热内结,结聚成毒成瘀,蕴久化热,与湿热邪毒瘀血相互滋生胶合,瘀毒互结,治则以清胆利湿,通气通腑为主。

(张金宝)

第三节 胆道感染与胆石症

胆道感染与胆石症两者的病因及发病常常互有联系且互为因果,临床表现和治疗方法又密切相关,故在此合并论述。

据我国资料统计,本病的发病率在急腹症中占第二位。任何年龄均可发生,以 30~50 岁多见,女性多于男性,比值约为 2:1。

中西医结合治疗可提高本病的治愈率,降低手术率,并在控制感染、排石和预防复发等方面取得了较大成效。由于本病病情复杂且快速多变,目前还有不少问题尚未解决,如准确和规范的辨证、溶石排石的治疗效果等,对本病的预防更要深入研究。

一、急性胆囊炎

急性胆囊炎(acute cholecystitis)是由胆囊管梗阻、化学性刺激及细菌感染等原因引起的胆囊急性炎症。根据是否出现胆囊结石分为急性结石性胆囊炎和急性非结石性胆囊炎,其中急性结石性胆囊炎患者占95%以上。中医虽无急性胆囊炎的病名,但古籍中仍有相关论述,《素问·缪刺论》谓:"邪客于足少阳之络,令人胁痛不得息。"《灵枢·胀论》曰:"胆胀者,胁下痛胀,口中苦,善太息。"本病属中医"胁痛""胆瘅""胆胀"等范畴。

(一) 病因与病理

1. 西医病因与病理

(1)病因

1)胆囊管梗阻:胆囊结石活动至胆囊管附近时,易堵塞胆囊管或嵌顿于胆囊颈,可直接造成胆囊管梗阻及黏膜损伤,胆汁排出受阻,胆汁滞留及浓缩。另外,胆囊周围粘连、十二指肠乳头炎以及胆囊功能性病变都可导致胆汁淤积。高浓度的胆汁酸盐具有细胞毒性,会损害胆囊黏膜细胞,导致黏膜出现炎症、水肿甚至坏死。

2)细菌感染:致病菌多从十二指肠括约肌经胆总管逆行进入胆囊,或经血液循环及淋巴途径侵犯胆囊,在胆汁流出不畅时造成感染。致病菌主要是革兰氏阴性杆菌,以大肠埃希菌最常见,其他有肺炎克雷伯菌、粪肠球菌、铜绿假单胞菌等。常合并厌氧菌感染。

3)胆囊缺血及胆汁淤积:常见于急性非结石性胆囊炎。病因仍不清楚,通常继发于高龄、糖尿病、严重创伤、烧伤、腹部非胆道手术、脓毒症等危重症,或长期肠外营养、艾滋病等。上述这些因素均可导致胆囊缺血及胆汁淤积,进而出现细菌繁殖,甚至胆囊缺血坏疽及穿孔。

(2)病理

1)急性单纯性胆囊炎:发病早期,多由胆汁淤积、浓缩的胆盐和溶血磷脂酰胆碱刺激胆囊黏膜产生的化学性炎症反应,主要为黏膜层的炎症,如黏膜充血、水肿,胆囊积液胀大。有的会出现胆囊壁水肿,伴胆囊周围浆液性渗出。

2)急性化脓性胆囊炎:急性单纯性胆囊炎继续发展,病变侵犯胆囊壁全层,胆囊明显扩张、囊壁增厚、血管扩张,伴纤维素性或脓性渗出,胆囊内胆汁呈黏稠灰白色,或胆囊积脓。胆囊表面覆有脓苔,胆囊周围积脓,可侵及肝外胆管和胆囊床附近的肝实质,形成局部的小脓肿。胆囊可被大网膜、结肠、十二指肠包裹,形成局限粘连,治愈后产生纤维组织增生、瘢痕,反复急性发作后可有萎缩性胆囊炎、胆囊壁钙化(瓷性胆囊)等慢性胆囊炎表现,甚至癌变。

3)急性坏疽性胆囊炎:急性胆囊炎持续进展,不缓解,由于胆囊腔内压持续升高,压迫胆囊壁血管,继而囊壁缺血坏疽,形成坏疽性胆囊炎。常同时伴有胆囊壁内脓肿破溃而出现胆囊穿孔、胆汁性腹膜炎,胆囊穿孔部位多位于颈部和底部。如果炎症侵及邻近器官,可穿透十二指肠和结肠形成胆囊十二指肠内瘘或胆囊结肠内瘘。

2. 中医病因病机

(1)病因

1)感受外邪:外感湿热毒邪,蕴结胆腑,疏泄不利,腑气不畅;或外感寒邪,邪入少阳,肝胆疏泄失职,胆精排泄不畅;或寒邪入里化热,煎熬胆汁成石,少阳枢机不利,胆腑通降受阻而发病。

2)饮食不节:暴饮暴食、嗜食肥甘、过度饮酒,中焦运化不利,升降失常,胆汁排泄不畅。

3)情志失调:喜怒无度,情志不遂,肝气郁结,胆失通降,胆液瘀滞而发病。

4)虫石阻滞:胆石阻滞或蛔虫上扰,枢机不利,胆腑通降受阻。

(2)病机:急性胆囊炎的病位在胆腑,病变涉及其他中焦脏腑,如肝、脾、胃等。基本病机为肝胆气机不畅,胆汁疏泄不利,胆腑通降失常,不通则痛;后期郁滞化热,湿热搏结;或热毒炽盛,血败肉腐而化脓。肝胆在经络上互为表里,病理上多肝胆同病,肝主疏泄,疏泄失司则胁痛;热毒炽盛则发热;胆热犯胃,胃失和降,则见恶心呕吐等症状。

(二) 临床表现

1. **症状** 上腹部疼痛是急性胆囊炎的主要临床表现,开始时仅有上腹部胀痛不适,逐渐发展至阵发性绞痛,常在饱餐、进食油腻食物后或夜间发作。病情加重可进展为持续性疼痛并阵发性加剧,疼痛可放射至右肩部或右肩背部。可伴有一定程度的消化道症状,如恶心呕吐、食欲不振等。可出现轻度至中度发热,多有畏寒,但通常无寒战。如果出现明显寒战高热,应考虑胆囊积脓、坏疽、穿孔或并发急性胆管炎。10%~20% 的患者可出现黄疸,可能是胆色素通过受损的胆囊黏膜进入血液循环,或邻近炎症引起 Oddi 括约肌痉挛,或胆囊壶腹结石压迫胆总管所致,也可能是胆囊结石落入胆总管所致。

2. **体征** 右上腹胆囊区域可有不同程度、不同范围的压痛,可有 Murphy 征阳性,炎症波及壁腹膜时可有上腹反跳痛及腹肌紧张,呈现局限性腹膜炎表现。有时可触及肿大的胆囊并有触痛。如胆囊被大网膜包裹,则形成边界不清、固定的压痛性包块;如发生胆囊坏疽、穿孔,可有弥漫性腹膜炎表现。

(三) 辅助检查

1. **实验室检查** 约 85% 的患者血常规检查发现白细胞计数升高,特别是中性粒细胞百分比升高;约 1/2 的患者有血清胆红素水平升高,血清谷丙转氨酶、碱性磷酸酶水平升高;约 1/3 的患者血清淀粉酶水平升高。

2. **影像学检查**

(1)超声检查:显示胆囊增大、囊壁增厚,明显水肿时见"双边"征,以及胆囊内结石光团。其对急性结石性胆囊炎诊断的准确率为 65%~90%。

(2)CT 及 MRCP 检查:急诊无法明确腹痛病因时,可行腹部 CT 检查;伴胆红素升高或怀疑胆总管结石时,可行 MRCP 检查,进一步明确诊断。

(四) 诊断与鉴别诊断

1. **诊断** 根据典型的临床表现,结合实验室和影像学检查,诊断一般无困难。诊断时应按照一定的顺序,首先判断是否为急性胆囊炎,其次明确有无胆囊结石,最后明确并发症、器官功能和全身状态,动态判断疾病轻重,明确严重程度分型。

2. **鉴别诊断**

(1)胃十二指肠溃疡伴穿孔:多有上消化道溃疡病史,突然出现上腹部剧烈疼痛并迅速波及全腹。部分患者穿孔后,胃肠液可沿右结肠旁沟流至右下腹,出现类似急性阑尾炎的转移性右下腹痛,但腹膜刺激征明显,多有肝浊音界消失,肠鸣音消失,可出现休克,X 线或 CT 检查常可发现膈下游离气体。必要时可行诊断性腹腔穿刺加以鉴别。

(2)急性胰腺炎:腹痛常在暴饮暴食后诱发,疼痛多呈持续性上腹部剧痛,有时呈刀割样痛,常向左腰背部放射,呈束带状牵涉痛;患者血清淀粉酶、脂肪酶水平常明显升高至正常上限的 3 倍以上;超声检查可见胰腺呈弥漫性或局限性肿大,CT 检查也可发现胰腺肿大、胰周积液等;如患者有弥漫性腹膜炎表现,腹腔穿刺抽出暗红色血性腹水,其中淀粉酶含量显著升高时,则可诊断为急性出血坏死性胰腺炎。必须指出,有时胆总管结石可诱发急性胰腺炎(称急性胆源性胰腺炎),此时两者的症状可叠加。

(五) 治疗

1. **西医治疗**

(1)非手术治疗:急性结石性胆囊炎最终需手术治疗,原则上应争取择期手术。非手术治疗方法可作为术前准备,或者用于控制病情,为择期手术创造条件。

治疗方法包括禁饮食、胃肠减压、抗感染、纠正水电解质及酸碱平衡紊乱、营养支持等。抗感染可选用对革兰氏阴性杆菌及厌氧菌有效的抗生素,同时给予解痉、利胆、止痛等对症治疗。对老年患者,应监测血糖及心、肺、肾等器官功能,治疗基础疾病。治疗期间应密切监测病情变化,随时调整治疗方案,若病情加重,及时进行手术治疗。

(2)手术治疗:对于病情严重或经非手术治疗无效的急性胆囊炎患者,常采用以手术为主的综合治疗。

1)适应证:①发病在48~72小时以内者;②经非手术治疗无效或病情恶化者;③有胆囊穿孔、弥漫性腹膜炎、急性化脓性胆管炎等并发症者。

2)方法:①胆囊切除术:首选腹腔镜胆囊切除术(图24-1),也可行开腹胆囊切除术;②超声引导下经皮经肝胆囊穿刺引流术(图24-2):降低胆囊内压,急性期过后再择期行胆囊切除术,适用于病情危重又不宜行胆囊切除术的化脓性胆囊炎、坏疽性胆囊炎或胆囊炎所致肝脓肿患者;③胆囊造口术:局部炎症水肿、粘连严重,解剖关系不清者,可先行胆囊造口术减压引流,2~3个月后再行胆囊切除术。

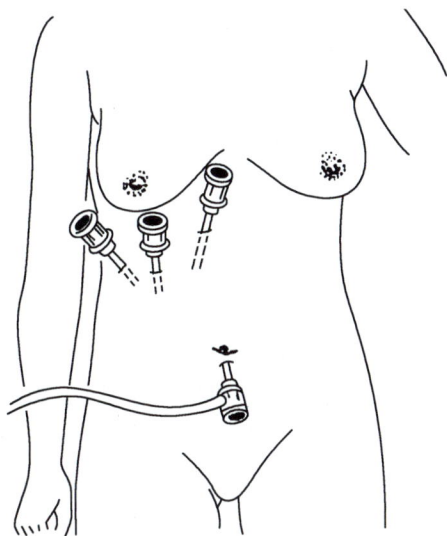

(1)Trocar穿刺部位

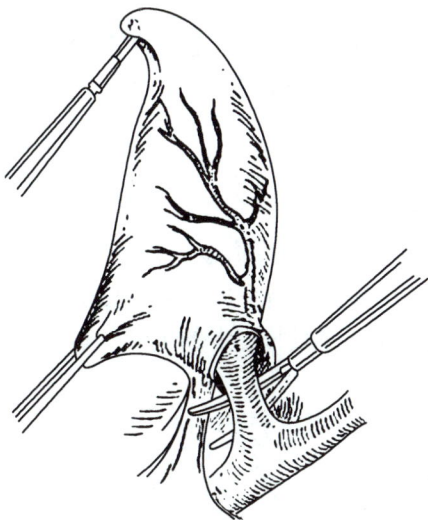

(2)胆囊三角钝性分离

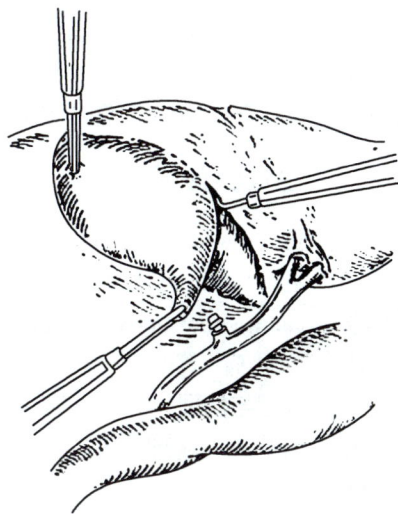

(3)用电钩游离胆囊

图24-1 腹腔镜胆囊切除术

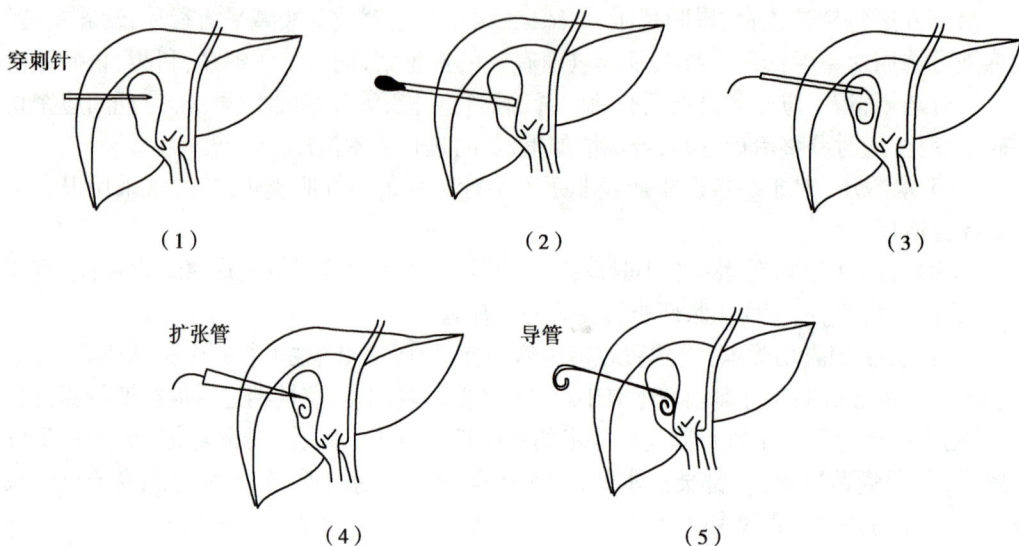

（1）　　　　　　　　　　　（2）　　　　　　　　　　　（3）

（4）　　　　　　　　　　　（5）

图 24-2　经皮经肝胆囊穿刺引流术

注:(1)在超声或 X 线引导下,将穿刺针经皮经肝向胆囊方向穿刺,穿刺针准确刺入胆囊内,确保针尖在胆囊腔内;(2)拔出穿刺针的针芯,保留外套管在胆囊内;(3)通过外套管置入导丝,使导丝进入胆囊腔;(4)拔出外套管,沿导丝将扩张管送入,对穿刺通道进行扩张,以方便后续引流管的置入;(5)最后将引流导管沿导丝置入胆囊内,确保导管位置合适后,拔出导丝,固定引流导管,完成胆囊穿刺引流操作。

2. 中医治疗

(1)辨证论治

1)胆腑郁热证:上腹或右胁胀痛,放射至肩背,口苦呕吐,发热黄疸,小便短赤,大便秘结,舌红,苔黄腻,脉滑数。治以清热利湿,行气利胆。方用大柴胡汤加减。

2)热毒炽盛证:右胁剧痛拒按,高热口渴,烦躁不安,黄疸,便秘尿赤,舌红绛,苔黄燥,脉弦数。治以泻火解毒,清热通腑。方用茵陈蒿汤合黄连解毒汤加减。

3)肝阴不足证:胆囊引流后,右胁隐痛,五心烦热,口燥咽干,头晕目涩,少寐多梦,大便干燥,舌红有裂纹或光剥苔,脉弦细或细数。治以养阴清热,疏肝利胆。方用一贯煎加减。

(2)针刺治疗:用于止痛、止吐。可选用足三里、内关、期门、胆俞、阳陵泉、中脘等穴。耳针可刺交感、神门、肝胆区。一般留针 30 分钟至 1 小时,每日针刺 2~3 次。也可采用足三里穴位注射山莨菪碱(654-2)等以解痉止痛。

二、急性胆管炎

急性胆管炎(acute cholangitis)的发病基础是胆道梗阻及细菌感染。急性胆管炎时,如胆道梗阻未解除,胆管内细菌引起的感染没有得到控制,会逐渐发展至急性梗阻性化脓性胆管炎(acute obstructive suppurative cholangitis,AOSC)并威胁患者的生命。本病属中医"黄疸""胁痛"等范畴。

(一) 病因与病理

1. 西医病因与病理

(1)病因

1)胆道梗阻:最常见的病因是肝内外胆管结石,其次为胆管炎性狭窄,而胆道寄生虫引起的目前极为少见。其他如胆道恶性肿瘤导致胆道狭窄、先天性胆道解剖异常等也可引起。

近年来随着手术及介入治疗的增加,由胆肠吻合口狭窄、内镜逆行胰胆管造影术放置内支架后留置时间过长等原因引起的胆道梗阻也逐渐增多。

2)细菌感染:在胆道梗阻、胆汁淤积时,细菌得以停留和繁殖,从而引起胆道感染。致病菌可经十二指肠乳头逆行感染,也可经血行播散或经淋巴系统进入胆道,其中逆行感染受到更多的重视。

(2)病理

1)急性单纯性胆管炎:胆管壁黏膜充血水肿,胆汁淤积,为非脓性,略黏稠,胆管内压力轻度升高。

2)急性化脓性胆管炎:胆管壁黏膜糜烂,出现溃疡,胆汁淤积,胆管内压力升高,管腔内充满脓性胆汁。胆管炎可分别发生在肝外胆管或肝内左右胆管,也可发生在肝内外胆管而影响整个胆管系统,发生在肝外胆管者几乎均有黄疸。

3)急性梗阻性化脓性胆管炎:也称急性重症胆管炎,是胆道感染中最严重的一种类型。胆管梗阻、胆管内压力升高是主要的病理基础。在急性化脓性胆管炎的病理变化基础上,胆管内压力显著升高,多在 30cmH_2O 以上,肝分泌胆汁的功能停止,胆管内仅有白色脓液,无黄色胆汁。如为胆道下端梗阻,胆总管一般会扩张。有时管腔直径可超过 3cm,切开时立见脓液喷出。严重者可出现胆管壁坏疽、穿孔,并引起胆汁性腹膜炎、膈下脓肿。胆小管破裂形成胆小管门静脉瘘,可在肝内形成多发性肝脓肿,也可引起胆道出血。由于胆管内压超过肝胆汁分泌压,含有大量细菌、胆红素和内毒素的脓性胆汁,可经坏死肝细胞间隙进入肝窦,造成脓毒症、菌血症、感染性休克,甚至多器官功能衰竭而死亡。

2. 中医病因病机

(1)病因

1)结石阻滞:胆石阻滞,枢机不利,胆腑通降受阻,脉络损伤,气血瘀滞化热所致。

2)饮食不节:过食酒热甘肥或饮食不洁,损伤脾胃,运化失职,湿浊内生,郁而化热,湿热熏蒸所致。

3)癥积或他病之后,瘀血阻滞,湿热残留,日久损肝伤脾所致。

(2)病机:急性胆管炎的病位在胆腑,病变涉及中焦肝、脾等其他脏腑。基本病机为胆汁疏泄不利,郁久化热,胆道湿热瘀阻,不通则痛;重者热毒炽盛,血败肉腐而化脓。

(二)临床表现

1. 症状 大多数患者有反复胆道感染病史或胆道手术史。典型临床表现为腹痛、寒战高热、黄疸,即 Charcot 三联征(痛、热、黄);进一步发展,还可出现休克、中枢神经系统受抑制表现,即 Reynolds 五联征。

本病发病急骤,病情进展迅速。起病初期即出现畏寒发热,严重时明显寒战,体温持续升高。可分为肝外梗阻和肝内梗阻,肝外梗阻腹痛和黄疸均明显;肝内梗阻腹痛和黄疸较轻,常伴有恶心、呕吐等消化道症状。神经系统症状主要表现为神情淡漠、嗜睡、神志不清,甚至昏迷;合并休克时可表现为烦躁不安、谵妄等。

2. 体征 重症者体温呈弛张热或持续升高达 39~40℃或更高。脉搏快而弱,血压降低。呈急性重病容,可有神志改变,可出现口唇发绀,皮下瘀斑或出血点。上腹部剑突下有压痛,可有腹膜刺激征。常见肝大及肝区叩痛,胆总管梗阻时,胆囊也会出现相应的增大。

(三)辅助检查

1. 实验室检查 白细胞计数升高,可超过 20×10^9/L,中性粒细胞百分比升高,胞浆内可出现中毒颗粒。肝功能有不同程度受损,凝血功能可出现异常。动脉血气可有氧分压下降、氧饱和度降低。多伴有代谢性酸中毒及脱水、低钠血症等电解质紊乱。

2. 影像学检查

(1)超声检查：简单、方便且能在床旁进行，在病情危重的情况下能及时了解胆道梗阻部位、肝内外胆管扩张情况及病变性质。

(2)CT及MRCP检查：情况允许时可行CT或MRCP检查，有助于明确病情。

(3)对需要行经皮经肝胆管穿刺引流(PTCD)或内镜鼻胆管引流术(endoscopic nasobiliary drainage，ENBD)减压者，可行经皮经肝胆管造影(percutaneous transhepatic cholangiography，PTC)或内镜逆行胰胆管造影术(ERCP)进行胆道造影检查。

(四) 诊断与鉴别诊断

1. 诊断 结合胆道疾病史，根据典型的临床表现、体征及辅助检查，诊断此病并不困难。

2. 鉴别诊断

(1)急性胆囊炎、胆石症：右上腹持续性疼痛，阵发性加剧，可伴有右肩部放射痛，腹膜刺激征以右上腹为甚，Murphy征阳性，部分患者可出现黄疸。

(2)急性心肌梗死：少数急性心肌梗死患者可表现为上腹部剑突下剧痛，且疼痛可向左上腹和右上腹放射。严重者常有烦躁不安、冷汗，有恐惧感或濒死感。心电图检查可发现深而宽的Q波、ST段抬高及T波倒置等改变。血清肌钙蛋白水平升高等实验室检查对鉴别诊断有帮助。

(五) 治疗

1. 西医治疗 急性梗阻性化脓性胆管炎是临床急重症，常并发感染性休克和多器官功能障碍，最后导致多器官功能衰竭，严重威胁患者的生命。其治疗原则是立即解除胆道梗阻并引流减压。除了积极解除胆道梗阻，还应依据病情进行积极抢救，掌握手术治疗的时机和采取恰当的治疗方案对降低该病病死率起着重要的作用。

(1)非手术治疗：目的是改善患者的全身情况，为手术创造条件。在此过程中，应密切监视患者的血压、心率、体温、腹痛缓解情况及白细胞计数，若经治疗后病情于数小时内趋于稳定，可择期行手术治疗；若经积极治疗，腹痛不缓解、血压不能维持正常或反复发作寒战高热者，应积极进行急诊手术治疗。因为当出现胆管梗阻不能解除、胆管内积脓的情况时，一般的保守治疗多不能达到预期的效果，反而会延误胆道引流的时机，加重肝、肾等脏器功能的损害，加重全身感染，甚至出现感染性休克。

非手术治疗的措施包括：

1)抗感染：应用足量抗生素，经验治疗证明，应先选用针对革兰氏阴性杆菌及厌氧菌的抗生素，根据该抗生素的半衰期来确定使用次数和间隔时间。

2)抗休克：维持有效的输液通道，尽快恢复血容量，除用晶体液扩容外，应加入胶体液；必要时应用血管活性药，使用升压药维持血压；吸氧纠正低氧血症；纠正水电解质紊乱和酸碱平衡紊乱；应用肾上腺皮质激素保护细胞膜和对抗细菌毒素，应用抑制炎症反应药物等。

3)对症治疗：如禁食水、止痛、解痉、降温、使用维生素K和支持治疗等。

4)若经以上治疗病情仍未改善，应在抗休克的同时紧急行胆道引流治疗。

(2)手术疗法：手术可有效解除胆道梗阻和引流胆道，方法有：

1)切开胆总管探查并放置T形管引流(图24-3)：紧急减压后，病情有可能立即趋于稳定。此方法对肝外胆管梗阻有效，但对较高位置的肝内胆管梗阻，肝外胆管切开往往不能有效减压，此时应解决肝内胆管梗阻或采用经皮经肝胆管穿刺引流(PTCD)行胆管引流。

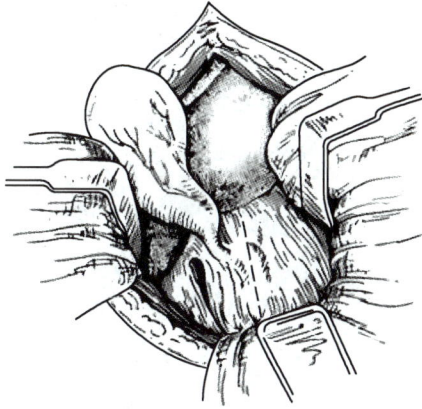

（1）显露、切开肝十二指肠韧带

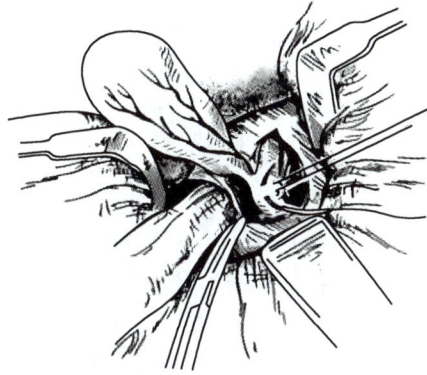

（2）显露胆总管，在前壁缝两针牵引线

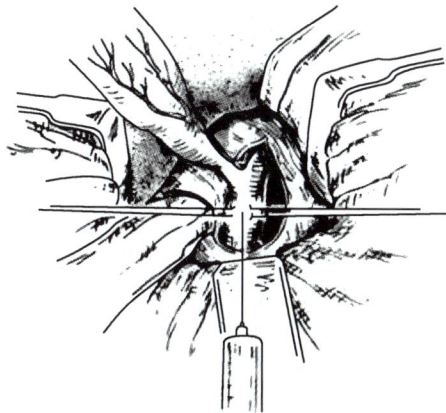

（3）试验穿刺

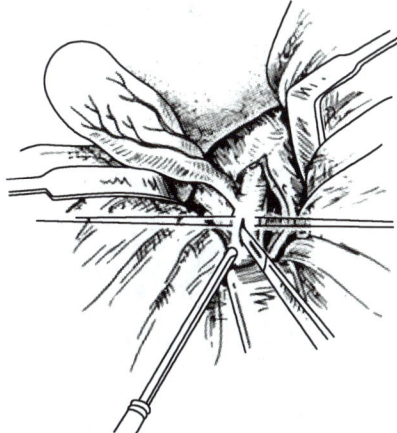

（4）切开胆总管，吸尽流出的胆汁

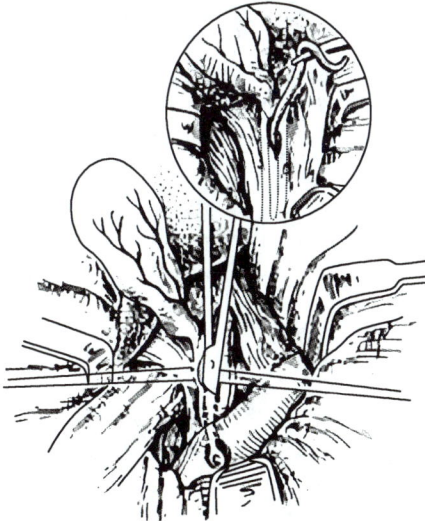

（5）用取石钳取出胆石（附图为取出蛔虫）

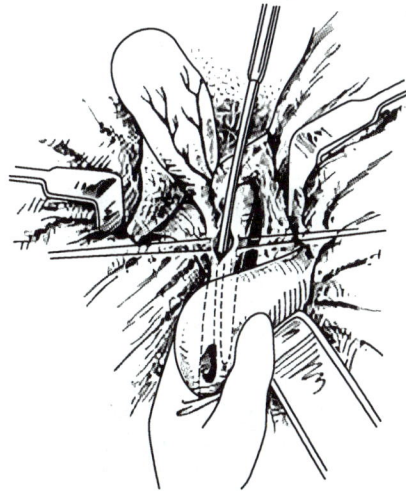

（6）胆总管下段结石，在左手帮助下伸入刮匙取石
（现常用胆道镜取石）

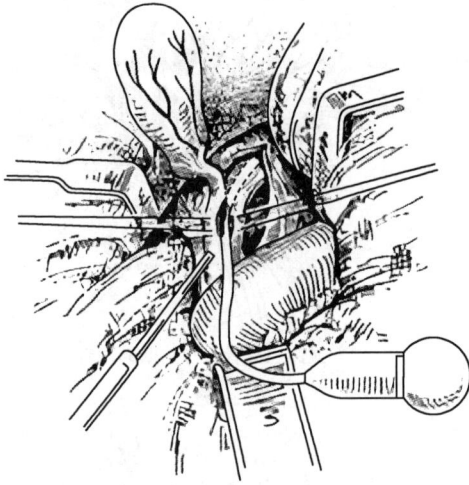

（7）冲洗左、右肝管泥沙样结石

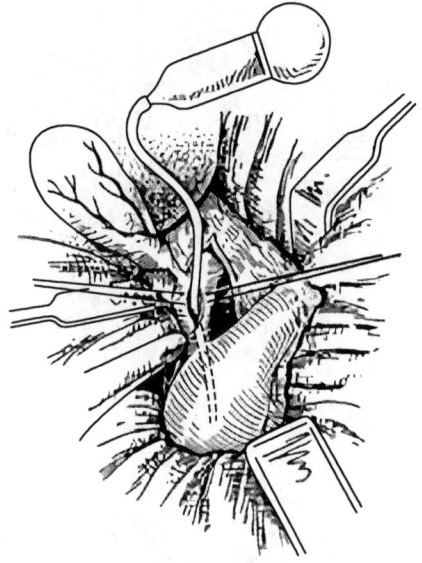

（8）灌洗胆总管下段

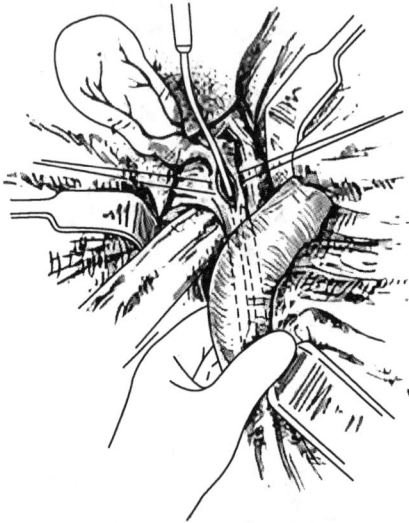

（9）扩张胆总管下端（现以胆道镜观察
胆总管下端是否有结石残留）

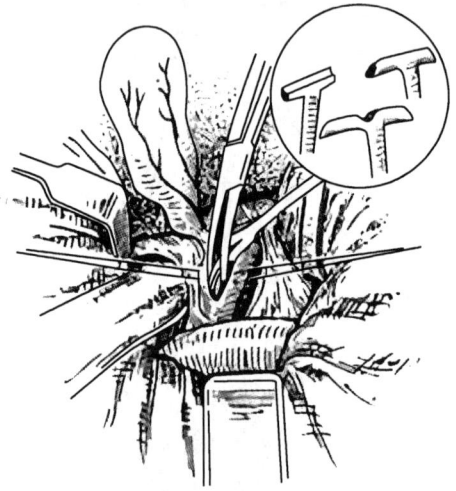

（10）安放T形管

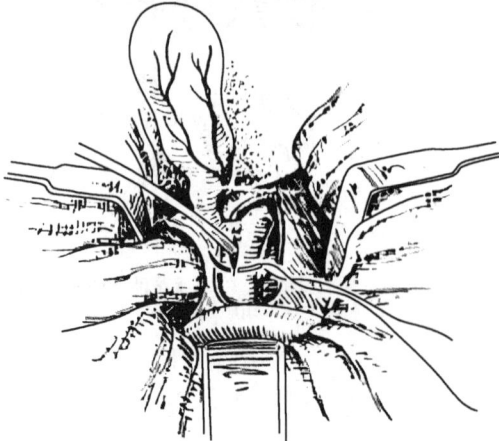

（11）缝合胆总管切口

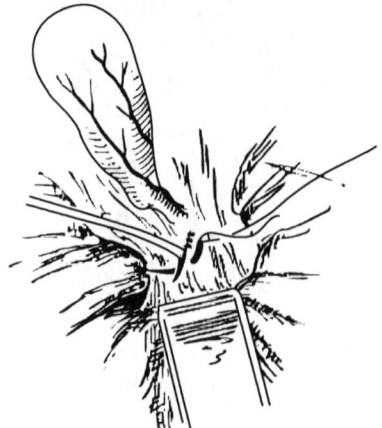

（12）缝合肝十二指肠韧带

图24-3　切开胆总管探查并放置T形管引流（现多以腹腔镜联合胆道镜进行微创手术，以代替开腹手术）

2）内镜鼻胆管引流术（endoscopic nasobiliary drainage，ENBD）：适用于肝门区或肝外胆道梗阻，创伤小，能有效进行胆管减压。如果患者全身状况良好，也可同时行内镜下碎石、取石等治疗。根据具体病情，可改为内镜下胆管支架引流术（endoscopic retrograde biliary dralnage，ERBD），持续放置 2 周或更长时间，因为是胆管内引流，不会引起电解质紊乱，不影响消化功能。

3）经皮经肝胆管穿刺引流：可在超声或 X 线、CT 引导下进行，操作简单，能及时减压，对较高位胆管或肝内胆管梗阻者效果较好。但有时因凝血功能障碍而可能发生出血等并发症，另外引流管容易脱落或被结石堵塞；因为是胆汁外引流，时间长会引起电解质紊乱，并影响消化功能。

2. 中医治疗

（1）辨证论治

1）肝胆蕴热证：右胁胀闷疼痛，肩背窜痛，低热不退，黄疸，腹胀纳呆，口苦咽干，便秘尿黄，舌红苔黄，脉弦。治以疏肝泻热，利胆退黄。方用大柴胡汤加减。

2）肝胆湿热证：胁腹剧痛，肩背窜痛，发热恶寒，黄疸，口苦咽干，食欲不振，便秘尿赤，舌红，苔黄腻，脉弦滑或数。治以清热利湿，利胆通腑。方用茵陈蒿汤合大柴胡汤加减。

3）肝胆脓毒证：胁腹剧痛，痛引肩背，腹拘强直，高热寒战，便秘尿赤，甚则谵语、黄疸、瘀斑、四肢厥冷、鼻衄齿衄，舌绛有瘀斑，苔黄开裂，脉微欲绝。治以泻火解毒，通腑救逆。方用黄连解毒汤合茵陈蒿汤加减。

（2）针刺疗法：用于对症止痛、止呕等。可选用足三里、内关、期门、胆俞、中脘等穴。耳针可刺交感、神门、肝胆区。一般留针 30 分钟至 1 小时，每日针刺 2~3 次。

三、胆石症

胆石症是指结石发生在胆管系统，是临床常见病、多发病。我国流行病学调查显示，本病在成人中的发病率为 10%~15%，女性明显多于男性，好发于 40~60 岁人群。本病中医无具体病名，根据临床表现可归属于"胁痛""胆胀""黄疸"等范畴。

根据胆石在胆管系统的位置划分，胆囊内的结石为胆囊结石，左右肝管汇合部以下的肝总管和胆总管结石为肝外胆管结石，汇合部以上的为肝内胆管结石。

根据胆石的化学成分可分为三类：

1. 胆固醇类结石　80% 以上的胆囊结石属于此类。结石呈白黄、灰黄或黄色。X 线检查多不显影。胆固醇类结石包括纯胆固醇结石和混合型结石，后者由胆固醇、胆红素、钙盐等多种成分混合组成。

2. 胆色素类结石　分为胆色素钙结石和黑色素结石。前者主要发生在肝内外各级胆管，常见于胆道感染、胆道寄生虫患者；后者常发生于胆囊内，多见于溶血性贫血、肝硬化、心脏瓣膜置换术后患者。

3. 其他结石　是以碳酸钙、磷酸钙或棕榈酸钙为主要成分的少见结石。

（一）病因与病理

1. 西医病因与病理

（1）病因

1）胆囊结石：成因复杂，与多种因素有关。任何影响胆固醇、胆汁酸、磷脂浓度比例和造成胆汁淤积的因素都能导致结石形成。如饮食习惯不良、高脂肪饮食、高脂血症、肥胖、妊娠、糖尿病、肝硬化、长期肠外营养、胃部手术等。

2）肝外胆管结石：原发性结石的形成多与胆道感染、胆管梗阻、胆管节段性扩张、胆道异物有关。继发性结石主要是胆囊结石或肝内胆管结石排进肝外胆管并滞留所致。

3)肝内胆管结石:病因复杂,主要与胆道感染、胆汁停滞、胆道寄生虫、胆管解剖变异、营养不良有关。

(2)病理

1)急性和慢性胆管炎:结石导致胆汁淤积,容易引起感染,感染造成胆管壁黏膜充血、水肿,加重胆管梗阻;反复的胆管炎症使管壁纤维化并增厚、管腔狭窄,近端胆管扩张。

2)肝胆管梗阻:可由结石阻塞或反复胆管感染引起的炎性狭窄而导致,阻塞近段的胆管扩张、充满结石。长时间的梗阻导致梗阻以上的肝段或肝叶纤维化和萎缩;如大面积的胆管梗阻,最终引起胆汁性肝硬化及门静脉高压。

3)肝胆管癌:肝胆管长期受结石、炎症及胆汁中致癌物质的刺激,可发生癌变。

4)肝损害:梗阻合并感染可引起肝细胞损害,甚至可发生肝细胞坏死及胆源性肝脓肿;反复感染和肝损害可致胆汁性肝硬化。

5)胆源性胰腺炎:结石嵌顿于壶腹时可引起胰腺的急性或慢性炎症。

6)全身性感染:胆管梗阻后,胆道内压增加,感染胆汁可逆向经毛细胆管进入血液循环,导致脓毒症。

2. 中医病因病机

(1)病因

1)情志失调:平素情志不遂,肝失疏泄,郁久化热,湿热蕴蒸于肝胆,煎熬胆汁,日久而成砂石。

2)饮食不节:饮食无规律或过食肥甘滋腻之品,损伤脾胃,运化失职,湿浊内生,郁而化热,湿热熏蒸所致。

3)劳欲过度:精血亏损,水不养木,肝阴不足,疏泄失常,累及胆腑,精汁通降不畅,久积成石而发。

4)久病耗伤:癥积或久病之后,瘀血阻滞,湿热残留,日久损肝伤脾所致。

(2)病机:胆石症病位在胆腑,病变涉及其他中焦肝、脾等脏腑。基本病机为胆汁疏泄不利,郁久化热,煎熬成石,胆石阻塞胆道,不通则痛;胆汁逆溢肌肤或湿热熏蒸肌肤,则皮肤发黄;热毒炽盛,走散入营,热扰营血,则出现斑疹、谵语、身热夜甚。胆石为胆汁煎熬而成,胆石又可阻塞胆道,从而由病理产物转为致病因素,致使胆石为病,缠绵难愈。

(二) 临床表现

1. 症状

(1)胆囊结石:典型表现为胆绞痛,但只有少数患者出现,大多表现为急性或慢性胆囊炎;部分患者可无症状,称为无症状胆囊结石。主要临床症状有:

1)胆绞痛:多发生于饱餐、进油腻食物后或夜间。胆囊结石嵌顿在胆囊壶腹部或颈部,胆囊排空受阻,胆囊内压力升高,胆囊强力收缩,从而出现绞痛。疼痛位于右上腹或上腹部,呈阵发性,或者持续性疼痛并阵发性加剧,可向右肩背部放射,部分患者因剧痛而不能准确说出疼痛部位。常伴有恶心、呕吐。

2)上腹隐痛:患者仅在饱餐、进油腻食物、情绪紧张或休息不好时感到上腹部或右上腹隐痛,或者有饱胀不适、嗳气、呃逆等,常被误诊为"胃病"。

(2)胆总管结石:平时一般无症状或仅有上腹不适,当结石正好嵌顿于胆总管下段或壶腹部,造成胆管梗阻时可出现腹痛或黄疸;如继发胆管炎,可有较典型的 Charcot 三联征。

1)腹痛:发生在上腹部剑突下,多为绞痛,呈阵发性发作,或为持续性疼痛,呈阵发性加剧,可向右肩背部放射,常伴恶心、呕吐。

2）寒战高热：胆管梗阻继发感染导致胆管炎时，胆管黏膜炎症水肿，加重梗阻，致胆管内压升高，细菌及毒素逆行经毛细胆管入肝窦至肝静脉，再进入体循环引起全身性感染。一般表现为弛张热，体温可高达 39~40℃。

3）黄疸：胆管梗阻可出现黄疸，其轻重程度、发生和持续时间取决于胆管梗阻的程度、部位和有无继发感染。黄疸时常伴有尿色变深、粪便色变浅，完全梗阻时大便呈白陶土样；随着黄疸加深，不少患者可出现皮肤瘙痒。

（3）肝内胆管结石：可多年无症状或仅有上腹和胸背部胀痛不适。绝大多数患者以急性胆管炎就诊，主要表现为寒战、高热和腹痛；结石位于肝管汇合部可出现黄疸；严重者出现全身性感染，如脓毒症或感染性休克。合并感染可导致肝脓肿，若脓肿穿破膈肌至肺部，形成胆管支气管瘘，可表现为痰中夹有结石或胆汁样液体。

2. 体征　胆囊结石可无阳性体征，或右上腹有不同程度的压痛，严重者可有反跳痛和腹肌紧张，伴 Murphy 征阳性，偶可触及肿大的胆囊。

肝外胆管结石可有上腹部剑突下压痛，结石在胆总管以下时可触及肿大的胆囊，可有肝大、肝区叩击痛；如合并胆管炎，可出现腹膜刺激征。

肝内胆管结石可能仅可触及肿大或不对称的肝脏，也可有上腹部剑突下压痛，肝区有叩击痛；可有胆管炎表现，如发热等。有其他并发症则出现相应的体征。

（三）辅助检查

1. 实验室检查　合并急性胆囊炎或胆管炎时，血常规白细胞计数升高，中性粒细胞百分比升高并核左移；血清总胆红素及结合胆红素水平升高，血清转氨酶和碱性磷酸酶水平升高；尿中胆红素水平升高，尿胆原减少或消失，粪中尿胆原减少；肿瘤标志物 CA19-9 或 CEA 水平明显升高者应高度怀疑癌变，但当有梗阻性黄疸或炎症时，CA19-9 亦可升高。

2. 影像学检查

（1）超声检查：胆囊结石首选超声检查，诊断的准确率可达 100%；超声对肝外胆管结石诊断准确率为 80% 左右，若合并梗阻可见肝内外胆管扩张，胆总管远端因胃肠道气体干扰而观察不清，但应用超声内镜检查（EUS）可不受影响；超声对肝内胆管结石诊断准确率约 90%，可显示肝内胆管结石及部位，根据肝胆管扩张的部位判断狭窄位置，但需与肝内钙化灶鉴别。

（2）CT 及 MRCP 检查：CT 扫描能发现胆管扩张和结石的部位，但由于 CT 图像中胆道为负影，影响不含钙结石的观察；MRCP 能直接观察胆管树，能观察到胆管内结石负影、胆管狭窄及近端胆管扩张等，虽然观察结石不一定满意，但可以发现胆管梗阻的部位。两者对肝硬化或癌变均有重要诊断价值。

（3）ERCP 检查：为有创检查，能清楚地显示结石及部位，但有可能诱发胆管炎、胰腺炎、胆囊炎等并发症。当进行 Oddi 括约肌切开或球囊扩张取石时，有可能造成 Oddi 括约肌功能受损，严重者可导致出血及十二指肠穿孔等并发症。

（四）诊断与鉴别诊断

1. 诊断　结合病史，根据临床表现及辅助检查，做出诊断并不困难。

2. 鉴别诊断

（1）传染性肝炎：以右上腹肝区隐痛、胀痛为主，偶有类似胆绞痛的症状，可有发热。常有肝炎接触史以及食欲减退、疲乏无力等症状，查体可发现肝大并有触痛。黄疸型肝炎需与梗阻性黄疸相鉴别，黄疸型肝炎以非结合胆红素水平升高为主，谷丙转氨酶水平明显升高。梗阻性黄疸以结合胆红素水平升高为主，谷丙转氨酶水平升高不如黄疸型肝炎显著。传染性肝炎外周血白细胞一般不高，有时淋巴细胞可增多；胆石性梗阻则因伴有不同程度感染而白细胞和中性粒细胞增多。超声和 CT 检查在胆石症中多发现有胆管扩张和结石影像，可资鉴别。

（2）壶腹周围癌：必须与胆石症所致的梗阻性黄疸相鉴别。同为梗阻性黄疸，恶性肿瘤多有进行性消瘦，无痛，黄疸多进行性加重，很少波动，常伴有皮肤瘙痒，完全梗阻者大便呈白陶土色；胆石性梗阻多为腹痛后出现黄疸，完全梗阻者甚少，因此黄疸程度可有波动，患者的一般状况优于恶性肿瘤。超声、CT、MRCP、ERCP 等可帮助鉴别诊断。

（五）治疗

1. 西医治疗

（1）胆囊结石：对于有症状和/或并发症的胆囊结石，应行胆囊切除术。首选腹腔镜胆囊切除治疗，具有恢复快、损伤小、瘢痕小的优势。

无症状的胆囊结石一般不需积极手术治疗，可观察和随诊，但下列情况应考虑行手术治疗：①结石直径 > 2cm；②伴有直径大于 1cm 的胆囊息肉；③胆囊壁增厚 > 3mm；④胆囊壁钙化或瓷化胆囊。

（2）胆管结石：肝外胆管结石的治疗原则为取净结石、通畅引流、防止复发。肝内胆管结石的治疗原则为取净结石、去除病灶、解除狭窄、通畅引流、防止复发。以手术治疗为主。

1）一般治疗：①禁食患者进行补液，加强营养支持和补充维生素；②解痉止痛、消炎利胆、通畅肠道；③控制感染，根据敏感细菌选择应用抗生素；④纠正水、电解质及酸碱平衡紊乱；⑤护肝、纠正凝血功能异常。争取在胆道感染控制后再择期行手术治疗。

2）手术治疗

①胆管切开取石、T 形管引流术：沿胆总管向上切开甚至可达 2 级胆管，直视下或通过术中胆道镜取出结石。术中应尽量取尽结石，高位胆管切开后，如有胆管狭窄，常需同时行胆肠吻合术；难以取净的局限于肝叶或肝段的结石需行肝切除。如条件不允许，也可在胆总管内留置 T 形管，术后经 T 形管窦道行胆道镜取石。

②近年来，对单纯的胆总管结石采用 ERCP 取石，可获得良好的治疗效果，但需要严格掌握治疗的适应证。取石过程中行 Oddi 括约肌切开不宜过大，或采用球囊扩张 Oddi 括约肌取石。对肝内胆管结石一般不宜应用胆管十二指肠吻合，而多采用胆管-空肠 Roux-en-Y 吻合。

③胆肠吻合术：亦称胆汁内引流术。近年已认识到胆汁内引流术废弃了 Oddi 括约肌的功能，有反流性胆管炎的可能，因此使用逐渐减少。仅适用于：a. 胆总管远端炎症狭窄造成的梗阻无法解除，胆总管扩张；b. 胆胰汇合部异常，胰液直接流入胆管；c. 胆管因病变如先天性胆管扩张症、胆管癌变等行胆管切除，或因胆囊切除术导致胆道损伤、复杂 Mirizzi 综合征等无法再重建胆道。常用的吻合方式为胆管-空肠 Roux-en-Y 吻合（图 24-4）。

④肝切除术：是治疗肝内胆管结石的积极方法。适应证有：a. 肝区域性的结石合并纤维化、萎缩、脓肿、胆瘘；b. 难以取净的肝叶、肝段结石并胆管扩张；c. 不易手术的高位胆管狭窄伴有近端胆管结石；d. 局限于一侧的肝内胆管囊性扩张；e. 局限性的结石合并胆管出血；f. 结石合并癌变的胆管。

⑤残留结石的处理：肝内胆管结石手术后结石残留较常见，有 20%~40%。治疗措施包括术后经引流管窦道胆道镜取石，较大者可行液电或等离子、激光碎石等。

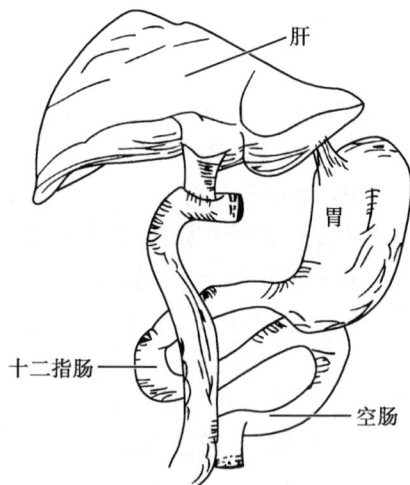

图 24-4　胆管-空肠 Roux-en-Y 吻合

以上手术治疗,随着微创技术的普及,目前均可采用多镜联合微创治疗,包括腹腔镜结合胆道镜、十二指肠镜等。

2. 中医治疗　胆为六腑之一,以通降为顺,故胆石症当疏肝利胆;又因肝胆相表里,胆汁来源于肝,由肝精肝血化生,或由肝之余气凝聚而成,胆病日久,必累及肝,故应注意滋肝养肝,正本清源。

(1)辨证论治

1)肝郁气滞证:剑突下或右上腹胀痛,肩背痛,与情绪相关,低热,口苦,恶心,不欲食,舌淡红,苔薄白或黄,脉弦紧。治以疏肝利胆,理气止痛。方用大柴胡汤合金铃子散加减。

2)肝胆湿热证:剑突下或右上腹持续痛,高热寒战,口苦咽干,恶心呕吐,身目黄染,便结溲赤,舌红,苔黄腻,脉弦滑数。治以清热利湿,疏肝利胆。方用茵陈蒿汤合大柴胡汤加减。

3)肝胆脓毒证:剑突下或右上腹硬满痛,黄疸加深,壮热,口干唇燥,神昏谵语,皮肤瘀斑,四肢厥冷,舌红绛,苔黄燥,脉弦数。治以泻火解毒,养阴利胆。方用茵陈蒿汤合黄连解毒汤加减。

4)肝阴不足证:剑突下或右上腹痛,右胁隐痛或灼痛,右肩窜痛,劳累后加重,口干目涩,头晕目眩,舌红苔少或裂纹光剥,脉细弦。治以养阴柔肝,利胆通络。方用一贯煎加减。

(2)其他治法

1)敷贴法:芒硝 30g、生大黄 60g 均研细末,大蒜头 1 个,米醋适量,共捣成糊状,布包外敷于疼痛部位。

2)针刺疗法:主穴取阳陵泉、胆俞、足三里。配穴:呕吐者,加内关;疼痛重者,加上脘、中脘;高热者,加曲池、内庭;黄疸者,加至阳;出现休克者,加涌泉、足三里、水沟、十宣。手法:强刺激,每日 2 次,每次留针 20~30 分钟。

四、中西医结合讨论

中西医结合在预防本病的发生、早期干预、围手术期治疗以及微创治疗四个方面,具有明显的优势与特色。

1. 中西医结合预防发病　中医治未病的优势突出,采用中西医结合方法加强胆囊炎的病因管理,能有效降低急性发病率,减轻患者的病痛及经济负担。胆囊炎、胆石症的发作与不良饮食习惯有密切的关系,常由长期不进食早餐、高脂高油饮食、暴饮暴食等诱发。因此,改变不良饮食习惯对预防发病非常重要。具体来说,一是应注意饮食规律,重视早餐;二是宜清淡饮食,避免摄入过多富含脂肪和胆固醇的食物,宜多食具有利胆作用和富含维生素 A 的食物;三是要避免暴饮暴食刺激胆道运动,可间断服用鸡内金、金钱草等具有利胆溶石作用的中药。

2. 中西医结合早期干预　对未发病或暂无手术指征的胆道结石,可采用中西医结合疗法进行溶石排石,避免结石增大后堵塞胆道而发病。胆囊内泥沙样结石,可以考虑使用中医辨证治疗,疏肝行气,利胆排石,溶解结石并促进小结石排出。在治疗过程中,应辨病与辨证相结合,根据结石在胆道系统内的位置,以及结石的大小、形状及胆道的功能情况综合分析,确定溶石、排石或溶排并用的治疗方法。有研究认为,溶石的药理作用可能与改变胆汁成分、利胆、消炎有关。行气通腑药具有较好的排石作用,可能与促进胆汁分泌和排泄、加强胆囊收缩蠕动有关,从而促使结石排出。但要注意排石疗法可能会引起胆源性胰腺炎。

3. 围手术期中西医结合治疗　急性胆囊炎、急性胆管炎,术前应加强感染的监测和细菌培养,根据药物敏感试验结果选用抗生素。同时,使用清热解毒、凉血活血等中药协同控制体温、抗感染,并预防使用抗生素导致的肠道菌群失调;使用针刺可协同改善疼痛症状,缓解患者焦虑。复杂胆道术后并发症较多,发挥中医学既病防变的治疗优势,可降低并发症的发生率,改善预后。

4.中西医结合微创诊治理念　SELECT中西医多镜组合微创诊治理念,将先进的西医微创技术与传统中医药相结合,对胆石症进行精准的诊断和治疗。即根据肝胆管结石的不同类型及分布特点,采用 SELECT 方法[单人操作的胆胰管镜(single-operator cholangiopancreatoscopy,SOC),ERCP,laparoscopy 腹腔镜,EUS,choledochoscopy 胆道镜, traditional Chinese medicine 中医药],根据不同病情,采用先进的内镜技术和腹腔镜技术进行优化组合,围手术期结合中医药治疗,发挥中医药加速患者康复、预防或延迟结石复发的优势,实现微创化、多元化、个体化的中西医结合治疗。SELECT 中西医多镜组合微创诊治理念以人为本,根据肝胆管结石患者的具体病情,辨病论治,制订精准的个体化方案,同时在围手术期应用中医药,加速患者术后康复。

（尚　东）

第四节　胆道恶性肿瘤

一、胆囊癌

胆囊恶性肿瘤有淋巴肉瘤、横纹肌肉瘤、网状组织细胞肉瘤、纤维肉瘤、类癌、癌肉瘤等, 而胆囊癌(gallbladder carcinoma)最为常见,90% 的患者发病年龄超过 50 岁,平均 59.6 岁, 女性发病人数为男性的 3~4 倍。在胆管疾病中,胆囊癌仅占 0.4%~3.8%,在肝外胆道癌中却占 25% 左右。

（一）病因与病理

1.西医病因与病理

(1)病因:流行病学显示,70% 的患者与胆囊结石有关。例如,胆囊癌合并胆囊结石是无结石胆囊癌的 13.7 倍,直径 3cm 的结石发生胆囊癌的比例是 1cm 结石患者的 10 倍,而胆囊结石至发生胆囊癌的时间为 10~15 年。这说明胆囊结石引起胆囊癌是长期物理刺激的结果,可能还有黏膜的慢性炎症、细菌产物中的致癌物质等综合因素参与。此外,胆囊空肠吻合、完全钙化的"瓷化"胆囊、胆囊腺瘤、胆胰管结合部异常、溃疡性结肠炎等因素与胆囊癌的发生也可能有关。

(2)病理:胆囊癌多发生在胆囊体部和底部,少数在胆囊颈部。组织学类型以腺癌最为常见,少见者有鳞状细胞癌、腺鳞癌或未分化癌等。胆囊癌可经淋巴、静脉、神经、胆管腔转移,癌细胞脱落可在腹腔内种植转移,也可直接侵犯邻近器官。沿淋巴引流方向转移较多见,途径多由胆囊淋巴结至胆总管周围淋巴结,再向胰上淋巴结、胰头后淋巴结、肠系膜上动脉淋巴结、肝动脉周围淋巴结、腹主动脉旁淋巴结转移。肝脏是最常受胆囊癌直接侵犯的器官。

(3)分期:胆囊癌的分期有很多方法,一般常用 Nevin 分期和 AJCC-UICC 分期法。两种分期方法均被广泛应用,对治疗和预后的判断均有帮助,而 Nevin 分期相对简单、实用。 Nevin 分期如下:

Ⅰ期:黏膜内原位癌;

Ⅱ期:侵犯黏膜和肌层;

Ⅲ期：侵犯胆囊壁全层；

Ⅳ期：侵犯胆囊壁全层及周围淋巴结；

Ⅴ期：侵犯或转移至肝及其他脏器。

美国癌症联合会（AJCC）与国际抗癌联盟（UICC）联合制定的第八版胆囊癌 TNM 分期见表 24-1。

表 24-1　AJCC-UICC 胆囊癌 TNM 分期标准

分类	分期
原发肿瘤（T）	
Tis：原位癌	$0:T_{is}$、N_0、M_0
T_{1a}：侵及固有层	$I:T_1$、N_0、M_0
T_{1b}：侵及肌层	$II A:T_{2a}$、N_0、M_0
T_{2a}：腹腔侧肿瘤侵及肌周结缔组织,未超出浆膜	$II B:T_{2b}$、N_0、M_0
T_{2b}：肝脏侧肿瘤侵及肌周结缔组织,未超出浆膜	$III A:T_3$、N_0、M_0
T_3：穿透浆膜和 / 或直接侵入肝脏和 / 或一个邻近器官或结构	$III B:T_{1\sim3}$、N_1、M_0
T_4：侵及门静脉或肝动脉主干,或直接侵入两个或更多肝外器官或结构	$IV A:T_4$、$N_{0\sim1}$、M_0
局部淋巴结（N）	$IV B:$
N_0：无区域淋巴结转移	任何 T、N_2、M_0
N_1：1~3 枚区域淋巴结转移	任何 T、任何 N、M_1
N_2：≥4 枚区域淋巴结转移	
远处转移（M）	
M_0：无远处转移	
M_1：有远处转移	

2. 中医病因病机　如果肝气郁结,肝失疏泄,胆汁的分泌和排泄就会失常,从而导致脾胃运化功能失常。而且,胆与肝相表里,秉春木之气,其性刚阳,内藏精汁,又为奇恒之腑,扼守消化要冲,其病多因郁化火,灼津为痰,结而成疾。由于湿热遏阻中焦,清阳失权,致脾失健运。

（二）临床表现

早期无特异性症状,如原有的慢性胆囊炎或胆囊结石引起的腹痛、恶心呕吐、腹部压痛等。患者因胆囊良性疾病行胆囊切除术,术后病理检查发现的胆囊癌,称意外胆囊癌（unsuspected gallbladder carcinoma,UGC）。当肿瘤侵犯浆膜或胆囊床,则出现定位症状,如右上腹痛,可放射至肩背部。胆囊管受阻时可触及肿大的胆囊。能触及右上腹肿物时往往已到晚期,常伴有腹胀、食欲差、体重减轻或消瘦、贫血、肝大,甚至出现黄疸、腹水、全身多器官衰竭。少数肿瘤穿透浆膜,发生胆囊急性穿孔、腹膜炎,或慢性穿透至其他脏器形成内瘘;还可引起胆道出血,或肝弥漫性转移引起肝衰竭等。

（三）辅助检查

1. 实验室检查　肿瘤标志物 CEA、CA19-9、CA125 等均可以升高,其中以 CA19-9 较为敏感,但无特异性。细针穿刺胆囊取胆汁行肿瘤标志物检查有一定诊断意义。

2. 影像学检查　超声、CT 检查显示胆囊壁增厚不均匀,腔内有位置及形态固定的肿物,应考虑胆囊癌的可能。超声造影、增强 CT 或 MRI 显示胆囊肿块血供丰富,则胆囊癌的可能性更大。

(四) 诊断与鉴别诊断

根据症状、体征、辅助检查,结合病理情况,可以诊断胆囊癌。若胆囊癌合并坏死、感染,需要与胆囊炎或胆囊坏疽形成的脓肿鉴别,但胆囊癌血供丰富,CA19-9 升高。超声引导下细针穿刺活检对诊断有一定帮助。

(五) 治疗

1. 西医治疗 化学或放射治疗大多无效。首选手术切除,手术切除的范围依据胆囊癌分期确定。

(1) 单纯胆囊切除术:适用于 Nevin Ⅰ 期及 AJCC-UICC 0 期胆囊癌。这些患者几乎都是因胆囊结石、胆囊炎行胆囊切除后病理检查偶然发现的,癌肿局限于胆囊黏膜层,不必再行手术。如为 AJCC-UICC Ⅰ 期,侵犯肌层,应再次手术切除全部胆囊床并做局部淋巴结清扫。

(2) 胆囊癌根治性切除术:适用于 Nevin Ⅱ、Ⅲ、Ⅳ期和 AJCC-UICC Ⅱ 期和Ⅲ期胆囊癌。切除范围除胆囊外,还包括肝Ⅳb 段(方叶)和Ⅴ段切除或亚肝段切除,并做胆囊引流区域淋巴结的清扫。

(3) 胆囊癌扩大根治术:如肝右三叶切除,甚至肝 + 胰十二指肠切除。适应证为 Nevin Ⅲ、Ⅳ期和 AJCC-UICC ⅢB、ⅣA 期、ⅣB 期胆囊癌。临床上虽有手术成功的病例,但生存率低,实际意义存在争论。

(4) 姑息性手术:适用于不能切除胆囊癌的患者,包括肝管空肠 Roux-en-Y 吻合内引流术,经皮肝穿刺或经内镜在胆管狭窄部位放置内支撑管引流术,以及胃空肠吻合术等,主要用于减轻或解除肿瘤引起的黄疸或十二指肠梗阻。

2. 中医治疗

(1) 少阳证:口苦,右上腹间歇痛,恶心,纳呆,便秘,舌淡红或暗,苔微黄,脉沉细或弦。治以和解少阳,软坚散结,解毒抗癌。方用小柴胡汤加减。

(2) 肝郁气滞证:胁痛,胸闷,喜叹息,情志抑郁,易怒,嗳气,脘腹胀满,舌红,苔薄黄,脉弦。治以疏肝理气,利胆止痛,解毒抗癌。方用柴胡疏肝散加减。

(3) 湿热蕴结证:右上腹持续胀痛或灼热痛,放射至右肩,包块拒按,纳呆厌油,恶心欲呕,大便不爽,小便短赤,舌红,苔黄腻,脉弦滑数。治以清利湿热,解毒抗癌。方用三仁汤加减。

(4) 脾气虚弱证:右上腹隐痛,腹部包块明显,面色无华或萎黄,畏寒肢冷,精神疲惫,体倦乏力,气短声低,腹胀纳差,多梦,大便稀溏,舌淡苔白,脉细无力或微。治以健脾益气,解毒抗癌。方用香砂六君子汤加减。

(六) 中西医结合讨论

关于胆囊癌的治疗,目前仍处在不断探索阶段。临床常用的治疗方法有手术、化疗、放疗,以上疗法对杀灭或抑制癌细胞见效较快,但是其副作用往往非常严重,而中医药对增补机体正气,平衡阴阳,调动机体内在因素抗癌能力,减轻西医药疗法的副作用有很大的优势。通过采用中西医结合的方法,实现攻邪(抗癌)和扶正(提高机体的免疫力)兼施,取长补短,不失为治疗癌肿较为理想的途径。

二、胆管癌

胆管癌(cholangiocarcinoma)是指发生在肝外胆管,即左、右肝管至胆总管下端的恶性肿瘤。随着诊断水平的提高,本病发病率逐年升高。根据肿瘤生长的部位,胆管癌分为上段、中段、下段胆管癌。上段胆管癌又称肝门部胆管癌,位于左右肝管至胆囊管开口以上部位,占胆管癌的 50%~75%。Bismuth-Corlett 将上段胆管癌分为四型:Ⅰ型,肿瘤位于肝总管,未侵犯左右肝管汇合部;Ⅱ型,肿瘤侵犯左右肝管汇合部,未侵犯左或右肝管;Ⅲa 型,已侵犯右肝管;Ⅲb 型,已侵犯左肝管;Ⅳ型,同时侵犯左、右肝管。中段胆管癌位于胆囊管开口至十二指肠上缘,占 10%~25%。下段胆管癌位于十二指肠上缘至十二指肠乳头,占 10%~20%。

(一)病因与病理

1. 西医病因与病理

(1)病因:仍不明,多发于 50~70 岁人群,男女比例约 1.4∶1。本病可能与下列因素有关:肝胆管结石,约 1/3 的胆管癌合并胆管结石,而胆管结石 5%~10% 发生胆管癌;原发性硬化性胆管炎;先天性胆管扩张症,胆管囊肿空肠吻合术后;肝吸虫感染;慢性伤寒带菌者;溃疡性结肠炎等。

(2)病理

大体形态:

1)乳头状癌:好发于胆管下段,呈息肉样突入腔内,有时为多发且有大量黏液性分泌物;

2)结节状癌:肿瘤小且局限,可表现为硬化型或结节型,硬化型多在上段,结节型多在中段,向管腔内突出;

3)弥漫性癌:胆管壁广泛增厚、管腔狭窄,向肝十二指肠韧带浸润,难与硬化性胆管炎鉴别。组织学类型 95% 以上为腺癌,其中主要是高分化腺癌,低分化、未分化癌较少见且多发生在上段胆管。癌肿生长缓慢,发生远处转移者少见。其他尚有鳞状上皮癌、腺鳞癌、类癌等。其扩散方式有局部浸润、淋巴转移以及腹腔种植转移等。浸润主要沿胆管壁向上、向下以及横向侵犯周围组织、肝、血管、神经束膜;淋巴转移途径是沿肝动脉周围淋巴结分别至肝总动脉、腹腔动脉、胰上缘、十二指肠后及腹膜后淋巴结。

2. 中医病因病机 由于胆管癌患者往往以胁痛、黄疸、消瘦、食欲不振等症状就诊,根据其症状,考虑胆管发病与先天不足、禀赋异常、七情内伤、脏腑亏损、六淫外侵、气血凝结、饮食劳伤、正虚邪留等密切相关。

(二)临床表现

1. 症状 90%~98% 的胆管癌患者出现黄疸,且黄疸逐渐加深,大便灰白,可伴有厌食、乏力、贫血。半数患者伴皮肤瘙痒和体重减轻。少数无黄疸者主要有上腹部疼痛,晚期可触及腹部肿块。部分患者由于黄疸进展,进而发生胆道感染,可有典型的胆管炎表现:右上腹疼痛,寒战高热,黄疸,甚至出现休克。肿瘤晚期侵犯或压迫门静脉时,可造成门静脉高压而导致上消化道出血,晚期患者可并发肝肾综合征,出现尿少、无尿。

2. 体征

(1)胆囊肿大:病变在中、下段的可触及肿大的胆囊,Murphy 征可能阴性,而上段胆管癌胆囊不肿大,甚至缩小。

(2)肝大:肋缘下可触及肝脏,黄疸时间较长者可出现腹水或双下肢浮肿。

(三)辅助检查

1. 实验室检查 血清总胆红素、结合胆红素、碱性磷酸酶和 γ- 谷氨酰转肽酶均显著升高,而谷丙转氨酶和谷草转氨酶只轻度异常。胆道梗阻致维生素 K 吸收障碍,肝合成凝血因子受阻,凝血酶原时间延长。血清肿瘤标志物 CA19-9 可能升高,CEA、AFP 可能正常。

2. 影像学检查

(1)超声检查:为首选检查,可见肝内胆管扩张或见胆管肿物;彩色多普勒超声检查可了解门静脉及肝动脉有无受侵犯;超声内镜检查探头频率高且能避免肠气的干扰,检查中、下段和上段胆管癌浸润深度的准确性分别达到 82.8% 和 85%。在超声引导下还可行经皮经肝胆管造影(PTC)检查,穿刺抽取胆汁做 CEA、CA19-9、胆汁细胞学检查和直接穿刺肿瘤活检。

(2)内镜逆行胰胆管造影术(ERCP):对下段胆管癌诊断帮助较大,或术前放置内支架引流用。

(3)CT、MRI 能显示胆道梗阻的部位、病变性质等,其中三维螺旋 CT 胆道成像和 MRCP 将逐渐代替 PTC 及 ERCP 等侵入性检查。

(4)核素显影扫描、血管造影:有助于了解癌肿与血管的关系。

(四) 诊断与鉴别诊断

1. 诊断 疾病早期不易诊断,根据患者症状、体征、辅助检查结合病理检查,可诊断胆管癌。

2. 鉴别诊断

(1)胆总管结石:病史较长,多有发作性腹痛史,黄疸也多为间歇性,有明显的症状缓解期。疼痛发作时常伴有不同程度的胆管炎表现,如发热、寒战、黄疸等。

(2)胰头癌:本病多伴有胰管的梗阻,ERCP 检查可见胰管狭窄或闭塞,B 超和 CT 影像可见胰头部肿块和胰体尾部胰管显著扩张。十二指肠引流液中多有胰酶的显著减少或缺乏。临床上,黄疸较为明显,胰头癌多呈无痛性进行性加重。出现疼痛时多已属晚期。

(五) 治疗

1. 西医治疗 胆管癌化学治疗和放射治疗效果不肯定,主要采取手术治疗。不同部位的胆管癌手术方法有所不同。

(1)胆管癌根治性切除手术:原则上应争取做根治性切除,如不能做到根治性切除,有些患者姑息性切除也可获得较好的效果。

1)上段胆管癌(肝门部胆管癌):上段胆管癌的手术范围主要根据 Bismuth-Corlett 分型情况,虽然各型手术切除的范围不同,但都必须同时清除肝十二指肠韧带内所有淋巴结及结缔组织(肝十二指肠韧带 "脉络化")。Bismuth-Corlett Ⅰ 型、部分Ⅱ型上段胆管癌切除胆囊和肝外胆管即可,胆管 - 空肠 Roux-en-Y 吻合重建胆道;部分Ⅱ型、Ⅲa 型和Ⅲb 型,除了行胆囊和肝外胆管切除,还需根据不同情况做小范围中央(如Ⅳ段或Ⅳ+ Ⅴ段)肝切除,或同侧半肝切除,附加或不加肝尾叶切除。根据残肝断面胆管的数目、口径大小等情况选择相应的胆肠吻合术式重建胆道。多数Ⅳ型上段胆管癌不能手术切除,如可切除,通常需要做半肝或扩大的半肝切除,或Ⅳ+ Ⅴ+ Ⅷ段联合切除。胆道重建术式选择的原则同上。

2)中段胆管癌:切除肿瘤及距肿瘤边缘 0.5cm 以上的胆管,肝十二指肠韧带 "脉络化",并行胆管 - 空肠 Roux-en-Y 吻合术。

3)下段胆管癌:需行胰十二指肠切除术。

(2)扩大根治术:如肝右三叶切除,肝 + 胰十二指肠联合切除,临床上虽有成功的病例,但因手术病死率高,长期生存率低,争议较大。

(3)不能切除的胆管癌外科手术治疗

1)减黄手术:可选用经皮经肝胆管穿刺引流或内镜鼻胆管引流术或放置内支架,目的是引流胆汁,减轻黄疸。如患者不配合或操作失败,可开腹行左肝部分切除的 Longmire 手术(朗迈尔手术),经圆韧带入路行左肝管 - 空肠 Roux-en-Y 吻合术。中下段胆管癌可行肝总管 - 空肠吻合术等。胆汁内引流比置管外引流的患者生活质量高。

2)胃空肠吻合术:因肿瘤侵犯或压迫十二指肠造成消化道梗阻者,可行胃空肠吻合术恢复消化道通畅,提高患者的生存质量。

2. 中医治疗 本病由肝郁气滞、饮食不节、湿热壅阻致胆道癥块,涉及肝、胆、脾、胃,病变核心在肝胆。治疗应疏肝利胆、清腑退黄、通利渗湿,并可选用抗癌中药。胆管癌四型分别为:

(1)湿热蕴蒸证:右上腹胀痛,放射至腰背部,身目黄染,口渴,心中懊憹,纳差,恶心,小便短赤,大便秘结,苔黄腻,脉弦数。治以疏肝利胆,清热利湿。方用大柴胡汤合茵陈蒿汤加减。

(2)热毒炽盛证:发病急,身金黄,高热烦渴,腹胀痛,神昏谵语,或衄血便血,右上腹积块痛不可触,口苦口干,大便燥结,舌红绛,苔黄燥,脉弦数或细数。治以清热解毒,凉血护阴。方用犀角散加减(犀角已禁用,现多用水牛角代)。

(3)寒湿郁滞证:右胁腹隐痛,右上腹包块明显,黄疸晦暗,纳少脘闷,大便不实,神疲畏寒,舌淡苔腻,脉濡缓。治以温里助阳,利湿退黄。方用茵陈四逆汤加减。

(4)脾阳虚衰证:形体消瘦,右胁腹隐痛,身目黄染晦暗,神疲畏寒,肢软乏力,纳差少眠,大便溏薄,舌淡苔腻,脉细或濡。治以健脾温中,补养气血。方用小建中汤加减。

(六)中西医结合讨论

胆管癌诊断明确之后,需明确其分型和分期情况,再决定下一步治疗方式。西医临床常用的方法有手术、化疗、放疗,以上疗法对杀灭或抑制癌细胞见效较快,但是均存在一定的局限性。中医治疗胆管癌的优势包括多个方面,如可以提高手术成功率,减少并发症和继发症;配合放化疗,减毒增效;改善机体内环境,调节免疫;当肿瘤患者已接受手术或放、化疗缓解后,运用中药防止其复发或转移等。

(尚 东)

第五节 急性胰腺炎

急性胰腺炎(acute pancreatitis,AP)是由多种病因导致胰酶异常激活引起胰腺组织自身消化的炎症性疾病,表现为胰腺水肿、出血甚至坏死。临床表现为急性腹部疼痛,以中上腹为主,常伴恶心呕吐、腹胀、发热,以及不同程度的腹膜炎体征和血清淀粉酶、脂肪酶升高等。大多数为轻症,预后良好;其中约20%会发展为重症急性胰腺炎(severe acute pancreatitis, SAP),可伴MODS及胰腺局部并发症,病死率高。

一、病因与病理

(一)西医病因与病理

1. 病因 目前AP的发病机制尚未完全阐明。多种因素引起胰腺腺泡细胞内钙超载、溶酶体在腺泡细胞内提前激活酶原、线粒体功能失调、内质网应激、氧化应激、核转录因子激活、细胞程序性死亡和损伤相关分子模式一系列细胞内事件,造成胰腺腺泡细胞损伤,激活相关炎症介质如肿瘤坏死因子-α、IL-1、花生四烯酸代谢产物等,最终导致炎症逐级放大。当超过机体的抗炎能力时,炎症向全身扩展,出现SIRS,甚至发生MODS。

(1)胆道疾病:胆石症、胆道感染是AP的常见病因,其中胆石症最为常见,占所有病因的40%左右。由于胰管与胆总管汇合后共同开口于十二指肠壶腹部,一旦结石嵌顿、微小结石流动损伤胆管、胆管炎症刺激导致壶腹部狭窄和/或Oddis括约肌痉挛,胆道压力增加,超过胰管压力,造成胰液流出不畅,激活胰腺酶而发病。

(2)酗酒和暴饮暴食:酒精和暴饮暴食均可促进胰液分泌,当不能充分引流时,胰管压力升高,引发腺泡细胞损伤,发生 AP;酒精还可在胰腺内氧化代谢产生大量活性氧,激活炎症反应。酒精可能还与基因突变相关,目前研究发现,人丝氨酸肽酶抑制因子 Kazal 型 1 (*SPINK1*)(尤其是 *p.N34S*)突变使个体易患 AP,尤其是酗酒者,促进并加重 AP。

(3)高脂血症:高甘油三酯血症已成为诱发 AP 的第三大原因,占所有病因的 20% 左右。肥胖与高甘油三酯血症是 SAP 的危险因素。胰腺脂肪酶水解循环甘油三酯以及储存在胰内和胰周脂肪细胞中的甘油三酯为饱和及不饱和游离脂肪酸。不饱和脂肪酸(如亚油酸、亚麻酸和油酸)可进一步引起更多的 Ca^{2+} 释放,增加乳酸脱氢酶和细胞色素 C 的细胞质渗漏,上调炎症介质,从而诱发或加重 AP。

(4)胰管阻塞:胰管结石、蛔虫、狭窄、肿瘤(十二指肠壶腹部肿瘤、胰腺肿瘤)可引起胰管阻塞和胰管内压升高而发生 AP。胰腺发育异常(胰腺分裂)是因主、副胰管在发育过程中未能融合,导致胰液引流不畅而发生 AP。

(5)手术与创伤:腹腔手术、腹部顿挫伤等可直接或间接损伤胰腺组织,导致胰腺血液循环障碍,引起 AP。ERCP、小肠镜操作也可诱发 AP。

(6)药物:药物引起的 AP 不到 5%,常表现为轻症。目前已知最为密切的药物包括硫唑嘌呤、糖皮质激素、6- 巯基嘌呤、双腺苷、丙戊酸钠、血管紧张素转换酶抑制剂和美沙拉秦等,有明显的时间相关性。

(7)其他病因:十二指肠球后溃疡穿孔、憩室炎等炎症可直接波及胰腺而引发 AP。AP 也可继发于急性流行性腮腺炎、甲型流感、肺炎衣原体感染、传染性单核细胞增多症、柯萨奇病毒等,常随感染痊愈而自行缓解。甲状旁腺肿瘤、维生素 D 过多、恶性肿瘤所致的高钙血症,也可促进胰酶提前活化而诱发 AP。各种免疫性疾病、IgG4 相关性疾病等,亦可诱发 AP。少数不明病因者,称之为特发性 AP。

2. 病理 AP 的病理改变可分为水肿型和出血坏死型两类,其病理变化的严重程度往往反映临床病情的严重程度。

(1)水肿型:又称为急性间质水肿型,占整个 AP 的 80% 左右。表现为胰腺局部或弥漫性水肿、腺体肿大变硬、包膜张力增高、可有胰周单个小积液。显微镜下可见小叶间、叶间质间、腺泡间组织分开,间隙增宽,可见炎症细胞浸润和少量腺泡细胞坏死,血管变化不明显。

(2)出血坏死型:腺体可见斑片状出血到大片出血,胰腺形态轮廓不规则,常有胰腺及周围组织的广泛坏死。坏死的胰腺组织开始为苍白色,逐渐转为暗黑色,并发感染可呈黑绿色。显微镜下腺泡和小叶结构模糊不清,大量炎症细胞浸润,胰腺组织呈大片出血坏死,血管不显示,坏死分布呈局灶性或弥漫性。

(二)中医病因病机

中医认为"脾心痛"的病因主要包括内伤、外感和不内外因,以内伤病因为主,包括饮酒、吸烟、饮食因素(喜食肥甘厚腻、生冷酒毒)、素体肥胖、胆石、先天因素(解剖异常、遗传)和环境因素等。该病病性在急性期多为里、热、实证。后期可因实致虚,虚实夹杂。标实包括食积、酒毒、湿热、气滞、血瘀、热毒和痰浊。虚证多见气虚、阴虚或气阴两虚。病位起于中焦,涉及脾胃、肠、肺、心、肾、肝胆与脑。

AP 的中医基本病机为腑气不通,初期气机郁滞,与湿热相合蕴结中焦,致使肝胆疏泄失利、脾胃升降失和与肠道传导失司。进展期则气滞加剧成结,结聚不散致血瘀,留瘀化热化火成毒,致热毒炽盛、瘀毒互结。热毒血瘀可进一步发展致火毒弥漫三焦,毒侵五脏六腑,致气血败乱,多脏衰微,终致内闭外脱,亡阴亡阳。后期因邪去正伤,热去湿留,余邪留恋,火热毒邪耗气伤津,常致气血不足,脏腑失养,呈现脾虚湿困、气阴两伤、中焦虚寒和气滞血瘀之癥瘕积聚证。

二、临床表现

(一) 症状

AP常在饱食、高脂肪餐或饮酒后发生,部分患者无明显诱因。

1. 腹痛　为最主要的、首发的症状。其特征是多突然发作,呈持续性加重,性质可为钝痛、钻痛、绞痛等;常位于中上腹或左上腹,可向腰背部放射。

2. 恶心呕吐和腹胀　恶心呕吐为AP的常见症状。发病初期发作频繁,常为反射性呕吐,呕吐物多为胃内容物,可混有胆汁,甚至血液。其特点为呕吐后患者腹痛并不能缓解。SAP后期可能由于胰周渗出较多压迫十二指肠而出现上消化道梗阻症状。腹胀常与腹痛同时存在,甚至出现麻痹性肠梗阻的症状。

3. 发热　多为中度发热,一般持续3~5天。其是由组织损伤的产物引起机体炎症应激反应所致。胆源性胰腺炎,尤其是伴胆道梗阻者,可伴有寒战高热。SAP后期,若胰腺组织坏死伴感染,可出现反复发热。

4. 全身表现　SAP可出现呼吸困难、心慌、少尿或无尿、烦躁,甚至意识障碍等症状。伴有急性肺功能损伤时,可出现呼吸困难进行性加重;伴有肾功能受损时,可出现少尿,甚至无尿;伴有低钙血症时,可能出现手足抽搐;伴有胆道梗阻时,可出现黄疸;伴有胰性脑病时,可伴有烦躁或淡漠等精神症状;伴有胃肠功能障碍或后期胰源性门静脉高压时,可出现呕血或便血。以上全身表现常常伴随出现,伴随症状越多,病情越凶险。

(二) 体征

1. 生命体征　轻症AP生命体征平稳,可能出现心率、呼吸频率稍快,体温轻度升高。SAP可出现心率增快、呼吸频率增快、氧饱和度下降、血压下降甚至休克现象。

2. 腹部体征　轻症AP一般仅上腹部压痛,一般不伴有腹肌紧张及反跳痛。SAP可出现腹肌紧张、反跳痛等腹膜刺激征,并伴有肠鸣音减弱或消失、移动性浊音阳性。SAP可出现两肋部皮下青紫,见于左侧腰部的称为Grey-Turner征;也可出现脐周皮下青紫,称为Cullen征。其原因是含胰酶的渗出液经肾旁间隙后渗透到腰方肌后缘,通过肋部筋膜下达皮下,或由镰状韧带到达脐周皮下,然后溶解脂肪组织造成皮下出血。SAP后期,可在上腹部扣及肿块,或边界清楚,有或无压痛。

三、辅助检查

(一) 血液相关检验

1. 血清酶学检验

(1) 血清淀粉酶:90%的AP患者血清淀粉酶可升高。一般发病6~12小时内升高,24小时到达峰值,持续3~5天后降至正常。

(2) 淀粉酶同工酶:淀粉酶有腮腺型和胰腺型两种同工酶。测定胰淀粉酶更有利于AP的诊断。

(3) 血清脂肪酶:AP时血清脂肪酶水平升高是与淀粉酶平行的。血清脂肪酶主要来源于胰腺,且脂肪酶水平升高持续时间较长,一般8~14天恢复正常。脂肪酶水平不受巨淀粉酶血症和腮腺炎的影响。因此,其针对AP的灵敏度及特异度均高于血清淀粉酶。

血清淀粉酶、脂肪酶学仅能用于诊断胰腺炎,其活性的高低与病情严重程度不相关。

2. 血常规　可见白细胞总数及中性粒细胞升高,甚至可见核左移。SAP早期可见血红蛋白升高,血细胞比容明显升高;后期由于炎症消耗或消化道出血,可见血红蛋白下降。

3. 生化检测　AP早期可见血钙明显下降,血钙低于1.75mmol/L提示胰腺可能有明显的坏死。血糖可见明显升高。血清甘油三酯水平可见升高,其升高水平与 AP 严重程度相关。血清肌酐、尿素氮水平可见明显升高,其中入院后 24 小时尿素氮升高对预测持续性器官功能衰竭(persistent organ failure,POF)有一定价值。血清胆红素和转氨酶、碱性磷酸酶水平可见升高,多由于胰腺周围渗出压迫胆总管,或病变严重时伴随的非梗阻性胆汁淤积。白蛋白水平可见降低。

4. 其他实验室检查

(1)C 反应蛋白(C-reactive protein,CRP):CRP 是组织损伤和炎症的非特异性标志物。入院后 48 小时 CRP>190mg/L,或绝对增加量大于 90mg/L,对于预测 SAP 有较高指导作用。

(2)IL-6：AP 早期可见升高。研究发现入院血清 IL-6>50pg/ml 预测中度 / 重度 AP 的灵敏度和特异度较高。

(3)降钙素原(procalcitonin,PCT):AP 时可见升高,尤其是胰腺感染时。可用于预测和监测感染性胰腺坏死(infectious pancreatic necrosis,IPN)。

(4)血浆乳酸:血浆乳酸是体内糖酵解(无氧氧化)的代谢产物。SAP 时血浆乳酸水平可见升高。

(5)D- 二聚体:AP 时可见 D- 二聚体升高,尤其见于重症患者。近期的研究显示 D- 二聚体水平越高,预后越差。

(二) 影像学检查

1. 超声检查　可以初步判断胰腺组织形态学变化,同时有助于判断有无胆道结石。当发生假性囊肿时,协助引导穿刺引流具有较大价值。但受胃肠道积气的影响,对胰腺形态观察多不满意。

2. CT 检查　CT 平扫有助于确定有无胰腺炎、胰周炎性改变及胸腹腔积液情况;增强 CT 有助于判断胰腺坏死和渗出的范围,评估其严重程度。目前可采用 CT 严重指数(CT severity index,CTSI)、改良的 CT 严重评分指数(modified CT severity index,MCTSI)进行量化评价,对 AP 局部并发症的发生及严重程度有一定的预测作用(表 24-2)。

表 24-2　CTSI 及 MCTSI 的评分标准

特征	CTSI 评分	特征	MCTSI 评分
胰腺炎症反应		胰腺炎症反应	
正常胰腺	0	正常胰腺	0
局限性或弥漫性增大	1	胰腺和 / 或胰周炎性改变	2
胰周积液	2	单发或多个积液区或胰周脂肪坏死	4
1 处边缘模糊的积液	3		
>1 处积液	4		
胰腺坏死		胰腺坏死	
无胰腺坏死	0	无胰腺坏死	0
坏死范围 ≤30%	2	坏死范围 ≤30%	2
坏死范围 >30%~50%	5	坏死范围 >30%	4
坏死范围 >50%	6	胰外并发症包括胸腔积液、腹水、血管或胃肠道受累等	2

注:CTSI 评分分为三个级别:0~3 分为轻度,4~6 分为中度,7~10 分为重度;MCTSI 分为三个级别:0~2 分为轻度,4~6 分为中度,8~10 分为重度。

3. MRI 检查　与腹部 CT 有同样的检查作用。对碘化造影剂过敏患者或肾功能损害患者,可以考虑进行 MRI 检查。MRCP 检查可判断胆道及胰管系统病变,MRCP 在检测直径 3mm 以下的胆总管结石和胰管破裂时具有优势。

4. 超声内镜检查(EUS)　在诊断胆道微结石和胆泥,发现胆管或胰腺肿瘤方面具有较高准确性。EUS 可作为补充技术用于特发性 AP 的诊断。

四、诊断与鉴别诊断

(一) AP 的诊断标准

具有以下 3 项标准中的 2 项,可诊断急性胰腺炎:①腹痛符合 AP 特征;②血清脂肪酶或淀粉酶至少大于正常值上限 3 倍;③腹部 CT、MRI 符合 AP 的特征性改变。

(二) 严重程度分级诊断

根据国际 2012 年修订的亚特兰大分级(Revised Atlanta Classification,RAC)和 2018 年美国胃肠病学会指南分级标准,按照临床表现和预后的不同,AP 可分为:

1. 轻症急性胰腺炎(mild acute pancreatitis,MAP)　不伴有器官功能障碍及局部或全身并发症。

2. 中度重症急性胰腺炎(moderately severe acute pancreatitis,MSAP)　伴有一过性(≤48 小时)的器官功能障碍和 / 或局部并发症。

3. SAP 伴有 POF　基于决定因素的分级标准(determinant-based classification,DBC)进一步根据胰腺坏死的感染与否,在 RAC 基础上将 SAP 细分为重症和危重症。危重症是指伴有 POF 和 IPN。

关于器官功能,主要依据呼吸、循环、肾功能的量化指标改良的 Marshall 评分进行评价(表 24-3)。2008 年提出的急性胰腺炎床边严重程度指数(the bedside index for severity in acute pancreatitis,BISAP)评分:血尿素氮>25mg/dl、精神状态受损、SIRS、60 岁以上和放射学检查入院后 24 小时内有胸腔积液迹象,符合以上任一个变量积 1 分,共计 5 分。该评分为 3 分或更高与发生器官功能衰竭、持续性器官功能衰竭、胰腺坏死有关。

表 24-3　改良 Marshall 评分

器官和系统	0 分	1 分	2 分	3 分	4 分
呼吸 (PaO$_2$/FiO$_2$)[a]	>400	301~400	201~300	101~200	<100
血肌酐 /(μmol·L^{-1})[b]	<134	134~169	170~310	311~439	>439
收缩压 /mmHg[c]	>90	<90,输液有应答	<90,输液无应答	<90,pH 值<7.3	<90,pH 值<7.2

注:a. PaO$_2$ 为动脉血氧分压,FiO$_2$ 为吸入氧浓度,空气(21%),纯氧 2L/min(25%),纯氧 4L/min(30%),纯氧 6~8L/min(40%),纯氧 9~10L/min(50%);b. 既往有慢性肾衰竭患者的评分依据基线肾功能进一步恶化的程度而定,对于基线血肌酐 ≥134μmol/L(1.4mg/dl)者尚无正式的修订方案;c. 未使用正性肌力药物;1mmHg=0.133kPa;任何一个器官总分>2 分可定义为器官功能衰竭。

(三) 常见病因诊断

1. 胆源性胰腺炎　腹部彩超、EUS、CT 或 MRCP 等检查提示胆石症或胆汁淤积,或提示胆总管扩张(年龄 ≤75 岁,直径>8mm;年龄>75 岁,直径>10mm),或谷丙转氨酶超过正常值上限 2 倍,排除其他原因。

2. 酒精性胰腺炎　饮酒史>5 年,平均每周饮酒>35 个标准杯,排除其他原因。

3. 高甘油三酯血症胰腺炎　发病 48 小时内患者甘油三酯 ≥11.3mmol/L(1 000mg/dl),

或 ≥5.65mmol/L（500mg/dl）伴既往史，或明显乳糜血，排除其他病因。

（四）鉴别诊断

AP 常需与胆石症、急性胆囊炎、急性胆管炎、急性阑尾炎、急性肠梗阻、胃十二指肠溃疡伴穿孔、急性心肌梗死、腹主动脉夹层等相鉴别。这些急腹症发生时，血清淀粉酶、脂肪酶可能会升高，但通常低于正常值的 2 倍，且影像学如 CT 多可行相应鉴别。

1. 胆石症与急性胆囊炎　常有进食油腻史，常有绞痛发作，疼痛部位多位于右上腹，多伴有右肩或背心牵涉痛；或有恶心呕吐，或有发热，或有黄疸。查体可见右上腹部压痛和腹肌紧张，Murphy 征阳性。影像学提示胆囊增大壁厚，或合并胆囊结石。

2. 急性胆管炎　常有进食油腻史，常为突然发生的持续性上腹或剑突下剧烈疼痛，可放射至右肩部，伴寒战高热，可有黄疸，病情加重时可有休克症状。查体可见 Charcot 三联征：腹痛、寒战高热、黄疸。Reynolds 五联征：在三联征基础上，出现感染性休克、神志改变。影像学提示胆管扩张及结石影。

五、治疗

（一）西医治疗

AP 起病急骤，且复杂多变，进展为重症后治疗难度大。以早期预判、维护器官功能、维持内环境稳态、预防重症、减少器官功能衰竭、防止局部及远期并发症、降低病死率为治疗原则。具体的治疗方式为：MAP 的治疗以短期禁食、补液、尽早恢复进食、防止其重症化为主。对于 MSAP 及 SAP 则需要采取液体复苏、重症监护、器官功能支持、疼痛管理、营养支持、合理使用抗菌药物、内镜及外科微创干预等措施；特别是伴有多种并发症的 SAP，涉及多学科综合救治。

1. 患者管理及药物治疗　需严密观察患者病情变化，注意监测体温、脉搏、血压、呼吸和尿量，如合并器官功能衰竭，及时采取相应监护措施。

（1）液体管理：合理的液体复苏是 AP 早期重要的支持手段，可迅速纠正组织缺氧，也是维持血容量、水、电解质平衡的重要措施。预判为 MSAP 或 SAP 的患者入院后在 4~6 小时内启动液体复苏，应注意液体复苏的时间窗。液体复苏首选等渗晶体制剂，推荐使用乳酸钠林格注射液。采用目标导向性治疗策略，动态监测患者脱水和容量过负荷情况，须每 4~6 小时根据心率、呼吸、血压、尿量、血气分析、血尿素氮等进行评估，尤其注意液体反应性及液体过负荷评估。若 SAP 患者无液体反应或在充分液体复苏后仍休克，可参考脓毒症指南配合使用血管活性药。

（2）疼痛管理：缓解疼痛是早期治疗 AP 患者的重要手段。可选择阿片类镇痛药（如喷他佐辛、哌替啶）或 COX-2 抑制药（如帕瑞昔布、塞来昔布）。吗啡可增加 Oddis 括约肌压力，胆碱能受体拮抗剂（如阿托品、山莨菪碱）会诱发或加重肠麻痹，故不推荐使用。

（3）器官功能维护：持续性器官功能衰竭是导致 AP 患者早期死亡的最主要因素，而多器官功能衰竭是病死率直接相关的危险因素。

1）呼吸支持：AP 的呼吸功能障碍常可表现为无其他明显呼吸道症状的低氧血症到 ARDS。当发生低氧血症（$PO_2 < 60mmHg$）时，应尽快给予鼻导管或面罩吸氧，维持氧饱和度在 95% 以上，并动态监测血气分析。当发生 ARDS 时，应及时启动无创正压通气；若高流量吸氧或持续无创正压通气无法纠正呼吸急促和呼吸困难，则须采取有创机械通气。对于发生 ARDS 的患者应注意血流动力学评估和液体复苏的管理。

2）肠功能的维护：胃肠减压有助于减轻腹胀，必要时可使用。导泻有助于减轻肠道细菌、内毒素移位及肠道炎症反应。对于胃肠功能紊乱严重者，补充谷氨酰胺有助于疾病的恢复;尽早恢复肠内营养也是维护肠功能的重要手段。

3)肾功能的维护:若早期伴 2 个或 2 个以上器官功能障碍;尿量 ≤ 0.5ml/(kg·h),经一般处理效果不明显;伴严重水电解质紊乱;伴胰性脑病等;可采用:①对于血流动力学稳定的患者,可选择保留间歇性血液透析,血液灌流吸附或血浆灌流吸附等血液净化模式,亦可延长每日透析时间或缓慢低效率每日透析模式;②对于血流动力学不稳定的患者,优选CRRT。但临床应用 CRRT 需警惕感染、出血及血栓形成的风险。

(4)营养支持治疗:肠内营养支持优于肠外营养,可保持肠黏膜的完整性,改善患者预后并减少并发症,降低感染性并发症、器官功能衰竭风险和病死率。AP 患者在可耐受的情况下建议尽早恢复饮食(入院后 24~48 小时内)。根据病情,饮食类型采用流质,低脂或正常脂肪含量,软食或普食。若肠内营养通路不能建立(如麻痹性肠梗阻)、肠内营养不耐受或达不到热卡需求,则需在 72 小时内予以肠外营养以满足营养需求。对于病程长,因较大胰腺假性囊肿或胰腺包裹性坏死(pancreatic walled-off necrosis,PWON)致上消化道梗阻的患者,可安置空肠营养管进行肠内营养。

(5)合理使用抗菌药物:MAP 无须进行常规抗生素预防。对于明确的胆源性 AP 患者,应考虑使用抗生素。对于 MSAP/SAP 患者,在评估胰腺坏死范围基础上,可酌情使用抗菌药物。IPN 可先经验性使用抗菌药物,再根据细针穿刺的穿刺物、引流液或细菌培养结果选择针对性抗菌药物。研究证实在有 IPN 的情况下,碳青霉烯类药物(包括亚胺培南和美罗培南)优于头孢菌素或氟喹诺酮类药物。若存在胰腺外感染,如胆管炎、肺炎、尿路感染、菌血症、导管相关感染,应根据血培养或其他病原学证据选择抗菌药物。

(6)血糖的管理:AP 患者入院后需积极监测及调控血糖,并询问是否有糖尿病病史,必要时检测糖化血红蛋白水平。入院时血糖>7.8mmol/L 的患者应持续监测血糖水平,若间断多次测定血糖>16.7mmol/L,则应进行胰岛素治疗干预,随机血糖控制目标为 7.8~10mmol/L。对于可进食患者,遵循"先基础再餐时"管理步骤,积极调整剂量,警惕低血糖的发生。

(7)抑制胰腺外分泌:早期禁食有助于缓解腹胀和腹痛。生长抑素及其类似物可通过直接抑制胰腺外分泌而发挥作用。抑酸治疗(H_2 受体拮抗剂或质子泵抑制剂)可通过抑制胃酸分泌而间接抑制胰腺分泌,除此之外,还可以预防应激性溃疡的发生。蛋白酶抑制剂(如乌司他丁、加贝酯)能够抑制与 AP 进展有关的胰蛋白酶、糜蛋白酶、弹性蛋白酶、磷脂酶 A等的释放和活性,可稳定溶酶体膜,改善胰腺微循环,减少 AP 并发症,目前研究主张早期足量应用。

(8)胰腺外分泌不全的治疗:患者出院前应行胰腺外分泌功能检查,并进行长期随访。对于粪弹性蛋白酶 -1<100μg/g 或有典型脂肪泻表现的患者,应给予胰酶补充替代疗法。目前常用的胰酶补充剂为胰酶肠溶胶囊、复方消化酶等。

2. 去除病因治疗

(1)ERCP 治疗:对于胆总管结石性梗阻、急性化脓性胆管炎、胆源性败血症的 AP 患者,应评估 ERCP 的风险和效益,尽快解除胆道梗阻、控制持续性胆源性感染。

(2)胆囊切除术治疗:胆源性 MAP 患者,首次住院期间完成胆囊切除术;胆源性 MSAP和 SAP 患者,胆囊切除术应待急性炎症好转、胰周渗出及液体积聚吸收或稳定后实施。

(3)血脂的管理:血清甘油三酯水平升高与 AP 严重程度呈独立相关。在急性期应避免补充脂肪类物质和使用可能升高血脂的药物。目前的降脂治疗包括:持续静脉输注小剂量肝素和 / 或胰岛素,血浆置换和 / 或血液滤过,可同时酌情加用降脂药物。对于高甘油三酯血症胰腺炎患者,应进行长期的血脂管理,以降低复发风险。患者出院后应调整生活方式,饮食调整、戒烟、戒酒、控制体重,甘油三酯水平控制在 5.65mmol/L 以下。若经合理调整生活方式,血清甘油三酯水平仍高,应合理选择并规律服用降脂药物。药物包括贝特类、他汀类、烟酸类和 ω-3 脂肪酸等。贝特类有明显的降低甘油三酯的作用,但对于合并有胆囊结石的患者,不推荐使用。

3. 局部并发症的处理原则

(1)胰腺假性囊肿:直径 < 6cm 无症状的假性囊肿可定期观察,暂不行特殊干预。直径 > 6cm 的则定期观察,若出现症状或合并感染应考虑引流,其方式包括:经皮置管引流、内镜引流、腹腔镜下假性囊肿 - 胃 / 肠内引流。

(2)急性坏死积聚和包裹性坏死:无症状的胰腺和 / 或胰外坏死,可定期观察,暂不行特殊干预。无菌性坏死患者不推荐使用抗生素预防感染;对怀疑感染性坏死的患者,推荐静脉使用可渗透至胰腺的广谱抗生素,包括碳青霉烯类、喹诺酮类、甲硝唑类和三代或更高类头孢菌素。以下患者应考虑进阶式(step-up approach)微创引流或清创术干预治疗:AP 经积极保守治疗数周后仍存在 POF/MODS 或持续不适,并已形成包裹性坏死;无菌性胰腺坏死患者存在器官压迫的梗阻状态以及较大的包裹性坏死引起的腹痛(AP 发作 4~8 周后进行干预)。急性坏死积聚患者充分引流后仍有 45%~65% 患者临床改善不佳,需微创外科手术清创治疗。应尽量避免在前 12~14 日进行干预,一旦明确坏死,最佳清创引流时间从第四周开始。

(3)IPN:对 IPN 的内科治疗,应及时经验性使用抗生素,并尽快进行体液细菌培养,根据药物敏感试验结果调整抗菌药物,以减少耐药菌。已确诊 IPN 的患者、临床疑似诊断 IPN 的患者,经积极保守治疗数周后仍存在 POF/MODS 或持续不适,或已形成包裹性坏死,应考虑采取进阶式微创引流或清除术干预,包括内镜下经胃引流、经皮置管引流和在积液量少时选择 CT 引导下细针穿刺引流。在进阶式微创引流或清除术失败且坏死组织界限明确不再扩展时,或早期合并严重并发症,或后期出现结肠瘘、肠壁坏死及多瘘口患者,应进行手术干预。

(4)预后与随访:轻症患者病程短,有一定的自限性。但重症患者发病急,变化迅猛,临床表现十分复杂,病死率居高不下。约 20% 的 AP 患者会出现复发性急性胰腺炎(recurrent acute pancreatitis,RAP),其发病率为 8/10 万人 ~10/10 万人,可向慢性胰腺炎进展。其中以高甘油三酯血症、酒精、胆源性引起 RAP 的发生率高。积极明确和去除 AP 病因如饮酒劝诫、控制血脂、胆囊切除等,定期进行影像学检查(CT、MRCP 等)排除慢性胰腺炎可能。肥胖和高甘油三酯血症患者应接受有关控制 BMI、饮食调整和避免饮酒的建议。无论 AP 后有无新发糖尿病,均应定期评价内分泌功能损伤情况。应每 3~6 个月定期检查血糖和糖化血红蛋白。应对胰腺外分泌功能不全进行长期随访观察。

(二)中医治疗

1. 辨证要点

(1)辨证候主症:如肝郁气滞证以胸胁脘腹胀痛,矢气则舒为特点;肝胆湿热证以口苦,纳呆腹胀,泛恶欲呕,大便不调为特点;腑实热结证以腹满硬痛拒按,大便干结不通,日晡潮热为特点;结胸里实证以心下痛,按之石硬为特点;热毒炽盛证以发热,口干口渴,疼痛剧烈或胀痛难忍,拒按为特点;热壅血瘀证以壮热口渴,少腹硬满疼痛为特点;内闭外脱证以肢冷抽搐,呼吸喘促,大汗出为特点;脾虚湿困证以纳呆腹胀,便溏不爽为特点;气阴两虚证以少气懒言,神疲乏力,胃脘嘈杂为特点;中焦虚寒证以腹部隐痛,喜温喜按为特点;癥瘕积聚证以腹部肿块,疼痛如针刺,痛处拒按,固定不移为特点。

(2)辨正邪虚实:该病病性为因实至虚。急性期多为里、热、实证。标实包括食积、酒毒、湿热、气滞、血瘀、热毒和痰浊。本虚多见气虚、阴虚或气阴两虚。

（3）辨在气在血：本病初期病在气分，进而入血分，深入脏腑。若病情不进展，可直接进入恢复期。

2. 辨证分型　结合 AP 病程特点，将其分为初期（急性反应期）、进展期和后期。

（1）初期（急性反应期）：通常为发病后 48 小时以内，为 AP 初期常见基本证型，大多为轻症患者。若病情不进展，可直接进入恢复期。

（2）进展期：指发病后 48 小时至第 3 周，在急性反应期阶段基础上无法缓解或进行性加重，则可能进入进展期，常出现系统并发症、器官功能不全或衰竭。

（3）后期：通常为发病 1~3 周后。经历初期阶段若病情不进展，可直接进入后期，大多数轻症患者为此类；或病情进展加重，经过进展期后进入后期，中度重症和重症患者多为此类。

3. 辨证论治　AP 应急治其标，缓治其本。在现代医学对症支持治疗基础上，早期中医药治疗可缩短病程，减少并发症，改善预后。针对各期辨证拟定治则，以疏肝理气、通里攻下、清热解毒、益气活血为原则，随证加减方药。后期注意余热未清、余邪留恋致病情反复，气阴两伤，久病入络，以扶正为主，兼顾祛邪，随证加减方药。

（1）初期

1）肝郁气滞证：胸胁胀痛，易怒善太息，排便不畅，苔薄黄，脉弦。治以疏肝解郁，清热导滞。方用柴胡疏肝散加减。

2）肝胆湿热证：胸胁胀痛，纳呆腹胀，身目发黄，小便短赤，舌红，苔黄腻，脉弦滑数。治以疏肝利胆，清热利湿。方用茵陈蒿汤合龙胆泻肝汤加减。

（2）进展期

1）腑实热结证：腹满硬痛，大便干结或热结旁流，口渴潮热，呕吐口苦，小便短赤，舌红，苔黄厚，脉沉弦滑。治以通腑泻热，行气导滞。方用柴芩承气汤、大承气汤等加减。

2）结胸里实证：心下痛，按之石硬，便秘潮热，舌红，苔黄腻，脉沉紧。治以峻下破结，用大陷胸汤加减。

3）热毒炽盛证：发热口干，疼痛剧烈，皮肤青紫瘀斑，躁扰不宁，舌红，苔黄厚有芒刺。治以清热泻火，凉血解毒。方用膈下逐瘀汤合大黄牡丹汤加减。

4）热壅血瘀证：壮热口渴，少腹硬满疼痛，烦躁神昏，皮肤斑疹，便结尿赤，舌绛紫暗，脉沉实涩。治以破血逐瘀，攻下泻热。方用抵当汤合清营汤加减。

5）内闭外脱证：腹满硬痛，呼吸喘促，四肢湿冷，少尿或无尿，神志淡漠或烦躁，发热口干，舌红，苔有芒刺，脉微欲绝。治以回阳救逆，通腑启闭，清热解毒，活血化瘀。方用四逆汤加减合参附注射液。

（3）后期

1）脾虚湿困证：腹胀，便溏不爽，肠鸣矢气，食少纳呆，舌体胖大，苔白厚腻，脉濡细。治以健脾利湿益气，用参苓白术散加减。

2）气阴两虚证：少气懒言，神疲乏力，胃脘嘈杂，饥不欲食，头晕目眩，口燥咽干，舌淡少苔，脉细。治以益气养阴，健脾和胃。方用生脉散或益胃汤加减。

3）中焦虚寒证：腹部隐痛，喜温喜按，少气懒言，面色无华，神疲乏力，纳差痞满，舌淡，苔薄白，脉细紧无力。治以温中补虚，益气健脾。方用小建中汤加减。

4）癥瘕积聚证：腹部肿块疼痛拒按，固定不移，肌肤甲错，舌暗有瘀斑瘀点，舌下络脉迂曲，脉涩。治以行气消积，活血化瘀。方用血府逐瘀汤加减。

各型加强活血化瘀，选桃仁、红花等；包块明显者，加活血散结药如皂角刺、三棱等。

4. 针灸、外治及其他中医特色治疗

（1）针刺疗法：适用于所有证型。

1）体针：选取足三里、下巨虚、内关、中脘、支沟等穴位。腹痛者，加三阴交；呕吐者，加公孙、太冲。毫针平补平泻法，电针刺激，疏密波，频率 2/15Hz，电流强度以患者耐受为度，每日 1~2 次，每次 30 分钟，疗程 1~5 日。

2）耳针：选取胆胰区、交感、神门、内分泌、阿是穴等，每次选 4~5 穴，毫针轻刺激；或用揿针埋藏或王不留行贴压，每次选 4~5 穴，轻刺激。

（2）穴位注射法：该法适用于早期所有证型。取双侧足三里，穴位常规消毒，选用 2ml 或 1ml 注射器，针尖垂直刺入足三里穴，上下提插 2~3 次，有酸胀感后，每穴注入甲硫酸新斯的明注射液 0.5mg/ 次或盐酸甲氧氯普胺注射液 5mg/ 次。每日 1~2 次，疗程 1~3 日。注意心动过速、前列腺增生、心脏病及青光眼患者禁用新斯的明。

（3）中药灌肠：适用于初期及进展期各证型。

采用柴芩承气汤、清胰汤等大承气汤类复方，保留灌肠。该法适用于急性期、进展期。根据病情调整灌肠次数，每日 3~4 次，对于腑气不通严重者，可每 2~4 小时 1 次。

（4）中药外敷：该法适用于所有证型。

1）中药膏剂外敷：将六合丹外敷于上腹部及腰胁部，每日 1 次，每次 6~8 小时。疗程 3~7 日。六合丹包括生大黄、生黄柏、白及、乌梅、薄荷、白芷、乌金（即亮煤炭）、陈面粉，以蜂蜜调和，具有清热解毒、行气活血、消肿止痛、散结化瘀作用。

2）芒硝外敷：选择精制细颗粒芒硝，棉布包装，根据腹腔积液和胰腺及其周围组织水肿的范围、部位，外敷在相应部位。2~8 小时 1 次，每日 1~3 次。

（5）物理疗法：该法适用于所有证型。

肠麻痹较明显者可运用超声电导仪，选取具有通腑泻热、行气导滞作用的中药贴片，每日 1 次，每次 20~30 分钟，至肠动力恢复后停止；腹痛明显者可运用超声电导仪，选取具有缓急止痛作用的中药贴片，每日 1 次，每次 20~30 分钟。胰周红肿热痛明显者可运用极超短波治疗仪，每日 1 次，每次 20 分钟。

六、中西医结合讨论

AP 是常见的疾病之一，特别是 SAP，病情恶化快，病死率高。早期积极综合救治是治疗 AP 的关键。近年来，SAP 的治疗方式经历了演变。20 世纪 80 年代主张早期手术治疗，但导致高病死率；而 20 世纪 90 年代开启了中西医结合治疗 SAP 的新时代。通过对 SAP 发病机制的研究，液体复苏、重症监护、疼痛管理、营养支持、内镜和外科微创干预等治疗措施得到改进和规范。同时，结合中医的辨证论治方法，运用中药、针灸和中药外敷等治疗手段。中医治疗 AP 的优势在于及时准确的早期治疗，改善胃肠道损伤，减轻疼痛，阻断病情的恶化，从而改善预后；进展期适当配合西医急救措施，并发挥中医药治疗的优势；后期积极调整人体功能，促进患者康复，减少并发症和复发（图 24-5）。

AP 治疗第一周的目标是评估严重程度，制订护理计划，确定病因，防止病情恶化。对于这类患者，中医认为多为气机郁滞、肝胆湿热等，治疗以疏肝利胆、清利湿热为主。若病情稳定，可以安排出院并进行适当随访。轻型患者大多数在 1 周左右能康复出院。

约 20% 的患者会出现病情恶化，如器官功能衰竭，重症监护和器官功能支持非常关键。若病情恶化与坏死有关，则根据患者整体情况和影像学评估，确定临床管理策略。此时可归为中医分期的进展期。中医认为邪热与肠中糟粕相结成实，腑气不通，可采用中西医结合治疗。中医治疗可以清热解毒、通腑泻下、活血化瘀，同时注重益气养阴。根据不同的证型进行相应的方药加减，口服和灌肠可以选择大承气汤、大柴胡汤、清胰汤或柴芩承气汤等。研究表明，早期应用大承气汤类药物可以降低腹腔内压力，促进肠道动力恢复，减轻肺损伤和

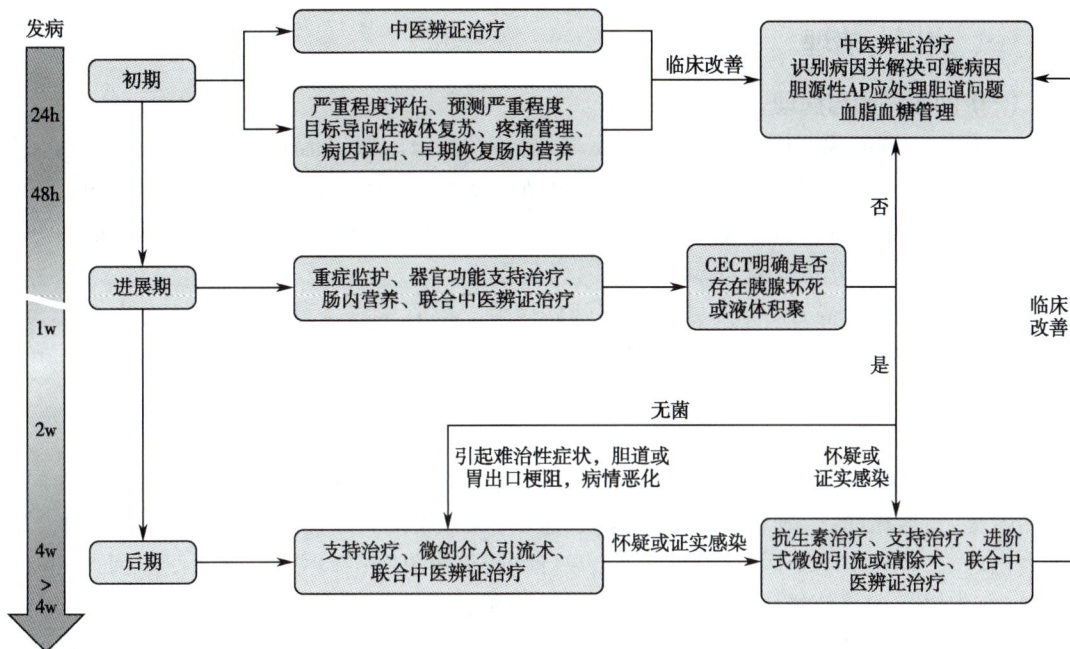

图 24-5　AP 中西医结合诊治流程

器官损害。现代药理研究也证实大黄素具有导泻、抑制厌氧菌感染、防止肠道细菌移位和抑制炎症反应的作用。此外,穴位注射还可以促进肠鸣音恢复,改善肠麻痹,缩短住院时间。

若邪毒内盛,侵袭五脏六腑,导致气血衰竭和多脏衰弱,可表现为内闭外脱,甚至危及生命。这一时期病情危险,需要重症监护和器官功能支持,同时可选择四逆汤合参附注射液治疗。此外,由于热毒炽盛,治疗不当会导致血液循环不良和瘀血形成,可以考虑加强抗感染治疗,甚至根据评估结果进行微创引流或手术治疗。中医治疗以清热解毒、活血化瘀为主,如仙方活命饮、五味消毒饮加红藤、败酱草、薏苡仁、天花粉等,并辅以三棱、莪术、丹参等药物加强活血祛瘀和止痛效果,同时注意益气养阴。外敷中药可以加强清热解毒和活血化瘀作用,促进炎性积液的吸收。

AP 后期,中医认为因邪退而正气受损,湿气滞留,余邪依然存在,火热毒邪伤津导致气血不足,脏腑失养,表现为脾虚湿困、气阴两伤、中焦虚寒和气滞血瘀等证候。治疗以补气健脾、养阴和胃、活血化瘀为主,方药可选择参苓白术散、柴胡疏肝散等,并辅以活血化瘀的方法。

(夏　庆)

第六节　胰　腺　癌

胰腺癌是常见的胰腺肿瘤,恶性程度极高。近年来,该病发病率在国内外均呈明显的上升趋势。据美国国家癌症研究所统计,2021 年美国所有恶性肿瘤中,胰腺癌新发病例男性位列第 10 位,女性第 9 位,占恶性肿瘤相关死亡率的第 4 位。中国国家癌症中心最新统计数据显示,胰腺癌位居我国男性恶性肿瘤发病率的第 7 位,女性第 11 位,占恶性肿瘤相关死亡率的第 6 位。胰腺癌在中医学中称谓不一,属中医"腹痛""黄疸""癥瘕""积聚"等范畴。

一、病因与病理

(一) 西医病因与病理

1. 病因　胰腺癌病因尚未完全明确。非遗传性危险因素包括吸烟、高龄、高脂饮食、超重和慢性胰腺炎等。遗传性危险因素约占胰腺癌患者的10%,如家族遗传性胰腺炎、波伊茨-耶格综合征、家族性恶性黑色素瘤等。目前对于80%的胰腺癌患者,遗传基础尚未明确,但与 *CDKN2A*、*BRCA1/2*、*PALB2* 等基因突变相关。

2. 病理　胰腺癌主要分为胰头癌和胰体尾癌。导管腺癌是最常见的类型,占90%,其他少见类型包括腺泡细胞癌、小腺体癌和小细胞癌等。不同类型的胰腺癌需要采取不同的治疗策略,并且预后也有所不同。

(二) 中医病因病机

胰腺癌病位以脾胃为主,与肝胆功能的失调也密切相关。胰腺癌总的病机为脾胃虚弱,湿热内蕴,气血瘀滞,久则化毒,气滞、痰湿、血瘀、毒邪胶结而成癌肿。脾胃为后天之本,气血生化之源,脾胃虚弱则运化失常,故见纳差食少、脘痞腹胀;脾不升清则大便溏泻,胃失和降则恶心呕吐;湿热蕴结中焦,气机升降失调,肝胆疏泄功能失常,胆汁外溢肌肤,故见身目黄染;水液不能正化,聚于腹腔则见腹水;久病必瘀,肝脾瘀结,癌毒内生,痰瘀癌毒胶结则为癌肿。

二、临床表现

(一) 症状

胰腺癌恶性程度极高,进展迅速,但起病隐匿,早期症状不典型,临床就诊时大部分患者已属于中晚期。首发症状往往取决于肿瘤的部位和范围,如胰头癌早期便可出现梗阻性黄疸;而胰体尾部肿瘤早期一般无黄疸。主要临床表现包括:

1. 腹部不适或腹痛　这是常见的首发症状。多数胰腺癌患者仅表现为上腹部不适或隐痛、钝痛和胀痛等。易与胃肠和肝胆疾病的症状混淆。若还存在胰管出口的梗阻,进食后可出现疼痛或不适加重。中晚期肿瘤侵及腹腔神经丛可导致持续性剧烈腹痛。

2. 体重减轻和乏力　80%~90%的胰腺癌患者在疾病初期即有消瘦、乏力、体重减轻等症状,与缺乏食欲、焦虑和肿瘤消耗等有关。

3. 消化道症状　当肿瘤阻塞胆总管下端和胰腺导管时,胆汁和胰液不能进入十二指肠,常出现消化不良症状。胰腺外分泌功能损害可能导致腹泻。晚期胰腺癌侵及十二指肠,可导致消化道梗阻或出血。

4. 黄疸　与胆道出口梗阻有关,是胰头癌最主要的临床表现,可伴有皮肤瘙痒、深茶色尿和陶土样便。

5. 其他症状　部分患者可伴有持续或间歇低热,且一般无胆道感染。部分患者还可出现血糖异常。

(二) 体征

胰腺癌早期无明显体征,随着疾病进展,可出现消瘦、上腹压痛等体征。

1. 消瘦　晚期患者常出现恶病质。

2. 肝大　为胆汁淤积或肝转移的结果,肝脏质硬、大多无痛,表面光滑或结节感。

3. 胆囊肿大　部分患者可触及囊性、无压痛、光滑且可推动的胆囊,称为库瓦西耶征,是壶腹周围癌的特征。

4. 腹部肿块　晚期可触及腹部肿块,多位于上腹部,位置深,呈结节状,质地硬,不活动。

5. 其他体征 晚期胰腺癌可出现锁骨上淋巴结肿大、腹水等体征。脐周肿物,或可触及的直肠 - 阴道或直肠 - 膀胱后壁结节。

三、辅助检查

(一) 影像学检查

1. 超声检查 超声检查因具有简便易行、灵活直观、无创无辐射等特点,是胰腺癌诊断的初筛检查方法。

2. CT 检查 具有较好的空间和时间分辨率,主要用于胰腺癌的诊断、鉴别诊断和分期。CT 平扫可显示病灶的大小和部位,但不能准确定性诊断胰腺病变,对肿瘤与周围结构关系的显示能力较差。三期增强扫描能够较好地显示胰腺肿物的大小、部位、形态、内部结构及与周围结构的关系,并能够准确判断有无肝转移及显示肿大淋巴结。

3. MRI 及 MRCP 检查 MRI 在显示胰腺肿瘤、判断血管受侵、准确地进行临床分期等方面均显示出较高价值,可作为 CT 增强扫描的有益补充。MRCP 及多期增强扫描的应用,在胰腺癌的定性诊断和鉴别诊断方面更具优势。MRCP 可以清楚显示胰胆管系统的全貌,帮助判断病变部位,从而有助于壶腹周围肿瘤的检查及鉴别诊断。

4. PET-CT 和 PET-MRI 检查 可显示肿瘤的代谢活性和代谢负荷,在发现胰外转移、评价全身肿瘤负荷方面具有明显优势。

5. EUS 检查 在内镜技术的基础上结合了超声成像,提高了胰腺癌诊断的灵敏度和特异度;特别是超声内镜引导下细针穿刺活检术(endoscopic ultrasonography guided fine-needle biopsy,EUS-FNB),成为目前胰腺癌定位和定性诊断最准确的方法。但 EUS 是有创操作,临床更多的是以其引导下穿刺获取组织标本为目的,对于诊断及手术适应证明确的患者,术前无须常规行 EUS。

6. ERCP 检查 ERCP 并不能直接显示肿瘤病变,其主要依靠胰管的改变及胆总管的形态变化对胰腺癌做出诊断,对胆道下端和胰管阻塞或有异常改变者有较大价值。另外,可以进行胰胆管内细胞刷检或钳夹活检组织,然后行胰液及胆汁相关脱落细胞学检查或病理学诊断。

7. 骨扫描检查 对高度怀疑骨转移的胰腺癌患者可以常规行术前骨扫描检查。

(二) 血液免疫生化检查

1. 血液生化检查 早期无特异性血生化改变,肿瘤累及肝脏、阻塞胆管时可引起相应的生化指标如谷丙转氨酶、谷草转氨酶、胆汁酸、胆红素等升高。肿瘤晚期,伴随恶病质,可出现电解质紊乱以及低蛋白血症。

2. 血液肿瘤标志物检测 临床上常用的与胰腺癌诊断相关的肿瘤标志物有 CA19-9、CEA、CA125 等。其中 CA19-9 是胰腺癌中应用价值最高的肿瘤标志物,用于辅助诊断、疗效监测和复发监测。

四、诊断与鉴别诊断

(一) 诊断
主要依据临床表现、血清学肿瘤标志物和影像学检查。

(二) 鉴别诊断

1. 慢性胰腺炎 慢性胰腺炎是一种反复发作的渐进性的广泛胰腺纤维化病变,导致胰管狭窄阻塞,胰液排出受阻,胰管扩张。与胰腺癌一样可有上腹不适、消化不良、腹泻、食欲不振、体重下降等临床表现。鉴别诊断需要依靠影像学检查和活检。

2. 壶腹癌　壶腹癌发生在胆总管与胰管交汇处。黄疸是最常见症状,肿瘤发生早期即可以出现黄疸。鉴别诊断主要依靠影像学检查。

五、治疗

(一) 西医治疗

多学科综合诊治是任何分期胰腺癌治疗的基础,可采用多学科会诊模式,根据患者的身体状况、肿瘤部位、侵及范围、临床症状,有计划、合理地应用现有的诊疗手段,以求最大程度地根治、控制肿瘤,减少并发症和提高患者的生活质量。胰腺癌的治疗主要包括手术治疗、放射治疗、化学治疗、介入治疗和最佳支持治疗等。

手术切除是胰腺癌患者获得治愈机会和长期生存的唯一有效方法。然而,超过 80% 的胰腺癌患者因病期较晚而失去手术机会。外科手术应尽力实施根治性切除(R_0 切除)。

手术方式:

(1)标准的胰十二指肠切除术:胰十二指肠切除术的范围包括远端胃的 1/3~1/2、胆总管全段和胆囊、胰头切缘在肠系膜上静脉左侧 / 距肿瘤 3cm、十二指肠全段、近段 15cm 的空肠;充分切除胰腺前方的筋膜和胰腺后方的软组织,钩突部与局部淋巴液回流区域的组织、区域内的神经丛,大血管周围的疏松结缔组织等。

(2)标准的远侧胰腺切除术:范围包括胰腺体尾部,脾及脾动静脉,淋巴清扫,可包括左侧肾筋膜和部分结肠系膜,但不包括结肠切除。

(3)标准的胰腺全部切除术:范围包括胰头部、颈部及体尾部,十二指肠及第一段空肠,胆囊及胆总管,脾及脾动静脉,淋巴清扫,可包括胃窦及幽门,可包括肾筋膜和部分结肠系膜,但不包括结肠切除。

(二) 中医治疗

辨证论治

目前尚无胰腺癌的辨证分型统一标准,最常见的证型有湿热蕴结证、气滞血瘀证和脾虚湿阻证。治疗上宜辨病与辨证相结合,实行个体化诊疗,提高临床疗效。

(1)湿热蕴结证:上腹胀痛,胁痛,身目黄染,心烦易怒,口干口苦,恶心呕吐,小便黄赤,大便干结,舌红,苔黄腻,脉弦滑或滑数。多见于胰头癌。治以清热利湿,解毒退黄。方用茵陈蒿汤合大柴胡汤加减。

(2)气滞血瘀证:胁背疼痛,胁下结块,持续胀痛或刺痛,脘腹胀满,纳食减少,舌质紫暗或有瘀斑,苔薄白,脉涩。治以行气活血,软坚散结。方用膈下逐瘀汤加减。

(3)脾虚湿阻证:上腹不适,喜温喜按,腹部胀满或膨隆,纳食减少,消瘦乏力,大便溏薄,舌淡,苔薄或白腻,脉细。治以健脾利湿,解毒散结。方用六君子汤加减。

六、中西医结合讨论

中医扶正祛邪与西医手术治疗、放化疗等治疗相结合,可在最大程度地根治、控制肿瘤的基础上,改善患者的身体状况。对患者不同阶段的气血盛衰、脏腑功能的阴阳虚实等进行辨证分析,可减轻"三板斧"的毒副作用。

中医学认为胰腺癌的主要病机包括正气不足、湿毒内生、气滞血瘀等,治疗注重全身调理,而不只是局限在癌症病灶本身。中医治疗和后期调理注重整体观念,有助于去除肿瘤的复发因素,降低转移的发生率;中药治疗安全性高,对机体产生的副作用相对较小。若治以扶正药物,则可在治疗过程中增强患者体质,实现扶正以祛邪之效。

　　手术、放疗、化疗是目前胰腺癌常规治疗"三板斧"，中医药的配合可以减轻西医治疗的毒副作用，大幅度延长患者的存活期和提高其生存质量。胰腺癌患者在手术治疗后如能及时配合中医治疗，扶正固本，则可改善饮食与睡眠状况，增强体质，这对防止胰腺癌的复发和转移大有益处。有研究表明，若在胰腺癌化疗的同时或化疗后配合健脾和胃、益气生血、补益肝肾、软坚化瘀等中医治法，可很好地减轻化疗反应，帮助化疗顺利进行且提高疗效。在胰腺癌放疗期间或放疗后配合补益气血等中医治法，在增加白细胞数量、增强免疫功能上均有较好效果，从而帮助放疗顺利进行。

（尚　东）

复习思考题

1. 肝功能 Child-Pugh 分级标准是什么？
2. 肝癌的治疗手段有哪些？
3. 请简述小肝癌的定义及大体分型。
4. 什么是 Charcot 三联征？什么是 Reynolds 五联征？
5. 什么是急性梗阻性化脓性胆管炎？其中医病机是什么？
6. 如何进行急性梗阻性化脓性胆管炎的中西医结合治疗？
7. 请简述肝门部胆管癌 Bismuth-Corlett 分型。
8. 请简述急性胰腺炎的诊断标准及严重程度分级。
9. 急性胰腺炎的中医辨证分析包括哪些？
10. 重症急性胰腺炎的治疗原则是什么？
11. 胰腺癌的临床表现有哪些？

◇◇◇ 第二十五章 ◇◇◇

门静脉高压

学习目标

1. 掌握门静脉高压的临床表现、诊断要点及治疗，上消化道出血的临床分析与治疗。

2. 熟悉门静脉高压的病因、病理、手术方式，上消化道出血的病因。

3. 了解门静脉解剖概要，上消化道出血的辅助检查，脾切除的适应证。

门静脉高压（portal hypertension）是指门静脉血液回流受阻和内压增高引起的一个综合征。门静脉正常压力 13~24cmH$_2$O，平均值 18cmH$_2$O，比肝静脉压力高 5~9cmH$_2$O。门静脉压力大于 25cmH$_2$O 时即定义为门静脉高压，多数患者的门静脉压力可上升至30~50cmH$_2$O。其主要表现有脾大、脾功能亢进、腹水、食管胃底静脉曲张继而破裂引起消化道出血等。本病属中医"鼓胀""癥""单腹胀""积聚"等范畴。

一、解剖概要

（一）门静脉与其他部位静脉相比有三个特点

1. 门静脉系统位于两个毛细血管网之间。

2. 门静脉系统内没有瓣膜。

3. 门静脉与腔静脉之间存在多个交通支。

门静脉主干是由肠系膜上、下静脉和脾静脉汇合而成，其中约 20% 的血液来自脾脏。门静脉的左、右两支，分别进入左、右半肝，进肝后再逐渐分支，其小分支和肝动脉小分支的血流汇合于肝小叶的肝窦，然后汇入肝小叶的中央静脉、肝静脉，最后进入下腔静脉。

门静脉系统位于两个毛细血管网之间，一端是胃肠、脾、胰、胆道等的毛细血管，另一端为肝小叶内的肝窦。门静脉内无静脉瓣，压力由血容量和阻力形成并维持。正常人全肝血流量每分钟约为 1 500ml，肝脏血供的 70%~75% 来自门静脉，25%~30% 来自肝脏，由于肝动脉压力和含氧量高，故门静脉和肝动脉对肝的供氧比例则各占 50%。

（二）门静脉与腔静脉之间有 4 个交通支（图 25-1）

1. 胃底、食管下段交通支　是门 - 腔静脉之间的主要交通支，在临床中最重要。门静脉血流经胃冠状静脉 - 胃短静脉，通过食管静脉丛与奇静脉、半奇静脉相吻合，血液流入上腔静脉。

2. 直肠下端、肛管交通支　门静脉血流经过肠系膜下静脉、直肠上静脉，与直肠下静脉和肛管静脉相吻合，血液流入下腔静脉。

3. 前腹壁交通支　脐旁静脉与腹壁上、下的深静脉相吻合，血液分别流入上、下腔静脉。

4. 腹膜后交通支 肠系膜上、下静脉分支与下腔静脉相吻合,称为 Ketzius 静脉。

二、病理与生理

(一)西医病理与生理

门静脉无瓣膜,压力由血液流入量和流出阻力决定并维持。门静脉高压的发生和发展与门静脉血流阻力增加和高动力循环有关。阻力增加可分为肝前、肝内和肝后三型。肝前型的病因包括肝外门静脉血栓形成、先天畸形和肝门区肿瘤压迫等。肝后型的病因有布 - 加综合征(Budd-Chiari syndrome)和缩窄性心包炎等。肝内型是最常见的,可分为窦前型、肝窦型和窦后型。肝炎后肝硬化是导致肝窦和窦后阻塞性门静脉高压的常见病因。肝炎后肝硬化时,肝细胞结节广泛增生并对肝小叶内的肝窦产生压迫,导致肝窦狭窄或闭塞。此外,位于肝小叶汇管区的肝动脉小分支和门静脉小分支之间的动静脉交通支在肝窦阻塞时大量开放,从而将肝动脉血流直接注入压力较低的门静脉,增加门静脉压力。常见的肝内窦前阻塞病因是血吸虫病,它可以导致门静脉小分支内的栓塞或引起内膜炎,进而导致门静脉血回流受阻。

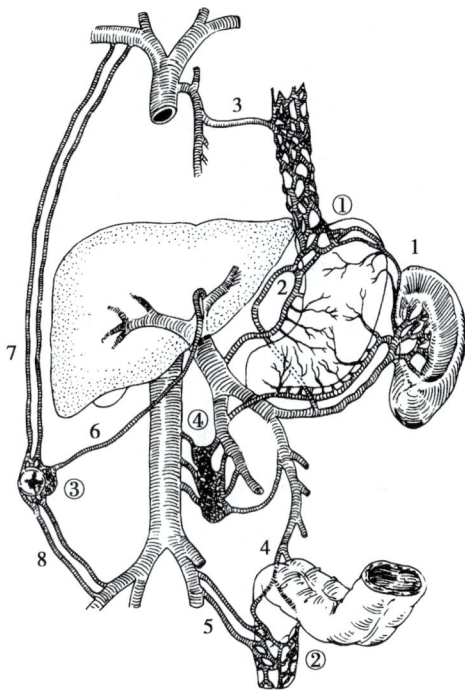

1. 胃短静脉;2. 胃冠状静脉;3. 奇静脉;4. 直肠上静脉;5. 直肠下静脉、肛管静脉;6. 脐旁静脉;7. 腹上深静脉;8. 腹壁下深静脉。
①胃底、食管下段交通支;②直肠下端、肛管交通支;③前腹壁交通支;④腹膜后交通支。

图 25-1 门静脉与腔静脉之间的交通支

门静脉高压形成后,可发生以下病理变化:

1. 脾大、脾功能亢进 是门静脉血流受阻后的常见病变。首先出现充血性脾大,门静脉高压时脾静脉血回流受阻,导致脾窦扩张、纤维组织增生,以及单核吞噬细胞增生和吞噬红细胞现象。除了脾大,临床上还观察到外周血细胞减少,最常见的是白细胞和血小板减少,称为脾功能亢进。长期充血还可能引起脾周炎,导致脾脏与膈肌之间形成广泛粘连和侧支血管形成。

2. 交通支扩张 是指在门静脉高压时通过交通支形成的扩张血管。其中,在食管下段、胃底形成的曲张静脉最具有临床意义。这些曲张静脉离门静脉主干和腔静脉最近,压力差最大,因此首先受到门静脉高压的影响。此外,还可以发生其他交通支的扩张,如直肠上、下静脉丛扩张可以引起继发性痔;脐旁静脉与腹壁上、下深静脉交通支扩张,可以引起前腹壁静脉曲张,即所谓的"海蛇头"体征;腹膜后的小静脉也明显扩张、充血,但偶尔会出现曲张破裂引起腹膜后血肿。

3. 腹水 是由门静脉高压引起的重要病变之一。门静脉压力升高导致腹腔内流体静力压增加,组织液回吸收减少并漏入腹腔,这是腹水形成的主要原因。低蛋白血症和淋巴液生成增加也是导致腹水形成的因素。门静脉高压时,虽然静脉内血流量增加,但中心血流量却降低;此外,继发刺激醛固酮分泌过多,导致水、钠潴留,进一步促使腹水形成。腹水常伴有肝性胸腔积液,尤其多见于右侧。

4. 门静脉高压性胃病 在门静脉高压患者中约占 20%。胃壁淤血、水肿,胃黏膜下层

的动 - 静脉交通支广泛开放,胃黏膜微循环发生障碍,导致胃黏膜防御屏障破坏,形成门静脉高压性胃病。

5. 肝性脑病　是由肝脏功能严重受损或存在血流短路、手术分流等情况导致的。在这些情况下,大量门静脉血流绕过肝脏或有毒物质不能被肝脏代谢与解毒,直接进入体循环,对脑部产生毒性作用,从而出现精神神经症状,称为肝性脑病或门体脑病。肝性脑病常由胃肠道出血、感染、过量摄入蛋白质、镇静药物和利尿剂等因素诱发。

(二) 中医病因病机

本病多因饮食不节、情志所伤,黄疸、积证失治或长期饮酒过度,酒毒湿热内伤肝脾;或感染蛊毒,虫毒结聚,使肝脾受伤,络脉瘀塞;或因心阳不振,行血无力,血瘀于肝。肝、脾、肾三脏受损,功能失调,气滞、血瘀、水停,气血水互结于腹中,初起肝脾先伤,肝失疏泄,脾失健运,两者互为因果,气滞湿阻,清浊相混,以实为主;进而湿浊内蕴中焦,阻滞气机,既可郁而化热,而致水热蕴结,亦可因湿从寒化,水湿困脾;久则气血凝滞,隧道壅塞,瘀结水留。肝脾日虚,久延及肾,肾火虚衰,不但无力温助脾阳,蒸化水湿,且开阖失司,气化不利而致阳虚水盛;若阳伤及阴,或湿热内盛,湿聚热蕴,热耗阴津,则肝肾之阴亏虚,致阴虚水停,故后期以虚为主。总之,本病病位在肝、脾、肾,基本病机是肝脾肾三脏功能失调,气滞、血瘀、水停,气血水互结于腹中,病机特点为本虚标实。

三、临床表现

(一) 症状

门静脉高压主要表现是脾大和脾功能亢进、呕血或黑便、腹水及非特异性全身表现(主要是肝功能不良的表现,如疲乏、嗜睡、厌食、肝病面容、蜘蛛痣、肝掌、男性乳房发育、睾丸萎缩等)。曲张的食管胃底静脉一旦破裂,立刻发生急性大出血,呕吐鲜红色血液。由于肝功能损害引起凝血功能障碍,又因脾功能亢进引起血小板减少,因此出血不易自止。由于大出血引起肝组织严重缺氧,容易导致肝性脑病。

(二) 体征

查体可触及脾大,肿大可达脐下,提示可能有门静脉高压。如有黄疸、腹水和前腹壁静脉曲张等体征,表示门静脉高压严重。如肝病属于早期,可以触到质地较硬、边缘较钝而不规整的肝,但临床更多见的是肝硬化致肝缩小而难以触到。有时可见蜘蛛痣、肝掌、男性乳房发育及睾丸萎缩等。

四、辅助检查

(一) 血常规

脾功能亢进时,血细胞计数减少,以白细胞计数降至 $3 \times 10^9/L$ 以下和血小板计数减少至 $(70~80) \times 10^9/L$ 以下最为常见。

(二) 肝功能检查

常反映在血浆白蛋白降低而球蛋白升高,白蛋白与球蛋白比例倒置。凝血酶原时间常有延长。谷草转氨酶和谷丙转氨酶若超过正常值的 3 倍,提示有明显肝细胞坏死。碱性磷酸酶和 γ- 谷氨酰转肽酶显著升高,提示有胆汁淤积。在没有输血因素影响下,血清总胆红素超过 51μmol/L(3mg/dl),血浆蛋白低于 30g/L,说明肝功能严重失代偿,还应做肝炎病原免疫学和 AFP 检测。肝功能分级见表 25-1。

表 25-1 Child-Pugh 分级

项目	1分	2分	3分
血清胆红素 /(mg·dl⁻¹)	1~2	2.1~3	≥3.1
血浆白蛋白 /(g·dl⁻¹)	≥3.5	2.8~3.4	≤2.7
凝血酶原时间延长 /(s)	1~4	4.1~6	≥6.1
腹水	无	轻度	中度
肝性脑病	无	1级或2级	3级或4级

注:总分 5~6 分者肝功能良好(A 级),7~9 分者中等(B 级),10 分以上者肝功能差(C 级)。

(三)骨髓检查

用于与某些类型的血液病鉴别诊断,骨髓象增生而周围粒细胞减少,则考虑脾功能亢进。

(四)X 线钡餐和内镜检查

食管充盈时,曲张静脉使食管的轮廓呈虫蚀状改变;食管排空时,曲张静脉表现为蚯蚓样或串珠状负影,阳性发现率为 70%~80%。胃镜检查能确定静脉曲张的程度,以及是否有胃黏膜病变或溃疡等。

(五)B 超检查及多普勒测定

可帮助了解肝硬化的程度、脾是否肿大、有无腹水以及门静脉内径等。门静脉高压时,门静脉内径通常 ≥1.3cm,半数以上患者的肠系膜上静脉和脾静脉内径 ≥1.0cm,通过彩色多普勒超声测定门静脉血流量,是向肝血流还是逆肝血流,对确定手术方案有重要参考意义。

(六)CT 血管造影(CTA)或磁共振门静脉血管成像(MRPVG)

可以测定肝脏、脾脏的体积变化,了解肝储备能力的大小,了解肝动脉和脾动脉直径,了解门静脉、肠系膜上静脉和脾静脉直径及入肝血流,了解侧支血管的部位、大小、范围,了解腹水的改变以及出血的部位,对门静脉高压手术方式的选择有指导意义。手术切口和穿刺口须规避腹壁曲张静脉,尽可能保留天然分流通道。

(七)特殊检查

1. 肝活检 能显示肝脏实质损害的炎症活动度及纤维化程度,当存在凝血功能障碍或中等量腹水时,不应进行肝活检术。

2. 免疫学检查 一般血清 IgA、IgG、IgM 均可升高,原发性胆汁性肝硬化可有 IgM 升高,酒精性肝硬化可有 IgA 升高,而 IgG 升高多见于自身免疫性较差的肝炎活动期。大多数原发性胆汁性肝硬化可检测出抗线粒体抗体,慢性自身免疫性肝炎的活动期存在抗核抗体、抗平滑肌抗体和抗线粒体抗体。

3. 脾门静脉造影 通过向脾内注入造影剂后进行 X 线连续摄片,可推测阻塞病变的部位,显示脾静脉的长短、粗细以及侧支循环的情况,为分流手术的选择提供有价值的资料,同时有助于判别肝内或肝外型门静脉梗阻。根据造影剂在肝脏的廓清时间,判断肝内梗阻的程度。

(八)门静脉压力的测定

1. 术中测压 剖腹探查时,经肠系膜静脉插管,直接测定自由门静脉压(free portal pressure,FPP)是最可靠的诊断方法。如果压力超过 30cmH₂O,则诊断肯定。

2. 脐静脉测压 经脐静脉插管可准确测定门静脉压力,同时可做门静脉造影。

3. 经颈静脉或股静脉穿刺测压 经颈静脉或股静脉肝穿刺是目前最常用的方法。此法可经同一途径测定下腔静脉压(IVCP)、游离肝静脉压(FHVP)、肝静脉楔压(WHVP),并可取得肝脏活组织标本,而且在肝实质和肝静脉内注入造影剂对 Budd-Chiari 综合征的诊断具有重要意义。此法虽属有创检查,操作难度大,但比较安全。

4. 经皮肝细针穿刺 使用此项技术测定肝门静脉压力,证实在多数情况下肝门静脉压力和肝静脉楔压(WHVP)呈极显著负相关。此项技术不仅可以准确测定游离肝静脉压(FHVP),而且克服了上述三项技术需要同时经另一途径测定下腔静脉压(IVCP)的缺点,重复性极高,并可同时做肝活检。

5. 经静脉肝穿刺测压(PIP) 是目前较常用的一种方法,可以准确测得门静脉压力,并进行门静脉造影,必要时可做经皮经肝门静脉栓塞术(percutaneous transhepatic portal vein embolization,PTPE)。

五、诊断与鉴别诊断

(一) 诊断

1. 既往病史 各种原因引起的肝硬化,在我国绝大多数是肝炎后肝硬化,其次是酒精性肝硬化和血吸虫性肝硬化。

2. 特征性临床表现 脾大、腹水、门体侧支循环的形成及门静脉高压性胃肠病,以门体侧支循环的形成最具有特征性。

3. 辅助检查 包括肝功能检查、血常规检查及腹部 B 超检查,可对大多数门静脉高压做出初步诊断;腹部 CT 和磁共振对肝内型及肝外型门静脉高压的诊断有十分重要的意义。

(二) 鉴别诊断

1. 出血的鉴别 以呕血为主要症状的疾病首先要除外溃疡病和胃癌的出血,并需考虑胆道出血的可能。

(1)溃疡病大出血:溃疡病患者有典型的溃疡病史,出血之前常有症状加剧。呕血为红色动脉血,无血块,与静脉破裂引起的暗紫色血块不同。肝、脾未增大,无腹水,肝功能正常。钡餐造影和胃镜检查可以确诊。

(2)胃癌出血:胃癌患者可呕血且量较多。晚期患者可能有广泛淋巴结转移,导致脾大或腹水。但胃癌患者通常长期有厌食史,并伴有幽门梗阻。大出血前常有黑便史,呕吐咖啡样物。上腹可触及肿块,腹水中可找到癌细胞。胃镜和上消化道钡餐检查可进一步确诊。

(3)胆道出血:胆道出血患者可呕血,肝脏常肿大,皮肤轻度黄染,有时被误诊为门静脉高压。但胆道出血主要为便血,呕血量不多,且含胆汁,与食管曲张静脉破裂出血不同。患者常有胆道疾病史,如胆石症、胆管炎或胆道蛔虫症等。黄疸可能明显,伴有胆绞痛,在出血后加重。肝大,脾大不明显,食管静脉无曲张,可能有腹水。中度发热是胆道出血的特点,B超和 CT 检查对诊断有帮助。

2. 继发性脾大与门静脉高压鉴别 继发性脾大多有疟疾、黑热病、血吸虫病等可能引起脾肿大的原发病史,除脾大外肝脏多无明显病变,肝功能正常,无食管静脉曲张或腹水等其他肝硬化的症状,但是否为肝硬化的早期表现或为肝外型门静脉高压,有时难以肯定。其确切的诊断往往需待开腹探查后,通过肝脏的活检或门静脉压的测定方能确诊。

3. 腹水的鉴别 门静脉高压性腹水一般为漏出液,应与腹腔炎症渗出性腹水、肿瘤恶性腹水、心源性及肾性腹水相鉴别。

(1)心源性腹水:心力衰竭可引起腹水,可能被误诊为肝硬化和门静脉高压。患者通常有长期气促和下肢水肿症状。体检可发现心肺异常、肝肿大和压痛,但脾脏肿大不明显。血液检查通常无异常,X 线检查可显示心脏和肺部问题。

(2)肾源性腹水:慢性肾炎可导致腹水,容易被误诊为肝硬化。患者常伴有全身水肿、高血压、尿量减少、血尿、大量蛋白尿和管型尿等症状。

(3)结核性腹膜炎:结核性腹膜炎可引起腹水。患者常有不规则发热、腹痛,体内可能存在其他结核病灶。腹水的性质不同,为渗出液,比重较高,蛋白含量较高,淋巴细胞较多。

(4)腹腔内肿瘤:腹腔内肿瘤可导致腹水,但通常伴有盆腔底部和腋窝的转移病灶,肝脏也可能有转移结节。腹水通常含有血液成分,病理检查可发现癌细胞。详细询问病史、进行体格检查和影像学检查有助于鉴别诊断,腹水细胞学检查也有帮助。

六、治疗

(一)西医治疗

主要是针对食管胃底曲张静脉破裂出血,脾大、脾功能亢进,顽固性腹水的治疗。为了提高治疗效果,应根据患者的具体情况,采用药物、内镜、介入放射学和外科手术的综合性治疗措施。

1. 食管胃底曲张静脉破裂出血

(1)非手术治疗:适用于全身情况差,有黄疸、大量腹水,肝功能较差,难以耐受手术的患者;上消化道大出血一时不能明确诊断者,积极抢救生命,行必要的检查,以明确诊断;手术前的治疗。

1)补液、输血:密切观察生命体征变化,及时建立有效的静脉通道进行补液。如出血量较多,血红蛋白小于 70g/L、血细胞比容小于 25%,收缩压低于 10.7kPa(80mmHg),心率增快且大于 120 次 /min,估计失血量超过 800ml,应立即快速输血,扩充有效血容量。但避免过量扩容,防止门静脉压力反跳性增加而引起再出血。

2)药物治疗:①止血药物;②预防感染;③抑制胃酸分泌、营养支持、利尿、预防肝性脑病以及护肝肾治疗等。

3)内镜治疗:①内镜下硬化治疗(EIS):将硬化剂直接注射入曲张的静脉内,闭塞曲张的静脉。还可在曲张静脉旁注射,以产生黏膜下的纤维化,逐渐使曲张静脉管腔缩小和血管闭塞消失。②内镜下食管静脉曲张套扎术(endoscopic esophageal variceal ligation,EEVL):通过结扎曲张静脉,使其闭塞并纤维化,达到止血效果。这两种方法均需要反复多次进行。

4)三腔管压迫止血:利用充气的气囊分别压迫胃底和食管下段的曲张静脉,达到止血目的。气囊压迫的控制出血率可达 40%~90%,但在气囊放气后的 24 小时内 50% 的患者可再出血。放置时间一般为 24~72 小时,放置过久可使黏膜发生溃烂、坏死。要加强护理,观察患者情况,防止并发症发生(图 25-2)。

5)经颈静脉肝内门体静脉分流术(TIPS)(图 25-3):是一种介入放射治疗方法,适用于以下情况:①急性或反复食管胃底曲张静脉破裂出血,TIPS 对该症止血率超过 90%;②其他非手术治疗无效且肝功能 Child-Pugh 分级 B 级、C 级不适合其他手术的患者;③顽固性腹水或胸腔积液;④肝肾综合征;⑤ Budd-Chiari 综合征;⑥肝移植术前准备。该手术经颈静脉在肝内建立通道,植入支架以实现门体分流,支架直径为 8~10mm。TIPS 可以防止曲张静脉再次破裂出血,并降低门静脉压力,改善肾功能和控制难治性腹水。然而,TIPS 术后可能出现支架通道狭窄或闭塞以及肝性脑病等并发症,且对于肝功能 Child-Pugh 分级 C 级和肝脏硬化严重的患者效果较差,手术成功率也受到影响。

笔记栏

ER-25-5

脾静脉血栓闭塞球囊成形术 + 门静脉血栓TIPS 术

ER-25-6

肠系膜上静脉陈旧性部分血栓及脾静脉部分血栓 +TIPS 术 + 分流道明显成角的处理技术 + 脾静脉球囊成形术

ER-25-7

门静脉血栓性细短静脉、脾静脉 + 间接门静脉造影和经皮经肝穿刺联合定位 + TIPS 术 + 脾静脉成形术

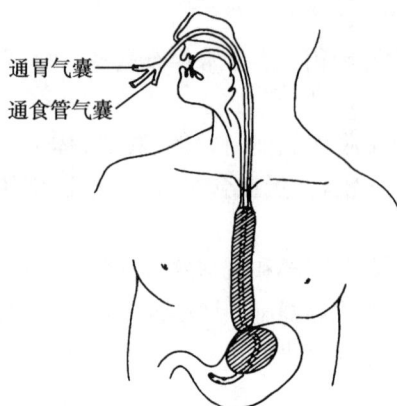

图 25-2　三腔管压迫止血法

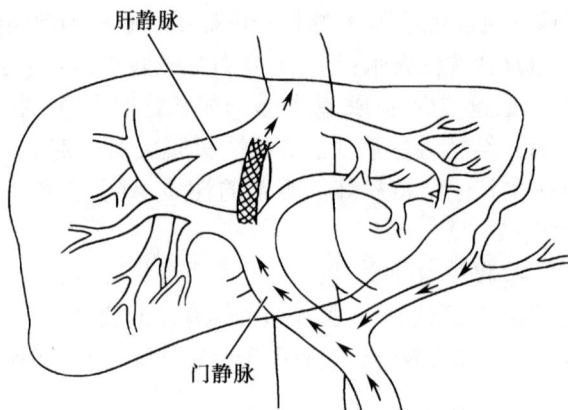

图 25-3　肝内门体通道建立后,门静脉血分流进入肝静脉

（2）手术治疗

1）适应证：①急性食管静脉曲张大出血,经积极的非手术治疗出血难以控制,或停止后短期内又大出血者；②食管曲张静脉破裂大出血,经积极的非手术治疗出血已停止,肝功能恢复,经内窥镜检查,有 3 处以上预示有出血危险者；③没有黄疸及明显腹水,肝功能较好（Child-Pugh 分级 A 级、B 级）,估计能耐受手术者。

2）手术方式的选择：门静脉高压手术方式主要为分流术、断流术及复合手术、肝移植四大类。

①门体分流术（portosystemic shunt）：主要是指在门静脉系统与腔静脉系统之间建立分流通道,降低门静脉压力,达到止血效果的一类手术。用于治疗门静脉高压引起的脾功能亢进以及胃底静脉曲张造成的出血,特别是难治性腹水。优点：从根本上减少门静脉内的血流,从而有效降低门静脉的压力。缺点：门体分流术把部分血流导入到静脉系统,会减少入肝血流,可能在术后诱发肝昏迷。门体分流术可再分为非选择性分流、选择性分流（包括限制性分流）两类：

非选择性门体分流术：是将入肝的门静脉血完全转流入体循环,代表术式是门静脉与下腔静脉端侧分流术［图 25-4（1）］：将门静脉肝端结扎,防止肝内门静脉血倒流。门静脉与下腔静脉侧侧分流术［图 25-4（2）］：离肝门静脉血流一并转流入下腔静脉,术后完全性转流门静脉血,降压作用明显,止血效果确切,再出血率低；同时可降低肝窦压,有利于腹水的控制。但是,术后门静脉向肝血流明显减少,甚至形成离肝血流,更有甚者肝动脉血也可经门静脉逆流,从而使肝功能进一步恶化,故肝性脑病发病率高。此外,还有肠系膜上静脉与下腔静脉"桥式"（H 形）分流术［图 25-4（3）］和近端脾 - 肾静脉分流术［图 25-4（4）］。近端脾 - 肾静脉分流术：切除脾,将脾静脉近端与左肾静脉进行端侧吻合,其优点是术后肝性脑病发生率低,同时也治疗了脾大和脾功能亢进；缺点是术后血栓发生率较高。非选择性门体分流术治疗食管胃底曲张静脉破裂出血效果好,但肝性脑病发生率高达 30%~50%,易引起肝衰竭；由于破坏了第一肝门的结构,给日后肝移植造成了困难。

选择性门体分流术：旨在保存门静脉的入肝血流,同时降低食管胃底曲张静脉的压力。代表术式是远端脾 - 肾静脉分流术［图 25-4（5）］：即将脾静脉远端与左肾静脉进行端侧吻合,同时离断门 - 奇静脉侧支,包括胃冠状静脉和胃网膜静脉。该术式的优点是肝性脑病发生率低。有大量腹水及脾静脉口径较小的患者,一般不选择此术式。

限制性门体分流的目的是充分降低门静脉压力,制止食管胃底曲张静脉出血,同时保证

部分入肝血流。代表术式是限制性门 - 腔静脉分流(侧侧吻合口控制在 10mm)和门 - 腔静脉"桥式"(H 形)分流(桥式人造血管口径为 8~10mm)[图 25-4(6)]。前者随着时间的延长,吻合口径可扩大,如同非选择性门体分流术;后者,近期可能形成血栓,需要取栓或溶栓治疗。

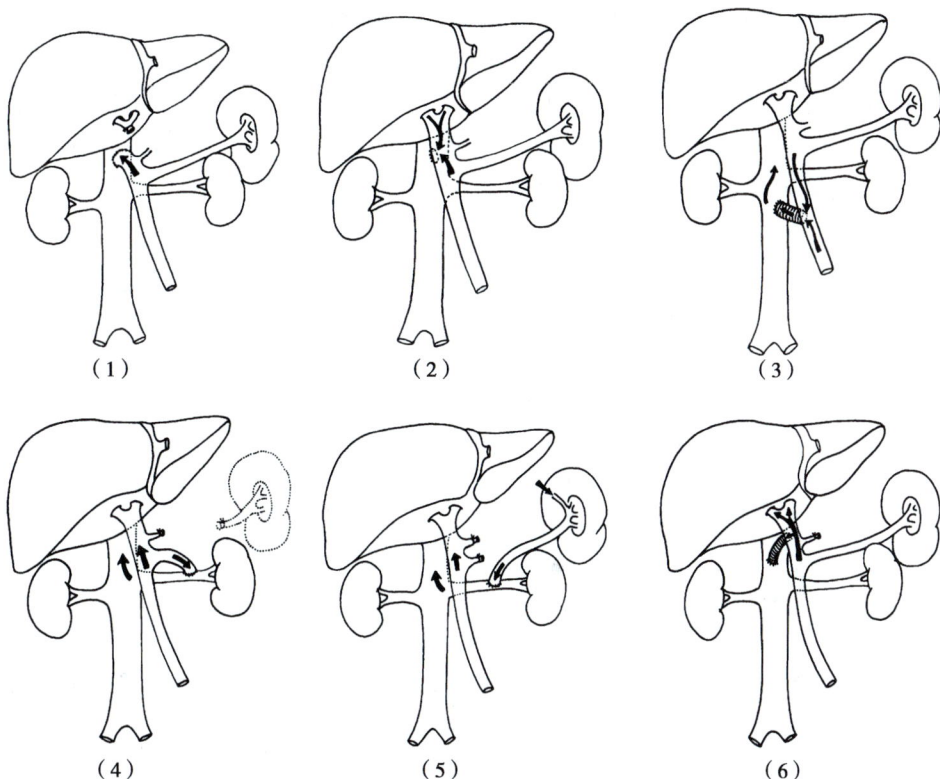

图 25-4 门静脉高压手术方式
(1)门 - 腔静脉端侧分流术;(2)门 - 腔静脉侧侧分流术;(3)肠系膜上 - 下腔静脉"桥式"分流术;(4)近端脾 - 肾静脉分流术;(5)远端脾 - 肾静脉分流术;(6)限制性门 - 腔静脉"桥式"分流术。

②断流手术:手术阻断门奇静脉间的反常血流,达到止血目的。缺点:术后门静脉高压仍较明显,再出血率高。优点:手术操作相对简单、创伤小,对肝脏门静脉血供影响较少,适应证广,甚至肝功能 Child-Pugh 分级 C 级的患者也能耐受,并发症发生率低,手术病死率低,术后生存质量高,易于在基层医院推广,在国内的临床应用最为广泛(85%)。应用较多的术式有贲门周围血管离断术、胃周围血管缝扎术、食管下端横断术、胃底横断术以及食管下端胃底切除术等。以脾切除加贲门周围血管离断术最为常用,该术式不仅离断了食管胃底的静脉侧支,还保存了门静脉入肝血流。此术式适用于门静脉循环中没有可供与体静脉吻合的通畅静脉,既往分流手术和其他非手术疗法失败而又不适合分流手术及需要行预防性手术的患者。在施行此手术时,了解贲门周围血管的局部解剖十分重要(图 25-5)。贲门周围血管可分成 4 组:

冠状静脉:包括胃支、食管支及高位食管支。胃支较细,沿着胃小弯走行,伴行着胃右动脉。食管支较粗,伴行着胃左动脉,在腹膜后注入脾静脉;其另一端在贲门下方和胃支汇合而进入胃底和食管下段。高位食管支源自冠状静脉食管支的凸起部,在距贲门右侧 3~4cm 处,沿食管下段右后侧向上行走,于贲门上方 3~4cm 或更高位处进入食管肌层。特

笔记栏

ER-25-10

肝静脉全程完全闭塞性布-加综合征合并重度黄疸,TIPS后门静脉及分流道急性广泛血栓形成伴随重度黄疸复发——经分流道留置导管溶栓术+球囊扩张碎栓术

ER-25-11

肝癌门静脉主干及分支癌栓+广泛动脉-门静脉瘘——TIPS术+动脉-门静脉瘘栓塞术

ER-25-12

顽固性腹水的治疗

别需要提出的是,有时还出现"异位高位食管支"[图25-5(1)],它与高位食管支同时存在,起源于冠状静脉主干,也可直接起源于门静脉左干,距贲门右侧更远,在贲门以上5cm或更高位才进入食管肌层。

胃短静脉:一般为3~4支,伴行着胃短动脉,分布于胃底的前后壁,注入脾静脉。

胃后静脉:起始于胃底后壁,伴着同名动脉下行,注入脾静脉。

左膈下静脉:可单支或分支进入胃底或食管下段左侧肌层。

门静脉高压时,上述静脉都显著扩张,高位食管支的直径常达0.6~1.0cm。彻底切断上述静脉,包括高位食管支或同时存在的异位高位食管支,同时结扎、切断与静脉伴行的同名动脉,才能彻底阻断门奇静脉间的反常血流,这种断流术称为"贲门周围血管离断术"[图25-5(2)]。腹腔镜下门奇静脉断流术除具有传统开腹的治疗效果外,尚可进一步减少出血和创伤,临床应用逐渐增多。

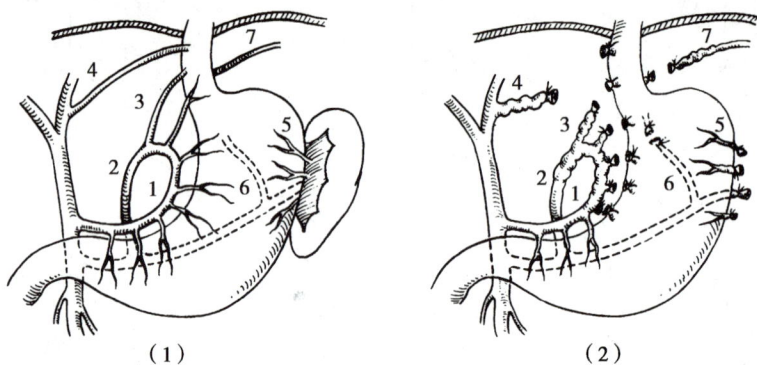

1. 胃支;2. 食管支;3. 高位食管支;4. 异位高位食管支;5. 胃短静脉;6. 胃后静脉;7. 左膈下静脉。
图25-5 贲门周围血管离断术
(1)贲门周围血管局部解剖示意图;(2)贲门周围血管离断术示意图。

③复合手术:复合手术结合选择性分流和断流手术特点,既保持一定的门静脉压力及门静脉向肝血流,又起到"断、疏、灌"的作用,初衷是达到相互取长补短的效果。但复合手术创伤和技术难度较大,且对患者肝功能要求高。

2. 脾大、脾功能亢进 门静脉高压时脾脏血流回流受阻,脾脏肿大,长期发展造成脾功能亢进。脾切除是治疗脾功能亢进最有效的方法,而且能够降低门静脉压力,延缓肝病进展。脾射频消融术、脾动脉栓塞术治疗脾功能亢进有一定效果,但并发症多,主要适用于不愿手术或不能耐受手术的患者。

3. 顽固性腹水 是指腹水量较大、持续时间较长,经过正规的利尿、补充白蛋白等消腹水治疗无效的腹水。可采用腹腔穿刺外引流、TIPS、腹腔-上腔静脉转流术或腹水皮下转流术等治疗,肝移植是最彻底的治疗措施。如合并感染,加用抗生素则会起到更好的效果。

(二)中医治疗

1. 辨证论治

(1)瘀血内结证:腹部积块硬痛,面暗消瘦,纳减乏力,女子月事不下,舌边暗紫或有瘀点,苔薄,脉弦涩。治以祛瘀软坚,兼调脾胃。方用膈下逐瘀汤加减。

(2)寒湿困脾证:腹大胀满如囊裹水,颜面浮肿,脘腹痞满,得热稍舒,精神困倦,怯寒懒动,小便少,大便溏,或身目发黄,面色晦暗,舌苔白腻,脉缓。治以温中健脾,行气利水。方用实脾饮加茵陈。

（3）气随血脱证：大量吐血便血后，面色苍白，四肢厥冷，汗出，舌淡苔白，脉微。治以益气固脱，用独参汤。

2. 中医外治　穴位贴敷、封包治疗、离子导入等外治有一定疗效。

七、中西医结合讨论

一是应通过生物学标志物、影像学检查、内镜或肝静脉压力梯度（hepatic venous pressure gradient，HVPG）测定等手段确定门静脉高压的诊断是否成立；二是可以先鉴别是否存在肝硬化，初步判定肝硬化/非肝硬化性门静脉高压；三是进行门静脉高压的病因诊断，门静脉高压的病因多种多样，需要结合患者的病史、症状、体征、辅助检查等资料进行综合分析；四是对门静脉高压进行评估，确定门静脉高压的具体分型，有条件的情况下还要评估门静脉高压的程度。

门静脉高压外科治疗的目的是针对食管、胃底曲张静脉破裂引起的大出血和预防再出血，消除脾功能亢进和治疗顽固性腹水。保肝治疗的目的是创造条件，使患者平安度过围手术期。失代偿期肝硬化的根本治疗措施是肝移植。目前中西医结合治疗门静脉高压的主要模式是病证结合、分期论治。

鼓胀早期 Child-Pugh 分级多属于 A/B 级，中医病机为肝失疏泄，气滞血瘀；肝木乘脾，脾失健运，水湿停聚于腹中。因此，鼓胀早期多从肝脾论治，注重祛邪以扶正，以行气、活血、清热、利湿、软坚等治法为主。研究表明，以健脾利水法联合西药治疗门静脉高压引起的腹水疗效显著，同时可明显改善白蛋白、总胆红素等肝功能指标。"血不利则为水"是鼓胀发生发展的关键病机之一，《血证论》指出："但去瘀血，则痰水自消。"因此，在治疗鼓胀的全过程中应始终重视活血利水法的运用，同时注意活血而不伤正，养血而不留瘀。对于顽固性腹水的治疗应祛邪扶正兼顾，祛邪首先应注重活血化瘀，其次要注重攻逐水饮。

鼓胀中晚期 Child-Pugh 分级多属于 B/C 级，以肝脾肾俱虚，血瘀水停为主，此时应从肝脾肾论治，重视扶正（温补脾肾阳气或滋补肝肾阴血），兼以活血利水。研究表明，应用温阳利水方剂包括真武汤、附子理苓汤和实脾饮联合西医常规治疗在促进腹水消退、改善肝功能方面效果显著。

内病外治是中医治疗学的一大特色，中药保留灌肠为肝硬化腹水的治疗开辟了新的途径。中药保留灌肠通过直肠给药达到黏膜局部高渗状态，从而发挥"透析样作用"；通过抑制肠源性内毒素的产生和吸收，有助于肝功能的恢复和腹水的消退，同时避免了苦寒中药对胃黏膜的刺激。中药保留灌肠通常选择大黄、茵陈、赤芍、白及等通腑降浊、清热活血及护膜生肌药物。

（王祥龙）

复习思考题

1. 门静脉高压的病理变化有哪些？
2. 门静脉高压时腹水形成原因有哪些？
3. 简述门静脉高压的外科治疗原则。

◆◆◆ 第二十六章 ◆◆◆

小肠、结肠、直肠与肛管疾病

第一节 克 罗 恩 病

克罗恩病（Crohn disease,CD）为肠壁全层受累的一类肠道炎症性疾病，又被称为局限性肠炎、节段性肠炎、肉芽肿性肠炎，与溃疡性结肠炎共同属于炎症性肠病的范畴。其致病范围广泛，可累及口腔至肛门的任何部位，但以末段回肠和邻近结肠为多见。克罗恩病患者大多表现为腹痛、腹泻、大便性状改变，且由于克罗恩病的特殊病理性质，使得其发病具有慢性迁延、反复发作、治疗难度大的特点。在欧美国家其发病率波动在 3.6/10 万人 ～13.4/10 万人之间，在亚洲国家发病率波动在 1.2/10 万人 ～2.29/10 万人之间。近年来，我国的克罗恩病发病率呈持续上升状态，我国内地大多数患者分布在东北部、东部和东南部经济发达地区。本病男女患病率相近，在不同年龄阶段均可发生，以 20～40 岁患者居多。克罗恩病的诸多临床症状可对应"肠澼""肠痈""痢疾""腹痛""泄泻"等诸多中医病名，但目前主要认为本病为邪伏肠道，阻滞气血而成，属"伏梁"范畴。

一、病因与病理

（一）西医病因与病理

1. 病因　目前，大多数学者认为本病的发生与多种致病因素的综合作用有关，包括环境、遗传、免疫和感染等。其中免疫失衡机制被认为与其紧密相关。

（1）感染因素：感染学说一直未能对应单一病原体，也未能证明以上各种因素与发病有明显关系。但克罗恩病病变部位的确伴随着多种致病菌密度升高。此外，CD 患者肠道菌群总体丰度下降，机会致病菌的占比升高。亦有研究指出，真菌、机会病原体、病毒与支原体可加剧慢性炎症性肠病，增加其患病概率及病情严重程度。

（2）免疫失衡：多种因素激活肠道内体液免疫或细胞免疫，半数以上的患者血中可检出结肠抗体和循环免疫复合物。细菌及其代谢产物成分改变，可诱发自身免疫反应，同时升高肠道内多种炎症因子水平，破坏肠内黏膜及上皮屏障。

（3）生活习惯：研究表明，在城市中生活的人群 CD 发病率高于农村人群。生活习惯的改变增加 CD 的患病率,吸烟患者的 CD 患病率是不吸烟患者的 2~5 倍。同时吸烟加重患者病情严重程度,降低患者对治疗药物的敏感性。"西方饮食"特别是低纤维高脂肪/高碳水化合物饮食是导致严重生态失调的一个因素。相比之下,"地中海"和素食饮食,以其抗炎作用而闻名,可预防炎症性肠病发生。多项研究发现,急性期或缓解期 CD 患者均存在不同程度的维生素 D 缺乏。维生素 D 参与钙磷代谢调节的同时,亦参与调节免疫和抗感染。

(4)药物的使用

1)避孕药及激素:口服激素类药物可能引起肠道血栓形成,影响肠道血供,破坏肠黏膜完整性而影响其对肠道内抗原的吸收。口服用药时间越长、剂量越大,发生 CD 的风险越高。

2)抗生素:抗生素对肠道微生物菌群的扰动,影响肠道微生物菌群比,改变肠道微环境,造成一些机会致病菌及其产物激活肠道免疫系统,促使克罗恩病发生。

(5)遗传:CD 在家族中具有明显聚集性,直系亲属患病概率更高。迄今为止,虽已鉴定出 200 多种与 CD 相关的基因多态性和遗传变异,但其中只有一部分能阐述其与 CD 的易感性相关。

2. 病理 大体形态上,CD 病变呈节段性或跳跃性。早期表现为口疮样浅表溃疡,随后溃疡增大,或与其他溃疡融合,逐渐扩散深入形成纵行溃疡、裂隙溃疡。当溃疡与残余黏膜混合时,形成鹅卵石样外观。病变可累及肠壁全层,导致肠壁增厚,肠壁僵硬,肠腔狭窄。

CD 在不同的病理切片中表现为不同程度的炎症。上消化道内主要表现为局灶性炎症,当炎症范围扩大,可能导致黏膜细胞及腺体的损伤、缺失。上消化道病变形态多不具有特异性,不能单纯依靠上消化道病变诊断。肠道内,CD 主要表现为:

(1)透壁性炎症:病变从黏膜层开始,可向黏膜下层、黏膜肌层及浆膜层发展,大量炎症细胞浸润。少数患者炎症局限于黏膜和黏膜下层。结肠内的肠壁破坏后可形成肠壁隐窝,黏膜隐窝基底部帕内特细胞、浆细胞增多,中性粒细胞聚集于隐窝腔内形成隐窝炎、隐窝脓肿、瘘管。同时,由于慢性炎症刺激,黏膜可呈息肉状凸起,形成炎性息肉。

(2)裂隙状溃疡:部分患者纵行溃疡进一步侵袭肠壁,可深达肌层,引发穿孔,形成肠瘘。溃疡内部有炎性渗出物或肉芽组织,溃疡横切面偶见肠壁内脓肿。

(3)淋巴细胞浸润:肠壁各层尤其是黏膜下层,上皮样细胞、巨细胞以及大量淋巴细胞浸润,淋巴内皮细胞增生与淋巴管扩展,形成淋巴结节。

(4)黏膜下层增宽:淋巴管和血管扩张,黏膜水肿,神经节炎,导致黏膜下层增宽。

(5)非干酪样肉芽肿:即结节肉芽肿,由上皮细胞和多核巨细胞构成。可存在于肠壁黏膜至浆膜各层,亦见于附近的淋巴结、肠系膜以及肝脏。非干酪样肉芽肿是诊断 CD 的重要依据,具有特征性病理改变,但活检阳性率不高,并非诊断的绝对指标。

(二)中医病因病机

中医认为 CD 发病是由于外感六淫邪气、内伤饮食、情志失调、脏腑虚弱,导致湿、热、痰、瘀蕴结肠道,正邪搏结,脏腑受损所致。

1. 湿热蕴结 恣食肥甘厚腻,烟酒辛辣,饮食入胃,运化失常,化热生湿。湿热流注,蕴结肠腑,困遏肠窍,发而为病。

2. 肝郁气滞 七情过激,忧思伤脾,脾虚湿盛。恼怒伤肝,木郁克土,横逆犯脾,气机郁结,痰阻气滞。

3. 血瘀毒蕴 六淫火邪或阴虚内伤,煎灼肠络,离经成瘀。痰、湿、热、瘀郁久成毒,气血相搏,伤及肠道化脓成腐。

4. 脾肾亏虚 先天元气不足,脾气后天失养,气血阴精亏虚,无以滋养脏腑,脏腑失荣。

5. 脾胃虚寒 脾为后天之本,当少火亏虚或过食生冷寒凉之物,脾胃功能受损,阳虚湿困,迁延日久,发而为病。

综上,本病的主要病变部位在肠道,与肝、脾、胃、肾密切相关。总属本虚标实,以脾胃不足、脾肾亏虚、气血亏虚为本,湿热蕴结、血虚气滞、瘀毒阻遏为标。其基本病机为肠道内邪毒胶结留连,气血与邪气搏结于肠道,夹糟粕积滞,损伤肠络,最终血败肉腐成脓。当邪气旺盛,正不胜邪,则肠壁损伤严重,更有甚者邪毒走窜他脏,病情凶险。当正虚邪恋时,脾胃运化不足,邪气留恋持续耗伤正气,发为虚损。本病当辨清标本虚实,要具备整体观念,辨证论治,疾病初期当祛邪外出,病程日久则攻补兼施,促使疾病早日痊愈。

二、临床表现

(一)症状

本病临床表现多样,包括消化道表现、全身性表现、肠外表现和并发症。消化道表现主要有腹泻和腹痛,可有血便;全身性表现主要有体重减轻、发热、食欲不振、疲劳、贫血等,青少年患者可见生长发育迟缓;肠外表现与溃疡性结肠炎相似(详见溃疡性结肠炎诊断部分);并发症常见有瘘管、腹腔脓肿、肠腔狭窄和肠梗阻、肛周病变(肛周脓肿、肛周瘘、皮赘、肛裂等),较少见的有消化道大出血、肠穿孔,病程长者可发生癌变。

腹泻、腹痛、体重减轻是 CD 的常见症状,如有这些症状,特别是年轻患者,要考虑本病的可能,如伴肠外表现和/或肛周病变应高度怀疑为本病。肛周脓肿和肛周瘘可为少部分 CD 患者的首诊表现,应予注意。

(二)体征

1. 腹部包块 见于 10%~20% 的 CD 患者,常于右下腹与脐周触及,大小不等,可多发,压痛明显。肠穿孔时伴有反跳痛及腹肌紧张。多由肠粘连、肠壁与肠系膜增厚、肠系膜淋巴结肿大或局部脓肿形成导致。

2. 瘘管形成 其发病部位广泛,瘘管除了可通向其他肠段、肠系膜、膀胱、输尿管、阴道,还可经肛门通向体外,且相对其他部位多见。累及肛门时可继发脓肿、肛裂,局部可见溃疡、瘘口、潮湿及脓液溢出。

3. 其他并发症 儿童或青少年患病可影响生长发育,女性患者可有闭经,男性患者可有性功能减退。肠外症状主要包括杵状指、关节炎、结节性红斑、脓皮病及眼病等。

三、辅助检查

(一)实验室检查

评估患者的炎症反应程度和营养状况等。初步的实验室检查应包括血常规、CRP、ESR、血清白蛋白等,有条件者可做粪便钙卫蛋白检测。抗酿酒酵母抗体(anti-saccharomyces cerevisiae antibody,ASCA)和抗中性粒细胞胞质抗体(anti-neutrophil cytoplasmic antibody,ANCA)不作为 CD 的常规检查项目。

(二)影像学检查

1. CTE/MRE 检查 CTE 或 MRE 是迄今评估小肠炎性病变的标准影像学检查,有条件的单位应将此检查列为 CD 诊断的常规检查项目。该检查可反映肠壁的炎症反应改变、病变的部位和范围、狭窄的存在及其可能的性质(炎性或纤维性狭窄),以及肠腔外并发症,如瘘管形成、腹腔脓肿或蜂窝织炎等。活动期 CD 典型的 CTE 表现为肠壁明显增厚(>4mm);肠黏膜明显强化伴有肠壁分层改变,黏膜内环和浆膜外环明显强化,呈"靶征"或"双晕征";肠系膜血管增多、扩张、扭曲,呈"木梳征";相应系膜脂肪密度增高、模糊;肠系膜淋巴结肿大等。

MRE 与 CTE 评估小肠炎性病变的精确性相似,前者较费时,设备和技术要求较高,但无放射线暴露之虑,推荐用于监测累及小肠患者的疾病活动度。

CTE 或 MRE 可更好地扩张小肠,尤其是近段小肠,可能更有利于高位 CD 病变的诊断。

肛周瘘行直肠磁共振检查有助于确定肛周病变的位置和范围,了解瘘管类型及其与周围组织的解剖关系。

2. X 射线钡剂灌肠及小肠钡剂造影 X 射线钡剂灌肠已被结肠镜检查所代替,但对于肠腔狭窄无法继续进镜者仍有诊断价值。小肠钡剂造影灵敏度低,已被 CTE 或 MRE 代替,但对于无条件行 CTE 检查的单位,其仍是小肠病变检查的重要技术。该检查对肠腔狭窄的动态观察可与 CTE/MRE 互补,必要时可两种检查方法同用。X 线所见为多发性、跳跃性病变,病变处见裂隙状溃疡、鹅卵石样改变、假息肉,肠腔狭窄、僵硬,可见瘘管。

3. 经腹肠道超声检查 可显示肠壁病变的部位和范围、肠腔狭窄、肠瘘及脓肿等。CD 主要超声表现为肠壁增厚(≥4mm);回声减低,正常肠壁层次结构模糊或消失;受累肠管僵硬,结肠袋消失;透壁性炎症反应时可见周围脂肪层回声增强,即脂肪爬行征;肠壁血流信号较正常增多;内瘘、窦道、脓肿和肠腔狭窄;其他常见表现有炎性息肉、肠系膜淋巴结肿大等。超声造影对于经腹超声判断狭窄部位的炎症反应活动度有一定价值。由于超声检查方便、无创,患者接受度好,对 CD 的初筛及治疗后疾病活动度的随访有价值,值得进一步推广应用。

(三) 内镜检查

1. 结肠镜检查术 结肠镜检查术和黏膜组织活检应列为 CD 诊断的常规首选检查项目,结肠镜检查应达末段回肠。早期 CD 内镜下表现为阿弗他溃疡,即口疮样溃疡,随着疾病进展,溃疡可逐渐扩大加深,彼此融合形成纵行溃疡。CD 病变内镜下多为非连续性改变,病变间黏膜可完全正常。其他常见内镜下表现为卵石征、肠壁增厚伴不同程度肠腔狭窄、团簇样息肉增生等。少见直肠受累和/或瘘管开口、环周及连续的病变。

必须强调的是,无论结肠镜检查结果如何(确诊 CD 或疑诊 CD),均需选择有关检查(详见下述),明确小肠和上消化道的累及情况,以便为诊断提供更多证据及进行疾病评估。

2. 小肠胶囊内镜检查术(small bowel capsule endoscopy,SBCE) SBCE 对小肠黏膜异常相当敏感,但对一些轻微病变的诊断缺乏特异性,且有发生滞留的危险。主要适用于疑诊 CD 但结肠镜及小肠放射影像学检查阴性者。SBCE 检查阴性倾向于排除 CD,阳性结果需综合分析并常需进一步检查证实。

3. 小肠镜检查术 目前我国常用的是气囊辅助小肠镜检查术(balloon-assisted enteroscopy,BAE)。该检查可在直视下观察病变、取活检和进行内镜下治疗,但为侵入性检查,有一定的并发症发生风险。主要适用于其他检查(如 SBCE 或放射影像学检查)发现小肠病变或尽管上述检查阴性而临床高度怀疑小肠病变需进行确认及鉴别者,或已确诊 CD 需要 BAE 检查以指导或进行治疗者。小肠镜下 CD 病变特征与结肠镜所见相同。

4. 胃镜检查术 小部分 CD 病变可累及食管、胃和十二指肠,但一般很少单独累及。原则上胃镜检查应列为 CD 的常规检查项目,尤其是有上消化道症状、儿童和炎症性肠病分型待定(inflammatory bowel disease unclassified,IBDU)患者。

(四) 组织病理学检查

1. 取材要求 黏膜组织病理学检查需多段(包括病变部位和非病变部位)、多点取材。外科标本应沿肠管的纵轴切开(肠系膜对侧缘),取材应包括淋巴结、末段回肠和阑尾。

2. 大体病理特点 ①节段性或者局灶性病变;②融合的纵行线性溃疡;③鹅卵石样外观,瘘管形成;④肠系膜脂肪包绕病灶;⑤肠壁增厚和肠腔狭窄等特征。

3. 光学显微镜下特点 外科手术切除标本诊断 CD 的光学显微镜下特点:①透壁

性（transmural）炎症；②聚集性炎症反应分布，透壁性淋巴细胞增生；③黏膜下层增厚（由于纤维化和炎症反应、水肿造成）；④裂沟（裂隙状溃疡）；⑤非干酪样肉芽肿（包括淋巴结）；⑥肠道神经系统的异常（黏膜下神经纤维增生和神经节炎，肌间神经纤维增生）；⑦相对比较正常的上皮-黏液分泌保存（杯状细胞通常正常）。内镜下黏膜活检的诊断：局灶性慢性炎症反应、局灶性隐窝结构异常和非干酪样肉芽肿是公认最重要的在结肠内镜活检标本上诊断 CD 的光学显微镜下特点。

4. 病理诊断　CD 的病理学诊断通常需要观察到 3 种以上特征性表现（无肉芽肿时）或观察到非干酪样肉芽肿和另一种特征性光学显微镜下表现，同时需要排除肠结核等。相比内镜下活检标本，手术切除标本可见到更多的病变，诊断价值更高。

四、诊断与鉴别诊断

(一) 诊断

克罗恩病缺乏诊断的金标准，克罗恩病的诊断需要结合临床表现、内镜、组织病理学、影像学和临床生化检查等来综合判断。凡临床表现有腹痛、腹泻、发热及腹部包块，急性发病酷似急性阑尾炎或急性肠梗阻，慢性发病表现为慢性腹痛、贫血、体重减轻和慢性消耗表现，特别是经 X 射线钡剂灌肠及小肠钡剂造影检查和内镜检查发现病变主要在回肠末段与邻近结肠，呈节段性分布，应考虑本病。活检发现非干酪样肉芽肿可有助于诊断。

1. 诊断标准　CD 的诊断缺乏金标准，需要结合临床表现、实验室检查、影像学检查、内镜及病理组织学检查进行综合判断。

2. 诊断要点　在排除其他疾病的基础上，可按下列要点诊断：①具备上述临床表现者可临床疑诊，安排进一步检查；②同时具备上述结肠镜或小肠镜（病变局限在小肠者）特征以及影像学（CTE 或 MRE，无条件者采用小肠钡剂造影）特征者，可临床拟诊；③如再加上活检提示 CD 的特征性改变且能排除肠结核，可做出临床诊断；④如有手术切除标本（包括切除肠段及病变附近淋巴结），可根据标准做出病理确诊；⑤对无病理确诊的初诊患者随访 6~12 个月，根据患者对治疗的反应及病情变化判断，对于符合 CD 自然病程者可作出临床确诊。如与肠结核混淆不清但倾向于肠结核者，应按肠结核进行诊断性治疗 8~12 周，再行鉴别。

(二) 分型分期

1. 分型　临床类型推荐按蒙特利尔 CD 表型分类法进行分型（表 26-1）。

表 26-1　CD 的蒙特利尔分型

诊断类目	分级	范围	复合分级
确诊年龄（A）	A1	≤ 16 岁	
	A2	17~40 岁	
	A3	>40 岁	
病变部位（L）	L1	回肠末端	L1+L4[b]
	L2	回肠	L2+L4[b]
	L3	回结肠	L3+L4[b]
	L4	上消化道	
疾病行为（B）	B1[a]	非狭窄非穿透	B1p[c]
	B2	狭窄	B2p[c]
	B3	穿透	B3p[c]

注：L4[b] 可与 L1 至 L3 同时存在；B1[a] 随时间推移可发展为 B2 或 B3；p[c] 为肛周病变，可与 B1 至 B3 同时存在。

2. 分期　克罗恩病的临床分期对指导治疗方案的选择、评判各种治疗方法或药物的疗效均有价值。国际上通用的方法是根据克罗恩病的活动性指标(CDAI)将其分为静止期和活动期,CDAI<150 分为静止期,大于此界限为活动期,静止期基本上没有临床症状。

(三) 鉴别诊断

1. 急性阑尾炎　克罗恩病在急性阶段易被误诊为急性阑尾炎,但是急性阑尾炎患者一般既往无低热、腹泻病史。若右下腹压痛较局限、固定,白细胞计数增加较显著,手术时发现阑尾炎的病理改变与症状不符时,应仔细探查回盲末端。

2. 肠结核　克罗恩病与肠结核亦颇难鉴别,往往需要行病理检查才能确定。肠结核绝大多数继发于肠外结核,多有开放性肺结核;病变虽也累及回肠末端,但同时多累及盲肠、升结肠,无节段性分布,瘘管形成较少。结核菌素试验阳性,抗结核药物使用有效,亦可和克罗恩病鉴别。肠结核组织学检查可见干酪样肉芽肿病变,并常检测到抗酸杆菌,有此表现即可确诊。

五、治疗

由于克罗恩病病因未明,目前尚无针对性强的药物或手术治疗方法。所有治疗只能是针对症状行控制性治疗,诱导并延长缓解期,减轻活动期的症状。治疗原则是综合治疗,控制发作,减少复发,防治并发症。治疗目标为诱导和维持缓解期,提高生存质量。

(一) 西医治疗

1. 保守治疗　活动期治疗方案的选择建立在对病情进行全面评估的基础上。治疗过程中根据患者对治疗的反应及对药物的耐受情况随时调整治疗方案。

(1)轻度活动性 CD 的治疗:氨基水杨酸类制剂(如柳氮磺吡啶)可用于结肠型;美沙拉秦可用于末段回肠型和回结肠型;布地奈德可用于病变局限在回肠末段、回盲部或升结肠者。对上述治疗无效的患者视为中度活动性 CD,按中度活动性 CD 处理。

(2)中度活动性 CD 的治疗:糖皮质激素是治疗的首选。激素无效或激素依赖时加用硫唑嘌呤类药物或甲氨蝶呤。英夫利西单抗用于激素及上述免疫抑制剂治疗无效或激素依赖者,或不能耐受上述药物治疗者。

(3)重度活动性 CD 的治疗

1)全身作用糖皮质激素:口服或静脉给药,剂量为相当于泼尼松 0.75~1mg/(kg·d)。

2)英夫利西单抗:可在激素无效时应用,亦可一开始就应用。

2. 药物维持治疗　应用激素或生物制剂诱导缓解的 CD 患者需要长期使用药物来保持临床缓解。硫唑嘌呤是 CD 维持治疗中最常用的药物之一。英夫利西单抗可用于维持治疗,特别适用于免疫抑制剂维持治疗期间出现复发的患者。

3. 早期治疗　早期积极治疗适用于有多个高危因素的患者,或接受过激素治疗后频繁复发的患者。早期积极治疗可选择糖皮质激素联合免疫抑制剂(如硫唑嘌呤类药物或甲氨蝶呤),或直接使用英夫利西单抗(可单独使用或与硫唑嘌呤联合使用)。

4. 手术治疗　克罗恩病一般首选内科治疗,但约 70% 的患者在一生中需要接受外科手术治疗,主要是为了处理由该病引起的并发症。CD 术后复发率较高,可能需要多次手术。因此,手术治疗的指征相对严格,与溃疡性结肠炎相比略有不同。

手术方式的选择:

1)小肠切除术:适用于小肠病变局限、狭窄段较短的情况。术中保留无病变的小肠,切除范围包括病变肠段、两端正常肠管(不超过 2cm)及其系膜。注意防止血管滑脱或形成系膜内血肿。不进行根治性淋巴结切除。如果有恶变,应行根治性切除。

2)狭窄成形术:适用于初次手术切除后复发、十二指肠病变引起狭窄、跳跃性病灶等情况。术中保留病变肠管,通过扩张或球囊扩张术来解除狭窄。

3)节段性结肠切除术:适用于累及乙状结肠和横结肠的局限性结肠 CD 患者。根据切除肠段的部位选择合适的腹部切口,远离病变明显的肠管 5~10cm。

4)次全结肠切除加回肠造口术:适用于中毒性结肠炎、中毒性巨结肠无法耐受直肠切除的紧急情况。术中注意确定回肠造口位置、处理腹腔或结肠穿孔、保留足够长的乙状结肠,切除范围从末端回肠至降结肠。

5)结肠切除回直肠吻合术:适用于结肠广泛病变但不伴活动性肛周脓肿的患者,以及老年患者。根据病情可选择回肠 - 乙状结肠吻合或直肠近端 1/2 切除、回直肠吻合。

6)结直肠切除加回肠造口术:适用于结肠广泛受累伴直肠炎、肛门括约肌功能障碍或肛周感染严重的患者。手术方法与结肠切除回直肠吻合术相同。

7)腹腔镜治疗:适应证与开放手术相同,禁忌证包括弥漫性腹膜炎、急性肠梗阻伴肠袢扩张、多次腹部手术史、大范围腹腔粘连、不可纠正的凝血功能障碍和门静脉高压伴腹腔静脉曲张。

(二) 中医治疗

1. 辨证论治

(1)湿热蕴结证:肠鸣腹痛,拒按,大便量多臭秽,或油腻蛋花状,或夹鲜血,肛门灼热肿痛,小便短赤,口苦口腻,胃脘痞胀,恶心纳呆,舌红,苔黄腻,脉弦滑数。治以清化湿热,理气和胃。方用白头翁汤加减。

(2)气滞血瘀证:腹部肿块固定,胀痛或刺痛,大便溏泻或黑便,形体消瘦,面色晦暗,嗳气纳呆,神疲乏力,舌质紫暗或有瘀斑,脉细涩。治以理气活血,通络消积。方用膈下逐瘀汤加减。

(3)肝郁脾虚证:左少腹或脐周胀痛,痛则欲泻,便后痛减,大便稀溏,胸胁胀闷,嗳气食少,情绪激动时腹痛腹泻加重,矢气频作,舌淡苔薄,脉弦。治以疏肝理气,健脾化湿。方用痛泻要方加减。

(4)脾胃虚寒证:腹部隐痛喜温,肠鸣久泻,呕吐清水,食欲不振,面色萎黄,神疲乏力,畏寒少寐,头晕,舌淡,苔薄白,脉沉迟。治以温阳散寒,健脾和胃。方用参苓白术散合附子理中汤加减。

2. 外治法

(1)针刺疗法:根据患者病情辨证选穴,克罗恩病可分为湿热蕴结证、气滞血瘀证、肝郁脾虚证、脾胃虚寒证,其中患者多兼脾虚,治疗时以夹脊穴为主穴,并根据不同证型配合胃经、足三阴经、任脉穴,从而使气血调和。电针常配合天枢、气海穴。

(2)灸法:除艾灸外,亦可考虑隔药饼灸。选用丹参、红花、当归、木香、黄连等药研末,加黄酒制成药饼,在中脘、气海、足三里、天枢、大肠俞、上巨虚等穴进行隔药饼灸治疗。

(3)推拿疗法:背部两侧膀胱经使用推摩法、双手拇指推法治疗,从膈俞水平到大肠俞水平;肾俞、命门等穴使用小鱼际擦法;膈俞、膏肓、脾俞、胃俞、大肠俞等穴使用拇指按法。

(4)穴位贴敷疗法:常用药物有炮附子、细辛、丁香、白芥子、赤芍、生姜等,可辨证加减。常用穴位为上巨虚、天枢、足三里、命门、关元等穴。

(5)穴位埋线疗法:常选取中脘、足三里、天枢、大肠俞等穴,脾胃虚弱者配脾俞,脾肾阳虚日久者配肾俞、关元、三阴交,脾胃有湿者配阴陵泉。

(6)中药灌肠治疗:中药保留灌肠一般将清热解毒、活血化瘀与敛疮生肌类药物配合应用。常用灌肠方有溃结清、锡类散、康复新液、青黛散、复方黄柏液涂剂等。

（7）切开拖线疗法：腰麻或全麻下，取截石位，自瘘管外口处以探针探入，探明内口的位置后，从内口自然穿出，贯通内外口。于探针头部系上医用丝线并引入管道内，股数根据管腔大小而放置在管道内，丝线保持可予以转动的松弛状态，充分止血后，丝线上撒上八二丹或九一丹，予油纱条引流。

六、中西医结合讨论

中医认为该病以脾胃不足、脾肾亏虚、气血亏虚为本，湿热蕴结、血虚气滞、瘀毒阻遏为标。西医认为本病的发生与多种致病因素的综合作用有关，包括环境、遗传、免疫和感染等。病因尚未明确，所有治疗只能是针对症状行控制性治疗，诱导并延长缓解期，减轻活动期的症状。中西医结合治疗克罗恩病有其明显优势，标本兼顾，内外同治。可予西药口服配合中医内治疗、外治法。

（一）西医治疗联合中医内治法

1. 益肝扶脾方联合甲氨蝶呤　甲氨蝶呤口服 1.5~2mg/（kg·d），每日 1 次，联合益肝扶脾方以补肝温肾健脾、固肠化湿止泻。

2. 半夏泻心汤联合美沙拉秦　美沙拉秦缓释颗粒口服，每次 1.0g，每日 3 次，联合半夏泻心汤随症加减，气滞者加枳壳、柴胡；湿浊蒙蔽者加苍术、厚朴；腹痛者加炒白芍、醋延胡索；阴虚者则加地黄。

3. 四君子汤联合美沙拉秦　美沙拉秦肠溶片口服，每次 2 粒，每日 3 次，联合四君子汤以益气健脾。

4. 参苓白术散联合美沙拉秦或硫唑嘌呤　美沙拉秦肠溶片口服，每次 2 粒，每日 3 次；或硫唑嘌呤，1.5~3mg/kg，每日 1 次，联合参苓白术散攻补兼施。

（二）西医治疗联合中医外治法

西医治疗主要为药物口服，如美沙拉秦、硫唑嘌呤、甲氨蝶呤等。在西医治疗的基础上结合中医内治法，或配合中医外治法，例如针刺、灸法、推拿疗法、穴位贴敷、穴位埋线、中药灌肠及拖线疗法等，以达到延长疾病缓解期，减轻活动期症状的目的。

（康　健）

第二节　急性阑尾炎

急性阑尾炎（acute appendicitis）是外科最常见的疾病之一，典型临床表现为转移性右下腹痛及麦氏点压痛，伴有恶心呕吐、体温升高等其他症状。其发病率约 1/1 000，居各种急腹症的首位，可发生于任何年龄，多见于青壮年，男性发病率高于女性。急性阑尾炎属中医"肠痈"范畴，"肠痈"病名最早见于《素问·厥论》。《金匮要略》根据其发病过程及成脓与否，辨证选用大黄牡丹汤、薏苡附子败酱散等方剂治疗，这些方剂至今仍在临床中应用。

一、病因与病理

（一）西医病因与病理

1. 病因　阑尾容易发生炎症与其解剖结构的特点密切相关。阑尾为一细长盲管，远端为盲端，近端开口于盲肠，位于回盲瓣下方 2~3cm 处，阑尾腔内富集微生物。阑尾的组织结构与结肠相似，黏膜由结肠上皮构成，黏膜和黏膜下层有丰富的淋巴组织，容易发生感染。

一般认为阑尾炎的发生与以下因素有关：

（1）阑尾管腔梗阻：是急性阑尾炎最常见的病因，常见原因有粪石或粪块阻塞、淋巴滤泡增生和阑尾肿瘤等。

（2）细菌入侵：阑尾炎为细菌感染性炎症，细菌大量繁殖后损伤黏膜并穿透至阑尾肌层，引起坏疽及穿孔。菌栓脱落可引起门静脉炎和肝脓肿。

（3）其他：胃肠道功能紊乱、阑尾先天畸形（如过长、扭曲、管腔狭窄等）也是急性阑尾炎的病因。

2. 病理　根据发病过程和解剖学变化，急性阑尾炎可分为四种病理类型。

（1）急性单纯性阑尾炎：发病早期，病变局限于阑尾黏膜层和黏膜下层。阑尾外观轻度肿胀，浆膜充血失去光泽，有少量纤维素性渗出物。显微镜下阑尾壁各层均有水肿和中性粒细胞浸润，黏膜表面有小溃疡和出血点。

（2）急性化脓性阑尾炎：多由单纯性阑尾炎发展而来，炎症浸润阑尾壁全层。阑尾显著肿胀，浆膜充血严重，表面有纤维素性渗出物，周围腹腔内亦有脓液渗出。显微镜下阑尾黏膜的溃疡面较大并深达肌层和浆膜层，管壁各层有小脓肿形成，腔内充满脓液。

（3）坏疽性及穿孔性阑尾炎：属重型阑尾炎。阑尾壁全层坏死，呈暗紫色或黑色，可局限或累及整个阑尾。阑尾腔内积脓，压力升高，阑尾壁血液循环障碍，组织变薄失去弹性，极易破溃穿孔。穿孔部位多在阑尾根部和尖端，脓液呈黑褐色伴有明显臭味，阑尾周围有脓性渗出，穿孔后脓液扩散至腹腔内可引起急性腹膜炎。

（4）阑尾周围脓肿：坏疽或穿孔后，大网膜可将阑尾及脓液包裹并形成粘连，使炎症局限，形成阑尾周围脓肿。

急性阑尾炎的转归有以下几种：①炎症消散：单纯性阑尾炎经保守治疗炎症消散，少数患者无结构改变，大部分患者遗留腔内狭窄、炎症粘连或阑尾扭曲等，导致管腔不畅，反复发作；②炎症局限：化脓性、坏疽性或穿孔性阑尾炎被大网膜包裹，形成阑尾周围脓肿；③炎症扩散：阑尾炎加重、血供障碍，治疗不及时，炎症扩散，可并发腹膜炎、门静脉炎、感染性休克等重症。

（二）中医病因病机

1. 肠胃内伤　饮食不节，或暴饮暴食，或过食生冷，或时饥时饱，或脾胃素虚，致肠腑气机痞塞，通降失调，糟粕积蓄，湿热痰浊凝滞而成痈。

2. 寒温不调　外感寒邪，郁而化热；或邪热交攻，热毒内蕴，导致经络阻塞，气血凝滞，血败肉腐而成痈。

3. 情志失调　长期喜怒无度，忧思过甚，肝气郁结，克犯脾胃，运化失调，肠腑气机不畅，湿痰瘀血壅塞而发病。

4. 暴急奔走或跌仆损伤　饱食后暴急奔走、跌仆损伤，致气血乖违、肠络损伤，瘀毒败血积聚肠中而发病。

肠痈的病位在肠腑，病性为里、实、热证。总病机为各种原因导致的肠腑传导失司，气滞血瘀、湿痰凝结、糟粕积滞，与热搏结，形成湿热瘀毒阻塞肠管，血败肉腐而成脓。若火毒炽盛、治疗不当，热毒走散入营、内攻脏腑则变生"走黄"之证，病势急转直下，可出现寒战高热（门静脉炎），甚则烦躁不安、喘脱欲竭、汗出肢冷等危候（脓毒症休克）。

二、临床表现

（一）症状

1. 转移性右下腹痛　70%~80% 的患者出现典型右下腹痛：腹痛开始于上腹或脐周，几小时后转移到右下腹部。以下几点需询问：①腹痛转移情况：并非所有患者都表现为典型的转移性右下腹痛，有些患者一开始就感到右下腹痛，有些患者疼痛一直在上腹部；②疼痛性质：不同类型的阑尾炎疼痛性质不同，如单纯性阑尾炎轻微隐痛，化脓性阑尾炎剧痛和胀痛交替，坏疽性阑尾炎持续剧痛，穿孔后腹痛暂时减轻，但腹膜炎出现后痛感加剧；③疼痛转移时间：通常在6~8小时内转移到右下腹，也可能延长至数日；④疼痛部位：阑尾位置以基底部为中心，疼痛可出现在360°范围内任意位置，痛感与阑尾末端指向相关，例如盲肠后方的疼痛在右侧腰部，盆腔部位在耻骨上区，肝下可引发右上腹痛，少数患者疼痛位置在左下腹。

2. 胃肠道症状 炎症初期可有恶心、呕吐，呕吐物多为食物，伴有食欲减退、便秘，部分患者可有腹泻。盆腔位阑尾炎，炎症刺激直肠和盆腔，引起排便次数增加、里急后重等症状。弥漫性腹膜炎导致麻痹性肠梗阻时，表现为腹胀、排气排便减少。

3. 全身症状 早期症状不明显，可有乏力。炎症重时出现中毒症状，如心率增快、体温升高，阑尾穿孔时体温可达39℃以上。若并发门静脉炎，可有寒战、高热及轻度黄疸；若并发弥漫性腹膜炎，可引起血容量不足、MODS甚至脓毒症休克。

(二) 体征

1. 右下腹压痛 是急性阑尾炎最重要的体征。压痛点通常在脐与右髂前上棘连线中外 1/3 交界处的麦氏点 (图 26-1)，可随阑尾位置的不同而改变，但压痛点始终固定在一个位置上。发病早期，由于反射痛，右下腹也可有局限压痛；当炎症加重时，压痛的范围也随之扩大；当阑尾穿孔时，疼痛和压痛的范围可波及全腹，但仍以阑尾所在位置的压痛最剧烈。

2. 腹膜刺激征 包括反跳痛、腹肌紧张等，这是腹膜壁层受炎症刺激后出现的防御性反应。腹肌紧张的程度和范围是区别各型阑尾炎的重要依据：单纯性阑尾炎多无腹肌紧张；化脓性阑尾炎可有腹肌紧张，程度与化脓的程度相关；阑尾穿孔或坏疽后腹肌紧张显著且范围扩大。但在临床上，腹膜刺激征往往会出现与实际病情不相符合的情况，老年人、体弱、肥胖、小儿、孕妇患者及盲肠后位阑尾炎时，腹肌紧张可不明显；对疼痛敏感的患者容易表现出假性腹肌紧张。因此，在触诊时应反复且细致轻柔地检查，才能准确判断病情。

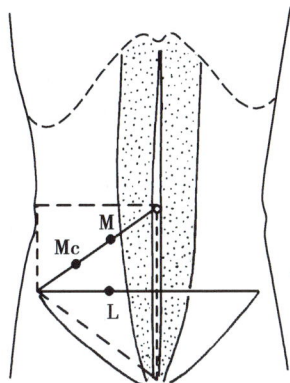

M:Morris 点；Mc: 麦氏点（McBurney 点）；L:Lanz 点；Rapp 压痛区：前述点线围成的四边形区域。

图 26-1 阑尾炎压痛点

3. 右下腹包块 若右下腹可触及一边界不清的包块，位置固定，伴有压痛，应考虑阑尾周围脓肿形成。

(三) 以下检查方法可协助阑尾炎的定性、定位

1. 结肠充气试验（Rovsing 征） 患者仰卧位，医师右手压迫其左下腹降结肠，左手沿结肠进行逆行挤压，使结肠内气体逆行传入盲肠和阑尾，若出现右下腹疼痛则为阳性。

2. 腰大肌试验（psoas 征） 患者左侧卧位，医师左手扶住右髋部，右手将右下肢向后过伸，若出现右下腹疼痛则为阳性。提示阑尾位于腰大肌前方，多见于盲肠后位阑尾炎。

3. 闭孔内肌试验（obturator 征） 患者仰卧位，保持右髋和右膝屈曲 90°，医师内旋患者髋关节，若出现右下腹疼痛则为阳性。提示阑尾靠近闭孔内肌，多见于盆腔位阑尾炎。

4. 经肛门直肠指检 引起阑尾所在位置压痛，常位于直肠右前方。直肠前壁压痛广泛，提示阑尾穿孔可能；触及痛性包块，提示阑尾周围脓肿形成。

三、辅助检查

(一) 实验室检查

1. 血常规检查　大多数患者白细胞计数升高,中性粒细胞百分比升高。当出现阑尾穿孔合并腹膜炎或门静脉炎时,白细胞计数可达 20×10^9/L 以上。部分患者白细胞可正常,多见于老年患者或单纯性阑尾炎。

2. 尿常规检查　部分患者尿中可检查出少量红细胞与白细胞,说明炎症刺激输尿管及膀胱,但应除外泌尿系统疾病。

(二) 影像学检查

1. CT 检查　腹部 CT 有助于急性阑尾炎的诊断,可发现肿大的阑尾、阑尾腔内粪石、阑尾周围脓肿,是临床常用的检查手段。

2. X 射线钡剂灌肠　钡剂灌肠有助于慢性阑尾炎的诊断。

四、诊断与鉴别诊断

(一) 诊断

1. 诊断要点　临床上,根据转移性右下腹痛的病史和右下腹固定局限性压痛的体征特点,即可做出明确诊断。但部分症状不典型的阑尾炎,或特殊类型阑尾炎,其诊断存在一定困难,除了详细询问病史和进行细致的体格检查,应结合实验室检查,特别是血常规检查和腹部 CT 检查,综合分析,才能提高阑尾炎的诊断率。

2. 特殊类型阑尾炎

(1)小儿急性阑尾炎:发病率较成人低,多发生在上呼吸道感染和肠炎的同时,病情发展快且较为严重。腹肌紧张不明显,压痛范围一般较广而不局限,容易发生阑尾穿孔及其他严重并发症。患者高热、恶心呕吐出现早而频,常可引起脱水和酸中毒。

(2)老年人急性阑尾炎:老年人对疼痛反应迟钝,症状和体征往往不典型,转移性右下腹痛常不明显,腹膜刺激征多不显著,有时炎症虽重,但白细胞计数和中性粒细胞百分比仍在正常范围,容易延误诊治。老年人阑尾坏疽及穿孔相对多见,门静脉炎等并发症发生概率也较高。

(3)妊娠期急性阑尾炎:其特点是随着妊娠的月数增加而阑尾压痛点不固定,腹肌紧张和压痛均不明显,穿孔后由于膨大子宫的影响,腹膜炎症不容易局限,炎症刺激子宫可致流产或早产。

(4)异位急性阑尾炎:包括盲肠后、盆腔内、腹膜外、肝下、左下腹等不同位置,症状和体征均不典型。

(二) 鉴别诊断

1. 胃十二指肠溃疡伴穿孔　穿孔溢出的胃内容物可沿右结肠旁沟流至右下腹,出现类似阑尾炎的转移性右下腹痛。患者多有上消化道溃疡病史,突然出现上腹部剧烈疼痛及压痛,并伴有明显的腹膜刺激征、肝浊音界消失、肠鸣音消失,病情进展迅速,可出现休克。腹部 CT 检查提示膈下游离气体,有助于鉴别。

2. 妇产科疾病　在育龄妇女中应特别注意鉴别。

(1)异位妊娠破裂:常有急性失血症状和下腹疼痛,有停经史,妇科检查阴道内有血液,阴道后穹窿穿刺有血液等。

(2)急性附件炎:腹部检查时,压痛部位以下腹两侧为主,并有白带增多,或阴道有脓性分泌物,分泌物涂片检查细菌阳性。

ER-26-2

急性阑尾炎腹部 CT 表现

(3)卵巢囊肿蒂扭转：剧烈腹痛，腹部或盆腔检查可扪及压痛性的肿块。

此外，右侧胸膜炎或肺炎可出现反射性右下腹痛，但以呼吸系统症状为主；回盲部肿瘤、结核、阑尾恶性肿瘤等，亦需进行仔细鉴别。

五、治疗

(一) 西医治疗

1. 手术治疗　急性阑尾炎一旦诊断明确，原则上主张早期采用手术治疗，主要方法是阑尾切除术，有条件的医疗单位也可行经腹腔镜阑尾切除术。不同类型的急性阑尾炎手术选择方法也有所区别。

(1)急性单纯性阑尾炎：直接行阑尾切除术，切口一期缝合。

(2)急性化脓性或坏疽性阑尾炎：行阑尾切除术。伴有腹腔渗液或积脓，应术中吸净脓液并冲洗腹腔；若腹腔渗出严重或脓液较多，可根据情况放置腹腔引流。术中注意保护切口，一期缝合。

(3)阑尾周围脓肿：阑尾脓肿尚未溃破时可按急性化脓性阑尾炎处理。如阑尾穿孔已被包裹形成阑尾周围脓肿，脓肿局限且病情稳定，可暂时应用抗生素联合中药治疗，促进脓肿吸收，视情况行超声引导下穿刺抽脓或置管引流；若脓肿扩大，无局限趋势，可行经腹腔镜手术切开引流，或超声引导下穿刺置管，目的在于使脓液引流通畅。

2. 非手术治疗　仅适用于单纯性阑尾炎及急性阑尾炎的早期阶段，药物治疗可能恢复正常者；或患者拒绝手术治疗；或伴有全身严重疾病有手术禁忌证者。治疗方法主要是应用合适的抗生素，辅以适当的营养支持。

(二) 中医治疗

1. 辨证论治

(1)瘀滞证：转移性右下腹痛，中度压痛、反跳痛，恶心呕吐，纳差，轻度发热，舌红，苔薄白或腻，脉弦滑或紧。治以行气活血，通腑泻热。方用大黄牡丹汤合红藤煎加减。

(2)湿热证：腹痛加剧，压痛、反跳痛范围扩大，腹皮挛急或有包块，高热，呕吐，大便燥结，舌红，苔黄腻，脉弦数或滑数。治以通腑泻热，利湿解毒。方用大黄牡丹汤合红藤煎加减。

(3)热毒证：腹痛剧烈，全腹压痛、反跳痛，腹皮挛急，高热不退或寒战发热，频繁呕吐，大便不通，舌红绛，苔黄燥厚腻，脉洪数或细数。治以通腑排毒，养阴清热。方用大黄牡丹汤合透脓散加减。

2. 中药外敷　可用金黄散，以生理盐水或金银花露调成糊状，按照压痛范围箍围于患处，每日2次。

3. 中药灌肠　采用通里攻下、清热化瘀的中药煎剂或通腑泻热解毒颗粒冲入生理盐水中进行保留灌肠。

六、中西医结合讨论

在急性阑尾炎全程治疗的各个阶段，中西医各有优势：急性感染期，西医具有手术的优势，可以及时切除病灶，且能针对性地使用抗生素以控制感染；在感染趋于慢性迁延的阶段，抗生素的效果不佳，且长时间使用抗生素反而增加肠道菌群失调的风险，此时中药可发挥整体调节、控制炎症反应、保护肠道屏障的优势，使炎症局限和消散。急性阑尾炎对应中医学"肠痈"，归于"内痈"范畴，其发生发展的过程必然遵循"痈"的基本规律，可分为早期(未成脓期)、中期(成脓期)、后期(溃脓期或迁延期)进行治疗。

1. 发病早期　多为急性单纯性阑尾炎，病理表现为局部炎症反应，阑尾壁水肿、浆膜充

ER-26-3

腹腔镜下阑尾切除术

血、中性粒细胞浸润,但尚未坏死化脓,相当于痈的未成脓期。此期中西医结合,应侧重于早期手术治疗,尤其对于老年人、小儿、妊娠期阑尾炎,更应尽早手术;特别是近年来随着腔镜技术的发展和成熟,经腹腔镜阑尾切除术已基本普及,相较于传统的开腹手术,腔镜辅助很大程度上减轻了手术创伤,降低了手术风险。中药可在围手术期联合应用,加速术后康复,促进肠道功能恢复,预防肠粘连和并发症的发生。

早期有保守治疗的契机,对于一些因特殊原因无法手术或者不愿接受手术治疗的患者,中西医结合疗效佳。中医内治采用消法,以消为贵,使热毒消散、气血流通,截断病情进展,可在一定程度上避免化脓或坏疽。具体治法,以清热消痈、通腑解毒、行气活血为要,以大黄牡丹汤、大柴胡汤、仙方活命饮为基本应用方剂,但具体药物选择应灵活,根据辨证加减,不应拘泥于一方一药。阑尾炎病位在肠腑,六腑以通为用、以降为顺,应重视通腑以泻热,使瘀热从大便而出;注意使用引经药物,如败酱草、蒲公英等。

2. 发病中期　大多为急性化脓性阑尾炎,多合并坏疽、穿孔、弥漫性腹膜炎、感染性休克等。病理表现为阑尾壁各层形成脓肿,阑尾腔内充满脓液,周围腹腔内脓性渗出,甚至阑尾壁全层坏死,穿孔后脓液扩散至腹腔呈现弥漫性腹膜炎。此期相当于中医学痈的成脓期,外治的关键在于行脓肿切开并保持引流通畅;内治采用"托法",使毒邪移深居浅、脓出毒泄,消托并用,在消法的基础上,加用托脓外出、托毒外达的方药,如透脓散、托里消毒散等。

中西医结合诊治思路,此期仍首先考虑急诊手术,行开腹或经腹腔镜阑尾切除术,术中应彻底清除腹腔内的脓液,冲洗腹腔并放置引流,防止毒素经大网膜吸收入血,引起脓毒症及感染性休克;若阑尾穿孔被周围组织包裹较重,无法完全分离阑尾行完整切除,则需术中置管,充分引流。这也体现了中医学"有脓必排、排脓必畅、毒随脓泄"的诊治思路。配合托毒外出的中药,使脓液引流顺畅,预防术后继发感染,可以缩短病程,改善预后。

若毒素入血,并发门静脉炎、脓毒症或感染性休克,患者出现高热惊厥、头痛烦躁、胸闷气急,或身发斑疹,或神昏谵妄,相当于中医的"走黄"。以热毒炽盛、走散入血为病机要点,应治以凉血清热解毒,合用清营汤、犀角地黄汤(犀角已禁用,现多用水牛角代)、清宫汤等。

3. 发病后期　炎症局限、迁延不愈,多属于阑尾周围脓肿、慢性阑尾炎、术后脓液引流不畅、引流口经久不愈等。此期相当于痈的溃脓期或迁延期,盖因正邪交争日久,正气渐衰,邪亦不盛,正虚邪恋,相持不下;且脓为气血所化,毒随脓泄的同时必定耗伤气血,因此病情迁延不愈。

中西医结合诊治思路,此期应保持引流通畅,注意观察引流管脓液的性质。脓液的形质和色泽可在一定程度上指导辨证,如脓液稠厚者为正气尚充,脓液稀薄者为正气不足;色泽鲜明为气血充足,脓中夹血为血络损伤。治疗以"补法"为主,配伍补益的药物,使正气恢复、气血渐充,以扶正托毒、生肌收口。根据患者气血阴阳的不足,酌情使用黄芪、党参、当归、鹿角霜、附子、麦冬等。但不可一味扶正,应辅以消痈排脓、化痰散结、清热活血等,攻补兼施,加强消痈散结之力,使毒从内消,邪去则元气自复。

(赵　亮)

第三节　溃疡性结肠炎

溃疡性结肠炎(ulcerative colitis,UC)是一种病因不明的慢性非特异性肠道炎症性疾病,又称非特异性溃疡性结肠炎。它可发生在结直肠的任何部位,其中以直肠和乙状结肠最为常见。病变多局限在黏膜层和黏膜下层,肠壁增厚不明显,表现为黏膜的大片水肿、充血、糜烂和溃疡形成。临床主要表现为腹泻、黏液脓血便伴腹痛、里急后重等,具有反复发作、迁延难愈的特点。溃疡性结肠炎的病因及发病机制至今尚未完全明确,与遗传、环境等多种因素相关。本病可发生在任何年龄,多见于20~50岁,可见于儿童和老年人。男女发病率无明显差异。本病属中医"痢疾""肠澼""久痢""休息痢"范畴。

一、病因与病理

(一) 西医病因与病理

1. 病因　目前认为本病的发生与多种致病因素的综合作用有关,包括环境、遗传、免疫和感染等因素。

(1)环境因素:近几十年来,全球炎症性肠病(inflammatory bowel disease,IBD)(UC 和 CD)的发病率持续升高,这一现象首先出现在经济社会高度发达的北美及欧洲。以往该病在我国少见,近十余年明显增多,这一疾病谱的变化,提示环境因素在 IBD 的发病中可能发挥着重要作用。

(2)遗传因素:临床发现 IBD(UC 和 CD)患者的一级亲属发病率显著高于普通人群。UC 的发病率在种族之间差异显著,在欧美等国家发病率高,在我国发病率偏低。研究发现单卵双胞胎中 UC 的发病率显著高于双卵双胞胎,说明遗传因素可能是本病发病的一个重要因素。

(3)免疫因素:免疫因素是 UC 发病机制中的研究热点。临床发现 UC 患者多有严重的肠道黏膜免疫功能紊乱,并常伴有各种与免疫异常相关的肠外并发症。UC 患者结肠黏膜多有大量炎症细胞浸润,细胞免疫和体液免疫被激活,而糖皮质激素或免疫抑制剂对 UC 往往有较好的疗效。目前研究认为多种免疫因素参与了 UC 的发病,主要包括黏附分子、细胞因子、自身抗体、细胞凋亡等。

(4)感染因素:大多数学者认为感染在 UC 发病中起到一定作用,因为大多数 UC 发生在肠道感染之后,且应用抗生素治疗可获得较好疗效,并且手术行粪便转流能够显著改善 UC 患者结肠炎症状并防止复发。但至今仍缺乏有力证据断定某一特异病原体与 UC 发病有明确关系。

(5)精神因素:临床上 UC 患者常伴有焦虑、紧张、易怒、多虑等自主神经功能紊乱症状,心理治疗有一定的效果。神经 - 精神改变与本病之间的因果关系尚有争议。

(6)过敏因素:本病少数患者对某些食物有过敏现象,部分患者的病变周围血液中发现嗜酸性粒细胞增多,肥大细胞及组胺含量均有升高,表现为 I 型变态反应,提示溃疡性结肠炎的发病与变态反应有关。

2. 病理　UC 的病理改变是非特异性的,病变主要局限于大肠黏膜层与黏膜下层,呈连续性弥漫性分布。病变多自直肠开始,逆行向近段发展,可累及全结肠,少数患者还可累及末端回肠。活动期结肠黏膜固有层内中性粒细胞、淋巴细胞、浆细胞、嗜酸性粒细胞弥漫性浸润,可见黏膜糜烂、溃疡及隐窝炎、隐窝脓肿。慢性期隐窝结构紊乱,腺体萎缩变形、排列紊乱及数目减少,杯状细胞减少,出现帕内特细胞化生及炎性息肉。

由于结肠病变一般局限于黏膜层与黏膜下层,很少深入肌层,并发结肠穿孔、瘘管或腹腔脓肿少见。少数重症患者病变累及结肠壁全层,可发生中毒性巨结肠,表现为肠壁重度充血、肠腔膨大、肠壁变薄,累及肌层至浆膜层,可致急性穿孔。病程超过20年的患者发生结肠癌的风险较正常人增加 10~15 倍。

(二) 中医病因病机

中医认为素体脾气虚弱是本病的发病基础。其诱因多为感受外邪,内蕴大肠;或损伤脾胃,酿生湿热;或饮食不节,脾失健运,湿浊内生,郁而化热;或情志失调,损伤肝脾,肝脾不和,气滞血瘀等。

1. 湿热壅滞　湿热之邪壅滞肠中,气机不畅,传导失司,湿热下注,熏灼肠道,肠络受损,气滞血瘀而发。

2. 热毒炽盛　外感湿热毒邪,郁蒸为患,导致脾胃运化失常,气血阻滞,热毒壅盛,搏结于大肠,肉腐成脓而发。

3. 脾虚湿蕴　素体脾胃虚弱,易湿困脾阳,脾阳不振,失于健运而发本病。

4. 寒热错杂　素体脾胃虚弱,湿盛阳微,或过用苦寒之品,日久伤阳;脾虚生湿,久蕴化热,或过用温燥之品,均可致病情寒热错杂。

5. 肝郁脾虚　肝气不舒,气滞血瘀,郁久化热,肝火横犯脾胃,脾失健运,胃气失和,湿邪下注大肠。

6. 脾肾阳虚　久病不愈,泄泻日久,脾阳虚致肾阳虚;或年老体衰,肾阳虚衰,不能温养脾胃而运化失常。

7. 阴血亏虚　湿热蕴肠,久则耗伤阴液,虚火内炽,灼伤肠络而发。

本病病位在大肠,涉及脾、肝、肾、肺诸脏。病理性质为本虚标实。病理因素主要有湿(热)邪、瘀热、热毒、痰浊、气滞、血瘀等。本病活动期多属实证,主要病机为湿热蕴肠,气血不调,而重者以热毒、瘀热为主,反复难愈者应考虑痰浊血瘀因素。缓解期多属虚实夹杂,主要病机为脾虚湿恋,运化失健。部分患者可出现肝郁、肾虚、肺虚、血虚、阴虚和阳虚的临床证候特征。

二、临床表现

(一) 症状

1. 腹泻和黏液血便　是 UC 最常见的临床表现,轻者每日 2~3 次,腹泻严重者每日可达 10 次以上。患者有时可排出大量牙膏样物质,内含坏死黏膜、浸润性炎症细胞和少许黏液,表面可带少许血液,病程多在 6 周以上。

2. 腹痛　轻者,腹痛不明显或为隐痛,多位于左下腹和下腹,有时也可出现全腹疼痛。常有里急后重,泻后痛减。重者典型表现为绞痛,急性发作时,可出现腹部痉挛疼痛。

3. 全身症状　可伴有发热、乏力、食欲减退、营养不良等全身症状。

(二) 体征

1. 压痛　轻中度患者仅有左下腹轻微压痛,重型患者可有明显压痛,伴发热等症状。若出现全腹压痛、反跳痛,腹肌紧张,肠鸣音减弱等体征,则需要注意中毒性巨结肠、肠穿孔等并发症的发生。部分患者可触及痉挛的乙状结肠或降结肠。

2. 肠外表现　包括关节损伤(如外周关节炎、脊柱关节炎等)、皮肤黏膜表现(如口腔溃疡、结节性红斑和坏疽性脓皮病)、眼部病变(如巩膜炎、葡萄膜炎等)、肝胆疾病(如脂肪性肝病、原发性硬化性胆管炎、胆石症等)、血栓栓塞性疾病等。

(三) 并发症

包括中毒性巨结肠、肠穿孔、下消化道大出血以及癌变。

三、辅助检查

(一) 实验室检查

1. 血液检查　可有不同程度的贫血表现,活动期白细胞计数升高、红细胞沉降率加快及 C 反应蛋白升高。急性期患者 C 反应蛋白升高。怀疑合并巨细胞病毒感染时,可行血清

CMV-IgM 及 DNA 检测。血液检查中，血清标志物如 ANCA、抗小肠杯状细胞抗体等也可用于诊断溃疡性结肠炎。

2. 粪便检查　肉眼观察粪便常有黏液脓血，显微镜检可见红细胞和脓细胞，隐血试验呈阳性。活动期肠黏膜炎症可见粪便钙卫蛋白升高。急性发作期可见巨噬细胞。怀疑合并艰难梭菌感染时可通过培养、毒素检测及核苷酸 PCR 等方法证实。应注意通过粪便病原学检查，排除感染性结肠炎。

3. 细胞因子检测　如细胞黏附分子（cell adhesion molecules，CAMs）被用作肠道炎症的评估标志物。活动期 CAMs 显著升高。

4. 一氧化氮（NO）　是新发现的消化道神经递质，可作为 UC 的监测指标。

（二）影像学检查

1. X 线检查　溃疡性结肠炎的轻型或早期，X 射线钡剂灌肠检查显示正常，或表现为病变肠段张力增高、蠕动增强，或局部钡剂柱中断、黏膜皱襞紊乱。当疾病发展到相当程度时，主要改变有：①黏膜粗乱和 / 或颗粒样改变；②管壁边缘毛糙呈毛刺状或锯齿状以及见小龛影，肠壁有多发性小充盈缺损；③肠管短缩，结肠袋消失呈铅管样，肠壁变硬。重度患者不宜做 X 射线钡剂灌肠检查，以免加重病情或诱发中毒性巨结肠。X 射线钡剂灌肠检查不作为首选检查手段，可作为有结肠镜检查禁忌证或不能完成全结肠检查时的补充。

2. 腹部 CT 扫描　CT 检查可发现肠壁增厚、肠腔狭窄，以及瘘管、窦道和腹部淋巴结肿大。

（三）结肠镜检查

结肠镜检查是本病诊断与鉴别诊断的重要手段之一。检查时，应尽可能观察全结肠及末段回肠，确定病变范围，必要时取活检。

典型 UC 内镜下主要表现：病变呈弥漫性、连续性，表面糜烂和浅溃疡，有合并症者溃疡形态多样。次要表现：病变以直肠最重、近端渐轻。少数患者治疗后可表现为直肠或部分肠段病变较轻。

内镜下所见黏膜改变有：①黏膜血管纹理模糊、紊乱或消失，黏膜充血、水肿、脆性增加、易出血及脓性分泌物附着；②病变明显处见弥漫性糜烂和多发性浅溃疡；③慢性病变常见黏膜粗糙，呈细颗粒状、炎性息肉及桥状黏膜等，在反复溃疡愈合、瘢痕形成过程中结肠变形缩短，结肠袋变浅、变钝或消失。

（四）病理检查

1. 黏膜组织病理学检查　肠壁炎症局限于黏膜层或延伸到黏膜下层，较少达肌层。活动期与缓解期有不同表现。

（1）活动期：①黏膜固有层内有慢性炎症细胞、中性粒细胞、嗜酸性粒细胞弥漫性浸润；②隐窝有急性炎症细胞浸润，尤其是上皮细胞间有中性粒细胞浸润及隐窝炎，甚至形成隐窝脓肿，脓肿可溃入固有层；③隐窝上皮增生，杯状细胞减少；④可见黏膜表层糜烂，溃疡形成和肉芽组织增生。

（2）缓解期：①中性粒细胞消失，慢性炎症细胞减少；②隐窝形态不规则，排列紊乱；③腺上皮与黏膜肌层间隙增宽，或见固有腺体萎缩；④帕内特细胞化生。

2. 活检标本的病理诊断　活检病变符合上述活动期或缓解期改变，结合临床，可报告符合 UC 病理改变。宜注明为活动期或缓解期。如有隐窝上皮异型增生（上皮内瘤变）或癌变，应予注明。隐窝基底部浆细胞增多被认为是 UC 最早的光学显微镜下特征，且预测价值高。

（五）其他检查

1. ^{99m}Tc- 六甲基丙二胺肟标记白细胞扫描（IS）　有研究报道，IS 和 CT 扫描诊断溃疡性结肠炎的灵敏度分别为 76.1% 和 71.8%，特异度分别为 91.0% 和 3.5%，诊断正确率分别为 82.6% 和 77.5%。

2. 小肠检查　下列情况考虑行小肠检查：病变不累及直肠（未经药物治疗者）、倒灌性回肠炎（盲肠至回肠末段的连续性炎症），以及其他难以与 CD 鉴别的情况。左半结肠炎伴阑尾开口炎症改变或盲肠红斑改变在 UC 中常见，部分患者无须进一步行小肠检查。小肠影像学检查包括全消化道钡餐、CTE、MRE、SBCE、腹部超声检查等，上述检查不推荐常规使用。对于诊断困难者（直肠赦免、症状不典型、倒灌性回肠炎），应在回结肠镜检查的基础上考虑加做小肠检查。

四、诊断与鉴别诊断

(一) 诊断

UC 的诊断主要结合临床、实验室检查、影像学检查、内镜和组织病理学表现进行综合分析，在排除感染性和其他非感染性结肠炎的基础上做出诊断。若诊断存疑，应在一定时间（一般是 6 个月后）进行内镜及组织病理学复查。

(二) 临床分型

1. 临床类型　可分为初发型和慢性复发型。初发型指无既往病史而首次发作，该类型在鉴别诊断中应予特别注意，亦涉及缓解后如何进行维持治疗的考虑；慢性复发型指临床缓解期再次出现症状，临床上最常见。以往所称的暴发性结肠炎（fulminant colitis），因概念不统一而易造成认识的混乱，2012 年我国 IBD 共识已经建议弃用，并将其归入重度 UC 中。

2. 严重程度　①轻度：患者腹泻每日 4 次以下，便血轻或无，无发热、脉搏加快或贫血，红细胞沉降率正常；②中度：介于轻度和重度之间；③重度：腹泻每日 6 次以上，有明显黏液血便，体温在 37.5℃ 以上，脉搏在 90 次 /min 以上，血红蛋白 <100g/L，红细胞沉降率 >30mm/h。

3. 病变范围　（蒙特利尔分型）可为 E1（局限直肠）、E2（累及左半结肠）、E3（广泛结肠）。

4. 病情分期　活动期、缓解期。活动期疾病按严重程度分为轻、中、重度，活动期临床严重程度分级采用改良的 Truelove 和 Witts 标准进行评估。重度便血且排便次数每日 ≥6 次，且脉搏 >90 次 /min，或体温 >37.8 ℃，或血红蛋白 <10.5g/L，或红细胞沉降率 >30mm/h，或 CRP >0.03g/L 为重度；轻度或无便血且排便次数每日 <4 次，脉搏 <90 次 /min，体温 <37.5℃，血红蛋白 >11.5g/L，红细胞沉降率 <20mm/h，或 CRP 正常为轻度；介于轻、重度之间者为中度。

(三) 鉴别诊断

1. 慢性细菌性痢疾　有急性细菌性痢疾病史，各种细菌感染如志贺菌、沙门菌等，可引起腹泻、黏液脓血便、里急后重等症状。粪便及结肠镜检查取黏液脓性分泌物培养可分离出致病菌，抗生素治疗有效。

2. 阿米巴痢疾　病变主要侵犯右侧结肠，也可累及左侧结肠。粪便检查可找到阿米巴滋养体或包囊。结肠镜检查溃疡较深，边缘潜行，溃疡间结肠黏膜正常，于溃疡处取活检或取渗出物镜检，可发现阿米巴的包囊或滋养体。抗阿米巴治疗有效。

五、治疗

UC 的治疗目标是诱导并维持临床缓解、促进黏膜愈合、防止并发症和提高患者生存质量。治疗方案需根据分级、分期、分段的不同而制订。分级治疗指按疾病的严重程度，采用不同的药物和不同的治疗方法；分期治疗指根据疾病处于活动期或缓解期采取相应的治疗，活动期以诱导缓解临床症状为主要目标，缓解期应继续维持缓解，预防复发；分段治疗指确定病变范围以选择不同的给药方法,远端结肠炎可采用局部治疗,广泛性结肠炎或有肠外症状者以系统性治疗为主。其临床治疗方法包括病因治疗与对症治疗、整体治疗与肠道局部治疗、西医药治疗与中医药治疗相结合。

(一) 西医治疗

1. 活动期的处理

(1)轻度 UC 的处理:可选用柳氮磺吡啶(SASP),4~6g/d,分次口服;或使用 5- 氨基水杨酸(5-ASA),3~4g/d,分次口服。病变位于远段结肠者可酌用 SASP 栓剂,0.5~1g/ 次,2 次 /d。长期使用 SASP 可能会导致不良反应,如头痛、胃肠道不适等,但停药后可以恢复正常。也可使用相当剂量的 5-ASA 制剂灌肠。

(2)中度 UC 的处理:同样可以使用氨基水杨酸类制剂进行治疗。如果疗效不佳,可以改用口服类固醇皮质激素,如泼尼松 0.75~1mg/(kg·d),分次口服。对于激素无效或依赖或抵抗的患者,可以考虑使用硫唑嘌呤或 6- 巯基嘌呤等免疫抑制剂。当激素及免疫抑制剂治疗无效时,或激素依赖或不能耐受上述药物治疗时,可以考虑使用抗 TNF-α 单抗治疗,如英夫利西单抗或阿达木单抗。

(3)重度 UC 的处理:一般病变范围较广,病情重,发展快,做出诊断后应及时住院治疗,给药剂量要足。

1)一般治疗:①补液、补充电解质,补钾,输红细胞治疗贫血,注意营养支持;②排除肠道细菌感染;③忌用止泻剂、抗胆碱能药、阿片制剂、非甾体抗炎药等,避免诱发中毒性巨结肠;④考虑合并细菌感染时给予静脉广谱抗生素;⑤监测生命体征和腹部变化,发现并处理并发症。

2)静脉用激素:泼尼松龙 40~60mg/d 或皮质醇 300~400mg/d。

3)转换治疗判断:静脉激素治疗 5 天无效时,考虑转换治疗方案。

4)转换治疗方案选择:①环孢素 2~4mg/(kg·d)静脉滴注,如 4~7 天内病情缓解,改为口服继续治疗,不超过 6 个月,并逐渐过渡到硫唑嘌呤类药物维持治疗;最新研究显示英夫利西单抗或阿达木单抗可作为"拯救"治疗。②对免疫抑制剂治疗无效者可考虑抗 TNF-α 单抗或维多珠单抗等治疗,治疗失败时考虑手术治疗。

2. 缓解期的处理 症状缓解后,应继续维持治疗至少 1 年或长期维持。激素不能作为维持治疗药物,维持治疗药物选择应根据诱导缓解时用药情况而定。①氨基水杨酸类制剂:由氨基水杨酸类制剂或激素诱导缓解后以氨基水杨酸类制剂维持,用原诱导剂缓解剂量的全量或半量。如用 SASP 维持,剂量一般为 2~3g/d,并应补充叶酸。远端结肠炎以美沙拉秦局部用药为主(直肠炎用栓剂,每晚 1 次;直肠乙状结肠炎用灌肠剂,隔天或数天 1 次),加上口服氨基水杨酸类制剂更好。②硫唑嘌呤类药物:用于激素依赖者、氨基水杨酸类制剂不耐受者。剂量与诱导缓解时相同。③生物制剂:以抗 TNF 药物治疗缓解后继续抗 TNF 药物维持;对维多珠单抗有应答的患者,可以继续使用维多珠单抗维持缓解治疗。④肠道益生菌:可长期维持治疗,疗效有待进一步研究。

3. 维持治疗疗程 氨基水杨酸类制剂维持治疗的疗程为 3~5 年或更长。对硫唑嘌呤类药物及英夫利西单抗维持治疗的疗程未有共识,应视患者具体情况而定。

4. 外科手术治疗

(1)外科手术指征:包括中毒性巨结肠、穿孔、出血、难以忍受的结肠外症状(坏疽性脓皮病、结节性红斑、肝功能损害、眼部并发症和关节炎)及癌变。另外,因结、直肠切除是治愈性的治疗手段,当患者出现顽固性症状而内科治疗无效时可考虑手术治疗。

(2)手术分类:溃疡性结肠炎的手术治疗根据病情的不同分为两大类,即急诊手术与择期手术。通常,急诊手术指征包括:大出血、中毒性巨结肠、中毒性结肠炎、肠穿孔和急剧的全身状态变化。择期手术指征包括:内科治疗无效的病变范围广泛的慢性反复发作的顽固性溃疡性结肠炎、激素严重依赖且副作用危险性较大者、全结肠型溃疡性结肠炎、严重局部并发症(狭窄、梗阻、直肠阴道瘘)、严重肠外并发症、患儿明显发育障碍及证实或疑有不典型增生或癌变者。

(3)术式选择:需综合评估患者年龄、病变范围与程度、缓急情况、癌变风险、排便要求、肛管括约肌功能、确诊情况等因素。常用术式有:

1)全结肠、直肠切除及回肠造口术:彻底切除病变,适用于老年人、合并直肠癌及不适宜做回肠贮袋手术者。

2)结肠切除回直肠吻合术:保留直肠肛管功能,但治疗不彻底,需定期复查以了解直肠黏膜情况。

3)结直肠切除、回肠贮袋肛管吻合术(ileal pouch-anal anastomosis,IPAA):通过切除结肠和直肠上中段,剥除直肠下段黏膜,并行回肠与肛管吻合,保留肛管括约肌功能。该术式符合治愈溃疡性结肠炎目标,但对于肛门括约肌功能低下、远端直肠明显不典型增生或须切除括约肌的患者,以及急诊手术、克罗恩病患者不适用。

(二)中医治疗

1. 辨证论治

(1)大肠湿热证:腹泻黏液脓血,腹痛腹胀,里急后重,肛门灼热,小便短赤,口干口苦,舌红,苔黄腻,脉滑。治以清热化湿,调气行血。方用芍药汤加减。

(2)热毒炽盛证:便下脓血频多,腹痛腹胀,里急后重,发热口渴,烦躁不安,舌红,苔黄燥,脉滑数。治以清热解毒,凉血止痢。方用白头翁汤加减。

(3)脾虚湿蕴证:便下黏液脓血,白多赤少,便溏泄泻,脘腹胀满隐痛,肢体困倦,食少神疲,舌淡红,苔白腻,脉细弱或细滑。治以健脾益气,化湿止泻。方用参苓白术散加减。

(4)寒热错杂证:大便稀薄,赤白黏冻反复发作,肛门灼热,腹痛绵绵,畏寒,口渴不欲饮,饥不欲食,舌红,苔薄黄,脉弦或细弦。治以温中补虚,清热化湿。方用乌梅丸加减。

(5)肝郁脾虚证:大便稀溏,黏液血便由情志诱发,腹痛即泻,泻后痛减,腹胀肠鸣,饮食减少,舌淡红,苔薄白,脉弦或弦细。治以疏肝理气,健脾和中。方用痛泻要方合四逆散加减。

(6)脾肾阳虚证:久泻不止,大便稀薄夹白冻,腹痛喜温喜按,腹胀食少,形寒肢冷,腰酸膝软,舌淡胖或有齿痕,苔薄白润,脉沉细。治以健脾温肾,温阳化湿。方用理中汤合四神丸加减。

(7)阴血亏虚证:大便干结夹黏液脓血,排便不畅,腹中隐痛,形体消瘦,口燥咽干,虚烦失眠,五心烦热,舌红少津或淡,少苔或无苔,脉细弱。治以滋阴清肠,益气养血。方用驻车丸合四物汤加减。

2. 中成药治疗 常用的中成药有虎地肠溶胶囊、香连丸、葛根芩连丸、补脾益肠丸、参苓白术丸、乌梅丸、固肠止泻丸(胶囊)、固本益肠片(胶囊)、四神丸、驻车丸、增液口服液等。

3. 外治法 可参考本章第一节克罗恩病外治法。

六、中西医结合讨论

UC是非特异性肠道炎症性疾病之一,病情复杂,反复发作,迁延难愈。治疗以缓解临床症状为主,提高患者的生活质量。确定疾病严重程度并根据不同阶段选择不同治疗方法很关键。现代医学治疗包括病因治疗、对症治疗、整体治疗和肠道局部治疗,中西医结合。中医药治疗通过辨证与辨病、分期论治、分脏腑部位治疗等方法进行个体化治疗,有效维持缓解,降低复发率,提高生活质量。中西医结合治疗能减少药物副作用,增强患者信心,提高疗效,促进良好医患关系的建立。内治法和外治法可结合使用以达到最佳疗效。

(一)西医治疗联合中医内治法

1. 轻中度活动期 UC　中医药治疗轻中度 UC 的疗效与美沙拉秦制剂相当。UC 活动期主要病机是湿热蕴肠、气血失调,通过清肠化湿、调气和血,能够诱导临床缓解。湿热致瘀、瘀热伤络是本病易出现血便的重要原因,结合凉血化瘀可以提高脓血便的治愈率。清化温通结合调肝健脾可以有效缓解腹痛。中医药能发挥辨证论治的优势,进行个体化治疗,提高患者的生活质量。

2. 重度及难治性 UC　在使用美沙拉秦制剂、激素和免疫抑制剂的同时,联合中医药治疗,能缩短诱导临床症状缓解的时间,减少激素和免疫抑制剂的不良反应,在诱导临床症状缓解后能逐步减少上述药物的用量,甚至停用上述药物。可在使用激素的基础上结合清肠化湿、凉血解毒等方法治疗。

3. 缓解期 UC　缓解期脾虚为本,湿热稽留,久则及肾,通过中药健脾补肾,兼以清肠化湿,能够明显改善患者的体质。治疗以健脾益气为主,辅以清化湿热、调气和血、敛疡生肌之品。在中药治疗的同时可以逐渐减少甚至停用美沙拉秦制剂,中药的服药频次可以逐步减少,从而达到长期的缓解,降低复发率。

(二)西医治疗联合中医外治法

不同时期的 UC,均可在西医治疗的基础上联合中医外治法治疗,可缓解临床症状,提高临床疗效。常用中医外治法包括针刺疗法、灸法、推拿疗法、穴位贴敷疗法、穴位埋线疗法、中药灌肠。其中中药灌肠在临床中使用最为频繁,常用灌肠方有锡类散、溃结清、青黛散等。

(康　健)

第四节　肠　梗　阻

肠梗阻(intestinal obstruction)是外科常见的急腹症,以肠内容物无法正常顺利通过肠道为特征,除了肠管形态改变和肠道功能障碍等局部变化,还能导致一系列全身病理改变。本病发病迅速,病因复杂,严重者可危及患者的生命。中医古籍文献并无肠梗阻病名的记载,根据其临床表现,当属中医"肠结""腹痛"等范畴。

一、病因与病理

(一)西医病因与病理

1. 病因

(1)肠腔狭窄或完全闭塞,导致肠内容物通过受阻。常见原因包括:①肠腔内因素,如粪块、异物、结石、蛔虫团等;②肠外因素,如肠道外肿瘤压迫、肠粘连、嵌顿疝等;③肠壁因素,如肿瘤、肠套叠、肠扭转、先天畸形等。

(2)肠壁肌肉运动障碍,使肠道的收缩和舒张功能紊乱。多见于腹部大手术、弥漫性腹膜炎等。

(3)肠壁血运障碍,继而失去正常蠕动功能。多继发于肠系膜血管栓塞或血栓形成。

2. 病理

(1)局部病理变化

1)肠蠕动变化:机械性肠梗阻表现为梗阻以上肠段的蠕动增强;麻痹性肠梗阻则肠蠕

动减弱或消失。

2）肠腔扩张、积气积液：梗阻以上肠腔内积气积液，肠管随之扩张，肠壁变薄；梗阻以下肠段则空虚、塌陷，或仅存少量粪便。肠梗阻部位越低、时间越长，肠膨胀越明显。梗阻一般位于扩张肠管和塌陷肠管的交界处，可为手术探查寻找梗阻部位提供解剖学定位。

3）肠壁充血水肿、通透性增加：若梗阻进一步发展，肠腔内压力逐渐升高，压迫肠壁血管，致肠壁静脉回流受阻，引起肠壁缺血水肿，液体外渗。同时肠壁和毛细血管通透性增加，肠壁上有出血点，可有血性渗出液渗入腹腔和肠腔。

4）肠壁坏死穿孔：病情进展，肠管可因缺血坏死而破溃穿孔。

（2）全身病理改变

1）血容量下降：是肠梗阻重要的病理生理改变。正常人胃肠道每日的分泌液约8 000ml，绝大部分被肠道再吸收进入血液循环。肠梗阻时，由于不能进食且频繁呕吐导致体液丢失，同时大量的液体潴留在肠腔以及渗出至肠腔或腹腔内，导致体液在第三间隙丢失。肠梗阻时蛋白分解增多，肝脏合成蛋白能力降低，导致低蛋白血症。以上均可导致有效血容量下降，甚至出现低血容量性休克。

2）电解质紊乱和酸碱平衡紊乱：电解质紊乱和酸碱平衡紊乱的类型可因梗阻部位不同而有所区别。高位小肠梗阻，大量呕吐更容易脱水，同时丢失胃酸和氯离子，引起代谢性碱中毒。低位小肠梗阻，丧失的消化液多为碱性或中性，钠离子、钾离子的丢失较氯离子多，加之组织灌注不良，酸性代谢产物增加，可引起严重的代谢性酸中毒。

3）感染和中毒：梗阻肠腔内的细菌数量明显增加，并产生多种毒素，加上肠道屏障严重受损、肠壁变薄或坏死穿孔，细菌和毒素可通过肠壁渗入腹腔引起腹膜炎，导致全身中毒，甚至感染性休克。

3. 分类

（1）按发病原因分类

1）机械性肠梗阻：各种机械因素引起肠腔狭窄或完全闭塞，导致肠内容物通过受阻，是临床中最常见的类型。

2）动力性肠梗阻：又称神经性肠梗阻，由于神经抑制或毒素刺激，引起肠壁肌肉运动障碍，一般无器质性病变。可分为：①麻痹性肠梗阻：较为常见，多见于腹部大手术、弥漫性腹膜炎、低钾血症患者；②痉挛性肠梗阻：相对少见，可继发于急性肠炎、肠道功能紊乱或慢性铅中毒等，多为暂时性。

3）血运性肠梗阻：发病迅速，由于肠壁血运障碍，继而失去正常蠕动功能，容易并发肠坏死及穿孔。

（2）按肠壁血运有无障碍分类

1）单纯性肠梗阻：仅有肠内容物通过受阻，无肠壁血运障碍。

2）绞窄性肠梗阻：肠内容物通过受阻的同时伴有肠壁血运障碍。因肠系膜血管或肠壁小血管受压、血栓形成或腔内栓塞，引起相应肠段的缺血坏死甚至穿孔。

（3）按梗阻部位分类：可分为高位小肠梗阻（十二指肠或空肠）、低位小肠梗阻（回肠）和结肠梗阻。

（4）按梗阻程度分类：可分为完全性肠梗阻和不完全性肠梗阻。

（5）按病程进展快慢分类：可分为急性肠梗阻和慢性肠梗阻。

上述分类不是绝对的，由于肠梗阻会不断出现不同的病理变化，类型也可以相互转化。如单纯性肠梗阻治疗不及时可发展为绞窄性肠梗阻；慢性不完全性肠梗阻可因炎性水肿变为急性完全性肠梗阻。

（二）中医病因病机

肠梗阻的病位在肠腑。基本病机为肠腑痞塞，腑气不通，在此基础上可有瘀、疽等变证。

1. **饮食不节**　暴饮暴食，运化不及，宿食及糟粕蓄积于肠腑；或嗜食肥甘，痰湿内生，结聚于肠腑；或过食冷物，寒邪内侵，致气血凝滞，均可致肠腑通降失调。

2. **气虚不运**　久饥耗伤脾气，或过饱滞伤脾胃，或过劳耗伤气血，或年老体虚，致肠腑通降无力，气机痞塞，糟粕积滞。

3. **寒热不调**　外感寒邪，直中肠腑，凝滞不散；或肠腑素有蕴热，郁闭肠腑；或寒邪郁久化热，经络阻塞，均可致肠腑气血痞结，通降功能失常。

4. **气血凝滞**　腹部手术损伤，络脉瘀阻；或久有蓄血，阻塞脉道；或暴怒伤肝，气血逆乱，均可致血脉不通，营卫不和，瘀热互结，从而血肉腐败，肠腑疽结。

5. **燥屎内结**　胃肠燥热约脾，津液不能敷布肠道；或热病后余热留恋，肠腑津亏；或病后、产后、年老，津血亏虚，肠道失去濡润，致燥屎内结，堵塞肠腑。

6. **蛔虫内扰**　蛔虫成团，阻塞肠腑，致肠腑不能通降。

二、临床表现

（一）症状

肠梗阻的典型临床表现为腹痛、腹胀、呕吐和肛门停止排气排便。

1. **腹痛**　机械性肠梗阻一般呈阵发性绞痛。梗阻部位以上的肠管剧烈蠕动引起腹痛，随后肠管肌肉过度疲劳而出现短暂的弛缓状态，此时腹痛亦缓解，之后再次剧烈蠕动，循环往复。疼痛具备以下特点：①每次疼痛发作，均由轻到重，之后逐渐减轻或消失；②患者可感到有气体在肠内窜行，到某一部位时突然停止，可伴随肠型或蠕动波；③同时伴有肠鸣音亢进，呈气过水声或高调金属音。若腹痛间歇期缩短或持续不能缓解，则应警惕进展为绞窄性肠梗阻。

麻痹性肠梗阻多呈持续性胀痛或不适。肠管肌肉呈麻痹瘫痪状态，无收缩和蠕动，伴有肠鸣音减弱或消失。

2. **腹胀**　程度与梗阻部位有关。高位肠梗阻腹胀不明显；低位肠梗阻及麻痹性肠梗阻腹胀显著，可遍及全腹。肠扭转或腹内疝等引起的闭袢性肠梗阻，腹胀常不对称；结肠梗阻时，由于回盲瓣关闭，梗阻以上肠袢呈闭袢状态，则腹胀显著。

3. **呕吐**　在肠梗阻早期，即可出现反射性呕吐，此后呕吐随梗阻部位的高低而有所不同。高位肠梗阻，呕吐出现早而频，呕吐物为食物及消化液；低位肠梗阻，呕吐出现晚而少，可吐出带臭味的粪样物。绞窄性肠梗阻，呕吐物呈棕色或血性；麻痹性肠梗阻，呕吐多呈溢出性。

4. **停止排气排便**　完全性肠梗阻，肠内容物无法通过梗阻部位，排气排便即停止。但在梗阻初期，梗阻部位以下肠管残存的粪便或气体仍可排出，不能因此而排除肠梗阻的诊断。不完全性肠梗阻可有少量的排气排便，但梗阻症状不能缓解。绞窄性肠梗阻和结肠癌性梗阻，可排出血性黏液便。

（二）体征

1. **全身情况**　单纯性肠梗阻早期一般无明显全身表现；晚期可有唇干舌燥、眼窝内陷、皮肤弹性减退、少尿等脱水表现，严重者出现低血容量性休克。绞窄性肠梗阻可出现全身中毒症状及休克。

2. **腹部体征**

（1）视诊：①腹部膨隆：高位肠梗阻多在上腹部，麻痹性肠梗阻多呈均匀膨胀，闭袢性肠

603

梗阻可不对称;②机械性肠梗阻可见肠型及肠蠕动波。

(2)触诊:单纯性肠梗阻,可有不定位的轻压痛,一般无腹膜刺激征;绞窄性肠梗阻,压痛固定,腹膜刺激征明显。肠套叠和蛔虫团梗阻时,常可触及腊肠样或条索状肿物;肠扭转或腹外疝嵌顿引起梗阻时,可触及痛性包块;癌肿引起梗阻时,可触及质硬而不平滑的肿块。

(3)叩诊:肠胀气时腹部叩诊呈鼓音;绞窄性肠梗阻时,腹腔有渗液,可出现移动性浊音。

(4)听诊:机械性肠梗阻时肠鸣音亢进,呈气过水声或高调金属音;麻痹性肠梗阻时肠鸣音减弱或消失。

3. 直肠指检 应作为常规检查,不能忽视。直肠肿瘤引起肠梗阻时,可触及肠内肿物;肠套叠、绞窄性肠梗阻等,指套可染血。

三、辅助检查

(一) 实验室检查

1. 血液检查 严重失水,血液浓缩时,血红蛋白含量及血细胞比容升高;肠绞窄伴腹膜炎时,白细胞计数及中性粒细胞百分比升高。血钾、血钠、血氯及二氧化碳结合力、血气分析等测定,能判断电解质、酸碱平衡紊乱情况。

2. 尿常规检查 脱水时,尿量减少,尿比重升高。

3. 呕吐物及粪便检查 如有大量红细胞或隐血阳性,提示肠管有血运障碍。

(二) 影像学检查

一般在肠梗阻发生 4~6 小时内,X 线检查即显示出肠腔内气体,肠管的气液平面是肠梗阻的特有表现。X 线的特殊表现与梗阻部位相关:空肠黏膜的环形皱襞在肠腔充气时呈鱼骨刺状;回肠扩张可见阶梯状液平面;结肠胀气位于腹部周边,显示结肠袋形。腹部 CT 有助于肠套叠、肠扭转以及恶性肿瘤的诊断。

四、诊断与鉴别诊断

(一) 诊断

诊断要点:根据腹痛、腹胀、呕吐和肛门停止排气排便四大症状,以及腹部膨隆、肠型、肠蠕动波及肠鸣音亢进等体征,一般可做出诊断。部分患者的临床表现并不典型,可借助腹部 X 线或 CT 检查以明确诊断。以下几种特殊类型的肠梗阻在临床诊断中需要注意。

1. 粘连性肠梗阻 是最常见的一种肠梗阻类型,分为先天性和后天性两种。先天性与发育异常有关;后天性以手术后所致的粘连最多见,腹腔炎症、创伤、异物等也可引起。发生部位以小肠为主,结肠梗阻者少见,临床多见小肠机械性梗阻的表现,患者多有腹腔手术或感染的病史。反复发作者,应考虑腹腔粘连广泛且严重;长期无症状,突然出现急性梗阻,腹痛剧烈,伴有腹膜刺激征者,应考虑粘连带、内疝等引起的绞窄性肠梗阻。手术后早期(5~7天)发生梗阻,除粘连外,需与术后早期肠管炎症反应所致梗阻相鉴别(图 26-2)。

2. 肠扭转 是一种闭袢性肠梗阻合并绞窄性肠梗阻的肠管病变。由一段肠袢沿其系膜长轴扭转 360°~720° 引起,既有肠管的闭塞,又有肠系膜血运障碍,发病急骤,进展迅速。肠扭转的好发部位是小肠和乙状结肠。小肠扭转表现为突然发作的剧烈腹痛,多为持续性绞痛,阵发性加剧,可放射至腰背部;呕吐频繁,肠鸣音减弱,可有气过水声。乙状结肠扭转多见于长期便秘的老年人,往往伴有乙状结肠冗长,腹部持续胀痛,左腹部明显膨胀,可见肠型。腹部 CT 检查可辅助诊断。

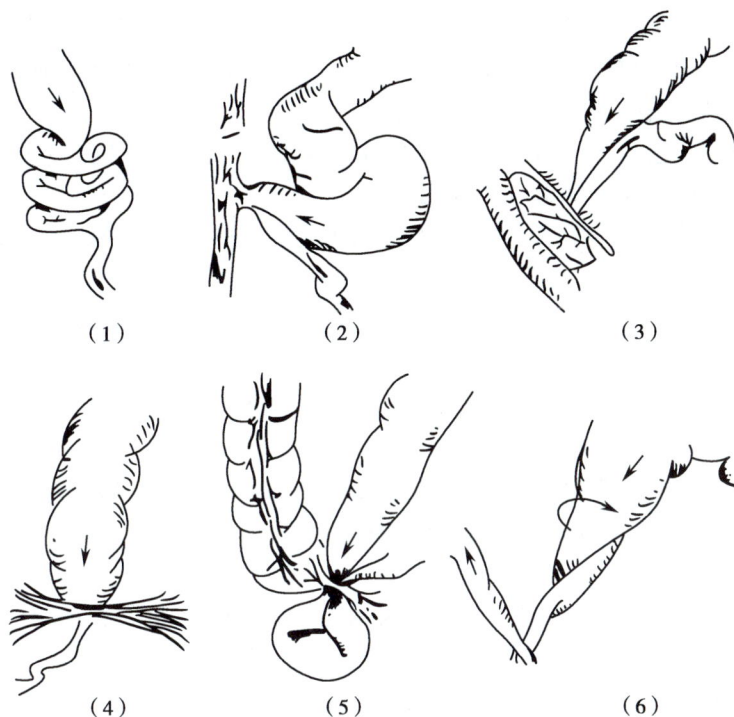

图 26-2　各种类型的粘连性肠梗阻
(1)肠祥粘连成团;(2)腹壁粘着扭折;(3)系膜粘着扭折;(4)粘连系带;(5)粘连内疝;(6)粘连成角,扭转。

(二)鉴别诊断

1. 机械性与动力性肠梗阻的鉴别　机械性肠梗阻具有上述典型的症状及体征,早期腹胀不明显。麻痹性肠梗阻则腹胀显著,肠鸣音减弱或消失,多无阵发性腹部绞痛。腹部 X 线和 CT 检查,机械性肠梗阻充气扩张局限于梗阻以上的肠管,即使晚期并发肠绞窄和肠麻痹,结肠也不会全部充气;而麻痹性肠梗阻显示大肠、小肠全部充气扩张。

2. 完全性与不完全性肠梗阻的鉴别　完全性肠梗阻呕吐频繁,低位完全性肠梗阻腹胀明显且停止排气排便。不完全性肠梗阻呕吐与腹胀都较轻,或无呕吐,可有少量排气排便。

五、治疗

(一)西医治疗

1. 非手术治疗

(1)适应证:①单纯性粘连性肠梗阻;②动力性肠梗阻;③蛔虫团、粪便或结石堵塞所致的肠梗阻;④肠结核、克罗恩病等炎症引起的不完全性肠梗阻、肠套叠早期;⑤术后早期炎性肠梗阻。

在治疗期间,需严密观察,如症状、体征不见好转或反有加重,应考虑手术治疗。

(2)方法

1)禁食与胃肠减压:是治疗肠梗阻最重要的方法。禁食、胃肠减压(置入胃管或肠梗阻导管),可吸出胃肠内的气体和液体,降低肠腔内压力,有利于改善肠壁血运,减轻肠壁水肿;有助于降低腹内压,改善由膈肌抬高导致的呼吸与循环障碍。

2)纠正水、电解质和酸碱平衡紊乱:输液的量和种类需根据患者的呕吐情况、腹胀情况、脱水征象、血液浓缩程度、尿量及尿比重,并结合血钾、血钠、血氯和二氧化碳结合力、血气分析等结果而定。当血液生化检查尚未获得时,最常用的是平衡盐溶液,酌情补充电解质;对高位肠梗阻出现频繁呕吐者,补钾尤为重要;代谢性酸中毒者应用碱剂纠正;病程较长的单纯性肠梗阻和绞窄性肠梗阻,应输血浆或全血,以补充丧失至腹腔或肠腔内的血浆和血液,维持有效的血液循环。

3)抗生素:梗阻上段肠道细菌数量增加并大量繁殖,合理应用抗生素有利于防治细菌感染、减少毒素产生,对绞窄性肠梗阻更重要。

4)营养支持:若梗阻时间长,需静脉给予营养支持,补充适当的氨基酸、脂肪乳,有利于肠管功能的恢复。

5)水溶性高渗液体:如硫酸镁等,胃管内注入,可使细胞外液体包括组织间的液体及血管内液体渗入肠腔,增加梗阻处的压力梯度,并减轻肠管水肿,加快肠蠕动。

6)灌肠疗法:常用温肥皂水灌肠,以刺激肠管蠕动和排便。肠套叠者可用空气或钡剂灌肠,既可用于明确诊断,亦是有效的复位方法。

7)其他治疗:影响肺功能时,应吸氧;生长抑素可减少胃肠道液体分泌;嵌顿疝导致的肠梗阻,可使用手法复位;对症止痛应遵循急腹症治疗的原则。

2. 手术治疗

(1)适应证:①绞窄性肠梗阻;②有腹膜刺激征或弥漫性腹膜炎征象的各型肠梗阻;③非手术疗法治疗后病情不见好转,或腹痛、腹胀加重,肠鸣音减弱或消失,脉搏加快,血压下降者;④肿瘤及先天性肠道畸形等不可逆转的器质性病变引起的肠梗阻。

(2)方法:手术治疗的目的是消除病因并解除梗阻,视情况选择开腹手术或腹腔镜辅助下手术。

1)单纯解除梗阻的手术:如粘连松解术、肠切开取出异物、肠套叠和肠扭转复位术等。

2)肠切除术:对已有坏死的肠管、肠道肿瘤或判断已无生机的肠管予以切除。

3)肠短路吻合术:如不能切除病变的肠管,则可将梗阻近、远两侧的肠管做短路吻合,旷置梗阻部位。

4)肠造口术:肠梗阻部位的病变复杂或一般情况极差,不允许行复杂手术的患者,可在梗阻部近端膨胀肠管行造口术以暂时解除梗阻。主要适用于低位肠梗阻,如急性结肠梗阻,由于回盲瓣的作用,结肠完全梗阻多为闭袢性,肠腔压力很高,结肠内细菌多,特别是左半结肠,且血液供应不如小肠丰富,行一期肠切除吻合容易引起愈合不良而发生肠瘘。

(二) 中医治疗

1. 辨证论治

(1)肠腑热结证:腹胀腹痛拒按,无排气排便,恶心呕吐,发热口渴,小便黄赤,神昏谵语,舌红,苔黄燥,脉滑数或沉实。治以活血清热,通里攻下。方用大承气汤加减。

(2)肠腑寒凝证:腹痛剧烈,遇冷加重,无排气排便,或便秘,恶心呕吐,胁下痛,发热,手足厥冷,舌淡,苔白腻或薄白,脉弦紧。治以温中散寒,通便止痛。方用大黄附子汤加减。

(3)气滞血瘀证:腹痛阵作,胀满拒按,无排气排便,恶心呕吐,舌暗红有瘀斑,舌下络脉迂曲,脉弦或涩。治以活血化瘀,行气通腑。方用桃核承气汤加减。

(4)阴虚肠燥证:腹痛腹满,无排气排便,或大便干燥呈粪球状,恶心呕吐,舌红少津,苔少或剥脱,脉弦细。治以滋脾养阴,润肠通便。方用麻子仁丸合增液承气汤加减。

(5)气阴亏虚证:腹痛胀满,无排气排便,或排便乏力,神疲懒言,倦怠乏力,舌淡苔白,脉细弱。治以健脾益气,润肠通便。方用新加黄龙汤加减。

2. 中药灌肠 中药灌肠既能刺激肠管蠕动促进排便,又可使中药的有效成分直达肠道后迅速被肠黏膜吸收,从而起到治疗作用。可采用大承气汤,水煎至 200ml,从肛管缓慢注入或滴入做保留灌肠。

3. 针刺治疗 主穴选取足三里、内庭、天枢、中脘、曲池、合谷,呕吐加内关,腹痛加内关、章门。得针感后强刺激,留针 30~60 分钟,4~6 小时 1 次。

六、中西医结合讨论

肠梗阻的中西医结合治疗,应首先明确肠梗阻的类型,特别是要仔细辨别属于机械性肠梗阻还是动力性肠梗阻、单纯性肠梗阻还是绞窄性肠梗阻。肠梗阻的类型不同,病情的轻重缓急亦不同,对机体的病理损害程度也有所差别。另外,患者的基础条件有好坏之分,年龄有老幼之别,体质有强弱之差,在选择治疗方案时,均应充分考虑进去,权衡利弊,采用不同的治疗原则。

1. 中西医结合保守治疗 一般来说,对所有可以先行非手术治疗的肠梗阻,都可以进行中西医结合保守治疗。特别对动力性肠梗阻、炎症引起的不完全性肠梗阻、术后早期炎性肠梗阻、单纯性粘连性肠梗阻、单纯性机械性肠梗阻、异物堵塞所致的肠梗阻等,中西医结合非手术治疗已经积累了较为丰富的经验。在治疗过程中,西医与中医均有着积极的作用,任何相互排斥的倾向都是不利的。在肠梗阻治疗的多个环节中,中西医结合均能起到协同增效的作用:

(1)胃肠减压:能有效清除胃内滞留的气体和液体,对于不能经口服用中药的患者,经胃管直接注入中药能有效解决给药的难题。

(2)液体疗法:肠梗阻可导致机体水、电解质及酸碱平衡紊乱,使中药难以发挥作用;大黄、芒硝等通里攻下的中药,也会导致额外的体液丢失,反过来加重水电解质紊乱。因此,中西医结合治疗肠梗阻,需要在积极有效的液体支持的基础上使用通里攻下法,这点尤为重要。

(3)抗感染:抗生素与中药的联合应用,能增强抑菌、杀菌的效果,并且能有效控制长期使用抗生素导致的肠道菌群紊乱。清热解毒类中药具有抗感染、减轻中毒反应的作用;活血化瘀类中药能有效改善肠道循环、抑制炎症反应;通里攻下药物能保护肠道屏障、维持菌群平衡。

(4)灌肠疗法:大承气汤灌肠能直接兴奋肠道平滑肌,使肠管蠕动加快,通过腹泻使积存在肠腔内的粪便和液体排出。

(5)改善肺功能:肠梗阻时,腹腔压力升高,导致膈肌上抬,引起胸腔容积减少,出现胸闷气急,体现了"肺与大肠相表里"的中医理论。酌情使用桔梗、杏仁、瓜蒌等宣肺降气化痰的中药,能达到肺肠同治的效果。

2. 手术治疗的中医干预 绞窄性肠梗阻或伴有腹膜炎的肠梗阻,发病急骤,病情演变快,此时需尽早行急诊手术治疗;各类疝引起的肠梗阻、肿瘤性肠梗阻、局部病理改变难以用保守疗法治愈者,也需要采取手术以解除病因。此时不可一味追求中西医结合治疗而延误手术时机,造成不良后果。中医可介入术后环节,加速术后康复,促进胃肠动力的恢复,预防术后炎性梗阻及腹腔粘连等。

$\qquad\qquad\qquad\qquad\qquad\qquad\qquad\qquad\qquad\qquad\qquad\qquad\qquad$ (赵 亮)

第五节 直 肠 脱 垂

直肠脱垂是指直肠壁的部分黏膜或全层下移。直肠黏膜层下移称不完全脱垂,直肠壁全层下移称完全脱垂。下移的肠壁未脱出于肛门外称直肠内脱垂,黏膜层或全层脱出至肛门外称直肠外脱垂。本病在女性中以年老者多见,但在男性中以年龄小于 40 岁者多见。本病中医称为"脱肛",脱肛之名首出于《神农本草经》,《诸病源候论》中亦有"脱肛者,肛门脱出也",是世界上对直肠脱垂最早的命名。

一、病因与病理

(一) 西医病因与病理

直肠脱垂的病因尚不完全明晰,可能与多种因素有关。

1. 解剖因素 肛提肌的异常、较低的腹膜反折、乙状结肠冗长、肛门括约肌张力降低及直肠与骶骨的分离可能是促成直肠易于下移的解剖学因素。小儿直肠脱垂可能与骶尾骨的弯曲度尚未形成,进而导致直肠的后壁失去骶骨有效支撑有关。

2. 腹内压增加 便秘、排尿困难、慢性咳嗽等原因导致的长期腹内压增加可能是导致直肠脱垂的动力因素。

3. 其他因素 直肠孤立性溃疡、痔、直肠息肉等疾病可能会诱发直肠脱垂。直肠黏膜脱垂的部分由两层黏膜组成,伴有相应直肠壁黏膜层与肌层之间的结缔组织松弛。直肠完全脱垂则由两层折叠的全层直肠壁构成,两层肠壁间为腹膜间隙,常伴有固定直肠的周围结缔组织松弛。脱垂的直肠黏膜可因缺血及反复的机械刺激而出现溃疡、炎症,甚至嵌顿坏死。

(二) 中医病因病机

中医学认为本病的发生主要因脾虚气陷所致,亦有气血亏虚者为实邪所侵而发病,故临证亦可出现虚实兼夹之象。

1. 脾虚气陷 小儿先天不足,气血未旺;或年老,气血衰退;或因劳倦、久病体虚;或妇人生产用力努责,以致气血不足,中气下陷,不能固摄而成。

2. 湿热下注 素本气虚,摄纳失司,湿热内蕴,下注大肠,迫使直肠脱出嵌顿不能还纳。

二、临床表现

(一) 症状

直肠内脱垂可无明显症状,偶在钡剂灌肠或排粪造影等检查时发现;直肠外脱垂以直肠黏膜层或全层自肛门脱出为主诉。本病早期可有里急后重或肛门坠胀感,初发较小时常见于排便时脱出,便后自行复位。后期脱出逐渐频繁,脱出体外直肠长度增加,无法自行还纳或需用手还纳,甚至无法还纳。严重者在咳嗽、站立或做其他可引起腹内压升高的动作时亦可脱出。如未能及时复位,可发生嵌顿或绞窄,伴剧烈疼痛。由于直肠黏膜反复脱出于肛门,常有因黏液污染引起的肛周皮肤湿疹、瘙痒等。肛门括约肌的松弛及黏膜的脱出可引起不同程度的肛门失禁;部分患者可出现便秘、排便困难、下腹部胀痛、尿频等症状。

(二) 体征

嘱患者下蹲后做屏气排便动作可使直肠脱出,便于观察。脱出直肠的黏膜皱襞呈环形,黏膜水肿明显时可表现为圆形、光滑肿物,部分患者可见黏膜溃疡形成。脱出体外的部分由两层肠壁组成,内可包含直肠系膜,触之较厚。个别患者腹腔内容物(如小肠)可随降低的腹膜反折一起脱出,表现为脱出的肿物不对称,甚至可闻及肠鸣音。直肠指检可感到肛门括约肌收缩力减弱。

三、辅助检查

1. 排粪造影 包括 X 线和核磁共振排粪造影。排粪造影不仅可动态观察患者排便时直肠脱垂的过程和直肠形态的改变,如肛直角的变化,亦可通过核磁共振图像观察直肠周围组织的异常情况。直肠内脱垂也可在排粪造影时予以显示。

2. 结肠镜检查　可见直肠黏膜充血、水肿,同时可对伴随的溃疡取活检排除肿瘤病变。

3. 直肠肛门测压　作为术前肛门功能评估,对合并大便失禁的患者较为重要。

四、诊断与鉴别诊断

根据典型的临床表现,结合体格检查,直肠脱垂不难进行诊断。常需与以下疾病相鉴别。

1. 直肠息肉　直肠息肉呈球形或分叶状,脱出于肛门外的直肠息肉常可扪及带蒂。直肠息肉常位于脱出物最顶端的中心,而直肠脱垂的中心部位多为空虚的肠腔。

2. 肛管外翻　大便后肛周出现环周凸起,常高于肛缘 1cm 左右,但脱出物表面为皮肤及小部分肛管上皮,而直肠脱垂的脱出部分为湿润的红色肠黏膜。

五、治疗

(一)西医治疗

1. 非手术治疗

(1)一般治疗:首先去除引起腹内压升高的因素,如慢性咳嗽、便秘等。出现直肠脱垂后及时取卧位并还纳脱出的肠管,避免发生嵌顿或绞窄。复位后立即行直肠指检,将脱垂的肠管推至括约肌上方以防止再次脱出,并在用纱布堵住肛门后靠拢两侧臀部,行胶布固定。5岁以内幼儿直肠脱垂多可自愈,宜采取上述非手术治疗。

(2)注射治疗:适用于成人轻度直肠脱垂及病程较长的儿童。常用的硬化剂包括 5%苯酚植物油、5% 盐酸奎宁尿素水溶液、明矾脱肛液等西药或中药。对于直肠黏膜脱垂,可将硬化剂注射于脱垂部位的黏膜下层,产生无菌性炎症,粘连固定直肠黏膜。对于直肠完全脱垂,可穿刺进入两侧骨盆直肠间隙及直肠后间隙,注入 5% 苯酚植物油,使直肠与周围组织粘连固定,防止脱垂。

2. 手术治疗　直肠脱垂经非手术治疗失败或成人直肠完全脱垂,均以手术治疗为主,包括经腹、经会阴和经骶等手术途径。不同方法各有优缺点,适应证不尽相同。

(1)经腹手术:经腹腔镜或开腹游离部分直肠,向上提起远端直肠,通过使用补片等多种方法将拉直的直肠固定于周围组织,主要为骶骨岬或骶骨及两侧组织。该术式效果确切,长期随访复发率较低,但需注意勿损伤周围重要神经及血管。

(2)经会阴手术:对年老体弱无法耐受经腹手术者,可行经会阴手术,但远期复发率可能高于经腹直肠悬吊固定术。Altemeier 手术为常用方式之一,将脱出的直肠切除后直接吻合近远端,并可同时修补增宽的肛提肌裂隙。此外,经会阴途径还有肛门环缩术、Delorme 手术等。

(二)中医治疗

1. 辨证论治　本病早期当以补气升提为大法。以虚证为主者,治以补中升陷,益气升提;以实证为主者,治以清化湿热;虚实夹杂者,当虚实兼顾。

(1)脾虚气陷证:肛内肿物脱出,色淡红,肛门坠胀,大便带血,神疲乏力,舌淡,苔薄白,脉弱。治以补气升提,收敛固摄。方用补中益气汤加减。

(2)湿热下注证:肛内肿物脱出,色紫暗或深红,溃破糜烂,肛门坠痛、灼热感,舌红,苔黄腻,脉弦数。治以清热利湿,用萆薢渗湿汤或葛根芩连汤加减。

2. 中成药治疗

(1)补中益气丸:益气升提,用于气虚下陷之脱肛。

(2)麻仁润肠丸:润肠通便,用于脱肛兼有大便秘结者。

3. 针灸疗法　体针及电针取长强、百会、足三里、承山、八髎穴;也可在肛门外括约肌部位用梅花针点刺。

六、预防与调护

本病的病机以虚为主,所以增强脏腑功能在直肠脱垂的预防中尤为重要。此外,应积极治疗能引起脱垂的慢性疾病。锻炼身体,增强体质,劳逸结合,避免久站及劳累;调理大便,养成良好的排便习惯,防止便秘及腹泻;妇女产后应充分卧床休息,避免过早负重劳动。如有会阴撕裂,要及时治疗;积极治疗易引起腹内压升高的疾病,如咳嗽、气喘、腹胀等;已患直肠脱垂者,应注意局部卫生,及时将脱出的肠段还纳复位,防止病情加重;对肛门部潮湿瘙痒者,应指导其正确进行会阴部护理,便后可用温水或中药进行熏洗,避免使用烫水或具有刺激性的溶液进行局部清洗。

七、中西医结合讨论

中医、西医在直肠脱垂诊疗方面各有优势,但如何将中西医结合更好地应用于直肠脱垂的诊疗中及提高手术的成功率、减少术后并发症等一直是追求的目标。

诊断方面,将传统的中医四诊与排粪造影、直肠肛门测压、结肠镜检查等现代先进检查手段相结合,精准诊断。

治疗方面,根据直肠脱垂的不同人群、脱垂程度、分型等,可辨证采用中医中药治疗及手术加中医中药的综合治疗。小儿发育尚未完全,通常直肠脱垂在婴幼儿是一种自限性疾病,多数患儿保守治疗有效,故只需中医药内外保守治疗,并配合针灸,必要时予以注射疗法。对于成人Ⅰ度直肠脱垂,中医药辨证治疗,配合熏洗、针灸,病久难愈者施以注射疗法;对于成人Ⅱ、Ⅲ度脱垂,肛管直肠解剖学形态已经发生改变,应依据病因、疾病严重程度选择经腹、经会阴或经骶等手术途径,加术后内服中药的综合治疗方式。

（任东林）

第六节 肛 裂

肛裂(anal fissure,AF)是齿状线下肛管皮肤层裂伤后形成的溃疡,方向与肛管纵轴平行,呈梭形或椭圆形,常引起肛周剧烈疼痛。肛裂大多发生在肛管后侧,少数在前侧,两侧极为少见。发生于前侧者多见于女性。在肛门疾病中,本病发病率约占20%,仅次于痔。其以肛门周期性疼痛、出血和便秘为主要症状。本病当属中医"裂痔""裂肛""钩肠痔""脉痔"等范畴。

一、病因与病理

(一) 西医病因与病理

1. 病因 肛裂的病因与多种因素有关,目前认为主要与高肛压与低血流、解剖、损伤、感染、肛管狭窄等因素有关。

(1)高肛压与低血流:正常人肛管后侧血流灌注压相当于其他方位的一半,表明后侧较其他区域血供不良。精神紧张、一氧化氮代谢失常、内括约肌神经丛退变、某些神经肽的变化等因素引起肛门内括约肌痉挛,使肛管压力升高。而肛管压力升高诱发肛门皮肤缺血,加重了原本供血不足的肛管后侧皮肤缺血,导致肛管后侧皮肤损伤并逐渐形成缺血性溃疡。

(2)解剖因素:肛管外括约肌浅部在肛门后正中形成较坚硬的肛尾韧带,伸缩性差,并且皮肤较固定,肛直角在此部位呈90°,承受的压力较大;同时,肛门括约肌分别从肛管两侧包绕肛管,至肛管前方后又相互会合,致使肛管侧方丰厚而前后方薄弱,容易损伤形成肛裂。

(3)损伤因素:粪便干结、分娩、排便时过于用力、异物、肛门指检、肛门镜检查及乙状结肠检查时操作粗暴,以及手术不当等均可造成肛管皮肤损伤,继发感染造成肛裂。

(4)感染因素:在肛窦炎、肛乳头炎等慢性炎症刺激下,纤维结缔组织增生,日久导致肛管下缘狭窄,遇有腹泻肛管高压或硬便挤压时肛管可被撕裂而形成肛裂。并且肛管直肠的慢性炎症易引起内括约肌痉挛,内括约肌痉挛又加重了肛管后正中的组织缺血,使溃疡更难以愈合。

(5)肛管狭窄:各种原因引起的肛管狭窄,如先天畸形、外伤或手术造成的肛管狭窄,干硬粪便通过时容易造成肛管皮肤撕裂损伤,细菌侵入感染后形成溃疡,日久形成肛裂。

2. 病理　肛裂与肛管纵轴平行,其溃疡多<1cm。早期肛裂有明显的水肿,新鲜、底浅,边缘整齐,无瘢痕形成。慢性肛裂创口反复感染,形成较深较大的溃疡,底深色灰白,创缘不整齐,缺乏弹性,创面可见环状内括约肌纤维。溃疡基底因炎症刺激而使结缔组织增生,光学显微镜下可见皮下层胶原纤维排列紊乱,可有少量网状纤维增生,间质中有少量平滑肌束,血管扩张,炎症细胞浸润。

(二) 中医病因病机

本病多因阴虚津液不足或脏腑热结肠燥,而致大便秘结,粪便粗硬,排便努挣使肛门皮肤裂伤,湿热蕴阻,染毒而成。

1. 血热肠燥　因饮食不节,恣饮醇酒,过食辛辣厚味,致燥热内结,耗伤津液,无以下润大肠,则大便干结;或临厕努责,使肛门裂伤而致便血等。

2. 阴虚津亏　素有血虚,血虚津乏生燥,肠道失于濡润,可致大便燥结,损伤肛门而致肛裂;或阴血亏虚则生肌迟缓,疮口不易愈合等。

3. 气滞血瘀　热结肠燥,气机阻滞而运行不畅,气滞血瘀,阻于肛门,使肛门紧缩,便后肛门刺痛明显。

(三) 分期

1. Ⅱ期分类法

(1)急性(早期)肛裂:发病时间较短,仅在肛管皮肤上见有一小的梭形溃疡,创面浅而色鲜红,边缘整齐,有弹性。

(2)慢性(陈旧性)肛裂:病程较长,反复发作,溃疡色灰白,底深,边缘呈"缸口"增厚,底部形成平整较硬的灰白组织(枥膜带)。由于裂口周围组织的慢性炎症,常可伴发结缔组织性外痔(又称赘皮痔)、单口内瘘、肛乳头肥大、肛窦炎、肛乳头炎等。因此,裂口、灰白组织、结缔组织性外痔、肥大乳头、单口内瘘、肛窦炎、肛乳头炎等局部的病理改变,均是陈旧性肛裂的特征。

2. Ⅲ期分类法

(1)Ⅰ期肛裂:肛管皮肤浅表纵裂,溃疡边缘整齐,基底新鲜,色红,触痛明显,创面富于弹性。

(2)Ⅱ期肛裂:有肛裂反复发作史,创缘不规则,增厚,弹性差,溃疡基底部呈紫红色或有脓性分泌物。

(3)Ⅲ期肛裂:溃疡边缘发硬,基底色紫红,有脓性分泌物,上端邻近肛窦处肛乳头肥大,创缘下端有哨兵痔,或有皮下瘘管形成。

二、临床表现

(一) 症状

1. 疼痛　疼痛多剧烈,呈烧灼样或刀割样疼痛,有典型的周期性。排便时由于肛裂病灶内神经末梢受刺激,立刻感到肛管疼痛,称为排便时疼痛;便后数分钟即可缓解,称为间歇期;随后因肛门括约肌收缩痉挛,再次剧痛,临床称为括约肌挛缩痛,此期可持续半小时至数小时。直至括约肌疲劳、松弛后疼痛缓解,但再次排便时又发生疼痛。以上称为肛裂周期性疼痛。但并非每个慢性肛裂患者都出现典型的周期性疼痛。急性肛裂通常仅表现为便时疼痛,便后很快缓解。

2. 出血 肛裂患者排便时常在粪便表面或便纸上见到少量血迹,或滴鲜血,色鲜红。出血量与裂口大小、深浅有关,大出血少见。感染后可见脓血及黏液。

3. 便秘 与肛裂互为因果。患者因恐惧排便时肛裂的疼痛而产生"惧便感",不愿排便,造成便秘后又加重肛裂,形成恶性循环。这种恐便现象可导致大便嵌塞。

4. 瘙痒 裂口溃疡流出分泌物而使肛门潮湿,刺激肛缘皮肤,引起瘙痒,日久可继发肛周湿疹。

(二)体征

1. 裂口 肛管纵行裂口,可有一至数条。裂口深达肌层,早期鲜红底浅,边缘整齐;晚期裂口形成梭形溃疡,边缘增厚。好发于截石位6、12点处。除此两处之外其余部位发生的裂口应考虑相关疾病可能,尤其是克罗恩病、化脓性汗腺炎或性传播疾病。

2. 前哨痔 梭形溃疡下端因炎症、水肿,以及静脉、淋巴回流受阻,形成袋状皮垂向下突出于肛门外,称为前哨痔。

3. 肛乳头肥大 梭形溃疡上端肛瓣和肛乳头水肿,造成肛乳头肥大,有时形成乳头状纤维瘤。因肛裂、前哨痔、肛乳头肥大常同时存在,故称为肛裂"三联征"(图26-3),是肛裂的特征性表现。

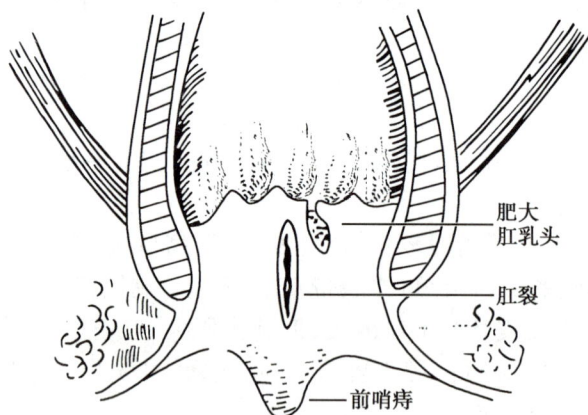

图 26-3 肛裂三联征

4. 内括约肌纤维化 内括约肌下缘肌膜增厚,肌纤维变硬,形成环状索带,使括约肌舒张受限。典型患者可在括约肌间沟上方扪及宽约2cm的环状带。

5. 肛窦炎 裂口上方的肛窦继发感染。

6. 潜行瘘管 肛窦基底常有瘘管与溃疡相通。这是由肛窦感染化脓形成小脓肿后破溃所致。

三、辅助检查

肛裂一般通过询问相关病史及局部视诊,可明确诊断;但需手术治疗时,常可进行如下实验室检查。

1. 一般检查 血常规、尿常规、肝肾功能、凝血功能、心电图、超声和 X 线检查等。

2. 肛门指检 由于肛门括约肌痉挛,指检时可引起剧烈疼痛,一般患者不宜施行指检或指检前使用麻醉药。初期肛裂指检时可在肛管内触及边缘稍有凸起的纵行裂口。后期肛裂可扪及裂口边缘隆起肥厚、坚硬,并常能触及肛乳头肥大;可触及皮下瘘管,在肛缘裂口下端轻压可有少量脓性分泌物溢出。

3. 肛门镜检查 一般患者不宜施行肛门镜检查,或在进行肛门镜检查时使用一定的麻醉药。初期肛裂,溃疡边缘整齐,底浅色鲜红;后期肛裂,溃疡边缘不整齐,底深,呈灰白色,溃疡上端的肛窦呈深红色,并可见到肥大的肛乳头。

4. 肛管压力测定 肛裂患者的肛管静息压明显高于正常人,前者为 127.5kPa ± 42.2kPa,而后者仅为 86.3kPa ± 33.3kPa;同时肛管收缩波有明显增强,前者出现率达 80%,而后者仅占 5%。

5. 肛管直径测量 患者取侧卧位,将锥体状肛管直径测量器涂抹液体石蜡后,以其顶端对准肛门,轻缓推入,直至不能再推入为止,并从测量器侧面的刻度上读出肛管直径的数据。根据对陈旧性肛裂患者在术前未麻醉下测定的结果,其最小直径为 1.5cm,最大直径为 2.2cm,平均为 1.95cm,标准差为 0.19cm。

四、诊断与鉴别诊断

(一) 诊断

1. 病史 详细询问患者的病史,有无便秘史及肛门疾病手术史,创口是否愈合。有无典型的周期性疼痛和便秘时疼痛及出血加重等症状。

2. 专科检查 应以肛门视诊为主,用两拇指将肛缘皮肤向两侧轻轻分开,并嘱患者放松肛门,可见肛管有纵行裂口或纵行梭形溃疡,偶伴出血,多位于截石位 6 点或 12 点处,常伴有赘皮外痔、肛乳头肥大等。必要时可在局麻下行肛门指检及肛门镜检查。

(二) 鉴别诊断

1. 结核性溃疡 溃疡的形状不规则,溃疡面可见干酪样坏死物,疼痛不明显,无裂痕,出血量少,多有结核病史。

2. 肛门皲裂 多继发于肛门湿疹、肛门瘙痒等,裂口为多发,位置不定,一般较表浅,疼痛轻,出血少,无赘皮外痔和肛乳头肥大等并发症。

五、治疗

(一) 西医治疗

1. 非手术治疗 原则是解除括约肌痉挛,止痛,帮助排便,中断恶性循环,促使局部愈合。具体措施如下:

(1)基础治疗:急性或慢性肛裂患者应以基础治疗为主。包括增加膳食纤维和水的摄入、调整生活方式等。对于急性肛裂患者,建议保持一定的纤维摄入量来预防复发。

(2)坐浴:用 1∶5 000 高锰酸钾溶液,每日 2 次或每次排便后坐浴。可保持局部清洁,防止复发。主要作用是通过缓解肛门括约肌痉挛来减轻疼痛,改善肛门局部血液循环,减轻充血和水肿。

(3)容积性或渗透性泻剂:通过软化粪便减少对裂口的刺激和损伤,减轻症状,促进创面愈合。容积性泻剂主要有纤维素补充剂,最常见的是小麦纤维素颗粒、甲基纤维素、口服可溶性或不可溶性纤维补充剂。渗透性泻剂主要包括聚乙二醇和不被吸收的糖类。

(4)一氧化氮供体硝酸甘油外用:局部外用硝酸甘油软膏能有效地缓解括约肌痉挛,减轻疼痛,促进创面愈合。一般每日用药 2 次,连续使用 6~8 周。局部使用硝酸甘油软膏还可以减少手术率或推迟手术的时间。硝酸甘油最常见的不良反应是头痛,存在此风险的患者需谨慎使用。头痛是剂量依赖性的,可以通过口服止痛药或在 4~5 日内逐渐增加硝酸甘油剂量来预防。此外,硝酸甘油浓度对肛裂愈合有一定的影响。

(5)钙通道阻滞剂外用:钙通道阻滞剂(calcium channel blocker,CCB)可缓解肛裂导致的疼痛,促进创面愈合。其疗效与硝酸甘油接近,但不良反应更少,可作为一线治疗药物。局部应用比口服药物更有效,耐受性更好。地尔硫䓬和硝苯地平是两种最常用的钙通道阻滞剂。

2. 手术治疗　适用于经保守治疗无效者,或出现并发症者,如肛乳头炎、肛窦炎、肛周脓肿或外盲瘘,以及有肛裂三联征者。常用的手术方法有肛裂切除术和侧方内括约肌切断术,一般这两种方法联合应用(图 26-4)。

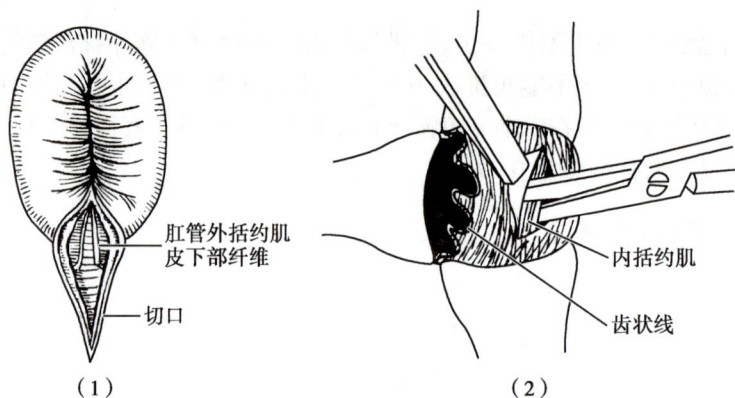

图 26-4　肛裂手术疗法
(1)肛裂切除术(切断肛管外括约肌皮下部纤维);(2)肛管内括约肌切断术。

(1)肛裂切除术:适用于陈旧性肛裂,伴有外盲瘘、结缔组织性外痔及肛乳头肥大者。

1)手术方式:在局麻或腰麻下,做梭形或扇形切口,完全切除结缔组织性外痔、发炎的隐窝和组织、肥大的肛乳头。必要时垂直切开外括约肌皮下部或部分内括约肌,使创面敞开,引流通畅。

2)注意事项:既往有腹泻、胆囊切除、多胎妊娠和会阴撕裂史为失禁高危因素。当出现伤口感染或形成肛瘘时,直接切开肛裂处的内括约肌是有效的,但部分患者会因后正中的切开而形成锁眼畸形,进而出现污粪的情况。切除创面不宜过大,以免瘢痕过大,继发肛门渗液性失禁;亦不宜过小过短,尤其在后位肛裂切口内切断内括约肌,创面较深时要保证充分引流,否则伤口难以愈合。切除深度不宜过浅,以免遗漏潜行皮下瘘管。

(2)侧方内括约肌切断术:适应证同肛裂切除术。但对于存在括约肌损伤风险的患者不建议采用。

1)手术方式:在肛管一侧距肛缘 1~1.5cm 处做小切口,达内括约肌下缘,确定括约肌间沟后分离内括约肌至齿状线,剪断内括约肌,然后扩张至 4 指,电灼或压迫止血后缝合切口,可一并切除肥大肛乳头、前哨痔。肛裂在数周后自行愈合。

2)注意事项:术前评估患者的肛门功能,避免加重肛门功能的损伤;对于行括约肌切断术后复发的患者,再次手术前建议行肛管腔内超声评估肛管形态;避免后正中施术,防止产生锁眼畸形而发生肛门失禁。

(3)推移皮瓣肛门成形术:适用于肛门括约肌张力低或存在高失禁风险、保守治疗及行括约肌切断术后症状仍持续存在的患者。与侧方内括约肌切断术相比,治愈率无显著差异,但发生肛门失禁的风险较低,并发症发生率较低。

1)手术方式:切除肛裂纤维化的区域,游离皮肤和皮下组织,覆盖切除肛裂后的缺损,并超过其外缘。最后用 3-0 可吸收抗菌缝线间断缝合皮下组织及皮肤。肛门外敷塔形纱布,胶布加压固定。常见的推移皮瓣有 V-Y、U 形、菱形或 House 皮瓣。

2)注意事项:在皮瓣转移的过程中,应该注意避免损伤皮下的血管丛;设计应用足够长的皮瓣,覆盖足够长的肛管,使皮瓣更易移行到肛管的相应位置;同时注意初始缝合皮瓣的给位,避免因缺乏活动性,皮瓣高张力和缺乏血运引起皮瓣缺血性坏死。

(4)肛裂切开挂线术:适用于伴有皮下瘘、肛门梳硬结或肛门狭窄的陈旧性肛裂。

1)手术方式:先切除裂痔及肥大肛乳头,在肛裂溃疡面外缘皮肤做一放射状小切口,长约 1.5cm。球头探针穿过外括约肌皮下部及内括约肌,从病变肛窦处穿出,将橡皮筋悬挂于内、外口之间,切开内、外口之间的皮层及硬化的栉膜带组织,修剪皮瓣使之呈梭形。将橡皮筋内外两端合拢拉紧、钳夹,钳下丝线结扎。外用塔形纱布压迫,胶布固定。

2)注意事项:探针要在示指引导下于病变肛窦处探出,以免损伤对侧肠黏膜。橡皮筋结扎松紧适度,以免张力不够而不能勒开。

(5)改良纵切横缝术:适用于伴有外盲瘘、结缔组织性外痔或肛乳头肥大的陈旧性肛裂。

1)手术方式:沿肛裂裂口正中位置做纵行切口至肛缘,上至齿状线上缘 0.5cm,依据内括约肌粗细程度行部分内括约肌切断操作,一并切除潜行的瘘管、痔、肛窦、肥大肛乳头等。行创缘修理,清理溃疡边缘增生及坏死的结缔组织。用左示指交叉伸入肛管内扩肛,充分松解。潜行分离切口两侧黏膜及皮肤。在肛缘外 1.5~2.0cm 正对切口处,做长 1.5~2.5cm 平行于肛缘的弧形减张切口,在肛管切口下缘和减张切口上缘形成游离皮瓣,自切口上端瓣膜进针,横行与下端游离皮肤缝合,上下各 6~7 针,使纵行切口变为横行切口,最后游离皮瓣推至肛管内,减张缝合切口成纵行切口,外敷胶布并加压固定。

2)注意事项:在行缝合时需全层缝合不留死腔,防止血肿形成影响创口愈合。在打结时需防止缝线松动,以免腔隙形成引流物堆积导致术后感染。做完横缝后需检查引流切口基底部是否平滑,如果有兜袋形成,需切开引流,防止引流物堆积。

(二) 中医治疗

1. 辨证论治

(1)血热肠燥证:大便硬,便时肛门痛、滴血,裂口色红,腹胀满,尿黄,舌红,脉弦数。治以清热润肠通便,用凉血地黄汤合麻仁丸加减。

(2)阴虚津亏证:大便干结,便时肛门痛、滴血,裂口深红,口干咽燥,五心烦热,舌红苔少,脉细数。治以养阴清热润肠,用润肠丸加减。

(3)气滞血瘀证:肛门刺痛、紧缩,裂口色紫暗,舌紫暗,脉弦或涩。治以理气活血,润肠通便。方用六磨汤加减。

2. 中成药治疗 常用的中成药有槐角丸、化痔丸、麻仁丸等。

3. 外治法

(1)熏洗法:每次便后用苦参汤或花椒食盐水坐浴,趁热先熏后洗,可改善局部血液循环、保持局部清洁、减少刺激。

(2)外敷法:坐浴后用生肌玉红膏蘸生肌散涂于裂口,每日 1~2 次。陈旧性肛裂可用七三丹或枯痔散等腐蚀药搽于裂口,2~3 日腐脱后,再改用生肌白玉膏或生肌散收口。或用 5% 石炭酸甘油涂擦患处后,再用 75% 乙醇擦去。

(3)针刺疗法:取承山、长强、三阴交、天枢和大肠俞等穴位。操作:多用针刺,每次留针 10~20 分钟,每日 1 次,7 日为一个疗程,直至症状消失,肛裂愈合。孕妇忌针。

六、中西医结合讨论

肛裂是一种常见的肛门直肠疾病,通过询问病史、视诊、指检和肛门镜检查可以确诊。治疗的主要目标是缓解局部高压,促进创口愈合,减少并发症,并提高患者的生活质量。

中医治疗肛裂方法多样,分为内治法和外治法,并且可以结合使用。中医治疗针对个体辨证论治,具有副作用小、患者接受度高的特点。西医治疗主要采用手术治疗,根据解剖结构对肛裂进行治疗,效果直接且迅速,这是西医治疗的特点。当非手术治疗无效且没有禁忌证时,可以选择手术治疗来迅速缓解症状。

近年来的研究表明,中医治疗在术后护理方面效果显著,可以有效降低切口感染、肛缘水肿和排尿困难等并发症的发生率。中西医结合治疗方法在临床上得到越来越广泛的应用。根据肛裂的不同分期,可以提出一些中西医结合诊疗肛裂的思路。

对于Ⅰ、Ⅱ期肛裂,主张保守治疗,以抗炎、缓解痉挛、减少出血和促进创面愈合为主要目标。可以使用中药熏洗、塞肛以及硝酸甘油软膏治疗,这些方法可以有效缓解痉挛,降低肛管静息压,增加肛管血流,改善缺血情况,并且缓解疼痛。研究表明,中西医结合治疗效果更佳,可以有效降低手术率,降低肛门失禁的风险。

对于Ⅲ期肛裂和保守治疗无效的情况,应积极进行外科干预治疗。有多种手术治疗方式可供选择,例如侧方内括约肌切断术、肛裂切除术和推移皮瓣肛门成形术等,这些手术能够有效治疗肛裂。根据个体化原则选择适当的手术方式。在术后治疗中,要重视并发症的处理,其中疼痛是最常见且影响较大的并发症,并且严重情况下可能会影响患者排便,延迟伤口愈合。因此,可以在长强和双侧承山穴进行穴位埋线,可以明显改善术后排便和排尿,减轻肛裂术后的疼痛,而且安全、无副作用。术后护理中还可以根据辨证予以中药内服和坐浴治疗,改善患者整体状况。中西医结合治疗可以加速伤口愈合,减少出血,显著缓解疼痛,减少并发症,并提高患者的生活质量(图26-5)。

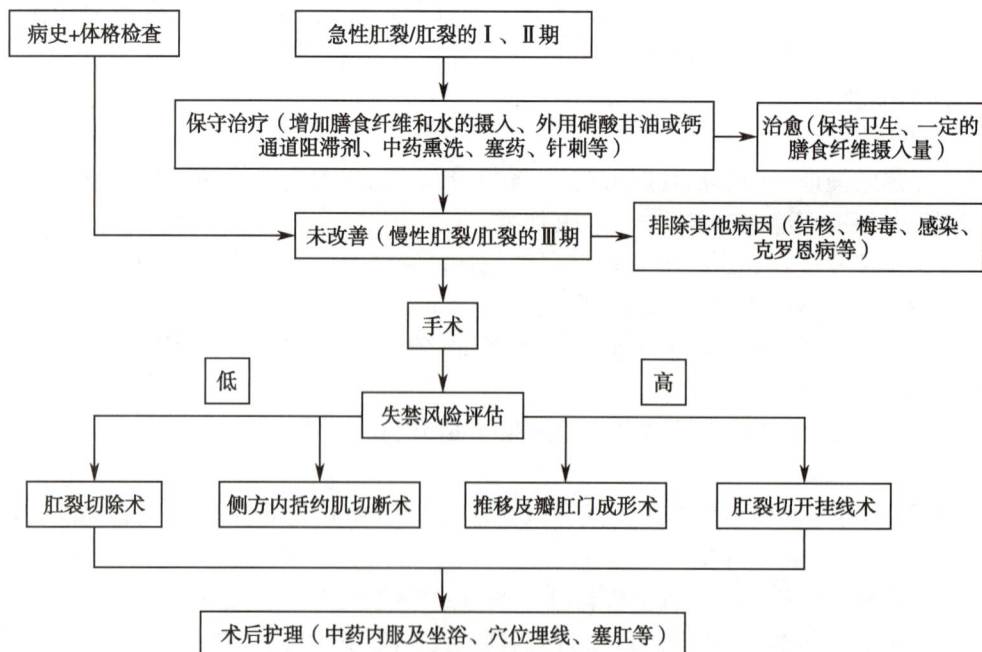

图 26-5 肛裂中西医结合诊疗流程

(康 健)

第七节 肛门直肠周围脓肿

肛管直肠周围软组织或其周围间隙发生急性或慢性化脓性感染并形成脓肿的疾病，称为肛门直肠周围脓肿，简称肛周脓肿。中医学称之为"悬痈""肛痈""脏毒"等。此病多见于20~40岁的青壮年，男性多于女性。本病大多是由肛隐窝炎导致肛腺感染发展而来，发病急骤，进展迅速，可引起患者肛周局部剧烈疼痛，重者可出现发热、乏力等全身症状，以及易向周围软组织间隙扩散形成新的脓肿，发病部位多以低位为主，发生在肛提肌以上的高位脓肿约占5.5%。若治疗不彻底，可进一步引发肛瘘、脓毒症等病症。

一、病因与病理

（一）西医病因与病理

1. 病因　西医学认为肛门直肠周围脓肿的主要病因是感染、激素、免疫及肿瘤等。

（1）肛窦感染：肛窦炎是引发肛门直肠周围脓肿最常见的因素。肛窦感染发炎，导致肛窦口肿胀闭塞，脓液受阻流出不畅，从而沿着肛腺分支或淋巴管扩散至直肠周围组织形成脓肿。

（2）血行感染：病原菌通过血液传播至肛门直肠周围软组织，导致肛周脓肿发生。常见于免疫功能下降的慢性疾病患者，如糖尿病、白血病等患者。

（3）邻近组织感染：直肠损伤后感染、肛周皮肤感染及骶尾骨感染等，未及时控制可蔓延至肛门直肠周围软组织，导致肛周脓肿。

（4）手术感染：例如痔和前列腺手术后感染、会阴部手术感染及尿道手术后感染等。

（5）医源性感染：发生在手术过程中，如直肠脱垂手术时注射硬化剂操作不当，以及痔、肛裂等直肠肛管手术时的局部麻醉或术后护理不慎。

（6）性激素水平：肛腺的发育和功能主要受人体性激素调节。随着年龄的变化，性激素水平亦有相应的变化，可直接影响肛腺的增生与萎缩。因肛周脓肿多与肛腺感染有关，故其发病率也随之升高和降低。新生儿或婴幼儿体内雄激素水平较高，肛腺特别发达，易患肛周脓肿。随着成长，雄激素水平下降，肛腺萎缩，儿童至青春期前肛周脓肿发病率极低。青春期时性激素活跃，肛腺增生，如排泄不畅，易感染而患肛腺炎，成年后发病率上升。老年期性激素下降，肛腺萎缩，不易感染，肛周脓肿较少见。

（7）免疫：感染性疾病的发生和严重程度与个体免疫功能相关。免疫功能强可避免肛周脓肿发生或使病灶局限，免疫功能低下时相反。血液病患者免疫功能减弱，患肛周脓肿的概率高于正常人，病灶范围较广。

（8）肿瘤：主要由脂肪瘤、骶前畸胎瘤及肛管直肠癌破溃或累及引发。

一般常见的肛门直肠周围脓肿大多由金黄色葡萄球菌、链球菌等感染引起，极少数由结核分枝杆菌引起。

2. 病理

（1）初期：病原菌在局部组织中大量繁殖，组织产生炎症反应，即组胺、5-羟色胺等炎性物质浸润，血管扩张，炎症细胞聚集，局部表现为红、肿、热、痛的硬块。

（2）中期：炎症细胞吞噬细菌及坏死组织后，同时释放出蛋白酶将坏死组织、细胞碎片液化成脓液。此时，肿块开始变软形成脓包。

（3）晚期：若不经手术治疗，患者身体抵抗力较好或服用有效的抗生素后，脓肿可能被逐渐吸收,但可留下一条盲瘘管于肛周组织内。脓肿较浅、腔壁较薄的可自行破溃,日后形成肛瘘。若进行切开引流,脓出后脓腔逐渐由肉芽组织填充并不断缩小,最终形成瘘管。

(二) 中医病因病机

肛门为足太阳膀胱经所主,湿热容易聚集于膀胱。故此处生痈,多由湿热下注而成,或因肛裂、内痔感染毒邪而发。本病凡属实证,多因饮食不节,过食辛辣厚味,湿热内生,热毒结聚而致;或因肌肤损伤,感染毒邪,瘀血凝滞,经络阻塞,血败肉腐而成。凡属虚证,多因肺、脾、肾三阴亏损,湿热乘虚下注肛门。

1. 感受外邪 外邪入里化热,壅滞气血,腐肉成脓。

2. 饮食不节 过食醇酒厚味,损伤脾胃,酿生湿热,湿热蕴结于肛门。

3. 火毒蕴结 多因妇人孕产、便秘努挣、劳累后肛裂及内痔等感染毒邪,湿热邪气下注肛肠,蕴结成毒而发。

4. 热毒炽盛 多因过食辛辣炙煿之品或酗酒等,导致湿热内生,下注大肠,蕴阻肛门,以致经络阻滞,气血凝滞而成。

5. 阴虚毒恋 肺脾肾阴虚,正气不足,湿热下注,经络阻滞,气血凝滞,肉腐成脓。

6. 劳伤虚损 劳力过度、劳神过度或房劳过度,均可致三阴亏损,湿热结聚于肛门。

二、临床表现

(一) 症状

根据脓肿发生的部位深浅不同,其临床表现各异。肛提肌以上间隙的脓肿,位置深,腔隙大,表现为全身感染症状重、局部症状轻,一般肛门周围多无异常,但直肠指检可发现直肠壁外有压痛、隆起或质韧的肿物,甚至有波动感。肛提肌以下间隙的脓肿,部位浅而易见,局部红肿热痛明显,全身症状轻。由于脓肿发生的部位不同,其症状也各有特点。现分述如下:

1. 肛提肌以上间隙脓肿

(1)骨盆直肠窝脓肿:位于肛提肌以上,发病缓慢,直肠内有沉重坠胀感,排便不畅。直肠指检可触及直肠内灼热、侧壁隆起的脓肿。

(2)直肠后间隙脓肿:位于骶骨与直肠之间,全身感染症状明显,直肠内有重坠感,骶尾部酸痛并可放射到臀部和大腿后方。直肠指检时发现直肠后方有隆起、压痛和波动感。

(3)直肠黏膜下脓肿:位于直肠黏膜和肌层间的结缔组织内,多数较小,多位于直肠下部的后方或侧方。肛门外常无体征,直肠内有沉重坠胀感,直肠指检可触及直肠壁上卵圆形隆起,有触痛和波动感。

(4)高位括约肌间脓肿:位于直肠环肌与纵肌之间,引起直肠下部坠胀感和胀痛,排便和行走时疼痛加重。全身感染症状明显,肛门外常无体征。直肠指检可触及直肠壁上的圆形隆起,有压痛和波动感。窥镜下可见直肠壁表面有充血、糜烂,边界整齐清楚,常有炎性黏液覆盖。

2. 肛提肌以下间隙脓肿

(1)坐骨直肠窝脓肿:常见,占肛门直肠周围脓肿的 15%~25%。初起时有疼痛、坠胀感,全身症状包括头痛、倦怠、食欲不振、发热恶寒等。臀部红肿逐渐明显,范围扩大,触痛加剧,排便时疼痛剧烈,可能有反射性排尿困难。

(2)肛管前间隙脓肿:浅部为局部皮肤红肿疼痛,深部可导致蹄铁形脓肿。

(3)肛管后间隙脓肿:浅部为肛门与尾骨之间的皮肤红肿和疼痛,可能发展成肛门后位浅表的肛瘘;深部为肛尾韧带与肛提肌之间的肛管后深间隙感染,表现为肛门直肠后部钝痛和坠胀感,排便时加剧。脓肿可以穿破皮肤形成肛瘘,也可以向坐骨直肠间隙扩展形成蹄铁形脓肿。

(4)肛周皮下间隙脓肿：常见，占肛门直肠周围脓肿的40%~45%。局部红肿疼痛、坠胀感，排便和活动时疼痛加剧，脓肿形成后可能出现跳痛。全身感染症状通常不明显。脓肿初期红肿区域较局限，有硬化和触痛，之后可能有波动感。脓肿自行破溃后可能形成低位肛瘘，如果破溃在隐窝内，则容易形成"内盲瘘"。

肛周脓肿的分类见下图(图26-6)。

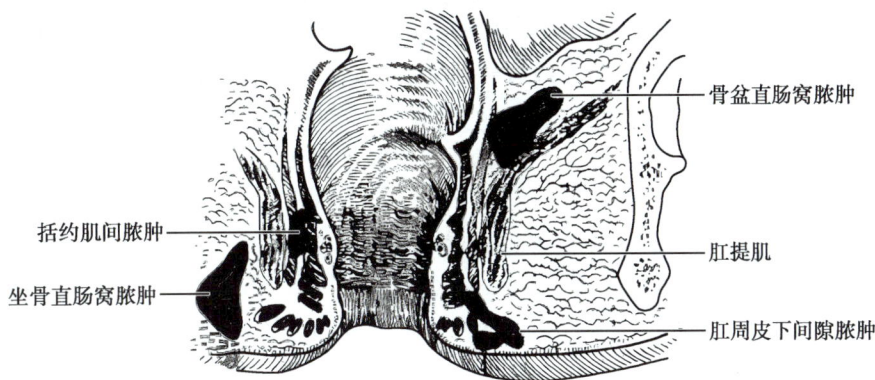

图26-6 肛周脓肿的分类

(二) 体征

1. 局部红肿 病位较浅者，可见局部皮肤鲜红或紫红，皮温升高，有局限性肿胀高突。病位较深者，初期肛周可无异常，或漫肿，皮色改变不明显，如发于一侧，可见双侧臀形不对称。

2. 肿块及波动感 浅表者，肛外触诊即可发现肿块硬结的位置、形态、范围及有无波动感。位置深者，则须行肛门指检，才能查清肿块的位置、形态、范围及有无波动感。有时脓腔压力过高，波动感可不明显。

3. 脓性分泌物 如脓肿破溃，则破溃口有脓液溢出。脓多稠厚色黄，多为金黄色葡萄球菌感染；脓淡黄味臭，多为大肠埃希菌感染；混有绿色，应考虑是铜绿假单胞菌感染；脓清稀呈米泔样，含有干酪样物质，多为结核分枝杆菌感染。

三、辅助检查

1. 血常规及C反应蛋白 可根据白细胞计数与分类、C反应蛋白升高程度初步判断感染程度，伴心率、呼吸频率加快，意识状态改变等表现时，应警惕脓毒症。

2. 脓液细菌培养和药物敏感试验 细菌培养可帮助详细了解具体致病菌的种类和性质，药物敏感试验结果可作为针对性用药的依据。

3. 超声检查 不同病理阶段肛周脓肿的声像图表现各异，基本上可反映肛周脓肿发展和演变的过程。

(1)炎症浸润期：肛管直肠周围软组织充血、水肿，尚未形成脓液。声像图表现为病灶内低回声，内部回声均匀，范围局限，边界不清，无明显包膜。血流图像：部分病灶内部及周边可测及血流信号。

(2)化脓期：病灶变性、坏死和液化，形成脓肿。声像图多显示病灶边界清晰，壁厚且厚薄不均、内壁毛糙。当脓腔坏死、液化不充分时，内部多发小腔，回声不均匀，表现为斑片状回声；当脓肿液化充分，脓液稀薄而均匀时，脓腔内部呈低回声或无回声，当脓液黏稠而均匀时，脓腔内部呈均匀的高回声。在化脓期探头加压，脓腔变形，可见回声移动现象。血流图像：脓腔壁、腔内纤维分隔以及脓腔周边可见血流信号，脓肿内部已坏死液化部分无血流信号。

（3）脓肿形成后期（机化消散或破溃后）：病情迁延时间较长，部分组织机化，纤维组织增生。病灶声像表现呈不均匀高回声与低回声混合型，脓肿者病灶与肛周皮肤间可见管道样回声，走行和边界清晰，为瘘管形成，含气体时可见彩色闪烁伪像。血流图像：病变区域无明显血流信号，如形成瘘管，在其周边可见血流信号。

4. X 线检查　当高位脓肿定位不准时，可先穿刺抽取脓液，再往脓腔内注入造影剂进行摄片，可帮助明确病灶位置、深浅、大小、形状及扩散途径。

5. CT 检查　肛周脓肿在 CT 平扫检查时，可见不均匀高密度影，边缘模糊不清，与周围低密度脂肪形成对比。多数脓腔内有气体存在，主要与厌氧菌感染有关。增强 CT 检查可显示厚的脓肿壁，并呈环形强化，而脓腔不增强。多层螺旋 CT 能够进行薄层扫描和重组，提供病变位置、范围、是否有内口以及内口位置等信息，在显示病灶与肛提肌、肛管直肠环的解剖关系方面具有优势。

6. MRI 检查　MRI 检查对软组织分辨率高并且具有较多的序列，可以清晰显示肛周肌肉的解剖结构及与肛周脓肿的关系。

7. 病理学检查　取脓腔壁进行病理学检查可明确病变性质，如疑有特异性感染或恶性肿瘤，有助于诊断。

四、诊断与鉴别诊断

（一）诊断依据

1. 症状　肛门疼痛，甚至影响坐卧及活动，可伴有发热恶寒。结核性肛周脓肿可有发热、盗汗、咳嗽等症。也有疼痛不明显而表现为肛门坠胀、小便不利等。

2. 体征　肛门局部红肿高突、触压疼痛、皮温升高。指检可触及肿块或硬结及波动感，齿状线附近内口部常有压痛或扪及凹陷硬结。肛门镜检查可见内口部肛窦充血、肿胀，有时挤压有脓液溢出。如脓肿破溃，则溃口有脓液溢出。

3. 辅助检查　血常规中性粒细胞百分比升高、穿刺可抽出脓液、B 超检查发现脓腔，均为本病的重要诊断依据。

在确诊为肛周脓肿后，还要进一步查明脓肿的类型，即脓肿的位置，与肛腺及肛门括约肌的关系，脓肿为特异性还是非特异性，引起肛周脓肿的病原菌等，方能全面掌握病情。

（二）鉴别诊断

1. 骶前囊肿　发生部位在直肠后，骶骨前。触之呈囊性、光滑有分叶，无明显压痛，非急性感染期局部无明显症状。如发生急性感染化脓，可出现骶尾部胀痛、发热等症状，与直肠后间隙脓肿相似。影像学检查，骶骨与直肠之间可见肿块，形状规则，多为圆形。

2. 汗腺炎性脓肿　由肛周化脓性汗腺炎引起。浅在，分布于肛门周围皮下，脓肿间相互连通，与慢性窦道并存，不与直肠相通，脓液黏稠呈灰白色，味臭。化脓性汗腺炎范围广泛，常可累及肛周、臀部及会阴，病变部位皮肤色素沉着、增厚、变硬，并有广泛慢性炎症和瘢痕形成，患者多体质虚弱。

五、分类法

（一）病变部位分类法

以发病部位分类是目前中西医临床上应用最广泛的分类方法，包括肛提肌以下间隙脓肿（低位肛周脓肿）和肛提肌以上间隙脓肿（高位肛周脓肿）。

1. 肛提肌以上间隙脓肿

（1）骨盆直肠窝脓肿：在骨盆直肠间隙内形成的脓肿。

(2)直肠黏膜下脓肿:在直肠黏膜下形成的脓肿。

(3)直肠后间隙脓肿:在直肠后间隙内形成的脓肿。

(4)高位括约肌间脓肿:位于直肠下部,直肠环肌与纵肌之间。

(5)高位马蹄形脓肿:两侧骨盆间隙脓肿与直肠后间隙相通。

2. 肛提肌以下间隙脓肿

(1)坐骨直肠窝脓肿:在坐骨直肠间隙内形成的脓肿。

(2)肛周皮下间隙脓肿:在肛周皮下间隙内形成的脓肿。

(3)肛管前(浅、深)间隙脓肿:在肛管前间隙内形成的脓肿。

(4)肛管后(浅、深)间隙脓肿:在肛管后间隙内形成的脓肿。

(5)低位马蹄形脓肿:一侧坐骨直肠窝脓肿脓液经过肛门后间隙,蔓延到对侧坐骨直肠间隙内。

(二)急、慢性分类法

根据脓肿的致病菌和性质分为急性化脓性脓肿和慢性化脓性脓肿两大类。

1. **急性化脓性脓肿** 多为金黄色葡萄球菌、大肠埃希菌等感染引起。

2. **慢性化脓性脓肿** 多为结核分枝杆菌感染引起。

值得注意的是:若脓液细菌培养为大肠埃希菌或厌氧菌,说明感染多来自直肠,术后多有肛瘘形成;若培养为金黄色葡萄球菌,说明感染多来自皮肤,术后很少发生肛瘘。在术中引流未找到内口时,细菌培养可作为治疗中的参考。

(三)Eisenhammer 分类法

根据肛隐窝与肛瘘的关系分为原发性急性隐窝性肌间瘘管性脓肿和急性非隐窝性非瘘管性脓肿(图 26-7)。

原发性急性隐窝性肌间瘘管性脓肿(简称瘘管性脓肿)与肛隐窝及肛瘘有关;急性非隐窝性非瘘管性脓肿(简称非瘘管性脓肿)与肛隐窝及肛瘘无关。

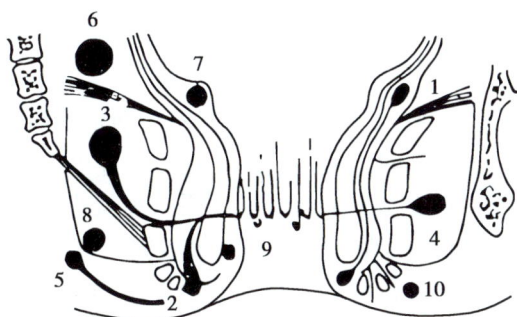

原发性急性隐窝性肌间瘘管性脓肿:1.高位肌间瘘管性脓肿;2.低位肌间瘘管性脓肿;3.后方经括约肌坐骨直肠窝马蹄瘘管性脓肿;4.前方经括约肌坐骨直肠窝瘘管性脓肿;5.后方低位肌间单侧表浅坐骨直肠窝马蹄瘘管性脓肿。

急性非隐窝性非瘘管性脓肿:6.肛提肌上骨盆直肠窝脓肿;7.黏膜下脓肿;8.坐骨直肠窝异常性脓肿;9.黏膜皮肤或边缘性脓肿;10.皮下或肛门周围脓肿。

图 26-7 瘘管性脓肿及非瘘管性脓肿

(四)感染病菌种类分类法

1. **非特异性肛周脓肿** 临床常见,多由大肠埃希菌、金黄色葡萄球菌、链球菌等混合感染而致。

2. **特异性肛周脓肿** 临床罕见,如结核性脓肿等。

(五) 瘘管形成分类法

根据肛周脓肿脓出后是否形成瘘管,将其分为瘘管性脓肿和非瘘管性脓肿两大类。

1. 瘘管性脓肿　因肛腺感染而致病,脓出后形成肛瘘者。临床上如无特指,一般均是指此类肛周脓肿。

2. 非瘘管性脓肿　与肛腺感染无关,脓出后不形成肛瘘者。如皮肤感染向深部扩散、手术或外伤后继发感染等形成的脓肿,皆属此类。

六、治疗

疾病初期一般可用外治、内治,使炎症消散或控制炎症扩展。一旦脓成或溃口,则必须切开引流,但应根据脓肿的部位、深浅和病情的缓急,选择适当的手术切开法。手术切开后一般需每天或隔天换药,同时给予足量抗生素或清热解毒类中药,以控制术后感染。

(一) 西医治疗

1. 非手术治疗

(1)内治:由于肛门直肠周围脓肿的致病菌多为大肠埃希菌、金黄色葡萄球菌、链球菌,临床上首先应该选用对革兰氏阴性杆菌有效的抗生素或广谱抗生素,如磺胺类、四环素、庆大霉素、卡那霉素等进行抗感染,7~10天后再根据病情改用其他药物。较严重的脓肿,伴高热、寒战或出现脓毒症休克的患者,需大剂量联合应用抗生素;如伴有产气荚膜梭菌感染,更应加入大量抗厌氧菌的药物。

(2)外治:局部用1:5 000高锰酸钾溶液坐浴,破溃后用生理盐水或甲硝唑冲洗,脓液多者用过氧化氢溶液冲洗。

2. 手术治疗

(1)手术方法选择

1)切开引流法:适用于高位脓肿,而且全身症状重的患者。

2)一次切开术:适用于肛周皮下间隙脓肿、低位肌间脓肿、肛管后间隙脓肿。

3)切开挂线术:适用于所有高、低位脓肿。一般以肛提肌以上间隙脓肿多采用。

(2)手术切开治疗

1)浅部脓肿切开疗法:①单纯脓肿:患者侧卧位,清洁消毒,局部麻醉后,在最明显的凸起处做肛周放射状切口,切口要足够大,方便脓液排出。排净脓液后,探查脓腔是否有间隔,并完全分开。检查脓腔大小及深浅。用生理盐水或依沙吖啶溶液冲洗脓腔,修整切口边缘并切除少许皮肤,确保引流通畅。最后放入凡士林纱条引流。②有内口的脓肿:切开脓肿后,用探针仔细探查内口,切开瘘管并切除适量皮肤、皮下组织以及内口周围组织。用凡士林纱条引流脓腔和瘘管,防止过早愈合。如果内口经过肛门主要括约肌,可同时采用挂线疗法。③黏膜下脓肿:在直肠镜下切开最高凸起部位,切口向下,一直延伸到脓肿边缘,确保引流通畅,防止袋脓现象。直肠部切开时无须麻醉,排尽脓液后用生理盐水或依沙吖啶溶液冲洗脓腔。如无出血,留置胶条引流。如有活动性出血,彻底止血。

2)深部脓肿切开疗法:①坐骨直肠窝脓肿:患者侧卧位,局部清洁消毒后穿刺抽脓。在离肛门2.5cm处做切口,避免损伤括约肌。切入脓腔,用示指分隔纤维隔,排尽脓液。切除少许切口边缘皮肤及组织以保证引流通畅,并放置胶皮管引流。如脓液流出较多,表示脓肿可能已累及对侧坐骨直肠间隙,如确诊脓肿累及对侧,需同时切开对侧脓肿,步骤相似。②骨盆直肠窝脓肿:骨盆直肠窝脓肿的切口基本同坐骨直肠窝脓肿切口,但应稍偏后方。其他处理与前几种脓肿处理方法基本相同。③直肠后间隙脓肿:直肠后间隙脓肿的切开引流与坐骨直肠窝脓肿的切开法基本相同,仅切口更偏向后方。其他处理与前几种脓肿处理方法基本相同。④肛门后脓肿:肛门后脓肿较前三种脓肿位置浅,切口宜在肛门与尾骨之间隆起最明显处。肛门后脓肿一般在肛内都有内口存在,手术时需同时仔细处理。其他处理与前几种脓肿处理方法基本相同。

(二) 中医治疗

1. 辨证论治

(1)火毒蕴结证:肛周突发肿痛,持续加剧,伴恶寒发热,便秘,尿黄,肛周红肿触痛,质硬灼热,舌红,苔薄黄,脉数。治以清热解毒,消肿止痛。方用仙方活命饮加减。

(2)热毒炽盛证:肛门肿痛剧烈,数天不退,痛如鸡啄,夜寐不安,伴恶寒发热,口干,便秘,小便难,肛周红肿有波动感或可抽脓,舌红苔黄,脉弦紧。治以清热解毒,透脓托毒。方用透脓散加减。

(3)阴虚邪恋证:肛门肿痛灼热,表皮色红难敛,伴午后潮热、心烦口干、盗汗,舌红少苔,脉细数。治以养阴清热,祛湿解毒。方用青蒿鳖甲汤合三妙丸加减。

(4)正虚邪伏证:体虚,疮形平塌,皮色紫暗,按之不热,痛轻,脓成缓,或溃后久不收口,脓水清稀,腹胀纳差,便溏,舌淡,苔薄白或白厚,脉沉细。治以益气补血,托毒敛疮。方用托里消毒散加减。

(5)湿痰凝结证:结块散漫无头,不红不肿,酸胀不适,日久暗红成脓,溃后脓水稀薄淋漓,疮面灰白不敛,伴潮热盗汗、形体消瘦、痰中带血,舌红,苔少或白厚,脉细数或滑数。治以燥湿化痰消肿,用二陈汤合百合固金汤加减。

2. 外治法

(1)坐浴疗法:术后 15 天内用中药坐浴,选苦参汤,煎水 1 500~2 000ml,先熏后洗,肛门切口浸泡 5~15 分钟,避免时间过长或温度过高引起水肿。愈合后用花椒盐水坐浴。

(2)熏洗疗法:适用于病程长、炎症范围大、手术未全切肿块硬结的术后患者或发病初期症状较轻者。中药熏洗可抑菌、渗透,增强清热解毒、凉血祛瘀、消肿止痛、消散托毒、去腐生肌之效;中药熏洗可清除脓液及坏死组织,且中药直接作用于患处,减轻换药时疼痛。常用药有痔疾洗液、苦参汤等。

(3)外敷法:初期可用金黄散或黄连膏外敷患处,每日 1 次。属虚证者以冲和膏外敷。溃脓后期用提脓丹或九一丹外敷。

(4)保留灌肠法:对于深部脓肿和范围巨大的脓肿,可予金黄散调糊或中药汤剂保留灌肠。

3. 其他疗法　微波疗法、红外线、电热照射,每日 1~2 次,每次 3~5 分钟。

七、预防与调护

1. 保持肛门清洁,勤换内裤,坚持每日便后清洗肛门,对预防感染有积极作用。

2. 及时治疗可引起肛周脓肿的全身性疾病,如溃疡性大肠炎、肠结核等。

3. 积极防治其他肛门疾病,如肛窦炎和肛乳头炎,以免肛周脓肿及肛瘘发生。

4. 不要久坐湿地,以免肛门部受凉受湿,引起感染。

5. 一旦发生肛门直肠周围脓肿,应早期医治,以防蔓延。

6. 脓肿切开后,局部必须保持清洁卫生,每日坐浴后更换敷料。

八、中西医结合讨论

肛门直肠周围脓肿一般不能自行痊愈,如任其发展,最终脓肿将向肛周皮肤或肛管直肠腔内破溃形成肛瘘。因此,一旦出现肛门直肠周围脓肿应及时治疗。治疗上,古代医家重视本病对肛门造成的皮肉损伤和功能的影响,如《辨证录》云:"肛门之肉,不比他处之肉;而肛门之皮,亦不比他处之皮……惟肛门之皮肉有纵有横,最难生合,况大便不时出入。"这一思想不仅与现代中西医临床相契合,基于这一思想研发的治疗手段也为中西医治疗打下了坚实的基础。

经过长期的临床研究和积累,中医挂线疗法及切开排脓挂线法被广泛运用,效果显著。中医挂线疗法是治疗肛周脓肿和肛瘘的特色治疗方法,其原理是利用橡皮筋或药线的机械切割作用,使结扎部位缺血、坏死并伴随瘢痕性愈合,是一种边切割边修复的模式。切开排脓挂线法则是在中医"挂线法"基础上发展起来的中西医结合新疗法,适用于肛腺感染化脓向上侵入肛管直肠环以上的高位骨盆直肠窝脓肿或高位坐骨直肠窝脓肿。此方法可根治肛周脓肿,避免了传统手术后肛瘘形成的痛苦,并缩短了疗程和节约了医疗费用。

除了手术治疗,药物治疗也很重要。除选用抗生素外,还可选用清热解毒、托里排脓、生肌止痛的中药治疗。另外,每日便后宜坐浴换药,局部换药可选用红油膏纱条或四黄膏纱条,有去腐生肌、清热解毒作用,有利于创口引流,防止假愈合。

切开排脓挂线法既传承了古代医家的智慧结晶——中医挂线疗法,又结合了现代手术方法以及材料,在实际的临床治疗中运用十分广泛且疗效确切。对于本病,临床医生应持续跟进国内外的最新研究和治疗手段,为患者带来更便捷有效的治疗方法。

(刘 潜)

第八节 肛 隐 窝 炎

肛隐窝炎(anal cryptitis)一般又称肛窦炎,是肛隐窝、肛瓣及肛腺内发生的急性或慢性炎症性疾病。因其特殊的解剖结构和部位,肛窦的感染率极高,常合并肛乳头炎、肛乳头肥大。临床上常表现为肛门疼痛、排便不尽感、肛门坠胀及异物感、肛门瘙痒等不适。如未及时治疗,多易发展成内盲瘘、肛周脓肿甚至肛瘘,长期迁延不愈则严重影响患者的生活。因此对本病的早期诊断、治疗有积极的意义。

中医称本病为"脏毒"。该病可追溯至《伤寒杂病论》成书年代,可归属"狐惑""下利"范畴。《金匮要略》主论杂病,张仲景在《金匮要略·呕吐哕下利病脉证治》中提到"下利已瘥,至其年月日时复发者,以病不尽故也",揭示了本病易反复发作的特点。

一、病因与病理

(一)西医病因与病理

肛窦又称肛隐窝,是位于直肠柱之间,肛瓣之后的小憩室,它的数目、深度和形状变化比较大。人类正常有6~8个肛隐窝,形如倒置的漏斗状"囊袋",上口朝向肠腔的内上方,窝底伸向外下方,引流差,且容易受到损伤(图26-8)。发生炎症时,局部易充血、水肿、分泌物增多和组织增生。常可并发肛乳头炎、肛乳头肥大,甚者可通过肛腺管状分支及联合纵肌纤维蔓延,形成肛门直肠周围脓肿。

(二)中医病因病机

中医学认为,本病由湿、热为患,虚实夹杂,有标实而本未虚者,亦有本虚标实者。多因饮食不节,过食醇酒厚味、辛辣炙煿,或虫积骚扰,湿热内生,下注肛部;或因肠燥便秘,破损染毒;或因郁热邪毒灼伤津液,阴津亏损而成。

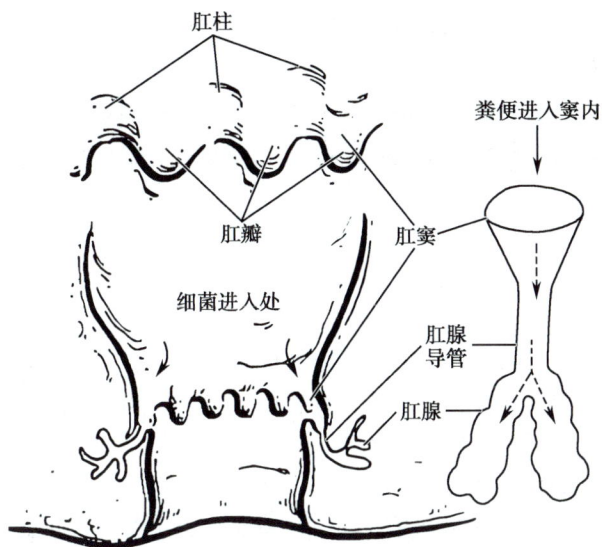

图 26-8 肛隐窝(肛窦)、肛瓣、肛腺

二、临床表现

(一)症状

1. 肛门部不适　常表现为排便不尽,肛内下坠感和异物感,严重者可伴有里急后重感。

2. 疼痛　急性期肛隐窝炎可伴有灼热、刺痛,疼痛多由粪块压迫肛隐窝所致,一般持续数分钟即止。当括约肌受到刺激而产生痉挛时,则可出现疼痛加重,并可波及臀、会阴、骶尾、股后等多个部位,引起酸痛不适或小便不畅。

3. 肛门潮湿、分泌物　肛窦的炎性水肿可引起肛门瘙痒、潮湿。急性期常伴有便秘,粪便常带有少量混有血丝的黏液,通常在排便前流出。

(二)体征

肛门指检可见肛门有紧缩感,肛管及齿状线附近温度略微升高。病变肛隐窝处有明显的压痛、隆起或凹陷,抑或是增生肥大的肛乳头,用手触碰或按压会产生疼痛。

三、辅助检查

肛门镜检查可见病变的肛隐窝及肛瓣部位充血、水肿、肛乳头肥大,隐窝口有脓性分泌物或红色肉芽组织。

采用球头探针探查肛隐窝,常可畅通无阻地探入肛隐窝内较深部位,偶有少量脓液排出。

肛门直肠超声检查、肛周磁共振检查多用于病情反复,疑似肛腺感染引起肛门直肠周围脓肿,需采用手术治疗的患者。

四、诊断与鉴别诊断

(一)诊断

1. 肛门内有异物感和下坠感,甚者有灼热、刺痛;伴有不同程度的肛门潮湿、瘙痒。

2. 直肠指检肛隐窝处有明显的压痛、硬结或凹陷。

(二)鉴别诊断

1. 肛瘘　肛瘘的内口多在肛窦,但有肛周脓肿或反复溃破流脓病史,指检可扪及条索状物与外口相连。肛门镜检查时,用组织钳牵拉瘘管外口,有时可见肛瘘内口因牵动而明显凹陷,可以此鉴别。

2. 直肠息肉　如肛隐窝炎伴发肛乳头肥大,应与直肠息肉相鉴别。直肠息肉是直肠黏膜部位一个或多个新生物,颜色鲜红,质地柔软,根蒂细长,无触痛,无明显症状。

五、治疗

(一)西医治疗

1. 非手术疗法

(1)药物治疗:有效抗菌药物的运用可控制局部的炎症,缓解症状。本病多为大肠埃希菌感染所致,也有变形杆菌、结核分枝杆菌等感染所致者。可根据感染细菌的不同种类,给予相应的药物,必要时可做药物敏感试验。

1)局部药物治疗:氯己定痔疮栓纳肛。

2)全身药物治疗:可选用的药物有甲硝唑、诺氟沙星、庆大霉素、磺胺类、链霉素等。

(2)物理治疗:慢性期可采用红外线、微波、小功率激光等进行局部照射,可改善血液循环,抑制细菌生长,缓解症状。如能插入肛门内部治疗,疗效更佳。

(3)提肛锻炼:有规律地往上提收肛门,然后放松。站、坐、行均可进行,每次做提肛运动50次左右,持续 5~10 分钟,每日 2 次。

2. 手术疗法

(1)肛隐窝切开引流术

1)适应证:已成小脓肿或有隐性瘘管形成者,或慢性肛窦炎保守治疗效果不佳者。

2)禁忌证:严重的心、脑、肝、肾疾病及结核活动期、糖尿病、高血压患者;孕妇;血液系统疾病引起的凝血功能障碍患者;伴有腹泻或瘢痕体质患者。

3)手术方法:取截石位,常规消毒,局麻扩肛。用两叶肛门镜寻找病灶,以肛窦钩或弯探针探查肛窦,肛窦钩头部可进入处为病灶处(图 26-9)。

沿肛窦钩进入方向纵行切开肛窦至皮肤,切开部分内括约肌和外括约肌皮下部,使引流通畅(图 26-10)。结扎止血后,创面外敷凡士林纱条,无菌纱布包扎。术后常规换药。

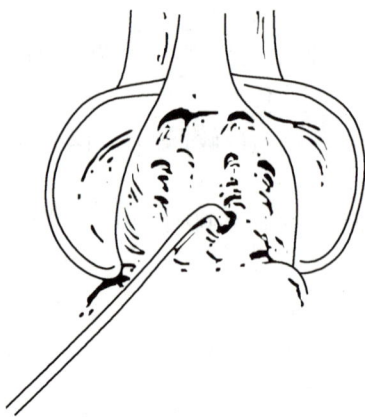

图 26-9　肛窦钩从肛窦伸入

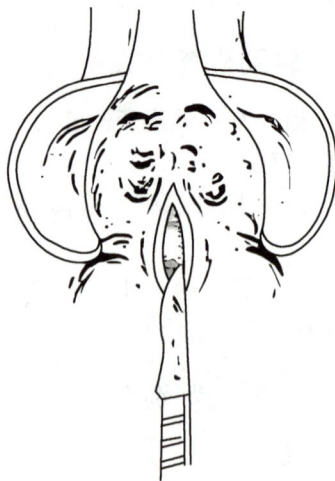

图 26-10　纵行切除病变

(2)肛隐窝切除术

1)适应证:保守治疗无效者;肛窦明显触痛及硬结;反复发作的慢性肛窦炎。

2) 禁忌证：同肛隐窝切开引流术。

3) 手术方法：准备同上，于肛外 1.5cm 病灶相应部位的皮肤做切口，切开皮肤及皮下组织，右手持球头探针从切口插入，与病灶呈直线进行，左手示指于肛内做引导，于病灶肛窦穿出(图 26-11)。

头端系橡皮筋并引出，切开橡皮筋间的皮肤，橡皮筋两端合拢，松紧适宜后结扎(图 26-12)。术后常规换药。

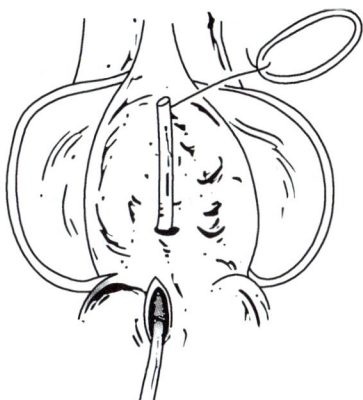

图 26-11　探针自切口直穿肛窦

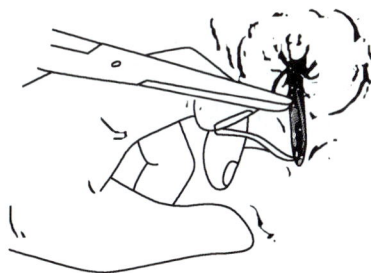

图 26-12　切开皮肤，结扎橡皮筋

(二) 中医治疗

1. 辨证论治

(1) 湿热下注证：肛门坠胀、灼热刺痛，便时加剧，黏液便，肛门湿痒，口干，便秘，舌红，苔黄腻，脉滑数。治以清热利湿，活血止痛。方用止痛如神汤加减。

(2) 阴虚内热证：肛门隐痛，便时加重，黏液溢出，盗汗口干，便秘，舌红，苔黄少，脉细数。治以滋阴清热，凉血止痛。方用凉血地黄汤加减。

2. 外治法

(1) 熏洗法：用苦参汤、祛毒汤等煎汤，先熏后洗，洗时注意向上托揉肛门，有利于肛隐窝的引流，每日 2 次。

(2) 塞药法：麝香痔疮栓、九华痔疮栓等，每天坐浴后塞入肛内，每日 2 次；或用红油膏、九华膏搽入肛内。

(3) 灌肠法：可用金黄散调成糊状保留灌肠，通常在排便后进行，每日 1~2 次。

六、中西医结合讨论

肛隐窝炎是一种与肛瘘、痔和肛裂有关的并发症或前驱症，其发病率近年来呈上升趋势。肛隐窝炎初期症状不明显，易被忽视，若不及时诊治则可能发展为慢性病变。其主要病因包括感染、激素水平、免疫力和胚胎时期的发育等。

中医学将肛隐窝炎归类为"脏毒"，主要由于过食辛辣热性食物，或虫积骚扰，湿热内生；或便秘、粪石损伤肛窦以及五脏功能失调等原因引起。这些因素可导致肛窦内积聚浊毒，使局部组织发生结构改变，最终血液流通受阻，导致病情加重。

治疗肛隐窝炎的方法多样，首先以采用保守治疗为主。西医主要使用抗生素、激光、微波等现代科技手段进行治疗，效果良好。对于保守治疗无效或反复发作的患者，手术治疗是必要的选择。手术可以完全切除感染的肛腺，提高治愈率。

中医诊治独具特色,方法多样。中医内治法通过辨证施治,多以清热利湿、活血祛瘀、滋阴清热、润肠通便为治则。吴师机《理瀹骈文》曰:"外治之理即内治之理,外治之药亦即内治之药。"指明了内外治法没有本质上的差别,只是给药的途径不同而已。也有医家从"浊毒"的概念与特点、"浊毒"致肛隐窝炎的病因病机及临床治疗角度,论述"浊毒"与肛隐窝炎的关系,总结归纳出利湿化浊、清热解毒、调气和血的治疗大法。同时,可运用灌肠疗法、熏洗坐浴法、药物纳肛法、微波理疗、针灸、推拿等治疗,疗效确切,对机体损伤小。总体看来,这些治法凸显了中医治疗肛隐窝炎的简、便、效、廉。

中西医结合治疗肛隐窝炎取得了良好的效果,包括手术联合中药内外治法、中西药联合治疗等。与单纯西药治疗相比,中西医结合治疗效果更好。西药具有抗炎消肿的作用,中药则能活血化瘀、解毒止痛,两者联合应用效果显著。对于术后患者,中药外治或口服治疗均能促进伤口愈合、缓解症状,提高治疗效果和患者的生活质量。

尽管肛隐窝炎的治愈率较高,但由该病发展而来的其他肛门直肠疾病的发病率并未明显减少。因此,应重视早期诊断和治疗肛隐窝炎,以降低并控制由该病引起的肛门直肠疾病的风险。

(曹 晖)

第九节 肛 瘘

肛瘘是肛管直肠周围的慢性感染性通道,一般由内口、瘘管、外口三部分组成。内口多位于齿状线附近,少数位于直肠;外口位于肛周皮肤,可为一个或多个。感染经久不愈或间歇性反复发作是本病的特点。年发病率约为 9/10 万人,以青壮年男性多见,任何年龄均可发病。本病当属中医"肛漏"范畴。

一、病因与病理

(一) 西医病因与病理

肛腺感染引起的肛门直肠周围脓肿可能是肛瘘发生的主要原因,脓肿破溃于肛周皮肤后形成外口,在炎症较重、深部感染病灶引流不畅时,上述脓肿易形成肛瘘。此外,克罗恩病、结核、溃疡性结肠炎、恶性肿瘤及肛管直肠外伤也可形成肛瘘,但较为少见。

肛瘘内口多位于齿状线附近的肛隐窝,也可在直肠或肛管的任何部位,瘘管为一支或多支,也可为盲管。管壁主要由增生的纤维组织和炎性肉芽组织构成,伴单核巨噬细胞、淋巴细胞及中性粒细胞浸润。

(二) 中医病因与病理

中医学认为本病多为肛痈溃后久不收口,湿热余毒留恋肉腠,疮口不合,日久成漏。

1. 湿热下注 多见于肛漏早期。湿热未清,瘀久不散,热盛肉腐成脓,则肛门流脓,脓质稠厚,伴有肛门灼热;气血壅塞,则肛门胀痛不适。

2. 正虚邪恋 多见于肛漏后期。由于病久正虚,不能托毒外出,湿热留恋,久不收口,形成肛漏。按之较硬,溃口时溃时愈,时有脓液从溃口流出,肛门隐隐作痛,可伴有神疲乏力。

3. 阴液亏虚 肺脾肾三阴亏损,邪乘下位,郁久肉腐化脓,溃破成漏。可伴有潮热盗汗、心烦口干等不适。

笔记栏

二、分类

1. **按肛瘘 Parks 分型**　一般分为四型。Ⅰ型（肛管括约肌间型）：此型约占 70%，瘘管主体位于肛管内外括约肌之间并向下走行，外口开口于肛周皮肤。Ⅱ型（经肛管括约肌型）：约占 25%，瘘管穿过内、外括约肌进入坐骨肛管间隙后，开口于肛周皮肤。Ⅲ型（肛管括约肌上型）：瘘管穿过内括约肌后沿内外括约肌间隙向上延伸，穿过肛提肌进入坐骨肛管间隙，向下开口于肛周皮肤。以上三种类型肛瘘的内口多在齿状线附近。Ⅳ型（肛管括约肌外型）：此型最少见，多数为非肛腺感染来源，如外伤、克罗恩病等。内口常位于骨盆直肠窝脓肿附近的直肠壁，瘘管穿过肛提肌后进入坐骨肛管间隙。此外，临床亦可见到单纯位于直肠黏膜下、不累及括约肌的瘘管（图 26-13）。

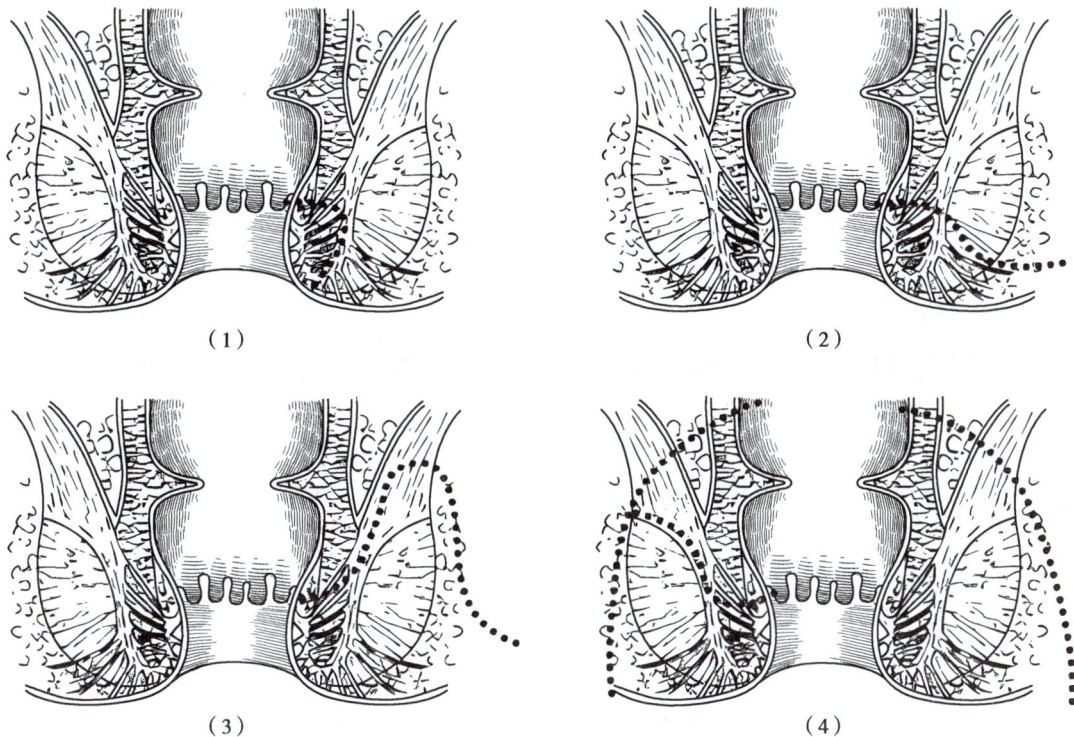

（1）　　　　（2）
（3）　　　　（4）

图 26-13　肛瘘 Parks 分型
（1）肛管括约肌间型；（2）经肛管括约肌型；（3）肛管括约肌上型；（4）肛管括约肌外型。

2. **按瘘管位置分型**　可分为低位及高位肛瘘。低位肛瘘：瘘管位于外括约肌深部以下。高位肛瘘：瘘管位于外括约肌深部以上。

3. **其他分型**　按肛瘘复杂程度，临床上将累及超过 30% 外括约肌、肛管括约肌上型及括约肌外型、肛管后方马蹄形肛瘘，女性前方经肛管括约肌型肛瘘，以及合并有肛门失禁、慢性腹泻、炎性肠病、恶性肿瘤等任何一项特征的肛瘘定义为复杂性肛瘘；其余为单纯性肛瘘。

三、临床表现

（一）症状

肛瘘外口反复流出脓性、血性分泌物或粪水为常见症状，偶可有气体自外口排出。由于肛周皮肤被分泌物污染，可伴有瘙痒或皮肤湿疹等表现。外口可发生闭合，感染或引流不畅可导致新的外口形成。炎症加重时亦可导致局部疼痛,甚至出现发热、寒战等全身感染症状。

(二) 体征

1. 常于肛周皮肤见一个或多个呈乳头状隆起的外口,外口附近可见肉芽组织生长,按压时可有脓性分泌物自外口流出。瘘管表浅时,能扪及自外口向肛门方向的条索状质硬组织。

2. 部分患者直肠指检可触及齿状线附近的硬结样内口,伴或不伴压痛;也可扪及由外口走向肛管的质硬条索状瘘管。对有多次手术治疗史的患者,直肠指检时应注意括约肌功能的判断。

四、辅助检查

肛瘘,尤其是在复杂性、复发性病例中,合理的影像学评估非常重要。

1. MRI 检查　有助于明确诊断和病情,可清晰显示瘘管走行及与肛管括约肌之间的关系;尤其在复杂性及复发性肛瘘诊断过程中,由于其对软组织及病灶有较高的分辨率,可作为常规检查手段。

2. 肛管直肠超声　因其便利性可作为本病的辅助检查手段之一,既可评估肛管括约肌的功能,也可判断瘘管走行。

3. 结肠镜检查　同时取活检可排除肿瘤、炎性肠病等疾病存在。

五、诊断

根据上述症状、体征的特征性表现,结合肛周反复肿痛、流脓病史,直肠指检时触及硬结及条索状物,可作出诊断。

Goodsall 规律:该规律对判断肛瘘的内口位置及瘘管走行具有重要价值,故单列介绍。患者取截石位或膝胸位,经肛门中心画一条水平横线。若外口在横线后方,瘘管常走行弯曲,且内口位于肛管后正中位置;若外口在横线前方,瘘管多为直线走行,且内口位于外口相应方向(图 26-14)。

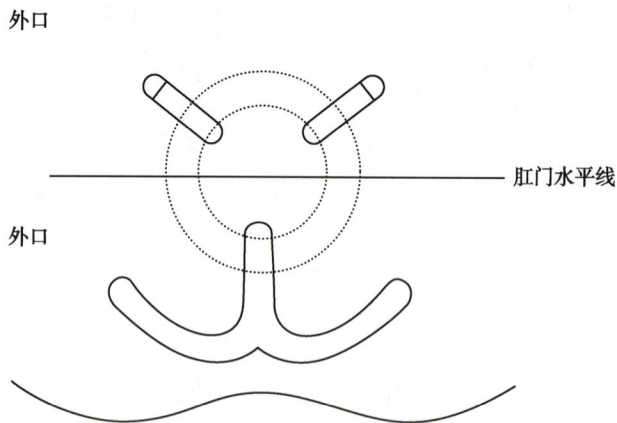

图 26-14　Goodsall 规律

六、治疗

(一) 西医治疗

1. 手术治疗

肛瘘难以自愈,治疗方法较多,目前以外科治疗为主。手术原则是将原发灶及瘘管切开

或切除,形成敞开的创面并通畅引流;同时尽量减少对括约肌的损伤,保护肛门功能。以下介绍几种常见的治疗方式:

(1)瘘管切开术:瘘管位于肛管外括约肌深部以下时,可采取此手术方式,治愈率较高。自外口至内口将瘘管全程切开,敞开愈合。手术中首先明确瘘管的走行及内口位置,在探针引导下切开瘘管,同时搔刮创面残存的坏死组织及肉芽组织。因此种术式仅损伤部分外括约肌的皮下部及浅部,故一般不会造成严重的肛门失禁。

(2)肛瘘切除术:适用于低位肛瘘,以及高位肛瘘中位于坐骨肛管间隙的瘘管部分。术中由外口沿瘘管壁切除病灶至正常组织,创面敞开引流。中医切开及切除疗法应用较早,其适应证为低位单纯性肛瘘和低位复杂性肛瘘;对高位肛瘘切开时,必须配合挂线疗法,以免造成肛门失禁。

(3)直肠黏膜瓣推移术:包括对瘘管进行搔刮、缝合内口,用纵向游离的直肠黏膜瓣覆盖内口并缝合。需注意该方法治疗内口位于齿状线远端的肛瘘时,可能会因黏膜外翻而失败。

(4)经括约肌间瘘管结扎术(LIFT 手术):经肛管括约肌型肛瘘形成成熟的纤维化瘘管时,可采用 LIFT 手术。其核心为在内外括约肌间离断并缝合结扎瘘管。

2. 非手术治疗

(1)肛瘘挂线治疗:适用于低位或高位肛瘘只有一条瘘管且有明确内口和外口的情况。通过橡皮筋或弹力线的压迫和缓慢切割作用,逐渐断开被结扎的组织,并与周围组织粘连愈合。与直接切断相比,这种方法可以保护肌肉功能,避免完全性肛门失禁。手术过程中,通过探针引导将挂线穿过瘘管,切开挂线下方的皮肤和组织,适当收紧挂线并固定。如果需要,术后可以在适当时机再次收紧挂线,通常两周内可以完成切割。

中医挂线疗法在明代就已经使用。《古今医统大全》中说:"药线日下,肠肌随长,僻处即补,水逐线流,未穿疮孔,鹅管内消。" 叙述了本疗法具有简便、经济、对肛门功能影响小、瘢痕小、引流通畅等优点。其原理是利用结扎线的机械作用,通过紧缚产生的压力或收缩力缓慢断开管道,促使断端生长并与周围组织产生炎症粘连,从而防止肛管直肠环突然断裂回缩导致肛门失禁。结扎线还具有引流作用。现在常用橡皮筋代替丝线,可缩短治疗时间并减轻手术后疼痛。

(2)瘘管封堵法:包括肛瘘栓和纤维蛋白胶的使用。瘘管是沟通内口和外口的成熟管道,使用生物蛋白胶等材料自外口注入瘘管,可封堵瘘管,从而达到治疗肛瘘的目的。该方法创伤较小,但治愈率可能较低。

(二) 中医治疗

1. 辨证论治

(1)湿热下注证:肛周流脓,脓质黏稠、色黄,红肿热痛,有溃口及条索状物通向肛内,纳呆呕恶,渴不欲饮,大便不爽,小便短赤,身体困重,舌红,苔黄腻,脉滑数或弦数。治以清热利湿,用二妙丸合萆薢渗湿汤加减。

(2)正虚邪恋证:肛周流脓,脓质稀薄,肛门隐痛,外口皮色暗淡,时溃时愈,有溃口及条索状物通向肛内,神疲乏力,舌淡苔薄,脉濡。治以托里透毒,用托里消毒散加减。

(3)阴液亏虚证:肛周溃口凹陷,皮肤晦暗,脓水清稀如米泔水,无条索状物,形体消瘦,潮热盗汗,心烦不寐,口渴,食欲不振,舌红少津,少苔或无苔,脉细数。治以养阴清热,用青蒿鳖甲汤加减。

2. 中成药治疗　常用的中成药有黄柏胶囊、补中益气丸等。

ER-26-9

肛瘘手术

ER-26-10

肛瘘手术

七、中西医结合讨论

中西医在肛瘘诊疗方面各有优势,但如何将中西医结合更好地应用于肛瘘的诊疗中及提高诊断的准确性、手术的成功率,促进术后创面愈合,以及减少术后并发症等一直是肛肠专科医生追求的目标。

诊断方面,将传统的中医四诊与肛管MRI、肛管直肠超声、结肠镜等现代先进检查手段相结合,精准诊断。

治疗方面,肛瘘属于非自限性疾病,非手术疗法主要通过药物控制感染,减轻症状,但不能彻底治愈。手术加术后中医中药治疗是肛瘘治疗的最佳选择。

临床上,根据肛瘘的不同类型、不同证型,采用不同的手术方式联合术后中医中药治疗。促进肛瘘术后创面愈合的中药治疗方法很多,如熏洗、外敷和口服等。其多以"清热解毒、消肿止痛、生肌敛疮、拔毒提脓、去腐生肌、活血止痛、消肿生肌"和"养血和血、祛瘀生新"等为治疗原则。在不同阶段采用消、托、补等不同的方法对肛瘘患者进行治疗。

随着时代的变迁,理念更新,临床评价标准越来越规范化。衷中参西,中西合璧,将中医辨证论治与现代手术方式有机结合,并广泛应用于各类复杂性肛瘘的诊疗中,这更好地体现了中医一人一方案的治疗精髓。

（任东林）

第十节　肛周坏死性筋膜炎

肛周坏死性筋膜炎(perianal necrotizing fasciitis,PNF)是一种由多种细菌感染引起的肛门周围软组织、会阴部的大范围、快速坏死性危重症,感染部位主要累及筋膜,不会影响到肌层及肌层以下组织。一般发病率较低,为(1.6~3.3)/10万人。早期诊断困难,临床进展迅猛,病死率较高,文献报道病死率为9%~25%,甚至更高。以男性患者居多,平均发病年龄为50.9岁。本病当属中医"肛疽"范畴。

一、病因与病理

(一)西医病因与病理

1. 病因

(1)感染因素:本病是由多种细菌混合感染、需氧菌和厌氧菌协同作用的结果。常见致病菌有大肠埃希菌、金黄色葡萄球菌、溶血性链球菌等。

(2)解剖因素:肛周软组织筋膜将肛门周围分隔成多个平面和潜在的间隙,其中所含的疏松结缔组织抵抗力弱,脓液容易积聚在该处,且可沿解剖途径扩散至阴囊、腹壁等处。

(3)易感因素:如免疫抑制、糖尿病、周围血管疾病、营养不良、恶性肿瘤、肾功能衰竭、滥用毒品或肥胖等的患者,一旦发生皮肤或消化道等的侵袭性损伤,致病菌在局部大量繁殖并释放大量侵袭性毒素,引起组织坏死及血管栓塞,同时为细菌繁殖创造了条件,使传变迅速蔓延。

2. 病理　肛周皮下软组织水肿、坏死,皮下血管栓塞,导致所供区域缺血和化脓性感染,需氧菌诱导血小板聚集和补体沉积,厌氧菌产生的氢气和氮气在皮下组织内聚集,导致捻发音的产生或皮下积气,侵犯表皮神经,造成局部麻木。在感染发生过程中,人体在致病菌及其产物的攻击下,产生大量的炎症介质,包括蛋白酶、前列腺素、白介素、肿瘤坏死因子、氧自由基等,引起过度全身炎症反应。这种反应一经触发,即可通过靶细胞产生次级产物使原始反应放大,导致广泛组织破坏及器官功能障碍或衰竭。

(二)中医病因病机

中医学认为本病的发生多因过食肥甘、辛辣、醇酒等物,湿浊不化,热邪蕴结,下迫大肠,以致毒阻经络,蕴结于肛门,热盛肉腐成脓而发为痈疽;或因肛痈失治误治,热毒炽盛,失于遏制,走窜入营血。若正气内虚,热毒炽盛,正不胜邪,毒不外泄,反陷于里,客于营血,内传脏腑,则容易导致内陷危症。病至后期热盛肉腐,气血耗伤,气血不足。

1. 热毒炽盛　湿热下注肛门部,造成局部气机不畅,气血壅滞,热盛肉腐而肛门部酿脓。

2. 正虚邪盛　病久正气内虚,外伤染毒,火毒炽盛,正不胜邪所致。

3. 气血两虚　热盛肉腐,正气虚衰,阴液亏损,气血耗伤而致气血两虚。

二、临床表现

本病多有肛门会阴部感染、创伤、手术、糖尿病、肿瘤等病史,起病急骤,发展迅猛,病情危重,病死率极高。

(一)症状

1. 肿痛　初期表现为肛周皮肤红肿疼痛,后迅速向会阴部及周围蔓延,男性波及阴囊,女性波及大阴唇。随着病情进展,当病灶部位的感觉神经被破坏后,剧烈疼痛可被麻木或麻痹所代替。

2. 血性浆液　随着肿胀的加剧,继而出现张力性水疱,表皮坏死呈紫黑色,破溃后有大量的血性浆液或脓液不断渗出,并夹有气泡。因感染了大肠埃希菌、厌氧杆菌和产气杆菌等致病菌,患处可闻及恶臭味。由于病变的皮肤、筋膜广泛坏死,皮下神经损伤,血管栓塞,患处的感觉消失,无出血。

3. 全身中毒症状　高热,体温可达 39℃以上,寒战、面色苍白、意识障碍等。

(二)体征

1. 视诊　由于病变的皮肤、筋膜组织血管栓塞,广泛坏死,故呈暗红、紫黑或炭黑色,且边缘清楚。

2. 触诊　可在病变部位及其周围的皮下触及波动感或捻发音。

三、辅助检查

(一)实验室检查

白细胞总数可升高,C 反应蛋白、降钙素原明显升高,血红蛋白降低,电解质紊乱,血糖、血清肌酐可升高,白蛋白降低。

(二)影像学检查

1. 超声检查　早期确定是否有脓液、气体存在,协助明确诊断。

2. CT 或 MRI 检查　对于感染范围大且病情严重、发展迅速的会阴、肛门部病变,特别是局部症状与全身病情严重不符者,应尽早进行 CT 或 MRI 检查,对本病的早期确诊及提高抢救成功率有十分重要的意义。CT 或 MRI 检查不仅可了解病变的范围,还可发现坏死组织、脓腔、游离气体等。必要时还应随时复查,了解病情的进展情况。与 CT 比较,MRI 在诊断本病上有多方位成像、扫描野大、更高的软组织分辨率且没有电离辐射等优势。本病常常沿会阴、阴囊、腹股沟、腹壁、胸壁扩散,CT 或 MRI 扫描时应注意观察,避免遗漏。

(三) 血培养和脓液培养

建议尽早进行血培养与脓液培养,了解致病菌的类型,根据药物敏感试验结果及时指导和调整临床治疗用药。必要时可每天进行。

(四) 病理学检查

肛周坏死浅筋膜、真皮中可见多形核细胞浸润,筋膜邻近组织灶性坏死及微小血管栓塞。

四、诊断与鉴别诊断

(一) 诊断

诊断主要建立在临床表现的基础上,结合必要的辅助检查。对于重症患者,不必等待完善所有检查,因为等待过程中病情可能会突然恶化,延误最佳手术时机。

(二) 鉴别诊断

1. 气性坏疽 局部肿胀,疼痛剧烈,皮肤、肌肉大片坏死,脓液浑浊稀薄恶臭,混有气体。本病以梭状芽孢杆菌为主要致病菌。而肛周坏死性筋膜炎则由多种致病性微生物协同感染而导致的皮下组织坏死性损伤,发病极其危急。

2. 肛门直肠周围脓肿 局部红肿热痛,发热可有可无,排便时疼痛加剧,一般 5~7 天后成脓,自溃或切开排脓引流后肿退痛减,可反复发作。肛周坏死性筋膜炎发生感染的是肛周的皮下组织和筋膜,并且大多沿着筋膜往周围扩散,甚至蔓延到腰背部,且其发病速度更快、病情更凶险,严重者可致脏器功能衰竭,危及患者的生命。

五、治疗

(一) 治疗原则

本病应中西医结合救治,内外兼用,一经确诊立即彻底清创,清创后如有新的坏死组织产生,应再次及时清创。根据药物敏感试验结果联合使用 2~3 种抗生素,并及时调整,还应注意防治霉菌感染。同时,早期给予必要的支持疗法,监测生命体征,反复评估病情。

(二) 西医治疗

1. 非手术治疗

(1)抗生素联合运用:在未确定致病菌之前,早期应经验性、足量、规范地使用广谱抗生素。通常联合使用 2~3 种抗生素,如三代或四代头孢菌素、克林霉素、甲硝唑等,必要时可予碳青霉烯类抗生素;根据病情轻重,使用疗程为 1~2 周。根据细菌培养及药物敏感试验结果及时更换敏感的抗生素。

(2)支持疗法:补充足够的热量和蛋白质对增强机体的抗病能力至关重要,如新鲜的血浆、全血、正常人体白蛋白或肠外营养支持。

(3)及时纠正电解质紊乱:关注患者电解质情况,随时调整电解质。

(4)高压氧治疗:高压氧治疗可以显著地提高血液中氧气的浓度,对于促进炎症消退、改善微循环缺血具有积极的作用。

(5)积极治疗基础疾病,有效控制并发症。

2. 手术治疗

(1)手术原则:一经确诊立即彻底清创,清创后如有新的坏死组织产生,应再次及时清创。扩创的原则是沿病变区域的分界线逐一切开,切除已变性坏死的组织,分离筋膜间隙充分暴露通氧,伤口开放引流。

(2)手术方法:麻醉后使用手术刀片和组织剪,从明显坏死皮肤或病灶中心切开,建议采取环形清创模式,彻底清除坏死组织及坏死的筋膜,确保创面引流通畅。根据皮肤的外观,坏死区域通常远远超出最初预期的范围,可结合影像学表现来判断。应彻底探查伤口的边缘和深度,切开可无脓液或坏死组织,以确保完全切除。若皮肤没有感染坏死,可行减压引流切口,清除皮下坏死组织,切口之间予松挂线对口引流;对感染累及深部的腔隙予置管引流。

(三) 中医治疗

1. 辨证论治

(1)热毒炽盛证:肛周及会阴部肿痛剧烈,可向阴囊蔓延(男性患者),皮肤焮红肿胀,波动感明显,伴恶寒发热、面赤口干、小便难,舌红,苔薄黄,脉数。治以清热解毒,凉血消肿。方用黄连解毒汤合凉血地黄汤加减。

(2)正虚邪盛证:肛周、会阴部及阴囊(男性患者)脓肿破溃,脓液恶臭并伴有败絮状物,皮肤暗红或紫黑坏死,神疲乏力,舌淡苔薄,脉濡。治以扶正祛邪,托毒消肿。方用托里消毒散加减。

(3)气血两虚证:腐肉已脱,脓液稀薄,疮口难敛,神疲乏力,面色无华,舌淡,苔薄白,脉沉细无力。治以益气养血,收敛生肌。方用固本养荣汤加减。

2. 外治法

(1)初期:予具有清热解毒、消肿止痛之功效的中药外敷或者熏洗患处,如苦参汤、黄连膏、金黄膏、鱼石脂软膏等。

(2)中后期:使用红油膏、九一丹等提脓去腐,再使用生肌收口药如生肌散等促进肉芽组织和上皮生长。

六、预防与调护

1. 保持大便通畅,注意肛门部清洁。

2. 清淡饮食,少食辛辣刺激之品,少饮酒。

3. 生活规律,避免熬夜、劳累。

4. 积极治疗原发病。

5. 适当运动,增强体质。

七、中西医结合讨论

肛周坏死性筋膜炎是以皮肤、皮下组织和筋膜进行性坏死,很少或不累及肌肉组织为特点的感染性疾病。根据病因、病理,中医学认为皮肉受损,卫外不固,邪毒乘虚而入,侵犯腠理,毒凝肌肤,气血凝滞,郁久化热;或平素饮食不节,过食辛辣肥甘厚腻之品,致脾胃受损,痰湿内生,湿蕴化热,热盛肉腐而发为本病。病理因素不外乎湿、热、毒。西医认为本病是由多种细菌混合感染、需氧菌和厌氧菌协同作用的结果,最常见的有大肠埃希菌、溶血性链球菌、金黄色葡萄球菌、拟杆菌、克雷伯菌、梭状芽孢杆菌和念珠菌等。该病通常发病隐匿,其早期表现与肛周蜂窝织炎及肛周脓肿的症状相似,仅表现为肛周或会阴区局部皮肤红肿疼痛;男性患者伴有阴囊肿胀,继而出现张力性水疱,表皮坏死呈紫黑色,破溃后有恶臭的洗肉水样稀薄液体;局部检查时有明显捻发音。部分患者早期阶段可能表现不明显,可结合必要的实验室检查、CT、MRI 及超声检查,可探及肛周组织结构紊乱和气体形成,并可确定健康组织边缘及软组织中的液体,帮助了解病变的进展情况。对于重症患者,不必等待完善所有检查,因为等待过程中病情可能会急剧恶化,出现持续高热、心动过速、血容量不足、贫血、电解质紊乱、意识障碍等脓毒症休克症状,延误最佳手术时机。若没有恰当及时治疗,最终可导致多器官功能衰竭,甚至死亡。

肛周坏死性筋膜炎是一种由多种病原菌共同感染,造成局部组织坏死的急危重型感染性疾病。手术彻底清创引流是当务之急,即使术后应用抗生素、维持电解质平衡、营养支持、换药及积极治疗原发病等对症治疗,仍存在创口愈合时间长、手术后疼痛、感染等问题。在术后,西医在促进创面愈合上具有一定的优势,可减少创面的污染,减轻疼痛,减少创面暴露,促进创面引流及愈合。但中医可从整体出发,充分考虑患者的症状、体征、创面情况等,发挥术后"缓则治其本"的优势。中医辨证论治,内服外敷相结合,扶正与祛邪相结合,从而达到术后促愈的目的。在治疗过程中,初起重在清热解毒,外用箍围药物,联合使用广谱抗生素;中期宜扶正祛邪或攻补兼施,并及时清创、彻底引流;后期重在补益气血,收敛生肌。中西医结合治疗肛周坏死性筋膜炎既可以发挥中医药特色,又能利用现代医学技术,实现两者的创新性结合。

（刘 潜）

第十一节 痔

痔(hemorrhoid)是最常见的肛肠疾病。婴幼儿痔病罕见,但随年龄增长,发病率逐渐增加。临床上根据发病部位、病理特点及临床表现又将其分为内痔、外痔、混合痔(图 26-15)。本病当属中医"痔""痔疮"等范畴。

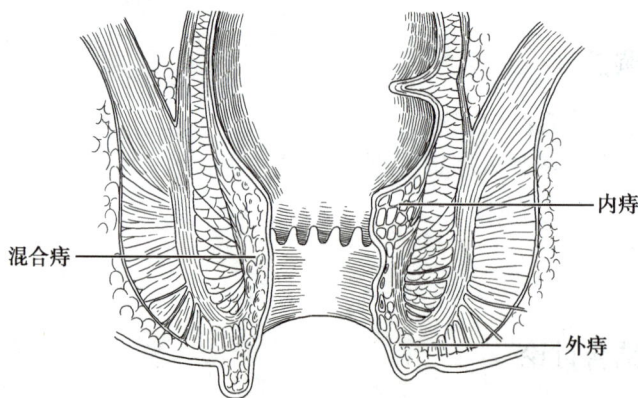

图 26-15 痔的分类

一、内痔

内痔(internal hemorrhoid)是肛门齿状线以上,直肠末端黏膜下的内痔静脉丛扩大、曲张和充血而形成的柔软静脉团。

(一)病因与病理

1. 西医病因与病理

(1)病因:本病发生的确切病因目前尚不是十分明确,可能与多种因素有关,主要影响因素有:

1)解剖因素:肛门、直肠位于人体躯干最下部,其血管及其分支压力增大,血管曲张、痔静脉无瓣膜,容易受粪块挤压,影响肛门周围的血液回流。

2）感染因素：痔静脉丛的血管内膜炎和静脉周围炎可导致部分血管壁纤维化、脆化、变薄，使得局部静脉曲张。

3）排便因素：粪便不易排空，对直肠下段、肛管部产生较大的压力，使血管受压；排便次数过多，腹压增加，肛门直肠静脉回流障碍。

此外，还有饮食因素、遗传因素、妊娠和分娩、慢性疾病、职业和年龄等。

(2) 发病机制：本病的发病机制仍不明确，主要的学说有：

1）肛垫下移学说：肛垫是一层环状的血管垫组织，位于肛管黏膜下方，起到闭合肛管和调节排便的作用。正常情况下，肛垫通过与周围组织的连接保持在肛管内。但当弹性回缩功能减弱时，肛垫会充血、下移并增生，形成痔。

2）静脉曲张学说：痔的形成与静脉扩张和血液淤积有关。直肠静脉丛是形成痔的主要结构，当静脉丛发生病理性扩张和血流阻塞时，容易导致痔的形成。直肠静脉丛位于腹腔最低部，多种因素如长时间坐立、便秘、妊娠等可以导致直肠静脉回流受阻。

3）血管增生学说：一般认为齿状线以上的黏膜下组织含有大量的窦状血管、平滑肌、弹力纤维和结缔组织等，组成直肠海绵体。随着年龄的增加，直肠海绵体出现增生、肥大，而形成痔。

除了以上三种学说，常见的还有感染学说、痔静脉泵功能下降学说、痔动脉分布学说、压力梯度学说、痔疝形成学说等。目前对内痔的发病机制尚未有统一的认识，各学说均从一个侧面反映了痔组织的病理变化，但都没有反映痔的全貌，痔或许是一种多病因和多发病机制的疾病。

2. 中医病因病机　中医学认为，本病的发生多因脏腑本虚，兼因久坐久立，或负重远行，或长期便秘，或泻痢日久，或临厕久蹲，或饮食不节，过食辛辣醇酒厚味，都可导致脏腑功能失调，风湿燥热下迫大肠，瘀阻魄门，瘀血浊气结滞不散，筋脉懈纵而成痔。日久气虚，中气下陷，不能摄纳则痔核脱出。

(1) 风伤肠络：风善行而数变，又多夹热，风热伤于肠络，导致血不循经而溢于脉外，所下之血色泽鲜红，下血暴急呈喷射状。

(2) 湿热下注：多因饮食不节，恣食生冷、肥甘，伤及脾胃而滋生内湿。湿与热结，下迫大肠，导致肛门部气血纵横、经络交错而生内痔。热盛则迫血妄行，血不循经，则血下溢而便血；湿热下注大肠，肠道气机不畅，经络阻滞，则肛门内有块状物脱出。

(3) 气滞血瘀：气为血之帅，气行则血行，气滞则血瘀。热结肠燥，气机阻滞而运行不畅，气滞则血瘀阻于肛门，故肛门内有块状物脱出，坠胀疼痛；气机不畅，统摄无力，则血不循经，导致血栓形成。

(4) 脾虚气陷：老人气虚，或妇人生育过多，及小儿久泻久痢，导致脾胃功能失常，脾虚气陷，中气不足，无力摄纳，导致痔核脱出不得回纳。气虚则无以生化，无力摄血，导致气血两虚，故下血量多而色淡。

(二) 临床表现

1. 症状　内痔的主要临床表现是便血和脱出，可并发血栓、嵌顿、绞窄及排便困难。

(1) 便血：是内痔最主要的症状。初期常以无痛性便血为主要症状，颜色鲜红，血液与大便不相混合，多在排便时出现手纸带血、滴血或射血。出血呈间歇性，饮酒、过劳、便秘、腹泻等因素常使症状加重，出血严重者可出现继发性贫血。后期因内痔黏膜表面纤维化加重，便血反而减少。

(2) 脱出：随着病程延长及病情发展，痔核会逐渐增大，可在排便时脱出，便后自行回纳，或需手托后方能回纳。甚者在活动、久立、咳嗽时也可脱出，若不及时回纳，可形成内痔嵌顿。

(3)肛周潮湿、瘙痒:痔核反复脱出,肛门括约肌松弛,常有分泌物溢出肛外,故自觉肛门潮湿;分泌物长期刺激肛周皮肤易发生湿疹,导致瘙痒不适。

2. 体征

(1)局部视诊:内痔除Ⅰ期外,其他三期都可在肛门视诊下见到。对有脱垂者,最好在蹲位排便后立即观察,可清晰了解到痔块的大小、数目、部位及痔核黏膜糜烂情况。

(2)直肠指检:早期内痔因痔核柔软,直肠指检一般不易触及;如痔核反复脱出,其表面纤维化,可触及柔软的包块隆起,无触痛。同时可了解直肠内有无其他病变,如直肠癌、直肠息肉、肛乳头肥大等。

(三) 辅助检查

辅助检查的目的是明确诊断,排除是否合并其他严重消化道疾病,如炎性肠病和结直肠肿瘤等,同时了解全身基础情况以排除手术禁忌证。

1. 一般检查　如血常规、尿常规、粪便隐血试验、肝肾功能、出凝血时间、凝血酶原时间、心电图、超声和胸部 X 线检查等。

2. 肛门镜检查　齿状线以上的黏膜呈半球状隆起,色暗紫或深红,表面可有糜烂或出血点。

3. 结肠镜检查　对于肛门镜检查不满意或有可疑病变不能明确诊断者,可采用结肠镜检查。检查前须进行严格的肠道准备,检查过程中可进行针对性的图片采集、活体组织检查和治疗。

(四) 诊断与鉴别诊断

1. 诊断　内痔根据其症状的严重程度分为 4 期(表 26-2)。

表 26-2　内痔的分期

分期	临床表现
Ⅰ期	排粪时带血,滴血或喷射状出血,排粪后出血可自行停止;无痔脱出
Ⅱ期	常有便血;排粪时有痔脱出,排粪后可自行还纳
Ⅲ期	偶有便血;排粪或久站、咳嗽、劳累、负重时有痔脱出,需用手还纳
Ⅳ期	偶有便血;痔持续脱出或还纳后易脱出,可伴有感染、水肿、糜烂、坏死

2. 鉴别诊断

(1)直肠息肉:低位带蒂息肉脱出肛门外易被误诊为痔脱出。痔与本病的共同点是肿物脱出及便血;但本病多见于儿童,脱出息肉一般为单个,头圆而有长蒂,表面光滑,质地较痔核稍硬,活动度大,容易出血,但多无射血现象。

(2)肛乳头肥大:痔与本病的共同点是肿物脱出;但本病脱出物呈锥形或鼓槌状,灰白色,表面为上皮,一般无便血,常有疼痛或肛门坠胀,过度肥大者便后可脱出肛门外。

(五) 治疗

1. 西医治疗　应遵循三个原则:无症状的痔无须治疗;有症状的痔重在减轻或消除症状,而非根治;以非手术治疗为主。

(1)非手术治疗

1)一般治疗:对于初期痔和无症状的痔,只需增加纤维性食物,改变不良的大便习惯,保持大便通畅,防治便秘和腹泻。热水坐浴可改善局部血液循环。

2)西药治疗:①局部治疗:含有保护和润滑成分的栓剂、乳膏对痔有疗效。类固醇衍生物的药物可缓解急性期症状,但不宜长期或预防性使用。②全身治疗:常用药物包括微粒化纯化的黄酮成分、草木犀流浸液片、银杏叶萃取物等静脉活性药物,这类药物能减轻内痔急性期症状,但联合使用多种静脉增强剂效果相近;此外还有抗炎镇痛药,非甾体抗炎药可有效缓解内痔嵌顿及手术后疼痛。

(2)手术治疗

1)注射疗法:是常用的内痔治疗方法,适用于Ⅰ、Ⅱ期出血性内痔。注射硬化剂可引起周围无菌性炎症反应,导致痔块萎缩。根据不同的作用机制,可分为硬化萎缩和坏死枯脱两种方法。由于坏死枯脱方法术后常伴有并发症,如大出血、感染、直肠狭窄等,因此目前普遍应用的是硬化萎缩疗法(图26-16)。腰俞穴麻醉或局部麻醉后取侧卧位或截石位,肛门部常规消毒,在肛门镜直视下局部再次常规消毒,以10ml针管(5号针头)抽取1:1浓度(即消痔灵注射液或芍倍注射液用1%利多卡因溶液稀释1倍)注射液10ml,于痔核上距齿状线0.5cm处的黏膜下层,针头斜向15°进行注射。每个痔核注射1~3ml,注入药量以痔核弥漫肿胀为度,总量不超过30ml。注射完毕,术者用示指轻轻按摩注射部分,使药液扩散,防止硬节形成。肛管内放入凡士林纱条,外盖纱布,胶布固定。

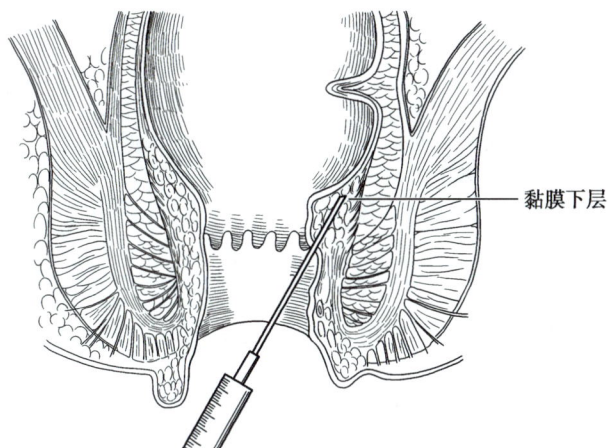

图26-16 注射疗法

2)结扎疗法:是中医传统的外治法,除丝线结扎外,也可用药制丝线、纸裹药线缠扎痔核根部,以阻断痔核的气血流通,使痔核坏死脱落,遗留创面修复自愈。关于结扎疗法治疗痔,早在宋代《太平圣惠方》中就有记载:“用蜘蛛丝,缠系痔鼠乳头,不觉自落。”由于其适应证广,操作简单,远期疗效比较理想,所以目前是治疗内痔最广泛使用的方法之一(图26-17)。临床常用的有单纯结扎法、贯穿结扎法。麻醉后消毒肛管及直肠下段,再用双手示指进行扩肛,使痔核暴露,用弯血管钳夹住痔核基底部,用丝线于钳下结扎或进行“8”字形贯穿缝扎。结扎完毕后,用弯血管钳挤压被结扎的痔核,在结扎线上方0.5cm处切除痔核,再将痔核送回肛内,并用红油膏少许涂入肛内,用纱布橡皮膏固定。

3)胶圈套扎法:原理是将特制的胶圈或弹力线套扎在内痔的根部,利用胶圈的弹性阻断痔的血运,使痔慢性缺血、坏死、脱落而愈合(图26-18)。胶圈套扎器可分为牵拉套扎器和吸引套扎器两大类。套扎器套扎法:麻醉成功后,术区常规消毒、铺无菌巾,肛内再次消毒。插入肛门镜,检查痔核位置及数目,选定套扎部位。连接套扎器与负压吸引器,术者持套扎器将痔核吸入到套扎器内,当负压表指针上升至0.08MPa左右时,释放胶圈或弹力线并收紧,最后释放气压并剪去多余的弹力线。其余痔核套扎方法相同。

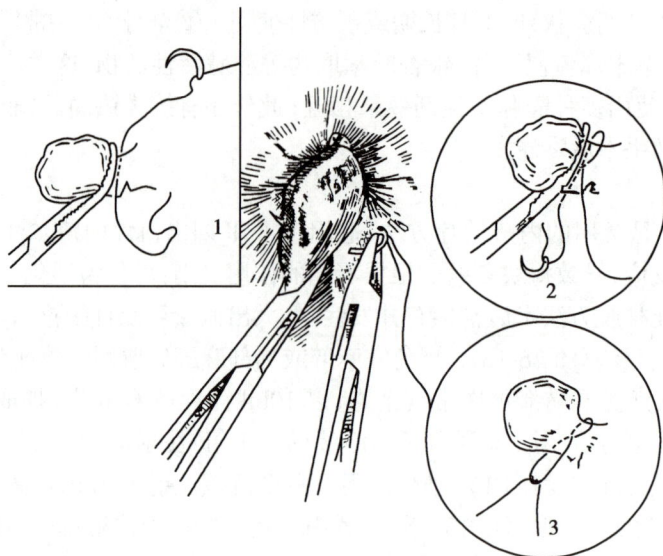

图 26-17　结扎疗法

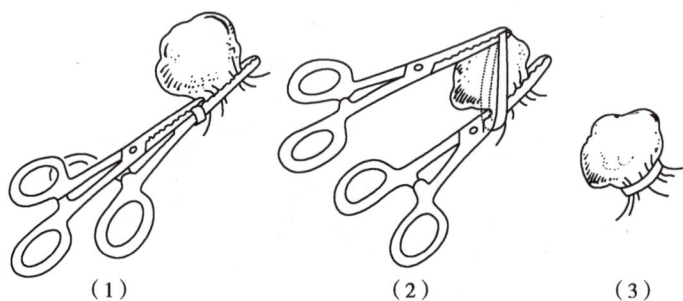

图 26-18　内痔胶圈套扎术

4）多普勒超声引导下痔动脉结扎术：多普勒超声引导下痔动脉结扎术适用于Ⅱ～Ⅳ期内痔。采用一种特制的带有多普勒超声探头的直肠镜，于齿状线上方 2~3cm 处探测到痔上方的动脉，然后进行准确的缝合结扎，通过阻断痔的血液供应达到治疗的目的。

5）吻合器痔上黏膜环切术（PPH 术）：主要方法是通过专门设计的管状圆形吻合器环形切除距离齿状线 2cm 以上的直肠黏膜及黏膜下层 2~4cm，使下移的肛垫上提固定（图 26-19）。与传统手术比较，PPH 术具有疼痛轻微、手术时间短、患者恢复快等优点。麻醉并适当扩肛后放入扩张器，于齿状线上方 3~4cm 黏膜下缝一荷包，放置痔吻合器钉头，收紧荷包线，旋紧吻合器并击发后环形切除痔上黏膜。

（3）物理治疗：包括激光治疗、冷冻疗法、直流电疗法和铜离子电化学疗法、微波热凝疗法、红外线凝固治疗等。主要适应证为Ⅰ、Ⅱ、Ⅲ期内痔。主要并发症有出血、水肿、创面愈合延迟及感染等。

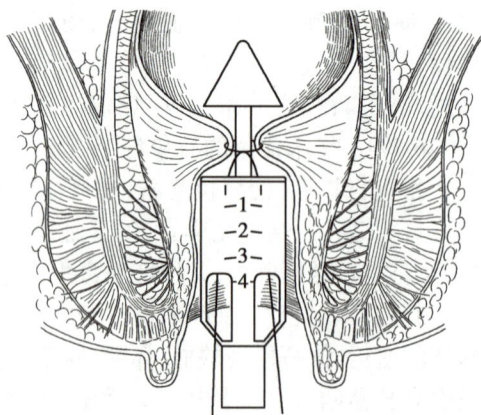

图 26-19　吻合器痔上黏膜环切术（PPH 术）

2. 中医治疗

(1)辨证论治

1)风伤肠络证：大便带血、滴血，色鲜红，大便干结，肛门瘙痒，口干咽燥，舌红苔黄，脉浮数。治以凉血祛风，用凉血地黄汤加减。

2)湿热下注证：便血色鲜红，量多，肛门肿物外脱、肿胀、灼热疼痛或有渗液，便干或溏，小便短赤，舌红，苔黄腻，脉滑数。治以清热燥湿，用槐花散加减。

3)气滞血瘀证：肿物脱出肛外、水肿，内有血栓，或有嵌顿，表面紫暗、糜烂、渗液，疼痛剧烈，肛管紧缩，大便秘结，小便不利，舌质紫暗或有瘀斑，脉弦或涩。治以活血消肿，用活血散瘀汤加减。

4)脾虚气陷证：肿物脱出肛外，不易复位，肛门坠胀，排便乏力，便血色淡，面色少华，头晕神疲，食少乏力，舌淡胖，苔薄白，脉细弱。治以益气升提，用补中益气汤加减。

(2)外治法：外治疗法适用于各期内痔及术后。

1)熏洗法：以药物加水煮沸，先熏后洗，或用毛巾蘸药液做湿热敷。常用五倍子汤、苦参汤等。

2)外敷法：将药物敷于患处，根据不同症状选用油膏、散剂，如消痔膏、九华膏、黄连膏、五倍子散等。

3)塞药法：将药物制成栓剂，塞入肛内，如痔疮栓。

4)挑治法：适用于内痔出血。常用穴位有肾俞、大肠俞、长强、上髎、中髎、次髎、下髎等。一般挑治1次即可见效，必要时可隔10日再挑治1次。

5)枯痔法：即以药物如枯痔散、灰皂散敷于Ⅱ、Ⅲ期能脱出肛外的内痔痔核的表面。药物具有强腐蚀作用，能使痔核干枯坏死，达到使痔核脱落痊愈的目的。因此法并发症较多，目前已少采用。

二、外痔

外痔(external hemorrhoid)指发生于肛门齿状线以下，由外痔静脉丛扩大曲张或痔静脉破裂或反复炎症纤维增生而成的疾病。可发生于任何年龄，其特点是自觉肛门坠胀、疼痛，有异物感。临床根据其形态、病理变化、组织结构分为4种，即结缔组织性外痔、静脉曲张性外痔、炎性外痔和血栓性外痔。

(一) 病因与病理

1. 西医病因与病理　多由于局部的感染、损伤等因素导致肛缘皮肤皱襞发炎，或肛缘皮下静脉破裂，血液凝结，血栓瘀滞，从而导致肛缘皮肤结缔组织增生、肥大，形成外痔；或由各种原因导致痔下静脉丛迂曲扩张而形成肿块。

2. 中医病因病机　中医学认为本病多与湿、热、瘀有关。湿、热、瘀使得局部气血运行不畅，筋脉阻滞，日久瘀结不散，导致本病发生。

(1)气滞血瘀：局部气血瘀滞，肠道气机不畅，不通则痛。

(2)湿热下注：湿性重着，常犯于下。湿热蕴阻肛门，经络阻滞，瘀结不散而发为本病。

(3)脾虚下陷：年老、体弱多病者脾胃功能失常，中气不足，脾虚气陷，无力摄纳，导致肛门坠胀，肿物难以消退。

(二) 临床表现

1. 炎性外痔　肛门部皮赘红肿隆起，痒热灼痛，行走或排便时加重。检查时可见肛门部皮赘或皱襞红肿充血，甚至鲜红发亮，皮肤纹理变浅或消失，触痛明显，可有少量分泌物。

2. 血栓性外痔　肛缘皮下忽起一圆形或椭圆形肿块，疼痛，排便或活动时加重。肿块位置比较表浅,多位于皮下,色紫暗,稍硬,界限清楚,可移动,触痛明显。单发且肿块小者,3 天后疼痛减轻,并逐渐吸收;多发且肿块大者则难以吸收。

3. 结缔组织性外痔　一般无明显不适,或仅有轻微异物感。检查时可见肛缘存在单发或多发、环状或不规则形状的皮赘,表皮皱褶增多、变深,常伴色素沉着,触之柔软无疼痛。

4. 静脉曲张性外痔　无明显不适或仅有肛门坠胀不适。检查时可见肛缘某一方位或绕肛缘有不规则肿物隆起,表皮较松弛,隆起可在排便时、久蹲久立后出现或增大,卧床休息后缩小,有弹性,无触痛。

(三) 辅助检查

本病一般通过详细了解病史,局部视诊检查观察其特征、大小及部位,触诊了解病变的质地、触痛程度等即可诊断。

如需手术治疗,应进行血常规、尿常规、肝肾功能、出凝血时间、心电图等检查等。必要时可针对性地进行相关系统的检查。

(四) 诊断与鉴别诊断

1. 诊断

(1)炎性外痔:肛缘皮肤破损或感染,局部肿胀、疼痛,色泽潮红光亮,触之疼痛明显,有弹性而无硬结。

(2)血栓性外痔:肛缘皮下突发青紫色肿块,局部皮肤水肿。肿块初起尚软,疼痛剧烈,逐渐变硬,可活动,分界清晰,触痛明显,好发于肛门外截石位 3 点、9 点。

(3)结缔组织性外痔:临床以异物感为主要症状,肛缘皮肤增生状如皮赘,形态不规则。在女性患者,结缔组织性外痔常见于肛门前位;肛裂伴发的结缔组织性外痔多位于肛门前后正中位。

(4)静脉曲张性外痔:排便时或久蹲后肛缘皮下有柔软青紫色团块隆起,可伴有坠胀感,团块物经按压后可消失。

2. 鉴别诊断

(1)内痔嵌顿:炎性外痔与本病的共同特点是均可出现局部感染及疼痛。本病的特点是齿状线上内痔脱出、嵌顿,疼痛时间较长,皮肤水肿,消退缓慢,痔核表面糜烂,伴有感染时有分泌物和臭味。

(2)肛乳头肥大:呈锥形或鼓槌状,灰白色,表面为上皮,一般无便血,常有疼痛或肛门坠胀。过度肥大者,便后可脱出肛门外,其蒂部在齿状线。结缔组织性外痔肛缘皮肤增生状如皮赘,形态不规则,注意与之鉴别。

(五) 治疗

1. 西医治疗

(1)非手术治疗

1)局部药物治疗:对急性期肿胀疼痛者,可用含有类固醇衍生物的药物外敷以缓解症状,但不应长期和预防性使用。

2)全身药物治疗:常用药物包括静脉活性药物,如柑橘黄酮片、草木犀流浸液片、银杏叶萃取物等,可减轻外痔急性期症状;抗炎镇痛药的使用,能有效缓解炎性物质刺激所导致的疼痛,以及预防感染的发生。

(2)手术治疗:本病以非手术治疗为主,经非手术治疗效果不明显者,可采用手术治疗。对于环状外痔应分次或分段手术,尽可能保留更多的"皮肤桥",避免肛管过度损伤。

1)外痔切除术:①适应证:结缔组织性外痔,炎性外痔,无合并内痔的静脉曲张性外痔;②禁忌证:各种急性疾病,肛门周围急、慢性炎症或腹泻,痔伴有严重肺结核、高血压、肝肾疾病或血液病患者,因腹腔肿瘤引起的内痔和临产期孕妇等;③手术方法:取截石位或侧卧位,在局麻或腰俞麻醉下,肛门部常规消毒,用组织钳提起外痔组织,以剪刀环绕其痔根四周做一放射状梭形切口,再用剪刀将皮肤及皮下组织一并切除,止血后用凡士林纱条敷于创面引流,无菌纱布包扎。在两切口之间,应尽可能保留皮肤桥,并适当延长切口,保持引流通畅,以免形成环形瘢痕,导致术后肛门狭窄。

2)血栓性外痔剥离术:①适应证:血栓性外痔保守治疗1周,尚未吸收,而且症状加重者,或血栓太大不易吸收者;②禁忌证:同外痔切除术;③手术方法:取截石位或侧卧位,在局麻或腰俞麻醉下,肛门部常规消毒,在肿块中央做放射状梭形切口,用止血钳将肿块分离,并摘除,然后修剪伤口两侧皮瓣,使切口敞开,或缝合1~2针。止血后用凡士林纱条敷于创面引流,无菌纱布包扎。

2. 中医治疗

(1)辨证论治

1)气滞血瘀证:肛缘肿物凸起,排便时增大,异物感,胀痛或坠痛,可触及硬结,舌紫暗,苔薄黄,脉弦涩。治以理气化瘀,用活血散瘀汤加减。

2)湿热下注证:肛缘肿物隆起,灼热疼痛或有分泌物,便干或溏,舌红,苔黄腻,脉滑数。治以清热利湿,用萆薢渗湿汤加减。

3)脾虚气陷证:肛缘肿物隆起,肛门坠胀,神疲乏力,纳少便溏,舌淡胖,苔薄白,脉细无力。治以理气健脾升提,用补中益气汤加减。

(2)外治法

1)熏洗法:肿胀疼痛者可用止痛如神汤或苦参汤加减,先熏后洗。

2)敷药法:用痔疮膏或九华膏敷于患处,可与熏洗法配合运用。

3)塞药法:适用于各类外痔。常与熏洗法和外敷法结合使用,可提高疗效。

三、混合痔

混合痔(mixed hemorrhoid)是指内痔与外痔在同一方位相互贯通融合,形成一整体的痔,括约肌间沟消失。混合痔多发于3、7、11点处,兼有内痔、外痔的双重症状,属中医"痔"的范畴。

(一) 病因与病理

1. 西医病因与病理　混合痔的发生同时兼有内痔、外痔的致病因素,其大都是由于内痔通过其丰富的静脉丛吻合支和相应部位的外痔静脉丛相互吻合并产生病理性肥大。

2. 中医病因病机　同"内痔""外痔"部分有关内容。

(二) 临床表现

具有内痔和外痔各自的特点。

(三) 辅助检查

混合痔部位括约肌间沟消失,肛门镜检查内痔与外痔连为一体,无明显分界。

(四) 诊断与鉴别诊断

参照内、外痔的相关部分。

(五) 治疗

1. 西医治疗

(1)非手术治疗:参照内、外痔的相关部分。

(2)手术治疗

1)混合痔外剥内扎术:①适应证:混合痔。②禁忌证:同外痔切除术。③手术方法:取

ER-26-12

混合痔

侧卧位或截石位,局部常规消毒,局部浸润麻醉或腰俞麻醉。将混合痔充分暴露,在其外痔部分做"V"字形皮肤切口,用剪刀锐性剥离外痔皮下静脉丛至齿状线处。然后用弯形血管钳夹住被剥离的外痔静脉丛和内痔基底部,在内痔基底正中用圆针粗丝线贯穿做"8"字形结扎,距结扎线1cm处剪去"V"字形皮肤切口内的皮肤及静脉丛,使其在肛门部呈一放射状伤口。同法处理其他痔核后,创面用红油膏纱布掺桃花散或云南白药引流,外用纱布敷盖,胶布固定(图26-20)。④注意事项:外痔剥离时要选好切口,兼顾外痔部分的整体关系;手术中注意保留适当的黏膜和皮肤,且结扎后痔核残端不要在同一平面上,以防术后肛门直肠狭窄。外痔切除剥离时与齿状线距离应适宜,约0.5cm,过短时疼痛明显,过长时残端易出血。

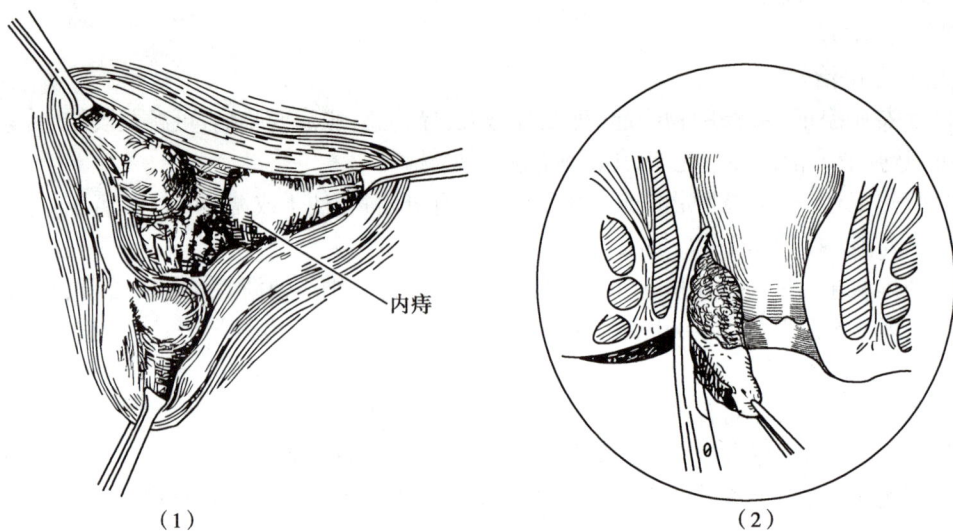

图26-20　混合痔外剥内扎术

(1)用血管钳夹住外痔向外牵拉,暴露内痔;(2)外痔已剥离,在内痔根部上血管钳,准备结扎。

2)环状混合痔分段结扎术:①适应证:环状混合痔。②禁忌证:同外痔切除术。③手术方法:根据环状混合痔的自然形状将其划分为若干区域,采用分区域分别施行"外痔剥离内痔结扎术",区域之间尽可能保留正常皮肤和黏膜组织,结扎的痔核应尽可能避免处于同一平面上。适当延长其外围的创面,以减小张力,保持引流通畅。如肛周创面皮肤完好但较为松弛者,可予以部分对位缝合,3~5天后拆线,可减轻疼痛,加速愈合。术后排便应控制在每日1~2次,并调整为成形软便,既可缓解疼痛,又可进行早期的扩肛。④注意事项:在每个外剥内扎的切口中间要保留0.5~1.0cm的健康黏膜和皮肤,以防肛门直肠狭窄。勿结扎过多黏膜,勿切除健康皮肤。外痔剪切剥离时,勿超过齿状线。如肛管张力过大,可在肛门后位偏向一侧切口,切断外括约肌皮下部及部分内括约肌,以减小张力,防止狭窄。

2. 中医治疗　参照内、外痔外治法。

四、中西医结合讨论

痔是临床常见的肛肠疾病之一。1975—1997年中华中医药学会肛肠分会组织的疾病普查结果显示,我国肛肠疾病的总发病率为59.1%(33837/57297),其中痔的发病率最高,占所有肛肠疾病的87.25%。痔分为内痔、混合痔和外痔,其中内痔最常见。痔的主要病因包括肛垫和支撑组织的功能减弱以及内括约肌痉挛,不健康的生活方式和错误的排便习惯也会增加患痔的风险。中医认为,痔的发生与风、湿、瘀和气虚等因素有关。

痔的治疗应遵循三个基本原则:无症状的痔无须治疗;有症状的痔重在减轻或消除症状,而非根治;以非手术治疗为主。改善痔病的症状比消除痔体本身更重要。对于症状较轻、内痔嵌顿伴有继发感染、年老体弱或同时伴有其他严重慢性疾病的患者,中西医结合保守治疗是首选。中医外治包括塞药、敷药、坐浴、针灸等疗法,配合中药内服可取得显著疗效。

便秘和异常的排便习惯会增加患痔的风险,调整饮食结构、摄入足量的液体和膳食纤维以及养成良好的排便习惯对预防痔和非手术治疗很重要。西医可以采用缓泻剂、口服静脉活性药物、局部磁疗、红外线、直流电疗法等方法来获得良好的效果。对于非手术治疗无效的 I～III 期内痔患者或存在手术禁忌证的 IV 期内痔患者,可以首先考虑内痔硬化剂注射疗法或胶圈套扎法。内痔硬化剂注射治疗对于 I、II 期出血性内痔效果好且并发症少。对于保守治疗和/或器械治疗无效的 I～III 期内痔患者或愿意接受手术治疗的 IV 期内痔患者,可以考虑手术治疗。在术前需要综合考虑患者意见、操作可行性和进一步操作的适用性,选择最佳的手术疗法。术后配合中药内服和外治可以减少术后并发症的发生,促进创面快速愈合。

近年来,磁疗被临床医师推荐用于缓解痔急性发作期症状或痔术后水肿、疼痛等症状的治疗。柑橘黄酮片作为一种常用的静脉活性药物,已经通过大量的临床研究证实对痔的症状和体征有显著改善作用。

(曹　晖)

第十二节　便　　秘

便秘(constipation)是临床上由多种原因引起的一种(组)常见的消化道症状,表现为排便困难和/或排便次数减少、粪质干硬。排便困难包括排便费力、排出困难、排便不尽感,排便费力时需手法辅助排便。排便次数减少指每周排便<3 次;慢性便秘的病程应≥6 个月。慢性便秘在自然人群中的发病率为 4%~6%,男女之比为 1:3,发病率随年龄增长而升高。便秘包括慢传输型便秘、出口梗阻型便秘、混合型便秘。本节主要介绍排便障碍型便秘。这一类疾病的共同特点是出口处(肛门、远端直肠)有梗阻因素存在,而且这些梗阻因素仅在行使排便功能时才显露出来,安静状态下并无明显异常。本病当属中医"阴结""阳结""不更衣""脾约""大便难""大便不通""秘涩""大便秘"等范畴。

一、病因与病理

(一)西医病因与病理

便秘原因十分复杂,众多的消化道疾病,神经、内分泌或代谢系统的异常及一些特殊的药物均可引起慢性便秘,可以使结肠的功能(包括消化吸收、运动等)受到损害;也可由直肠肛管出口处病变包括括约肌功能失调等引起。一般可分为原发性和继发性因素两大类。

1. 原发性因素

(1)肠道受到的刺激不足:饮食过少或食物中纤维素和水分不足,或以低残渣的罐头等所谓的"精饮食"为主,不能引起结直肠正常的反射性蠕动,而使食物残渣在肠道中停留时间延长,粪便干结,难以排出。

(2)排便动力不足:老年体弱、久病者,或孕妇、懒于活动的人,可因膈肌、腹肌、肛门括约肌收缩力减弱,腹压降低而使排便动力不足,粪便不易排出,发生便秘。

(3)忽视便意:因工作过忙、情绪紧张、忧愁焦虑、旅行生活,或因患肛裂、痔,忽视定时排便或有意延长排便时间,久则使直肠对压力的感受性降低,形成习惯性便秘。

(4)水与电解质紊乱:大量出汗、腹泻、呕吐、失血及发热后,可代偿性地使粪便干燥。

2. 继发性因素

(1)器质性改变使粪便通过困难:癌肿、慢性增生性肠道炎症、直肠脱垂、手术后肠粘连等器质性改变,使肠腔狭窄,粪便通过困难。

(2)大肠运动异常:过敏性结肠炎、大肠憩室炎、先天性巨结肠等疾病,致大肠运动失常、大肠痉挛,使粪便通过不畅,常见便秘或便秘与腹泻交替进行。

(3)神经系统障碍:脑血管意外、脑肿瘤、脊髓肿瘤、截瘫等致神经传导障碍,排便失常。

(4)内分泌紊乱:下垂体功能不全症、甲状腺功能减退症、糖尿病等内分泌功能紊乱性疾病,常可引起便秘。

(5)中毒及药物影响:铅、汞、磷等中毒,服用碳酸钙、氢氧化铝、阿托品、溴丙胺太林等药物,影响肠蠕动,而出现便秘。

(6)长期滥用泻药:长期滥用泻药使肠壁神经感受细胞的应激性降低,即使肠内有足量粪便,也不能产生正常蠕动和排便反射,以致不应用刺激性泻药或灌肠就难以排便。

(二)中医病因病机

便秘多是由于排便习惯不良、临厕努责、妇女多产、会阴产伤,以及老年女性身体功能渐衰,导致正常解剖结构改变,或气机阻滞,或湿热下注,或气阴两虚,或阳虚寒凝,日久肠胃受损,大便排出不畅或排便不尽、排便困难。

1. 脾虚气陷　素体虚弱,身体羸瘦,或老年人气血衰退,或妇女分娩用力耗气,致中气不足,升举无力,固摄失司,使盆腔组织或盆底肌肉松弛而发生便秘。

2. 气机阻滞　忧愁思虑过度,情志不舒,或久坐少动,而致气机郁滞,不能宣达,于是通降失常,肛周功能失常,粪便排出困难。

3. 湿热下注　平素嗜食辛辣炙煿之品,辛辣之物易酿湿生热,湿邪重滞,热邪灼津,下注肛周,致肛门盆底肌肉收缩不良而引发便秘。

4. 气阴两虚　劳倦、饮食、内伤,或病后、产后及年老体虚,气阴两亏,气虚则大肠传送无力,阴虚则津枯不能滋润大肠,致秘结不通,粪便排出不畅。

5. 阳虚寒凝　凡阳虚体弱,或年老体虚,则阴寒内生,留于肠胃,于是凝阴固结,致阳气不通,津液不行,故肠道艰于传送,致粪便排出困难。

二、临床表现

(一)症状

便秘表现为排便过程不顺利,包括三个方面:①大便量太少、质太硬,排出困难;②排便困难,伴有一些特殊的症状,如长期用力排便、直肠肛门坠胀、排便不尽感,甚者需要手法帮助排便;③7天内排便少于3次。不同的情况还有不同的表现。

(二)临床分型

1. 直肠内脱垂　指直肠黏膜层或全层套叠入远端直肠腔或肛管内而未脱出肛门的一种功能性疾病。多见于中年人,女性多于男性。主要表现:

(1)排便困难:直肠排空困难,有排便不尽感、肛门阻塞感,且用力越大,阻塞感越重,常需手法辅助排便。

(2)疼痛:有些患者排便时肛门疼痛、下腹部疼痛或骶部疼痛。

（3）黏液血便：偶有血便或黏液便。

（4）大便失禁：多由阴部神经损伤，引起不同程度的大便失禁。

另外，部分患者伴有精神症状，多为抑郁或焦虑。直肠指检时直肠黏膜较为松弛，偶可扪及套叠环。肛门镜检查有时可见直肠黏膜充血、水肿、溃疡。

2. 直肠前突　本病主要见于女性，以中老年患者居多。由于直肠前壁向阴道突出，排便时压力向阴道方向而不向肛门口，粪块积存于前突内而造成梗阻（图26-21），主要表现是排便困难，肛门处梗阻感，排便时肛门处压力分散感，排空不全感；部分患者需用手在肛门周围或阴道内加压，甚至需将手指插入肛门内协助排便，有的患者将卫生纸卷或肥皂条插入肛门诱导排便；部分患者有便血、肛门疼痛等。直肠指检，肛管上端直肠前壁扪及圆形或椭圆形凹陷的薄弱区，嘱患者做大力排便动作，该凹陷区变深。

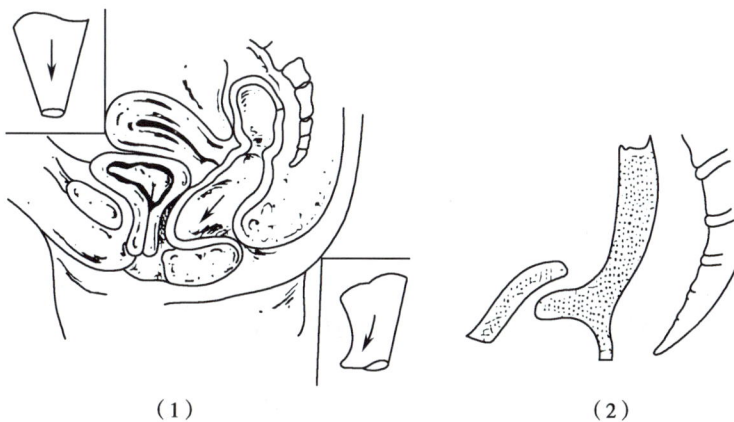

图 26-21　直肠前突
（1）矢状面示意图；（2）排粪造影像，呈囊袋状。

3. 会阴下降综合征　指盆底肌肉异常松弛引起的一系列临床综合征。主要表现为：

（1）排便困难，为最突出的症状。患者自觉直肠内有梗阻感，排便时间长、费力，排空障碍，导致经常做无效的用力努挣动作，部分患者排便时需使用手法辅助排便。

（2）便血及便黏液。

（3）会阴部胀痛，久站后可有难以定位的后缘深部不适，平卧或睡眠时减轻，疼痛与排便无明显关系。

（4）大便失禁。

（5）小便失禁及阴道脱垂，部分女性患者有功能性排尿异常，多为应力性失禁，常伴有不同程度的阴道脱垂。检查可见用力排便时会阴低于坐骨结节平面；直肠指检时肛管张力低，伴发黏膜内脱垂时，可触及直肠末端黏膜堆积；直肠镜检偶见直肠前壁黏膜脱垂或溃疡。

4. 盆底失弛缓综合征　是指盆底横纹肌和平滑肌由于神经支配异常或反射异常，排便时盆底肌不松弛甚至反常收缩，引起进行性排便困难。涵盖了"盆底肌痉挛综合征""耻骨直肠肌综合征"及"内括约肌失弛缓"等概念。主要表现为：

（1）长期进行性排便困难，长期使用导泻剂帮助排便，有些是自幼年起病。

（2）过度用力排便，排便时肛门梗阻感，常用手指插入肛门刺激排便。部分患者排便时需过度用力而大汗淋漓，越用力粪便排出越困难，甚至排气困难。

（3）大便变细，甚至细如铅笔芯，与便质无关，粪便量少。

（4）排便时间延长，常需半小时以上。

(5)心理精神异常,部分患者可伴随紧张、疑虑、易怒、抑郁、焦虑等症状。肛门指检时肛管张力较高。模拟排便动作时肛管不松弛反而收缩,停止排便动作时肛管可松弛。

需要强调的是,以上各类型经常不是单独存在,而是数症并存。多数患者伴有精神症状。它们的临床表现比较复杂,具有各类的共同特征。

三、辅助检查

1. 肛门指检　便秘患者,应先做肛门指检,一般在直肠内能触及坚硬粪块。如直肠壶腹内无粪便,应注意感觉直肠黏膜是否松弛、耻骨直肠肌有无肥厚及盆底肌是否痉挛等。

2. 肛门镜检查　可查看有无内痔及直肠内脱垂等。

3. 钡剂灌肠造影　如系痉挛性便秘,可见肠腔紧张变细呈锯齿状或铅管状;如系弛缓型便秘,可见大肠变长、扩张或下垂;如系出口梗阻型便秘,可见直肠明显扩张;如系器质性便秘,可见肿瘤、扭转、憩室、息肉等。

4. 排粪造影　每次检查均拍摄排便过程中的静坐、提肛、强忍、力排及力排后的直肠侧位片,并测量每张的肛直角、肛上距、肛管长度、乙耻距、小耻距、骶直间距,如由于盆底肌痉挛综合征合并直肠膨出引起的便秘,排粪造影可见"鹅征",以及耻骨直肠肌肥厚症患者静坐、提肛、强忍、力排均未排出钡剂,出现"搁架征"。

5. 大肠传输试验　是通过观察不透光的 X 线标志物在肠道内存留、分布、通过和排出过程,以判断肠道传输功能的一种动力学检查方法。口服 20 粒标志物后,每 24 小时摄腹部平片以计算观察 72 小时标志物的排出量。排出量达 80% 为大肠传输功能正常;仍留在结肠为大肠传输缓慢;仍留在直肠为出口梗阻。

6. 直肠肛门测压　利用压力测定装置,通过测定肛管、直肠压力的异常变化,可以了解某些肌肉功能状况。借助此检查可以辅助鉴别排便障碍型便秘,如当患者腹压不足,排便时压力低于 45mmHg,提示直肠推进力不足,结合大肠传输试验可明确慢传输型便秘诊断。

7. 盆底肌电图检查　主要用来了解肛门内、外括约肌及耻骨直肠肌的功能。是通过记录盆底肌肉在静息、排便状态下电活动变化,来了解盆底肌肉的功能状态及神经支配情况。如在诊断盆底失弛缓综合征时,可见盆底肌的反常电活动,其诊断价值比排粪造影更大。

8. 肠镜检查　以排除肠道器质性病变,如肠道肿瘤引起肠腔狭窄或梗阻、先天性巨结肠、巨直肠等。

四、诊断与鉴别诊断

(一)诊断

有典型的大便干结、排便间隔时间延长、排便费力、排出不畅等病史。结合肛门指检、肛门镜检查、钡剂灌肠造影、排粪造影、大肠传输试验等即可明确诊断。

(二)鉴别诊断

本病应与先天性巨结肠、肠道肿瘤、肠道狭窄等引起的便秘相鉴别。

1. 先天性巨结肠　绝大多数患者在新生儿期发生过便秘、腹胀、呕吐等情况。直肠指检一般能触及肠壁内狭窄环,直立位的腹部平片及钡剂灌肠检查有助于诊断。

2. 肛门直肠狭窄　因胚胎发育异常,或因局部外伤、手术损伤,致使肛门直肠口径较小,表现为不同程度的排便不畅。严重者可出现低位肠梗阻现象。有排便不畅史,结合局部检查可以明确诊断。

五、治疗

（一）西医治疗

治疗的原则：针对病因，以改善患者不良心理，纠正不良的生活、饮食和排便习惯，终止常服泻药或灌肠，帮助患者建立和恢复正常排便为主，必要时辅以药物治疗。长期指导与用药无效时，可考虑手术治疗。

1. 非手术治疗

（1）心理治疗：目的是帮助患者了解排便生理，解除焦虑，纠正不良的生活、排便习惯，每日早晨定时如厕以培养、建立正常的排便习惯。

（2）饮食治疗：此法是习惯性便秘的基本治疗方法。对于习惯性便秘患者，每天多食粗粮及多纤维蔬菜，以增加肠内容物的容量及软化大便，用以刺激便意的产生。对于较顽固者，可适当食用芝麻、核桃、蜂蜜及熟的凉牛奶，既可通便，又富有营养，对老人、儿童、孕妇、病后便秘尤为适宜。

（3）药物治疗：症状轻微者可给予膨胀性泻药、润滑性泻药，不缓解者可给予刺激性泻药（小剂量开始，不可久用）。焦虑、精神紧张及肠痉挛者，可给予口服地西泮或阿托品。

（4）生物反馈疗法：是一种生物行为疗法，它是通过电子工程技术，把一些不能或不易被人体感知的生理和病理活动转化为声音、图像等信息。利用生物反馈机制，让患者根据其观察到的自身生理活动信息来调整生理活动，以达到治疗疾病的目的。生物反馈疗法对慢传输型、出口梗阻型、混合型便秘均有效，但对出口梗阻型便秘的疗效较好。

2. 手术治疗　经非手术治疗无效时，有明确的解剖异常或手术指征，排除手术禁忌证，可考虑手术治疗。手术治疗主要针对粪便在传输和排出过程中的两种缺陷，出口梗阻型便秘需依据出口梗阻的原因做出相应的处理，慢传输型便秘则须切除无传输力的结肠；有时两种病因同时存在，即混合型便秘，因此应谨慎选择手术方案。

（1）直肠内脱垂常见术式如下：

1）硬化剂注射疗法（经肛门直肠黏膜下和直肠周围注射术）：黏膜下注射时根据情况可选用点状注射或柱状注射。

2）直肠黏膜胶圈套扎术（结扎术）：本法适用于直肠中段或远段黏膜内脱垂。在齿状线上方黏膜脱垂处做 3 行胶圈套扎，每行 1~3 处，最多套扎 9 处，以去除部分松弛的黏膜。必要时可在套扎部位黏膜下加注硬化剂。

3）吻合器痔上黏膜环切术：将 PPH 吻合器经肛管扩张器将其头端插入到荷包缝合线的上方，收紧缝线，击发的同时切除松弛的黏膜并钉合吻合口。

（2）直肠前突常见术式如下：

1）闭式修补法：按前突大小，用血管钳钳夹直肠黏膜，用可吸收线从齿状线处自下而上连续缝合直肠黏膜及其肌层（图 26-22），修补缺损。

2）吻合器经肛门直肠切除术：在直肠前壁做 2~3 个半荷包将前壁拉入吻合器内并切除，同时保护直肠后壁；采用同样的方法切除直肠后壁。

3）套扎或注射治疗：行前突部位套扎或硬化剂注射治疗，也可两种疗法同时使用。

4）经阴道切开直肠前突修补术：在阴道后壁做一椭圆形切口（长 5~6cm，宽 1.5~2cm），向两侧游离阴道黏膜至肛提肌，在直肠表面的筋膜下，荷包缝合（图 26-23）或间断缝合修补直肠前突部位。然后，间断缝合肛提肌，修剪、缝合阴道黏膜。

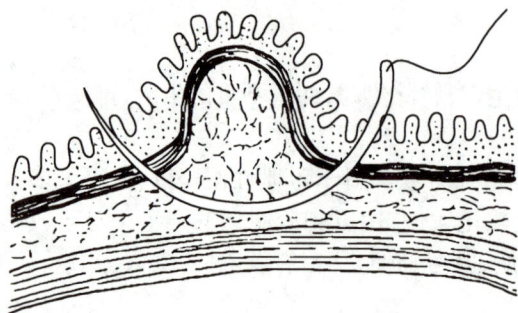

图 26-22　缝合针穿过直肠黏膜下层和肌层

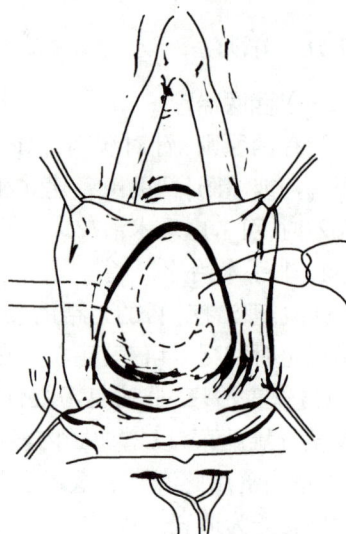

图 26-23　荷包缝合

（3）盆底失弛缓综合征耻骨直肠肌部分切除术：患者折刀位或俯卧位。从尾骨尖向下做正中切口至肛缘上方，逐层切开，暴露尾骨尖，即为耻骨直肠肌上缘标志。术者左手示指进入直肠，向上顶起耻骨直肠肌，于直肠外游离耻骨直肠肌，注意不要损伤直肠壁。用两把止血钳相距 1.5~2cm 夹住游离好的耻骨直肠肌，将两钳间肌束切除，使成"V"形缺损。若仍能触及纤维束，则应予切除。更换手套，伤口冲洗后置橡皮片引流，逐层缝合创口。

慢性便秘原因复杂，不同的病因应采用不同的手术方式。慢传输型便秘与出口梗阻型便秘或两种以上原因的便秘有时可以同时存在，术前诊断不完全是术后便秘复发及手术效果不佳的原因之一。

（二）中医治疗

1. 辨证论治

（1）脾虚气陷证：大便排出困难，神疲乏力，少气懒言，舌淡苔白，脉弦。治以补气润肠，健脾升阳。方用黄芪汤加减。

（2）气机阻滞证：大便秘结难排，嗳气，胸胁痞满，舌淡，苔薄腻，脉弦。治以顺气行滞通便，用六磨汤加减。

（3）湿热下注证：排便难，直肠梗阻、坠胀，会阴灼热，黏液血便，口干烦躁，舌红，苔黄腻，脉滑数。治以清热导滞，润肠通便。方用麻子仁丸加减。

（4）气阴两虚证：年老体弱，有便意但临厕乏力，挣则汗出气短，恶心盗汗，神疲懒言，舌淡苔薄，脉细。治以益气养阴通便，用八珍汤加减。

（5）阳虚寒凝证：大便艰涩难排，小便清长，面色苍白，四肢不温，腹中冷痛，舌淡苔白，脉沉迟。治以温阳通便，用济川煎加肉桂。

2. 外治法

（1）针灸疗法：主穴多选大肠俞、天枢、脾俞、三阴交等。阳气不足者可加艾灸，可在针刺的基础上加灸神阙、气海。

（2）耳穴压豆：选取直肠、内分泌、三焦、大肠等穴。

（3）穴位埋线：常取八髎、天枢等穴。

（4）大肠水疗：通过水疗仪将恒温的过滤水以恒定压力注入结肠，软化肠内大便并使其排出。

(5)中药灌肠：常用大黄、芒硝、桃仁、当归等中药煎剂灌肠或保留灌肠。

六、中西医结合讨论

便秘是常见病、多发病。相关研究显示，我国老年人便秘患病率为18.1%，儿童为18.8%，均较一般人群的8.2%高；农村人口患病率为7.2%，高于城市人口的6.7%。便秘的原因复杂，包括消化道疾病，神经、内分泌或代谢系统异常以及特殊药物等。中医认为，便秘的核心在于大肠通降失常，传导失司。

西医治疗的关键是针对病因，改善患者不良心理，纠正不良的生活、饮食和排便习惯，终止常服泻药或灌肠，帮助患者建立和恢复正常排便。便秘的中医治疗需根据虚实情况而治。实证便秘主要采用祛邪、泻热、温通、理气等方法，标本兼治，以祛邪为主，以便通为目标。虚证肠失温润，治以养正为先，根据阴阳气血亏虚程度，主要使用滋阴养血、益气温阳之法，辅以甘温润肠的药物，标本兼治。

不同类型的便秘，中西医结合治疗各有侧重。功能性便秘的治疗包括合理膳食、多饮水、多运动、建立良好排便习惯等基础措施，可采用中药、针灸、推拿、穴位埋线等中医特色治疗，结合西药、生物反馈、心理等治疗。慢传输型便秘可配合中药辨证施治，加强腹肌力量，促进肠道蠕动，使用西药如促肠动力药、渗透性泻药或调节肠道菌群等药物。排便障碍型便秘可在中药辨证施治的同时配合生物反馈和针灸治疗，协调盆底肌肉及肛门括约肌运动。对于顽固性便秘伴焦虑的患者，可以联合抗焦虑抑郁药物治疗。

近期研究发现，针灸、推拿、穴位贴敷、穴位埋线等方法在便秘治疗中应用广泛且取得满意疗效。麻仁丸联合生物反馈疗法能有效改善便秘患者的症状。在老年习惯性便秘的治疗中，合理使用加味六磨汤可以显著改善患者的症状，促进排便和缓解抑郁情绪。渗透性泻剂在便秘治疗中具有优点，微生态制剂能抑制腐败菌生长，促进肠蠕动，防止肠麻痹。非手术治疗无效时，特别是存在明确解剖异常的排便障碍型便秘，可以考虑手术治疗。

（曹　晖）

第十三节　急性腹膜炎

急性腹膜炎（acute peritonitis）是外科常见的急腹症，是腹膜和腹膜腔的急性炎症。按病因可分为细菌性与非细菌性；按发病机制可分为原发性与继发性；按累及范围可分为弥漫性与局限性；按临床经过可分为急性、亚急性和慢性。本病属中医"结胸""腹痛"等范畴。

一、病因与病理

（一）西医病因与病理

1. 病因

(1)原发性腹膜炎：是指腹腔内无原发病灶的腹膜炎，常见于婴幼儿。致病菌多为链球菌、双球菌和大肠埃希菌。常由血行播散至腹膜引起，多继发于呼吸道或尿路感染。女性患者可通过输卵管向上扩散至腹腔。肝硬化、腹水、肾病或营养不良等情况下，肠道屏障功能减退，肠道内细菌可进入腹腔诱发腹膜炎。

(2)继发性腹膜炎：是指由腹腔内脏器病灶的细菌感染腹膜而造成的腹膜炎。致病菌主要来自肠道，一般为混合性感染，最常见的是大肠埃希菌。常见原因有：①腹腔内脏器穿孔、损伤破裂,如溃疡穿孔、胆囊炎坏疽穿孔、急性阑尾炎穿孔。②外伤后内脏破裂,腹腔污染后并发细菌感染;腹腔内脏器炎症的扩散,如急性阑尾炎、急性胰腺炎等并发感染;绞窄性肠梗阻引起肠坏死,细菌通过肠壁进入腹腔。③手术后继发感染,如腹部手术中的腹腔污染、术后吻合口瘘等。

2. 病理 胃肠内容物或致病细菌进入腹腔后,刺激腹膜发生炎症反应,渗出液中含有吞噬细胞和中性粒细胞,有纤维蛋白沉积在病灶周围防止感染扩散,使渗出液变浑浊而成为脓液。腹膜炎的转归取决于机体防御能力和细菌毒力。抗病能力强,细菌毒力弱时,病变附近的肠管与大网膜粘连包裹病灶,形成局限性腹膜炎,可逐渐吸收而痊愈;若未完全吸收,可能形成局限性脓肿。感染迅速扩散至全腹则形成弥漫性腹膜炎,治愈后的腹腔粘连多数无不良后果,部分粘连可导致粘连性肠梗阻。

(二)中医病因病机

腹膜属于中医学"三焦系统"的中、下二焦。其位置分布类似于体腔内的膜层组织,包括胸膜和腹膜。三焦的生理作用为运行津液和通行诸气,类似于腹膜渗出和吸收的功能。

急性腹膜炎的定位在中焦和下焦。根据原发疾病的不同,病变脏腑涉及胆、胃、大肠、小肠、膀胱等。基本病机为三焦受邪,三焦气机阻滞,腑气通降失调;三焦水道阻塞,水液运行不畅。气机不畅则郁而化热,水液停滞则聚湿生痰,水热结于胸腹而见"从心下至少腹硬满而痛不可近""心下痛,按之石硬"等腹膜刺激征。病情继续进展,热盛肉腐而化脓,甚则邪毒内陷营血;或失治误治,致气血逆乱、阴阳不相顺接,出现四肢逆冷、脉微欲绝的厥证。

1. 寒热外袭 外感风冷寒邪,侵袭中焦;或温热之邪自口鼻直犯中焦,致使肠胃气机升降失常,邪气与营卫相干,郁而化热,血肉腐败而成本病。

2. 饮食不节 暴饮暴食或多食肥甘辛辣刺激之物,致湿热食滞交阻,肠胃气机失其疏利,传导失职而成本病。

3. 情志失调 喜怒无度,情志不遂,气机逆乱,致脏腑功能失常,通降失调而发病。

4. 金创外伤或针刀术后 金创外伤,邪毒直入腹腔;或腹部针刀术后,气血亏虚,邪毒凝聚,致气机阻滞,毒邪化热,热盛肉腐而化脓。

二、临床表现

(一)症状

腹膜炎可突然发生,如消化道穿孔;也可先出现原发病的症状,之后逐渐出现腹膜炎的症状,如急性阑尾炎并发的腹膜炎。

1. 腹痛 为最常见、最主要的临床表现。疼痛剧烈,呈持续性,一般都难以忍受,可因深呼吸、咳嗽、转动身体而加剧;疼痛范围多自原发病变部位开始,随炎症扩散可延及全腹或局限于一定范围;疼痛的程度与发病原因、炎症程度、年龄和患者体质等有关。

2. 呕吐 为较早出现的症状。初期多是腹膜受刺激引起的反射性呕吐,呕出物为胃内容物;后期多因麻痹性肠梗阻而呕出黄绿色的胆汁,甚至为棕褐色粪样内容物,且呕吐更频繁。

3. 发热与感染中毒 体温变化与炎症的轻重有关。继发于阑尾炎、胆囊炎等感染性病变的,在原有发热的基础上,腹膜炎发生后体温则更高;继发于腹内脏器穿孔者,开始时体温正常,随着感染的加重,体温渐渐升高。除了发热,患者会出现脉率增加、呼吸浅快、大汗等感染中毒症状。一般情况下,脉搏随体温升高而加快,如脉搏加快而体温反降者,提示病情恶化。

(二)体征

1. 全身情况 患者多呈急性病容,表情痛苦,焦虑,多喜蜷曲或平卧。重症患者后期则出现面色萎黄、眼窝凹陷、口干唇燥、四肢湿冷、呼吸急促、脉细数、血压下降等重度脱水、代谢性酸中毒及脓毒症休克的表现。

2. 腹部体征

(1)视诊:腹式呼吸减弱或消失,腹胀。腹胀加重是病情恶化的重要标志。

(2)触诊:腹部压痛、反跳痛和腹肌紧张是腹膜炎的标志性体征,可局限在一定范围,也可延及全腹,但以原发病灶部位最为明显。腹肌紧张的程度与病因、感染轻重及个体情况相关,胃肠或胆囊穿孔引起的化学性腹膜炎会导致强烈的腹肌紧张,呈现"板状腹";幼儿、老年人和极度虚弱者,腹肌紧张可不明显。

(3)叩诊:因胃肠胀气,腹部叩诊呈鼓音;胃十二指肠穿孔时,肝浊音界缩小或消失;腹腔内积液较多时,移动性浊音可呈阳性。

(4)听诊:肠鸣音多减弱或消失。

3. 直肠指检 直肠前窝有触痛、饱满或波动感,为盆腔感染或脓肿形成的征象。

三、辅助检查

(一)实验室检查

白细胞计数及中性粒细胞百分比升高。病情危重或极度虚弱者,白细胞计数可不高或降低,但中性粒细胞百分比升高或出现中毒颗粒。

(二)影像学检查

1. X线检查 小肠广泛胀气并有多个小液平面提示肠麻痹;膈下游离气体提示胃肠穿孔。

2. CT检查 是主要的检查手段,有助于判断腹腔内实质性脏器的病变,对病灶位置、大小和腹腔渗液量的估计也有一定帮助。

3. 超声检查 可显示腹腔内有不等量的液体,但无法鉴别液体的性质。某些腹膜炎患者腹腔胀气明显,超声难以确定诊断。

(三)其他检查

腹腔穿刺对腹膜炎的确诊及病因诊断有重要价值。如穿刺液中含有食物残渣、胆液,提示上消化道穿孔;穿刺液有粪臭味表示下段肠道穿孔或炎症;抽出脓性液体说明有化脓性病灶;血性渗出液常见于重症胰腺炎、绞窄性肠梗阻、晚期肿瘤等;抽出不凝固血液,提示有腹腔内脏器出血,如肝脾破裂、异位妊娠破裂等。穿刺液淀粉酶的测定有助于胰腺炎的诊断;腹腔穿刺液的涂片、细菌培养及药物敏感试验可确定病原菌,为选择抗菌药物提供依据。

四、诊断

根据腹痛的表现,腹部压痛、反跳痛及腹肌紧张等典型体征,白细胞计数及分类,腹部CT检查等,急性腹膜炎的诊断一般不难,必要时可行腹腔穿刺。临床中,需要仔细鉴别的是腹膜炎的原发病因,这对于判断是否需要尽早手术治疗至关重要。儿童在上呼吸道感染期间突然腹痛、呕吐,出现明显的腹部体征时,应仔细分析是原发性腹膜炎,还是肺部炎症刺激肋间神经所引起。

五、治疗

(一)西医治疗

1. 非手术治疗

(1)适应证

1)急性腹膜炎有局限化趋势或已形成局限性腹腔脓肿者。

2)某些腹膜炎病因明确,腹胀不明显,腹腔内积液少,一般情况好,全身中毒症状轻,无休克表现者。

3)原发性腹膜炎或大多数盆腔器官感染所致的腹膜炎。

4)伴有严重心肺等疾病不能耐受手术者。

(2)方法

1)体位:一般采取半卧位,使腹腔内的渗出液流到盆腔,起到局限炎症及抑制毒素吸收的作用;并可使腹腔脏器下移,减轻腹胀压迫膈肌对呼吸和循环的影响。休克患者取平卧位或头、躯干和下肢各抬高约 20° 的体位。

2)禁食,胃肠减压。

3)纠正水电解质紊乱。

4)防治休克。

5)应用抗生素。

6)补充热量和营养支持。

7)镇痛、镇静、吸氧等对症治疗。

2. 手术治疗　对于病情严重或经非手术治疗无效的急性腹膜炎患者,常采用以手术为主的综合治疗。

(1)适应证

1)腹腔内严重病变所致的腹膜炎,中毒症状严重,甚至有休克表现,如坏疽性穿孔性阑尾炎、胆囊坏疽、消化性溃疡伴急性穿孔、重症胰腺炎、外伤性内脏破裂、术后吻合口瘘等。

2)病情严重,一时难以查明原因的弥漫性腹膜炎,且腹膜刺激征明显或腹腔穿刺有阳性所见者。

3)弥漫性腹膜炎经 6~12 小时非手术疗法,病情不见好转或加重者。

(2)方法

1)处理原发病灶:手术的目的是切除病灶或缝合穿孔,如切除坏疽的阑尾、胆囊和坏死的肠段等。胃十二指肠溃疡伴穿孔的手术方式取决于病情,可以进行胃次全切除术或简单的穿孔修补术。选择手术切口时要慎重考虑原发病变所在的位置或原手术切口附近;如果无法确定原发病灶,右旁正中切口是较好的选择。在开腹过程中要轻柔细致,避免损伤肠管,并首先明确腹膜炎的病因,然后确定手术方式。

2)腹腔引流:对于坏死病灶未能彻底切除(如重症胰腺炎)或存在无法清除的大量坏死组织,持续渗血、渗液,或可能出现吻合口瘘的局限性脓肿,应适当放置引流管。可以选择乳胶管引流或双腔引流管引流等不同的引流方式。

3)清理腹腔:腹腔内的脓液、渗液、食物残渣、粪便、异物等应该清除干净,可用大量温生理盐水反复冲洗腹腔。

(二) 中医治疗

急性腹膜炎属三焦里实热证。早期气血骤闭因化学及炎症刺激;中期水热互结、湿热蕴结化脓或移热于肠,呈腑实证,即感染化脓期;后期热毒炽盛,热入营血、毒犯心包,高热神昏、四肢逆冷、脉微欲绝等,似感染性休克。

1. 辨证论治

(1)气血骤闭证:突发腹痛、腹胀,痛不可忍,压痛、反跳痛,发热口干,便秘尿赤,舌红,苔黄腻,脉弦数。治以清热活血,行气止痛。方用大柴胡汤合血府逐瘀汤加减。

(2)水热互结证:持续腹痛,痛不可触,腹胀加剧,全腹压痛、反跳痛,腹肌紧张或呈板状腹,肠鸣减弱或消失,高热、潮热,大汗口渴,口燥唇焦,恶心呕吐,便结尿赤,舌红,苔黄燥或黄腻,脉洪数。治以逐水泻热,清热解毒。方用大陷胸汤合黄连解毒汤加减。

(3)内闭外脱证:腹部膨隆,全腹压痛、反跳痛,呈板状腹,精神萎靡或神昏谵语,肢厥身冷,呼吸浅促,斑疹、衄血、呕血或便血,少尿或无尿,舌红,苔少或光剥或苔黄干厚,脉沉细疾数或伏微欲绝。治以凉血解毒,救逆固脱。方用清瘟败毒饮合四逆汤加减。

2. 针刺治疗　具有缓急止痛、行气消胀、促进胃肠蠕动、增强腹膜的修复及消炎能力、促使穿孔脏器的闭合等作用。常用穴位有足三里、中脘、梁门、内关、曲池、胃俞、胆俞等,应根据病情进行辨证取穴。

3. 中药外敷　中药外敷具有止痛、促进炎症吸收的作用。可用金黄散加甘遂末,用生理盐水或金银花露调制后箍围患处,敷药部位应以疼痛或腹肌紧张最明显处为中心。

六、中西医结合讨论

急性腹膜炎需借助西医检查手段,尽快明确病因。病因不同,治疗方案也不同。特别对于是否需要手术干预及何时进行手术至关重要。治疗原则为消除病因,迅速局限或引流脓性渗出液。

急性腹膜炎是外科急腹症中的危急重症,若腹腔内原发病变严重、全身中毒症状明显,甚至伴有休克表现,或症状和体征逐渐加重,经保守治疗无效,则应立即采取手术干预,避免延误治疗而使病情恶化。对于可选非手术疗法的急性腹膜炎,中西医结合治疗优势明显。特别在处理腹膜炎后期并发症时,如腹腔脓肿、腹胀、肠麻痹和消化功能紊乱,中医药发挥多靶点、多方位治疗的优势。

1. 腹腔脓肿的治疗　急性腹膜炎常并发腹腔脓肿,如盆腔脓肿、膈下脓肿、肠间脓肿等。脓肿一旦形成,则象征着进入了中医外科的"成脓期",治疗应以托法为主。首先需要在超声引导下行脓肿穿刺引流术,效果不佳者可手术切开引流,并放置引流管持续引流,保证脓液外排通畅。中药口服宜采用托脓外达、清热消痈、活血解毒的药物。活血化瘀、清热解毒的中药有助于消除腹腔残余感染、促进肠道功能恢复。

2. 术后并发症的处理　腹膜炎术后往往并发腹胀及肠麻痹等肠道功能紊乱,部分发生炎性肠梗阻。术后早期肠麻痹,腹胀重者,多属气血凝滞,治宜理气宽中、活血通腑,可选用小承气汤加减,大便溏稀者可改用酒大黄;同时可配合电针刺激关元、气海、大肠俞等穴位。术后炎性肠梗阻,多因术后热结、痰瘀内阻,治以泻热通腑、理气活血。若术后膈肌痉挛或感染引起频繁呃逆,需分清寒、热、虚、实,辨证论治,胃寒者可选丁香柿蒂汤合吴茱萸汤,胃热者选用橘皮竹茹汤合竹叶石膏汤,痰阻者选用旋覆代赭汤合小半夏汤等。

3. 恢复期的治疗　腹膜炎恢复期,因急性感染损耗气血,常伴有消化功能不佳,表现为厌食呃逆、倦怠乏力,可在六君子汤的基础上加焦三仙、鸡内金、连翘等消食化滞之品,以补养脾胃,促进胃肠动力恢复;腹泻者加薏苡仁、砂仁、藿香、木香、山药等;便秘者加瓜蒌、生白术、莱菔子、火麻仁等。

(赵　亮)

第十四节　结直肠肿瘤

成人大肠全长约 1.5m,包括盲肠、阑尾、升结肠、横结肠、降结肠、乙状结肠、直肠和肛管,前 6 部分归为结肠。上述部位发生的癌统称结直肠癌。在我国,结直肠癌发病率居恶性肿瘤第 3 位,死亡率居第 5 位。近年来,其发病更趋年轻化,发病率男多于女,男女之比约为

1.3∶1；中位发病年龄为55岁,30岁以下的青年人占11%~15%,40岁以下则占40%左右。结直肠癌归属于中医"癌病"范畴,与历代文献中的"积聚""肠蕈""脏毒""锁肛痔"等疾病相对应。

一、病因与病理

(一)西医病因与病理

1. 病因　结直肠癌的发病原因目前尚未完全阐明,但已注意到与下列因素可能有关。

(1)饮食习惯:一般认为,高动物蛋白、高脂肪和低纤维饮食是结直肠癌高发的因素。进食脂肪多,胆汁分泌也多,随之胆酸分解物亦多,肠内厌氧菌酶活性也增高,而致肠内致癌原、促癌原生成增加,导致结直肠癌发生。例如,厌氧的梭状芽孢杆菌可将脱氧胆酸转变为3-甲基胆蒽,后者已证实为致癌物质。

(2)遗传因素:据估计,在大约20%的结直肠癌患者中,遗传因素可能起着重要作用。患结直肠癌的危险在正常人群为1/50；患者第一代亲患癌的危险增加2倍,为1/17；一代亲中如有2人患癌,则危险升至1/6。这种家族遗传性在结肠癌比直肠癌更为常见。

(3)化学致癌物质:肠癌的发生显然与某些化学致癌物质有密切的关系。除上述胆汁酸和胆固醇的代谢产物外,亚硝胺是导致肠癌发生最强烈的致癌物质。油煎和烘烤的食品也具有致癌作用,蛋白质经高温热解后形成的甲基芳香胺可诱发结直肠癌。

(4)环境因素:环境因素与结直肠癌有关,缺钼地区结直肠癌多发,石棉工人患结直肠癌者亦多。

(5)基因变异:目前认识到在结肠癌发生和进展过程中有两种分子学改变是具有重要意义的,主要是有一些基因或特殊的基因结构发生突变。这些突变的基因包括原癌基因和抑癌基因。除原癌基因的激活外,抑癌基因的灭能也与许多人类肿瘤的发生有关。

(6)癌前病变:结直肠癌的癌前病变有慢性溃疡性结肠炎、血吸虫性结肠炎、息肉病、腺瘤等。据估计有3%~5%的溃疡性结肠炎将发生结直肠癌。

2. 病理

(1)好发部位:依次为直肠、乙状结肠、盲肠、升结肠、降结肠和横结肠。

(2)形态学分类

1)隆起型:以右半结肠和直肠壶腹部为多见。肿瘤呈结节状、息肉状、菜花状或蕈状。瘤体表面容易形成溃疡出血,继发感染和坏死。肿瘤生长较慢,瘤体常常较大,浸润性小,侵袭性低,预后较好,镜下多为分化成熟的腺癌。

2)浸润型:常见于乙状结肠及直肠上部。肿瘤首先沿黏膜下在肠壁内呈浸润性生长,伴较多纤维组织反应,故较快引起肠腔狭窄。发展快,易导致急性结肠梗阻,恶性程度高,转移较早,预后差,镜下常为极低分化硬性腺癌。

3)溃疡型:凡肿瘤表面形成明显的较深溃疡者(溃疡一般深达或超过肌层)均属此类型。以直肠为多见。此类型癌肿恶性程度高,淋巴转移较早,镜下为低分化的腺癌。按溃疡的外形和生长情况,病理上又将其分为局限溃疡型和浸润溃疡型两个类型。

此外,部分结直肠腺癌是在腺瘤基础上发生的,细胞明显呈多形性,核分裂增多,并有间质浸润,即为癌变。由于癌变极少侵犯蒂部或基底,故又称为原位癌。当癌肿浸润穿透黏膜,侵入黏膜下或肌层时,才称为浸润性癌。

(3)组织学分类

1)大肠上皮性恶性肿瘤:①乳头状腺癌；②管状腺癌；③黏液腺癌；④印戒细胞癌；

⑤未分化癌；⑥腺鳞癌；⑦鳞状细胞癌；⑧类癌。

2) 肛管恶性肿瘤：①鳞状细胞癌；②类基底细胞癌（一穴肛原癌）；③黏液表皮样癌；④腺癌；⑤未分化癌；⑥恶性黑色素瘤。

尽管分类繁多，但结直肠癌还是以腺癌为主，占 90% 以上。

(4) 恶性程度分类

按 Broders 分级，视癌细胞分化程度分为四级：

Ⅰ级：2/3 以上癌细胞分化良好，属高分化，低恶性。

Ⅱ级：1/2~2/3 癌细胞分化良好，属中等分化，一般恶性。

Ⅲ级：癌细胞分化良好者不足 1/4，属低分化，高恶性。

Ⅳ级：为未分化癌。

3. 临床病理分期

结直肠癌 TNM 分类法（2017 年 AJCC 第八版）

原发肿瘤（T）

T_x：原发肿瘤无法评价。

T_0：原发肿瘤无证据。

T_{is}：原位癌，肿瘤局限于上皮内或仅侵犯黏膜固有层。

T_1：肿瘤侵犯黏膜下层。

T_2：肿瘤侵犯固有肌层。

T_3：肿瘤穿透固有肌层到达浆膜下层，或侵犯腹膜外结肠或直肠周围组织。

T_4：肿瘤直接浸润其他器官或结构，和 / 或穿透腹膜脏层。

T_{4a}：肿瘤穿透腹膜脏层。

T_{4b}：肿瘤直接侵犯或者粘连于其他器官或结构。

注：T_{is} 包括肿瘤细胞局限于腺体基底膜（上皮内）或黏膜固有层内（黏膜内），没有穿透黏膜肌层到达黏膜下层。

T_4 的直接浸润包括穿透浆膜侵犯其他肠段，并得到镜下诊断的证实，如盲肠癌侵犯乙状结肠。或者位于腹膜后或腹膜下肠管的肿瘤，穿破肠壁固有肌层后直接侵犯其他脏器或结构。例如，降结肠后壁的肿瘤侵犯左肾或侧腹壁，或者中下段直肠癌侵犯前列腺、精囊腺、宫颈或阴道。

肿瘤肉眼上与其他器官或结构粘连则分期为 cT_{4b}。但是，若显微镜下该粘连处未见肿瘤存在则分期为 pT_3。V 和 L 亚分期用于表明是否存在血管和淋巴管浸润，而 PN 则用以表示神经浸润（可以是部位特异性的）。

区域淋巴结（N）

N_x：区域淋巴结状况无法评价。

N_0：无区域淋巴结转移。

N_1：有 1~3 枚区域淋巴结转移。

N_{1a}：有 1 枚区域淋巴结转移。

N_{1b}：有 2~3 枚区域淋巴结转移。

N_{1c}：浆膜下、肠系膜、无腹膜覆盖结肠 / 直肠周围组织内有肿瘤沉积（tumor deposit，TD），无区域淋巴结转移。

N_2：有 4 枚及以上的区域淋巴结转移。

N_{2a}：有 4~6 枚区域淋巴结转移。

N_{2b}：有 7 枚及更多区域淋巴结转移。

注：结肠或直肠周围组织中存在的肿瘤结节，组织学已无残留的淋巴结结构成分，分类时如果该结节具备淋巴结的形态和光滑的轮廓，则应按 pN 分类为淋巴结转移。如果结节的轮廓是不规则的，则应按 T 分类，同时应标记为 V_1（显微镜下血管浸润）；如果为肉眼下大体分类，则标记为 V_2，因为这强烈提示该现象预示着存在静脉浸润。

远处转移（M）

M_x：远处转移无法评价。

M_0：无远处转移。

M_1：有远处转移。

M_{1a}：远处转移局限于单个器官或部位（如肝、肺、卵巢、非区域淋巴结）。

M_{1b}：远处转移分布于 1 个以上的器官，但没有腹膜转移。

M_{1c}：腹膜转移（无论是否合并其他器官部位的转移）。

TNM 分期详见表 26-3。

表 26-3　TNM 分期表

分期	T	N	M
0	T_{is}	N_0	M_0
Ⅰ期	T_1,T_2	N_0	M_0
ⅡA 期	T_3	N_0	M_0
ⅡB 期	T_{4a}	N_0	M_0
ⅡC 期	T_{4b}	N_0	M_0
ⅢA 期	$T_{1\sim2}$	N_1	M_0
ⅢA 期	T_1	N_{2a}	M_0
ⅢB 期	$T_{1\sim2}$	N_{2b}	M_0
ⅢB 期	$T_{2\sim3}$	N_{2a}	M_0
ⅢB 期	$T_{3\sim4a}$	N_1	M_0
ⅢC 期	$T_{3\sim4a}$	N_{2b}	M_0
ⅢC 期	T_{4a}	N_{2a}	M_0
ⅢC 期	T_{4b}	$N_{1\sim2}$	M_0
ⅣA 期	AnyT	AnyN	M_{1a}
ⅣB 期	AnyT	AnyN	M_{1b}
ⅣC 期	AnyT	AnyN	M_{1c}

(二) 中医病因病机

本病多因忧思郁结，七情内伤，而致经络阻塞，气滞血瘀；或因饮食不节，过食辛辣或饮酒无度而生湿热；或因久泻久痢，脾失健运，痰湿内生；或因外感六淫，湿热邪毒壅积，如遇正气亏虚，则邪毒痰湿瘀血乘虚下注，积聚于肛肠而发为本病。亦可因息肉、虫积、炎症以及湿疹等慢性刺激诱发本病。正气亏虚、六淫邪毒侵袭、饮食不节及情志内伤，导致湿热、瘀毒下注肠道，大肠传导失司，发为本病；病位在肠，与脾、胃、肝、肾关系密切；病性属本虚标实。

二、临床表现

(一) 症状

1. 肠刺激症状和排便习惯改变　便频、腹泻或便秘，有时便秘和腹泻交替、里急后重、肛门坠胀,并常有腹隐痛。老年患者反应迟钝,对痛觉不敏感,有时癌瘤已发生穿孔、出现腹膜炎才觉腹痛而就医。

2. 便血 肿瘤破溃出血,有时色鲜红或较暗,一般出血量不多,间歇性出现。如肿瘤位置较高,血与粪便相混则呈酱样大便。有时为黏液血便。

3. 肠梗阻 肠梗阻是结肠癌晚期的表现,左半结肠梗阻多见。溃疡型或增生型结肠癌向肠壁四周蔓延浸润致肠腔狭窄引起的梗阻,常为慢性不完全性机械性肠梗阻,先出现腹胀、腹部不适,然后出现阵发性腹痛、肠鸣音亢进、便秘或粪便变细(铅笔状、羊粪状)以致排气排便停止。而急性肠梗阻多由浸润型结肠癌引起,由肿瘤引起肠套叠、肠梗阻的老年患者不少,故对老年人肠套叠须警惕结肠癌的可能。无论急性还是慢性肠梗阻,恶心、呕吐症状均不明显,如有呕吐,则小肠(特别是高位小肠)可能已受肿瘤侵犯。

4. 腹部肿块 肿瘤长到一定程度,腹部即可扪及肿块,常以右半结肠癌多见。老年患者多消瘦且腹壁较松弛,肿块易被扪及。肿块初期可推动,侵袭周围组织脏器后固定。

5. 贫血、消瘦、发热、无力等全身中毒症状 由于肿瘤生长消耗体内营养,长期慢性出血引起患者贫血;肿瘤继发感染,引起发热和中毒症状。

由于左右结肠在胚胎学、解剖学、生理功能和病理基础上都有所不同,因而两者发生肿瘤后的临床表现也不同。左右半结肠癌的特点及区别参照表26-4。

表 26-4 左右半结肠癌区别参照表

项目	右半结肠	左半结肠
胚胎发生	中原肠	后原肠
解剖学血管供应	肠系膜上动脉	肠系膜下动脉
静脉回流	肠系膜上静脉→门静脉→右肝	肠系膜上静脉→脾静脉→门静脉→左肝
肠腔	大	小
内容物	稀、糜粥样	成形、干、块状
生理功能	吸收电解质为主	贮存大便、排便
病理学	多见隆起型(肿块型),常广泛溃烂、出血、感染	多见浸润型(缩窄型),易引起梗阻
临床表现	腹块、全身症状、腹胀、腹隐痛等非特异性症状	肠梗阻、便血、肠刺激症状

6. 晚期表现 除上述由局部病灶引起的表现外,医生还应该注意到肿瘤是全身性疾病,结直肠癌发展到后期会引起相应的晚期症状。例如,肿瘤盆腔广泛浸润可导致患者腰骶部疼痛、坐骨神经痛和闭孔神经痛;向前浸润阴道及膀胱黏膜则可导致患者阴道流血或血尿,严重者可出现直肠阴道瘘、直肠膀胱瘘等;最后会引起恶病质、全身多器官功能衰竭。

(二)体征

一般情况下腹部视诊无明显异常体征,但在结肠肿瘤外生型生长并与腹壁粘连时可发现腹部有隆起型包块;腹部触诊常在右半结肠癌患者中可触及肿物;腹部叩诊常无阳性体征,当出现因结直肠癌腹膜种植转移导致腹腔大量腹水时,可发现移动性浊音;当结直肠癌导致肠梗阻时,腹部听诊可闻及肠鸣音亢进。低位直肠肿瘤可以通过直肠指检扪及。

三、辅助检查

1. 内镜检查 70%~75% 的结直肠癌位于距肛门缘 25cm 以内,应用乙状结肠镜可以观察到病变;距肛门缘 25cm 以上的结肠可以用结肠镜检查。在镜检时,可以照相、活检,以及刷检涂片做病理细胞学检查。

2. X线检查 钡剂灌肠X线检查,对乙状结肠中段以上的癌瘤是必要的检查方法,可发现肿瘤部位有恒定不变的充盈缺损、黏膜破坏、肠壁僵硬、肠腔狭窄等改变;亦可发现多发性结肠癌。此项检查阳性率可达90%。气钡双重对比造影检查法对于发现小的结肠癌和小的息肉有很大帮助。已有肠梗阻的不宜用钡剂灌肠,更不宜做钡餐检查。

3. B超检查 1cm以上的肝脏转移灶可经B超检查发现,B超检查应列为术前及术后随访的一项常规检查。术中超声对发现不能扪及的肝实质内转移灶,指导手术切除很有价值。超声造影对肝内转移灶的鉴别诊断也有一定价值。腔内超声能清楚显示肠壁5层结构及周围组织器官,在评估直肠癌浸润肠壁的深度、范围、扩散方向及毗邻脏器受累程度等方面具有特殊的价值。直肠癌超声图像为边缘不规则的低回声或相对低回声区,对直肠癌浸润深度的正确诊断率为88.8%,对早期癌的正确诊断率为80%,而肛诊检查的正确诊断率仅为52.8%。

4. CT扫描、MRI和CT仿真结肠镜技术 前两者均难鉴别良性与恶性,它们最大的优势在于显示邻近组织受累情况、淋巴结或远处脏器有无转移,有助于临床分期、手术评估及术后复查。当诊断不明时,可在CT或B超引导下做细针吸取细胞学及穿刺活检诊断。MRI对于中下段直肠癌分期有特殊的价值,能显示肠壁结构层次及肿瘤的侵犯深度,并且能显示盆腔内肿大淋巴结的分布,从而帮助分期和指导治疗。新近发展的CT仿真结肠镜技术(CT virtual colonoscopy,CTVC)将CT技术和先进的影像软件技术相结合,产生出结肠的3D(三维)和2D(二维)图像,在检测结直肠病变方面发挥巨大的作用,用于筛查时可省却结肠镜检查的痛苦。

5. PET检查 PET和PET-CT也能检出结直肠癌的原发灶,而且灵敏度很高。全身显像的优势主要在于能同时检出转移灶,全面了解病变的累及范围,进行准确的临床分期,为临床选用合理的治疗方案提供科学依据。PET检查同时还可以全面了解全身的转移情况。

6. 肿瘤标志物 CA19-9和CEA不是结直肠癌的特异性抗原,不能用作早期诊断。CA19-9和CEA联合检测的灵敏度明显高于单项检测,在估计预后、监察疗效和术后转移复发方面有一定价值。如治疗前CA19-9或CEA水平较高,治疗后下降,说明治疗有效,反之无效。手术后患者的CA19-9或CEA水平升高,预示有复发或转移的可能,应做进一步检查,明确诊断。

7. 粪便隐血试验 粪便隐血试验有免疫法和化学法。免疫法的灵敏度和特异度均高于化学法,而快速、简便、经济则是化学法的优点。

8. 细胞学检查 结直肠癌脱落细胞学检查多采用肠镜直视下刷取及直肠肛门处肿瘤指检涂片法做直接涂片,必要时可将刷取物及指套用盐水洗脱后,离心沉淀涂片。

四、诊断与鉴别诊断

对具有下列任何一组症状的患者都必须予以进一步检查:①原因不明的贫血、乏力、消瘦、食欲减退或发热;②出现便血或黏液血便;③排便习惯改变,便频或排便不尽感;④沿结肠部位腹部隐痛不适;⑤发现沿结肠部位有肿块。

(一)诊断要点

综合临床表现和诊断措施,可归纳为下列几条:

1. 右半结肠癌的诊断要点 ①不明原因的贫血和乏力;②消化不良;③持续性右侧腹部隐痛不适;④右侧腹部可扪及肿块;⑤粪便隐血试验阳性;⑥结肠镜检查看到具有特征性的病变;⑦气钡双重对比造影可见特征性X线表现。

2. 左半结肠癌的诊断要点 ①排便习惯改变,便频、便秘或两者交替;②血便或黏液血便;③结肠梗阻性症状,包括进行性排便困难、便秘和腹部胀痛;④结肠镜或乙状结肠镜检查看到具有特征性的病变;⑤气钡双重对比造影中显示特征性病变。

3. 直肠癌的诊断要点　①常伴排便习惯改变、便意频繁、排便不尽感等表现;②60%~70%的患者能在直肠指检时触及肿块;③电子结肠镜检查可直接发现直肠肿瘤的情况,包括肿瘤距肛缘的距离、肿瘤大小、肠腔是否有狭窄、肿瘤质地、表面有无破溃出血等,同时在结肠镜下可获取组织进行病理检查;④粪便隐血试验阳性。

(二) 鉴别诊断

1. 阑尾炎　盲肠癌常有右下腹疼痛及右下腹肿块,且常伴发热,易误诊为阑尾炎或阑尾脓肿,误诊率达 25%。结合病史和钡剂灌肠 X 线检查常可诊断。若经过影像学检查仍不能鉴别时,可考虑手术探查。

2. 消化性溃疡、胆囊炎　右半结肠癌特别是结肠右曲、横结肠癌引起上腹不适或疼痛、发热、粪便隐血试验阳性、右上腹肿块等,有时误诊为溃疡病、胆囊炎,但结合病史及影像学检查,常常不难诊断。

五、治疗

(一) 西医治疗

1. 手术治疗　目前,结直肠癌的最有效治疗手段是手术切除。结直肠癌的主要治疗方法是施行根治性切除术。不能做根治术者亦应争取做姑息性切除术或减状手术。治疗原则是以手术为主的多学科综合治疗,以最大限度地提高患者的生活质量,延长生命。

(1)手术禁忌证:①全身情况不良,经术前治疗未能矫正者;②有严重心、肺、肝、肾疾病,不能耐受手术者;③已有多处远处转移者。但如仅有孤立性肝、肺等转移,而原发灶又能切除时,仍可做切除术,术后 2~3 周施行肝叶、肺叶切除手术等,或同时将原发灶和转移灶切除。

(2)术前处理:①处理伴发病。②纠正水电解质紊乱和贫血。③控制饮食。④肠道准备,包括肠道清洁及肠道抗生素的使用。目前国内多数单位术前一天流质,口服泻剂清洁肠道,口服抗生素一天。有报道用全肠道灌洗效果较好,术前不限制饮食,不需口服抗生素,仅在手术开始时肌内注射或静脉推注抗生素一次。⑤阴道准备,已婚的女性直肠癌患者同时做阴道准备,术前两天每日用 1‰ 的苯扎溴铵冲洗阴道。

(3)手术方式的选择:临床往往根据癌瘤部位、病变浸润及转移范围、是否伴有肠梗阻等,同时结合患者全身情况决定手术方式和切除范围。Ⅰ、Ⅱ、Ⅲ 期和部分 Ⅳ 期患者应做彻底的根治性手术。部分 Ⅳ 期患者应争取姑息切除病灶(包括原发灶和转移灶),无法切除者可考虑做肠吻合或结肠造瘘手术。无梗阻或仅有轻度不完全梗阻者,可做一期切除手术;有明显梗阻或病情不允许做一期切除时,可考虑分期手术。伴有梗阻的结肠癌,治疗时注意:急性完全性梗阻病例,应在短期内完成术前准备,尽快手术解除梗阻。

根治性手术:

基本原则:①距离肿瘤至少 5~10cm 处连同原发灶、肠系膜及区域淋巴结一并切除。②防止癌细胞扩散及局部种植:先在肿瘤的上、下端用布带结扎肠管,再在根部结扎静脉、动脉,然后切除。术中应操作轻柔,应用锐性分离,少用钝性分离,尽量做到不直接接触肿瘤。③在根治癌瘤基础上,尽可能保存功能(包括肛门功能、排尿功能和性功能)。

1)局部切除术:对于癌瘤浸润深度仅局限于黏膜层,大小不超过 3cm,未侵及黏膜下层,肿瘤分化程度较好,无周围淋巴结转移的,可行经内镜下局部切除,对于直肠癌还可行经肛局部切除、骶后入路局部切除等方式,要保证至少 3mm 的正常切缘。

2)结肠癌根治术:德国医生 Hohenberger 等于 2009 年提出一种新的结肠癌规范化手术理念,即完整结肠系膜切除(complete mesocolic excision,CME),要求直视下沿脏壁层筋膜间隙锐性分离,保持脏层筋膜的完整性,根部充分暴露营养血管后结扎切除,将切除范围内的结肠系膜完整切除。根据肿瘤的部位选择术式:①右半结肠切除术,适于右半结肠癌肿(包括盲肠、升结肠及结肠右曲癌);②横结肠切除术,适用横结肠中段肿瘤;③左半结肠切除术,适于结肠左曲及降结肠肿瘤;④乙状结肠切除术,适于乙状结肠中下段的癌肿。

3)直肠癌根治术:全直肠系膜切除术(total mesorectal excision,TME)是英国医生 Bill Heald 在 1982 年提出的。经过 20 多年的实践,TME 被证明可有效降低中、下段直肠癌局部复发率至 3%~7%,且可提高生存率。与传统手术方式比较,TME 更强调直视下沿直肠周围间隙锐性分离,完整切除直肠系膜,保护骨盆神经丛。TME 的手术原则是:①直视下在骶前间隙中进行锐性分离;②保持盆筋膜脏层的完整无损;③肿瘤远端直肠系膜的切除不得少于 5cm,肠管切除至少距肿瘤远端 3cm。凡不能达到上述要求者,均不能称作全直肠系膜切除。根据直肠肿瘤的部位,选用不同术式:①直肠肛管完全切除及永久性人工肛门手术。腹 - 会阴 - 直肠联合切除术(Miles 手术)适用于肛管腺癌及伴或不伴肛提肌受侵的直肠下段癌(癌灶下缘距肛门缘 5cm 以下者)。②保留排便控制功能的直肠切除术。保肛手术应遵循根治术的原则,既不降低 5 年生存率,也不增加局部复发率,又可提高患者的生活质量。常用的保肛手术术式:低位前切除术(经腹直肠切除术,Dixon 手术)。过去只限于上段直肠癌(癌灶下缘距肛门缘 10~15cm 者),近年研究发现,直肠癌向下浸润极少超过 3cm,故要求下切缘距肿瘤下缘 1~2cm 即可。近期直肠吻合器的广泛应用,使部分下段直肠癌切除后也能成功地进行超低位吻合,扩大了前切术的适应证,提高了保肛率。结肠肛管吻合术(Park 手术)。该术式适用于无法使用双吻合器的下段直肠癌,手术保留了肛门的内外括约肌,吻合口位于肛管上缘或齿状线。经肛门切除。适用于肿瘤小于 3cm、T_1 伴 1 或 2 级分化、无血管或淋巴管浸润、切缘阴性的早期下段直肠癌。

近年,腹腔镜、经肛门显微手术、机器人手术等微创外科技术广泛用于结直肠癌外科治疗,取得了与传统开腹手术相当的临床疗效,显示出广阔的应用前景。

姑息性手术:虽不能根治,亦应争取切除病灶,以利于化疗等其他治疗和改善症状。短路(捷径)手术、结肠造瘘术等可以解除肠梗阻,结扎髂内动脉可以减少直肠癌出血。

(4)手术疗效:结肠癌根治术 5 年生存率为 70% 左右,直肠癌为 50% 左右。但早期效果较好,晚期效果较差。Ⅰ 期手术术后 5 年生存率在 90% 以上,Ⅱ 期和 Ⅲ 期仅 60% 和 40%。

2. 非手术治疗

(1)化学治疗:利用肿瘤细胞对化学药物的敏感性,选择性杀灭肿瘤,多用于手术中、术后辅助治疗,也常用于不能手术的晚期患者。常用抗肿瘤药物有 5-FU、卡培他滨、奥沙利铂、伊立替康等。常用的给药途径有静脉给药、动脉灌注、腹腔热灌注化疗等。目前辅助化疗的主要方案有两个:FOLFOX 方案(首日静脉滴注奥沙利铂、亚叶酸钙,随后 5-FU 持续 48 小时滴注,每 2 周重复)和 CAPEOX 方案(首日静脉滴注奥沙利铂,随后连续口服 14 天卡培他滨片,每 3 周重复),两个方案效果类似。而在结直肠癌辅助治疗中,FOLFIRI 方案已经在多个临床试验中证实,并不增加 5-FU/CF 疗效。值得注意的是,微卫星高度不稳定性(microsatellite instability-high,MSI-H)的 Ⅱ 期患者预后较好,且不能从 5-FU 辅助化疗中受益,因此所有的 Ⅱ 期结直肠癌患者应进行免疫组化检测错配修复(mismatch repair,MMR)蛋白表达情况,来判断 MSI 状态。

因为卡培他滨具有口服方便、疗效类似于 5-FU/CF 方案而骨髓毒性较小的特点,近年来较多用卡培他滨取代 5-FU/CF 与奥沙利铂合用(XELOX 或 CAPOX)或与伊立替康合用(XELIRI 或 CAPIRI)方案治疗晚期结直肠癌,有效率为 46%~57.1%。此外,腹腔热灌注化疗可治疗伴有腹膜种植的结直肠癌。有关研究显示,42℃高温联合化疗有明显协同作用,治疗后残存的癌细胞生长缓慢、分裂指数减少及繁殖能力下降,病灶发展获得控制。

(2)分子靶向治疗:西妥昔单抗、帕尼单抗和贝伐珠单抗是分子靶向药,均属单克隆抗体。肿瘤的部位(左右半结肠)也能够预测靶向治疗的临床疗效。RAS 野生型的左半结肠癌从西妥昔单抗治疗中获益更大;而在右半结肠癌中,贝伐珠单抗的治疗较西妥昔单抗的疗效更佳。最近研究发现,共识分子亚型(consensus molecular subtype,CMS)也能够预测靶向治疗效果;CMS-4 是西妥昔单抗的优势人群,而 CMS-1 则是贝伐珠单抗的优势人群。瑞戈非尼是一种新型的多激酶抑制剂,通过抑制多种促进肿瘤生长的蛋白质激酶,靶向作用于肿瘤生成、肿瘤血管发生和肿瘤微环境信号转导的维持,已成为转移性结直肠癌三线治疗的一个选择。临床上治疗结直肠癌多数是联合化疗或添加调节剂。联合化疗可使约 15% 初始不可切除肝转移癌转化为可切除,从而提高这部分患者的 5 年生存率。

(3)放射治疗:局部复发是直肠癌术后死亡的主要原因之一。放射治疗可用于直肠癌根治术前、术后或术中治疗,以加强局部控制,降低局部复发率和提高生存率。单纯放疗 5 年生存率仅提高 5%~10%。多个临床试验证明,Ⅱ期、Ⅲ期(T_3、T_4)或(N_1~N_2)的直肠癌术前联合放化疗能提高切除率及局部控制率,常用化疗方案为 FOLFOX 或 XELOX,放疗剂量为 40~60Gy/(4~6)周;疗程结束后 6~8 周手术。近年来,立体定向放射治疗(stereotactic radiotherapy)技术也被应用到结直肠癌的综合治疗中,它通过影像引导技术能准确地找到肿瘤所在的位置,有效减少对周围正常组织的照射,照射时可给予肿瘤区域普通放射剂量的 5~10 倍。

(4)介入治疗:介入治疗全程在影像设备的引导和监视下进行,能够准确地直接到达病变局部,同时又没有大的创伤,因此具有准确、安全、高效、适应证广、并发症少等优点。目前最常应用于结直肠癌治疗的介入治疗手段为射频和微波消融技术,它能够局部损毁肝转移及肺转移灶,与肝切除术联合,可提高肝转移瘤 R_0 切除率。

(5)免疫治疗:结直肠癌的免疫治疗已成为结直肠癌治疗领域的热点,临床上应用的免疫治疗方法有以下几种:①免疫检查点抑制剂,如 PD-1 和 PD-L1 单抗等,研究表明 MSI-H 的转移性结直肠癌应用 PD-1 单抗治疗表现出肿瘤高缓解率;②细胞因子,如 IFN、TNF、IL-2 等;③免疫效应细胞,如肿瘤浸润淋巴细胞(tumor infiltrating lymphocyte,TIL)、淋巴因子激活的杀伤细胞(lymphokine-activated killer cell,LAK cell)、细胞因子诱导的杀伤细胞(cytokine-induced killer cell,CIK cell)、细胞毒性 T 淋巴细胞(cytotoxic T lymphocyte,CTL)、NK 细胞等;④免疫刺激剂,如卡介苗、OK-432、蛋白质疫苗、肿瘤细胞疫苗、树突状细胞疫苗等;⑤基因药物,如 $p53$ 基因、E1-B 缺陷腺病毒等。已有人成功用野生型 $p53$ 基因在体外转染结直肠癌细胞株,使其生长明显受抑制,显示了 $p53$ 抗癌基因在结直肠癌治疗中的潜在价值。

(6)综合治疗:综合治疗是指以手术为主,辅以放疗、化疗、中医中药或免疫治疗,可望提高疗效。有的病例可以考虑应用冷冻、热化疗、电凝等方法。

(二)中医治疗

1. 辨证论治　辨证要点主要是辨证腹痛、腹泻、便血等。

(1)湿热蕴毒证:腹痛拒按,腹胀下痢,里急后重,胸闷烦渴,恶心纳呆,舌红绛有瘀点,苔黄腻,脉弦数或滑。肿瘤早中期,正气未衰,邪气盛。治以清热解毒,化瘀导滞。方用白头翁汤合槐角地榆汤加减。

(2)脾虚湿盛证:面色萎黄,气短乏力,食欲不振,腹痛腹胀,大便溏泻,里急后重,脓血便,舌淡红,苔黄腻,脉滑数或沉细。中期正气虚衰,邪气旺盛。治以健脾化湿,清热解毒。方用参苓白术散加减。

(3)脾肾两虚,寒湿凝滞证:腹痛喜温,久泻久痢,肛门失禁,五更泄泻,舌暗淡,苔薄白,脉细弱。湿热瘀毒久结,肝肾受损,正气衰败。治以温补脾肾,祛湿化浊。方用四君子汤合四神丸加减。

（4）肝肾阴虚证：五心烦热，头晕目眩，口苦咽干，腰酸腿软，遗精阳痿，便秘带血，舌红苔薄，脉细弦。晚期放疗、化疗后或术后放化疗者多见。治以滋补脾肾，养阴清热。方用知柏地黄汤加减。

（5）气血双亏证：心悸气短，面色苍白，形体消瘦，脱肛，大便失禁，腹胀如鼓，四肢虚肿，舌淡苔薄，脉细无力。晚期结直肠癌，放化疗后身体衰竭。治以补气养血，扶脾益肾。方用十全大补汤加减。

2. 针灸治疗

（1）穴位激光治疗：用氦-氖分子激光聚焦照射大肠俞、肾俞、癌根、再生穴等穴位，频率为 10~25/s，每日照射 3~5 次，每穴照射 5 分钟，隔日 1 次，疗程 6 个月。

（2）对放化疗全身反应的辅助治疗：肾俞、命门、膏肓、足三里。采用氦-氖分子激光器，激光输出功率为 3~8mW，每日照射 1 次，每穴照射 3 分钟，每日 1 次，每个穴位照射最多不超过 15 次。

（3）对癌性疼痛的辅助治疗：双侧足三里。针灸治疗后，可留针 15~30 分钟，每日 1 次。15 次为 1 个疗程。

（4）艾灸：在针刺的穴位上进行艾灸，每日 1 次，每次 15~20 分钟。15 日为 1 个疗程。

（5）耳穴对放化疗胃肠道反应的辅助治疗：取肾、贲门、食道、脾俞、胃等，用胶布将王不留行贴于穴位上，每日按摩 3~4 次，每 7 日更换一次。

六、预防与调护

结直肠癌虽无积极的预防措施，但如果重视自己的排便前后情况和粪便内容，减少致癌物质的摄入和注意癌前病变的治疗，也可以减少发病和早期发现肿瘤。

1. 避免长期摄入高脂肪和刺激性强的食物。

2. 彻底治疗血吸虫病、结直肠息肉、结直肠炎症和慢性腹泻与便秘。

3. 养成经常观察自己大便的习惯，如大便颜色、排便习惯有无改变，大便粗细，粪便中有无带血液、黏液和脓液，有无大便不尽感或里急后重，左下腹部有无肿痛。如有以上不适，应积极到医院做相应检查，本病的早期诊断与早期治疗可收到较好效果。

4. 养成每年定期 1~2 次粪便隐血试验的检查，尤其是 45 岁以上的成人，更应重视。

七、中西医结合讨论

目前结直肠肿瘤的治疗理念已由单纯的"攻瘤"转变为"人瘤共存，带瘤生存"，在提高患者生活质量的基础上延长患者的生存期。中西医结合是具有中国特色的肿瘤综合治疗模式，长期的实践表明中西医结合治疗肿瘤是目前治疗肿瘤的较好方案，特别是对于中晚期结直肠肿瘤患者。中西医结合防治结直肠肿瘤的理论基础是：西医的手术、放疗、激光治疗等是治疗局部肿块；化疗是全身性治疗，其治疗目的也是消除局部原发肿瘤和转移瘤，而不在于调节肿瘤患者体内存在的病理生理变化。中医辨证治疗的原理主要是调节患者体内出现的病理生理变化，调节患者的免疫功能而起到治疗肿瘤的作用。因此，中西医结合具有治疗局部肿块和调节全身性的病理生理变化的双重作用。

1. 在癌前病变及早期结直肠癌中的防治研究　常见的与肠癌发生密切相关的癌前病变包括腺瘤、腺瘤病，以及炎症性肠病相关的异型增生等，中药对此有一定的优势。研究发现，中药活性成分黄芩素和厚朴酚、苦参碱等具有调控大肠癌核转录因子通路、抑制大肠癌细胞增殖、促进大肠癌细胞凋亡等的作用，且具有抗炎特性的草药可用于大肠癌进展的早期阶段,以早期预防,减轻大肠癌的炎症症状,甚至减少肿瘤的形成。

2. 增强化疗、分子靶向药物的疗效 虽然肠癌的治疗手段多元化,但几乎所有的结直肠癌患者最终都会产生多药耐药,这也是导致大肠癌高病死率的重要原因。已有研究证实中药单体可通过影响 ATP 结合转运蛋白的表达、调节相关酶系统的活性、促进细胞凋亡、诱导细胞自噬等途径逆转大肠癌耐药,从而增强化疗及分子靶向药物的治疗效果。

3. 减轻放化疗的毒副作用 放化疗的主要毒副作用常有周围神经病变、化疗相关性腹泻、放射性肠炎等,中医药在治疗化疗不良反应方面取得了一定的进展。比如针灸在治疗周围神经病变方面优势显著;复方黄藤合剂能够有效防止急性放射性肠炎的发生,为放射性肠炎的防治开辟了新思路、新方法。除内服中药外,中药灌肠目前被认为是治疗放射性直肠炎的有效方案,治疗后不仅能够改善患者的临床症状,还能显著提高肿瘤患者的生存质量。

4. 中医药在晚期肠癌中的作用 对于中晚期的结直肠癌,中医药也有其特色及优势。国内报道有专家回顾分析 115 例化疗联合中药祛瘀解毒方治疗大肠癌肝转移患者时发现,中西医结合治疗可延长患者的生存期、提高生存率,改善预后。

5. 不足与展望 中医药在改善患者的症状、提高机体免疫力、预防肿瘤的复发和转移等方面发挥重要作用,但仍然存在一些不足之处:①中医药辨证论治证型的分散,分型标准及名称不统一,缺乏统一的认识,给临床诊疗及研究带来困难。对于证候的变化,如不同的临床分期,手术、放化疗、分子靶向治疗及免疫治疗都会带来证候上的影响,该方面已有探索但研究尚不够深入。②目前中药干预大肠癌的临床研究仍然存在样本量较少、缺乏双盲对照、质量控制不佳等问题,临床试验质量不高,且大多数为重复性试验,缺少创新与突破。③对于中医临床疗效的评价,结局指标仍多局限于患者的主观感受或某些症状,而不是客观的评价指标。④临床关于中医药治疗结直肠癌增效减毒以及中药和西药相互作用方面,在中药单体层面的研究较为深入,而对复方中药的机制研究略表浅,无法全面解释复方中药治疗肠癌的机制。只有通过进一步深入开展中医药治疗肠癌机制的研究,阐明中医药治疗大肠癌的分子机制,才能更好地发挥中医药治疗大肠癌的优势。

（张伟斌）

复习思考题

1. 请简述克罗恩病的临床表现、诊断及中医辨证、治法方药。
2. 请简述急性阑尾炎的中医病名、辨证分型及治法方药。
3. 请简述溃疡性结肠炎的诊断、典型征象及中医辨证分型、治法方药。
4. 如何鉴别单纯性与绞窄性肠梗阻?
5. 直肠脱垂的中医病因病机是什么?
6. 请简述肛裂的病因、临床表现、中医辨证及治法。
7. 肛门直肠周围脓肿手术切开引流时应注意什么?
8. 肛隐窝炎主要临床表现是什么?
9. 肛瘘的 Parks 分型有哪些?
10. 坏死性筋膜炎的治疗原则是什么?
11. 请简述内痔的分期及主要临床表现。
12. 请简述便秘的定义及临床表现。
13. 试述急性腹膜炎的中医病因病机。
14. 结直肠癌中西医诊疗方案有哪些?

ER-26-13

扫一扫
测一测

第二十七章 ◇◇◇

腹 外 疝

学习目标

1. 掌握斜疝、直疝、股疝的临床表现、诊断与鉴别诊断、中西医治疗。
2. 熟悉腹股沟区的解剖结构。
3. 了解腹外疝的概念、病因、病理类型。

第一节 概 述

人体内某个脏器或组织离开其正常解剖部位,通过先天或后天形成的薄弱点、缺损或孔隙进入另一部位,即称为疝(hernia)。疝多发生于腹部,腹部疝分为腹内疝和腹外疝。腹内脏器异常地进入正常存在的或病变所致的腹内间隙称为腹内疝,如膈疝、食道裂孔疝、系膜裂孔疝。腹腔内脏器或组织连同壁腹膜,经腹壁或盆壁薄弱点或孔隙向体表异常凸起称为腹外疝。常见的腹外疝有腹股沟疝、股疝、切口疝、脐疝和白线疝,其中临床以腹股沟疝最为多见。腹股沟疝发生率占 90% 以上,股疝次之,占 5% 左右。腹外疝属于中医"疝气"范畴。

中医学对"疝"的认识历史悠久,古籍记载内容丰富繁杂。疝气又称为"水疝、血疝、筋疝、气疝、狐疝、小肠气"等。认为其形成与任脉、肝、肾、脾相关,如《素问·骨空论》曰:"任脉为病,男子内结七疝,女子带下瘕聚。"《难经悬解》认为:"任为诸阴之宗,阳根下潜,蛰藏于此,阳泄根拔,寒凝气结,男子则为七疝,女子则为瘕聚。"故中医学认为疝气之为病源于任脉。《儒门事亲·疝本肝经宜通勿塞状》指出:"此其初,虽言邪在小肠,至其治法,必曰取厥阴以下之,乃知诸疝关于厥阴,可以无疑。"认为疝气发病与足厥阴肝经关系密切。《杂病广要·寒疝》云:"小肠气、膀胱奔豚、疝气等疾,皆因肾气虚弱,膀胱久冷,风湿乘之,伤于肾经,气滞不散,小腹刺痛,肾经偏吊。"认为疝气的发病与肾的功能异常有一定的关系,肾是疝气的病位。《贺季衡医案·疝气》曰:"先祖治疝……病机的关键在于气……故气虚者用补中益气汤益气升提。"既说明疝气发病与脾胃虚弱有关,也提出了治疗的方法。

中医古籍对疝气的临床表现也有丰富的记载,如《儒门事亲·疝本肝经宜通勿塞状》云:"气疝,其状上连肾区,下及阴囊,或因号哭忿怒,则气郁之而胀,怒哭号罢,则气散者是也。"《素问·长刺节论》云:"腹痛不得大小便,病名曰疝。"又如《诸病源候论》云:"疝者痛也,瘕者假也,其病虽有结瘕而虚假可推移,故谓之疝瘕也。由寒邪与脏腑相搏所成。其病腹内急痛,腰背相引痛,亦引小腹痛。"《外科正宗》亦云:"又一种水疝,皮色光亮,无热无红,肿痛有时,内有聚水,宜用针从便处引去水气则安。"历代所论,所指疾病,性质各异,其中包括了一般气郁所致之腹痛,生殖器睾丸、阴囊部位的病变,女子二阴病变,以及现代医学腹股沟斜疝。

一、病因与病理

(一) 西医病因与病理

1. 腹壁强度降低和腹内压力增高是腹外疝发病的两个主要原因。

(1) 腹壁强度降低:腹壁强度降低是疝发生的基础,有先天性和后天性两种情况。先天性缺损常见于某些组织穿过腹膜的部位,如精索或子宫圆韧带穿过的腹股沟管、股动静脉穿过的股管、脐血管穿过的脐环等处。后天性腹壁强度降低的原因多为手术切口愈合不良、外伤、感染、腹壁神经损伤、年老、久病、肥胖所致肌萎缩等。

(2) 腹内压力增高:腹内压力增高是诱发疝的因素。慢性咳嗽、慢性便秘、晚期妊娠、腹水、排尿困难(前列腺增生、包茎)、婴儿经常号哭、举重、频繁呕吐,以及腹内肿瘤等是引起腹内压力增高的常见原因。

2. 典型的腹外疝由疝环、疝囊、疝内容物和疝外被盖四部分组成(图 27-1)。

(1) 疝环:疝环是疝突向体表的门户,又称疝门,相当于腹壁薄弱或缺损处。各类疝多依疝环部位而命名,如腹股沟疝、股疝、脐疝等。

(2) 疝囊:疝囊是腹膜壁层经疝环而突出的囊袋结构,可分为疝囊颈、疝囊体、疝囊底三部。疝囊颈是疝囊与腹膜壁层移行的狭窄部,位置相当于疝环。疝囊体是疝囊的膨大部分。疝囊底为疝囊的顶端部分。

(3) 疝内容物:疝内容物是进入疝囊的腹腔脏器或组织。常见的疝内容物以小肠最多见,大网膜次之。此外,盲肠、阑尾、乙状结肠、横结肠、膀胱等也可进入疝囊,但较少见。

(4) 疝外被盖:疝外被盖是疝囊以外的腹壁各层组织,通常由筋膜、肌肉、皮下组织和皮肤组成。

(二) 中医病因病机

疝的发生原因较多,凡房劳、愤怒、劳倦、阴寒内盛、水湿内停、痰热瘀滞、气虚下陷等均可引起,且与任脉、足厥阴肝经有关。综合有下列几种原因:

1. 情志抑郁,致肝郁气滞,气机失于疏泄,筋脉不利而成;亦可因愤怒号哭,气胀流窜,或留于少腹,或注入阴部而成。

2. 久坐寒湿之地,或因寒冬涉水,感受寒湿之邪,以致寒湿凝滞,聚入阴部而成;或素有湿热,复受外寒,湿热之邪不得外泄,寒主收引,使筋脉挛急,湿热与邪寒搏结而成。

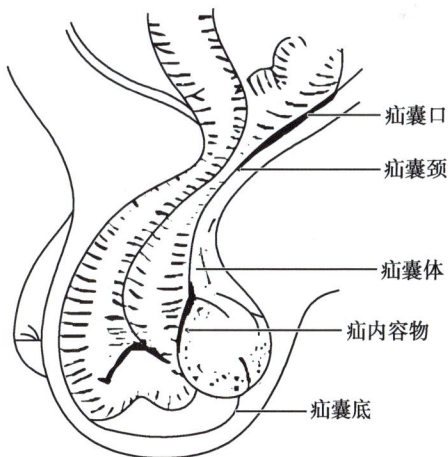

图 27-1 腹外疝的组成

3. 小儿先天不足,妇女生育过多,或老年气血虚弱,咳嗽,腹泻,便秘,或强力举重,操劳过度,劳则气耗,以致气虚下陷,筋脉弛缓,不能摄纳而生疝。

《儒门事亲》提出"诸疝皆归肝经",后世医家多信奉之。肝之经脉循少腹,络阴器,恰恰符合疝病的发病部位(任脉亦循行于此),这就是诸疝皆归肝经的理论根据。结合临床的实际情况,多见本虚标实、虚实夹杂之证,病因内外、寒热并见。

二、临床类型

按疝内容物的病理变化和临床表现,腹外疝可分为可复性疝、难复性疝、嵌顿疝、绞窄性疝。

(一) 可复性疝

凡疝内容物很容易回纳入腹腔的,称为可复性疝。

(二) 难复性疝

疝内容物不能完全回纳入腹腔但并不引起严重症状的,称为难复性疝。常因疝内容物(多为大网膜)反复突出与回纳,与疝囊颈发生摩擦粘连所致。腹腔后位的脏器在疝的形成过程中,可随后腹膜壁层而被下牵构成疝囊壁的一部分(图 27-2),称为滑动性疝。常见脏器右侧为盲肠,左侧为乙状结肠与降结肠。滑动性疝通常也属难复性疝。

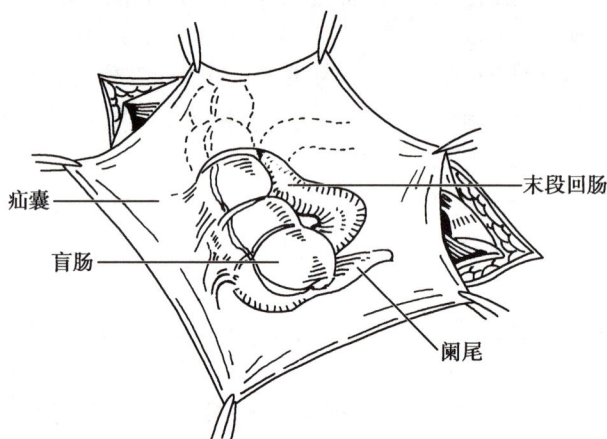

图 27-2　滑动性疝

(三) 嵌顿疝

腹内压突然增高使疝内容物强行扩张疝囊颈而进入疝囊,随后因疝囊颈的弹性收缩,又将内容物卡住,使其不能回纳入腹腔,称为嵌顿疝。如嵌顿的内容物为小肠,则产生急性肠梗阻症状。

(四) 绞窄性疝

嵌顿疝如不及时解除,致使疝内容物发生血液循环障碍甚至坏死者,称为绞窄性疝。临床上,绞窄是嵌顿的进一步发展,是不能截然分开的两个连续性阶段。儿童的疝,由于疝环组织一般比较柔软,嵌顿后绞窄的机会较小。有些嵌顿肠管可包括几个肠袢,或呈"W"形,疝囊内各嵌顿肠袢之间的肠管可隐藏在腹腔内,这种嵌顿疝称为逆行性嵌顿疝,也称为 Maydl 疝(图 27-3)。有时嵌顿的内容物仅为部分肠壁,系膜侧肠壁及其系膜未进入疝囊,肠腔未完全梗阻,这种疝称为肠壁疝,也称为 Richter 疝。如嵌顿的内容物为小肠憩室,通常为 Meckel 憩室,称为小肠憩室疝,又称 Littre 疝。肠管发生绞窄时,不但疝囊内的肠管可以发生坏死,腹腔内的中间肠袢也可坏死。所以,在手术处理嵌顿疝或绞窄性疝

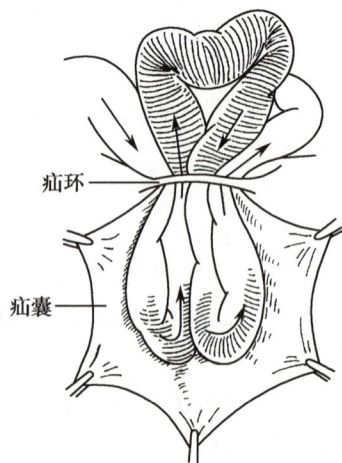

图 27-3　逆行性嵌顿疝

时,为了安全,必须把腹腔内有关肠祥牵出检查。

三、辅助检查

B 超因其方便、快捷以及广泛普及性、经济性、无损伤等优点,可作为腹外疝的首选辅助检查。B 超检查有助于判断腹壁包块的大小、性质、内容物,帮助明确诊断及鉴别诊断。在判断嵌顿疝是否存在绞窄的情况时,血常规、血生化、凝血功能、腹腔穿刺液常规及生化等实验室检查有一定价值。对于一些复杂的切口疝、造口旁疝,可应用 CT 或 MRI 等影像学检查进行术前评估。除可清楚地显示腹壁缺损的位置、大小和疝内容物及疝被盖与腹腔内器官之间的关系外,还可用于计算疝囊容积与腹腔容积比、评价腹壁的强度与弹性,有助于临床治疗决策。影像学检查时使用多个体位(如侧卧位)和 / 或辅助以屏气等动作,有助于显示及比较切口疝的实际状态。

四、诊断与鉴别诊断

(一) 诊断

腹外疝的基本临床表现是腹壁有一突出的肿块,不同的腹外疝突出位置各不相同,肿块大小也各不相同。常见的腹股沟疝,患者开始时肿块较小,仅仅通过深环刚进入腹股沟管,疝环处仅有轻度坠胀感,此时诊断较为困难;一旦肿块明显,并穿过浅环甚或进入阴囊,诊断就较容易。典型的腹外疝可依据病史、症状和体格检查明确诊断。诊断不明确或有困难时可辅以 B 超、MRI、CT 等影像学检查,协助诊断。影像学中的疝囊重建技术常可使腹股沟疝获得更明确的诊断。

(二) 鉴别诊断

腹股沟疝的诊断虽较容易,但需与以下常见疾病相鉴别。

1. 睾丸鞘膜积液　其肿块完全在阴囊内,呈囊性感,不能扪及实质性的睾丸,肿块有清楚的界限,其上极不与外环处相连,阴囊透光试验阳性是本病特征性的临床表现。腹股沟斜疝时,可在肿块后方摸到实质性的睾丸,摸不到肿块的上界,肿块有柄蒂通入腹腔深处,阴囊透光试验阴性。应该注意的是,幼儿的疝块,因组织较薄,常能透光,勿与睾丸鞘膜积液混淆。

2. 隐睾　腹股沟管内下降不全的睾丸可被误诊为斜疝或精索鞘膜积液。隐睾肿块较小,挤压时可出现特有的胀痛感觉。如患侧阴囊内睾丸缺如,则诊断更为明确。

五、治疗

(一) 西医治疗

腹外疝一般不能自愈,有手术治疗与非手术治疗,具体的治疗还应根据疝的病理类型及患者的具体情况酌情而定。

1. 婴儿及老年人疝　婴儿时期的腹外疝,随着身体的生长发育,有自愈的可能。对年老、体弱或有严重器质性疾病不宜手术者,若无嵌顿或绞窄,也可行非手术治疗。主要措施是疝块及时还纳后,局部压迫绑扎,还应治疗咳嗽、便秘等引起腹压增高的因素。

2. 一般疝　宜择期手术治疗,手术方法有疝囊高位结扎、传统疝修补、无张力疝修补、腹腔镜下疝修补。未成年人疝可采用疝囊高位结扎,禁止使用人工材料补片修补。近年来有使用生物可吸收补片进行未成年人疝修补的报道,但尚有争议。传统疝修补术通过缝合疝环邻近的组织以修补腹壁缺损,增加腹壁强度。无张力疝修补术是在无张力情况下利用人工合成补片修补腹壁薄弱或缺损部位。腹腔镜下疝修补术是新技术,通过进入腹腔,在直视放大的视野下操作,更容易发现双侧疝、隐匿疝,具有创伤小、恢复快、复发率低等优点。不同腹外疝需综合考虑患者的情况,选择不同的修补方法。术中要严格遵守无菌操作,止血要充分,修补时缝合张力不可过大。术后需卧床 2~3 日,3 个月内不宜进行重体力劳动,还需处理便秘或咳嗽,以防疝复发。

3. 嵌顿疝或绞窄性疝 疝一旦嵌顿,早期应及时手法复位,以防肠管坏死。手法复位适应证:①嵌顿时间在 3~5 小时内,估计疝内容物尚未发生绞窄坏死;②不具备施行手术的条件;③年老体弱或伴有其他严重疾病而估计肠管尚未坏死;④有手术禁忌证,如严重心力衰竭等。复位的具体方法:让患者取头低足高仰卧位,注射地西泮、阿托品,以止痛、镇静,使腹肌松弛,医生用右手托起阴囊,持续均匀缓慢地将疝块推向腹腔,同时用左手轻轻按摩嵌顿的疝环处,以协助疝内容物还纳。在操作时手法必须轻柔,切忌粗暴,以防肠管被挤破。疝块还纳复位后应密切观察 24 小时,应注意患者有无腹痛、腹肌紧张及大便带血现象。同时还应注意患者的肠梗阻征象是否得到解除。复位后若出现腹膜炎表现,应及时手术探查。手法复位成功后,疝应择期手术治疗。手法复位失败时也应及时手术治疗,及时解除嵌顿,防止肠壁坏死。绞窄性疝原则上须行紧急手术。术前应纠正脱水、酸中毒,并给予抗生素预防感染。

(二) 中医治疗

中医治疗能缓解疝气导致的腹胀、腹痛、便秘等症状,从而使疝气减轻。不足之处是无法控制疝气脱出。

1. 辨证论治

(1)寒湿凝滞证:阴囊肿块冷硬,牵引睾丸剧痛,步履艰难,形寒肢冷,得温稍缓,舌紫暗,苔白,脉沉紧或弦。治以行气疏肝,散寒除湿止痛。方用天台乌药散加减。

(2)湿热下注证:阴囊内肿块红肿热痛,痛引少腹,触痛明显,舌红,苔黄腻,脉滑数。治以清利湿热,消肿止痛。方用龙胆泻肝汤加减。

(3)肝肾阴寒证:疝气偏坠,阴囊肿大无常,痛引脐腹,劳累或受冷即发,形寒肢冷,腰膝酸软,舌淡,苔薄白,脉沉细。治以行气散寒,温补肝肾。方用暖肝煎加减。

(4)肝郁气滞证:阴囊结块,少腹阴囊胀闷窜痛,情志抑郁或突然刺激发病,舌淡苔白,脉弦。治以行气疏肝,缓筋止痛。方用柴胡疏肝散加减。

(5)中气下陷证:肿块因站立、劳动或咳嗽而出现,胀坠不适,休息或平卧后缩小或回纳,伴食少纳差,面白乏力,动则气短,脉微或涩。治以补中益气,升阳举陷。方用补中益气汤加减。

2. 中医外治 可用生香附 60g,研粗末,食盐 60g,用酒醋炒热,用布包频熨患处。

六、中西医结合讨论

西医学认为家族遗传史、职业性质、每日站立时间、吸烟、体重过高、下腹部手术、腹内压增高史、某些结缔组织病等可能与疝的发病有关。1 岁以下的婴儿小型腹股沟疝会随着肌肉的发育和腹壁的增强而自愈,因此婴幼儿可以不考虑手术。但成年患者腹股沟疝则很难自愈。临床上治疗腹股沟疝一般采用手术,腹外疝的手术方法在近 100 多年里取得了进步,手术创伤越来越小。然而,疝修补术后仍可能出现并发症,如血肿、积液、组织损伤、尿潴留、疼痛和感染等,这会严重影响治疗效果。中医药和外科手术在腹股沟疝的治疗中各有优势,通过中西医结合围手术期处理可以取得更好的疗效,达到快速康复的目标。

中医学认为手术治疗对机体有创伤,易损伤经络、血脉,消耗正气。中医学将人体看作一个有机的统一体,需要维系机体内环境的稳定,而防治疾病的根本是消除导致机体失衡的因素,稳定维持机体阴阳平衡状态。对于腹外疝的中西医结合围手术期治疗包括两大方面,一是术前干预:①针对患者可能存在的危险因素进行指导及预防,降低疾病的发生率;②术前情绪调理,中医学很早以前就认识到不良的情绪状态与健康的关系,在治疗方面针对不同的情绪,从相应的脏腑入手疏通气机、调和气血、平衡阴阳,达到治病利身的效果;③调理患者体质,提高患者免疫力,减少术前不良因素,促进患者术后恢复。二是术后干预:①术后中医药治疗可促进生理功能的恢复,减轻术后免疫抑制,迅速增强免疫功能,促进肠蠕动恢复,减轻腹胀等;②防治术后并发症,减少或阻断患者的应激反应。

第二节 腹股沟斜疝

腹股沟区是由腹直肌外缘、腹股沟韧带和髂前上棘到腹直肌外缘的水平线所围成的三角形区域,经该区向体表突出的疝称为腹股沟疝,分斜疝和直疝两种。疝囊经腹壁下动脉外侧突出,可进入阴囊,称为腹股沟斜疝(indirect inguinal hernia)。腹股沟斜疝是最多见的腹外疝,占全部腹外疝的 75%~90%,或占腹股沟疝的 85%~95%。腹股沟疝男女发病率之比约为 15∶1,右侧比左侧多见。

一、病因与病理

(一) 西医病因与病理

腹股沟疝的发生与腹股沟区解剖结构、胚胎发育和生理等多方面的原因密切相关。

1. 解剖因素 腹股沟区解剖结构的分布状态使其抗张强度弱于腹壁其他部分,这是腹股沟疝发病的重要原因之一。腹股沟区的解剖层次(由浅至深):皮肤、皮下组织、浅筋膜、腹外斜肌腱膜、腹内斜肌、腹横肌、腹横筋膜、腹膜外脂肪、腹膜。

(1)腹股沟区解剖层次:①皮肤、皮下组织和浅筋膜。②腹外斜肌:其在髂前上棘与脐之间连线以下移行为腹外斜肌腱膜,该腱膜下缘在髂前上棘至耻骨结节之间向后、向上反折增厚成腹股沟韧带,此韧带内侧端部分纤维又向后、向下转折而形成腔隙韧带,而后继续向外侧延续附着于耻骨梳,为耻骨梳韧带(Cooper 韧带)。以上各韧带在腹股沟疝外科手术中有重要意义。③腹内斜肌和腹横肌:腹内斜肌与腹横肌分别起自腹股沟韧带外侧的 1/2 及 1/3,两者肌纤维均向内下走行,下缘呈弓状,止于耻骨结节。不同的是腹内斜肌下缘越过精索前方、上方,在精索内后侧止于耻骨结节。而腹横肌下缘越过精索上方,在精索内后侧与腹内斜肌融合而形成腹股沟镰,止于耻骨结节。④腹横筋膜:位于腹横肌深面。其下部的外侧 1/2 附着于腹股沟韧带,内侧 1/2 附着于耻骨梳韧带。腹横筋膜与包裹腹横肌和腹内斜肌的肌膜在弓状下缘融合,形成弓状腱膜结构,称为腹横肌腱膜弓;腹横筋膜至腹股沟韧带向后的游离缘处加厚形成髂耻束。在腹股沟中点上方 2cm、腹壁下动脉外侧处有一个卵圆形裂隙称为腹股沟管深环(内环或腹环),男性精索和女性子宫圆韧带由此通过。腹横筋膜由此向下包绕精索,成为精索内筋膜。深环内侧的腹横筋膜组织增厚,称凹间韧带。腹横筋膜在腹股沟韧带内侧 1/2 还覆盖着股动、静脉,并在腹股沟韧带后方伴随这些血管下行至股部。⑤腹膜外脂肪和腹膜壁层:如上所述在腹股沟内侧 1/2 部分,腹壁较为薄弱,该部位在腹内斜肌和腹横肌的弓状下缘与腹股沟韧带之间有一空隙,因此是腹外疝好发于腹股沟区的重要原因(图 27-4、图 27-5)。

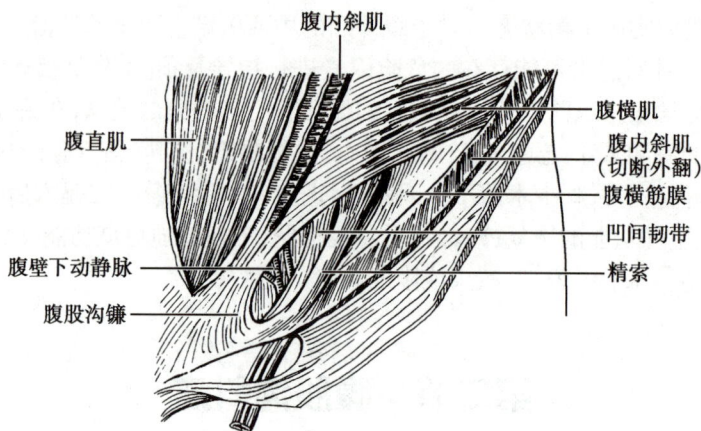

腹内斜肌

腹直肌

腹壁下动静脉

腹股沟镰

腹横肌

腹内斜肌
(切断外翻)

腹横筋膜

凹间韧带

精索

图 27-4　左侧腹股沟区解剖层次（前面观）

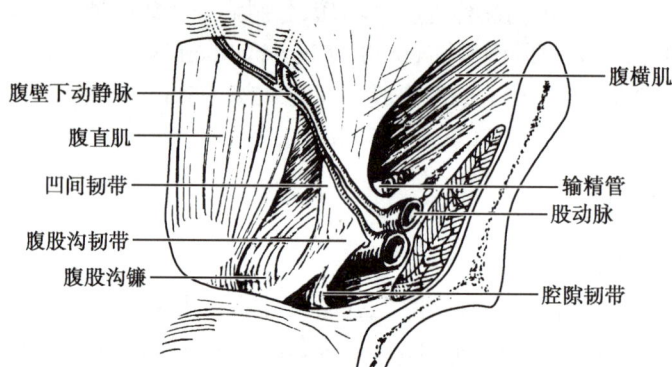

腹壁下动静脉

腹直肌

凹间韧带

腹股沟韧带

腹股沟镰

腹横肌

输精管

股动脉

腔隙韧带

图 27-5　右侧腹股沟区解剖层次（后面观）

（2）腹股沟管解剖：腹股沟管位于腹前壁，腹股沟韧带内上方，大体相当于腹内斜肌、腹横肌弓状下缘与腹股沟韧带之间的空隙。成人腹股沟管的长度为 4~5cm，有内、外两口，上、下、前、后四壁。内口即深环或腹环，外口即浅环或皮下环。腹股沟管的前壁有皮肤、皮下组织和腹外斜肌腱膜，在外侧 1/3 部分尚有腹内斜肌覆盖；管的后壁为腹横筋膜和腹膜，其内侧 1/3 尚有腹股沟镰；上壁为腹内斜肌、腹横肌的弓状下缘；下壁为腹股沟韧带和腔隙韧带。腹股沟管内女性有子宫圆韧带通过，男性则有精索通过（图 27-6）。

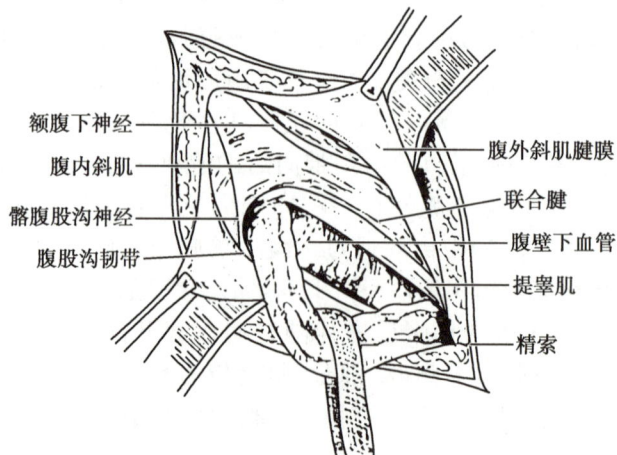

髂腹下神经

腹内斜肌

髂腹股沟神经

腹股沟韧带

腹外斜肌腱膜

联合腱

腹壁下血管

提睾肌

精索

图 27-6　腹股沟管解剖

2. 胚胎发育因素 胚胎睾丸始发于第 2、3 腰椎旁腹膜后方。在胚胎第 7 个月,它在腹壁肌层间开始向内下、前方推移,出外环后,则推动该处皮肤、皮下组织下降而形成阴囊。在下降过程中,附着于其表面的腹膜受牵拉随之下降而形成鞘状突出(鞘突)。婴儿出生后不久,鞘突(除其盲端部分外)即自行萎缩闭锁而残留纤维索,成为精索内容之一或逐渐消失。盲端鞘突则形成阴囊鞘膜和鞘膜囊。睾丸则贴附于鞘膜囊后壁。睾丸的下降使腹壁被其所贯通,成为该处腹壁强度减弱的一个因素。右侧睾丸下降迟于左侧,鞘突闭锁也较晚,故右侧腹股沟斜疝多于左侧。

异常的睾丸下降过程通常表现为睾丸下降不全(睾丸可停留于下降途径中的任何一点)和 / 或鞘突不闭或闭锁不全。未闭或闭锁不全(下段闭锁而上段不闭)的鞘突实际上为婴儿提供了一个天然的疝囊,这种疝即临床上的先天性斜疝。与此不同的是,后天性斜疝的疝囊并非未闭的鞘突,而是位于鞘突旁的另一个腹膜囊,但它们的疝门都是腹股沟疝管深环。如鞘突虽未闭锁,但已萎缩成一微小的管道,不致发生疝,但因直立时腹腔内液体可流入鞘膜囊而平卧时液体又返回腹腔,在临床上可表现为阴囊时现时隐的积液肿块。这一情况称为交通性鞘膜积液,很容易与可复性斜疝相混淆。另有鞘突中段未闭导致包裹性积液者,多在腹股沟管内出现肿块,称为精索鞘膜积液,也易与腹股沟疝混淆(图 27-7、图 27-8)。

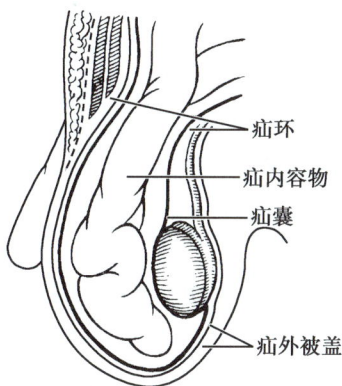

图 27-7 先天性斜疝

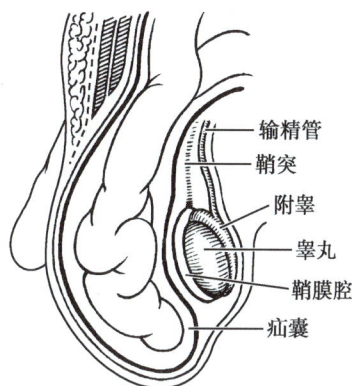

图 27-8 后天性斜疝

3. 生理因素 年老、体衰、肥胖、腹肌缺乏锻炼等情况常使腹壁肌力减退而诱发腹股沟疝。

(二) 中医病因病机

本病属于中医"狐疝"范畴,多因寒湿邪气侵袭厥阴肝经,以致寒凝湿滞,气因寒聚而发;或情志抑郁,或暴怒号哭,气机失于疏泄,气滞不通,筋脉不利而成;或因强力举重,远行辛苦,以致气虚下陷,窜于少腹而成;或小儿先天不足,妇女生育过多,男子房劳过度,年老肝肾亏虚,筋脉松弛,失于固摄而发;或因脾胃虚弱,中气下陷,升提失职而发。腹股沟斜疝发生原因较多,凡房劳、愤怒、劳倦、阴寒内盛、水湿内停、痰热瘀滞、气虚下陷等均可引起。详见本章第一节。

二、临床表现

腹股沟管外口处出现可复性肿块是最重要的临床表现。患者常在站立、咳嗽、行走、抬重物、劳动时感觉腹股沟区疼痛不适,同时该区出现一肿块,质地柔软,平卧或用手推压时可消失,肿块较大时可有下坠感或胀痛。大多数肿块上端狭小,下端宽大,形状似梨形,并似有一柄斜行伸入腹股沟管。检查时,患者取平卧位,双侧髋部屈曲、内收,松弛腹股沟部。顺腹股沟管向外上方轻按肿块即可还纳。当肿块还纳后，可扪及扩大的浅环，以手指通过阴囊皮肤由浅环伸入腹股沟管内，到达深环，此时如嘱患者咳嗽，指尖有冲击感。在体外用手指紧压腹股沟韧带中点上方 1.5cm 处的腹股沟管深环，让患者起立，增加腹压，肿块不出现，将手指放开，则可见肿块立即出现。临床上分为可复性斜疝、难复性斜疝、嵌顿性斜疝、绞窄性斜疝等类型。

（一）可复性斜疝

此型斜疝的疝内容物很容易回纳入腹腔，在患者站立、行走、咳嗽、劳动时肿块均会出现。平卧或用手法将包块向深环处推挤，包块可回纳消失。如以手指尖经阴囊皮肤伸入浅环，可发现外环扩大，局部腹壁软弱，此时嘱患者咳嗽，指尖有冲击感。用手指紧压腹股沟管深环处，让患者咳嗽、站立或鼓腹，包块不再出现；但若移去手指，肿块则可突出。若疝内容物为小肠，则包块柔软、光滑、有弹性，叩诊呈鼓音，听诊可闻及肠鸣音；若内容物为大网膜，则包块触之坚韧，叩诊呈浊音，听诊无肠鸣音，回纳缓慢。

（二）难复性斜疝

此型斜疝主要表现为包块不能完全回纳，坠胀感、牵引痛稍重，伴有消化不良和便秘等症状。滑动性斜疝也属难复性斜疝，多见于青壮年男性，右侧多于左侧，其比例约为 6∶1。虽不多见，但滑入疝囊内的盲肠或乙状结肠在疝手术时容易误当疝囊切开，应予注意。

（三）嵌顿性斜疝

此型斜疝的发生主要是因为疝囊颈小而腹内压力突然增高，使疝内容物卡住不能回纳。主要表现为包块突然增大，伴有明显疼痛，包块变硬无弹性，触痛明显；如疝内容物为肠管，肠壁及其系膜可在疝囊颈处受压，使静脉回流受阻，可出现腹部绞痛、恶心、呕吐、便秘、腹胀等急性肠梗阻或绞窄性肠梗阻症状；若疝内容物为大网膜，局部触痛常较轻。

（四）绞窄性斜疝

在临床上嵌顿和绞窄是不能完全分开的两个发展阶段。嵌顿如不及时解除，肠管及其系膜受压情况不断加重，最终导致动脉血流完全阻断，发生肠壁坏死。此时肠系膜动脉搏动消失，肠壁失去光泽、弹性和蠕动能力，疝囊内渗液为淡红色或暗红色。一般认为，如嵌顿疝超过 24~48 小时，伴有毒血症及严重水电解质紊乱与酸碱平衡紊乱表现，并且出现肿块处皮肤水肿、发红等症状者，应考虑为绞窄性疝。绞窄时间越长，疝内容物越易发生坏死感染。感染侵及周围组织，可引起疝被盖组织的急性炎症，严重者可发生脓毒症。绞窄性疝临床症状较为严重，但临床可见绞窄性疝在肠袢坏死穿孔时，疼痛因疝囊内压力骤降而暂时缓解的情况，因此疼痛减轻而包块仍存在者，不可认定为病情好转。

三、辅助检查

腹股沟斜疝化验检查一般无特异性，只有在出现嵌顿绞窄，疝内容物坏死感染或出现脓毒症时，血常规、血生化等检查才会出现异常。

1. B 超检查　腹壁皮下探及异常回声团块，与腹腔相通，随腹压增加而增大，形态欠规则，内回声欠均或者不均，常可见肠管回声。B 超检查依据肿块内容物、血管，与周围组织、腹壁下动脉及精索、阴囊的关系，确定或排除疝的诊断。

2. CT 检查　通过腹内疝征象、闭袢和扭转征象、绞窄性小肠梗阻征象等能够更好地判断腹内疝的分型。

3. MRI 检查　可在诊断不明或有困难时，进一步帮助明确诊断及鉴别诊断。

四、诊断与鉴别诊断

（一）诊断

腹股沟斜疝多见于儿童和青中年男性。当患者哭啼或站立致腹压增高时，腹股沟上段内侧（深环处）由外上向内下前斜行突现一圆形或梨形囊性包块，平卧时包块可自行回缩消失，患者仅有局部轻度坠胀感，此时诊断较为困难。如肿块不断增大进入阴囊或大阴唇，此时除坠胀感外可有明显牵引痛，诊断较容易。

（二）鉴别诊断

腹股沟斜疝除了与腹股沟直疝鉴别（表 27-1），还需要与睾丸鞘膜积液、交通性鞘膜积液、隐睾等疾病鉴别，详见本章第一节。

表 27-1 腹股沟斜疝与腹股沟直疝的临床鉴别

项目	腹股沟斜疝	腹股沟直疝
发病年龄	多见于儿童及青壮年	多见于老年
突出途径	经腹股沟管突出，可进入阴囊	由直疝三角突出，很少进入阴囊
疝块外形	椭圆或梨形，上部呈蒂柄状	半球形，基底较宽
回纳疝块后压住深环	疝块不再突出	疝块仍可突出
精索与疝囊的关系	精索在疝囊后方	精索在疝囊前外方
疝囊颈与腹壁下动脉的关系	疝囊颈在腹壁下动脉外侧	疝囊颈在腹壁下动脉内侧
嵌顿机会	较多	极少

五、治疗

（一）西医治疗

1. 疝带治疗　1 周岁以下婴幼儿可暂不手术，可采用棉线束带或绷带压住腹股沟管深环，防止疝块突出并给发育中的腹肌以加强腹壁的机会（图 27-9）。年老体弱或其他原因禁忌手术者可选用疝带治疗。但对于难复性疝、嵌顿疝或绞窄性疝，则禁忌使用疝带。而且长期使用疝带可使疝囊颈因经常受到摩擦而变得肥厚坚韧，从而增高疝嵌顿的发病率，并有促使疝囊与疝内容物发生粘连的可能。故在 2018 版小儿腹股沟疝治疗指南中，建议 6 个月以内的小儿因有严重的疾病不宜手术时可暂时采取疝带疗法，期望其自行愈合。除此之外，均应尽早手术治疗。

2. 嵌顿疝的手法复位　小儿或患有严重疾病而无法耐受手术的老年患者，如嵌顿时间较短（3~5 小时以内），局部压痛不明显，局部无腹膜刺激征，估计尚未形成绞窄，可以试行手法复位（详见嵌顿性疝西医治疗）。手法复位仅是一种暂时性的治疗方法，成功后应建议患者尽早手术治疗。

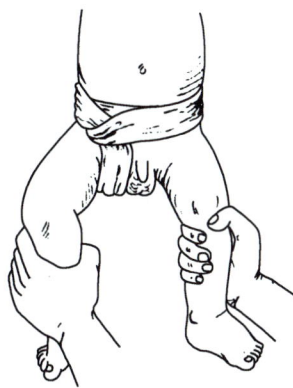

图 27-9　棉线束带压迫法

3. 手术治疗　原则是尽量采用低张力或无张力缝合以加强机体固有的防疝机制。术前患者如有引起腹内压力增高的诱因如慢性咳嗽、排尿困难、严重便秘、腹水等，或合并糖尿病，应先予处理，以避免和减少术后复发。

（1）疝囊高位结扎术：疝囊高位结扎是疝修补术的一个基本内容。单纯疝囊高位结扎术适用于婴幼儿斜疝。手术的关键是在内环水平(术中以腹膜外脂肪为标志)高位结扎、切断疝囊颈部,其残端应回缩而不再显露于手术视野,然后切去疝囊,或不切疝囊任其粘连闭合,从而阻止腹腔内脏器突出。结扎偏低只是把一个较大的疝囊转化为一个较小的疝囊,达不到治疗目的。近年来国内外使用小儿腹腔镜做小儿疝囊高位结扎术,创伤小、安全可靠、恢复快且不易影响精索睾丸的发育,可同时治疗双侧疝或治疗一侧探查对侧而不增加痛苦,正在国内小儿外科界推广应用,有条件时可选用。

若腹股沟疝绞窄发生肠坏死,此时腹股沟局部感染严重,若行修补术,常因感染而使修补失败,可暂行疝囊高位结扎术,腹壁的缺损则另做择期手术加强之。

(2)疝修补术:成年腹股沟疝患者都存在不同程度的腹股沟管前壁或后壁薄弱或缺损,单纯疝囊高位结扎不足以预防腹股沟疝的复发,只有在疝囊高位结扎后,加强或修补薄弱的腹股沟管前壁或后壁,才有可能得到彻底的治疗。修补包括内环修补和腹股沟管管壁修补两个主要环节。内环修补只适用于内环扩大、松弛的病例,它是在疝囊颈高位结扎后,把内环处腹横筋膜间断缝合数针或做一"8"字缝合,以加强因疝内容物经常通过而松弛、扩大的内环。这是疝修补术中的一个重要步骤,可以减少手术后疝复发;但对于内环区缺损不明显的患者,并无必要。而腹股沟管管壁的加强或修补是绝大部分腹股沟疝手术的主要步骤。手术方法可分为传统的疝修补术、无张力疝修补术和经腹腔镜疝修补术。

1)传统的疝修补术:在疝囊高位结扎的基础上,利用邻近健康组织加强或修补腹股沟管管壁。通常有加强腹股沟管前壁和后壁两类手术。

①修补或加强腹股沟管前壁的方法:以 Ferguson 法最常用。它是在切断疝囊颈做高位结扎后,不游离精索,在精索前方将腹内斜肌下缘和联合肌腱缝至腹股沟韧带上,目的是消除腹内斜肌弓状下缘与腹股沟韧带之间的空隙。适用于腹横筋膜无显著缺损、腹股沟管后壁尚健全的儿童或青年的小的腹股沟斜疝。

②修补或加强腹股沟管后壁常用的方法有四种:

Bassini 法:此法是成人中、小腹股沟斜疝最常采用的方法之一,其要点是在高位结扎疝囊之后,将精索提起,在精索的深面用不吸收缝线将腹内斜肌下缘和联合肌腱缝至腹股沟韧带上。

Halsted 法:与上法很相似,但也把腹外斜肌腱膜在精索后方缝合,从而把精索移至腹壁皮下层与腹外斜肌腱膜之间。由于精索移位较高,可能影响其发育,不适用于儿童与年轻患者,适于老年人斜疝。

McVay 法:是在精索后方把腹内斜肌下缘和联合肌腱缝至耻骨梳韧带上。该法主要适用于腹股沟管后壁的组织受到破坏或缺损大的腹股沟斜疝、直疝、复发疝,亦可用于股疝的修复。

Shouldice 法:该手术的重点是修复腹横筋膜,加强腹股沟管的后壁。即将腹横筋膜自耻骨结节处向上切开,直至内环,然后将切开的两叶予以重叠缝合。先将外下叶缝于内上叶的深面,再将内上叶的边缘缝于髂耻束上,以再造合适的内环,发挥其括约肌作用。然后按 Bassini 法将腹内斜肌下缘和联合肌腱缝于腹股沟韧带深面。在众多疝修补术式中,Shouldice 法是适应证最广的一种,可适用于较大的斜疝、直疝以及大部分的复发疝。但对于腹横筋膜缺损严重,缝合修补张力过大者,仍应谨慎使用,此时最好选用人工材料修补。

2)人工材料疝修补术:又称无张力疝修补术,是在无张力情况下采用人工补片(合成纤维网片)进行缝合修补的手术方法,具有手术后疼痛轻、恢复快、复发率低等优点。对于因嵌顿疝行急诊手术的患者以及腹股沟管未发育完全的儿童,不提倡使用人工补片技术。常用的无张力疝修补术有以下几种:平片无张力疝修补术、疝环充填式无张力疝修补术、巨大补片加强内囊手术、双层补片无张力疝修补术(PHS 手术)、微创腹膜前腹股沟疝修补术(Kugel手术)等。

3) 经腹腔镜疝修补术:方法有 4 种,即经腹腔的腹膜前法(TAPP)、完全经腹膜外法(TEP)、经腹腔内补片修补法(IPOM)、单纯疝环缝合法。前 3 种方法的基本原理是从内部用合成纤维网片加强腹壁的缺损;最后 1 种方法则是用钉或缝线使内环缩小,只用于较小儿童斜疝。经腹腔镜疝修补术因具有创伤小、手术后疼痛轻、恢复快、复发率低等优点,目前在临床上应用越来越多。

(二)嵌顿疝和绞窄性疝的处理原则

1. **手法复位** 嵌顿疝的处理原则是手术治疗,因为手法复位不能治疗,且手法复位有一定风险。因此,仅当年幼、年老体弱或伴有其他疾病手术风险大,嵌顿时间在 3~4 小时以内,无腹膜刺激征,估计未发生绞窄者,才考虑手法复位。

2. **手术治疗** 嵌顿疝或绞窄性疝原则上需要紧急手术治疗,以解除压迫、切除坏死肠襻。术前应该尽可能纠正脱水及电解质紊乱,应迅速补液或输血。手术关键是依据肠管的色泽、蠕动和肠系膜的动脉搏动判断嵌顿肠管的生命力。①若肠管呈紫黑色,失去光泽及弹性,无蠕动和无动脉搏动,应切除之。②活力可疑的肠管应解除压迫,还纳腹腔。可在其系膜根部注射 0.25%~0.5% 普鲁卡因 60~80ml,再用温热的生理盐水纱布覆盖该段肠管,或将该段肠管暂时送回腹腔,10~20 分钟后,再行观察。如果肠壁转为红色,肠蠕动和肠系膜内动脉搏动恢复,则证明肠管尚具有活力,可回纳腹腔。如肠管确已坏死,或一时不能肯定肠管是否已失去活力时,则应在患者全身情况允许的前提下,切除该段肠管并进行一期吻合;患者情况不允许肠切除吻合时,可将坏死或活力可疑的肠管置于腹外,并在其近侧段切一小口,插入一肛管,以解除梗阻,7~14 日后,若全身情况好转,再施行肠切除吻合术。绞窄的内容物如大网膜等,可予切除。③切勿将生命力可疑的肠管还纳腹腔。嵌顿肠襻多时,要将肠襻拉出,检查腹腔内的那段肠襻有无坏死。④手术处理中应注意:少数嵌顿疝或绞窄性疝,临手术时因麻醉的作用疝内容物自行回纳腹内,以致在术中切开疝囊时无肠襻可见,故术中应仔细探查肠管,以免遗漏坏死肠襻于腹腔内。⑤有坏死或感染可能者,仅行高位结扎,一般不宜做疝修补术。

(三)复发性腹股沟疝的处理原则

腹股沟疝修补术后发生的疝称复发性腹股沟疝(简称复发疝)。包括如下 3 种情况:

1. **真性复发疝** 由于技术上的问题或患者本身的原因,在疝手术的部位再次发生疝。再发生的疝在解剖部位及疝类型上,与初次手术的疝相同。

2. **遗留疝** 初次疝手术时,除了手术处理的疝,还有另外的疝,也称伴发疝,如右侧腹股沟斜疝伴发右侧腹股沟直疝等。由于伴发疝较小,临床上未发现,术中又未进行彻底探查,成为遗留疝。

3. **新发疝** 初次疝手术时,经彻底探查并排除了伴发疝,疝修补手术也是成功的。手术若干时间后再发生疝,疝的类型与初次手术的疝相同或不相同,但解剖部位不同,为新发疝。

(四)中医治疗

腹股沟斜疝中医辨证分型及中医诊治与本章第一节概述部分一致。

第三节 腹股沟直疝

疝囊经腹壁下动脉内侧的直疝三角区向前突出,不经过内环和腹股沟管,也很少进入阴囊,为腹股沟直疝(direct inguinal hernia)。

一、病因与病理

(一)西医病因与病理

腹股沟直疝与腹股沟斜疝发病病因与病理相同。

直疝三角(Hesselbach triangle)也称海氏三角(图 27-10),以腹壁下动脉、腹直肌外缘和腹股沟韧带为界,它缺乏完整有力的腹肌覆盖,且此处腹横筋膜又相对薄弱,故腹部内脏有可能在此由后向前顶出而形成腹股沟直疝。有人提出尸体解剖与活体解剖在直疝三角的功能有所不同,通过 CT/MRI 发现膀胱在充盈时可完全覆盖直疝三角,而在腹膜间隙植入网片后,膀胱无法覆盖直疝三角,由此认为腹膜与腹横筋膜之间的直疝三角可能是膀胱扩张的储备区域,即腹股沟区泌尿生殖脂肪筋膜室。破坏该间隙可能对膀胱和输精管功能产生影响,但目前对其活体情况下了解有限。

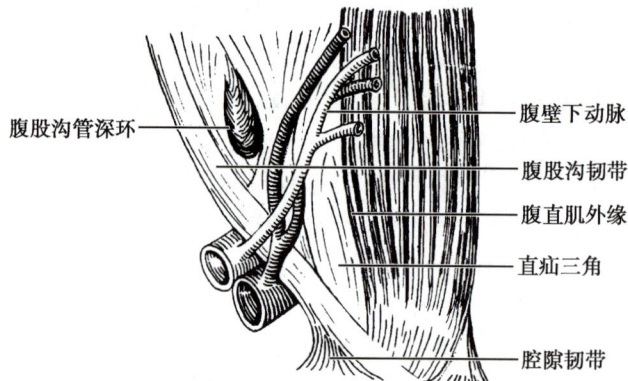

图 27-10 直疝三角

腹肌分布状态虽在腹股沟区形成了一个天然的薄弱区,但在正常情况下,腹横肌和腹横筋膜的收缩可牵动内环内侧的凹间韧带,使之向外上方移位,从而遮蔽了内环。这是人体一项重要的保护机制。如腹横肌发育不良或强度不足,则将损害这一保护机制而易于导致疝的发生。此外,腹内斜肌和腹横肌的收缩可使弧形的腱膜弓被拉直并向腹股沟韧带靠拢,而使腱膜弓与腹股沟韧带之间的半月形空隙变小。这样就形成了加强此处腹壁强度的又一保护机制。只有在此二肌发育欠佳或腱膜弓位置偏高时,才可能诱发腹股沟疝,尤其是直疝。

(二)中医病因病机

腹股沟直疝发生的中医病因病机与腹股沟斜疝相同,在此不再赘述。

二、临床表现

腹股沟直疝常见于年老体弱者,其主要临床表现是当患者直立时,在腹股沟内侧端、耻骨结节上外方出现一半球形肿块,并不伴有疼痛或其他症状。直疝囊颈宽大,疝内容物又直接从后向前突出,故平卧后疝块多能自行消失,不需用手推送复位。直疝很少进入阴囊,极少发生嵌顿。疝内容物常为小肠或大网膜。膀胱有时可进入疝囊,成为滑动性直疝,此时膀胱即成为疝囊的一部分,手术时应予以注意。

三、辅助检查

腹股沟直疝实验室检查一般无特异性;B 超、MRI 或 CT 等影像学检查,可在诊断不明或有困难时,帮助明确诊断。

四、诊断与鉴别诊断

结合病史、年龄、临床表现,腹股沟疝诊断一般并不困难,但要鉴别腹股沟斜疝和直疝,往往并不容易。此外还需与睾丸鞘膜积液、交通性鞘膜积液、隐睾等疾病相鉴别(详见本章第一节、第二节)。

五、治疗

(一) 西医治疗

早期可试用疝带治疗,但手术加强直疝三角仍是最有效的治疗手段。治疗常用的手术方法是先将疝囊翻入腹腔,然后加强腹股沟管后壁。在精索深面将腹内斜肌下缘和联合肌腱缝合至耻骨梳韧带上。如疝囊颈偏小者,也可采取高位结扎;巨大的疝囊则须连续缝合,以关闭腹腔,然后决定是否应用人工材料进行修补。常用的是 McVay 法、Shouldice 法及经腹腔镜疝修补术。

(二) 中医治疗

腹股沟直疝与腹股沟斜疝中医治疗方案一致,详见本章第一节。

第四节 股 疝

疝囊通过股环经股管向股部卵圆窝突出的疝称为股疝(femoral hernia),其发病率占腹外疝的 3%~ 5%。女性患股疝者比男性多,比数约为 5∶1,且多属中年经产妇。股疝偶有发生于儿童者,但极少见。

一、病因与病理

(一) 西医病因与病理

股疝的发病与正常解剖结构有密切关系。腹股沟韧带深面的空间被筋膜组织分成两个间隙,内侧间隙主要被股动脉和股静脉所占据。在股静脉内侧则为一长约 1.5cm、上宽下窄而呈漏斗形的管状空隙,称为股管。股管内含脂肪、疏松结缔组织和淋巴结。股管有上下两口。上口称股环,直径约 1.5cm,有股环隔膜覆盖;其前缘为腹股沟韧带,后缘为耻骨梳韧带,内缘为腔隙韧带,外缘为股静脉。股管下口为卵圆窝。卵圆窝是股部深筋膜(阔筋膜)上的一个薄弱部分,覆有一层薄膜,称筛状板。它位于腹股沟韧带内侧端的下方,下肢大隐静脉在此处穿过筛状板进入股静脉(图 27-11)。

在腹内压增高的情况下,腹内脏器推着股管上口的腹膜,经股环向股管突出而形成股疝。女性骨盆较宽广,联合肌腱和腔隙韧带较薄弱,致使股管上口宽大松弛,加之妊娠可增加腹内压,故股疝以中年以上妇女多见。由于股管几乎是垂直的,疝块在卵圆窝处向前转折时形成一锐角,且股环本身较小,周围又多坚韧的韧带,因此股疝容易嵌顿。其嵌顿率是腹外疝中最高的,可达60%,其中半数为绞窄性疝。疝内容物以大网膜最多见,小肠次之。

(二) 中医病因病机

股疝发生的中医病因病机详见本章第一节。

二、临床表现

疝块位于腹股沟韧带下方的卵圆窝处,呈半球形隆起,体积一般不大,质软,多无明显症状,常易被患者疏忽。由于疝囊颈较狭窄,咳嗽时冲击感不明显。平卧回纳疝内容物后,肿块有时不完全消失,这是因为疝囊外常有很多脂肪组织堆积。若疝块突发嵌顿,则引起局部剧烈疼痛。若疝内容物为肠管,股疝如发生嵌顿,除引起局部明显疼痛外,也常伴有较明显的急性机械性肠梗阻症状。部分病例由于腹痛剧烈而使局部症状被掩盖,极易漏诊。

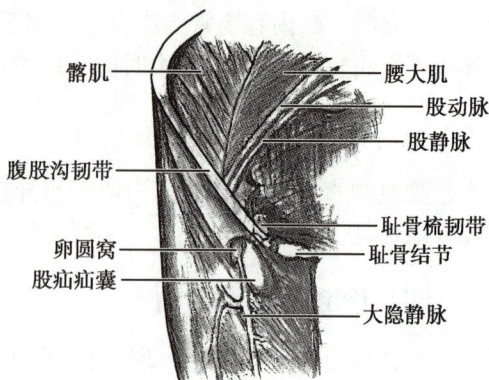

图 27-11 股疝解剖

（髂肌、腰大肌、股动脉、股静脉、腹股沟韧带、耻骨梳韧带、耻骨结节、卵圆窝、股疝疝囊、大隐静脉）

三、辅助检查

股疝实验室检查一般无特异性,只有在出现嵌顿绞窄,疝内容物坏死感染或出现脓毒症时,血常规、血生化等检查才会出现异常。B超、MRI或CT等影像学检查,可在诊断不明或有困难时,帮助诊断。

四、诊断与鉴别诊断

股疝的诊断在详细询问病史及体格检查后,多可作出诊断。应与下列疾病进行鉴别:

1. 腹股沟斜疝 腹股沟斜疝位于腹股沟韧带内上方,呈梨形;股疝位于腹股沟韧带下方,多呈半球形。疝块回纳后,用手指压住腹股沟管内环口,嘱患者站立或咳嗽,肿块不出现者为腹股沟斜疝,肿块出现者为股疝。

2. 脂肪瘤 股疝疝囊外常有一增厚的脂肪组织层,在疝内容物回纳后,局部肿块不一定完全消失。这种脂肪组织有被误诊为脂肪瘤的可能。两者的不同在于脂肪瘤基底不固定而活动度较大,股疝基底固定而不能被推动。

五、治疗

(一) 西医治疗

股疝容易嵌顿,一旦发现,无论疝块大小、有无症状,均需及早手术,而且手术是唯一可考虑的治疗方法。嵌顿或绞窄的股疝行急诊手术更属必要。手术的目的是封闭股管以阻断内脏向股管下坠的通道。

常用的手术方法是在腹股沟上方显露腹股沟韧带内侧段后,牵开腹内斜肌、子宫圆韧带(或精索),切开腹横筋膜,即可显露疝囊。游离疝囊,将其提至股环上方,回纳其内容物后即可高位结扎其囊颈。最后按腹股沟疝手术治疗中的McVay法对合耻骨梳韧带和腱膜弓,借以掩盖股环。这种手术有时可通过腹股沟下进路完成,借此进路可把腹股沟韧带与耻骨肌筋膜、腔隙韧带缝合以达到堵闭股环的目的。

近年用于治疗腹股沟疝的经腹腔镜腹膜前铺网、腹腔内网片贴补等手术方法也可用于股疝,因所植网片可同时掩盖股环而达到阻断疝内容物突出通道的目的。也可采用无张力疝修补法。

嵌顿性或绞窄性股疝手术时,狭小的股环常为手术带来诸多困难。为此,可切断腹股沟韧带(股环前缘)来扩大股环,待内容物回纳或坏死内容物切除后再行修复。切断腔隙韧带也可扩大股环,但有引起异位闭孔动脉损伤而大出血的风险,如术中发现异位闭孔动脉,应先结扎,再切开腔隙韧带。

(二)中医治疗

股疝的中医治疗,详见本章第一节。

第五节 其 他 疝

【切口疝】

切口疝(incisional hernia)是指腹腔内脏器或组织自腹部切口突出的疝,多发生于腹部纵行切口区,临床上相当多见,在腹外疝中居第 3 位。在各种常见的腹部切口中,最常发生切口疝的是腹直肌切口;下腹部因腹直肌后鞘不完整而更多,其次为正中切口和旁正中切口。一期愈合切口的发病率通常在 1% 以下,但如切口感染则发病率可达 10%,伤口裂开者甚至可高达 30%。巨大切口疝仍是当今外科临床具有挑战性的课题。

一、病因与病理

(一)西医病因与病理

1. 切口疝多见于腹部纵行切口,是因为除腹直肌外,腹壁各层组织的纤维多为横向走行,纵行切口势必切断这些横向纤维。在缝合这些组织时,由于肌肉的横向牵引力的作用,缝线容易在纤维间滑脱,致使切口裂开。加之切断了切口附近的营养血管和肋间神经,降低了切口组织强度,腹压增高时易由此发生切口疝。

2. 影响切口愈合的因素:全身因素如肥胖、高龄、营养不良、使用某些药物(如糖皮质激素)、免疫功能低下及长期吸烟史等;局部因素如手术操作不当(如组织对合不当,缝合不密,切口止血不彻底等),或因麻醉效果不佳强行缝合切口致组织撕裂、切口感染以及术后引起腹内压增高的原因(如便秘、咳嗽、排尿困难等)。以上因素均可能影响切口愈合,导致切口组织强度降低而诱发切口疝。

3. 切口疝是腹壁的完整性和张力平衡遭到破坏的结果,在腹腔内压力的作用下,腹腔内的组织或器官从缺乏腹肌保护的缺损处向外突出。切口疝对机体造成的危害主要取决于疝囊和疝环的大小及疝出组织的多少。切口疝也会发生嵌顿、绞窄。但切口疝的疝环一般较大,发生嵌顿和绞窄的机会甚少。疝内容物一般为肠管和 / 或大网膜,常因粘连而形成难复性疝。

(二)中医病因病机

中医学认为其主要是由于手术治疗对机体造成创伤,损伤经络、血脉,消耗正气,以致气虚下陷,窜于少腹而成;或年老肝肾亏虚,筋脉松弛,失于固摄,加之中气下陷,升提失职而发;或术后体虚,外邪乘虚而入,内外交争,搏结于腹而发。其病理因素归结为正虚邪实。

二、临床表现

主要症状是腹壁切口有肿块突出,当患者站立、行走时则更为明显,平卧后消失。较小的切口疝无其他症状,巨大的切口疝则可引起腹部不适和牵拉感,并伴有食欲减退、恶心、腹胀、腹痛和便秘等。腹壁切口疝的疝环一般较大,不易嵌顿,疝囊往往不完全,疝内容物大多为大网膜和小肠,常与腹壁组织粘连而形成难复性疝。

检查时切口瘢痕处可见肿块,小者直径仅有数厘米,大者直径可达 10~20cm;疝内容物为肠管时,则可见到肠蠕动波,扣及肿块时可听到肠管的咕噜声。疝内容物还纳后,有时可清楚地摸到疝环边缘。

疝内容物与腹壁多有广泛的粘连而形成难复性疝。由于缺损较大,切口疝很少发生嵌顿。肿块还纳后于切口瘢痕处多能触及腹壁缺损。疝内容物多为小肠,常可见到肠型和肠蠕动波。

三、辅助检查

对于小而隐匿的切口疝,可通过 B 超、CT、MRI 等检查进一步明确。对于一些复杂的切口疝,推荐常规应用 CT 或 MRI 等影像学检查进行术前评估。除可清楚地显示腹壁缺损的位置、大小和疝内容物及疝被盖与腹腔内器官之间的关系外,还可用于计算疝囊容积与腹腔容积比、评价腹壁的强度与弹性,有助于临床治疗决策。影像学检查时使用多个体位(如侧卧位)和 / 或辅助以屏气等动作,有助于显示及比较切口疝的实际状态。

四、诊断与鉴别诊断

根据病史、临床表现、体格检查及影像学检查,大多数切口疝即可明确诊断。切口疝需要与腹腔肿物、腹壁软组织肿瘤鉴别,下腹部及腹股沟区的切口疝需要与腹股沟疝相鉴别,特别是首次手术如果是恶性肿瘤手术,还应考虑肿瘤腹壁切口种植转移可能。

五、治疗

(一)西医治疗

手术方式

(1)单纯缝合修补术:适用于小切口疝(腹壁缺损最大径<4cm)。缝合时应使用不可吸收缝线,以长期维持切口的张力和强度。

(2)使用材料的加强修补术:用于中切口疝或以上级别的切口疝患者。是指在修补过程中缝合关闭腹壁的缺损,在此基础上再用修补材料加强腹壁,修补材料须超过两侧缺损边缘 3~5cm 以产生维持腹壁张力的作用。在切口疝修补中强调肌肉、筋膜的缝合关闭,强调恢复腹壁的完整性。当无法关闭肌肉、筋膜时可部分使用修补材料的"桥接"。依据修补材料在腹壁不同层次间的放置,可分为:腹壁肌肉前放置(onlay)、腹壁肌肉后(腹膜前)放置(sublay)、腹腔内放置(IPOM 或 underlay)。在腹腔内放置修补材料时,补片应紧贴腹膜放置。采用这种修补手术时,修补材料应具有防止粘连特性,腹腔镜下放置更具优势。开放修补手术使用材料加强多以 onlay 和 sublay 方法修补。

(3)经腹腔镜修补术:使用材料加强多以 IPOM 或 underlay 方法,也可将修补材料部分放置在腹腔内,另一部分放置在腹膜前间隙(即腹膜外,如部分放置在耻骨膀胱间隙),即 TAPE 方法。

(4)杂交修补手术:以常规和腹腔镜技术相结合进行修补。

(5)增加腹腔容量的修补术:组织结构分离技术(component separation technique,CST):这一技术是针对前腹壁中央区域缺损患者的,利用腹直肌鞘的释放距离使腹壁张力降低,腹腔获得更大的空间和容积。侧方腹横肌释放技术(transversus abdominis release,TAR):是一种通过切断部分腹横肌,从而降低腹壁张力,并释放出较大的空间和容积的方法。在这些腹壁重建方法的基础上,通常还需辅以材料加强修补。

(二) 中医治疗

切口疝的中医治疗方案与腹股沟疝一致,详见本章第一节。

【脐疝】

腹内器官组织自脐环突出于体表,称为脐疝(umbilical hernia)。脐疝有小儿型和成人型之分。

小儿脐疝是由于脐部发育不全,使脐环没有完全闭锁或脐部瘢痕组织薄弱,不够坚固,在小儿经常啼哭、便秘等腹压增高的情况下发生。由于脐静脉位于脐部上缘,该处是脐环最薄弱处,故脐疝大多位于脐的上方。疝内容物多为大网膜、小肠。

成人脐疝较少见,多见于中年肥胖的经产妇女。

一、病因与病理

(一) 西医病因与病理

脐位于腹壁正中部,是胚胎发育过程中腹壁最晚闭合的部位。同时脐部缺少脂肪组织,使腹壁最外层的皮肤、筋膜与腹膜直接连在一起,成为全部腹壁最薄弱的部位,腹腔内容物容易由此突出形成脐疝。

小儿脐疝的发生与先天性脐环未闭或闭锁不全,或脐部感染致脐部瘢痕组织薄弱,不够坚固有关。加之小儿经常啼哭和便秘使腹内压增高而致脐疝发生。小儿脐疝多为可复性疝,很少发生嵌顿。

成人脐疝发生可能与脐环处瘢痕组织变弱有关。多伴有引起腹内压增高的诱因如妊娠、慢性咳嗽、腹水等。由于疝环狭小,周围有坚韧的瘢痕组织,因此,成人脐疝易发生嵌顿或绞窄。

(二) 中医病因病机

婴儿先天不足,或通道闭合不良、先天异常,气逆下冲或湿热易于下趋而成脐疝。成人脾肾亏虚,复感寒湿之邪,以致寒湿郁结,发为本病;或因饮食不节,酒食内伤,脾肾受损,湿热内生,下注阴器,留恋而成;或血瘀阻塞肾络水道,也可导致继发性脐疝。

二、临床表现

婴儿啼哭或排便时,脐部出现一肿块,平卧时可消失,很少发生嵌顿。触诊时疝环大多位于脐的稍上方。

成人发生脐疝时脐部看到半球形的肿块,肿块还纳后,咳嗽时有冲击感。成人脐疝常为难复性,肿块不能完全还纳。脐疝嵌顿后,肿块往往不能还纳,有触痛。如嵌顿的是肠管,则有腹痛、恶心、呕吐等症状,并有肠梗阻表现。

三、辅助检查

对于脐疝的诊断,如果体格检查存在疑问,可以采用影像学检查,包括 B 超、CT、MRI、X线和疝囊造影。

四、诊断与鉴别诊断

根据临床表现、体格检查及影像学检查,大多数脐疝即可明确诊断。脐疝需要与脐部软组织肿瘤、脐部脓肿、脐尿管瘘、脐尿管囊肿等相鉴别。

五、治疗

(一) 西医治疗

1. 非手术治疗　脐疝尚有迟至小儿 1~2 岁时自愈的可能,所以 2 岁以内的小儿,可采用粘贴胶布疗法以加速愈合。方法为将疝内容物还纳后,用一大于脐环的、外包纱布的硬币或小木片抵住脐环,然后用胶布或绷带加以固定勿使其移动。6 个月以内的婴儿采用此法治疗,疗效较好。方法为用外包有纱布的较大硬币抵住脐环,以 5cm 宽胶布横向贴紧固定,每 1~2 周更换 1 次。一般半年内治愈。对胶布过敏时,也可用绷带扎紧固定。

2. 手术治疗　小儿满 2 岁,如脐环直径超过 1.5cm,以及成人脐疝,宜手术治疗。即在脐上 1cm 处做半月形皮肤切口,分离皮下组织,显露腹直肌前鞘、疝环及疝囊,切开腹白线,游离疝囊,较小者仅回纳内容物折叠缝合,疝囊较大则切除缝闭腹膜,再逐层缝合腹白线切缘和皮肤。如疝环大,周围组织又薄弱,不易修补者,可用人工材料补片做无张力修补。

(二) 中医治疗

脐疝的中医治疗方案与其他疝均一致,详见本章第一节。

【白线疝】

白线疝是指发生于腹壁正中线即腹白线处的疝。常发生在脐部以上,故又称为上腹疝。白线疝多见于中年人,男多于女,男女发病之比约为 5∶1。

一、病因与病理

(一) 西医病因与病理

白线疝的发生与腹白线的解剖特点和腹内压增高关系密切。腹白线位于剑突和耻骨联合之间,是腹外斜肌、腹内斜肌、腹横肌的腱膜纤维在左、右侧腹直肌之间相互穿插、交错编织形成的腱性条带。脐以上的腹白线宽而薄,在伸长时白线变窄,缩短时变宽。当腹胀时又需同时伸长和展宽,就有可能撕破交叉的腱纤维而形成一薄弱点,在腹内压增高的情况下逐渐形成白线疝。脐上部白线深面是镰状韧带,所以早期白线疝的内容物是镰状韧带所包含的腹膜外脂肪,当疝囊进一步发展扩大时,腹内组织(多为大网膜)可通过囊颈而进入疝囊成为疝内容物。脐下白线狭窄而坚厚,腹壁强度较高,故很少发生疝。白线疝一般较小,大网膜易与疝囊发生粘连,成为难复性疝,但很少嵌顿(图 27-12)。

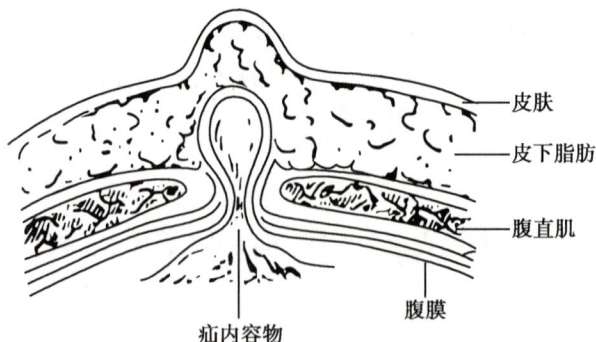

图 27-12　白线疝

(二) 中医病因病机

白线疝发生的中医病因病机与腹股沟斜疝相同。在此不再赘述。

二、临床表现

早期白线疝肿块小而无症状,也不易被发现。当疝囊颈较大,伴大网膜粘连,形成难复性疝时,可因腹膜受牵拉而出现明显的上腹疼痛、牵拉感、恶心、消化不良等症状。

体检时发现腹壁正中线处肿块,平卧、腹直肌放松时疝块回纳并可触及腹白线缺损。对疝块小的肥胖患者要仔细检查以免漏诊。

三、辅助检查

必要时 B 超检查有助于诊断。

四、诊断与鉴别诊断

根据临床表现、体格检查及影像学检查,大多数白线疝即可明确诊断。白线疝需要与腹壁软组织肿瘤相鉴别。经产女性患者白线疝还需与产后腹直肌分离鉴别。

五、治疗

(一) 西医治疗

疝块较小而无明显症状者,不必治疗。症状明显者可行手术修补。一般只需要切除突出的脂肪,缝合白线的缺损。但如有疝囊存在,则应回纳或切除部分大网膜,结扎囊颈,切除疝囊,并缝合腹白线的缺损。白线缺损较大者,可用人工高分子修补材料进行修补。

(二) 中医治疗

白线疝的中医治疗与腹股沟疝治疗方案一致,详见本章第一节。

(黄 敏)

复习思考题

1. 腹外疝的分类及特点有哪些?
2. 腹股沟斜疝手术治疗有哪些方法?
3. 直疝三角的解剖结构如何?
4. 腹股沟直疝与腹股沟斜疝如何鉴别?
5. 股疝为何需要尽快行手术治疗?
6. 切口疝的手术时机是什么?

ER-27-2
扫一扫
测一测

第二十八章

泌尿与男性生殖系统疾病

1. 掌握泌尿系统外科疾病的主要症状、常用检查,泌尿系统结石的临床表现、诊断与鉴别诊断、中西医治疗,鞘膜积液的诊断与鉴别诊断,睾丸附睾炎的诊断与鉴别诊断,前列腺炎的临床表现、诊断与鉴别诊断、中西医治疗,良性前列腺增生的临床表现、诊断与鉴别诊断、中西医治疗。

2. 熟悉泌尿系统、男性生殖系统疾病的生理、病因、病机、病理,常见疾病的症状、体征及相关技术,鞘膜积液的临床表现和手术适应证;睾丸附睾炎的临床表现和中西医治疗,前列腺炎的病因,良性前列腺增生的概念。

3. 了解泌尿系统结石的病因病理,鞘膜积液的病因病理,睾丸附睾炎的病因病理,前列腺炎的病理,良性前列腺增生的病因病机及病理,男性性功能障碍的概念和诊断。

第一节 概 述

泌尿、男性生殖系统疾病是一类常见的外科疾病,主要包括泌尿生殖系统感染、泌尿系统结石、泌尿生殖系统结核、泌尿生殖系统损伤、泌尿生殖系统肿瘤、泌尿生殖系统畸形和良性前列腺增生、精索静脉曲张、睾丸鞘膜积液以及男性性功能障碍、男性不育等男科疾病。

中医学对泌尿、男性生殖系统疾病的认识主要有以下几个方面:淋证如热淋、血淋、石淋、气淋、劳淋等;浊证如精浊、赤浊、白浊、白淫等;子痈、囊痈、子痰、下疳等;遗尿、尿血、癃闭等;肾岩、五不男、天宦等。此外,还有不育、阳痿、遗精、早泄等病症。

一、生理要点

(一)西医生理要点

1. 泌尿系统生理 肾脏的功能主要是形成和排泄尿液,其功能是通过肾小球和肾小管来实现的。正常人双肾每分钟接受心脏输送的血液为 1 000~1 500ml,经过肾小球的毛细血管的过滤和肾小管的重吸收及排泄,最后成为尿液的只有 2ml。正常情况下,成人每日排出的尿量为 1 000~1 500ml,尿比重在 1.010~1.020 之间。由于肾脏对细胞外液成分和容量持续性调节,使机体的内环境保持动态平衡。泌尿系统的其他部分除膀胱有暂时储尿和控制排尿的功能外,其他基本只起排尿通道的作用。

2. 男性生殖系统生理 睾丸产生精子和雄激素。曲细精管上皮含有精原细胞和支持细胞,是精子生成的基础。从精原细胞到成熟精子需要 64~74 天。每克成人睾丸组织每天产生约 1 000 万个精子。间质细胞分泌睾酮等雄激素,促进副性腺和生殖器官的正常发育和功能,参与男性性征的发展和新陈代谢过程。附睾是精子储存的地方,精子经附睾液哺育后获得受精能力。射精时,附睾和输精管收缩,精子随精液通过射精管和尿道排出体外。阴茎是泌尿和生殖系统的排泄器官,当海绵体充血扩张,静脉临时阻塞,阴茎勃起,完成性交和射精。

(二)中医生理要点

中医学认为,泌尿、男性生殖系统包括泌尿系统(肾、输尿管、膀胱)和男性生殖系统(睾丸、附睾、输精管、精囊、阴囊、阴茎等)以及两者的同一通道即尿道。泌尿系统功能的外在表现,称为溺窍;男性生殖系统功能的外在表现,称为精窍。精、溺二窍由肾所主,但与其他脏器的生理功能亦密切相关。《素问·上古天真论》载:"肾者主水,受五脏六腑之精而藏之,故五脏盛乃能泻。"《证治汇补》载:"遗精之主宰在心,精之藏制在肾。"《素问·灵兰秘典论》云:"膀胱者,州都之官,津液藏焉,气化则能出矣。"《素问·经脉别论》云:"脾气散精,上归于肺,通调水道,下输膀胱。"由此可见,精与溺的生成和排泄均与五脏六腑有关。其功能如此,其形态(即前阴各部)亦与脏腑相关。《外科真诠》认为玉茎(阴茎)属肝、马口(尿道)属小肠、阴囊属肝、肾子(附睾、睾丸)属肾、子系(精索)属肝。

二、病因与病理

(一)西医病因与病理

西医学认为,泌尿、男性生殖系统疾病的病因较为复杂,许多因素都会导致相关疾病的发生,如感染、创伤、泌尿系畸形、药物及食物影响、免疫功能异常、内分泌失调、精神心理的异常、环境因素的影响、其他疾病的影响等,这些病理因素可能导致泌尿系统结石、炎症、肿瘤,生殖器官畸形,生育和性功能障碍等。

(二)中医病因病机

泌尿生殖系统在中医学中多属"肾"的范畴。中医认为湿、热、寒邪和疫疠是外感病邪中的主要致病因素,而饮食不节、情志内伤、劳逸失度及素体亏虚则是内伤的重要因素,内外合邪,发而为病。这些病理因素主要导致脏腑、气血和经络的功能失常,脏腑功能失调主要表现在肾、肝、心、脾、膀胱等的功能失调;气血失常主要表现在气血亏虚、气滞血瘀、阴虚血热等方面;经络病变体现在肝经湿热、寒凝肝脉、痰湿阻络等方面。脏腑、气血、经络在生理上相互联系,病机上相互影响,但肾为先天之本,故中医在诊治疾病时,主要针对肾与膀胱,并兼顾心、肝、脾、肺等脏腑。

1. 肾虚 肾气虚弱,气化不行,可致水液代谢失常,引起水肿、癃闭、遗溺等症。肾精亏损,阴虚内热,可见遗精早泄;热积化火,伤及脉络,可出现血尿、血精;命门火衰,膀胱气化失司、开阖失常,可引起癃闭、尿失禁等。

2. 肝气郁结 肝气郁结,疏泄无权,津液运行失常,可发生水肿、癃闭等;若宗筋气血失畅,可发生水疝、精索静脉曲张等;若肝气郁结,宗筋失养,可发为阳痿。

3. 心肾不交 心火亢盛,灼伤血络,迫血妄行,下出阴窍,则为血淋、血尿;若肾阴不足,心火独亢,不能主导相火,可出现早泄、梦遗等;若心火下劫,心肾不交,可出现精浊、血精等。

4. 肝肾不足 房劳过度,肾精过耗,阴血虚脱,肝血不足,则精血两亏,出现腰膝酸软、颧红耳鸣等;精室亏虚,则精液稀少;冲任失养,则出现性功能障碍、不育等。

5. 脾失健运 脾不健运则气血生化乏源,精气失继,宗筋失养,可出现阳痿、遗精、不育等症;如湿聚成痰,蓄于下焦,则发为阴茎痰核、癃闭等症;若脾虚不能运化,水液积聚,则成水疝;脾不统血,可致尿血。

6. 肺肾失调 水液代谢与肺、肾两脏关系甚为密切,有肺肾相生之称。若肺失宣降,气化失司,水液代谢障碍,水道不畅,则发癃闭;若肺疾日久,肾失所养,气化不利,可致生精障碍;肺气虚弱,则可发生遗尿或尿失禁等症。

三、诊断要点

(一) 排尿异常

1. 尿频 正常成人膀胱容量为 350~550ml,女性容量小于男性,老年人因膀胱肌张力低而容量增大。一般白天排尿 5~6 次,夜间不超过 2 次。尿频是指患者感到有尿意的次数明显增加,严重者甚至几分钟排尿一次,每次尿量仅几毫升。

2. 尿急 是一种突发的、强烈的且很难被主观抑制的排尿欲望。尿急往往与尿频同时存在。膀胱过度活动症(overactive bladder,OAB)是一种以尿急为特征的综合征,常伴有尿频和夜尿症状,伴或不伴有急迫性尿失禁,没有尿路感染或其他明确的病理改变。良性前列腺增生的 OAB 症状,既是继发性的,也可能是原发病并存的症状。

3. 尿痛 排尿过程中感到尿道疼痛,可发生在排尿初、中、末或排尿后。疼痛程度由烧灼感到刺痛不等,多见于炎症或结石。若尿频、尿急、尿痛同时出现,称为膀胱刺激征。

4. 尿不尽感 指排尿后仍感到膀胱有尿液未排出,常见于慢性前列腺炎、良性前列腺增生、尿道狭窄等疾病;膀胱炎症刺激也可出现尿不尽感。

5. 排尿困难 指尿液排出受阻引起的一系列症状,表现为排尿踌躇、费力、尿线无力、尿分叉、尿线变细、尿滴沥等,多由膀胱出口梗阻引起。

6. 尿失禁

(1)真性尿失禁:持续性尿液从膀胱或泌尿道瘘中流出,常见于前列腺手术、神经源性疾病和妇产科手术引起的膀胱阴道瘘。

(2)充溢性尿失禁:膀胱过度充盈导致尿液不随意流出,常见于良性前列腺增生和神经源性膀胱引起的慢性尿潴留。

(3)压力性尿失禁:腹压增加时(例如咳嗽、喷嚏、大笑)引起尿液不随意流出,主要见于多次分娩或产伤所致的盆底肌松弛。

(4)急迫性尿失禁:严重尿频、尿急无法控制尿液流出,常见于神经系统疾病和急性膀胱炎。

7. 尿潴留 可分为急性和慢性两类。急性尿潴留是指突然不能排尿,常见于膀胱颈部以下梗阻或手术后切口疼痛导致不敢用力排尿。慢性尿潴留是由尿路不完全梗阻或神经源性膀胱引起的,主要表现为排尿困难、膀胱充盈,可能出现充溢性尿失禁。

8. 遗尿 是指睡眠中无意识地排尿的现象,分为生理性和病理性两类。生理性常见于新生儿、婴幼儿。病理性多见于神经源性膀胱、感染、尿道瓣膜、异位输尿管开口等。大于 6 岁的儿童遗尿者应进行泌尿系统检查。

9. 少尿或无尿 可以由肾前性、肾性和肾后性因素引起。正常人 24 小时尿量为 1 000~2 000ml,少尿是每日尿量少于 400ml,无尿是每日尿量少于 100ml。尿闭是指完全性无尿,常见于孤立肾结石引起的完全性上尿路梗阻,可以在肾绞痛后突然发生。

(二) 尿液异常

1. 血尿 血尿是指尿液中含有红细胞,分为镜下和肉眼两类。镜下血尿是指显微镜下每个高倍视野(HP)中红细胞数≥3 个。肉眼血尿是指肉眼可见血样或呈洗肉水样尿液,即每 1 000ml 尿液中含血量≥1.0ml。但不是所有红色尿液都是血尿,一些食物和药物也可使尿液呈红色、黄红色或褐色,如胡萝卜、大黄等。错误输血、创伤可导致血红蛋白尿或肌红蛋白尿,尿道病变引起的出血不属于血尿。鉴别血尿时需注意区分混入尿液的邻近器官出血。根据出血部位与血尿出现阶段的不同,肉眼血尿可分为:

(1)初始血尿:血尿见于排尿初期。提示出血部位在尿道或膀胱颈部。

(2)终末血尿:血尿见于排尿终末。提示病变在后尿道、膀胱颈部或膀胱三角区。

(3)全程血尿:血尿见于排尿全程。提示病变在膀胱或其以上部位。

2. 脓尿 离心尿每高倍视野白细胞超过 5 个为脓尿,提示有尿路感染或炎症。根据排尿过程中脓尿出现的时间及伴发症状,可对病变进行初步定位。初始脓尿为尿道炎;全程脓尿伴膀胱刺激征、腰痛和发热提示肾盂肾炎;脓尿伴膀胱刺激征而无发热多为膀胱炎。

3. 乳糜尿 尿呈乳白色或米汤样,尿液中含有乳糜液或淋巴液。如尿中伴有血,则尿呈粉红色,称乳糜血尿,最常见于丝虫病感染。乙醚可使乳白色尿液变清,可通过乙醚试验确诊乳糜尿。

4. 气尿 排尿时同时有气体排出。提示有泌尿道 - 胃肠道瘘存在,或由泌尿道产气细菌感染所致。常见的原因有憩室炎、乙状结肠癌、肠炎和克罗恩病等。亦见于泌尿系器械检查或留置导尿管所致的肠道损伤。

5. 晶体尿 在各种因素影响下,尿中有机或无机物质沉淀、结晶,形成晶体尿。常见于尿液中盐类呈过饱和状态时。

(三)尿道分泌物

尿道口血性分泌液提示尿道损伤、尿道肿瘤或精囊炎。黄色、黏稠脓性尿道分泌液多见于淋菌性尿道炎。白色、稀薄尿道分泌液多见于非特异性尿道炎,如支原体、衣原体所致非淋菌性尿道炎。清晨排尿前或大便后尿道口滴白多见于慢性前列腺炎。

(四)疼痛

1. 肾和输尿管疼痛 包括钝痛和绞痛。钝痛多由肾积水、结石、感染引起,疼痛在肾区,常伴肾脏炎症或肿胀。绞痛常见于肾输尿管结石,疼痛部位在肋脊角、腰部或上腹部。肾绞痛为阵发性发作,剧烈难忍,伴有大汗、恶心呕吐,疼痛可放射到下腹部、睾丸等部位。

2. 膀胱疼痛 局部疼痛位于耻骨上区域。急性尿潴留可引起疼痛,但慢性尿潴留即使膀胱平脐,可不引起疼痛,或仅感轻微不适。当膀胱颈部或三角区受刺激时,疼痛常放射至阴茎头部及远端尿道。

3. 前列腺痛 由前列腺炎所致组织水肿和被膜牵张等引起的会阴、直肠、腰骶部、耻骨上区、腹股沟区及睾丸的疼痛和不适。

4. 睾丸痛 睾丸疾病除局部不适、坠胀或疼痛外,疼痛可放射至下腹部。睾丸痛亦可由肾绞痛或前列腺炎症引起。睾丸扭转和急性睾丸炎、急性附睾炎,可引起阴囊、睾丸剧烈疼痛。

(五)肿块

肋脊角、腰部或上腹部肿块应区别是正常肾脏还是肾脏病变;下腹部肿块常见两种情况,一是尿潴留,二是肿瘤,包括膀胱肿瘤、盆腔恶性肿瘤及隐睾恶变;腹股沟肿物以疝最常见,隐睾患者在腹股沟部位摸到睾丸者较多;阴囊内包块以斜疝、睾丸鞘膜积液、交通性鞘膜积液及精索静脉曲张为多见,睾丸肿瘤也可在阴囊内触及包块;尿道摸到肿块应排除尿道狭窄、结石或肿瘤。

四、泌尿系统外科辅助检查

(一)实验室检查

1. 尿常规检查 收集新鲜中段尿液。男性包皮过长者需翻开包皮。女性避免月经期收集。显微镜检查包括红细胞、白细胞、上皮细胞、管型、结晶和微生物(细菌、真菌、寄生虫)。膀胱尿可通过穿刺获得。婴幼儿用无菌塑料袋收集尿液。

2. 尿三杯试验　以第一杯为初尿,第三杯为末尿,中间部分为第二杯。连续排尿过程中收集。以异常程度判断病变位置,第一杯异常表示尿道病变,第三杯异常表示后尿道或膀胱颈部病变,三杯均异常表示膀胱颈以上病变。

3. 尿细菌学检查　包括尿涂片和培养。尿涂片初步提供细菌种类,但检出率低。结核分枝杆菌需抗酸染色。细菌培养和计数取新鲜中段尿,特殊情况可穿刺获取。应同时进行细菌敏感试验。菌落计数超过 1×10^5/ml 为尿路感染,致病菌计数超过 100/ml 对有症状的患者有意义。

4. 尿细胞学检查　用于筛查膀胱肿瘤或术后随访,阳性结果可能提示尿路上皮肿瘤的存在。冲洗后收集尿液可提高阳性率。

5. 前列腺液检查　正常前列腺液呈淡乳白色,较稀薄;涂片镜检可见卵磷脂小体,白细胞<10 个/HP。大量成簇的白细胞可能提示前列腺炎。进行前列腺按摩后收集 2~3ml 初段尿液,比较按摩前后尿白细胞数,对未获得前列腺液的间接检查具有临床意义。怀疑细菌性前列腺炎时应同时进行前列腺液细菌培养和药物敏感试验。

6. 肾功能检查　包括尿比重测定、血肌酐和血尿素氮测定、内生肌酐清除率和酚红排泄试验。尿比重固定或接近 1.010 可能提示肾浓缩功能受损。血肌酐和血尿素氮的测定受多种因素影响,不如内生肌酐清除率和酚红排泄试验精确。酚红排泄试验能反映肾小管的排泄功能。

7. 血清前列腺特异性抗原(prostate specific antigen,PSA)检测　是前列腺癌筛查的首选标志物。PSA 存在于血液和精浆中,由前列腺组织分泌。正常血清 PSA 值为 0~4ng/ml,若血清 PSA>10ng/ml 应高度怀疑前列腺癌。血清 PSA 受多种因素影响,如直肠指检、超声检查、前列腺按摩和穿刺、前列腺电切术以及前列腺炎发作等,都可能导致血清 PSA 升高。年龄和前列腺体积增加也会使血清 PSA 升高。需注意某些药物对血清 PSA 的影响。测定 PSA 密度(prostate-specific antigen density,PSAD)及游离 PSA(free prostate specific antigen,fPSA)与总 PSA(total prostate specific antigen,tPSA)的比值可帮助鉴别良性前列腺增生和前列腺癌。

8. 流式细胞测定　是利用流式细胞仪进行细胞全自动分析的高新技术,能快速、精确地定量分析细胞的各项参数。流式细胞仪检查可为泌尿、男性生殖系统肿瘤的早期诊断及预后判断提供敏感可靠的信息。

(二) 影像学检查

1. B 超检查　系无创伤性检查,已用作诊断泌尿系疾病的筛选方法,亦用于介入治疗。对肿块性质的确定、结石和肾积水的诊断、肾移植术后并发症的鉴别、残余尿测定及前列腺测量等,能提供准确信息。

2. X 线检查

(1)尿路平片:显示结石或钙化,肾轮廓,腰大肌阴影和骨骼变化。

(2)排泄性尿路造影:注射有机碘造影剂,摄片观察分肾功能和尿路形态。

(3)逆行肾盂造影:通过导管向肾盂或输尿管注入造影剂,显示上尿路形态。

(4)经皮穿刺肾盂造影:超声引导下穿刺入肾盂注入造影剂,显示上尿路情况。

(5)膀胱造影和排泄性膀胱尿道造影:注入造影剂后摄片显示膀胱形态和病变,以及尿道病变和膀胱输尿管回流。

(6)肾动脉造影:插管至肾动脉注入造影剂,显示肾动脉、腹主动脉及其分支。用于肾血管性高血压、肾血管畸形和肾肿瘤的诊断,以及对肾损伤或手术后出血的栓塞止血。

3. CT 检查 通过器官、病灶组织密度变化即 CT 值,对肾实质性和囊性疾病进行鉴别诊断,确定肾损伤的范围和程度,为肾癌、膀胱癌、前列腺癌的分期及肾上腺肿瘤的诊断提供可靠依据。

4. MRI 检查 可从三个切面观察图像,无需造影剂,无放射损伤。可对泌尿、男性生殖系统肿瘤进行可靠诊断和分期,可鉴别肾囊肿内容物性质及诊断肾上腺肿瘤。磁共振血管造影是血管三维成像技术,可清晰显示血管,对了解肾癌的血供情况、肾静脉癌栓范围及诊断肾血管畸形有价值。磁共振尿路成像(magnetic resonance urography,MRU)是无创检查,可显示肾盏、肾盂、输尿管形态和结构,用于了解上尿路梗阻。T_2 加权像可显示含尿液的尿路结构,适用于尿路造影失败或显影欠佳的病例。但对装有心脏起搏器、金属支架、骨钉等患者不宜施行。

5. 放射性核素显像 特点是核素用量小,几乎无放射损害,能在不影响机体正常生理过程的情况下显示体内器官的形态和功能。可测定分肾功能及帮助了解尿路梗阻情况。

(三) 诊断性器械检查

1. 导尿管 目前常用的导尿管是气囊或 Foley 导尿管,以法制(F)为计量单位,以 21F 为例,其周径为 21mm,直径为 7mm。导尿主要用于: ①引流尿液,解除尿潴留; ②监测尿量,测定膀胱残余尿,了解膀胱容量及进行尿动力学检查; ③用于膀胱肿瘤药物灌注; ④了解尿道有无狭窄或梗阻,用于膀胱尿道造影等。

2. 尿道探条 金属硬探条或塑料软探条,用于检测尿道狭窄和扩张治疗。选用 18~20F 探条,以免过细探条之尖锐头部损伤或穿破尿道。

3. 膀胱尿道镜 轻微创伤检查方法,通过尿道进入膀胱,在显示器监督下完成检查。可观察小病灶,进行活检和手术。

4. 肾镜和输尿管镜 肾镜通过经皮肾造瘘进入肾盏、肾盂,可观察病变、取石、切除肿瘤。输尿管镜适用于泌尿系统结石和血尿等情况。

5. 尿流动力学测定 研究尿液输送、储存、排出功能,用于诊断尿路梗阻性疾病、神经源性排尿功能异常等。

6. 前列腺穿刺活检 为病理学检查,是诊断前列腺癌最可靠的方法,适用于 PSA 异常或经直肠指检发现结节的患者。

五、中西医结合讨论

泌尿外科学以内腔镜、手术方法为主要诊治手段,采用中西医结合方法,可以充实、增加泌尿外科疾病的治疗方法,进一步提高临床疗效。近年来,中西医结合研究泌尿系统结石进展揭示了某些中药方剂和中药具有溶解和预防草酸钙结石的作用,在预防结石复发,减轻和治疗结石性梗阻性肾病等方面有确切效果。中西医结合方法可以提高对慢性前列腺炎、良性前列腺增生的治疗效果,可以预防和减少肾移植术后急、慢性排斥反应,减轻肿瘤术后的放化疗反应等。对泌尿外科一些难治性疾病包括间质性膀胱炎等的研究显示,中西医结合治疗有可能提高临床疗效。

(张 犁)

第二节　泌尿系统结石

泌尿系统结石（urinary calculus）又称尿石症，为最常见的泌尿外科疾病之一，包括上尿路结石（肾结石、输尿管结石）和下尿路结石（膀胱结石、尿道结石）及其相关症状。流行病学资料显示，5%~10% 的人在其一生中至少发生过 1 次尿路结石，结石活动所致的绞痛是临床常见急腹症之一。泌尿系统结石多发于青壮年男性，男女比例为 3∶1。在我国长江以南地区多见，特别是气候炎热地区多发，北方亦不少见。属中医"砂淋""石淋""血淋"范畴。

一、病因与病理

（一）西医病因与病理

泌尿系统结石的病因与发病机制尚未十分明了，有待进一步研究完善，一般认为尿中晶体成分过多（如草酸盐、尿酸盐、磷酸盐等处于过饱和状态），或晶体聚集抑制物质减少（如焦磷酸盐、糖胺聚糖、多肽、尿素等），以及成核基质的存在是形成结石的主要病因。

1. 影响尿路结石形成的因素

（1）外界因素

1）自然环境：地理位置处在热带、亚热带，气候湿热、干旱，其发病率较高。与水质也有一定关系。

2）社会环境：发达国家上尿路结石发病率不断增加，而经济落后地区下尿路结石仍占一定比重。

（2）内在因素

1）种族遗传因素：黑色人种发病率低，胱氨酸尿症和原发性高草酸尿症为常染色体隐性遗传病。

2）营养因素：高动物蛋白摄入、乳制品消费低下、蔗糖摄入量增加、维生素 A 低、过量摄入钙等增加发病率。

3）代谢异常：甲状旁腺功能亢进症致钙、磷代谢异常，尿钙磷排出增加，增加结石形成风险；家族遗传性胱氨酸代谢异常，引起胱氨酸结石。

4）后天疾病：甲状旁腺功能亢进症、制动综合征、类肉瘤病、皮质醇症、骨脱钙疾病、肠切除、肠吻合短路、消化道疾病、增加肠钙吸收疾病、痛风、恶性肿瘤、白血病等与结石形成有关。

5）药物因素：维生素 D 中毒，大量应用小苏打，长期应用类固醇皮质激素、乙酰唑胺、磺胺类药物。

（3）尿液因素

1）形成结石物质排出过多：尿液中钙、草酸、尿酸排出量增加。

2）尿 pH 值改变：尿酸结石和胱氨酸结石在酸性尿中形成，磷酸镁铵结石及磷酸钙结石在碱性尿中形成。

3）尿量减少，使盐类和有机物质的浓度升高。

4）尿中抑制晶体形成和聚集物质含量减少，如枸橼酸、镁、焦磷酸盐、酸性糖胺聚糖、肾钙素、微量元素等。

（4）局部因素

1）尿路感染：尿内大量细菌和组织坏死物可积聚成结石核心。

2）尿路梗阻：尿流滞缓，尿内有形成分易于沉淀析出，形成结晶。

3）异物：尿路异物可成为晶体沉积的核心。

2. 结石的成分与性质

（1）草酸钙结石：最常见，含钙多，棕褐色，坚硬，粗糙不规则，呈桑葚状，在 X 线平片上显影最好，多在上尿路发生，尿路常无感染。

（2）磷酸钙、磷酸镁铵结石：灰白色、黄色或棕色，质脆，表面粗糙，多呈鹿角状，在 X 线平片上可显影，在碱性尿中形成，常伴尿路感染。

（3）尿酸结石：黄色或红棕色，质硬，表面光滑。多在肾、输尿管发生。在 X 线平片上不能显影（阴性结石），B 超下可见强光团，在酸性无感染尿中形成，血尿酸升高。

（4）胱氨酸结石：淡黄或黄棕色，在 X 线平片上不易显影（阴性结石），B 超下可见强光团，在酸性无感染尿中形成。

3. 结石引起的损害（图 28-1）

（1）直接损害：结石较大而表面粗糙，易使黏膜损伤，导致出血，形成溃疡；黏膜受到结石长期刺激可生成息肉，与结石粘连，甚至癌变。

（2）梗阻：结石以上的输尿管、肾脏被动代偿性扩张、积水，乃至肾功能损害。

（3）感染：尿路被结石梗阻，尿液滞留，易继发感染，导致肾盂肾炎、肾积脓、肾周围炎、膀胱炎等。

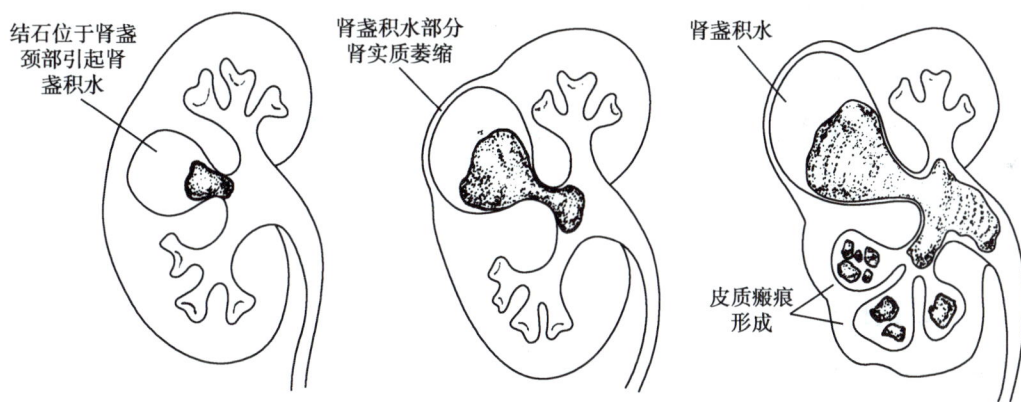

图 28-1 肾盏结石的发展

（二）中医病因病机

中医认为石淋的基本病因病机为肾虚和下焦湿热，以肾虚为本，湿热为标。肾主纳气、主水，与膀胱相表里。肾虚气化不利，尿液生成与排泄失常，使水湿邪热蕴结于肾与膀胱。湿热蕴结，煎熬日久，形成砂石；结石阻塞尿路，不通则痛；热伤血络则出现血尿。肾虚、湿热以及气、血、痰、湿交阻为其基本病理变化。湿热阻滞气机，气机不畅，血脉经络不通，腰腹疼痛即作；热伤血络，血溢脉外，下走阴窍，则出现血尿；湿热蕴结膀胱，则尿频急涩痛；脾肾亏虚，水湿不化，痰瘀交阻，可出现肾积水、肾功能受损。

二、临床表现

（一）上尿路结石

包括肾结石和输尿管结石。

1. 疼痛 肾结石可引起肾区疼痛伴肋脊角叩击痛。肾盂内大结石及肾盏结石可无明显临床症状，或活动后出现上腹或腰部钝痛。输尿管结石可引起肾绞痛或输尿管绞痛，典型的表现为疼痛剧烈难忍，阵发性发作，位于腰部或上腹部，并沿输尿管行径放射至同侧腹股沟，还可放射到同侧睾丸或阴唇。结石处于输尿管膀胱壁段，可伴有膀胱刺激症状及尿道和阴茎头部放射痛。肾绞痛常见于结石活动并引起输尿管梗阻的情况。

2. 血尿 通常为镜下血尿，少数患者可见肉眼血尿。有时活动后出现镜下血尿是上尿路结石的唯一临床表现。血尿的多少与结石对尿路黏膜损伤程度有关。如果结石引起尿路完全性梗阻或结石固定不动（如肾盏小结石），则可能没有血尿。

3. 恶心、呕吐 输尿管结石引起尿路梗阻时，输尿管管腔内压力增高，管壁局部扩张、痉挛和缺血。由于输尿管与肠有共同的神经支配而导致恶心呕吐，常与肾绞痛伴发。

4. 膀胱刺激症状 结石伴感染或输尿管膀胱壁段结石时，可有尿频、尿急、痛。

5. 并发症及表现 结石并发急性肾盂肾炎或肾积脓时，可有畏寒、发热、寒战等全身症状。结石所致肾积水，可在上腹部扪及增大的肾。双侧上尿路结石引起双侧尿路完全性梗阻或孤立肾上尿路完全性梗阻时，可导致无尿，出现尿毒症。小儿上尿路结石以尿路感染为重要的表现，应予以注意。

（二）下尿路结石

1. 膀胱结石 典型症状为排尿突然中断，并感到疼痛，可放射至阴茎头部和远端尿道，改变体位后症状可缓解。小儿可有烦躁不安，并用手牵拉阴茎。继发性结石常伴良性前列腺增生，有时可发生膀胱憩室。若结石位于憩室腔内，可无排尿梗阻症状，但易继发感染。

2. 尿道结石 表现为突发性尿线变细、排尿费力、呈点滴状、尿流中断，甚至出现排尿障碍而发生急性尿潴留。有时伴排尿痛，并放射至阴茎头部。部分男性尿道结石可在阴茎或会阴部扪及。

三、辅助检查

（一）实验室检查

1. 尿常规检查 可见红细胞，如合并感染可查到脓细胞；pH 值对判断结石成分有积极意义，如感染性结石呈强碱性，尿酸结石呈强酸性，草酸钙结石 pH 值可在正常范围。

2. 尿培养 在合并感染时，可确定致病菌，并通过药物敏感试验指导用药。

3. 血、尿生化 测定血与尿中的血钙、尿酸、肌酐。

4. 结石成分分析 是确定结石性质的方法，也是制订结石预防措施和选用溶石疗法的重要依据。

（二）影像学检查

1. 腹部平片 可显示结石大小、个数、外形及透光程度，必要时可摄侧位片或断层片，以助确诊。但单纯尿酸盐等透 X 射线结石不能显示。

2. 静脉尿路造影（intravenous urography，IVU） 可观察肾功能，确定有无梗阻及结石与尿路的关系。与腹部平片结合检查是目前较好的方法，绝大部分尿路结石通过此方法均可得到比较可靠的诊断。

3. B 超检查 有助于阴性结石的诊断，同时可了解结石个数、大小及肾积水程度，但存在一定的误差。

4. 放射性核素显像　可显示有无梗阻,梗阻的部位、程度,以及肾功能受损情况。

5. 逆行肾盂造影　当 IVU 不显影或显影不佳时,可选择此检查。有助于了解尿路是否通畅、是否有阴性结石存在,同时也有助于肿瘤的鉴别。

6. CT 平扫检查　当怀疑阴性结石或肿瘤时,可作为 B 超检查的补充。

7. MRU 检查　一般不用于结石的检查,但对于造影剂过敏、严重肾功能损伤、儿童、孕妇等不适合做尿路造影的患者可考虑采用。

四、诊断与鉴别诊断

(一) 诊断要点

1. 西医诊断要点

(1)上尿路结石(肾结石、输尿管结石)

1)突发腰腹部阵发性绞痛,疼痛向会阴部放射,或仅为腰腹钝痛。

2)患侧腰部叩击痛。

3)镜下血尿或肉眼血尿。

4)腹部 X 线平片多能发现结石的位置、大小和形态。如仍确诊困难,可结合其他影像学检查。

(2)膀胱结石

1)排尿突然中断,并感到小腹疼痛且放射至阴茎头部和远端尿道,伴排尿困难和膀胱刺激症状。经改变体位疼痛缓解后可继续排尿。

2)腹部 X 线平片、B 超检查可发现绝大多数结石,膀胱镜检查可直接看到结石。

(3)尿道结石

1)小便不通或点滴而下,伴尿道刺痛。

2)直肠指检可扪及后尿道结石,前尿道结石用手指可直接扪及。

3)金属尿道探条可触及结石,腹部 X 线平片可确定结石的位置和大小。

2. 中医辨病与辨证要点

(1)辨病要点:尿中排出砂石,或腰腹绞痛、尿频尿急尿痛,影像学检查发现尿路结石影。

(2)辨证要点:本病以肾虚为本,膀胱湿热为标。临证多为虚实夹杂,发病时以实证为主。以尿频、尿急、尿痛为主,或有血尿者属湿热蕴结证;以腰腹胀痛或绞痛为主者属气滞血瘀证;病程日久多属肾气不足证。

(二) 鉴别诊断

1. 胆囊炎　表现为右上腹疼痛,可牵引背部疼痛,疼痛不向下腹及会阴部放射,Murphy征阳性。经腹部 X 线平片、B 超及血、尿常规检查,两者不难鉴别。

2. 急性阑尾炎　以转移性右下腹疼痛为主症,麦氏点压痛,可有腹肌紧张或反跳痛,疼痛不向会阴部放射。经腹部 X 线平片、B 超检查即可鉴别。

3. 卵巢囊肿蒂扭转　突发左或右下腹绞痛,但疼痛一般不放射至会阴部,尿常规一般无镜下血尿,B 超检查可发现扭转肿胀的卵巢,腹部 X 线平片无结石影。

五、治疗

(一) 西医治疗

根据结石的大小、数目、位置,有无梗阻、感染、肾损害及其程度等因素确定治疗方案。

1. 一般治疗

(1)大量饮水：保持每日尿量在 2 000ml 以上，有利于减少晶体形成和促进结石排出，是预防结石形成和增大的最有效方法。

(2)调节饮食与尿 pH 值：含钙结石应限制含钙、草酸成分丰富的食物。牛奶、豆制品含钙量高，浓茶、菠菜、芦笋等含草酸量高。尿酸结石不宜食用动物内脏等高嘌呤食物，避免高动物蛋白、高动物脂肪和高糖食物，宜食用含纤维素丰富的食物。对尿酸和胱氨酸结石患者可口服枸橼酸钾以碱化尿液。感染性结石患者可口服氯化铵酸化尿液，有预防作用。

(3)控制感染：结石梗阻时易继发感染，应进行尿液细菌学检查，并选择敏感抗生素治疗。

2. 肾绞痛的治疗　结石性肾绞痛疼痛剧烈，应及时处理。可选择下列方法：①吲哚美辛栓 1 粒，塞肛；②阿托品 0.5mg，肌内注射；③哌替啶 50mg，肌内注射；④黄体酮 20mg，肌内注射；⑤诊断明确的输尿管结石急性梗阻引起的绞痛可急诊采用体外冲击波碎石，能起到立即止痛的效果。

3. 体外冲击波碎石术（extracorporeal shock wave lithotripsy，ESWL）　适用于直径 ≤2.0cm 的上尿路结石。碎石前通过 X 线、B 超检查对结石进行定位后，选择低能量，并限制每次冲击次数。碎石过程中应动态监测，及时修正偏差，了解碎石的效果，以提高疗效，减少近、远期并发症的发生。治疗后血尿较为常见，无须特殊处理；残余结石或"石街"引起的梗阻应严密观察，必要时采取相应措施。若需要再次治疗，原则上应至少在 1 周以后，且重复治疗次数不超过 3~5 次。

4. 手术治疗　手术前必须了解双侧肾功能，若有感染应及时控制，同时还应确定结石位置。

常用的腔镜手术如下：

1)经输尿管镜碎石术（ureteroscopic lithotripsy，URL）：经尿道置入输尿管镜，在膀胱内找到输尿管口，在安全导丝引导下进入输尿管，用套石篮、取石钳将结石取出。若结石较大，可采用超声、激光或气压弹道等方法碎石。适用于中、下段输尿管结石，ESWL 失败的输尿管上段结石，X 线阴性的输尿管结石，停留时间长的嵌顿性结石，亦用于 ESWL 治疗所致的"石街"。输尿管严重狭窄或扭曲、合并全身出血性疾病、未控制的尿路感染等不宜采用此法。结石过大或嵌顿紧密，亦使手术困难。并发症有感染、黏膜下损伤、假道、穿孔、撕裂等。远期并发症主要是输尿管狭窄或闭塞等。输尿管软镜主要用于肾结石（直径<2cm）的治疗。采用逆行途径，向输尿管置入安全导丝后，在安全导丝引导下放置软镜镜鞘，直视下置入输尿管软镜，随导丝进入肾盂或肾盏并找到结石。使用 200μm 光纤导入钬激光，将结石粉碎成易排出的细小碎石，较大结石可用套石篮取出。

2)经皮肾镜取石术（percutaneous nephrolithotomy，PCNL）：在超声或 X 射线定位下，经腰背部细针穿刺直达肾盏或肾盂，扩张并建立皮肤至肾内的通道，在肾镜下取石或碎石。碎石选用超声、激光或气压弹道等方法。取石后放置双 J 管和肾造瘘管较为安全。PCNL 适用于所有需手术干预的肾结石，包括完全性和不完全性肾鹿角状结石、直径 ≥2cm 的肾结石、有症状的肾盏或憩室内结石、体外冲击波难以粉碎及治疗失败的结石，以及部分靠近肾盂的较大输尿管上段结石。凝血功能障碍、过于肥胖穿刺针不能到达肾，或脊柱畸形者，不宜采用此法。PCNL 并发症有肾实质撕裂或穿破、出血、漏尿、感染、动静脉瘘、损伤周围脏器等。对于复杂性肾结石，单一采用 PCNL 或 ESWL 都有困难，可以将 PCNL 与 URL、ESWL 联合应用，互为补充。术中、术后出血是 PCNL 最常见及最危险的并发症，术中如出血明显，应中止手术并置入肾造瘘管压迫止血。术后出血常发生在拔出肾造瘘管后，如出血凶猛，应立即行经血管介入止血。确实无法止血时应切除患肾以

3）腹腔镜输尿管切开取石术（laparoscopic ureterolithotomy，LUL）：适用于直径>2cm 输尿管结石；或经 ESWL、输尿管镜手术治疗失败者。一般不作为首选方案。手术入路有经腹腔和经腹膜后两种，后者只适用于输尿管上段结石。

4）经尿道膀胱结石激光碎石术：将膀胱镜经尿道置入膀胱，在显示器下利用激光碎石设备将膀胱结石击碎并取出的手术治疗方法。

双侧肾、输尿管结石的处理原则：①双侧肾结石应先处理易于取出且安全的一侧；肾功能好的，应先处理梗阻较重的一侧。肾鹿角状结石应采取综合治疗措施。②双侧肾结石伴肾功能不全，应先选肾功能较好的一侧取石。③一侧肾结石，对侧输尿管结石，应先处理有梗阻的输尿管结石。④双侧输尿管结石应先处理梗阻严重侧。⑤病情严重，结石难以去除或伴有严重感染的，可先行输尿管插管、肾盂引流或肾造瘘术。

（二）中医治疗

结石表面光滑，直径<0.6cm，双侧肾功能正常，无尿路狭窄、畸形者，宜中医药治疗。病机为肾虚为本，膀胱湿热为标。治疗原则为初宜宣通清利，久则化瘀补肾。随证加减，分型论治。

（1）湿热蕴结证：腰痛，小腹痛，尿流中断，尿频、尿急、尿痛，小便短赤或血尿，口干欲饮，舌红，苔黄腻，脉弦数。治以清热利湿，通淋排石。方用三金排石汤加减。

（2）气滞血瘀证：腰腹胀痛或绞痛急性发作，放射至外阴部，尿频、尿急，尿黄赤，舌暗红或有瘀斑，苔薄白或微黄，脉弦或弦数。治以理气活血，通淋排石。方用金铃子散合石韦散加减。

（3）肾气不足证：病程日久，腰部胀痛，疲乏无力，时作时止，遇劳加重，尿少或频数不爽，面部轻度水肿，舌淡，苔薄白，脉细无力。治以补肾益气，通淋排石。方用济生肾气丸加减。

六、中西医结合讨论

泌尿系结石是人体异常矿化的一种表现，是泌尿系统的常见病之一，以微创手术治疗为主。目前泌尿系统结石的微创手术治疗已在大多数中医院普及运用，手术方式包括经输尿管镜碎石术、经皮肾镜取石术、腹腔镜输尿管切开取石术、开放手术等。患者经历麻醉和手术创伤的刺激，机体处于应激状态，会出现腰痛、血尿、腹胀、咳嗽等围手术期症状。

中西医结合治疗旨在帮助患者平稳度过围手术期，达到预防或减少术后并发症，缓解术后不适症状，促进患者早日康复的目的。针对以上临床症状，可辨证运用中药、针灸等治疗手段，进而改善术后的临床症状。促进泌尿系统结石术后快速恢复是中西医结合泌尿外科的优势，其有助于外科患者的术前准备和术后康复。

（张 犁）

第三节 鞘 膜 积 液

在正常情况下睾丸鞘膜内含有少量液体，使睾丸有一定的滑动范围。当鞘膜本身或睾丸、附睾等发生病变时，液体的分泌增加或吸收减少，鞘膜囊内积聚的液体超过正常量而形成囊肿者，则称为鞘膜积液。鞘膜积液多发生在单侧，双侧鞘膜积液占 7%~10%。本病属中医"水疝"的范畴。

一、病因与病理

(一) 西医病因与病理

胚胎早期,睾丸位于腹膜后,逐渐下降至阴囊。与睾丸一同下降的腹膜形成鞘状突。出生前后,鞘状突部分闭合,最终形成鞘膜囊。鞘膜囊由脏层和壁层组成,两层之间有一潜在间隙,即鞘膜腔。一般情况下,鞘膜腔内有少量液体,当液体平衡被打破或鞘膜、邻近器官发生病变时,就会形成鞘膜积液。

鞘膜积液分为原发性和继发性两种。原发性鞘膜积液的原因不清楚,病程缓慢,积液为淡黄色清亮液体,可能与慢性损伤、炎症或鞘膜腔淋巴管系统缺陷有关。继发性鞘膜积液通常由急性睾丸炎、附睾炎、精索炎等原发病引起,炎症刺激导致积液增加。继发性积液的外观浑浊,可能为乳糜样、淡红色或棕红色,严重时可为脓性。鞘膜壁常有纤维化增厚或钙化。长期阴囊手术损伤淋巴管、高热、心力衰竭、腹水等情况也可能引起鞘膜积液。慢性继发性积液常见于慢性睾丸炎、附睾炎、梅毒、结核、睾丸肿瘤等疾病,这些疾病会导致鞘膜分泌液体增加。在中国南方地区,鞘膜积液可能由丝虫病或血吸虫病引起。婴儿型鞘膜积液与淋巴系统发育迟缓有关。

(二) 中医病因病机

中医认为 "水疝" 多因水湿下注,积聚阴囊而成。脾肾为制水之脏,脾主运化,肾主水,肝之疏泄也与水湿有关,故本病多责之于脾、肾、肝脏等。肝寒不疏、脾虚不运、肾虚失约,或先天禀赋不足,则水之输布失常,水湿下聚,或因虚而感水湿,停滞囊中而病水疝。同时,外伤络阻,水液不行,也可引起本病。王琦院士把本病病因病机分为五类:

1. 感受寒湿　久坐湿地,或冒雨雪,或寒冬涉水,感受寒湿之邪;或为痰湿体质,复感寒湿之邪,以致寒湿凝滞,结于睾丸而成水疝。

2. 先天不足　素体禀赋不足,肾气亏虚,气化失司,水液不归正化,聚于睾丸,而成水疝。

3. 脾虚不运　素体脾阳虚弱,又感水湿之邪;或饮食不节,损伤脾胃,致使脾虚无力运化水湿,水湿停聚,结于睾丸而成水疝。

4. 肝气失疏　情志抑郁,肝失条达,肝经气滞,疏泄失职,复感寒湿,气滞则水湿内停,下注睾丸而发本病。

5. 外伤、染虫　睾丸外伤、丝虫感染使血瘀络阻,脉络不通,水液不能正常运行,停聚于前阴而发本病。

二、分类

根据鞘状突闭合程度及鞘膜积液所在部位分为以下几类(图 28-2):

1. 睾丸鞘膜积液　鞘状突闭合正常,睾丸鞘膜腔内有积液形成,是最常见的一种。

2. 精索鞘膜积液　鞘膜的两端闭合,而中间的部分未闭合且有积液,囊内积液与腹腔和睾丸鞘膜腔都不相通,又称精索囊肿,发生在女性的囊肿称为 Nuck 囊肿或圆韧带囊肿。

3. 睾丸、精索鞘膜积液(婴儿型)　鞘状突仅在内环口处闭合,精索部未能闭合,积液与睾丸鞘膜腔相通。

4. 交通性鞘膜积液　由于鞘状突未闭合,睾丸鞘膜腔的积液可经过一管道与腹腔相通,如果鞘状突与腹腔间的通道较大,可以使肠管和网膜进入鞘膜腔,即成为先天性腹股沟疝。

三、临床表现

一般起病缓慢,多为单侧发生,阴囊或腹股沟区有一囊性肿块。少量积液无不适症状,常在体检时发现,触诊时囊肿光滑而柔软,呈球形或梨形,犹如囊内盛水,一般无压痛,睾丸可因积液包裹而不易扪及;积液量较多者常感到阴囊下坠、发胀,精索牵引痛等;肿胀严重者,阴囊光亮如水晶。先天性交通性鞘膜积液在平卧位按压肿块时,肿块可逐渐缩小或消失,站立时又复增大,或按之有水声。巨大鞘膜积液可使阴茎缩入包皮,影响排尿与性生活,步行和劳动时很不方便。

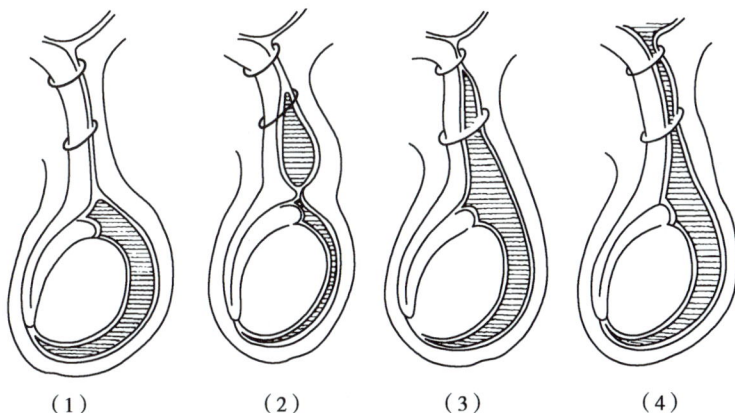

图 28-2　各种类型的鞘膜积液

(1)睾丸鞘膜积液;(2)精索鞘膜积液;(3)睾丸、精索鞘膜积液(婴儿型);(4)交通性鞘膜积液(先天性)。

四、诊断与鉴别诊断

(一) 诊断要点

1. 西医诊断要点

(1)病史:部分患者有睾丸炎、附睾炎、精索炎、阴囊损伤、梅毒、结核、丝虫病、血吸虫病等病史。

(2)症状、体征:睾丸鞘膜积液呈球形或卵圆形,表面光滑,有弹性和囊样感,无压痛,一般触不到睾丸和附睾,阴囊透光试验阳性。若积液为脓性、血性或乳糜样,则阴囊透光试验为阴性。精索鞘膜积液可表现为一个或多个囊肿,呈椭圆形、梭形或哑铃形,沿精索生长,其下方可扪及正常睾丸、附睾。若牵拉同侧睾丸,可见囊肿随之上下移动。超声检查呈液性暗区,如为睾丸鞘膜积液,则与睾丸有明显分界。睾丸、精索鞘膜积液时阴囊有梨形肿物,睾丸亦摸不清。交通性鞘膜积液,立位时阴囊肿大,卧位时积液流入腹腔,鞘膜囊缩小或消失,睾丸可触及。

(3)辅助检查

1)B 超检查:多可显示阴囊内肿块为液性。

2)CT 检查:可以清晰了解鞘膜积液的量和位置,明确鞘膜积液与睾丸之间的关系,对手术有指导意义。

2. 中医辨病与辨证要点

(1)辨病要点:本病的主要特点是患侧阴囊内包块包裹睾丸、附睾,一般无不适,积液较多者可感到阴囊下坠、发胀,精索牵引痛等。检查可见患侧阴囊内肿大的囊性包块。

笔记栏

（2）辨证要点：水疝多因水湿下注，积聚阴囊所致。故肝寒不疏、脾虚不运，阴囊肿胀逐渐加重，皮肤顽厚，阴茎内缩，阴囊发凉潮湿、坠胀不适，为寒湿凝聚证；阴囊肿大，不红不热不痛，睡卧时缩小，站立、哭叫时增大，为肾气亏虚证；阴囊增大迅速，皮肤潮湿而红热，小便短赤，睾丸疼痛或全身发热者，为湿热下注证；外伤致阴囊肿大坠痛，睾丸胀痛，积液色红等，为瘀血阻络证。

（二）鉴别诊断

1. **腹股沟斜疝**　多见一侧阴囊内肿物，卧则入腹，立则出囊，用手轻压可纳回腹内，嘱患者咳嗽时有冲击感，阴囊透光试验阴性。

2. **精液囊肿**　常见于睾丸上方、附睾头部，一般体积较小，呈圆形，光滑有弹性，在睾丸可清楚触及。穿刺可见精子。

五、治疗

（一）西医治疗

1. 非手术治疗

（1）随访观察：对于慢性无症状、积液少、张力小，长期无变化者，1 岁以前的儿童积液往往能自行吸收，不需特殊治疗。

（2）保守治疗：针对原发疾病治疗成功后的鞘膜积液也可以逐渐消退。

2. 手术治疗

（1）手术指征

1）2 岁以下，积液量大且无明显自行吸收迹象者。

2）2 岁以上，有交通性鞘膜积液或较大的睾丸鞘膜积液影响生活者。应排除附睾炎及睾丸扭转等引起的鞘膜积液。

（2）主要手术方式

1）睾丸鞘膜翻转术：是最常用的手术方式，过程简单，效果好。适用于睾丸鞘膜积液，鞘膜不厚者。

2）睾丸鞘膜折叠术：适用于鞘膜较薄，无并发症者。

3）鞘膜切除术：常用。适用于睾丸鞘膜明显增厚者或精索鞘膜积液者，术后复发机会很少。

4）鞘状突高位结扎术：适用于交通性鞘膜积液。在内环口处高位切断并缝扎鞘状突，同时将睾丸鞘膜翻转或切除。

近年来，随着腹腔镜技术的进步，采用腹腔镜进行鞘状突高位结扎术，能够较好地避免损伤精索结构；并发症极少，住院时间短，且无明显瘢痕。

（二）中医治疗

（1）寒湿凝聚证：阴囊渐肿，皮肤顽厚，阴茎内缩，排尿不便，阴囊发凉潮湿，腰酸乏力，舌淡，苔白腻，脉沉弦。治以疏肝理气，祛寒化湿。方用陈皮茯苓汤、水疝汤加减。

（2）肾气亏虚证：先天性水疝，阴囊肿大如水晶，不红不热，睡卧时缩小，站立时增大，舌淡，苔薄白，脉细弱。治以温肾通阳，化气行水。方用济生肾气丸加减。

（3）湿热下注证：阴囊迅速增大，皮肤红热潮湿，小便短赤，睾丸疼痛或发热，舌红苔黄，脉洪数或弦数。治以清热化湿，用大分清饮加减。

（4）瘀血阻络证：外伤或肿瘤致阴囊肿大坠痛，积液色红，舌紫暗有瘀点，脉沉涩。治以活血化瘀，行气利水。方用桃红四物汤加减。

六、中西医结合讨论

中医认为鞘膜积液是由于气血郁滞于局部而产生的肿胀疾病,通常以活血化瘀、消肿止痛为主要治疗原则。鞘膜积液发生后,可遵医嘱使用能改善局部血液循环、促进代谢产物吸收的桃仁、牛膝、地龙、红花、益母草、车前子等中药煎汤内服;还可选用五味子、枯矾等煎汤外敷或清洗患处,促使鞘膜积液吸收,减轻患者的症状。若治疗一段时间后鞘膜积液吸收不明显,则可考虑手术治疗,如鞘膜翻转术等。

（张　犁）

第四节　睾丸附睾炎

睾丸附睾炎(orchiepididymitis)是泌尿、男性生殖系统常见的炎症性疾病,最常见的临床症状是疼痛和肿胀,可伴有发热等。依据解剖部位分为睾丸炎(orchitis)和附睾炎(epididymitis),附睾炎和睾丸炎病变常相互影响,很难截然分开,常合称为睾丸附睾炎,也可单独称为附睾炎或睾丸炎。在临床上最常见的是附睾炎,其次是附睾炎合并睾丸炎,单纯睾丸炎比较少见。依据病程可分为急性和慢性。急性睾丸附睾炎如果没有及时处理,可转为慢性炎症。慢性睾丸附睾炎常可单独存在,也可以由急性炎症迁延而来,其中多数患者无急性发作史,少数患者可以有反复急性发作史。早期诊断和治疗至关重要,可以避免出现严重的并发症,如脓肿形成、梗死和不育。

中医称睾丸和附睾为肾子,睾丸附睾炎属"子痈""子痛"等范畴,急性腮腺炎性睾丸炎属"卵子瘟"范畴。子痈分急性子痈与慢性子痈,两者都有睾丸或附睾肿胀疼痛的特点。

一、病因与病理

(一)西医病因与病理

1. 病因

(1)感染:睾丸附睾炎最常见病因是感染。感染传播途径包括性传播和非性传播。

1)性传播感染:年轻患者性传播感染病菌主要是沙眼衣原体、淋球菌和生殖道支原体,有肛交性史的男性还有革兰氏阴性肠道杆菌。

2)非性传播感染:①泌尿系统梗阻性疾病、泌尿系统手术及操作后容易出现革兰氏阴性肠道杆菌感染;②疫苗接种不规范地区发生的流行性腮腺炎常引起单纯睾丸炎;③睾丸-附睾结核,多数来源于肾结核,也可以单独发病;④布鲁菌病、假丝酵母菌病。

(2)非感染性原因:①胺碘酮用药相关性睾丸附睾炎,通常停药后症状消失;② 12%~19% 的白塞病(Behcet's disease,BD)男性患者可出现睾丸附睾炎。

2. 病理

(1)急性睾丸附睾炎:属于蜂窝织炎,从输精管蔓延至附睾尾部。急性期附睾肿胀不平,可见小脓肿,鞘膜分泌液呈脓性,精索变厚。睾丸充血肿胀,少数病例同时发生睾丸炎症。局部可肿大、充血,阴囊壁水肿。镜下可见坏死、白细胞浸润,曲细精管出血、坏死,严重者可导致睾丸脓肿。部分患者感染后可消失甚至无损害,但附睾管周围纤维化可导致管腔狭窄阻塞,双侧附睾炎可能导致不育症。

(2)慢性睾丸附睾炎:局部组织出现纤维化或硬化萎缩,曲细精管基底膜呈玻璃样变或退行性改变,生精上皮细胞消失,其周围组织硬化,并可形成小的增生灶。

（3）流行性腮腺炎性睾丸炎：可见睾丸明显肿大，呈蓝色，间质水肿，血管扩张；镜下可见大量分叶核粒细胞、淋巴细胞、巨噬细胞浸润，曲细精管扩张，腔内有炎症细胞。严重者睾丸实质局部缺血，生精上皮发生不可逆的玻璃样变和纤维化，睾丸发生萎缩，生精功能通常被损害甚至丧失；睾丸间质细胞一般完好，故分泌功能存在而不影响第二性征，也可不影响性功能。

（二）中医病因病机

本病多由外感湿热或寒湿之邪，或饮食不节，嗜食辛辣肥腻之品，以致湿热内生；或房事不节，或情志不舒，肝郁化火，或跌仆损伤等引起。肝脉循会阴，络阴器，肾子属肾。子痈的发病与肝肾有关。

1. 湿热下注　外感六淫，如坐卧湿地，郁化湿热；或过食辛辣炙煿，湿热内生，湿热下注肝肾之络，结于肾子，阻隔经络，凝滞气血，郁久则热盛肉腐。或因房事不洁，外染湿热秽毒，郁滞化火成脓，脓腐肉溃，经精道逆传肾子，浊毒壅结而成。亦有跌仆挫打，肾子受损，络伤血瘀，瘀久化热，腐化血肉，终致酿脓，发为本病。

2. 瘟毒下注　时毒疠腮，余毒未尽，邪毒从胆经传入肝经，壅结肾子而发。

3. 气滞痰凝　情志不畅，郁怒伤肝，肝失疏泄，肝郁气结，经脉不利，血瘀痰凝，发于肾子，延成硬块，则为慢性子痈。

二、临床表现

（一）常见症状

1. 急性睾丸附睾炎　通常表现为起病突然，常有寒战、高热，阴囊不同程度地肿大、皮温升高，疼痛剧烈，沿精索、腹股沟和下腹部放射，同时可伴有膀胱刺激症状。部分患者还伴有排尿困难、疲乏、恶心、呕吐、血尿等症状。

2. 慢性睾丸附睾炎　症状个体差异较大，一般病程超过 6 周。患者多表现为局部不适、坠胀感或阴囊疼痛，疼痛可放射至下腹部及同侧大腿内侧；也可表现为从轻微性、间歇性不适到剧烈性、持续性疼痛等程度不同的症状。

（二）常见体征

1. 急性睾丸附睾炎　患者附睾、睾丸及精索均有增大或增粗，触痛明显，鞘膜无明显积液；有时附睾、睾丸界限不清，牵拉阴囊时疼痛加重。

2. 慢性睾丸附睾炎　患者病变附睾局限性增厚、肿大，与睾丸的界限清楚，精索、输精管可增粗；睾丸触之略小、质地偏硬、与周围界限不清。

3. 其他体征　或可见尿道分泌物、鞘膜积液、阴囊红斑、水肿、发热等。

（三）特殊疾病相关睾丸附睾炎症状

1. 流行性腮腺炎性睾丸炎　有头痛、发热后单侧或双侧腮腺肿胀等腮腺炎的症状，3~4日后出现单侧睾丸肿胀，少数为双侧睾丸肿胀，单纯的睾丸炎或无明显全身症状。

2. 睾丸 - 附睾结核　起病缓慢，表现为无痛或疼痛性的阴囊肿胀，附睾首先受累，伴或不伴全身性结核中毒症状。可见阴囊皮肤窦道形成或阴囊皮肤增厚。

3. 布鲁菌病　急性感染后出现发热、出汗、头痛、背痛及身体虚弱。

三、辅助检查

（一）实验室检查

1. 血常规　急性睾丸附睾炎可见血白细胞总数增高，中性粒细胞百分比增高，核左移。慢性睾丸附睾炎时，血白细胞总数一般在正常范围内，C 反应蛋白、红细胞沉降率升高可支持诊断。

2. 尿常规和尿培养 应作为基本的检查。要注意的是,尿常规阴性结果不能完全排除尿路感染,亚硝酸盐及白细胞酯酶阳性可说明患者尿路感染并存在相应症状。显微镜下革兰氏染色培养或亚甲蓝染色尿道涂片提示尿路感染:高倍视野下观察到>5个白细胞,或离心后初始尿观察到>10个白细胞。如伴有尿道分泌物,可使用尿道拭子做细菌培养或淋球菌、支原体、衣原体检验。

性传播感染的患者都应行性传播疾病的筛查。

(二) 影像学检查

超声检查(推荐):急性睾丸附睾炎声像图特点为患侧附睾体积增大,以头尾部增大明显,回声减低或增高,可伴有睾丸体积增大,实质回声不均匀。超声检查对睾丸附睾炎与睾丸、附睾肿瘤及附睾囊肿的鉴别诊断有一定的临床价值。彩色多普勒超声显示患侧附睾、睾丸内高血流信号,抗炎治疗后复查显示睾丸、附睾内血流信号明显减少。彩色多普勒超声检查在炎症时显示高血流信号,而在睾丸扭转时显示血流信号减少甚至消失,对急性睾丸附睾炎与急性睾丸扭转的鉴别具有重要意义。

(三) 其他检查

怀疑流行性腮腺炎性睾丸炎时,血清荧光抗体检查可检测血清中腮腺炎病毒抗体,帮助明确诊断。

四、诊断与鉴别诊断

(一) 诊断

睾丸附睾炎临床诊断主要基于症状和体征。病史、泌尿系统症状、性传播感染风险及查体能够初步判断病因,并指导经验性抗生素的使用。

(二) 鉴别诊断

1. 睾丸肿瘤 睾丸肿瘤多为无痛性肿块,当肿瘤内有急性出血时,可出现睾丸疼痛。触诊时可将睾丸肿块与正常附睾相区别。前列腺液及尿液分析均正常。阴囊超声有助于鉴别诊断。如诊断不能确定,应行手术探查。

2. 睾丸、精索扭转 睾丸和精索扭转常见于青春期前儿童,有时亦见于年轻成人。35岁以上男子如果附睾炎和扭转同时存在常易误诊。临床上睾丸附睾炎多见,扭转相对少见;若同时有尿道炎,则睾丸附睾炎可能性大。睾丸附睾炎肿胀局限于附睾尾。早期扭转肿胀也可局限于附睾,附睾可在睾丸前侧扪及,睾丸常向上收缩;后期,附睾及睾丸均增大,并有压痛。Prehn征:托高阴囊到耻骨联合处,如为睾丸附睾炎则疼痛可减轻,如为扭转则疼痛加剧。可用多普勒血流图或核素扫描来确定睾丸附睾炎。扭转诊断可疑时,必须及时进行手术探查。

五、治疗

(一) 西医治疗

1. 一般治疗 卧床休息,抬高阴囊,镇痛,避免性生活。在炎症早期可将冰袋放在附睾处,防止肿胀。炎症后期可用热敷,促进炎症消退,缓解患者的不适。

2. 药物治疗 如附睾疼痛较重,可用1%利多卡因20ml由睾丸上端处精索行局部注射,以减轻不适,亦可用口服止痛及退热药。

如果考虑感染,则使用抗生素。注意在使用抗生素前应留取尿液样本行细菌培养及药物敏感试验,常规行衣原体检测。通常选择阿奇霉素和头孢类抗生素,覆盖淋球菌和衣原体,待培养及药物敏感试验结果出来后再选择敏感的抗生素。通常抗菌药物使用2~4周。对于肠道病原体(如大肠埃希菌)引起的感染,建议使用喹诺酮类抗生素,如氧氟沙星或左氧氟沙星。在儿童中,最好避免使用喹诺酮类抗生素和阿奇霉素,建议选择青霉素或者头孢类抗菌药。流行性腮腺炎性睾丸炎以对症治疗为主,可加用抗病毒药物,抗菌药物的使用主要为预防继发细菌感染。

3. 手术治疗　绝大多数急性睾丸附睾炎经药物治疗后症状可自行消失,但有3%~9%的患者在急性期1个月左右发生脓肿。对于化脓性睾丸附睾炎可选择附睾精索被膜切开减张术、脓肿切开引流术或附睾切除术。对出现睾丸梗死或较大的睾丸脓肿者可行睾丸切除术。

需要注意的是,高度怀疑或确定为性传播疾病时,则须告知患者伴侣同时检查及治疗。

(二) 中医治疗

1. 辨证论治

(1)湿热下注证:成人多见,睾丸或附睾肿痛,阴囊红肿热痛,少腹抽痛,压痛明显,脓肿应指,伴恶寒发热,苔黄腻,脉滑数。治以清热利湿,解毒消肿。方用枸橘汤或龙胆泻肝汤加减。

(2)瘟毒下注证:儿童多见,因痄腮并发,睾丸肿痛,不化脓,伴恶寒发热,苔黄,脉数。治以清热解毒,方用普济消毒饮合金铃子散加减。

(3)气滞痰凝证:慢性子痈,附睾结节,子系粗肿,轻微触痛,或牵引少腹不适,苔薄腻,脉弦滑。治以疏肝理气,化痰散结。方用橘核丸加减。

2. 外治法

(1)急性子痈:未成脓者可用金黄散或玉露散水调匀,冷敷。病灶有波动感,穿刺有脓者,应及时切开排脓引流。脓稠、腐肉较多时,可选用九一丹或八二丹药线引流;脓液已净而溃口未愈时,外用生肌白玉膏。

(2)慢性子痈:葱归溻肿汤坐浴,或冲和膏温敷。温热药液的局部应用,如时间较长,则对睾丸曲细精管的生精功能有一定影响,因此未生育患者不宜采用。肿块日久,治疗无效,尤其是诊断不明者,应考虑手术治疗。

六、预防与调护

可以通过控制引起睾丸附睾炎发生的危险因素来预防睾丸附睾炎,具体措施包括注意卫生、调节饮食、规律作息、科学运动、避免纵欲以及预防性病等。

1. 注意卫生　由于睾丸附睾炎多是由尿道外口感染上行蔓延至附睾引起的,所以应养成良好的卫生习惯,重视性器官的卫生,经常清洗,勤换内裤。尤其是包皮过长甚至包茎的男性,要经常清洗污垢,保持局部清洁干燥,建议行包皮环切术,有利于预防附睾炎。

2. 调节饮食　尽量避免酗酒、食用辛辣酸等刺激性食物,以防附睾局部充血,有助于降低附睾炎的发生风险。

3. 规律作息　避免过度劳累和熬夜,以免抵抗力下降增加附睾炎的发生风险。

4. 科学运动　适当地进行运动,增强体质,有助于降低睾丸附睾炎的发生风险。

5. 避免纵欲　性生活过于频繁可使性器官长期处于充血状态,增加感染或非细菌性炎症的发生风险,所以,避免纵欲有助于预防睾丸附睾炎。

6. 预防性病　避免高危性行为,科学使用安全套,预防性病,以防性病感染导致睾丸附睾炎。

ER-28-3
睾丸附睾炎
术后

ER-28-4
睾丸附睾炎
术前

七、中西医结合讨论

睾丸附睾炎是男性生殖系统常见的炎症性疾病,未经治疗或治疗不及时可导致脓肿形成和睾丸梗死;而长期的治疗不当,容易形成慢性附睾睾丸炎,可导致附睾和睾丸不可逆损伤甚至坏死(如不育或性功能减退)。临床上西医主要以抗感染治疗为主。

根据中医病机,睾丸附睾炎主要表现为肝络失和,气血不通,郁积睾丸不散,治宜以清热解毒、清肝利湿、舒经通络、活血祛瘀为主,在急性和慢性病程中可起到清热利湿解毒、消肿散结作用。配合西医治疗可有效改善患处血液循环,促进代谢产物排出,防止睾丸萎缩、纤维化的形成,缩短病程,降低不育症的发生率,减少各种并发症的发生。除此之外,亦可配合中医外治法,促进有效成分的吸收和利用,改善患者的症状。

———● (刘 潜)

第五节 前 列 腺 炎

前列腺炎(prostatitis)是指在病原微生物和/或非感染因素作用下,患者出现以骨盆区域疼痛不适、排尿异常以及与前列腺相关联的局部或全身症状为特征的一组疾病。本病可发生于各个年龄段,多见于20~59岁的男性患者。1995年美国国立卫生研究院(National Institutes of Health,NIH)提出新的分类方法,将前列腺炎分为四型,即:Ⅰ型,急性细菌性前列腺炎(acute bacterial prostatitis,ABP);Ⅱ型,慢性细菌性前列腺炎(chronic bacterial prostatitis,CBP);Ⅲ型,慢性前列腺炎/慢性骨盆疼痛综合征(chronic prostatitis/chronic pelvic pain syndrome,CP/CPPS),该型又分为ⅢA(炎症性CPPS)和ⅢB(非炎症性CPPS)两种亚型;Ⅳ型,无症状炎症性前列腺炎(asymptomatic inflammatory prostatitis,AIP)。前列腺炎,临床上将其简单分为急性前列腺炎和慢性前列腺炎。急性前列腺炎以发病急、伴全身中毒症状为特点;慢性前列腺炎病程迁延,反复发作,缠绵难愈。中医将前列腺归属于"精室、精窍、精道"的范畴。根据本病的症状、体征,当属中医"少腹痛""白浊""精浊""劳淋"等范畴。

一、病因与病理

(一)西医病因与病理

1. 病因 包括感染性和非感染性两种因素。

(1)感染性因素是指多种致病菌,如金黄色葡萄球菌、大肠埃希菌、肠球菌属、肺炎克雷伯菌、变形杆菌、假单胞菌属等。

(2)非感染性因素包括能引起前列腺反复或不间断地充血、水肿的各种原因。常见的有:

1)过度饮酒、过食刺激性食物;

2)性生活过度、性交中断、频繁手淫;

3)会阴部长期直接受压,如骑自行车、久坐等。

2. 病理

(1)急性前列腺炎的炎症反应导致局部或整个腺体明显炎症,腺泡内及周围聚集多形核细胞,伴有不同程度的淋巴细胞、巨噬细胞、浆细胞的组织浸润,腺管上皮有增生和脱屑。炎症进一步发展,前列腺管和腺泡水肿及充血更加明显,前列腺小管和腺泡可形成小型脓肿。

重症患者后期小脓肿可融合或增大形成前列腺脓肿。

(2)慢性前列腺炎的病理变化为腺泡、腺管及间质的炎症,有浆细胞、巨噬细胞和区域性淋巴细胞聚集,腺叶中纤维组织增生明显。部分患者腺管可被阻塞而引流不畅,导致腺泡扩张,后期腺体破坏而纤维化。前列腺纤维化严重者可出现腺体萎缩,累及后尿道可致膀胱颈硬化。腺体可因纤维化而质地变硬,体积缩小。

(二) 中医病因病机

中医认为前列腺炎病因分为四种,包括湿热下注、肾阳亏虚、阴虚火旺、气滞血瘀。

1. 湿热下注　多因饮食不节,或嗜食肥甘厚味,醇酒辛辣之品,脾胃运化失常,酿生湿热,或外感湿热,或房事不洁,湿热从精道内侵,流注于下焦,发为本病。

2. 肾阳亏损　先天禀赋不足,或房事过度,酒色劳倦,耗伤精气,或久病及肾,阴损及阳,封藏失职,精离其位,败精流注,遂成精浊。

3. 阴虚火旺　禀赋不足,素体阴虚,或房事不节,久病及肾,肾阴亏虚,阳无以制,虚火扰精;或湿热久羁,耗伤阴液,阴虚火旺,相火妄动;所愿不遂,相火妄动,或忍精不射,相火郁而不散化火,离位之精化为白浊。

4. 气滞血瘀　多因情志不畅致肝失疏泄,肝郁不舒而致气滞血瘀,或跌仆损伤,导致气血瘀滞,经络不通,最终精室失藏过泄、瘀浊不散而成

慢性前列腺炎的病机演变,多认为湿热下注出现在病变早期,中期多为湿热瘀阻,而后期多伴脾肾亏虚。湿、热、瘀、滞、虚贯穿慢性前列腺炎的不同阶段,本病发病的关键是湿热蕴结和气滞血瘀。

二、临床表现

(一) 症状

1. Ⅰ型前列腺炎　常突然发病,表现为寒战、发热、疲乏无力等全身症状,严重者甚至出现脓毒症伴低血压,伴有会阴部和耻骨上疼痛,以及尿路刺激症状和排尿困难,甚至急性尿潴留。

2. Ⅱ型前列腺炎　有反复发作的下泌尿系统感染症状,持续时间超过3个月,有CPPS的表现,前列腺按摩液/精液/前列腺按摩后尿液中白细胞数量增加,细菌培养结果阳性。

3. Ⅲ型前列腺炎(CPPS)　主要症状是疼痛,主要局限于会阴、耻骨上和阴茎,也可见于睾丸、腹股沟或腰部,部分患者有射精过程中或射精后疼痛。排尿刺激症状如尿急、尿频以及排尿梗阻症状如尿等待也较常见。由于慢性疼痛久治不愈,患者生活质量下降,并可能有性功能障碍、焦虑、抑郁、失眠、记忆力下降等。

4. Ⅳ型前列腺炎　患者没有任何临床表现,可有PSA增高、前列腺癌或不育等表现。

(二) 体征

虽然体格检查在分类诊断方面帮助有限,但在排除会阴、肛门、神经系统、盆腔和前列腺畸形方面有辅助作用。

1. Ⅰ型前列腺炎　可发现耻骨上压痛或不适,有尿潴留者可触及耻骨上膨隆的膀胱。直肠指检可发现前列腺肿大、触痛、局部温度升高和外形不规则等。此型禁止进行前列腺按摩。

2. Ⅱ型和Ⅲ型前列腺炎　直肠指检应在已留取了前列腺按摩前尿液标本后施行。Ⅱ型和Ⅲ型患者前列腺体积可正常或增大,常比正常者软。按摩前列腺可获得前列腺液。

三、辅助检查

（一）急性前列腺炎

1. 实验室检查

（1）血液检查：急性前列腺炎血常规白细胞计数明显增高，可达 $20 \times 10^9/L$ 以上，尤其是中性粒细胞数量显著增加。

（2）前列腺液常规检查：直肠指检按摩前列腺取得前列腺液，于显微镜下检查，每高倍视野白细胞 10 个以上，或虽然少于 10 个，但有成堆脓球，并伴卵磷脂小体减少。

（3）尿常规分析及尿沉渣检查：尿常规分析及尿沉渣检查是排除尿路感染、诊断前列腺炎的辅助方法。急性前列腺炎尿常规见脓球、红细胞，细菌培养阳性。尿道分泌物镜检可发现大量成堆白细胞。尿三杯试验：将一次排出的尿液分成 3 份，最初 10~15ml 尿为第一杯，中间为第二杯，最后 10ml 为第三杯。离心，取各自沉淀做显微镜检查。前列腺炎患者第一杯尿有碎屑和脓尿；第二杯较清晰；第三杯浑浊，其中细菌和白细胞增多。

（4）细菌学检查：应进行中段尿的染色镜检、细菌培养与药物敏感试验，以及血培养与药物敏感试验。

（5）其他病原体检查：沙眼衣原体、支原体等检测。对于前列腺液（expressed prostatic secretion，EPS）中其他病原体，如真菌的检测方法主要为直接涂片染色镜检和分离培养；病毒检测通常采用前列腺组织培养或聚合酶链反应（polymerase chain reaction，PCR）技术。

2. 影像学检查

（1）B 超检查：B 超检查可发现前列腺回声多呈分布不均匀的低回声、前列腺结石或钙化、前列腺周围静脉丛扩张等情况，但目前仍然缺乏 B 超诊断前列腺炎的特异性表现，也以此对前列腺炎进行分型。但 B 超可以较准确地了解前列腺炎患者肾脏、膀胱以及残余尿等情况，对于排除外尿路器质性病变有一定帮助。经直肠 B 超对于鉴别前列腺、精囊和射精管病变以及诊断和引流前列腺脓肿有一定价值。

（2）CT 和 MRI 检查：对鉴别精囊、射精管等盆腔器官病变有潜在应用价值，但对于前列腺炎本身的诊断价值尚不明确。

（二）慢性前列腺炎

1. 实验室检查

（1）尿常规分析及尿沉渣检查：尿常规分析及尿沉渣检查是排除尿路感染、诊断前列腺炎的辅助方法。

（2）EPS 常规检查：EPS 常规检查通常采用湿涂片法和血细胞计数板法镜检，后者具有更好的精确度。正常的 EPS 外观为乳白色稀薄液体，白细胞 <10 个 /HP，卵磷脂小体均匀分布于整个视野，>(+++)/HP，pH 值 6.3~6.5，红细胞和上皮细胞不存在或偶见。当白细胞 >10 个 /HP 和 / 或卵磷脂小体数量减少，有诊断意义。

（3）病原学检查：当前列腺有细菌、霉菌及滴虫等病原体感染时，可在 EPS 中检测出这些病原体。样本采集方法有"四杯法"或"两杯法"病原体定位试验。①四杯法：用于区分男性尿道、膀胱和前列腺感染，可较准确地区分 ⅢA 型和 ⅢB 型前列腺炎；②两杯法："两杯法"是通过获取前列腺按摩前、后的尿液，进行显微镜检查和细菌培养。由于"四杯法"操作复杂、耗时、费用高，在实际临床工作中通常推荐"两杯法"。

（4）其他病原体检查：①沙眼衣原体检测：目前主要采用灵敏度和特异度高的 PCR 和连接酶链反应（ligase chain reaction，LCR）技术检测沙眼衣原体的核酸成分。②支原体检测：

可能引起前列腺感染的支原体主要为解脲脲原体(Uu)和人型支原体(Mh)。培养法是 Uu 和 Mh 检测的金标准,结合药物敏感试验可为临床诊断与治疗提供帮助。免疫学检测和核酸扩增技术等也应用于支原体检测。

(5)血液检查:前列腺炎可引起 PSA 水平明显升高。对于血清 PSA 水平持续升高而反复活检只有炎症反应表现的患者,基本确定 PSA 水平升高是炎症反应引起的,从而排除前列腺癌。

(6)免疫反应的检测:①C 反应蛋白:C 反应蛋白的测定在慢性前列腺炎的诊断、分型、判断疗程等方面具有一定的参考价值,对疗效的判断也有一定的意义;②体液免疫:测定前列腺液中的免疫球蛋白水平对诊断有帮助,有助于治疗方案的制订和判断细菌性前列腺炎患者对治疗的反应。

(7)其他实验室检查:前列腺炎患者可能出现精液质量异常,如白细胞增多、精液不液化、血精和精子质量下降等改变。尤其是在提取前列腺液比较困难的患者中,精液检查可起到重要的补充作用,并可对患者生育能力进行评价。尿细胞学检查在本病与膀胱原位癌等鉴别方面具有一定价值。

2. 影像学检查

(1)B 超检查:尽管前列腺炎患者 B 超检查可以发现前列腺回声不均、前列腺结石或钙化、前列腺周围静脉丛扩张等表现,但目前仍然缺乏 B 超诊断前列腺炎的特异性表现,也无法利用 B 超对前列腺炎进行分型。但 B 超可以较准确地了解前列腺炎患者肾脏、膀胱以及残余尿等情况,对于排除外尿路器质性病变有一定帮助。经直肠 B 超对于鉴别前列腺、精囊和射精管病变以及诊断和引流前列腺脓肿有价值。

(2)CT 和 MRI 检查:对鉴别精囊、射精管等盆腔器官病变有潜在应用价值,但对于前列腺炎本身的诊断价值仍不清楚。

四、诊断与鉴别诊断

(一) 诊断

1. 急性前列腺炎 诊断主要依靠病史、体格检查和血、尿的细菌培养结果。

(1)突发会阴部和耻骨上胀痛,疼痛向腰骶、下腹部及大腿根部放射;尿频、尿急、尿痛,尿道灼热,尿道有黄白色分泌物,或大便时尿道"滴白"。

(2)全身恶寒发热,酸软疼痛,乏力虚弱,食欲不振,口干口苦等。

(3)直肠指检:前列腺肿大,压痛明显;若触及有波动感,提示形成前列腺脓肿。

(4)血常规检查白细胞及中性粒细胞增多,尿常规检查白细胞增多。在应用抗生素治疗前,应进行中段尿培养或血培养。经 36 小时规范处理,患者病情未改善时,建议进行经直肠 B 超等检查,全面评估下尿路病变,明确有无前列腺脓肿。

2. 慢性前列腺炎 慢性前列腺炎诊断原则是须详细询问病史、全面体格检查(包括直肠指检)、尿液和 EPS 常规检查。

(1)慢性细菌性前列腺炎可表现为反复发作的下尿路感染。慢性非细菌性前列腺炎主要表现为骨盆区域疼痛,可见于会阴、阴茎、肛周部、尿道、耻骨部或腰骶部等部位。排尿异常可表现为尿急、尿频、尿痛、夜尿增多等。由于慢性疼痛久治不愈,患者生活质量下降,并可能有性功能障碍、焦虑、抑郁、失眠、记忆力下降等。

(2)应用慢性前列腺炎症状指数(NIH-CPSI)进行症状评分。

(3)直肠指检:前列腺饱满、增大、质软、轻度压痛。病程长者,前列腺缩小、变硬、不均匀,有小硬结。同时进行前列腺按摩获取前列腺液送检验。

(二) 鉴别诊断

1. 急性前列腺炎

(1) 急性膀胱炎：急性膀胱炎一般无明显的全身症状，只表现为尿频、尿急、尿痛、排尿不畅的膀胱刺激症状。尿常规虽亦可见到脓尿、血尿，尿培养细菌呈阳性，但肛门指检前列腺无明显异常发现。病变部位主要是膀胱，伴后尿道充血、水肿。

(2) 急性肾盂肾炎：两者的病史、症状相似，都有高热寒战，全身酸痛，尿频、尿急、尿痛等，但急性肾盂肾炎多伴有肾区即肋脊角压痛或叩击痛，腰痛也比较明显，而急性前列腺炎的疼痛在会阴及腰骶部。

2. 慢性前列腺炎

(1) 良性前列腺增生：本病多见于老年患者，以膀胱刺激症状和梗阻症状为主要表现。直肠指检前列腺横径和纵径增大，中央沟变浅或消失。前列腺 B 超可发现前列腺体积增大。

(2) 前列腺结核：症状与慢性前列腺炎相似，但常有泌尿系结核或其他部位结核病灶的病史。直肠指检前列腺呈不规则结节状，附睾肿大变硬，输精管有串珠状硬结。前列腺液结核分枝杆菌直接涂片或 PCR 检测有结核分枝杆菌。

五、治疗

(一) 一般治疗

健康教育、心理和行为辅导有积极作用。患者应戒酒，忌辛辣刺激食物；避免憋尿、久坐，注意保暖，加强体育锻炼。

(二) 西医治疗

1. 急性细菌性前列腺炎　治疗原则：根据尿液或前列腺液细菌培养结果选择大剂量敏感抗生素，疗程应充足，并配合对症治疗和支持治疗，防治并发症。伴尿潴留者可采用细管导尿或耻骨上膀胱穿刺造瘘引流尿液；伴前列腺脓肿可采取外科引流。

(1) 抗生素治疗：当患者全身症状明显，体温较高，血中白细胞明显升高时，应立即应用抗生素。

(2) 手术治疗：一旦前列腺脓肿诊断明确，首选手术疗法切开排脓，可经直肠、会阴或尿道切开引流。

2. 慢性细菌性前列腺炎　主要采取综合治疗，以改善症状为目的。

(1) 一般治疗：患者应戒酒，忌辛辣刺激食物；避免憋尿、久坐，注意保暖，加强体育锻炼。热水坐浴有助于缓解疼痛症状。

(2) 药物治疗：最常用的药物是抗生素、α 受体阻滞剂和非甾体抗炎镇痛药，其他药物对缓解症状也有不同程度的疗效。

1) 抗生素：根据细菌培养结果和药物穿透前列腺包膜的能力，选择长期足疗程、足量的敏感抗生素治疗。

2) α 受体阻滞剂：α 受体阻滞剂能松弛前列腺和膀胱等部位的平滑肌而改善下尿路症状和缓解疼痛，因而成为治疗前列腺炎最常用的药物。

3) 非甾体抗炎镇痛药：主要目的是缓解疼痛和不适。

4) 植物制剂：植物制剂对慢性细菌性前列腺炎的治疗作用日益受到重视，为可选择的治疗方法。

5) M 胆碱受体阻滞药：主要用于伴有 OAB 表现，如尿急伴尿频、夜尿症状，但无尿路梗阻的前列腺炎患者。

(3) 其他治疗方法

1）前列腺按摩：一般每周按摩 1~2 次，4~8 次为 1 个疗程，可持续 2~3 个疗程。慢性前列腺炎急性发作期间禁忌前列腺按摩，以免引起炎症扩散。前列腺萎缩硬化者不宜用按摩疗法。

2）热疗：是使用微波仪器经肛门进入，使前列腺局部发热的一种理疗方法。短期内有一定缓解症状的作用，但此类方法对生精功能可能会产生不良影响，宜慎重选择，对于未婚及未生育者不推荐。

3）生物反馈治疗：慢性前列腺炎患者存在盆底肌协同失调或尿道括约肌紧张。生物反馈合并点刺激治疗可使盆底肌松弛并趋于协调，同时松弛外括约肌，缓解会阴部不适及排尿症状，优点是无创伤。

4）健康教育：做好卫生宣传、健康教育工作，向患者讲解前列腺的基本知识和慢性细菌性前列腺炎的发病特点，让患者对本病心中有数，避免不必要的恐慌和猜疑。青壮年患者尤其担心本病对性功能的影响，应实事求是地予以解释，消除顾虑。

（三）中医治疗

1. 辨证论治

（1）急性前列腺炎

1）湿热下注证：发热恶寒，尿频、尿急、尿痛、尿黄，小便灼热、淋漓涩痛，会阴、睾丸、少腹坠胀疼痛，尿道有分泌物，口苦口干，肢体倦怠，大便黏腻，舌红，苔黄腻，脉滑弦数。治以清利湿热，利尿通淋。方用八正散加减。

2）热毒内蕴证：寒战高热，全身酸痛乏力，耻骨、腹股沟、会阴、肛门胀痛，尿频、尿急、尿痛、尿黄赤，排尿难，甚则尿闭，口干喜饮，易汗出，射精疼痛，血精、血尿，尿道流脓，肛门灼热，大便干，舌红苔黄，脉弦滑数。治以清热解毒，泻火排脓。方用五味消毒饮加减。

（2）慢性前列腺炎

1）湿热下注证：多见于慢性细菌性前列腺炎。小便灼热涩痛，尿频、尿急、尿黄短赤、滴沥白浊，阴囊潮湿，心烦，口干口臭，胸闷脘痞，舌红，苔黄腻，脉滑实或弦数。治以清热利湿，利尿通淋。方用程氏萆薢分清饮加减。

2）气滞血瘀证：多见于慢性非细菌性前列腺炎。会阴、外生殖器、下腹、耻骨上区、腰骶、肛周疼痛坠胀，小便淋漓不畅、涩痛，舌紫暗或有瘀斑，脉弦或涩。治以行气活血，通淋止痛。方用少腹逐瘀汤加减。

3）肝气郁结证：多见于慢性非细菌性前列腺炎。会阴、外生殖器、下腹、耻骨上区、腰骶、肛周坠胀不适，精神抑郁，小便淋漓不畅，胸闷，善太息，性情急躁易怒，焦虑，舌淡红，苔白，脉弦。治以疏肝解郁，理气止痛。方用柴胡疏肝散或逍遥散加减。

4）肾阳亏虚证：发病日久，畏寒怕冷，腰膝酸软、酸痛，尿后滴沥，精神萎靡，阳痿，性欲低下，舌淡，苔薄白，脉沉迟或无力。治以补肾壮阳，活血通淋。方用济生肾气丸加减。

5）肾阴不足证：病程较久，腰膝酸软，五心烦热，口咽干燥，失眠多梦，小便淋漓涩痛，或遗精、早泄、性欲亢进，舌红少苔，脉沉细或弦细。治以滋肾填精，养阴清热。方用知柏地黄丸加减。

2. 中成药

慢性前列腺炎：常用的中成药有龙胆泻肝丸、柴胡疏肝丸、右归丸、左归丸等。

3. 外治法

（1）急性前列腺炎

1）灌肠方：大血藤 30g，败酱草 30g，蒲公英 30g，土茯苓 30g，重楼 20g，延胡索 30g，黄柏 30g，白芷 10g，皂角刺 10g，大黄 6g。水煎取汁灌肠，2 日 1 剂。适用于急性前列腺炎伴会阴部疼痛者。

2) 坐浴方：金银花 30g, 蒲公英 20g, 白花蛇舌草 20g, 紫草 15g, 败酱草 10g, 黄柏 15g, 小蓟 20g, 苦参 15g, 赤芍 15g, 野菊花 20g, 红花 15g。煎水浸浴。适用于急性前列腺炎伴膀胱刺激症状和会阴部疼痛者。

(2) 慢性前列腺炎

1) 灌肠方：大血藤 30g, 败酱草 30g, 虎杖 15g, 土茯苓 20g, 五加皮 15g, 赤芍 10g, 白花蛇舌草 20g, 半枝莲 20g, 桃仁 20g, 黄柏 10g, 大黄 10g。浓煎 100ml, 保留灌肠, 连续 10 天为 1 个疗程。适用于湿热之慢性前列腺炎。

2) 坐浴方：土茯苓 20g, 野菊花 15g, 败酱草 30g, 白花蛇舌草 20g, 赤芍 10g, 黄柏 12g, 紫草 15g, 丹参 15g。水煎取液 2 000ml, 再加水适量坐浴, 每次 30 分钟, 每日 1 次。适用于慢性前列腺炎。

4. 针灸治疗

(1) 急性前列腺炎

1) 湿热下注型：解溪、阳陵泉、血海、委中、身柱、灵台。用泻法强刺激, 每日 1 次, 每次留针 30 分钟。

2) 肝郁气滞型：肝俞、中极、阴陵泉；膀胱俞、曲骨、太冲。两组穴位交替使用, 强刺激, 每日 1 次, 每次留针 15 分钟, 每隔 3 分钟行针 1 次。

3) 肾阳不足型：腰阳关、气海、关元、命门、三阴交；肾俞、志室、中极、足三里。两组穴位交替使用, 隔 1~2 日 1 次, 采用中弱刺激, 每次留针 30 分钟。

(2) 慢性前列腺炎

1) 体针：中极、关元、气海、次髎、中髎、下髎, 或取次髎、上髎、中髎、下髎、会阴、会阳等穴, 两组穴位交替治疗, 进针深度及运针以患者得气舒适为度, 留针 30 分钟, 手法采用平补平泻, 每周 2~3 次, 10 次为 1 个疗程。

2) 耳针：取肾、膀胱、尿道、直肠下段穴。隔日 1 次, 采用弱刺激, 每次留针 15 分钟。或取前列腺、睾丸、膀胱俞、肾上腺穴, 两耳埋针治疗, 每 5 日更换耳穴 1 次, 10 次为 1 个疗程。

5. 食疗

(1) 急性前列腺炎

1) 鲜鱼腥草 25~100g, 凉拌食用, 连续食用 1 周。

2) 赤小豆 100g, 白茅根 50g, 加水适量, 共煮至豆烂, 去白茅根, 1 日服完。适用于急性前列腺炎伴尿频数不利、尿中带血或血尿者。

(2) 慢性前列腺炎

1) 茯苓 (研成末) 30g, 薏苡仁 30g, 粳米 60g。先用粳米煮粥, 半熟时加入茯苓末, 和匀后煮至米熟, 空腹食用。适用于慢性前列腺炎湿盛小便淋沥者。

2) 西洋参 5g, 麦冬 15g, 淡竹叶 10g, 薏苡仁 30g, 粳米 50g, 冰糖少许。诸药洗净, 加水适量, 同粳米共煮成粥, 以冰糖调味。早晚服用。适用于慢性前列腺炎气阴两虚者。

六、预防与调护

1. 保持大便通畅, 适量多饮水, 避免久坐、久骑等。

2. 适当参加体育锻炼, 多放松, 不过劳。

3. 注意性卫生, 克服不良的性习惯, 保持规律的性生活。

4. 合理安排生活起居, 保持心情愉悦, 养成积极向上、健康快乐的思维模式和良好的生活习惯。

5. 注意饮食,科学用餐,戒烟限酒,少食辛辣刺激性食物。

七、中西医结合讨论

《慢性前列腺炎中西医结合多学科诊疗指南》指出慢性前列腺炎与感染、手术、化学物质刺激、创伤等相关,同时还受抑郁状态、生理缺陷、性功能障碍、家庭环境等社会心理学因素影响。这些因素导致慢性前列腺炎病因病机复杂多样。中医学认为该病虚实夹杂,多由血瘀、湿热、正虚、气滞所致。目前,临床上多种中西医结合疗法都获得了较好的治疗效果。如知柏地黄丸、少腹逐瘀汤、六味地黄丸、济生肾气丸都被证明具有治疗慢性前列腺炎的作用,可配合抗生素、α受体阻滞剂、非甾体抗炎药进行治疗。研究发现,知柏地黄丸中的黄柏可通过抑制脂多糖诱导 M1 型巨噬细胞极化,减少 TNF-α 和 IL-1β 的释放,并通过 p38 MAPK 信号转导通路降低诱导人前列腺成纤维细胞分化为平滑肌细胞的转化生长因子 β1 的表达。六味地黄丸中的泽泻与济生肾气丸中的车前子可显著减轻前列腺组织中炎症细胞浸润和纤维化,并有效降低 NIH-CPSI 和 PSA。少腹逐瘀汤中的姜黄具有改善前列腺局部的血液循环,引流病变组织炎性分泌物的作用,从而起到活血止痛、行气化滞的功效。

指南还指出针灸通过激活经络治疗慢性疼痛,具有抗炎、免疫调节和神经调节的作用,从而提高慢性前列腺炎患者的生活质量。如针灸刺激会阴穴、三阴交和关元穴,可通过促进 NK 细胞浸润性,降低促炎因子 TNF-α、IL-8 和 IL-10 的表达,从而提升免疫反应效能和预防尿潴留。针灸白环俞穴和会阳穴可刺激会阴部的主要感觉和运动神经,传入生殖器官感觉性神经冲动并控制尿道括约肌和肛门括约肌,能够阻止局部感觉传递到中枢神经系统,从而减轻会阴部疼痛。针灸中髎穴、下髎穴和秩边穴可以抑制脊髓神经冲动传导,具有明显的镇痛作用。

(邢喜平)

第六节　良性前列腺增生

良性前列腺增生(benign prostatic hyperplasia,BPH),简称前列腺增生,是引起老年男性排尿障碍原因中最为常见的一种良性疾病。其发病率随年龄增长而逐渐增加,大多数发病年龄在 50~70 岁。有资料表明,男性 35 岁以后前列腺可有不同程度的增生,50 岁以后开始出现临床症状,80 岁以后约 95% 的人都有前列腺增生。另有相当数量的患者可发生急性尿潴留。本病属中医"癃闭""精癃"等范畴。

一、病因与病理

(一)西医病因与病理

1. 病因　BPH 的发病机制尚未完全清楚,但与年龄和睾丸功能有关。前列腺的正常发育需要雄激素的作用,如果在青春期前切除睾丸,前列腺就不会发育,老年也不会出现增生。当前列腺增生患者切除睾丸后,增生的上皮细胞可能会发生凋亡,导致腺体萎缩。前列腺增生可能受到性激素的调节,前列腺间质细胞和腺上皮细胞之间相互影响,各种生长因子的作用,以及随着年龄增长体内性激素平衡失调和雌、雄激素的协同作用等因素的影响。

2. 病理　前列腺增生主要发生在尿道周围移行带,呈多发结节并逐渐增大。增生的腺体挤压外周的腺体并使其萎缩形成前列腺外科包膜,与增生腺体有明显界限。增生的腺体突向后尿道,使前列腺部尿道伸长、弯曲、受压变窄,尿道阻力增加,引起排尿困难。前列腺内含有丰富的 α 肾上腺素能受体,激活这些受体可增加前列腺尿道的阻力。

前列腺增生导致后尿道延长、受压变形、狭窄和尿道阻力增加,引起膀胱高压和排尿困难。膀胱压力增加会导致膀胱逼尿肌代偿性肥厚,并引起储尿期症状。长期梗阻未解除时,膀胱逼尿肌失去代偿能力。前列腺增生还可能导致上尿路改变,如肾积水和肾功能损害,原因是膀胱高压引起尿潴留和输尿管反流。梗阻还可能导致膀胱感染和结石形成。

(二) 中医病因病机

本病的病理基础是年老肾气虚衰,气化不利,血行不畅,与肾和膀胱的功能失调有关。

1. 脾肾两虚　年老脾肾气虚,推动乏力,不能运化水湿,终致痰湿凝聚,阻于尿道而生本病。

2. 气滞血瘀　前列腺是肝经循行之处,肝气郁结,疏泄失常,可致气血瘀滞,阻塞尿道;或年老之人,气虚阳衰,不能运气行血,久之气血不畅,聚而为痰,痰血凝聚于水道;或憋尿过久,败精瘀浊停聚不散,凝滞于溺窍,致膀胱气化失司而发为本病。

3. 湿热蕴结　若水湿内停,郁而化热;或饮食不节,酿生湿热;或外感湿热;或恣饮醇酒,聚湿生热等,均可致湿热下注,蕴结不散,瘀阻于下焦,诱发本病。

二、临床表现

1. 症状　前列腺增生多在 50 岁以后出现症状,症状严重程度与前列腺体积大小并不一致,而取决于梗阻的程度、病变发展速度以及是否合并感染等。常见的早期症状包括尿频和夜间尿频,是由前列腺充血刺激引起的。随着病情发展,梗阻加重,尿频逐渐加重,并伴有急迫性尿失禁等症状。

排尿困难是前列腺增生最重要的症状,表现为排尿迟缓、细弱的尿流、射程短、终末滴沥、排尿时间延长。严重的梗阻需用力并增加腹压以帮助排尿,并常有尿不尽感。

当梗阻加重达一定程度时,可能出现慢性尿潴留及充溢性尿失禁。在任何阶段,前列腺突然充血水肿可导致急性尿潴留,需紧急处理。合并感染或结石时,可能出现尿频、尿急、尿痛症状。增生腺体表面的血管破裂时,可能出现无痛性肉眼血尿。严重肾积水和肾功能损害可引起慢性肾功能不全。长期排尿困难还可能导致腹股沟疝、内痔和脱肛等并发症。

2. 体征

(1)直肠指检:可在直肠前壁扪及增生的前列腺,了解前列腺的大小、形态、质地、有无结节及压痛、中央沟是否变浅或消失及肛门括约肌张力情况,同时还是前列腺癌筛查的一个重要手段。正常前列腺表面光滑、柔软、界限清楚,中央可触及纵向浅沟,横径约 4cm,纵径约 3cm,前后径约 2cm,重约 20g。临床按前列腺增生情况将其分为三度:①Ⅰ度:前列腺大小为正常的 1.5~2 倍,约鸡蛋大,质地中等,中央沟变浅,重量为 20~25g;②Ⅱ度:前列腺大小为正常的 2~3 倍,约鸭蛋大,质地中等,中央沟极浅,重量为 25~50g;③Ⅲ度:前列腺大小为正常的 3~4 倍,约鹅蛋大,质地硬韧,中央沟消失,重量为 50~70g。

(2)触诊:合并尿潴留时,耻骨上可触及充盈的膀胱。合并严重肾积水时,可触及肿大的肾脏。

三、辅助检查

1. B 超检查　超声采用经腹壁或直肠途径进行。经腹壁超声检查时膀胱需要充盈,扫描可清晰显示前列腺的大小,增生腺体是否突入膀胱,了解有无膀胱结石以及上尿路继发积水等病变。嘱患者排尿后再次检查,还可以测定膀胱残余尿量。经直肠超声对前列腺内部结构分辨率更高,显示得更清晰;还可以精确测定前列腺体积(计算公式为 0.52 × 前后径 × 左右径 × 上下径)。目前已被普遍采用。

2. 尿流率测定　尿流率有两项主要指标(参数),即最大尿流率和平均尿流率,其中最大尿流率更为重要。尿量在 150~200ml 之间时进行检查较为准确,最大尿流率<15ml/s 说明排尿不畅;最大尿流率<10ml/s 说明梗阻严重,必须治疗。必要时行尿动力学检查,对逼尿肌和尿道括约肌失调,以及不稳定膀胱逼尿肌引起的排尿困难均可明确鉴别,对确定手术适应证及判别手术疗效有重要意义。

3. 血清 PSA 测定 前列腺癌、前列腺增生、前列腺炎都可能使血清 PSA 升高。因此,血清 PSA 升高不是前列腺癌特有的。另外,尿路感染、前列腺穿刺、急性尿潴留、留置导尿、直肠指检及前列腺按摩也可以影响血清 PSA 值。如 PSA>10ng/ml 应高度怀疑有前列腺癌的可能,可作为前列腺癌穿刺活检的指征。血清 PSA 作为一项危险因素可以预测前列腺增生的临床进展,从而指导治疗方法的选择。

4. 其他检查

(1)膀胱镜检查:除了可窥视后尿道、膀胱颈及腔内前列腺增生时的改变,还可以发现膀胱内有无结节与占位性病变。

(2)静脉尿路造影:对前列腺增生的确诊也有重要意义。可了解下尿路梗阻以及肾盂、输尿管扩张的程度。造影剂充满膀胱时显示充盈缺损,说明前列腺中叶或侧叶明显突出于膀胱内。

(3)前列腺穿刺活检:对于前列腺质地坚硬或呈结节状者,行活组织检查或针吸细胞学检查有助于前列腺癌的确诊。

(4)CT 和 MRI 检查:也可用于诊断及鉴别诊断,特别是对于前列腺的外科手术的选择有重要意义。

四、诊断与鉴别诊断

(一)诊断

凡 50 岁以上的男性有进行性排尿困难,应考虑有前列腺增生的可能。前列腺增生的诊断方法很多,应该结合病史、临床表现、国际前列腺症状(IPSS)评分和生活质量(QOL)评分(见表 28-1、表 28-2)、直肠指检、B 超、PSA、尿流率、膀胱镜等检查综合分析、诊断。

IPSS 评分是目前国际公认的判断 BPH 患者症状严重程度的最佳手段。IPSS 评分是 BPH 患者下尿路症状严重程度的主观反映,它与最大尿流率、残余尿量以及前列腺体积无明显相关性。IPSS 评分患者分类如下(总分 0~35 分):轻度症状 0~7 分,中度症状 8~19 分,重度症状 20~35 分(表 28-1)。

表 28-1 国际前列腺症状(IPSS)评分表

在过去一个月,您是否有以下症状?	在 5 次中						症状评分
	没有	少于1 次	少于半数	大约半数	多于半数	几乎每次	
1. 是否经常有尿不尽感?	0	1	2	3	4	5	
2. 两次排尿时间是否经常小于 2 小时?	0	1	2	3	4	5	
3. 是否经常有间断性排尿?	0	1	2	3	4	5	
4. 是否经常有憋尿困难?	0	1	2	3	4	5	
5. 是否经常有尿线变细现象?	0	1	2	3	4	5	
6. 是否经常需要用力及使劲才能开始排尿?	0	1	2	3	4	5	
7. 从入睡到早起一般需要起来排尿几次?	0	1	2	3	4	5	
症状总评分 =							

生活质量(QOL)评分:是了解患者对其目前下尿路症状水平伴随其一生的主观感受,其主要关心的是 BPH 患者受下尿路症状困扰的程度及是否能够忍受,因此又称困扰评分(表 28-2)。

表 28-2　生活质量(QOL)评分表

项目	高兴	满意	大致满意	还可以	不太满意	苦恼	很糟
如果在您的后半生始终伴有现在的排尿症状,您认为如何?	0	1	2	3	4	5	6
生活质量评分(QOL)							

以上两种评分尽管不能完全概括下尿路症状对 BPH 患者生活质量的影响,但是他们仍然为诊断前列腺增生提供了重要依据。

(二) 鉴别诊断

前列腺增生引起排尿困难,应与以下疾病相鉴别:

1. 前列腺癌　前列腺坚硬,呈结节状,血清 PSA 增高,鉴别需行 MRI 和前列腺穿刺活组织检查。

2. 膀胱颈挛缩　亦称膀胱颈纤维化,由慢性炎症引起,发病年龄较轻,40~50 岁出现症状。临床表现与前列腺增生相似,但前列腺不增大,可以通过膀胱镜进行诊断。

五、治疗

(一) 西医治疗

前列腺增生不引起梗阻则不需要治疗。已有梗阻而不影响正常生理功能可暂予观察,如已影响正常生理功能则应尽早治疗。

1. 观察等待　观察等待是一种非药物、非手术的治疗措施,包括患者教育、生活方式指导、随访等。当 BPH 患者的生活质量尚未受到下尿路症状明显影响的时候,观察等待是一种合适的处理方式。

2. 药物治疗　前列腺增生药物治疗的短期目标是缓解患者的下尿路症状,长期目标是延缓疾病的临床进展,预防并发症的发生。在减少药物治疗副作用的同时保持患者较高的生活质量是药物治疗的总体目标。对梗阻较轻、年老体衰或有心、肺、肾功能障碍的患者,可选择药物治疗。治疗前列腺增生的药物种类很多,目前较为公认的有三种:α 受体阻滞剂、5α- 还原酶抑制剂、植物制剂。

3. 急性尿潴留的处理　前列腺增生患者易发生急性尿潴留。由于尿液突然不能排出,患者尿意窘迫,非常痛苦,必须即刻解除。在解除急性尿潴留时,应将膀胱中尿液逐步放出,切勿骤然排空,以防膀胱内压迅速降低而引起膀胱出血。具体方法可有以下几种:①导尿:导尿是急性尿潴留时最常用的处理方法。估计短期内不能恢复自行排尿时应留置导尿。②耻骨上膀胱穿刺造瘘术:因尿道狭窄等原因导尿失败,可行耻骨上膀胱穿刺造瘘术。其简单易行,操作方便、快捷、创伤小,可在诊室或者病床上施行。

4. 手术治疗　前列腺增生是一种进展性疾病,梗阻严重、残余尿量较多、症状明显而药物治疗效果不佳,身体状况能耐受手术者,应考虑手术治疗。

(1)手术适应证:当前列腺增生导致以下并发症时,建议采用外科治疗:①反复尿潴留(至少在一次拔管后不能排尿或 2 次尿潴留);②反复血尿,药物治疗无效;③反复尿路感染;④膀胱结石;⑤继发性上尿路积水(伴或不伴肾功能损害)。

(2)手术方法

1)前列腺切除术:切除前列腺增生部分,非整个前列腺。

2)经尿道前列腺切除术(transurethral resection of prostate,TURP):微创手术方式取代了传统的开放手术,其创伤小、疗效确切、术后恢复快,是手术治疗前列腺增生的"金标准"。

3)经尿道前列腺剜除术:结合开放手术和微创手术的优点,达到开放性前列腺切除术的腺体切除程度,创伤小、出血少,恢复快。

4)激光治疗:激光技术逐渐应用于前列腺微创治疗中。

5)其他疗法:如经尿道微波热疗、经尿道针刺消融术、前列腺支架置入术、经尿道球囊扩张术、前列腺部尿道悬吊术、前列腺动脉栓塞术、体外高强度聚焦超声等,可缓解前列腺增生引起的梗阻症状,适用于不能耐受手术的患者。

(二)中医治疗

治疗应遵循"六腑以通为用"原则,着眼于通利小便。实证宜清湿热、散瘀结、利气机;虚证宜补脾肾、助气化。需根据病因、病变部位辨证论治,避免滥用利尿剂。可用开提肺气法,即"提壶揭盖"法治疗。若小腹胀急、小便不下,可配合导尿或针灸。注意顾护正气,尤其对于年老虚衰者。

1. 辨证论治

(1)湿热下注证:小便频数黄赤,尿道灼热涩痛,排尿不畅,甚或点滴不通,小腹胀满,口苦口黏,大便干燥,舌暗红,苔黄腻,脉滑数或弦数。治以清热利湿,消癃通闭。方用八正散加减。

(2)气滞血瘀证:小便不畅,尿线变细或点滴而下,尿道涩痛闭塞,小腹胀满隐痛,偶有血尿,舌质暗或有瘀点瘀斑,苔白或薄黄,脉弦或涩。治以行气活血,通窍利尿。方用沉香散加减。

(3)脾肾气虚证:尿频,滴沥不畅,尿线细甚或夜间遗尿或尿闭,神疲乏力,纳谷不香,面色无华,便溏脱肛,舌淡苔白,脉细无力。治以补脾益气,温肾利尿。方用补中益气汤加减。

(4)肾阴亏虚证:小便频数不爽,尿少热赤或闭塞,头晕耳鸣,腰膝酸软,五心烦热,大便秘结,舌红少津,苔白或黄,脉细数。治以滋补肾阴,通窍利尿。方用六味地黄丸加减。

(5)肾阳不足证:小便频数,夜间尤甚,尿线变细余沥,尿程缩短或点滴不爽,甚则尿闭,精神萎靡,面色无华,畏寒肢冷,舌质淡润,苔薄白,脉沉细。治以温补肾阳,通窍利尿。方用济生肾气丸加减。

2. 外治法 多为急则治标之法,必要时可行导尿术。

(1)脐疗法:取独头蒜 1 个、生栀子 3 枚、盐少许,捣烂如泥敷脐部;或以葱白适量捣烂如泥,加少许麝香和匀敷脐部,外用胶布固定;或以食盐 250g 炒热,布包熨脐腹部,冷后再炒再熨。

(2)灌肠法:大黄 15g,泽兰、白芷各 10g,肉桂 6g,煎汤 150ml,每日保留灌肠 1 次。

(3)针灸治疗:用于尿潴留患者,针刺足三里、中极、三阴交、阴陵泉等穴,反复捻转提插,强刺激。体虚者可灸关元、气海。

六、预防与调护

前列腺增生在某种程度上可以说是老年男性所共有的生理性增生,但做好以下几点,对延缓前列腺增生的进程具有一定的意义。

1. 保持心情舒畅,切忌悲观、忧思恼怒,避免因情志因素导致病情加重。

2. 多食蔬菜、大豆制品及粗粮,适量食用种子类食物,可选用南瓜子、葵花籽等,少食辛辣及肥甘食品,慎用壮阳之食品与加重排尿困难的药品。

3. 戒除烟酒,避免受凉、过劳,以免诱发急性尿潴留。避免久坐、憋尿,多饮水可稀释尿液,防止引起尿路感染及形成膀胱结石。

4. 进行适当的体育活动,增强体质,提高抗病能力。

七、中西医结合讨论

1. 辨病与辨证相结合 现代中医学利用直肠指检、超声检查、膀胱镜检查及尿流率测定等手段,明确 BPH 的病位及器质性病变,区别中医学的"癃"与"闭"。将现代医学指标纳入中医辨证论治,形成宏观辨证与微观辨证相结合的模式,对中西医结合发展有积极意义。中西医有机结合为 BPH 治疗提供了相关依据。参考现代医学解剖,前列腺可以归属于足厥阴肝经。前列腺增大压迫尿道导致尿潴留可视为肝经积聚引起。该病的主要病机可以归结为年老肾亏,经脉失和,相火妄动,津液煎熬,痰凝瘀阻,肝经郁结。

2. 中西医治疗措施相结合 在前列腺增生刺激期和代偿期,口服 α 受体阻滞剂和 5α-还原酶抑制剂,结合中医辨证论治,可改善前列腺平滑肌和膀胱颈痉挛,调控脏腑,缓解膀胱出口梗阻。急性尿潴留时可辅以针灸治疗和中医外治法。失代偿期采用中西医结合治疗,可增强膀胱逼尿肌的收缩力。围手术期可协同中医治疗,以益气扶正,补益气血,减少尿失禁等并发症。

3. 循证医学与中医药疗效评价相结合 以循证医学理论为指导,利用现代微观指标建立中医药疗效评价系统。中医学结合循证医学决策,既保持了中医特色,又增加了现代医学客观依据,可推动中西医结合治疗前列腺增生。

4. 中医药与药物制剂相结合 中药剂型和给药途径改革是中西医结合治疗 BPH 发展的关键。利用现代技术工艺对治疗 BPH 的中药进行合理的剂型改革,如注射液和雾化吸入剂的发展,对中药方剂治疗呼吸道感染有促进作用。保持中医辨证论治特色,积极开发单味中药浓缩颗粒等方案,在临床有效的基础上改革剂型,提高疗效、扩大适应证、减轻不良反应。

（刘　潜）

第七节　阴茎勃起功能障碍

勃起功能障碍(erectile dysfunction,ED)是指阴茎持续不能达到或维持足够的勃起以完成满意的性生活,病程持续 3 个月以上者。表现为临房时阴茎不能勃起,或勃起不坚,或坚而不久。是男性性功能障碍最常见的病症之一。

据国外有关资料统计,本病发病率占成年男性的 10% 以上。以前认为本病多为精神心理性病变,属器质性病变者较少。但近年来随着检测手段的提高,器质性 ED 的发病率也较以往增加。我国城市男性的 ED 总患病率为 26.1%,其中 40 岁以上的男性患病率超过50%。勃起功能障碍属于中医"阳痿"或"阴痿"范畴。明代以前称之为"阴痿""筋痿",明代开始以"阳痿"命名本病,在《慎斋遗书·阳痿》中就有"阳痿多属于寒"的记载,"阳痿"这一病名一直沿用至今。历代医家对此病进行了大量的论述,并积累了丰富的临床经验。

一、病因与病理

（一）西医病因与病理

ED 有多种分类方法,可依据病史、病理生理机制、发病原因、发病时间、病变程度和复杂程度等对其进行分类。现根据病因可将其大致分成三类,即心理性、器质性和混合性 ED。

1. 心理性 ED　心理压力与 ED 密切相关,导致心理性 ED 的因素包括日常夫妻关系不和谐、性知识不对称或缺乏、不良的性经历、工作或经济压力过大、人格缺陷、对药物和疾病不良反应的恐惧等。同样,ED 作为心理因素,也可引起抑郁、焦虑和躯体症状。

2. 器质性 ED　从功能解剖的角度看,与勃起有关的神经、血管的损伤可导致 ED;从病理生理的角度看,凡可影响阴茎海绵体平滑肌舒张、动静脉血流机制的因素都可能成为 ED 的病因。

(1)血管性 ED:正常的血管功能是阴茎生理性勃起的基础,因此,任何可能导致阴茎海绵体动脉血流异常的疾病,如动脉粥样硬化、动脉狭窄、动脉损伤、静脉瘘、阴部动脉分流及心脏功能异常等,均可导致 ED。

(2)神经性 ED:勃起是一种神经 - 血管功能活动,中枢、外周神经的病变或损伤均可以引起 ED,如脑卒中、帕金森病、脊髓病变、多发性硬化、酒精中毒、尿毒症、多发性神经病等会累及神经的疾病。

(3)手术与外伤性 ED:引起与阴茎勃起有关的血管和神经损伤可导致 ED。如大脑和脊髓手术、盆腔或腹膜后手术、经腹会阴直肠癌根治术及骨盆骨折、腰椎压缩性骨折或尿道骑跨伤等。

(4)内分泌性 ED:常见于性腺功能减退症、高催乳素血症、血脂代谢异常(如高胆固醇血症)、甲状腺疾病、雄激素合成减少等。

(5)阴茎本身疾病:阴茎解剖或结构异常,如阴茎硬结症、严重包茎和包皮过长、阴茎弯曲畸形、龟头炎等。

(6)其他原因性 ED:心血管疾病(如肥胖、代谢综合征等)、肝肾功能不全、长期服用某些药物(如抗抑郁药、抗高血压药、抗雄激素药等)、不良生活方式等均是诱发 ED 的危险因素。

3. 混合性 ED　指精神心理因素和器质性病因共同导致的勃起功能障碍。如器质性 ED 未得到及时的治疗,患者心理压力加重,害怕性交失败,使 ED 的治疗更加复杂。ED 可由一种或多种疾病和其他因素共同引起,如糖尿病、高血压、外伤、手术损伤等原发疾病,以及精神心理、药物、生活方式、社会心理因素等。各种疾病及致病因素通过各自不同或相同途径导致 ED 发生。

(二)中医病因病机

中医病因病机多为情志因素、纵欲过度、饮食不当、六淫侵袭、久病所累、跌仆损伤、禀赋不足、年老体衰等因素导致宗筋失养而弛纵、痿弱不用,以致临房不举、举而不坚、坚而不久,不能完成正常的房事。

1. 命门火衰　多因房劳过度,恣情纵欲;或因少年频繁手淫,肾精日渐亏耗,阴阳俱损;或因过早婚育,以致精气虚损、命门火衰,引起阳痿。

2. 心脾两虚　多因思虑过度、劳倦伤心,损及心脾,以致气血两虚,渐成阳痿;或先天禀赋不足、久病体虚、病后失充,以致气血两虚,形神衰弱,渐致性欲减退,宗筋痿弱,阳事不兴。

3. 肝气郁结　多因多愁善感、情志不遂,或郁怒,肝气郁结,日久伤肝。肝主筋,而阴器为宗筋之汇,故肝木失于条达疏泄,肝脉不畅则宗筋失养,以致阳事不兴。

4. 气滞血瘀　多因久病致瘀;或体弱气虚;或阴部有外伤、手术史,导致气血瘀阻;或经脉损伤导致脉络不畅,则宗筋失于充养,渐致痿弱废用。

5. 惊恐伤肾　多因同房之时突发意外,猝受惊恐,恐则气下;或初次性交,恐惧不能,顾虑重重;或因偶有不举则疑虑丛生、恐惧再败,均可导致气机逆乱,气血不达宗筋而猝发痿软。

6. 脾肾两虚　多因先天禀赋不足或后天调养失慎,致体质虚弱;或因房劳太过,肾精亏虚;或因久病劳倦,中气不足,气血两虚,久病及肾;或因年老体弱,脾肾两虚,致使宗筋失温、失养、失润、失固,终致阳痿。

7. **阴虚火旺**　多因素体阴虚;或相火偏盛;或恣情纵欲,房劳太过;或过服温燥伤阴之品,致肾精亏损,虚热内生,以致阳痿。

8. **下焦湿热**　过食肥甘厚味,损伤脾胃,脾失健运,湿热内生;或外感湿热之邪由表入里,内阻中焦,郁蒸肝胆,伤及宗筋而弛纵不收,发为阳痿。

二、临床表现

(一) 症状

1. **心理性 ED**　起病急,阴茎有自发勃起,但在性兴奋时却不能或勃起不坚,勃起时间短,以致不能够进行或者完成性交;或刚接触女性身体时坚硬勃起,但试图性交时又立即痿软。发病时间在 3 个月以上。常伴有抑郁、焦虑、失眠、健忘、头晕、胆怯等症状。

2. **器质性 ED**　阴茎在任何情况下都不能勃起,症状呈进行性加重。一般伴有原发疾病症状。

(二) 体征

1. **心理性 ED**　多无明显体征。

2. **器质性 ED**　可因其原发疾病的不同,表现出不同的体征。仔细体检可以发现与勃起功能障碍相关的神经系统、心血管系统、内分泌系统及阴茎本身的缺陷或异常。检查中应注意患者的体型、第二性征发育情况,测量血压和四肢脉搏,检查下肢、会阴部及阴茎的感觉,检查肛门括约肌张力、球海绵体肌反射等。外生殖器检查应注意阴茎的发育情况及形态、有无弯曲、包皮情况,仔细触摸阴茎海绵体;检查睾丸的大小和质地。

三、辅助检查

(一) 实验室检查

对于初次就诊的患者,尤其是中老年患者,应行血常规、尿常规、肝肾功能、血糖及血脂检查。进一步可选择血清性激素水平(睾酮、黄体生成素、促卵泡激素、雌二醇、催乳素)、甲状腺功能等检查。

(二) 特殊检查

1. **夜间阴茎胀大及硬度试验**(nocturnal penile tumescence and rigidity test,NPTR)　主要用于鉴别心理性和器质性 ED。正常男性夜间阴茎勃起的前提是处于深睡眠时期,次数 3~6 次,需连续观察 2~3 个夜晚。阴茎头硬度大于 60%,且持续 10 分钟为有效的功能性勃起。

2. **视听刺激下阴茎硬度测试**(visual stimulation tumescence and rigidity,VSTR)　适用于对门诊患者进行快速初步诊断及评价患者对药物治疗的反应情况,也可用于观察患者口服 5 型磷酸二酯酶抑制剂(PDE-5i)后阴茎勃起情况。

3. **阴茎海绵体注射血管活性药**　主要用于鉴别血管性、心理性和神经性 ED,一般为前列腺素 E_1,或罂粟碱加酚妥拉明。

4. **阴茎彩色多普勒超声检查**　是目前诊断血管性 ED 最有价值的方法之一。评价阴茎内血管功能的常用参数有:海绵体动脉直径、收缩期峰值流速(peak systolic velocity,PSV)、舒张末期流速(end diastolic velocity,EDV)和阻力指数(resistance index,RI)。目前该方法还没有统一的正常值。一般认为,注射血管活性药后阴茎海绵体动脉直径>0.7mm 或增大 75% 以上,PSV ≥ 30cm/s,EDV < 5cm/s,RI > 0.8 为正常。PSV < 30cm/s 提示动脉供血不足;EDV > 5cm/s、RI < 0.8 提示阴茎静脉闭塞,功能不全。

5. **神经诱发电位检查**　其包含多种检查方式,如阴茎生物阈值测定、球海绵体肌反射潜伏时间（bulbocavernosus reflex latency time）、阴茎海绵体肌电图、躯体感觉诱发电位及括约肌肌电图等。目前应用较多的检查为球海绵体肌反射潜伏时间，该法主要用于神经性 ED 的间接诊断和鉴别诊断。球海绵体肌反射潜伏时间的正常均值为 30~45ms，超过均值 3 个标准差者为异常，提示有神经性病变的可能。

6. 选择性阴茎动脉造影　可以显示原发或外伤后引起的阴部动脉畸形、狭窄或梗阻，血管重建术前必须做此检查。

7. 阴茎海绵体造影　可以显示阴茎海绵体静脉瘘、海绵体纤维化、弯曲等结构异常。

8. 海绵体活检　对于准备行静脉手术的 ED 患者，海绵体活检是必要的。经穿刺取出海绵体组织，分析其中的平滑肌含量有助于估计手术效果。

四、诊断与鉴别诊断

(一) 诊断

1. 病史　详细地询问病史是 ED 诊断中最为重要的环节。问诊的内容应包括既往和当前性关系，如婚姻状况（未婚、已婚、离异、丧偶），性生活频率，有无固定性伴侣，是否性厌恶，是否有抑郁、焦虑、紧张情绪，是否有晨勃及手淫情况等；也需询问勃起问题的起始和持续时间、勃起障碍发生的环境和就诊经过。同时，应注意患者除勃起障碍外有无合并其他性功能障碍，如早泄、性欲减退、无性高潮、射精异常等，临床上往往多种性功能障碍同时存在。

2. 体格检查　常规检查包括体型、毛发及皮下脂肪分布、肌肉力量、第二性征及有无男性乳房女性化等，必要时评估心血管系统、神经系统的功能，老年男性应常规进行直肠指检等。专科检查重点评估外生殖器，包括阴茎的大小、外形（如阴茎是否弯曲）；包皮有无异常，如包茎、包皮阴茎头炎、包皮粘连或包皮系带过短等；仔细触摸阴茎海绵体，特别需要注意阴茎硬结症；局部神经反射，如会阴部感觉、提睾反射等。

3. 勃起功能障碍程度判定　为了客观地量化勃起功能障碍的程度，可以使用国际勃起功能评分（international index of erectile function, IIEF）。它包括 15 个问题，对勃起功能、性欲、高潮、射精等性功能的各个方面进行评分。简化的国际勃起功能评分 5 项（IIEF-5）可以方便地用于对勃起功能障碍的筛查，灵敏度和特异度均好（表 28-3）。根据过去 6 个月内的情况进行评估。各项得分相加 >21 分为勃起功能正常；1~7 分为重度；8~11 分为中度；12~21 分为轻度勃起功能障碍。

表 28-3　国际勃起功能评分 5 项(IIEF-5)

项目	0	1	2	3	4	5
1. 对阴茎勃起及维持勃起有多少信心？	无信心	很低	低	中等	高	很高
2. 受刺激后，有多少次阴茎能坚挺地进入阴道？	无性活动	几乎无	只有几次	有时或大约一半时候	大多时候	几乎每次或每次
3. 阴茎进入阴道后有多少次维持勃起？	无尝试性交	几乎无	只有几次	有时或大约一半时候	大多时候	几乎每次或每次
4. 性交时保持阴茎勃起至性交完毕有多大困难？	无尝试性交	非常困难	很困难	有困难	有点困难	不困难
5. 尝试性交有多少时候感到满足？	无尝试性交	几乎无	只有几次	有时或大约一半时候	大多时候	几乎每次或每次

(二) 鉴别诊断

1. 早泄 一般指性交时阴茎能够勃起，且能够达到足够的硬度以插入阴道，但勃起的时间较短，甚至刚触及阴道即行射精，阴茎继而迅速疲软以致性交过早结束；而勃起功能障碍则是阴茎不能勃起或勃起的硬度极差不能进行性交。

2. 性欲淡漠 表现为男子的性交欲望降低，可间接影响阴茎的勃起及性交的频率，但在性交时阴茎能正常勃起。

五、治疗

(一) 西医治疗

勃起功能障碍的治疗可分为基础治疗、药物治疗、物理治疗和手术治疗等。

1. 基础治疗

(1) 调整生活方式：生活方式的调整是治疗勃起功能障碍的首要事项。增加体育运动、合理营养、控制体重等可以改善血管功能和勃起功能，并且可以使患者对 PDE-5i 的治疗产生更好的反应。

(2) 基础疾病的控制：对于有明确基础疾病的患者，应予以治疗，如心血管疾病、糖尿病、内分泌异常、抑郁症等。并且应与勃起功能障碍同时治疗或先于勃起功能障碍治疗。

(3) 心理治疗：勃起功能障碍患者通常都存在明显的心理问题，不能完成满意的性生活往往使其感到自卑和焦虑。性心理治疗应该伴随在整个治疗过程中，可以单独给予或者联合其他治疗方法。

(4) 行为治疗：性感集中训练法的基本方法分为 4 个步骤：非生殖器性感集中训练、生殖器性感集中训练、阴道容纳和正常性交。一些研究发现，药物治疗联合性感集中训练法可以提高性生活满意度。如果夫妻双方能够接受并且愿意尝试这种治疗方式，医生都应该推荐该治疗方法。

(5) 伴侣协同治疗：鼓励伴侣双方通过情感支持、行为配合等共同参与，改善伴侣沟通模式，建立双方更满意的性关系。

2. 药物治疗

(1) PDE-5i 治疗：这是目前治疗 ED 的第一线疗法，常用的有西地那非、他达拉非、伐地那非等。药物的不良反应通常很轻微，患者耐受性很好，常见的副作用包括头痛、面色潮红、头晕、消化不良和鼻塞。

1) 西地那非：西地那非的常用规格分别为 25mg、50mg 和 100mg，推荐临床起始剂量为每次 50mg，根据治疗效果与不良反应调整剂量。

2) 伐地那非：临床总体疗效和西地那非类似，但其起效时间较西地那非快，口服伐地那非在性刺激下 30 分钟内起效。临床推荐起始剂量为每次 10mg，应根据疗效与不良反应调整剂量。

3) 他达拉非：他达拉非的结构与西地那非和伐地那非有明显差别，具有半衰期比较长 (17.5 小时) 的特点。他达拉非服药后 30 分钟开始起效，约 2 小时达到最佳效果。推荐起始剂量为每次 10mg，应根据疗效与不良反应调整剂量。

为避免发生低血压等并发症，服用 α 受体阻滞剂的患者在应用上述 3 种药物时应参照药物使用说明或遵医嘱服用。

(2) 雄激素治疗：雄激素治疗仅限于性腺功能低下引起异常的 ED 患者。当血清睾酮水平反复低于 12nmol/L，可采用睾酮替代治疗，将睾酮补充至正常水平。并且与 PDE-5i 联用，可增强 PDE-5i 疗效。但禁用于确诊为前列腺癌或高度疑似患者。

(3)肾上腺素能受体阻滞剂治疗:常用药物有育亨宾和酚妥拉明。

1)育亨宾为可逆性 α_2 肾上腺素能受体阻滞剂,具有扩张阴茎动脉、增加阴茎血流和提高性欲的作用。育亨宾对器质性 ED 无效。常用剂量为 20~30mg/d 口服。出现恶心、眩晕、情绪波动时剂量减半,待副作用消失后,逐渐恢复上述剂量。疗程不宜超过 10 周。

2)酚妥拉明为 α 肾上腺素能受体阻滞剂。1988 年 Gwinup 首先应用酚妥拉明 50mg 口服治疗 ED。美国最近有学者指出,轻、中度的 ED 患者,性交前服用酚妥拉明可起到一定效果。常见副作用是头痛、眩晕、心动过速,发生率约 5%。

(4)多巴胺受体激动剂治疗:常用药物有阿扑吗啡和溴隐亭。

1)阿扑吗啡:为多巴胺(D1/D2)受体激动剂,可刺激中枢神经系统与性行为有关的多巴胺受体,也可通过骶副交感神经丛扩张阴茎海绵体血管,增强 ED 患者的勃起功能。副作用有诱发过度哈欠、低血压、恶心、头晕等,皮下注射可引起严重低血压。现已有阿扑吗啡舌下含片,该药常见的不良反应有恶心,偶尔也会导致昏厥。

2)溴隐亭:是另一种口服的多巴胺能活性药物,作用于垂体,抑制催乳素分泌,临床上用以治疗高催乳素血症引起的 ED。对维持性血液透析合并 ED 患者亦有效,可能与透析患者常伴有中度高催乳素血症有关。起始剂量为 1.2mg,每日 2 次,每 3~7 日增加 1.25mg,可逐渐增加到 10mg/d。需定期复查血催乳素水平。常因不良反应如恶心、呕吐和低血压,使其应用受限。

(5)5- 羟色胺受体拮抗剂治疗:曲唑酮是一种非三环类的三唑吡啶类抗抑郁药,属 5- 羟色胺受体拮抗剂,既可以作用于中枢 5- 羟色胺受体,抑制 5- 羟色胺重吸收,也有抗胆碱能活性和肾上腺素能受体阻滞作用。1990 年 Azadmi 等的体外研究表明,曲唑酮延长阴茎勃起时间的潜在机制与交感神经介导的疲软机制被阻断有关。

3. 物理治疗

(1)真空勃起装置(vacuum erection device,VED)治疗:真空勃起装置通过负压将血液吸入阴茎海绵体中,然后在阴茎根部套入缩窄环阻止血液回流以维持勃起。该方法适用于 PDE-5i 治疗无效或不能耐受药物治疗的患者,尤其适用于偶尔有性生活的老年患者。使用时应告知患者,负压助勃时间不宜超过 30 分钟。

(2)低强度体外冲击波治疗(low-intensity extracorporeal shockwave therapy,LI-ESWT):欧洲泌尿外科协会(European Association of Urology,EAU)已将 LI-ESWT 作为治疗血管性 ED 的一线治疗方案。国外学者对 LI-ESWT 的研究发现,使用 LI-ESWT 治疗血管性 ED 患者,患者的勃起功能、阴茎血流动力学、IIEF-5 评分等得到明显改善或提高;对依赖 PDE-5i 的血管性 ED 患者有良好的临床疗效,其中约 50% 参与试验的患者无须再用 PDE-5i。另外,LI-ESWT 对 PDE-5i 治疗无效的严重血管性 ED 患者具有治疗作用,能提高其 IIEF-5 评分及改善阴茎血流动力学。该治疗具有良好的可行性及可能的康复性,未来可能成为血管性 ED 治疗的重要方法。

4. 手术治疗

(1)血管手术治疗:ED 的血管手术包括阴茎静脉瘘手术、阴茎动脉重建手术等,治疗效果并不理想,需慎用。阴茎动脉重建手术需要严格选取具有手术适应证的患者。

(2)假体植入治疗:阴茎假体手术的适应证是口服药物及其他治疗无效或不能接受已有治疗方法的患者。通常分为非膨胀型及可膨胀型两类,当前临床常用的是三件套可膨胀假体。随着阴茎假体技术日益成熟、术后并发症逐渐减少、术后患者性生活满意度不断提高,目前国内接受假体植入的患者数量在逐渐增多。

(二) 中医治疗

1. 辨证论治

(1)命门火衰证:房事不节或年老体虚,阳痿精冷,腰膝酸软,畏寒肢冷,头晕耳鸣,面色白,精神萎靡,舌淡胖,苔白,脉沉细。治以温补下元,益肾起痿。方用右归丸加减。

(2)心脾两虚证:脑力劳动者多见。阳痿,精神不振,心悸失眠,胃纳不佳,面色不华,舌淡,苔薄白,脉细。治以益气健脾,补血养心。方用归脾汤加减。

(3)肝气郁结证:情绪不稳或性格内向者多见。阳痿或举而不坚,情志抑郁,烦躁易怒,胸胁少腹胀满,善太息,舌红,苔薄白,脉弦。治以疏肝解郁,通络兴阳。方用逍遥散加减。

(4)气血瘀阻证:有动脉硬化、糖尿病等病史者多见。勃起不坚或阳痿,性欲淡漠,外阴、下腹疼痛固定,舌质紫暗有瘀斑,脉沉涩或弦。治以理气活血,祛瘀振阳。方用桃红四物汤加减。

(5)惊恐伤肾证:同房受惊吓者多见。阳痿,胆怯多疑,夜多噩梦,心悸遗精,苔薄白,脉弦细。治以安神宁志,益肾起痿。方用定志丸合大补元煎加减。

(6)脾肾两虚证:肥胖而体虚者多见。阴茎痿软,勃起无力,性欲淡漠,腰腹冷痛,畏冷肢凉,纳少腹胀,大便溏薄,舌淡胖有齿痕,苔薄白,脉沉细无力。治以健脾益肾,补气壮阳。方用无比山药丸加减。

(7)阴虚火旺证:青壮年患者多见。阳痿或举而不坚,夜寐不实,多梦滑精,腰膝酸软,五心烦热,潮热盗汗,舌红少苔,脉细数。治以滋阴降火,益肾填精。方用大补阴丸加减。

(8)下焦湿热证:嗜食肥甘厚味者多见。阴茎痿软,阴囊潮湿瘙痒,睾丸坠胀,尿道灼痛,下肢酸困,小便黄赤,舌红,苔黄腻,脉数。治以清热利湿,疏肝振痿。方用萆薢渗湿汤加减。

2. 中成药治疗　常用的中成药有金匮肾气丸、逍遥丸、龙胆泻肝丸、六味地黄丸等。

3. 外治法

(1)中药外治

脐疗法:小茴香、炮姜各 5g,食盐少许,以蜂蜜或鸡蛋清调敷脐部;或以葱白适量捣烂如泥,加少许吴茱萸和胡椒匀敷脐部,外用胶布固定;或以食盐 250g 炒热,布包熨脐腹部,冷后再炒再熨。

(2)针灸治疗

1)针法:取穴以任脉、足太阴经穴及相应背俞穴为主。主穴:关元、三阴交、肾俞。配穴:肾阳不足配命门、太溪;惊恐伤肾配志室、胆俞;心脾两虚配心俞、脾俞、足三里;湿热下注配曲骨、阴陵泉;肝郁气滞配太冲、内关。失眠多梦配内关、神门、心俞;食欲不振配中脘、足三里;腰膝酸软配命门、阳陵泉。针刺时选用 30 号毫针,针刺得气后行平补平泻法,隔 3~5 分钟行针 1 次。每日针刺 1 次,单侧取穴,次日交换,7 日为 1 个疗程,2 个疗程间隔 7 天,需连续治疗 3~5 个疗程。

2)灸法:点燃艾条,在关元、三阴交、肾俞、气海等穴进行直接灸,每次 10 分钟,每日 1 次。艾火离皮肤 3~5cm,当感到灼热难当时,将艾条移开。

4. 其他疗法

(1)点揉法:用中指螺纹面点揉会阴穴 30~50 次,或用中指指尖用力切会阴穴,边按压边振,使酸胀感明显,每次 5 分钟。

(2)揉搓法:用双手掌按压左右小腹部,快速颤动,使被震的部位有酸胀舒松感,然后用掌揉推小腹部,顺时针方向、逆时针方向各 36 圈,每日 2 次。

(3)横擦命门法:患者俯卧位,以一手掌指横置于腰部正中命门穴之上,以快施用横擦而搓之,以透热为宜。

(4)足底按摩法：患者仰卧位，以一手掌指按压生殖腺、睾丸所对应的足底区域。

(5)提肛法：臀部及大腿夹紧，深吸气的同时向上提收肛门，屏气5~10秒再呼气，全身放松，每次做20~30下，每日2~3次。

六、预防与调护

1. 宜调畅情志，调整生活方式，心态平和，怡情养心。

2. 注意饮食搭配，少食醇酒肥甘，避免湿热内生。

3. 加强性教育，学习性常识，培养正确的性意识。

4. 规律性生活，不要纵欲与过频手淫。

5. 建立良好的夫妻关系，相互尊重、信任，避免不良情志刺激。

6. 寻找病因，积极防治原发疾病，如糖尿病、动脉硬化、前列腺炎等慢性病。

7. 早期干预治疗，轻度时要及时采取药物或其他治疗。

七、中西医结合讨论

ED的中西医结合诊疗思路主要体现在辨病与辨证结合。辨病侧重于ED患者阴茎功能和形态上的病理变化；辨证则侧重于患者在发病各个阶段的病情状态，除了ED本身病变，还包括患者整体功能的反应和状态。从中西医结合的角度认识ED的辨病包括两层含义，第一是明确中西医诊断，包括诊断的依据、ED的发病类型；第二是从中医病因病机角度辨识ED，其病位在肝肾，病机本虚标实，肝郁肾虚血瘀是基本病理变化。ED常用西药包括PDE-5i、激素制剂等；而中医可根据辨证结果选用补肾活血、疏肝解郁、健脾养心、清热利湿等中药。在ED的治疗思路上，西医主要针对疾病病理，较少考虑个体差异，而中医在药物的选择上既要考虑疾病还要兼顾证候。如血管性ED的治疗应注重活血化瘀，心理性ED的治疗应结合疏肝解郁，调节情志。正确的辨证分型治疗会提高临床疗效。辨病与辨证相结合的指导思想极大地提高了中西医结合治疗ED的可行性，使ED临床诊疗水平不断提高。

（邢喜平）

第八节　泌尿系统肿瘤

一、肾癌

肾细胞癌（renal cell carcinoma，RCC）又称肾腺癌，简称肾癌，占成人恶性肿瘤的2%~3%。老年人易患肾细胞癌，高发年龄为60~70岁。属于中医"腰痛""尿血"范畴。

目前肾癌的治疗以手术为主，单纯应用中医中药治疗肾肿瘤的报道和经验不多，大多用于手术前或手术后复发转移者。中医中药治疗能明显改善患者的整体情况并提高机体免疫力，也能减轻痛苦和症状，延长患者的生命。

（一）病因与病理

1. 西医病因与病理　肾癌的病因尚未完全明了。其发病与吸烟、肥胖、高血压、饮食、职业接触（如芳香族类化合物等）、遗传因素（如 *VHL* 抑癌基因突变或缺失）等有关。

最受认可的环境致癌危险因素是烟草暴露，任何形式的烟草摄入都会增加肾癌的发病风险，并且这种风险随着吸烟量的累积或者每年吸烟盒数的增加而逐渐增加。肥胖被认为是另外一个主要的肾癌发病危险因素,BMI 每增加 $1kg/m^2$,肾癌的相对危险度增加 1.07。高血压可能是肾癌的第三大主要致病因素,这可能与高血压诱导肾损伤和炎症反应,或者引起肾小管的代谢或功能改变,增加了机体对致癌因子的易感性有关。脑视网膜血管瘤病(von Hippel-Lindau disease,VHL 病)被发现,表明肿瘤抑癌基因和原癌基因改变可能导致了散发性和家族性肾癌的发生。

肾癌常为单侧单病灶,病灶起源于肾小管上皮细胞,外有假包膜,呈圆形,切面以黄色、黄褐色和棕色为主,有时呈多囊性,可有出血、坏死和钙化。肾癌病理类型包括透明细胞癌、乳头细胞癌、嫌色细胞癌(chromophobe cell carcinoma)、梭形细胞癌等。其中透明细胞癌占70%~80%。肿瘤细胞为圆形或多边形,胞浆内含大量糖原、胆固醇脂和磷脂类物质,在切片制作过程中这些物质被溶质溶解,细胞质在镜下呈透明状。梭形细胞癌较少见且预后不良。肾癌可扩散至肾周围组织、邻近脏器,通过淋巴结扩散比向静脉内扩散形成癌栓更严重。远处转移部位常为肺、脑、骨、肝等。

2017 年 AJCC 提出了肾癌 TNM 分期系统的修订版,是目前推荐使用的肾癌分期系统(表 28-4)。

表 28-4　肾癌 TNM 分期

分类	标准
T 分期	原发肿瘤
T_x	原发肿瘤无法评估
T_0	没有原发肿瘤证据
T_1	肿瘤局限于肾脏,最大径 ≤ 7.0cm
T_{1a}	肿瘤 ≤ 4.0cm 且局限于肾脏
T_{1b}	肿瘤>4.0cm 且 ≤ 7.0cm 且局限于肾脏
T_2	肿瘤局限于肾脏,最大径>7.0cm
T_{2a}	肿瘤>7.0cm 且 ≤ 10.0cm 且局限于肾脏
T_{2b}	肿瘤>10.0cm 且局限于肾脏
T_3	肿瘤侵犯肾段静脉或肾静脉或下腔静脉,或侵及肾周围组织,但未侵及同侧肾上腺,未超过肾周筋膜
T_{3a}	肿瘤侵犯肾段静脉或深静脉,或侵犯肾盂、肾盏,或侵犯肾周围脂肪和 / 或肾窦脂肪,但未超过肾周筋膜
T_{3b}	肿瘤侵犯膈下水平下腔静脉
T_{3c}	肿瘤侵犯膈上水平下腔静脉或腔静脉壁
T_4	肿瘤侵透肾周筋膜或累及同侧肾上腺
N 分期	区域淋巴结
N_x	区域淋巴结无法评估
N_0	未见区域淋巴结转移
N_1	有区域淋巴结转移
M 分期	远处转移
M_x	远处转移无法评估
M_0	未见远处转移
M_1	存在远处转移

2. 中医病因病机 长期情志不舒、饮食不节或外伤造成气滞、血瘀、痰凝，日久脾肾两亏，脾虚不能摄血，肾虚则气化不利，水湿不行，瘀积成毒，久而结聚成块而发为本病。

(二) 临床表现

1. 血尿、疼痛和肿块 间歇性无痛性全程血尿多见，有时有条索状血块，间断发作，可自行停止。表明肿瘤已侵入肾盂、肾盏。肿瘤生长快，肾包膜紧张导致腰部胀痛；或由于血块阻塞输尿管，引起肾绞痛。早期肾癌不易发现腰部肿块，肿块增大到一定程度后，可在腰腹部触及。肿块质硬而坚实，不易活动。能触及腰部肿块者多属癌肿晚期。血尿、腰痛和腰腹部肿块被称为肾癌的"三联征"。由于超声、CT 技术的普及，早期肾癌检出率明显提高，肾癌出现典型的"三联征"现在已经少见，约为 10%。

2. 副肿瘤综合征（PNS） 10%~20% 的肾癌患者可出现副肿瘤综合征，常有发热、高血压、红细胞沉降率增快等。发热可能由肿瘤坏死、出血、肿瘤物质吸收入血引起。高血压可能因瘤体内动静脉瘘或肿瘤压迫动脉及其分支，引起肾素分泌过多所致。其他表现有高钙血症、高血糖、红细胞增多症、肝功能异常、贫血、体重减轻、消瘦及恶病质等。

3. 转移性肿瘤症状 约有 30% 的肾癌患者因骨转移部位的疼痛、持续性咳嗽、咯血、神经麻痹等转移性肿瘤症状而初次就诊。男性肾癌患者，如发现同侧精索静脉曲张，且平卧位不消失，常常提示肾静脉或下腔静脉内癌栓形成可能。

(三) 辅助检查

1. 实验室检查

(1) 尿常规检查：可见到肉眼血尿或镜下血尿。

(2) 尿细胞学检查：如能在尿液中检查到癌细胞则可确诊，但阳性率极低。

2. 影像学检查

(1) B 超检查：可作为肾癌的常规筛查手段，常能发现早期无症状的肾癌。典型的肾癌常表现为不均质的中低回声实性肿块。

(2) 腹部平片及肾盂造影：腹部平片见肾脏轮廓增大，出现环状钙化。排泄性或逆行肾盂造影可见肾盂充盈缺损，肾小盏因被压迫而弯曲、伸长或扭曲，新月状畸形最具有特征性。

(3) CT 检查：是诊断肾癌的常用方法。CT 检查可发现 0.5cm 以上的病变，同时显示肿瘤部位、大小、有无累及邻近器官等，是目前诊断肾癌最可靠的影像学方法。

(4) MRI 检查：对肾癌诊断的准确性与 CT 相仿；在判断肾静脉或下腔静脉内有无癌栓及肾癌分期方面，MRI 优于 CT。

(四) 诊断与鉴别诊断

1. 诊断 血尿、腰痛和腰腹部肿块是肾癌的三联征。具有上述典型症状的患者诊断并不困难，但此时病程已属晚期，因此其中任何一个症状出现时都应引起重视，选择适当检查，明确诊断。

2. 鉴别诊断

(1) 肾囊肿：两者均有肾脏增大，但肾囊肿是肾脏良性占位病变，B 超、CT 等检查可提示肾脏囊性改变。

(2) 肾血管平滑肌脂肪瘤：本病不常见，属良性肿瘤，CT、MRI 检查可与肾癌相鉴别。

(五) 治疗

肾癌的治疗原则强调以手术治疗为主。

1. 西医治疗

(1) 手术治疗：目前外科根治性手术仍是治疗肾癌的唯一有效手段。主要的手术方式有根治性肾切除术（radical nephrectomy，RN）和保留肾单位手术（nephron sparing surgery，

NSS)。具体的手术方式有开放手术、腹腔镜下手术及机器人辅助腹腔镜下手术。

根治性肾切除术的适应证：不适合行保留肾单位手术的 T_1 期肾癌，以及 T_2~T_4 期肾癌。

经典的根治性肾切除术范围：患侧肾周筋膜、肾周脂肪、病肾、同侧肾上腺、从膈脚到腹主动脉分叉处腹主动脉或下腔静脉旁淋巴结及髂血管分叉处以上输尿管。如合并肾静脉或下腔静脉内癌栓，应同时取出。

保留肾单位手术的适应证：T_1 期肾癌、肾癌发生于解剖性或功能性的孤立肾，根治性肾切除术将导致肾功能不全或尿毒症的患者。

保留肾单位手术范围：完整切除肿瘤及肿瘤周围肾周脂肪组织。

除了以上两种手术方式，肾癌也可选择以下治疗方式：射频消融（radiofrequency ablation，RF）、冷冻消融（cryoablation）、高强度聚焦超声（high-intensity focused ultrasound，HIFU）、肾动脉栓塞、肾冷冻治疗等。适用于晚期肾癌，无法施行肾癌根治术者。肾动脉栓塞术也适用于肾癌根治术前的辅助治疗，这样可使肾脏缩小，肾癌根治术易于施行，并能减少术中失血。

（2）非手术治疗：患者年龄较大，身体有多种疾病；或者肾癌发现较晚，已经出现局部浸润或其他脏器转移，可施行姑息疗法，如放疗、化疗、免疫治疗、内分泌治疗、支持疗法等。

2. 中医治疗

（1）脾肾两虚证：尿血，腰痛，腰部肿块，纳差，恶心，呕吐，形体消瘦，倦怠乏力，面色不华，舌淡，苔薄白，脉沉细无力。治以健脾益肾，软坚散结。方用四物汤合右归饮加减。

（2）肾阴亏虚证：小便短赤带血，潮热盗汗，口燥咽干，腰膝酸软，腰痛，腰部肿块，舌红少苔，脉细数。治以养阴清热凉血，用知柏地黄汤加减。

（3）湿热蕴结证：腰痛，坠胀不适，尿血，低热，身沉困，饮食不佳，腰腹部肿块，舌胖，苔黄腻，脉滑数。治以清热利湿，解毒化瘀。方用八正散加减。

（4）瘀血内阻证：面色晦暗，血尿频发，腰痛，腰腹部肿物增大，肾区憋胀，口干舌燥，舌质紫暗或有瘀斑，苔薄黄，脉弦。治以活血化瘀，理气散结。方用桃红四物汤加减。

（5）气血两虚证：久病体倦，疲乏无力，自汗，盗汗，面色无华，血尿时作，腰痛腹胀，贫血消瘦，动则气促，咳嗽，低热，口干不欲饮，舌红，脉细弱。治以补益气血，用八珍汤加减。

（六）中西医结合讨论

早期肾癌，外科根治性肾切除术是首选治疗方案。患者术后常表现为肾功能减退，尿素氮、血肌酐、尿酸等升高，中医认为，术后肾之气血俱伤，肾之阴阳失调，肾之气化功能失常，湿浊毒邪内蕴，余毒未清，浊毒瘀血互结于体内。通过辨证施治，可以改善肾功能，促进机体恢复，提高患者的生活质量。联合免疫治疗、靶向治疗的患者常有恶心、呕吐、皮疹、腹泻等不良反应，中医认为其本质为脾肾两虚，痰瘀互结，或夹有热毒。通过辨证施治，不仅可以明显缓解患者的不良反应，还可以提高患者自身的免疫力，增强免疫治疗和靶向治疗的疗效。

二、膀胱癌

膀胱癌（carcinoma of bladder）发病率居泌尿系恶性肿瘤首位，发病年龄多在 40 岁以上，男女发病比例约为 4：1。本节主要介绍来自上皮的膀胱癌。该病当属中医"尿血""癃闭""血淋"等范畴。

（一）病因与病理

1. 西医病因与病理

（1）病因：①职业性致癌因素：已公认的致癌物质主要是染料的中间体，如 β- 萘胺、α-萘胺及联苯胺。橡胶塑料的防老剂 4- 氨基苯也有致癌作用。因此从事染料、橡胶皮革、塑料及金属加工等职业的人员发病率较高。②非职业性致癌因素：吸烟、长期服用镇痛药、慢性膀胱炎、膀胱结石刺激等。

（2）病理：膀胱肿瘤根据组织来源可分为上皮和非上皮性两类，其中90%以上是膀胱尿路上皮癌；鳞癌约占5%；腺癌更为少见，占膀胱癌的比例<2%。膀胱癌可按生长方式分为原位癌、乳头状癌和浸润癌，通常是一种疾病不同阶段的连续发展。癌细胞局限在黏膜内时称原位癌。移行细胞癌最多见，常呈乳头状外形，可呈浸润性生长。鳞癌浸润快而深，恶性程度高。

浸润深度是临床（T）和病理（P）分期的依据。细胞分化程度和浸润深度与疾病转归密切相关。目前推荐使用的是2017年UICC膀胱癌TNM分期法临床和病理分期（表28-5）。

表28-5　膀胱癌TNM分期

分类	标准
T 分期	原发肿瘤
T_x	原发肿瘤无法评估
T_0	无原发肿瘤证据
T_a	非浸润性乳头状癌
T_{is}	原位癌
T_1	肿瘤侵及上皮下结缔组织
T_2	肿瘤侵犯肌层
T_{2a}	肿瘤侵犯浅肌层
T_{2b}	肿瘤侵犯深肌层
T_3	肿瘤侵犯膀胱周围组织
T_{3a}	显微镜下发现肿瘤侵犯膀胱周围组织
T_{3b}	肉眼可见肿瘤侵犯膀胱周围组织
T_4	肿瘤侵犯以下任一器官或组织，如前列腺、精囊、子宫、阴道、盆壁和腹壁
T_{4a}	肿瘤侵犯前列腺、精囊、子宫或阴道
T_{4b}	肿瘤侵犯盆壁或腹壁
N 分期	区域淋巴结
N_x	区域淋巴结无法评估
N_0	无区域淋巴结转移
N_1	真骨盆区（髂内、闭孔、髂外、骶前）单个淋巴结转移
N_2	真骨盆区（髂内、闭孔、髂外、骶前）多个淋巴结转移
N_3	髂总淋巴结转移
M 分期	远处转移
M_x	远处转移无法评估
M_0	无远处转移
M_{1a}	区域淋巴结以外的淋巴结转移
M_{1b}	其他远处转移

2. 中医病因病机

因寒温不适、饮食不节、情志不畅、劳倦等致正气虚损,邪气乘虚而入,毒邪长期侵袭,而致脾肾两亏;或身体素虚,脾肾不足。脾运失司,肾不化气,则水湿内停,日久酿生湿热,下注于膀胱,而致尿频、尿急、尿痛。湿热之邪灼伤络脉,迫血妄行,或气虚摄血无力而致血溢脉外,发为血淋、尿血。瘀血不去,新血不生,瘀热交搏,渐化为毒,毒热交织,腐蚀肌肉,致发热、贫血、衰竭之征象。久病耗伤气血,致气血两虚之证。

(二) 临床表现

1. 症状

(1)血尿:为膀胱肿瘤常见的首发症状,多为无痛性肉眼血尿,常突然出现,间歇发作。可自行减轻或停止,易给患者造成"好转"或"治愈"的错觉而贻误治疗;有时可仅为镜下血尿。出血量与肿瘤大小、数目及恶性程度并不一致。

(2)膀胱刺激症状:表现为尿频、尿急、尿痛,其肿瘤大多发生在膀胱三角区。或伴肿瘤坏死、溃疡及合并感染。

(3)排尿困难:膀胱肿瘤生长在尿道内口附近,或肿瘤表面坏死出血,血块堵塞尿道,则出现排尿困难。

2. 体征 一般情况下体检均为阴性,但当瘤体较大时,女性患者经双合诊检查可触到肿块;若出现排尿梗阻,可在下腹部触到膨隆的膀胱。

(三) 辅助检查

1. 尿液检查

(1)尿常规检查:患者间歇期时尿常规可正常,发作时尿常规红细胞满视野,合并感染时可见多个白细胞。

(2)尿细胞学检查:在新鲜尿液中易发现脱落的肿瘤细胞。该检查是膀胱癌诊断和术后随诊的主要方法之一。然而,低级别的肿瘤细胞不易与正常尿路上皮细胞以及由炎症或结石引起的变异细胞鉴别。

(3)尿液膀胱癌标志物检查:近年采用尿液膀胱肿瘤抗原(bladder tumor antigen,BTA)、核基质蛋白22(nuclear matrix proteins 22,NMP 22)、免疫细胞检查法及尿液荧光原位杂交(fluorescence in situ hybridization,FISH)检查等有助于膀胱癌的早期诊断。

2. 影像学检查

(1)B超检查:此项检查不会给患者造成痛苦,容易被接受,但对于直径大于0.5cm的肿瘤准确率高,反之则低。

(2)静脉肾盂造影(intravenous pyelography,IVP)和计算机体层成像尿路造影,即CT尿路成像(CT urography,CTU):对较大的肿瘤可显示为充盈缺损,并可了解肾盂、输尿管有无肿瘤以及膀胱肿瘤对上尿路影响。如有肾积水或肾显影不良,提示膀胱肿瘤侵犯同侧输尿管口。

(3)CT和MRI检查:可以判断肿瘤浸润膀胱壁的深度,以及淋巴结及内脏转移的情况。

(4)放射性核素骨扫描检查:可了解有无骨转移。

3. 膀胱镜检查 膀胱镜检查是诊断膀胱肿瘤的主要手段,可在直视下观察到肿瘤的数目、位置、大小、形态和与输尿管开口的关系,同时做病理检查可以明确诊断。原位癌局部黏膜呈红色点状改变,与充血的黏膜相似。低级别的乳头状癌多呈浅红色,蒂细长,肿瘤有绒毛状分支。高级别的浸润性癌呈深红色或褐色的团块状结节,基底部较宽,可有坏死或钙化。检查中需注意肿瘤与输尿管口及膀胱颈的关系以及有无憩室内肿瘤。此外,窄谱光成像膀胱镜等新技术的应用有助于提高膀胱癌的诊断率。

（四）诊断与鉴别诊断

1. 诊断　对间歇性无痛性肉眼血尿的患者,应考虑膀胱肿瘤的可能,必须进行详细检查。尿细胞学检查、B 超、计算机体层成像尿路造影(CT 尿路成像)和膀胱镜取活检等检查常可明确诊断。

2. 鉴别诊断

(1)肾、输尿管肿瘤:两者均有间歇性无痛性肉眼血尿,但肾、输尿管肿瘤可排出条状血块,多无坏死组织;膀胱肿瘤则可排出片状血块,多有坏死组织。可通过 B 超及造影检查加以区别。

(2)膀胱结核:该病虽有血尿,但以终末血尿为主,多伴有长时间的尿频、尿痛、午后潮热、盗汗。膀胱镜检查及病理检查可区别。

（五）治疗

膀胱肿瘤的治疗可分为手术疗法和非手术疗法,原则上强调以手术治疗为主。早期的外科手术治疗配合抗肿瘤等药物膀胱灌注可有效防止复发,甚至治愈。

1. 西医治疗

(1)手术治疗:根据肿瘤的分化程度、临床分期并结合患者的全身状况,选择合适的手术方式。包括经尿道膀胱肿瘤切除术(transurethral resection of bladder tumor, TUR-BT)、膀胱切开肿瘤切除术、膀胱部分切除术、根治性膀胱切除术(radical cystectomy)。必要时术后辅助化疗或放疗。

原则上 T_a、T_{is}、T_1、局限的 T_2 期肿瘤可采用保留膀胱的手术;较大的、多发的、反复复发的及 T_2、T_3 期肿瘤,应行根治性膀胱切除术联合盆腔淋巴结清扫术。根治性膀胱切除术,男性患者还应包括前列腺和精囊,女性患者应包括子宫和部分阴道前壁、附件。根治性膀胱切除术后常用回肠代替膀胱,即游离一段回肠作膀胱,输尿管吻合在这段回肠上,并自腹壁开口排出尿液。如患者全身情况差,无法切除肿瘤并有下尿路梗阻时,可做输尿管皮肤造口术。此外,经尿道激光手术可准确汽化切割膀胱壁各层,疗效与 TUR-BT 相近。而光动力学治疗、膀胱部分切除术等治疗方式仅适用于特殊条件的患者。

(2)非手术治疗:患者年龄较大,身体有多种疾病,不适合手术,或膀胱肿瘤发现较晚,局部浸润或有其他器官转移,可施行姑息性放、化疗及对症支持疗法,以减轻患者的痛苦,延长生命。

1)化疗:是根治性膀胱切除术的重要辅助治疗手段,主要包括术前新辅助化疗和术后辅助化疗。

2)放疗:效果不如根治性膀胱切除术,一般仅用于不宜手术的患者,可单独或联合化疗应用。但必须注意放射性膀胱炎的发生。

3)膀胱灌注治疗:由于保留膀胱术后 2 年复发率高达 50% 以上,所以防止术后肿瘤复发是一个很重要的课题。目前临床应用于膀胱灌注的药物如下:①抗肿瘤药:丝裂霉素、羟喜树碱等;②免疫药物:由于膀胱癌存在免疫缺陷,故应用免疫治疗,临床常用卡介苗;③中药:中药制剂膀胱灌注在预防膀胱癌术后复发方面有着明显的优势和很好的发展前景,既有抗肿瘤作用,又可增强局部免疫功能,而且副作用少,如复方莪术液、冬凌草液等。

2. 中医治疗

(1)肝郁气滞证:尿血,胁痛,口苦咽干,烦躁易怒,舌红,苔薄黄,脉弦。治以疏肝解郁,通利小便。方用沉香散加减。

(2)湿热下注证:尿血,尿频,尿痛,小腹胀满,口渴不欲饮,舌红,苔黄腻,脉滑数。治以清热利湿,通利小便。方用八正散加减。

（3）气血两虚证：尿血，面色苍白，倦怠乏力，自汗，盗汗，舌淡，苔薄白，脉沉细无力。治以益气养血，通利小便。方用四君子汤合四物汤加减。

（六）中西医结合讨论

膀胱癌为邪气侵袭，日久瘀而化热，热灼津伤，久则气滞、血瘀、痰凝成块而致的癌肿。术后余毒未清，浊毒瘀血互结于体内，通过辨证施治，既可以口服中药汤剂减轻膀胱术后及灌注后的不良反应，还可以通过华蟾素、苦参碱的中药制剂联合西药灌注治疗，增强疗效。对于较大的、多发的、反复复发的 T_2、T_3 期膀胱癌患者，应行根治性膀胱切除术联合盆腔淋巴结清扫术，尽可能完全切除肿瘤。手术损伤较大，术后气血两伤，免疫力低下，通过中医辨证论治，可以调节患者机体免疫力，抑制肿瘤细胞生长，提高患者的生存质量。

三、前列腺癌

前列腺癌（prostate cancer，PC）是老年男性的常见恶性肿瘤，其发病率有明显的地区和种族差异。全球范围内，前列腺癌发病率在男性所有恶性肿瘤中位居第二。我国前列腺癌发病率近年来呈显著上升态势，这与人均寿命的延长、饮食结构的改变以及诊断技术的提高有关。

中医文献中虽未见前列腺癌之病名，但有类似的记载与描述，散见于"淋证""癃闭""痛证""血证"等范畴。

（一）病因与病理

1. 西医病因与病理

（1）病因：前列腺癌的病因虽不完全清楚，但可能与年龄、种族、遗传、环境、食物、肥胖和性激素等有关。前列腺癌的发病情况与年龄密切相关，高年龄组发病率高。除了年龄，不同种族的前列腺癌发病率差异也很大。家族史是前列腺癌的高危因素，一级亲属患有前列腺癌的男性发病危险是普通人的 2 倍，并且当患病亲属个数增加或亲属患病年龄降低时，本人的发病危险也随之增加。阳性家族史患者确诊年龄提前 6~7 年。

过多的动物脂肪摄入也可能促进前列腺癌的发生、发展。近年来，有研究表明前列腺炎症可能是前列腺癌的诱因之一，其与前列腺癌的发生、发展存在一定关系，但具体机制尚未明确。

（2）病理：前列腺腺癌最为多见，占 98%，常从腺体外周带发生，很少单纯发生于中心区域。前列腺腺癌的显微镜下诊断是以组织学及细胞学特点相结合为基础的。

1）前列腺癌的分级：Gleason 分级是目前应用最为广泛的分级系统。Gleason 分级系统是根据在相当低放大倍数下前列腺癌腺泡内的生长形式而定的，按照细胞的分化程度由高到低分为 1~5 级，把区域最大这一级别的癌腺泡区定为最常见生长型，其次为次常见生长型。这两种常见的癌肿生长形式影响肿瘤的预后。在 Gleason 分级基础上建立 Gleason 评分系统。Gleason 评分 = 最常见癌腺泡生长形式组织学分级数 + 次常见癌腺泡生长形式组织学分级数，范围为 2~10。根据 Gleason 评分 ≤6、=7、≥8，将患者分为低危、中危、高危组，评分越高，预后越差。具体如下：① Gleason 1 级：单个的分化良好的腺体密集排列，形成界限清楚的结节；② Gleason 2 级：单个的分化良好的腺体较疏松排列，形成界限较清楚的结节（可伴微小浸润）；③ Gleason 3 级：分散、独立的分化良好的腺体；④ Gleason 4 级：分化不良、融合的或筛状（包括肾小球样结构）的腺体；⑤ Gleason 5 级：缺乏腺性分化（片状、条索状、线状、实性、单个细胞）和 / 或坏死（乳头状 / 筛状 / 实性伴坏死）。

2）前列腺癌的分期：前列腺癌分期的目的是指导选择治疗方法和评价预后。通过直肠指检、PSA、穿刺活检阳性针数和部位、骨扫描、CT、MRI 以及淋巴结切除来明确分期。目前国际惯用的是 2017 年 UICC 前列腺癌 TNM 分期系统（表 28-6）。

表 28-6 前列腺癌 TNM 分期

分类	标准
T 分期	原发肿瘤
T_x	原发肿瘤不能评价
T_0	无原发肿瘤证据
T_1	不能被扪及和影像学难以发现的临床隐匿肿瘤
T_{1a}	偶发肿瘤体积＜所切除组织体积的 5%
T_{1b}	偶发肿瘤体积＞所切除组织体积的 5%
T_{1c}	穿刺活检发现的肿瘤（如由于 PSA 升高）
T_2	局限于前列腺内的肿瘤
T_{2a}	肿瘤限于单叶的 1/2
T_{2b}	肿瘤超过单叶的 1/2 但限于该单叶
T_{2c}	肿瘤侵犯两叶
T_3	肿瘤突破前列腺包膜,但未固定,也未侵犯邻近结构 *
T_{3a}	肿瘤侵犯包膜外（单侧或双侧）
T_{3b}	肿瘤侵犯精囊
T_4	肿瘤固定或侵犯除精囊外的其他邻近组织结构,如尿道外括约肌、直肠、膀胱、肛提肌和 / 或盆壁
pT 分期 **	病理
pT_2	局限于器官内
pT_3	前列腺包膜外受侵
pT_{3a}	前列腺受侵（单侧或者双侧）,或显微镜下可见侵及膀胱颈 ***
pT_{3b}	侵犯精囊
pT_4	肿瘤固定或侵犯除精囊外的其他邻近组织结构,如尿道外括约肌,直肠、膀胱、肛提肌和 / 或盆壁
N 分期	区域淋巴结
N_x	区域淋巴结不能评价
N_0	无区域淋巴结转移
N_1	区域淋巴结转移
M 分期 ****	远处转移
M_x	远处转移无法评估
M_0	无远处转移
M_1	存在远处转移
M_{1a}	有区域淋巴结以外的淋巴结转移
M_{1b}	骨转移
M_{1c}	其他器官组织转移

*: 侵犯前列腺尖部或前列腺包膜但未突破包膜的定为 T_2,非 T_3;**: 没有病理学 T_1 分类;***: 切缘阳性,由 R_1 表示,提示可能存在显微镜下残余病灶;****: 当转移多于一处,为最晚的分期。

2. 中医病因病机　六淫外邪的侵袭、饮食所伤、情志不畅、劳倦等致正气虚损,邪气乘虚而入而发为本病。脾主运化,肾主气化,运化失常,气化蒸腾不利,则水湿内停,日久酿生湿热,停聚成痰。痰湿阻滞,气血运行不畅,瘀血内停,痰瘀、湿热搏结于精室,发为前列腺癌。

(二) 临床表现

1. 症状　前列腺癌好发于老年男性。前列腺癌早期多数无明显临床症状,常因体检或者在其他非前列腺癌手术后通过病理检查发现(如前列腺增生的手术)。随着肿瘤生长,前列腺癌引起的症状可概括为两大类:

(1)压迫症状:逐渐增大的前列腺腺体压迫尿道可引起进行性排尿困难,表现为尿线细、射程短、尿流缓慢、尿流中断、尿后滴沥、排尿不尽、排尿费力。此外,还有尿频、尿急、夜尿增多,甚至尿失禁。肿瘤压迫直肠可引起大便困难或肠梗阻,也可压迫输精管引起射精缺乏,压迫神经可引起会阴部疼痛,并可向坐骨神经放射。

(2)转移症状:前列腺癌可侵及膀胱、精囊、血管神经束,引起血尿、血精、阳痿。盆腔淋巴结转移可引起双下肢水肿。前列腺癌常易发生骨转移,引起骨痛或病理性骨折、截瘫。其他晚期前列腺癌的症状包括贫血、衰弱、排便困难等。少数患者因转移症状而就医,局部症状不明显,易导致误诊。

2. 体征　前列腺癌早期可无明显阳性体征。前列腺癌晚期,由于肿瘤转移,可触及下腹部肿块、锁骨上肿块,可有骨骼的无名疼痛以及消瘦等体征。一般情况下前列腺癌患者直肠指检时可触及质硬结节。

(三) 辅助检查

1. 血清 PSA 测定　当前列腺发生癌变时,正常组织破坏后,血清中 PSA 升高。血清 PSA 测定与直肠指检联合是目前公认的早期发现前列腺癌的最佳初筛办法。血清 PSA 正常参考值为 0~4ng/ml,数值越大,罹患前列腺癌的风险越大。

2. 影像学检查　经直肠超声检查以往常被用于前列腺癌的诊断,但多数早期前列腺癌患者常无异常发现。

1)CT 检查:主要用于协助前列腺癌的临床分期。CTU 可发现晚期前列腺癌浸润膀胱、压迫输尿管引起肾积水。

2)MRI 检查:是诊断前列腺癌及明确临床分期的主要方法之一,可显示前列腺癌外周包膜的完整性,判断是否侵犯前列腺周围脂肪组织、膀胱及精囊器官。预测包膜或包膜外侵犯的准确率达 70%~90%,预测有无精囊受侵犯的准确率达 90%。MRI 可显示盆腔淋巴结受侵犯情况及骨转移的病灶,对前列腺癌的临床分期具有重要的作用。多参数 MRI 在诊断前列腺癌方面有着较高的灵敏度和特异度,并可对肿瘤局部侵犯程度及有无盆腔淋巴结转移做出初步评估。

3. 骨扫描　是目前评价前列腺癌骨转移最常用的方法。当前列腺癌发生骨转移时,多数为成骨性转移病灶,可通过 X 线平片或全身放射性核素骨扫描发现。

4. 前列腺穿刺活检　前列腺穿刺活检是病理确诊前列腺癌的主要方法,多在经会阴或经直肠超声的引导下进行。近年来,以超声增强造影、超声弹性成像和多参数 MRI 为靶向的前列腺穿刺活检术在发现有临床意义的前列腺癌,以及避免过度诊断方面展现出了明显的优势。

前列腺穿刺指征包括:

(1)直肠指检发现前列腺可疑结节,任何血清 PSA 值。

(2)经直肠前列腺超声或 MRI 发现可疑病灶,任何血清 PSA 值。

(3) 血清 PSA>10ng/ml。

(4) 血清 PSA 为 4~10ng/ml，fPSA/tPSA 比值可疑或 PSAD 值可疑。

(四) 诊断与鉴别诊断

1. 诊断 对直肠指检发现前列腺质硬结节的患者，应考虑前列腺癌的可能，必须进行详细检查，如血清 PSA 测定、经直肠前列腺超声、前列腺 MRI 等。最终可通过前列腺穿刺活检来明确诊断。

2. 鉴别诊断

前列腺增生：两者在早期临床表现无明显特异性，对于临床可疑病例，可行穿刺活检确诊。

(五) 治疗

1. 西医治疗 目前治疗前列腺癌的方法主要有等待观察、手术治疗、内分泌治疗、放疗、化疗、冷冻治疗、HIFU 治疗等。前列腺增生手术时偶然发现的 T_1 期前列腺癌一般病灶小、细胞分化好，可以不做处理，应严密随诊。T_1~T_{2c}、T_{3a} 期前列腺癌可以行根治性前列腺切除术；T_{3b}~T_4 期前列腺癌以内分泌治疗为主，可采用最大限度雄激素阻断（maximum androgen blockade，MAB）治疗。已经有新型的二线内分泌治疗药物醋酸阿比特龙上市，可用于去势抵抗性前列腺癌（castrate-resistant prostate cancer，CRPC）。

(1) 等待观察：对于预期寿命相对较短、体弱无法耐受手术治疗的前列腺癌患者，与前列腺癌无关的疾病导致死亡的风险增大，为保障生活质量，避免治疗相关的不良反应，应予以等待观察。密切观察疾病变化，当疾病进展时再根据患者的具体情况选择治疗方案。

(2) 根治性前列腺切除术：早期手术切除是根治前列腺癌的根本方法，国内推荐开放性经耻骨后前列腺癌根治术和腹腔镜前列腺癌根治术。有条件的医学中心可开展机器人辅助腹腔镜前列腺癌根治术。若肿瘤已有远处淋巴结转移或预期寿命不足 10 年者，不宜行本手术。75 岁以上的患者行根治性前列腺切除术，其手术并发症发生率及病死率将会增加。

(3) 雄激素剥夺治疗（androgen deprivation therapy，ADT）：ADT 是一种姑息性疗法，目的是降低患者体内雄激素浓度，抑制肾上腺来源雄激素的合成，抑制睾酮转化为双氢睾酮；或阻断雄激素与其受体结合，以抑制或控制前列腺癌细胞的生长。ADT 作为晚期前列腺癌患者主要的全身性治疗，或者作为辅助 / 新辅助治疗联合放疗，用于治疗局限性或局部晚期前列腺癌。去势治疗是主要的 ADT 方法，包括外科去势和药物去势。前者即双侧睾丸切除，后者则为通过药物干扰下丘脑 - 垂体 - 睾丸内分泌轴，从而抑制睾丸分泌睾酮。药物去势常用促黄体素释放激素（luteinizing hormone releasing hormone，LHRH），如亮丙瑞林、戈舍瑞林、曲普瑞林等。抗雄激素药物主要是非类固醇类，如比卡鲁胺、氟他胺等。

抗雄激素药物可阻断体内雄激素与其受体结合，也是 ADT 的方法之一，可与去势治疗共同构成"最大限度雄激素阻断"。

治疗的有效性是疼痛的缓解，梗阻症状及其他与肿瘤相关的参数的改善，身体状况好转等。

(4) 外放射治疗（EBRT）：该方法具有适应证广、疗效好、并发症少等优点，适用于各期患者。根据放疗的目的不同，EBRT 分为三类：局限性和局部进展期前列腺癌患者的根治性治疗；术后辅助放疗和挽救性放疗；转移性前列腺癌以减轻症状、提高生活质量、延长生存时间。对于器官局限性肿瘤，根治性放疗能达到近似治愈的效果，其 5~10 年内的无瘤生存率可与根治性前列腺切除术相似。姑息性放疗主要用于前列腺癌骨转移病灶的治疗，达到缓解疼痛症状的目的。EBRT 疗效好，适用于各期患者，并发症（尿路狭窄、尿失禁、放射性肠炎、ED 等）少，使用安全。EBRT 对低危前列腺癌患者的疗效与根治性手术相似。

（5）近距离照射治疗：包括腔内照射、组织间照射等。是将放射源密封后直接植入被治疗的组织内或放入人体天然的腔内进行照射。根据治疗时间的长短可分为：短暂种植治疗和永久种植治疗。

（6）化疗：是去势抵抗性前列腺癌（CRPC）的重要治疗手段。转移性前列腺癌往往在内分泌治疗中位缓解时间 18~24 个月后逐渐对激素产生非依赖而发展为 CRPC。CRPC 的全身治疗原则包括继续应用内分泌药物确保血睾酮维持在去势水平，采用化疗改善症状和延长生存时间，对骨转移应用双膦酸盐预防骨相关事件。化疗可以延长 CRPC 患者的生存时间，控制疼痛，提高生活质量。常用的化疗方案为多西他赛联合泼尼松，每 3 周 1 个疗程，共 10 个疗程。

（7）冷冻治疗：用于治疗临床局限性前列腺癌。

（8）高强度聚焦超声治疗：原理是利用高能超声波，将能量聚焦在病变组织区域，使温度高于 65℃，肿瘤组织发生凝固性坏死。

2. 中医治疗

（1）湿热蕴结证：腰痛腰酸，小腹胀满，小便不通或短赤灼热，舌红，苔黄腻，脉滑数。治以清热利湿，软坚通利。方用萆薢渗湿汤加减。

（2）瘀血阻滞证：小便点滴而下，小腹胀满疼痛，舌质紫暗或有瘀点，脉涩或细数。治以活血化瘀，散结通利。方用抵当汤加减。

（3）肾气亏虚证：小便无力，面色无华，神气怯弱，腰膝酸软，舌淡，脉沉细。治以温阳益气，补肾利尿。方用济生肾气丸加减。

（六）中西医结合讨论

前列腺癌根治性切除的患者，术后常出现尿失禁、尿潴留等症状，中医认为前列腺癌根治术后气血两伤、脾肾亏虚，予以健脾益肾、益气养血，缩短患者尿失禁的病程，改善尿潴留的症状。前列腺癌放疗的患者，常出现放疗部位皮肤干燥、易敏、毛发脱落等症状，中医学认为上述症状可辨证为气阴两伤，津液耗伤。前列腺癌未治疗前绝大多数为雄激素依赖型，去势（药物或手术）治疗阻断雄激素后可延缓前列腺癌的进展，但 3~5 年后前列腺癌多会转换为雄激素抵抗型。中医认为由于前列腺癌病程日久，脾肾功能异常，气化蒸腾不利，则水湿内停，日久停聚成痰，痰湿阻滞，瘀血内停，搏结于精室，发为前列腺癌。"瘀血、痰湿"既是病因，又是病理产物，与肾虚相伴而生，互为因果。去势治疗后，我们应用中医辨证施治，如"补肾祛瘀"等中药干预措施，可延缓前列腺癌向雄激素抵抗型转化，还可一定程度地防治前列腺癌的骨转移。

（王成李）

复习思考题

1. 请简述睾丸鞘膜积液的分型及特点。
2. 请简述前列腺炎的病因、临床表现和中西医诊疗方案。
3. 请简述睾丸附睾炎的发病机制、临床表现和治疗措施。
4. 试述前列腺增生的发病机制、临床表现和中西医治疗方法。
5. 试述勃起功能障碍的病因及中西医诊疗优势。
6. 请简述生殖系统肿瘤发病率、症状和治疗策略。

◇◇◇ 第二十九章 ◇◇◇

血 管 疾 病

学习目标

1. 掌握血管疾病的病因病机、病理生理、临床表现、诊断及鉴别诊断。
2. 熟悉血管疾病的治疗原则及中西医治疗措施。
3. 了解血管疾病诊疗最新前沿进展。

第一节 概 述

随着我国经济高速发展,疾病谱发生了显著变化,慢性非传染性疾病和传染性疾病同时成为严重威胁我国城乡居民健康的危险因素。其中,心脑血管疾病在国民死因调查中居于第一位,具有高发病率、高死亡率、高致残率、高复发率及经济负担重的特点,并呈现年轻化趋势。针对严峻的防控形势,国家卫生健康委员会成立脑卒中筛查与防治工程委员会,深入宣传卒中预防知识,大力推广健康的生活行为方式,制定相关标准和干预准则,培养专业人才,指导临床规范筛查、循证施治、合理用药、组织科学研究。通过多年的辛勤工作,目前国内各家医院大多都建立了胸痛和卒中中心,规范治疗,进一步降低了卒中的病死率和致残率,充分体现了国家把保障人民健康放在优先发展的战略位置,坚持基本医疗卫生事业公益性的战略定位。

本章所讲述的血管疾病包括脑血管疾病和外周血管疾病,外周血管疾病主要包含颈部、胸腹部、四肢发生的动静脉疾病。

脑血管疾病主要分为两大部分:出血性脑卒中和缺血性脑卒中。出血性脑卒中以高血压脑出血最常见,临床表现主要取决于出血量及出血部位,常见症状包括:神经功能缺损、癫痫、头痛、呕吐以及意识水平下降等。而自发性蛛网膜下腔出血是另一类特殊的脑血管疾病,多由颅内动脉瘤破裂引起,30 日内的病死率高达 46%,极其凶险,因此临床上将颅内动脉瘤称为"不定时炸弹",一旦发现必须密切随访,积极治疗。动脉瘤的治疗方法包括手术夹闭和血管内介入治疗。临床上,缺血性脑卒中更常见,可占脑卒中的 70%,多由颈内动脉和椎基底动脉及其分支急性闭塞引起,一旦发病,须在 4.5 小时内进行静脉溶栓治疗,大血管梗死还可采用经动脉机械取栓治疗,以期挽救患者肢体功能。如术后经对症处理后仍有颅内压增高、脑疝等,需行去骨瓣减压手术抢救生命。但缺血性脑卒中的预防更为重要,颈动脉粥样硬化斑块或低密度脂蛋白型高脂蛋白血症患者,需采用抗血小板和 / 或他汀类药物治疗。当颈动脉粥样硬化斑块致管腔狭窄达一定程度时,需采用颈动脉内膜切除术(carotid endarterectomy,CEA)和颈动脉支架植入术(carotid artery stenting,CAS)来预防缺血性脑卒中的发生。烟雾病则是比较特殊的一种脑血管疾病,在疾病发生发展过程中,双侧颈内动脉进行性狭窄、闭塞,颅底新生毛细血管网代偿,因此会出现缺血和出血的双重特征,除对症治疗外,主要通过直接和/或间接血管重建手术来达到治疗目的。脑血管疾病急性期多以西医治疗为主;恢复期及后遗症期可采用中西医结合治疗,扶正祛邪,益气活血,育阴息风等,并配合针灸、按摩及其他康复治疗。按外科早期快速康复理念,目前中医针灸康复的治疗时机正不断前移,患者一旦平稳即可早期治疗干预。

胸部血管疾病主要包括:胸主动脉瘤(thoracic aortic aneurysm)和主动脉夹层(dissection of aorta)。前者指由于各种原因造成胸主动脉壁正常结构损害,在血流压力的作用下,胸主动脉局限性或弥漫性扩张或膨出,达到正常胸主动脉直径的 1.5 倍以上,即成为胸主动脉瘤。后者更是一种致命性疾病,未经治疗的急性主动脉夹层 6 小时内病死率将超过 22.7%,24 小时内将超过 50%,1 周内将超过 68%。主动脉夹层发病率男性高于女性,中老年人居多,但近年来发病年龄有年轻化趋势。

周围血管疾病包括血栓性脉管炎、动脉硬化闭塞症、下肢深静脉血栓形成、下肢静脉曲张和糖尿病足等,主要病理改变是狭窄闭塞、扩张及静脉瓣膜关闭不全。周围血管疾病的主要临床表现可归纳为感觉异常、形态和色泽改变、结构变化、组织丧失等。

(费智敏)

第二节　脑血管疾病

一、脑卒中

脑卒中分为出血性脑卒中和缺血性脑卒中,后者在内科学中已有详尽的叙述,因此本节只作简要概述。

【出血性脑卒中】

出血性脑卒中又称脑出血(intracerebral hemorrhage,ICH),是指非外伤性脑实质内出血。年发病人数为 10 万 ~20 万,占所有脑卒中的 10%~15%。其中原发性 ICH 占78%~88%,多因高血压或者脑血管淀粉样变性损伤了颅内小血管所致,以 50~60 岁、高血压未经系统治疗的患者最多见。起病常突然无先兆,多在情绪紧张、用力排便等情况下发病。发病率随年龄上升呈指数型增长,男性明显高于女性。继发性 ICH 的原因包括颅内动脉瘤、脑动静脉畸形、海绵状血管瘤、静脉窦栓塞、颅内肿瘤、凝血性疾病等。

中医学认为脑出血发病像自然界的风一样,而且变化无穷,故常将其称为"中风"。《黄帝内经》云"风为百病之长""风性善行而数变";《医学纲目》云"人之百病,莫大于中风"。这三句话从不同角度说明了中风是一种常见病、多发病,发病急,变化快,病情重,危险大。中医没有脑血管病这一病名,更不分脑缺血或出血,但对中风的病因病机和治疗却有着丰富的论述。中医的中风是以突然昏迷,不省人事,伴有口眼歪斜、半身不遂、言语不利,或不经昏仆而仅以喝僻不遂为主的一种疾病。

(一) 病因与病理

1. 西医病因、发病机制及病理

(1)病因:高血压是原发性 ICH 最重要的危险因素,不规律使用降压药治疗,每年脑出血再发生率为 2%。其次,脑淀粉样血管病(cerebral amyloid angiopathy,CAA)是 60 岁以上自发性 ICH 另一个重要的病因。其他病因包括抗凝或溶栓治疗,单用阿司匹林导致 ICH 并预后不良的风险相对较小,而联用抗血小板药物阿司匹林和氯吡格雷,即所谓的"双抗"治疗会大大增加 ICH 发生的风险。口服抗凝药物华法林会明显增加 ICH 发生的概率,且脑出血持续时间长,当国际标准化比值(INR)>3.0 时,病死率高达 66.7%。凝血因子缺乏(Ⅷ、Ⅸ因子)和缺陷(ⅩⅢ因子)症,血小板减少(特别是血小板 <10 000/mm³),系统性疾病如肝肾衰竭、白血病,肿瘤化疗及特发性血小板减少性紫癜等,均会引起 ICH。过度酒精摄入也是 ICH 的高危因素,酗酒及滥用违禁药物会影响凝血功能,损害脑血管。继发性 ICH 病因则包括动脉瘤、先天性动静脉畸形、脑瘤出血、烟雾病、脑动脉炎血管壁坏死等。

(2)发病机制:尚不完全清楚,可能与下列因素有关。

1)高血压性脑出血机制:颅内动脉中层肌细胞和外层结缔组织少、外弹力层缺失,长期高血压可使脑细小动脉发生玻璃样变性、纤维蛋白样坏死,甚至形成微动脉瘤或夹层动脉瘤;高血压所致的血管破裂多位于或邻近受累血管分叉部,穿支动脉呈直角发出,血管壁承受的压力大,此处动脉壁结构(动脉中膜和平滑肌)可确认发生了退行性变化,血压骤然升高时易导致血管破裂出血。这些穿支动脉来源于大脑前、中动脉(如豆纹动脉),后动脉(丘纹动脉),以及脑干(如旁正中穿支动脉),脑出血正是由这类颅内穿支动脉破裂引起的。

2)CAA 性脑出血机制:血管内皮异常导致血管渗透性增加,蛋白酶等血浆成分侵入血管壁,形成纤维蛋白样坏死或变性,内膜增厚,β- 淀粉样蛋白沉积于脑皮质血管和软脑膜血管的血管壁中,使血管中膜和外膜被淀粉样蛋白取代,弹性膜和中膜平滑肌消失,形成蜘蛛状微血管瘤扩张,各种诱发因素致血压升高,进而造成微血管瘤破裂出血。

(3)病理:血肿中心充满血液或血凝块,周围水肿,并有炎症细胞浸润。70% 以上患者出血量会在初次出血后几个小时内有所增加,并直接导致症状加重和功能预后不良。初次出血后血肿会引起邻近脑实质局部水肿和神经元损伤,其占位效应可使周围相对疏松的白质受压、移位,甚至断裂,进而损害血肿周边脑组织功能的完整性。此外,局部血管机械破碎使邻近多发微出血灶进展、积聚,致血肿进一步增大。凝血酶主导了出血周围水肿过程,血红素及其产物亚铁血红素和铁对线粒体具有极大杀伤力,会加速细胞死亡。出血最初 2 日脑水肿发展最快,一般将持续 3 周左右。

急性期后,血凝块溶解,吞噬细胞清除含铁血黄素和脑坏死组织,胶质增生,小出血灶形成胶质瘢痕,大出血灶形成卒中囊。

2. 中医病因病机

(1)中医病因:本病多是在内伤积损的基础上,复因劳逸失度、情志不遂、饮酒饱食或外邪侵袭等触发,引起脏腑阴阳失调,血随气逆,肝阳暴张,内风旋动,夹痰夹火,横窜经脉,蒙蔽神窍,从而发生猝然昏仆、半身不遂诸症。

(2)中医病机:中风的形成虽有上述各种原因,但其基本病机总属阴阳失调,气血逆乱。病位在心脑,与肝肾密切相关。病理基础则为肝肾阴虚,复加饮食起居不当,情志刺激或感受外邪,气血上冲于脑,神窍闭阻。病理因素主要为风、火、痰、气、瘀,其形成与脏腑功能失调有关,五者之间可互相影响或兼见同病,严重时风阳痰火与气血阻于脑窍,横窜经络,出现昏仆、失语、喎僻不遂。病理性质多属本虚标实。肝肾阴虚,气血衰少为致病之本,风、火、痰、气、瘀为发病之标,两者可互为因果。中风的发生,病机虽然复杂,但归纳起来不外虚(阴虚、血虚)、火(肝火、心火)、风(肝风、外风)、痰(风痰、湿痰)、气(气逆、气滞)、血(血瘀)六端。

恢复期因气血失调,血脉不畅而后遗经络形证。中脏腑者病情危重,经积极抢救治疗,患者往往可脱离危险,神志渐趋清醒。但因肝肾阴虚,气血亏损未复,风、火、痰、瘀之邪留滞经络,气血运行不畅,或年老体衰,则患者或有半身不遂、口歪或不语等后遗症,且一般较难恢复。

（二）临床表现

ICH后常见的症状包括神经功能缺损、癫痫、呕吐、头痛以及意识水平下降等,其中意识状态改变发生率高达约50%。临床症状和体征主要取决于出血量及出血部位。原发性ICH常见的部位见图29-1(文末彩图)。

1. **皮质下脑内出血** 高血压脑出血最常见的部位是壳核,但ICH通常可发生于所有其他皮质下部位,如丘脑。

(1)基底核区出血:为高血压脑出血最好发的部位,约占脑出血的60%。该区又以壳核出血为最多见(图29-2)。根据症状,可分为轻重两型。

轻型:出血一般不超过30ml,症状较轻。患者表现为头痛、头晕、恶心呕吐、意识清楚或轻度障碍,出血对侧出现不同程度的偏瘫,亦可出现对侧偏身感觉障碍及偏盲,即所谓的三偏征。双眼可向病侧凝视。出血为优势半球时,可出现失语、体象障碍或定向障碍等。

重症:出血量可达30~160ml,有时波及丘脑,突然发病,意识障碍重,鼾声明显,呕吐频繁,可呕吐咖啡样胃内容物,双眼可向患侧凝视,常有双侧瞳孔不等大,如出血侧散大则提示小脑幕疝形成。病灶对侧偏瘫,肌张力低,可引出病理反射。病情继续发展时血液大量破入脑室,损伤丘脑下部及脑干,昏迷进一步加深,出现去大脑强直、四肢瘫和中枢性高热,最后发生脑疝而死亡。

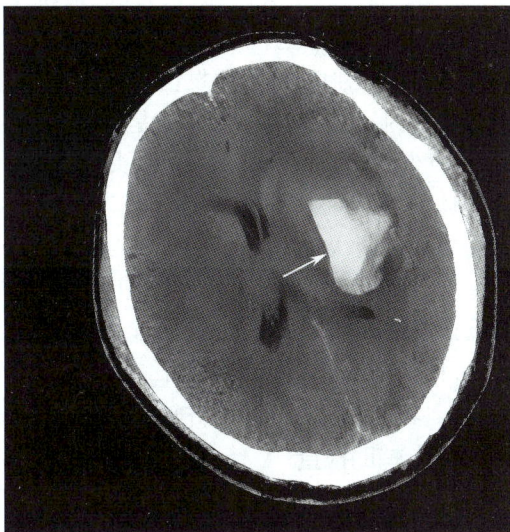

图 29-2 基底核区出血
注:箭头所指为出血区域。

(2)丘脑出血:丘脑出血较少,占5%~15%。主要为丘脑膝状体动脉或丘脑穿通动脉破裂出血,前者出血位于丘脑外侧核,后者位于丘脑内侧核。症状和病情严重程度取决于出血量的大小。特殊表现包括:对侧偏身感觉减退、偏身感觉过敏或自发性疼痛;丘脑性痴呆,如记忆力和计算力下降、情感和人格障碍等;眼球运动障碍和双眼垂直性运动不能,双眼常向内或向下方凝视。出血量大时,除了上述症状,血肿压迫周围组织,出现类似壳核出血的临床表现,预后不佳。少量出血者可能仅有感觉障碍,甚至无任何症状。

2. **脑叶出血** 约占出血的10%。出血位于脑实质表面,多由高血压和/或CAA引起。脑叶出血主要为大脑皮质动脉的破裂,又称皮质下出血。出血量大可累及皮质下结构、脑室系统,甚至会破入硬膜下和蛛网膜下腔。脑叶出血以顶叶最为多见,其次为颞、枕、额叶,一部分人出血可超过一个脑叶。脑叶出血的临床症状除一般脑出血的症状外,多有局灶性或全身性癫痫。不同的脑叶出血可有不同的临床表现:额叶出血可出现精神障碍、运动性失语和对侧偏瘫。顶叶出血偏身感觉障碍较重,而偏瘫较轻,也可出现体象障碍。颞叶出血有对侧面舌及上肢为主的瘫痪和对侧上象限盲,优势侧出血可出现感觉性失语。枕叶出血可有对侧偏盲和黄斑回避。

3. **脑干出血** 约占脑出血的10%,绝大多数为脑桥出血,一部分为中脑出血,延髓出血较为少见。临床症状各有其特点:

(1)脑桥出血:表现为头痛、呕吐、眩晕、复视、眼球震颤、交叉性瘫痪和感觉障碍、偏瘫或四肢瘫等,严重者可见意识障碍、高热、针尖样瞳孔、去大脑强直和呼吸困难等。有些脑桥出血可表现为一些典型的综合征,如 Foville、Millard-Gubler 和 locked-in 综合征。有的脑桥出血症状较轻,仅有眩晕、肢体轻瘫(一侧或两侧肢体轻瘫)等,可较好恢复。

(2)中脑出血:可有复视、上睑下垂、一侧或两侧瞳孔扩大、水平性或垂直性眼球震颤、同侧肢体共济失调,可出现 Sturge-Weber 或 Benedikt 综合征,严重者可昏迷或去大脑强直。

(3)延髓出血:病情较凶险,轻者可出现双下肢瘫痪或 Wallenberg 综合征,重者可表现为昏迷,因累及生命中枢,很快死亡。

4. 小脑出血 占脑出血的 5%~10%。多系小脑齿状核动脉破裂。大多表现为急性发生的眩晕、频繁呕吐、剧烈头痛尤其是枕部剧痛。轻症者无意识障碍,可有眼球震颤、站立或步态不稳、肢体共济失调、肌张力低、颈项强直,但无明显瘫痪。重症者常迅速昏迷,呼吸节律不规则或突然停止,发生枕骨大孔疝则在数小时内迅速死亡。

5. 脑室出血 分为原发性和继发性两种。脉络丛血管破裂引起的原发性脑室出血,局限于脑室内,比较少见。大多数是脑实质出血破入脑室。临床症状特点如下:

(1)少量出血:仅出现一般性头痛、头晕、恶心、呕吐,脑膜刺激症状可不明显,无局灶性神经体征,腰穿脑脊液呈粉红色或淡红色。有时血肿破入脑室系统,可造成梗阻性脑积水,进而导致长期认知功能损害。

(2)大量出血:表现为突然剧烈头痛、呕吐、意识障碍,双侧瞳孔缩小,四肢肌张力增高,病理反射阳性,早期出现去大脑强直,脑膜刺激征阳性。出现下丘脑损伤时,会出现上消化道出血、中枢性高热、急性肺水肿、血糖急剧升高、尿崩症等症状和体征,预后差,多迅速死亡。

6. 多灶性脑内出血 出血可位于脑叶和皮质下,多由高血压引起。

(三) 辅助检查

1. 颅脑 CT 检查 影像学检查是 ICH 诊断的重要手段,颅脑 CT 平扫是首选的影像学检查方法(图 29-2)。CT 显示:血肿灶呈圆形或卵圆形均匀高密度,边界清楚,CT 值为 75~80Hu。同时 CT 还可准确、清楚地显示出血部位、出血量大小、血肿形态、占位效应、是否破入脑室或蛛网膜下腔及周围脑组织水肿、受损等情况。

临床可采用简便易行的多田公式,根据 CT 影像估算出血量。方法如下:

$$血肿量 =0.5 × 最大面积长轴(cm) × 最大面积短轴(cm) × 层面数。$$

注:扫描层厚为 1cm,如层厚不是 1cm,需折算成 1cm 的标准来计算层面数。

CT 动态观察可发现进展型脑出血;1 周后血肿周围可有环形增强,血肿吸收后呈低密度或囊性变。

2. MRI 检查 对急性脑出血诊断不及 CT。但 MRI 对发现异常结构,明确脑出血病因有一定帮助。对脑干和小脑的出血灶及监测脑出血的演变过程可能优于 CT 扫描。

3. CTA 和 DSA 检查 CTA 能够帮助明确病因,排除继发性脑出血,同时也能对血管功能做出评估,判断患者的预后,预测其将来脑血管病复发概率以及以后功能恢复程度。

脑出血患者一般不需要进行 DSA 检查,除非疑有血管畸形、血管炎或烟雾病需血管介入治疗时才考虑进行。DSA 可清楚显示异常血管和造影剂外漏的破裂血管及部位。

4. 脑脊液检查 脑出血患者一般无须进行腰椎穿刺检查,以免诱发脑疝形成。如需排除颅内感染的蛛网膜下腔出血,可谨慎进行。无血性脑脊液亦不能排除脑出血。

5. 其他检查 所有脑出血患者应行心电图检查。还包括血常规、血液生化、凝血功能和胸片检查。

(四) 诊断与鉴别诊断

1. 诊断

(1)西医诊断要点

1）好发于中老年人。

2）多数患者既往有高血压、动脉硬化病史。

3）情绪激动或体力活动时突然起病。

4）不同程度的意识障碍，头痛、呕吐等颅内压升高或癫痫等症状；偏瘫、失语等神经系统局灶性体征。

5）结合 CT 等影像学检查可迅速明确诊断。

应用格拉斯哥昏迷量表（GCS）或美国国立卫生研究院卒中量表（National Institute of Health Stroke Scale,NIHSS）等评估病情严重程度（Ⅱ级推荐,C 级证据）。

（2）中医诊断要点

1）具有突然昏仆,不省人事,半身不遂,偏身麻木,口眼歪斜,言语謇涩等特定的临床表现。轻症仅见眩晕,无偏身麻木、口眼歪斜、半身不遂等。

2）起病急,好发于 40 岁以上年龄。

3）发病之前多有头晕、头痛、一侧肢体麻木等先兆症状。

4）常有眩晕、头痛、心悸等病史,病发多有情志失调、饮食不当或劳累等诱因。

2. 鉴别诊断

（1）蛛网膜下腔出血：可有突发的剧烈头痛、呕吐、脑膜刺激症状,但极少发生肢体偏瘫,脑脊液检查呈均匀血性,CT 或 CTA 检查可与高血压脑出血鉴别。

（2）脑梗死：口眼歪斜,偏瘫,语言不清或伴有不同程度的意识改变,一般在睡眠或安静时起病,急诊 CT 未见颅内出血征象,应考虑脑梗死可能。脑出血与脑梗死的鉴别要点如下（表 29-1）。

表 29-1 脑梗死与脑出血的鉴别要点

项目	脑出血	脑梗死
发病年龄	多为 60 岁以下	多为 60 岁以上
起病状态	动态起病（活动中或情绪激动时）	安静或睡眠中
起病速度	10 分钟至数小时症状达到高峰	十余小时或 1~2 日症状达到高峰
全脑症状	头痛、呕吐、嗜睡、打哈欠等颅内压升高症状	轻或无
意识障碍	多见且较重	无或较轻
神经体征	多为均等性偏瘫（基底核区）	多为非均等性偏瘫（大脑中动脉主干或皮质支）
CT 检查	脑实质内高密度病灶	脑实质内低密度病灶
脑脊液	可有血性	无色透明

（五）治疗

1. 西医治疗

（1）内科治疗

急性期的治疗原则：安静卧床,调整血压,减轻脑水肿,防止继续出血,加强护理,预防或减少并发症,维持生命基本需求等。

1）一般情况处理：密切观察病情,包括血压、呼吸及瞳孔,直至病情稳定为止。不能进食者,需鼻饲维持营养；监测并将血糖控制在正常水平（Ⅰ级推荐,C 级证据）。缺氧者应给予吸氧治疗,尿潴留时应给予导尿。昏迷者头偏向一侧有利于呕吐物流出,必要时可胃肠减压,以防吸入性肺炎;定时改变体位,防止压疮发生。ICH 急性期不宜长途搬动,应就近治疗。

2)保持呼吸道通畅:严重脑出血患者多数伴有意识障碍和延髓麻痹,应注意保持呼吸道通畅。

3)减轻脑水肿和降低颅内压:紧急使用渗透性药物如甘露醇和 / 或高渗盐水。常用方案有 20% 甘露醇 125~250ml,静脉快速滴完,每 6~8 小时一次,可连用 5~15 日。如患者心肾功能不全或应用甘露醇后仍不足以降低颅内压者,可加用呋塞米 20mg 静脉推注,每 6~8 小时一次,根据病情决定应用时间的长短。但有研究表明连续使用 20% 甘露醇 250ml,5 次后会造成肾功能损害,因此需要监测血浆渗透压。如果血浆渗透压>320mOsm/L,使用甘露醇不但无效反而有害。

4)控制血压:ICH 急性期患者血压通常明显增高,几日后常可自行下降,但也有部分患者持续高血压。虽然目前尚存争议,但推荐适当控制、治疗高血压。美国卒中协会建议迅速地将收缩压控制于 140mmHg 以下(Ⅱa 级推荐,B 级证据)。

5)止血、抗血栓治疗:严重凝血因子缺乏症或严重血小板减少症患者,应分别给予适当的凝血因子替代治疗或血小板替代治疗(Ⅰ级推荐,C 级证据)。

ICH 患者有血栓形成的风险。单独使用弹力袜,对预防患者下肢深静脉血栓形成无效,而在弹力袜基础上使用间歇性空气压缩装置,可预防下肢深静脉血栓形成。故建议两者联合使用(Ⅰ级推荐,B 级证据)。

有研究证实从第 2 日开始皮下注射低分子肝素,可减少血栓形成,但不增加再出血的风险。对血肿不再增大且肢体缺乏活动者,可以考虑在血肿稳定后 1~4 日内,皮下注射低分子肝素预防下肢深静脉血栓形成(Ⅱb 级推荐,B 级证据)。

6)抗癫痫治疗:癫痫多发生在出血之初或 24 小时之内,发生率约 10%,出血多位于皮质。癫痫发作应进行抗癫痫药物治疗(Ⅰ级推荐,A 级证据)。

(2)手术治疗

1)手术适应证:根据中华医学会神经病学分会 2014 年中国脑出血诊治指南:对于大多数原发性脑出血患者,外科治疗的有效性尚不能充分确定,不主张无选择地常规使用外科手术或微创手术。以下临床情况,可个体化考虑选择外科手术或微创手术治疗:①出现神经功能恶化或脑干受压的小脑出血者,无论有无脑室梗阻致脑积水的表现,都应尽快手术清除血肿;不推荐单纯脑室引流而不进行血肿清除。②对于脑叶出血超过 30ml 且距离皮质表面 1cm 范围内的患者,可考虑标准开颅术清除幕上血肿或微创手术清除血肿。③发病 72 小时内、血肿体积 20~40ml、GCS ≥ 9 分的幕上高血压脑出血患者,在有条件的医院,经严格选择后可应用微创手术联合或不联合溶栓药物液化引流清除血肿。④血肿体积 40ml 以上的重症脑出血患者由于血肿占位效应导致意识障碍恶化者,可考虑微创手术清除血肿。⑤病因未明确的脑出血患者行微创手术前应行血管相关检查(CTA/MRA/DSA)排除血管病变,规避或降低再出血风险。

2)手术方法:①显微手术清除血肿:充分减压是其优点,但手术创伤大,目前用于出血量大、占位征象严重,有脑疝形成的患者。②立体定向或 CT 导向锥颅血肿抽吸或碎吸术:定位准确,手术创伤小,可用于各部位出血,特别是丘脑等深部出血,但不能止血,故出血早期应慎用。③导航辅助下神经内窥镜手术:在手术导航下,利用神经内窥镜,吸除血肿并精确止血。血肿清除率与开颅手术相似,但手术时间短、术后重症监护时间明显缩短,有望改善患者预后。④脑室引流术:主要用于原发性脑室出血。继发性脑室出血,宜结合其他手术进行。

ER-29-2

经新型透明撕开鞘神经内镜脑内血肿清除术

2. 中医治疗

（1）辨证论治

1）中经络

①风痰入络证：突发口眼歪斜，语言不利，肌肤麻木，手足拘挛，流涎舌强，苔薄白，脉浮数。治以祛风化痰通络，方用真方白丸子加减。

②风阳上扰证：头晕头痛，耳鸣目眩，口眼歪斜，舌强语謇，手足重滞，舌红苔黄，脉弦。治以平肝潜阳，活血通络。方用天麻钩藤饮加减。

③阴虚风动证：头晕耳鸣，腰酸，口眼歪斜，语言不利，手指瞤动，半身不遂，舌红苔腻，脉弦细数。治以滋阴潜阳，息风通络。方用镇肝熄风汤加减。

2）中腑脏

①阳闭证

a. 痰热腑实证：头痛眩晕，心烦易怒，半身不遂，舌强语謇，神识欠清，肢体强急，痰多腹胀，便秘，舌质暗红，苔黄腻，脉弦滑。治以通腑泻热，息风化痰。方用桃核承气汤加减。

b. 痰火瘀闭证：突然昏仆，牙关紧闭，肢体强痉，面赤身热，气粗口臭，苔黄腻，脉弦滑数。治以息风清火，豁痰开窍。方用羚角钩藤汤加减。

②阴闭证：突然昏仆，牙关紧闭，肢体强痉，面白唇暗，静卧不烦，四肢不温，痰涎壅盛，苔白腻，脉沉滑缓。治以温阳化痰，开窍醒神。方用涤痰汤合苏合香丸加减。

3）脱证：突然昏仆，目合口张，鼻鼾息微，手撒肢冷，汗多，大小便遗，肢体软瘫，舌痿，脉细弱或微欲绝。治以回阳救阴，益气固脱。方用参附汤合生脉散加减。

4）恢复期

①风痰瘀阻证：口眼歪斜，舌强语謇，半身不遂，肢体麻木，舌暗紫，苔滑腻，脉弦滑。治以搜风化痰，行瘀通络。方用解语丹加减。

②气虚络瘀证：肢体偏枯，肢软无力，面色萎黄，舌淡紫或有瘀斑，苔薄白，脉细涩或细弱。治以益气养血，化瘀通络。方用补阳还五汤加减。

③肝肾亏虚证：半身不遂，患肢僵硬，舌强不语，偏瘫，肌肉萎缩，舌红、脉细，或舌淡红、脉沉细。治以滋养肝肾。方用左归丸合地黄饮子加减。

（2）中成药

1）口服药：如安宫牛黄丸、至宝丹等。

2）注射剂：如醒脑静注射液、清开灵注射液等。

（3）专病专方

化痰通腑口服液：有学者自拟化痰通腑口服液对急性脑出血进行治疗，效果显著。

（4）其他疗法

1）针灸：治法主要有醒脑开窍、启闭固脱、调神导气、滋补肝肾、疏通经络等；选取穴位主要有内关、水沟、三阴交、极泉、尺泽、委中、十二井穴等。

2）推拿：对于肢体瘫痪的患者选取肩髃、曲池、手三里、外关、合谷、中渚、后溪、环跳、风市、伏兔、委中、阳陵泉、足三里、悬钟、解溪、昆仑等穴位，予以切法、刺法、捏法、弹法、指尖击打法、振法、刮法等手法推拿，可降低肢体张力，增强肢体力量，促进康复。

3）康复训练：由于进行性残疾潜在的危险及其复杂性，所有 ICH 患者都应接受多学科康复治疗，如有可能，应尽早开始。目前常用的康复手段有以下几种：①良肢位的设定配合中医推拿手法；②被动关节活动度维持训练；③体位变化的适应性训练；④平衡反应诱发训练。

（六）中西医结合讨论

脑出血是一种病死率和致残率极高的疾病，清除血肿对周围正常脑组织的压迫，减少血

笔记栏

液红细胞溶解所产生的毒性产物(凝血酶、兴奋性氨基酸、自由基、神经肽等)是抢救急性脑出血的第一步。针对该病,常规中医疗法包括开闭固脱、凉肝息风、凉血活血、清热化痰、活血化瘀、通腑泻下、利水渗湿。近年来,多数学者的研究主要集中在通腑泻下法和活血化瘀法两方面,一是因为腑气通畅与脑出血急性期疾病转归有关。脑出血急性期应用通下之法,可改善神志障碍,促进胃肠功能恢复,预防应激性溃疡的发生,同时可预防和减轻肺部感染。二是因为脑出血急性期络破血溢、痰瘀阻塞脑窍而致神机失用是整个病情的关键,应以破血豁痰为大法,配合开窍醒神、通腑泻热法进行治疗。现代药理研究表明,活血化瘀药物具有改善微循环,降低毛细血管通透性,增强吞噬细胞功能,加速纤维蛋白吸收,降低颅内压,减轻脑出血急性神经损伤等作用,从而促进大脑和肢体功能恢复。

【缺血性脑卒中】

缺血性脑卒中又称脑梗死(cerebral infarction),是由各种原因导致脑血液循环障碍,引起局部脑组织缺血、缺氧性坏死或软化,而出现相应神经功能缺损的一类临床综合征。

中医学认为,脑梗死属"中风"范畴,是以猝然昏仆、不省人事、半身不遂、口眼歪斜、言语謇涩为主的病症。《黄帝内经》中并无中风病名,但有关于风的论述。如《素问·生气通天论》云:"阳气者,大怒则形气绝,而血菀于上,使人薄厥。"《素问·调经论》云:"血之与气并走于上,则为大厥,厥则暴死,气复反则生,不反则死。"《灵枢·刺节真邪》云:"虚邪偏客于身半,其入深,内居荣卫,荣卫稍衰,则真气去,邪气独留,发为偏枯。"

(一)病因与病理

1. 西医病因、发病机制及病理

(1)病因、发病机制

1)大动脉粥样硬化性脑梗死:大动脉粥样硬化性脑梗死是缺血性脑卒中最常见的类型,脑梗死发生率在颈内动脉系统约占80%,而在椎基底动脉系统为20%,主要包括动脉粥样硬化性脑梗死、原位血栓性脑梗死及动脉-动脉血栓栓塞性脑梗死3种类型。①动脉粥样硬化性脑梗死:主要是大动脉内膜发生病变,促使动脉粥样硬化斑块形成,管腔狭窄,局部血栓形成,甚至导致血栓症(斑块破裂)及动脉-动脉血栓栓塞。脑动脉粥样硬化常伴高血压,两者互为因果;糖尿病和高脂血症也可加速动脉粥样硬化的进程。②原位血栓性脑梗死:高龄、高血压、高脂血症和糖尿病是该型脑梗死的危险因素。高血压增加发生动脉粥样硬化的危险性;高脂血症不仅直接损伤动脉内皮细胞,还侵及内皮下导致泡沫细胞积聚,最终形成粥样斑块。③动脉-动脉血栓栓塞性脑梗死:主动脉弓或颈动脉粥样硬化斑块破裂继发血栓形成,血栓脱落形成栓子,沿颈内动脉或椎基底动脉入脑。

2)心源性栓塞性脑梗死:心源性栓子所致的脑梗死约占全部脑梗死的15%,栓子在心内膜和瓣膜产生,脱落入脑血管后致病。来源于左心的栓子多栓塞颈动脉。心脏病可通过以下途径导致栓塞性脑梗死的发生:①心房颤动,是心源性栓塞性脑梗死最常见的病因;②心脏瓣膜病;③心肌梗死面积较大或合并慢性心力衰竭,即血液循环淤滞形成附壁血栓;④其他可形成附壁血栓的心脏疾病。

3)小动脉闭塞性脑梗死(腔隙性脑梗死):高血压和糖尿病是腔隙性脑梗死最主要的独立危险因素。高脂血症是腔隙性脑梗死的独立危险因素。心脏、近端主动脉及颈动脉粥样硬化的栓子脱落也可造成脑深部的腔隙性梗死。

(2)病理

1)大动脉粥样硬化性脑梗死:是由于血管闭塞,导致血液供应中断引起的脑梗死。脑组织缺血缺氧超过5分钟即会导致不可逆的损伤。脑梗死的损伤区域包括中心坏死区和周围缺血性半暗带,中心坏死区的神经细胞已死亡,而缺血性半暗带因为存在侧支循环,还有一些存活的神经元。如果能在短时间内迅速恢复该区域的血流,脑组织损伤是可逆的,神经细胞可能会存活并恢复功能。

2)心源性栓塞性脑梗死:是指栓子停留在颅内血管分叉处或其他狭窄部位引起的脑功能障碍,常见于颈内动脉系统,尤其是大脑中动脉。由于栓塞性脑梗死发展较快,没有建立侧支循环的时间,因此发病更快,局部脑缺血常更严重。栓子引起的脑组织坏死可以是缺血性、出血性或混合性梗死,其中出血性更常见,占 30%~50%。在恢复血流后,栓塞区缺血坏死的血管壁在血压作用下可能发生破裂出血。

3)小动脉闭塞性脑梗死:也称为腔隙性脑梗死,多发生于脑的深部,主要分布在壳核、丘脑、尾状核、脑桥和内囊后肢。梗死灶形状不规则,直径通常在 0.2~20mm 之间。

2. 中医病因病机　本病多是在内伤积损的基础上,复因劳逸失度、情志不遂、饮酒饱食或外邪侵袭等触发,引起脏腑阴阳失调,血随气逆,肝阳暴张,内风旋动,夹痰夹火,横窜经脉,蒙蔽神窍,发为猝然昏仆、半身不遂、口眼㖞斜等症。其病机总属阴阳失调,气血逆乱;病位在心脑,与肝肾密切相关。

(二) 临床表现

1. 大动脉粥样硬化性脑梗死

(1)一般特点:大动脉粥样硬化性脑梗死多见于中老年人,多在静态下发病,部分患者可有短暂性脑缺血发作(transient ischemic attack,TIA)前驱症状,局灶性体征多在发病后十余小时或 1~2 日达到高峰,临床症状与梗死灶的部位和大小相关。

(2)不同脑血管闭塞的临床特点

1)颈内动脉闭塞的表现:颈内动脉分叉后症状性闭塞可出现单眼一过性黑矇,偶见永久性失明或 Horner 征。

2)大脑中动脉闭塞的表现:①主干闭塞:表现为三偏症状,即病灶对侧偏瘫、偏身感觉障碍及偏盲,伴有凝视麻痹;优势半球受累则出现完全性失语,非优势半球受累则出现体象障碍,患者可以出现意识障碍。②皮质支闭塞:a. 上部分支闭塞可见病灶对侧面瘫,肢体瘫痪(上肢重于下肢,且足部不受累)和感觉缺失,凝视麻痹程度轻,伴 Broca 失语(表达性失语)(优势半球),体象障碍(非优势半球);b. 下部分支闭塞较少单独出现,可见象限盲,伴Wernicke 失语(感觉性失语)(优势半球),急性意识模糊状态(非优势半球)。③深穿支闭塞:最常见的是纹状体内囊梗死,表现为对侧中枢性均等性轻偏瘫、偏身感觉障碍、同侧偏盲;优势半球病变可出现皮质下失语,常为基底节性失语。

3)大脑前动脉闭塞的表现:①分出前交通动脉前主干闭塞:可因对侧动脉的侧支循环代偿而不出现症状,但当双侧动脉起源于同一个大脑前动脉主干时,就会造成双侧大脑半球的前、内侧梗死,导致截瘫、二便失禁、意志缺失、运动性失语综合征和额叶人格改变等。②分出前交通动脉后大脑前动脉远端闭塞:导致对侧的足和下肢感觉运动障碍,而上肢和肩部的瘫痪轻,面部和手部不受累。可以出现尿失禁、淡漠、反应迟钝、欣快和缄默等,对侧出现强握反射及吸吮反射和强直性痉挛。③皮质支闭塞:导致对侧中枢性下肢瘫,可伴感觉障碍;对侧肢体短暂性共济失调、强握反射及精神症状。④深穿支闭塞:导致对侧中枢性面舌瘫、上肢近端轻瘫。

4)大脑后动脉闭塞的表现:主干闭塞症状取决于侧支循环。①单侧皮质支闭塞:引起对侧同侧偏盲,上方视野较下方视野受累常见,黄斑区视力不受累。优势半球受累可出现失读(伴或不伴失写)、命名性失语、失认等。②双侧皮质支闭塞:可导致完全型皮质盲,有时伴有不成形的幻视、记忆受损、不能识别熟悉面孔等。③大脑后动脉起始段的脚间支闭塞:可引起中脑中央和下丘脑综合征、Claude 综合征、Benedikt 综合征。④大脑后动脉深穿支闭塞：丘脑穿通动脉闭塞产生红核丘脑综合征，丘脑膝状体动脉闭塞产生丘脑综合征。

⑤椎基底动脉闭塞：基底动脉或双侧椎动脉闭塞是危及生命的严重脑血管事件，引起脑干梗死，出现眩晕、呕吐、四肢瘫痪、共济失调、肺水肿、消化道出血、昏迷和高热等。脑桥病变时出现针尖样瞳孔。

（3）常见的特殊类型的脑梗死

1）大面积脑梗死：表现为病灶对侧完全性偏瘫、偏身感觉障碍及向病灶对侧凝视麻痹。病情呈进行性加重，易出现明显的脑水肿和颅内压增高征象，甚至发生脑疝而死亡。

2）出血性脑梗死：常见于大面积脑梗死后，是由于脑梗死灶内的动脉自身滋养血管同时缺血，导致动脉血管壁损伤、坏死，在此基础上，如果血管腔内血栓溶解或其侧支循环开放等，使已损伤血管的血流得到恢复，则血液会从破损的血管壁漏出，引发出血性脑梗死。

3）脑分水岭梗死：是由相邻血管供血区交界处或分水岭区局部缺血导致，典型病例发生于颈内动脉严重狭窄或闭塞伴全身血压降低时。常呈卒中样发病，症状较轻，纠正病因后病情易得到有效控制。

4）多发性脑梗死：指两个或两个以上不同供血系统脑血管闭塞引起的梗死，一般由反复多次发生脑梗死所致。

2. 心源性栓塞性脑梗死

（1）一般特点：多在活动中急骤发病，无前驱症状，局灶性神经体征在数秒至数分钟达到高峰，多表现为完全性卒中。患者伴有心脏疾病病史。

（2）临床表现：不同部位血管栓塞会造成相应的血管闭塞综合征，详见大动脉粥样硬化性脑梗死部分。与大动脉粥样硬化性脑梗死相比，心源性栓塞性脑梗死容易复发和出血，病情波动较大。

3. 小动脉闭塞性脑梗死（腔隙性脑梗死）

（1）一般特点：本病多见于中老年患者，男性多于女性，半数以上的病例有高血压病史。突然或逐渐起病，出现偏瘫或偏身感觉障碍等局灶症状。通常症状较轻，体征单一，预后较好。

（2）常见的腔隙综合征

1）纯运动性轻偏瘫；

2）纯感觉性卒中；

3）共济失调性轻偏瘫；

4）构音障碍手笨拙综合征；

5）感觉运动性卒中。

（三）辅助检查

1. 神经影像学检查　可以显示脑梗死病灶部位、范围、血管分布、有无出血等。

（1）颅脑 CT：是最方便快捷和最常用的影像学检查手段。虽早期不能完全显示病灶，但对排除脑出血至关重要。多数病例发病 24 小时后逐渐显示低密度梗死灶，发病后 2~15 日可见均匀片状或楔形的明显低密度灶。大面积脑梗死有脑水肿和占位效应，出血性脑梗死呈混杂密度。颅脑 CT 的缺点是对脑干、小脑部位病灶及较小梗死灶分辨率低。

（2）颅脑 MRI：可清晰显示缺血性梗死、脑干、小脑梗死、静脉窦血栓形成等。梗死灶 T_1 呈低信号、T_2 呈高信号。弥散加权成像（diffusion weighted imaging，DWI）可显示发病 2 小时内的早期缺血病灶，为疾病早期诊断、治疗提供重要信息。

（3）DSA、CTA 和 MRA：可以发现血管狭窄、闭塞及其他血管病变，为血管内治疗提供依据。

2. 超声检查

(1) 经颅多普勒超声（transcranial Doppler，TCD）：可检测颅内外动脉的血流速度、血流方向、形态、频谱等，反映脑动脉狭窄、痉挛、闭塞等状态。TCD、颈动脉彩色多普勒血流成像（color Doppler flow imaging，CDFI）可作为脑血管病高危患者筛查和脑血管病定期检测的手段。

(2) 超声心动图：可发现心脏附壁血栓、心房黏液瘤和二尖瓣脱垂，对脑梗死病因诊断有一定意义。

3. 其他检查　包括血常规、血液流变学、血生化（包括血脂、血糖、肾功能、电解质）检查，有利于发现脑梗死的危险因素，对鉴别诊断也具有一定价值。

(四) 诊断与鉴别诊断

1. 诊断

(1) 西医诊断要点

1) 急性起病。

2) 局灶性神经功能缺损，少数为全面性神经功能缺损。

3) 症状或体征持续时间不限（当影像学显示有责任缺血性病灶时），或持续 24 小时以上（当缺乏影像学责任缺血性病灶时）。

4) 排除非血管性病因。

5) 脑 CT/MRI 排除脑出血。

(2) 中医诊断要点

1) 起病初期具有肢体无力、眩晕、半身不遂、偏身麻木、口眼歪斜等特定临床表现。后可见半身不遂，不省人事等。

2) 起病相对较慢，好发于 50 岁以上年龄。

3) 常有眩晕、头痛、心悸等病史。

2. 鉴别诊断

(1) 脑出血：脑梗死有时与小量脑出血的临床表现相似，但活动中起病、病情进展快、发病当时血压明显升高提示脑出血，CT 检查发现出血灶可明确诊断。

(2) 颅内占位病变：颅内肿瘤、硬脑膜下血肿和脑脓肿可呈卒中样发病，出现偏瘫等局灶性体征，颅内压增高征象不明显时易与脑梗死混淆，须提高警惕，CT 或 MRI 检查有助确诊。

(五) 治疗

1. 西医治疗

(1) 急性期治疗

1) 一般治疗

①吸氧和通气支持，必要时气管插管或切开，使用呼吸机辅助通气。

②心脏检查与心脏病变处理，入院后行心电图检查，有条件者行 24 小时心电监护，检查心肌酶谱，积极处理心肌缺血 / 梗死、心律失常等情况。

③血压：a. 准备溶栓者，血压应控制在收缩压 <180mmHg、舒张压 <100mmHg。b. 缺血性脑卒中后 24 小时内血压升高的患者应谨慎处理。应先处理紧张焦虑、疼痛、恶心呕吐及颅内压增高等情况。血压持续升高，收缩压 ≥200mmHg 或舒张压 ≥110mmHg 或伴有严重心功能不全、主动脉夹层、高血压脑病的患者，可予降压治疗，并严密观察血压变化。c. 脑梗死后若病情稳定，血压持续 ≥140/90mmHg，如无禁忌证，可开始启动降压治疗。d. 脑梗死后低血压的患者应积极寻找和处理原因，必要时可采用扩容升压措施。

④控制体温：a. 对体温升高的患者应寻找和处理发热原因，如存在感染应给予抗生素治

疗;b. 对体温>38℃的患者应给予退热措施。

⑤控制血糖:a. 高血糖:急性期高血糖较常见,可以是原有糖尿病的表现或应激反应,应常规监测血糖。血糖超过 10mmol/L 时可给予胰岛素治疗,应加强血糖监测,血糖可控制在 7.8~10mmol/L。b. 低血糖:脑梗死后低血糖发生率较低。血糖低于 3.3mmol/L 时,可给予 10%~20% 葡萄糖溶液口服或注射治疗。目标是达到正常血糖水平。

⑥营养支持。

2)特异性治疗

①溶栓:静脉溶栓是血管再通的首选方法。现认为有效抢救缺血性半暗带组织的时间窗为 4.5 小时内或 6 小时内。a. 3 小时内重组组织型纤溶酶原激活物(recombinant tissue-type plasminogen activator,rt-PA)静脉溶栓的适应证:有缺血性脑卒中导致的神经功能缺损症状;症状出现<3 小时;年龄 ≥18 岁;患者或家属签署知情同意书。b. 6 小时内尿激酶(urokinase,UK)静脉溶栓的适应证:有缺血性脑卒中导致的神经功能缺损症状;症状出现<6 小时;年龄 18~80 岁;意识清楚或嗜睡;脑 CT 无明显早期脑梗死低密度改变;患者或家属签署知情同意书。c. 静脉溶栓的禁忌证:近 3 个月有重大头颅外伤史或卒中史;颅内出血(包括脑实质出血、脑室出血、蛛网膜下腔出血、硬脑膜下/外血肿等);近 1 周内有不易压迫止血部位的动脉穿刺;既往有颅内出血病史;颅内肿瘤,动静脉畸形,动脉瘤;近 3 个月有颅内或椎管内手术;血压升高,收缩压 ≥180mmHg,或舒张压 ≥100mmHg;活动性内脏出血;急性出血倾向,包括血小板计数低于 $1×10^{11}$/L 或其他情况;48 小时内接受过低分子肝素治疗;已口服抗凝剂者 INR>1.7s 或 PT>15s;目前正在使用凝血酶抑制剂或 Xa 因子抑制剂,各种敏感的实验室检查异常;血糖<2.8mmol/L 或 >22.22mmol/L;CT 或 MRI 提示大面积脑梗死(梗死面积>1/3 大脑中动脉供血区)。d. 3 小时内 rt-PA 静脉溶栓的相对禁忌证:轻型卒中或症状快速改善的卒中;妊娠;癫痫发作后出现的神经功能缺损症状;近 2 周内有大型外科手术或严重外伤;近 3 周内有胃肠或泌尿系统出血;近 3 个月内有心肌梗死史。e. 3~4.5 小时内 rt-PA 静脉溶栓的相对禁忌证:轻型卒中或症状快速改善的卒中;妊娠;癫痫发作后出现的神经功能缺损症状;近 2 周内有大型外科手术或严重外伤;近 3 周内有胃肠或泌尿系统出血;近 3 个月内有心肌梗死史;年龄>80 岁;严重卒中(NIHSS 评分>25 分);口服抗凝药(不考虑 INR 水平);有糖尿病和缺血性脑卒中病史。

遇上述情况,需谨慎考虑和权衡溶栓的风险与获益。虽然存在一项或多项相对禁忌证,但并非绝对不能溶栓。

②血管内治疗:a. 动脉溶栓:发病 6 小时内由大脑中动脉等大动脉闭塞引起的严重卒中且不适合静脉溶栓的患者,经过严格选择后可在有条件的医院进行动脉溶栓。由后循环大动脉闭塞导致的严重卒中且不适合静脉溶栓的患者,经过严格选择后可在有条件的医院进行动脉溶栓。虽目前有发病 24 小时内使用的经验,但应尽量避免时间延误。b. 机械取栓:在严格选择患者的情况下单用或与药物溶栓合用可能对血管再通有效。对于静脉溶栓无效的大动脉闭塞患者,进行补救性动脉溶栓或机械取栓(前循环发病 6 小时内;经过严格的影像学筛选后,前循环闭塞发病时间为 6~24 小时可推荐血管内治疗;后循环大血管闭塞发病时间在 24 小时以内,血管治疗是可行的。)是合理的。c. 紧急动脉支架植入和血管成形术。

③抗血小板聚集治疗:对不符合溶栓适应证且无禁忌证的急性期患者,应在发病后尽早给予口服阿司匹林;对不能耐受阿司匹林者,可考虑选用氯吡格雷等抗血小板聚集治疗。溶栓治疗后,阿司匹林等抗血小板聚集药物应在溶栓 24 小时后开始使用。

④抗凝治疗:对大多数急性期患者,不推荐早期无选择地进行抗凝治疗;特殊情况下溶

栓后还需抗凝治疗的患者,应在 24 小时后使用抗凝剂。对于缺血性脑卒中同侧颈内动脉有严重狭窄者,使用急性抗凝的疗效尚待进一步研究证实。凝血酶抑制剂治疗急性缺血性脑卒中的有效性尚待更多研究进一步证实。

⑤降纤治疗:对不适合溶栓并经过严格筛选的脑梗死患者,特别是高纤维蛋白血症者,可选用降纤治疗。

⑥扩容和扩血管治疗:对一般缺血性脑卒中患者,不推荐扩容治疗和扩血管治疗。对于低血压或脑血流低灌注所致的急性脑梗死如脑分水岭梗死,可考虑扩容治疗,但需注意脑水肿和心力衰竭等并发症。

⑦改善脑血液循环和神经保护治疗:改善血液循环治疗个体化应用丁基苯肽、人尿激肽原酶;神经保护治疗应根据具体情况个体化使用。

3)外科治疗:幕上大面积脑梗死伴有严重脑水肿、占位效应和脑疝形成征象者,可行去骨瓣减压术;小脑梗死使脑干受压导致病情恶化时,可行抽吸梗死小脑组织和颅后窝减压术以挽救患者的生命。

4)康复治疗:应早期进行,并遵循个体化原则,制订短期和长期治疗计划,分阶段、因地制宜地选择治疗方法,对患者进行针对性体能和技能训练,促进神经功能恢复,提高生活质量,使其早日重返社会。

(2) 恢复期治疗:不同病情患者脑梗死急性期长短有所不同,通常规定脑梗死发病 2 周后即进入恢复期。对于病情稳定的急性脑梗死患者,应尽可能早期安全启动脑梗死的二级预防。

1)控制脑梗死危险因素:积极控制可预防的危险因素,减少缺血性脑卒中的复发。

2)抗血小板聚集治疗:非心源性缺血性脑卒中建议给予口服抗血小板聚集药物治疗。选择抗血小板聚集药物治疗应该个体化,主要根据患者的危险因素、能承担的费用、耐受性和其他临床特性进行选择。

3)抗凝治疗:对于有风湿性二尖瓣病变的缺血性脑卒中患者,无论有无心房颤动及其他危险因素,均建议给予华法林口服抗凝治疗。对于非瓣膜性心房颤动的缺血性脑卒中患者,应于发病 14 日内启动口服抗凝治疗;对于出血风险高、栓塞面积大或血压控制不良的患者,抗凝时间应延长到 14 日之后。

4)康复治疗:脑卒中发病 1 年内有条件时应持续进行康复治疗,并适当增加每次康复治疗的时间和强度。

2. 中医治疗

(1)辨证论治

1)中经络

①风火上扰证:眩晕头痛,面红口苦,心烦尿赤,舌红,苔黄腻干,脉弦数。治以清热平肝,潜阳息风。方用天麻钩藤饮加减。

②风痰阻络证:头晕目眩,痰多黏腻,舌质暗淡,苔薄白或白腻,脉弦滑。治以息风化痰,活血通络。方用半夏白术天麻汤合桃红四物汤加减。

③痰热腑实证:腹胀便秘,头痛目眩,咳痰或痰多,舌质暗红,苔黄腻,脉弦滑或大。治以清热化痰,通腑泻实。方用星蒌承气汤加减。

④阴虚风动证:眩晕耳鸣,手足心热,咽干口燥,舌红少苔,脉弦细数。治以滋阴潜阳,镇肝息风。方用镇肝熄风汤加减。

⑤气虚血瘀证:面色㿠白,心悸气短乏力,口角流涎,自汗便溏,手足肿胀,舌质暗淡有齿痕,苔白腻,脉沉细。治以益气活血,化瘀通络。方用补阳还五汤加减。

2)中脏腑

①痰热内闭证：意识障碍,半身不遂,口舌歪斜,言语謇涩,痰鸣抽搐,身热口臭,舌红,苔黄腻,脉弦滑数。治以清热化痰,醒神开窍。方用羚羊角汤加减。

②痰蒙清窍证：神识昏蒙,半身不遂,言语謇涩,痰鸣肢软,面白唇暗,二便自遗,舌质紫暗,苔白腻,脉沉滑缓。治以燥湿化痰,醒神开窍。方用涤痰汤加减。

③元气败脱证：昏聩不知,四肢瘫软,肢冷汗多,二便自遗,舌卷缩紫暗,苔白腻,脉微欲绝。治以回阳救逆,益气固脱。方用参附汤加减(急予,频频服用)。

(2)针灸治疗：针灸治疗本病具有操作简便、价格低廉、作用双向的特点,取得了一定疗效。越来越多的临床实践和文献资料证实针灸能够通过扩张血管、增加侧支循环来改善脑梗死区的血流状态,同时能够抑制细胞的凋亡,还能够减少梗死区细胞内毒性物质的生成及改善缺血区脑组织的能量代谢。临床治疗主要有焦氏头针、靳三针、于氏头针等多种方法。

二、颅内动脉瘤

颅内动脉瘤系颅内动脉局限性异常扩大造成动脉壁的囊性膨出,占自发性蛛网膜下腔出血的75%~80%。本病好发于40~60岁的中老年人。

(一) 病因与病理

1. 西医病因与病理

(1)病因：动脉瘤病因尚不完全清楚。颅内动脉血管壁薄,中膜薄弱,缺乏外弹力层。Willis环、周围动脉的近端分叉处搏动压力最大,这些部位是发生动脉粥样硬化性动脉瘤的主要部位,动脉瘤的顶端是最容易破裂的部位。随着年龄增加,颅内动脉粥样硬化和血压增高,动脉内弹力层进一步被破坏,渐渐膨出形成囊性动脉瘤。感染病灶如细菌性心内膜炎、肺部感染等,栓子脱落侵蚀脑动脉壁形成感染性动脉瘤,但多位于颅内的末梢动脉,而非Willis环周围。头部外伤也可导致发生动脉瘤,但临床较少见。遗传也可能与动脉瘤形成相关。

(2)病理：动脉瘤多为囊性,呈球形或浆果状,可有子结节,外观呈紫红色,瘤壁极薄,瘤顶部或子结节最薄弱处多有出血点。动脉瘤破裂口周围被凝血块包裹,瘤顶破口处与周围组织粘连。组织学检查可见：动脉瘤中膜非常薄弱,内弹力层呈片段状或完全缺失,瘤壁仅有内膜和外膜,中间夹杂着多少不等的透明纤维组织(图29-3,见文末彩图)。瘤壁内有炎症细胞浸润,巨大动脉瘤内常有血栓甚至钙化。电镜下可见瘤壁弹力层消失。

(3)分类：动脉瘤按位置分为：①颈内动脉系统动脉瘤,约占颅内动脉瘤的90%,包括前交通动脉瘤、颈内动脉-后交通动脉动脉瘤、大脑中动脉瘤;②椎基底动脉系统动脉瘤,约占10%,基底动脉顶端动脉瘤和椎动脉-小脑后下动脉瘤最常见,其他还包括小脑上动脉瘤、基底动脉-椎动脉连接处动脉瘤和小脑前下动脉瘤(图29-4,见文末彩图)。

动脉瘤直径<0.5cm属于小型动脉瘤,0.6~1.5cm的动脉瘤为一般型,1.6~2.5cm的动脉瘤属大型,>2.5cm的动脉瘤为巨型动脉瘤。多发动脉瘤在SAH的病例中占15%~33.5%。

2. 中医病因病机 颅内动脉瘤引起的SAH是一类特殊的出血性脑卒中,与高血压脑出血相似。颅内动脉瘤在中医古籍中虽无对应病名,但根据其临床表现(如剧烈头痛、眩晕、恶心呕吐、昏迷、偏瘫,甚至猝死),可归属于中医"头痛""真头痛""中风"(特别是中脏腑的闭证或脱证)、"眩晕""厥证"等范畴。其病因病机分析如下：

(1)中医病因

1)先天不足：因脾肾亏虚导致痰瘀互结,痰浊、瘀血内生,相互搏结,壅塞于脑络局部,使气血运行受阻,脉络失养而膨出变形,形成"瘤"。

2)情志刺激(七情过极):尤其是暴怒、大悲、惊恐等剧烈情绪波动,最易引动肝风,导致气血逆乱,是诱发动脉瘤破裂的最常见诱因。

3)饮食不节:过食肥甘厚味、辛辣炙煿之品,损伤脾胃,助湿生痰;或酗酒,助湿生热,均可加剧痰浊、瘀血、内热。

4)劳逸失度:过度劳累(劳力、劳神、房劳),耗伤气血精津,加重本虚;用力不当(如剧烈咳嗽、用力排便、突然负重),可成为破裂诱因。

(2)中医病机:核心病机总属本虚标实,痰瘀互结,肝风内动,络损血溢。本虚是发病的内在基础。包括肾精不足、脏腑功能失调(脾虚失运、肝失疏泄、心气心血亏虚)。标实为致病因素,包括痰浊内生、瘀血阻滞、肝风内动、火热上炎。其中痰浊与瘀血常相互搏结(痰瘀互结),是颅内动脉瘤形成和存在的核心病理,是"瘤体"的物质基础;肝风是颅内动脉瘤破裂最直接、最关键的诱发因素;火热可助长风势,加剧病情。

(二)临床表现

1. 症状

(1)未破裂动脉瘤:中、小型未破裂动脉瘤患者无症状,多为偶然发现。有时患者有头痛、眼眶痛,此时应警惕随之而来的动脉瘤破裂出血,称为先兆或警示症状。这类患者出现症状与发生 SAH 之间的最短潜伏期为 10 日,通常由动脉瘤突然增大或有少量出血引起。大型未破裂动脉瘤对邻近神经、血管的影响,多与动脉瘤的体积和部位有关,不同部位的动脉瘤会产生相应的症状。

(2)破裂动脉瘤:动脉瘤一旦破裂,表现为 SAH 的临床症状(详见蛛网膜下腔出血章节)。除 SAH 外,可伴有脑内出血(占 20%~40%,多见于 Willis 环的远端动脉瘤,如大脑中动脉瘤)、脑室内出血(占 13%~28%)、硬脑膜下出血(占 2%~5%)等,会产生各自相应的症状。

2. 体征 局灶性症状取决于动脉瘤所在部位、毗邻解剖结构及动脉瘤大小。动眼神经麻痹常见于颈内动脉 - 后交通动脉动脉瘤,患侧上睑下垂,瞳孔散大,内收、上视、下视不能,直接、间接对光反射消失。大脑中动脉瘤出血形成血肿,患者可出现偏瘫和 / 或失语。大型动脉瘤压迫视路时,患者可有视力下降、视野缺损。鞍内或鞍上动脉瘤还会造成内分泌紊乱。

(三)辅助检查

1. CTA 检查 是诊断动脉瘤首选的无创检查,临床上针对 CT 检查发现有蛛网膜下腔出血和脑内出血的患者,均应使用 CTA 检查明确出血原因。CTA 可以发现动脉瘤,明确是单发还是多发动脉瘤,并对动脉瘤进行快速三维解剖结构重建;可发现包括钙化在内的各种变化,显示动脉瘤和颅底结构的解剖关系,与常规的脑血管造影相比,可以更准确地显示动脉瘤壁的钙化,以及动脉瘤和邻近颅骨的关系,对制订手术计划有很大帮助(图 29-5,见文末彩图)。

2. MRA 检查 MRA 探查颅内动脉瘤的灵敏度为 87%,特异度为 92%,对直径<3mm 的动脉瘤灵敏度差。由于 MRA 无放射性风险,不使用对比剂,因此针对动脉瘤高危人群,MRA 是一种最常用的筛选检查。

3. DSA 检查 是动脉瘤诊断的"金标准"。DSA 可提供高分辨率的动脉瘤形态,为选择治疗方案提供最佳的信息。术中 DSA 可明确颅内动脉瘤闭塞是否完全,载瘤动脉(近端和远端)是否保持通畅。血管内介入治疗后,必须通过脑血管造影来随访动脉瘤内栓塞弹簧圈的状况,因为栓塞材料会在其他影像学检查上产生伪影。对怀疑有脊髓动静脉畸形者应

笔记栏

行脊髓动脉造影。当然，DSA 是侵袭性检查，由于碘剂不能穿透动脉瘤内的血栓，可能会低估动脉瘤的大小（图 29-6）。

DSA 危险性包括：导管引起的脑梗死、血肿，或在股动脉穿刺点形成假性动脉瘤，造影剂造成的肾功能衰竭。大宗前瞻性研究发现，在围操作期发生永久性神经功能损伤的概率约为 0.5%。如果是伴有动脉粥样硬化性疾病的老年患者或者是有全身性结缔组织病的患者，危险性将明显升高。

在现代 CT、神经血管 MR 影像问世前，颅内动脉瘤的诊断依靠常规脑血管造影检查。如今，在大部分患者中非创伤性 CTA 和 MRA 检查，已经免去了常规脑血管造影的必要。

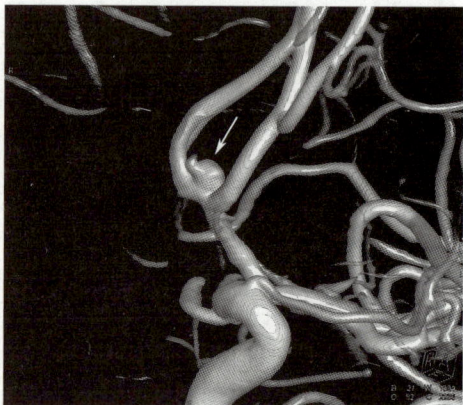

图 29-6 三维 DSA 显示（前交通）动脉瘤
箭头所指为动脉瘤。

（四）诊断与鉴别诊断

1. 诊断 临床上诊断为自发性蛛网膜下腔出血者，需经 CTA、DSA 等影像学检查，方可明确诊断。未破裂动脉瘤因其症状隐匿，多为体检中偶然发现，因此在高危人群中推广头颅 MRA 筛查尤为重要。

2. 鉴别诊断

（1）细菌性动脉瘤：血液感染时会发生细菌性动脉瘤，一般是细菌播种在颅内血管壁中造成的。最常见的病因是细菌性心内膜炎，与动脉粥样硬化性动脉瘤多在 Willis 环周围不同，最常见的发病部位为大脑中动脉分支的远端。

（2）非动脉瘤性凸面蛛网膜下腔出血：此型非动脉瘤性 SAH 发生在完全不同的部位，主要位于大脑半球的周边结构，病因不明。可能的诊断包括：孤立性皮层静脉栓塞、高血压、产后子痫以及 CAA。有研究指出，在此类 SAH 中，常规脑血管造影不能发现任何动脉瘤。

（五）治疗

1. 西医治疗 动脉瘤最常见的治疗方法是通过开颅手术来夹闭动脉瘤和通过血管内介入治疗用弹簧圈栓塞动脉瘤。到底选择哪个方法，需根据患者的具体情况来决定。相关的因素包括：患者的年龄、一般状况、动脉瘤的位置以及动脉瘤周围的神经血管形态。目前的趋势是对破裂的动脉瘤在 24~72 小时内进行早期治疗，以达到夹闭或栓塞的目的。Hunt-Hess ≤ 3 级的患者应积极争取急诊手术。而 Hunt-Hess ≥ 4 级的患者的手术时机目前存在一定争议，有观点认为急诊手术危险性较大，须待病情好转后再进行手术。

（1）手术夹闭动脉瘤：在过去的几十年时间内，动脉瘤的经典治疗就是开颅手术夹闭。可以临时阻断颅内动脉瘤的载瘤动脉，也可以用临时阻断夹先孤立动脉瘤。这样，IA 就更容易处理，搏动也不太强，从而永久性夹闭动脉瘤。同时还可以更好地处理早期或术中破裂。在手术夹闭时一定注意不能损伤 Willis 环上发出的一些穿通支。如果分离动脉时或夹闭不当，损伤了这些穿通支，会导致脑梗死，预后不良。尤其是深部的皮质下结构、丘脑、脑干等发生缺血性损伤，会导致认知障碍（图 29-7，见文末彩图）。

吲哚菁绿血管造影（indocyanine green angiography, ICGA）可评估显微手术中动脉瘤夹闭状态，可及时调整动脉瘤夹，保持载瘤动脉通畅和动脉瘤夹闭完全。动脉瘤术后均应行 CTA 或 DSA 复查，证实动脉瘤是否完全闭塞。

目前大脑中动脉瘤最适合手术夹闭（图 29-8，见文末彩图）。

（2）血管内介入治疗：由于 20 世纪 90 年代导管技术和可脱卸金属弹簧圈的发展，血管内栓塞治疗动脉瘤得到发展。1996年,美国食品药品监督管理局(FDA)批准了首例动脉瘤血管内栓塞治疗。2002年发表的国际蛛网膜下腔出血动脉瘤临床试验(ISAT)是针对动脉瘤治疗的一个里程碑式的临床研究。该研究证实基于导管技术的血管内栓塞治疗的侵袭性较小,所以致残率较低,对于老年患者尤其如此。对于手术难以夹闭的椎基底动脉瘤,尤其是基底动脉顶端动脉瘤,血管内栓塞早已成为一种常规治疗方法。所以,ISAT研究的最大影响就是促进了血管内栓塞治疗在前循环动脉瘤中的应用(图29-9)。

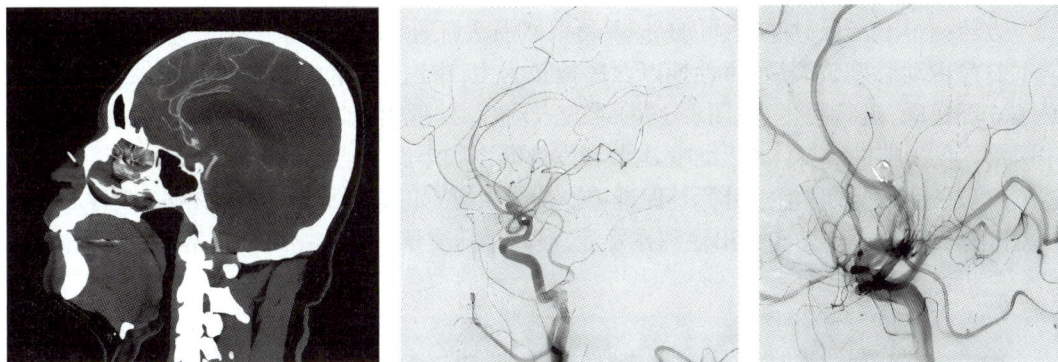

图29-9 前交通动脉瘤血管内介入治疗前(左CTA,中DSA)和治疗后(右DSA)图像

高龄、病情危重、多发动脉瘤、手术夹闭较困难或不接受手术夹闭动脉瘤、椎基底动脉瘤患者可选血管内介入治疗。如果动脉瘤颈较宽,瘤颈直径和动脉瘤最大直径的比值>0.5,可使用微导管支架辅助弹簧圈栓塞技术。相信随着材料和工程科学的发展,越来越多的新技术将被应用于神经介入手术中,如血流导向装置让巨大颅内动脉瘤的治疗变得简单而且安全;复杂性动脉瘤可在多功能手术室(hybrid operating room)实施一站式手术(one-stop operation)治疗。

(3)未破裂动脉瘤的治疗:CTA和MRA发现的未破裂动脉瘤的治疗仍在临床研究中,尚无高等级的临床指南。目前治疗未破裂动脉瘤的策略主要考虑患者年龄、有无SAH史、动脉瘤大小和位置。动脉瘤直径达到7mm,破裂风险相当高,但在中国人群中小动脉瘤破裂也较常见。小动脉瘤似乎比大动脉瘤更容易破裂出血。在中青年人群中,症状性动脉瘤、有子结节形成的动脉瘤,均建议进一步治疗。偶发动脉瘤患者对手术有顾虑或不愿手术时,推荐每年进行一次MRA/CTA检查,一旦随访中发现动脉瘤有增大或形态改变,应立即手术干预。

(4)其他手术方式:动脉瘤孤立后血管搭桥手术,动脉瘤包裹手术等。

2. 中医治疗

(1)核心治疗原则:未破裂期以扶正祛邪、化痰祛瘀、平肝潜阳为主,预防破裂;破裂急性期以西医抢救为主,中医可辅助醒神开窍、息风化痰、化瘀止血、固脱回阳;恢复期则以扶正固本、化痰通络、益气活血促进康复。

(2)辨证论治

1)未破裂颅内动脉瘤(中医辅助调理,降低破裂风险)

①痰瘀互结证

治法:化痰通络,活血祛瘀。

方药:半夏白术天麻汤合通窍活血汤加减。若痰郁化热,加黄芩、胆南星、竹茹。

②肝阳上亢/肝风内动证

治法:平肝潜阳,滋阴息风。

方药:天麻钩藤饮合镇肝熄风汤加减。若阴虚明显,加女贞子、旱莲草。

③肾精亏虚证

治法:补肾填精,益髓荣脑。

方药:左归丸或大补元煎加减。若偏肾阳虚,加附子、肉桂、巴戟天。

④气虚血瘀证

治法:益气活血,化瘀通络。

方药:补阳还五汤加减。可加丹参、葛根增强活血通络之力。

2)颅内动脉瘤破裂后(急性期以西医抢救为主,中医可辅助):此阶段为神经外科急症,必须立即送医,进行手术(夹闭/栓塞)或介入治疗,处理出血,降低颅内压,维持生命体征。中医治疗仅为辅助。具体用药详见本节自发性蛛网膜下腔出血内容。

3)破裂后恢复期:治疗目标是促进神经功能恢复(如肢体活动、语言、吞咽),改善后遗症(头痛、眩晕、麻木等),防止再出血和并发症,提高生活质量。具体用药详见本节脑卒中内容。

三、烟雾病

烟雾病(moyamoya disease)是一种原因不明、以一侧或双侧颈内动脉末端或其主要分支进行性狭窄或闭塞为特征,并在颅底继发形成异常毛细血管吻合网的脑血管疾病。由日本学者最早报道,由于该异常血管网在脑血管造影图像上形似"烟雾",故称烟雾病。有证据显示烟雾病发病有家族倾向。发病年龄通常有两个高峰:青少年在4岁左右,以缺血发作为主;成人在34岁左右,曾被认为以出血更常见。

(一) 病因与病理

1. 西医病因与病理

(1)病因:烟雾病病因不明,免疫介导、炎症反应、钩端螺旋体或EB病毒感染所致的血管免疫反应、遗传因素所致的血管内膜发育异常等均可能与烟雾病相关。研究发现患者心脏、肾及其他器官的动脉也可能发生类似病理改变,提示该病可能为一种系统性血管疾病。

(2)病理:非动脉硬化性或原发性炎症所致的颈内动脉颅内段远端、大脑前动脉和中动脉近端狭窄。烟雾病常合并颅内动脉瘤,这可能是侧支循环扩张、血流增加的结果,也可能与患者动脉血管壁的先天缺陷有关。

2. 中医病因病机 烟雾病属脑血管病,与中医的中风相对应。若年老体弱、积劳内伤、情志过极,饮食不节、劳欲过度,致使机体阴阳失调,气血逆乱,脑脉瘀阻不畅,脑失所养而形成此病;或阴亏于下,肝阳暴张,阳化风动,血随气逆,夹风夹痰,横窜经络,蒙蔽清窍,血不循脑脉反溢于脉外,从而发生猝然昏仆、半身不遂等危重证候。其病机归纳起来不外虚、火、风、痰、气、瘀六端。此六端相互影响,相互作用,合而为病。

(二) 临床表现

1. 症状 儿童和成人烟雾病患者的临床表现各有特点。

儿童患者以缺血症状为主要临床表现,包括短暂性脑缺血发作、可逆性神经功能障碍及脑梗死。紧张、哭泣、应激常可诱发神经症状,可能与过度通气引发低碳酸血症合并反应性血管收缩有关。有些患者可有反复头痛或癫痫发作。

有半数以上成人患者可出现颅内出血,不仅给患者带来严重的神经功能损害,还让患者面临反复出血的威胁。大部分出血是由于脆弱烟雾状血管破裂或合并的微动脉瘤破裂,出血多发生于基底节区、丘脑及脑室旁(来自脑室壁)区域,常合并脑室内出血。

2. 体征 短暂性脑缺血发作或可逆性神经功能障碍多因发作短暂,入院时可无明显体征。如有脑梗死形成，可因不同梗死部位与范围，发现相应神经系统症状与体征，如肢体乏力、言语不利等。

出血可由不同出血类型与部位产生相应症状与体征，包括头痛、呕吐、颈项强直、偏瘫、意识障碍等。

（三）辅助检查

1. 头颅 CT 和 MRI 检查　可显示新、旧脑缺血改变、脑出血或脑萎缩。烟雾状血管在 MRI 上可显示为流空影。头颅 CTA 和 MRA 可显示与脑血管造影一致的表现，包括颈内动脉狭窄、闭塞，颅底异常血管网形成等。

2. DSA 检查　DSA 不仅可用于疾病诊断，还有助于血运重建术的评估。典型的表现为：双侧颈内动脉末端狭窄或闭塞；基底节区纤细的血管网，呈烟雾状；广泛的血管吻合，如大脑后动脉与胼周动脉吻合。根据血管造影可将烟雾病分为 6 期（整个病变发展过程历时10 年以上）（表 29-2）。

表 29-2　烟雾病分期

分期	造影表现
1	颈内动脉末端狭窄，通常累及双侧
2	颅底产生特异性烟雾状血管网，主要动脉扩张
3	颈内动脉狭窄进展，逐步累及大脑前、中动脉，烟雾状血管更明显（多数病例在此期诊断）
4	整个 Willis 环甚至大脑后动脉闭塞，颅外侧支循环开始出现，烟雾状血管开始减少
5	4 期的进一步发展
6	颈内动脉及分支完全闭塞，烟雾状血管消失

3. 脑血流与脑代谢评价　单光子发射计算机体层成像（single photon emission computed tomography，SPECT）、正电子发射体层成像（PET）、CT 灌注成像（CTP）及磁共振灌注成像（MR perfusion，MRP）等血流评估手段为烟雾病的脑缺血诊断提供新方法。脑血流量（cerebral blood flow，CBF）、脑血容量（cerebral blood volume，CBV）、达峰时间（time to peak，TTP）、平均通过时间（mean transit time，MTT）等指标是评价脑血流灌注的理想方法，对指导临床治疗及评估疗效具有重要意义。

（四）诊断与鉴别诊断

成人患者出现自发性脑出血，特别是脑室内出血；儿童或年轻人若反复出现短暂性脑缺血发作，应高度怀疑此病。结合 CTA、MRA 或 DSA，可以明确诊断。脑血管造影是诊断烟雾病的金标准。

高血压脑出血、动脉瘤性蛛网膜下腔出血等是成人脑出血的常见原因，其临床表现需与烟雾病相鉴别。脑血管的影像学检查是诊断的标准。

许多疾病的血管继发性改变与烟雾病相似。如合并神经纤维瘤Ⅰ型、结节性硬化症、镰状细胞贫血、唐氏综合征等，则应诊断为烟雾综合征。

（五）治疗

1. 西医治疗

（1）药物治疗：常用的药物有抗血小板聚集药物、抗凝药物及血管扩张剂等，目前均无循证医学证据证实有效。目前无明确有效的药物能降低烟雾病患者的出血率。

（2）外科治疗：脑出血一旦形成血肿占位效应，应急诊行血肿清除术。血管重建手术已被证实能改善脑缺血发作，降低出血风险。手术包括直接血管重建、间接血管重建及组合手术。直接血管重建最常选择的是颞浅动脉 - 大脑中动脉吻合。间接血管重建包括：大脑表面肌肉贴敷、脑 - 硬脑膜血管贴敷及大网膜移植等。对于儿童患者，两种手术常联合应用。

2. 中医治疗

（1）辨证要点

1）辨中经络及中脏腑：根据有无神志障碍、病情轻重分为中经络与中脏腑两大类。

2）辨分期：分为急性期、恢复期及后遗症期三个阶段。应针对各期不同特点，分别辨证施治。

3）辨闭证与脱证：中脏腑有闭证、脱证之分，主要根据舌象、脉象和临床症状相区别。

4）辨病势顺逆：中经络与中脏腑之间可相互转化，临床应密切观察病情，掌握病势趋向。

（2）治疗原则：分急性期、恢复期及后遗症期三个阶段治疗。急性期标实突出，应以急则治其标为原则，常用平肝息风、清热涤痰、化痰通腑、活血通络、醒神开窍等法。闭证治以祛邪开窍醒神，脱证治以益气回阳，扶正固脱。恢复期及后遗症期多虚实夹杂，宜扶正祛邪，常用益气活血、育阴息风等法，并配合针灸、推拿及其他康复治疗。

（3）分证论治：按中经络、中脏腑分证论治，同中风。

四、自发性蛛网膜下腔出血

蛛网膜下腔出血（SAH）是多种原因所致的脑底部或脑、脊髓表面的血管破裂，血液直接进入蛛网膜下腔引起的急性出血性脑血管病。年发病率为(2~22.5)/10 万，约占急性脑卒中的 10%，出血性脑卒中的 20%。SAH 的平均急性期病死率很高，一半以上患者(51%)死于急性期，且死亡时间多集中在 2 周内，10% 的患者在到达医院之前就死亡了，25% 的患者在发病 24 小时内死亡。由于颅内压弥漫性急剧增高而致脑疝形成是早期死亡的主要原因。动脉瘤性 SAH 患者中约 70% 预后不良：死亡，或者严重病残，不能独立生活。除了早期脑疝，SAH 后造成的神经系统和内科的并发症也是导致预后不良的原因。SAH 的幸存者中，长期认知障碍也非常多，50% 以上的患者有记忆障碍、情绪或神经精神方面的异常。1/2~2/3 的幸存者在 SAH 一年以后可以返回原工作岗位。

在全世界范围内，动脉瘤性 SAH 平均年发病率为 10.5/10 万人。日本和芬兰发病率较高，南美和中美洲较低。女性发病率是男性的 1.4 倍。

（一）病因与病理

1. 西医病因与病理

（1）病因：SAH 最常见的病因是颅脑外伤和颅内动脉瘤（intracranial aneurysm，IA）破裂出血。在非外伤性病因中，80% 的 SAH 系由颅内动脉瘤破裂所致，其次为中脑周围非动脉瘤性蛛网膜下腔出血。其他少见的病因还包括：垂体卒中、凝血机制异常、硬脑膜静脉窦血栓形成、小的浅表动脉破裂、脑血管夹层、动脉圆锥破裂、脑动静脉畸形、脑肿瘤等。

危险因素包括：吸烟、高血压、使用可卡因、长期酗酒、动脉瘤家族史。遗传性结缔组织病，如 Ehlers-Danlos 综合征（埃勒斯 - 当洛斯综合征；弹力过度性皮肤）（Ⅳ型）、弹性纤维假黄瘤、肌纤维发育不良等，都可能合并 IA 和 SAH。

（2）病理：血液进入蛛网膜下腔后，主要沉积在脑底池和脊髓池中，如鞍上池、脑桥小脑脚池、环池、小脑延髓池和终池中，呈紫红色。出血量大时可形成薄层血凝块覆盖于颅底血管、神经和脑表面，蛛网膜发生无菌性炎症反应及软膜增厚，导致脑组织与血管或神经粘连。脑实质内广泛白质水肿，皮质可见多发斑片状缺血灶。此外，血液进入蛛网膜下腔，直接刺激血管或血细胞破坏释放儿茶酚胺、5- 羟色胺等多种缩血管物质，引起继发性脑血管痉挛，严重者发生脑梗死。

2. 中医病因病机　郁怒伤肝,气郁化火,扰动清窍,灼伤脉络,致血溢脉外;或肾阴素亏不能养肝,水不涵木,肝阳上亢,肝风上扰,同时因饮食不节,忧思、劳倦过度损伤脾胃,致痰湿内生,肝风夹痰上扰;或嗜食膏粱厚味、煎炸炙煿,蕴热化火生痰,致痰火扰心而发病。

本病病位在脑,病变脏腑涉及心、肝、肾,病性以实为主。病初多以实邪阻滞为主,主要表现为风、痰、瘀诸邪交结互见。本病顺证者,经调治将息,邪去正衰,后期出现肝肾阴虚,气血不足的表现;逆证者,邪气独留,正气衰败,元气败脱,多成不治。

(二) 临床表现

1. 症状　发病多骤发或急起。

(1) SAH 的典型表现为剧烈头痛,常描述为有生以来最严重的头痛。80%~95% 患者的头痛为突发,呈劈裂般剧痛,遍及全头或前额、枕部,再延及颈、肩、腰背和下肢等。Willis 环前部动脉瘤破裂引起的头痛可局限在同侧额部和眼眶。屈颈、活动头部和 Valsalva 试验以及声响和光线等均可加重疼痛,安静卧床可减轻疼痛。头痛发作前常有诱因,如剧烈运动、屏气动作或性生活,约占发病患者的 20%。

(2) 恶心、呕吐、面色苍白、出冷汗。

(3) 意识障碍:半数以上 SAH 患者可有不同程度的意识水平下降,从短暂意识模糊至完全深昏迷。17% 的患者在就诊时已处于昏迷状态,少数患者可无意识改变,但畏光、淡漠、怕声响和振动等。

(4) 精神症状:表现为谵妄、木僵、定向障碍、虚构和痴呆。

(5) 癫痫:见于 20% 的患者。

2. 体征　神经系统的功能障碍可能是由于动脉瘤的直接压迫、颅内压的增高,或是脑内血肿。当动脉瘤破裂,血液破入蛛网膜下腔的同时,也直接破入脑实质内形成脑内血肿。

(1) 体检时非特异性的发现:颈项强直和意识水平降低。

(2) 由于颅内压急剧增高而出现:①视神经乳头水肿;②外展神经麻痹;③视网膜、玻璃体膜下、玻璃体积血。提示颅内压急剧增高,预后不良。

(3) 提示动脉瘤部位的神经系统体征:①后交通动脉瘤直接压迫在动眼神经上而导致动眼神经麻痹;②外展神经麻痹;③颅后窝的病变可以出现眼球震颤、共济失调;④大脑中动脉近端的动脉瘤可能出现失语、轻偏瘫或视野缺损;⑤前交通动脉瘤可能出现两下肢乏力或意识丧失。

3. 常见并发症　SAH 后主要的神经系统并发症包括脑血管痉挛伴延迟性脑缺血(46%)、脑积水(20%)和动脉瘤再出血(7%)等。

(1) 脑血管痉挛(cerebral vascular spasm,CVS)伴延迟性脑缺血(delayed cerebral ischemia):SAH 后 3 日会发生脑血管痉挛,4~14 日是最危险的时期,5~7 日时症状最重。预后不良的患者中有 1/3 是因为发生了脑血管痉挛。一般在 SAH 后 2~4 周逐渐缓解。如果有以下因素,可能容易发生脑血管痉挛:高龄(>60 岁),CT 显示大量 SAH,入院时意识水平较低。

(2) 脑积水:由于出血量大、出血速度快,血液大量涌入第三、第四脑室并凝固,使第四脑室的侧孔和正中孔受阻,可引起急性梗阻性脑积水,导致颅内压急剧升高,甚至出现脑疝而死亡。

(3) 动脉瘤再出血:SAH 再出血临床症状严重,病死率远远高于第一次出血,一般发生在第一次出血后 10~14 日。再发出血多由动脉瘤破裂引起。通常在病情稳定的情况下,突然头痛加剧、呕吐、癫痫发作,并迅速陷入深昏迷,瞳孔散大,瞳孔对光反射消失,呼吸困难甚至停止。神经定位体征明显或脑膜刺激症状明显加重。

(三) 辅助检查

1. 腰椎穿刺 腰椎穿刺可放出无凝血块的血性液体,连续几管不变清,可诊断为 SAH,曾是 SAH 最敏感的检查方法。SAH 脑脊液红细胞计数通常大于 $1 \times 10^5/\text{mm}^3$,比较第一管与最后一管红细胞计数下降不明显;蛋白升高,糖正常或减少。由于穿刺损伤发生率高,可导致假阳性,因此,此方法已不再是诊断 SAH 的常用方法。对于那些不典型头痛而需要排除 SAH,CT 检查又未发现异常的患者,可以进行腰穿以提高诊断的准确性。

2. CT 和 CTA 检查 非强化高分辨率 CT 扫描对病灶诊断有很大帮助,可在 SAH 后 48 小时内发现 >95% 的 SAH,表现为蛛网膜下腔(白色)高密度影。如果在基底池中颅内动脉瘤好发部位附近发现高密度的血块,是典型的动脉瘤性 SAH 的诊断依据(图 29-10)。在约 78% 的病例中通过血流分布的情况,可推测导致 SAH 的责任动脉瘤。然而,有时破裂动脉瘤仅有少量,甚至没有 SAH。这时,如果发现有脑叶内出血或是脑室内出血也提示可能存在动脉瘤。

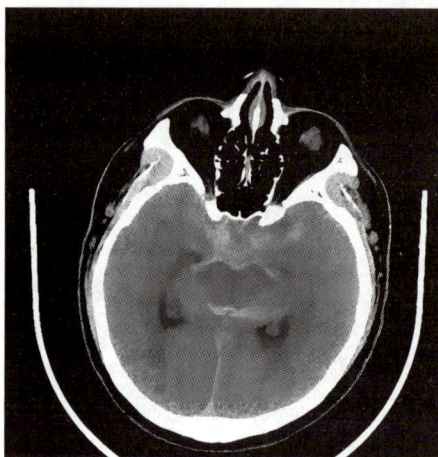

图 29-10 典型的动脉瘤性 SAH

3. MRI 和 MRA 检查 MRI 对出血最初 24~48 小时内不敏感(高铁血红蛋白过少),特别是薄层出血时;4~7 日后灵敏度增加;对 10~20 日以上的亚急性期到远期 SAH 的检查效果极佳。MRI FLAIR 像是检查 SAH 最敏感的影像学检查之一。MRA 则可作为一种发现颅内动脉瘤的筛选检查方法。

4. DSA 检查 DSA 可清楚显示脑血管的全貌,发现动脉瘤等血管性病变,明确病灶位置、大小、与载瘤动脉的关系、有无血管痉挛等情况,是自发性 SAH 病因诊断的"金标准"。第一次 DSA 检查可有 5%~15% 的患者不能发现阳性结果,应在 2 周左右重复 DSA 检查,部分患者可在此时发现原来未能发现的脑动脉瘤。

(四) 诊断与鉴别诊断

1. 诊断 30~70 岁的成人,在无颅脑外伤等情况下,突发剧烈头痛,恶心呕吐,伴不同程度的意识障碍,体检发现颈项强直、克尼格征及其他局灶性体征,严重者还可有眼玻璃体膜下出血,甚至生命体征不稳,呼吸心跳暂停等。急诊 CT 扫描见蛛网膜下腔广泛的高密度影,或腰椎穿刺见连续不凝的血性脑脊液,即可诊断为自发性蛛网膜下腔出血。

2. SAH 分级 发病后患者的神经系统表现为 SAH 的两个重要临床评级——Hunt-Hess 评级和世界神经外科医生联盟评级提供重要基础(表 29-3、表 29-4)。

表 29-3　蛛网膜下腔出血 Hunt-Hess 分级

级别	描述*
1	无症状，或者轻微头痛，轻度颈项强直
2	颅神经麻痹，轻度 - 重度头痛，颈项强直
3	轻度局灶性功能障碍，昏睡，或意识混乱
4	昏迷，中度 - 重度偏瘫，早期去大脑强直
5	深昏迷，去大脑强直，濒死状态

*如果有严重的系统性疾病(高血压、糖尿病、严重动脉硬化、慢性阻塞性肺疾病)，或通过脑血管造影发现严重血管痉挛，需要增加一级。

表 29-4　世界神经外科医生联盟分级(WFNS)

WFNS 分级	GCS*	主要局灶性神经功能缺失**
0***		
1	15 分	−
2	13~14 分	−
3	13~14 分	+
4	7~12 分	+ 或 −
5	3~6 分	+ 或 −

*Glasgow 昏迷评分：睁眼(4 分)，最好的肢体运动(6 分)，最好的语言反应(5 分)，三项评分相加得到的和就是 GCS；** 失语、轻偏瘫或偏瘫(+ 为有，− 为无)；*** 未破裂动脉瘤。

3. 鉴别诊断

(1) 自发性脑出血：老年患者，有高血压病史，在体力活动或情绪改变等诱因下，突发头痛、头晕，伴不同程度的意识改变，偏瘫、偏盲、偏身感觉障碍等"三偏"症状，经 CT 检查证实为脑内血肿，而非蛛网膜下腔出血可鉴别诊断。

(2) 脑肿瘤卒中：平时可有晨起头痛、喷射样呕吐、癫痫、单肢瘫等症状，一般起病缓慢，颅内压进行性升高，局灶性神经体征进行性加重，脑肿瘤卒中时症状可突然加重。CT 和 MRI 等检查可加以鉴别。

(五) 治疗

1. 西医治疗

(1) 出血急性期，患者应该收入 ICU，绝对卧床休息，使用镇静镇痛药物，严密观察生命体征和神经系统体征，防止病情进一步恶化。减少噪声，减少探视，直到动脉瘤治疗后。依据患者的意识水平，没有吞咽问题者，可以口服补充营养，同时应口服大便软化剂；如进食困难，可使用肠内营养。

(2) 早期使用钙通道阻滞剂尼莫地平能够显著改善患者的临床预后，已经成为早期治疗的标准方法。预防性应用抗癫痫药物；应用 H_2 受体拮抗剂或质子泵抑制剂降低应激性溃疡的风险；核心体温维持在 $\leqslant 37.2\,℃$，可用对乙酰氨基酚或物理降温控制；在处理动脉瘤之前，保持收缩压在 120~160mmHg 范围内，避免血压过高增加动脉瘤破裂的风险；发生低钠血症时，注意区分是抗利尿激素分泌失调综合征(syndrome of inappropriate secretion of antidiuretic hormone, SIADH)还是脑耗盐综合征，前者需限制摄入水量，后者可用 0.9% 生理盐水或高渗盐水补充容量。

(3)尽早开展病因治疗,进行动脉瘤夹闭或栓塞等介入治疗。

2. 中医治疗

(1)辨证论治

1)肝阳暴亢,瘀血阻窍证:突发头痛,疼痛剧烈,痛如刀劈,伴恶心,呕吐,烦躁,易怒,口干,口苦,渴喜冷饮,舌暗红或有瘀斑,苔黄,舌下脉络迂曲,脉弦。治以平肝潜阳,活血止痛。方用镇肝熄风汤加减。

2)肝风上扰,痰蒙清窍证:剧烈头痛,颈项强直,伴有恶心,呕吐,头晕昏沉或眩晕,可见谵妄或神识昏蒙,喉中痰鸣,舌质淡,苔黄或白腻,脉弦滑。治法以平肝息风,化痰开窍。方用羚角钩藤汤合温胆汤加减。

3)瘀血阻络,痰火扰心证:头痛日久不愈,痛有定处,突然头痛加剧,伴呕吐,项强,或抽搐,或半身不遂,口干但欲漱水不欲咽,唇甲紫暗,或持续发热,尿赤便秘,舌质暗,有瘀斑,苔黄燥,脉弦。治以活血化瘀,清化痰热。方用通窍活血汤合涤痰汤加减。

4)心神散乱,元气败脱证:突然昏仆,不省人事,频频呕吐,肢体瘫软,手撒肢冷,冷汗淋漓,气息微弱,二便自遗,面青舌萎,舌质紫暗,苔白滑,脉微弱。治以益气固脱,回阳救逆。方用独参汤或参附汤加减。

(2)针灸:头痛者,可刺络放血,以疏通经络、调和气血。一般选在痛侧太阳穴或悬颅穴刺络放血。瘀血头痛多由络脉蓄血所致,故随痛处进针,出针后不按针孔,任其流出恶血,即"以痛为腧""血实者决之"之意。另可随症加配穴:偏头痛加太阳;头顶痛加四神聪。

(六) 中西医结合讨论

1. 中西医结合治疗时机的选择　SAH 是一种急性脑血管疾病,病死率较高,尤其是再次发病。治疗的关键主要为急性期的措施是否准确。经造影证实有动脉瘤或动静脉畸形者,应争取手术或介入治疗。在术后调理、预防复发等方面,现代医学并不具备优势,中医辨证论治和整体理论针对机体进行调节,弥补了现代医学在 SAH 治疗方面的不足。

中医药的干预在发病开始即应进行,通过辨证论治有效地调节机体的阴阳平衡。SAH 急性期或重症患者临床多表现为痰热证,应给予活血化瘀、清热化痰、通腑泻热的方案。如醒脑静、痰热清、清开灵、丹参、三七皂苷等注射液均可辨证使用,尤其是三七制剂的双向调节机制十分适合该病,有止血不留瘀、活血不出血的作用。关于急性期活血化瘀药的使用,中医认为离经之血即为瘀血,出血愈多,瘀血愈重,既损伤神明,又致脑络不利,津血流通不畅,导致瘀血并存。适当应用活血化瘀药,可促进积血吸收,减轻脑血管痉挛,控制和减轻脑水肿,防止后期脑积水形成。

2. 中西医对蛛网膜下腔出血并发症的防治　中医药可通过辨证论治,增强脑组织抗缺血缺氧能力,改善脑循环,预防 SAH 术中及术后并发症。SAH 常合并严重感染。大手术造成胃肠道缺血 - 再灌注损伤,从而导致免疫功能受损。炎症因子大量释放,肠道动力下降,黏膜上皮水肿坏死,通透性增加,肠道细菌过度增殖,会直接导致肠道生物屏障破坏,发生多器官功能障碍综合征。联合运用中医内服加外治法辅助治疗,如鼻饲大承气汤,联合针灸、推拿按摩等,可加快肠道功能恢复,改善预后。

五、颈动脉狭窄的外科治疗

颈动脉狭窄多是由颈动脉的粥样斑块导致的颈动脉管腔的狭窄。其发病率较高,大部分颈动脉狭窄在 60 岁以上人群中发现,多发生于颈总动脉分叉处和颈内动脉起始段。有些狭窄性病变甚至可能逐渐发展至完全闭塞性病变。

（一）病因与病理

1. 西医病因与病理　颈动脉狭窄的病因主要有动脉粥样硬化、大动脉炎及纤维肌发育不良等，其他病因如外伤、动脉扭转、先天性动脉闭锁、肿瘤、动脉炎或动脉周围炎、放疗后纤维化等较少见。

颈动脉狭窄最常见的病理表现为：由于机体血脂代谢异常，颈动脉血管壁有粥样硬化斑块形成，内膜及平滑肌细胞异常增生，最后导致血管腔狭窄。最好发部位为颈总动脉分叉处，其次为颈总动脉起始段，此外还有颈内动脉虹吸部等部位。

颈动脉夹层造成颈动脉狭窄的病理常为：颈动脉内膜撕裂口进入内膜与中膜之间或中外膜交界处，使颈动脉壁裂开分为两层，从而引起颈动脉狭窄或瘤样扩张。

2. 中医病因病机　颈动脉狭窄的中医病因病机当从痰、瘀论：痰是指体内的水湿运行受阻，湿聚成痰；而瘀是指血液运行受阻，血液循环不畅而成瘀。痰、瘀都属于病理产物，此病理产物会阻碍机体的经脉运行。

单纯的颈动脉狭窄，与中医头痛、眩晕等病症相对应，证属痰瘀阻络。痰瘀阻络，经络运行不畅，导致患者的临床表现主要有言语謇涩、偏身麻木、头晕头痛、口眼歪斜、失眠多梦、记忆力下降、面色晦暗、心悸，以及舌暗淡、舌苔薄白或白腻、脉弦滑等。

症状性颈动脉狭窄，即伴随偏瘫、失语等病症，当与中医的中风相对应，证属风痰阻络。风痰阻络主要是肝风夹痰引起体内的气血逆乱，上扰脑脉，脑脉瘀阻不畅；或阴亏于下，肝阳暴张，阳化风动，血随气逆，夹风夹痰，横窜经络，蒙蔽清窍，血不循脑脉反溢于脉外，导致脑部的经脉不通，出现了口眼歪斜、一侧肢体偏瘫、言语不清等症状。

（二）临床表现

1. 症状　动脉粥样硬化所致的颈动脉狭窄多见于中老年人，这类患者常伴有多种心血管危险因素。头臂型大动脉炎造成的颈动脉狭窄多见于青少年，尤其是青年女性。损伤或放射引起的颈动脉狭窄，患者发病前有相应的损伤或放疗的病史。临床上依据颈动脉狭窄是否产生脑缺血症状，分为症状性和无症状性两大类。

（1）症状性颈动脉狭窄

1）脑部缺血可有耳鸣、眩晕、黑矇、视物模糊、头昏、头痛、失眠、记忆力减退、嗜睡、多梦等症状。眼部缺血表现为视力下降、偏盲、复视等。

2）TIA 局部的神经功能一过性丧失临床表现为一侧肢体感觉或运动功能短暂障碍，一过性单眼失明或失语等，一般仅持续数分钟，发病后 24 小时内完全恢复。影像学检查无局灶性病变。

3）缺血性脑卒中常见的临床症状有一侧肢体感觉障碍、偏瘫、失语、脑神经损伤，严重者出现昏迷等，并具有相应的神经系统体征和影像学特征。

（2）无症状性颈动脉狭窄：许多颈动脉狭窄患者临床上无任何神经系统的症状和体征。有时仅在体格检查时发现颈动脉搏动减弱或消失，颈根部或颈动脉行经处闻及血管杂音。无症状性颈动脉狭窄，尤其是重度狭窄或斑块溃疡，被公认为"高危病变"，越来越受到重视。

2. 体征　症状性颈动脉狭窄，轻则可有 TIA 可逆性神经功能障碍，多因发作短暂，入院时可无明显体征。如有急性脑梗死形成，可因不同梗死部位与范围，发现相应的神经系统症状与体征，如肢体偏瘫、失语，甚至昏迷。

（三）辅助检查

1. B超检查　B超为目前首选的无创性颈动脉检查手段，具有简便、安全和费用低廉等特点。它不仅可显示颈动脉的解剖图像，进行斑块形态学检查，如区分斑块内出血和斑块溃疡,而且还可显示动脉血流量、流速、血流方向及动脉内血栓。

2. MRA 检查　是一种无创性血管成像技术,能清晰地显示颈动脉及其分支的三维形态和结构,并且能够重建颅内动脉影像。颈部血管有着直线型轮廓,是特别适合 MRA 检查的部位。MRA 可以准确地显示血栓斑块、有无夹层动脉瘤及颅内动脉的情况,对诊断和确定方案极有帮助。体内有金属滞留物(如金属支架、起搏器或金属假体等)的患者,禁忌行 MRA 检查。

3. CTA 检查　颅外段颈动脉适宜 CTA 检查,主要原因是颈部动脉走向垂直于 CT 断面,从而避免了螺旋 CT 扫描时对于水平走向的血管分辨率相对不足的缺点,能直接显示钙化斑块。

4. DSA 检查　是诊断颈动脉狭窄的"金标准"。颈动脉狭窄的 DSA 检查应包括主动脉弓造影、双侧颈总动脉选择性造影、颅内段颈动脉选择性造影、双侧椎动脉选择性造影及基底动脉选择性造影。DSA 可以详细地了解病变的部位、范围和程度,以及侧支形成情况;帮助确定病变的性质,如溃疡、钙化病变和血栓形成等;了解并存血管病变,如动脉瘤、血管畸形等。动脉造影能为手术和介入治疗提供最有价值的影像学依据。

(四) 诊断与鉴别诊断

1. 诊断　动脉粥样硬化是全身性疾病,年龄(>60 岁)、性别(男性)、长期吸烟、肥胖、高血压、糖尿病和高脂血症等多种心脑血管疾病危险因素,同样适用于动脉粥样硬化所致颈动脉狭窄的筛选。高危人群包括 TIA 和缺血性脑卒中患者,下肢动脉硬化闭塞症患者,冠心病(尤其是需要做冠状动脉搭桥或介入治疗的)患者,以及体检中发现颈动脉血管杂音者。

2. 鉴别诊断

(1)颈动脉夹层:颈动脉夹层可发生在各成年年龄段,中青年起病多有颈部按摩或外伤史,也可无任何诱因,多起病急骤,患者可迅速出现偏瘫、失语等症状;老年人颈动脉夹层表现与脑梗死相似,颈动脉核磁及超声检查可鉴别。

(2)颈动脉颈段动脉瘤:该病多在体检中发现,也有小部分患者因动脉瘤内形成的血栓脱落而造成颅内缺血,可有肌力下降等缺血表现,颈部血管超声及 CT、核磁检查皆可明确诊断。

(五) 治疗

1. 西医治疗　颈动脉狭窄的外科治疗分为外科手术治疗和介入治疗两种。

(1)外科手术治疗:颈动脉狭窄外科治疗的目的是预防脑卒中的发生,其次是预防和减缓 TIA 的发作。标准的手术方式为颈动脉内膜切除术(CEA)。

(2)介入治疗:颈动脉支架植入术(CAS)主要通过充盈球囊由内向外扩张狭窄段血管内腔,然后植入专用颈动脉支架,以改善血管腔内血流。在我国近年来 CAS 的手术治疗量呈上升趋势。

2. 中医治疗　单纯的颈动脉狭窄多归属于中医"头痛""头晕"范畴,辨证属痰瘀阻络,气滞不畅。治法多以平肝息风、清热涤痰、化痰通腑、活血通络为主,临床多予补阳还五汤、血府逐瘀汤等加减。

症状性颈动脉狭窄多伴有偏瘫、失语等表现,与中医中风相对应。辨证当辨中经络及中脏腑,根据有无神志障碍、病情轻重分为中经络与中脏腑两大类。辨分期分为急性期、恢复期及后遗症期三个阶段。应针对各期不同特点,分别辨证施治。

急性期常用醒脑开窍、化痰通腑、活血通络等法;恢复期及后遗症期多虚实夹杂,常用益气活血、育阴息风等法,并配合针灸、推拿及其他康复治疗。

(费智敏)

第三节 主动脉疾病

一、主动脉瘤

主动脉瘤包括胸主动脉瘤(thoracic aortic aneurysm,TAA)和腹主动脉瘤(abdominal aortic aneurysm,AAA)。

主动脉瘤是由于主动脉中层退行性变,中层弹力纤维破坏和丧失,在管腔的压力冲击下,主动脉向外膨胀扩大而形成,直径超出正常管径至少50%。根据瘤壁结构,分为真性动脉瘤、假性动脉瘤和夹层动脉瘤。真性动脉瘤瘤壁具有完整的动脉壁三层结构;假性动脉瘤瘤壁完整的动脉壁三层结构发生中断,血液经中断的血管壁流出动脉壁外,形成包裹性肿物;夹层动脉瘤是一种特殊类型的动脉瘤,由主动脉夹层发展而来,血流进入动脉壁中层引起血管壁分离和血管扩张。

胸主动脉瘤位于主动脉根部或升主动脉者最多见(40%),其次为降主动脉(35%)和主动脉弓部(15%)。破裂性主动脉瘤的风险极高,病死率可高达90%。

(一) 病因与病理

1. 西医病因与病理　弹力纤维和胶原纤维是维持主动脉弹性和扩张强度的主要成分,两者的降解、损伤,使主动脉壁的机械强度显著下降,致主动脉壁局限性膨出成瘤。引起弹力纤维和胶原纤维损伤的因素涉及生物化学、免疫炎症反应、遗传、解剖、血流动力学、感染等。吸烟、创伤、高血压、高龄和慢性阻塞性肺疾病等,也是主动脉瘤的易患因素。

2. 中医病因病机　古代中医文献无"动脉瘤"文字记载,现代中医根据其发病部位和机制,将其归属于"血瘤"范畴。中医认为,患动脉瘤可能是因为素体禀赋不足,后天主要是饮食不节,过食膏粱厚味,致痰浊内生,或脏腑气血亏虚,阴虚火旺,痰瘀互结,脉络失养;或因创伤、寒、热、风、湿等邪气中于脉络,使脉络损伤,气机失畅,脉道瘀阻,而致瘤体生成;亦因忧思恼怒,损伤肝脾,肝失疏泄,脾不健运,痰瘀内生,痰瘀搏结,气血郁滞,故成瘤肿。若脉络瘀阻过重,气机阻滞,瘀血破脉外溢,则成气血双脱、阴阳双脱、阴阳离决、阴阳双亡之症。

(二) 临床表现

1. 症状　在病程早期可无任何症状,常在因其他疾病完善X线或CT检查时发现。当瘤体压迫周围组织或器官时,才出现疼痛等压迫相关的症状。

(1)疼痛:降主动脉瘤和升主动脉瘤的疼痛症状较晚出现,而主动脉弓动脉瘤的疼痛症状较早出现。疼痛多为压迫神经引起,可发生在胸部、背部、正中或侧腹部,呈持续性钝痛,也有呈剧烈性刺痛者。升主动脉瘤和主动脉弓动脉瘤的疼痛位于前胸的上中部,而降主动脉瘤的疼痛常在背后肩胛间区。腹主动脉瘤的疼痛部位主要为腹部、腰背部,疼痛多为胀痛或刀割样痛等。

(2)压迫:压迫症状随瘤体而异,如主动脉弓动脉瘤压迫气管和/或支气管,使管腔变窄或塌陷,便出现持续性咳嗽、呼吸困难和气短,以致肺不张;压迫交感神经,就会出现霍纳综合征。弓降部主动脉瘤常会压迫食管,造成吞咽困难;压迫左喉返神经,可引起声音嘶哑。当降主动脉瘤和升主动脉瘤膨胀过大时,可侵蚀胸椎、胸骨或压迫肋间神经,出现持续性胸痛。腹主动脉瘤以胃肠道受压最为常见,表现为上腹胀满不适,食量下降;压迫肾盂、输尿管,可出现泌尿系统梗阻相关的症状;压迫下腔静脉,可引起双下肢深静脉血栓形成;压迫胆管,可导致梗阻性黄疸。当胸腹主动脉瘤瘤体过大,与胃肠道形成瘘时,可导致胃肠道出血;瘤体压迫小肠,则形成肠梗阻等。

(3)栓塞:主动脉瘤内的附壁血栓有脱落的可能性,可导致腹腔动脉、肾动脉、下肢动脉栓塞,引起相应脏器或肢体缺血甚至坏死。

(4)破裂:主动脉瘤破裂是本病最严重的致死原因。主要临床表现为突发性剧烈胸腹痛、失血性休克及腹部存在搏动性肿物。如直接破入胸、腹腔,则迅速出现失血性休克,病死率极高;若破入腹膜后间隙,虽可形成局限性血肿,但多伴有失血性休克,血肿一旦破入腹腔将导致死亡。

2. 体征 患者在疾病早期多无明显体征,当瘤体发展到一定程度时,可有相应体征出现。

(1)血管压迫:升主动脉瘤患者在前胸上部叩诊浊音界增宽。当动脉瘤压迫上腔静脉时,面部和上肢静脉回流受阻,出现颈静脉怒张;而无名动脉受压时,右颈总动脉和右上肢动脉脉搏减弱,血压降低。

(2)搏动性包块:主动脉弓动脉瘤患者在胸骨切迹处可扪及甚至看到膨胀性搏动,可发生气管移位。降主动脉瘤患者有时可在背部闻及显著的收缩期血管杂音。腹部无痛性、搏动性包块则是腹主动脉瘤患者最常见的体征。包块通常位于脐周或中上腹部,呈搏动性,其搏动与心跳一致,可有震颤或听到收缩期杂音。

3. 几种特殊类型的腹主动脉瘤

(1)炎症性腹主动脉瘤:其病理改变为腹主动脉瘤瘤壁增厚,周围炎症反应与纤维化明显,且与毗邻脏器粘连。患者多伴有腹背部慢性疼痛、体重下降、红细胞沉降率增快,可伴有泌尿系统或消化道梗阻的症状。

(2)感染性主动脉瘤:由细菌或病毒感染引起,可表现为感染中毒症状、腹痛和腹部搏动性肿物。

(3)腹主动脉瘤 - 下腔静脉瘘:腹主动脉瘤破入下腔静脉形成内瘘,出现腹部搏动性肿物伴杂音与震颤,以及心力衰竭、下腔静脉系统高压等临床表现。

(4)腹主动脉瘤 - 消化道瘘:主要表现为消化道出血、腹部搏动性肿物、感染。往往首先出现中小量呕血或便血,称为"先兆出血"。因血块堵塞瘘口出血暂止,血块脱落后再次出血,最终可突发喷射性大呕血而死亡。

(三) 辅助检查

1. B 超检查 优点是简便、无创伤、可显示血流速度和方向,但很大程度上依赖于操作者的技术水平和患者自身的情况,且肥胖、肠道积气等对准确性有较大影响。目前常作为高危人群或者怀疑主动脉瘤患者的筛选检查。

2. CTA 检查 目前是诊断主动脉瘤的金标准,可以准确地测得动脉瘤的各项参数,包括瘤颈直径、角度及瘤体最大直径等,并清晰地显示各分支动脉,如头臂干、颈动脉、肾动脉等。此外,CTA 的横断面图像可以清楚地区分瘤腔内的附壁血栓和残余瘤腔,并能正确地分辨钙化动脉壁。但其有一定电离辐射,且需使用含碘对比剂,对对比剂过敏、肾功能不全患者有一定限制。

3. MRI 检查 也是诊断主动脉瘤的一种方法,它可以实现无对比剂主动脉成像,特别适用于肾功能不全的患者,同时检查过程中无电离辐射。缺点是检查时间长,且铁磁性植入物不能进入检查室,限制了其应用范围。

4. DSA 检查 是诊断主动脉瘤的可靠方法。造影不仅能显示瘤体的大小、部位、形态和范围,而且可以显示瘤体的主要分支,尤其是头臂干动脉、肋间动脉、内脏动脉和瘤体上下段的血管情况,对制订手术方案具有很大参考价值。但 DSA 为有创操作,一般不作为术前检查,多用于术中诊断和测量。

(四)诊断与鉴别诊断

1. 诊断　根据病史和体格检查,结合影像学检查即可确诊。

2. 鉴别诊断　其他一些主动脉病变也可引起与主动脉瘤相似的胸部症状,包括主动脉夹层和溃疡斑块侵蚀导致的主动脉假性动脉瘤。

(1)主动脉夹层:主动脉夹层所致的疼痛为锐痛,呈劈裂样、撕裂样或烧灼样,往往起自胸部或颈部,然后逐渐转移至背部和腹部,疼痛程度通常剧烈。主动脉夹层可累及其他主动脉弓血管,引起主动脉瘤患者通常没有的其他症状(脑栓塞和上肢缺血)。

(2)主动脉溃疡:主动脉溃疡可产生剧烈持续性胸背部疼痛等症状,类似于主动脉瘤破裂,有时两者难以区分。

(五)治疗

主动脉瘤不能自愈,一旦破裂,死亡风险极高,应早期诊断、早期治疗。

1. 西医治疗

(1)一般治疗:主要包括控制血压,降低血脂,严格戒烟。β受体阻滞剂和 ACEI(血管紧张素转换酶抑制剂)或 ARB(血管紧张素 Ⅱ 受体阻滞剂)类降压药是首选。

(2)手术治疗

1)适应证

胸主动脉瘤:①无症状的胸主动脉瘤直径超过 6.0~6.5cm,或者超过正常直径的 2 倍有开放手术指征;②若患有结缔组织病(如马方综合征),直径 5.5~6.0cm 就应考虑手术治疗;③有症状的或瘤体增大迅速的胸腹主动脉瘤无论直径多少,均应考虑手术治疗。

腹主动脉瘤:①男性 AAA 直径>5.0cm,女性>4.5cm;②不论瘤体大小,如果 AAA 瘤体直径增长速度过快(每年增长>10mm);③不论瘤体大小,如出现因动脉瘤引起的疼痛,不能除外破裂可能者;④因瘤腔血栓脱落引起栓塞;⑤所有先兆破裂和破裂性腹主动脉瘤均应积极进行手术治疗。

2)禁忌证:①未经控制的活动性感染或败血症;②活动性出血(非动脉瘤相关)或凝血功能障碍;③心肌梗死急性期;④脑梗死急性期;⑤肝、肾衰竭急性期;⑥预期寿命<6 个月(如恶性肿瘤晚期)等。

3)手术方式

开放手术:传统的外科手术包括主动脉瘤切除伴人工血管置换术。对于全身状况良好、可以耐受手术的主动脉瘤患者,开放修复是治疗的标准术式。尤其适合感染性主动脉瘤、不适合腔内修复的病例,以及需要开放手术处理的腔内修复术后并发症等。

腔内修复术:腔内修复术避免了胸腹部长切口,血管入路穿刺技术也越来越成熟,现在大多数患者可以在局部麻醉下完成手术。该术式可减少手术创伤并缩短住院时间,特别适用于合并心肺功能不全或其他高危因素的患者。

2. 中医治疗

(1)痰瘀阻脉证:搏动性肿块,四肢不温,肢端麻木疼痛,胸闷腹胀,食少头重多寐,舌淡紫或暗红,苔白津多,脉沉涩或濡滑。治以活血化瘀,祛痰通脉。方用补阳还五汤加减。

(2)脉络瘀热证:外伤后动脉区搏动性肿块,红肿热痛及压痛,发热面红,口渴尿赤,舌红,苔薄黄,脉弦数。治以清热化湿,活血通络。方用四妙勇安汤加减。

(3)气血双脱证:腹痛突然加剧,面色苍白,四肢厥冷,神昏尿遗,舌缩脉微。治以回阳救厥,补血固脱。方用参附汤加减。

(六) 中西医结合讨论

主动脉瘤的治疗方式包括药物治疗和手术治疗,其中手术治疗方式包括开放手术、腔内修复术及杂交手术。但何种主动脉瘤可行开放手术,何种可以选择腔内治疗,需要综合考虑,包括动脉瘤的病因、范围和瘤体位置,以及患者的预期生存情况。对于年轻、并发症少、开放手术风险低的患者,可考虑开放手术治疗。对于年龄大的,可考虑结合中医药治疗,减缓动脉瘤的生长;或于围手术期给予中药调理,促进患者恢复。胸痹心痛之发病机制,以心之气血阴阳虚损为本,痰瘀、风寒、毒热等邪气为标,临证每多虚实夹杂。初病年壮者,实证居多,治以豁痰化瘀、疏风散寒、清热解毒等祛邪为主;久病年高者,虚证居多,治以益气、养阴、生血、温阳为主;虚实夹杂者,须权衡标本,分清孰轻孰重、孰急孰缓,或急者治标,缓者治本,或标本兼顾。

二、主动脉夹层

主动脉夹层(dissection of aorta)是由于各种原因导致主动脉内膜、中膜撕裂,主动脉内膜与中膜分离,血液流入,致使主动脉腔被分隔为真腔和假腔。典型的主动脉夹层可以见到位于真、假腔之间的分隔或内膜片。真、假腔可以相通或不通。血液可以在真、假腔之间流动或形成血栓。主动脉夹层是一种致命性疾病,未经治疗的急性主动脉夹层6小时内病死率超过22.7%,24小时内将超过50%,1周内将超过68%。

(一) 病因与病理

1. 西医病因与病理

(1)病因:主动脉夹层的确切病因尚不明确,常与下列因素相关:高血压、遗传性结缔组织病(如马方综合征、Turner综合征、Ehlers-Danlos综合征)、主动脉炎、动脉粥样硬化及穿通性溃疡、动脉瘤、主动脉缩窄、多囊肾、先天性主动脉瓣膜病、高龄、妊娠、钝性或医源性创伤等。

(2)病理:各种病因导致含弹力纤维的主动脉中层破坏,血压波动引起血管壁剪切力增大,导致内膜撕裂,形成动脉壁间假腔,并与主动脉真腔相通,形成夹层。主动脉中层结构异常是疾病发生的基础,内膜撕裂形成真腔和假腔之间的隔膜是急性主动脉夹层的典型特征。内膜撕裂多发于升主动脉(约65%)、降主动脉(约25%)以及主动脉弓和腹主动脉(约10%)。假腔可沿血流方向或逆行蔓延,累及主动脉不同部位,甚至引发主动脉破裂和重要器官供血不足。当夹层波及主动脉瓣和冠状动脉开口时,可能导致主动脉瓣脱垂、关闭不全和心肌缺血损伤。

(3)分期和分型

1)分期:按照时间分期,急性期夹层是指从出现症状到诊断在2周以内的夹层,2周至2个月的为亚急性期夹层,2个月以后的称为慢性期夹层。慢性主动脉夹层纤维增生,外膜增厚粘连,腔内多有附壁血栓和血栓机化,往往形成夹层动脉瘤。

2)分型(图29-11):主动脉夹层的解剖分类是依据内膜撕裂的位置和夹层沿主动脉延展的范围进行的。最初由Debakey提出的分类如下:

Ⅰ型:夹层起于升主动脉,并累及主动脉弓,延伸至胸降主动脉或腹主动脉(或两者均被累及);

Ⅱ型:夹层起于并局限于升主动脉;

Ⅲa型:夹层起于并局限于胸降主动脉;

Ⅲb型:夹层累及胸降主动脉和不同程度的腹主动脉。

Stanford分型简化了解剖分类标准,只依据第一破口的起始部位来分类:Stanford A型夹层起于升主动脉,因此包括 Debakey Ⅰ 型和 Debakey Ⅱ 型夹层;Stanford B 型夹层起于左锁骨下以远的降主动脉,包括 Debakey Ⅲa 型和Ⅲb 型。国内还有在 Stanford 分型基础上的孙氏细化分型,有助于制订个性化治疗方案和确定手术时机。

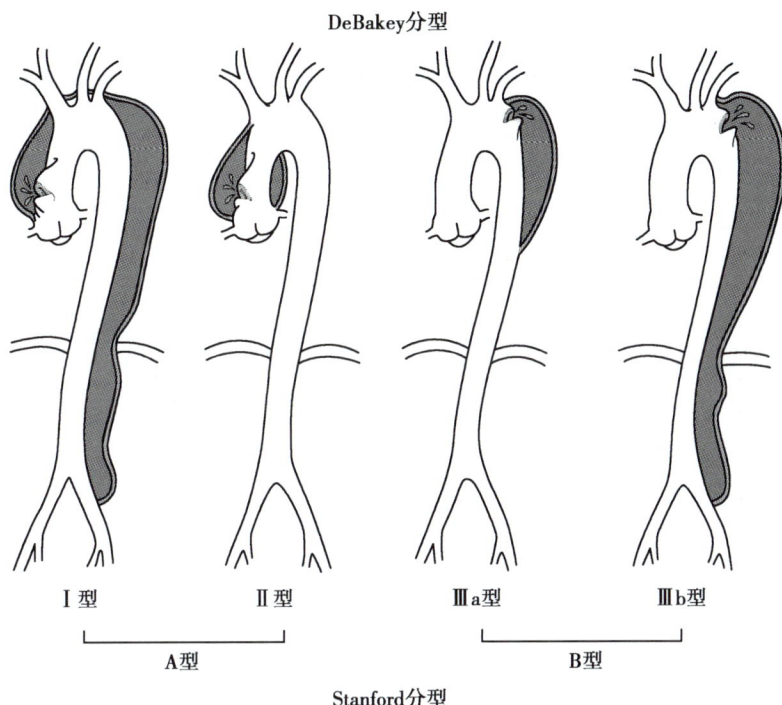

图 29-11　主动脉夹层分型

2. 中医病因病机　根据主动脉夹层的临床表现,可将其归属于中医"血结胸""风眩""风眩病"范畴,也有将其归属于"心痛""心痹"范畴的。血结胸之病因有两种主要观点,一是伤寒不解入里,邪热瘀血互结于胸膈所致;二是因妇人经行复感外邪,循经上扰所致。本病尚可归为"痛证"范畴,《黄帝内经》认为,引起疼痛的原因很多,其主要因素则为寒邪。

(二) 临床表现

1. 症状

(1)疼痛:常为突发难以忍受的锐痛,部位包括胸部、背部、腹部及下肢,是主动脉夹层的临床表现之一。

(2)脏器灌注不良:主动脉夹层可导致器官缺血或灌注不良。早期或轻度缺血可能无临床表现,仅在影像学上观察到血管显影不良或器官灌注减少。冠状动脉受累可引起心绞痛、心肌梗死和猝死。若腹腔干、肠系膜动脉受累,则可导致胃肠道缺血症状,如腹痛、腹胀、黑便或血便,有时还伴有肝脏或脾脏梗死。一侧或双侧肾动脉受累时,可能出现血尿、无尿和肾功能不全。下肢动脉受累则表现为急性下肢缺血症状,包括疼痛、苍白、无脉、感觉障碍和运动异常的"5P"症状。

(3)心脏并发症:主动脉夹层可导致主动脉瓣关闭不全、心肌梗死等,表现为心悸、呼吸困难等症状。

(4)神经系统并发症:包括脑卒中和脊髓缺血,临床表现有昏迷、偏瘫等。

(5)主动脉夹层破裂:破裂可导致急性心脏压塞和失血性休克,症状包括胸腔积血、腹痛等。

（6）其他：有时主动脉夹层伴巨大动脉瘤形成，可引起声音嘶哑、呼吸困难等压迫症状。

2. 体征　除上述症状外，疑似主动脉夹层的患者出现以下体征有助于临床诊断。

（1）血压异常：主动脉夹层常可引起受累肢体远端血流减少，导致四肢血压差别较大。若测量的肢体是夹层受累一侧，将会误诊为低血压。因此对于主动脉夹层患者，应常规测量四肢血压。50.1%~75.9% 的主动脉夹层患者合并高血压，但也有部分患者就诊时表现为低血压，此时应考虑心脏压塞可能。

（2）心脏杂音：主动脉瓣区舒张期杂音且患者既往无心脏病史，则提示有主动脉夹层所致的主动脉瓣反流可能。

（3）胸部体征：主动脉夹层大量渗出或者破裂出血时，可出现气管向右侧偏移，左胸叩诊呈浊音，左侧呼吸音减弱；双肺湿啰音提示急性左心衰竭。

（4）腹部体征：主动脉夹层导致腹腔脏器供血障碍时，可造成肠麻痹甚至坏死，表现为腹部膨隆，叩诊呈鼓音，广泛压痛、反跳痛及肌紧张。

（5）神经系统体征：脑供血障碍时，出现淡漠、嗜睡、昏迷或偏瘫；脊髓供血障碍时，可有下肢肌力减弱甚至截瘫。

（三）辅助检查

1. 实验室检查　患者 D- 二聚体快速升高时，拟诊为主动脉夹层的可能性增大。研究表明，发病 24 小时内，当 D- 二聚体达到临界值 500μg/L 时，其诊断急性主动脉夹层的灵敏度为 100%，特异度为 67%，故可作为急性主动脉夹层诊断的排除指标。

2. 影像学检查　主动脉夹层的影像学检查目的是对全主动脉进行评价，包括夹层受累范围、形态、主动脉直径、主动脉瓣和分支情况，以及相关表现如心包积液、胸腔积液和脏器缺血等。具体内容如下：明确内膜片；确定内膜破口位置；识别真腔与假腔；确定夹层累及范围；判断主动脉窦、主动脉瓣受累情况；考察主动脉一级分支受累情况和血流状态；检测主要脏器的缺血情况；检查心包积液、胸腔积液程度；观察主动脉周围是否有出血；发现扫描范围内其他脏器的病变和性质。

（1）超声心动图：方便、快速且无创伤，但准确性有赖于操作者的技术水平和患者自身的状况，如体重、胸腔气体等。可用于急诊筛查和术中、术后评价。

（2）CTA（图 29-12，见文末彩图）：灵敏度和特异度高，是首选诊断方法。CTA 能清晰显示主动脉夹层的真、假腔及其与内膜片的位置关系，以及主动脉弓分支、内脏和下肢动脉供血情况，对制订腔内治疗方案和判断预后至关重要。CTA 三维成像可全面了解夹层情况，测量真、假腔直径和夹层长度，是术前常规检查。CTA 缺点是需注射含碘对比剂，对对比剂过敏患者和肾功能不全者应谨慎使用。

（3）MRI：对于碘过敏、肾功能损害、妊娠及甲状腺功能亢进症或其他 CTA 检查相对或绝对禁忌的患者，MRI 可作为首选的替代检查手段。但 MRI 检查时间较长，不适用于血流动力学不稳定患者。

（4）DSA（图 29-13）：诊断的灵敏度和特异度并不高于 CTA，且为有创检查，一般不作为主动脉夹层的常规诊断检查手段，仅在主动脉夹层腔内治疗术中应用。

（四）诊断与鉴别诊断

1. 诊断　对于急性胸痛的患者，2010 AHA 指南中提出的疑诊主动脉夹层的高危易感因素、胸痛特征和体征如表 29-5 所示。主动脉夹层危险评分：根据患者符合危险因素分类（高危易感因素、高危疼痛特征及高危体征）的类别数计 0~3 分，0 分为低危，1 分为中危，≥2 分为高危。该评分 ≥1 分诊断主动脉夹层的敏感度达 95.7%。因此，对存在上述高危因素、症状及体征的初诊患者,应考虑主动脉夹层可能并安排合理的辅助检查以明确诊断。患者入院时的病史询问、体格检查对疾病确诊极为重要。

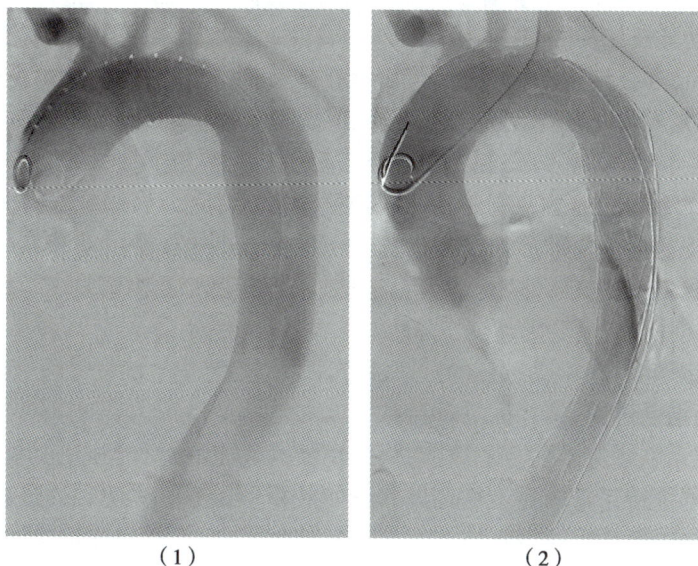

（1）　　　　　　　　　　　（2）

图 29-13　主动脉夹层（Stanford B 型）DSA 图像
（1）血管腔内修复术前;（2）血管腔内修复术后。

表 29-5　疑似主动脉夹层的高危因素、症状及体征

高危因素	高危胸痛症状	高危体征
马方综合征等结缔组织病	突发疼痛	动脉搏动消失或无脉
主动脉疾病家族史	剧烈疼痛,难以忍受	四肢血压差异明显
已知的主动脉瓣疾病	撕裂样、刀割样锐痛	局灶性神经功能缺失
已知的胸主动脉瘤	新发主动脉瓣杂音	低血压或休克
曾行主动脉介入或外科操作		

2. 鉴别诊断　其他可引起急性胸痛或背痛、脉搏微弱或消失和神经功能障碍的疾病,包括非血管病变和血管病变。

（1）非血管病变:包括急性冠脉综合征、肺栓塞、自发性气胸、无夹层的主动脉瓣关闭不全、食管破裂、心包炎和胸膜炎等。胸痛 CT 三联扫描是一种经过改良的冠状动脉 CT 血管造影方案,其扩大了胸部覆盖范围,有利于识别急诊中除冠心病以外其他危及生命的胸痛病因。

（2）血管病变:包括其他急性主动脉病变,如无夹层的主动脉壁间血肿、主动脉瘤、无夹层的主动脉损伤、外周动脉疾病和慢性主动脉夹层。主动脉 CTA 可明确诊断。

（五）治疗

1. 西医治疗

（1）药物治疗:主动脉夹层的初步治疗原则主要包括:有效镇痛、控制心率和血压、降低主动脉剪切力、降低主动脉破裂风险。控制目标收缩压:100~120mmHg,目标心率:60~80 次 /min。降压药物首选 β 受体阻滞剂(如美托洛尔、艾司洛尔等),是最基础的药物治疗方法。降压效果不佳者,可在 β 受体阻滞剂的基础上联用一种或多种降压药物。

（2）手术治疗

1）Stanford A 型主动脉夹层：一经确诊，均应积极手术治疗。国内外对于急性 Stanford A 型主动脉夹层应紧急外科手术治疗已经达成共识，即开胸，在体外循环支持下行病损段血管置换，进行主动脉根部及弓部重建。

2）急性 Stanford B 型主动脉夹层：药物治疗是其基本治疗方式，在生命体征稳定后，限期行血管腔内修复术、外科手术或杂交手术等。

如果在内科治疗下高血压难以控制，疼痛无法缓解，出现血性胸腔积液，主动脉直径>40mm，假腔直径>22mm，或有主动脉破裂征象，急性下肢、肾脏缺血等脏器灌注不良情况，应急诊行血管腔内修复术。累及主动脉弓部的 Stanford B 型主动脉夹层可考虑在分支支架、平行支架、开窗技术（体外/原位）等辅助技术下行血管腔内修复术。血管腔内修复术较外科开放手术创伤小、恢复快、成功率高。

2. 中医治疗　可参考主动脉瘤的中医治疗。

（六）中西医结合讨论

主动脉夹层系临床灾难性急危重症，病死率极高。血液运行与心脏功能和血管状态密切相关，两者共同维持正常的血液循环以营养四肢百骸及五脏六腑。故该病的治疗应以这两者为治疗靶点，中医注重通络止痛、活血化瘀、散血凉血；西药保守治疗注重降低血压、降低心脏收缩力、降低血流压力。而采用中西医结合的治疗方案常能取得较好的治疗效果。

中医学认为主动脉夹层的病机多为气血不足，痰瘀互结，其中"瘀"贯穿了主动脉夹层的发生、发展过程。现代医学认为该病的病理为血液从主动脉内膜裂口流出，而从中医学来看所有血液不循常道，皆可谓之血证。清代唐容川在《血证论》中提出止血、消瘀、宁血、补虚，即所谓止消宁补之治血四法。

主动脉夹层从病理形式上看可归为中医"血证"范畴，因此上述治血四法的理论可应用于主动脉夹层的防治。在保守治疗的患者中，早期可应用祛瘀止血之品，如三七、茜草、五灵脂、蒲黄、丹参等。现代医学认为在主动脉夹层治疗中抗凝为禁忌，但中医学的活血祛瘀止血法不可完全等同于抗凝。现代药理研究证明多种祛瘀止血中药对凝血功能的作用是双向的，并且有一定的组织修复功能。中后期以宁血、补虚为主，宁血根据病情变化又有行气、降气、降火、清热等治疗方法。补虚方面，主动脉夹层患者以气虚、血虚、气阴两虚为主，治疗上对应有益气、补血、养阴之法。对于介入治疗或者外科治疗的患者，可视为已应用现代手段止血，可在围手术期适当应用中医药宁血补虚，以求促进患者恢复。

（孙志超）

第四节　周围血管疾病

一、概述

周围血管疾病主要指发生在心脑等大血管之外的动脉、静脉及淋巴系统的疾病。临床常见的有血栓闭塞性脉管炎、动脉硬化闭塞症、深静脉血栓形成、单纯性下肢静脉曲张等。其主要的病理改变归纳起来有血管痉挛、狭窄、闭塞、局限性扩张、破裂及静脉瓣膜功能不全所引起的倒流等，可伴有局部发凉、疼痛、间歇性跛行、感觉异常、水肿、溃疡、坏疽等症状及体征。中医学有关周围血管外科疾病最早的描述见于《黄帝内经》，其后的中医古籍上记载的"脱疽""脉痹""筋瘤"等，相当于西医学的血栓闭塞性脉管炎、动脉硬化闭塞症、深静脉血栓形成、下肢静脉曲张等疾病。中药的补阳还五汤、顾步汤、当归四逆汤、大黄䗪虫丸、抵当汤(丸)等方剂,至今仍被广泛应用于治疗周围血管疾病。

周围血管疾病是临床常见疾病,与其他疾病的诊断一样,需仔细询问病史,进行系统全面的体格检查,对疾病的程度、部位、性质有了详细的了解之后,才能制订正确的治疗措施。本节将各种周围血管疾病常见的临床表现归纳如下。

(一) 症状

1. 疼痛 肢体疼痛是周围血管疾病最常见的症状,患者往往因此而来医院求治。肢体疼痛的原因很复杂,除血管疾病外,许多其他疾病也可以引起。临床上为了明确诊断,应详细询问疼痛的部位、引起疼痛改变(加重、减轻或消失)的原因,以及引起疼痛的原因消除后,疼痛持续的时间。常分为间歇性与持续性两大类。

(1)间歇性疼痛

1)运动性疼痛:指患者行走一段距离后出现下肢疼痛,休息片刻即可缓解或消失,再次行走相同距离疼痛复发,称为间歇性跛行,是下肢供血不足的重要症状。

2)体位性疼痛:肢体与心脏平面的关系会影响血流状态。动脉闭塞性病变时,抬高患肢可减少动脉供血而引起疼痛,下垂患肢可增加供血而缓解疼痛。静脉病变时,抬高患肢有利于静脉回流而减轻疼痛,下垂患肢则使淤血加重而产生胀痛。在平常状态下,肢体的供血或血流已处于临界状态,轻微的体位改变就足以引发疼痛。

3)温差性疼痛:动脉闭塞性病变时,温度升高可以舒张血管、促进组织代谢,若超过血管舒张所提供的血液循环,则疼痛加重。痉挛性血管疾病在热环境下疼痛减轻,寒冷刺激则使疼痛加重。扩张性血管疾病在热环境下症状加重。

一些非血管性疾病也可出现类似间歇性跛行的症状,如严重贫血、甲亢、发绀型先天性心脏病、主动脉缩窄、矫形外科、肌肉神经疾病、维生素 B_1 缺乏症等,但它们没有血管阻塞体征,可以根据各自特有的临床表现进行鉴别。有些人在剧烈运动时也出现类似症状,可能与缺氧、组织氯化钠耗竭、肌糖原减少和乳酸、丙酮酸积累导致的 pH 值变化等因素有关。

(2)持续性疼痛(静息痛):当发生较为严重的血管病变时,可引起缺血性神经炎和营养障碍,疼痛即使在静息状态下仍然持续存在,所以又称静息痛。其疼痛呈持续性、刀割样,剧烈难忍,常在夜间发作,令患者难以入眠。

1)动脉性静息痛:由缺血性神经炎引起的持续性疼痛,常见于慢性动脉阻塞疾病。疼痛特点为肢体静止时感觉刀割样的剧烈疼痛,常在夜间发作,影响睡眠。有时还伴有感觉异常,如蚁行感、灼热感、针刺感等。肢体抬高时疼痛加剧,下垂时减轻。这类病例一般都有跛行史和明显的血管阻塞体征,诊断较容易。急性动脉栓塞性病变引起的疼痛严重并持续,而慢性动脉阻塞引起的疼痛常在夜间加重,患者难以入睡,常取抱膝端坐体位以求减轻疼痛。

2)静脉性静息痛:当主干静脉急性阻塞时,远侧肢体可能出现胀痛、重垂和紧张感。静脉血栓形成时,还可能出现股三角或腓肠肌的疼痛,尤其是小腿腓肠肌丛血栓形成时,患者几乎无法行走。抬高患肢可以缓解疼痛。

此外,还需要与其他引起静息痛但无血管阻塞体征的疾病进行鉴别,如糖尿病、血清病、慢性酒精中毒、药物中毒等。这些疾病常累及四肢,白天也有持续性疼痛,通常没有跛行史。神经系统体征较为明显,早期症状包括腓肠肌压痛、小腿和足底感觉过敏、足趾振动觉消失。随着病情进展,可能出现广泛的周围神经损害表现,包括明显的感觉或运动障碍、腓肠肌萎缩,但没有血管阻塞体征。

2. 感觉异常 主要有肢体的沉重、酸胀、倦怠、麻木、针刺、蚁行、灼热、发凉感,甚至无知觉等。

(1)沉重、倦怠：行走不久，小腿容易疲倦，感觉沉重，很可能是血管病变的早期症状。如静脉瓣膜功能不全可引起肢体沉重感、酸胀感，动脉供血不足可引起肢体疲倦、沉重感并伴有发凉等感觉。

(2)异样感觉：动脉病变影响神经干时，可以出现麻木、麻痹、针刺或蚁行感等异样感觉。如动脉缺血引发神经损害时，可有麻木、蚁行、针刺、灼热等感觉；严重的动脉栓塞或狭窄时，肢体感觉会丧失；动静脉瘘可有潮热的感觉。

(3)感觉丧失：严重的动脉缺血性病变，如急性动脉阻塞时，可以出现缺血的远侧肢体浅感觉减退和丧失。如果病情进展，深感觉也会丧失，并且伴有肢体活动障碍。

（二）体征

1. 瘀点、瘀斑　血管疾病中，由于缺氧或血栓阻塞导致的血管壁损伤，使血细胞渗出形成瘀点、瘀斑。常见于动脉疾病，特别是动脉硬化闭塞症和血栓闭塞性脉管炎。静脉阻塞性疾病中的股青肿也可能出现。使用低分子肝素的血管疾病患者或组织损伤、长期卧床的患者也容易发生瘀斑，因此需要仔细鉴别。

2. 肿胀　四肢血管疾病中的水肿常见，尤其是在静脉和淋巴回流受阻时更为明显。静脉回流障碍或淋巴管阻塞炎症可以引起肿胀。例如下肢深静脉血栓形成和下肢静脉瓣膜功能不全都会导致不同程度的肢体肿胀。这是由于下肢静脉高压造成水分渗出，加上毛细血管缺氧和渗透性增加，以及淋巴回流受阻等因素所致。肿胀的特点是凹陷性浮肿，最明显的区域通常在踝部和小腿。慢性静脉疾病还可能伴随浅静脉曲张、小腿胀痛和足部色素沉着，严重时可能出现溃疡。由静脉瓣膜功能不全引起的肿胀通常在平卧或抬高肢体后以及清晨会减轻，行走或长时间站立后会加重。淋巴水肿会导致皮肤毛孔粗大、皮肤增厚等改变。

3. 肢体萎缩　某些慢性动脉功能不全和供血不足可导致肌肉营养不良，引起肢体肌肉萎缩。常伴有肢冷、疼痛等缺血症状，需与神经性疾病或偏瘫、小儿麻痹症鉴别。

4. 肿块　由血管病变引起的局限性隆起，如大隐静脉曲张、动脉瘤、静脉瘤、结节性多动脉炎等。静脉曲张的皮下肿块为静脉迂曲所致，呈柔软的蚯蚓状或球状肿块，抬高肢体时肿块消失。动脉瘤的肿块常伴有震颤和血管杂音。

5. 皮肤温度改变　血液循环调节影响皮肤温度，多者感到潮热，少者感到寒冷。个体差异较大，不能用绝对值比较。不同部位的温差不应超过2℃，超过2℃或显著降低提示局部肢体循环障碍。动脉闭塞性疾病时，肢体感到寒冷，触摸有冰凉感。静脉病变时，血液淤积导致潮热。动静脉瘘时，局部血流量增加，皮肤温度升高。除患者自我感觉外，还可通过皮肤温度测量检查肢体皮肤温度变化。

6. 皮色改变　皮肤色泽变化主要反映皮肤营养状况和肢体循环情况。

(1)皮肤发绀：在四肢血管疾病中比较常见。其毛细血管血液中去氧血红蛋白超过50g/L时，便会出现发绀，如手足发绀症、雷诺综合征、静脉阻塞等疾病都可出现发绀。

(2)皮肤苍白：当血管有严重狭窄、栓塞或血栓形成时，皮肤血流减少，此时皮肤呈苍白色，常伴皮温降低。在皮下血管正常而皮肤小血管收缩或贫血的患者，皮肤呈苍白色，但肢体温度不降低。

(3)皮肤发红：正常人在外界温度升高时，因散热增加，皮肤血管扩张，血流加快，表现为皮肤潮红。血管扩张性疾病也可引起皮肤发红，如红斑性肢痛症、雷诺综合征等。肢体动脉硬化闭塞症和血栓闭塞性脉管炎等血管阻塞性疾病，由于动、静脉间的交通支持续开放，一部分血液不通过毛细血管直接进入小静脉，因而小静脉含氧量增高，使皮肤发红。如果皮肤暗红、皮温稍高，则意味着静脉淤血。另外，静脉反流性疾病患者在立位稍久时可见肢体皮肤潮红或发绀。

7. 营养性改变

（1）皮肤营养障碍性变化：导致趾／指甲生长缓慢、变形而发脆，肌肉萎缩等。静脉淤血性病变主要发生在下肢，可以引起下肢皮肤光薄、汗毛稀疏、色素沉着、皮炎、湿疹等。

（2）溃疡：可由静脉淤血和动脉缺血引起。静脉疾病引起的溃疡通常发生在小腿部，由局部损伤、感染或皮肤刺激性药物等诱发。动脉性溃疡好发于肢体的远端，如趾／指端或足跟，溃疡边缘呈锯齿状，基底部为灰白色肉芽组织。

（3）血管疾病：可导致肢体坏疽，其发生机制和溃疡类似。坏疽发生之前，患部常有严重持续性疼痛，皮肤发炎，指压后不褪色。坏疽形成后，如无继发感染，坏死组织逐渐干缩，称干性坏疽；如合并感染，可呈湿性坏疽，伴臭味和剧痛。

（4）增生性改变：血管病变引起的肢体异常增生大部分由先天性动静脉瘘导致，使肢体发生肥大性变化。

8. 游走性浅静脉炎　肢体动脉闭塞患者，往往在下肢皮肤上出现痛性发红的硬结及硬条索状物，为游走性浅静脉炎，其常为血栓闭塞性脉管炎的并发症。既往发作过游走性血栓性浅静脉炎，对于血栓闭塞性脉管炎的诊断有特殊意义，反复发作游走性血栓性浅静脉炎往往表示血栓闭塞性脉管炎处于活动期。

（孙 秋）

二、血栓闭塞性脉管炎

血栓闭塞性脉管炎（thromboangitis obliterans，TAO）是一种原因不明，以侵犯四肢中、小动静脉为主的全身性非化脓性血管炎性疾病。本病多见于青壮年，以男性多见，女性罕见；是一种自身免疫病，具有节段性、周期性、慢性发作的特征，病变主要发生在四肢中、小动静脉，浅表静脉和伴行静脉也常受累，以下肢血管为主。欧美少见，多见于亚洲，我国各地均有发病，以北方多见，简称脉管炎，又称 Buerger 病。该病当属中医"脉痹""脱疽"等范畴。

（一）病因与病理

1. 西医病因与病理

（1）病因：目前本病病因虽尚未明确，但与下列因素有密切关联。

1）免疫学说：现代免疫学研究认为本病是一种自身免疫病。患者血清中有抗动脉抗体、抗核抗体存在，并在病变动脉中发现免疫球蛋白及补体等改变，同时存在免疫复合物损害血管的情况。

2）激素学说：文献报道显示 TAO 患者大多为青壮年男性，性激素分泌旺盛，且往往有不规律性生活史，这使人联想到性激素与本病的关系。普遍认为男性患者多与性腺功能紊乱有关，前列腺功能紊乱在青壮年时期较常见，频繁的性生活可能导致前列腺素随精液排出而发病。

3）吸烟学说：吸烟与本病的发生和发展密切相关，资料显示 TAO 患者几乎都有吸烟史。尼古丁引起小血管痉挛，导致内皮功能障碍和结构损伤；烟雾中的一氧化碳降低携氧能力，低氧血症加重内皮细胞损伤，引发血栓形成。此外，吸烟还会刺激交感神经，增加血管活性物质，导致血管痉挛和内皮细胞损伤，引发血栓形成。

4）寒冻学说：本病更多见于寒冷地区，且寒冷季节发病率显著升高。在寒冷刺激下，血管收缩呈痉挛状态，导致血管炎性变性。机体对寒冷刺激敏感者易发生本病。

5）遗传学说：血栓闭塞性脉管炎发病具有遗传倾向，家族性聚集发病情况较常见。

6）感染学说：在部分病变组织中培养出溶血性链球菌、葡萄球菌等细菌，同时也发现了霉菌感染可导致发病。

7）其他因素：外伤、血管神经调节障碍等可能诱发本病，凡是能使周围血管长久处于痉挛状态的因素都可能导致 TAO 发生。

（2）病理：血栓闭塞性脉管炎是一种累及血管的疾病，早期主要侵犯下肢中、小动静脉，也可能累及上肢的动脉。病理变化表现为血管炎症、血栓形成和管腔阻塞，病变与正常部分有明显的分界线。急性期表现为动静脉炎和周围炎，血管内出现细胞增生、淋巴细胞浸润、巨细胞和血栓形成。慢性期表现为血管内血栓机化，伴有新生细小血管再通和纤维细胞增生。动脉周围纤维化，并导致动脉、静脉和神经粘连。血管闭塞可引起肢体循环障碍，出现冷感、麻木、疼痛、溃疡和坏疽。

2. 中医病因病机　本病多由于素体脾气不健、肾阳不足，外受寒邪侵袭而发作。脾气不健，化生不足，则气血亏乏，内不能壮脏腑，外不能濡养四肢。肾阳亏损，不能温煦四末。脾肾阳虚，寒邪侵袭，四肢经脉气血不足，寒凝血瘀，则发病。寒邪侵袭致肢体怕冷，温养不足故而麻木、行走无力、跛行。寒客经脉，血凝不畅，经脉不通，不通则痛。四肢气血失于畅通则濡养不足，皮色淡白，皮肤干燥，肌肉萎缩，趾甲肥厚，毳毛脱落。若寒邪郁而化热则可红肿；热盛则可肉腐为脓；寒邪盛极，血凝脉闭，则可见肢体失荣枯黑坏疽。久病气血双亏而致全身消瘦、乏力、倦怠、纳呆，甚至疽毒内陷而死亡。

（二）临床表现

1. 症状

（1）疼痛：是血栓闭塞性脉管炎的主要症状之一，也是患者就诊的主要原因之一。疼痛的根本原因是肢体缺血，部分患者在患病初期就会出现轻度疼痛，主要由于血管痉挛和周围组织神经末梢的刺激。疼痛一般不是非常严重，休息时可以减轻或者消失，而行走或活动后会再次出现或加剧。当病情进展为动脉闭塞时，会出现更为严重的缺血性疼痛，可能导致间歇性跛行。随着病情进一步恶化，动脉缺血更为严重，静息状态下的疼痛剧烈且持续，尤其在夜间更为明显。患者常常采取屈膝抱足的姿势，试图通过轻微的静脉充血来提高缺血肢体的供氧量。情绪刺激和受冷都可能影响血管的舒缩反应，从而加剧疼痛。中医认为这是下肢经脉闭塞和瘀滞的表现之一。

（2）发凉：是早期的常见症状。患肢时常出现发凉、肢冷或自觉凉感，对寒冷刺激十分敏感，患部体表温度降低，尤以趾 / 指端最明显。中医认为本病属于机体阳气不足或寒凝血瘀。

（3）感觉异常：此为末端神经因缺血而致。患肢（趾、指）可出现胖胀感、针刺感、发痒、麻木或烧灼等感觉异常，甚或在足部或小腿有部分感觉丧失区，这是气血瘀滞或气血虚少之表现。

2. 体征

（1）皮肤色泽改变：早期缺血患者皮肤苍白，抬高患肢则更明显。伴有浅层血管张力减低的患者，皮肤变薄后可能出现潮红或发绀，肢体下垂时呈紫暗色。

（2）游走性血栓性浅静脉炎：约 50% 的患者早期或整个病程中反复出现此症。具体表现为受累浅表静脉表面的皮肤呈红色条索状或硬结，同时有压痛。足部和小腿是常见部位，大腿偶尔也会有。急性发作持续 2~3 周后，症状消退，一段时间后又可能再次发作。

（3）营养障碍：缺血所致的营养障碍会导致患肢皮肤干燥脱屑、少汗或无汗，汗毛脱落。趾 / 指甲可能增厚、变形、易碎，生长缓慢。在病变进展后期，可能出现溃疡或坏疽。

（4）动脉搏动减弱或消失：足背或胫后动脉搏动逐渐减弱，病变进展后甚至可能消失。检查动脉搏动时要注意肢体侧支循环的情况，是否存在踝、膝、腕等部位的侧支循环动脉搏动。

(5)雷诺现象:患者早期受情绪或寒冷刺激后趾/指可出现雷诺综合征的症状,即由苍白、发绀继而潮红的颜色变化,为末梢小动脉痉挛所致。

(6)坏疽和溃疡:血栓闭塞性脉管炎后期常发生溃疡和坏疽。除肢体严重缺血外,多因失治、误治、外伤导致皮肤破损。溃疡和坏疽多首先发生于足大趾或小趾,逐渐向近端发展。坏疽多为干性,后继发感染则呈湿性坏疽。

(7)缺血性神经炎:局部缺血性神经炎多见于血栓闭塞性脉管炎严重缺血患者,使神经处于缺氧状态。患者常有触电样、针刺样剧痛,伴有麻木、发痒、蚁行感或烧灼感等异常感觉。足部和小腿可见麻木区,以夜间加剧为特征。

3. 临床分期

第一期(缺血期):患肢麻木、发凉、怕冷、轻度间歇性跛行,跛行距离逐渐缩短,休息时间延长。检查发现患肢皮肤温度低,色泽苍白,动脉搏动减弱,可能有游走性浅静脉炎。此期相当于中医的寒湿凝滞经脉。

第二期(营养障碍期):上述症状加重,间歇性跛行明显,疼痛转为持续性静息痛,夜间疼痛加剧,患肢皮肤温度显著降低,更显苍白,可能出现紫斑、潮红、皮肤干燥无汗、趾甲异常、小腿肌肉萎缩、动脉搏动消失。此期中医认为是经脉瘀血闭阻所致。

第三期(坏死期):症状进一步加重,患肢趾端发黑、干瘪、坏疽、溃疡形成,疼痛剧烈,迫使患者屈膝抱足而坐,或下垂肢体以减轻疼痛。如坏死继发感染,可出现高热、烦躁等感染表现。此期中医认为是热毒炽盛所致。

(三) 辅助检查

1. 一般检查

(1)跛行距离和跛行时间:嘱患者按照匀速(60 步/min)行走,直至下肢出现疼痛且剧烈,迫使患者不能再行或出现跛行,此时与开始行走的间隔时间即为跛行时间,所行走的距离即为跛行距离。据患者的疼痛出现的时间、跛行距离、疼痛消失的时间,可估计肢体动脉功能情况,了解肢体病变程度。

(2)皮肤温度测定:双侧肢体对应部位皮肤温度相差 2℃以上,提示皮温低侧有动脉血流量减少。

(3)患肢抬高和下垂试验(Buerger test):试验的方法是让患者平卧,下肢抬高 45°,3 分钟后观察皮肤色泽改变,若足部皮肤呈苍白色,有麻木感或疼痛,则试验结果为阳性。然后让患者坐起,下肢自然下垂于床旁,如足部皮肤逐渐出现潮红或斑块状发绀,则试验结果为阳性,提示供血不足。

(4)艾伦试验(Allen test):少数脉管炎可发生在上肢,为判断手部动脉闭塞情况,可做艾伦试验。方法是压住桡动脉,令患者做数次手拳开闭运动,运动后如果手指染色迅速恢复,说明尺动脉远端到指动脉的动脉连续性存在,提示侧支健全。若有血色恢复慢的部分,即说明尺动脉到该部分之间有动脉闭塞。用同样方法查出桡动脉的血流通畅情况。

2. 特殊检查

(1)多普勒超声检查:可检查动静脉是否狭窄和闭塞,测定血流方向、流速和阻力。多普勒超声还可测定正常上肢和下肢各个节段的血压,计算踝肱指数(ankle brachial index,ABI),即踝压(踝部胫前或胫后动脉收缩压)与同侧肱压之比。踝肱指数正常为 0.9~1.3,ABI<0.8 时患者可出现间歇性跛行,ABI<0.4 时患者可出现静息痛。

(2)CTA、MRA 检查:可以在整体上显示患肢动静脉的栓塞节段以及狭窄程度,但缺点是对四肢末梢血管的显像常出现假阴性结果。

(3)动脉造影:血栓闭塞性脉管炎经动脉造影可见受累段处于狭窄或闭塞状态,周围有侧支血管呈树枝状,病变近、远端的动脉光滑平整,显示正常状态;晚期患者常显示腘动脉远端动脉全部或其中1~2支完全处于闭塞状态。

(4)血液流变学检查:血栓闭塞性脉管炎是以四肢中、小动脉为主的慢性非特异性炎性闭塞性疾病。病理上都存在血液流变学异常,最终导致组织缺血缺氧,代谢紊乱,出现水肿及坏死。因此,测定血栓闭塞性脉管炎患者的血液流变学特性,对本病的诊断、治疗、预后判断,特别是揭示血栓闭塞性脉管炎的病因具有特别重要的意义。血栓闭塞性脉管炎的全血液黏滞度、血浆黏度和红细胞电泳时间及血小板聚集功能明显高于正常人。

(四) 诊断与鉴别诊断

1. 诊断要点

(1)绝大多数为45岁以下青壮年男性,多有吸烟史。

(2)病程长,肢体有不同程度的缺血性表现,早期如发凉、麻木、怕冷、间歇性跛行,皮肤苍白或潮红、发绀等,后期可发生静息痛或溃疡及坏疽。

(3)患肢足背动脉、胫后动脉搏动减弱或消失,甚至腘动脉、股动脉搏动减弱或消失。侵犯上肢者,尺动脉、桡动脉搏动减弱或消失。

(4)部分患者有游走性浅静脉炎病史。

(5)排除肢体动脉硬化闭塞症、大动脉炎及糖尿病坏疽等其他疾病。

(6)相关辅助检查可见阳性结果。

2. 鉴别诊断

多发性大动脉炎:主要是指主动脉及其分支的多发性非化脓性炎性疾病。临床鉴别具有以下特点:

1)好发年龄多为10~20岁,女性多见。

2)病变多同时累及多处大动脉,如主动脉弓及其分支、主动脉及内脏分支。在下肢可有发凉、间歇性跛行等下肢缺血表现,上肢高血压,下肢血压测不出。如累及锁骨下动脉,上肢可出现麻木、酸软无力,血压测不出。如累及颈动脉,则出现眩晕、一过性黑矇,甚至偏盲、昏迷等。如果累及肾动脉,则出现肾性高血压表现。一般在上述受累动脉区可闻及收缩期血管杂音。

3)起病缓慢,多伴风湿病症状,活动期伴低热、盗汗。

4)免疫功能相关指标异常,或有红细胞沉降率、抗链球菌溶血素O试验等实验室检查异常。

5)X线血管造影显示主动脉主要分支开口处狭窄或阻塞。

(五) 治疗

1. 西医治疗

(1)一般治疗:由于血栓闭塞性脉管炎与烟草过敏有关,患者应终身戒烟;严格绝对戒烟是防止病情恶化与复发的重要因素。由于本病与寒冷及外伤也有关,患者应防止外伤及寒冻,患肢保暖,有足癣者应积极治疗。由于热疗后组织代谢加快,需氧量增大,但肢体因血液循环障碍而不能满足组织需要,导致代谢产物增加,组织缺血反而加重。因此,对于缺血严重的肢体应避免热敷及热疗。

(2)药物治疗

1)抗凝祛聚:降低或消除血液凝固性,抑制血小板黏附和聚集,预防和治疗血栓性疾病。常用药物有低分子肝素、阿司匹林、双嘧达莫等,注意应用不当可导致出血等并发症。

2)溶栓降纤:溶解血栓是治疗血栓闭塞性疾病的理想方法,通过激活纤维蛋白溶解系统,使纤溶酶溶解血栓中的纤维蛋白。常用溶栓药物有链激酶、尿激酶等,降纤药有蕲蛇酶、降纤酶等。需及时观察凝血系列和纤维蛋白指标,根据患者病情变化调整药物用量,避免凝血功能不良或出血倾向。

3)扩血管:可以缓解血管痉挛和促进侧支循环的形成。常用的有 α 受体阻滞剂和 β 受体激动剂,常用药物有丁咯地尔、前列地尔等。

4)抗生素:当有坏疽或溃疡时,可根据情况适当选用抗生素。

5)止痛:疼痛时可以考虑止痛剂。

6)外用药:红霉素软膏、依沙吖啶、银离子制剂等。

(3)手术治疗

1)血管重建术:适用于动脉主干节段性闭塞,远侧仍有通畅的动脉通道者,如股-腘远端胫(腓)动脉旁路转流术。

2)动脉血栓内膜剥脱术和经皮腔内血管成形术:无法做旁路术时可选择此种手术治疗。

3)血管内膜及血栓剥脱术:在缺血极为严重,患者面临被截肢的危险时,也可采用本方法,以求肢体能够有血液的供应。

4)大网膜移植术:将大网膜铺植于缺血肢体的筋膜下,形成一个“生物性旁路再血管化”,增加血液供应。可考虑用于第二、第三期患者和小腿动脉闭塞者。

5)腰交感神经节切除术:可施行腰交感神经节切除术,在迅速缓解动脉痉挛、增加血流、促进侧支循环形成方面有帮助。适用于第一、第二期患者和小腿动脉闭塞者。术前先进行腰交感神经节阻滞试验,常保留第1腰交感神经节以避免性功能障碍。

6)截肢(趾、指)术:当多种手段无效且出现坏疽、溃疡时,可以考虑截肢(趾、指)术。选择截肢时要慎重,并注意截肢平面适合安装假肢。截肢可用于足趾干性坏死切除,或在病变扩大到足踝以上并伴有感染等严重情况时考虑膝下截肢术。

7)单纯坏死组织清除术:适用于坏死组织与正常组织已形成明显分界线,局部感染已基本控制;坏疽继发感染发生化脓性腱鞘炎,感染与坏疽不易控制,全身反应重。

8)皮肤移植术:创口过大,自行愈合时间长,创面肉芽组织新鲜,脓性分泌物少,上皮组织已开始生长,患肢缺血已有改善,可施行点状或邮票状皮肤移植术。

(4)干细胞移植:将外周血或骨髓的干细胞移植到动脉循行处,以增加血液循环。疗效有待评价。

(5)高压氧疗法:高压氧能提高血氧分压,增加血氧张力,增加血氧弥散,提高组织氧储备,从而改善组织缺氧。

2. 中医治疗

(1)辨证论治

1)寒湿阻络证:患肢喜暖,麻木酸胀,遇冷痛重,肤色苍白或潮红,冰凉无溃疡,跗阳脉弱,舌淡,苔薄白,脉沉细。治以温经散寒,活血通络。方用阳和汤加减。

2)气血瘀滞证:患肢畏冷痛重,肤色暗红或青紫,下垂时更甚,肌肉萎缩,跗阳脉失,舌暗红或有瘀斑,脉弦涩。治以活血化瘀,通络止痛。方用血府逐瘀汤加减。

3)湿热毒盛证:患肢剧痛,昼轻夜重,喜凉怕热,皮肤紫暗肿胀、溃破腐烂,舌红,苔黄腻,脉弦数。治以清热利湿,凉血化瘀。方用四妙勇安汤加减。

4)热毒伤阴证:潮热口干,尿赤便秘,皮肤干燥,趾甲增厚变形,肌肉萎缩,干性坏疽,跗阳脉失,舌红少津,苔少或薄黄,脉弦细数。治以清热解毒,养阴活血。方用顾步汤加减。

5)气血两虚证:病变后期,神疲倦怠,面容憔悴,创面久不愈合,舌淡少苔,脉细无力。治以补益气血,活血止痛。方用八珍汤加减。

（2）其他治法

1）外治法

初中期：可选用冲和膏或红灵丹油膏外敷；或用当归 15g、桑枝 30g、威灵仙 30g，煎水熏洗，每日 1 次；或用附子、干姜、吴茱萸各等份研末蜜调，敷于患肢涌泉穴，每日 1 次，每次 20~30 分钟；或用红灵酒揉搽患肢，每日 1 次，每次 30 分钟。

后期：溃疡面积小者，可用红花、蒲公英、金银花各 15g，煎水浸泡患肢，再外敷生肌膏（生肌玉红膏或橡皮生肌膏）保护伤口；溃疡面积较大，坏死组织难以脱落者，可用"蚕食"方式清除坏死组织，待炎症完全控制、肉芽组织新鲜红润时，行点状皮肤移植术。

患肢出现红肿者，可用如意金黄散外敷。

2）针灸疗法

体针：上肢取曲池、内关、外关、合谷、中渚，下肢取足三里、三阴交、阳陵泉、绝骨、解溪。强刺激手法，得气后留针 30~60 分钟，15~30 次为 1 个疗程；或用电针刺激。

耳针（或耳穴贴压）：取神门、内分泌、肾、交感，强刺激，每日数次。

3）其他：还可使用中药离子导入法、推拿等方法。

（六）预防与调护

1. 预防　血栓闭塞性脉管炎的发病与寒湿、外伤、情绪波动、吸烟等多种因素有关，因而要重视生活及饮食调理，加强身体抗病能力，预防本病发生。

2. 调护

（1）生活调理：注意衣服鞋袜的宽松保暖，保持患肢清洁、干燥；戒烟。

（2）饮食调理：饮食宜清淡，忌辛辣、生冷。缓解期以补肺脾肾为主，不宜进食"发"物；急性感染期，饮食宜清淡富含营养，忌辛辣、燥热之品。

（3）精神调理：长期剧烈疼痛、疾病的折磨和对致残的担心，可使患者产生很大的心理负担，应认真对待，增加患者战胜疾病的信心和毅力。

（七）中西医结合讨论

血栓闭塞性脉管炎简称"脉管炎"，多见于亚洲。过去发病率仅次于下肢静脉曲张，但目前逐年减少。绝大多数发生于青壮年，以男性多见，女性罕见。病变主要累及四肢的中、小动脉。发病原因尚不完全清楚，血管长久处于痉挛状态是致病因素之一。中医学认为本病属"脱疽"范畴，与脏腑、经络及营卫气血的关系密切。本病因感受寒湿，寒邪客于经脉，寒凝血瘀，气血不行，壅遏不通；或因情志所伤、饮食不节、虚耗劳伤，以致经脉功能失调，心阳不足，心血耗伤，血脉运行不畅；或因脾肾阳虚，运化失司，不能散精于血脉，肝气郁结，不得疏泄，久则营卫气血运行失调，气滞血瘀，经脉瘀阻，气血不达四末而发生本病。中西医的治疗原则本质上都是起到扩血管、抗凝、抗聚的作用，西医的主要手段是通过手术方法解决和改善侧支循环，而中医治疗原则为温经通络、清热解毒、活血化瘀和补益气血。

（孙　秋）

三、下肢动脉硬化闭塞症

下肢动脉硬化闭塞症（arteriosclerosis obliterans，ASO）是一种由于大、中动脉区膜增厚、硬化，继而血栓形成，从而导致动脉狭窄、闭塞而出现下肢慢性缺血改变的周围血管常见疾病。它是全身性动脉粥样硬化在肢体局部的表现，是全身性动脉内膜及其中层的退行性、增生性改变。多发生于 45 岁以上的中老年人，男性多见，目前该病发病率有上升趋势。动脉硬化闭塞症属中医"脉痹""脱疽""血瘀"范畴，在中医古籍中多有记载。如《外科理例》中报道 15 例"脱疽"中，就有"年逾五十，亦患此，色紫黑，脚掀痛"。《外科正宗》描述 6 例

"脱疽"中,就有"一妇人中年肥胖,生渴三载,右手食指麻痒月余,后节间生一小泡,随后本指渐肿,疼胀不堪,视之原泡处已生黑斑,半指已变紫黑。此亢阳之极,乃成脱疽"的记载。

(一) 病因与病理

1. 西医病因与病理

(1)病因:本病发病原因尚不清楚,有些因素与发病有关,被称为危险因子。公认的主要危险因子包括高脂血症、高血压、吸烟和糖尿病;次要的危险因子如肥胖、精神社会因素、内分泌、遗传等也重要。危险因子综合作用,长期影响患病过程。发病机制有四种学说:

1)血管内膜损伤学说:高血压、血流改变、化学物质刺激等可损伤动脉内膜,引起动脉硬化。

2)脂质浸润学说:脂质堆积在动脉壁内,引起动脉狭窄或闭塞。

3)血流动力学说:血流冲击导致动脉壁损伤、淤滞,促使斑块形成。

4)血栓学说:血小板聚集、血栓形成导致斑块形成和动脉狭窄。

(2)病理:病变多见节段型,广泛型较少。起初,血管内膜下有隆起,逐渐增大并融合成硬块,含有胆固醇、脂质、纤维细胞、平滑肌和钙质。因斑块突出或溃疡出血导致血栓形成,可造成管腔狭窄和闭塞。钙化屑脱落后,可引发急性栓塞。动脉中层弹力纤维退行性变,管壁变薄失去弹性,甚至形成动脉瘤。动脉外膜也有纤维化和淋巴细胞浸润。下肢缺血程度因闭塞速度、部位、范围和侧支循环情况而异。动脉硬化演变缓慢,侧支循环容易建立,因此有时下肢动脉虽有多个病变但无明显症状。然而,若基于动脉硬化发生急性血栓形成,侧支循环未能建立,患者会出现剧烈的下肢缺血症状并可能导致坏疽。

2. 中医病因病机　中医学认为,本病与饮食失节、脏腑亏虚、经脉瘀阻等密切相关。本病多因饮食失节,过食膏粱厚味,致肥甘厚腻之物太过,损伤脾胃,湿浊内生,痰瘀互结,久之瘀于脉道。或因年老体衰、脏腑亏虚,经脉闭塞,气血凝滞,心、脾、肾功能失调而致病。或又因劳倦思虑过度伤于心,而致心血耗伤,血脉不畅,则脉道不通渐致脉道闭阻。或因脾气虚不得散精,气血难达四末;肾气虚衰,精气不足,卫外不固,机体易受寒湿之邪侵袭,寒凝血瘀而致经脉闭塞。因气血亏虚,运行无力,脉络瘀阻,气虚血瘀,经脉痹阻,气血不达四末而发为"脉痹";因肝肾亏虚,气竭精伤,肾水消灼,筋炼骨枯,而成"脱疽"之症。

(二) 临床表现

1. 症状　临床症状的轻重主要取决于肢体缺血的发展速度及程度,主要有以下症状:

(1)肢体发凉、怕冷:肢体麻木、沉重无力、酸痛、刺痛及烧灼感,是缺血性神经炎的症状,疾病呈隐匿性发展。

(2)间歇性跛行:行走一段距离后,患肢出现疼痛,继续行走时疼痛加重,迫使停止行走。停止行走后,即使站立,疼痛迅速消失。随着病情加重,疼痛出现时间和行走距离逐渐缩短。

(3)静息痛:是本病最突出的临床表现之一,发生在患者刚入睡后,为肢体动脉闭塞导致缺血加重所致。闭塞位置不同,可引起双下肢、双臂、髂、大腿后侧或足部、小腿等部位症状,有时伴阳痿。

2. 体征

(1)皮肤温度下降和皮肤色泽改变:由于肢体缺血,皮肤呈苍白色或青紫色,或趾端和小腿出现瘀斑,同时皮肤温度降低。

(2)动脉搏动减弱或消失:狭窄或阻塞部位以下动脉的搏动减弱或消失。

(3)肢体营养障碍:患肢可出现皮肤萎缩干薄、肌萎缩、骨质疏松、毛发脱落、趾甲增厚变形、坏疽或溃疡,坏疽以足趾远端为最常见。坏疽伴有感染时,患者可有高热、意识模糊等全身中毒症状。

3. 分类

(1)在国外曾有多种分期方法来描述其缺血表现,而以 Fontaine 四期分类方法应用最多:

Ⅰ期:患肢无症状或仅有发凉、麻木等自觉症状,患肢皮温低、皮色苍白,足背和/或胫后动脉搏动减弱。ABI<0.9。

Ⅱ期:以间歇性跛行为主要症状,分为两级。Ⅱa,跛行距离>200m;Ⅱb,跛行距离<200m。患肢皮温低,皮肤苍白,小腿肌肉萎缩,肢端干燥脱屑,足背动脉和/或胫后动脉搏动消失。

Ⅲ期:以静息痛为主要症状,患肢持续疼痛,夜间加重,抱膝而坐或肢体下垂,趾/指腹皮色暗红,可有肢体远端水肿,动脉狭窄广泛,不能代偿。

Ⅳ期:症状加重,出现坏死或溃疡。并可出现发热烦躁等全身毒血症症状。

(2)我国多采用Ⅲ期三级的分类方法(根据 1995 年 10 月,中国中西医结合学会周围血管疾病专业委员会修订):

Ⅰ期(局部缺血期):有慢性肢体缺血表现,以间歇性跛行为主,有发凉、麻木、胀痛、抗寒能力减退。

Ⅱ期(营养障碍期):肢体缺血表现加重,同时有皮肤粗糙、汗毛脱落,趾/指甲肥厚,趾/指脂肪垫萎缩,肌肉萎缩,间歇性跛行,静息痛。

Ⅲ期(坏死期):除具有慢性肢体缺血表现,如间歇性跛行、静息痛之外,还发生肢体溃疡或坏疽。根据坏死范围又分为三级:

1 级:坏死(坏疽)局限于足趾或手指。

2 级:坏死(坏疽)扩延至足背或足底,超过趾跖关节(手部超过掌指关节)。

3 级:坏死(坏疽)扩延至踝关节或小腿(手部至腕关节)。

(三) 辅助检查

本病为全身性病变,因此需做详细的检查。

1. 一般检查　包括血脂测定、血糖测定、心电图检查、心功能检测以及眼底检查等,以判断患者动脉硬化和高脂血症的情况以及是否患有糖尿病等。

2. 局部检查

(1)脉搏:主髂动脉闭塞性病变时,根据病变的不同程度及侧支循环建立的情况,双侧股动脉搏动可以有不同程度的减弱,甚至消失。

(2)血管杂音:由于血流通过狭窄的管腔引起震颤,故临床上可以听到血管杂音。在腹股沟处听到血管杂音多提示髂动脉处的病变,脐周听到血管杂音多为腹主动脉处的病变。

3. 彩色多普勒超声检查　是首选的无创检查,操作简单易行,可直接显示血管形态、内膜斑块的位置和厚度等,还可以明确动脉病变的位置、狭窄程度和斑块钙化情况等。

4. 节段性肢体血压测定和测压运动试验　多普勒超声测定正常上肢和下肢各个节段的血压,计算踝肱指数(ABI),正常值为 0.9~1.3。ABI<0.8 时患者可出现间歇性跛行,ABI<0.4 时患者可出现静息痛;踝部动脉收缩压在 30mmHg 以下时,患者将很快出现静息痛、溃疡或坏疽。

5. MRA、CTA 检查　能提供周围血管的解剖形态、侧支情况,能正确显示病变的部位、范围、程度等情况,已经成为下肢动脉硬化闭塞症的重要检查方法。

6. DSA 检查　血管造影一直被作为 ASO 诊断的"金标准",经腰部腹主动脉穿刺或经股动脉穿刺插管造影术可以提示动脉病灶的确切范围、是否为多发性以及动脉阻塞程度,也可了解侧支循环建立的情况,为制订手术方案所不可或缺的检查方法。

7. 特殊检查 血浆内皮素、一氧化氮水平等血浆内皮细胞活性因子水平的检测对本病的诊断有一定的辅助作用。

(四) 诊断与鉴别诊断

1. 诊断 依据 1995 年 10 月,中国中西医结合学会周围血管疾病专业委员会修订诊断标准:

(1)男女之比为 8.5∶1.5,发病年龄大多在 40 岁以上。

(2)有慢性肢体动脉缺血表现:麻木、怕冷(或灼热)、间歇性跛行、瘀血、营养障碍改变,甚至发生溃疡或坏疽;常四肢发病,以下肢为重,有 20%~25% 发生急性动脉栓塞或动脉血栓形成。

(3)患肢近心端多有收缩期血管杂音。

(4)各种检查证明,有肢体动脉狭窄闭塞性改变,下肢腘 - 股动脉以上病变为多见(常累及肢体大、中动脉)。

(5)常伴有高血压、冠心病、高脂血症、糖尿病、脑血管动脉硬化等疾病。

(6)排除血栓闭塞性脉管炎、大动脉炎、雷诺病、冷伤血管病等其他肢体缺血性疾病。

(7)动脉造影:①下肢动脉病变,腘 - 股动脉以上病变占 60% 以上;②动脉多为节段性闭塞,闭塞段之间的动脉和近心端动脉多呈迂曲、狭窄,因粥样斑块沉积,动脉呈虫蚀样缺损;③由于广泛肢体动脉硬化,侧支血管很少,而肠系膜下动脉、骶中动脉、髂内动脉和股深动脉等主要分支动脉,就成为侧支血管,可发生迂曲、狭窄、闭塞。

(8)X 线平片检查,主动脉弓、腹主动脉和下肢动脉有钙化阴影。

2. 鉴别诊断 可参见本节"血栓闭塞性脉管炎"鉴别诊断部分。

(五) 治疗

1. 西医治疗 由于本病是全身性病变,又有许多相关的致病因素,所以必须注意全身疾病的预防和治疗措施。如患肢症状严重,影响生活和工作者,可考虑行手术治疗。

(1)非手术治疗:主要目的为降低血脂和血压,解除血液高凝状态,改善肢体血液循环,控制并发症。

1)一般治疗:要从以下几个方面入手:①肥胖者要减轻体重,限制脂肪摄入量,少吃高胆固醇食物;②严格戒烟,适当地进行体育活动或锻炼,如步行、慢跑等,但应注意足部护理,避免受伤;③常用降血脂药物和血管扩张剂,如烟酸、前列腺素等。

2)药物治疗:①降血脂疗法:血脂异常是动脉硬化闭塞症的重要危险因素。药物治疗可降低血脂含量,对延缓血管病变发展有积极作用。常用降血脂药物包括他汀类、脂必泰等。②解痉疗法:可使用血管扩张剂,改善肢体血运,缓解疼痛,预防坏疽。常用药物有丁咯地尔、前列地尔等。③祛聚疗法:可使用血小板抑制剂,抗血小板聚集,防止血栓形成。常用药物包括阿司匹林、双嘧达莫等。④去纤和溶栓疗法:可降低纤维蛋白原浓度,溶解血栓。常用药物有降纤酶、蕲蛇酶等。⑤抗凝疗法:可使用肝素等药物。口服抗凝剂主要有双香豆素、华法林等。

3)其他疗法:由于动脉硬化闭塞症患者多是中老年人,病程较长,病情复杂,并发症较多,临床上亦常配合应用其他治疗方法。如抗生素治疗、支持疗法和合并症治疗。

(2)手术疗法:手术重建血供是挽救濒危肢体的有效手段。对严重影响生活质量的间歇性跛行以及下肢溃疡和坏疽,必须考虑手术。临床上可根据患者动脉硬化病变情况和全身情况选择合适的和相应的手术方式。

1)经皮腔内血管成形术(PTA)和支架术:是目前治疗本病的首选治疗方法,通过经皮穿刺的方法在狭窄或闭塞病变段插入球囊导管,以适当的压力使球囊膨胀,即可扩大病变管腔、恢复血流,再结合血管内支架的植入,可以提高中远期的通畅率。该方法创伤小、恢复快、效果确切,适用于单处或多处短段狭窄者。

2) 动脉旁路手术:即采用人工血管和自体静脉,于闭塞动脉段的近端、远端做旁路转流,以恢复血供。可选择术式有主 - 髂或主 - 股动脉旁路术、腋腹动脉旁路术、双侧股动脉旁路术、股 - 腘(胫)动脉旁路术。也是治疗下肢动脉硬化闭塞症的重要方法。

3) 动脉内膜剥脱术:主要适用于短段的主 - 髂动脉闭塞,可直接剥除病变部位动脉增厚的内膜、斑块和血栓。

4) 腰交感神经节切除术:可先试行腰交感神经节阻滞确定是否有血管痉挛因素再行手术。目的是解除血管痉挛、建立侧支循环。

5) 截肢(趾、指)术:如肢体严重坏疽,采用多种手段未见明显效果,应当施行早期离断术,即早期施行截肢(趾、指)手术。如足趾发生干性坏死,当界限清楚时,可在局麻下切除患趾或行足趾坏死组织切除术;若病变已扩大到足踝或踝关节以上,又继发严重的感染,甚至脓毒症难以控制者,可行膝下截肢术。选择截肢术应慎重,且注意截肢平面应适合安装假肢。

2. 中医治疗

(1)辨证论治:本病虚实错杂,治疗当标本兼顾。治疗原则:初期邪实为主,辨寒凝、血瘀、瘀热、热毒;后期虚实夹杂,辨阴虚有热、气血亏虚。重视局部望诊、切诊,区分气血、寒热虚实。

1)脉络寒凝证:患肢苍白、发凉、麻木、疼痛,间歇性跛行,舌淡紫,苔白润,脉弦紧。治以温经散寒,活血化瘀。方用阳和汤加减。

2)脉络血瘀证:患肢凉麻加重,持续疼痛,夜间更甚,间歇性跛行加剧,皮色紫暗或紫斑,爪甲增厚,肌肉瘦削,舌质青紫或紫暗,有瘀点瘀斑,苔白润,脉沉紧或沉涩。治以益气活血,化瘀止痛。方用桃红四物汤加减。

3)脉络瘀热证:肢端溃疡、坏疽,局部红肿热痛,大片瘀肿、紫红,发热或低热,舌红绛,苔白腻或黄腻,脉滑数或弦数。治以清热利湿,活血化瘀。方用顾步汤加减。

4)脉络热毒证:严重肢体坏疽感染,红肿热痛,脓多臭,高热烦躁,神昏谵语,口渴引饮,便秘溲赤,舌红绛或紫暗,苔黄燥或黑苔,脉洪数或弦数。治以清热解毒,凉血化瘀。方用四妙勇安汤加减。

5)脾肾阳虚证:肢体发凉,创面肉芽淡白,上皮不生,畏寒,腰膝酸软,神疲乏力,食少纳呆,尿清便溏,舌淡红,苔白,脉沉细迟。治以补肾健脾,活血化瘀。方用补肾活血汤加减。

(2)其他治法

1)熏洗疗法:早期肢体未溃烂者可用活血止痛散熬汤趁温热熏洗患肢。已溃者可外用生肌玉红膏、紫草油、冲和膏、黄连膏、龙珠软膏、全蝎软膏等。

2)针灸疗法:针刺肩髃、合谷、曲池、足三里、阳陵泉、三阴交等穴位,可同时使用电疗针。

3)其他:中频离子导入法、穴位注射、埋线等治疗方法。

(六) 预防与调护

1. 预防　由于动脉硬化闭塞症常合并高血压、高脂血症及心、脑、肾等脏器功能损害,故平时要注意各种因素对身体的影响,重视饮食及生活调理,增强身体的抗病能力,延缓病情的发展。

2. 调护　穿宽松鞋袜,避免摩擦和受压,避免足部损伤;注意手、足保暖,避免用冷水、温度过高的水洗脚;忌食辛辣炙煿及胆固醇高的食物。该病患者多为中老年人,病程长,多呈进行性加重,应积极鼓励、开导患者,使他们树立战胜疾病的信心,以积极的态度配合治疗。

(孙 秋)

四、下肢深静脉血栓形成

下肢深静脉血栓形成(lower extremity deep venous thrombosis,LEDVT)是指血液在髂静脉及以远的管腔内凝结,阻塞静脉腔,导致下肢静脉血液回流障碍。本病多为手术、分娩或外伤的后遗症,如不能及时治疗,将造成深静脉瓣膜功能不全,给患者带来痛苦,影响生活和工作,甚至致残。血栓脱落时,可引起肺栓塞(致死性或非致死性)。临床表现以肢体肿胀、疼痛、活动后加剧为特征,当属中医"脉痹""瘀血""瘀血流注""肿胀"等范畴。

(一) 病因与病理

1. 西医病因与病理 1846 年,Virchow 提出了静脉血栓形成的三大因素,即静脉损伤、血流缓慢和血液高凝状态。

(1)静脉损伤:静脉内膜或全层损伤都能形成血栓。外伤、手术、局部或全身性感染、血管疾病等都可引起静脉壁损伤,当静脉损伤时内膜下层及胶原裸露,使静脉壁电荷改变,易致血小板黏附;创伤时内皮细胞功能损害,可释放生物活性物质,启动内源性凝血系统,易于形成血栓。血小板由于静脉壁电荷改变或内皮细胞损害时的凝血系统启动而黏附、聚集形成血栓。

(2)血流缓慢:临床上造成血流滞缓的原因很多,常见的有手术、外伤、产后、久病长期卧床、妊娠、静脉曲张以及久坐状态、血管受压狭窄等情况,均可引起肢体血流缓慢。由于血流缓慢导致其在瓣膜窦内形成涡流,瓣膜局部缺氧,促使大量白细胞、血小板在血流周围积聚构成血栓形成的中心,最后形成血栓。另外,血液正常的轴流受到破坏,使血小板和白细胞向血管壁边流动,增加了血小板和白细胞的聚集及黏附机会而形成血栓。

(3)血液高凝状态:手术、外伤、产后、长期服用避孕药、肿瘤组织裂解产物、大面积烧伤等因素,可引起纤维蛋白原、多肽、肽酶和钙的增加,而有抗凝作用的蛋白质减少,加之手术区释放凝血致活酶等多种因素,均可导致血液呈高凝状态。手术及外伤时的大出血后贫血、严重脱水后的血液浓缩等,都可使血液凝固性增高,导致血栓形成。

由于小腿肌肉静脉丛和瓣膜袋血流最壅滞,所以是血栓形成的好发部位。髂 - 股静脉通过股管时,前面有腹股沟韧带,尤其是左侧,左髂总静脉受右髂总动脉的跨越而影响左髂 - 股静脉的回流,因而是另一好发部位。

静脉血栓形成后导致静脉回流障碍,血栓远侧出现静脉压力升高,所属的小静脉甚至毛细静脉处于明显的淤血状态,血管内皮细胞因缺氧而通透性增加,血液内的液体成分渗出到组织间隙,造成肢体肿胀。静脉血栓形成时可伴有一定程度的动脉痉挛,引起肢体疼痛。血栓形成后,其远侧的高压静脉血可以通过交通支和穿通支回流到其他部位的静脉主干或分支,使血栓远侧的静脉内高压得到部分缓解。

血栓的演变都将经过扩展、繁衍、机化、再管化和内膜化,再管化和内膜化后可在一定程度上恢复血流通畅。在血栓的演变过程中,静脉的瓣膜可以遭受破坏,导致继发性的深静脉瓣膜功能不全,即形成了深静脉血栓形成后综合征。

2. 中医病因病机 中医学认为,本病的发生,多因久卧、久坐、产后、手术、外伤等,导致气血运行不畅,"气为血之帅",气不畅则血行缓慢,致瘀血阻于络道,脉络滞塞不通,营血回流受阻,水津外溢,聚而成湿,流注下肢而成。也可由于气虚血瘀、寒湿之邪侵袭致血行不畅,瘀而发病;或瘀血、湿邪郁久化热,湿热阻滞脉道而发病。

（二）临床表现

1. 症状　最常见的临床表现是一侧下肢突然出现疼痛、沉重或酸胀。临床表现因血栓形成的部位不同而有所不同。

周围型：发生在股 - 腘静脉以及小腿深静脉处的血栓形成，以大腿或小腿肿痛、沉重、酸胀为主要表现。发生在小腿深静脉者疼痛明显，不能踏平行走。

中央型：始发于髂 - 股静脉的血栓形成，初起时以股三角区疼痛为主，患肢沉重，胀痛或酸痛，严重时整个肢体肿胀伴全下肢疼痛。周围型的血栓向近侧扩展或中央型的血栓向远侧扩展时称混合型，表现为全下肢均有疼痛、沉重或酸胀。

2. 体征

（1）肿胀：主要表现为患肢肿胀，呈非凹陷性水肿，皮温升高。中央型者整个肢体肿胀明显，而周围型的肿胀则以小腿肿胀为主，大腿肿胀程度不是很重。由周围型向中央型发展者，则先小腿肿胀，然后再累及大腿。周围型的腓肠肌有压痛，又称 Homans 征阳性。下肢深静脉血栓引起的肿胀大多在起病后 1~3 日最重，之后逐渐消退，但很难恢复到正常，除非局限性的血栓早期即被清除。

（2）浅静脉曲张：属于代偿性反应，当主干静脉堵塞后，下肢静脉血通过浅静脉回流，故浅静脉代偿性扩张。浅静脉扩张一般在急性期不明显，在后期出现深静脉血栓形成后综合征时则较为明显。

（3）股青肿：极少部分患者可出现股青肿，即下肢深静脉血栓中最严重的一种情况。股青肿时由于整个下肢静脉系统回流严重受阻，致使下肢动脉痉挛，肢体缺血甚至坏死。表现为患肢极度肿胀，皮肤发亮，皮色呈青紫色，或伴有水疱，疼痛剧烈，足背动脉不能扪及搏动。同时伴有全身症状，如高热、神情淡漠甚至休克等。

（三）辅助检查

1. 彩色多普勒超声检查　其双功彩色多普勒超声可从影像、声音来对下肢深静脉血栓形成进行诊断，可看到管腔内血栓回声、管径大小、形态、血流情况、静脉最大流出率等，确定下肢深静脉是否有血栓和血栓的部位，是无创伤检查中首选的检查方法。

2. 静脉造影　能使静脉直接显像，可以了解深静脉系统的通畅性、阻塞程度、变异以及静脉瓣膜的形态和功能，还可以判断有无侧支循环，并被用来鉴定其他检测方法的诊断价值。

3. 放射性核素检查　是一种无创伤检查，从下肢固定位置扫描，通过观察放射量有无骤然增加现象测定肺通气与血流灌注比值，来判断有无血栓形成，尤其对判断肺栓塞更有优势，对小腿静脉丛血栓形成的检测准确性也较高。

4. 凝血系列指标检查　包括出凝血时间、凝血酶原时间及纤维蛋白原、D- 二聚体等测定。D- 二聚体阳性对本病诊断有重要意义。

5. 肺动脉 CTA　肺栓塞是下肢深静脉血栓形成的严重并发症，而肺动脉 CTA 则是明确诊断的主要方法。

（四）诊断与鉴别诊断

1. 诊断要点

（1）突发患肢肿胀和疼痛，行走或站立时加重，股三角区或小腿有明显压痛，有易引起下肢深静脉血栓形成的病史。

（2）患肢肿胀变硬，非凹陷性水肿，可有广泛性浅静脉怒张。

（3）早期皮肤温度高于健侧，皮肤可呈暗红色，患肢足背动脉搏动减弱。

（4）慢性期具有下肢静脉回流障碍和静脉逆流征，即活动后肢体凹陷性肿胀，浅静脉怒张或曲张,出现营养障碍表现、色素沉着、淤积性皮炎、溃疡等。

(5)彩色多普勒超声检查或静脉造影可发现患肢静脉有血栓形成,再结合其他检查易于诊断。

(6)排除动脉栓塞、淋巴管炎、盆腔肿瘤、淋巴水肿、肾病性及心源性水肿等疾病。

2. 鉴别诊断

(1)急性动脉栓塞:急性动脉栓塞发病急剧,肢体剧痛、苍白、发冷、麻木,患肢动脉搏动消失,皮温降低,一般无肿胀,最后发生患肢坏死。多发生于风湿性心脏病、冠心病伴有心房颤动的患者。

(2)下肢淋巴水肿:下肢淋巴水肿分原发性和继发性两种。原发性淋巴水肿出生时即有。继发性淋巴水肿主要因手术、感染、放射、寄生虫等造成淋巴管堵塞和回流不畅所致,故可有相关的病史。淋巴水肿的早期表现为凹陷性水肿,下肢的组织张力较静脉血栓形成轻,皮温正常,基本无疼痛;后期皮肤粗糙变厚,但一般不会出现下肢深静脉血栓形成后综合征的表现,如色素沉着和溃疡等。

(五) 治疗

1. 西医治疗

(1)一般治疗:患者宜卧床休息,抬高和轻微活动患肢可帮助静脉回流,下床活动时应穿医用弹力袜或用弹力绷带。

(2)非手术疗法:包括溶栓疗法、抗凝疗法和祛聚疗法。

(3)手术治疗

1)介入疗法:静脉的置管溶栓或血栓清除手术可以快速缓解肢体动脉等栓塞。

2)Fogarty 导管取栓术:是在切开静脉壁后,将 Fogarty 水囊导管自切口先后向近、远端插入,注入肝素生理盐水,使球囊充盈后,反向抽出,此时血栓块随充盈的球囊被拖出,并伴有大量静脉出血,将近端股静脉阻断。Fogarty 导管取栓术,有利于保护患肢的静脉瓣膜功能,促进盆腔建立侧支循环。尤其股 - 腘静脉瓣膜功能的存在是预防下肢静脉炎综合征的关键。术后辅用抗凝、祛聚疗法 2 个月,预防复发。

3)下腔静脉滤器植入术:对于已有肺栓塞发生史、血栓头端已经延伸至下腔静脉或置管操作可能造成血栓脱落者,应考虑放置下腔静脉滤器,防止肺栓塞的发生。

4)静脉切开取栓术:静脉切开取栓术的适应证是血栓的位置在髂静脉、股静脉,血栓局限。由小腿静脉血栓蔓延至髂 - 股静脉者,取栓效果不佳。突然发病,患肢疼痛不重,以血栓为主者效果佳;患肢疼痛显著,以静脉炎症为主者效果差。发病在 48 小时之内者效果佳;患肢高度广泛粗肿,如果超过 72 小时,取栓效果差。术后抗栓,控制感染,早期下床活动,活动时应穿医用弹力袜,预防下肢深静脉血栓形成,并有助于下肢静脉血的回流。停用静脉抗栓药物后,患者仍需口服抗栓药物 3~6 个月以预防血栓形成。常用药物有阿司匹林、双嘧达莫。

本病一般不需手术治疗,原发于髂 - 股静脉血栓形成而病期未超过 48 小时者,可尝试采用 Fogarty 导管取栓术,股青肿常需手术取栓。对于慢性期的患者较少采用手术治疗,主要是保守治疗,如穿医用弹力袜等。

2. 中医治疗

(1)辨证论治

1)湿热瘀滞证:患肢剧痛,发热肿胀,压痛明显,舌红有瘀斑,苔薄黄腻,脉弦数。治以活血通络,清热利湿。方用通络活血方合三妙丸加减。

2)气虚血瘀证:患肢肿胀不消,胀痛站立加重,皮色苍白,青筋显露,倦怠,舌质淡胖,苔薄白,脉沉细。治以益气活血,通阳利湿。方用补阳还五汤合当归四逆汤加减。

(2)外治法

1)熏洗疗法:可选用忍冬藤、鸡血藤、红花、牛膝、细辛等活血通络中药煎水熏洗患肢,每日 1~2 次,每次 30~60 分钟。

2)敷药疗法:疾病初期,可用如意金黄散外敷患肢,每日换药 1 次;病程较长时,可用拔毒膏外敷。

3)针灸疗法:①循经取穴法:主穴取夹脊穴、膈俞、太渊;配穴取三阴交、阳陵泉。施平补平泻手法,留针 30 分钟,隔日 1 次。②局部针刺法:以针刺病变静脉两侧,每针距离约 1cm,并配合足三里、阳陵泉、三阴交。施平补平泻手法,留针 30 分钟,每日 1 次。

(六) 预防与调护

1. 预防　本病重点在于预防,深静脉血栓一旦形成,预后将会难以预料。下肢深静脉血栓在外科围手术期发病率很高,可达 50% 左右,骨科、神经科、产科等科室是发病率较高的科室。围手术期使用间歇性充气加压泵是目前指南推荐的。术后确认手术部位无出血可考虑桥接低分子肝素皮下注射,以预防下肢深静脉血栓所导致的肺栓塞发生。

(1)病因预防

1)解除静脉淤滞:①术后或创伤后早期进行功能锻炼:应鼓励和帮助患者进行适当的活动,如屈伸足趾和踝;能下地者,下肢穿弹力袜或缠弹力绷带。②避免长期卧床:因病需长期卧床者,应注意活动肢体,采取被动性肌肉推拿,或采用踏板装置及间歇性充气长筒靴、电刺激腓肠肌等措施,每回 10~20 次,每日数回。

2)防治血液高黏滞综合征:①减少口服避孕药的应用;②积极治疗可引起血液高黏、高凝的原发疾病,如恶性肿瘤、糖尿病、肾病、结缔组织病、血液疾病等。

3)应用抗血栓药物:①抗凝血药:口服药、肝素;②血小板抑制剂:阿司匹林、双嘧达莫、低分子右旋糖酐等;③中药制剂:复方丹参注射液、灯盏花素注射液、血栓通注射液等。

(2)饮食预防:坚持低脂饮食,多食富含维生素 C 和植物蛋白的食物;忌食辛辣,戒烟、戒酒。

2. 调护　避免因尼古丁刺激引起动脉、静脉收缩、痉挛,加重病情。急性期(1 个月以内)病情尚不稳定,可发生肺栓塞等并发症,若出现胸痛、呼吸困难、血压下降等异常情况,应立即让患者平卧,避免做深呼吸、咳嗽、剧烈翻身等动作,同时给予吸氧,立即实施配合抢救。卧床休息制动,禁止按摩患肢,避免膝下垫枕,注意保暖,抬高患肢,务必使其高于心脏水平 20~30cm。弹力绷带和弹力袜使用至少 3 个月甚至终身。

(七) 中西医结合讨论

目前,深静脉血栓形成多以保守抗凝疗法为主,而中西医结合的疗法可更好地促进血管再通,保护瓣膜功能,改善侧支循环。中医治疗以活血化瘀、清热利湿、扶正益气为主要原则,并结合舌、脉、症,审因辨证,分证论治。中医及西医疗法在治疗该病的思路上殊途同归,最新的《深静脉血栓形成的诊断和治疗指南》推荐抗凝疗法作为首选,并辅以溶栓、消肿活血治疗。针对该病,西药的主要优势是能迅速促进血管再通及侧支循环形成,而传统中药不仅可以活血溶栓,同时也能够改善临床症状,降低深静脉血栓形成后综合征的发生率。如益母草被证明具有降低外周血管阻力,降低纤维蛋白原含量和血浆黏度的作用,同时能够抗凝、抗血小板聚集,从而起到提高纤溶系统活性和溶解血栓的效果;桃仁被证明对抗血小板聚集有效,对于消除肿胀、缓解疼痛、促进侧支循环建立、改善肢体血运等情况有较好的作用;红花的主要成分红花黄色素能够减轻氧化应激和血小板聚集;丹参中所含的丹参素可通过高选择性抑制 COX-2 并维持 TXA2/PGI2 平衡起到抗血栓的作用;地龙酒制剂能够抑制花生四烯酸、二磷酸腺苷及血小板活化因子的活性。

综上所述,在西医治疗的基础上运用中药治疗,能发挥中医审证求因、辨证施治的优势,在调节人体凝血机制和加快血栓溶解的同时,也起到修复机体功能并改善血液流变学的作用,对下肢深静脉血栓的治疗效果显著。

(孙 秋)

五、单纯性下肢静脉曲张

下肢静脉曲张(lower extremity varicose veins,LEVV)是指下肢大隐或小隐静脉系统处于过度扩张及异常形态状态,以蜿蜒、迂曲为主要病变的一类疾病。在久站久坐人群、体力劳动人群中多发,肥胖人群、妊娠产后人群也可见到发病。临床上以大隐静脉系统病变为主。患者往往有家族遗传史。本病当属中医"筋瘤""青筋腿"等范畴。

(一) 病因与病理

1. 西医病因与病理

(1)病因

1)先天因素:多为先天性静脉瓣膜或静脉壁薄弱所致。静脉易扩张,近端静脉及属支瓣膜关闭不全,导致静脉远端高压并破坏远端瓣膜功能,形成静脉曲张。常伴有痔、疝等疾病,或有家族史。

2)职业因素:经常站立,尤其是持久负重站立或长途行走的劳动者,重力作用下静脉回流障碍;长期久坐、小腿肌肉锻炼减少,静脉血液回流力减弱。各种因素共同影响静脉血液回流,使静脉压力增高、静脉扩张,导致静脉瓣膜关闭不全,最终引发静脉曲张。

3)其他因素:盆腔内肿物、腹腔内肿物、妊娠状态、慢性咳嗽、长期严重便秘、严重肥胖等,导致持续腹压增加或直接压迫髂外静脉,使下肢静脉血液回流受阻,进而导致下肢静脉曲张。

(2)病理

1)静脉血反流出现静脉曲张:由于静脉瓣膜功能受损,静脉血无法仅保持单向流回心脏,从近心端逆流到远心端;或者从深静脉逆流到浅静脉。浅静脉因静脉压升高逐渐发生结构改变,进而出现静脉增长、变粗、扩张。

2)周围组织改变:静脉曲张导致下肢浅静脉血液淤积,静脉压升高,阻碍了氧气和养分在毛细血管与周围组织间的交换,引起局部代谢障碍和静脉营养不良,同时也可能引发皮炎或溃疡。血红蛋白沉积和破裂可导致皮肤色素沉着。水肿也会出现,水肿液中含有大量蛋白质,这些蛋白质又可能促进纤维组织增生。

2. 中医病因病机 本病多因经久负重、妇女多产,导致劳倦伤气;或先天禀赋不足,正气亏虚;或妊娠恶阻、体格肥胖,导致气滞经脉,气机不利。加之先天筋脉薄弱,或后天筋脉失养,以致气血经脉不和。气虚无力推动血行,气滞血液运行不畅,均可导致血瘀脉中。血壅于下,阻滞经脉循行,脉络扩张充盈,日久交错盘曲,结成筋瘤。气虚水湿运化不利,发为水肿,湿阻血瘀日久均可化热,流于下肢经络,湿热瘀三邪交争,症见局部红肿热结块、疼痛拒按。复因搔抓、虫咬等染毒,或久病湿瘀化热成毒,热盛肉腐,则溃而成疮。

(二) 临床表现

1. 症状和体征

(1)浅静脉曲张:主要症状为下肢浅静脉隆起、扩张、迂曲,状如蚯蚓,站立时更为明显。当平卧抬高患肢时曲张浅静脉瘪陷。小腿部静脉曲张的程度一般较大腿部更为严重。

(2)患肢肿胀、酸胀和沉重感:患肢常感酸、沉、胀痛、易疲劳、乏力,久站及行走时更加明显。当平卧抬高患肢后,不适感可缓解。

(3)下肢水肿:如合并踝交通支瓣膜功能不全或深静脉瓣膜功能不全时,在踝关节、小腿可出现凹陷性肿胀,其程度和范围随病情的轻重有很大不同,双侧可不对称。晨起时,肿胀消失或减轻,午后或久站久行后加重。

(4)小腿下段皮肤营养性变化:多发生于足靴区(小腿下 1/3 或小腿下 2/3),表现为皮肤营养障碍,包括皮肤瘙痒、点片状棕褐色色素沉着、皮炎、湿疹、皮下脂质硬化和溃疡形成。随病情轻重,病变程度和范围也有差异。

(5)血栓性浅静脉炎:曲张静脉易引起局部血栓形成及静脉周围炎,多发生于静脉曲张部位,可见局部红肿热痛、条索状硬结,常遗有局部硬结与皮肤粘连。

(6)溃疡:踝周及足靴区易在皮肤损伤破溃后出现经久不愈的溃疡,愈合后常复发。

(7)曲张静脉破裂出血:大多发生于足靴区及踝部,可以表现为皮下瘀血,或皮肤破溃时外出血。

2. 下肢静脉功能试验

(1)大隐静脉瓣功能试验(Brodie-Trendelenburg 试验):患者平卧位,下肢抬高,使静脉空虚。检查者在大腿根部以手指压住卵圆窝或用止血带压迫大隐静脉,然后让患者站立原处。若为单纯性隐 - 股静脉交界处的瓣膜功能不全,则在 10 秒内释放止血带,可出现自上而下的静脉曲张,或在 1~2 分钟内大隐静脉将仍然保持空虚,而后缓慢充盈。如见到加压处下方的静脉迅速充盈,则表明在加压处以下有一个或更多的交通支静脉瓣膜功能不全。小隐静脉瓣膜功能不全,可将手指或止血带加压在腘窝下方,采用相同方法测试。若在未解除压迫前 30 秒内下方静脉迅速充盈,则表明有交通支静脉瓣膜功能不全。

(2)深静脉通畅试验(Perthes 试验):在大腿用一止血带阻断大隐静脉主干,嘱患者连续用力踢腿或下蹲十余次,由于下肢运动,肌肉收缩,浅静脉血向深静脉回流而使曲张静脉萎陷空虚。如充盈的曲张静脉迅速消失或明显减弱,且无下肢坠胀感,即表示深层静脉通畅且交通支静脉完好,为阴性。如深静脉不通畅或有倒流使静脉压力增高,则静脉曲张不减轻,甚至反而显著,为阳性。

(3)交通静脉瓣膜功能试验(Pratt 试验):患者仰卧,抬高患肢,在大腿根部扎止血带,先从足趾向上至腘窝缚缠第一根弹力绷带,再自止血带处向下,扎上第二根弹力绷带。让患者站立,一边向下解开第一根弹力绷带,一边向下继续缚缠第二根弹力绷带,如果在两根弹力绷带之间的间隙内出现曲张静脉,即意味着该处有功能不全的交通静脉。

(三) 辅助检查

1. 下肢静脉血管多普勒超声检查 作为无创操作在临床广泛应用。通过观察下肢主干静脉(股总静脉、股浅静脉、大隐静脉、腘静脉和小隐静脉)瓣膜关闭情况,测量静脉血液反流时间及流速,明确下肢静脉曲张的病变部位和严重程度;同时判断深静脉回流是否通畅,除外下肢深静脉血栓。如伴发血栓性浅静脉炎,可应用超声检查同步明确局部浅静脉血栓情况。

2. 顺行下肢静脉造影 是诊断和鉴别诊断下肢静脉瓣膜功能的一种可靠且直观的检查方法。单纯性下肢静脉曲张患者顺行下肢静脉造影时显示为隐 - 股静脉瓣膜关闭不全及明显的浅静脉扩张、迂曲,而深静脉瓣膜功能正常。该检查可以对手术起到一定的指导作用。但本项检查为有创检查,并需要应用造影剂,须注意相关事项。

(四) 诊断与鉴别诊断

1. 诊断要点

(1)有长期站立和腹压升高因素(如重体力劳动、慢性咳嗽、习惯性便秘、妊娠等);或有盆腔肿瘤病史;或有静脉曲张家族史。

(2)患者下肢静脉明显迂曲扩张成团,站立时更为明显。足靴区可出现营养不良情况,如皮肤瘙痒、色素沉着、溃疡等。

(3)患肢发胀、疼痛,有沉重感,容易疲劳,或下肢凹陷性肿胀,晨轻暮重,久站及活动后加重,休息或平卧后可缓解。

(4)大隐静脉瓣膜功能试验和深静脉通畅试验有助于了解下肢浅静脉瓣膜、深静脉瓣膜及穿通支瓣膜功能状况。

(5)多普勒超声或静脉造影显示隐静脉瓣膜功能不全,或同时有深静脉瓣膜功能不全。

2. 鉴别诊断

(1)原发性下肢深静脉瓣膜功能不全:本病是因下肢深静脉瓣膜薄弱、松弛及发育不良而造成其关闭不全,静脉血液倒流,深静脉内压力升高,血液通过深浅静脉交通支逆流入浅静脉,进而导致下肢浅静脉曲张,小腿肿胀、色素沉着及溃疡等。该病可继发浅静脉曲张,但静脉曲张程度一般较轻,而下肢水肿、色素沉着、酸胀甚至疼痛等症状相对较重,下肢溃疡出现较早并且严重。通过下肢静脉造影和多普勒超声检查可以明确诊断。

(2)下肢深静脉血栓形成后综合征:起病前多有下肢深静脉血栓形成表现和病史,早期浅静脉曲张是代偿性表现,而在深静脉血栓形成后期会出现继发性下肢浅静脉曲张。病程后期可因血栓机化造成深静脉瓣膜破坏,产生与原发性下肢深静脉瓣膜功能不全相似的临床表现,以小腿分支静脉曲张为主,肢体沉重、胀痛,患肢肿胀明显,活动或站立后加重,卧床休息后不能完全缓解。皮肤营养障碍较明显。通过深静脉通畅试验、容积描记、多普勒超声和静脉造影检查可加以鉴别。

(五)治疗

1. 西医治疗

(1)非手术治疗

1)药物治疗:药物疗法适用于存在下肢静脉瓣膜功能不全的所有疾病。口服马栗种子提取物、地奥司明、羟苯磺酸钙等可改善静脉回流、降低静脉压力。

2)药物硬化剂注射疗法:本方法适用于少量、局限的病变以及手术的辅助治疗,处理残留的曲张静脉。是将硬化剂注入曲张静脉腔内,使静脉内膜产生化学性刺激发生炎症,导致浅静脉内局部血栓形成,血栓机化后形成条束状纤维化结构,从而闭塞管腔。

3)压迫疗法:对于曲张程度轻、范围小或妊娠期妇女、年老体弱不能耐受手术的患者,可以穿弹力袜或缚缠弹力绷带。此方法能起到控制病情发展,改善肢体静脉淤滞症状的作用。静脉曲张术后的患者也应当配合使用压迫疗法。

(2)手术治疗:手术治疗是治疗下肢静脉曲张的根本方法。

凡是有临床症状的病例,彩色多普勒超声判断存在重度静脉反流,除外深静脉不通畅、深静脉瓣膜功能不全及其他可能疾病,除了年老体弱和手术耐受力很差者,均可考虑手术治疗。

手术方式:

1)传统手术:即隐静脉高位结扎和曲张静脉剥脱。高位结扎时一定要将其属支全部结扎,否则易复发。已有足靴区溃疡者,根据造影结果决定是否结扎交通支。

2)透光静脉旋切术。

3)腔内热消融治疗:包括腔内激光、电凝治疗,腔内射频消融治疗。

2. 中医治疗

(1)辨证论治

1)劳倦伤气证:久站劳累,瘤体增大下坠,皮色淡暗,气短乏力,脘腹坠胀,腰膝酸软,舌淡胖,苔薄白,脉细无力。治以补中益气,活血舒筋。方用补中益气汤合四物汤加减。

2)气血瘀滞证:患肢沉重,遇寒湿加重,酸痛、胀痛,脉道迂曲、扭曲,皮肤紫褐灰暗,烦躁易怒或抑郁叹息,舌淡紫或有瘀斑,苔白,脉弦细或沉涩。治以行气活血,祛瘀除滞。方用柴胡疏肝散加减。

3)湿热瘀阻证:患肢瘀肿紫暗,青筋隐现,溢出污液或糜苔,疮口色暗肉腐,烦躁发热,口渴,尿赤便干,舌质暗红或紫,苔黄或白,脉滑数或弦数。治以清热利湿,活血祛瘀。方用萆薢渗湿汤合大黄䗪虫丸加减。

(2)外治法

1)敷药疗法:患部有条索状硬结者、局部红肿者可用如意金黄散外敷,有溃疡者可用珍珠散、白玉膏、生肌散、生肌玉红膏、湿润烧伤膏、解毒生肌膏等,并发湿疹者外用青黛散。

2)熏洗疗法:合并湿疹或溃疡时可选用本法。常用药物有蛇床子、地肤子、白鲜皮、苦参、大黄、赤芍、黄柏、苍术等。

六、糖尿病足

糖尿病足(diabetic foot,DF)指初诊糖尿病或已有糖尿病病史患者的足部出现感染、溃疡或组织的破坏,通常伴有下肢神经病变和/或下肢血管病变(图 29-14,见文末彩图)。本病属中医“脱疽”“筋疽”等范畴。传统的糖尿病足高危因素有足底胼胝、嵌甲、皮肤干燥皲裂、下肢血管病变和/或神经病变、足畸形、以往有过足溃疡等局部因素。在糖尿病患者中筛查高危足,针对有高危足的糖尿病患者应加强足病的教育管理与危险因素的处理,防止由高危足发展到糖尿病足。足溃疡是导致糖尿病患者截肢的最常见原因,80% 以上的糖尿病患者截肢起因于足溃疡,降低足溃疡的发生率是降低糖尿病截肢率的根本措施。

(一) 病因与病理

1. 西医病因与病理　糖尿病足是糖尿病患者最严重的慢性并发症之一,主要由糖尿病性周围神经病、糖尿病血管病变、感染还有外伤引起。糖尿病性周围神经病可导致肢体感觉减退或消失,使足部对于压力、异物或冷热的感受下降,故容易导致外伤、烫伤形成溃疡。如运动神经功能受损,可影响足部肌肉,使肌肉萎缩,导致足部畸形;自主神经功能受损,可导致皮肤分泌汗液功能下降,使皮肤干燥,容易诱发细菌感染。糖尿病血管病变可导致下肢血流量减少,使足部缺氧及营养供应不足,故下肢皮温降低、疼痛、间歇性跛行、缺血,严重者可导致溃疡、坏疽。

2. 中医病因病机　《黄帝内经》有云:“风寒湿三气杂至,合而为痹也……以夏遇此者为脉痹。”中医学认为本病发病与“虚、邪、瘀”三者密切相关。本病患者大多年迈,正气不足,脾肾亏虚,易受邪侵,导致经络脉道痹阻,气血凝结不通而发病。出现肢端怕凉、麻木、间歇性跛行、静息痛等症状。在“脉痹”的基础上,如病情进一步加重,气血亏虚,内不能充养脏腑,外不能濡养四肢,肢体失于温煦濡养,则皮肉枯槁;瘀阻经脉,日久化热,热毒伤阴,阴血亏虚,肢节失养,则肢体末端出现溃疡或坏疽。本病多为本虚标实,涉及肝、脾、肾,病位在四肢脉络,以下肢末端较为常见。

(二) 临床表现

糖尿病足的主要症状及体征如下:

下肢动脉病变和周围神经病变是糖尿病足发病的基础,而糖尿病足的主要临床表现为神经病变表现和下肢缺血表现。

1. 神经病变　主要表现为患肢皮肤干而无汗,肢端刺痛、灼痛、麻木、感觉减退或缺失,呈袜套样改变,行走时有脚踩棉絮感。

2. 下肢缺血 主要表现为皮肤营养不良、干燥、弹性差、肌肉萎缩,患者可合并有下肢间歇性跛行,随着病情加重出现静息痛等症状。检查可发现皮温下降,肢端动脉搏动减弱或消失。足跟或跖趾关节受压部位出现溃疡,趾端坏疽,发出恶臭气味,部分患者可肢体感染。

(三)辅助检查

1. 常规检查 包括生化代谢指标、并发症状况等。如空腹血糖、餐后血糖、糖化血红蛋白、肝功能、肾功能、电解质、血脂、血常规、尿常规、尿微量白蛋白/尿肌酐和24小时尿蛋白定量、C反应蛋白及红细胞沉降率等;心电图应作为常规检查,有条件的医院应开展步态及足底压力检查。

2. 糖尿病性周围神经病检查

(1)10g尼龙丝检查法:该方法是较为简便的感觉神经检测方法。

(2)振动觉:该检查是对深部组织感觉的半定量检查。

(3)踝反射、痛觉、温度觉:这三种检查方法也可以应用于糖尿病性周围神经病的诊断。

(4)神经传导速度:过去被认为是糖尿病性周围神经病诊断的"金标准",通常认为有2项或2项以上神经传导速度减慢者,结合其他症状、体征及辅助检查可考虑存在糖尿病性周围神经病。

3. 血管病变检查

(1)体检:通过触诊,触及股、腘、足背动脉和胫后动脉搏动了解下肢血管病变情况。

(2)通过Buerger试验了解下肢缺血情况。全面的踝部动脉搏动触诊及股动脉杂音听诊检查,对于诊断或排除下肢动脉病变的准确性高达93.8%。

(3)踝部动脉-肱动脉血压比值:又称踝肱指数(ABI),反映的是肢体的血运状况,正常值为0.9~1.3。0.71~0.89为轻度缺血,0.40~0.70为中度缺血,<0.4为重度缺血,重度缺血的患者容易发生下肢(趾)坏疽。如果踝部动脉收缩压过高,如高于200mmHg,或ABI>1.3,则应高度怀疑患者有下肢动脉钙化,此时可行趾臂指数(TBI)检查,或行下肢动脉彩超检查。部分ABI正常的患者,可能存在假阴性,可采用平板运动试验或TBI测定来纠正,以明确下肢动脉病变诊断。

(4)经皮氧分压($TcPO_2$):正常人足背$TcPO_2$>40mmHg;如<30mmHg,提示周围血液供应不足,足部易发生溃疡,或已有的溃疡难以愈合;如$TcPO_2$<20mmHg,足溃疡几乎没有愈合的可能。

(5)血管影像学检查:超声检查对糖尿病下肢动脉病变的诊断具有重要意义,可以观察动脉血管内径、内膜及中膜厚度、斑块大小、管腔狭窄或闭塞情况,同时还能显示动脉血流充盈情况及血流速度。但是因为彩超检查的空间分辨率低,倾向于高估血管的狭窄程度。CTA是临床诊断下肢动脉病变常用的无创检查,CTA图像可以清晰地显示斑块的分布、形态及血管的狭窄程度,在临床上应用广泛。MRA也是下肢动脉病变常用的无创诊断方法,因为存在湍流,MRA会高估血管狭窄的程度。体内有起搏器、除颤器等铁磁性金属植入物的患者不适合行MRA。DSA是诊断血管病变的"金标准",DSA不仅能明确下肢血管病变的部位及严重程度,还能为介入手术操作提供指导。

(四)诊断与鉴别诊断

1. 诊断 首先,最迫切要做的是必须检查伤口是否有感染的迹象,如果存在,则需要恰当处置。糖尿病足感染诊断的主要依据是临床表现。感染症状包括化脓、红斑、水肿和恶臭。由于糖尿病患者免疫反应较正常人减弱,所以感染诊断的确立不能单纯依靠实验室检查结果。糖尿病合并中重度足部感染的患者中只有46%表现为血白细胞增多。

(1)糖尿病下肢血管病变的诊断依据

1)符合糖尿病诊断;

2)具有下肢缺血的临床表现;

3)辅助检查提示下肢血管病变,静息时 ABI<0.9,或静息时 ABI>0.9,但运动时出现下肢不适症状,平板运动试验后 ABI 降低 15%~20% 或影像学提示血管存在狭窄。

(2)糖尿病性周围神经病的诊断依据:明确的糖尿病病史。其检查包括:

1)温度觉异常;

2)10g 尼龙丝检查,足部感觉减退或消失;

3)振动觉异常;

4)踝反射消失;

5)神经传导速度有 2 项或 2 项以上减慢。

值得注意的是,糖尿病性周围神经病诊断缺乏特异性,在临床表现不典型、诊断不明或疑有其他病因时,建议患者于神经内科专科就诊以除外其他神经疾病。

2. 鉴别诊断

(1)急性 Charcot 关节病:Charcot 关节病可急性或亚急性起病,特征性表现为突然出现单侧足部或踝部皮温升高、发红和水肿,通常有轻微创伤史。患足皮温可明显高于对侧。也有患者表现为数月或数年间缓慢进展的关节病伴隐匿性肿胀。偶尔可能会反复急性发作。最常受累的关节是跗骨和跗跖关节,其次为跖趾关节和踝关节。

(2)下肢静脉性溃疡:慢性下肢静脉疾病最常见的症状为下肢不适(即腿部乏力、沉重感)、酸痛、疼痛、瘙痒及下肢肿胀。静脉疾病相关疼痛通常在一天结束时比一天开始时严重,患者站立或双足低垂久坐时也加重,在下肢抬高和行走时缓解。

(五)治疗

1. 西医治疗

(1)血管重建手术治疗:缺血严重时,手术血流重建是必要的措施,可促进溃疡愈合、降低截肢风险、提高生存率。主要方法有下肢动脉腔内介入治疗、下肢动脉旁路移植和血管新生疗法。下肢动脉腔内介入治疗适用于 Rutherford 分级 3 级以上、Fontaine 分期Ⅱb 以上的情况。方法包括经皮穿刺动脉内成形和支架成形术,还有各种减容手术。作为一种微创手段,介入治疗可作为首选,特别适用于年老体弱或无法耐受动脉旁路手术的患者。动脉旁路移植适用于下肢远端有良好动脉流出道且身体状况较好的患者。常见方法包括膝上旁路和膝下旁路等,具体手术方式根据医生经验和患者血管条件确定。

(2)糖尿病足创面处理

1)促进创面愈合的前提条件就是在创面处理的同时,积极进行全身情况的治疗,包括控制血糖、抗感染、代谢调节、下肢血运重建、营养支持(包括纠正贫血、低蛋白血症)等。

2)糖尿病足的非手术治疗:主要包括姑息性清创、创面换药、创面用药、辅料选择、伤口负压引流技术、生物治疗、减压支具治疗和物理治疗。临床上,应根据患者全身情况和局部创面不同阶段选择相应的治疗方法,促进创面愈合。

3)糖尿病足的手术治疗:经过基础治疗,在患者全身和局部循环和微循环得到改善,感染炎症得到控制,心肺肾功能基本稳定的情况下,可以进行创面的手术治疗。应根据创面情况、患者全身状况,适时进行清创术或皮肤移植术等手术治疗,可有效去除坏死组织,尽早封闭创面,显著缩短疗程,避免因长期换药导致下肢失用性肌萎缩、骨质疏松、深静脉血栓形成及心肺功能下降等并发症。

4)糖尿病足的创面清创手术的适应证:①已发生明确的足趾、足掌、肢体坏疽创面;

②坏死性筋膜炎急性炎症期的创面;③形成足底筋膜、肌膜间隙脓肿的创面;④形成感染性窦道的创面;⑤肌腱、骨骼等深部组织外露失活,换药难以去除的创面;⑥残存大量坏死组织的创面;⑦创面基底肉芽组织增生,无深部组织外露,达到皮肤移植条件而通过换药1个月内难以愈合的创面。

5)糖尿病足清创手术要领:①坏死组织清除术:待坏死组织与正常组织分界清楚,且近端炎症控制后,可行坏死组织清除术,骨断面宜略短于软组织断面。②坏死组织切除缝合术:待坏死组织与正常组织分界清楚,且近端炎症控制,血运改善后,可取分界近端切口,行趾切除缝合术或半足切除缝合术。③截肢术:当坏死延及足背及踝部,可行小腿截肢术;坏疽发展至踝以上者,可行膝关节截肢术。④皮肤移植术:溃疡面较大时,可在创面干净、血运改善后行创面皮肤移植术。

6)糖尿病足的截肢(趾)术:截肢术是糖尿病足严重的结局,全球每30秒就有超过2 500例糖尿病足患者截肢。截肢是治疗糖尿病足患者严重坏疽、感染和组织破坏的最后手段,也是导致糖尿病足患者残疾和生活质量下降的原因之一。截肢的危险因素包括糖尿病病程、糖尿病足溃疡病史、血糖水平、血运重建病史、Wagner分级、下肢动脉病变和白细胞计数。截肢平面的选择可采用经皮氧分压测定和血管影像学检查,$TcPO_2 < 20mmHg$时,表示截肢残端无法愈合;$TcPO_2 > 40mmHg$时,表示截肢残端愈合风险明显降低;介于两者之间则存在愈合的可能,需要补充改善动脉灌注的治疗方法。

2. 中医治疗　内治与外治相结合,强调辨证施治。足浴熏洗法采用局部辨证,减轻感染、渗出和疼痛,改善足部血供。此外,还可采用穴位推拿、针灸等方法,促进血液循环和淋巴循环,改善组织营养和全身功能,达到治愈疾病的目的。

(1)内治法:基于传统经典方剂如四妙勇安汤等,加减化裁。中成药如脉络宁口服液等,益气养阴、活血通络,改善下肢循环,促进创面愈合。

(2)外治法:根据足坏疽类型选择清创时机和方案。湿性坏疽早期切开引流,干性坏疽待边界清楚后清除坏死组织,缺血性坏疽采用"蚕食"法。基础治疗和清创后,选用外敷药物,如早期使用清热解毒的如意金黄膏,渗出多时选复方黄柏液冲洗。传统丹药如九一丹可加速坏死组织脱落,促进肉芽新生,但需注意副作用。肉芽增生期用红油膏等去腐生肌药,瘢痕长成期用生肌玉红膏促进血液循环和消炎抗菌。

(3)其他治疗

1)针灸疗法:取足三里、阳陵泉、三阴交、承山、曲池、合谷、内关、肩髎等穴,每次取2~4穴,交替进行,每日1次。

2)剧烈疼痛的处理:脱疽最主要的自觉症状就是疼痛,严重者剧痛以至彻夜难眠,因此有效的止痛治疗成为治疗脱疽的重要措施。除使用哌替啶等止痛药物外,可选以下止痛方法:

中药麻醉:中麻Ⅰ号2.5~5mg(或中麻Ⅱ号2~3mg)加氯丙嗪25mg,用生理盐水20ml于晚9时缓慢静脉推注,患者可入睡6~8小时,隔2~3日使用1次。治疗时,患者应平卧,头侧位,去掉枕头。施术后应密切观察,注意护理。

持续硬膜外麻醉:在病室内,常规实施低位硬膜外麻醉,最好只麻醉患肢,可持续麻醉2~3日,能消除疼痛,改善患肢肿胀,对改善全身情况和实施手术均能起到良好作用。

(六)预防与调护

1. 控制糖尿病;禁止吸烟,少食辛辣炙煿之品及醇酒。

2. 冬季户外工作时,注意保暖,鞋袜宜宽大舒适。

3. 避免外伤。

4. 患侧肢体运动锻炼可促进患肢侧支循环。方法是，患者仰卧，抬高下肢 20~30 分钟，然后两足下垂床沿 4~5 分钟，同时两足及足趾向下、上、内、外等方向运动 10 次，再将下肢平放 4~5 分钟，每日运动 3 次。坏疽感染时禁用。

（七）中西医结合讨论

随着医学界对糖尿病足研究的不断加深，中西医结合外治法在糖尿病足的治疗上越来越受到重视，逐渐形成了一套特点鲜明、行之有效的方案，极大地缩短了糖尿病足溃疡的愈合时间。针对该病，之前常规疗法是改善微循环、抗感染、调节血糖，但效果欠佳。中医学认为本病发病与"虚、邪、瘀"三者密切相关。本病患者大多年迈，正气不足，脾肾亏虚，易受邪侵，导致经络脉道痹阻，气血凝结不通而发病。以祛邪补虚化瘀为治疗原则，再施以中西医结合外科特色疗法，主要包括箍围法、去腐术、湿敷疗法、清创术以及现代医学中封闭式负压引流、抗生素骨水泥等方式，能够快速有效地清除坏死组织，控制感染。

糖尿病足患者使用中西医结合的治疗方式能够极大地提高治疗效果。

（王伊光　刘　潜）

复习思考题

1. 简述脑梗死与脑出血的鉴别要点。

2. 如何运用中西医结合的视角看待颅脑的蛛网膜下腔出血导致的全身远隔脏器的损伤？

3. 颈动脉狭窄的外科治疗指征及方法有哪些？

4. 脑出血常见病因有哪些？高血压脑出血好发部位是哪里？急性期 CT 表现如何？

5. 简述临床怀疑蛛网膜下腔出血的诊断程序。

6. 患者，男，36 岁，突发剧烈胸背部疼痛，呈刀割样，不能耐受，急来院就诊。入院查体：上肢血压 198/112mmHg，下肢血压 168/87mmHg。神清，问答合理。气管居中。胸廓正常，双肺叩诊清音，呼吸音清音，未闻及哮鸣音。心率 89 次/min，未闻及心脏杂音。腹软，无压痛。肝脾肋下未触及，Murphy 征阴性。肝肾区无叩痛。肠鸣音可闻及，1~2 次/min。双下肢无肿胀，双侧股动脉搏动可触及。患者既往高血压病史多年，未监测及治疗。入院后急查心电图、心肌酶谱等未见明确异常。查凝血类：D- 二聚体为 3.24mg/L FEU（参考值：0.00~0.55mg/L FEU）。

问题：

(1) 该患者首先考虑什么诊断？

(2) 应与哪些疾病进行鉴别？

(3) 首选什么检查明确诊断？

(4) 明确诊断后治疗原则是什么？

7. 周围血管疾病的主要症状和体征有哪些？

8. 血栓闭塞性脉管炎的诊断要点是什么？

9. 下肢深静脉血栓形成的并发症及后遗症是什么？

10. 糖尿病足的临床表现有哪些？

11. 糖尿病足的诊断依据有哪些？

ER-30-1

PPT 课件

第三十章

小儿外科常见疾病

第一节　概　　述

思政元素

甘 于 奉 献

甘于奉献,就是心甘情愿地服务人民。

甘于奉献的精神一直是我国人民追求的价值观。明朝杰出的政治家于谦踏上仕途之始写了一首《咏煤炭》:"凿开混沌得乌金,藏蓄阳和意最深。爝火燃回春浩浩,洪炉照破夜沉沉。鼎彝元赖生成力,铁石犹存死后心。但愿苍生俱饱暖,不辞辛苦出山林。"最后两句道出了作者的最深意:为了让人民群众都得到温饱,煤炭不辞辛苦地从深山老林中出来发光发热。

巴金说:"生命的意义在于付出,在于给予,而不是在于接受,也不是在于争取。"巴金是现代文学家、翻译家、出版家,在世界文坛享有广泛而崇高的声誉。在 70 多年的创作生涯中,共有 1 千万字的著作和 400 多万字的译著。1999 年,国际编号 8315 的小行星被命名为"巴金星"。2003 年 11 月 25 日,国务院授予他"人民作家"的荣誉称号。巴金在给家乡孩子的信中说:"不要把我当作什么杰出人物,我只是一个普通人。""我思索,我追求,我终于明白生命的意义在于奉献而不在于享受。"

于谦和巴金生活的时代不同,然而他们对生命的价值、对奉献的意义,有着共同的认识,并用各自的方式践行了这种价值和意义。

一、小儿外科发展简史

小儿外科是临床医学中一个较新的学科,从成人外科分出来,发展为一个独立的专业。据资料记载,古代婴儿出生后断脐带由咬断(俗称咬脐部)到割断(剪扎)都反映了小儿对外科的需要与实践。古代人在与疾病的斗争中积累了许多治疗小儿外科疾病的经验。我国古代医学中有不少小儿外科方面的资料记载,如阉人(宦官)"七岁净身"就是指以睾丸切除为主的"手术"。隋代巢元方编纂的中国第一部病因证候学专著《诸病源候论》记载:"初生断脐,洗浴不即拭燥,湿气在脐中,因解脱遇风,风湿相搏,故脐疮久不瘥也。脐疮不瘥,风气入伤经脉,则变为痫也。"说明了脐炎发生的原因和并发破伤风的可能性。又如对于小儿膀胱结石的记载:"石淋者,淋而出石也⋯⋯其状,小便茎中痛,尿不能卒出,时自痛引小肠。膀胱里急,砂石从小便道出。甚者水道塞痛,令闷绝。"宋代著名的儿科学家钱乙曾著《小儿药证直诀》,述及小儿外科疾病,如丹瘤(丹毒)、噤口(破伤风)等。《小儿卫生总微论方》对于先天畸形如并指、缺唇、侏儒、肢废等都有描述。关于小儿外科手术,史书上曾有记载。《晋书》中《魏咏之传》记载本人患兔唇的医治:"医曰:可割而补之,但须百日进粥,不得笑语。"公元16世纪,明代孙志宏有肛门闭锁手术治疗记载:"罕有儿初生无谷道,大便不能出者,旬日必不救。须速用细刀刺穿,要对孔亲切开通之,后用绵帛卷如小指,以香油浸透插入,使不再合,旁用生肌散敷之自愈。"清代官本《医宗金鉴》已列有"小儿外科篇",描述脓毒诸症。中华人民共和国成立后,我国小儿外科得到了快速的发展,成立了专门的儿童医院和综合性医院的小儿外科专科,逐步普及到全国各城市。目前已有新生儿外科、肝胆外科、肛肠外科、泌尿外科、骨科、心胸外科、神经外科、肿瘤外科、烧伤整形外科等学科。

19世纪末,西方医学进入现代化,小儿外科开始受到人们重视。英国于1887年在皇家爱丁堡儿童医院设立外科病房。自瑞士Fredet(1908年)和德国Ramstedt(1922年)先后采用幽门环肌切开术治疗先天性肥厚性幽门狭窄获得良好的疗效以后,小儿外科得到了发展,手术范围逐渐扩大,小儿外科逐渐发展成为一个专业。1941年Ladd与Gross的《小儿腹部外科学》的出版,为小儿外科成为独立的专业体系奠定了基础。

二、小儿外科诊疗范围和任务

小儿外科是儿科医学中多学科领域内的一个重要组成部分,小儿约占总人口的1/3,而且从各个方面来说小儿发病率比成人要高。小儿外科的工作范围包括从围生期、新生儿出生到18岁所有的外科相关问题以及有关的医学教育和基础研究。主要疾病为先天畸形、实体肿瘤、感染和创伤四大类。随着医学的发展,国内外小儿外科有了巨大的进展,这主要体现在新生儿外科的产前诊断及外科早期干预上,如胎儿外科。儿童微创外科已在国内外普及,自新生儿期到其他各年龄段,不但有腹腔镜手术,还开展了关节镜、脑室镜、胸腔镜、膀胱输尿管镜等微创腔镜手术。诊治疾病范围也逐步扩大,儿童移植外科,如肝移植、肾移植、心肺移植等在临床逐步开展。1961年美国Starzl首次实施的小儿肝移植获得成功,肝移植已作为肝脏终末期病变的有效治疗手段,目前在国内多个医疗单位展开,且亲体肝移植已逐渐占主要供肝来源,减少了排斥反应,成功率大大提高。

三、小儿外科疾病特点

小儿外科疾病的特点较多,主要包括先天畸形、感染、损伤、急腹症、肿瘤。
(一) 先天畸形
先天性发育畸形患儿占小儿外科病例的50%以上,是指由各种原因造成受精卵、胚胎和胎儿的结构或发育异常,导致机体在形态和功能代谢上的异常状态。先天畸形占新生儿出生总数的3%,不经手术干预,1/3的患儿将会死亡。据Swenson统计,在存活的新生儿中7%具有某种发育异常。

（二）感染

小儿由病原体和机体防御机制形成感染的特异性，从以下几个例子中可以得到阐明。例如链球菌引起脓疱病、淋巴管炎和丹毒；佝偻病患儿因多汗易患痱、疖；新生儿皮肤娇嫩，白细胞趋化性差，免疫球蛋白不足，易患皮下坏疽；脊柱裂下肢瘫痪患儿因神经营养障碍易患慢性溃疡；肾上腺皮质激素因抑制血细胞功能和抗体形成能加重炎症扩散。小儿机体对细菌感染之炎性病理反应，可以分为两大类型，即正应性反应和变应性反应。

（三）损伤

因为小儿活动力强，防卫能力差，故损伤的发生率高。总的说来，小儿损伤的病理变化较成人轻。脑震荡是常见的儿童损伤，但由于儿童体重较轻，颅骨与脑质较软，弹性较大，能够吸收震力，故损伤程度不及成人严重，易于恢复。烫伤也是小儿常见的损伤，如开水、汤粥所引起，其病理深度大多属于二度，三度烫伤较少见。由交通事故和体育活动、游戏等引起的儿童骨折多见，但后遗畸形较为少见，并能在短期内愈合和塑形。

（四）急腹症

小儿发生急腹症的原发器官和病因，除阑尾炎以外，以小肠为主，如肠套叠、腹股沟嵌顿疝、梅克尔憩室并发症等。小儿由于肠壁薄，尤其是在充气后，肠壁炎症和穿孔较成人为多。由于大网膜发育不完善，不能包裹发炎的阑尾，感染扩散发展为弥漫性腹膜炎者也较多。在小儿外科急腹症中肠套叠是一个典型病种。

（五）肿瘤

小儿肿瘤逐年增加，肿瘤的病理性质与成人大不相同。儿童恶性肿瘤以胚胎性肿瘤及肉瘤为主，如肾母细胞瘤、神经母细胞瘤、畸胎瘤、横纹肌肉瘤等。小儿肿瘤发生的部位和器官与成人也有所不同，成人以脏器为主，而儿童则以软组织、骶尾部、腹膜后间隙等处较为多见，但小儿肿瘤也常发生在眼球、大脑、肾脏等器官。

小儿恶性肿瘤生长速度快，这是因为小儿本身是一个正在生长发育的机体，同时也可能与肿瘤的胚胎组织生长特别快有关。许多小儿肿瘤具有肿瘤与畸形的双重特性，如畸胎瘤、血管瘤和淋巴管瘤等。恶性的神经母细胞瘤和良性血管瘤可谓有相当高频率自限性肿瘤退变现象，这在成人肿瘤患者中极为罕见。

第二节 肥厚性幽门狭窄

先天性肥厚性幽门狭窄（congenital hypertrophic pyloric stenosis，CHPS）是由于幽门肌层增生、肥厚，使幽门管狭窄、延长而引起的胃出口梗阻，为新生儿、小婴儿常见的消化道畸形之一。发病有地区和种族差异，白色人种发病更常见，非洲、亚洲相对较低。我国1 000~3 000名新生儿中有1例。占消化道畸形的第三位，男性患儿居多，男女比例为(4~5)∶1，尤其是第一胎男性患儿更易患病，多为足月儿，未成熟儿较少见。中医学对肥厚性幽门狭窄无专论，根据其临床表现，当属"呕吐""反胃""新生儿不乳"等范畴。

一、病因与病理

（一）西医病因与病理

1. 病因　引起患儿肥厚性幽门狭窄的病因至今仍然不清，曾有很多学说，归纳起来大概有以下几种：

(1)神经支配异常近年发现该病的幽门肥厚层神经丛和神经节细胞有明显改变。有观点认为肌间神经丛发育不全可能是肥厚性幽门狭窄的主要病因。研究发现 CHPS 患儿幽门环肌中缺乏一氧化氮合酶染色阳性的神经纤维,纵肌层也较少。一氧化氮在维持肠道平滑肌松弛和幽门正常生理功能方面起重要作用,缺乏一氧化氮合酶阳性神经纤维可能导致幽门肌松弛功能障碍,从而引发幽门痉挛、肥厚和狭窄。

(2)消化道激素紊乱:近年免疫组织化学研究提示,在幽门环肌层中脑啡肽、P 物质及血管活性肠肽等肽能神经纤维明显减少甚或缺如,同时还发现患儿的血清胃泌素含量明显增高。这些消化道激素紊乱可能是造成幽门肌松弛障碍并呈持续痉挛的重要因素,而幽门肥厚则为幽门持续痉挛所形成的继发性改变。

(3)遗传因素:本病具有家族聚集性,目前认为是一种多基因遗传病。这些基因在某些环境因素作用下发生突变,从而出现幽门狭窄征象。

2. 病理

(1)组织病理学改变:主要为幽门壁显著增厚,环肌异常增生、肥厚,纵行肌轻度增厚。幽门呈橄榄状肿块,质坚硬,表面光滑,色泽略苍白。幽门管长度为 2.0~3.5cm,直径为 1.0~1.5cm,肌层厚度为 0.4~0.7cm(正常幽门肌层厚度为 0.1~0.3cm)。肥厚组织界限在胃窦部不明显,向胃端逐渐变薄,但在十二指肠起始部的肌层突然终止,形成小穹窿。幽门切面可见肥厚的肌层将幽门管黏膜压缩,形成深皱褶,使管腔缩小。

(2)胃食管反流:约 10% 的胃食管反流伴有幽门狭窄,而约 30% 的幽门狭窄伴有胃食管反流。其中,食管下段括约肌功能不全是主要原因。CHPS 术前以酸性胃食管反流为主,由于幽门肥厚性狭窄导致胃排空延迟,胃内容物潴留,胃内压力升高,胃食管压力差变小。手术解除幽门梗阻后,胃内压力降低,胃食管压力差增大,酸性反流减少,呕吐症状改善或消失。然而,术后幽门窦部的防反流作用减弱或破坏,使碱性十二指肠液易于反流入胃内,导致胃内 pH 值上升,术后以十二指肠胃反流和混合性胃食管反流为主。

(二)中医病因病机

中医学对肥厚性幽门狭窄无专论,究其病因病机,可因先天禀赋不足,脾胃虚弱,受纳运化功能失常,寒浊中阻或聚饮成痰,饮邪上逆而吐,加之喂养不当,乳食伤胃,或吞咽污物,胃失和降,气逆于上而吐。而小儿幽门肌增生肥厚继而狭窄,当属中医"积聚"范畴,其病因病机以气、痰、瘀、虚为关键。

二、临床表现

1. 症状

(1)呕吐:早期主要症状之一是呕吐。大多数患儿在出生后 2~3 周出现呕吐,少数情况可能在出生后 3~4 天或迟至 3~4 个月才出现。呕吐通常呈现有规律的进行性加重,从溢奶到喷射性呕吐,频率逐渐提高。呕吐物一般为乳汁或乳凝块,带有酸味,不含胆汁,少数情况可能呈现咖啡色。患儿呕吐后通常感到非常饥饿,因此会出现求食欲增强的情况,能够用力吸吮,但喂奶后又会出现呕吐。

(2)黄疸:不常见,发生率为 2%~8%,以非结合胆红素升高为主。其原因不清楚,有人认为与胃扩张使腹压增高、门静脉和腔静脉受到压迫、血流量减少、肝动脉血液代偿增加、未经处理的非结合胆红素重回血液循环有关。也有人认为可能是由于反复呕吐、热量摄入不足导致肝脏的葡萄糖醛酸转移酶活性低下所致。一旦手术解除幽门梗阻后,黄疸迅速在 3~5 日内消退。

2. 体征　体检时可见上腹部较膨隆,而下腹部则平坦柔软。约 90% 的患儿上腹部可见蠕动波,起自左肋下,向右上腹移动后消失,一般在喂奶时或饮食后易看到。右上腹肋缘下腹直肌外缘处可触及橄榄样幽门肿块,1~2cm 大小,在呕吐后胃排空时或腹肌松弛时检出率更高,可达 90%。

三、辅助检查

1. B 超　现已成为首选的辅助诊断方法。主要测量幽门环肌的厚度、幽门管直径和幽门管长度。诊断标准为:幽门肌层厚度 ≥4mm,幽门管直径 ≥15mm,幽门管长度 ≥16mm。

2. 上消化道造影　表现为胃扩张,钡剂经幽门排出时间延长;幽门管延长,管腔狭窄呈线征、鸟嘴征。目前仅用于少数临床与超声诊断不清的病例。

四、诊断与鉴别诊断

(一) 诊断

根据患儿典型呕吐病史,即出生后 2~3 周出现呕吐,进行性加重,呈喷射状,呕吐物不含胆汁,仅是乳汁或乳凝块,即应疑为先天性肥厚性幽门狭窄;上腹部可见胃蠕动波并能扪及橄榄状肿块,即可诊断。若不能扪及肿块,通过腹部超声发现幽门肌层厚度 ≥4mm、幽门管直径 ≥15mm、幽门管长度 ≥16mm,即可作出诊断。少部分临床与超声诊断不清的病例,结合上消化道造影后多能明确诊断。

(二) 鉴别诊断

1. 幽门痉挛　多在出生后即发病,为不规则间歇性呕吐,不呈进行性加重,无喷射性呕吐,呕吐量也不如肥厚性幽门狭窄多。上腹部触不到幽门肿块,服用阿托品和氯丙嗪等解痉镇静剂后呕吐很快消失。超声检查可见幽门管收缩,但无幽门肌层肥厚。

2. 胃食管反流　正常新生儿由于食管下括约肌神经肌肉发育未完善,可发生生理性胃食管反流,表现为不规则地溢奶,待食管下括约肌抗反流机制成熟后,多在 6~9 周内自愈。治疗包括喂以较稠厚的奶品,喂食后将孩子置于半竖坐位。

五、治疗

幽门环肌切开术　自从 Fredet 和 Ramstedt 提出幽门环肌切开术治疗该病以来,其已成为被广泛接受的手术方式,操作简单,可以达到非常好的治疗效果。传统手术方法是在右上腹肋缘下 1cm 右腹直肌外缘起向外切开长约 3cm,逐层切开进入腹腔。将胃幽门部自切口处提出,可见橄榄样肥厚的幽门。术者左手拇指和示指固定后略向外翻,于上方无血管区沿肥厚的幽门纵轴全长切开浆膜和部分肌层,然后用幽门分离钳或弯蚊式钳逐渐分开幽门肌层,可见到幽门黏膜层向外膨出。近年来,随着微创手术的普及,腹腔镜幽门环肌切开术已经非常成熟,其优点是创伤小、并发症少、术后修复快、切口隐蔽美观。

六、预防与调护

肥厚性幽门狭窄为小儿先天性疾病,对该病应及早诊断治疗,未合并其他器官畸形者,预后良好。若诊断治疗不及时,可合并营养不良性损伤、肠梗阻等所致的穿孔及肺部感染,导致死亡。本病病死率在欧美为 0.12%~0.5%,在国内为 0.5%~1.0%。

第三节　先天性肠闭锁与肠狭窄

先天性肠闭锁(congenital intestinal atresia)和肠狭窄(intestinal stenosis)指在从十二指

肠到直肠间发生的肠道先天性闭塞和变窄,是新生儿外科中一种较常见的消化道畸形。发病率约 1/5 000,男女发病率接近。以前该病病死率较高,但近年来,随着麻醉和手术技术的改进、术后营养支持和监护水平的提高,生存率已显著提高。

一、病因与病理

(一) 病因

先天性肠闭锁和肠狭窄的发病原因尚不清楚,目前有多种学说解释其发生。

1. **肠管空泡化学说** 胚胎第 5 周时,肠管形成贯通的管腔,后来肠管上皮细胞增生导致管腔阻塞,形成暂时性肠管实变期。随后,在实变的管腔内出现许多空泡,逐渐扩大,到了第 12 周时空泡融合,肠腔再次贯通。

2. **血管学说** 胚胎发育过程中,空肠中下段及回肠不存在暂时性肠管实变期。肠闭锁可能是由胎儿肠道局部血液循环障碍造成的,一段胎肠发生坏死、吸收、断裂或缺失,导致肠管闭锁。

3. **炎症学说** 临床上,患有肠闭锁的胎儿常伴有腹腔粘连和胎粪性腹膜炎,闭锁的肠断端可见肉芽和瘢痕组织,可能与肠管炎症和腹膜炎有关。胎儿坏死性小肠炎、胎儿阑尾炎穿孔以及肠坏死引起的胎粪性腹膜炎可能是造成小肠闭锁的原因。

(二) 病理

肠道的任何部位都可以发生闭锁和狭窄,肠闭锁最多见于回肠,其次是空肠和十二指肠,结肠闭锁较少见。而肠狭窄则以十二指肠最多,回肠较少。另有 1%~15% 的病例为多发性闭锁。

1. **肠狭窄** 最多见于十二指肠和空肠上段,常呈隔膜状,脱垂在肠腔内。形态如"风帽"状,中央有直径为 2~3mm 的小孔。回肠与结肠也可见局限性环状狭窄。

2. **肠闭锁** 可分为四型(图 30-1)。

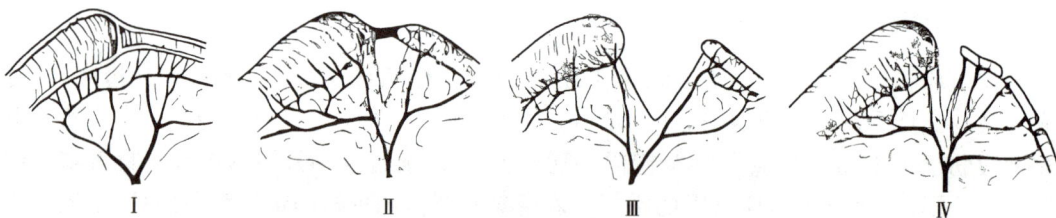

图 30-1 先天性肠闭锁类型
Ⅰ:闭锁Ⅰ型;Ⅱ:闭锁Ⅱ型;Ⅲ:闭锁Ⅲ型;Ⅳ:闭锁Ⅳ型。

闭锁Ⅰ型:肠管外形连续性未中断,仅在肠腔内有一个或偶尔多个隔膜使肠腔完全闭锁。

闭锁Ⅱ型:闭锁两侧均为盲端,其间有一条纤维索带连接,其毗邻的肠系膜有一"V"形缺损。

闭锁Ⅲ型:闭锁两盲端完全分离,无纤维索带相连,毗邻的肠系膜有一"V"形缺损,有人将此型称为Ⅲa 型。Ⅲb 型者两盲端系膜缺损广泛,致使远侧小肠如刀削下的苹果皮样呈螺旋状排列(apple-peel 闭锁)。此型闭锁肠系膜上动脉发育不全,回结肠动脉是远端小肠唯一的营养血管,小肠系膜缺如,小肠全长有明显的短缩。

闭锁Ⅳ型:为多发性闭锁,各闭锁段间有索带相连,酷似一串香肠。有时有的闭锁肠系膜有一"V"形缺损。

必须指出,狭窄虽然发生于十二指肠、空肠上段较多,但十二指肠闭锁的发生率也很高,多在十二指肠降部,其病理形态与闭锁Ⅱ型、Ⅲ型相似。

肠闭锁近侧肠管因长期梗阻而发生扩张,直径可达 3~5cm,肠壁肥厚,血运不良,蠕动功能很差,有些极度扩张的盲袋可发生穿孔。闭锁远侧肠管异常细小,其直径不到 0.4~0.6cm,肠管完全萎陷,呈带状,肠腔内无气体,仅有少量积液。近年研究提示,闭锁近端膨大的肠管存在神经肌肉发育异常。

有些病例同时伴有胎粪性腹膜炎,即除上述病理改变之外,尚有广泛的肠粘连和钙化的胎粪。另外,有的闭锁尚伴有其他先天畸形,如其他消化道畸形、先天性心脏病和唐氏综合征等,特别是在十二指肠闭锁或狭窄时更为常见。

二、临床表现

本病主要为典型的新生儿肠梗阻表现,包括母亲妊娠时羊水过多、呕吐、腹胀、胎粪排出异常等,而症状出现的早晚和轻重取决于闭锁的部位和程度。在出生后最初几小时,患儿全身情况尚好,以后由于呕吐频繁,可出现脱水、吸入性肺炎,全身情况会迅速恶化。如同时有穿孔性腹膜炎,腹胀更加明显,腹壁水肿发红,同时有呼吸困难、发绀和中毒症状。

(一)十二指肠闭锁和狭窄

闭锁者表现为完全性十二指肠梗阻,症状包括出生后几小时或初次喂奶后出现大量含有胆汁的呕吐,有时呕吐呈喷射状。腹部胀满不明显,常表现为腹部凹陷,可触及胃的形状。此外,闭锁患儿出生后没有正常的墨绿色胎粪排出,有时只有少量灰白色或青灰色黏液样物。

狭窄者表现为不完全性十二指肠梗阻,根据狭窄处开口大小程度,症状略有不同。如果开口较小,类似闭锁者的表现,但胎粪排出较为正常;如果开口较宽,胎粪排出正常,胆汁性呕吐较晚出现,可能在出生后 2~3 天多次喂奶后才出现,有时甚至在 1 周后出现。腹胀也不明显。

(二)小肠闭锁和狭窄

小肠闭锁表现为完全性小肠梗阻,患儿母亲妊娠时常有羊水过多史。主要症状包括呕吐、腹胀和便秘。高位闭锁的患儿呕吐物中含有胆汁,低位闭锁的患儿可能出现呕吐物呈粪便样且带臭味。腹胀是小肠闭锁的常见特征,程度与闭锁的位置和就诊时间有关。高位闭锁的腹胀仅限于上腹部,在大量呕吐或胃内容物抽出后可能消失或减轻。低位闭锁的腹胀较为严重,整个腹部膨胀,即使在大量呕吐或抽吸胃内容物后,腹胀仍然没有明显改变。新生儿出生后没有正常的胎粪排出。

小肠狭窄的临床症状因狭窄程度而异。少数病例有显著狭窄表现,类似于完全性肠梗阻;多数病例为不完全性肠梗阻,可进食但多次反复呕吐,呕吐物中含有奶块和胆汁。出生后有正常的胎粪排出,以后也可能有大便。腹胀程度视狭窄部位而定,高位狭窄腹胀限于上腹部,低位狭窄则整个腹部膨胀。少部分患儿表现为慢性不完全性肠梗阻,可能在几个月后才就诊和确诊。

(三)结肠闭锁和狭窄

结肠闭锁以右半结肠多见,主要表现为低位完全性肠梗阻。由于羊水能在小肠内吸收,故患儿母亲妊娠时常无羊水过多史。喂奶后患儿逐渐出现腹胀、胆汁性呕吐,有时吐粪汁。无胎粪排出。腹部可见肠型和蠕动波。肛门检查外观正常,但由于闭锁远端结肠和直肠细小,常难插入手指或长段导管。

结肠狭窄症状与狭窄程度有关。狭窄严重者表现类似于结肠闭锁。狭窄程度轻者一般在出生后数周内逐渐出现低位不完全性肠梗阻症状：呕吐为间歇性，进食后腹胀加重，呕吐出现；禁食时可无呕吐，腹胀亦减轻。可见肠型、蠕动波，肠鸣音亢进。患儿多有消瘦、营养不良和贫血。

三、辅助检查

(一) 肛门检查

如无胎粪排出者，直肠指检或生理盐水、开塞露灌肠仍无正常胎粪排出，则可除外由胎粪黏稠所引起的胎粪性便秘和先天性巨结肠。直肠指检困难者，可经肛门插入导管，可明确是否有直肠闭锁，或做进一步造影检查。

(二) 腹部平片检查

对诊断肠闭锁和肠狭窄定位有很大价值。十二指肠闭锁和狭窄的病例，立位片可显示典型的"双泡征"，这是由扩张的胃和十二指肠上部内的液平面所形成。如梗阻在十二指肠远端，有时可见"三泡征"。小肠低位闭锁或结肠闭锁显示较多的扩张肠袢和多数液平面。有时可见一个大的液平面，为最远的肠袢极度扩张所致。

(三) 钡剂造影检查

对肠闭锁患儿进行钡剂灌肠检查有时是必要的，可以根据胎儿型结肠确定肠闭锁或结肠闭锁的诊断，还可以除外先天性巨结肠或肠旋转不良。部分十二指肠和近端空肠狭窄的病例需行钡餐检查才能明确诊断。

(四) 腹部超声检查

肠闭锁胎儿产前超声检查可见羊水过多，同时可探及胃和十二指肠近端扩张，对产后诊断有提示作用。出生后超声检查可提示肠管扩张的区域和腹腔积液情况，同时可排除腹部肿块。

四、诊断与鉴别诊断

(一) 诊断

患儿母亲妊娠时有羊水过多史，胎儿期超声检查发现"双泡征"或部分肠腔扩张，出现持续性呕吐、进行性腹胀、无正常胎粪排出，即应怀疑肠闭锁。根据呕吐出现早晚、呕吐物性质、腹胀轻重初步可确定闭锁的位置高低。进一步检查以明确闭锁部位及有关疾病的鉴别诊断。

(二) 鉴别诊断

1. 先天性肠旋转不良　因异常的盲肠系带压迫十二指肠水平部引起不完全性肠梗阻，应与十二指肠狭窄相鉴别。钡剂灌肠检查可见盲肠位于右上腹部或其他异常位置。

2. 环状胰腺　环状胰腺压迫十二指肠降部，按其压迫程度出现完全性或不完全性十二指肠梗阻，与闭锁或狭窄较难区别，须经手术确认，两者治疗方法相同。

五、治疗

肠闭锁和肠狭窄需要进行手术治疗，手术是唯一挽救生命的方法。不同部位的闭锁有不同的治疗方法，近年来随着完全肠外营养的广泛应用，治愈率有所提高。术前准备对手术成功非常重要，病情越重，术前准备越重要。术前准备包括保持患儿温暖、胃肠减压、观察胃内容物、进行实验室检查等。如果需要延迟手术，还需要进行液体复苏和补液治疗，并与麻醉师和手术室密切联系，做全面准备。手术切口选择脐上偏右侧横行切口，并可以根据术中需要向两侧延长。

(一)十二指肠闭锁和狭窄的治疗

十二指肠闭锁或狭窄的病例,可采用十二指肠纵行切口,切除隔膜后横形缝合术,或做十二指肠与十二指肠侧侧菱形吻合术。前者方法简单,效果也不错,但有损伤十二指肠乳头的风险;后者是目前常用的方法,无十二指肠乳头损伤之虞,效果良好。

(二)小肠闭锁和狭窄的治疗

空肠上段隔膜闭锁或狭窄可采用隔膜切除肠管成形术。小肠闭锁以切除近侧膨大的盲端,行肠管端端吻合术最为理想。手术中应尽量切除近侧膨大的盲端,或进行楔状成形,使闭锁肠管近远端口径接近,利于端端吻合,同时以免遗留神经肌肉发育异常的肠壁,影响术后肠功能恢复。同时用注射器向闭锁远端萎陷的肠管内注入气体或生理盐水,使远端肠管膨大、扩张,直至直肠充盈,以扩张肠管和排除远端肠管存在多发性闭锁。远侧盲端须切除1~2cm,并自系膜对侧缘呈45°斜形切除,以增大其口径,必要时还可适当剪开系膜对侧的肠壁,使两断端的口径一致。吻合时应用无损伤针做一层间断缝合,不可向内翻入过多,以免发生吻合口狭窄。手术时进行闭锁远端肠管组织活检,以排除肠神经发育异常。近年来在腹腔镜辅助下进行先天性肠闭锁手术,取得较好疗效。

(三)结肠闭锁和狭窄的治疗

结肠闭锁确诊后应立即手术,以免结肠的闭锁伴梗阻造成结肠张力过高而穿孔。一般需先行闭锁近端结肠造瘘术,3~6个月后再做回肠或结肠端斜吻合术。由于存在黏稠的胎粪、大量的细菌和肥厚扩张的肠壁,结肠闭锁一期吻合术后易于发生梗阻和吻合口瘘。但亦有研究者根据临床体会,推荐左曲近端结肠闭锁采用一期肠吻合术,而左曲远端结肠闭锁则先行暂时性结肠造瘘术。直肠及远端乙状结肠闭锁的二期手术方法可选用直肠内结肠拖出吻合术(Swenson术)或直肠后结肠拖出吻合术(Duhamel术)。

六、预防与调护

肠闭锁及肠狭窄是新生儿外科常见的先天性消化道畸形。手术是唯一的有效根治方法,治疗效果取决于闭锁的类型、就诊时间的早晚、并发症的轻重、手术医师的水平以及术后的治疗及护理等,目前的生存率已显著提高。

肠闭锁和肠狭窄术后应将患儿置于保温箱内,保持恒定的温度和湿度。小肠和结肠一期吻合术者,术后肠功能一般需要7~10日才能恢复正常,故应保持胃肠减压通畅,给予肠外营养支持。应用抗生素,以防切口感染。肠管切除过多、剩余小肠过短和肠瘘的患儿,术后应考虑实施全面的肠康复治疗计划,采用完全肠外营养疗法,并适时转入部分肠内营养,以期最终达到完全肠内营养的目标。

第四节 先天性巨结肠

先天性巨结肠(congenital megacolon)又称希尔施普龙病(赫什朋病,Hirschsprung disease,HD)或肠无神经节细胞症(aganglionosis),是由于直肠或结肠远端的肠管持续痉挛,粪便淤滞在近端结肠,使该肠管肥厚、扩张。本病是小儿常见的先天性肠道畸形,发病率为1/5 000~1/2 000,男女之比为4:1。本病有家族性发生倾向,近年国外报道家族性巨结肠约为4%。中医无先天性巨结肠这一病名,但根据其临床表现,当归属于"大肠胀""锁肚""初生儿大便不通""呕吐""便秘"等范畴。

一、病因与病理

(一) 西医病因与病理

1. **病因** 先天性巨结肠是肠壁肌间神经丛中缺乏神经节细胞的疾病,由外胚层神经嵴细胞迁移发育过程停顿所致。神经母细胞从胚胎第 6 周开始沿迷走神经移行到消化道壁内,形成肌间神经丛的神经节细胞。这个移行过程在胚胎第 12 周时完成,如果在此之前停顿,就会导致先天性巨结肠。发育停顿的时间越早,无神经节细胞段越长,乙状结肠和直肠最常受影响,形成典型的"常见型"先天性巨结肠。导致发育停顿的原始病因可能是母亲早期妊娠时的病毒感染、代谢紊乱、中毒等环境因素导致运动神经元发育障碍。近年来,主要从胚胎发育阶段早期微环境改变和遗传学方面对病因进行了深入研究。

(1) 早期胚胎阶段微环境改变:早期胚胎阶段微环境改变与肠内神经起源、发生和迁移密切相关,细胞外基质蛋白、纤维蛋白等对细胞黏附和运动起着重要作用。层黏蛋白、胶原Ⅳ等物质与细胞迁移过程和神经细胞的生长、成熟有关。间充质细胞的活力增强也与神经嵴细胞迁移过程有关。先天性巨结肠中 MHC 抗原异常表达可能引起免疫机制的改变。这些研究结果表明,早期微环境的改变可能影响了神经节细胞的迁移和发育成熟过程,导致无神经节细胞形成。

(2) 遗传因素:家族史调查显示,患者中有家族史的比例在 3.6%~7.8% 之间,全结肠型家族史的比例甚至高达 15%~21%。罕见的全肠无神经节细胞症的遗传类型占 50%。根据 1990 年的研究,超出乙状结肠以上病变的遗传类型与显性等位基因相容性且有不完全性外显率相关,而未超过乙状结肠范围的病变则可能与多因素或低概率的隐性基因遗传相关。唐氏综合征患者发生先天性巨结肠的比例为 4.5%~16%,这也表明存在遗传因素。此外,先天性巨结肠还可以伴发其他染色体畸形和遗传综合征。同胞之间患病的风险取决于患儿的性别和无神经节细胞肠管的长度,在乙状结肠直肠段巨结肠患儿中,兄弟的发病率明显高于姐妹,而长段病例中受累家族的兄弟或儿子的发病风险也较高。

2. **病理** 典型大体标本可分为两部分:病变肠管近端肠段异常扩大,壁肥厚,色泽略苍白,腔内有质地坚韧的粪石,黏膜水肿,有时有小的溃疡,称为"扩张段"。在扩大部分之远端,则比较狭窄,又称"痉挛段",大小趋于正常,外表亦无特殊。在此两部分之间有一过渡区或移行区,往往呈漏斗形,又可称为"移行段"。

(1) 组织学检查:在远端病变肠管中,位于肌层间的神经丛(Auerbach 丛)和黏膜下神经丛(Meissner 丛)内,神经节细胞完全缺如,这是本病的基本病变。此外,在这些神经丛内,无髓性的副交感神经纤维无论在数量上和粗细上都较正常为显著,紧密交织成束,代替了正常的神经丛。扩张肠段也可呈现肌层肥厚,黏膜卡他性炎症。有时有小溃疡,但肌间神经丛内神经节细胞存在,副交感神经纤维在数量和形态上均无变化。

(2) 病变范围:无神经节细胞症可分为常见型、短段型、长段型和全结肠型。常见型病例中,无神经节细胞区从肛门至乙状结肠远端,有一个较短的移行区,偶尔可见到神经节细胞;短段型仅限于直肠远端,范围较小;长段型范围较广,包括降结肠、结肠左曲甚至横结肠的大部分;全结肠型则是整个结肠甚至回肠末段都没有神经节细胞。

综上所述,一般可把无神经节细胞症的基本病理改变归纳为:病变肠管壁缺乏神经节细胞;病变肠管的自主神经系统分布紊乱,神经递质含量异常;部分病例内括约肌功能不全,致使病变肠段失去正常蠕动,从而发生粪便通过障碍。

(二) 中医病因病机

因先天禀赋不足,大肠传导无力,腑气闭结,故腹胀、呕吐、大便不通。也有医家主张

"胎热蕴结大肠""胎热结于肛门"等。小儿脏腑娇嫩,形气未充,"脾常不足",肠道嫩弱,易致邪气瘀滞而发热,热邪灼津,实邪壅滞肠间致燥屎内结,腑气不通。

二、临床表现

1. 新生儿巨结肠　大多数病例在出生后 1 周内发生急性肠梗阻,临床表现为 90% 的患儿有胎粪性便秘,24~48 小时没有胎粪排出,或只有少量,必须灌肠或用其他方法处理才有较多胎粪排出。呕吐亦为常见的症状,可能次数不多、量少,但也可为频繁不止,并带有胆汁。腹部膨隆,多数为中等程度,严重时腹壁皮肤发亮,静脉怒张,往往见到肠型,有时肠蠕动显著,听诊肠鸣音增强。直肠指检对诊断颇有帮助,直肠壶腹空虚无粪,指检还可激发排便反射,手指拔出后,多伴有胎粪或粪便排出,并伴有大量气体,同时腹胀亦好转。总之,无神经节细胞症在出生后期为一种不完全性、低位、急性或亚急性肠梗阻,一般在灌肠后好转,小儿也可有自动少量排便,但多在几天后又出现严重便秘。少数病例经过几天的肠梗阻期后,可有几周,甚至几个月的"缓解期",随后再度出现顽固性便秘。

2. 婴儿及儿童巨结肠　婴儿和儿童巨结肠病史多相当典型,新生儿期或婴儿时就有便秘、腹胀和呕吐等情况,以后婴儿大便秘结,需要灌肠、塞肛栓或服泻剂,便秘越来越顽固。体检最突出的体征为腹胀,腹部隆起以上腹部最为显著。在多数病例中,肠型隐约可见,腹部触诊有时在左下腹可触及粪石,听诊肠鸣音往往亢进。直肠指检发现直肠壶腹空虚,粪便停留在扩张的结肠内。小儿全身情况差,消瘦、面色苍白、贫血。

三、辅助检查

1. X 线检查　一般可确定诊断。放射学检查除了用于诊断,还可以了解病变肠段的长度、有无小肠结肠炎等并发症情况。此检查的缺点是对部分新生儿无神经节细胞症、结肠造瘘术患儿,超短段型与特发性巨结肠诊断困难。

(1)腹部立位平片:多显示低位结肠梗阻,病变肠段以上肠管扩张,内含有气体和液性粪便——"气液平面",而在病变肠段中不含气体,则小骨盆区内无气体阴影,这就呈现一个典型的低位肠梗阻的 X 线直立位平片的征象。

(2)钡剂灌肠检查:其诊断率在 90% 左右,在病变段与扩张段之间有一明显移行分隔区,呈现"锥体"状;病变段神经支配异常,故可见有不规则的收缩;钡剂潴留,超过 24~48 小时仍未排出。造影检查时,如果伴有小肠结肠炎,则近端扩张结肠肠管黏膜增粗(锯齿状变化)、水肿,甚至有结节状感。

2. 肛管直肠测压　该方法安全简便,测压内容主要是内括约肌松弛反射与肛管各部压力。内括约肌松弛反射又称为直肠肛门抑制反射,在控制排便机制中起到重要作用。在正常情况下,扩张压力感受器,此刺激通过肠壁肌间神经丛中的神经节细胞及节后纤维引起内括约肌松弛。无神经节细胞症肠管缺乏神经节细胞,此反射弧被破坏,当直肠壁充盈扩张时,不能引起内括约肌松弛。肛门直肠测压法在先天性巨结肠诊断中是准确有效的方法,灵敏度约和特异度均较理想。

3. 直肠壁组织学检查

(1)HE 染色:作为传统的全细胞染色方法,操作简便,价格低廉。该染色方法可以鉴别神经丛内有无神经节细胞和发现过多肥大的神经纤维,但对于细胞分化和功能改变观察有限。一些病理学家主张术前直肠组织活检诊断巨结肠,在 HE 染色的同时必须有其他染色方法共同诊断,以保证结果的准确性。

(2)乙酰胆碱酯酶组织化学法:最突出的特征之一表现为在无神经节细胞肠管肌层存在

无髓鞘样神经纤维增多。这些异常的神经纤维属于胆碱能神经,比正常情况量多,更为集中,并能伸展到黏膜下层和黏膜组织。检查时用特制的直肠黏膜吸引活检钳于直肠后壁齿状线上 1.5~3cm 外取材,组织化学法检测。直肠黏膜乙酰胆碱酯酶组织化学染色法是一种既定性又可半定量的方法,其正确率约 96%。

(3)钙视网膜蛋白(calretinin,CR)染色:操作简单,可以在冰冻标本和石蜡标本中显示神经纤维和神经节细胞。正常肠段中 CR 对神经节细胞和神经纤维能够正常染色,但在痉挛段肠管不能见到阳性显色的神经节细胞,神经纤维的显色也明显异于发育正常的神经丛中的神经纤维。

四、诊断与鉴别诊断

(一)诊断

凡新生儿出生后胎粪排出延迟或不排胎粪,伴有腹胀、呕吐,应考虑本病。婴幼儿有长期便秘史和腹胀等体征者即应进行针对性检查,以便明确诊断。

(二)鉴别诊断

凡新生儿在出生后胎粪排出的时间较晚,量较少,或经直肠指检、灌肠才排出胎粪,并伴有腹胀和呕吐,均应怀疑有无神经节细胞症可能。但确有不少疾病在新生儿期酷似肠无神经节细胞症,故需作鉴别。

1. 单纯性胎粪性便秘(或称胎粪阻塞综合征)　症状类似无神经节细胞症,胎粪排出延迟,便秘腹胀,但经直肠指检、开塞露刺激或盐水灌肠后则可排出多量胎粪,且从此不再发生便秘。患儿直肠壁神经节细胞正常存在。

2. 先天性肠闭锁　为典型的低位肠梗阻,直肠指检仅见少量灰绿色分泌物,盐水灌肠后并未见大量胎粪排出,钡剂灌肠结肠呈胎儿型结肠,但结肠袋存在。

五、治疗

(一)西医治疗

先天性巨结肠的治疗除了一部分短段型和超短段型,根治性手术是主要的治疗方法,特别是在新生儿时期进行手术可以降低并发症发生的风险。在手术之前,需要纠正患儿的全身营养状况,并采用一些辅助措施如灌肠、扩肛、中西药泻剂、开塞露等。如果患儿同时出现无神经节细胞症和小肠结肠炎,需要适当补充液体以纠正脱水和电解质紊乱。

治疗先天性巨结肠的方法包括强力扩肛和直肠肌层部分切除术(Lynn 手术)。对于合并小肠结肠炎或全结肠型的患儿,应先进行结肠造口术。其中,结肠造口应在无神经节细胞肠段的近端进行。对于全结肠型无神经节细胞症,常采用 Martin 术式或全结肠切除加做直肠贮袋成形术。根治性手术的目标是切除无神经节细胞的肠段,同时保护肛门功能、泌尿功能和性功能。先天性巨结肠根治性手术有多种方法,其中包括 Rehbein 手术、Swenson 手术、Duhamel 手术、Soave 手术等。近年来,经肛门手术(1998 年 Torre DL 提出,该术式更适宜新生儿与婴儿期患儿)和腹腔镜辅助手术的发展成为改良手术方法的重要进展。

1. Swenson 手术(拖出型直肠、乙状结肠切除术)

(1)手术要点:以普通型为例,经腹游离扩张的乙状结肠,松解结肠左曲,尽量向下游离直肠接近肛门,然后将结肠套叠从肛门拖出,于齿状线上 2~3cm 横切开直肠的前半部,后半部则距齿状线约 1cm,切面呈斜形,于肛外行结肠低位直肠吻合术,术毕将吻合部推回肛门直肠内。

(2)主要优点:病变肠段完全切除。

(3)主要缺点：盆腔分离广泛,骶神经及神经丛广泛受损,术后可出现神经性膀胱,排尿困难,诱发泌尿系统感染及功能障碍。

2. Duhamel手术(结肠切除、直肠后结肠拖出术)

(1)手术要点：游离切除扩张的乙状结肠,松解结肠左曲,近侧断端结肠暂时用丝线缝合封口,以备拖出。直肠于盆腹膜反折水平横断后,远断端二层缝闭之。用手指分离直肠骶前间隙,直至肛门皮下。手术转至会阴：扩肛后,于齿状线水平切开肛管后半环,经直肠后将近端结肠拖出。拖出结肠后半部与肛管齿状线切开缘做二层缝合。用两把Kocher钳或特制环形钳将结肠前壁和直肠后半壁高位处钳紧,钳夹的肠管坏死脱落后,直肠前半壁与结肠后半壁便彼此粘连愈合。

(2)主要优点：手术较简单,不需盆腔的广泛分离。因此,膀胱及生殖系统神经损伤的发生率明显降低,保留了直肠前壁作为排便反射区。吻合口破裂的发生率较低。肛门括约肌的作用仍大部存在,从而防止污粪。

(3)主要缺点：直肠残端可能保留太长而形成盲袋,招致积粪和污裤,称之为盲袋综合征。近年来手术中吻合器的应用有效地解决了这个问题。

3. Soave手术(直肠黏膜剥离、结肠于直肠肌鞘内拖出切除术)

(1)手术要点：腹部手术与上述两种方法相同,解剖盆部直肠时,向直肠壁注射盐水,环形切开直肠肌层,黏膜则保持完整剥离,直至齿状线水平。肛门部的上段黏膜可通过翻出肛门外去除。正常结肠经过直肠肌鞘与齿状线缝合。

(2)主要优点：手术方法简单,不分离盆腔。

(3)主要缺点：结肠与直肠肌鞘愈合困难,常有部分纤维化,影响直肠功能。若直肠黏膜剥离不干净或渗血,易致夹层感染,增加小肠结肠炎及结肠回缩的风险。肛门直肠因有双层肠肌,常有狭窄倾向,大多数病例需做较长时间的扩肛。

4. Rehbein手术(结肠切除、盆腔内低位直肠结肠吻合术)

(1)手术要点：其手术要求强力扩张肛门,剖腹后直肠两侧腹膜被缝吊上提,直肠周围的腹膜反折分离后暴露外纵肌层,向下继续分离至肛提肌水平横断直肠。游离并切除扩大肥厚的结肠,于盆腔内正常结肠在腹膜反折水平行低位直肠结肠吻合术,术后需坚持扩肛数月。

(2)主要优点：盆腔结构完整。

(3)主要缺点：保留部分痉挛病变肠段,术后扩肛时间长,便秘复发率高,约12.3%。

5. Ikeda手术(单纯经肛门巨结肠手术)

(1)手术要点：将患儿置膀胱截石位,经肛门齿状线上0.5~1.0cm黏膜下剥离,直至过膀胱腹膜反折处,再切开肌鞘,经肛门拖出结肠,逐一分离结肠系膜血管,在病理证实(一般为冰冻切片)有正常神经节细胞存在时即可切断拖出结肠,其近端与近肛缘黏膜、肌层等分层吻合。于吻合前把肌鞘后壁劈开或切除,以减少肛门出口处狭窄发生。

(2)主要优点：不经腹,微创,手术相对简单。

(3)主要缺点：分离黏膜,损伤大,易出血,费时。保留直肠肌鞘,术后小肠结肠炎发生率达30%左右。近期有较高病死率,远期影响排便功能。

(二)中医治疗

1. 辨证论治

(1)实热蕴结,胃肠闭阻证：便秘,腹胀如鼓,呕吐胆汁,烦躁不安。治以苦寒泻下,软坚去实。方用大承气汤加减。

(2)腑实气滞,胃肠闭阻证：便秘,腹胀,呕吐较轻,无烦躁。治以苦寒泻下,行气导滞。

方用厚朴三物汤加减。

(3)津枯热结,传导受阻证:便秘,腹胀,舌质干红,苔少或无苔,服苦寒泻下药后大便已解。治以润肠泻热,行气通便。方用麻子仁丸加减。

2. 外治法

(1)梅花针叩刺:用长柄式梅花针或七星针雀啄法。叩击的经络路线有:①夹脊,T_2~L_2脊中线两旁各 5 分;②足太阳膀胱经:膈俞、脾俞、胃俞、大肠俞、小肠俞,脊中线两旁各 1.5 寸;③足阳明胃经:梁门、天枢、归来,腹中线两旁各 2 寸,足三里、上巨虚;④任脉:巨阙、中脘、神阙、关元,腹中线。毫针治疗:主穴取足三里、天枢、支沟、大肠俞;配穴取水道、气海、上髎、上巨虚、气海俞。

(2)推拿疗法:揉神阙、天枢,放带脉,引气归元,分腹阴阳、摩腹,推下七节骨,揉龟尾,推下承山,清天河水,退六腑,捏脊。

六、中西医结合讨论

本病以手术治疗为主,中医药可改善排便情况。可予中药口服结合推拿等多种中医外治法治疗,以通腑导滞为基本治法,适用于不能立即进行手术的患儿。治疗本病的中药多苦寒,应中病即止,不可长期久服,否则易伤脾胃。有手术指征者需行手术治疗,术后可予中药调护以恢复正气。

第五节 肛门直肠畸形

先天性肛门直肠畸形(congenital anorectal malformation)是儿童最常见的先天畸形,占消化道畸形第一位,发病率在新生儿为(2~5)/10 000。男女发病率大致相等,但以男性稍多。

一、病因与病理

西医病因与病理

1. 病因 引起肛门直肠发育障碍的原因尚不清楚。研究表明,肛门直肠畸形可能与遗传因素有关,包括家族性遗传和某些基因突变引起的遗传综合征。有关研究还发现了一些可能与肛门直肠畸形发生相关的基因,如 *HLA*、*HoxA-13*、*HoxD-13*、*Wnt5α* 等。此外,研究人员认为肛门直肠畸形的发生可能涉及多个关键信号通路和调节基因之间的交叉作用。虽然在分子生物学方面已经取得了一些进展,但肛门直肠畸形的发生机制非常复杂,仍然需要进一步研究。

2. 病理

(1)内括约肌缺乏和外括约肌异常:高位肛门直肠畸形缺乏内括约肌,外括约肌走行紊乱,位置异常,肌纤维内有脂肪分布,呈风帆状,分布面积增大。电镜下可见肌微丝不整齐,部分出现溶解现象,Z 线破坏,线粒体有空泡,嵴有断裂、扭曲或消失等改变。

(2)泌尿生殖系统瘘管形成:肛门直肠畸形导致泄殖腔隔发育障碍,尿生殖窦和肛门直肠窦相互沟通,从而形成泌尿生殖系统瘘管。

(3)神经系统发育不良:肛门直肠畸形中,神经系统发育不良是重要的病理改变之一。解剖和组织学研究表明,中、高位畸形中骶髓前角运动神经元、感觉神经元和副交感神经元数量明显减少,发育不良。骶神经的数量和分布也有不同程度的改变。此外,盆底及肛周组织中的感觉神经末梢数量减少和发育停滞,会阴部皮肤和皮下组织中的神经纤维密度也降低。运动神经末梢和直肠末端肠壁内的胆碱能、肽能、肾上腺素能神经节细胞数及神经纤维在耻骨直肠肌和肛门外括约肌中也减少。这些改变与畸形类型有关,越高位的肛门直肠畸形,改变越明显。

(4)伴发畸形:肛门直肠畸形往往伴发其他器官系统的畸形,其发生率为 28%~72%。伴发畸形最多见的为泌尿生殖系统畸形;其次为脊柱,特别是骶椎畸形;再次为消化道、心脏以及其他各种畸形。泌尿系伴发畸形中以膀胱输尿管反流最为常见,其他尚有肾发育不良、隐睾、尿道下裂等。女婴生殖系统畸形有阴道积水、阴道或宫颈闭锁、双角子宫等。脊柱畸形常见腰骶椎畸形,如半椎体、半骶椎、脊髓栓系、脊膜膨出等。国内一组肛门直肠畸形患儿骶椎放射影像学检查结果显示,53.6% 合并骶椎异常,畸形位置越高,腰骶椎异常特别是多发性异常的发生率越高。心血管伴发畸形依次为动脉导管未闭、法洛四联症、室间隔缺损和大动脉转位等。统计结果显示,约 1/3 患儿可合并心脏畸形,但仅 10% 需要治疗。有人将肛门直肠畸形及其伴发畸形归纳为 VATER 综合征(图 30-2)。

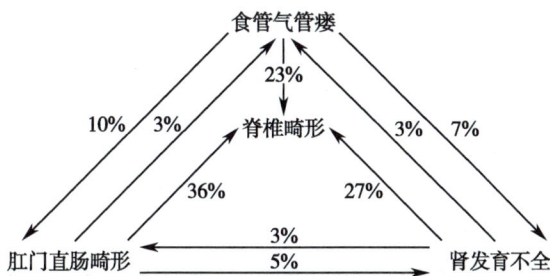

图 30-2　VATER 综合征
V-脊柱、心血管;A-肛门;T-气管;E-食管;R-肾脏和四肢。

肛门直肠畸形可以伴发几种畸形,例如肛门闭锁合并骶椎畸形、骶前肿物称 Currarino 综合征。有的伴发畸形可直接影响预后,甚至危及患儿的生命。因此,对肛门直肠畸形患儿应进行全面检查,如尿流动力学检查,以便了解有无神经性膀胱;静脉肾盂造影和排泄性膀胱尿道造影,了解有无上尿路畸形和膀胱输尿管反流;腰骶椎 X 线摄片,了解有无脊柱畸形等。这些检查是非常必要的。

(5)分型:1970 年制定的国际分类标准,以直肠末端与肛提肌,特别是耻骨直肠肌的关系为基础,将肛门直肠畸形分为高位、中间位和低位三型。直肠盲端终止于肛提肌之上者为高位畸形;直肠盲端位于耻骨直肠肌之中,被该肌所包绕为中间位畸形;穿过该肌者为低位畸形。该分类的不足之处主要是种类繁多(共 27 种),过于复杂。因此,1984 年 Stephens 等将该分类法加以简化,提出了修改后的分类法,称 Wingspread 分类法。具体分类如下(表 30-1)。

表 30-1　肛门直肠畸形 Wingspread 分类法(1984)

女性	男性
(一)高位	(一)高位
1. 肛管直肠发育不全	1. 肛管直肠发育不全
(1)直肠阴道瘘	(1)直肠前列腺尿道瘘
(2)无瘘	(2)无瘘
2. 直肠闭锁	2. 直肠闭锁

笔记栏

续表

女性	男性
（二）中间位	（二）中间位
1. 直肠前庭瘘	1. 直肠尿道球部瘘
2. 直肠阴道瘘	2. 肛门发育不全，无瘘
3. 肛门发育不全，无瘘	
（三）低位	（三）低位
1. 肛门前庭瘘	1. 肛门皮肤瘘
2. 肛门皮肤瘘	2. 肛门狭窄
3. 肛门狭窄	
（四）泄殖腔畸形	（四）罕见畸形
（五）罕见畸形	

随着对肛门直肠畸形认识的深入和骶后正中入路肛门直肠成形术的广泛应用，原有的分类方法仍然存在类型繁杂的缺点，不利于指导外科手术术式的选择。2005 年 5 月在德国 Krinkenbeck 举行的肛门直肠畸形诊疗分型国际会议上，提出了新的分型标准，即 Krinkenbeck 分类法（表 30-2）。该分类取消了原有的高、中、低位分型，根据瘘管不同进行分类，并增加少见畸形。其目的是使其进一步实用化，为临床术式选择提供指导。

表 30-2 肛门直肠畸形国际诊断分型标准（Krinkenbeck，2005）

主要临床表现	罕见畸形
1. 会阴（皮肤）瘘	1. 球形结肠
2. 直肠尿道瘘	2. 直肠闭锁 / 狭窄
（1）前列腺部瘘	3. 直肠阴道瘘
（2）尿道球部瘘	4. "H" 瘘
3. 直肠膀胱瘘	5. 其他畸形
4. 直肠前庭（舟状窝）瘘	
5. 一穴肛（共同管长度<3cm、>3cm）	
6. 肛门闭锁（无瘘）	
7. 肛门狭窄	

与 Wingspread 分类法相对应，上述分型中的会阴瘘、前庭瘘和肛门狭窄属于低位畸形，尿道球部瘘、肛门闭锁（无瘘）和多数直肠阴道瘘属于中位畸形，前列腺部瘘和膀胱颈部瘘为高位畸形。

二、临床表现

（一）一般表现

出生后 24 小时无胎粪排出，或仅有少量胎粪从尿道、会阴部瘘口等异常排便位置挤出，正常肛门位置无肛门开口。患儿早期即有恶心、呕吐，呕吐物初含胆汁，以后为粪便样物。2~3 日后腹部膨隆，可见腹壁静脉曲张、肠型及肠蠕动波，出现低位肠梗阻症状。

（二）无瘘管畸形

1. **低位闭锁** 如肛门膜状闭锁在正常的肛门位置有薄膜覆盖，通过薄膜隐约可见胎粪存在,啼哭时薄膜向外膨出,触摸有冲击感。偶有薄膜部分穿破,但破口直径仅有 2~3mm,排便仍不通畅,排便时婴儿哭闹。针刺肛门皮肤可见括约肌收缩。

2. 高位闭锁　在原正常肛门位置皮肤略有凹陷,色泽较深,婴儿啼哭时局部无膨出,用手指触摸无冲击感。

(三) 有瘘管畸形

1. 直肠会阴瘘　正常肛门处皮肤凹陷但无肛门,但在会阴部,相当于阴囊根部附近或阴唇后联合之间有细小裂隙,有少量胎粪排出。瘘口外形细小,位于中线。

2. 直肠尿道、膀胱瘘　胎粪通过尿道排出。直肠尿道瘘的胎粪不与尿液混合,胎粪排出后尿液澄清;直肠膀胱瘘的尿液内混有胎粪,尿液呈绿色,有时混杂气体。

3. 直肠前庭瘘　即直肠舟状窝瘘,通常瘘口宽大,瘘管短,出生后数月内无明显的排便困难。该畸形在出生后不易被发现,但会阴部反复发生红肿,通常在改变饮食及粪便干结后,大便很难通过瘘管时才被家长发现。

4. 直肠阴道瘘　粪便从阴道流出,细小的瘘管造成排便困难,腹部多可触及硬结的粪块,结肠末端有继发性巨结肠。

三、辅助检查

先天性肛门直肠畸形的诊断并不困难,但困难的是需要准确判定直肠闭锁的高度,直肠盲端有无瘘管及瘘管的性质,还要注意有无伴发畸形等,以便选择恰当的治疗措施。

1. X 线检查　1930 年 Wangensteen 和 Rice 设计了倒置位摄片法诊断肛门直肠畸形,主要用于判断直肠盲端的位置,至今仍被广泛采用。患儿出生后 12 小时以上,先卧于头低位 5~10 分钟,用手轻柔按摩腹部,使气体充分进入直肠。在会阴部相当于正常肛门位置的皮肤上固定一金属标记,再提起患儿双腿倒置 1~2 分钟,X 线中心与胶片垂直,射入点为耻骨联合,在患儿吸气时曝光,做侧位和前后位摄片。盆腔气体阴影与金属标记间的距离即代表直肠末端的高度。在侧位片上,从耻骨中点向骶尾关节画一线为耻尾线(PC 线),再于坐骨棘与耻尾线画一平行线为 I 线(图 30-3)。如直肠气体影高于耻尾线者为高位畸形,位于两线之间者为中间位畸形,低于 I 线者为低位畸形。

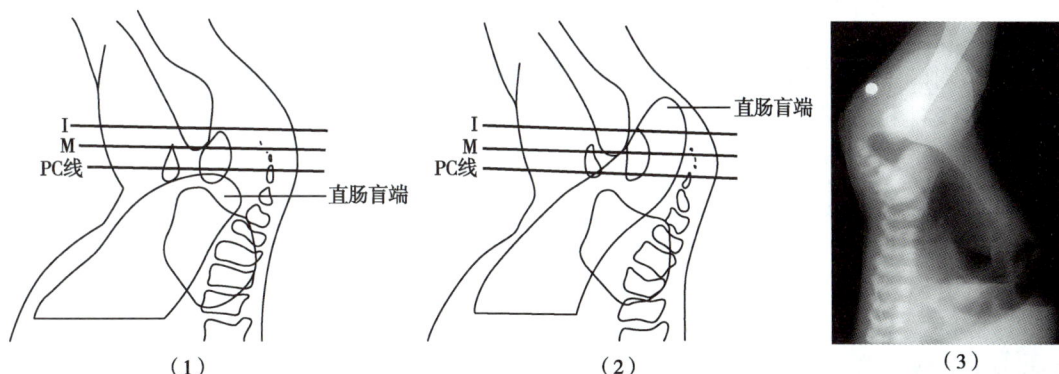

图 30-3　先天性肛门直肠畸形倒置侧位摄片图
(1)高位畸形;(2)低位畸形;(3)倒置位摄片图(高亮圆点为肛门位置标示)。

若在 X 线平片上同时发现膀胱内有气体或液平面,或在膀胱内有钙化的胎便影等改变,是诊断泌尿系瘘的简便而可靠的依据。

2. 尿道膀胱造影和瘘管造影　可见造影剂充满瘘管或进入直肠,对确定诊断有重要价值。对有外瘘的患儿,采用瘘管造影,可以确定瘘管的方向、长度和直肠末端的水平。对于泄殖腔畸形(又称一穴肛)或直肠阴道瘘患儿,可通过膀胱镜检置管造影,明确共同管长度及瘘口位置;对于中高位肛门直肠畸形的男性患儿,在出生后先行横结肠或乙状结肠造瘘术,在行肛门成形术前,经造瘘口远端肠管注入造影剂,可准确显示闭锁直肠盲端的位置及异常瘘管的走向。

3. 超声检查 可以显示直肠盲端与肛门皮肤之间的距离,观察瘘管走向、长度。直肠膀胱瘘者,可见膀胱内有游动的强回声光点。按压下腹部时光点明显增多。

4. 盆部 MRI、CT 检查 随着影像技术的发展,盆底 MRI 和 CT 三维重建不但能了解闭锁肛门直肠畸形的位置高低,而且能诊断骶椎畸形及观察骶神经、肛提肌、肛门外括约肌的发育情况,也可作为排便功能预后评价及术后随访的手段。

四、诊断与鉴别诊断

(一) 诊断

患儿出生后出现呕吐、腹胀、未解胎便等低位肠梗阻症状时需考虑先天性肛门直肠畸形可能;查体发现正常肛隐窝处未见正常肛门开口即可确诊先天性肛门直肠畸形;进一步通过倒置位摄片、超声检查、盆部 MRI、CT 及造影检查等辅助检查明确肛门直肠畸形的类型。在诊断肛门直肠畸形的同时,要注意有无伴发其他器官、系统的畸形。

(二) 鉴别诊断

先天性肛门直肠畸形的鉴别诊断主要是不同分型间的鉴别诊断,术前充分的辅助检查可以明确肛门直肠畸形的不同类型及伴发畸形。

五、治疗

(一) 先天性肛门直肠畸形外科治疗原则

1. 术前综合评估

(1)患儿的发育情况及其对手术的耐受能力。

(2)直肠盲端的位置。

(3)瘘管的开口部位。

(4)合并畸形对生长发育的影响。

术者对畸形应有正确的判断,对患儿耐受手术的能力有充分的估计,并需要综合考虑医院的设备条件和术者的经验。

2. 手术原则

(1)挽救患儿的生命。

(2)术中尽量保留耻骨直肠肌和肛门括约肌,尽可能减少对盆腔神经的损伤,避免损伤尿道、会阴体,以最大限度保留原有的排便控制功能。

(3)对早产儿、未成熟儿及有严重心脏血管畸形的患儿要简化手术操作,争取分期手术,先做结肠造瘘。

(4)重视肛门直肠畸形的首次手术。

如果术式选择不当,不仅使再次手术很困难,而且将显著影响远期治疗效果。如仅做肛门成形,未处理尿道瘘;术中损伤组织过多或出现副损伤;游离直肠不充分而致直肠回缩、瘘管再发或瘢痕形成肛门狭窄等。

(二) 先天性肛门直肠畸形的手术方式

1. 肛门扩张 适用于肛门狭窄,根据狭窄的肛门开口大小选用合适的扩肛器扩张肛门,每日 2 次,每次 20~30 分钟。1 个月后改为隔日扩肛 1 次,并逐渐增大扩肛器直径。3 个月为 1 个疗程,一般持续半年左右。对于出生后没有扩肛,或肛门开口极其狭小者,可采取经会阴肛门成形术。

2. 经会阴肛门成形术　适用于会阴瘘、肛门闭锁(低位无瘘)和直肠前庭瘘。一般须在出生后 1~2 日内完成手术;直肠前庭瘘因瘘孔较大,在一段时间内尚能维持正常排便,可于 3~6 个月以后施行手术。手术前留置导尿管,在正常肛穴位置做"X"形切口,各长 1~1.5cm,切开皮肤及皮下组织,电刺激仪器定位,从外括约肌中心插入止血钳,向上分离找到直肠盲端,并紧贴肠壁轻柔地分离,以免损伤尿道或阴道、盆底腹膜和神经丛。游离直肠要充分,直到直肠盲端能自然地突出于皮肤切口之外为止。直肠黏膜与皮肤无张力缝合,塞入肛管固定。

3. 经后矢状入路肛门直肠成形术(posterior sagittal anorectoplasty,PSARP)　本术式适用于直肠尿道瘘、直肠阴道瘘、一穴肛和较高位置无瘘的肛门闭锁。除直肠阴道瘘因瘘孔较大,在一段时间内尚能维持排便者外,其他各型应在出生后做横结肠或乙状结肠造瘘术,待 3~6 个月后,行骶会阴、腹骶会阴或后矢状入路肛门成形术。由于目前围手术期监护水平和手术技术的提高,也有在新生儿期即行 PSARP 手术的报道。PSARP 手术于 1982 年由 de Vries 和 Pena 提出,又称 Pena 式。后矢状切口自尾骨尖上方到肛凹处,用针形电刀切开各层组织,术中随时用电刺激,观察两侧肌肉收缩,使全部手术操作保持在正中线上进行。找到直肠盲端,充分游离、松解,使其能无张力地拖至肛门皮肤。对肠管粗大者应在背侧纵行剪裁,缩小至直径 1.2cm 左右缝合,应尽量保留直肠远端,以便保存发育不全的内括约肌。再将肠管间断缝合固定于两片肌肉复合体和纵行肌间并成形肛门。合并尿道瘘或阴道瘘者,在距瘘 0.5cm 处横行切开直肠,缝合闭锁瘘口。对高位畸形骶部切口找不到直肠盲端或游离不充分时,应开腹游离直肠。本手术的特点是手术操作在直视下进行,对组织的损伤程度最小,尽量使发育异常的组织器官恢复到正常解剖状态,以获得较好的排便功能。

Pena 术的主要优点是操作在直视下进行,并符合生理、解剖关系,直肠末端通过耻骨直肠肌中心拖出较准确,且对括约肌组织损伤较小。

4. 腹腔镜辅助下腹(骶)会阴直肠肛门成形术　适应证与 PSARP 相同。本术式优点在于不开腹,通过腹腔镜在盆腔游离直肠盲端,切断结扎尿道瘘后,将直肠盲端通过括约肌中心拖出至肛穴开口,进一步减少对盆腔和肛门直肠周围组织和神经的损伤,提高治疗效果。

5. 其他术式　20 世纪 60 年代 Stephens 研究肛门直肠畸形病理改变,认为中、高位畸形时耻骨直肠肌发育良好,而内括约肌缺如,外括约肌发育不良。为了利用耻骨直肠肌,使直肠穿过该肌,设计了骶会阴、骶腹会阴肛门成形术,目前已经被 PSARP 术式所取代。

六、预防与调护

肛门直肠畸形对患儿的身心发育影响极大,表现为不合群、社交退缩、抑郁等。因此肛门直肠畸形的治疗,除采用手术治疗和正确的术后处理外,对有排便功能障碍的患儿,还要对肛门功能进行比较客观准确的评估,并积极采取有针对性的排便训练;对出现的社会和心理问题,要取得家长、学校和社会的配合,及时采取防治措施,进行必要的心理咨询和治疗,以提高排便控制能力和远期生活质量。

第六节　儿童急腹症

儿童急腹症(acute abdomen)主要表现为突然发生的腹痛,随病情的发展也常伴随有呕吐、中毒性腹胀,以及排便和排气异常(如血便、便秘)等消化系统相关症状。腹部急诊的主诉,主要包括以下五类:腹痛、呕吐、急性腹胀、胃肠道大出血、腹部创伤。

急腹症是小儿外科最常见病种之一,以消化道疾病为主。可以发生在各个年龄段,从新生儿期到青春期,特点各有不同。各年龄段有不同的常见病种:新生儿主要是先天性消化道畸形,婴幼儿主要是肠套叠以及其他肠梗阻,学龄期儿童随年龄增长则急性阑尾炎发病率增加。

急腹症以需外科急诊手术的腹痛为主,因此从病理上讲急腹症必会存在腹部局限性器质性病变。根据病变性质,急腹症分为以下五类:①炎症性疾病:包括细菌性炎症和化学性炎症。细菌性炎症如急性阑尾炎、胰腺炎、憩室炎、部分盆腔炎等;化学性炎症如消化性溃疡伴急性穿孔引起的含有化学性物质的消化道液体刺激腹膜所致的腹部剧烈疼痛。②梗阻性疾病:如嵌顿疝引起的肠梗阻、尿路结石、手术后粘连性小肠梗阻、肠套叠引起的结肠梗阻等。③血管性病变:如肠系膜血管血栓形成或栓塞、腹主动脉瘤破裂、胸主动脉夹层等。④先天性消化道畸形:如先天性肠闭锁、先天性肥厚性幽门狭窄、先天性肠旋转不良等,可在出生后立即发病,也可表现为慢性腹痛。⑤外伤性疾病:主要是因腹部外伤引起肝、脾或肠破裂等,由于有明确外伤史,诊断相对容易。在引起急腹症的5大原因中,最常见的原因为炎症和梗阻,占80%左右。血管性病变虽然少见,但如诊治不及时,则病变迅速发展,导致死亡。

一、病因与病理

(一)西医病因与病理

1. 病因　具体病因尚不明确,根据该类疾病的病理特点考虑感染和梗阻为主要诱发因素。

2. 病理　由于目前医疗界把需外科手术的腹痛划为急腹症,所以急腹症的病理必须是腹部局限性器质性病变。常见病理有两大类:一类是腹内器官炎症性疾病,如阑尾炎、胰腺炎;另一类是管腔器官梗阻,如肠梗阻、输卵管扭转。炎症性腹痛是由于急性肿胀,强力牵扯器官被膜(脏腹膜)引起胀痛。管腔器官梗阻则因为管壁痉挛引起绞痛。无论哪种病理类型,发展到不可逆阶段时都会出现缺血、坏死、感染扩散,感染腹膜,引起腹膜炎。根据感染的严重性与患者的免疫水平,周围腹膜可以产生粘连而使感染局限,也可迅速扩散成弥漫性腹膜炎。婴儿腹膜总面积(脏层加壁层)比全身皮肤总面积还要大,若全面发炎,危险性很大,而且全腹膜炎可引起肠道菌群失调。脓毒症休克、多器官功能衰竭常为病理后果,因此急腹症的治疗贵在早期防止腹膜炎的发生与蔓延扩散。

(二)中医病因病机

急腹症具有起病急、发展快、症状重、病情复杂等特点,可见于实证,也可见于虚实相兼之证,根据疾病类型及症状不同,可归属于中医学"腹痛""胃脘痛""结胸""蛔厥""肠痈""寒疝"等病症范畴。究其病因病机,饮食不节、虫积阻塞、寒温不适、粪块阻塞、结石阻塞等因素致腑气不通,郁而生邪,以六腑不畅,郁而生邪为表象,气血乖戾,壅塞不通为根本。六腑不畅则郁热易生,肺胃不降则浊邪易存。清阳不升、浊阴不降可导致肉腐成脓,进而引起急腹症。

二、临床表现

临床决定检查的方向,仔细询问各种症状的特点,掌握各症状之间的关系及变化情况,对做出准确的诊断有极大价值。

1. 腹痛的起病方式

(1)若患儿发病前无任何症状而突然发作濒死样(暴发性)腹痛,最可能是空腔脏器之游离穿孔或血管意外。

(2)若腹痛起病迅速,开始中度严重而很快恶化,考虑急性胰腺炎、肠系膜血栓形成、小肠绞窄或出血性坏死性小肠炎。

(3)渐进性起病,缓慢加重之腹痛是腹膜炎之特征,阑尾炎常是这种起病。

2. 腹痛性质

(1)持续性疼痛:多为炎症性病变引起。常见的有急性阑尾炎、腹膜炎、憩室炎、急性胆囊炎、内脏穿孔。

(2)阵发性疼痛:多为梗阻性病变引起。常见的有肠套叠、单纯性肠梗阻、嵌顿疝、胆绞痛和肾绞痛。

(3)持续性疼痛伴阵发性加重:多为炎症性病变合并梗阻引起。常见的有梗阻性阑尾炎、急性胰腺炎、出血性坏死性小肠炎、绞窄性肠梗阻或胆道感染。

(4)疼痛部位牵涉或转移:常有特殊意义,胆道痛常牵涉至右肩胛,输尿管痛常牵涉至会阴部。急性阑尾炎常有从脐周转移至右下腹的过程。

3. 食欲不振、恶心及呕吐　食欲不振、恶心及呕吐是急腹症的常见症状。儿童消化道症状较成人表现更为明显,仔细分析这些症状的特征对获得正确的诊断有很大价值。以此症状为主的内科就诊患儿,也应注意外科疾病的鉴别诊断。

4. 腹泻或肛门停止排便排气　在多数急腹症病例中,肠功能有某些改变是常见的,但其变化却是不定的。若能十分肯定患儿在24~48小时内未曾排气排便,即有一定程度的肠梗阻。若无呕吐及无腹胀,则肠梗阻的诊断可能性不大。腹泻是胃肠炎的典型表现,但它也可是盆腔阑尾炎的一个主要症状。

5. 发热　外科疾病一般是先有腹痛后有发热,而内科疾病多先有发热后有腹痛。

6. 月经情况　对于进入青春期的患者,要考虑到异位妊娠可能。此外,月经周期的中间,可能为卵巢滤泡破裂出血,黄体破裂多发生在下次月经之前。异位妊娠时可有阴道流血,患者以为是月经,故要警惕。

三、辅助检查

(一) 实验室检查

急腹症患者实验室检查,一般包括三大常规、血细胞比容、血电解质、血清淀粉酶、血气分析,必要时行腹腔穿刺液检查。

白细胞计数若显著增高可有助诊断,注意白细胞计数正常甚至降低不能除外腹膜炎,有时是严重感染的证据。血细胞比容非常重要,能有意义地反映血容量的改变,低血细胞比容可能提示以前存在贫血或出血。检查血清电解质以提供液体丢失的性质和程度的资料。对诊断不明的病例可能需要检查腹腔积液,明确有无血性及脓性腹水。

(二) 影像学检查

影像学检查常能为急腹症的诊断提供极重要的证据。外科医生和影像学医生的紧密合作、积极沟通很重要,两科医生均应掌握有关患者的全部资料,且联合讨论有重要作用。

1. 超声检查　小儿腹部查体不合作,或不能明确诊断时,可给予镇静后行腹部超声检查。腹部彩超可对阑尾炎、胆道疾病、泌尿系疾病、卵巢扭转、腹腔内包块、血肿、蛔虫等作出诊断。部分单位可以在超声监视下行生理盐水灌肠以诊断和治疗肠套叠,避免了空气灌肠的放射性危害。

2. X线检查　大多数急腹症患者和所有诊断不明的病例应完善胸、腹X线平片。阅片时,应询问下列问题:①肝、肾和腰大肌边界是否清楚? ②腹膜脂肪线能否辨认? ③胃、小肠、结肠内的气体形态是否正常? ④有无肠外或膈下积气的证据? ⑤有无不正常的阴影。

腹部 X 线立位片可观察有无张力性液面、气腹、腹水。若表现为部分肠管充气扩张,或孤立肠袢过度扩张或呈现弹簧征表现,其余肠管空瘪,则提示机械性肠梗阻可能。腹部 X 线卧位片可观察腹膜脂肪线(提示腹膜炎)、肠间隙增宽、肠黏膜形态、绞窄性肠梗阻的闭袢、肠曲间的阴影或其他部位肿物影等。

在这些检查之外,有时有指征做特殊造影:钡餐、钡剂灌肠或空气灌肠、静脉泌尿系造影。有实质性肿块时,CT 或 MRI 检查是必要的。

(三) 腹腔穿刺

对诊断不明确,而又高度怀疑腹腔内病变的患儿,腹腔穿刺对病情判断有重要意义。穿刺液是脓性提示有腹膜炎;有浑浊腹水或者血水提示肠梗阻、出血性肠炎、出血性胰腺炎等;有胆汁为胆汁性腹膜炎,提示胆道病变;有气体提示消化道穿孔;腹部闭合伤患儿穿刺有不凝血提示实质性脏器损伤可能。若无积液抽出,可以先推入生理盐水,再回抽观察。穿刺液可以涂片或镜检,并可进行生化检查,如淀粉酶、胆红素等。

腹腔穿刺注意事项:①腹胀严重者须避免穿刺。②可疑刺入肠腔内须尽量抽吸至肠腔内无张力时再拔出穿刺针。无论肠腔内或腹腔内血水,均提示肠绞窄或组织坏死,需手术探查。③穿刺液不能明确诊断或结果可疑时,可以穿刺两处以对照。

四、诊断与鉴别诊断

(一) 诊断

正确的诊断依靠详细精确的病史询问和体格检查。病史决定检查的方向,体检常供给明确的资料。实验室和影像学检查提供重要的肯定性证据。

1. 外科急腹症的诊断线索

(1)任何患儿急性腹痛持续 6 小时以上,应认为有外科情况,直至被否定为止。

(2)疼痛、呕吐及发热在许多急性腹痛中是常见的,有外科情况时疼痛常出现于呕吐及发热之前,而在非外科情况时疼痛常在它们之后出现。

(3)腹部体征有明确的压痛、肌紧张等腹膜刺激征者多为外科疾病或内科疾病引起的外科问题,需外科处理。

(4)腹部外伤后出现的急性腹痛。

(5)腹部有肠型及肿块。

(6)腹痛有固定的位置、固定的压痛、固定的性质,说明组织或器官有器质性病变,多为外科疾病。

2. 急腹症的诊断思路　急腹症的病理既以腹腔内器质性病变为基础,腹部压痛、肌紧张、肿物、肠型等阳性体征则成为诊断的必要条件。

急腹症包括的具体病种很多,必须分析到具体临床病种。小儿常见急腹症就诊时主要有三种类型表现。

(1)腹部局部范围有压痛及肌紧张,代表"局部"炎症类病种,按照压痛的位置可作出具体诊断。如阑尾炎主要表现为右下腹固定压痛;胰腺炎主要表现为左上腹部疼痛。

(2)腹绞痛、腹胀、肠型、肿物为主要表现,代表"肠梗阻"类病种。主要分为以下两种:第一种以肿物为主要表现,提示肠腔内梗阻,如急性肠套叠、蛔虫梗阻、异物堵塞等;第二种以肠型为主要表现,提示肠腔外梗阻,如粘连或索带压迫肠扭转等。

(3)腹胀,全腹有压痛、肌紧张,听诊肠鸣音消失,代表"腹膜炎"类病种。主要分为以下四种情况:第一种是全腹压痛,但有某一部位压痛最明显,提示局限性或弥漫性腹膜炎,如急性坏疽性阑尾炎伴穿孔,表现为全腹压痛,右下腹压痛最明显,腹腔穿刺液为脓性;第二种是腹水,压痛区不固定,如原发性腹膜炎,多见于合并有肝病或肾病的女性患儿,腹腔穿刺液涂片主要是球菌;第三种是腹平片有气腹征,提示消化道穿孔性腹膜炎,如胃十二指肠溃疡伴穿孔,腹腔穿刺为气体及粪质样物;第四种是有张力性肠型,提示肠坏死性腹膜炎,如绞窄性肠梗阻,腹腔穿刺有血性或浑浊腹水(图30-4)。

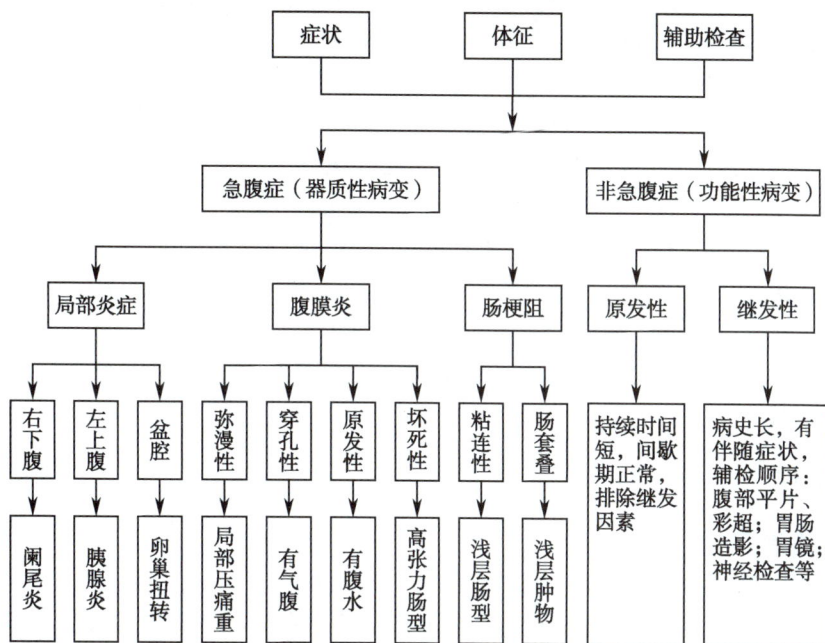

图 30-4 小儿腹痛诊断思路图

3. 急腹症的诊断要求 按照上述分析方法推断相应的病种,必须落实到具体器官,并且明确就诊时的局部病理发展阶段。

(1)从腹痛分析至具体病种的诊断(从临床到病理的分析)。如从腹痛分析到急性肠套叠或者阑尾炎。

(2)进一步从临床表现做到病理分型、分期诊断(做到病理预诊)。如果是阑尾炎,需要分析到病理阶段,以决定是否手术以及手术方式。

(3)以病理预诊应该出现的典型症状(按教科书描述)核对患者的临床表现(从病理到临床的核对)。任何不符合的地方,必须有所解释,不能解释或勉强解释时,应该另找证据或修订诊断。

(二)鉴别诊断

1. 内外科急腹症鉴别 小儿外科急腹症,起病急,病情进展快,危害重,常需手术治疗。因此,在临床工作中,首先应区分是外科急腹症还是内科急腹症(表30-3)。

表 30-3 外科急腹症与内科急腹症的区别

项目	外科急腹症	内科急腹症
腹痛出现时间	最早且最突出	非最早或最突出
腹痛程度	重	轻
腹痛部位	明确、压痛、拒按	无定处
腹式呼吸	受限或消失	无改变
腹膜刺激征	阳性	阴性

2. 急性阑尾炎　由于解剖、病理生理以及免疫系统的特点,小儿急性阑尾炎临床表现和成人相比有很大不同,不同年龄组儿童有其不同的规律和特点,需要仔细鉴别。与成人不同,部分患儿没有转移性右下腹疼痛的病史,婴幼儿多诉为脐周疼痛。即便如此,持续性腹痛和右下腹固定压痛依然是儿童急性阑尾炎最常见且最重要的症状和体征。

诊断要点:①急性起病,儿童食欲减退,恶心、呕吐、腹痛等胃肠道症状较成人要更常见,程度更重,可因严重的胃肠道症状而掩盖腹痛主症,引起误诊。小儿特别是婴幼儿全身感染中毒症状较成人出现早且重,多以恶心、呕吐、哭闹为主,发病早期可出现高热。②右下腹固定压痛,病情进展可表现为腹肌紧张及反跳痛。小儿因腹肌发育不全,腹壁较薄,腹膜炎存在时,可能肌紧张不明显,需要反复多次触诊,必要时果断使用镇静剂。阑尾周围脓肿形成时,右下腹可触到有触痛的包块。③辅助检查:部分患儿腹部超声可提示局部炎症性病变;血常规提示白细胞增高,以中性粒细胞增高为主。④排除肠系膜淋巴结炎、右下肺炎、急性胃肠炎、过敏性紫癜、梅克尔憩室炎、胃十二指肠溃疡、卵巢扭转/出血等。

需要强调的是,阑尾炎的诊断主要依靠病史和体征。辅助检查仅作为参考,不能因为辅助检查无明显异常而排除阑尾炎的诊断。

五、治疗

(一) 西医治疗

当诊断不明确,但病情尚非危重时,允许一个时期的严密观察,经常查看症状的进展,结合仔细轻柔的腹部反复检查,可以避免许多不必要的手术而不致冒延迟诊断的危险。患儿查体不合作时,应毫不迟疑地应用镇静剂,当患儿安静后对急性腹部疾病能做出更为确切的判断。

对诊断不明的病例抗生素使用应慎重,大剂量抗生素治疗可掩盖疾病的进展,并导致严重并发症。

若诊断不明而患者有明显的腹膜炎体征,经纠正水电解质紊乱后,应做手术探查并根据具体疾病确定手术方式。

(二) 中医治疗

(1)气滞证:腹部胀痛、窜痛,排气后减轻,可伴恶心、嗳气等症,脉弦。治以理气开郁,方用六磨汤加减。

(2)血瘀证:腹痛持续或猝然痛剧,痛如针刺,腹部压痛或拒按,舌质紫暗或有瘀斑,脉弦涩。治以活血化瘀,方用少腹逐瘀汤加减。

(3)热壅证:腹痛持续加剧,发热,口渴,恶心呕吐,舌质红,苔黄厚,脉弦洪数或弦滑数。治以清热解毒,方用五味消毒饮加减。

(4)湿热证:两肋胀痛、恶心呕吐、身黄目黄等肝胆湿热症状;脘腹胀闷疼痛、口黏口苦等脾胃湿热症状;尿频、尿急、尿痛等膀胱湿热症状。治以清热燥湿或清热利湿,方用黄连解毒汤或四妙散加减。

(5)虫积证:腹痛时发时止,呕吐,腹部扪及条索状物,面黄肌瘦等。治以杀虫消积,方用乌梅丸加减。

(6)正虚邪恋证:炎症消退或术后恢复阶段,食欲下降,隐痛,低热等。治以益气养阴,方用保真汤加减。

此外,也可运用中药穴位贴敷、中药灌肠、艾灸、推拿等中医外治法进行治疗。

六、中西医结合讨论

采取辨病和辨证相结合的诊疗思路,明确疾病的西医诊断和中医证候。如果出现器质性病变,西医治疗有优势,则采用西医治疗方法。如果没有器质性病变,只是功能性问题,则在辨病的基础上,进行中医辨证论治。在疾病的恢复期,加用中医药进行调养,可促进病情恢复。

第七节　小儿泌尿外科常见疾病

【包茎】

包茎(phimosis)指包皮口狭窄或包皮与阴茎头粘连,使包皮不能上翻外露阴茎头及尿道外口的状态。

一、病因与病理

包茎分为先天性及继发性两种。先天性包茎(congenital phimosis)亦称生理性包茎,几乎见于每一个正常男性新生儿及婴幼儿。新生儿出生时包皮内板与阴茎头表面有轻度上皮粘连,以后包皮外口随发育逐渐扩大,粘连逐渐吸收,包皮内板与阴茎头分离,90%的青春期男性都可外翻包皮显露阴茎头。有些儿童的包皮口狭窄,使包皮不能退缩,以致发生排尿困难,继发尿路感染,甚至继发膀胱输尿管反流。有包茎的儿童,由于分泌物积留于包皮下,经常刺激黏膜,可造成阴茎头包皮炎。继发性包茎(secondary phimosis)亦称病理性包茎,发生率为0.8%~1.5%,多由阴茎头或包皮感染或损伤引起。阴茎头包皮炎反复发生,包皮口逐渐形成瘢痕性挛缩,失去皮肤的弹性和扩张能力,包皮不能向上退缩显露阴茎头,并常伴有尿道口狭窄,这种包茎不会自愈,多需要外科治疗。

二、临床表现

包茎、包皮过长时,由皮脂腺分泌物和上皮碎屑组成的包皮垢呈乳白色豆腐渣样,易在包皮下积聚;有的包皮垢如黄豆大小,堆积于阴茎头的冠状沟处。包皮垢积留于包皮腔可诱发阴茎头包皮炎。急性炎症时,阴茎头及包皮潮湿红肿,可产生脓性分泌物,后期炎症性粘连形成继发性包茎。包皮口狭窄可表现为排尿困难、尿线细、排尿时间延长、尿线分叉、尿终滴沥、包皮腔积尿。长期尿流梗阻可引起膀胱输尿管反流、反复尿路感染和脱肛等并发症。检查时需注意包皮口皮肤弹性、有无瘢痕,以区分先天性和继发性包茎。

三、不良影响

1. 影响阴茎发育　如果包皮口狭窄,阴茎头被狭窄包皮紧紧包住,阴茎发育受到束缚,致使阴茎的长度和直径小于同龄儿童。成年后还容易发生包皮嵌顿,严重者导致阴茎头缺血性坏死。

2. 诱发泌尿系炎症　包茎包皮间隙中容易滋生大量病菌,从而诱发阴茎头包皮炎、尿路感染。如果病菌逆行感染肾脏,也会损害肾脏功能。

3. 尿道口狭窄　由于反复发作包皮阴茎头炎症,继发尿道口瘢痕样改变,导致尿道口狭窄,出现排尿困难、尿滴沥不尽、尿频等症状。

4. 其他 长期阴茎头包皮炎症刺激与儿童遗尿及成人阴茎癌、宫颈癌的形成有一定的关系。包皮垢慢性刺激可以诱发夜间手淫,也是导致儿童睡眠不安的一个重要原因。

四、诊断

1. 包皮不能翻转,阴茎头不能外露。
2. 包皮口狭窄,可小如针尖,排尿迟缓,尿线变细。排尿时包皮腔被尿液充盈,呈球状;包皮腔内常积有包皮垢,甚至形成结石。
3. 阴茎短小,阴茎头挛缩变硬,勃起时不适或疼痛。
4. 常发生阴茎头包皮炎,出现包皮水肿和疼痛,包皮腔内脓性分泌物外溢。
5. 长期的局部炎症刺激可引起遗尿、阴茎头及包皮的白斑病,成年后可致乳头状瘤或癌等。
6. 因包皮口狭窄、排尿困难,可引起下尿路梗阻、上尿路积水、肾功能损害等并发症。

五、西医治疗

新生儿的包皮内板和阴茎头是粘连的,一般无须分开这些粘连。若无阴茎头包皮炎或尿路感染,可待其自行分离。对于有症状者也可先反复试行手法上翻包皮,露出尿道口即可,不可过分急于把包皮上翻完全显露阴茎头。如能上翻包皮露出阴茎头,也应该在上翻包皮后将包皮复原,否则会造成包皮嵌顿。大部分儿童经此方法治疗,随年龄增长,均可治愈。对于阴茎头包皮炎患儿,在急性期局部使用温水或 1:5 000 高锰酸钾溶液浸泡治疗,待炎症消退后试行手法分离,非手术治疗无效时考虑做包皮环切术。

绝大多数先天性包茎不必手术,反复发生阴茎头包皮炎、继发性包茎患儿由于包皮口纤维性狭窄环,需做包皮环切术。包皮环切术的适应证为:①包皮口有纤维性狭窄环;②反复发作阴茎头包皮炎;③包茎伴有膀胱输尿管反流。

【包皮嵌顿】

包皮嵌顿(paraphimosis)是指对包皮口较紧者,当包皮被翻至阴茎头上方后,包皮口紧勒冠状沟部,引起包皮和阴茎头血液和淋巴液回流障碍,发生淤血、水肿和疼痛,包皮不能自然复位。包皮发生水肿后,包皮狭窄环越来越紧,以致循环障碍及水肿更加严重。

临床表现主要为水肿的包皮翻在阴茎头的冠状沟上方,在水肿的包皮上缘可见到狭窄环,阴茎头呈暗紫色肿大。患儿疼痛剧烈,可有排尿困难。时间过长,嵌顿的包皮及阴茎头可发生溃烂,甚至坏死。

包皮嵌顿应尽早行手法复位,如手法复位困难可于包皮背侧切开再行复位,或用针头多处穿刺包皮,挤出液体减轻水肿,也有助于复位。如仍无法复位应行包皮环切术。

【隐睾】

隐睾(cryptorchidism)指睾丸未能按照正常发育过程从腰部腹膜后下降至阴囊。隐睾包括睾丸下降不全(incomplete orchiocatabasis)和异位睾丸(ectopic testis)。隐睾发生率在出生体重小于 900g 的早产儿为 100%,足月新生儿约为 4%,1 岁约为 1%,成人约为 0.7%。隐睾可分单侧和双侧,双侧隐睾占 1/3,发生在右侧的占 70%。隐睾是男性不育及睾丸癌变发生的重要原因,双侧隐睾未治疗的患者大多不育。

一、病因与病理

隐睾的病因尚不完全清楚。目前认为隐睾的发生与内分泌、遗传和物理机械等多种因素有关。雄激素等内分泌失调和遗传因素下丘脑 - 垂体 - 睾丸轴失衡、睾丸发育异常等均可引起隐睾。睾丸引带的牵引作用、腹内压力的影响、鞘状突附着的异常，以及引带残余或筋膜覆盖阴囊入口等物理机械因素都可阻止睾丸下降。

隐睾不仅位置异常，其结构也异常，自患儿出生后第一年开始出现与正常睾丸的组织学差别。外观上体积明显小于健侧，质地松软。部分睾丸、附睾和输精管发育畸形。组织学变化主要有曲细精管变小，精原细胞减少，曲细精管周围胶原组织增生，间质细胞不同程度减少。

二、临床表现

隐睾可发生于单侧或双侧，以单侧较为多见。除较大儿童偶诉有短暂胀痛或并发症外，多数患儿一般并无自觉症状。临床主要表现为阴囊空虚，触不到睾丸。单侧者，患侧阴囊扁平、发育差、不对称。双侧者，阴囊发育更差，甚至无明显阴囊。有时可于腹股沟部或阴囊外会阴部扪及睾丸，一般较正常小，局部可见隆起。

隐睾常伴有患侧鞘状突未闭，可表现为鞘膜积液或腹股沟斜疝。腹股沟疝发生嵌顿者并不少见，且容易引起肠坏死；也可压迫精索血管，使隐睾进一步萎缩，严重者导致睾丸梗死。

隐睾常见并发症和伴发畸形有生育能力下降或不育，睾丸位置表浅易导致损伤，睾丸扭转、恶变，或伴发其他内分泌疾病和遗传疾病、精神损伤等。

三、辅助检查

1. B 超检查　目前临床常用于判断有无睾丸样结构及大小，但是不能作为诊断隐睾的依据。

2. CT 和 MRI 检查　近年也用于腹腔内隐睾的定位诊断，但准确性不高，临床不常使用。

3. 人绒毛膜促性腺激素（HCG）刺激试验　可用于临床检查摸不到睾丸、腹内高位睾丸或者睾丸缺如的鉴别诊断。方法为注射 HCG 后检测注射前后血清中睾酮水平，如果注射后血清睾酮水平升高，表示有功能性睾丸组织存在。因无法最终确定是否有睾丸结构，临床很少采用。

4. 腹腔镜检查　已广泛用于腹腔内隐睾的诊断和治疗。

无论哪种检查方式，都有一定的局限性，手术探查仍然为最终的确诊手段，腹腔镜检查对摸不到的隐睾最有意义。

四、诊断与鉴别诊断

隐睾可根据临床表现和体格检查，基本可以确诊。体格检查是诊断和鉴别诊断隐睾的最重要方法。

应注意与回缩睾丸和滑动睾丸鉴别。睾丸可以推入阴囊内，松手后可在阴囊内停留一段时间者为回缩睾丸，属生理现象；睾丸推入阴囊，松手后立即退回原位则为滑动睾丸，属隐睾。热水盆浴常有助于鉴别可回缩的睾丸和隐睾。回缩睾丸在热水盆浴时睾丸常能降入阴囊，隐睾则不能降入阴囊。回缩睾丸不用治疗，青春期后睾丸位置和大小均正常，生育力同正常人。

五、西医治疗

隐睾诊断明确后应尽早治疗。1 岁以内患儿可用激素治疗。激素治疗无效和就诊年龄超过 1 岁者应行睾丸固定手术治疗。隐睾治疗须在 2 岁以前完成。

（一）激素治疗

出生后 6 个月仍为隐睾者，就应开始进行 HCG 治疗。HCG 主要成分是黄体生成素（LH），LH 刺激间质细胞，产生睾酮，睾丸内的睾酮浓度升高，使生殖母细胞转变为 Ad 型精原细胞。应用 HCG 的剂量：每周 2 次，每次 1 000~1 500IU，肌内注射，连续 9 次为 1 个疗程。LHRH 已可采用鼻黏膜喷雾给药，每侧鼻孔 200μg，每日 3 次，每日总量 1.2mg，连续 28 日。手术前后应用 LHRH 可以改善隐睾组织学结构。激素治疗效果与隐睾所处位置密切相关，位置越低，疗效越好。由于目前对隐睾尚无统一的分类，激素治疗效果也缺乏统一客观的评价标准，各报告之间有很大差异，以及药物副作用，临床不常用激素治疗。

（二）睾丸固定术

是隐睾的首选治疗方法，在治疗隐睾的同时还可以治疗合并的鞘状突未闭。

1. 标准手术治疗　主要步骤包括腹股沟切口，横断鞘状突并游离睾丸及精索，再将睾丸置入阴囊中并固定。术中注意在精索无张力下固定睾丸，保证睾丸血供。

2. Fowler-Stephen 手术　为切断精索血管、下移睾丸的手术。适用于部分高位腹腔内隐睾和输精管较长且弯曲在腹股沟管者。可分为 Ⅰ 期、Ⅱ 期手术：即第一期切断精索血管，第二期将睾丸下移至阴囊。

3. 自体睾丸移植术　少数高位腹腔内隐睾可切断精索血管，将精索内动脉和静脉与腹壁下深动脉和静脉吻合及置睾丸于阴囊中。

4. 腹腔镜治疗　尤其适用于高位隐睾患者。用腹腔镜先在腹膜后沿睾丸血管解剖位置找到睾丸血管，沿精索血管可找到位于腹腔内或者腹股沟内环处的睾丸。如果沿精索血管见到血管盲端可以确定是睾丸缺如，如果盲端有结节应切除并送病理检查。检查中如果观察到高位腹腔内隐睾及很长的输精管，精索无法游离下拉睾丸时可做 Fowler-Stephen 手术，也可行分期睾丸固定术第一期手术，即分离、钳夹并切断精索血管，待以后做第二期睾丸下降固定术。

ER-30-2

腹腔镜 隐睾一期下降固定术

【尿道下裂】

尿道下裂（hypospadias）是男性外生殖器常见的先天畸形，患病率为 0.3%~0.45%。其可以是单一的缺陷，也可以是更复杂的性发育异常的表型部分。

一、病因与病理

尿道下裂发病有明显的家族倾向，具体原因尚不清楚。尿道下裂患者的兄弟患尿道下裂的概率是正常人的 10 倍。有报道 1%~3% 患者父亲及 9%~11% 患者兄弟患有尿道下裂。低体重同卵双胞胎较易患尿道下裂。尿道下裂是由于胚胎期内分泌的异常或其他原因致尿道沟融合不全所形成的外生殖器畸形，正常的外生殖器在胚胎的第 12 周发育完成，由于尿道远端的形成处于最后阶段，所以尿道口位于阴茎体远端的尿道下裂占比最大。

二、临床表现

患儿因阴茎下弯及尿道口位置异常，不能站立排尿，疼性勃起及成年后不能性交，年长患儿可同时伴有心理障碍。体检发现：

1. 异位尿道口　尿道口可异位于从正常尿道口近端至会阴部尿道的任何部位。根据尿道口位置分为四型：Ⅰ° 尿道口位于阴茎头、冠状沟，约占 50%；Ⅱ° 位于阴茎体，约占 20%；Ⅲ° 位于阴茎阴囊交界部；Ⅳ° 位于会阴部。Ⅲ°、Ⅳ° 属重度尿道下裂，约占 30%。尿道口附近的尿道常伴有尿道海绵体膜状缺损。

2. 阴茎下弯　即阴茎向腹侧弯曲。尿道下裂合并明显阴茎下弯者约占35%。

3. 包皮的异常分布　阴茎头腹侧包皮呈"V"形缺损,包皮系带缺如,包皮在阴茎头背侧呈帽状堆积。

三、辅助检查

尿道下裂一般通过体格检查即可确诊。会阴型尿道下裂合并隐睾患儿需要做染色体、性激素检查,排除性发育异常。

四、诊断与鉴别诊断

尿道下裂特别是重度尿道下裂合并隐睾时要注意鉴别有无性发育异常(disorder of sex development,DSD)。DSD 是染色体核型、性腺表型以及性腺解剖结构不一致的一大类遗传异质性疾病的总称。包括以下几大类:①性染色体异常 DSD,主要包括 $47,XXY$(Klinefelter 综合征及变异型);$45,X$(Turner 综合征及变异型);$45,X/46,XY$ 嵌合(混合型性腺发育不良);$46,XX/46,XY$(嵌合体,卵睾型 DSD)。② $46,XX$ DSD,主要包括卵巢发育异常(卵巢发育不良,卵睾型 DSD,睾丸型 DSD);母亲或者胎儿因素的雄激素增多(CAH,糖皮质激素受体变异,母源雄性化肿瘤,母亲使用雄激素类药物等);其他原因(米勒结构发育不良,子宫畸形,阴道闭锁,阴唇融合等)导致的女性外生殖器表型模糊。$46,XX$ DSD 以先天性肾上腺皮质增生症(congenital adrenal hyperplasia,CAH)最为常见。③ $46,XY$ DSD,主要包括睾丸发育异常(完全或部分型性腺发育不良,卵睾型 DSD 及睾丸退化等);雄激素合成障碍(LH 受体变异,类固醇合成急性调节蛋白变异,CAH,类固醇 5α- 还原酶 2 缺乏综合征,Smith-Lemli-Opitz 综合征等);雄激素作用异常(部分型雄激素不敏感综合征或完全型雄激素不敏感综合征,药物和环境影响等);其他原因(如米勒管永存综合征,睾丸缺失综合征,单纯性尿道下裂,低促性腺激素性性腺发育不良,隐睾等引起的男性外生殖器表型模糊)。

五、治疗

尿道下裂可通过手术进行矫正,以达到正常的解剖结构和外观。手术应于学龄前完成,近年多数医生主张 6 月龄后就可手术,以减少家属焦虑和患儿心理创伤。尿道下裂的治疗主要包括阴茎下弯矫正和尿道成形两个步骤,具体方式的选择依据患儿体征做出个性化定制。治愈标准:①阴茎下弯完全矫正;②尿道口位于阴茎头正位;③阴茎外观满意,包皮分布均匀没有赘皮;④与正常人一样站立排尿并呈柱状,成年后能进行正常性生活。尿道下裂术后最常见的并发症包括:尿道瘘、尿道狭窄、尿道憩室样扩张。尿道瘘是尿道成形术后最多发的并发症。尿道瘘的发生与尿道成形材料、局部血液供应、感染、伤口缝合张力、尿道覆盖层次有关。若发生尿道瘘,则在手术后 6 个月,局部皮肤瘢痕软化、血液供应重建后再次手术进行修复。尿道狭窄多发生在阴茎头段尿道及吻合口处。术后 3 个月内的早期狭窄可试用尿道扩张治疗,也可扩张后放置尿道支架,无效则需手术治疗。可选狭窄段尿道切除吻合,或狭窄段尿道切开造瘘二期再次手术尿道成形。

【肾盂输尿管连接部梗阻】

肾盂输尿管连接部梗阻(ureteropelvic junction obstruction,UPJO),是引起肾积水的一种常见的尿路梗阻性疾病,是小儿常见的先天性泌尿系畸形。由于肾盂输尿管连接部的梗阻妨碍了肾盂尿顺利排入输尿管,使肾盂排空发生障碍而导致肾脏的集合系统扩张。起初,肾盂平滑肌逐渐增生、蠕动加强,试图通过远端的梗阻排出尿液;当不断增加的蠕动力量无法克服梗阻时,就会导致肾实质萎缩和肾功能受损。

一、病因与病理

(一)病因

UPJO 的确切病因尚不十分明确。引起 UPJO 的病因甚多,通过肉眼和光镜观察可将 UPJO 的病因归纳为 3 类:

1. **管腔内在因素**　管腔内在因素主要有肾盂输尿管连接部(ureteropelvic junction,UPJ)狭窄、瓣膜、息肉。其中,狭窄是 UPJ 梗阻的常见原因,主要表现为 UPJ 处肌层肥厚、纤维组织增生。狭窄段一般长约 2cm,断面直径仅为 1~2mm,常伴有高位输尿管开口。UPJ 瓣膜为一先天性皱襞,可含有肌肉。息肉多呈葵花样。

2. **管腔外在因素**　最常见原因为来自肾动脉主干或腹主动脉供应肾下极的迷走血管或副血管,跨越 UPJ 使之受压,并使输尿管或肾盂悬挂在血管之上。此外,还有纤维索带压迫或粘连等致使 UPJ 纠结扭曲,高位输尿管开口并有肾盂输尿管粘连或成角等。

3. **功能性梗阻**　表现为 UPJ 处动力性功能失调。其特点为 UPJ 无明显的腔内狭窄及腔外压迫因素,逆行尿路造影时输尿管导管能顺利通过,但却有明显的肾积水。

(二)病理

随着 UPJ 梗阻,会出现不同的大体和显微病理改变。这些改变受到尿路感染、梗阻持续时间、肾内或者肾外型肾盂等因素的影响。

1. **大体病理改变**　UPJO 的大体形态学异常主要表现为出现囊性变,与对侧肾相比重量减轻。

2. **显微镜下病理改变**　在梗阻 5~6 周时,会发生广泛的肾小球破坏、肾小管萎缩、集合系统中间质纤维化,以及结缔组织增生。其形态学异常主要表现为 UPJ 肌层增厚和纤维组织增生,平滑肌细胞相互分离,有大量胶原纤维和基质沉积,环形排列的肌肉被紊乱排列的肌束和纤维组织替代。

二、临床表现

儿童 UPJO 具有典型的临床特征,学龄期男童多见。临床症状主要表现为间歇性腰腹痛和肉眼血尿,偶见尿路感染症状或腹部包块;少部分患者也可能无明显临床症状,经相关辅助检查才得以诊断。值得注意的是,儿童与成人 UPJO 致肾积水的临床特点并不一致,临床医生不能将两者混为一谈。

1. **腹部包块**　在新生儿及婴儿,常以腹部无痛性包块就诊,触诊包块多呈囊性感、表面光滑、无压痛,部分患者有包块大小变化病史。

2. **疼痛**　除婴幼儿外,绝大多数患者均能陈述上腹部痛和脐周疼痛,腹痛多为间歇性并伴呕吐,颇像胃肠道疾病。大量饮水后出现腰痛是本病的一大特点,是肾盂因利尿突然扩张而引起的疼痛,另外还可因合并的结石活动或血块堵塞而引起绞痛。

3. **血尿**　血尿发生率为 10%~30%,可因肾盂内压力增高,肾髓质血管断裂所致,也可由感染或结石引起。

4. **感染**　尿路感染多见于儿童,一旦出现,病情重且不易控制,常伴有全身中毒症状,如高热、寒战和败血症。

5. **高血压**　无论在小儿或成人均可出现高血压,可能是因肾内血管受压而导致的肾素分泌增多所致。

6. 肾破坏　肾破坏多为外伤性,常导致急性腹膜炎表现。

7. 尿毒症　因本病常合并其他的泌尿系畸形,或因双侧肾积水,晚期可有肾功能不全表现,如无尿、贫血、生长发育迟缓及厌食等消化系统紊乱症状。

三、辅助检查

1. 尿常规　可有镜下血尿或肉眼血尿,合并感染时有脓细胞,尿培养有致病菌。

2. 肾功能　肾功能不全时血尿素氮、肌酐可增高。

3. 超声检查　B 超检查可对肾积水进行分度,明确梗阻部位,以及对病变性质加以初步鉴别,对估计患肾功能的可复性具有很重要的意义。多普勒超声通过肾内动静脉血流频谱来反映患肾血流变化。对阻力系数进行测定,可帮助鉴别梗阻性和非梗阻性肾积水。B 超对胎儿尿路梗阻的检查更具优越性,产前 B 超检查可对先天性肾积水作出早期诊断。

4. X 线检查　腹部平片检查可了解肾轮廓大小,对 X 线阳性结石可明确诊断。排泄性尿路造影时若积水肾或梗阻近端尿路能显影,可对梗阻部位及肾功能作出评判,尤其是对分肾功能的判断更为重要。对排泄性尿路造影不显影,同时又无法进行逆行肾盂造影者,可行经皮肾穿刺造影检查(可以用 MRU 代替)。

5. 动态影像学检查　利尿肾图对明确早期病变、判断轻度肾积水是否需要手术治疗很有帮助,尤其双侧肾积水时一侧轻、一侧重,对肾积水较轻侧是否需要手术治疗具有决定作用。

6. MRI 检查　MRI 已被广泛应用于梗阻性尿路疾病的诊断。尤其是 MRU 对梗阻的定位及定性诊断很有帮助,其影像与尿路造影相似。

7. 肾盂测压试验　即分别放置两根导管至肾盂及膀胱,通过经皮肾造瘘管以 10ml/s 的速度注入造影剂,在荧光屏下记录灌注造影剂时肾盂内压力变化。测定肾盂及膀胱的压力差,作为肾脏梗阻的指标。如肾盂压力 >1.37kPa($14cmH_2O$),就说明有梗阻存在,此方法对判断肾盂输尿管连接部是否存在梗阻有一定帮助。

四、诊断与鉴别诊断

(一) 诊断

肾盂输尿管连接部梗阻,可以通过病史、症状、影像学检查等进行诊断。

1. 病史、症状　UPJO 主要发生于婴幼儿或青少年,主要表现为单侧肾积水引起的疼痛,以及结石、感染等表现。

2. 影像学检查　如 B 超、CT、MRI、放射性核素检查、利尿肾图等。在各种检查方式中,增强 CT 的诊断价值最大。增强 CT 可以显示肾盂的形态、梗阻的部位、肾功能损害程度,还可以对图像进行三维可视化处理,有助于规划手术方案。

(二) 鉴别诊断

1. 腔静脉后输尿管　亦可引起上段输尿管梗阻而表现输尿管和肾盂积水。但其梗阻原因是腔静脉压迫输尿管,而非输尿管本身病变。静脉尿路造影(IVU)检查显示肾盂及上段输尿管扩张积水,输尿管呈 "S" 形,并向中线移位。如果 IVU 结果不满意,逆行尿路造影有助明确诊断。

2. 输尿管结石　肾盂输尿管连接部的结石也可引起肾积水,需与盂管交界处狭窄鉴别。输尿管结石多有阵发性绞痛和血尿病史。X 线平片上可见输尿管行程有不透光影。IVU 和逆行尿路造影检查显示结石梗阻以上输尿管和肾盂积水,梗阻部位呈杯口状,阴性结石在梗阻部位有充盈缺损。CT 检查对诊断比较困难的阴性结石有帮助。

五、治疗

目前 UPJO 的治疗适应证包括：梗阻产生症状，梗阻影响肾功能，梗阻继发结石或感染，以及很少见的梗阻继发高血压。治疗的基本目标是改善症状及肾功能。主要是通过手术进行重建以解除梗阻，有助于肾功能的恢复。

UPJO 治疗的主要目的是解除梗阻、保护患肾功能。其治疗方法主要包括开放性手术和腔内手术两大类。

(一) 开放性肾盂输尿管成形术

采用的治疗方法大多为离断性肾盂成形术。由于该手术能切除病变的肾盂输尿管连接部以及多余的肾盂壁，建立漏斗状肾盂和输尿管连接，恢复肌源性蠕动，且疗效显著，手术成功率高达 85%~90%。因此，被誉为 UPJO 治疗的"金标准"。

(二) 腔内肾盂输尿管成形术

随着腔内手术器械和手术方法的改进，腔内手术治疗 UPJO 的成功率已逐渐接近开放性手术。腔内手术具有创伤小、恢复快、并发症少等优点，有望成为治疗成人 UPJO 的首选方法。常见的腔内手术有腹腔镜下肾盂成形术、经皮肾穿刺肾盂内切开术、输尿管镜肾盂内切开术和气囊扩张术等。但术前明确狭窄段长度超过 2cm 或有异位血管者不宜行腔镜下的肾盂内切开术。

【肾与输尿管发育畸形】

肾脏畸形在临床上常见，有些发生继发性病变而造成严重后果。畸形可表现为数目、形态、位置和发育异常等。有些畸形不影响正常生理功能，但易发生梗阻、感染、结石等并发症，造成肾功能受损；有些畸形直接影响正常生活，必须及时治疗。

一、肾数目异常

(一) 肾不发育

1. 双侧肾不发育（bilateral renal agenesis）　属罕见畸形，文献报道婴儿和儿童的尸检发生率为 0.28%，男性约占 75%。双侧肾不发育又称 Potter 综合征。50% 可合并心血管和消化道畸形，输尿管可完全或部分缺如，膀胱多缺如或发育不良。40% 为死产，活产者大多数于出生后不久死于呼吸衰竭和肾功能衰竭，存活者很难超过 24~48 小时。

2. 单侧肾不发育　患者仅有一个肾脏，故又称孤立肾。男性发病率高于女性，左侧多见，有家族倾向。60% 单侧肾不发育患者同侧输尿管缺如或闭锁。25%~50% 女性和 10%~15% 男性合并生殖系统畸形。无论男性女性，性腺常是正常的。在女性表现为单角子宫伴同侧子宫角和输卵管缺如、双角子宫合并患侧子宫角呈原始发育状态；在男性表现为附睾尾、输精管、精囊壶腹和射精管缺如。其他系统畸形包括心血管系统和消化系统畸形。孤立肾患者，因对侧肾功能正常，临床常无任何症状，无须治疗。如孤立肾患者必须接受肾脏或周围脏器手术时，需注意减少损伤，并且尽量保存肾脏组织。

(二) 附加肾（额外肾）

附加肾（additional kidney）是在一侧肾外另有一个具有独立的血液供应、集合系统、肾实质和肾被膜的肾。男女发病率相似，好发于左侧。附加肾可与正常肾完全分开，或通过疏松结缔组织与同侧正常肾相连。附加肾有正常的肾形态，但其体积通常较同侧正常肾小，且附加肾与同侧正常肾输尿管走行关系多种多样。超声、CT、MRI 可协助诊断。附加肾多无症状,有的附加肾输尿管功能不良,可出现发热或脓尿;有输尿管异位开口者可在正常排尿之外有尿失禁。症状严重者可做附加肾切除手术。

二、肾形态、位置及旋转异常

(一) 异位肾

成熟的肾脏未能在正常位置(肾窝)称为异位肾(ectopic kidney)。异位肾可出现在以下位置:盆腔、髂窝、腹腔、胸腔及两侧交叉,异位肾通常体积小。

1. 盆腔肾(pelvic kidney)　肾胚上升及旋转均发生障碍,导致肾脏位于盆腔。盆腔肾形态与正常肾也不一致,因旋转不良,肾盂常位于前方。尸检结果显示平均发病率约1/900,左侧略高于右侧。15%~45%的患者伴生殖系统发育畸形,50%合并有集合系统扩张积水,其中半数为肾盂输尿管连接部或膀胱输尿管连接部梗阻所致。40%~50%可伴有症状,其中输尿管绞痛最常见,可被误诊为急性阑尾炎或盆腔占位。IVP、超声、CT等有助于诊断。无症状的盆腔肾无须治疗。

2. 胸内肾(thoracic kidney)　罕见,约占所有异位肾的5%,指部分或全部肾穿过横膈进入后纵隔,位于横膈的侧后方,未进入胸腔。胸内肾已完成正常旋转过程,肾的形态和集合系统正常。左侧多于右侧,男性多于女性。多数在X线检查时偶然发现,IVP、CT可明确诊断。无症状的胸内肾无须治疗

3. 交叉异位肾(crossed ectopic kidney)　交叉异位肾指一侧肾由原侧越过中线至对侧,而其输尿管仍由原侧进入膀胱。男女发生率之比为2:1,左向右交叉多于右向左交叉。交叉异位肾可以是单侧,也可以是双侧。一般分为4种类型:①交叉异位伴融合,约占90%;②交叉异位不伴融合;③孤立性异位肾;④双侧交叉异位肾。B超、CT和放射性核素扫描可诊断,多无临床症状,无需手术治疗。

(二) 肾旋转异常

肾是围绕长轴旋转的,肾上升时正常的旋转是肾盂从腹侧中线旋转90°,即肾盏应转向外侧,肾盂指向内侧。当发生旋转不良时,肾盂通常朝向前侧与内侧之间,少见肾盂朝向后侧者。Weyrauch按肾盂的位置将肾旋转异常分为4型,即腹侧位型(未旋转)、腹中线位型(旋转不全)、侧位型(旋转过度)和背侧位型(反向旋转),其中腹侧位型最常见。尿路造影、CT可明确诊断。如无并发症则无须治疗。

(三) 融合肾

融合肾(fused kidney)是由于胚胎发育异常,两肾互相融合,形成各种各样的肾形态异常,其中最常见的是马蹄肾(horseshoe kidney)。马蹄肾指两肾脏的下极或上极与脊柱前融合成蹄铁形,是胚胎早期两侧肾胚基部分融合所致。90%以上是双肾下级融合,融合部称峡部,多数由肾实质构成,少数为结缔组织。1/3马蹄肾患者无症状;1/3患者可并发肾盂输尿管连接部梗阻性肾积水,输尿管高位出口、输尿管通过峡部的异常过程和异位血管压迫是引起梗阻的原因。发生率为1%~3%,男性多于女性。诊断主要依靠IVU、超声和CT等影像学检查。无症状马蹄肾无须治疗;有并发症者,针对肾的具体病变情况对症处理。

三、肾结构发育异常

(一) 肾发育不全

肾发育不全(renal hypoplasia)病因尚不十分清楚,可能是胚胎时期生肾组织因血液供给障碍或其他原因致肾不能正常发育,肾脏体积小于正常肾50%以上,但肾单位及肾小管的分化和发育是正常的,肾单位的数目减少。此病多见于女性,左侧多见,往往伴有输尿管

异位开口,其主要临床表现为点滴性"尿失禁"。诊断主要依靠患儿病史,有滴尿、内裤湿,且有正常分次排尿者,静脉肾盂造影和 B 超是最常用的检查。对有症状者,在对侧肾功能良好的情况下,可做部分或全肾切除。

(二) 肾囊性疾病

肾囊性疾病是一组不同源疾病,其共同特点是肾脏出现上皮细胞的囊肿。多为遗传性,有些可为后天获得性。可发生在任何年龄,在肾的任何部位形成囊肿,可单发,也可多发。B 超和 CT 有助于诊断。临床上较常见的有以下几种类型。

1. 婴儿型多囊肾病　本病为常染色体隐性遗传疾病,发病率约 1/1 000,男女之比为 2∶1,主要发生在婴儿,亦可发生在儿童和成人。孕母妊娠时羊水少,新生儿早衰(Potter)面容,出生后肺发育不良,多死于呼吸衰竭。新生儿可出现少尿、电解质紊乱、贫血等。儿童期常见生长发育迟缓,出现恶心呕吐以及肝、脾大等非特异性症状。双肾显著增大,表面光滑,切面呈蜂窝状,外形可见明显的胎儿肾分叶状态,肾盂、肾盏受压变形狭小。远端肾小管和集合管呈梭形囊状扩张,放射状排列。囊肿为扩张的集合管。发病年龄越早,肾脏病变越重,常于出生后不久死亡,只有极少数较轻类型可存活至儿童甚至成人时期。均伴有肝脏病变,肝门静脉区结缔组织增生,常并发门静脉高压。本病无治愈办法,只能对症处理。必要时进行肾移植或肝肾联合移植。

2. 单纯性肾囊肿　单纯性肾囊肿(simple cyst of kidney)指肾实质出现一个或数个大小不等且与外界不相通的囊腔,多为单侧病变,直径 2~10cm。多见于成人,儿童少见。囊内为浆液,亦可见囊内出血。囊内被覆单层扁平细胞,与肾盂、肾盏不相通。肾实质可因受压变薄。发病率随年龄增长而增高,50 岁以上的成人超声检查约有 50% 可发现这种囊肿。较小囊肿无症状,较大囊肿可表现为腹胀不适,偶有血尿、尿路感染、高血压等,体格检查可扪及肾区包块。小囊肿无症状者无须治疗。囊肿直径在 4cm 以上者,可在超声引导下经皮做囊肿穿刺硬化治疗。巨大囊肿可做腹腔镜去顶减压术或开放式肾部分切除术。

四、先天性输尿管畸形

在胚胎第 4~7 周时,中肾管下端发出输尿管芽,向上发育,形成输尿管。进入生肾组织后,逐渐形成肾盂、肾盏及集合系统。如果在这个过程中出现异常,就会产生不同类型的输尿管畸形。其中肾盂输尿管重复畸形、巨输尿管、输尿管异位开口比较常见。

(一) 输尿管发育不全或缺如

输尿管发育不全或缺如(ureteral hypoplasia or lack)是输尿管芽发育有不同程度的缺陷所致,多在尸检时发现,临床少见。双侧者多为死胎;单侧者,常伴有该侧膀胱三角区缺如。发育不全的输尿管被纤维索条所代替,输尿管发育不全可包括远端闭锁,其上方的肾脏常缺如或为异常的残留肾。该肾可有积水,呈囊状扩大。少数病例可触及包块。IVU 检查肾盂输尿管不显影。CT 及 MRI 见不到肾盂及输尿管影像。多数病例术中才能明确诊断。对侧肾脏功能正常时,可做患肾及输尿管切除。

(二) 肾盂输尿管重复畸形

肾盂输尿管重复畸形(duplication of renal pelvis and ureter)是在胚胎第 4 周时,中肾管下端发育出一个输尿管芽,其近端形成输尿管,其远端被原始肾组织块覆盖而发育为肾盂、肾盏和集合管。如输尿管远端的分支为多支,则形成双肾盂或多肾盂。如分支过早则形成不完全性双输尿管或"Y"形输尿管。如中肾管下端发生两个输尿管芽,与正常输尿管并行发育,则成为完全性双输尿管,是泌尿系最常见畸形之一。肾盂输尿管重复畸形可为单侧,亦可为双侧。右侧较左侧多,女性多于男性,比例为 1.6∶1,单侧比双侧多 6 倍。有以下两种常见类型：

1. 不完全性双输尿管 状如"Y"形,远端进入膀胱时只有一个开口。两输尿管汇合点可发生于输尿管的任何部位。"Y"形输尿管常并发输尿管反流,多发生于汇合点位于下 1/3 段的病例,由此引起的肾盂、输尿管积水是导致尿路感染的重要因素。

2. 完全性双输尿管 两根输尿管完全分开,分别引流重复肾的两个肾盂尿液。两根输尿管靠近膀胱时,共同包裹在同一鞘膜内,供应血管紧密地连在一起。因此,手术切除病变输尿管时,应注意避免损伤另一根输尿管的血供。完全性双输尿管中引流上肾段尿液的输尿管常合并输尿管异位开口或输尿管囊肿。

静脉肾盂造影可确诊,必要时可经输尿管口插管造影。对于无症状者无须手术治疗。一般并发症均发生在上肾及其输尿管,并发尿路感染时对症治疗,治疗无效者行上肾段及其输尿管全长或大部切除。

（三）输尿管囊肿

输尿管囊肿(ureterocele)又称输尿管膨出,是由于输尿管开口狭窄及输尿管膀胱壁段肌层发育缺陷,尿液排出不畅,致输尿管末端逐渐膨大而形成囊肿突入膀胱腔。女性的发病率为男性的 4~7 倍,左侧稍多于右侧,双侧者约占 10%。75%~80% 伴有肾盂输尿管重复畸形。输尿管囊肿往往发生于上肾段所属的输尿管末端。依据开口部位可分为两种类型。

1. 单纯型 也称原位输尿管囊肿,成人多见。一般无肾盂输尿管重复畸形。囊肿侧的输尿管口位置正常或接近正常。囊肿一般不大,局限在膀胱壁的一侧。梗阻严重者囊肿较大,甚至压迫对侧输尿管开口,引起对侧输尿管继发性扩张,阻塞膀胱颈部而导致尿潴留。

2. 异位型 女婴多见,临床以此种类型为主,占 60%~80%。绝大多数伴有患侧肾盂输尿管重复畸形。囊肿所引流的输尿管属于重复肾的上肾段,而囊肿的位置都在正常输尿管(引流下肾段)开口的内下方。异位输尿管囊肿较单纯型囊肿大,多位于膀胱基底部近膀胱颈或后尿道内,女孩用力排尿时,甚至可见部分囊肿从尿道口脱垂,造成尿路梗阻。肿物通常为葡萄大小,无感染时呈紫蓝色;若有感染,则囊肿壁变厚呈苍白色。患儿安静后多可自行复位。偶可发生肿物嵌顿,引起急性尿潴留。可有尿路梗阻或尿路感染的症状,如排尿疼痛、尿流中断和脓尿等。由于对膀胱三角结构的破坏,本病常引起下部肾输尿管的反流。

本病主要表现为尿路梗阻症状,常引起反复尿路感染。肿物自尿道口脱垂是输尿管囊肿诊断的重要依据,但仍需进一步检查。超声、静脉尿路造影、膀胱造影和膀胱镜检查可协助诊断。有症状的囊肿,首选手术治疗。异位输尿管囊肿所属的上肾段往往已无功能,如伴发扩张积水应予切除。

（四）输尿管异位开口

输尿管异位开口(ectopic ureteral orifice)系输尿管没有进入膀胱三角区,开口于膀胱之外。异位输尿管口的位置在男性与女性不同。男性可开口于后尿道、输精管及精囊等部位,但仍在括约肌的近侧端,故无漏尿现象;而女性则可开口于前尿道、前庭区、阴道及子宫等部位,均在括约肌的远端,故常有点滴性尿失禁症状。女性发病率为男性的 2~12 倍。80% 的病例伴有肾盂输尿管重复畸形。异位开口的输尿管几乎都是引流重复肾的上肾段,偶有引流下肾段者;少数发生于单一的输尿管,而该侧肾脏往往发育不良。临床症状典型,即无间歇地滴尿和正常分次排尿。外阴甚至两侧大腿受尿液刺激继发湿疹乃至糜烂。如有继发感染,滴尿浑浊。

对于有正常分次排尿,又有持续滴尿的女性,应行外阴检查。大多见到尿道口与阴道口间有针眼状小孔,尿液呈水珠状不断从该小孔滴出。部分异位开口位于阴道内,可见有尿液不断从阴道口流出。个别开口在尿道内,尿液不断从尿道口滴出,应与神经源性膀胱尿失禁鉴别。静脉尿路造影检查、逆行造影和超声检查有助于诊断。男性因异位开口在括约肌的近端,仍受括约肌的控制,临床症状比较隐蔽,不容易引起家长和医务人员的注意。对反复表现为附睾炎者,肛门指检有时可发现精囊扩张;有继发感染者,触痛明显。对疑有输尿管异位开口的男性,应行 IVU 和 B 超检查。开口在后尿道者,尿道镜检查有助诊断。

输尿管异位开口只能手术治疗。手术包括切除重复肾的上肾段和所属的扩张输尿管。重复输尿管无增粗、无积水和无合并感染者也可进行重复输尿管膀胱再植手术治疗尿失禁。

(五) 先天性巨输尿管

先天性巨输尿管(congenital megaloureter)又称为原发性巨输尿管症,系指输尿管远端没有任何器质性梗阻而输尿管明显扩张积水的现象。这不同于下尿路梗阻、膀胱输尿管反流以及神经源性膀胱等所致的继发性输尿管扩张积水。其病因尚未完全阐明,可能由于输尿管远端管壁肌细胞的肌微丝和致密体发育异常或该段的肌束与胶原纤维间比例失调。输尿管明显扩张、积水,输尿管扩张段的管径可达 4mm 以上,管壁增厚,外观颇似肠管。其远端约数毫米长输尿管似为狭窄,与扩张段形成鲜明对比,而实际上,该段输尿管解剖正常,并无机械性梗阻存在。患者肾脏可有不同程度的积水、肾实质萎缩。如有继发感染,则可形成输尿管积脓,有肾积脓或结石。

先天性巨输尿管并无特征性临床症状。因输尿管扩张积水,可表现为腹部包块。包块一般位于腹中部或偏向一侧,与肾积水之包块位于该侧之腰腹部不同。感染后可有发热、腹痛、血尿或脓尿。有些只能在显微镜下见有红细胞、白细胞或脓细胞。有些患儿因有消化道症状如食欲缺乏、厌食,或体重不增而就诊。

超声、静脉肾盂造影有助于诊断。轻中度巨输尿管病变且无尿路感染、肾功能无恶化者,可选择观察、定期随访。若病变加重且出现明显临床症状者,则需手术治疗。

（何大维）

复习思考题

1. 先天性肥厚性幽门狭窄的手术治疗有哪些前沿技术?
2. 中医、西医治疗先天性肥厚性幽门狭窄各有哪些优势和不足?
3. 在隐睾术后的远期随访中,主要观察哪些指标?
4. 离断性肾盂成形术可能发生的并发症有哪些?
5. 先天性肠闭锁的主要病理分型有哪些?
6. 先天性巨结肠典型的 X 线征象有哪些?

◇◇◇ 附　　录 ◇◇◇

外科常用
方剂汇编

主要参考书目

［1］陈孝平, 汪建平, 赵继宗 . 外科学 [M]. 9 版 . 北京 : 人民卫生出版社 , 2018.

［2］吴孟超, 吴在德 . 黄家驷外科学 [M]. 8 版 . 北京 : 人民卫生出版社 , 2020.

［3］何清湖 . 中西医结合外科学 [M]. 4 版 . 北京 : 中国中医药出版社 , 2021.

［4］徐克, 龚启勇, 韩萍 . 医学影像学 [M]. 8 版 . 北京 : 人民卫生出版社 , 2018.

［5］陈红风 . 中医外科学临床研究 [M]. 2 版 . 北京 : 人民卫生出版社 , 2017.

［6］葛均波, 徐永健, 王辰 . 内科学 [M]. 9 版 . 北京 : 人民卫生出版社 , 2018.

［7］陈灏珠, 林果为, 王吉耀 . 实用内科学 [M]. 14 版 . 北京 : 人民卫生出版社 , 2013.

［8］科特尼 . 克氏外科学 [M]. 19 版 . 彭吉润, 王杉, 译 . 北京 : 北京大学医学出版社 , 2015.

［9］谢建兴 . 中西医结合外科学 [M]. 北京 : 人民卫生出版社 , 2012.

［10］蔡威, 张潍平, 魏光辉 . 小儿外科学 [M]. 6 版 . 北京 : 人民卫生出版社 , 2020.

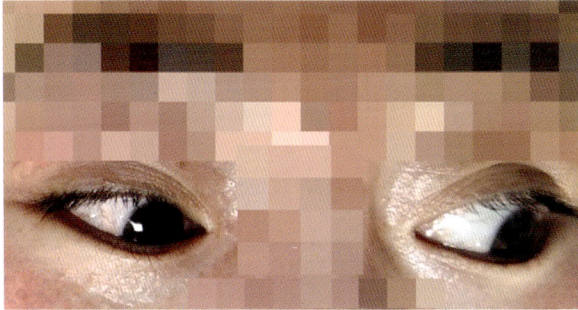

图 13-4　霍纳综合征

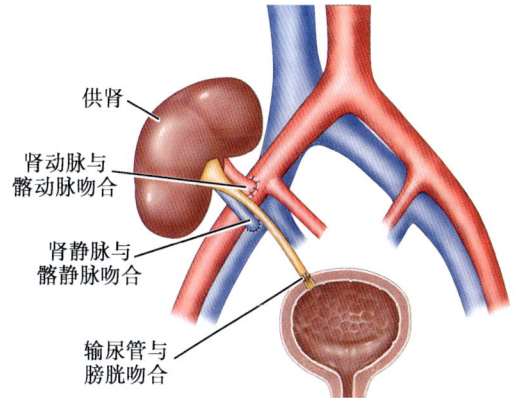

图 15-1　肾移植

供肾

肾动脉与
髂动脉吻合

肾静脉与
髂静脉吻合

输尿管与
膀胱吻合

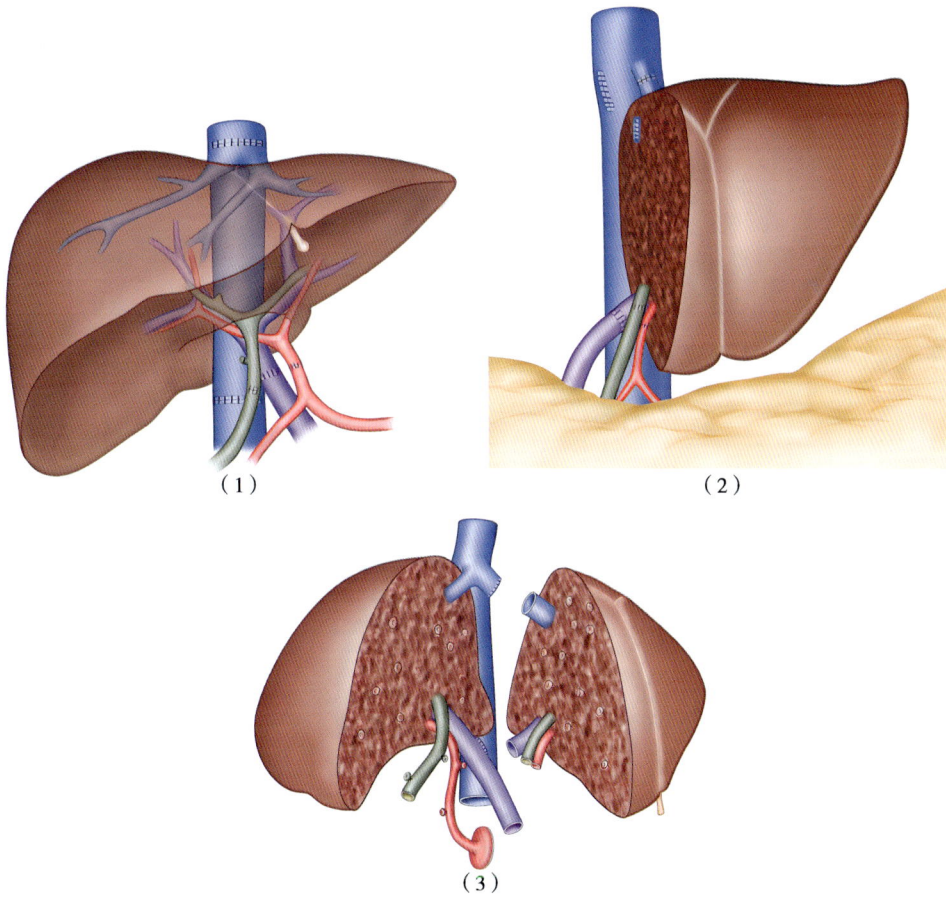

（1）

（2）

（3）

图 15-2　肝移植

（1）经典原位肝移植;（2）亲体肝移植（移植物为左半肝）;（3）劈离式肝移植,移植物左右分割。

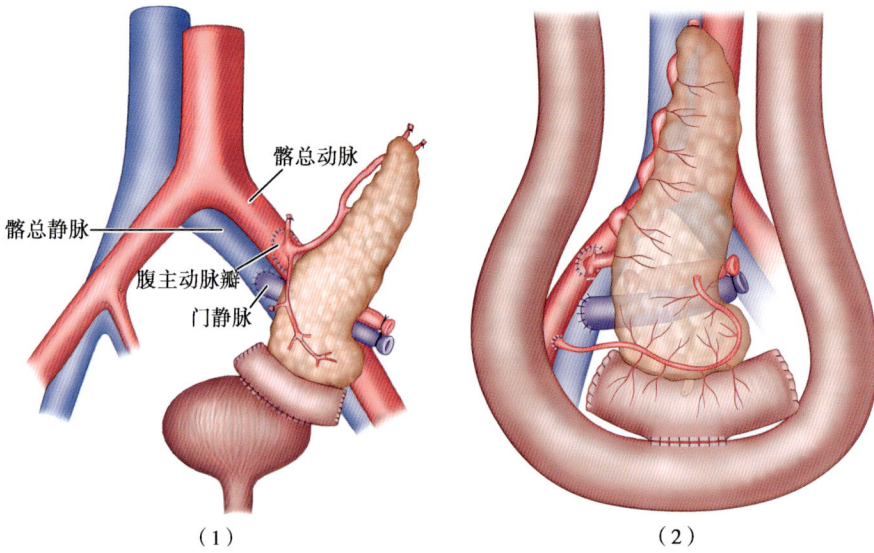

图 15-3　胰腺移植

(1)胰腺外分泌膀胱引流、内分泌体循环系统引流;(2)胰腺外分泌肠道引流、内分泌门静脉引流。

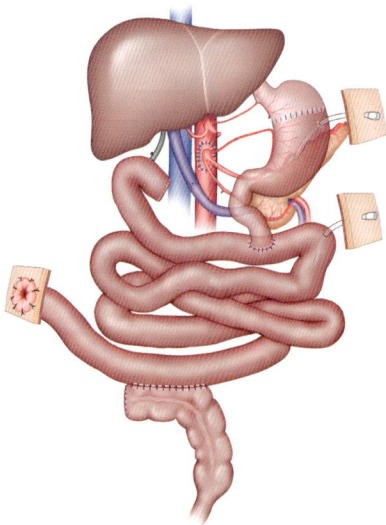

图 15-4　改良腹腔多器官簇移植
（含胃、十二指肠、胰腺、小肠）

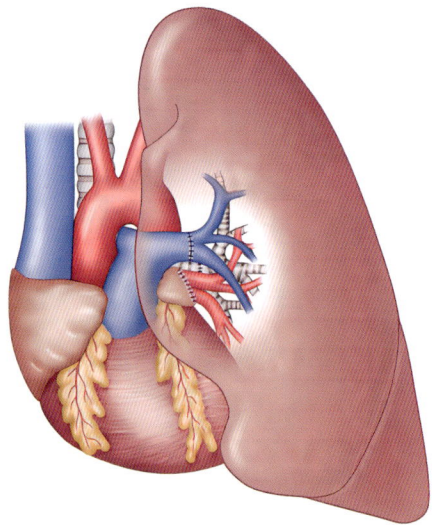

图 15-5　单肺移植

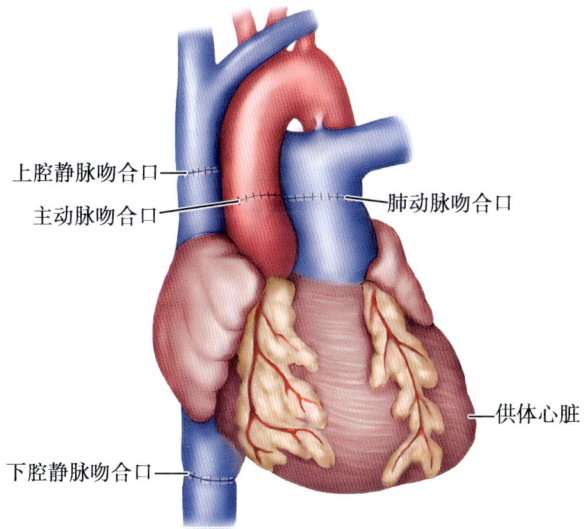

上腔静脉吻合口

主动脉吻合口

肺动脉吻合口

下腔静脉吻合口

供体心脏

图 15-6　心脏移植

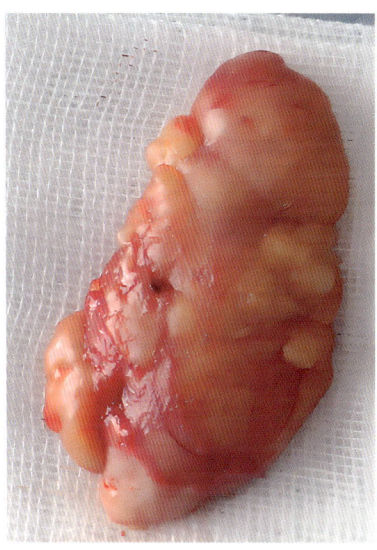

图 19-1　脂肪瘤

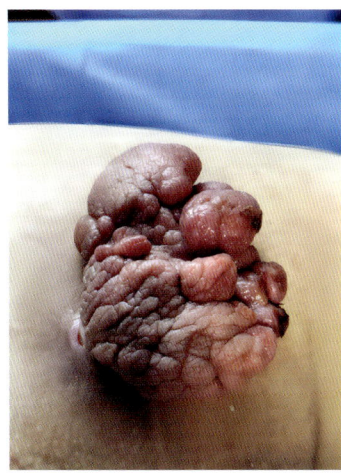

图 19-2　皮肤纤维瘤

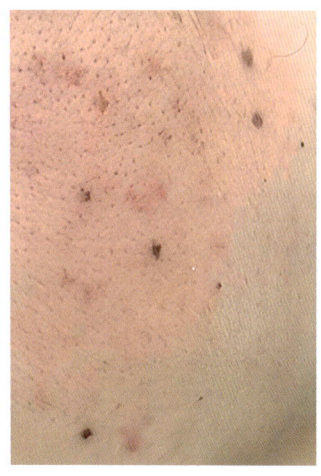

图 19-3　面部色素痣

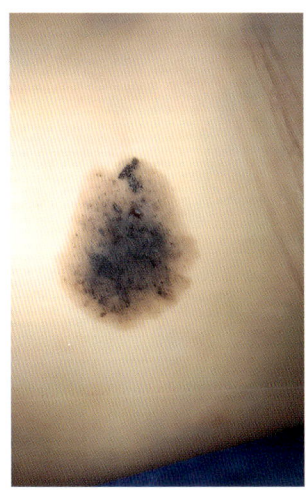

图 19-4　皮肤黑色素瘤

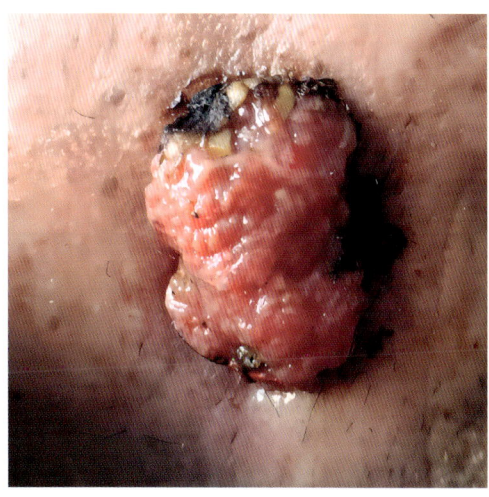

图 19-5　面部皮肤癌

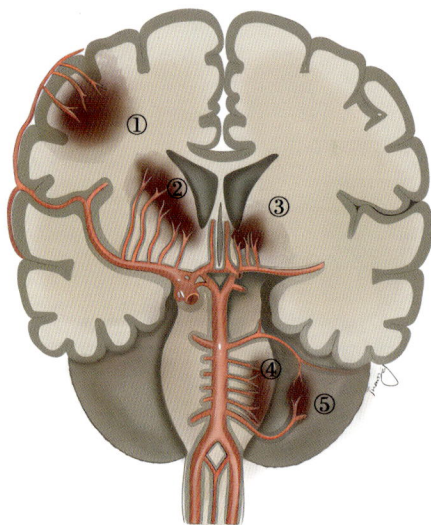

大部分脑出血来源于细小的穿支动脉分支：①颅内
主要动脉皮层穿支；②豆纹动脉穿支血管；③丘脑穿
支血管；④脑桥旁正中穿支；⑤主要小脑动脉穿支。

图 29-1　原发性 ICH 常见部位

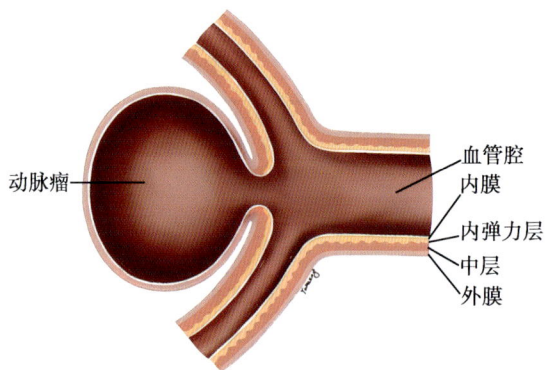

图 29-3　动脉瘤壁结构：内弹力层和中层缺失

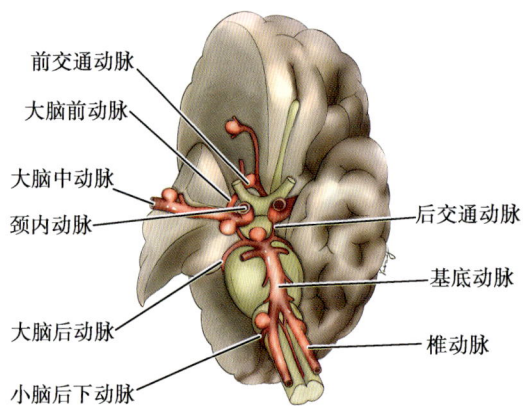

图 29-4　动脉瘤常见部位

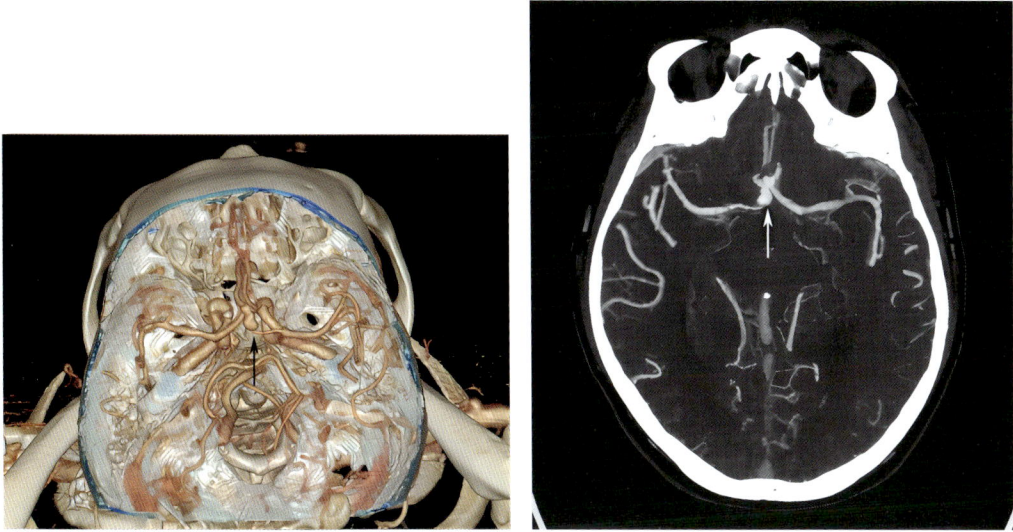

图 29-5　颅内(前交通)动脉瘤

注：左图为三维重建图像，右图为最大密度投影成像；箭头所指为动脉瘤。

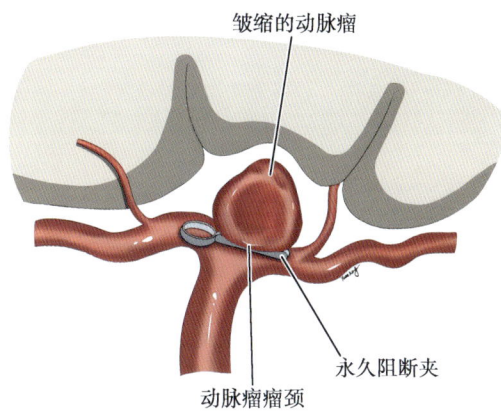

图 29-7　手术夹闭动脉瘤

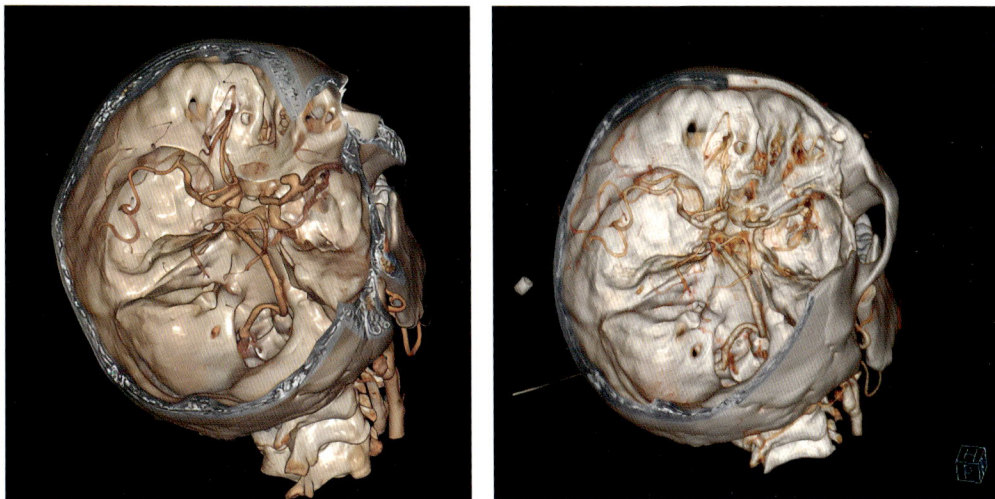

图 29-8　大脑中动脉瘤手术前(左)和手术后 CTA(右)

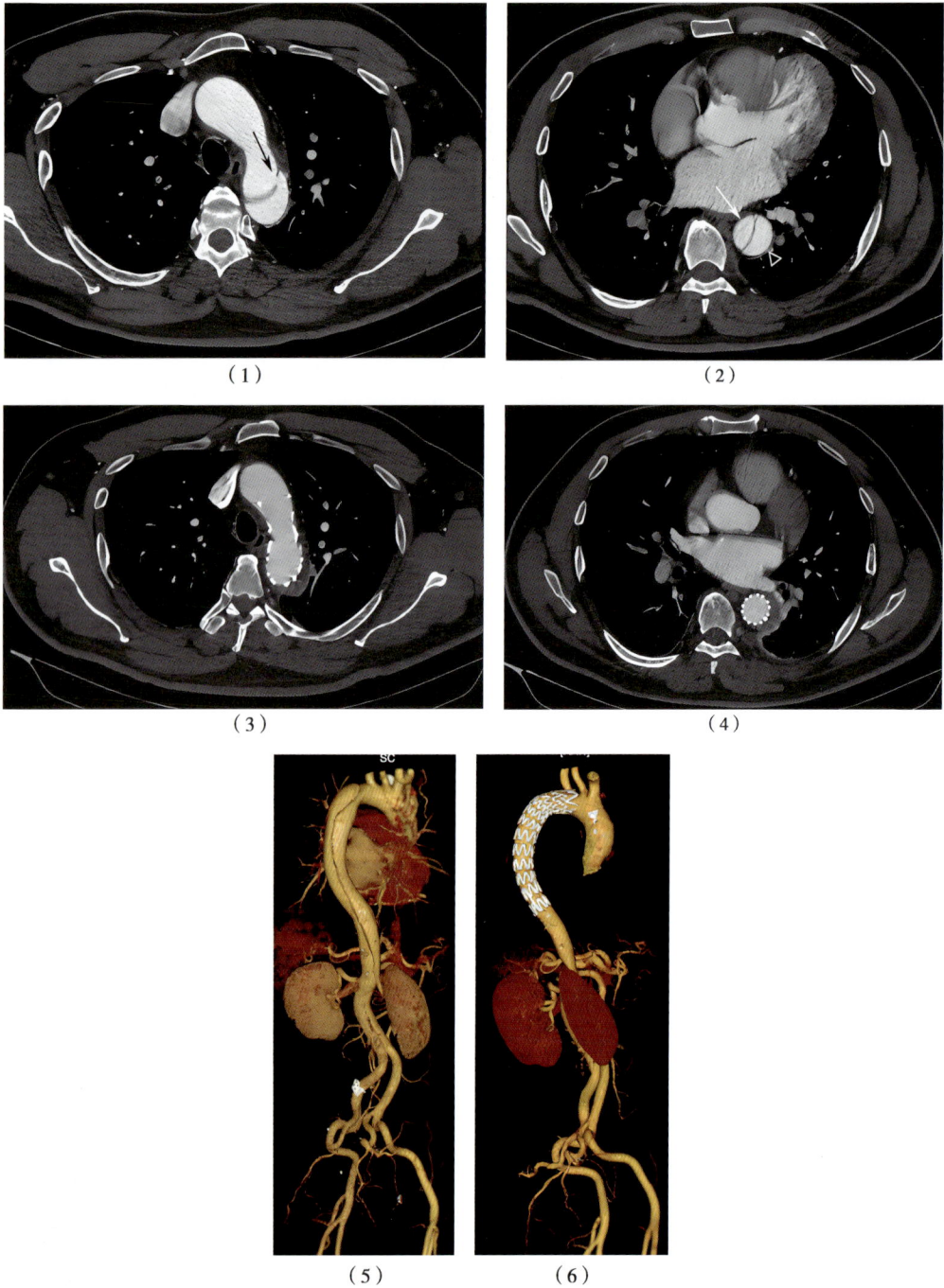

图 29-12　主动脉夹层（Stanford B 型）CTA 图像

（1）主动脉夹层破口（箭头标记处）;（2）主动脉夹层真腔（粗箭头标记处）较小，假腔（三角形标记处）较大;（3）（4）主动脉夹层腔内修复术后复查 CTA 图像，破口完全封堵，无造影剂内漏;（5）主动脉夹层术前 CTA 重建图像;（6）主动脉夹层术后 CTA 重建图像。

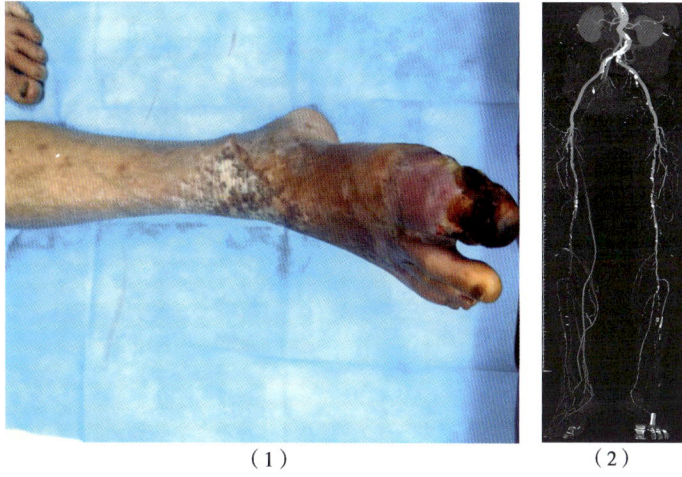

（1）　　　　　　　　　（2）

图 29-14　糖尿病足

（1）右下肢足趾坏疽;（2）糖尿病足 CTA 表现。

复习思考题
答案要点

模拟试卷